改变，从阅读开始

二十世纪
中国史纲

[第一卷]

金冲及 著

社会科学文献出版社
SSAP
SOCIAL SCIENCES ACADEMIC PRESS (CHINA)

国家社会科学基金重大委托项目

图书在版编目（CIP）数据

二十世纪中国史纲．第1卷／金冲及著．—北京：社会科学文献出版社，2009.8

ISBN 978-7-5097-1007-4

Ⅰ．二… Ⅱ．金… Ⅲ．①中国－近代史②中国－现代史 Ⅳ．K25

中国版本图书馆CIP数据核字（2009）第152641号

二十世纪中国史纲

著　　者／金冲及

出 版 人／谢寿光
总 编 辑／邹东涛
出 版 者／社会科学文献出版社
地　　址／北京市西城区北三环中路甲29号院3号楼华龙大厦
邮政编码／100029
网　　址／http://www.ssap.com.cn/
网站支持／（010）59367077
责任部门／人文科学图书事业部　（010）59367215
电子信箱／zongbianshi@ssap.cn
项目负责人／宋月华
责任编辑／徐思彦
责任校对／宋荣欣　桂　芳　陶　璇
责任印制／董　然　蔡　静　米　扬

总 经 销／社会科学文献出版社发行部
（010）59367080　59367097
经　　销／各地书店
销售热线／（010）62142489　62164516
排　　版／蒋宏工作室
印　　刷／北京市通州兴龙印刷厂

开　　本／700 mm × 1000mm　1/16
印　　张／87.75
字　　数／1136千字
版　　次／2009年9月第1版
印　　次／2019年3月第2次印刷

书　　号／ISBN 978-7-5097-1007-4
定　　价／128.00元（全四卷）

作者近照 2009・莫斯科

金冲及教授

1930年12月生于上海，1951年毕业于复旦大学历史系，是新中国培养的第一代中国近代史学者，半个多世纪以来在该领域内取得众多开拓性成就。

先后当选为中国史学会副会长、会长，北京大学、复旦大学教授、博士生导师，1984年起担任中共中央文献研究室副主任，直到2004年退休。2008年6月，当选为俄罗斯科学院外籍院士，是中国历史学界继郭沫若、刘大年之后获此殊荣的第三人。

改革开放以来，多次参与党的重要文献的起草工作。主编《毛泽东传》《周恩来传》《刘少奇传》《朱德传》等，其中《周恩来传》和《毛泽东传》分别获得第一届和第三届国家图书奖。

其他重要著作主要有：《辛亥革命史稿》《孙中山和辛亥革命》《转折年代——中国的1947年》，等等。

总　目　录

本卷目录

“督军团”现象反映出中国旧的统治秩序已经乱套，无法再利用原来那套办法来维持，只得采取这种粗暴的、更加不得人心的做法。

第四章　五四运动唤起的新觉醒……143

五四新文化运动怎么会发生？它是由人们对辛亥革命失败原因的痛苦反思而来。旧的社会不改造，个人再努力，也是没有前途可言的。把**“改造社会”**放在**“个性解放”**之上，表明人们对问题的认识已从表层向更深层次开掘。**俄国十月革命**为什么会在中国先进分子中引起如此强烈的反响？原因在于，它正好给了人们正在苦苦思索的问题以一个全新的答案。

第五章　中国共产党的诞生 ……177

中国共产党从一开始就有几个特点：一是用科学的理论——马克思主义来观察和分析中国的问题；二是下决心到占中国人口最大多数的工农大众中去做群众工作；三是要求建立严格的纪律以达到行动的一致。这样的政党在中国以往历史上还不曾有过。最早提出并推动在中国建立共产党的，是**陈独秀**和**李大钊**。

第六章　“打倒列强，除军阀”的国民革命……205

对当时的国共两党来说，**“合则两利”**是再清楚不过的事实；如果一定要说谁在这中间得到的更多，发展得更快，大约只能是国民党而不是年轻的共产党。**中山舰事件**的经过当然有偶然的因素，但蒋介石立刻采取这样大的动作，以突然袭击的手段排除异己，显然有着更深的背景和用心，不能简单地只用偶然因素来解释。**大革命**为什么失败？决定的因素是客观的力量对比；应该说它的失败很难完全避免。

第七章　南京政府的最初几年……275

新军阀间的大规模内战，代替了北洋军阀统治时期的军阀割据和军阀混

引　言

我们如此熟悉、仿佛依然生活在其中的二十世纪，转眼间已被称为“上一个世纪”，完全成为历史研究的对象。尽管尘埃还没有完全落地，这个世纪终究已经结束，可以把它作为一个完整的发展过程来考察和研究了。

二十世纪，是一个充满动荡和剧变的不平凡的世纪。

在人类历史上，没有任何一个世纪在变化的规模和深度上能同二十世纪相比。在这一百年里，经历过两次世界大战，给人类带来深重的苦难。也是在这一百年里，社会的进步令人目不暇接：社会主义作为一种新的社会制度，从学说变为现实；被压迫民族的解放运动席卷全球；社会经济生活和科学技术日新月异地突飞猛进，给人类带来过去难以想象的进步。

对中国来说，这是决定我们民族生死存亡的一百年。

当这个世纪来临的时候，西方列强的八国联军正占领着中国的首都北京。以后，日本军国主义者又大举侵略中国，直到发动全面的侵华战争。亡国的阴影一直像噩梦般笼罩在中国人的心头。在很长时间内，帝国主义和封建势力牢牢地控制着中国，中国的经济文化那样落后，中华民族被傲慢的西方殖民者讥笑为“劣等民族”。占中国人口绝大多数的劳苦大众被压在社会的最底层，连起码的生存保障也没有。这是一幅多么悲惨的情景！经过半个世纪可歌可泣的奋斗，经历重重困难和曲折，中国人终于站立起来，以独立的姿态开始建设一个新国家和新社会。这以后，又经过半个世纪的奋斗，经过种种困难和曲折，到二十一世纪到来时，中国的面貌已发生使世界惊讶的变化，正在向社会主义现代化的宏伟目标大踏步前进。

一部二十世纪中国历史中，始终贯穿的鲜明主题是：为实现中华民族的伟大复兴而奋斗。中华民族面对两大历史任务：一个是求得民族独立和人民解放，一个是实现国家的繁荣富强和人民的共同富裕。它必须分两步走：后者是人们憧憬和奋斗的目标，前者是后者的必要前提。所谓必要前提，就是指它是无法逾越的。如果连民族独立和人民解放都无法做到，哪里还谈得上什么国家繁荣富强和人民共同富裕？要是把二十世纪中国历史分成两半的话，前半个世纪，也就是一九〇一年到一九四九年，中国人主要解决了民族独立和人民解放的问题；后半个世纪，也就是一九四九年至二〇〇〇年，中国人所要解决的是国家走向繁荣富强、人民走向共同富裕的问题。今天，它已毫无疑义地以崭新的面貌屹立在世界的东方。

像中国这样一个有着几亿人口的东方大国，在一百年内实现这样翻天覆地的变化，在人类历史上是罕见的。这样的变化是怎么发生的？它不是也不可能一步达到，中间经历过三次历史性巨大变化：一次是辛亥革命，结束了几千年的君主专制制度；一次是中华人民共和国成立，建立起社会主义的基本制度；一次是改革开放，为实现社会主义现代化而奋斗。这是一个复杂艰苦的探索过程。无论革命、建设还是改革，都没有前人留下的现成方案，一切只能靠中国人自己在实践中摸索前进。这个进程一直延续到今天，就像是一场毫不间断的接力跑，后继者总是以前人已达到的位置为出发点，随后又远远地跑到它的前面。前人有过的曲折也是后继者的财富。它又像要攀登一座高楼总是要从一个稍低的台阶再跨上另一个更高的台阶，不容许超越实际可能而一步登天。历史就是这样前进的。

现在，我们就来看一看中国人在这一百年内到底是怎样一步一步走过来的。

第一章

步入二十世纪的前夜

对生活在今天的年轻人来说，中国是怎样进入二十世纪的仿佛已十分遥远。他们也许很难想象，当时的中国处在何等深重的苦难中；也很难体会到，那一代中国人在几乎看不到一点光明前景的艰难岁月里，是怎样为祖国的悲惨命运承受着巨大痛苦的煎熬。戊戌维新运动的志士谭嗣同在一首诗中写道："世间无物抵春愁，合向苍冥一哭休。四万万人齐下泪，天涯何处是神州。"〔1〕辛亥革命的健将宋教仁一九○四年所写的一首长歌中有这样几句："嗟神州之久沦兮，尽天荆与地棘。展支那图以大索兮，无一寸完全干净汉族自由之土地。披发长啸而四顾兮，怅怅乎如何逝。"〔2〕这些诗句很能反映出那时众多中国人的满腔悲愤。

这种苦难历程的开端，需要追溯到一八四○年英国殖民主义者为可耻的贩毒行为而发动的鸦片战争。它使中国社会的发展脱离开原有的轨道，开始丧失一个独立国家拥有的完整主权和尊严，走上听凭洋人欺凌和摆布的半殖民地道路。

但是，中国人并没有很快就意识到这场大变化的深刻含义。

中国是一个几千年的文明古国，周围的地形使它处于同外界相对封闭的状态。这种历史和地理条件，加上缓慢发展的农业经济，使中国的

〔1〕《谭嗣同全集》（增订本）下册，中华书局1981年1月版，第540页。

〔2〕《宋教仁集》下册，中华书局1981年3月版，第500页。

社会结构和民族心理在很长时间内保持着近乎迟滞不前的巨大惰性。“天不变，道亦不变”被人们奉为信条。长时期以“天朝大国”自命，更使许多人盲目自大，安于现状，对事实上正在发生的变化依然不屑一顾，很少有进行根本性的改革来改变现状的要求。如果没有一次极大的震动，人们是不容易从这种状态中摆脱出来的。

我们可以简单地看看历史事实：鸦片战争的炮声，丧权辱国的南京条约的签订，使人们感到震惊，突然发现在中国以外还存在一个如此陌生的外部世界，但他们一时并不能了解那到底是怎么一回事。魏源在当时可算是睁眼重新看世界的先进思想家，但他在《海国图志叙》中仍认为只要能够实行“以夷制夷”、“以夷款夷”、“师夷长技以制夷”这几条，中国并不难回到“一喜四海春”、“一怒四海秋”那样的盛世。十多年后，发生第二次鸦片战争，英法联军攻占了中国首都北京，火烧圆明园，咸丰皇帝逃往承德并死在那里，中国被迫同列强先后签订了天津条约、瑷珲条约、北京条约，这个刺激该说很大了。但战争结束后不久，在英、法等国帮助下，清朝政府把它视为“心腹之患”的太平天国镇压下去，统治秩序又暂时稳定了三十年。标榜“自强”、“求富”的洋务运动一步一步推行，使许多士大夫兴高采烈。所谓“同治中兴”的赞颂，在这种情况下被高唱入云。直到中日甲午战争前夜，郑观应在他的名著《盛世危言》中看到“时势又变，屏藩尽撤，强邻日逼”的严重局面，觉得需要危言耸听地提出一系列改革主张。但他在书名的“危言”前一定要加上“盛世”两字，不敢说已是衰世。他在正文篇目中把“道器”列为第一篇，说中国自有“列圣相传之大道”，而“西人不知大道，囿于一偏”。〔1〕不这样做，他将受到的压力便太大。梁启超这样总结：“自甲午以前，吾国民不自知国之危也。不知国危，则方且岸然自大，偃然高卧。故于时无所谓保全之说。”〔2〕可见，当时许多人对严重的民族危机还处在何等麻木的状态！

一八九四年至一八九五年的中日甲午战争，把这种局面一下子完全

〔1〕郑观应：《盛世危言》，中州古籍出版社1998年9月版，第52、56、57页。

〔2〕哀时客：《尊皇论》、《清议报》第9册，1899年3月22日。

打破。战争的惨败和条约的苛刻，是许多人原来根本没有想到的，深深地刺痛了人们的心。它给中国人的震动太大了：中国在世界上已经大大落后，国家灭亡已成为迫在眉睫的现实威胁。往日那种盲目自大和麻木不仁的心态再也无法继续保持下去。中国的前途和命运将会怎么样，它的出路在哪里，这些问题冷酷地摆在中国人面前，要求人们重新加以考虑。

这是中国近代历史上一个重大转折点。要讲二十世纪中国的历史，不能不提前几年从中日甲午战争讲起，因为此后许多问题正是从这几年直接发展下来的；否则，事情的来龙去脉便无法交代清楚。

甲午战败后的空前变局

甲午战争，是日本军国主义势力经过长期精心准备，蓄意挑动起来的。自明治时代以后，日本政府在对内实行维新改革的同时，对外积极推行侵略扩张政策。明治即位之初，就由天皇发表“宸翰”（即亲笔信），宣称将“开拓万里波涛，布国威于四方”。〔1〕一八九〇年三月，山县有朋首相发表《外交政略论》，提出国家的“主权线”以外还有所谓“利益线”，需要纳入“保卫”的范围，把它定为国策。他写道：

“所谓主权线，乃国家之疆土；所谓利益线，则势与邻国接触而同我主权线之安危紧密攸关之地域。”“保护利益线之道如何？苟各国之所为于我不利者，我有责任以强力表达我意志而排除之。”〔2〕

这分明是道道地地的军国主义强盗逻辑。山县有朋接着写道：“我国利益线之焦点实在朝鲜。”其实，这只是它的第一步。当时，朝鲜和中国有着历史上形成的特殊关系。日本军国主义者在紧锣密鼓地策划把

〔1〕（日）信夫清三郎：《日本政治史》第2卷，上海译文出版社1988年4月版，第157页。

〔2〕《山县有朋意见书》，第196、197页，转引自沈予《日本大陆政策史（1868—1945）》，社会科学文献出版社2005年8月版，第52页。

大规模武装侵略的矛头直指朝鲜的同时，同中国之间的战争就已不可避免。

昏庸的清政府却依然沉醉在一片歌舞升平的迷梦中，正在筹备庆祝慈禧太后的六十寿辰，毫不意识到周围局势是多么险恶，更没有做应对突发事变到来的准备。掌握很大实权的北洋大臣、直隶总督李鸿章暮气已深，一心只想保存自己手里那点实力，无意用来抵抗强敌。

东亚上空已密布着战争乌云。黄海两岸，一边是野心勃勃正在兴起的日本军国主义势力，一边是腐朽怯懦、苟延残喘的大清帝国，两者之间的胜败几乎在战争开始前就决定了。

一八九四年春，朝鲜南部爆发大规模的东学党起义。起义军提出“逐灭夷倭”、“尽灭权贵”的口号。六月三日，朝鲜政府派内务府参议成岐运携带政府照会，正式请求中国出兵支援。清朝政府在朝方的要求和日本的怂恿下，派遣一部分军队进入朝鲜。这支兵力人数不多。而日本随即以“保护侨民和使馆”为名，向朝鲜大举出兵，强行占领朝鲜京城汉城。这是他们早有预谋的行动。“在六月底时，济物浦以南的牙山有中国军队三千人，在汉城和济物浦仅有几百名卫队。日本在朝鲜境内则约有一万八千人。”〔1〕双方处于力量悬殊的对峙状态。

战争由日本军队“不宣而战”的突然攻击开始。这是日本军国主义者发动历次大规模战争时一贯的背信弃义做法，以后的日俄战争、九一八事变、卢沟桥事变、珍珠港事件等莫不如此。而李鸿章直到战争爆发前五天还致电告诫驻朝的清军将领叶志超：“日虽竭力预备战守，我不先与开仗，彼谅不动手。此万国公例，谁先开战，谁即理诎。切记勿忘！汝勿性急。”〔2〕

事实对李鸿章的告诫是一个极大讽刺。日本侵略者发动战争，并不需要任何借口，更不考虑是否理屈。七月二十五日，日本联合舰队在牙山湾外丰岛附近海面上，向执行护航任务的中国军舰广乙号和济远号突然发炮袭击，接着击沉中国租来运兵的英国商轮高升号。四天后，日本

---

〔1〕（美）马士、宓亨利：《远东国际关系史》上册，商务印书馆1975年10月版，第380页。
〔2〕《李文忠公全集·电稿》第16卷，第25页。

陆军又在成欢驿袭击从牙山撤退的清军。战争就这样爆发了。八月一日，中日双方正式宣战。李鸿章的消极避战，面对不讲信义的强敌，并没有使战争得到避免，只是使自己在战争发生时处在缺乏应对准备的被动状态下。

一幕幕悲剧很快展现在中国人面前。

在陆路：朝鲜境内，除左宝贵、聂士成等部进行过英勇抵抗外，其余大多不战溃退。从日本方面来说，把清军逐出朝鲜“只是征清的第一步”，最终目的是使日军“深入中国境内，攻占其首府，以迫使中国签订城下之盟”。[1] 这是它的既定方针。十月二十四日和二十五日，日本陆军四万多人分两路大举侵入中国的东北地区：一路突破清军在鸭绿江的防线，随后攻占虎山、安东、九连城、岫岩、海城等地；另一路在辽东半岛登陆，先后攻占大连和旅顺要塞，并在旅顺连续四天纵兵疯狂屠杀手无寸铁的平民和妇女儿童约两万人，全市幸免于难的只有四五百人。第二年一月，日军攻占盖平，两路会合，辽河以东要地几乎全陷日军之手。接着，他们又先后占领牛庄、营口和田庄台，清军受到重大损失，东北局势根本动摇。清朝政府急于乞和。

在海路：那是更加引人注目的战场。自从鸦片战争以来，外国列强发动的历次对华侵略战争几乎都依靠他们的坚船利炮从海上发动进攻。海防成为人们特别关心的话题。一八八八年，李鸿章主持下的北洋海军正式成军，大家曾对它寄以极大希望。确实，当北洋海军成军之初，它的实力超过日本海军。当时，两千吨以上的战舰在日本只有五艘，吨位合计不足一万五千吨；而北洋海军却有七艘，吨位合计两万七千多吨。其中，由德国制造的定远、镇远两艘铁甲舰各重七千三百多吨，并拥有日本海军所没有的重炮。但以后六年间，日本不断添置新舰，最重的吨位虽只有四千二百多吨，装备和速度却超过北洋海军；腐败的清政府却不再添置一艘军舰，不再更新一门大炮。双方的力量对比发生逆转。[2]

---

〔1〕《日清战争实记》第 9 编，第 1 页，转引自戚其章《甲午战争史》，人民出版社 1990 年 9 月版，第 180 页。

〔2〕戚其章：《晚清海军兴衰史》，人民出版社 1998 年 4 月版，第 332、333、380 页。

甲午战争中最重要的，是一八九四年九月十七日的黄海大战。双方主力在鸭绿江口大东沟附近的黄海海面相遇，展开了激烈的炮战。北洋海军将士表现得十分英勇。致远号管带邓世昌在舰受重伤后，开足马力，直冲日本旗舰吉野号，不幸被鱼雷击中沉没，全舰将士除七人外全部殉难。战斗持续四小时四十分，日本舰队也因多受重创，自行撤退。对这次战役，美国学者马士（当时正在中国海关总税务司工作）、宓亨利评论说：

“战斗一直继续到下午五时双方弹药缺乏时为止。日方伤亡二百三十九人，中国方面包括溺毙者在内，伤亡约六百人。丁提督也在受伤者之列。日本旗舰受重伤；中国船舰被击沉或被迫靠岸的计四艘，另一艘则临阵脱逃。就某种意义来说，战术上的胜利是属于中国的两艘铁甲兵船的，因为在傍晚撤退的是日本舰队，而且中国运输舰还卸下了所载的军队和给养。但从那一天起，海上的优势就一直被日本占去了。”〔1〕

为什么“从那一天起，海上的优势就一直被日本占去了”？日本首相伊藤博文也这样写道：“敌人的舰队自从黄海一败之后，似乎已经畏缩而失去出战的勇气，但仍然未完全丧失战斗力。”〔2〕其实，它的真正原因是李鸿章在黄海大战后看到北洋舰队受损，便张皇失措。他把北洋海军看作自己的重要政治资本，宁可避战而保船，致电留在北洋海军基地威海卫的海军提督丁汝昌：“有警时，丁提督应率船出傍台炮线内合击，不得出大洋浪战，致有损失。”〔3〕这一来，北洋海军便只能死死留在威海卫港内，不但在日军攻占旅顺港时没有前往支援，甚至连在黄海海面上也不再出而游弋，自然谈不上什么“海上的优势”了。

尽管如此，日本方面绝不会放过这支北洋海军。威海卫是个天然良港，面临渤海，背倚群山，港湾宽阔，刘公岛成为港口中央的屏障，并

〔1〕（美）马士、宓亨利：《远东国际关系史》上册，第383页。

〔2〕（日）久米正雄：《伊藤博文时代》，团结出版社2007年1月版，第263页。

〔3〕《李文忠公全集·电稿》第19卷，第1页。

修筑了许多指向大海的新式海岸炮台。但它最大的弱点，是难以抵御来自背后陆上的攻击。日军抓住这个弱点，用舰队严密封锁威海卫港狭窄的出海口，使北洋海军（包括定远、镇远这两艘铁甲舰）只能被困港内，坐以待毙。日本陆军又在一八九五年一月二十日从山东半岛东端的荣成登陆，绕后路直插并占领威海卫港湾南岸的炮台。北洋舰队处在日军前后夹击、被动挨打、完全没有回旋余地的困境下。将士们虽进行了顽强的抵抗，到二月十七日终于全军覆没。苦心经营多年的北洋海军就这样被断送了。这是一场何等令人愤慨的悲剧！

日军向威海卫发动进攻时，清政府遣使赴日乞和。他们最初派出的全权大臣被日方以级别不高而拒绝，最后只得改派李鸿章赴日本马关，同日本首相伊藤博文谈判。只要读一读谈判记录，就可以看到，中国在这次谈判中屈辱到何等地步。伊藤博文拿出条款节略后，极其傲慢地对李鸿章说："中堂见我此次节略，但有'允'、'不允'两句话而已。""李云：难道不准分辨？伊云：只管辩论，但不能减少。""李云：我两国比邻，不必如此决裂，总须和好。伊云：赔款让地，犹债也；债还清，两国自然和好。"最后一次会谈时，伊藤提出：换约后一个月，必须完成台湾的交割。李云："头绪纷繁，两月方宽，办事较妥，贵国何必急急？台湾已是口中之物。"伊云："尚未下咽，饥甚！"〔1〕尽管国内反对签约的抗议十分强烈，群情激愤，但清朝政府已下定决心屈服。四月十七日，双方签订《中日讲和条约》，通常称为"马关条约"。马关条约的主要内容有：中国割让辽东半岛、台湾全岛和附属各岛屿给日本；向日本赔款库平银二万万两；日本人得在中国通商口岸任便从事各项工艺制造，又得将各项机器任便装运进口，只交所定进口税；开放沙市、重庆、苏州、杭州为商埠，日船可沿内河驶入以上各口，搭客载货，等等。不久，因俄、德、法三国干涉，日本不得不取消割取辽东半岛一款，但又增加中国赔款库平银三千万两。

中日甲午战争的失败给中国人带来的刺激太大了。洋务运动时期人

---

〔1〕王芸生：《六十年来中国与日本》第2卷，生活·读书·新知三联书店2005年7月版，第284、289、307页。

们曾寄予很大期望的新式海陆军，在战争中竟那样快地覆没了。原来在很长时间内造成的虚幻的安全感顿时消失。马关条约中的条款又那样苛刻。亲身经历这场事变的吴玉章在回忆录中沉痛地写道：

“这真是空前未有的亡国条约！它使全中国都为之震动。从前我国还只是被西方大国打败过，现在竟被东方的小国打败了，而且失败得那样惨，条约又订得那样苛，这是多么大的耻辱啊！李鸿章的‘洋务’运动彻底破产了，李鸿章的卖国贼面目彻底暴露了。广大人民都反对投降派，反对李鸿章，欲食其肉而后快。当时正在北京会试的各省学子也纷纷集会、请愿，康有为即曾联络其中的一千余人，举行了著名的‘公车上书’，要求拒和迁都，变法图强。我还记得甲午战败的消息传到我家乡的时候，我和我的二哥（吴永锟）曾经痛哭不止……我们当时悲痛之深，实非言语所能表述。”〔1〕

台湾在古代就是中国的领土，居民大多是从大陆的闽南等地移居过去的，清朝又在台湾设省。马关条约突然将台湾割让给日本，在台湾民众中激起极大的悲愤。台湾士绅、工部主事、统领全台义勇的丘逢甲率全台绅民向清政府上书，并血书“拒倭守土”，以示决心。上书中称：

“和议割台，全台震骇。自闻警以来，台民慨输饷械，不顾身家，无负朝廷。列圣深仁厚泽，二百余年所以养人心，正士气，为我皇上今日之用，何忍弃之！全台非澎湖之比，何至不能一战？臣等桑梓之地，义与存亡，愿与抚臣誓死守御。设战而不胜，请俟臣等死后，再言割地，皇上亦可上对祖宗，下对百姓。如日酋来收台湾，台民惟有开仗。谨率全台绅民痛哭上陈。”〔2〕

台湾民众对日本侵略者的抵抗是可歌可泣的。在台湾军民五个多月

〔1〕《吴玉章文集》下卷，重庆出版社 1987 年 10 月版，第 955 页。
〔2〕《丘逢甲集》，岳麓书社 2001 年 12 月版，第 749、750 页。

的浴血抗击中，日本侵略军死伤三万二千多人。曾在台北任近代史研究所第一任所长的郭廷以在他的名著《近代中国史纲》中充满感情地写道："割台消息传至，台人'奔走相告，聚哭于市，夜以继日，哭声达于四野'，声称'誓不从倭'。"五月底，日军自基隆东北登陆，台湾义勇屡歼日军。十月二十一日，日军入台南。"不及万人的义勇及黑旗军对抗数万人，明知势不相侔，仍能喋血奋战四月有余。日军初以唾手可得台湾，及遭到勇猛抵抗，伤亡惨重，乃肆行屠杀，抢掠奸淫，所至人亡家破。台湾虽然沦陷，台人仍然不屈，在日本统治的半世纪中，台人的反日运动，始终未曾停止。"〔1〕

甲午战争失败后，中国面对的民族危机和社会危机是空前的，而且是全面的。

从政治上说，甲午战争把清政府统治的根本缺陷再清楚不过地暴露在世人面前，很难再为它作什么辩解。严复给吴汝纶的信中写道："大抵东方变局不出数年之中。""尝中夜起而大哭。嗟乎！谁其知之。"〔2〕"敌无日不可以来，国无日不可以亡"，已成为越来越多人的共识。马关条约签订的当年，严复在天津《直报》上接连发表四篇文章。第一篇是《论世变之亟》，劈头就说："呜呼！观今日之世变，盖自秦以来未有若斯之亟也。"〔3〕最后一篇《救亡决论》，第一次响亮地喊出"救亡"的口号。一年前，郑观应还只能把他的书名称作《盛世危言》；一年后，严复就不再提什么"盛世"之类的门面话，而直截了当地呼唤"救亡"，要求通过改革来改变现状，寻求新的出路。如果周围局势不突然发生如此令人心悸的剧变，人们的思想要在短期内产生这样深刻的变动是无法想象的。自这时起的近半个世纪内，"救亡"成为所有爱国者心目中最紧迫、最关注的中心问题，一切都要围绕这个中心问题来重新考虑，这是中国近代民族觉醒历程中有着里程碑意义的巨大变化。

从经济上说，甲午战前，清政府的财政虽已日益困窘，但经过多方

---

〔1〕郭廷以：《近代中国史纲》上册，（香港）中文大学出版社1986年版，第274、275页。

〔2〕《严复集》第3册，中华书局1986年1月版，第521页。

〔3〕《严复集》第1册，第1页。

搜罗后还能勉强保持收支平衡，大体每年都在白银八千万两上下。马关条约规定中国向日本赔款二万万两，以后为了赎回辽东半岛又增加三千万两，还加上因分期缴付所需的利息，相当于整整三年全国的财政收入。这样一来，清朝原已捉襟见肘的财政再也无法收拾。它带来两个结果：一个是大大加深清政府对帝国主义列强的依赖，只能大量举借外债来支付赔款。这便成为列强借以在华争夺和划分势力范围的发端。另一个是使清政府加紧对国内人民的搜刮，实行竭泽而渔的掠夺。各级官吏还要层层中饱。人们越来越活不下去，到处充满着失望、不满和愤怒。国内的社会矛盾也急遽激化了。

从军事上说，甲午战前三十年间用来支撑清朝统治并可捍卫国家的主要武力，是李鸿章一手训练的淮军和北洋海军。甲午战争中，少数爱国将领和官兵进行了英勇的抗敌，但整个战争一败涂地，北洋海军全军覆没，淮军除聂士成等部外也丧失殆尽。战后，派袁世凯在小站练兵，但难以立见成效。这就使清朝的军事统治出现一个短期内无法填补的实力真空。义和团运动所以能在华北迅速兴起，清政府束手无策，进退两难，同这种特定的历史背景直接有关。袁世凯为首的称雄一时的北洋军阀的形成，也是从此开始的。

如果用短近的眼光来看，甲午战争对中国似乎只是一场备受屈辱的悲剧；但以更长远的眼光来看，却又是一个新的起点。屈辱迫使人们重新思考，屈辱又催促人们猛醒，发愤图强，从而揭开中国近代历史上新的一页。

当然，并不是在任何时候和任何地方，屈辱都能带来这样的积极效果。甲午战后百年间的事实，表明中华民族是一个蕴藏着巨大生命力的民族。当时国外有些人把它比作一头“睡狮”。在激烈的竞争时代依然昏睡，自然是可悲的。但一旦猛醒，它仍不愧为一头雄狮，可以展示出许多人意料不到的巨大潜力。中华民族是一个热爱和平的民族，但它绝不能容忍别人对它的肆意侮辱和欺凌，一旦认识到存在的严重危机，便会万众一心地奋起前进。这便是我们这个民族的精神。

维新运动带来的思想解放

中日甲午战争的结束，改变了整个东亚的政治格局。

对日本来说，学者远山茂树这样概述："以甲午战争走向帝国主义早熟的步伐加速了。凭战争得到的巨额赔款（收到的是英镑），成为一八九七年三月确立金本位制的准备金。此外，第一抵补了甲午战费的百分之三十（七千九百万日元），第二用作准备下次更大规模战争（帝国主义战争）的扩充军备费用（约二亿日元），第三用来设立钢铁厂和扩充铁路、电报、电话事业（三百八十万日元），第四用来充作经营台湾殖民地的费用（一千二百万日元），第五用来充作皇室费（两千万日元）和水雷、教育、灾害准备的三种基金（五千万日元）。就是说，以赔款的杠杆和天皇制军国主义紧密结合的日本资本主义确立起来了。资产阶级也积极地热衷于对外侵略政策，叫嚷所谓'国旗飘扬的地方，贸易随之。'甲午战争并不是由于帝国主义矛盾而爆发的战争，但在完成帝国主义世界体制和作为日本帝国主义形成的开端上，却是划时代的。"[1]从此，日本军国主义便一步一步发展成为二十世纪前半期对中华民族的主要威胁。

在中国方面，清政府的腐败无能和急速衰落已经暴露无遗，成为谁都看得清楚的事实。西方列强把它看作一艘快要沉没的破船，争先恐后地扑上前来，想尽快从这里多捞取一把，掀起了在中国争夺势力范围的狂潮。出现在中国人面前的是一幅令人惊心动魄的图景：甲午战争结束后两年，德国在一八九七年十一月，借口德教士两人在山东巨野被害，出兵占领胶州湾。十二月，沙俄军舰佯称助华抗德，驶入旅顺港。一八九八年三月，清政府同德国公使签订胶州湾租借条约，租期九十九年；准许德国修造从胶州湾至济南的铁路，铁路附近三十里内的煤矿由德国开挖；山东境内如开办各项事务，德国有优先权。取得铁路建筑权，往

[1] （日）远山茂树：《日本近现代史》第1卷，商务印书馆1983年10月版，第126、127页。

往同时就是取得铁路沿线的矿山开采权（这就是五四运动时“山东问题”的最初由来）。同月，清政府又同沙俄签订旅顺、大连租借条约，租期二十五年；南满铁路由俄方控制的东省铁路公司建造。法国本已取得云南、广西、广东的开矿优先权和越南至中国境内建筑铁路、架设电线权，接着又取得广州湾（今广东湛江）的九十九年租借权。英国得到中国长江流域永不割让给他国、永任英人为海关总税务司的承诺，又强行租借九龙新界和威海卫。日本获得清政府不将福建让租他国的认可。后来，英、德、俄之间索性撇开清朝政府自行协商，分别达成协定，划分各自在中国的势力范围。起步稍晚的美国政府只能提出“门户开放”的主张，承认其他国家势力范围的划分，但要求与其他国家在华享有均等的贸易机会和待遇。

中国面对的问题已不再是过去所说的强或弱，而是更加冷酷的存或亡了。亡国灭种的现实威胁，像一个令人战栗的阴影，笼罩在每个爱国者的心头。人们一旦发觉自己已处在生死存亡的边缘，便不能不对过去的传统信条进行深刻的反思，尽力以新的眼光去审视外部世界，力图从中汲取足以挽救民族危亡的力量，寻求国家的新的出路。在近代中国的具体历史条件下，救亡成为近代启蒙运动的真正动力和起点。

知识分子，在被压迫民族中通常是政治上最敏感、最早觉醒起来的部分。当时中国社会中的知识分子大体上还是旧式的士大夫。他们受了几千年封建传统思想的浸润，“君臣之义已定，天泽之分难越”、“食毛践土，莫非臣子”之类的观念在头脑里根深蒂固。甲午战后流行过一部时论选集叫《普天忠愤集》。“忠愤”两字并提，是当时一般爱国知识分子的普遍心理。他们目睹祖国面临沦亡的严重危险，满腔悲愤地起来奔走呼号，但一时却还突不破“忠君”精神枷锁的束缚，把忠君爱国看作一回事。康有为的那些声泪俱下、处处不忘“列祖列宗及我皇上深仁厚泽涵濡煦育数百年之恩”的话，最容易打动他们的心。光绪皇帝支持变法的态度，更使他们欢欣鼓舞，产生巨大的幻想。康有为等发动的维新变法运动，能够在国内掀起一股巨大浪潮，成为当时爱国救亡运动的主流，是很自然的。

这次维新变法运动的进程，是一步紧扣一步地同当时民族危机的逐步激化相应的。梁启超在《戊戌政变记》一书中劈头就写道："吾国四千余年大梦之唤醒，实自甲午战败、割台湾、偿二百兆以后始也。我皇上赫然发愤，排群议，冒疑难，以实行变法自强之策，实自失胶州、旅顺、大连湾、威海卫以后始也。"[1] 这里说得很清楚：维新变法运动，作为一次具有相当规模的思想运动和政治运动的兴起，是甲午战败强烈刺激下的产物；而戊戌变法高潮的出现，又是列强公然在华争夺并划分势力范围、民族危机迅速激化的产物。

马关条约签订的消息传到北京，正值各省举人云集北京应试的时候。康有为倡议举人们聚议，共同上书。聚议的结果，推康有为起草，有举人一千二百多人连署。书中慷慨陈词，要求拒和变法。这次上书，由于都察院拒绝代递，并没有送达光绪皇帝。但这一千二百多名举人连署的"公车上书"，在有清二百多年的历史上还是破天荒第一次。书稿很快被坊间翻刻流传。各省举人返回各地，更使这个事件在全国产生巨大影响。

公车上书失败后，康有为、梁启超留在北京，联络社会各方，特别注重开展文化宣传活动。他们创办《万国公报》（后改名《中外纪闻》），并推动开设强学会于北京、上海。第二年，又出版《强学报》。不久，强学会遭封闭。梁启超又和汪康年等在上海创办《时务报》，销行至万余份，成为中国有报以来所未有。一八九七年，康有为等创办《广时务报》（后改名《知新报》）于澳门，江标、唐才常等创办《湘学报》于长沙（第二年又出版唐才常主编的《湘报》），严复、夏曾佑等创办《国闻报》于天津。同年十月，湖南在巡抚陈宝箴支持下开设时务学堂，聘梁启超为中文总教习。有了这些据点，维新变法运动就在全国逐步高涨起来。

德国强占胶州湾时，康有为本来在北京筹划移民美洲的事，闻讯后再次上书光绪皇帝，痛陈局势的严重性和紧迫性：

---

[1] 梁启超：《戊戌政变记》，《中国近代史资料丛刊·戊戌变法》第1册，上海人民出版社1957年5月版，第249页。

“日本议院日日会议，万国报馆议论沸腾，咸以分中国为言。若箭在弦，省括即发，海内惊惶，乱民蠢动。”“瓜分豆剖，渐露机牙，恐惧回惶，不知死所。”“譬犹地雷四伏，药线交通，一处火燃，四面皆应，胶警乃其借端，德国固其嚆矢耳。”

他在这次上书中提出“采法俄日以定国是”（“俄”指彼得变法，“日”指明治维新）、“大集群才而谋变政”、“听任疆臣各自变法”三策，并且强烈地警告说：“宗社存亡之机，在于今日；皇上发愤与否，在于此时。若徘徊迟疑，因循守旧，一切不行，则幅员日割，手足俱缚，腹心已刲，欲为偏安，无能为计；圈牢羊豕，宰割随时，一旦脔割，亦固其所。”“职恐自尔之后，皇上与诸臣，虽欲苟安旦夕，歌舞湖山而不可得矣，且恐皇上与诸臣，求为长安布衣而不可得矣！”〔1〕这些话是很大胆、也很有震撼力的。

随着德国强占胶州湾，列强纷纷在华攫取势力范围，情况越来越危急。四月，康有为在北京发起成立保国会。他在第一次集会上发表了沉痛激昂的演说，“座中人有为之下泪者”。他说：

“二月以来，失地失权之事，已二十见，来日方长，何以卒岁？缅甸、安南、印度、波兰，吾将为其续矣。”“吾中国四万万人，无贵无贱，当今日在覆屋之下，漏舟之中，薪火之上，如笼中之鸟、釜底之鱼、牢中之囚，为奴隶，为牛马，为犬羊，听人驱使，听人割宰，此四千年中二十朝未有之奇变。”“吾四万万之人，吾万千之士大夫，将何依何归何去何从乎？故今日当如大败之余，人自为战。救亡之法无他，只有发愤而已。”〔2〕

在这前后，各地学会、报馆等纷纷成立。据不完全统计，三年内，

---

〔1〕《康有为政论集》上册，中华书局1981年2月版，第201、202、208、209页。

〔2〕《康有为政论集》上册，第239、237、240页。

全国共设立学会八十七所、学堂一百三十一所、报馆九十一所。这是中国社会中以前没有过的新现象。他们议论局势，鼓吹新学，抨击时弊。以往清朝律例一向禁止私人结社，至此国内风气为之大变。

在亡国的威胁和维新变法运动的推动下，清朝最高统治集团内部也发生分化。由于慈禧太后把持着朝内一切大权，光绪帝名为皇帝实际上处于无权地位，他对慈禧太后推行的对外屈服的政策不满。这时，借着慈禧表面上允许他“亲政”的机会，就在一八九八年六月十一日下诏明定国是，宣布变法。接着，陆续颁发许多诏书，准备自上而下地实行一些改革。从光绪下诏变法，到九月二十一日慈禧太后发动政变、光绪帝随后遭到软禁、变法停止，前后共一百零三天，号称“百日维新”。

尽管“百日维新”的那些谕旨，由于皇帝没有多少实权，并没有真正得到执行，但由于它用皇帝“圣旨”的名义下达，在国内引起的震动是巨大的。当时远在四川的吴玉章回忆道：

“甲午之前，在我的头脑中占主导地位的还是传统的忠孝节义的思想。”“那时四川还很闭塞，新书还未流行，因此我还没有接触到什么‘新学’。不过，我对当时国家危亡的大势是了解的，我正在为祖国的前途而忧心如焚。甲午战争的失败，更激发了我的救国热忱，我需要找寻一条救亡图存的道路。我知道当时政治的腐败和官场的黑暗，因此，对‘洋务’运动的失败并不感到惊奇。但是，中国的出路究竟何在呢？我有些茫然。正当我在政治上十分苦闷的时候，传来了康梁变法维新的思想，我于是热烈地接受了它。”

“‘戊戌变法’的那些措施，虽然是微不足道的，但在当时却曾经震撼人心。我是亲身经历过的人，所以感受得特别深刻。那时我正在四川自（自流井）贡（贡井）地方的旭川书院读书，由于热心于变法维新的宣传，人们给了我一个外号，把我叫做‘时务大家’。当变法的诏书一道道地传来的时候，我们这些赞成变法的人，真是欢欣若狂。尤其是光绪帝三令五申地斥责守旧派阻挠上书言事，更使我们感到鼓舞，增长了我们的气势，迫使那些反对变法维新的守旧分子哑口无言。现在看来，我们那时对光绪帝的迷信，是何等的幼稚可笑，但在当时，尤其是在我的家乡，我们的思想要算是最进步的了。”[1]

戊戌维新运动的重大历史贡献，主要在思想文化领域内。它所以能在一向闭塞的中国社会中激起如此巨大的思想波澜，根本的一条，是因为它适应着当时众多的苦苦寻求救国出路的人们的需要，给了他们一个新的答案。它在中国思想界引起的变化，最重要的有：

第一，它帮助广大知识分子认识万国大势，看清中国面临的严重民族危机，提高了民族觉醒的程度。本来，许多人虽然痛切地感受到“敌无日不可以来，国无日不可以亡”，但由于长期处于闭塞状态，对世界整个局势究竟是怎么一回事，事变到底会怎么发展，还是茫无所知的。世界知识的缺乏，是一个普遍的现象。维新派这时通过报纸和学会，宣传他们当时所知道的一点万国大势。《时务报》“译欧美报纸，载瓜分之说，以激厉人心，海内为之震动。”[2]“天津报馆刊布瓜分中国图说，远近震恐。”[3] 湖南的南学会每七天举行演讲会一次，“演说中外大势，政治原理”，产生很大的影响。

第二，它以广泛的规模宣传西方近代文化，即所谓新学，其中包括社会政治学说和自然科学。鸦片战争以后，这种新学虽然早已渐次传入中国，但在很长时间内，一般士大夫认真关心这种新学的很少很少。直到中法战争以前，仍然是“朝士皆耻言西学，有谈者诋为汉奸，不齿士类”。经过中法战争，“马江败后，识者渐知西法之不能尽拒，谈洋务者亦不以为深耻。然大臣未解，恶者尚多，议开铁路，犹多方摈斥。盖制造局译出之书，二十余年而销售仅一万三千本，京师书肆尚无地球图，其讲求之寡可想矣，盖渐知西学而莫肯讲求。”[4] 西方资产阶级文化在一般士大夫看来，仍不能在所谓“大道”中占有半点地位。封建文化依

〔1〕《吴玉章文集》下卷，第956、957、958、961页。
〔2〕罗振玉：《贞松老人遗稿》，《中国近代史资料丛刊·戊戌变法》第4册，第249页。
〔3〕胡思敬：《戊戌履霜录》，《中国近代史资料丛刊·戊戌变法》第1册，第359页。
〔4〕梁启超：《戊戌政变记》，《中国近代史资料丛刊·戊戌变法》第2册，第18页。

然牢牢地禁锢着人们的思想。这种状况，在戊戌维新运动期间发生了重大变化。这个运动，把提倡新学和人们救亡的迫切要求紧紧地联结在一起。对当时许多人日夜焦虑、寝食为之不安的问题，它给以一个看起来比较实际的回答：只要实现新学，中国就可以从严重的民族危机中摆脱出来，走上独立富强的道路。西方文化为什么在短时期内忽然被那么多人所关心和向往，根本原因就在于社会有这种客观需要。

在救亡的强烈要求下，国内出现了一个学习西学的空前热潮。各地新成立的学会，纷纷译印图书，刊布或推销报纸，举办讲演会，展览新式仪器，宣传新学。他们把学习西方看作救国的唯一途径，只要是西方的东西都想学过来。这构成当时维新运动的一个重要内容。“百日维新”时，科举考试中废八股、试时务的措施也起了很大作用。当时在广西的雷沛鸿回忆知识界风气大变的情景时写道：

“从此我就从八股文中解放出来，再不用墨守朱子章句而改做另一文体的策论了。策论是不受什么格式限制的，而内容要求丰富，议论则要求纵横捭阖，这就非多读书不可，非打开思路不可，于是学风文风为之丕变，一改过去废书不读为大读其书，上至周秦诸子，下至三教九流，稗官野史、杂书禁书，无所不读。当时我们只要看见书就抢来读，书店来了新书就抢来买，买不到就借来看，甚至借来抄。这样，我们的胸襟眼界就大大开拓了。”〔1〕

第三，它初步宣传了民权思想，给知识分子灌输了一点初步的民主意识。这种“民权”思想的宣传，同样是和救亡要求紧密联系在一起的。汪康年写道：“若夫处今日之国势，则民权之行，尤有宜亟者，盖以君权与外人相敌，力单则易为所挟；以民权与外人相持，力厚则易于措辞。”“且夫民无权，则不知国为民所共有，而与上相睽；民有权，则

〔1〕 雷沛鸿：《辛亥革命的回忆》，《辛亥革命在广西》上册，广西人民出版社 1962 年 4 月版，第 65 页。

民知以国为事，而与上相亲。”[1] 从这点出发，康有为在上光绪皇帝书中一再提出“君民合治”的主张，梁启超在时务学堂的课艺批语中一再强调“兴民权”的重要性，严复在《辟韩》中对这个问题作了痛快淋漓的阐发。谭嗣同在《仁学》中发出“冲决网罗”（包括冲决“利禄之网罗”、“君主之网罗”、“伦常之网罗”等）的呐喊，在当时更是惊世骇俗之谈。各地学会团体纷纷成立，对知识分子中民主意识的初步养成也起了一定作用。

第四，有力地宣传了“变”的观念，对许多知识分子世界观的变化起了巨大作用。

前面说过，在中国几千年封建社会里，“天不变，道亦不变”的形而上学思想占着支配的地位。戊戌维新运动期间，“变”的观念在宣传中占着突出的位置，成为变法主张的理论基础。康有为等力图从中国传统古籍中寻找这种宣传的依据。他们一再引述《周易》中所说的“穷则变，变则通，通则久”的道理，并附会《公羊传》中“张三世”的说法来解释他们的变法主张。梁启超在他《变法通议》中有一段名言：

“变者，天下之公理也。大地既通，万国蒸蒸日趋于上，大势相迫，非可阏制。变亦变，不变亦变。变而变者，变之权操诸己，可以保国，可以保种，可以保教。不变而变者，变之权让诸人，束缚之，驰骤之，呜呼！则非吾之所敢言矣！”[2]

更加值得注意的是严复译述的《天演论》的发表。这是第一次将西方近代重要学术著作比较完整地直接介绍到中国来。它震动了整个思想界，影响了一代知识分子。它替当时求进步的中国人提供了一种同传统儒家思想截然不同的新观念：进化论。《天演论》一开始就引导人们去深思：我们眼前的世界在几千年前是什么样子？它是怎么一步一步发展成今天的？支配这种变化的力量是什么？书中用天文学、地质学、生物

〔1〕 汪康年：《论中国参用民权之利益》，《时务报》第9册，第4页。

〔2〕 梁启超：《论不变法之害》，《时务报》第2册，第5页。

学的丰富材料，在读者面前展现出一幅与“天不变，道亦不变”这种传统观念完全不同的、充满着矛盾冲突和变化的物质世界的图景：世界万物都充满着蓬勃的生气，彼此间进行着异常剧烈的斗争。“数亩之内，战事炽然。”世界就是在这种剧烈斗争中，不断开辟着自己前进的道路。整个宇宙间充满“不可穷诘之变动”。“天道变化，不主故常”，“不变一言，决非天运。”这些今天看来平淡无奇的话，对当时许多人来说，却是石破天惊之论，大大打开了他们的眼界。

《天演论》把“物竞天择”看成支配世界发展的法则。它认为生物在进化过程中，凡是同它周围的环境相适应的，就能生存，能发展；反过来，凡是不相适应的，就会被淘汰，会灭亡。值得注意的是，他所说的这种适应不是消极的、宿命论式的，而是积极的，激励人们去奋斗的。究竟是人胜天，还是天胜人？严译《天演论》作出“人胜天”的回答。它强调发挥“群治”的作用，“与天争胜”。当时，中国的先进分子不甘心祖国长期处在听任外国列强宰割的地位，迫切要求救亡图存，奋发图强。严译《天演论》在卷终按语中语重心长地点出：生当今日，要使国家富强，就必须“早夜孜孜，合同志之力，谋所以转祸为福、因害为利而已”[1]。这就点明了严复所以要在这时翻译发表《天演论》的原因所在。

严译《天演论》所宣扬的进化论，在当时思想界产生了极为巨大的影响，令人耳目一新，没有任何其他书籍能同它相比。鲁迅回忆自己早年在南京水师学堂学习的情景时说：“一有闲空，就照例地吃侉饼、花生米、辣椒，看《天演论》。”[2] 这在那时候是相当普遍的现象，而且在很长时间内支配了中国的进步思想界。

戊戌维新运动推动的变法活动却是注定要失败的。原因在于：在当时中国社会内部，还没有足以支持变法取得成功的社会力量。在朝廷内部也好，地方上也好，旧社会势力仍然占着绝对优势。维新派希望依靠一个并无多少实权的皇帝自上而下地推行某些重要改革，在不触犯地主

---

〔1〕《严复集》第5册，第1317—1397页。

〔2〕《鲁迅全集》第2卷，人民文学出版社1956年10月版，第269页。

阶级根本权利的基础上求得发展资本主义的条件，这对那些无拳无勇的书生来说是可以理解的，但缺乏可以依靠的社会基础就终究只能成为不切实际的幻想。运动还有不少严重的弱点：他们鼓吹的“民权”被限制在君主立宪（也就是康有为所说的“君民合治”）的范围之内，只是要求将原来的绝对君权稍稍开放一点，“参用民权”而已，还声明“欲兴民权，宜先兴绅权”；他们宣传的“变”，只讲渐变，不讲突变。在清朝政府和它代表的旧社会制度已经腐朽到如此地步的时候，已不可能指望它把中国从迫在眉睫的深重危局中解脱出来，更谈不上靠它来实现什么现代化了。美国著名历史学家费正清正确地指出：“没有别的事件能比这更有效地证明：通过自上而下逐步改良的办法来使中国现代化，是绝无希望的。一八九五年的战败和雄心勃勃的计划在一八九八年的彻底破产，第一次大大地促进了革命变革。”〔1〕

尽管如此，决不能因而抹杀戊戌维新运动在中国近代历史发展、特别是思想启蒙方面起过的巨大进步作用。著名历史学家范文澜说得很对：“戊戌变法运动的进步意义，主要表现在知识分子得到一次思想上的解放。中国的封建制度相沿几千年，流毒无限。清朝统治者选择一整套封建毒品来麻痹知识分子，务使失去头脑的作用，驯服在腐朽统治之下。”“当时一整套毒品，受到巨大的冲荡。知识分子从此在封建思想里添加一些资本主义思想，比起完全封建思想来，应该说，前进了一步。”〔2〕只要比较一下戊戌维新运动以前和以后中国思想界状况之间的巨大差别，就不难清楚地看到这一点。摆脱陈旧的思想牢笼的束缚极不容易。人们的思想认识在戊戌维新运动的启蒙下跨出了一步，又从这个运动的失败中再向前跨出一步。在黑暗的旧中国摸索的爱国者们，正是这样一步一步走过来的。

---

〔1〕（美）费正清：《美国与中国》，商务印书馆 1987 年 5 月版，第 147 页。
〔2〕《范文澜全集》第 10 卷，河北教育出版社 2002 年 11 月版，第 438—439 页。

义和团式反抗的悲剧命运

上层士大夫为爱国救亡而发动的戊戌变法刚失败，下层群众自发地反抗外国侵略者的斗争紧接着上升到高潮，那就是震撼世界的义和团运动。

义和团运动风暴的中心，是华北的山东、直隶（今河北）一带。为什么这里会形成风暴的中心？它有着深刻的社会背景：第一，同长江流域及其以南地区比较起来，华北原来要相对封闭，外国政治和经济势力的渗入要晚一些。十九世纪最后几年，这种渗入的步伐大大加快。举例来说，据天津、烟台、胶州三个港口的统计，一八九四年输入的洋纱为十八万多担，到一八九八年就激增到近五十万担，短短四年内增加到百分之二百六十四，沉重打击了华北农村中农民经营的家庭手工业。[1] 义和团兴起的鲁西地区正是重要的产棉区和棉纺手工业区，受到的影响十分明显。社会秩序在如此短的时间内发生急遽变化，自然容易引起格外强烈的反弹。第二，明清以来几百年间，从富饶的长江流域到首都北京间的南北运输通道，主要是流经直隶、山东、苏北的大运河。漕运也好，商运也好，都是如此。运河两岸商业比较繁荣，赖此为生的人员众多，镖局兴盛也是由于这个原因。十九世纪后期，特别是七十年代起，海运渐开，南北之间货物流通大多数改由海轮载运，运河逐渐淤塞，两岸城镇衰落，运河上的船工和纤夫大批失业，造成大量游民，社会生活动荡。第三，这些年内，灾荒不断。黄河下游连年水灾，一八九八年黄河多处决口，洪水奔泻，一望无际，上百万人受灾。第二年又转为大面积亢旱，并发各种灾害，流民遍地。义和团运动最早走向高潮的鲁西北和鲁西南，在山东正是农业产量最低、灾情最为严重、社会流动性最大、民心最为不安的地区。

---

〔1〕 彭泽益：《中国近代手工业史资料》第2卷，生活·读书·新知三联书店1957年9月版，第198页。

还有一点值得注意：一八九八年德国强占胶州湾是以两个德国教士在山东钜野被杀为借口的。这以后，各级地方官员更加不敢得罪外国教会。山东教民在一八七〇年时为两万人，一八九六年已达到四万三千七百三十六人。〔1〕一部分“在教”的不良教民，倚仗教会的势力，享有特权，欺压良民，强行霸道，甚至殴人致死，善良的百姓敢怒不敢言。据山东大学在“神拳”兴起的茌平县调查，老人们说：“神父连茌平县官也惹不了他们。教民就仗着神父给撑劲。教民打官司，写个状纸给神父就可以了，不用到县衙过堂，准能打赢。”〔2〕积怨既久，一旦有人领头，很容易就爆发。有如山东巡抚李秉衡奏折中所说：“久之，民气遏抑太甚，积不能忍，以为官府不足恃，惟私斗尚可泄其忿。于是有聚众寻衅，焚拆教堂之事。”〔3〕

山东、直隶这一带，民间历来就有公开聚众练拳习武的传统，也就是：“农隙讲武，练习拳棒。”这种练拳，最初主要是为了健身和自卫，没有多少政治目标，也没有严密的组织。继李秉衡担任山东巡抚的张汝梅在一八九八年六月的一份奏折中说：

“直隶、山东交界各州县，人民多习拳勇，创立乡团，名曰义和，继改称梅花拳，近年复沿用义和名目。远近传讹，以义和为义民，遂指为新立之会，实则立于咸、同年间未有教堂以前，原为保卫身家、防御盗贼起见，并非故与洋教为难。”〔4〕

义和团最初叫义和拳，名称是“拳”而不是“团”，更不是“教”。它在初期是好几支并不统一的力量的混合称呼，如威县赵三多等的梅花拳，茌平朱红灯等的神拳，曹州刘士端等的一部分大刀会。除大刀会大体上是乡绅控制的地方团练外，其他几支原来都是民间的练拳，参加练

〔1〕（美）周锡瑞：《义和团运动的起源》，江苏人民出版社1995年3月版，第84页。
〔2〕《山东义和团调查资料选编》，齐鲁书社1980年6月版，第106页。
〔3〕《义和团档案史料》上册，中华书局1959年5月版，第6页。
〔4〕《义和团档案史料》上册，第15页。

拳的大多是农民，也有一些游民和中小地主。

最早打起义和拳旗帜的是威县的赵三多。他本来是梅花拳的拳师。梅花拳在山东、直隶一带从清初以来已传了十多代。当地老人说："梅花拳比义和拳早，义和拳是从梅花拳里分化出来的。梅花拳行善事，他们只习拳练武，不闹事。"一八九七年春，因为附近直隶南宫县的梨园屯村民反对教民强行拆除村里玉皇庙，改建教堂，打了多年官司打不赢，请赵三多声援。赵三多在梅花拳拳师中资历比较深，徒子徒孙约有两千人，为人好打不平。他去那里亮拳摆会，前来参加的有三千多人，同教会和官府发生冲突，名声就大了。"当时威县民风尚武，在沙柳寨以西、以南各村落中，都设有练梅花拳的场子，聘有教师。各处教师对赵说：'你用梅花拳名义起事，将来皂白不分，牵连到我们身上，同归于尽，所以我们全不同意。'赵对他们说：'既然这样，我不用梅花拳名义，改名义和拳，自然与你们无干了。"'义和"这两个字，在当地是常见词，就是讲义气、重和合的意思。他们还提出了"扶清灭洋"的口号。梅花拳本来只是练拳，没有多少迷信色彩。当地老人说："由于赵三多成立的义和拳，是从梅花拳演变来的，所以对于画符、念咒、烧香下神等一概没有。"还有老人说："附近没有白莲教。白莲教在曲周那一带，和义和拳不是一回事，那是邪门，讲撒豆成兵，铺席升天。"〔1〕

神拳出现得比较晚。它的拳术看来是从鲁西南的大刀会传过来的。它和梅花拳不同，有着降神附体那一套（请的神大多来自戏文小说，如孙悟空、猪八戒、关公、赵子龙等），但它同大刀会又有所不同。老人说："大刀会不安场子，不练功夫，说吃了符就会刀枪不入了。我们神拳安场子，练功夫。""神拳后改为义和团，是大家同心的意思。义和团的名字是从北边传来的（引者注：冠县在它的北边），是在闹神拳后两三年就改为义和拳、义和团。""白莲教与神拳不是一家子。白莲教能呼风唤雨，拿着板凳当马骑。"〔2〕

原来尽受教会欺压的老百姓，聚在一起练拳，觉得自己并不孤单，

---

〔1〕《山东大学义和团调查资料汇编》上册，山东大学出版社 2000 年 9 月版，第 49—51 页。

〔2〕《山东义和团调查资料选编》，第 122、126、129 页。

就起来反抗教会，逐步表现为武装斗争。斗争的规模越来越大。一八九九年十月，在平神拳重要首领朱红灯在平原、恩县间的森罗殿，集合附近拳民一千多人，打着“天下义和拳，兴清灭洋”的旗帜，同省城派来袭击的官兵发生大规模武装冲突。这个事件影响很大，义和团的名声迅速传遍各地。形形色色反对洋教的拳民纷纷自动打起义和团的旗号，不少小地主、无业游民、白莲教徒也参加进来。拳民所以改称“团”，大概是为了把自己说成民团，以争取合法。这里值得注意一点，不能简单地把义和团运动说成是由原来的秘密宗教结社在斗争中转为公开；它的特点正在于它原是民间公开练拳习武的活动，没有严密的组织约束，能够团聚远比那些秘密宗教结社更广泛的民众，有着很大的群众性。这是它所以能显示出如此巨大威力的原因。

清朝官府（除曾任山东巡抚的毓贤等后期的表现外）最初对义和团运动采取镇压的态度。义和团早期一些领头人朱红灯、本明和尚（杨顺天）、刘士端等都是被官府杀害的。赵三多被捕后死在监狱中仍被戮尸。山东的义和团运动逐渐走向低潮。风暴的中心向清朝的统治中心——直隶转移。

这种转移，并不是像太平天国北伐时那种大进军的形式，而是直隶当地民众闻风而起，听说山东闹义和团了，声势很大，就也打起义和团的旗号。直隶本来也有练拳习武的习惯。像天津义和团的主要首领张德成、曹福田、林黑儿等都是当地人，而不是从山东北上的。他们宣称义和团能请神，能靠神附体，能刀枪不入，可以用来对付洋人，对付那些洋枪洋炮。他们同样存在着和山东相似的要求反抗外来压迫者的强烈情绪。严重的干旱更使人焦躁不安。以沧州（那是一个民间习武之风甚盛的地方）为例。老人说：“他们起来闹义和团是由于平时经常一起练武（到现在仍有这个传统），练武的人一般都行侠仗义，好打抱不平。这一带的义和团就是看不惯洋鬼子欺负中国人起来的。”“义和团民并不是天天练武，每天练一会就回去该干什么干什么。他们平时吃用都是自己出，人们对他们并没有什么反感。但他们也杀人，就是砍那些在教的，人数并不算很多。”[1] 他们一般是一伙住一个村，一伙里有一个大师兄，人多的还有二师兄，没有统一的领导。随着各色各样的人纷纷打起义和团的旗号，它的成份越来越复杂，带来比在山东时更多的宗教迷信色彩，包括白莲教的色彩，例如“乾字团”、“坎字团”这些名目，都是在发展到直隶后才出现的。

当义和团运动开始在直隶境内发展的时候，直隶总督裕禄同样采取严厉镇压的态度。他在一九○○年三月颁布告示严禁，说：“所有设立拳厂煽惑滋事首要匪犯，务必严拿惩办，断不能倖逃法网。”并先后调动聂士成、梅东益等部军队，一遇“拳教互殴，焚烧教堂”，就对拳民实行镇压。[2] 结果，反而激怒义和团众，进而拆毁铁路，焚烧车站，砍断电杆，并直接同清军作战，击毙直隶练军分统杨福同。这时，义和团众已是漫山遍野，裕禄再也招架不住，只得以十分谦卑的态度迎接天津一带义和团首领进入天津。天津城内遍贴匿名揭帖，写道：“神助拳，义和团，只因鬼子闹中原。”“鬼子不是人所生，如不信，仔细看，鬼子眼睛都发蓝。不下雨，地发干，全是教堂止住天。”“挑铁道，把线砍，旋即毁坏大轮船。大法国，心胆寒，英吉、俄罗势萧然。一概鬼子全杀尽，大清一统庆升平。”[3] 这反映了京津地区大多数义和团众的心态。

这年六月初，义和团众开始大批涌入北京，城内顿时设坛八百多所。清朝政府的军事主力在甲午战争时遭到惨重损失，力量异常空虚。驻防北京的神机营和董福祥所部甘肃回军的士兵大多也参加义和团（八国联军开始进攻后，日本使馆书记官杉山彬和德国驻华公使克林德便是先后为甘军和虎神营所杀）。下层市民也有不少参加义和团的。他们集结的场所由拳场改为坛口，迷信色彩更加浓重。团众三五成群，执持刀械，游行街市，张贴揭帖，焚烧教堂，焚烧时常延及邻居。焚烧前门外一家西药房时，大栅栏一带大片商号和民居也被延烧焚毁。这些义和团

---

〔1〕《直隶义和团调查资料选编》，河北教育出版社 2001 年 10 月版，第 138 页。

〔2〕林学瑊：《直东剿匪电存》，《义和团运动史料丛编》第 2 辑，中华书局 1964 年 5 月版，第 23 页。

〔3〕（日）佐原笃介等：《拳乱纪闻》，中国近代史资料丛刊《义和团》第 1 册，上海人民出版社 1953 年 6 月版，第 112 页。

众进入北京时的状况，据当时居住在北京的一个小官员仲芳氏的日记记载：

“看其连日由各处所来团民不下数万，多似乡愚务农之人，既无为首之人调遣，又无锋利器械；且是自备资斧，所食不过小米饭玉米面而已。既不图名，又不为利，奋不顾身，置性命于战场，不约而同，万众一心；况只仇杀洋人与奉教之人，并不伤害良民；以此而论，似是仗义。”〔1〕

处在这种状况下，清朝高层内部出现分化。由于外国势力的不断入侵，同清朝统治者的利益也有不少冲突，其中一些人产生利用团众排斥外人的思想。慈禧太后在戊戌变法后原想废除光绪皇帝，没有得到外国的支持，也心怀不满。但更重要的是，清政府对局势实际上已失去控制，手头又没有足够的力量，即便要镇压团民也不敢轻易下手，生怕把烈火转烧到自己头上，因而踌躇徘徊，举棋不定。这就是他们所说的“剿抚两难”。这一点，西方记者也看出来了。德国《前进报》写道：“太后的态度在这次战争中看来也只起次要的作用了，因为即使太后的态度是消极的——看来大概是消极的——危机也已如此迅速地尖锐化了。”〔2〕

义和团在直隶和京津地区如此迅猛地发展，严重威胁西方列强的在华利益。各国便把直接出兵进行武装干涉提到日程上来。五月二十八日，他们以“保护使馆”的名义调兵到北京。各国军舰集结在大沽口的近四十艘，登陆驻在天津租界的各国军队有三千多人，六月十日，由英国海军上将西摩尔统率各国军队两千人向北京进犯，受到清军聂士成等部和义和团众的抵抗。十七日，大沽炮台在各国舰队炮轰下沦陷。参加对中国出兵的有英、俄、法、美、意、日、德、奥等国，称为“八国联

〔1〕 仲芳氏：《庚子纪事》，科学出版社1959年1月版，第15页。

〔2〕《前进报》社论，1900年5月19日，《近代史资料》1957年第5期，科学出版社1957年10月版，第2页。

军”。世界上所有帝国主义国家联合起来，共同向一个落后国家发动战争，在历史上还是第一次。

面对八国联军的进攻，应该怎么办？直隶总督裕禄在六月十五日的奏折中说：“现在中国兵力、饷力，即一国尚不可与敌，况以中国而敌八国之兵，其势万难与争衡，断无失和之理。”“为今之计，如能庙谟早定，明降严旨，特派大员将滋事拳匪，严行剿办，庶各国洋人无词可借。”[1] 这个主张，同清政府历来的基本态度是一致的。十六日起，慈禧太后连续四天举行御前会议。这次会议，出乎人们意外地决定对各国宣战。为什么慈禧太后这时会作出这样一个似乎很不可解的决定？除了她对局势已失去控制、“剿抚两难”以外，各国不支持她废除光绪皇帝引起她很大不满是一个重要原因，而直接起决定作用的是一件传来的其实不确的消息，就是传闻外国照会要求慈禧将政权交还给光绪，这在她看来可是个生死攸关的问题。当时参加御前会议的恽毓鼎在《崇陵传信录》中写道：

“太后随宣谕：‘顷得洋人照会四条：一、指明一地，令中国皇帝居住；一、代收各省钱粮；一、代掌天下兵权。今日衅开自彼，国亡在目前，若竟拱手让之，我死无面目见列圣。等亡也，一战而亡，不犹愈乎！’君臣咸顿首曰：‘臣等愿效死力。’有泣下者。唯既云照会有四条，而所述只得其三。退班后，询之荣相（引者注：即首席军机大臣荣禄），其一为勒令皇太后归政，太后讳言之也。其时载漪及侍郎溥良力主战，语尤激昂。太后复高声谕曰：‘今日之事，诸大臣均闻之矣。我为江山社稷，不得已而宣战，顾事未可知，有如战之后，江山社稷仍不保，诸公今日皆在此，当知我苦心，勿归咎予一人，谓皇太后送祖宗三百年天下。’”

“群臣既退，集瀛秀门外，以各国照会事质之译署（引者注：即总理各国事务衙门）诸公，皆相顾不知所自来。或疑北洋督臣裕禄实传

[1] 《义和团档案史料》上册，第143页。

之，亦无之。嗣乃知，二十夜三鼓，江苏粮道罗某遣其子扣荣相门，云有机密事告急。既见，以四条进。荣相绕屋行，旁皇终夜，黎明遽进御，太后悲且愤，遂开战端。其实某官轻信何人之言，各国无是说也。”〔1〕

清政府和外国列强在统治权力问题上本来也存在一些矛盾，但这种矛盾毕竟处于从属地位。在当时义和团运动的强大压力下，清政府手足无措，内部意见又不一致，陷入十分混乱的状态。八国联军向中国的进攻扩大了这种矛盾。再加上误传列强要“勒令皇太后归政”，触到了慈禧的最痛处，造成她匆匆忙忙地宣布对外开战。在历史上，某些偶然事件在一定条件下也会起重要作用，这便是一个例子。但它终究只能起有限的作用。慈禧太后在事后对她亲信的吴永说得很明白：“依我想起来，还算是有主意的，我本来是执定不同洋人破脸的，中间一段时期，因洋人欺负得太狠了，也不免有些动气。但虽是没拦阻他们，始终总没有叫他们十分尽意的胡闹。火气一过，我也就回转头来，处处都留着余地。我若是真正由他们尽意的闹，难道一个使馆有打不下来的道理。”〔2〕

宣战诏书也令人感到离奇：里面没有说明向哪一个或几个国家宣战，没有提任何国家的名字，也没有以任何形式送给任何外国政府。对外宣战后四天，慈禧太后就下谕停止围攻外国使馆。八天后，又谕军机大臣等电寄出使各国大臣，要他们向各国外交部说明：“朝廷非不欲将此种乱民下令痛剿。而肘腋之间操之太促。深恐各国使馆保护不及。激成大祸。亦恐直东两省同时举事。两省教士教民便无遗类。所以不能不踌躇审顾者以此。”“且中国即不自量，亦何至与各国同时开衅，并何至恃乱民以与各国开衅，此意当为各国所深谅。”〔3〕

尽管如此，早已入侵的八国联军继续向天津、北京进攻，人数增加到两万多人，其中一半是日本军队。七月十四日天津沦陷。八月十五

〔1〕《恽毓鼎澄斋日记》2，附录，浙江古籍出版社2004年4月版，第786页。

〔2〕吴永：《庚子西狩丛谈》，《中国近代史资料丛刊·义和团》第3册，第438页。

〔3〕《光绪朝东华录》第4册，中华书局1958年12月版，第4524页。

日，外国军队攻陷了中国首都北京。慈禧太后携光绪皇帝等出逃，几个月后到了西安。与此同时，沙皇俄国还在七月九日发出侵略中国东北的动员令，随后单独占领东北绝大部分土地。

八国联军占领北京后，特许军队公开抢劫三天。事实上，他们不只是抢劫，而且到处屠杀、焚烧、强奸妇女和破坏。俄国记者扬契维茨基在他的战地日记中描述当时北京的悲惨情景：

“帝王的伟大京都一半已被破坏和焚毁，已被蹂躏糟蹋得不像样子了，简直像一切都死绝了一样。使馆街两旁残存着一垛垛废墟，一堆堆石头，灰烬、垃圾和脏物遍地皆是。中国人的尸体，一个挨一个地杂陈在马路上。到处乱丢着各种各样的东西。”

“法国兵焚烧了北堂周围的房屋和商店。烧焦的尸体暴露在废墟、瓦砾和灰烬堆里。被枪杀和刺死的中国人，一堆一堆地陈尸在大街上。被击毙的不只是中国兵，还有被中国教民告发的全部肇事者。”[1]

他们占领中国的首都整整一年之久，实行分区管制。如内城划为四段：北边归日本人管辖，西边归英、美管辖，东边归沙俄管辖。当时留在北京的仲芳氏在这段日子的日记中记录下当年北京居民屈辱和悲惨的处境：

“各国洋兵在本国所管界内，或衙署公廨，或庙宇会馆，或住宅铺户，分队驻扎。最苦莫甚于住户之房，洋兵蜂拥而入，将居人无论男女驱逐，空手而出，衣饰财物，丝毫不准携带，合门财产并为洋人所占。更有奸留妇女、戕杀男人者。人在仓促之间，不及防备，多被所扰。由是有闭门自焚者，有全家身殉者，有被逐无处投依自尽者，有被污羞忿捐生者。各街巷哭嚎之声，遍处皆同。以京师合城而论，前三门外受灾稍轻，城内及北城受难尤重。死尸遍地，腐烂熏蒸，惨难寓目。

---

〔1〕（俄）德米特里·扬契维茨基：《八国联军目击记》，福建人民出版社 1983 年 8 月版，第 335—338 页。

各国既定分界，凡在界内之铺户住户，不拘贫富，各于门前插白布旗一面。居住某国地界，旗上即用洋文书写‘大某国顺民’。又有用汉文写‘不晓语言，平心恭敬’贴于门前者。又有按某国旗号样式，仿做小旗，插于门前者。予家为美国所管，门前即插‘大美国顺民’的白旗。”[1]

这就是历史将要跨入二十世纪时呈现在中国首都街头的情景。八国联军统帅瓦德西写道：“所有中国此次所受毁损及抢劫之损失，其详数将永远不能查出，但为数必极重大无疑。”[2] 这是多么大的耻辱，不能不深深刺痛中国人的心。九十年后，邓小平在会见泰国朋友时还说到：

“我是一个中国人，懂得外国侵略中国的历史。当我听到西方七国首脑会议决定要制裁中国，马上就联想到一九〇〇年八国联军侵略中国的历史。七国中除加拿大外，其他六国再加上沙俄和奥地利就是当年组织联军的八个国家。要懂得些中国历史，这是中国发展的一个精神动力。”[3]

可见这件事对中国人刺激之深。

义和团本来是一个没有统一领导和严密组织的民众自发性行动。在八国联军和随后清朝军队的联合镇压下，被打散而失败了。

对义和团运动应该如何评价？这个运动确实有着两重性。

义和团运动是西方列强对华侵略行为逼出来的，是有着广泛群众性的爱国行动。亲身经历过这场事变的孙中山，在《民权主义》的演讲中说：“像庚子年发生义和团，他们的始意是要排除欧美势力的。因为他们要排除欧美势力，所以和八国联军打仗。”他们“用大刀、肉体和联军相搏，虽然被联军打死了几万人，伤亡枕藉，还是前仆后继，其勇锐

〔1〕《庚子纪事》，第34页。
〔2〕（德）瓦德西：《拳乱笔记》，《中国近代史资料丛刊·义和团》第3册，第34页。
〔3〕《邓小平文选》第3卷，人民出版社1993年6月版，第357、358页。

之气殊不可当，真是令人惊奇佩服。所以，经过那次血战之后，外国人才知道中国还有民族思想，这种民族是不可消灭的。”〔1〕这是事情的主要方面。

孙中山最后几句话，可以从八国联军统帅瓦德西给德皇的奏议中得到佐证。他本来认为：“关于近年以来时常讨论之瓜分中国一事”，现在“实为一个千载难得之实行瓜分时机”，但这次战争中中国人不可侮的反抗精神给他留下了很深印象，说：“吾人对于中国群众，不能视为已成衰弱或已失德性之人；彼等在实际上，尚含有无限蓬勃生气；”“至于中国所有好战精神，尚未完全丧失，可于此次‘拳民运动’中见之。在山东直隶两省之内，至少当有十万人数，加入此项运动；彼等之败，只是由于武装不良之故，其中大部分，甚至于并火器而无之。”他引用一中国老人的话说：“我们自四百年以来，皆在睡梦之中；但其间我们深觉安适无已。你们白人，必欲促使我们醒觉，则将终有一日，你们对于此举，深为扼腕之时”。瓦德西从事实中得出结论：要把“华人置诸德国官吏治理之下”实在是“一种困难”，对中国实行瓜分实为下策：“并吞土地一事，与其谓为促进商业，则毋宁谓为阻碍商业。”〔2〕中国在甲午战败后那样险恶的局势下终于能避免遭受瓜分的噩运，不能不说同义和团运动中表现出来的这种宁死不屈的民族精神有着直接的关系。

当然也要看到事情的另外一面。义和团运动确实有严重的消极落后方面，如笼统排外、愚昧迷信、组织松散、成分复杂，以至被清政府所利用等等。这些都是事实。我们不能因为它是爱国行动就不指出那些消极落后甚至愚昧荒唐的东西，正如不能因为它存在那些消极落后的方面便不敢肯定它是一场反帝爱国运动一样。

它的这些消极落后以至愚昧荒唐的东西是怎么来的？归根到底，是因为当时中国经济文化还十分落后，缺乏先进社会力量的引导。群众性的、特别是起自下层的反抗斗争处在自发的状态，很难不同时带来许多愚昧落后和盲目排外的因素。这是这类斗争在当时只能达到的水平。不

---

〔1〕《孙中山选集》，人民出版社 1981 年 10 月版，第 758、759 页。

〔2〕（德）瓦德西：《拳乱笔记》，《中国近代史资料丛刊・义和团》第 3 册，第 86、87 页。

成熟的社会结构必然会产生不成熟的社会运动，而在中国北方表现得尤为突出。我们总不能因为当时中国的经济文化落后便认为：在这样的历史条件下，即便受到忍无可忍的外来压迫，也只能驯顺地默默忍受，不应该起来反抗，以免弄出那些荒唐可笑的东西来。

用了不算短的篇幅先回顾一下中国进入二十世纪前夜那几年的历史状况，可以看出：甲午战后相当多的中国人痛感“今日之世变，盖自秦以来未有若斯之亟也”。中华民族已被逼到生死存亡的关头，“救亡”开始成为时代的主题。长期形成的旧格局再也无法继续保持下去。为了把祖国从危难中拯救出来，上层士大夫中曾发动希望依靠光绪皇帝的支持来推行变法的戊戌维新运动，下层民众中掀起了自发的义和团式的反抗行动，最后都失败了。紧跟而来的却是八国联军的入侵，占领中国首都北京，这对中国人来说是何等的奇耻大辱。首都民众的悲惨遭遇，使更多人不寒而栗。中国难道真的难逃灭亡的命运吗？中国人难道真的要沦为任人宰割的亡国奴了吗？面对如此严峻的局势，有志气的中国人并没有丧失自尊和自信，没有因此消沉下来，而是继续苦心焦虑地寻求如何救国救民的答案，并以献身的精神，努力从仿佛一片黑暗的处境中为中国打开一条新的出路。这是当时中国先进分子最关心的中心问题。比起它来，其他问题只能处于次要地位。

二十世纪中国的历史就是从这里起步的。如果离开那个世纪之交的大背景，二十世纪的中国历史为什么会这样一步一步地发展，就不容易看得清楚，对它的来龙去脉就难以得到清晰的认识。这就是为什么把二十世纪前夜这几年的历史作为本书第一章的原因。

第二章

推倒君主专制制度的辛亥革命

中国步入二十世纪后发生的第一件历史性巨变，便是一举推翻清朝政府、结束几千年君主专制制度的辛亥革命。

革命，通常是以暴力的形式，在比较短的时间内，对原有社会秩序实行重大变革。它决不是任何人想这么做就可以把它制造出来的，需要付出巨大的代价，需要具有必要的社会条件。在中国这样的古老大国，传统的纲常伦理观念长期牢牢地禁锢着人们的头脑，旧的统治秩序已经形成相当严密的网络，要冲破这种束缚是很难很难的。戊戌维新运动不是一直把很大希望寄托在由一个好皇帝来推行改革上吗？义和团运动打出的旗号不还是“扶清灭洋”吗？一般说来，人们最初总是希望能在现有社会秩序下进行温和的改革。这样做，不仅牺牲少，而且也容易被更多人所接受。只要这条路还有一点希望能够走得通，怎么可能会有那么多人不惜抛头颅、洒热血去投身革命呢？只有当国家民族的命运已处于万分危急的情况下，别的办法都尝试过，都走不通，人们的忍耐程度已超出它的极限，这才会拿起武器来拼命，一场全国规模的革命高潮才会出现。

单单这些还不够。一场全国规模的革命想取得哪怕是部分的成功，都需要在人们面前提出一个与以往不同并被众多人接受的新的理想和目标，使人们燃起新的希望，深信目前的处境尽管艰难，这种状况是可以改变的。如果一个民族面对着深重的危机，却看不到前途和希望，只是沉浸在一片悲愤和沮丧绝望的情绪中，或者只是不顾一切地起来蛮干，那也谈不上民族的新觉醒。

这就需要有新的社会力量站在民族解放运动的前头。这种新的社会力量的出现和壮大，只能是社会结构和民众心理发生深刻变动的产物。

辛亥革命与前此的戊戌维新运动、义和团运动不同的地方，就在这里。

革命大风暴的由来

二十世纪到来的时候，中国的首都北京仍处在八国联军的占领下，慈禧太后和光绪皇帝的小朝廷只能在西安继续过他们的流亡生活。经过一年的谈判（背后实际上是侵略中国的八国之间对如何分赃的反复协商），清政府终于在一九〇一年九月七日签订了丧权辱国的辛丑条约。在这一年的漫长过程中，列强考虑的首要问题是要不要乘此瓜分中国。由于义和团强烈反抗的事实使列强认识到难以对中国进行直接的统治，不如通过已完全屈服的清政府来实行对中国的统治，也由于帝国主义各国之间的利益难以协调，它们最后放弃了瓜分中国的打算。辛丑条约的主要内容，一是规定中国对各国赔款四亿五千万两白银，意味着每个中国人都要承担一两白银。这笔赔款在四十年内分年还清，加上利息和地方赔款，相当于当时清政府至少十二年的财政总收入，使清政府的财政更加陷入绝境。二是规定列强有权在北京至渤海地区驻军。这一条关系重大。以后日本发动卢沟桥事变时使用的军队就是根据这个条约早已盘踞在平津铁路沿线的"中国驻屯军"。三是所谓"惩办祸首"，实际上就是严厉警告清政府以后只能乖乖地顺从他们的意旨办事，不得稍有违抗。这样，中国在半殖民地的道路上又大大跨进了一步。

看起来，中国在辛丑条约后的不短时间内没有再遭到像甲午战争和八国联军之役那样的外国大规模军事进攻，瓜分中国的声浪也不像前一阵那样叫得凶了。那是不是意味着中国的民族危机暂时得到了缓和？不是。恰恰相反，民族危机向着更加深刻的方向发展了。

列强对中国的政治控制已大大加强，这一点下面将着重谈到。

更突出的事实是：为着加强对中国的掠夺和控制，帝国主义势力进一步深入中国内地，建筑铁路，开掘矿藏，兴办工厂，设立租界，经营航运业，牢牢地控制中国的经济命脉。要是说，一九〇一年以前，帝国主义列强虽然在中国划分了势力范围，攫取了各种投资的特权，但一时还来不及消化这些果实、直接从事大规模的投资活动；那么，一九〇一年以后，它们就以空前的规模来实现这种投资特权，来消化、巩固和扩大前一时期获得的侵略成果。这是帝国主义深化对华经济侵略的重大进展。

需要说明的是，这种对华投资和正常的国外投资不同：它是在中国丧失国家独立主权的情况下进行的，由外国资本享有垄断权利，是不妨害而且有利于帝国主义利益的半殖民地化发展工业的道路。投资的重点，是利润最优厚并便于资源掠夺的兴筑铁路和开掘矿藏。

从一九〇三年至一九一一年间，完工的铁路，有东清铁路、东清铁路南满支路、京汉铁路、株萍铁路、胶济铁路、粤汉支路、道清铁路、正太铁路、滇越铁路、沪宁铁路、潮汕铁路、漳厦铁路、广九铁路、津浦铁路；正在兴筑的有京奉铁路、粤汉铁路、京绥铁路、陇海铁路、新宁铁路、沪杭甬铁路、南浔铁路、吉长铁路。旧中国的铁路干线，除浙赣铁路、同蒲铁路和粤汉铁路的株洲韶关段等以外，几乎都是这个时期内完成或开工兴建的。[1] 喷吐着浓烟的火车像一个怪物，风驰电掣地奔过中国内地的广大原野。这对促使中国传统自然经济的解体，起了重要作用。俄、法、德、英、日等国，经过剧烈争夺，采取借款或强行承租等方式，控制了中国的铁路。它们的主要着眼点是在把它们的商品大量运送到中国内地和把从中国掠夺的原料运送出去，并获得一定年限内对某些铁路事业的管理权，获得优厚的借款手续费、利息和红利，并且使铁路通过的区域成为它们的势力范围。因此，它不可能像美国西部大铁路建筑那样，有力地促进中国民族工业的发展。

---

〔1〕严中平等：《中国近代经济史统计资料选辑》，科学出版社 1955 年 8 月版，第 172—174 页。

外国对中国矿业特别是煤矿的攫夺，是这时非常突出的现象。“因为，无论是外国在华设立的工业企业，或从西方来华的远洋轮船和在中国沿海以及埠际之间航运的大小轮船，都十分需要就近获取燃料动力，以支持它的生产和运转。在当时的生产技术条件下，煤炭是第一能源，它是现代工业和航运业赖以生存和发展的物质基础。因此，外国资本对中国矿冶业、特别是煤矿业的开发和投资，便成了资本帝国主义国家资本输出的重点。而以煤矿为中心的矿业攫夺，就成为列强在中国争夺势力范围的重要内容。”〔1〕重要的有：日本资本对抚顺煤矿和辽阳县的烟台煤矿的掠夺，英国势力对开平、滦州煤矿的兼并，德国资本对淄川、坊子煤矿的侵夺，英资福公司对焦作煤矿的侵夺，日本对辽宁鞍山铁矿开始勘查等。其中，特别值得注意的有两件事：一件是英国借八国联军进攻中国的机会，以欺诈手段霸占中国经营多年的开平煤矿，随后又兼并滦州煤矿，在一九一一年成立英国控制下的开滦矿务总局；另一件是日本在一九〇六年成立南满洲铁道株式会社（简称“满铁”），锐意“经营满洲”，而以经营南满铁路及开发沿线煤矿资源为中心，满铁日后成为日本侵占中国东北地区的急先锋。

除路矿两项外，西方列强在其他方面的投资也急剧增加。甲午战争前，虽经过五十多年积累，一八九四年外国在华企业资产总额还只有约一亿零九百万美元，而到一九〇二年已增至四亿七千八百万美元。与此相应，外国银行也积极扩大经营范围，加强控制中国的工矿交通事业，垄断中国的财政金融。

这些纷至沓来的经济掠夺活动，特别是它深入中国内地，对一切爱国的中国人起了强烈的惊醒作用。当时，许多人突出地认为：外国人一旦掌握了我国的铁路和矿山，就是握住了我们的命脉。在二十世纪初年出版的留日学生刊物《江苏》、《浙江潮》等上面，到处可以读到这类沉痛、激烈的词句：

〔1〕汪敬虞主编《中国近代经济史（1895—1927）》上册，人民出版社2000年5月版，第567页。

“呜呼，铁路之于人国，犹经脉之于人身也。是故一县失其权则一县死，一省失其权则一省死，况全国南北（粤汉铁道）、东西（蜀汉铁道）交通之大关键乎？”〔1〕

“经济上之竞争，其祸乃更毒于政治上。何以故？譬之是犹人也，朝割其一手，夕割其一足，其人必痛，而其警醒也易，而其反抗之力大，而其人犹可以复生也。若举全身之精血而吸之，其犹茫然皇然莫知其由，未几乃病瘵以死矣，此言其术也。若夫于政治上，则未有经济上之权既占、而政治上之权乃犹能以人者也。盖其资本所在之地，即为其政治能力所到之地，征之于近代，历历有明征也。”〔2〕

这些认识，比起十九世纪末年，显然要深刻痛切得多了。

资本输入的激增，并不排除列强对华的商品倾销。相反，又为商品的进一步输入打开通道。通商口岸是西方列强对华经济侵略的据点。甲午战前开设的通商口岸共三十四处，战后到清末新设的口岸有四十八处，其中包括苏州、杭州、梧州、南京、岳阳、秦皇岛、长沙、济南、南宁、长春（宽城子）、哈尔滨、齐齐哈尔、奉天（今沈阳）、昆明等，大多处于中国内地。〔3〕由于列强取得海关管理权、扩大内河航行权和铁路修建权，并享有免除子口税等远优于中国民族工商业的特权，从一九〇一年到一九〇五年的短短五年间，中国进口商品总额陡增一倍以上，而出口却大幅度萎缩。许多以往还很少或没有见到外国人的地方，这时闯进了高悬外国旗帜的轮船，出现了许多高视阔步、耀武扬威的“洋人”。他们俨然以主子的姿态，君临到中国的国土，把中国人看作下等人。上海外滩公园高悬的“狗与华人不得入内”的告示，便是一个突出例子。他们的势力每伸到一个地方，立刻激起这些地方民众的极大愤怒，进一步提高了民族自觉。

与此同时，列强为了争夺特殊权益，在中国展开了严重的斗争。其

〔1〕《南方之三大铁道》，《江苏》第7期，记事，第147页。

〔2〕飞生：《俄罗斯之东亚新政策》，《浙江潮》第1期，大势，第2页。

〔3〕严中平等：《中国近代经济史统计资料选辑》，第41—46页。

中最剧烈的是日俄在东北的争夺和英俄在西藏的争夺。沙皇俄国在八国联军侵略中国的战争中出兵占领东北。辛丑条约签订后，他们仍不撤兵，一九〇二年四月才同清朝订约分期全部撤兵。到一九〇三年四月，原来规定的第二期撤兵期限届满，沙俄不仅不肯履行条约，反而提出新的要挟。沙俄陆军大臣库罗巴特金给沙皇的备忘录中，还提出“把北满归并俄国”的要求。日本军国主义者早就抱着对中国东北的极大野心，力图排除沙俄的势力，为它们自己控制东北打开大门。一九〇四年一月，日本不宣而战地对驻在旅顺口的俄国舰队发动突然袭击，日俄战争爆发了。这两个帝国主义国家之间的一场大规模厮杀竟在中国东北大地上进行，中国居民惨遭屠戮，房舍化为灰烬，带来巨大灾难。而腐朽的清朝政府居然声称“中立”，置战区人民的生命财产于不顾。这怎么能不使众多的中国人感到寒心？日俄战争进行了一年零八个月。结果，确定东北的北部保留为沙俄的势力范围，而东北的南部成为日本的势力范围。

在中国西南边陲的西藏，英俄之间也展开着剧烈的争夺。一九〇三年冬天，英国悍然发动对西藏的军事进攻。第二年八月，攻陷拉萨。但在西藏民众的坚决反抗下，只停留了一个多月就被迫撤出拉萨。

这时，国际局势正在发生十九世纪初维也纳会议后最剧烈的变化，旧的世界格局已被打破，新的角逐正在激烈地进行。一九〇五年春季和秋季在摩洛哥发生冲突事件后，英、法同德国之间的矛盾迅速尖锐化。它们的注意力越来越集中在欧洲和地中海区域，第一次世界大战已日益临近。为着集中力量对付德国，英、法在外交上采取一系列主动行动，调整同各方面的关系。一九〇七年，先后签订了英俄协定、法日协定和俄日协定。第二年，日美之间也签订了《罗脱-高平协定》。在这些协定中，包括秘密商定双方在中国的势力范围。这一切连个招呼也不同中国打。当时留日学生刊物《河南》痛心地写道：

“今则吾国内不问何省，省不问何地，一草一木，一沙一礁，非皆已于他国之最近协商时而默于意中互相认许耶？”“以吾四万万之同胞，脑量不减于人，强力不弱于人，文化不后于人，乃由人而降为奴，是稍有人血人性者所不甘，而谓我志士而忍受之耶？以此原因，睹外患之迫于燃眉，遂不能不赴汤蹈火，摩顶断脰，以谋于将死未死之时。”〔1〕

不久，又一个事件给了中国人重大的刺激，那就是日本在一九一〇年八月二十二日强迫朝鲜签订所谓《日韩合邦条约》，正式吞并朝鲜。中朝两国历来唇齿相依，唇亡则齿寒。日本军国主义势力已能陈兵鸭绿江边，虎视眈眈地把目光集中投向中国的东北。梁启超在《国风报》上写道：“夫其于朝鲜，则既已奏凯而归矣，而彼之挟此优胜之技，以心营目注者，岂直一朝鲜而已。是故吾睹朝鲜之亡，乃不寒而栗也。”〔2〕朝鲜亡国后民众的悲惨遭遇，更使中国人目击心伤，受到强烈刺激。

“救亡”，成了摆在一切有爱国心的中国人面前压倒一切的中心问题。如果连国家都灭亡了，中国人成了任人宰割的亡国奴，个人其他问题说得再好听，也只是空谈，都将化为泡影。许多爱国者不惜作出最大的自我牺牲，来拯救祖国于危急之中。这不是哪个人任意作出的主观选择，而是整个客观局势发展的结果。

在极端深重的民族危机面前，谁能够带领民众抵抗外来侵略，把祖国从危难中拯救出来，谁就能够得到民众的信任和支持；否则，就会被民众所抛弃。这时，统治着中国的清政府处在一种怎样的状态呢？人们期望的是一个能够痛定思痛、锐意革新、捍卫国家和民族利益的政府。清政府恰恰相反，宁肯大量出卖国家的权益，以换取外国列强的支持，压制民众的爱国行动，维护它在国内早已摇摇欲坠的统治。这个极端腐朽的政府，事实上已失去锐意革新的可能。

清王朝原来虽早已日趋衰败，但外表上仍仿佛是个威严显赫的庞然大物，使人望而生畏。甲午战败，对外屈辱到如此地步，内部的腐败也暴露无遗，使一向把自己装扮成“神圣不可侵犯”的清王朝在人们心目中顿时丧尽了尊严。军事和财政力量的极端空虚也使它的统治无法保持

---

〔1〕 朱宣：《发刊之旨趣》，《河南》第 1 号，第 2 页。

〔2〕 沧江：《日本并吞朝鲜记》，《国风报》第 1 年第 23 期，第 43 页。

稳定。它的覆亡已只是时间问题。可以说，甲午战后的清政府不过是在苟延残喘中勉强再维持了十多年。

八国联军之役后，清政府同外国侵略者的关系又有新的变化：成为外国列强统治中国的更加驯服的工具。这以前，清政府虽早已屈从于帝国主义的压力，同它们相互勾结，但毕竟在统治权力和利益上还存在一些矛盾和冲突。因而在各种条件凑合下，即使表现得十分被动和动摇，并且很快以屈服告终，但多少还参加过一些反抗外国侵略者的战争。这以后，连这样的抵抗也不再看到了。

一九〇一年二月，当列强提出和议大纲时，流亡在西安的清政府立刻发出一道煌煌上谕，宣布政府今后的对外方针是“量中华之物力，结与国之欢心”，并且厚颜无耻地说：“今兹议约不侵我主权。不割我土地。念列邦之见谅。疾愚暴之无知。事后追思。惭愤交集。”〔1〕

辛丑条约签订后，一九〇二年一月，清政府从西安回到北京。他们从郑州到正定这一段路，坐的是火车。进宫那天，“当西太后乘舆经过使馆人员站立的阳台时，她在轿中欠起身来，以非常和蔼的姿态向他们回礼。”当一月二十八日各国使节受接待时，“召见从头到尾是在格外多礼、格外庄严和给予外国代表以前所未有的更大敬意的情形下进行的；这件事之所以特别值得注意，乃是因为这是西太后第一次在召见中公开露面”，而不是在帘幕后面。二月一日，她接待外国使节夫人，“在问候这些夫人的时候，表示出极大的同情，并且一边和她们说话，一边流泪。”〔2〕这些，看起来都是戏剧性的枝节小事，却很具有象征性，显示出清政府同帝国主义列强间的政治关系上的微妙变化。

这以后，清政府在各方面变本加厉地执行对外屈服的政策。它一再传谕保护外人权益，竭力压制民众爱国行动，聘请外国人担任财政、军事等顾问，连地方大吏的任命也要看外国人的颜色行事。各级地方官更加战战兢兢地一意媚外，竭力维护外人在华的特殊权益。“内而宫廷，

---

〔1〕《光绪朝东华录》第4册，第4614页。

〔2〕（美）马士：《中华帝国对外关系史》第3卷，生活·读书·新知三联书店1957年11月版，第388页。

外而疆吏，下至微员末秩，皆莫不以敬礼外人为宗旨。”〔1〕

既然清政府把自己同外国侵略者紧紧地拴在一起，毫不奇怪，民众也就自然地把反抗外国侵略者同反对清朝统治者紧紧地联结在一起了。这是完全符合逻辑的结论。陈天华在《猛回头》中直截了当地写道："列位：你道现在的朝廷，仍是满洲的吗？多久是洋人的了。列位！若还不信，请看近来朝廷所做的事，那一件不是奉洋人的号令？""朝廷固然是不可违拒，难道说这洋人的朝廷，也不该违拒么？"〔2〕"洋人的朝廷"这个带根本性的问题被陈天华一语点破后，立刻不胫而走，在爱国民众中产生了巨大的反响。

不仅如此，二十世纪初年，清政府对民众经济上的榨取也进一步加重。造成这种状况的直接原因是两个：首先是对外支付巨额的赔款。清朝的财政在甲午战败后本已陷入不可收拾的地步，辛丑条约后受到更加重大的打击，除了采取对外大举借债这种饮鸩止渴的办法外（在政治上也因而更加俯仰随人），只有加紧对百姓的榨取；其次是清政府为了维护自己在国内的统治而加紧扩军，袁世凯练成北洋六镇（镇相当于师），每个省也计划各编练新军一个镇，这自然又需要加紧对民众进行更残酷的搜刮。

在长期的封建社会里，由于社会生产力发展的迟滞，政府的财政收支一向难以有过快的增长。直到甲午战前，清政府的年财政收支大体上都稳定在八千万两左右。但到一九〇三年，岁入已达一万万零四百九十二万两；到一九〇八年，岁入达二万万三千四百八十余万两。〔3〕而一九一〇年，清政府试编的下一年度财政预算中，国家岁入为二亿九千六百九十六万两，岁出达三亿三千八百六十五万两。十几年间，国家的财政收支竟剧增到四倍左右。这在人们生活中是从来不曾经历过的。所谓岁入的逐年猛增，自然不是生产发展的结果，而来自竭泽而渔的掠夺和搜刮。在清朝的最后几年里，田赋、厘金、盐税等旧税一次又一次地追

〔1〕《论中外有不能相安之势》，《新民丛报》第20号，第110页。

〔2〕《陈天华集》，湖南人民出版社1982年11月版，第36页。

〔3〕明水：《日人论中国整理财政策》，《国风报》第1年第33期，第38—43页。

加，种种巧立名目的新税更是层出不穷。各级官吏还要从中中饱，任意诛求，造成民不聊生，民怨沸腾，使人民到了再也无法忍受的地步。

汉族人民中传统思想，这时也起了很大的作用。满族统治者和占人口绝大多数的汉族民众之间的矛盾重新突出出来。“非我族类，其心必异”之类的话，到处被引用着。许多人把清政府种种倒行逆施，包括它所以毫不顾惜地出卖国家和民众的权益，统统归结为“异族”统治的结果。连同前面所说的种种，汇合成一个共同的观念：必须推翻这个清朝政府的统治。

在民怨沸腾、革命高潮日益逼近的时候，为着应付这个已越来越驾驭不住的局势，一九〇六年九月一日，清政府颁发上谕，宣示“预备立宪”。这道上谕说了一大堆空话，实质内容是“大权统于朝廷，庶政公诸舆论”一句话。也就是说：庶政尽可以让各方面发表一点“舆论”，这也算是一个让步，但“大权”只能“统于朝廷”，一点也放松不得。一九〇八年十一月，光绪皇帝和慈禧太后在两天内先后死去。三岁的溥仪继位，年号“宣统”。醇亲王载沣作为摄政王监国。清朝最高统治集团陷入一片混乱。

一九一一年春，已是全国大起义爆发的前夜，清政府颁布新内阁官制，设立新内阁。这是一个怎么样的内阁？内阁总理大臣由首席军机大臣、庆亲王奕劻担任。“十三个大臣之中，汉人仅得四个，满人得了八个，而八个满人中，皇族又占了五个，蒙古旗人一个，因此当时都称它为‘皇族内阁’。”“假使那些皇族人才确是人才，犹有可说，实际上都是一些骄纵无度、不知世务的糊涂虫”。[1]靠这样一群昏庸骄横的“糊涂虫”，能指望他们把国家引导到哪里去呢?

为什么清政府到了日暮途穷的时候还要那样倒行逆施？根本原因在于：一切反动统治者历来都把权力看得最为重要，总要尽力把一切权力牢牢地集中在自己手里。越当他们统治地位不稳，越当他们处于日益孤立的境况中，他们就更加惴惴不安，对周围一切人都不放心，唯恐权力

〔1〕 李剑农：《中国近百年政治史》，（台北）台湾商务印书馆 1992 年 9 月版，第 285 页。

有什么分散，更要把它紧紧地攥在手里。这是一种常人难以理解的病态心理，但在这个没落阶级的统治集团看来，却仿佛是生命攸关的头等大事。

对“清末新政”，不能离开这个大背景来考察。

他们推行的“新政”中，奖励设厂和废科举兴学堂这些措施，在客观上起过一些积极作用。特别是废科举兴学堂这件事，虽已是大势所趋不得不如此，但它对推进中国近代社会变革所起的作用毕竟不能小看。在各省设立的咨议局也使当地士绅多一点发发议论的权利，受到一点初步的民主训练。但由于清政府拒绝任何根本的社会变革，而且把政权紧紧掌握在那群极端腐败无能的权贵手里，又怎么能给中国找到真正的出路呢？奖励设厂是一个明显的例子：他们的真正目的是给自己开辟财源。前面说过，那时清政府的财政状况已经到了竭泽而渔、罗掘皆尽的地步。石头中已榨不出多少油来，要另辟财源就使他们的眼光也转到工商业上来。它的算盘是这样打的：口头上鼓励你们从事工商业，使你们努力谋求生财之道，然后从你们身上狠狠地勒索出大笔钱来，解决我的财政困难。这在闽浙总督李兴锐的奏折中说得很明白：“取于民者既不能不加于前，则为闾阎筹生利之源，以救目前财用之困，非讲求商务，无从措手。”〔1〕因此，所谓“奖励设厂”的政策最初很使一些人高兴了一阵，对他们投资新式工业起过激励作用。但他们很快就发现那只是口惠而实不至。上海《时报》上有篇文章一针见血地道破了事实的真相：“自商部设立，而当事诸公，纷纷聚议，不曰开统捐，即曰加关税，不曰劝募绅富慨赠巨金，即曰招徕南洋富商责令报效。”“自有商部，而我商人乃转增无数剥肤吸髓之痛。天下名实不相符之事，乃至如此。”〔2〕其实，病商更甚的还有一道又一道处处留难、任意增抽的厘卡。难怪陈天华在《警世钟》中要说：清政府“及到庚子年闹出了弥天的大祸，才晓得一味守旧万万不可，稍稍行了些皮毛新政。其实何曾行过，不过借此掩饰掩饰国民的耳目，讨讨洋人的喜欢罢了。不但没有放了一线的光

〔1〕《东方杂志》甲辰第3期，第178页。

〔2〕《论商部与商业之关系》，《时报》甲辰十二月初四日。

明，那黑暗反倒加了几倍。”[1]

孙中山在一九〇四年写道：“满清政府可以比作一座即将倒塌的房屋，整个结构已从根本上彻底地腐朽了，难道有人只要用几根小柱子斜撑住外墙就能够使那座房屋免于倾倒吗?”“显而易见，要想解决这个紧急的问题，清除妨害世界和平的根源，必须以一个新的、开明的、进步的政府来代替旧政府。”[2]

海外有些学者对“清末新政”作了过高的评价，甚至认为如果没有革命，让清政府继续把“新政”推行下去，中国的现代化仿佛将能更顺利更快地实现。客气一点说，这些学者对中国的情况实在太隔膜，所作的论断很难说符合当时中国的实际情况。

正是在这种状况下，民众对清政府的失望、不满和愤怒越来越强烈。越来越多的人从冰冷的事实中最后得出一个结论：不推翻这个腐败的卖国政府，中国是一点希望也没有了。这是现实生活迫使他们得出的结论。

到辛亥革命前夕，人们的这种不满和愤怒已发展到不加掩饰的地步，并且在社会上相当普遍。一九一一年五月十二日和十六日，长沙海关税务司伟克非给总税务司安格联的两封信中忧心忡忡地写出他所看到的民众普遍心态：

“毫无疑问，大多数老百姓是希望换个政府的。不能说他们是革命党，但是他们对于推翻清朝的尝试是衷心赞成的。”

“中国（引者注：指清政府）的前途似乎非常黯淡。我看在不久的将来，一场革命是免不了的。现在已经公开鼓吹革命，并且获得普遍的同情，而政府并没有采取任何预防措施，却尽在瞎胡闹。”[3]

他说得不错：一场革命大风暴的到来是不可避免的，而且决不是少

---

〔1〕《陈天华集》，第 61 页。

〔2〕《孙中山全集》第 1 卷，中华书局 1981 年 8 月版，第 254 页。

〔3〕《帝国主义与中国海关》第 13 编，中华书局 1964 年 8 月版，第 87、88 页。

数人的意旨所能左右的。

新的社会力量的成长

中国要奋起，单靠一股宁死不屈的反抗精神和勇气远远不够。从第一章中我们已经看到：单靠中国社会内部旧有的那些社会力量已经不能给中国指出新的出路。时代已经变了，需要有新的社会力量来担当这个角色，尽管新的社会力量当时还很微弱，还不足以担当起把祖国从危难中拯救出来的任务，但终究把中国历史很大地向前推进了一步。

这种新的社会力量的产生和成长，是伴随着中国近代社会结构和民众心理的嬗变而来的。其中最值得注意的：一个是民族工商业的兴起，民族资产阶级和工人阶级队伍迅速扩大；一个是近代知识分子群的形成。由此，新的政治观念和意识形态相应地产生出来。

中国近代工业的兴起，走的不是一条资本主义发展的正常道路。它的主体，不是从工场手工业的基础上发展起来的，某种程度上是外国资本主义入侵的产物。鸦片战争后，由于外国资本主义入侵的刺激和自然经济结构的开始崩坏，由于人们逐渐看到新式工业有利可图，从十九世纪七十年代起，在中国东南沿海的通商口岸，一些原来的买办、商人、官僚、地主开始向新式工业投资。这时，外国资本在中国兴办的工矿企业还很少，本来对中国民族资本的发展是一个很好的机会，但那时社会条件还不很成熟，兴办新式工业又处在封建政府和封建官僚的控制和垄断下，它的发展依然很慢。直到甲午战争失败后，中国民族工业的发展才接连掀起三次高潮，使局面发生很大变化。

为什么这时会出现这样的变化？原因有两个：第一是受到民族危机激化的刺激。马关条约允许外国在华设厂制造，引起很大震动。许多人感到发展民族工业已刻不容缓，如果等到外国的企业在中国到处发展后再做，那就晚了。第二，更重要的直接原因是看到这样做可以获得优厚的利润。经过几十年的发展，随着外国资本主义廉价商品的倾销，随着中国自然经济的逐步解体和农民的破产，为近代工业的发展提供了市场和劳动力方面的重要条件。如杨宗濂等一八九六年在江苏无锡开办业勤纱厂，虽然日夜开工，仍无法完全满足常州、苏州两府市场的需要，年股息在百分之二十五以上，这自然产生了巨大的吸引力。荣宗敬、荣德生兄弟在庚子战后也因为看到吃、穿两种货物在市场上销售状况最好，才投资兴办规模巨大的茂新面粉厂。如果无利可图，任何力量也无法使他们把资金转移到近代工业中来。

中国民族工业发展的第一次高潮，在甲午战争结束后不久。从一八九五年到一九〇〇年这五年间设立的商办厂矿的数字和资本总额，比以往二十多年的总和要大得多。规模大的，如山东烟台张裕酿酒公司创办资金为一百万元，江苏南通由状元张謇等开设的大生纱厂创办资金也达到七十万元。更值得注意的是，甲午战前中国近代工业的资本总额中，官办和官督商办企业一直居于主要地位，而战后五年间商办厂矿的资本额已超过前者而取得主要地位。这是一个重要变化。

第二次高潮是在二十世纪初，特别是一九〇三年以后。它的发展速度和规模超过了第一次高潮。商办工厂投资的范围，从原有的缫丝、棉纺织、面粉等几个主要行业，进一步扩大到烟草、肥皂、电灯、玻璃、锅炉、铅笔、化妆品等行业，几乎涉及民众日常消费品的方方面面。还出现了一批投资几个行业或拥有较雄厚资金的企业集团，如张謇的大生集团，荣宗敬、荣德生兄弟经营面粉业、纺织业的茂新集团（以后演变成申新集团）等。

第三次高潮在一九〇五年至一九一一年。七年内的投资总额同以往三十多年的总和相等，其中的高峰是一九〇五至一九〇八年。投资的对象，面向国内市场的棉纱、造纸、面粉等行业遥遥领先。发展最迅速、力量最集中的地区是上海、武汉和广州，城市面貌发生很大变化，并且逐步成为国内革命活动和请愿立宪活动的中心。由于当时帝国主义列强在华争夺的重点是铁路修筑权，又由于铁路投资能获得优厚的利润，于是，在国内掀起一股筹设商办铁路公司、集股自修铁路的热潮。到一九一一年，四川川汉铁路公司、广东粤路公司、浙江铁路公司三家的实收股额已达四千零八十三万元，超过纺织工业四十年投资总额。这可以帮助我们理解：为什么辛亥革命前夜保路运动会发展到如此巨大的规模，为什么四川保路运动能成为辛亥革命的导火线。

那些新兴的民族资产阶级力量虽小，却是新生产力的代表，体现着中国社会发展的一种新方向，并且由于受到帝国主义列强和清政府的压迫，有着一定的爱国和民主思想。反映他们利益的《中外日报》在一九○七年曾写道："前数年，论时务谋政策者，不曰转弱为强，即曰易危为安，今则无暇为此门面语，直当曰：救死而已矣，救亡而已矣。"[1]这段话是很有代表性的。可是，他们也有严重的弱点：中国民族工业在全国社会经济结构中的比重毕竟很小。它的上层大多从地主转化而来，往往同时还保有不少田产，同官府也有相当关系，因而有着浓重的封建性，基本上采取维护清政府统治的态度，害怕革命的发展。一般中小工商业者由于力量微弱，常有身家性命和财产保障等重重顾虑，长时间内不敢采用激烈的手段来争取在中国自由发展资本主义。这和法国大革命时的资产阶级显然不同。于是，领导中国近代民族民主革命这一本来应由他们承担的历史责任，却更多地由刚刚形成的受过近代教育、能代表他们利益的知识分子群挑起来了。

随着外国和本国企业的发生和发展，中国的工人阶级也形成了。他们遭受压迫的严重和残酷是少见的；每天劳动时间一般在十二小时以上，劳动强度大，人身安全根本没有保障，工资收入极为低微，而且常受失业的威胁。他们进行过不少反抗，但总的说来，还没有作为一个觉悟了的独立的阶级力量登上政治舞台，生活很不安定，只是被人贱视的"苦力"，在参加革命和其他活动时只是作为知识分子和民族资产阶级的追随者。这是当时的历史条件所决定的。

中国近代知识分子群的形成很晚。甲午战争前，中国的知识分子一般仍是那种旧式的封建士大夫。他们日夜孜孜攻读的还是古老的"圣贤之书"，以为这才是"大道"所在，也是他们在社会上赖以晋升的唯一途径。对绝大多数士大夫来说，除这些东西以外，确实也不知道还有别

---

〔1〕《论列强瓜分中国之势已成》，《中外日报》1907年7月28日。

的什么可以称作学问。梁启超回忆他早年的情景说："日治帖括，虽心不慊之，然不知天地间于帖括外更有所谓学也，辄埋头钻研。"〔1〕谭嗣同承认，他三十以前所学的都是"旧学"，三十以后所学的是"新学"。他那个"三十"之年，就是甲午战争那一年。再如章太炎，甲午战前还是埋头在杭州诂经精舍的故纸堆里，并没有过问多少时事。此后思想激进如谭嗣同、章太炎那样的人尚且如此，其他人更可想而知。

尽管那时也有很少数人已在提倡研究商务、工矿、铁路、海军等问题。但一般士大夫即便表示赞同，仍不把它看作自己的事情，不屑认真去学这些东西，说这"有同文馆、水师学堂诸生徒在"。〔2〕而那些"生徒"是被一般读书人看不起的。福州船政学堂出身、后又留学英国的严复，因为不是从科举的"正途"出身，就长期遭受歧视，以致他有"当年误习旁行书（引者注：指英文），举世相视如髦蛮"之叹。〔3〕

在十九世纪末叶，可以说，中国还没有形成一个具有相当规模和力量的近代知识分子的社会阶层。二十世纪初，这种状况有了改变。发生这种变化的直接原因，一是大批年轻的读书人出国留学；二是在国内废科举，兴办新式学堂；三是西方近代文化通过各种书刊的出版在社会上得到较广泛的传播。这个变化过程的特点是：先有大批年轻人出国留学，而后又有力地带动了后面这两个变化。

出国留学者在一九〇〇年以前为数很少，归国后一般也不得其用。二十世纪初年却陡然增加。以当时中国留学生人数最多的日本来说，一八九六年才开始有，一九〇〇年以前还不到一百人，一九〇三年初已有九百人，到一九〇五、一九〇六年更激增到八千多人（有的记载说有两万人，可能是高估了）。留欧美的学生还比较少，但比过去也有增加。

留学生人数激增的主要原因有两个：第一，严重的民族危机使许多人产生一种认识：要救国，只有维新，要维新，只有学外国。"游学外洋"，特别是近邻日本，便成为学外国的终南捷径。一九〇三年留日的

〔1〕 梁启超：《三十自述》，《饮冰室文集类编》（上），壬寅（1902）年本，第2页。

〔2〕 梁启超：《论学会》，《饮冰室文集类编》（上），第34页。

〔3〕《严复集》第2册，第361页。

吴玉章有一首诗："东亚风云大陆沉；浮槎东渡起雄心。为求富国强兵策，强忍抛妻别子情。"[1] 很可以看出很多人出国时的心情。第二，清政府废科举，奖励游学，以功名为诱，也推动不少人出洋游学。他们认为："向之极可慕恋之科举的虚荣者，今已为蕉梦矣。而出洋学成，量与出身，已见明谕。宦达之路、利禄之路、学问之路、名誉之路，胥于是乎在。"[2] 派遣或奖励留学是清末"新政"的一项内容，可是在出洋留学后，不少人的思想却发生了很大变化，转向反对清政府，这是清政府始料不及的。

国内废科举后兴办学堂，也是一件大事。一九〇九年，全国中学堂已有四百六十所，中学生四万四百六十八人；小学堂五万一千六百七十八所，小学生一百五十二万二千七百四十六人。[3] 这些学堂的教育内容，其实并不全是新式的，读经等课程仍占着很大比重，教师大多还是旧式的士大夫，许多人把入学看得同过去的科举应试差不多；但它和过去终究有了许多不同，学堂里开设了中外历史、地理、格致（物理）、算术、外国语等课程，高等文法学堂更开设了介绍西方社会学说的课程。留日学生中，数量最多的是师范速成生，回国后就在这些学堂中任教，带来不少新的思想和习尚。学堂中的风气同过去的书院很不相同。从这里也培养出一大批新式知识分子。

此外，介绍欧洲近代社会政治学说和文化思想的著作、教科书、小说等这时陆续翻译出版。在一九〇〇年以前，西方哲学、社会政治学说及外国历史著作译成中文的只有六十多种，小说只有三种。读的人很少。到一九〇四年，前者增加到二百五十多种，后者也增加到二十多种。它们大多是由留日学生从日译本转译的，但也有直接从欧洲翻译过来的，其中最重要的是，严复在一九〇一年至一九〇五年间陆续翻译出版的亚丹斯密的《原富》、斯宾塞的《群学肄言》、约翰·穆勒的《群己权界论》、甄克思的《社会通诠》、孟德斯鸠的《法意》前三册、约翰·

---

〔1〕《吴玉章文集》（下），第 953 页。

〔2〕《劝同乡父老遣子弟航洋游学书》，《游学译编》第 6 册，通信，第 12 页。

〔3〕 陈翊林：《最近三十年中国教育史》，第 97、112 页。

穆勒的《名学》上半部。这些外国著作、教科书的翻译、出版和流传，产生的影响在某种意义上不逊于学校教育。也在国内逐渐培育出一批有新思想的知识分子。

这些知识分子，在当时是一批“新派”的人。一九〇二年到日本留学的鲁迅回忆道：“凡留学生一到日本，急于寻求的大抵是新知识。除学习日文，准备进专门的学校之外，就赴会馆，跑书店，往集会，听讲演。”〔1〕 他们和旧式士大夫相比，有许多不同的特点。

第一，他们有了比较多的世界知识，知道如今中国在世界上的地位，对严重的民族危机有更深切的体会，爱国思想更加强烈。李达回忆自己一九〇五年进入新式学堂读书时的情景说：

“十五岁的时候，我考入一所享受公费待遇的中学，并开始接触一些新的知识，逐渐知道一些国家大事。如从看地图中，知道过去常常谈论的‘洋鬼子’国家就是英、美、德、法、意、日、俄、奥等国，他们都是侵略中国的；中国的贫穷落后是由于政治的黑暗，清廷的媚外……开始有了一点爱国观念，知道爱国了。”〔2〕

第二，他们或多或少地接受了一些西方近代政治学说和文化思想，开始形成一种新的理想、新的衡量是非的尺度。当时，中国人民面对的主要问题是民族独立和民主。在他们看来，美国的独立和法国的革命仿佛最出色地解决了这两个问题。于是，法国和美国便代替戊戌变法时的俄国和日本，成为不少人心目中追求的榜样。十八岁的邹容在脍炙人口的《革命军》中写道：

“吾幸夫吾同胞之得与今世界列强遇也；吾幸夫吾同胞之得闻文明之政体、文明之革命也；吾幸夫吾同胞之得卢梭《民约论》、孟德斯鸠《万法精理》、弥勒约翰《自由之理》、《法国革命史》、《美国独立檄文》

〔1〕《鲁迅全集》第6卷，人民文学出版社1958年4月版，第451页。
〔2〕李达：《沿着革命的道路前进》，《中国青年》1961年第13、14期。

等书译而读之也。是非吾同胞之大幸也夫！是非吾同胞之大幸也夫！”

“我祖国今日病矣，死矣，岂不欲食灵药、投宝方而生乎？若其欲之，则吾请执卢梭诸大哲之宝幡，以招展于我神州上。不宁惟是，而况又有大儿华盛顿于前、小儿拿破仑于后，为吾同胞革命独立之标本。嗟乎！嗟乎！革命！革命！得之则生，不得则死。毋退步，毋中立，毋徘徊，此其时也，此其时也。”〔1〕

他们的爱国热情是真诚的，那种一往无前的勇气令人感动，但他们把事情想得太简单了，似乎只要把他们如醉如痴地从外国书本上读到的那些新观念、新方案照搬过来，中国土地上的百病都会霍然而愈，令人困扰的种种问题也将迎刃而解。这是缺乏实际社会经验的知识分子的幻想。但在当时，这种信念以及华盛顿、拿破仑等的榜样，确实有力地激励着他们中许多人，愿意为实现这些新的理想而奋斗。

第三，他们作为新兴的社会力量，对前途满怀着信心，总觉得自己比一般民众懂得更多，有一种强烈的责任感。他们中大多数人的社会地位比较低，许多人的家庭正在破产没落，自己也遭受着失业和找不到出路的威胁。这些人大多有些个人抱负。现实生活中的一切，容易激起他们的愤慨和不满，容易引起他们反抗的情绪。许多人在形势发展和革命宣传的推动下，容易积极投身到革命行动中去。

如果没有二十世纪初十来年社会结构和民众心理的这种大变动，辛亥革命是不会发生的。

孙中山革命活动的开始

中国完全意义上的近代民族民主革命，是从孙中山开始的。

孙中山革命活动的开始标志着一种新的社会力量登上了中国政治舞台。他出生于一个贫苦农民家庭。从少年时代就随着已成为华侨农场主

---

〔1〕《邹容文集》，重庆地方史资料组 1982 年 8 月版，第 40 页。

的哥哥长期生活在国外。十二岁以后，在海外的夏威夷群岛和香港，系统地受过十多年近代教育。像这样的知识分子，在过去中国社会中还不曾有过。这使他有可能成为一种新的社会力量的政治代表。

从夏威夷归国时，他已不是出国前那个农民的孩子了，也不是中国旧式的士大夫，而是一个新式的近代知识分子。在他重新接触到清朝封建政府统治下的旧中国时，格外敏锐地感到这个政府的腐败贪婪和中国人民所受的残酷压迫是无法忍受的。他到香港读书时，又正值清政府在中法战争中失败，给了他极大刺激，深深感到这个政府的统治再不能继续下去了。后来，他进入雅丽氏医院附设的西医书院（香港大学医学院的前身）学习，课余常同陈少白、尢列、杨鹤龄一起高谈革命，自称“清廷之四大寇”。

但是，一个人的思想常常不是直线发展的，而是包含着种种矛盾和冲突，需要经过某些迂回和曲折。一种新的社会思想的产生，尤其是这样。尽管孙中山的革命思想已开始产生，但他们毕竟只是在谈论革命，并没有实际从事革命。他思想上还有一些摇摆，总还想尝试一下：推动清政府实行自上而下的改革，这条路是不是还有可能行得通。

一八九三年，孙中山以第一名的优异成绩毕业于香港西医书院，取得外科医生行医执照，在澳门镜湖医院当医生，又开设药局。第二年，回广州行医，并开设东西药局。当时西医在中国内地极少，因此他在社会上很有名声，上层社会中有不少人请他治病。就在这时，发生了他上书李鸿章的事情。

孙中山上书李鸿章在一八九四年六月，正好是中日甲午战争爆发的前夜。他为这次上书做了充分的准备，放下医生和药局的工作，回到家乡闭门十多天把信稿写成，到上海找人介绍，再赶到天津去见李鸿章。他在这次上书里提出：应当在中国解除对民间工商业发展的束缚，实现国家工业化和农业机械化，改革教育制度和选择人才的制度。用他的话来讲，就是要做到：“人能尽其材，地能尽其利，物能尽其用，货能畅其流。”他说：“此四事者，富国之大经，治国之大本也。”并且批评李鸿章和洋务运动：“不急于此四者，徒惟坚船利炮之是务，是舍本而图末也。”[1] 这些，在当时是有进步意义的主张，也是很温和的主张。

但是，李鸿章对孙中山抱着满腔热情的上书，却极为冷淡，没有见他。这给孙中山很大的打击，使他经过尝试，破除了原来对清政府还抱有的一点幻想，明白像这样昏庸腐败的政府要进行根本改革是不可能的。深重的民族危机又使他无法再等待下去。温和的道路走不通，就使他下定决心开始革命活动。他的好友陈少白描述了这段过程说：“孙先生所以要上李鸿章书，就因为李鸿章在当时算为识时务之大员，如果能够听他的话，办起来，也未尝不可挽救当时的中国。”在遭到李鸿章拒绝后，孙中山“知道没有办法，闷闷不乐的回到上海”。“所有希望完全成泡影。所以到了这时候，孙先生的志向益发坚决，在檀香山就积极筹备兴中会，找人入会，一定要反抗满洲政府。”[2]

暴力革命是在万不得已的情况下作出的选择。当反动统治势力表面上还很强大的时候，一个知识分子要下决心抛弃自己已取得的社会地位，甘冒杀头破家的危险，领头起来革命，哪里是一件容易的事情。它需要有一个严肃思考和内心冲突的过程。孙中山的青年时代，正是经历了这样一个过程。

孙中山建立的第一个革命组织，是兴中会。它最早在夏威夷的檀香山成立，然后在香港建立总会。

檀香山兴中会成立于一八九四年十一月二十四日，先后入会的有一百二十六人，大多是有爱国心的华侨资产阶级。它的宗旨是“振兴中华，维持国体”。“振兴中华”这个振奋人心而且影响深远的口号，就是这时第一次提出来的。孙中山起草的会章大声疾呼地指出当前严重的民族危机：

“方今强邻环列，虎视鹰瞵，久垂涎于中华五金之富，物产之饶。蚕食鲸吞，已效尤于接踵；瓜分豆剖，实堪虑于目前。有心人不禁大声

---

〔1〕《孙中山全集》第1卷，第8页。

〔2〕陈少白：《兴中会革命史要》，《中国近代史资料丛刊·辛亥革命》第1册，上海人民出版社1957年7月版，第28、29页。

疾呼，亟拯斯民于水火，切扶大厦之将倾。”[1]

兴中会名称中的“兴中”两个字也表明了这个意思。虽然孙中山这时并没有提出明确的反对帝国主义的口号，但他领导的革命活动，具有强烈的反对帝国主义侵略的性质是没有疑问的。

由于檀香山兴中会的成员大多由较富裕的华侨构成，身家顾虑较多，他们有爱国心，同情革命，但成立后并没有什么激烈的实际行动。第二年初，孙中山来到香港，同杨衢云等的辅仁文社联合，成立兴中会总会。它的成员和檀香山时不同，大多是有着近代思想的新式知识分子和有反满思想的会党分子，政治态度比较激进，开始形成第一个能够采取革命实际行动的战斗核心。

孙中山的思想也有新的发展。据日本驻香港领事中川恒次郎这年春给日本政府的报告中写到孙中山曾向他表示：要“使两广独立为共和国”。[2] 可见孙中山至少在这时已决心为在中国建立共和制度而奋斗。

香港兴中会总会成立后，立刻筹划这年十月二十六日（农历重阳节）在广州发动武装起义。孙中山从他的革命事业一开始，并没有像世界近代许多革命党那样经过比较长时间的宣传酝酿和组织准备，而是很快就把武装起义直接提到最重要的日程上来。这是他领导的革命事业的一个重要特点，也是一个重要优点。

为什么会这样？第一，当时中国面对的民族危机特别严重，国家的生死存亡已悬于一线，这使当时的革命者产生一种异常急迫的心情。有如陈天华在《警世钟》中所说：“要革命的，这时可以革了，过了这时没有命了。”[3] 第二，在清朝统治下，国内民众没有一点民主权利，任何温和的办法都不可能得到结果，孙中山自己上书的失败就是明证。这就迫使他们没有别的选择，只剩下拿起武器一条路可走。第三，中国是一个富有人民革命传统的国家。有这样的传统和没有这样的传统是大不

〔1〕《孙中山全集》第1卷，第19页。

〔2〕（日）狭间直树：《中川恒次郎报告孙中山革命活动的信》，《历史档案》1986年第3期。

〔3〕《陈天华集》，第79页。

一样的。特别是时间相隔只有三十多年而在两广地区发生的太平天国革命，对孙中山有着不小的影响。第四，甲午战争失败后，人心愤激，也使革命者觉得有机可乘。

广州起义因为内部步调不一致，贻误了时机，又有人告密，没有发动起来就失败了。孙中山等被迫流亡国外。但它是一个重要起点。到二十世纪初，当人们对祖国命运的焦虑和对清政府的愤怒越来越强烈时，孙中山在十来年前已开始革命行动的先驱者形象便博得越来越多人的敬重，日益在人们心目中成为"革命党"的象征。

起义失败后，孙中山经日本、美国来到英国。抵英国后不久，他被清朝公使馆诱骗囚禁十三天，准备秘密押送回国，经他老师康德黎多方营救才获释。这件事轰动一时，使他成为国际知名的中国革命家。

辛亥革命时期的先进中国人是向西方学习的。但西方国家内部的种种社会矛盾已越来越清楚地暴露出来。资本主义社会中贫富之间的急剧分化，社会主义思潮的迅速传播，引起孙中山的极大关注。那时的英国正处在维多利亚女王时代，在整个资本主义世界中居于首屈一指的领先地位。孙中山在这里认真考察英国社会情况，广泛阅读西方社会政治学说，思想上发生很大变化。他说："两年之中，所见所闻，殊多心得。始知徒致国家富强、民权发达如欧洲列强者，犹未能登斯民于极乐之乡也；是以欧洲志士，犹有社会革命之运动也。予欲为一劳永逸之计，乃采取民生主义，以与民族、民权问题同时解决。此三民主义之主张所由完成也。"〔1〕

他受到美国学者亨利·乔治的著作《进步与贫困》的影响很大。从这本书的书名就可以看出。它点破了资本主义世界一个奇特的现象：一方面是巨大的物质进步，一方面却积累起令人颤栗的贫困；进步与贫困并存，而且伴随着一起发展。在孙中山直接接触到西方发达国家社会现实以前，这些问题在他脑子里并不存在。尽管亨利·乔治没有能提出解决这些问题的科学途径。但是，当中国的先进分子正醉心于学习西方、

〔1〕《孙中山全集》第6卷，中华书局1985年3月版，第232页。

对西方的种种都顶礼膜拜的时候，孙中山已敏锐地察觉到资本主义社会的阴暗面，以极大的热情关心社会问题，这在一百多年前是难能可贵的。

义和团运动兴起后，孙中山已来到日本，在一九〇〇年十月六日发动了广东惠州起义。这次起义的依靠力量仍是会党分子，坚持了一个月，最后仍失败了。但他的处境和先前相比，已有很大不同。孙中山写道：

“经此失败而后，回顾中国之人心，已觉与前有别矣。当初次之失败也，举国舆论莫不目予辈为乱臣贼子、大逆不道，咒诅谩骂之声，不绝于耳；吾人足迹所到，凡认识者，几视为毒蛇猛兽，而莫敢与吾人交游也。惟庚子失败之后，则鲜闻一般人之恶声相加，而有识之士且多为吾人扼腕叹惜，恨其事之不成矣。前后相较，差若天渊。”〔1〕

为什么会发生这样大的变化？除了八国联军之役后人们痛感国家命运的危急、对清政府越来越不抱希望以外，还有很重要的一点：前面说到孙中山革命活动的开始标志着一种新的社会力量登上了中国政治舞台，但那种新的社会力量在国内毕竟太少，几乎微不足道；进入二十世纪后，这种新的社会力量在比较短的时间内有了长足的进步。拿新式知识分子来说，最集中的地方，一个是留日学生中，一个是上海。革命思潮也就在这两个地方首先高涨起来。

留日学生中很早就有一些激进分子，在一九〇一年创办过有革命色彩的刊物《国民报》，但他们的人数还很少。一九〇二年起，留日学生人数大幅度增加，各种宣传新思想的留学生刊物如雨后春笋般纷纷出版，如《江苏》、《浙江潮》、《湖北学生界》、湖南《游学译编》等。这些刊物的主要内容是痛陈严重的民族危机，介绍西方近代的各种学说，并从各方面探讨西方国家之所以富强、中国之所以落后和遭受侵略的原

〔1〕《孙中山全集》第6卷，第235页。

因，力求找出救亡图存的途径和方法。但他们提出的政治主张仍比较温和，没有多少革命色彩，主要是：发扬民族主义，建立民族的国家；发展教育，学习并传播新思想和新知识，进行“学战”；主张以省为单位，实行地方自治；并从各个方面提出改革社会、救亡图存的办法。这反映出当时大多数留日学生的政治态度和认识水平。

留日学生中的思想转折点是一九〇三年春夏之交的拒俄事件。那时，沙俄侵占东北大部分地区已两年多，一直不肯撤兵，还提出七项无理要求。由于日俄之间的矛盾，四月二十八日，东京各报详细报道了它的内容，《时事新闻》并出版号外，刊登俄国代理公使对记者的谈话，内有“今宁断然取之，归入俄国之版图”等语。[1] 这个消息在留日学生中引起强烈震动。他们纷纷集会，痛哭流涕地要求拒俄。但这个活动最初并不带有革命色彩，只是要求组织义勇队，在清政府指挥下开赴前线抗敌。他们还推定两个特派员回国联络。但清政府对学生爱国行动的对策却是坚决镇压。六月五日，上海《苏报》揭露驻日公使蔡钧致两江总督端方电：“东京留学生结义勇队，计有二百余人，名为拒俄，实则革命。现已奔赴内地，务饬各州县严密查拿。”又载清政府密谕：“地方督抚于各学生回国者，遇有行踪诡秘，访闻有革命本心者，即可随时获到，就地正法。”[2]

这件事，对留日学生的刺激太大了。一大批原来并没有“革命本心”的留日学生，在清政府如此倒行逆施的驱迫下，走上革命的道路。七月份出版的《江苏》第四期上发表的《革命其可免乎》的文章，很可以代表当时许多人的看法：

“闻其密札有曰：名为拒俄，其实革命，夫革命竟革命耳，何借拒俄之词为？今既拒俄，则非革命固无疑矣。而端方，而蔡钧，必欲合并而混同之，务极倾陷以为快。呜呼，我留学生何万幸而遽邀革命之名乎？夫有拒俄之诚而即蒙革命之名，吾知自今以往，世人之欲忠于满洲

[1] 《学生军缘起》，《湖北学生界》第4期，留学记录，第120、121页。

[2] 《密谕严拿留学生》，《苏报》癸卯五月初十日。

者惧矣。然使昌言革命而徐图拒俄之计，吾转不知彼满洲者于我将奈之何？是故余乃抚然慨息，悄焉累欷，以敬告于我留学生，并以谂同胞四万万黄帝之胤曰：呜呼！革命其可免乎？”〔1〕

这篇文章很有代表性。这年下半年起，留日学生刊物的政治态度倏然一变，大批人走上革命道路。拒俄运动中的积极分子黄兴、龚宝铨等分别回到湖南和上海，成为第二年成立的华兴会和光复会的发起人，成为国内两湖地区和江浙地区革命活动迅速兴起的重要火种。

正当留日学生的拒俄运动开始步入高潮的同时，革命思潮在国内也迅速高涨起来。它的起点，是刚从日本归国的留学生邹容（这年十八岁）所写的《革命军》一书五月间在上海出版。这本书以通俗晓畅、痛快淋漓的笔墨鼓吹革命，宣传共和国思想，产生了极大的影响。一打开这本书，劈头就可以读到这样热情洋溢的话：

“有起死回生，还魂返魄，出十八层地狱，升三十三天堂，郁郁勃勃，莽莽苍苍，至尊极高，独一无二，伟大绝伦之一目的，曰‘革命’。巍巍哉，革命也。皇皇哉，革命也。

吾于是沿万里长城，登昆仑，游扬子江上下，溯黄河，竖独立之旗，撞自由之钟，呼天吁地，破嗓裂喉，以鸣于我同胞前曰：呜呼！我中国今日不可不革命。”〔2〕

由于这本书充满着炽热的革命感情，笔调又通俗明快、犀利有力，使人读了就像触到电流一样，无法平静下来。它出版后，翻印流传极广，风行海内外，销售总数当在一百万册以上。当时正在日本留学的鲁迅回忆道：“倘说影响，则别的千言万语，大概都抵不过浅近直截的‘革命军马前卒邹容’所做的《革命军》。”〔3〕

---

〔1〕 季子：《革命其可免乎》，《江苏》第4期，社说，第9、10页。

〔2〕《邹容文集》，第38页。

〔3〕《鲁迅全集》第1卷，人民文学出版社1956年10月版，第318页。

如果说邹容的《革命军》着重从正面鼓吹革命的必要性和正义性，那么，章太炎的《驳康有为论革命书》就从批驳康有为反对革命言论的论战中，阐述了革命的巨大意义。康有为以人民智力道德低下、不配革命为借口来反对革命。章太炎则用具体历史事实来论证："人心之智慧，自竞争而后发生，今日之民智，不必恃他事以开之，而但恃革命以开之。"康有为以革命会引起社会紊乱为借口，来反对革命。章太炎指出：革命不只是破坏，同时也是建设："公理之未明，即以革命明之；旧俗之俱在，即以革命去之。革命非天雄大黄之猛剂，而实补泻兼备之良药矣。"康有为把光绪皇帝说成尧舜以来所未有的"圣明之主"，鼓吹把希望寄托在他身上。章太炎则竭力摧毁这种虚构的神话。在君主专制制度下，皇上的名字是臣民万万讲不得的。章太炎偏偏选准这个目标，直斥光绪的名字。一声"载湉小丑"，震动远近，顽固派为之暴跳如雷，中间派为之目瞪口呆，而革命派却为之扬眉吐气。[1] 这种震撼人心的巨大影响，我们今天已不容易完全体会到了。

六七月间，上海租界当局应清政府的要求，逮捕了邹容、章太炎等，制造了"《苏报》案"，并进行公开审讯。这件事轰动一时，万众瞩目。结果，更扩大了它的影响，促进了革命思潮在国内的广泛传布。《江苏》的时评说得很清楚：

"今日《苏报》之被禁，章、邹之被锢，其势固已激荡于天下。然'《苏报》何以被禁，章、邹何以被锢'之一问题，出诸于一般国民者必多，则必应之曰：为逐满故。何为而逐满？则又必应之曰：为汉族受满族之荼毒已不胜其苦，满族实汉族之世仇故。以此而互相问答，互相传说，一传十，十传百，百传千万。于是，排满之一主义，遂深入于四万万国民脑髓中。"[2]

拒俄事件和《苏报》案后，留日学生和上海等地区的政治空气和以

---

〔1〕《章太炎政论选集》上册，中华书局 1977 年 11 月版，第 203、204、199 页。
〔2〕《咄！满汉两种族大争讼》，《江苏》第 4 期，记事，本省时评，第 119、120 页。

前相比判然不同。留日学生中，革命已到处昌言无忌，如何进行反清革命已成为留日言论界的中心话题。在上海，《国民日日报》猛烈抨击君主专制制度和种种奴隶道德，各种新学书籍和革命书籍继续流行。众多的爱国知识分子以空前的规模，冲破旧的精神枷锁，急速地倾向革命。他们中一些最积极的分子，下一步自然要求组织起来，投身到革命的实际活动中去。

一九〇四年的历史特点是，内地的各种革命团体如雨后春笋般建立起来。它们中最重要的有：黄兴、宋教仁、刘揆一、陈天华等在湖南建立的华兴会，吕大森、胡瑛、曹亚伯等在湖北建立的科学补习所，蔡元培、陶成章、龚宝铨等在上海成立的光复会，柏文蔚、陈独秀等在芜湖成立的岳王会，杨庶堪等在四川成立的公强会等。这些革命团体的成立，为中国同盟会的创立做了组织上的准备。

革命旗手：中国同盟会

客观形势的迅猛发展，广大民众日益倾向激进。随着许多分散的革命小团体的出现，自然突出地提出一个问题：需要建立一个全国性的革命团体，把大家的目标和行动进一步统一起来。联合，已成为革命形势发展到这个阶段的必然趋势，成为当时最迫切需要解决的中心问题。

在留日学生中，那时倾向革命的人越来越多，但还处在相当散漫的状态。一九〇五年七月十九日，首倡中国近代民族民主革命而享有极高威望的孙中山来到日本，自然成为众望所归的共同领袖，成为足以团结各方面革命力量的中心人物。他同筹划长沙起义失败而逃亡日本的华兴会领导人黄兴、宋教仁、陈天华等商议，力陈联合的重要性，取得了他们的同意。宋教仁在日记中记录了孙中山谈话的要点：

“纵谈现今大势及革命方法，大概不外联络人才一义，言中国现在不必忧各国之瓜分，但忧自己之内讧，此一省欲起事，彼一省亦欲起事，不相联络，各自号召，终必成秦末二十余国之争，元末朱、陈、

张、明之乱，此时各国乘而干涉之，则中国必亡无疑矣，故现今之主义，总以互相联络为要。”〔1〕

八月十三日，留日学生在东京召开欢迎孙中山大会，到会的有一千三百多人（宋教仁日记中称将近三千人）。孙中山的讲演没有辜负人们对他的殷切期待。那时，半殖民地的悲惨处境使不少人存在着浓重的民族自卑感，以为中国处处不如人。孙中山丝毫没有这种心理。他充满民族自豪感地说：“中国之文明已著于五千年前，此为西人所不及。但中间倾于保守，故让西人独步。然近今十年思想之变迁，有异常之速度。以此速度推之，十年、二十年之后不难举西人之文明而尽有之，即或胜之焉，亦非不可能之事也。”他热烈地要求中国人下定决心，迎头赶上，“以谋独立而建共和”。他在结束讲演时说：“语曰：‘取法于上，仅得其中。’择其中而取法之，是岂智者所为耶？鄙人愿诸君于是等谬想淘汰洁尽，从最上之改革着手，则同胞幸甚！”〔2〕

革命力量进一步集结的最重要标志，是一九〇五年八月二十日中国同盟会的成立。这年年底以前加入同盟会的早期会员，从保存下来的名册看，共四百五十二人，当时所称本部十八省中除甘肃外都有人参加，其中以湖南、广东、湖北三省为最多。〔3〕它以新的面貌和新的姿态走上中国历史舞台。

第一，同盟会提出了一个比较完备的民族民主革命纲领。同盟会誓词中的“驱除鞑虏，恢复中华，创立民国，平均地权”十六字纲领，是每个会员入会时必须宣誓要为它的实现而奋斗的，并且秘密流传全国，产生了广泛影响。它的核心内容是要推翻清朝政府，建立民主共和国。这个理想从此深入人心，成为革命队伍中无可争议的共同目标。这在中国思想界是一个大变化。正因为这样，辛亥革命的结果才可能不仅推翻

〔1〕《宋教仁集》下册，中华书局1981年3月版，第545、546页。

〔2〕《孙中山全集》第1卷，第282、283页。

〔3〕《中国同盟会成立初期（乙巳、丙午两年）之会员名册》，（台北）《革命文献》第2辑，第18—77页。

清政府的统治，并且一举结束了统治中国几千年的君主专制制度。

第二，它建立起一个全国性的统一的革命组织。本来，兴中会的会员百分之九十五是广东人，华兴会常自称“湖南团体”，光复会的成员大多是浙江人。同盟会打破了这种浓厚的地域色彩，是一个重大进步。尽管这个组织后来也有分化，在国内还有其他革命组织出现，但它们都处在同盟会影响下，并且一般仍和同盟会协同作战。武昌起义后，各省独立，尽管情况相当复杂，但并没有出现“秦末二十余国之争”和“元末朱、陈、张、明之乱”那类相互火并的状况，而能在南方很快建立起一个统一的临时的政府。从这里，也可以看到同盟会这个全国性革命组织的建立所产生的深远影响。

第三，同盟会的组织成分，比兴中会有很大变化。兴中会的成员主要是华侨资产阶级和会党分子。同盟会就不同：主要生活在国内人士的比重大大增加，青年学生的人数也大大增加。前一点，使它同国内社会的联系显著加强了；后一点，又增加了它的革命民主派的色彩。他们也比较年轻。从上引名册来看，一九〇五年和一九〇六年入会的会员中，三分之二以上是二十多岁的青年，最大的四十四岁，最小的十四岁。他们血气方刚，对未来充满信心，背上的包袱又比较少，从而给这个组织带来了生气勃勃、奋发进取的新气象。

第四，它使人数日益众多的革命派有了一个公认的领袖，那就是孙中山。在当时中国的历史条件下，有没有这样一位众望所归的领袖，对能不能把原来处于分散状态甚至互不相下的革命力量团聚起来，能不能建立起一个全国性的革命政党，有着十分重要的意义。

同盟会成立后，除发展组织外，主要做了两件工作：一件是宣传革命的理论和主张，并同反对革命的言论展开论战；另一件是组织武装起义。

中国同盟会的主要宣传阵地是《民报》。打开《民报》第一期，劈头就是四篇图画：《世界第一之民族主义大伟人黄帝（中华民族开国之始祖）》、《世界第一之民权主义大家卢梭》、《世界第一之共和国建设者华盛顿》、《世界第一平等博爱大家墨翟》。

孙中山为《民报》写了《发刊词》。这篇《发刊词》中最重要的是：第一次把他的全部革命主张概括为“民族”、“民权”、“民生”，并且特别强调“是三大主义皆基本于民”。孙中山满怀信心地写道：只要实行这三大主义，就可以“举政治革命、社会革命毕其功于一役”，使祖国臻于独立富强之境。他说：《民报》为什么要出版？目的就在宣传这种理想，使它深入人心，为革命的实行扫清道路。

在近代，中国人面对的问题成千上万，许多人常不知道该从何着手。孙中山在千头万绪的现象中，提纲挈领地提出民族、民权、民生三大问题，实际上就是提出民族独立、民主政治、民生幸福三大目标，并且主张用革命的手段来实现它。这在当时是最进步的思想，反映了时代的要求和人民的愿望。尽管孙中山的思想中有着空想的成分，没有找到实现这些目标的具体道路，但这些目标的提出毕竟激励了不止一代的中国人为之奋斗。辛亥革命没有完成这个任务，但它的历史功绩是不可磨灭的。

《民报》创刊半年多后，便同梁启超主办的《新民丛报》展开了中国要不要进行一场革命、要不要推翻清政府、要不要以民主共和政体替代君主专制政体的大论战。

这场辩论的发生是不可避免的。那时，中国已处在生死存亡的关头，人们对极端腐败的清政府已经历了一次又一次痛苦的失望。这就把一个异常尖锐的问题提到人们面前：对这个政府，是下决心打倒它？还是继续维护它，指望由它来进行改革？这是一个无法回避的问题，必须作出回答。

论战展开的直接导火线，是一九〇六年初梁启超在《新民丛报》上先后发表《开明专制论》和《申论种族革命与政治革命之得失》两篇长文，并把两文合刊为《中国存亡之大问题》的小册子出版。他的中心论点是：中国国民程度太低，没有自治的能力，还不具备共和国民的资格，因此，必须强调程序。如果发生革命，就会破坏程序，导致内乱，最后会招致列强的瓜分，中国就将灭亡。他特别痛恨《民报》鼓吹的“社会革命”，认为这将造成“下等社会”蜂起，天下大乱，使中国“亿劫不可复”。怎么办呢？梁启超提出：在国民程度这样低的情况下，目前只能先实行开明专制，国民可以请愿立宪，然后“由开明专制以移于立宪”。这才是“拾级而上，又不致助长此冲突。”〔1〕

四月二十八日，《民报》作出了反响，以“第三号号外”单独印行《〈民报〉与〈新民丛报〉辩驳之纲领》。纲领共十二条，要点是：第一，这场辩论是从“中国存亡”这个根本问题出发的。第二，表明《民报》站在“国民”方面，而《新民丛报》站在“政府”方面。前者寄希望于“国民”，所以主张共和，主张“民权立宪”；后者寄希望于“政府”，所以主张“开明专制”。前者认为“政府恶劣”，所以“望国民之革命”；后者认为“国民恶劣”，所以“望政府以专制”。第三，揭明《民报》“主张政治革命，同时主张种族革命”，又“提倡社会革命”。第四，认为革命事业一定要靠“实力”，不取“要求”，反对《新民丛报》提倡的“请愿立宪”。接着，《民报》发表了一系列旗帜鲜明的论战文章。它的主要执笔者有胡汉民、汪精卫、朱执信等。

这场大论战，十分引人注目。它把许多爱国者心里隐藏着的根本问题——要不要革命？要不要推翻清朝政府？要不要以民主共和制度代替君主专制制度？一下子喊破了。辩论在许多留日学生的宿舍中都激烈地进行着。它要求人们表明自己的态度，不再含糊和躲闪。在讨论中，《民报》不是没有弱点，《新民丛报》的主张也有某些合理的地方。但清政府的卖国和腐败早已深深地激怒了多数的爱国者。客观的局势，人心的趋向，早已预决了这场论战中谁胜谁败。富于政治敏感的梁启超觉察到这一点。他在一篇文章中叹道：

“革命党何以生？生于政治腐败。政治腐败者实制造革命党原料之主品也。政治不从人民之所欲恶，不能为人民捍患而开利，则人民于权利上得起而革之，且于义务上不可不起而革之。”

“人民之不信任政府且怨毒政府也，其程度已日积而日深，其范围

〔1〕饮冰：《申论种族革命与政治革命之得失》，《新民丛报》第76号，第17页。

则日煽而日广，既已习闻先圣昔贤‘诛民贼、仇独夫’之大义，又熟视欧美近世史奋斗决胜之成效，故革命思想不期而隐涌于多数人之脑际，有导之者则横决而出焉。而其最大之起因，固无一不自政治腐败来也。”[1]

经过这场大论战，革命主张在留日学生中取得显然优势，进而传入内地，蔚然成为风气。胡汉民写道：“《民报》既刊行一年，革命思想充满学界，且输灌于内地”。[2]

在进行革命宣传的同时，中国同盟会主要领导人孙中山、黄兴等以更多的精力投入武装起义的发动。由于能依靠的武装力量很弱，也由于当地民众并没有真正发动起来，这些起义很快就失败了。但它的作用不能小看，起着单靠言论鼓吹难以取得的影响，使许多人看到革命确已来临，从而一步步卷入革命行动中来。

中国同盟会直接领导和发动的武装起义主要有：一九〇六年的萍浏醴起义，一九〇七年的潮州黄冈起义、惠州七女湖起义、钦廉防城起义、镇南关起义，一九〇八年的钦廉上思起义、河口起义，一九一〇年的广东新军起义，一九一一年的广州“三二九”起义。光复会领导的有一九〇七年的安庆起义。岳王会领导的有一九〇八年的安庆新军起义。

这些起义的主要依靠力量，前期是会党，后期逐渐转向新军。这个转折点，大体上是在一九〇八年的夏秋之交。

从兴中会到同盟会初期，武装起义的主要依靠力量一直是会党。那时，他们确实也没有找到多少其他现成的有组织的力量。会党主要由游民组成。他们较多集中在城镇和水陆码头。由于离乡背井，身处异地，各方面都缺乏保障，无论政治或经济上都需要结成一种互助性的团体，以便在遭遇困难时能有所依靠。用他们流行的话来说：“在家靠父母，出门靠朋友。”这是会党产生的主要社会根源。

---

〔1〕 饮冰：《现政府与革命党》，《新民丛报》第89号，第24、25页。

〔2〕《胡汉民先生文集》第2册，（台北）中国国民党中央党史委员会1978年11月版，第22页。

这种团体有许多优点：第一，会众一般处于社会底层，遭到社会轻视，往往又缺乏固定的职业，生活很不安定，容易有反抗社会现状的情绪。第二，它是一支有组织的力量，有些会党内部规矩很严，成员间又讲究“江湖义气”，只要取得首领的支持，很容易一呼而起。第三，由于他们大多原来是破产农民，同农村有着联系。而比起那些不脱离土地的农民来，他们闯过江湖，见过比较多的世面。平时他们不大被老实的农民看得起，但当农民被压迫得无法生存下去、不能不起来拼命时，常常会推他们出来领头。因此，在反清的武装起义中，会党常常可以起巨大的冲击作用，是一支不可缺少的力量。在十九世纪末、二十世纪初那个历史时期，他们这种作用表现得十分突出。

但是，会党的弱点也很严重。第一，一般缺乏真正的政治觉悟，难以从事持久的斗争。初起时，固然容易一呼而集，甚至造成轰轰烈烈的浩大声势。在清政府张皇失措的情况下，也可以取得局部的一时的优势。但时间稍长，内部各种矛盾就大量暴露出来。一受挫折，更容易一哄而散。第二，缺乏严格的纪律。名义上即便接受革命党人的领导，行动上仍然各行其是，不肯服从统一的调度，“难以军法约束”。各部之间往往发生不睦，以致自相火并。在准备武装起义时，通常也很难保守机密。第三，成分复杂，三教九流都有。会党首领中不少是当地的地主、把头。成员中也有平时开设赌台、为非作歹，甚至打家劫舍，杀人越货的，常和各地群众发生对立。这些弱点，在这几次起义中暴露得很明显，而对会党来说，也很难完全克服这些弱点。

革命党人联络会党主要是两条办法：一是联络一些会党上层分子，同他们合作，从而号召其他会众参加行动；二是供给他们饷械，甚至接济金钱，作为运动他们的资本。革命党人并没有深入到会党下层去，更谈不上对这些会众进行改造。单凭那两条，自然很靠不住。发动是可以发动起来的，但是饷械不继时，整个局面会很快逆转，队伍随时会发生不听号令的现象。当清军以优势兵力扑来，起义队伍很容易就溃散了。

会党的这些弱点，当河口起义失败后，同盟会在总结失败教训时被提了出来。他们开始把武装起义准备工作的重点转到新军方面来。

新军是一支出现不久的武装力量。二十世纪初，清政府为了增强统治力量，加紧编练装备现代武器并受新式训练的新军来代替原有的巡防营等旧军。新军和旧式军队不同，需要招募一批读书识字的青年。“这时科举已停，一般知识分子不能不另谋出路。家庭环境好的出国留学（日本最多），其次就地投考学校，没有钱的就投入新军当兵。”〔1〕投军的知识分子，不少人有爱国心，有一定文化水平，大多社会地位比较低，容易接受革命思想。而在发动武装起义时，新军的战斗力和组织程度自然更是会党无法比拟的。

河口起义失败后半年，岳王会骨干、安徽新军炮营队官（相当于连长）熊成基率领部分新军发动安庆起义。这次起义虽然很快失败了，但它打开了革命党人的眼界，看到清政府用来镇压革命的军事力量，经过革命的宣传和组织工作，可以转化为用来反对清政府的力量。这是革命党人认识上的一个重大进展。一九一〇年四月新加坡《星洲晨报》上一篇文章写道：

“安徽之役，事虽未成，然霹雳一声，革命党运动军界起事之声浪，已足以寒一般清吏之胆。彼满清之专制君主，且因是而日讲消弭之策于不遑。乃安徽一役之颈血未干，彼革党者，本其铁血之生涯，前仆后继，未几而运动广东军界之事又层见叠出。”

“夫军人者，彼专制君主之平日所恃为心腹，而藉以压抑平民、保全皇位者也。乃大势所趋，虽恃为心腹者，毕竟亦不可恃如是。至是而一般之以专制治其民者，遂不得不声[illegible]（颤）气喘，手足无措矣。”〔2〕

此后，新军中的革命活动大有突飞猛进之势，新军起义层见叠出。到一九一一年十月，终于以武昌新军起义为起点，形成全国的大起义，

〔1〕江炳灵：《座谈辛亥首义》，《辛亥首义回忆录》第1辑，湖北人民出版社1957年3月版，第2—3页。

〔2〕太仓：《粤吏所谓预防军界革命者技止此耶》，《革命之倡导与发展·中国同盟会三》，（台北）正中书局1969年10月版，第536、537页。

推翻了清朝政府。

除了主要依靠会党和新军的起义，也还有其他的形式。

光复会徐锡麟发动的安庆起义是一个特殊的例子。他早有一套个人的行动计划："捐官去日本学陆军，以便回国后可以做官掌握兵权，实行革命。"[1] 他捐得道员，又靠表伯、前山西巡抚俞廉三的关系分发安徽，后任安徽巡警学堂会办兼安徽巡警处会办。一九〇七年七月六日，他在巡警学堂甲班学生毕业典礼上，突然枪杀安徽巡抚恩铭，率学生攻占军械所。但他事先并没有在学生中做好革命的宣传和组织工作，学生们大多惊愕不知所措，起义在清军重兵包围下失败了。

光复会原来的活动中心是浙江绍兴大通学堂。它是徐锡麟开办的，后来请女革命家秋瑾主持。秋瑾也是留日学生，先后参加了同盟会和光复会，曾写下"危局如斯敢惜身？愿将生命作牺牲"、"拼将十万头颅血，须把乾坤力挽回"这样的诗句。回国后，她在上海创办了《中国女报》。在一首《勉女权歌》中，她写道："吾辈爱自由，勉励自由一杯酒。男女平权天赋就，岂甘居牛后？愿奋然自拔，一洗从前羞耻垢。若安作同俦，恢复江山劳素手。"[2] 徐锡麟起义失败后，秋瑾受到株连，被清政府逮捕杀害，在国内引起很大震动。她是辛亥革命时期壮烈牺牲的第一位女革命家，也是中国近代妇女解放运动的先驱。

一九一一年的广州"三二九"起义，是中国同盟会发动的准备最久也最充分的一次起义。它联络新军、会党，兼及巡防营、警察，在海外广泛筹款，并已将大批武器运入广州城内。和以前不同的是：考虑到以往历次起义中，临时联络的军队、会党等常常不能听从指挥，所以这次又精选了一批可靠的骨干力量几百人作为发难的先锋，称为"选锋"。其中，不少是留日学生。计划一举夺取广州，做到"兵众械足"，再向全国发展。

但到起义前夜，消息泄露，清军已有严密戒备，调来重兵，并将新

---

〔1〕 陈魏：《光复会前期的活动片断》，《辛亥革命回忆录》第4集，中华书局1963年1月版，第129页。

〔2〕《秋瑾集》，中华书局1960年7月版，第113页。

军枪机全部缴去，许多储藏弹药的秘密机关也遭破坏。已到广州准备指挥起义的黄兴，被迫决定停止发动，并要已在香港集结待命的大批党人不再来广州，已到广州的选锋也开始分批撤回香港。但黄兴的内心十分痛苦：准备这次起义花了这样大的力量，所谓改期无异取消，一切努力全部付诸东流，也无面目去对资助这次起义的海外华侨。因此，他决心拼个人一死，来酬答一切。他对人说："余人可迈步出五羊城，惟我克强一人必死于此矣。"但抱有这种思想的不只是他一人。林文说："大举不成，尽可做一场大暗杀。克强既决志，吾人拢在一起同拼命耳。"喻培伦说："非干不可，彼一人亦干。"这两人都是赶来参加起义的留日学生。参加选锋的不少人远历重洋，潜返内地，本来就抱着必死的决心，不作生还的打算，也极力赞成。这时，"诸同志热度可沸，认定此处为大暗杀，非复为军事布置，人数多寡不必计算，临时能拾回多少便算一回事耳。"〔1〕

四月二十七日（农历三月二十九日），黄兴率选锋一百多人攻入两广总督衙门，等待他们的却是一座早有准备、撤退一空的房屋。退出时，就被早已设伏的清军重兵包围。双方力量悬殊，黄兴右手两个手指被击断，队伍被打散，起义终于失败。被捕的党人三十多人，审讯时表现得十分英勇，不屈而死。其中如留日学生林觉民在行动前给妻子陈意映写了一封绝笔信：

"吾今以此书与汝永别矣。吾作此书时尚是世间一人。汝看此书时，吾已成为阴间一鬼。吾作此书，泪珠和笔墨齐下，不能竟书而欲搁笔，又恐汝不察吾衷，谓吾忍舍汝而死，谓吾不知汝之不欲吾死也，故遂忍悲为汝言之。吾自遇汝以来，常愿天下有情人都成眷属，然遍地腥云，满街狼犬，称心快意，几家能够？"

"吾诚愿与汝相守以死，第以今日事势观之，天灾可以死，盗贼可以死，瓜分之日可以死，奸官污吏虐民可以死。吾辈处今日之中国，国

---

〔1〕 陈春生：《广州三月二十九发难决定之经过》，《革命之倡导与发展·中国同盟会四》，第146、147页。

中无地无时不可以死。”

“今日吾与汝幸双健，天下不当死而死与不愿离而离者不可数计，钟情如吾辈者能忍之乎？此吾所以敢率性就死不顾汝也。”[1]

这些血和泪写成的文字，处处出自真情。它决不是出自一时的冲动，而是经过充分理性思考后作出的决断，足以传诵千古。

牺牲者以后被合葬于广州黄花岗，称为黄花岗七十二烈士。

这次起义虽然失败了，但风声所播，全国震动。他们的事迹和思想，迅速传遍全国。他们中不少是留日学生，为了拯救祖国，不惜牺牲自己的一切，从容赴难，更激励了人们，有力地推进了本已日趋成熟的全国性的革命危机，对不到半年后爆发的武昌起义起了直接的鼓舞作用。

立宪派在海内外的活动

立宪派在当时可以说是一支中间派的力量，海外代表人物是康有为、梁启超等，居住国内的代表人物有张謇、汤寿潜、汤化龙、孙洪伊等。这些中间派在政治大变动中所持的态度是很值得注意的。他们有着明显的两重性，各人的情况和各个时期的表现又有所不同。因此，不能用简单的完全肯定或完全否定来作出评断。

戊戌变法失败后，康有为、梁启超等流亡海外，先后在日本创办了《清议报》、《新民丛报》、《政论》、《国风报》等刊物，其中影响更大的是前两种。康、梁两人的思想又有差别。后来，梁启超的影响大大超过康有为。

《清议报》创刊于一八九八年十二月，办了一年。他们的政治主张集中到一点，就是“尊皇”。梁启超在《尊皇论》中直截了当地写道：“今日议保全中国，惟有一策，曰尊皇而已。”他把光绪皇帝描写成千古

[1] 邹鲁：《广州三月二十九革命史》，商务印书馆1947年版，第128、129、130页。

以来未有的圣主，中国的安危存亡都寄托在他一人身上："今日之变，为数千年所未有。皇上之圣，亦为数千年之所未有。天生圣人，以拯诸夏，凡我同胞，获此慈父。"[1] 这自然是完全不符合事实的幻想，会对人们起着误导作用。从这点出发，他们把慈禧太后准备废立这件事看作时局的关键，发表了连篇累牍的文字来论述这个问题，同时猛烈地反对革命，抵制革命。

但他们的言论也有着积极的内容：第一，更深刻地指出民族危机的严重局势。他们这时避居海外，接触到大量西书西报，对世界全局的形势有了比在国内时更清楚的了解，所以，他们对"我国在世界上之位置"和"东西列强待我国之政策"这两方面的认识和宣传，显然比过去前进了一大步。第二，进一步宣传了"民权"思想，特别值得重视的是提出了"国民"这个概念。梁启超写道："中国人不知有国民也，数千年来通行之语只有以国家二字并称者，未闻有以国民二字并称者。""国民者，以国为人民公产之称也。国者，积民而成，舍民之外，则无有国。以一国之民治一国之事，定一国之法，谋一国之利，捍一国之患，其民不可得而侮，其国不可得而亡，是之谓国民。"[2] 因此，爱国首先要从兴民权开始。他们还把"国民"同"奴隶"鲜明地对立起来，作了强烈的对比。这种宣传对思想界产生了巨大影响，直到五四时期的《新青年》中还可以看到：他们处处以"国民"自许，反对形形色色的"奴隶"道德。第三，鼓吹破除传统思想的束缚，鼓舞人们前进的信念。梁启超脍炙人口的《少年中国说》、《呵旁观者文》等文章，在这方面起了不小的作用。

《新民丛报》的影响大大超过《清议报》。其中，占着显著地位、影响最大的是梁启超的《新民说》。这篇文章，从《新民丛报》第一号起，长篇连载，是一篇具有纲领性的文字。文章在《叙论》中就提出一个问题：地球万国，有的兴，有的亡，有的强，有的弱，是什么原因？他回答：一切由国民自己文明程度的高低所决定。他说："国也者积民而

---

〔1〕 哀时客：《尊皇论》，《清议报》第 9 册，论说，第 2 页。
〔2〕 哀时客：《论近世国民竞争之大势及中国之前途》，《清议报》第 30 册，论说，第 1 页。

成。”“欲其国之安富尊荣，则新民之道不可不讲。”在接下去的“论新民为今日中国第一急务”中写道：“苟有新民，何患无新制度，无新政府，无新国家。非尔者，则虽今日变一法，明日易一人，东涂西抹，学步效颦，吾未见其能济也。夫吾国言新法数十年而效不睹者何也。则于新民之道未有留意焉者也。”什么是“新民”？文章说：“凡一国之能立于世界，必有其国民独具之特质，上自道德法律，下至风俗习惯文学美术，皆有一种独立之精神，祖父传之，子孙继之，然后群乃结，国乃成。”〔1〕他接着列举中国国民所当自新的纲目，包括公德、国家思想、进取冒险、权利思想、自由、自治、进步、自尊、合群、生利分利、毅力、义务思想、尚武等等。

怎样评价《新民说》这篇在中国近代思想界产生广泛影响的文章呢？它也是有两重性的。这篇文章着重论证：中国所以衰败，主要不是由于清政府的腐败和对外屈服，而是由于国民自身的“衰弱、堕落”。因此，中国人要使国家富强，就不应该去责备清政府，倒是应该责备自己，不应当起来革清政府的命，倒是应该革自己的命。“责望于贤君相者深，则自责望者必浅，而此责人不责己望人不望己之恶习，即中国所以不能维新之大原。”〔2〕在当时国家命运处于千钧一发、革命思潮高涨的严峻时刻，这种主张不只是缓不济急，而且本末倒置。但另一方面，它比较系统地宣传爱国思想、社会公德、个人权利思想、个人责任心、积极进取等西方近代道德观念，批判传统的封建道德观念，又是有积极意义的。特别是，当时国内还有不少比较闭塞落后的地区，《新民丛报》比革命书刊容易进入这些地区，使一些原来受封建思想禁锢较严的知识分子得以接触一些新的知识，打开了眼界。《新民说》在这方面所起的启蒙作用，应该给以足够的肯定。

《新民丛报》还比较系统地介绍了西方近代的哲学和社会政治学说，这也是它的一个重要贡献。其中包括梁启超所写的亚里士多德、培根、笛卡儿、孟德斯鸠、卢梭、达尔文、康德、意大利建国三杰等人的学说

〔1〕《饮冰室文集类编》（上），第101、102、106页。

〔2〕《饮冰室文集类编》（上），103、104页。

和传记，《泰西学术思想变化之大势》、《生计学学说沿革小史》、《欧洲地理大势论》等论文。他还努力用这些西方近代学说来分析解释中国的历史，写了《论中国学术思想变化之大势》、《中国史界革命案》、《中国地理大势论》等文章。值得注意的是，“中华民族”这个名称最早可能就是出现在《论中国学术思想变迁之大势》这篇文章中。他还提倡新小说、新史学。他所写的长篇小说《新中国未来记》，大体上是用当时的白话文写的。这些，也都起了积极的启蒙作用。

但总起来看，当革命运动高涨后，《新民丛报》发表了许多文章反对革命，受到《民报》等的猛烈批驳，这在前面已经说过。这种批驳是完全必要的，因为不排除这些激烈反对革命的言论，就不可能有短短几年后爆发的辛亥革命，也不可能结束在中国统治了几千年的君主专制制度，那正是当时中国社会进步最迫切需要的前提。在这个关系近代中国命运的根本问题上，梁启超的主张是错误的。

再来看国内的立宪派。他们最重要的活动是发动了三次请愿速开国会运动。

当清政府在一九〇六年九月宣布预备立宪、九年后召开国会后，国内的立宪派十分兴奋，在当年十二月成立预备立宪公会，推郑孝胥为会长，张謇、汤寿潜为副会长。第二年，开始推动请愿早开国会活动，但在清政府弹压下又暂时低沉下去。

一九〇八年的八月二十七日，也就是离慈禧太后和光绪帝死前两个多月，清政府公布了一个《钦定宪法大纲》，作为制定“宪法”的准备。接着，宣布将在第九年再颁布钦定宪法，实行宪政（有些人把二〇〇八年称为中国宪政百周年，实在是没有认真查历史而闹的笑话）。这究竟是怎么一回事？读一读那个《钦定宪法大纲》就清楚了。它的第一条是：“大清皇帝统治大清帝国，万世一系，永永尊戴。”第二条是：“君上神圣尊严，不可侵犯。”它规定：一切颁行法律、召集开闭解散议院、设官制禄、统率陆海军、宣战媾和、订立条约、宣布戒严、司法等等大权，全握在君主一人手中。特别是，用人、军事、外交等大权，“议院不得干预”。[1]《民报》上说得很痛快：“其所以悬预备立宪之招牌者，不过欲假此名义，增爱新觉罗氏万世一系、皇帝神圣不可侵犯、君权至尊无限之三大条于钦定宪法上，以巩固其万年无道之基而已。”[2] 名实之不相符，有如是者。它在中国历史上只留下一个笑柄，没有什么积极意义可言。

一九〇九年，各省谘议局成立，在十月十四日开幕。议员中得有功名、曾任清朝官职的士绅最多，从事教育与商业者次之，新式学堂毕业生又次之。立宪派人士虽不占多数，但由于他们具有法政方面的新知识，活动能量大，最为活跃，在谘议局中起着左右局面的作用。不少立宪派重要人士如张謇等担任了议长或副议长，便于他们以谘议局为合法基地，开展立宪派的政治活动。

清政府设立谘议局时，只是想用它来装点门面，它所通过的决议必须经过本省督抚的“裁夺”，解决不了任何实际问题。但议员们有了这样一个舆论阵地，便可以用来抨击地方弊政，提出一些发展工农业生产、兴办教育等主张，同地方官吏之间发生不少争执，对打破专制局面、活跃民主空气多少起了作用。

正是在各省谘议局成立后不久，立宪派在国内先后掀起三次请愿速开国会运动。

第一次是由江苏省谘议局议长张謇带头发动的。他发起成立谘议局联合会，并邀请各省谘议局派代表齐集上海，共同商讨促清政府速开国会的事情。一九〇九年十一月，十六省代表五十多人到达上海，推定进京的请愿代表团。临行时，张謇设宴送行，并致词说：

“我中国神明之胄，而士大夫习于礼教之风，但深明乎匹夫有责之言，而鉴于亡国无形之祸，秩然秉礼，输诚而请，得请则国家之福，设不得请而至于三，至于四，至于无尽，诚不已，则请亦不已，未见朝廷

〔1〕《清末筹备立宪档案史料》上册，中华书局1979年7月版，第58、59页。
〔2〕羲皇正胤：《南洋华侨史略》，《民报》第26号，史传，第33页。

之必忍负我人民也。”[1]

请愿代表由直隶谘议局议长孙洪伊领衔到都察院呈递请愿书，要求在一年内召开国会。但清政府以“预备既未完全，国民知识程度又未画一”为借口，加以拒绝。

第二次是一九一〇年六月间举行的，入京请愿代表一百五十多人，除谘议局代表外还有商会、教育会、华侨等代表，号称代表三十万人，上书言词也比上次更为激烈。但清政府比上次更不客气，申斥代表“谓议院一开，即是致全功而臻郅治，古今中外亦无此理。”宣布：“定以仍俟九年筹备完全，再行降旨定期召集议院。”并且警告说：“宣谕甚明，毋得再行渎请。”这无异给请愿立宪的人兜头一盆冷水。梁启超在日本发表文章评论说：“国民即好虚名，亦何争此区区数年之岁月？而国民所以哀号迫切再三吁诉者，徒以现今之政治组织循而不改，不及三年，国必大乱，以致于亡。而宣统八年召集国会，为将来历史上所必无之事也。”[2] 最后那句很重的话，结果真被他说中了。

第三次请愿在十月上旬。这时，在立宪派人士看来局势已更危急：在外，日本强行并吞朝鲜，列强纷纷“协以谋我”；在内，民变蜂起，革命风声日紧。他们在上书时写道：“时局骤变，惊心动魄者不一而足”，“瓜分之祸，昔犹空言，今将实现”，“伏莽满山，举国儳然，不可终日。”“今则火既然矣，且将燎原矣。举国臣民，顾影汲汲，朝不保夕，非赖皇上威德，亦复何所怙恃。此所以不敢避斧钺之诛，沥心泣血而思上诉者也。”[3] 这些话把他们那种对国家命运坐卧不宁、焦虑异常的心情，那种仍依恋着“皇上威德”的孤臣孽子之心，都淋漓尽致地写出来了。

正是在这种情况下，第三次请愿无论在规模上还是激烈程度上都大大超过前两次。在各地，广泛开展要求速开国会的群众性签名活动。许

---

〔1〕张謇：《送十六省议员诣阙上书序》，《国风报》第1年第2期，第122页。

〔2〕沧江：《论政府阻挠国会之非》，《国风报》第1年第17期，第16、17页。

〔3〕《国会请愿代表孙洪伊等上资政院书》，《国风报》第1年第26期，第87、88页。

多省的谘议局议长都前往北京，并成立各省谘议局联合会，推举湖北谘议局议长汤化龙为会长，四川谘议局议长蒲殿俊为副会长，孙洪伊为执行长。请愿活动得到资政院和各省督抚中大多数人的支持。十月七日，代表们向摄政王府呈递请愿书时，前来送行的东北学生中有两人割肉写下血书。尽管请愿的情绪如此激昂，遇到的却依然是冷冰冰的对待。

已处于风雨飘摇中的清政府对这次请愿活动毕竟不能太小视。十一月三日，清廷召开御前会议。他们觉得如果再不提前召开国会，将使自己更加孤立，但又深恐答应得太爽快，会造成大权旁落的印象，仿佛朝廷已不能做主了。因此，一定要表示出“此次缩短年限，虽由于臣民之公请，仍出自朝廷之独断”。〔1〕第二天，清廷颁发上谕：“著缩改于宣统五年（引者注：即一九一三年）实行开设议院。”接着，就强硬地声称：“应即作为确定年限，一经宣布，万不能再议更张。”“此后倘有无知愚氓，藉词煽惑，或希图破坏或逾越范围，均足扰害治安，必即按法惩办，断不使于宪政前途稍有窒碍。”〔2〕

第三次请愿仍没有达到即开国会的目的，但软弱的立宪派人士大多感到已无能为力，没有再发动第四次请愿活动。而有些地区（如东北和直隶）的立宪派人仍不罢休。这下清政府就不客气了，在十二月下旬将来京请愿的东北代表强行押送回籍，将倡议联合全国学界罢学要求的直隶代表温世霖发配新疆，交地方官严加管束。至此，立宪派抱着满腔期望来发动的请愿早开国会运动不得不黯然收场。

请愿早开国会运动是在维护清朝统治的前提下进行的。它把君主立宪宣扬成为当时救国的唯一良策。仿佛只要国会一开，奇迹就会出现在眼前。他们一再告诫，不许有任何越轨的举动，并且明确地把抵制革命作为自己的重要目标之一。但清政府连这样温和的运动也不能容忍，最后采取了高压政策。事实证明：期待这个政府的恩赐，指望靠什么“清末新政”就能实行根本性的改革，其实无异梦呓。清政府实在做得太绝了，使很多原来维护它的人士也感到寒心。武昌起义后，不少立宪派人

〔1〕《阁会之风丝雨片》，《民立报》1910年11月15日。

〔2〕《谕旨》，《东方杂志》第7年第11期，宣统二年十一月二十五日，第143、144页。

士也卷到革命行列中来，不能不说同这种事实的教训有关。许多反动势力在穷途末路的时候往往出现众叛亲离的大崩盘现象，这也是一个例子。它对辛亥革命无疑是有利的。

武昌起义和建立民国

腐朽媚外的清政府实在太不得人心了。亡国灭种的威胁和冷酷的生活现实，激怒了一向看起来那样温顺的人群。人们在经历了十九世纪末和二十世纪初那一系列惨痛事实的教训后，终于对这个政府失去了最后一点信任，再也不对它抱任何希望。到处都是愤怒和诅咒。变革的要求弥漫举国上下。清政府的最高统治集团对谁都不敢信任了，一概加以排斥，连立宪派以及一些汉族高级官吏也对它离心离德，使它日益成为孤立无援的孤家寡人。历史车轮的进程已达到这样的地步：只要有一种有组织的力量（即使是远不成熟的力量）首举义旗，登高一呼，就能将各种不满和要求反抗的潜在力量凝聚在一起，而腐朽的旧政权就会像纸糊的房子那样很快倾覆下来。

一九一一年夏秋之交，国内已是一片“山雨欲来风满楼”的景象。自慈禧太后和光绪皇帝三年前在两天内死去、掌握大权的袁世凯又被清廷放逐后，清朝统治集团高层已是一片混乱。特别是四十多年来一手独揽清政府大权的慈禧太后，毕竟是富有统治经验和权术、比较能驾驭内部各派势力的人物。她一死，在清朝内部就没有一个人能填补这个空缺，代替她原有的作用。这就使本已日趋绝境的清政府更失去了控制局势的能力。从滥发铜圆和纸币开始的财政金融危机，使一般民众更加无法生存下去，抢米风潮和抗捐斗争风起云涌，遍及各省。同盟会发动的广州三二九起义在全国范围内产生的影响更加扩大，发展到四川保路同志军的武装起义，震动了全国，更成为武昌起义的直接导火线。

辛亥革命的胜利，是以一九一一年十月十日的武昌新军起义为起点的。

武昌是湖北的省会，和汉口、汉阳一起，素有“九省通衢”之称，是资本主义工商业和资本主义新式教育比较发达的地区。清政府编练新军时，除继李鸿章担任北洋大臣、直隶总督的袁世凯所训练的北洋六镇以外，湖北新军在各省中是最精锐的一支。由于新军是以西法操练的，“招募新军士兵标准，要以能识字为原则，文理粗通者更好。”〔1〕在湖北新军第八镇和第二十一混成协中都有不少读书人入伍。旧中国有句老话：“好铁不打钉，好男不当兵。”入伍当兵在一般读书人历来是不屑一顾的，这时却有那么多读书人因找不到出路而投身兵营，可见社会的剧烈变动已使一切都异乎寻常地脱离原有的常轨了。

新军士兵的文化程度比较高，家庭比较贫穷，军队中的生活又很艰难，士兵受官长的压迫和虐待十分厉害，自然很容易接受革命思想的影响。二十世纪初年，革命团体科学补习所、群学社、日知会、军队同盟会等先后在湖北新军中开展活动。后来，逐渐形成文学社和共进会两大革命团体。它们的主要负责人蒋翊武、刘复基、孙武等都曾加入中国同盟会，深受同盟会的影响。但这两个团体并不是同盟会的分支组织，而是独立开展活动的。

湖北革命党人在新军中的工作，有两个突出的优点：第一，进行长期艰苦的革命宣传和组织工作，掌握军队，积蓄力量，准备革命；第二，在革命条件成熟时，不失时机地断然发动武装起义，夺取政权。这是武昌起义能成为一九一一年全国大起义的起点并取得成功的重要原因。

先说第一点。他们在新军中开展的工作，是在实践中经过长期摸索而形成的。在革命宣传方面，革命党人投身军队后，不仅采取讲演、散布革命书刊等办法传播革命思想，并且同士兵个别接近，利用各种机会由浅入深地逐步进行革命宣传。文学社社员万鸿阶回忆：当他投入军队后，文学社负责人就告诉他：“如果有同营的人问你：‘学生为什么来当兵？’你就回答说：‘执干戈以卫社稷，是我们青年应尽的责任。’并可举朝鲜、印度亡国的惨痛来和中国的现状作对比，这就是我们第一步的

〔1〕温楚珩：《辛亥革命实践记》，《辛亥首义回忆录》第1辑，第49页。

宣传工作。”到第二年，又告诉他：“你以后对同营的人，要换一个方式宣传。就是说：‘清朝政府腐朽到了顶点，专于媚外，压迫人民，我们要使国富民强，非要先打倒清朝不可。’不过像这种话只能乘机向个别兵士鼓动。如有志同道合的，就把他拉拢来，经过一、二同志审查后，再叫他填志愿书。”〔1〕尽管他们的革命理论准备还很不够，但像这样有计划地进行比较深入长期的宣传工作，在中国过去历史上是很少见的。他们又自己办报来作宣传的工具。文学社办有《大江报》，揭发军队中的“不公平事件”，把公开的革命鼓动同秘密的革命宣传结合起来，取得了较好效果。再看看革命的组织工作，他们也积累起一套有效的做法：一开始往往用桃园结义、换兰谱、拉拢帮会等旧方式同接近的士兵建立亲密关系。然后，逐渐灌输革命思想，个别吸收入会。士兵成分不少是贫苦农民、手工业者、城市失业贫民，这种由低到高的方式对他们是很适合的。入会时，手续比较严格：需要填志愿书，有两个同志介绍，个别进行，严格保密，并嘱咐对家庭、父母、妻子不得泄漏一言。入会后，组织也比较严密，建立了标、营、队（即团、营、连）代表制，分级接受上级代表的命令，工作进行非常秘密。到武昌起义前夜，文学社和共进会的会员达到五千多人，占当时湖北新军总数的三分之一以上，加上革命的同情者，在新军中已取得优势地位。军队中对革命持敌对态度的，不过一千多人。清政府用来镇压民众的武装力量，终于转化为民众发动革命的武装力量。

再看第二点。做好革命的准备工作是重要的，但它毕竟只是准备，只是有了革命成功的可能性。要把这种可能性转化为现实性，还需要把握机遇，坚决行动来夺取政权。那时从表面上看，清政府依然是一个庞然大物：它有帝国主义列强的支持，有专制统治的严密网络和政治经验，各省督抚都大权在握，而革命力量似乎还很弱小，特别是经过充分准备的广州三二九起义的失败，使不少革命党人灰心失望，连黄兴也认

〔1〕万鸿阶：《辛亥革命酝酿时期的回忆》，《辛亥首义回忆录》第1辑，第117、118页。

为“同盟会无事可为矣”。[1] 但事实上，整个局势正如暴风雨前夕的沉寂，民众对清政府的愤怒已不可遏制。四川保路运动发展成武装起义后，清政府抽调一部分湖北新军入川镇压，在湖北已能感受到“山雨欲来风满楼”那种紧张气氛了。湖北革命党人虽然还不能科学地分析当前的形势，但也能朦胧地感受到。新军内部革命力量的迅速发展更使他们树立起很大信心。许多革命党人抱着万死不辞的态度：“原不计生死利害，但尽心力而行之，虽肝胆涂地，亦甘之如饴也。”[2] 这种决心和意志，弥补了他们对客观形势分析能力的不足，从而在革命条件成熟时能不失时机地发动起义。

要行动，更需要对已有的革命力量进行整合。一九一一年夏季，文学社、共进会两大革命团体经过协商，决定合作。《大江报》发表文章，指出“大乱者救中国之药石也”，以激励民气。在兵营和学堂中，许多士兵和学生纷纷剪除发辫，表示义无反顾的决心。十月九日，预定的起义总司令蒋翊武秘密发布起义命令和各部行动计划。但当夜起义领导机关被清方破获，重要负责人刘复基等三人被捕牺牲，起义未能发动。清方传出消息：将按搜得的名单大规模展开逮捕。风声极为紧张。第二天，各兵营士兵不顾一切地基本上按上一天发布的计划行动。革命力量雄厚的工程营首先发难，占领军械所。各军士兵纷起响应，两天内占领了武汉三镇，成立中华民国湖北军政府。由于一时群龙无首，起义士兵和下级军官觉得自己的资望和行政经验都不够，同盟会的主要领导人当时又都不在湖北，为了增强军政府的号召力，推出原来反对革命的第二十一混成协协统（相当于旅长）黎元洪担任都督。随后，民众热烈参军，声势大振。湖北革命党人以他们的首创精神，揭开了辛亥革命的第一幕。

孙中山是人们公认的革命党领袖。他虽然没有直接参加武昌起义，起义者仍用他的名义来号召全国民众。武昌起义后不久发刊的《中华民

---

〔1〕谭人凤：《石叟牌词叙录》，《近代史资料》1956年第3期，科学出版社1956年8月版，第48页。

〔2〕熊秉坤：《辛亥首义工程营发难概述》，《辛亥首义回忆录》第1辑，第46页。

国公报》，在十月三十一日就以“中华民国军政府大总统孙”署名向各省同胞发出布告，号召“各省义军代表，同心戮力，率众前驱”，“建立共和国”。[1]

历史的发展是一种活的流体，一旦时机成熟，它便会不可遏制地向前猛进，而且往往会加速度地向前推进，不断呈现出原先没有的新的色彩。

武昌起义发生后十二天，湖南、陕西两省首起响应。在这个月内宣布独立的还有江西、山西和云南，它们集中地发生在九天以内。它表明武昌起义不是一个局部性事件，而是全国性危机的产物，使整个局势顿时改观。这些省是在全国局势尚未明朗、革命成功并无把握的情况下独立地决定发动的，因而格外值得注意。

这五个省的独立有几个共同的特点：第一，新军在这些省都是起义的主要动力。他们以迅雷不及掩耳之势突然发动，迅速控制局势，对起义成功起着决定性的作用。这不仅因为新军中的革命力量发展得比较快，也不仅因为他们掌握新式武器，受过严格的军事训练，还因为在当时有如一盘散沙的社会中，他们是组织得最好的力量，有着严格的建制和纪律，能够步调一致地采取有力的行动，这是当时其他任何社会力量无法做到的。第二，起义的发展都异常顺利，几乎没有遇到什么有力的抵抗。很多省革命党人的准备并不充分，事先掌握的有组织力量相当小，但在当时的形势下，只要少数坚定的革命分子挺身而出，登高一呼，大群人便随之而起。而清政府官员一般是听到起义枪声便作鸟兽散，即使组织一些零星抵抗也很快解体，没有多少人肯为倾覆中的清政府卖命。第三，这些省起义成功后，都站住了脚跟。到十月底，湖北、湖南、江西三省联成一块，山西、陕西两省联成一块，云南在西南地区有着巨大影响。接着，革命浪潮便向华东和华南迅速扩展。

给清政府第二波决定性打击的，是以上海为中心的东南各省在十一月上旬相继独立。这个地区是中国社会经济最发达、社会财富最集中的

---

〔1〕 原件藏中山大学孙中山纪念馆。

地方，也是国际观瞻所系的焦点。在这些省的独立中，新军仍然是极为重要的力量，但有了更多不同政治倾向和实际利益的人参加，成为前此没有的新特点：第一，上海是中国民族工商业最发达的地区。民族工商业者中有些人早已秘密参加同盟会。上海没有新军驻防，全国商团联合会控制的商团参加攻克全国主要兵工厂之一的江南制造局。民族工商业者在革命中直接发挥这样巨大的作用，在其他地方还不曾有过。第二，江苏由当地最高长官江苏巡抚程德全出面宣布独立，并出任都督。这虽不是出自他本人的主动，但毕竟表明清朝统治集团的分崩离析已到了何等地步。第三，国内立宪派的政治态度，明显地从支持清朝政府转到支持民主共和国这方面来。这以前，两湖地区立宪派的重要人物汤化龙、谭延闿已公开支持共和，但国内立宪派的领袖张謇仍担心“秩序一破，不可回复”，曾劝说两江总督张人骏出兵协助镇压武昌起义。但客观形势的发展使他看清，革命浪潮已不可阻挡，只有表示赞同，才能站住脚跟，在革命阵营中构成温和的一翼，继续发挥影响力，使社会秩序不致发生更大的动荡。另一立宪派重要领袖汤寿潜也出任独立后的浙江都督。这种变化，对扩大革命阵营的力量和影响、进一步孤立清政府、加速革命发展进程，有着重要的积极意义；但由于他们同旧社会势力之间有着千丝万缕的联系，一向有较高的社会地位，所以又增强了使革命中途走向妥协的力量。

和东南各省相继独立的同时或稍后，起义浪潮又迅速席卷西南、华南各省，包括贵州、广西、广东、四川。这时，清朝地方当局已无斗志，几乎是不战而屈。

四川独立后，长江流域及其以南各省全部光复，依然处在清朝统治下的只剩下南京一座孤城。清政府在南京驻有重兵，领军的是极端忠于清朝的江南提督张勋。江浙联军经过苦战，在十二月二日光复南京。南北对峙的格局终于形成。

一九一二年一月一日，中华民国临时政府在南京成立，刚从海外归来、受到民众热烈欢迎的孙中山当选为第一任临时大总统。他在就职誓词中说：

“倾覆满洲专制政府，巩固中华民国，图谋民生幸福，此国民之公意，文实遵之，以忠于国，为众服务。至专制政府既倒，国内无变乱，民国卓立于世界，为列邦公认，斯时文当解临时大总统之职。谨以此誓于国民。”〔1〕

成立共和政体，是中国历史上破天荒的大事。临时政府成立后，除举师北伐外，以很大力量立法建制和除旧布新。当天就宣布改用阳历。在立法中，最重要的是公布《中华民国临时约法》。孙中山后来说过：“在南京所订民国约法，内中只有‘中华民国主权属于国民全体’一条是兄弟所主张的”，〔2〕可见他最看重的是这一点。这是一部有着进步意义的大法。它规定：“宪法未施行以前，本约法之效力与宪法等。”〔3〕（但在袁世凯控制政权后，它已成为一纸空文）临时政府公布的法令，规定废止刑讯，人民享有选举权、参政权，禁止贩卖“猪仔”，改变“贱民”身份，赋予妇女以同男工完全平等的权利等。在除旧布新方面，改革社会恶习的政令有：严禁鸦片，革除前清官厅称呼，限期剪辫，禁止赌博，禁止缠足，废止跪拜，官员实行低薪制等。孙中山在致内务部令中提出官员是“人民之公仆”，说：

“官厅为治事之机关，职员乃人民之公仆，本非特殊之阶级，何取非分之名称。查前清官厅，视官等之高下，有大人、老爷等名称，受之者增惭，施之者失体，义无取焉。光复以后，闻中央地方各官厅，漫不加察，仍沿旧称，殊为共和政治之玷。嗣后各官厅人员相称，咸以官职，民间普通称呼则曰先生、曰君，不得再沿前清官厅恶称。”〔4〕

〔1〕《孙中山全集》第2卷，中华书局1982年7月版，第1页。
〔2〕《孙中山全集》第5卷，中华书局1985年4月版，第497页。
〔3〕《中华民国史档案资料汇编》第1辑，江苏人民出版社1981年5月版，第110页。
〔4〕《孙中山全集》第2卷，第155页。

传统和习俗是一种巨大的历史惰力，改变它往往需要很长的时间，但临时政府这些政令，依然给人耳目一新的感觉，具有解放思想、移风易俗的积极作用。很多人认为，传统生活中的陈规恶俗不符合时代潮流，接受西方的社会生活习尚才是文明、开化，才算新派人物，以致连穿“洋式衣服”、吃西餐等也流行起来。

还有两件事也值得注意：一是临时政府成立后，鼓励民间兴办实业，减免厘金，取消了清政府一些苛政，使社会上掀起一个振兴实业的热潮，大量实业团体涌现出来；另一件是随着民众参政热情的高涨，入党结社蔚然成风，各种政党和政治团体像雨后春笋般兴起。这些，都和晚清时期不同。人们热烈地期待着中国进入一个和平建设的新时期。浙江独立后几天，杭州《汉民日报》时评写道：“革命为破坏之手段，破坏为建设之预备。”“革命非行乐时，乃万不得已而为此剧烈之举动也。”〔1〕这反映了当时不少人的心情。

但是，南京临时政府成立后，实际处境却很困难。它面对的最严重困难是财政极端匮乏。临时政府的经费也好，北伐军费也好，都必须支付，政府却拿不出钱来。军队的状况也十分令人担忧。看起来，临时政府控制的兵力人数着实不少，但“当时南方除少数从正规军扩编的军队尚有作战能力外，大部分新编入伍的士兵多是城乡失业民众，尚未受过军事训练。各部队形式上虽具备军、师、旅、团、营、连、排的编制，实系乌合之众。从汉口、汉阳失败的经验看来，想依仗这种军队去冲锋陷阵，一直打到北京，是靠不住的。”〔2〕胡汉民回忆道：“以南京之军队，纷无纪律，不能举军政时代一切之任务也。军队既不堪战斗，而乏饷且虑哗溃。于是克强（引者注：黄兴字克强，时任临时政府陆军总长）益窘，则为书致精卫与余，谓：‘和议若不成，自度不能下动员令，惟有割腹以谢天下！’”〔3〕

---

〔1〕《邵飘萍选集》下册，中国人民大学出版社1988年11月版，第245、246页。

〔2〕李书城：《辛亥前后黄克强先生的革命活动》，《辛亥革命回忆录》第1集，中华书局1961年10月版，第201页。

〔3〕《胡汉民先生文集》第2册，第67页。

更严重的问题是：革命政党内部已陷入各自为政、分崩离析的状态。吴玉章说：“同盟会自广州起义失败以后，即已趋于涣散，而至武昌起义以后，几乎陷于瓦解的状态。章太炎说：‘革命军起，革命党消’，这两句话虽是极端错误的，但用来形容当时的情况，倒很合乎事实。”[1] 他们对革命胜利的迅速到来，没有足够的思想准备。轻易得来的胜利，冲昏了许多人的头脑。他们认为只要把清朝政府推倒，革命就算成功，别的都不在话下。新得的权益，更使不少人心满意足，急于结束这场革命，尽快享尝到手的果实。革命精神废弛了，妥协的声浪压倒一切。

这时被清政府在手足无措的情况下重新起用为内阁总理的袁世凯，是一个富有政治经验和权谋的野心家。他手握自己训练的北洋六镇，在英国等列强支持下，玩弄权术，先率师南下攻陷汉口、汉阳，对南方施加压力，又同南方展开和议。南京方面向袁世凯提出：只要他能逼使清帝退位和赞助共和，就举他为大总统。袁世凯随后又对已束手无策的清廷施压。一九一二年二月十二日，清廷在接受优待条件后宣布退位，宣告统治中国二百六十多年的清王朝结束。十五日，南方的参议院改举袁世凯为临时大总统。

辛亥革命的成果，就这样落到了北洋军阀首领袁世凯的手中。

革命的成功和失败

辛亥革命，是二十世纪中国发生的第一次历史性巨变。

这次革命是中国人民对帝国主义侵略和清政府腐朽统治长期郁积的愤怒的大爆发。它的结果，不仅推翻了清朝政府，扫除了中国争取民族独立和社会进步道路上这个巨大障碍；而且结束了统治中国几千年的君主专制制度，建立起中国历史上从来不曾有过的共和政体。这无疑是一个巨大进步。

---

〔1〕《吴玉章文集》（下），第1040页。

亲身经历过这场革命的林伯渠，在辛亥革命三十周年时，曾很有感慨地说：

“对于许多未经过帝王之治的青年，辛亥革命的政治意义是常被过低估计的，这并不足怪，因为他们没有看到推翻几千年因袭下来的专制政体是多么不易的一件事，同时中华民国的诞生也没有带给他们真正的民主。古人不以成败论英雄，我们也不能因辛亥革命的失败，而忽视它本身的光芒，以及由它而揭开的新的斗争的序幕。”〔1〕

林伯渠是中国同盟会成立初期就入会的老会员。他这段语重心长的话，说得十分中肯。他那时所说的“青年”，如今大多已不在人世。至于今天的青年对辛亥革命的意义总是过低估计，就更“不足怪”了。

中国在君主专制政体统治下经历过几千年的漫长岁月，这确是一个沉重得可怕的因袭重担。多少年来，人们从幼年时起，头脑里就不断被灌输着“三纲五常”这一套封建伦理观念，把它看成万古不变的天经地义。“国不可一日无君”。“天地君亲师”的牌位到处供奉着。君主仿佛代表天意，站在封建等级制度的顶巅。每个人在这种制度下，必须诚惶诚恐地遵守“名分”，不容许有丝毫逾越。这就是曾国藩所说：“君君臣臣，父父子子，秩然如冠履之不可倒置。”谁要是敢有一点怀疑，轻则叫作“离经叛道”，“非圣无法”，重则成为“乱臣贼子，人人得而诛之”。《红楼梦》里的王熙凤有一句名言：“舍得一身剐，敢把皇帝拉下马。”可见在那个时候，谁要是想把“皇帝拉下马”，就得要有“舍得一身剐”的勇气，一般人是连想也不敢想的。

要从如此沉重的传统束缚下摆脱出来，大胆地建立共和政体，其难可想而知。远的不说，在中国近代历史上，太平天国的洪秀全做了天王，其实还是皇帝；戊戌维新运动，依靠的是光绪这个“好皇帝”来自上而下地推行变法；义和团运动，旗帜上写的还是“扶清灭洋”。中国

〔1〕 林伯渠：《荏苒三十年》，延安《解放日报》1941年10月10日。

同盟会的纲领中明确规定要“创立民国”，这是一个全新的观念，并且从此深入人心。其实，从当时的世界范围来看，实行共和政体的大国只有法国和美国，英国、日本、德国、意大利、奥匈帝国、俄罗斯等大国无一不保留着君主制度。所以，康有为提出以俄国彼得大帝和日本明治天皇的改革作为中国学习的榜样，在许多人看来是很有道理的。

为什么原来还很陌生、并没有传统影响的共和政体能在很短的时间内被中国人广泛接受？根本的原因是极端专制腐败的清政府已经把中国引到灭亡的边缘，在民众中失尽了对它的任何期望，可以说是物极必反。在人们对旧政府的普遍愤怒中，推翻君主专制制度就变得可以接受了。革命党人大力宣传美国独立和法国革命的故事，华盛顿、拿破仑的名字已被许多国人所熟悉，美、法所代表的共和政体也为许多人所憧憬，认为是最新的政体。孙中山一九〇五年到日本，在东京中国留学生欢迎大会的演说中，鼓吹学习西方时一定要学它最新的东西，要知道世界的进步，迎头赶上而不是跟在它的后面一步一步地爬行。这些话是很雄辩、很能打动人的。他这样说：

“有说欧米（引者注：日本人称美国为米国）共和的政治，我们中国此时尚不能合用的，盖由野蛮而专制，由专制而立宪，由立宪而共和，这是天然的顺序，不可躁进的；我们中国的改革最宜于君主立宪，万不能共和。殊不知此说大谬。我们中国的前途如修铁路，然此时若修铁路，还是用最初发明的汽车，还是用近日改良最利便之汽车，此虽妇孺亦明其利钝。所以君主立宪之不合用于中国，不待智者而后决。”

“且世界立宪，亦必以流血得之，方能称为真立宪。同一流血，何不为直截了当之共和，而为此不完不备之立宪乎？”〔1〕

推翻君主专制制度，建立共和政体，它的意义不只是政治制度上的一大进步，而且牵动着整个社会以至思想文化等等方面。最重要的可以

〔1〕《孙中山全集》第1卷，第280、283页。

举出几点。

第一，它将中国旧社会经营了千百年建立起来的统治秩序完全打乱了。中国封建社会本来有个头，那就是皇帝。它是大权独揽的绝对权威，是旧统治秩序赖以稳定的重心所在。辛亥革命突然把这个头砍掉了，整个旧秩序就全乱了套。这以后，从北洋军阀到南京政府，像走马灯那样一个接着一个登场，旧社会势力却再也建立不起一个统一的比较稳定的统治秩序来。这种状况和辛亥革命以前显然不同。有一种看法：似乎革命只能破坏旧的，却建立不起新的来，徒然造成社会混乱，妨碍了中国现代化的实现。这其实是一种目光十分短浅的看法。如果从稍长时段的眼光来看，那是社会转型期间常需经历的过程。辛亥革命在这方面正给以后中国人民革命的胜利打开了道路。

第二，民众对自己在国家中所处的地位，从观念上发生了巨大变化。人们常说改称“民国”无非只是换了一块招牌，其他并没有什么不同。诚然，辛亥革命后中国的社会性质和人民的悲惨境遇并没有改变。但在当时历史条件下，有这块招牌和没有这块招牌的区别不能小看。中国有句老话：名不正则言不顺，言不顺则事不成。在君主专制制度下，只有皇帝是至高无上的，他的话便是“金口玉言”，国家大事只能由他作决断。老百姓被称为“子民”或者“蚁民”，根本没有参与国家决策的权利，“忠君”和“爱国”被看成一回事。现在叫“民国”了，尽管许多事在实际上依然如故，但人们在观念上有了变化，觉得自己是国家的主人了。孙中山还把政府官员称作“人民之公仆”。因此，社会舆论空前活跃，各种政治团体纷纷成立。民国初年的民众心理和清末有很大不同。没有这种变化，七年后五四运动的兴起，是难以想象的。

第三，它使中国人在思想上得到一次大解放。皇帝该算是至尊极高、神圣不可侵犯的了，如今都可以被打倒。那么，还有什么陈腐的东西不可以怀疑、不可以打破？这是一种无形的力量，在不小程度上左右着人们特别是先进分子的思想和行动。陈独秀在五四运动前夜写过一篇文章说：

“古代草昧初开的民族，迷信君主是天的儿子，是神的替身，尊重他，崇拜他，以为他的本领与众不同，他才能居然统一国土。其实君主也是一种偶像，他本身并没有什么神圣出奇的作用；全靠众人迷信他，尊崇他，才能够号令全国，称做元首，一旦亡了国，像此时清朝皇帝溥仪、俄罗斯皇帝尼古拉斯二世，比寻常人还要可怜。这等亡国的君主，好像一座泥塑木雕的偶像抛在粪缸里，看他到底有什么神奇出众的地方呢？”

“破坏！破坏偶像！破坏虚伪的偶像！吾人信仰，当以真实的合理的为标准；宗教上、政治上、道德上自古相传的虚荣欺人不合理的信仰，都算是偶像，都应该破坏！”〔1〕

思想的闸门一经打开，思想解放的洪流就奔腾向前，不可阻挡了。尽管辛亥革命后，一时看来政治形势还十分险恶，但人们又大胆地寻求新的救国出路。从这个意义上可以说：没有辛亥革命，就没有五四运动。

帝国主义和封建势力在中国的统治，根深蒂固。推翻它，消灭它，绝不是一两次革命运动的冲击所能完成的，而需要经过持久的多次的冲击。从中国的社会结构和民众心理来看，解决这些问题的条件这时还远没有成熟：中国的民族资产阶级和工人阶级力量还很薄弱；被压在社会最底层、受尽苦难的广大贫苦农民大多仿佛沉睡着，或者只能做一些无望的分散的反抗，仍远远在革命者的视线之外；以游民为主要成分的会党，刚编练起来的新军，可以在革命中成为重要的冲击力量，却难以靠他们来建立起一种新的社会秩序。站在革命运动前列的是一批受过近代教育而没有实力的知识分子。他们在周围几乎一片黑暗的环境中，勇敢地高举起民族民主革命的火炬，进行了一些比较有力的宣传鼓动工作，在几乎处于绝望状态的中国人心中燃起了新的希望。这是他们的巨大功绩。但他们通常长于言论而短于行动，过于看重个人的力量而容易脱离

〔1〕 陈独秀：《偶像破坏论》，《新青年》第5卷第2号，1918年8月15日，第90、91页。

群众和各行其是；书本知识多而对中国的复杂社会情况了解少；由于年轻和地位低而在社会上缺少足够的号召力；更重要的，由于缺乏科学的理论指导和足以依靠的社会力量而显得十分软弱。在辛亥革命中，他们的弱点明显地暴露出来。

那时的革命党人，充满着对祖国的热爱，有着革命的决心，却提不出一个彻底的明确的反帝反封建的革命纲领来。他们中许多人并不认识帝国主义的真面目，甚至天真地认为他们既然以西方为学习榜样，一定能得到西方国家的援助，并且总是害怕革命的猛烈发展会招致帝国主义列强的干涉，所以在革命起来后小心翼翼地避免触动列强在中国的既得利益。这样，辛亥革命几乎完全没有直接改变帝国主义列强在中国的支配地位。他们对封建主义也没有多少认识。许多人由于家庭和原来所受教育的缘故，同封建制度有着难分难解的联系。他们中大多数人把清朝统治者看成唯一的敌人，不但看不到旧社会制度的基础是地主阶级土地所有制，而且把一切赞成或被迫同意推翻清朝统治者的汉族地主官僚看作自己人，不惜向他们作出种种重大让步。因此，当清朝的统治一旦被推倒，建立了民国，许多人便以为革命已经成功，失去继续前进的明确方向。妥协心理上升为主流，导致革命半途而废。

辛亥革命在一定程度上依靠并发动了群众，这是它成功的重要原因。可是，依靠并发动群众的严重不足，尤其是同广大下层劳动民众的脱离，又是导致它不能把革命进行到底的重要原因。帝国主义和封建势力是在中国社会土壤中盘根错节的强大敌人，要推倒他们在中国的统治，离开广大民众的充分发动是办不到的。然而，恰恰是占中国人口绝大多数的工人农民几乎完全在当时革命党人的视野以外。在革命过程中并没有出现一场农村的社会大变动，自然也不可能吸引广大农民对革命的积极参与，这和法国大革命时的情况显然不同。而没有广大工人农民的积极参与，革命党人在帝国主义和封建势力面前只能深感自己缺乏实力而处于孤立无援的境地，使他们不能不走向妥协。

还需要看到，领导这场革命的中国同盟会是一个十分松散的组织，它的成员十分复杂。当革命开始取得胜利时，革命阵营内部便呈现出一派分崩离析的混乱景象。武昌起义的成功和民国的迅速成立，使他们喜出望外。原来的穷措大和流亡客转眼间成为国会议员或“民国伟人”，使许多人心满意足，并开始争权夺利。没有一个坚强有力的革命政党作为核心，也难以使革命进行到底。

一句话，缺乏一个能够提出明确的科学的革命纲领、能够发动并依靠全国最大多数的民众、组织严密的革命政党的领导，这是辛亥革命留给我们的根本教训，而这又是当时中国不成熟的社会条件所决定的。中华民族的复兴，只有在具有这样的条件后才能实现。

辛亥革命并没有解决近代中国社会的根本矛盾，使中国从此走上独立、民主和富强的道路，实现人们原先对它的期望。正如参加过中国同盟会的董必武所说：“辛亥革命的意义是伟大的，它在广大的人民中造成的民主精神的高涨，为新的革命斗争的发展开辟了道路。”但它“根本没有打碎封建军阀和官僚的国家机器。近代中国的半殖民地半封建的经济基础，更是原封未动。中国的反对帝国主义反对封建主义的革命任务并没有完成。就这个意义说，辛亥革命是失败了。”〔1〕

中国近代民族民主革命是由一代又一代革命者，经过一个多世纪前仆后继的顽强努力，才取得了胜利。辛亥革命虽然没有能完成这个任务，但它在近代中国发展的历史进程中是一个不可缺少的重要阶梯。

二十世纪只是刚刚开始，辛亥革命无疑跨出了很大的一步，但等待着中国人要走的路依然还很漫长。

---

〔1〕《董必武选集》，人民出版社 1985 年 3 月版，第 487、493 页。

第三章

北洋军阀统治的建立

历史的发展真是充满迂回曲折，甚至会出现一段时间的逆转。民国虽然成立，旧有的社会基础并没有随之改变，旧的社会心理在很大程度上仍保留下来，旧的和新的继续进行着反复较量，只是采取了不同的形式。

人们在共和政体建立后，最初兴高采烈，热烈地期待着能开始和平建设，使中国摆脱以往那种悲惨处境，一步一步走向繁荣富强。孙中山在一九〇四年给美国人民的呼吁书《中国问题的真解决》中，曾充满天真的热情写道："中国的觉醒以及开明的政府之建立，不但对中国人，而且对全世界都有好处。全国即可开放对外贸易，铁路即可修建，天然资源即可开发，人民即可日渐富裕，他们的生活水准即可逐步提高"。[1]这种期待，在许多善良的人中间都存在着，并且深信它真的能够实现。

事实却那样冷酷无情：民国成立后，随之而来的并不是人们所热望的美好情景，而是长达十多年的野蛮的北洋军阀统治。

为什么会出现这种令人沮丧的局面？它不是偶然的，而是当时中国的历史条件和社会状况所决定的。君主专制制度这个封建势力的集中代表被推倒了，原有的统治秩序解体了，但中国封建主义的社会根基依然根深蒂固，分散的个体经济在中国社会生活中仍占着压倒优势，封建主

〔1〕《孙中山全集》第1卷，第253页。

义意识形态在中国更有着深厚的根基和几乎无处不在的影响力。它们还得到帝国主义势力的支持。革命阵营方面，却没有一个强大到足以取代它的社会力量，能够独立地建立起一种新的社会秩序来，倒是很快就急于向旧社会势力妥协。“三千年的中国君主政体一变而为民主政体。举国上下对此前未之见的新情势，既不相习，亦不了了，大都以为不过是由满洲皇帝换了汉人总统，与历代王朝的更易无大区别。革命党人亦多缺乏民主政治运用的艺术与经验，仅有理想与热忱，举措往往不切实际。”〔1〕

这是一个青黄不接、令人格外难熬的过渡岁月。经历了辛亥革命风暴的猛烈冲击后，旧社会势力原有的一整套统治秩序和统治方法已被打乱，为了继续维持他们已经摇摇欲坠的支配地位，只能倚仗更加赤裸裸的军队暴力来镇压反对力量。而在社会大动荡下，破产失业的人数剧增，有些无法维持生计的人把入伍当兵作为谋求生存的出路，提供了为数众多的兵源。帝国主义列强为了扶植各自在中国的代理人，又有条件地（主要是以取得在中国的某些特权为交换）给他们以金钱和武器的支持。这些因素凑合在一起，便成为开历史倒车的军阀统治此时会在中国出现的原因所在。

什么是军阀？人们有不同的解释。较多人的看法，大体有三点：第一，它是以军阀首领个人为中心，以家族、亲族、同乡、同学、师生等人际关系来维系的私人掌握的军队；第二，他们控制着一定的地盘，借以取得相对固定的财源、兵源和政治资本；第三，在他们控制的地盘内，军事权力高于一切，文官听命于军人，行政权受军事权的控制。

北洋军阀的孕育期，要从清末袁世凯小站练兵、建立北洋六镇算起。它和清朝的旧军队不同：按照西方国家的军制编成，用外国人为教习，以洋操为训练内容，大多用西方武器装备，拥有步、骑、炮、工、辎重等兵种。六镇编成时，已有兵力八九万人。袁世凯曾担任北洋大臣、直隶总督，北洋军阀中的北洋两个字就是从这里来的。但那时它还

〔1〕郭廷以：《近代中国史纲》下册，第411页。

不完全具备前面所说的军阀的几个条件。清朝的朝廷依然是全国的最高统治者。它命令把北洋六镇中的四个镇交陆军部直接管辖时，袁世凯只得服从，尽管他在幕后仍保持着对这四个镇的影响力。而当一九〇九年一月，清政府要他“开缺回籍养疴”，他也只得“谢恩”辞行，仓皇地回到河南作出隐居的姿态。这和民国初年飞扬跋扈的北洋军阀统治时期显然不可同日而语。

除一般军阀的共性外，李新对北洋军阀的特点又归纳为四点：第一，采用外国兵制，武器基本上购自外洋。但治军的主要思想仍靠传统的封建伦理观念，即三纲五常、四维八德那一套。第二，它的财政来源已不完全依靠封建的田赋税入，而且还来自关税、盐税、铁路、轮船和举借外债。（后来，铁路收入成为一个重要来源。北洋军阀统治时期有所谓新、旧“交通系”，梁士诒、曹汝霖等红极一时，就是这个原因）第三，它的兵源实行募兵制，主要依靠招收破产农民，也有一些无业游民等。第四，它不能长久统一中国，而且不断分裂，乃至发展为各成一派，各据一方，连年混战。〔1〕

北洋军阀的社会基础主要是封建地主阶级。尽管他们后来也经营一些工矿企业，借以积聚更多财富，但封建性更为浓厚。军阀中很多是文化程度很低的人，除了争夺地盘和权力以外，提不出什么可以凝聚人心的建设国家的目标和纲领。掌握中央政权的军阀，有时也使用一些受过近代教育的知识分子，但只是辅佐他们处理一些外交、财政、教育等方面的事务，极少参与重大决策，更谈不上可以左右当时的局势。“北洋军人，多系卵翼于袁世凯，才质驽下者居多，对上只知服从，不敢有所主张，盖北人对长官之忠，非发生于公的意识，全基于私的情感。服从之外，再有‘报恩’的观念，牢不可破。只要是‘恩上’，或是‘恩宪’，无论是否‘乱命’，亦须服从，意谓不如此则为‘忘恩’，受同人道德责备，此北洋军人之共同心理。”〔2〕 他们倚仗手中的枪杆子，得到

〔1〕 李新、李宗一主编《中华民国史》第2编第1卷上，中华书局1987年9月版，第3—6页。

〔2〕 吴虬：《北洋派之起源及其崩溃》，海天出版社1937年5月版，第5页。

帝国主义的奥援，在一段时间内很可以胡作非为。但靠这样一种落后于时代、极端不得人心的野蛮统治，注定是不可能维持长久的。它反映了中国旧社会势力的统治已经分崩离析，连表面上的统一也难以维持。

在军阀统治下，国家的情况一天一天坏下去，人们无法长期忍受这种苦难的折磨，终于又踏上新的路子。这是新旧交替过程中难以完全避免的一段曲折。

现在，先来看一看北洋军阀统治最初建立时的状况。

辛亥革命胜利后的一般社会心理

历史的现象常常充满矛盾：辛亥革命的失败是在表面上的一片胜利声中到来的。

一九一一年的辛亥革命，像猛烈倾泻的急风暴雨，骤然改变了中国原有的社会政治格局。突然的变化使人感到头晕目眩，对眼前出现的各种复杂现象难以立刻作出正确的判断，对它行将带来的无数新问题既没有足够的精神准备，更缺乏应对的经验。

大多数革命党人一时都沉浸在胜利的欢乐中，由于自身力量太弱，没有料想到推倒清政府和君主专制制度会那么快到来。这造成一种错觉，似乎随后的政治和经济建设也将在短期内同样顺利地实现。这种普遍的乐观和幻想，使人们倾向于强调维持现状，认为需要思考的只是如何在民主共和制度的新格局下建设这个国家，对旧社会势力的斗争已不那么重要，甚至因害怕引起破裂而处处趋向妥协。

还要提到，许多革命党人在民国成立后社会地位起了变化，纷纷跻身上层社会之列，更使他们中不少人容易醉心于维持现状。革命的共同目标已逐渐淡化，各人似乎已可各奔前程，更加自由地追逐自身的利益和发展，继续改善自身的地位。原来就相当涣散的革命团体，进一步失去凝聚力，变得更加涣散，甚至出现明显的分化。

在一般国民中，妥协的心理更为普遍。胡汉民作过一个对比：“当武昌倡义以后，举国响应不为不快。各地不但党人领导着运动，连国民也跟着运动，大家都觉得满清非推翻不可了；就此群策群力，一鼓作气，把他很快的推翻掉。”但经过破坏以后，临到建设，国民心理就显出三大弱点来：

“第一个心理上的弱点是苟且。大家以为大乱过去了，应该赶紧休养生息，不必再闹了。革命党员毕竟是含有暴烈性的朋友，现在用不着他们了，同他们疏远些，另外接近稳健派的人物吧！”“（有些革命党员）跑了一程，已出了一身汗，马上就要歇住脚来休息，也不管时机容许不容许停顿，而真正目的地相去尚有多远，就此躺下来不再动，任你催促他也是无益了。”

“第二个心理上的弱点是侥幸。以为过去已有的牺牲，或者已经够了，够达所求的目的，不必再多奋斗了。大家总想以廉价来买得贵物，实际上有无把握是不管的，只望其徼幸而中罢了。”

“第三个心理上的弱点是倚赖。凡事托人去办好了，自己一概不管。从上面两个弱点中，他们认为满意的办法，是‘维持现状’；认为满意的人才，是‘非袁莫属’。”“这两句话原来是一呼一应的，作用很大，当时竟有人大为宣传，用以压倒一切。”〔1〕

妥协和厌乱的心理构成压倒一切的浓重氛围。这同革命前夜的社会心理形成明显的反差，在无形中起着左右局势的作用。

孙中山在临时政府结束后，对自己建立起来的那个党深感失望，对三个月来置身政治漩涡中心而又难有作为的日子感到痛苦和厌倦。章太炎曾嘲笑他那时的处境说：“政府号令，不出百里，孙公日骑马上清凉山耳。”〔2〕对他不担任临时大总统后国家内外局势的复杂情况，孙中山并不是毫无觉察，但觉得自己在这方面一时难有所作为。他在给宋教仁的一封信中写道：

---

〔1〕胡汉民：《怎样纪念国庆》，《革命理论与革命工作》，民智书局1932年8月版，第1380—1383页。

〔2〕《太炎先生自定年谱》，《近代史资料》1957年第1期，第125页。

“民国大局，此时无论何人执政，皆不能大有设施。盖内力日竭，外患日逼，断非一时所能解决。若只从政治方面下药，必至日弄日纷，每况愈下而已。必先从根本下手，发展物力，使民生充裕，国势不摇，而政治乃能活动。弟刻欲舍政事，而专心致志于铁路之建筑，于十年之中，筑二十万里之线，纵横于五大部之间。”[1]

孙中山自然知道政治的重要性。但他这时认为：现实政治有如一团乱麻，一时谁也难以措手足。如果从这里着手，只会越弄越乱。倒不如自己暂时把政治问题放一放，先集中力量发展实业，特别是要专心致志于铁路建筑，等到“民生充裕，国势不摇”了，回过头来解决政治问题也许好办得多。他认为这才是“从根本下手”的办法。

他的愿望是良好的。发展实业，对贫穷落后的中国确实太需要了。把兴建铁路看作发展实业的先行条件，也是有道理的。可是，他期望“不厕身政界，专求在社会上作成一种事业”，在那时中国的国情下，当国家政权仍掌握在旧社会势力手中时，结果只能事与愿违。这在近代中国历史上是一再出现的沉重教训。孙中山在十年内建设二十万里铁路的宏伟设想最后完全化为泡影，便是一个活生生的例证。

当时在同盟会中，在社会上，谈论得最热闹的是以宋教仁为代表的“议会政治”、“政党内阁”的主张，把它看作建设新国家在政治体制方面的最理想设计。

宋教仁在清末流亡日本后，入早稻田大学攻读法政。他对西方国家的政治、法律、财政等制度相当熟悉，翻译过《英国制度要览》、《各国警察制度》、《俄国制度要览》、《奥地利匈牙利制度要览》、《美国制度概要》、《奥匈国财政制度》、《德国官制》、《普鲁士王国官制》、《日本地方渔政法规要览》等书籍，而对国内的实际革命活动参加得比较少。“当

〔1〕《孙中山全集》第2卷，第404页。

是时，先生专心研究政法、经济诸学科，为将来建设时代之需。”〔1〕因此，他的书本知识要比许多人多，实际社会经验却比较少。

武昌起义后，宋教仁觉得他大显身手的时机到了。他特别注重西方国家民主的组织形式和议事程序，以为只要把这一套搬到中国来，就是抓住了事情的根本，中国的面貌就会发生大变化。他到武昌后，起草了鄂省临时约法。南京临时政府时期，他担任法制院院长，起草了不少法规章则。他到处滔滔不绝地发表这方面的议论，很得到一些人的赞赏。一个同他很接近的人扼要地叙述宋教仁当时的见解，那就是西方式的议会政治和政党内阁：

“宋教仁的主张最坚决的，就是责任内阁制。他认为要建设进步的国家，必须有健全的政府，有权而后尽其能，有能而后尽其责，是之谓‘权责能’三位一体的责任内阁。这样的内阁，必须有强大的政党，又有人才，又在国会中取得大多数的议席，才可以建立起来，巩固起来。”〔2〕

宋教仁真相信：只要组成强大的政党，同其他政党竞争，通过选举赢得胜利，夺取议会中的多数席位，就可以按照法律程序，组成责任内阁，实现他们的全部政治主张。因此，他全力以赴奔走的是他认为最重要的两件大事：第一，组织一个大党，第二，争取在国会选举中取得多数席位。这两点是互相关联的：组织大党的着眼点主要是为了在国会选举中多得席位；而在议会中夺取多数席位又是为了实现政党的政治主张。但步骤上又有先后之分。

他首先着手的是组织一个大党。在他接替汪精卫担任中国同盟会总务部主任干事、掌握党务实权后，不顾蔡元培等反对，立刻同统一共和党、国民共进会、国民公党、共和实进会联络，在八月二十五日合并成

〔1〕徐天复：《宋先生传略》，张难先：《湖北革命知之录》，商务印书馆 1946 年 5 月版，第 68 页。

〔2〕蔡寄鸥：《鄂州血史》，上海龙门书局 1958 年 7 月版，第 208—209 页。

立国民党，出任代理理事长。他到处拉人入党，“简直是拿着本子乱填，谁要进党都可以登记，大批因势趋利的投机分子都混了进去。”〔1〕这一来，不仅使政党的成分变得更加复杂，而且在某种程度上改变了党的性质，只满足于党在议会中的活动，大大降低了它的革命性。胡汉民对宋教仁这种做法一直很不满意，批评道：

“他以为我们那时不要再秘密地做革命工作，只要到国会中去做那政治活动者就是。他为扩充国会中的势力起见，要将当时五个政党，合并为一个国民党。兄弟对于他这种主张很反对，因为这样一来，把本党的革命性销蚀大半了。”“而宋先生那时不独忽略了这一个要点，而且想以选举运动、议会运动替代了革命运动，那如何行呢？”〔2〕

国民党这个大党一成立，宋教仁立刻把工作重点转到国会竞选活动上，力图通过选举在国会取得多数席位。他奔走湘、鄂、苏、沪等地，为国民党竞选。一九一三年二月一日，他在国民党湖北支部的欢迎大会上说：

“世界上的民主国家，政治的权威是集中于国会的。在国会里头，占得大多数议席的党，才是有政治权威的党，所以我们此时要致力于选举运动。选举之竞争，是公开的、光明正大的，用不着避甚么嫌疑，讲甚么客气的。我们要在国会里头，获得过半数以上的议席。进而在朝，就可以组成一党的责任内阁；退而在野，也可以严密的监督政府，使它有所惮而不敢妄为。应该为的，也使它有所惮而不敢不为。那么，我们的主义和政纲，就可以求其贯彻了。”〔3〕

他在不久所写的另一篇文章里充满自信地说：只要有“强有力之政

〔1〕何遂：《辛亥革命亲历纪实》，《辛亥革命回忆录》第1集，第488页。
〔2〕胡汉民：《从国民党史上所得的教训》，《革命理论与革命工作》，第1234页。
〔3〕蔡寄鸥：《鄂州血史》，第225页。

党主持于上，决定国是”，又将中央行政与地方行政的分划有条理地加以确定，“不五年间，当有可观，十年以后，则国基确定，富强可期，东亚天地，永保和平，世界全体亦受利不浅矣。”[1]

重读宋教仁这些讲得头头是道的豪言壮语，只能慨叹它实在是过于天真的书生之见。宋教仁对民主政治的追求是真诚的，但他满脑子都是书本上看来的学理，对中国的实际国情太缺乏了解了。在想象中似乎相当完美的政治设计，一进入实际生活就走了样，收到的并不是设计者预期的结果，甚至适得其反。纸上的空文并不会自然地转化成民众的实际权利。当宋教仁兴奋地写下五年如何、十年如何那段话时，谁能想到，离他被袁世凯指使人暗杀惨死只剩下十天了。建立真正的民主政治是要付出代价的，而且不能一蹴而就。如果袁世凯所代表的旧社会势力不但没有被触动、而且还掌握着一切实际权力的时候，如果不经过一场深刻的社会革命，单靠搬用西方民主政治的某些组织形式和议事程序，以为就可以解决中国的问题，那不是太可笑了吗？名重一时的宋教仁，其实仍是一个不懂世事的书生，这真是可叹的悲剧！

处在旁观地位的著名记者黄远庸看得很明白：“其新者以为法律万能，但能全本抄录外国之法科全书，吾国便不难立时变成黄金世界。其旧派则任有何种法律，然我曹自有我曹之窟穴，自有我曹之本领及伎俩，一切国法，弁髦视之。此二派水火之不能相容。”[2] 这是对“法律万能”论的辛辣嘲讽。他所说的“新者”就是指宋教仁这些人，所说的“旧派”就是指袁世凯为首的旧社会势力。事实确实是这样：对袁世凯说来，只要实力在手，“任有何种法律”，到时候都可“弁髦视之”，使它成为一张废纸。对中国社会实际有更多了解的黄远庸比宋教仁看得清楚：以为“但能全本抄录外国之法科全书，吾国便不难立时变成黄金世界”，这只是天真的虚幻梦想。

在政党活动中，仅次于国民党的政治力量是原清末的立宪派。它们先成立了共和党和统一党（也有一些原革命党人士参加），后来又成立

---

〔1〕 宋教仁：《中央行政与地方行政之大政见》，《宋渔父》前编，政见，第21页。

〔2〕 黄远庸：《远生遗著》卷1，（台北）华文书局据1938年铅印本影行，第6页。

民主党，到国会产生后合并成为进步党。它的精神领袖是梁启超。

这些人仍可说处于中间状态，但当时的政治态度是支持袁世凯、反对国民党。清朝被推翻后，梁启超原来鼓吹的“虚君共和”已没有可能实现。袁世凯一当上临时大总统，还在海外的梁启超立刻写信给袁世凯，建议他以共和国之名行开明专制之实，并主动表示对他支持，说：

“今后之中国，非参用开明专制之意，不足以奏整齐严肃之治。”“今国中出没于政界人士，可略分三派：一曰旧官僚派，二曰旧立宪派，三曰旧革命派。旧官僚派公之所素抚循也，除阘冗佥壬决当淘汰外，其余佳士大率富于经验，宜为行政部之中坚”。“旧革命派自今以往，当分为二，其纯属感情用事者，殆始终不能与我公合并，他日政府稍行整齐严肃之政，则诋议纷起；但此派人之性质，只宜于破坏，不宜于建设，其在政治上之活动，必不能得势力，其人数之多寡，消长无常、然虽极多，终不能结为有秩序之政党。政府所以对待彼辈者，不可威压之，威压之则反激，而其焰必大张；又不可阿顺之，阿顺之则长骄，而其焰亦大张；惟有利用健全之大党，使为公正之党争，彼自归于劣败，不足为梗也。健全之大党，则必求之旧立宪党与旧革命党中之有政治思想者矣。”〔1〕

袁世凯在复信中热情地写道：“政党一层，所策皆至确不易，中心藏之，何日忘之。”〔2〕

四月间，梁启超又写了一本《中国立国大方针商榷书》，主张新建立的共和国的立国大方针，首先必须建立强有力的中央政府，实行“保育政策”；不能效法美国，由“立法部掣肘行政部”，限制中央集权；不可由地方自选都督，以免造成藩镇之祸。这本书先由共和建设讨论会印刷两万册问世，后又由《庸言报》连载，在社会上产生不小的影响。

他所以提出这些主张，仍然由于认为中国国民程度不够，必须先有

〔1〕 丁文江、赵丰田编《梁启超年谱长编》，上海人民出版社 1983 年 8 月版，第 617 页。
〔2〕 丁文江、赵丰田编《梁启超年谱长编》，第 620 页。

一个强有力的中央政府来对民众实行“保育政策”，否则就会“步武凌乱，节奏脱落”；也由于认为中国现在国势危急，必须有一批“富于经验”的“旧官僚派”组成强有力的中央政府，才不至于陷入混乱，造成严重的后果。这同他原先的“开明专制”主张是一脉相承的。

不仅梁启超如此。当时相当普遍的社会心理是厌乱思定，认为民国成立，革命时期已成过去，现在需要的是强有力的、具有治国经验和能力的人出来担当这个任务，袁世凯似乎就是这种强有力的人。同梁启超比较接近而没有参加什么政党的著名记者黄远庸写道：“袁总统之为人，意志镇静，能御变故，其长一也。经验丰富，周悉情伪，其长二也。见识闳远，有容纳之量，其长三也。强干奋发，勤于治事，其长四也。拔擢材能，常有破格之举，能尽其死力，其长五也。”他也讲到：“大抵今日之崇拜袁公者，开口动云‘老袁了不得’，或曰‘老袁必有主意’。”至于那些旧官僚派自然更对袁抱着依赖的心理。一时，袁世凯仿佛成了可以维持安定的力量所在。所谓“非袁莫属”，就由此而来。但黄远庸对袁世凯的认识比梁启超等清醒。他在讲了袁世凯有五条长处后，接着写道：“有此五长，而乃善日少而恶日多者，一由知识之不能与新社会相接，一由公心太少而自扶植势力之意太多。综言之，则新知识与道德之不备而已。故不能利用其长于极善之域，而反以济恶。既自顾手执政权者十余年，天下之大，变故之繁，无不为其牢笼而宰御，则益骄视一切，以为天下事不过如此，于是其手段日以老辣，其执行益以勇往，乃至举中国之人物为供奔走，尽中国国家之所有供其政治演剧之材料。某今敢断言于此，长此不变以终古。袁总统者，在世界历史上虽永不失为中国怪杰之资格，而在吾民国历史上，终将为亡国之罪魁。”〔1〕当时能有这样清醒见地并公开发表出来的人实在不多。

梁启超等所以支持袁世凯，是期望能得到这个强有力人物的信任，从而得以逐步实行他们的政治主张；却没有想到袁世凯对他们也不过是暂时利用，一旦把劲敌原革命党人打败了，很快就把梁启超等也一脚踢

〔1〕《远生遗著》卷1，第12、33页。

开。这实在是梁启超等始料之所不及，也成为对他们原来所抱幻想的无情嘲弄。

当时弥漫社会的那种妥协心理，自然便于城府很深的袁世凯得以一步一步地独揽大权。

袁世凯的独揽大权

袁世凯的政治经验远比原革命党人和立宪派人要丰富得多。他虽被选为临时大总统，但深知自己的脚跟一时并没有真正站稳。他看清一个事实，经过辛亥革命这场大风暴冲刷后，中国的旧社会秩序已被冲乱，原来集结在清朝政府周围的旧社会势力已被打散，把他们重新在自己周围集结起来需要一个过程；他虽然拥有北洋六镇的重兵，但能直接控制的还只有直隶、河南、山东等几个省；原革命党人在中国南部还有相当大的实力，消除它需要做种种准备；对刚建立并取得民众认可的共和政体和种种制度，不能立刻不顾一切地加以废弃；在财政上也要取得外国借款的支持，一时还没有落实。这些，都需要有一段时间来准备。

袁世凯是口中说一套、心里想着另一套的能手。当他觉得自己还没有准备好的时候，可以说许多好听的空话让对方放心。一九一二年三月八日，他打电报给在南京的参议院，宣誓效忠共和，信誓旦旦地说："民国建设造端，百凡待治。世凯深愿竭其能力，发扬共和之精神，涤荡专制之瑕秽，谨守宪法，依国民之愿望，蕲达国家于安全强固之域，俾五大民族，同臻乐利。"〔1〕十日，他在北京宣誓就职。《中华民国临时约法》规定政府采取责任内阁制。经参议院同意，袁世凯在十三日任命唐绍仪为第一任国务总理。四月二十九日，参议院移至北京开会。袁世凯又在第一天到会宣言。他在宣言中强调："现值改革之后，亟当维持秩序，利用厚生，建设从稳健入手，措置以实事为归。"为了使西方列强放心，他在这篇宣言中又说："以开诚布公巩固邦交为重。凡从前缔

〔1〕《袁大总统书牍汇编》，上海广益书局1926年4月版，卷首，第1页。

结之条约，均当切实遵守。其已缔约而未办之事，迅速举办。”[1]

袁世凯的心中，其实从来没有相信过共和政体。他在宣誓中所说的那些话，不过是不得已情况下应付民众的权宜之计。在他看来，就职后最重要的是先将局面稳住，把一切大权集中到自己手里，并千方百计消除原革命党人的势力。

唐绍仪本来是袁世凯的心腹，长期追随袁，并在袁的提拔下一步步升任清末的奉天巡抚、邮传部尚书等职，辛亥革命起来后充当过南北和议的北方总代表。但他早年曾在香港读书，以后又在美国留学过七年，受到西方民主思想的一些影响。袁世凯要他出任国务总理，原是为了便于自己控制政府，但唐绍仪却真想实行起“责任内阁”来，同袁发生过多次争执。这自然是袁世凯不能容忍的。“一天，唐又到总统府报告一些问题，袁忽然很不耐烦地说：‘少川，我已经老了，你就来做总统吧！’唐听了大为吃惊，才明白袁的确对他存有芥蒂了。”[2]《临时约法》本来规定由国务院负政府的实际责任，总统发布法律、命令、公文需国务院副署才能有效。唐绍仪原曾征得袁的同意，准备任命王芝祥为直隶都督。六月十五日，袁把没有经过国务院副署的派王为南方宣慰使的命令公布出来，随后又任命他的嫡系大将冯国璋为直隶都督。唐绍仪明白了这是袁对他决裂的表示，只得留下辞呈，悄悄离开北京。唐内阁一共只存在三个多月。

唐绍仪的去职，不是一般的内阁人事变动，而是袁世凯做了临时大总统后第一次公然破坏《临时约法》、并且把责任内阁制破坏无遗的重大政治行动。但它在社会上没有引起多大反响，就是国民党人也采取了隐忍退让的态度。这使袁世凯更加胆壮，步步进逼地展开他独揽大权的活动。

解决了身边的问题后，在袁世凯看来，最重要的是要对付南方的国民党势力。其中最重要的是，当临时政府从南京北迁后，黄兴担任南京

---

〔1〕《袁大总统书牍汇编》卷首，第2、4页。

〔2〕陶菊隐：《北洋军阀统治时期史话》第1册，生活·读书·新知三联书店1957年3月版，第133页。

留守，直接统率着驻守南京的十几万军队。这在袁世凯看来，是有如芒刺在背的巨大威胁。这个威胁不解除，他就难以放开手脚独揽大权以至重新抛弃共和政体。

为了扫除这个障碍，袁世凯并不立刻采取强硬手段，而是使用釜底抽薪的巧妙做法，那就是对驻南京的十几万军队不拨军饷。军队发不出军饷是难以维持的。黄兴在两次致总理和财政总长告急电中先后陈述了他的窘境：

“此间经济又已告罄，千方罗掘，敷衍至今，日来奇窘之状，几于不敢告人，不但各军积欠饷项无从发给，即目前伙食已无术支持，告急之声，不绝于耳，似此情形，一两日内，必有绝大险象。”

“前尚可藉军钞救济，今则坐困穷城。此间军队伙食已数日不能发给，今日有数处竟日仅一粥。每日索饷者门为之塞，危险情形，日逼一日，加以急报密陈，日必数十至，哗溃之势，已渐发端。二日内倘再无款救宁，大乱立至。”〔1〕

江南是财富之区。为什么黄兴的军饷来源全待袁世凯政府拨给，坐困愁城，而不敢采取断然措施，自行就地筹措？原因在于他太天真太老实了，没有看透袁世凯要置革命党人于死地而后快，不但没有从中警醒而速谋应对之策，相反，还把袁看作代表“合法”的中央政府，让“统一”、“遵守法纪”这些观念束缚住自己的手脚，从而处于任人宰割、束手待毙的状态。他在被迫卸任南京留守前后的通电中说得很明白：

“今兹所请，非敢自图暇逸，实为国家制度计，统一政府既经成立，断不可于南京一隅，长留此特立之机关，以破国家统一之制，致令南北人士互相猜疑，外患内忧因以乘隙而起，甚非兴爱国之本心也。况整理南方军队之办法已略有端绪，但循此而行，则云屯雾集之军队，不难渐

〔1〕《黄兴集》，中华书局1981年5月版，第177、179页。

次消散，裁此机关，事实上并无窒碍，而少一机关之糜费，于国家财政尤不无微补。”

“窃以留守机关一日不取消，行政一日不能统一，即南北疑虑一日不能消除。”

“起义光复之人，断无拥兵自卫之举。嗣因北方言论猜疑环生，不审内容，每多臆测，以为南方存此特别机关，势同树敌。且北方来电，谓此次借款，外人亦注意南方军队。兴睹此情形，殊非国福。窃恐内讧叠起，外患丛生。又以宁垣军队整理已有端倪，地方秩序自赣军变后亦渐回复。不如将留守机关早日取消，可使南北猜疑尽泯，庶几行政统一，民国基础日趋巩固。故自去月十三日起，叠次电请大总统取消留守一职，至本月（引者注：指六月）四日始奉令允许”。〔1〕

明明已经看到“北方猜疑环生”，当袁世凯用“拥兵自卫”、“势同树敌”这些话来指责南方时，黄兴却担心保留南京留守机关会引起“内讧叠起，外患丛生”，以为只有自请卸职、解散军队，才能显示诚意，使“南北猜疑尽泯”，达到“行政统一，民国基础日趋巩固”的结果。这不是自己往对方设下的圈套里钻吗？

在这种思想指导下，黄兴不仅撤销了南京留守府，而且将南京的十几万军队，除保留第八师，并将苏、浙、粤各省军队调回原省外，其他全行裁撤。据日本参谋本部的材料，在一片裁军声中，江苏在黄兴主持下裁得最多，一共减少了七个师。〔2〕其他南方各省也纷纷裁军。只有江西都督李烈钧坚持将所部编为两个师。同黄兴十分亲近的周震鳞回忆道：当时袁世凯“借口南方军队骤增，糜饷过巨，南北既已统一，国民希望和平，倡议裁兵。克强先生（引者注：即黄兴）当以既经让出政权，为了表示和平建设，也同意裁兵倡议，当即通令南方各省革命军队严加裁汰。各省多数革命同志，起初对此举是不愿意的；但是，克强先生坚持了他的意见，说是要想训练精兵，也必须先汰冗兵。各省同志一

---

〔1〕《黄兴集》，第178、179、188、230页。

〔2〕（加）陈志让：《军绅政权》，生活·读书·新知三联书店1980年9月版，第22页。

方面感到兵增饷绌，另方面恐怕加重人民负担，也就奉命执行了。”[1]湖南在已参加国民党的谭延闿主持下，甚至把全部军队尽行遣散。

尽管黄兴在主观上企图以裁遣军队来表示诚意，换取袁世凯的让步，结果适得其反。它只是加强了袁世凯的实力优势和野心，而使革命派的力量大大削弱。革命派之所以放下手上的武器，正是因为他们先已解除自己思想上的武装。当袁世凯一翻脸发动突然袭击时，他们就双手空空，陷入极大的混乱中。

可是，擅弄权术的袁世凯认为立刻翻脸的时机还没有成熟。为了采取那样的大动作，还需要再有一点准备的时间。他很懂得什么时候应该采取强硬措施，什么时候又应该把空气暂时缓和一下。

责任内阁制已被推倒，中央政府的大权集中在他一个人手里。南京留守府已经裁撤，南方的军队正被大批遣散。这两件事做到了，袁世凯的心放下了一大半。于是，他又作出姿态，在一九一二年八月邀请孙中山、黄兴北上，共商国是。孙中山到北京后停留了一个月，受到隆重欢迎，并同袁世凯会谈十三次。每次会谈，都有总统府秘书长梁士诒在座。谈话时间从下午四时到晚上十时或十二时，有三次谈到午夜二时。袁世凯在谈话时竭力迎合孙中山。梁士诒后来对他的秘书讲了一段经过：

“一夕孙语袁，请袁练成陆军一百万，自任经营铁路，延长二十万里。袁微笑曰：‘办路事君自有把握，若练精兵百万恐非易易耳。’某夕夜深，先生（引者注：指梁士诒）送回行馆，中山要先生叙谈，问曰：‘我与项城（引者注：指袁世凯）谈话，所见略同。我之政见，彼亦多能领会。惟有一事我至今尚疑，君为我释之！’先生曰：‘何也？’中山曰：‘中国以农立国，倘不能于农民自身求彻底解决，则革新匪易。欲求解决农民自身问题，非耕者有其田不可。我说及此项政见时，意以为

[1] 周震鳞：《关于黄兴、华兴会和辛亥革命后的孙黄关系》，《辛亥革命回忆录》第1集，第337页。

项城必反对。孰知彼不特不反对，且肯定以为事所当然，此我所不解也。”[1]

袁世凯实在是个出色的演员。会谈后，又特授孙中山以筹划全国铁路全权，任黄兴督办汉粤川铁路。孙中山十分兴奋。他在北京时就一再表示：“现在政治之事，有袁大总统及一般国务员担任，鄙人从此即不厕身政界，专求在社会上作成一种事业。”“维持现状，我不如袁，规划将来，袁不如我。为中国目前计，此十年内，似仍宜以袁氏为总统，我专尽力于社会事业，十年以后，国民欲我出来服役，尚不为迟。”他答记者黄远庸问时，“（黄）问：究竟先生对于袁总统之批评何如？（孙）答：他是很有肩膀的，很喜欢办事的，民国现在很难得这么一个人。问：他的新知识、新思想恐怕不够么？答：他是很清楚的。像他向来没有到过外国的人，能够这么清楚，总算难得的。问：他有野心没有：答：那是没有的。他不承认共和则已，既已承认共和，若是一朝反悔，就将失信于天下，外国人也有不能答应的。”回到上海后，孙中山在国民党欢迎会上的演说又这样讲：“余在京与袁总统时相晤谈，讨论国家大政策，亦颇入于精微。故余信袁之为人，很有肩膀，其头脑亦甚清楚，见天下事均能明彻，而思想亦很新。不过，作事手腕稍涉于旧，盖办事本不能全采新法。”“欲治民国，非具新思想、旧经练旧手段者不可，而袁总统适足当之。”[2] 他万万没有想到，当袁世凯以十分“真诚”的姿态同他商谈合作时，其实暗中正磨刀霍霍，在伺机狠下毒手。因此，在袁世凯突然翻脸下手时，国民党人几乎完全处于毫无戒备而张皇失措的状态。这真是沉痛的教训。

《临时约法》本来规定在参议院成立后十个月内应该举行国会选举。国会选举活动从一九一二年十二月上旬开始，到第二年三月基本结束。袁世凯只把国会看作点缀门面的装饰品，并不在乎，没有在这方面花多

---

〔1〕 凤冈及门弟子编《民国梁燕孙先生士诒年谱》，（台北）台湾商务印书馆 1978 年 5 月版，第 133 页。

〔2〕《孙中山全集》第 2 卷，第 431、440、445、484、485 页。

少力气。选举的结果，当选的参议院议员二百六十六人，众议院议员五百九十六人。据张玉法的统计：以党籍来说，参议院党籍可知者，国民党占全院百分之五十四点五，共和、民主、统一、进步党系只占全院百分之九点四；众议院党籍可知者，国民党占全院百分之六十点四，共和、民主、统一党系的占全院百分之二十点六，其他合占百分之一点七。以年龄来说，参议院有年龄可据者，平均年龄为三十六点八岁；众议员有年龄可据者，平均年龄为三十六点一岁。以学历来说，参议院有学历可查者，有传统功名的占百分之三十四点四，在国内受新式教育的占百分之二十八点一，在国外受新式教育的占百分之三十七点五；众议院有学历可查的，有传统功名的占百分之三十四点五，在国内受新式教育的占百分之二十二点四，在国外受新式教育的占百分之四十三点一。以经历来说，参议院中有经历可查的，官僚占百分之三十九点八，议员占百分之三十二点三，教员占百分之十五点五，自由职业者（记者、律师等）占百分之四点九，社会团体职员占百分之三点五；众议院中有经历可查的，官僚占百分之三十三点二，议员占百分之三十八点一，教员占百分之十八点五，自由职业者占百分之四点二，社会团体职员占百分之三，其他占百分之三。〔1〕

总之，无论在参议院还是在众议院，国民党据有的议席都超过半数。一九一三年三月十九日，确定四月八日举行国会开会典礼。〔2〕国会将要担负制定宪法和选举正式大总统等任务。这使崇信西方政党政治的宋教仁十分兴奋。他深信“世界上的民主国家，政治的权威是集中于国会的。”〔3〕以为中国政治从此将开始一个新纪元。他热烈期待的西方式议会政治理想仿佛离实现已经不远。可是，事实的回答太无情了。三月二十日，他准备从上海北上准备国会的召开。当他在黄兴等陪同下来到上海火车站时，突然遭到刺客向他连开三枪，两天后伤重不治去世。不

〔1〕张玉法：《民国初年的政党》，（台北）中研院近代史研究所 2002 年 3 月版，第 335—342 页。

〔2〕郭廷以：《中华民国史事日志》第 1 册，（台北）中研院近代史研究所 1979 年 7 月版，第 86 页。

〔3〕《宋教仁集》下册，第 456 页。

久，上海租界当局根据线索进行搜查时，搜获要犯应桂馨同内务部秘书洪述祖、国务总理赵秉钧的来往函电，直接涉及袁世凯，舆论为之大哗。

这件事对国民党人说来，有如晴天霹雳一样。正在日本考察铁路的孙中山顾不上再考察什么铁路了，立刻赶回国内。在血淋淋的事实面前，他抛弃了一度产生过的对袁世凯的浓厚幻想，看清已不可能依靠法律等手段来解决问题，于是召开军事会议，力主武力讨袁。但是黄兴等却反对，主张："民国元气未复，仍不如以法律解决之为愈。证据确凿，俟国民大会发表后，可组织特别法庭，缺席裁判，何患效力不复生?"[1]汪精卫等也奔走南北，竭力谋求在妥协的基础上和平解决。至于已成为各省都督和国会议员的国民党人，由于对既得利益的恋栈，响应孙中山号令的更是寥若晨星。从辛亥革命到这时，时间刚过去一年。但是，革命的热情已普遍衰退，妥协的声浪成为主流。孙中山的战斗要求，不仅不能召唤他们再参加到战斗的行列中来，反而引来一片"孙大炮"的讥笑声。

广大下层群众，在辛亥革命后早已被革命党人撇在一边。同盟会改组为国民党后的党纲，对民众没有什么吸引力。在国民党担任都督的南方许多省内，民众同样不曾得到多少实际利益，有的倒是遭受残酷镇压和换汤不换药的各种苛捐杂税。在他们眼中，国民党和袁世凯之间的冲突，只是一群官僚政客与另一群官僚政客之间的争权夺利，跟他们并不相干，自然不可能再有多少热情起来给国民党以有力的支持。

值得注意的是，民族工商业者，特别是上海的新兴资产阶级，在辛亥革命时期曾积极投入反清的武装斗争，并以为民国成立是他们发展实业的大好机会。这时，他们生怕对袁世凯的反抗会破坏他们发展实业的这个大好机会，因而对孙中山提出的"二次革命"普遍抱着反对的态度。当时有人在报纸上透露他们这种心情："商界何以反对南方兵事?盖兵事一起，商人之损失无限。此不独中国之商人然也，即外国商人亦

[1]《谭人凤集》，湖南人民出版社1985年8月版，第413页。

甚望贸易之国处于平静之地位，安居乐业，勿复惊扰。且商业凋零，则人民均受其影响，故彼等之反对亦有不得已之苦衷。”[1] 软弱的中国民族资产阶级不能产生自己的“狄克推多”，就祈求在袁世凯的庇护下，得以平静地发展自己的实业。当然，这种希望最后注定是要落空的。

“国民党仍然举棋不定，意气大非两年前可比，持重不敢轻发。社会人心对袁尚未完全绝望，认为他有经验能力，国民党迹近好乱，反袁为一党之私。”[2] 一年多前曾经鼓动起全国规模的革命大风暴的革命党人，曾几何时，已处在分崩离析和完全孤立的境地。环顾四周，找不到多少支持和援救的力量。

袁世凯却不会讲什么仁慈。议员们还在国会中高谈阔论的时候，他却忙着调兵遣将。等到他准备好了，特别是四月二十七日不经国会讨论而同英、法、德、日、俄五国银行团签订以盐务收入等为担保的二千五百万英镑的善后大借款合同以及完成了南下的军事部署以后，他的脸就毫不留情地翻过来了，下令罢免江西、安徽、广东三省的国民党籍都督李烈钧、柏文蔚、胡汉民三人，并且嘲弄地说：

> “现在看透孙、黄，除捣乱外无本领。左又是捣乱，右又是捣乱。我受四万万人民付托之重，不能以四万万人之财产生命，听人捣乱！自信政治军事经验，外交信用，不下于人。若彼等能力能代我，我亦未尝不愿，然今日诚未敢多让。彼等若敢另行组织政府，我即敢举兵征伐之。”[3]

革命党人正陷于内部的争论中。但困兽犹斗，被袁世凯逼迫到这等地步，使一部分革命党人不得不起而反抗。七月十二日，李烈钧在江西湖口宣布独立，通电讨袁。十五日，黄兴入南京，就任江苏讨袁军总司令。安徽、广东、上海、福建、湖南、重庆等相继宣布独立。这就是历

---

〔1〕《癸丑战争汇录》，时评，第15页。
〔2〕郭廷以：《近代中国史纲》下册，第419页。
〔3〕白蕉：《袁世凯与中华民国》，人文月刊社1936年2月版，第49、50页。

史上所说的“二次革命”。

“二次革命”只是昙花一现，前后不到两个月。在袁世凯的几路进军和对南方军人的暗中收买下，南方各省的独立和抵抗很快就烟消云散。这个失败，严格地讲，并没有经过大规模的战争，除江西、南京等地进行了短时间抵抗以外，大体上是在国民党内部自行瓦解中崩溃下去的。江苏、安徽、江西、广东的失败，首先都由于内部的叛变。至于湖南、福建两省的态度原来就不坚决，一直抱着首鼠两端的观望心理，不久就自己取消独立。湖南都督谭延闿在取消独立的通电中厚颜地说：“湖南宣布独立，水到渠成，延闿不任其咎；湖南取消独立，瓜熟蒂落，延闿不居其功。”〔1〕

“二次革命”失败后，孙中山、黄兴等都遭到袁世凯政府的通缉，被迫和许多革命党人一起流亡日本。这些流亡者中思想十分混乱，有如《中华革命党成立通告》中所说：

“以‘宋案’、借款之故，促起二次革命；不幸精神溃散，相继败走，扶桑三岛，遂为亡命客集中之地矣。谈及将来事业，意见纷歧，或缄口不谈革命，或期革命以十年，种种灰心，互相诟谇，二十年来之革命精神与革命团体，几乎一蹶不振”。〔2〕

孙中山力图总结这次失败的教训。他认为问题在于：国民党抛弃了革命的宗旨；内部组织涣散，不能采取统一行动。鉴于前一点，他重新组织中华革命党，来代替国民党。鉴于后一点，他规定入党办法要盖指模，并宣誓服从孙中山。黄兴和另一些革命党人持有不同意见，特别对入党办法不满，没有参加中华革命党。中华革命党虽然成立了，但远处海外，人数不多，影响不大，难以有大的作为。但孙中山在极端困难的情况下，重新高举革命的大旗，不屈不挠地坚持斗争，这种精神是十分可贵的。

---

〔1〕《邹永成回忆录》，《近代史资料》1956 年第 3 期。

〔2〕《孙中山全集》第 3 卷，中华书局 1984 年 6 月版，第 112 页。

袁世凯挟一战胜利之势，又撤换了一批南方的都督（包括湖北都督黎元洪、湖南都督谭延闿等），以自己的部下取代；还有一批原国民党籍的都督（如山西都督阎锡山等）转而依附袁世凯。这以前，袁世凯虽控制中央，实际控制的地区只限于直隶、山东、河南等省。此时除了西南的云南、贵州、广西三省和远在西北的新疆以外，其他各省都落入袁世凯的直接控制之下，国内政治格局发生重大变化。

至于国民党员占优势的国会参众两院已成袁世凯掌中之物。那些国民党籍的议员，哪里还敢再妄想凭着“议会中的多数”来约束袁世凯的行动，只是一心恋栈自己的地位，甚至向袁世凯献媚。“京师总检察所因缄代理国民党理事长吴景濂，饬速削除黄兴、李烈钧、柏文蔚、陈其美等党籍，否则认为内乱机关。吴氏从命，始得无事。”〔1〕这时，袁世凯因为正式大总统需要由国会选出，可以披上一点“合法”的外衣，还让这个对他已无能为害的机构暂时再保存一点时间。十月六日，进行正式大总统的选举。这时，没有另一个人出来竞选总统，袁的当选已毫无问题，但他还不放心，又“派出几千名便衣军警、侦探、兵痞和流氓组成所谓公民团，在选举的这天，把国会包围得水泄不通，议员们只许进不许出，并且耀武扬威地大喊大叫：‘今天不选出我们中意的大总统，你们就休想出院！’”〔2〕这样做，引起一部分议员的反感。选举会从上午八时起一直进行到晚上十时才结束，投了三次票，终于勉强选出袁世凯为正式大总统。第二天，又选出黎元洪为副总统。这两天内，日、俄、法、英、德、奥、意等国相继发出照会承认中华民国，表明他们对袁世凯的支持。

袁世凯一当上正式大总统，国会对他已没有什么用了。不到一个月，他就在十一月四日下令解散国民党，派军警包围国会参众两院，并到国民党议员家里，追缴他们的议员证书、徽章，两天合计四百三十八件。这样，国会因不足法定人数而无法开会。第二年一月十日，袁世凯

〔1〕谢彬：《民国政党史》，《近代稗海》第6辑，四川人民出版社1987年9月版，第49页。

〔2〕陶菊隐：《北洋军阀统治时期史话》第2册，生活·读书·新知三联书店1957年8月版，第6页。

正式下令解散国会，把这个形式上号称代表民意的立法机关用非法手段取消了。

当年的革命党人满心以为只要实行了西方民主议会政治、政党内阁那套政治制度，中国的问题就可以得到解决。可是，那些说起来很动听的东西，在西方国家也许取得过一些成效，如果不顾中国国情，硬搬到中国社会中来，却全然变样。一开始，普选徒具形式，而且弊端丛生；多党制成了拉帮结派，党同伐异；国民党在国会竞选中取得了多数席位，对国民的实际利益却一无所补。等到袁世凯代表的旧势力做好了准备，猛扑过来，就连那点形式上的东西也毫不费力地被抛到九霄云外。种瓜得豆，这真是创业者始料所不及的。

反对袁世凯称帝的护国运动

进入一九一四年，中国国内外局势中最重要的事实有两个：在国内，一切大权都已由袁世凯独揽；在国外，酝酿了几年的第一次世界大战终于爆发。前一个事实，使袁世凯的野心进一步膨胀，发展到准备恢复帝制。后一个事实，使欧洲列强无暇东顾，日本军国主义觉得这是它独占中国的大好机会，大大加紧侵略中国的步伐。这两个趋势到一九一五年便都突出地表现出来。

袁世凯在解散国会的当月，就下令组织约法会议。它的任务就是制定《中华民国约法》来代替辛亥革命留下的《临时约法》。五月一日由袁世凯公布的这部《约法》规定："大总统为国之元首，总揽统治权。""大总统召集立法院，宣告开会、停会、闭会。""大总统制定官制官规。大总统任免文武职官。""大总统宣告开战媾和。""大总统为陆海军大元帅，统率全国陆海军。大总统定陆海军之编制及兵额。""大总统依法律宣告戒严。"这部《约法》中不设国务总理，当然也就没有什么"责任内阁”，而规定：“行政以大总统为首长，置国务卿一人赞襄之。”[1] 这样的大总统已无异于君主专制制度下的皇帝，只是名称不同罢了。

袁世凯是不是满足了？他不。中国几千年封建社会中“君君，臣臣，父父，子子”那一套纲常观念，深深地植根在一部分人头脑中。只有皇帝才是至高无上的天子。袁世凯半世匍匐在皇权之下，在清末做到“一人之下，万人之上”，对帝王地位的羡慕和向往已成为一种难以遏抑的强烈欲望。他的第一号心腹徐世昌对张国淦说过：

“辛亥革命，项城（引者注：指袁世凯）起用，武汉督师，入朝为内阁总理，此时权势无与抗衡者，其左右亲昵即有以利用机会，取清而代之之私议。而项城不出此者，一、袁氏世受国恩，在本人不肯从孤儿寡妇手取得，为天下后世诟病（袁贼说谎）；二、旧臣尚多（如张人骏、赵尔巽、李经羲、升允等），亦具有相当势力；三、北洋旧部握有实权者（如姜桂题、冯国璋等）尚未灌输此等脑筋；四、北洋军力未能达到长江以南，即令自为，不过北方半壁，内部或仍有问题，而南方尚须用兵；五、南方民气发展程度尚看不透。所以，最初他在表面上维持清室，其次始讨论君主、民主，又其次乃偏重民主，最后清帝退位而自为大总统。”[2]

当了民国的临时大总统以后，袁世凯的行事方式、制度规矩以至日常生活等方面处处模仿前清朝廷的做法。记者黄远庸很快就看出来了。他在一九一三年一月写道：“吾人敢为不敬之言。今袁大总统之为总统，则亦以官样行之而已。彼既敭历内外，襄赞枢密甚久，故一切不能脱满廷之旧。总统府之秘书，盖无以异于大拉密小拉密，其命令盖无以异于上谕也。论者将以为此形式之偶同乎？吾人窃以为此乃心理上的关系。

[1] 《中华民国约法》，胡春惠编《民国宪政运动》，（台北）正中书局 1978 年 11 月版，第 227、228、230 页。

[2] 张国淦：《北洋述闻》，上海书店出版社 1998 年 3 月版，第 29—30 页。

用此心理演为政治，将无往而合于共和原则。”[1] 孙中山所说“人民之公仆”，在袁世凯身上从来连一点影子也找不到。

现在，袁世凯既已大权独揽，一切旧社会势力都集结在他的麾下，南方革命势力都被他镇压下去，徐世昌在晚清末造所说他那五条顾虑已不存在，他就一心想再上一层楼，真的做起皇帝来。

《中华民国约法》公布的同一天，他下令撤销国务院，在总统府内设立政事堂，权限大体仿照前清的军机处，任命徐世昌为国务卿。从袁世凯起，上上下下都称徐世昌为“相国”。这个月间，设立陆海军大元帅统率办事处，以荫昌为侍从武官长，改各省民政长为巡按使。六月，又裁撤各省都督，在北京建立将军府，设各种将军名号，分驻各省，督理军务。七月，公布文官官秩令，分上卿、中卿、少卿、上大夫、中大夫、少大夫、上士、中士、少士九秩（不久公布的上卿只有徐世昌一人，中卿有赵尔巽、李经羲、张謇、梁士诒等，少卿有梁启超、杨度等）。十二月，“公布修正大总统选举法，总统任期十年，得连任，由大总统推荐三人为候选人。”[2] 这无异于宣布袁世凯不仅自己可以终身担任总统，而且有权指定继承人，包括能传位给他的儿子。恢复帝制的迹象已越来越明显。

在长期的封建社会中，历代帝王把孔子的地位抬到吓人的高度。他们这样做的目的，无非是用来维护“纲常名教”那套旧社会秩序。辛亥革命起来后，南京临时政府教育部颁布《普通教育暂行办法》，明文规定：小学读经科一律废止。袁世凯取得政权后，先后经北洋政府内务部和教育部批准，由陈焕章等成立孔教总会，并在北京国子监举行祀孔典礼。一九一四年九月，“袁世凯亲率百官至文庙三跪九叩，祀孔行礼。”[3] 这显然也是为恢复帝制造舆论。

在这段时间内，第一次世界大战在一九一四年八月爆发，成为举世瞩目的焦点。欧洲列强全力投入这场战争，无力东顾，给了日本军国主

---

〔1〕《远生遗著》卷1，第27—28页。

〔2〕郭廷以：《中华民国史事日志》第1册，第170页。

〔3〕林甘泉主编《孔子与20世纪中国》，中国社会科学出版社2008年7月版，第87页。

义者在中国扩展势力的极好机会。“元老井上馨把大战的爆发当成了‘大正时代对日本国运发展之天助’。日本利用欧洲强国开始把全部精力集中于欧洲战场的间隙，企图以更大的规模来实现其曾乘辛亥革命之机强行进行而未有成果的向大陆的扩展，将所能把握的机会视为‘天助’。日本所采取的手段便是不顾前后地盲目冒进。一九一四年八月二十三日，大隈（重信）内阁对德宣战。”〔1〕和日俄战争一样，日本对德作战的军事行动是在中国领土上进行的。九月七日，日本军队两万人在中立区山东半岛北端的龙口登陆。十月六日占领济南和胶济铁路沿线。日军经过的地方，就像占领军一样。“其初到即墨，时限极短之时日，索米面几万，车几千，官逃绅死，狼狈万状（知事姓曹）。其于胶县，则城上遍插日旗，沿街出告示，以日兵站岗，几于完全在敌人占领状态之下。（知事姓吴）”〔2〕中国政府提出严重抗议。十月底，日本军队开始向有五千名德军驻守的青岛发起总攻击，十一月七日结束战斗，占领胶州湾。这件事在中国引起强烈反响。《京报》、《大国民报》、《民报》、《民视报》、《国民公报》、《黄钟日报》等报纸，群起抨击。“梁启超在十月二日的参政院会议上提出紧急动议——有关日军强占山东铁路等侵犯中立行为的质问书。参加讨论的议员们大声疾呼山东省有成为第二个东三省的危险，以唤起爱国心，全场一致通过了质问书。”〔3〕日军占领青岛后，中国政府要求日本撤军。日本舆论却狂热地支持日本政府的政策。许多报刊煽动以山东为根据地，谋求向长江两岸地区进行经济扩张。日本政府对中国的抗议置若罔闻。这件事，种下了成为五四运动导火线的“山东问题”的根由。

日本军国主义者并没有到此停步。当他们觉得有什么“天助”的良机时，常常表现出常人难以想到的野心，不惜采取重大的冒险行动。占领青岛后，日本外相加藤高明认为这时是独占中国的难得良机，便批示

〔1〕（日）信夫清三郎：《日本政治史》第4卷，上海译文出版社1988年10月版，第100页。

〔2〕《远生遗著》卷2，第294页。

〔3〕《日本外交文书》大正3年第3册，转引自（日）信夫清三郎《日本外交史》上册，商务印书馆1980年8月版，第399页。

起草《二十一条要求大纲》。《大纲》共分五部分，主要内容有：要求中国政府承认日、德两国对转让山东利权所作的任何协定，承认日本在南满和东部内蒙古的特权，汉冶萍公司（包括汉阳铁厂、大冶铁矿、萍乡煤矿）由中日合办，不得将所有沿海港湾和岛屿割让或租借给其他国家，中国中央政府须聘用日本人充当政治、财政、军事顾问等。十一月十一日，日本临时内阁会议通过这个大纲。一九一五年一月十八日，日本驻华公使日置益当面向袁世凯递交这二十一条要求，并且表示："总统如接受此种要求"，日本"政府从此对袁总统亦能遇事相助"。[1] 不久，日置益又对中方谈判代表、外交次长曹汝霖更露骨地表示：中国如欲改国体为复辟，则敝国必赞成。从二月二日至四月二十六日，中日双方秘密谈判二十五次。

袁世凯一向主要依靠英国和美国的支持，同英国的关系更为密切。但这时欧美列强正卷入欧洲战争，腾不出多少力量顾到中国的事情。袁世凯又急于恢复帝制，希望得到日本的"相助"。五月七日，日本发出最后通牒，限四十八小时内答复，"如到期不受到满足之答复，帝国政府将执认为必要之手段"。[2] 九日，袁世凯政府接受日本提出的条件，只表示第五部分中有几条"容日后协商"。

"二十一条"中表现出来的日本侵略野心之大，损害中国权益之甚，涉及范围之深广，是以往各次不平等条约所不及的。许多人把它称为"亡国条约"，激起了强烈的反响。二月十一日，留日学生召开大会，到会的有一千人，发表宣言，准备回国武力抵抗。上海市民在张园召开国民大会，致电袁世凯："国家存亡，在此一举。十八日开会张园，到者三万人，皆愿毁家捐躯，以纾国难。恳中止谈判，宣示条件，筹备武事。"[3] 抵制日货运动在全国广泛展开。在厦门，"日货排斥起矣，禁用敌人通货之中国文檄文散布各处。"在烟台，"市民之对日反感，于事事

〔1〕凤冈及门弟子编《民国梁燕孙先生士诒年谱》，第235页。

〔2〕《中日"二十一条"交涉史料全编》，安徽大学出版社2001年10月版，第142页。

〔3〕《中日交涉中之国民大会》，《护国运动资料选编》上册，中华书局1984年7月版，第22页。

皆表现之。”[1] 当袁世凯政府接受“二十一条”的消息传出后，汉口全镇罢市，“一般铺户陆续闭门，几如大祸即将临。一时风起潮涌，人声鼎沸”。[2]

这是民国成立后第一次出现的具有如此群众规模的爱国运动，不仅对稍后反对袁世凯恢复帝制的斗争产生了重大影响，而且成为四年后五四爱国运动的重要先导。

袁世凯对形势作了完全错误的估量。在国内，他迷信手中的武力足以支配一切，认为大权已尽在握，不再存在什么能够制约他的力量。“二次革命”的迅速失败，更使他过高估计自已的力量，以为可以无所顾忌地为所欲为了。他得意洋洋地说：“意外之乱，果或猝起”，“政府自信无论何时均有完全对付之能力。”对国外，他以为已以接受“二十一条”换取日本对他恢复帝制的支持，而欧美其他国家正忙于战争，也不会有反对意见。于是，把效忠共和的那些誓言弃若敝屣，加紧恢复帝制的准备工作。

八月三日，袁世凯的宪法顾问、美国教授古德诺发表《共和与君主论》，宣称：“夫民智卑下之国，最难于建立共和”，并且直指中国几千年来习惯于君主政治，大多数人民知识水平不高，没有研究政治的能力，“四年以前，由专制一变而为共和，此诚太骤之举动，难望有良好之结果者也。”“中国如用君主制，较共和制为宜，此殆无可疑者也。”[3] 他对袁世凯的政治顾问莫理循说：“中国人民大众不懂总统意味着什么，但是他们却懂得皇帝是怎么一回事，并且情愿服从他。”[4]

十来天后，杨度等六人发表组织筹安会的宣言说：“我国辛亥革命之时，国中人民激于情感，但除种族之障碍，未计政治之进行，仓卒之中，创立共和国体，于国情之适否，不及三思。一议既倡，莫敢非难。深识之士，虽明知隐患方长，而不得不委曲附从，以免一时危亡之祸。”

---

〔1〕《远生遗著》卷 2，第 327 页。

〔2〕《汉口全镇闭市之风潮》，《护国运动资料选编》上册，第 24 页。

〔3〕（美）古德诺：《共和与君主论》，胡春惠编《民国宪政运动》，第 236、238、239 页。

〔4〕（澳）骆惠敏编《清末民初政情内幕——莫理循书信集》下卷，知识出版社 1986 年 11 月版，第 487 页。

他们引用古德诺的话说："世界国体，君主实较民主为优，而中国则尤不能不用君主国体。"〔1〕

袁世凯要恢复帝制，但形式上仍要装出一付出自民意推戴的样子。九月十九日，在袁的亲信、总统府秘书长梁士诒策动下，成立全国请愿联合会，出现了形形色色要求恢复帝制的"请愿团"。梁士诒又在代行立法院的参政院上建议另组"国民代表大会"作为表决国体问题的机构。十月八日，袁世凯公布经参政院通过的《国民代表大会组织法》。为了加快速度，这个"国民代表大会"根本没有在一起开过会，只是分别在各省区投票。十一月二十日，各省区投票完成，一千九百九十三张票全体"赞成"君宪，并且送来文字完全相同的"推戴书"："恭戴今大总统袁世凯为中华帝国皇帝"。十二月十二日，袁世凯接受帝位。三十一日，改明年为洪宪元年。这一切，自然都是预先统一布置好的。

恢复帝制，实在是一件冒天下之大不韪的事。人们可能会问：中国历史上并没有共和制度的传统，民国的现状又令人失望，为什么会有那么多人起来捍卫共和制度呢？原因在于：经过辛亥革命的洗礼，民主共和国的观念终究已深入人心，人们不再把自己看作"圣明天子"治下的"子民"，开始意识到自己是国家的主人。历史已经根本改变了的东西，很难再让它回复到原来的老样子去。在一般人的观念中："国体者，重器也，一成而不可轻变者也。""况一经共和之后，帝号久被丑诋，民人观念不同，尊严已亵，功德难著，强为规复，其势已逆。"〔2〕有些人更指出："且既一度共和，凡君主时之道德，所谓君主大义，已扫荡无余，忽有一人君临其上，庸奴全国，又非有国人心悦诚服之功德，虽一时势力所凭，莫敢谁何，然天下大乱之机，即伏于此"。〔3〕许多政治上处于中间状态的人，也觉得鼎革之后"民国"已成为正统，谁再想颠覆它，就把自己置于叛逆的地位；何况，袁世凯曾经宣誓效忠共和，现在又要颠覆共和，背叛自己的誓言，这就失去诚信，无法得到人们的信任和支

〔1〕陶菊隐：《筹安会六君子传》，中华书局1981年7月版，第97、98页。

〔2〕《留美学生联合会上袁世凯等书》，《护国运动资料选编》上册，第37、38页。

〔3〕《共和维持会宣言》，《护国运动资料选编》上册，第66页。

持。还有一点也很重要：在袁氏当国几年间，谈不上有什么丰功伟业，沙俄对外蒙和英国对西藏的侵略更加紧了，库空如洗的财政更依靠外国的高息借款度日，百业凋零，国家的境遇和民众的生活都没有改善，同清政府时期没有多少区别。反抗暴政、喊出“打富济贫”口号的白朗军曾横行豫、陕、皖、鄂、甘五省，历时两年多，才被镇压下去。现在这个并无尺寸功绩的袁世凯忽然要做起皇帝来，更引起人们的强烈不满。

因此，恢复帝制的风声一传出，立刻在社会各个角落激起强烈反响，群起反对。思想敏锐的青年学生表现得尤为激烈。《醒华报》报道说：“此辈学子，大都醉心民权，虽现时之共和亦不过徒有其名，然犹得聊以自慰。今忽见此告朔饩羊亦将废弃，不免表现一种不安之状”，“昨有某君，欧洲留学生也，忽向记者发极大之议论，由国家组织之原理，谈至本国现时之状况及将来之危险，极力主张保持共和。”[1]《顺天时报》也报道，武汉学生“国家之观念亦富，对于此次变更国体则纯持反对态度。意谓中国现状，外患纷乘，内忧未熄，不宜再有变更，以摇动国基。且以革命先烈牺牲无数金钱性命所争得之民主国，曾不数年仍复为君主，匪特无以对先烈，无以对满清，无以对友邦，无以对全国人民，并且无以对大总统之初心。果使君主复活，则中国纵不亡于大总统之身，亦必亡于大总统之子孙。”[2]

就是民国成立以来一直支持袁世凯、反对革命党人的梁启超，也在九月三日发表《异哉所谓国体问题者》一文。他在这篇脍炙一时、影响很大的文章中，一开始就声明：“当知鄙人原非如新进耳食家之心醉共和。故于共和国体，非有所偏爱，而于其他国体非有所偏恶。”接着写道：

“吾侪立宪党之政论家，只问政体，不问国体。”“夫国体本无绝对之美，而惟以已成之事实为其成立存在之根原”。“故鄙人生平持论，无

[1]《筹安会与上海社会》，南华居士编《国体问题》上册，北京直隶书局1915年9月版，第64页。

[2]《国体问题变更声中之武汉》，南华居士编《国体问题》上册，第103页。

论何种国体，皆非所反对；惟在现行国体之下，而思以言论鼓吹他种国体，则无论何时皆反对之。”“呜呼！天下重器也，可静而不可动也。岂其可以翻覆尝试废置，如奕棋?”

“吾又谓君主国体之难以规复者，则又何也？盖君主之为物，原赖历史习俗上一种似魔非魔之观念，以保其尊严。此种尊严，自能于无形中发生一种效力，直接间接以镇福此国。君主之可贵，其必在此。虽然尊严者不可亵者也，一度亵焉而遂将不复能维持。”“自古君主国体之国，其人民之对于君主，恒视为一种神圣，于其地位，不敢妄生言思拟议。若经一度共和之后，此种观念遂如断者之可复续”。[1]

至于曾经以流血奋斗手造共和的辛亥革命时期的革命党人，情绪自然更为激昂。这在云南的中下级军官中表现得十分突出。云南是辛亥革命中继武昌起义后在同月内宣布独立的五个省份之一，军官中很多同盟会会员和国民党人（云南起义后，省都督府厅长以上和护国军相当团长的支队长以上人员四十八人中，有曾隶党籍可查的三十五人，其中曾隶籍同盟会、国民党者有二十八人，朱德就是其中之一），[2] 又处在袁世凯鞭长莫及的西南边陲。“筹安会酝酿成立消息传到云南，滇军团营长等对于袁氏帝制自为，群情愤慨。”[3]“其时，距辛亥年重九日云南起义仅过三载，云南省陆军军官大多曾经参加重九起义，大家强烈反对袁氏称帝阴谋。”那时昆明驻军的主力是杨蓁的步七团和邓泰中的步一团，而杨、邓两人都参加过同盟会，反对袁世凯称帝最为激烈。七八月间，他们约了十多个军官密议。杨蓁在发言中说：“袁世凯身为总统，背叛民国，复辟帝制，卖国媚外为儿皇帝。我们都是民国军人，誓与国家共存亡，决不与袁共天地。必须连络滇军全体官兵讨伐袁逆。”“今天到会诸君所掌握兵力，在省会昆明驻军中已经占绝对优势。只要团结一致，如唐（继尧）不听谏言，我们就要以共和国民应尽之天职，率滇人起义

---

〔1〕《护国文献》（上），贵州人民出版社 1985 年 10 月版，第 258、259、260、261、268 页。
〔2〕白之瀚：《云南护国简史》，新云南丛书社 1946 年 5 月版，第 7—10 页。
〔3〕邹若衡：《云南护国战役亲历记》，《云南文史资料》第 10 辑，第 143 页。

讨袁。”会后，他们分头在滇军中进行联络。“顷之，滇军中反袁思潮波涛汹涌，官兵反袁情绪激昂，如火燎原。”[1] 辛亥革命时率云南新军起义并担任云南都督的蔡锷，这时被袁世凯变相软禁在北京。他给梁启超的信中说：“滇中级军官健者如邓泰中、杨蓁、董鸿勋、黄永社等，自筹安会发生后，愤慨异常，屡请言于蓂督（引者注：指当时担任云南都督的唐继尧），并探询主张，以定进止。”[2]

云南起义，首先就是由这些辛亥革命时期受过革命民主主义思想熏陶、参加过推翻清朝政府建立民国的云南新军军官准备起来的。唐继尧最初在态度上有些摇摆，是在他们推动下决心反袁起义的。蔡锷从北京脱身到达昆明时，云南军队的讨袁作战方略已经拟定，邓泰中、杨蓁两个支队已向四川出动。中华革命党当时在香港的代表叶夏声也有这样的记载：“蔡抵昆明为十二月十九日，相见之际尚云：真使吾喜出望外，公等早已定计，而对我们仍优礼有加，殊深感激。”[3] 这些新军军官相对而言都是没有赫赫之名的“小人物”，但有如武昌起义时文学社、共进会的领导人蒋翊武等一样，在重大历史事件中这些“小人物”的功绩是决不应该被忘却的。

蔡锷到达昆明，由于他的声望，使云南的人心更加振奋。十二月二十二日，云南举行军事会议，决定通电要求袁世凯取消帝制，并组织护国军，分为三路：第一路由蔡锷任总司令，向四川出发（朱德在第一路军任支队长，即团长）；第二路由李烈钧任总司令，经广西向广东出发；第三路由唐继尧兼任总司令，留守云南后方。二十五日，唐继尧、蔡锷等联名通电讨袁，宣告独立。云南民众情绪激昂，自动遍悬国旗踊跃参军。

云南起义后，贵州、广西、广东、浙江、湖南、陕西、四川各省相继宣告独立。其中，多数省份发动的基本力量也是辛亥革命时期受过革

---

〔1〕 杨如轩：《我知道的云南护国起义经过》，《云南文史资料》第 10 辑，第 47—50 页。

〔2〕《蔡松坡集》，上海人民出版社 1984 年 7 月版，第 879 页。

〔3〕 叶夏声：《国父民初革命史略》，孙总理侍卫同志社 1948 年 11 月版，第 94 页。

命民主思想熏陶的新军军官。[1] 四川、湖南、广东的独立是在省内民军纷纷起义、护国军步步进逼，原有统治已无法维持下去的情况下宣布的。

这时，北洋派内部也发生严重分化。袁世凯的两个主要大将段祺瑞和冯国璋都不赞成恢复帝制。“段素性倔强，长陆军有年；冯又驻南京俨然藩镇，渐渐不如当年之绝对服从。”[2] 他们不赞成的原因，一是在帝制准备过程中深感袁世凯对他们不说实话，甚至斩钉截铁地向他们表示绝没有帝制自为的意思，显然对他们并不信任；二是在共和政体下他们将来也有可能充任总统，如果恢复帝制，将来还要对袁的儿子袁克定俯首称臣，这是他们难以接受的。冯国璋还以五将军名义密电各省将军，建议各省将军联名通电要求袁世凯取消帝制、惩办祸首。一向支持袁世凯而这时忙于欧战的英国，本来就不赞成袁世凯称帝，以免在这个时候发生变乱。英国驻华公使朱尔典在给莫理循的信中说过：“这种帝制鼓动是一派胡言乱语，自然，它是利己主义者发动的纯属虚幻的运动。”[3] 袁世凯原已派遣周自齐为祝贺日本天皇加冕的赠勋特使，以进一步拉拢日本支持他称帝。由于“二十一条”秘密谈判等消息外传，引起欧美列强对日本的不满，更由于国内局势迅速向不利于袁的方向发展，日本政府决定拒绝接待袁的特使。接着日本外相石井菊次郎又正式通知中国驻日公使陆宗舆说：“原来贵政府欲改帝制，本系保证无乱。今明明云南有乱，竟于此时断行帝制，无视友邦劝告；则中政府之责任甚大，日政府当然不能承认。”[4] 这些，都是袁世凯万万没有想到的。

在四面楚歌声中，袁世凯不得不在一九一六年三月二十二日宣布撤销帝制，一共做了八十三天“皇帝”。但他还想继续再当“民国总统”。这自然是独立各省和各界民众不能答应的。当时有《十九省公民否认袁世凯冒称总统书》。孙中山也发表《讨袁宣言》称：“除恶务尽，对于袁

---

〔1〕 金冲及：《云南护国运动的真正发动者是谁》，《复旦学报》1956年第2期。

〔2〕 张国淦：《北洋述闻》，第75页。

〔3〕 （澳）骆惠敏编《清末民初政情内幕——莫理循书信集》下卷，第492页。

〔4〕 王芸生：《六十年来中国与日本》第7卷，第30页。

氏必无有所姑息。”[1] 袁世凯尽管用尽权谋，力图挣扎，处境却日益恶化，已成为万众唾骂的孤家寡人，于六月六日在焦虑中死去。这样的结局，是袁世凯这个曾不可一世的人万万没有想到的。

民心的趋向，是一种无形的却又常常起着决定作用的力量。精于谋算的袁世凯，把他的心思都用在军事准备、政治分化和外交拉拢这些方面，自以为在这些方面都已经想得和做得很周到了。纵然机关算尽，恰恰没有把民众是怎么想的放在眼里。结果，落到他万万没有想到的结局实在是不足怪的。

军阀割据和混战局面的形成

人们对全局形势作出正确估量并不容易，甚至不是经过一次反复就能完全明白的。当清政府被推翻、民国建立时，人们曾相当普遍地作出过分乐观的估计，以为一个全新的格局已经形成，可以集中力量从事建设了，这在前面已经说过。当袁世凯恢复帝制的活动被粉碎、由原来的副总统黎元洪出任总统时，这种过分乐观的情绪一度又出现了，人们兴奋地谈论“再造共和”的成功，至少认为又该进入一个比较安宁的日子了。

自然，有过一次教训和没有教训毕竟有所不同，有心人已多少意识到时局中仍有不少令人忧虑的因素。反对袁世凯称帝时，孙中山领导的中华革命党曾组织中华革命军，在山东的人数近一万人，连克潍县等十几个县城，三次围攻济南，不少华侨从海外归来从军。袁世凯一死，孙中山立刻电令罢兵：“宜按兵不动，候商黎大总统解决。”接着，又解散这支义军。是不是孙中山真以为袁世凯一死便什么问题都解决了？不是。他看到“现在帝制余孽潜伏北方者尚不少”，并且点了张勋、倪嗣冲两个人的名，指出：“隐患未息，则国人犹未得高卧也。”[2] 他也提到

---

〔1〕《孙中山全集》第 3 卷，第 285 页。

〔2〕《孙中山全集》第 3 卷，第 357 页。

过“假共和”的问题。但他有两个难处：第一，在反袁斗争中，他一直以维护约法为号召，痛斥袁世凯违反约法。黎元洪就职宣誓时明白说：“当依据民国元年颁布之《临时约法》，接任大总统之职权。”〔1〕孙中山很难反对。第二，更重要的是，袁世凯一死，内外情势和民众心理已有很大变化。孙中山对归国从军华侨讲演时说：“国民实际已希望平和，政府已标赞成共和、消灭帝制之帜以为政，则吾人自不能不收束。盖真假之辨，端待将来之证据，现在不能悬揣以决之。人已公布赞成恢复共和制，强谓之伪，不可也，必先与以试验之期间。”“藉其曰假，亦必俟确有证据，如袁之帝制自为，尔时自然召全国之反对也。”〔2〕

事实上，袁世凯的称帝虽然失败了，但不仅他所代表的旧社会基础没有受到触动，就是作为他统治支柱的北洋军阀势力也没有受到多少触动。要说有什么不同的话，袁世凯称帝前由于他的控制力，至少在表面上还能维持一个“统一”的局面，在他死后，北洋派里再也找不出一个像他那样能统驭整个北洋派的人，而陷于四分五裂中。袁世凯取得最高权力，靠的是握有一支由他支配的武力。他的部下也纷纷仿效，拥兵自重。“全国无论那一省那一地，没有直接或间接受到军阀蹂躏的，那真是世外桃源，可谓绝无仅有。”〔3〕事实很快就表明：时局更加混乱，由北洋军阀内部的派系纷争，逐步发展到军阀割据、军阀混战那样更加恶劣的局面。

本来，袁世凯和所有独裁者一样，除自己外从来不让任何人能独自驾驭整个北洋派。在他突然死去后，内部的派系纷争立刻上升到突出的地位。袁身边最重要的人物原有徐世昌、王士珍、段祺瑞、冯国璋四人。徐是文人，从未带兵。王士珍为人温和，政治上没有多大野心。因此，北洋派内部的派系纷争主要表现在段祺瑞和冯国璋之间。段是安徽合肥人，冯是直隶河间人，两派分别称为皖系和直系，谁也不服谁。曾

〔1〕谢振民：《中华民国立法史》，见章伯锋、李宗一主编《北洋军阀（1912—1928）》第3卷，武汉出版社1990年6月版，第3页。

〔2〕《孙中山全集》第3卷，第371页。

〔3〕《陈诚先生回忆录——北伐平乱》，（台北）“国史馆”2005年6月版，第3页。

任段祺瑞内阁秘书长的张国淦写道："袁氏在日，军队统于一尊，并无派系可言，亦无人敢萌此想、敢为此说；袁势既颓，群雄失驭，互植势力，各昵所亲，遂有强为区别为直、皖系者。"〔1〕

当时，段祺瑞的力量和影响最大。他毕业于天津武备学堂，曾留学德国。清末在北洋六镇中曾历任三个镇的统制，督办过北洋各军事学堂（如保定陆军速成学堂等），北洋军人很多是他的旧部或学生。武昌起义爆发后，还曾署理湖广总督。袁世凯当国时，连续担任几届内阁的陆军总长，并两次代理国务总理。他不赞成袁世凯称帝。袁世凯一死，他在北京政府中显然处在举足轻重的地位。

冯国璋和段是天津武备学堂同期毕业生，学习期间还中了秀才。以后去过日本考察军事。袁世凯小站练兵时任督操营务处总办，后也曾督办北洋各武备学堂。辛亥革命时，先后任第一军军统、禁卫军总统。民国成立，担任直隶都督。镇压"二次革命"时，率军南下，接任江苏都督。后来，隐然成为北洋势力在长江流域的首领。他的儿子回忆道："所谓'长江三督'——江苏省督军李纯，江西督军陈光远，湖北督军王占元，成了我父亲的嫡系势力。原来，辛亥革命时期，这三个人都是我父亲所领率的第一军里的协统。"〔2〕他同南方各省地方势力的关系也比较密切，隐隐可和段祺瑞相抗衡。

除了皖系、直系这两大势力以外，同北洋派关系密切、也可以计算在北洋势力之内的，还有张勋和张作霖这两股重要力量。张勋早年也曾在袁世凯手下效力过，后任清朝的江南提督。这时，他有着长江巡阅使和安徽督军的名义，率领两万多"定武军"，驻在徐州、兖州一带，但内心仍忠于清朝。他和这支军队都留着象征清朝统治的辫子，被称为"辫子兵"，并且同清朝复辟势力有着密切勾结。张作霖早年当过兵，组过乡团，也做过绿林，后来被清朝收编为巡防营。民国后，逐步升为第二十七师师长。一九一六年四月二十二日，袁世凯撤销帝制而自称大总

〔1〕《张国淦文集》，北京燕山出版社2000年3月版，第198页。

〔2〕冯家迈：《回忆我的父亲冯国璋》，《文史资料存稿选编》晚清·北洋（上），中国文史出版社2002年8月版，第903页。

统后一个月时，张作霖乘机对袁世凯施加压力，取得了盛京将军、督理奉天军务的职务。以后，逐步控制整个东北，形成奉系军阀。

在南方，护国运动后期曾于广东肇庆成立以唐继尧、岑春煊为正副抚军长的军务院。袁世凯死后，这个军务院撤销。但唐继尧控制着云南和贵州，陆荣廷控制着广西和广东，对北洋政府仍处在半独立状态，并分别向四川和湖南伸展各自的势力。

正是在多种力量相持不下的情况下，哪一派也没有力量独自控制中央政权，只得依据约法由黎元洪继任大总统，由段祺瑞出任掌握实权的国务总理，以后又经重新召集的国会选出冯国璋为副总统。但这种妥协只能暂时掩盖矛盾，并没有造成一些人所期待的相对平静的局面。各种错综复杂的矛盾很快相继爆发，包括总统府和国务院的矛盾（常被称为府院之争）、皖系军阀和直系军阀的矛盾、北方和南方的矛盾。张勋又利用这些矛盾，积极策划清室的复辟活动。不少省内形成地区性的小军阀，相互争夺，以至演化成连绵不断的武装冲突。整个局势陷入越来越严重的分崩离析和混乱中。这说明北洋军阀的势力事实上已大大削弱了。

这些矛盾中，最早尖锐地表现出来的是“府院之争”。

黎元洪是一个本身没有实力的总统，但并不甘于做段祺瑞“责任内阁”的傀儡，对段的心腹、国务院秘书长徐树铮的飞扬跋扈更是极为愤慨，（“徐奔走府院间，事事以己意为段意，指挥黎氏画诺。”〔1〕）又得到一些对段祺瑞不满的政治势力的支持，于是，府院之争很快便越演越烈。冲突的进一步激化是从对德宣战问题爆发的。那时，第一次世界大战爆发已近三年。一九一七年二月美国以德国潜艇袭击为由，宣布对德绝交，照会包括中国在内的各中立国采取一致行动。日本也乘此插手。中国随即在三月间宣告对德绝交。至于中国是否参战，段祺瑞决心利用“参战”的名义由日本支持编练一支受他直接统属的“参战军”。“府方初则赞成，继而游移，终而反对。”双方的争论，其实不在是否对德宣

---

〔1〕 吴虬：《北洋派之起源及其崩溃》，第23页。

战问题的本身，那只是一个借口，而在于“府方以院为专擅，院方以府为干涉，而政客构煽其间，以势力消长之说，挑拨双方感情”。“名曰外交问题，实则府方谋倒段，院方谋倒黎，已为公开之秘密矣。”〔1〕

这时，出现了前所未有的“督军团”闹剧。对外宣战，按程序需由国务会议议决，经总统盖印，提交国会通过。段祺瑞担心不能顺利通过，在四月十五日在北京召开军事会议，讨论对德宣战问题，出席的有十一省的督军（包括都统、省长），列席的还有十几省的督军代表，被称为“督军团”会议。五月一日，国务会议讨论时，一些督军及督军代表自行列席，要求即日宣布对德宣战，参战案在会上强行通过。第二天，倪嗣冲、张怀芝、李厚基等又以督军代表名义谒见黎元洪。黎元洪表示：将参战案提交国会讨论，一俟国会通过，他就发布参战令。国会议员中多数人本不赞成对德宣战。十日，众议院审查参战案。忽然有段祺瑞左右指使的“海陆军人请愿团”等各种旗号的两千多人包围众议院近十小时，宣称必须在当天通过参战案，并打伤议员十多人，引起议员的强烈反感，决定暂不讨论参战问题。这是袁世凯当年在选举正式大总统时组织公民团包围国会的重演，是军阀惯用的做法。他们从来不受什么“法”的约束。有一个参加这次公民请愿团的王合新投函《醒华报》，揭露它的黑幕说：

“鄙人来京谋事未遂。前日由同乡合肥人陆军部秘书谭君毅甫介绍加入公民请愿团，当时言定自十二点钟起，随大家包围议院，每钟点给大洋五角（这是高等公民的报酬），散时立付，并云将名册造成具报总理以后可以派一差使。鄙人如时而往，站至八点半始去，并被军警击一枪托。当晚往寻谭先生领取公费大洋四元二角五分，乃谭吝而不予。今早又往索取，谭先生避不见面，由一少年出见，大言恐吓，并云此事闹糟，总理不肯认账，恐怕要办凶手，嘱令闭门不出，不许再提此事。鄙人忿极，为此特请登出，俾知谭之欺人手段。”〔2〕

〔1〕 张国淦：《北洋述闻》，第 95、96 页。
〔2〕 陶菊隐：《督军团传》，上海书店出版社 1998 年 1 月版，第 68 页。

事情闹到如此乌烟瘴气的地步，全国舆论大哗。督军团成员仍不罢休，又联名呈文黎元洪，要求他解散国会。黎元洪在得到美国公使芮恩施支持后表示，我抱定了九个字的主意：不违法，不盖印，不怕死。五月二十三日，黎元洪下令免去段祺瑞的国务总理职务。二十九日，安徽省长倪嗣冲通电宣布与中央脱离关系。接着，奉天、河南、浙江、山西、陕西、直隶、山东、福建等省督军纷纷宣布独立。六月二日，独立各省“在天津设立军务总参谋处，通电说：‘出兵各省，意在另订根本大法，设立临时政府和临时议会’，这更显然是谋叛了。”〔1〕

“督军团”是民国初年一个引人注目的政治现象。军人势力联合起来，倚仗手里掌握的枪杆子，公然干预以至操纵中央政治，这种现象在中国至少几百年内没有出现过，而此后相当一段时间内却成了屡见不鲜的行为。它反映出中国旧社会势力的统治秩序已经乱套，无法再利用原来社会生活中已比较习惯的那套办法来维持，只得采取这种粗暴的、更加不得人心的做法，预示着他们的统治已经日暮途穷，难以为继。但从当时来说，人们似乎一下子还看不到黑暗的尽头，只觉得国家的状况在一天天坏下去，从而陷于极大的痛苦中。

接着上演的是更加荒诞的“张勋复辟”的闹剧。

自己没有实力的黎元洪，当“督军团”在各省纷纷宣告独立后就慌了手脚，到处寻人调解。野心勃勃、坐镇徐州的“辫帅”张勋自告奋勇，表示愿进京充当“调停人”。他的真实目的是要乘此拥戴清朝末代皇帝溥仪复辟帝制，并且暗中得到段祺瑞、冯国璋的纵容。其实，段、冯等又各有打算，只是想借头脑简单的张勋之手推倒黎元洪，然后合法地将中央权力拿过来。这中间真是黑幕重重。

六月七日，张勋带领辫子军五千人北上。他一到天津，便给黎元洪发出限三天内解散国会的通牒，称：“如不即发明令，即行通电卸责，

〔1〕 吕思勉：《吕著中国通史》，华东师范大学出版社 2005 年 12 月版，第 502 页。

各省军队自由行动，势难约束。”[1] 黎元洪引狼入室，至此已乱了方寸，在十二日下令解散国会。这是国会成立后六年间第二次被解散。被一些人看成可以解决中国一切问题的议会政治，在军阀统治下，其实只是任人摆布的装饰品，需要时拿出来，不需要时就任意一脚踢开，实在也够可怜的了。

张勋并没有就此停步。他率军到北京后，在七月一日身穿朝珠蟒服，率康有为等数十人，到清宫奏请溥仪复辟。溥仪也在当天发布“即位诏”，并封张勋为“忠勇亲王”，授以政务总长兼议政大臣、北洋大臣、直隶总督。著名记者陶菊隐生动地描写当时北京街头出现的情景：

“七月一日天方破晓，北京城的老百姓们还在残梦未收的时候，忽然听到警察挨户敲门的声音，叫他们快起身，快快挂上龙旗。

‘怎么，今天又换了朝代了吗?’大街小巷右舍左邻一个个披衣起来，互相打听这个突如其来的怪消息。嘿，消息传播得真快，‘宣统皇帝’又坐了金銮殿了，左辅右弼有文武二圣。阳历废止了，阴历回了头，今天不是七月一日，是什么‘宣统九年五月十二日’。中华门又改了‘大清门’了。街上布满着张勋的辫子兵和冯德麟带来的胡子兵。

根据这些消息，做顺民就得挂龙旗，而一时那来这许多的龙旗呢！有些人向戏馆子里借用三角旗；劝业场又有人赶制龙旗；假辫发和红顶花翎都从旧货摊上发现了，把一座古老的北京城渲染得像个妖魔世界。”[2]

被称为“宣统皇帝”的溥仪，在《我的前半生》中回忆道：“几年没看见的清朝袍褂在街上出现了，一个一个好像从棺材里面跑出来的人物”；“这时前门外有些铺子也大为兴隆。一种是成衣铺，赶制龙旗发卖；一种是估衣铺，清朝袍褂成了刚封了官的遗老们争购的畅销货；另

〔1〕《民国日报》1917年6月14日，转引自来新夏等《北洋军阀史》上册，南开大学出版社2000年12月版，第470页。

〔2〕陶菊隐：《督军团传》，第3、4页。

一种是做戏装道具的，纷纷有人去央求用马尾给做假发辫。我还记得，在那些日子里，紫禁城里袍袍褂褂翎翎顶顶。人们脑后都拖着一条辫子。后来讨逆军打进北京城，又到处可以拣到丢弃的真辫子，据说这是张勋的辫子兵为了逃命，剪下来扔掉的。”〔1〕

复辟君主专制制度，在中国已根本没有多少社会基础。黎元洪避居起来，在二日发表通电反对复辟，号召各省出兵讨逆，同时签署两份命令：一是复任段祺瑞为国务总理，一是电请副总统冯国璋代行大总统职权。复辟消息传到各地，报纸纷纷口诛笔伐，民众举行拥护共和、声讨复辟的集会，连江西的张勋族人也痛斥他是破坏共和的不肖子孙。

俟机而动的段祺瑞利用张勋解散国会、把黎元洪赶下台后，当北京演出复辟闹剧时，在七月三日到天津、沧州间铁路线上的马厂誓师讨逆，自任讨伐军总司令，率第三师、第八师、第十六混成旅等五万多人对北京发起总攻。张勋带到北京的兵力不多，又不得人心，无力抵抗。这场战争中，死亡的只有二十七人。十二日，溥仪宣布退位，张勋逃入荷兰使馆。这场闹剧便草草落幕。

实行共和制度以来，时间虽然只隔了五年多，民众心理已经大变。民心不可违。袁世凯称帝只维持了八十三天，张勋复辟更只有十二天，君主专制制度从此在中国绝迹，谁也无法把历史车轮倒转回去了。

张勋复辟失败后，冯国璋从南京到北京代行大总统职权，段祺瑞重新以“再造共和”的姿态回到北京就任国务总理。八月十四日，对德宣战。这时，北洋军阀内部直皖两系的矛盾冲突又突出起来了。

直皖两系原本是同根所生，段、冯两人的地位也不相上下。曾任袁世凯的政事堂机要局长的张一麐写道：“迨袁世凯称帝，而北洋派内部始分裂。时则冯在外，段在内，同以反对帝制闻，二人尚无恶感也。袁死黎继，段氏任国务总理，以为倒袁乃己之力，故对于徐世昌、王士珍尚有不可一世之概，遑论黎、冯。冯在此时已滋不悦，遂联络长江各督，扩充其势力。段虽赞成共和，而不接近民党。民党乃转而趋冯，选

〔1〕 爱新觉罗・溥仪：《我的前半生》，群众出版社 1964 年 3 月版，第 100 页。

冯为副总统。旋孙洪伊被逐，益仇段氏，南投国璋，挑拨双方恶感，而冯、段渐水火矣。”〔1〕但此时一在北，一在南，矛盾还没有公开化。当冯国璋准备北上时，段祺瑞还派亲信靳云鹏去南京，“表示必可听冯四哥的话，二人同心，其利断金。”〔2〕很多人以为不会再有新的府院之争发生了。但冯北上就职后不久，情况就发生了变化。

他们矛盾的焦点是南北问题。“南北问题是在一九一三年内战中提出来的。那次内战的结果是江西、安徽、湖南、广东、四川、陕西都由袁世凯的人控制，北方于是严重地威胁到南方势力的安全。一九一六年反袁之战，制约了北方在四川、广东、湖南的势力，同时中国有了两个对立的政府——北京政府与肇庆军政府（以后是广州的护法政府），而且南方的势力伸向山麓地带。南北问题的解决方法有两个：主战与主和。”〔3〕段冯矛盾，集中表现在北京政府对南方各省是主战还是主和的问题上。

这时，云南唐继尧和广西陆荣廷已成新的地方军阀，势力及于云南、贵州、四川、广西、广东、湖南。这些省实际上处在北洋派控制范围之外。北洋政府拒绝恢复据《临时约法》产生、被张勋解散的国会，另行成立临时参议院。孙中山便打起“护法”旗帜，南下广东，旧国会议员一百五十人也相继南下，因为不足法定人数，在广州召开非常会议，推举孙中山为军政府大元帅，唐继尧、陆荣廷为元帅。唐、陆对这些其实并不赞同，但又想利用孙中山的声望和“护法”的旗号来抵制北洋派势力南下，便听任这个军政府在广州不死不活地存在着。

怎样对待南方势力？冯、段两人的态度有明显不同：段祺瑞主张“武力统一”，大举调兵南下，首先以湖南和四川为主战场，力图占湖南以图两广，占四川以图云贵，使川、湘两省成为战乱最为频繁、破坏最为严重的地区；冯国璋几年来在南京，一直同西南实力派有较密切的联系，也借他们以自重，因而倡导和平。双方的矛盾就从暗中较量到迅速

〔1〕张一麐：《直皖秘史》，《近代稗海》第4辑，四川人民出版社1985年10月版，第11页。
〔2〕《张国淦文集》，第207页。
〔3〕（加）陈志让：《军绅政权》，第25页。

表面化了。

段祺瑞夺取湖南、四川的进军最初都遭到挫折，特别是被任命为湖南督军的段祺瑞内弟傅良佐被谭延闿所部湘军和陆荣廷所部桂军驱走，南下的北军主力两个师长王汝贤、范国璋（都接近直系）通电主和，自行停战撤兵。接着，直系的直隶、江苏、江西、湖北四省督军联名通电，要求从即日起停战撤兵，并表示愿当调停人。段祺瑞盛怒下在十一月辞去总理职务。冯国璋发出弭兵布告。

但段祺瑞长期把持中央政权，潜势力仍比冯大，又得到日本的支持，立刻展开对冯的反攻：在他秘密策动下，多数省的督军（主要是奉天督军张作霖、安徽督军倪嗣冲）纷纷主战，直隶督军曹锟也改变态度；冯国璋"自言近日旧同袍对于自己均不见信"，〔1〕以检阅军队为名，离京南下，准备到南京同江苏督军李纯共商对策，不料中途到蚌埠却为倪嗣冲所阻，被迫北返，只得在一九一八年一月二十九日对南方下讨伐令。以后，段的心腹徐树铮又引张作霖部奉军入关，在秦皇岛截取陆军部向日本订购的步枪十万支；曹锟部吴佩孚师南下攻占岳州，向长沙进逼；十五省督军（包括都统）联名通电，要求由段祺瑞组阁。三月二十三日，冯国璋被迫复任段祺瑞为国务总理。这样，冯国璋已难有作为，北京政府大权重新集中在段祺瑞手中。四月二十三日，吴佩孚师占领湘南重镇衡阳，湖南再次被北洋军控制。段祺瑞并声言要直取广东。

这时，南方政局也发生重大变化。在北军向湖南大举进攻的情况下，广西、云南军阀以及非常国会一些议员决计抛开孙中山，频频密议，要求改组军政府，取消大元帅制。他们不顾孙中山的坚决反对，在五月四日由国会非常会议通过《中华民国军政府组织大纲修正案》，废除大元帅，改设七个政务总裁，并推清末曾任两广总督、云贵总督、四川总督的岑春煊为主席总裁。孙中山只成为七总裁之一。他愤而辞去大元帅职，发表通电痛心地指出："顾吾国之大患，莫大于武人之争雄，南与北如一丘之貉。虽号称护法之省，亦莫肯俯首于法律及民意之

---

〔1〕《徐树铮电稿》，中华书局1963年1月版，第7页。

下。”[1] 随后，他离开广东到上海闭门著书。第一次护法运动就此悄然结束。

事实表明，在“南与北如一丘之貉”的情况下，不铲除这些军阀势力，什么“法律及民意”都只能是一句空话。这是孙中山从这次残酷打击中悟到的重要教训，也是他以后思想变化的重要起点。

段祺瑞复任国务总理后，一个突出特点是加紧同日本军国主义势力的勾结。

日本在一九一六年十二月，由寺内正毅担任首相。他改变前任大隈内阁的强硬威压政策，实行所谓“援助提携”方针，也就是采取放长线钓大鱼的办法，用提供借款来拉拢北洋政府的当权者段祺瑞，谋取在华重大权益。那时，北洋政府的财政十分困窘，“政府事实上是靠发行纸币过日子”，[2] 各省军阀又往往截留中央财税，段祺瑞正需要从日本获得资金和军械来巩固自己的统治，排除异己。双方一拍即合。那时，欧战正亟，英、法、美等无暇东顾，也便于日本在东亚扩展势力。

寺内正毅派遣私人代表西原龟三访华，试图打开门路。西原在北京先同交通银行的总经理曹汝霖和股东会会长陆宗舆接洽，接着又同段祺瑞会面，在一九一七年先后提供两次借款两千五百万日元。当段祺瑞被免去国务总理后不久，徐树铮致各省督军密电中说：“我北军权势消长，与日本寺内内阁利害相通。”“寺内已训令渠京内有力诸要人，并达林公使（引者注：指日本驻华公使林权助）谓段虽暂时去职，北京实力并无堕落，此后对支方针，仍认定东海、合肥（引者注：指徐世昌、段祺瑞）为政局之中心，遇事力尽友谊援助等语。”他在致张作霖、倪嗣冲密电中又说：段祺瑞“就任后先联东邻，次议任免”。[3] 可见段和日本方面已形成很深的默契。

段祺瑞复任国务总理的第二个月（一九一八年四月底）起，五个月内经过西原又同日方达成六笔借款，共一亿两千万日元（当时白银一两

---

〔1〕《孙中山全集》第4卷，中华书局1985年5月版，第471页。

〔2〕（澳）骆惠敏编《清末民初政情内幕——莫理循书信集》下卷，第655页。

〔3〕《徐树铮电稿》，第2、5页。

折合日元一元五角）。连同前面所说两次借款，通称“西原借款”。作为交换条件，日本在中国东北获得重要铁路修筑权；段祺瑞利用这笔借款组建“参战军”三个师、四个旅，用日本武器装备，由日本军事教官训练，并充作对南用兵的军费；更严重的是，在签订“山东二铁路”借款两千万日元时，日本外相后藤新平照会中国驻日公使章宗祥，要求由日中合办经营胶济铁路，路警队聘用日本人，日军可留驻济南、青岛，章宗祥复照表示中国政府“欣然同意”，造成日后巴黎和会上日本坚持继承德国在山东特权的重要借口。五四运动时国人集中反对曹汝霖、陆宗舆、章宗祥三个“卖国贼”，就是由上述事件而来。

在此期间，又发生了签订中日军事协定的事件。

日俄战后，他们自行在中国东北地区划分势力范围：东北的北部归沙俄，南部归日本。一九一七年十一月，俄国发生列宁领导的十月社会主义革命。同月，美国和日本签订《蓝辛-石井协定》，承认日本在中国的特殊地位。一九一八年初，西方列强对苏俄进行大规模武装干涉。日本政府乘此大举出兵，企图取代沙俄在北满的地位并取得西伯利亚广大土地。二月五日，日本参谋次长田中义一向中国驻日公使章宗祥提议订立中日军事协定。段祺瑞明白表示支持。双方具体磋商过程中，田中义一又在五月三日对章宗祥施加压力，说：“在缔结协定以前，不能指望日本的借款和武器供应。”〔1〕

五月十六日、十九日，双方分别签订《中日陆军共同防敌军事协定》和《中日海军共同防敌军事协定》，允许日本在“共同防敌”的名义下进入中国领土和领海，中国政府需提供一切便利。八月二日，日本发表出兵西伯利亚宣言。接着就单方面将军队开入哈尔滨、齐齐哈尔、满洲里等地，强行接管长春至哈尔滨段铁路，并在黑龙江省强行使用日本军用票。

中日军事协定的磋商秘密进行时，消息已经泄露，立刻激起中国民众的强烈反对。广州的国会非常会议通电抗议。全国商会联合会通电

---

〔1〕（日）臼井胜美：《日本与中国——大正时代》，第134页，转引自沈予《日本大陆政策史（1868—1945）》，第225页。

称："商民誓不承认。"留日学生情绪更加激昂，在四月二十八日召开大会，到者千余人，议决全体归国，唤起国内舆论，一致反对。五月三日起，东京帝国大学、第一高等学校、高等工业学校、高等师范学校等中国留学生相继罢课，据日本警视厅调查，东京留学生罢课的达两千六百八十人，占全体学生的百分之九十六。京都、神户等地留日学生也响应罢课。五月八日起，第一批留日学生乘轮归国。据日本警视厅调查，归国学生有一千二百零七人；而据中国方面统计，在当时三千五百四十八名留日学生中，归国的达二千二百零六人。

他们归国后，成立"留日学生救国团"，除一部分回原籍外，大多以京、津和上海地区为活动中心，着重在学生中活动。五月二十一日，北京大学、高师、高工、法专、医专、农专等学生两千多人游行到总统府请愿，派代表面见冯国璋，要求拒绝在协定上盖印。"这就是中国学生第一次的游行请愿运动，为五四运动的前奏。"〔1〕在天津，一千多学生到省长公署请愿。在上海，还发刊《救国日报》，举行学生爱国会筹备会时有北京学生代表易克嶷、许德珩和天津学生代表谌志笃前来参加。〔2〕具有如此群众规模、在全国产生重大影响的爱国学生运动，以前在中国土地上还没有发生过，可以说是第二年五四运动的预演。

值得注意的是，当时马克思主义在日本已得到较广泛的传播。中国早期的马克思主义者很多人深受日本进步思想界的影响，在那里最初接触到马克思主义。他们中不少人积极参加反对中日军事协定的行动。"留日学生中，有具有马克思主义思想者，如李达、李汉俊、黄日葵，都是这时归国，以后成为马克思主义研究会的发起人。黄日葵归国后，在北大旁听，是北京马克思主义研究会的主要人物之一。"〔3〕留在上海的李达、李汉俊后来成为中国共产党的重要发起人和中共一大的参加者。

---

〔1〕许德珩：《五四运动在北京》，《五四运动回忆录》（上），中国社会科学出版社 1997 年 3 月版，第 211 页。

〔2〕章伯锋、李宗一主编《北洋军阀（1912—1928）》第 3 卷，第 975—992 页。

〔3〕邵力子：《党成立前后的一些情况》，《一大前后》(2)，人民出版社 1980 年 8 月版，第 67 页。

段祺瑞拒绝承认旧国会后，操纵选出由他一手控制的“新国会”。由于议员大半属于皖系政客组成的安福俱乐部，被称为“安福国会”。八月十二日，安福国会开会。冯国璋因代理总统任期已满，通电表示无意参加竞选。九月四日，安福国会选举徐世昌为总统。北京政府就完全落在依附日本的皖系军阀段祺瑞手里，但各地军阀纷争、割据以至混战的局面并没有改变。这种状况，引起人们越来越强烈的不满。

国内政治生活混乱到如此程度，到处充满“山雨欲来风满楼”的浓重气息。第二年的五四爱国运动，就是在这种环境中爆发的。

第四章

五四运动唤起的新觉醒

历史发展的迂回曲折，不仅表现为人们沉浸在成功欢乐中时，随着出现的却是严重挫折；还表现为当局势仿佛已走到山穷水尽的黯淡地步、许多人心灰意冷时，却又迎来“柳暗花明又一村”的新局面。这种反差极大的变化，往往是人们原来没有料想到的，但细细考察起来，又有清晰的脉络线索可寻。

民国成立后那几年，许多爱国者苦闷到了极点。他们万万没有想到：那样腐败、专制、祸国的清政府虽然被推翻了，共和制度虽然建立起来了，局势却更为恶化。原来所抱的热烈期待在冷酷的现实面前被撞得粉碎。在中国政治舞台上出现的竟是北洋军阀的野蛮统治。袁世凯恢复帝制、飞扬跋扈的“督军团”、张勋复辟、大大小小军阀的割据和混战，这些活剧一幕紧接着一幕演出，仿佛看不到尽头。在国际范围内，空前血腥的第一次世界大战打了四年。日本军国主义者乘欧美列强无暇东顾的机会企图独占中国：提出“二十一条”，出兵山东，强行签订中日军事协定，一件又一件“国耻”深深刺痛着中国人的心。孙中山想依靠曾经反对过袁世凯称帝的唐继尧、陆荣廷等西南军人的帮助，进行“护法”运动，结果得出“南与北如一丘之貉”的沉痛结论。旧的路看来走不通了，需要寻求新的出路。可是，新的出路在哪里？一时又无从找到答案。

在那些日子里，很多人陷于消沉、悲观以至绝望的境地。有的人对现状充满愤慨，牢骚满腹，使酒骂座，结果仍一筹莫展。有的人退入书斋，终日在故纸堆里爬梳，借以排遣自己的烦闷。有的人竟削发为僧，遁跡山林。吴玉章回忆道：

“辛亥革命给长期黑暗无际的中国带来了一线光明，当时人们是多么的欢欣鼓舞啊！但是，转瞬之间，袁世凯窃去国柄，把中国重新投入黑暗的深渊，人们的痛苦和失望，真是达于极点，因此有的便走上了自杀的道路。”[1]

但是，严峻的现实不容许人们长期沉浸在消极、苦闷和彷徨中。那些有志气的中国人不会停止自己的脚步。他们在遍布荆棘的崎岖道路上毫不气馁，开始新的探索。这就迎来了五四运动。

我们常讲的五四运动，其实有狭义和广义之分。狭义的是指一九一九年五月以巴黎和会中的山东问题为导火线的五四爱国运动。广义的，包括从一九一五年开始的初期新文化运动到一九二〇年中国共产党成立前夜。

如果拿广义的五四运动来说，可分为前后一脉相承而性质并不相同的两个阶段：第一阶段的初期新文化运动，指导思想仍是西方资产阶级民主主义文化；第二阶段，原先的进步思想界发生分化，马克思主义逐步在先进知识分子中成为主流。一九一九年的五四爱国运动便是这两个阶段的分水岭。

亲身经历了这个过程的毛泽东，在《论人民民主专政》中回顾他早年亲身经历看到的中国处境和思想界状况：

“中国人向西方学得很不少，但是行不通，理想总是不能实现。多次奋斗，包括辛亥革命那样全国规模的运动，都失败了。国家的情况一天一天坏，环境迫使人们活不下去。怀疑产生了，增长了，发展了。第

〔1〕《吴玉章文集》下册，第1052页。

一次世界大战震动了全世界。俄国人举行了十月革命，创立了世界上第一个社会主义国家。”“这时，也只是在这时，中国人从思想到生活，才出现了一个崭新的时期。中国人找到了马克思列宁主义这个放之四海而皆准的普遍真理，中国的面目就起了变化了。”〔1〕

离开中国当时这种现实环境，很难理解五四运动为什么会发生，也很难理解这个运动为什么会这样发展。

初期的新文化运动

初期的新文化运动，是从一九一五年九月陈独秀创办《青年杂志》（不久改名《新青年》）开始的。

陈独秀曾是辛亥革命时期革命派的重要活动分子。他早年中过秀才，以后到日本留学，成为留日学生中早期激进组织青年会的成员。一九〇三年，他和邹容、张继因为一次激烈的反抗活动被遣返回国。《苏报》案发生后，他和章士钊等在上海创办《国民日日报》，出了两个多月。报上的文章一般不署名，对现实政治的评论比较少，重点放在理论探讨上。其中如《说君》、《箴奴隶》、《道统辨》等，宣扬民主思想，猛烈地抨击君主专制制度和种种奴隶道德；《革天》等提倡科学，反对迷信。这同以后《新青年》鼓吹科学和民主，显然有着一脉相承的关系。但革命派当时认为更重要的是从事推翻清政府的革命行动，这种理论探讨并没有深入展开。一九〇四年，陈独秀在安徽和柏文蔚等创立岳王会，由他任总会会长，在学堂和新军中开展革命活动。以后，安庆的新军起义就是由岳王会领导的。辛亥革命期间，陈独秀担任过安徽都督府秘书长。“二次革命”失败后，他一度被捕，以后逃亡日本。从他此前经历的简单叙述中，也可以看到五四新文化运动同辛亥革命之间的联系。

〔1〕《毛泽东选集》第4卷，人民出版社1991年6月第2版，第1470页。

五四新文化运动怎么会发生？它是由人们对辛亥革命失败原因的痛苦反思而来。前面说过，孙中山领导的革命活动，没有很长时间的宣传教育和组织工作，就很快把重点转到发动武装起义上来。这是它的优点，但也带来弱点：缺少一场有足够力度的思想文化运动作为先导。从这个意义上，可以说初期新文化运动是对辛亥革命在这方面的补课。

《青年杂志》创刊后，在总结辛亥革命失败的教训时，就把注意力集中在思想文化领域内，认为共和制度所以不能真正得到巩固，中国的状况依然那样黑暗，根本原因在于缺少一场对旧思想、旧文化、旧礼教的彻底批判，大多数国民的头脑仍被专制和愚昧牢牢地束缚着，缺乏民主和科学的觉悟。

陈独秀在一九一六年二月发表的《吾人最后之觉悟》中写道：

“三年以来，吾人于共和国体之下，备受专制政治之痛苦。自经此次之实验，国中贤者，宝爱共和之心，因以勃发，厌弃专制之心，因以明确。吾人拜赐于执政，可谓没齿不忘者矣。然自今以往，共和国体，果能巩固无虞乎！立宪政治，果能施行无阻乎？以予观之，此等政治根本解决问题，犹待吾人最后之觉悟。”

他所说的“最后之觉悟”，是指要有多数国民的“最后之觉悟”。他说：“今之所谓共和所谓立宪者，乃少数政党之主张，多数国民不见有若何切身利害之感而有所取舍也。盖多数人之觉悟，少数人可为先导而不可为代庖。”什么是“最后之觉悟”？他把它分为“政治的觉悟”和“伦理的觉悟”两个层次，认为后者是更根本的。他写道：

“所谓立宪政体，所谓国民政治，果能实现与否，纯然以多数国民能否对于政治，自觉其居于主人的主动的地位为唯一根本之条件。自居于主人的主动的地位，则应自进而建设政府，自立法度而自服从之，自定权利而自尊重之。倘立宪政治之主动地位属于政府而不属于人民，不独宪法乃一纸空文，无永久厉行之保障，且宪法之上自由权利，人民将视为不足重轻之物，而不以生命拥护之。则立宪政治之精神已完全丧失矣。”

“伦理思想影响于政治，各国皆然，吾华尤甚。儒者三纲之说，为吾伦理政治之大原，共贯同条，莫可偏废。三纲之根本义，阶级制度是也。所谓名教，所谓礼教，皆以拥护此别尊卑、明贵贱制度者也。近世西洋之道德政治，乃以自由平等独立之说为大原，与阶级制度极端相反。此东西文明之一大分水岭也。吾人果欲于政治上采用共和立宪制，复欲于伦理上保守纲常阶级制，以收新旧调和之效，自家冲撞，此绝对不可能之事。”“吾敢断言曰：伦理的觉悟，为吾人最后觉悟之最后觉悟。”〔1〕

《新青年》喊出的最响亮的口号是“民主”和“科学”，那时又叫作“德先生”和“赛先生”。陈独秀在《本志罪案之答辩书》中写道：

“追本溯源，本志同人本来无罪，只因为拥护那德英克拉西（Democracy）和赛因斯（Science）这两位先生，才犯下这几条滔天的大罪。要拥护那德先生，便不得不反对孔教、礼法、贞节、旧伦理、旧政治；要拥护那赛先生，便不得不反对旧艺术、旧宗教；要拥护德先生又要拥护赛先生，便不得不反对国粹和旧文学。”〔2〕

“民主”和“科学”的提出不是偶然的。民主的对立物是专制，科学的对立物是愚昧和迷信，这正是中国几千年封建统治的恶果。

这一次对封建主义旧思想、旧文化、旧礼教的批判，其尖锐彻底的程度、所向无前的气势，远远超过辛亥革命时期，更不用说在它以前了，确实起了振聋发聩的启蒙作用。鲁迅在《新青年》上发表的小说《狂人日记》，有一段脍炙人口的名言：

---

〔1〕 陈独秀：《吾人最后之觉悟》，《青年杂志》第1卷第6号，1916年2月15日。
〔2〕 陈独秀：《本志罪案之答辩书》，《新青年》第6卷第1号，1919年1月15日。

“我翻开历史一查，这历史没有年代，歪歪斜斜的每页上都写着‘仁义道德’几个字。我横竖睡不着，仔细看了半夜，才从字缝里看出字来，满本都写着两个字是‘吃人’。”[1]

从发表易白沙反对“尊孔”的《孔子平议》起，《新青年》等接连刊载李大钊的《孔子与宪法》，陈独秀的《驳康有为致总统总理书》、《宪法与孔教》、《孔子之道与现代生活》、《再论孔教问题》，吴虞的《儒家主张阶级制度之害》、《家族制度为专制主义之根据论》等一系列文章，集中火力，对以孔子为代表的礼教，对三纲五常等维护封建统治秩序的学说，发动猛烈的抨击。

历史学家陈旭麓对这场批判的意义作了很好的分析：“新文化是与旧文化相对而言，是对千百年来的历史沉积而成的旧文化的扬弃和超越。”“孔子是中国传统小农社会的精神象征，是二千年来中国思想界的最大权威。”“在二千多年的历史里，孔学因与皇权结合而政治化，皇权因与孔学结合而伦理化。在这个过程中，贬抑皇权者代有人出，正面非孔者绝少；皇权虽不断更迭，而孔子的权威却日益稳固，从未动摇过。”[2] 而当时在北洋军阀统治下，一些政客和遗老遗少正继续鼓噪要求立孔教为国教，闹得乌烟瘴气，使陈独秀等认为尊孔与反尊孔的争论已成为国内政治生活中的一场严重斗争。尽管初期新文化运动中对孔子的批判有简单化和绝对化的地方，但它显然和洋务派的“中学为体，西学为用”和维新派的“托古改制”截然不同，毫不容情地触及儒家学说中名教、三纲五常等维护等级制度的旧文化的根本。他们并没有完全否定孔子学说在历史上的贡献。但这样从根本上重新评价千百年来定于一尊的儒家思想，在社会上引起巨大震动，这是初期新文化运动中一个重要功绩，有着解放思想的重大意义。

“文学革命”的提出，白话文的提倡，也是初期新文化运动的重要内容，当时正在美国留学的胡适写了一篇《文学改良刍议》，提出八条

〔1〕 鲁迅：《狂人日记》，《新青年》第4卷第5号，1918年5月15日。

〔2〕 陈旭麓：《近代中国社会的新陈代谢》，上海人民出版社1992年7月版，第377、378页。

主张：须言之有物，不摹仿古人，须讲求文法，不作无病之呻吟，务去滥调套语，不用典，不讲对仗，不避俗字俗语。他的态度还是比较温和的。陈独秀把它在《新青年》上发表出来，并且紧接着在下一期《新青年》上发表更为激烈的《文学革命论》一文，写道：

“孔教问题，方喧呶于国中，此伦理道德革命之先声也。文学革命之气运，酝酿已非一日。其首举义旗之急先锋，则为吾友胡适。余甘冒全国学究之敌，高张‘文学革命军’大旗，以为吾友之声援。”“有不顾迂儒之毁誉，明目张胆以与十八妖魔宣战者乎？予愿拖四十二生的大炮，为之前驱。”[1]

这两篇文章虽然鼓吹“文学革命”，但还是用文言文写的。从一九一八年起，《新青年》改用白话文发表文章，把书面语言和口语统一起来。接着出版的《每周评论》、《新潮》、《晨报副刊》等都采用白话文。新式标点符号，也由《新青年》的提倡而得到推广。鲁迅的《狂人日记》，更是真正以白话文从事小说创作取得巨大成功的第一篇，在新文学运动中有着里程碑的意义。尽管在这以前也已有人以白话文写作，但只有到这个时候，它才取得主导的地位。

以白话文代替文言文，在中国历史上有着很大的积极意义：不仅有助于人们的思想从旧框子束缚下解放出来，有助于使文字的表达能适应现代生活的需要，并且明白易懂，有助于把文化从少数人占有下解放出来，能够为更多的平民所理解和接受。这是初期新文化运动的又一大功绩。

在《新青年》的有力推动和影响下，从通都大邑到边远城市，各地拥护新文化运动的刊物像雨后春笋般纷纷出版。妇女解放、婚姻自由、家庭革命、提倡科学等口号的提出，使这场运动触及的社会面远比辛亥革命时更为广泛。

---

〔1〕 陈独秀：《文学革命论》，《新青年》第2卷第6号，1917年2月1日。

这次对封建主义旧文化的大讨伐，以所向披靡之势，起了巨大的思想解放作用，使许多原来处在麻木不仁状态的人猛然惊醒过来。短时间内，人们（特别是青年人）对新旧事物的态度发生了巨大变化。它摧枯拉朽地清扫了旧有的地基，为人们接受新思想做了重要准备。一些旧文化代表人物气得暴跳如雷，进行猛烈的攻击（如林琴南写的轰动一时的影射小说《荆生》），但已无法阻挡这股潮流的前进，反而更扩大了它的影响。以《新青年》为代表的初期新文化运动对中华民族觉醒的巨大贡献是不可磨灭的。

当然也要看到，初期新文化运动仍然是在西方资产阶级民主主义旗帜下进行的。他们用来反对旧文化、旧礼教的思想武器，主要是以个人为中心的“独立人格”和“个性解放”，把个人的权利看得高于一切。高一涵在《青年杂志》第一卷第二号上写道：

“社会集多数小己而成者也。小己为社会之一员，社会为小己所群集。故不谋一己之利益，即无由致社会之发达。”〔1〕

当进入一九一六年时，新年伊始，陈独秀发表文章说：

“人间百行，皆以自我为中心。此而丧失，他何足言？奴隶道德者，即丧失此中心，一切操行，悉非义由己起附属他人以为功过者也。”

“集人成国。个人之人格高，斯国家之人格亦高。个人之权巩固，斯国家之权亦巩固。而吾国自古相传之道德政治胥反乎是。”〔2〕

这种思想在五四前夜那个历史转折时期，猛烈反对专制和迷信，反对千百年来“儒者三纲之说”，起了巨大的进步作用。但他们的着眼点还只是个人权利，而不是人民的整体利益。他们所追求的还只是个人的解放，而不是整个国家民族的解放。

---

〔1〕 高一涵：《共和国家与青年之自觉》，《青年杂志》第1卷第2号，1915年10月15日。
〔2〕 陈独秀：《一九一六年》，《青年杂志》第1卷第5号，1916年1月。

这种以个人为中心的思想武器，并不能从根本上给灾难深重的中国人指明真正的出路。那时，挪威作家易卜生在中国有很大的影响。胡适在一九一八年写了《易卜生主义》，鼓吹个人主义的人生观。他说："易卜生最可代表十九世纪欧洲的个人主义的精华，故我这篇文章只写得一种健全的个人主义的人生观。"[1] 易卜生有一个著名的剧本《娜拉》（中国译作《傀儡家庭》），女主人公娜拉不甘心做"丈夫的傀儡"而离家出走。这个剧本引起广泛的关注。有人称赞它表现了"女性的自觉"。鲁迅却清醒得多，在《娜拉走后怎样》的演讲中，尖锐地提出一个发人深思的问题：

"从事理上推想起来，娜拉或者也实在只有两条路：不是堕落，就是回来。因为如果是一匹小鸟，则笼子里固然不自由，而一出笼门，外面便又有鹰，有猫，以及别的什么东西之类；倘使已经关得麻痹了翅子，忘却了飞翔，也诚然是无路可以走。还有一条，就是饿死了，但饿死已经离开了生活，更无所谓问题，所以也不是什么路。"

"如果经济制度竟改革了，那上文当然完全是废话。"[2]

鲁迅的观察是深刻的。拿中国的实际情况来看，当时统治着中国的帝国主义和封建势力是强大的，中国社会现状是那样黑暗和腐败，绝不是任何个人奋斗所能改变。在民族危机和社会危机极端深重时，"覆巢之下，焉有完卵"，离开民族独立和人民解放，离开社会的改造，对绝大多数人来说，连生存的权利也难以得到保障，更谈不上有什么个性解放和个人前途可言。为什么当时的中国先进分子能够置个人的一切于不顾，甘心情愿作出最大的自我牺牲，为国家和民族的光明未来而奋斗？就因为他们深刻地认识到这一点。而且，以为只靠变革思想，中国就会整个地改变，实现现代化，那是办不到的。如果只停留在文化领域里谈来谈去，结果同样只会流于空谈，不可能使中国的问题得到根本解决。

---

〔1〕 胡适：《介绍我自己的思想》，《胡适文选》，上海亚东图书馆1933年2月版，第8页。

〔2〕《鲁迅全集》第1卷，第269、270、273页。

这是中国先进分子从长期的痛苦摸索中得出的教训。人们又继续向前探索了。

于是，“改造社会”、“建设新社会”的呼声越来越高，逐渐响彻全国。各种报刊纷纷参加社会改造和中国出路问题的讨论。改造社会的问题在思想界被提到突出的地位，成为先进青年关注的焦点，这在中国近代思想史上还是第一次。确实，旧的社会不改造，个人再努力，也是没有前途可言的。把“改造社会”放在“个性解放”之上，表明人们对问题的认识已从表层向更深层次开掘。这种新的觉悟，是中国人对民族前途在认识上的又一次飞跃。

当军阀政客正忙于纷争和厮杀的时候，远在他们视线之外的社会思潮却在悄悄地发生着变动，从涓滴细流逐渐汇合成一股谁也阻挡不住的强大洪流，从而深刻地改变着中国的面貌。

中国的现实社会必须改造，在先进青年中逐渐成为共识。在一九一八年五月的《新青年》上，李大钊写下这样一段话：

“中国人今日的生活，全是矛盾生活；中国今日的现象，全是矛盾现象，举国的人都在矛盾现象中讨生活，当然觉得不安，当然觉得不快。既是觉得不安不快，当然要打破此矛盾生活的阶级，另外创造一种新生活，以寄顿吾人的身心，慰安吾人的灵性。”〔1〕

但是，社会应该改造成什么样子，需要创造的“新生活”是什么，绝大多数人一时仍不清楚。

本来，许多爱国者一直钦羡西方国家的富强，把它看作中国仿效的唯一榜样。但随着资本主义在近代的发展，西方国家内部的社会矛盾日益尖锐地暴露出来，贫富悬殊的状况令人触目惊心。社会主义的理想开始引起中国人的注意。

孙中山在这方面也是一个先驱者。他对欧美社会认真做过实地考察

〔1〕 李大钊：《新的！旧的！》，《新青年》第4卷第5号，1918年5月15日。

后，深感“社会革命其将不远”，开始注意社会主义问题。他在一九〇三年给朋友的一封信中写道：

“所询社会主义，乃弟所极思不能须臾忘者。”

“欧美今日之不平均，他时必有大冲突，以趋剂于平均，可断言也。然则今日吾国言改革，何故不为贫富不均计，而留此一重罪业，以待他日更衍惨境乎？”[1]

这个问题在留日学生中也受到了关注。甲午战后，日本的资本主义大踏步地发展起来，工人遭受资本家的残酷剥削，酿成严重的社会问题。工会出现了，宣传社会主义的著作也大量出版。一八九九年，村井知至的《社会主义》一书出版，曾被誉为日本第一部真正的社会主义文献。隔了几天，又有福井准造的《近世社会主义》。这是一部长达五百页的巨著，系统地介绍从圣西门到马克思的社会主义学说，特别推重马克思“为社会主义定立确固不拔之学说”。下一年，幸德秋水所写的《社会主义神髓》在留日学生中产生很大影响。一九〇二年至一九〇三年，一批日文的介绍社会主义的著作被译成中文在上海出版，其中包括《社会主义》、《近世社会主义》、《社会主义神髓》这些书。村井知至的《社会主义》一书，甚至同时在上海有两种译本。可是，当时日本真正懂得马克思主义的人还很少，这些著作的内容相当驳杂，有的把社会主义和人道主义混同起来，把科学社会主义和社会改良主义混同起来。它们的译本，在中国国内没有引起很多人注意。

中国同盟会的机关刊物《民报》第二号上，刊出过朱执信的《德意志社会革命家列传》，用六千多字的篇幅介绍马克思（译作“马尔克”）的生平和学说，还摘译了《共产党宣言》的一些段落，对马克思的学说抱着同情的态度。但他对马克思学说的了解还很肤浅，并且有一些误解的地方。（中国书刊中最早提到马克思的，大约是一八九九年二月《万

[1] 《孙中山全集》第1卷，第228页。

国公报》刊载《大同学》一文，说到“其以百工领袖著名者，英人马克思也。”但在当时没有受到多少注意，在中国思想界也没有引起多少反响）

总之，当时中国先进分子中一部分人所以对社会主义以至马克思主义发生兴趣，只是由于他们在向西方学习的过程中开始模糊地看到西方资本主义社会的一些弊端，力图使中国能得以避免；对社会主义也只是笼统地看作当代新思潮中一种，把它介绍过来；那时人们的兴奋点主要集中在推翻清朝政府的政治革命上，这些社会主义著作和文章的影响仍很有限。

吴玉章回忆道：“一九〇三年我在日本东京曾经读过幸德秋水的《社会主义神髓》，感到这种学说很新鲜，不过那时候一面在学校紧张地学习，一面着重从事革命的实际活动，对这种学说也没有进行深入的研究，就放过去了。”〔1〕这段回忆生动地说明：一种学说不管怎样正确、怎样新鲜、对它进行多少宣传介绍，如果人们没有内在的强烈需要，它是不会产生很大影响的。

到五四运动前夜，一九一四年至一九一八年的第一次世界大战延续达四年之久，给欧洲民众带来了浩劫。这场空前残酷的大厮杀，把西方国家固有的社会矛盾以比以往任何时候更加尖锐的形式清楚地暴露出来。劫后的欧洲留下的是满目疮痍，处处是经济萧条和社会动荡，是令人震惊的灾难和混乱，一时仿佛看不到多少光明。世界范围内出现如此重大的变局，不能不使原来醉心学习西方的中国人感到极大震惊。西方社会制度在他们心目中，顿时失却原来那种耀眼的光彩。人们不能不想一想：难道我们还要步着人家的后尘，沿着这条旧路再走一遍吗？为什么不能改弦易辙，采纳世界上更新的学说，创立一种更加美好而合理的社会？

列宁领导的俄国十月社会主义革命为什么会在中国先进分子中引起如此强烈的反响？原因在于它正好给了他们正在苦苦思索的问题以一个

---

〔1〕《吴玉章文集》下，第1058页。

全新的答案。本来，社会主义在许多人看来，只是一种书本上的学说。直到一九一七年初，《新青年》在答读者问时还这样写过："社会主义，理想甚高，学派亦甚复杂。惟是说之兴，中国似可缓于欧洲，因产业未兴、兼并未行也。"[1] 十月革命却使社会主义变成活生生的现实，给苦闷和探索中的中国先进分子树立起一个具体榜样，在他们心里燃烧起新的希望。这个近邻大国发生的巨大社会变革，受到中国人的格外关注。人们急迫地想要了解在那里到底发生了什么事情。许多报纸杂志连篇累牍地刊载俄国革命的消息和评论，尽管中间难免有失实的地方，但毕竟使读者看到一些闻所未闻的事实。最初，许多人还是从旧的民族民主的观点去理解它，只把它看作平民的胜利，自由平等的胜利，人道主义的胜利。但随着认识的逐渐深化，终于看到：十月革命是和历史上任何一次革命都不相同的革命，是一场崭新的以劳工阶级为主体的社会主义革命。它在历经种种饥馑、内战、外国干涉的严重磨难后，依然站住了脚跟。工人和农民破天荒第一次成为社会的主人。这就在人们眼前打开一个新的天地，看到一种新的社会，也看到了实现这种社会变革的新的社会力量。它对苦闷中的中国先进分子产生巨大的吸引力，给他们指出一条新的出路。

隔了将近一年，李大钊在一九一八年十月发表的《庶民的胜利》、《布尔什维主义的胜利》两文是中国人接受十月革命道路的最早反映。他写这两篇文章，正好在人们庆祝第一次世界大战胜利结束的时候。他在前一篇文章中问道：这次胜利是谁的胜利？我们的庆祝是为谁庆祝？并且回答道：这次胜利，政治的结果，是民主主义的胜利；"社会的结果，是资本主义失败，劳工主义战胜。""一七八九年的法国革命，是十九世纪中各国革命的先声。一九一七年的俄国革命，是廿世纪中世界革命的先声。"[2] 在后一篇文章中，他又指出：这次胜利"是民主主义的胜利，是社会主义的胜利"，"像这般滔滔滚滚的潮流，实非现在资本家的政府所能防遏得住的"。他热情洋溢地讴歌："由今以后，到处所见

[1] 《通信》，《新青年》第2卷第5号，1917年1月1日。

[2] 李大钊：《庶民的胜利》，《新青年》第5卷第5号，1918年10月15日。

的，都是 Bolshevism 战胜的旗。到处所闻的，都是 Bolshevism 的凯歌的声。人道的警钟响了！自由的曙光现了！试看将来的环球，必是赤旗的世界！"[1] 这样激动人心的热情歌颂社会主义的言论，是一种全新的认识。

在这段时间内，另一个事实也很重要。第一次世界大战期间，西方列强忙于欧战，一时没有力量顾到东方，来华的船只和在华的商品输入大幅度减少。拿出入口的中国商船吨数的指数来说，如以一九一三年为一〇〇，一九一四年为一〇五，一九一五年降至九十七点一，一九一六年降至九十四点三，一九一七年降至九十三点一，一九一八年降至八十六。[2] 这使中国的民族工业得到一个迅速发展的大好机会。据北京政府农商部的统计，历年向它注册的工业公司，在一九一四年八月以前，共一百四十六个，资本额为四千一百一十四万八千二百零五元；而自一九一四年八月至一九一九年，短短五年多一点的时间内，新注册的公司就有二百三十二个，资本额为九千一百八十六万七千五百元。[3] 它们涉及的行业面很广，包括纺织、面粉、卷烟、火柴、榨油、针织、缫丝、造纸、制糖、染料、肥皂等，其中尤以纺织业和面粉业发展得最快，这是两个关系到民众衣食的生活必需品的行业。在地区分布上，这些工业大多集中在沿海和通商口岸。根据一九一九年的官方数字，注册工厂共三百七十五个，其中在江苏的（当时上海在行政区划上属于江苏）有一百五十五个，占了将近一半。

拿旧中国民族工业中后来发展得规模最大的荣宗敬、荣德生集团来说，在一九一四年至一九一九年期间，原来经营的茂新面粉厂新开设二厂、三厂，福新面粉厂又开设二厂、三厂、四厂、五厂、六厂，并决定新建七厂、八厂，在一九一五年设立的申新纱厂，又开设二厂，并决定开设三厂。申新一厂的盈利在开设的当年为两万元，一九一七年增加到四十万元，一九二〇年更增加一百一十万元。荣德生《乐农自订行年纪

---

〔1〕 李大钊：《Bolshevism 的胜利》，《新青年》第 5 卷第 5 号，1918 年 10 月 15 日。
〔2〕 许涤新：《现代中国经济教程》，新知书店 1947 年 1 月版，第 11、12 页。
〔3〕《第一回中国年鉴》，商务印书馆 1924 年版，第 1441 页。

事》中讲到他决心向面粉业和纺织业大量投资同欧战的关系，在一九一六年条中写道："时欧战已起，对外停顿，汇票稍长，外贵内贱。""余认为可放手做纱、粉，必需品也。"一九一七年条又写道："时正欧战，粉销不患不畅。"〔1〕这是一个突出的例子。

随着民族工业的迅速发展，中国产业工人的人数急剧增加，达到二百多万人，已是一个谁也不能忽视的社会力量。工人阶级的斗争也加强了，出现不少政治性罢工。一九一五年，"二十一条"的消息传出，上海搬运工人和日本企业中的职工宣布罢工。一九一六年，法国在天津企图强租老西开地区，法租界工人又掀起大规模罢工。《新青年》报道说："灿烂繁华之法国租界，以我民一怒之故，几化鬼市荒墟。"〔2〕邓中夏在《中国职工运动简史（一九一九——九二六）》中写道：

"欧洲大战后一九一八年，中国曾有一度自发的罢工斗争，如在上海日华纱厂便继续有四次罢工；三新纱厂、上海第二纱厂各有两次罢工；厚生纱厂有一次全体罢工。其他如英美烟厂、祥生铁厂、冷作铁工、沪宁铁路小工、电车司机以及手工业工人亦发生零碎罢工，就中尤以黄包车夫的罢工，参加者八千辆，两三万人，规模最为雄伟。其他各地如苏州之机织工人，杭州之络经女工，汉口之笔工等，皆有罢工。此外尚有不少的罢工，可惜报纸失载，我们无从稽考了。"〔3〕

工人们所过的牛马不如的生活，报纸上连篇累牍关于工人罢工的报道，不能不引起中国先进分子的极大注意。他们从这些新的事实中逐渐认识到：不能只关注上层政坛的那些活动，还要把眼光转向处在社会底层的劳苦大众那里去；知识分子不能孤芳自赏，把自己局限于狭窄的小天地中，应该同劳工阶级站在一起。李大钊在五四前夜先后发表《劳动教育问题》、《青年与农民》、《唐山煤矿的工人生活》、《现代青年活动的

〔1〕《荣德生文集》，上海古籍出版社 2002 年 7 月版，第 76、80 页。
〔2〕《老西开事件》，《新青年》第 2 卷第 4 号，1916 年 12 月 1 日。
〔3〕《邓中夏文集》，人民出版社 1983 年 8 月版，第 428 页。

方向》等论文，提出："要想把现代的新文明，从根底输入到社会里面，非把知识阶级与劳工阶级打成一气不可。我甚望我们中国的青年，认清这个道理。"[1] 这是一种新的觉醒的表现。

一九一九年初，北京大学成立的平民教育讲演团，是进步知识分子开始拉近劳动群众、走与工农结合道路的尝试。讲演团由北大学生组成，发起人是邓康，即邓中夏。[2]

可以看出：五四风暴袭来的前夜，初期新文化运动中已经出现一些前所未有的新因素。这种新因素当时还没有处于主流地位，但随着它的发展，终将改变近代中国的面貌。

五四风暴的袭来

五四爱国群众运动是中国近代历史上的转折点。这以前和这以后，情况发生了根本变化。

在历史上常常可以看到这样的现象：一场急风暴雨式的群众运动的冲刷，可以使大群大群的人们短时间内在思想上发生剧烈而巨大的变动。这种成千上万人的思想大变动，在一般情况下往往多少年也难以达到，也不是几个刊物或几次讲话的影响所能相比的。一九一九年五月四日开始的爱国运动，便是这样的一场群众运动。

它以巴黎和会中的山东问题为导火线，发展成一次规模空前的群众性的反帝爱国运动。本来，中国是第一次世界大战的参战国，是战胜国之一。大战结束后巴黎和会召开时，人们都期待着作为战胜国能把战败国德国原先在山东攫去的特权归还中国。美国总统威尔逊在国会演说中提出"十四项原则"。它的大意是："要想世界永久和平，必须有一个新秩序。不应再用老一套的外交方式来解决战争问题，战胜国不应要求割地赔款；应该废除秘密外交，应该通过建立维护世界和平的组织来创立

〔1〕《李大钊文集》(2)，人民出版社 1999 年 10 月版，第 287 页。

〔2〕丁守和、殷叙彝：《从五四启蒙运动到马克思主义的传播》，生活・读书・新知三联书店，1979 年 4 月版，第 112、113 页。

新秩序。”[1] 这些说得十分漂亮的话使人们产生热切的希望，以为这次和会将会真正体现一些人鼓吹的“公理战胜强权”。陈独秀在《每周评论》的发刊词中写道：

“美国大总统威尔逊屡次的演说，都是光明正大，可算得现在世界上第一个好人。他说的话很多，其中顶要紧的是两个主义：第一，不许各国拿强权来侵害他国的平等自由；第二，不许各国政府拿强权来侵害百姓的平等自由。这两个主义，不正是讲公理不讲强权吗？”[2]

巴黎和会于一九一九年一月十八日在法国巴黎凡尔赛宫开幕，参加和会的有二十多个国家的一千多个代表。威尔逊不是说“应该废除秘密外交”吗？人们在巴黎和会上看到的却恰恰是道地的“秘密外交”。会中一切重大问题都由美、英、法、意四国首脑和外交部长以及日本两个特别代表组成的“十人会议”闭门商议决定，决定后再没有商量余地。一月二十八日，中国代表顾维钧在被通知列席的“十人会议”上说明中国在山东问题上的主张，然后等待“十人会议”讨论并作出结论。三月中旬，中国代表团又将反映中国迫切要求的七份备忘录送交“十人会议”。四月二十二日，美、英、法三国首脑约见中国代表团，由威尔逊向中国代表团谈了“十人会议”决定的方案：“日本将获有胶州租借地和中德条约所规定的全部权利，然后再由日本把租借地归还中国，但归还之后仍享有全部经济权利，包括胶济铁路在内。”威尔逊还说：“现在提出的这个解决方案，最高会议希望能被中国接受，它也许不能令中国满意，但是在目前情况下这已是所能寻求的最佳方案了。”中国代表团竭力争辩，要求由德国直接向中国归还夺去的权利。但争辩毫无效果，会议依然把“十人会议”的方案列入巴黎和会的对德和约。顾维钧在《回忆录》中写道：“以前我们也曾想过最终方案可能不会太好，但却不

〔1〕《顾维钧回忆录》第1分册，中华书局1983年5月版，第169页。
〔2〕只眼：《发刊词》，《每周评论》第1号，1918年12月22日。

曾料到结果竟是如此之惨。至于日本，则是如愿以偿。”[1]

这件事给中国人的刺激太大了。特别是原来抱着很高热情期待的“公理战胜强权”，至此竟全部化为泡影，强烈的反差使人们的愤怒近于沸点。陈独秀在五月四日出版的《每周评论》上写道：

“巴黎的和会，各国都重在本国的权利。什么公理，什么永久和平，什么威尔逊总统十四条宣言，都成了一文不值的空话。”

“我看这两个分赃会议（引者注：另一个会议指当时国内正在举行的‘南北和谈’），与世界永久和平、人类真正幸福，隔得不止十万八千里，非全世界的人民都站起来直接解决不可。”[2]

在国内首先“站起来”的是青年学生。自从清末废科举、兴学堂以后，新式学堂有了很大发展。辛亥革命后这种发展在继续着。一九一二年的中学生有五万二千人，到一九一六年有六万以上。大学生人数没有多大增加，但学校状况和风气起了很大变化。拿北京大学来说，“一九一六年以前，校风还很腐败，学生年纪大的相当多，举人秀才在里面讲[读]书的也还有。”“大部分学生在外面寄宿、住公寓。学生不穿制服，也没有制服，一般是长袍马褂，时髦一点的穿长衫西装裤。”“学生除读死书的外，打麻将牌、捧戏子、逛八大胡同，成为风气。”[3]一九一六年冬，蔡元培被任命为北京大学校长。他是一个开明的学者，本着“兼容并包”的宗旨，对学校锐意改革。在顽固守旧势力几乎笼罩一切的时候，提倡“兼容并包”实际上就为新社会力量在这所最高学府中取得一席之地打开了大门。他聘请陈独秀为文科学长、李大钊为图书馆主任，教员有胡适、钱玄同、鲁迅、梁漱溟、刘师培、黄侃、辜鸿铭等不同倾向的人。在蔡元培主持下，北京大学的面貌很快发生了变化，各种社团

〔1〕《顾维钧回忆录》第1分册，第197、199页。

〔2〕只眼：《随感录》，《每周评论》第20号，1919年5月4日。

〔3〕许德珩：《五四前的北大》，《五四运动回忆录》（上），中国社会科学出版社1979年3月版，第228页。

纷纷成立，思想空前活跃。学生还办起《新潮》、《国民》等刊物。当时的北大学生杨晦回忆道：

“校内的学术思想活动和社会活动是很活跃的，特别是到了一九一八、一九一九年，随着政治上的变动和外交的吃紧，随着新旧思想的斗争的展开，就一天比一天开展，一天比一天活跃。平常，除了北京大学日刊每天出版外，还有在宿舍的影壁上、墙上，随时出现的海报、布告等，有人发出什么号召，就有人响应；说开会，就有人去。开会的地点，大些的会，在饭厅开的时候多，要说话的，站在板凳上就说起来。”

“北大当时还有一个特点，就是有什么活动，或有什么社团组织，一般都是放一个签名簿在号房，谁愿意参加就可以自由签名。”〔1〕

对巴黎和会的进程，北大学生极为关注。当时北大学生中的积极分子许德珩回忆道：那时候，“‘公理战胜强权’、‘劳工神圣’、‘民族自决’等名词，呼喊得很响亮，激动了每一个青年的心弦，以为中国就这样便宜的翻身了。一九一八年十一月到一九一九年四月，这一期间学生们真是兴奋得要疯狂了。”“大家眼巴巴在企望着巴黎和会能够给我们一个‘公理战胜’，那晓得奢望的结果是失望。”〔2〕 原来过高的期望，使这种失望带来的痛苦格外强烈。

愤怒终于像火山那样爆发了。五月二日，许德珩从蔡元培校长那里知道中国在巴黎和会上失败的消息后，当天下午就约集各校学生代表在北大西斋饭厅开紧急会议。高工学生代表夏秀峰当场咬破手指，写下血书。会议决定第二天召开北大全体学生大会，并约北京十三个中等以上学校代表参加。这次大会决定五月四日齐集天安门举行学界大示威，并且要把白旗送到在对日外交中负有直接责任的曹汝霖、陆宗舆、章宗祥家中去。北大国民社和新潮社的学生还为游行准备了两个宣言，白话的

---

〔1〕 杨晦：《五四运动与北京大学》，《五四运动回忆录》（上），第 220 页。

〔2〕 许德珩：《五四运动六十周年》，《五四运动回忆录》（续），中国社会科学出版社 1979 年 11 月版，第 50、51 页。

由罗家伦起草，文言的由许德珩起草。白话宣言写道：

“我们的外交大失败了！山东大势一去，就是破坏中国的领土！中国的领土破坏，中国就亡了！所以我们学界今天排队到各公使馆去要求各国出来维持公理，务望全国工商各界，一律起来设法开国民大会，外争主权，内除国贼。中国存亡，就在此一举了！今与全国同胞立两个信条道：中国的土地可以征服而不可以断送！中国的人民可以杀戮而不可以低头！国亡了！同胞起来呀！”〔1〕

文言宣言中写道：“山东亡，是中国亡矣！我同胞处此大地，有此山河，岂能目睹此强暴之欺凌我、压迫我、奴隶我、牛马我、而不作万死一生之呼救乎。”〔2〕

五月四日下午一时半，十几个学校的学生齐集天安门，人人手里拿着一面或两面白旗，上面写着“还我青岛”、“头可断青岛不可失”、“取消二十一款”、“誓死不承认军事协定”、“诛卖国贼曹汝霖陆宗舆章宗祥”等。集合的人数据京师警察总监吴炳湘的密电称：“四日，北京大学等十数学校学生二、三千人，因青岛问题，在天安门前集合，拟赴各使馆争议。”〔3〕他们在天安门集合了半个小时后就整队出发，先到东交民巷使馆区抗议，但被警察阻挡，相峙两个小时仍无法通过。愤激的学生自动改道到赵家楼胡同的曹汝霖家去。担任游行总指挥的北大学生傅斯年怕出意外，极力阻止，已经阻止不住了。学生到那里时，曹宅大门紧闭，还有警察把守。学生翻墙而入，曹汝霖藏匿未见，正在曹家的章宗祥被打。愤怒的学生临走还泼上汽油，点火焚烧。这就是著名的“火烧赵家楼”。军警逮捕了三十二名学生，其中北大学生二十人，包括许德珩、易克嶷、杨振声等。第二天，北京各大专学校总罢课，并通电各

---

〔1〕亿万：《一周中北京的公民大活动》，《每周评论》第21号，1919年5月11日。

〔2〕龚振黄编《青岛潮》附录一，《五四爱国运动资料》，科学出版社1959年4月版，第181页。

〔3〕《五四爱国运动档案资料》，中国社会科学出版社1980年2月版，第185页。

方请求支援。中学生也参加到爱国运动中来。九日，北大校长蔡元培辞职出走。十九日，北京中等以上学校学生再次总罢课，致书徐世昌总统，要求拒绝在和约上签字、惩办国贼等。学生在罢课后，组织讲演团，分组到街头做爱国讲演；并发动抵制日货，提倡国货。北京各校学生代表会议还推出代表许德珩、黄日葵到天津、济南、南京、上海等处宣传，呼吁支援爱国群众运动，声势日益扩大。六月三日，北京学生在街头讲演时被北洋政府逮捕一百七十八人。下一天，军警又拘禁学生七百多人。但这种高压只能收到相反的效果。第三天上街演讲的学生达到五千多人，社会影响更加扩大。学生的爱国行动得到越来越多各界人士的同情和支持。

从北京开始的五四爱国运动迅速推向全国。

上海是中国工商业最发达、工人力量最强大的城市，也是新式学校、文化机构集中的地方。仅上海租界内华人人口，一九一〇年为五十二万七千多人，一九二〇年已达到八十四万九千多人。[1] 这里的一举一动，对全国有着左右局势的作用。北京五四运动的消息传到上海后，复旦公学的学生首先行动起来，同各方面联络。五月七日，上海学生和各界人士两万多人在公共体育场集会，抗议山东问题的失败、北洋政府的卖国和逮捕学生的行为。这样规模的抗议集会过去不曾有过。九日，是当年袁世凯承认“二十一条”的国耻纪念日，许多学校停课一天，许多工商业团体停业一天，许多戏馆和游艺场所停止演出一天，以示纪念。“沪城大小东门内各商号门前皆大书特书，声明‘本号自今日起始终不售日货’等字样。”[2] 十一日，上海学联成立。二十六日，上海各校学生两万人举行总罢课。六月，全国学联也在上海成立。这是第一个全国性的学生组织。

六月三日北京学生大批被捕的消息传来，上海的爱国运动发展到一个新阶段：出现大规模的工厂罢工和商店罢市。那时，上海的产业工人

〔1〕《上海通史》第9卷，上海人民出版社1999年9月版，第100页。

〔2〕《新闻报》1919年5月10日，转引自彭明《五四运动史》，人民出版社1998年12月版，第329页。

近二十万人，加上交通运输工人、手工业工人和店员共达五十万人。五日上午，日本内外棉第三、第四、第五纱厂的工人首先罢工，其他工人相继响应罢工。据邓中夏《中国职工运动简史》记载："总共人数无确实统计，大概有六七万人。"[1] 中国工人开始以独立的姿态，以如此规模的行动，走上政治舞台。这又是中国历史上破天荒的大事。上海商店也陆续罢市。大规模罢工和罢市的出现，使上海爱国群众运动的规模和声势甚至超过北京。由于这个事件是由六月三日北京学生大批被捕引起的，人们常把它称为"六三运动"。

除上海外，据不完全统计，纷起响应的有江苏、浙江、安徽、江西、福建、直隶、山东、河南、山西、陕西、湖北、湖南、广东、广西、四川、云南、贵州、奉天、吉林、黑龙江等省，其中特别激烈的城市有济南、天津、武汉、长沙等。

在全国爱国群众运动的巨大压力下，北洋政府不得不在六月七日释放被捕学生，十日免去曹汝霖、陆宗舆、章宗祥的职务。对巴黎和约的签字问题，北洋政府不肯作出拒签的明确指示，签字一事由代表团自行决定。参加和会的中国代表团，最初要求在对德和约后附注中国对山东问题持保留态度，也遭到列强拒绝。据顾维钧说：这时，"在巴黎的中国政治领袖们、中国学生各组织、还有华侨代表，他们全都每日必往中国代表团总部，不断要求代表团明确保证，不允保留即予拒签。他们还威胁道，如果代表团签字，他们将不择手段"。[2] 六月二十八日，巴黎和会对德和约签字，中国代表团拒绝出席这次全体会议，没有在该项和约上签字。

像五四运动这样席卷全国、具有如此声势和威力的爱国群众运动，在中国历史上不曾有过。

五四运动爆发前夜，中国大地似乎笼罩在一片黑暗中，北洋军阀中的皖系，在日本支持下控制着中央政府，正在叫嚷"武力统一"。孙中山一度想靠南方的势力反抗北洋军阀的统治，最后只能得出"南与北如

---

〔1〕《邓中夏文集》，第 430 页。

〔2〕《顾维钧回忆录》第 1 分册，第 206、207 页。

一丘之貉”的结论，在上海闭门著书。革命正处在低潮中。环顾海内，仿佛没有什么足以同黑暗势力抗衡的力量。谁也没有想到，在原本相当沉默的民众中竟会爆发出如此惊天动地的大风暴来。

这以前，中国人民也发生过多次反对帝国主义和封建军阀的政治行动，可是它们或者是单纯的军事行动，或者是只有较少人参加的爱国活动。五四运动就大不相同了。它所牵动的社会面如此之广，表现出不达目的誓不罢休的顽强意志，使反动势力张皇失措。在严重民族危机的强烈刺激下，许多人忧愤填膺。他们聚在一起便畅谈国家面对的危局，一旦经历过五四这次大风暴的洗礼，在他们眼前便打开一个新的天地，带来从来没有的思想大解放，完全改变了他们的生活道路。

我们可以看看几个亲历者的自白。瞿秋白在五四运动后的第二年或第三年描述自己这场思想大变动的历程：

“从入北京到五四运动之前，共三年，是我最枯寂的生涯。友朋的交际可以说绝对的断绝。北京城里新官僚‘民国’的生活使我受一重大的痛苦激刺。厌世观的哲学思想随着我这三年研究哲学的程度而增高。”

“五四运动陡然爆发，我于是卷入旋涡，孤寂的生活打破了。最初北京社会服务会的同志：我叔叔瞿菊农，温州郑振铎，上海耿济之，湖州张昭德（后两位是我俄文馆的同学），都和我一样，抱着不可思议的‘热烈’参与学生运动。我们处于社会生活之中，还只知道社会中了无名毒症，不知道怎么样医治，——学生运动的意义是如此，——单由自己的体验，那不安的感觉再也藏不住了。有‘变’的要求，就突然爆发，暂且先与社会以一震惊的激刺，——克鲁扑德金说：一次暴动胜于数千百万册书报。同时经八九年中国社会现象的反动，《新青年》、《新潮》所表现的思潮变动，趁着学生运动中社会心理的倾向，起翻天的巨浪，摇荡全中国。当时爱国运动的意义，绝不能望文生义的去解释他。中国民族几十年受剥削，到今日才感受殖民地化的况味。帝国主义压迫的切骨的痛苦，触醒了空泛的民主主义的噩梦。学生运动的引子，山东问题，本来就包括在这里。工业先进国的现代问题是资本主义，在殖民

地上就是帝国主义，所以学生运动倏然一变而倾向于社会主义，就是这个原因。”〔1〕

其他有着不同经历、处于不同地位而先后转到这条道路上来的先进分子越来越多。同盟会最早会员之一的吴玉章回忆五四运动时说：

“这是真正激动人心的一页，这是真正伟大的历史转折点。从前我们搞革命虽然也看到过一些群众运动的场面，但是从来没有见到过这种席卷全国的雄壮浩大的声势。在群众运动的冲击震荡下，整个中国从沉睡中复苏了，开始焕发出青春的活力，一切反动腐朽的恶势力都显得那样猥琐渺小，摇摇欲坠。以往搞革命的人，眼睛总是看着上层的军官、政客、议员，以为这些人掌握着权力，千方百计运动这些人来赞助革命。如今在五四群众运动的对比下，上层的社会力量显得何等的微不足道。在人民群众中所蕴藏的力量一旦得到解放，那才真正是惊天动地、无坚不摧的。”

他接着还写道：

“处在十月革命和五四运动的伟大时代，我的思想上不能不发生非常激烈的变化。当时我的感觉是：革命有希望，中国不会亡，要改变过去革命的办法。虽然，这时候我对中国革命还不可能立即得出一个系统的完整的新见解，但是通过十月革命和五四运动的教育，必须依靠下层人民，必须走俄国人的道路，这种思想在我头脑中日益强烈、日益明确了。”〔2〕

沈雁冰（茅盾）也说：“五四运动的大功劳，是解放思想。我自己

---

〔1〕 瞿秋白：《饿乡纪程》，《瞿秋白文集·文学编》第1卷，人民文学出版社1985年1月版，第24—26页。

〔2〕《吴玉章文集》下卷，第1065、1066页。

就解放了思想。我抛弃了从前的‘书不读秦汉以下，文章以骈体为正宗’的‘信条’，把从前读过的经史子集统统置于高阁，开始钻研马克思主义，浏览欧洲十九世纪各派的文艺思潮，并努力翻译、介绍，这都是受了五四时期在北京出版的《新青年》的影响。只有看得多，才能比较，才能分辨出那些是正确的，那些是不正确的；只有这样自己探索出来的正确东西，自己才真正受用。”〔1〕

他们所说的，自然不只是他们个人思想变化的经过，而是相当程度上反映了当时中国许多先进分子共同的心路历程。

在五四运动的斗争高潮中，人们处于异常激动和兴奋的状态。斗争中新旧社会势力之间搏斗的场面，更把一系列尖锐的问题摆到人们面前。在经历过这样一场急风暴雨的冲刷后，下一步该怎么办？中国的出路究竟在哪里？这些问题使许多人激动的心情无法平息，迫使他们继续严肃地寻求答案。在运动高潮的那些日日夜夜里，人们从原来宁静的以至孤寂的小天地里猛然惊醒过来，投身到火热的集体生活中，过着和以前不同的生活。当运动从奔腾澎湃的大潮中逐渐平伏下来时，一部分人回到自己原来习惯的生活轨道上去，而一些先进分子却转向更深层次的探索，并且和一些志同道合的伙伴聚集在一起，结成研究社会主义的团体。这就使马克思主义终于成为新思潮中的主流。

马克思主义成为新思潮的主流

马克思主义发展成为新思潮的主流，并不是一件容易的事情。

许多人在最初只是抱着一种空泛理想：现有这个恶浊的社会必须改造，应该建立起一个新社会来。但是，旧社会应该怎样改造？将要建立的新社会应该是怎样的？对这些他们又往往感到茫然，或者只有一些朦胧的、笼统的设想。有些刊物“虽然在理想上，憧憬着‘未来的光明世界’，但‘未来的光明世界’是什么？内容如何？用什么方法才可以达

〔1〕《五四时期老同志座谈会记录》，《五四运动回忆录》（续），第9页。

到？并无具体的说明”。[1] 而且，那时人们所能看到的马克思主义书籍实在太少。李达回忆道：“当时马克思、恩格斯的著作很少翻过来，我们只是从日文上看到一些。中国接受马克思主义得自日本的帮助很大，这是因为中国没人翻译，资产阶级学者根本不翻译，而我们的人又都翻不了。”[2] 一九二〇年以前，马克思、恩格斯基本著作的中文全译本连一部也没有，列宁的文章还没有一篇被译成中文。在这种情况下，要真正懂一点马克思主义，实在十分困难。

当时的进步分子中谈论社会主义的人很多，正像有人所说：“譬如社会主义，近来似觉成了一种口头禅；杂志报章，鼓吹不遗余力；最近，则与社会主义素来不相干的人也到处以社会主义相标榜。”[3] 但是，了解马克思主义的人却很少。邓颖超回忆道：“五四运动是思想解放运动，一解放，就像大水奔流。那时的思想，受到长期禁锢，像小脚女人把脚裹住；放开以后，不知怎样走路，有倒的，有歪的，也有跌跤的。那时是百家争鸣，各种思潮都有。”[4] “我们受十月革命的影响，当时也只听说苏联是没有阶级、没有人剥削人的社会。我们很向往这种光明的社会，同情广大劳苦大众，厌恶中国社会的黑暗。我们平常交谈的范围很广，无政府主义、基尔特社会主义都接触到了，但对这些我们都没有明确的认识，也不了解什么是马克思主义。”[5]

瞿秋白说：“社会主义的讨论，常常引起我们无限的兴味。然而究竟如俄国十九世纪四十年代的青年思想似的，模糊影响，隔着纱窗看晓雾，社会主义流派，社会主义意义都是纷乱，不十分清晰的。正如久壅的水闸，一旦开放，旁流杂出，虽是喷沫鸣溅，究不曾自定出流的方向。其实一般的社会思想大半都是如此。”[6]

---

〔1〕孟默：《新文化运动在四川》，《五四运动回忆录》（续），第 433 页。

〔2〕李达：《中国共产党成立时期的思想斗争情况》，《一大前后》（2），人民出版社 1980 年 8 月版，第 52 页。

〔3〕《归国杂感》，《太平洋》第 2 卷第 6 号，转引自丁守和、殷叙彝《从五四启蒙运动到马克思主义的传播》，第 208 页。

〔4〕《五四时期老同志座谈会记录》，《五四运动回忆录》（续），第 10 页。

〔5〕邓颖超：《回忆天津“觉悟社”等情况》，《一大前后》（2），第 232、233 页。

〔6〕瞿秋白：《饿乡纪程》，《瞿秋白文集・文学编》第 1 卷，第 26 页。

后来参加中共一大的刘仁静回忆说：“那时，大家正在寻找国家的出路，追求真理，对社会主义还没有明确的认识。研究会的几十个会员中，除部分相信马克思主义以外，有的相信基尔特社会主义，有的相信无政府主义。其实，在当时他们对基尔特社会主义和无政府主义，也没有什么研究，只是从杂志上看了一些有关宣传品，认为有道理，合乎自己的胃口，以后看见别的主张更好，有的也就放弃了自己原先的主张。”〔1〕

这时站在宣传马克思主义前列的，依然是李大钊。他在留学日本时就受到日本的著名马克思主义者、京都帝国大学教授河上肇的影响。同他一起在日本留学的好友高一涵说：“他在日本时学的是经济学，但他对那时资本主义经济学总是不感兴趣，一看到河上肇博士介绍的马克思主义政治经济学的论著，就手不释卷。他从一九一七年俄国二月革命起，经过十月革命以后，一直在研究马克思主义的著作。”〔2〕

五四运动发生的下一天，是马克思诞生一百零一年的纪念日。李大钊在《晨报副刊》开辟了“马克思研究”专栏，连续刊载《政治经济学批判序言》的摘译和《雇佣劳动与资本》的译文。《新青年》六卷五号出了“马克思主义研究专号”，它所收的文章很驳杂，但在这期和下一期连载的李大钊的《我的马克思主义观》，比较系统地介绍了马克思主义学说，特别是唯物史观和剩余价值学说。他写道：

“自俄国革命以来，马克思主义几有风靡世界的势子。德、奥、匈诸国的社会革命相继而起，也都是奉马克思主义为正宗。”

“马氏社会主义的理论，可大别为三部。一为关于过去的理论，就是他的历史论，也称社会组织进化论。二为关于现在的理论，就是他的经济论，也称资本主义的经济论。三为关于将来的理论，就是他的政策论，也称社会主义运动论，就是社会民主主义。”

---

〔1〕 刘仁静：《回忆五四运动、北京马克思主义研究会和党的一大》，《一大前后》（2），第114页。

〔2〕 高一涵：《回忆李大钊同志》，《五四运动回忆录》（续），第116页。

“他这三部理论，都有不可分的关系。而阶级竞争说恰如一条金线，把这三大原理从根本上联络起来。”〔1〕

李大钊这篇文章，在很大程度上是依据河上肇的《马克思的社会主义的理论体系》写成的。文内一些译语也注明：“从河上肇博士”。在这前后，《晨报》上连载渊泉（陈溥贤）译的《近世社会主义鼻祖马克思之奋斗生涯》、《马克思的唯物史观》、《马氏资本论释义》等，前两种也译自河上肇的论著。

这样，一些先进知识分子便开始认真研究马克思主义的学说。为什么这种学说对他们产生了特殊的吸引力？日本学者石川祯浩这样分析：

“马克思主义通过唯物史观、阶级斗争论以及革命完成后将出现共产主义美满世界的预言，提供了根本解决的方法和对将要到来的时代的信心，从而引起了一场‘知识革命’。五四时期，各种西方近代思想洪水般地被介绍进中国，其中，马克思主义将其综合体系的特点发挥到了极致。在这个意思上，马克思主义对于能理解它的人来说意味着得到了‘全能的智慧’，而对于信奉它的人来讲，则等于找到了‘根本性的指针’。在旧有的一切价值被否定、而新的替代机轴尚未出现，因而混沌达于极点的五四时期的思想状况，由于马克思主义的出现，总算得到了一条坐标轴，变得异常简明起来。”〔2〕

在国内，成为宣传马克思主义的中心有两个地方：一个是北京，一个是上海。

在北京，宣传马克思主义的基地是北京大学。那里是全国瞩目的传播新思想最活跃的地方，李大钊兼任着图书馆主任。在北京大学图书馆里有一部分马克思、恩格斯、列宁的著作及有关书籍，尽管都是外文的，在当时已算很难得了。北大学生中有不少人能够阅读一两种外文，

〔1〕李大钊：《我的马克思主义观》（上），《新青年》第6卷第5号，1919年5月。
〔2〕（日）石川祯浩：《中国共产党成立史》，中国社会科学出版社2006年2月版，第2页。

图书馆里常常挤满了人，少数马克思主义书籍往往被借阅一空。休息室里，也成为青年们三五成群讨论马克思主义的地方。一九二〇年初，在李大钊主持下，北大一批青年学生组织了一个马克思学说的研究会。这个研究会最初没有公开。“开始是利用从北大图书馆借来的一部分马克思、恩格斯和列宁的著作以及与此有关的一些书籍，分别阅读。不懂外文的同志则请通晓外文者帮助他们。再过一个时期，又筹集了一些资金，买了一批书籍。学习的人渐渐多了，于是就在一九二一年十一月十一日的《北京大学日刊》上公开宣布，成立北京大学马克斯学说研究会。”〔1〕列名这个会发起人的邓中夏、高君宇、黄日葵、罗章龙、刘仁静等，都是五四爱国运动的积极分子。

在上海，陈独秀从北京被放逐后来到这里，站到积极宣传马克思主义方面来。对翻译和宣传马克思主义做得比较多的是李达、陈望道、李汉俊，他们都是从日本回国的留学生。陈望道“在日本留学归国时，带回一些马克思主义的书籍”.〔2〕他所翻译的《共产党宣言》是一九二〇年四月作为社会主义研究小丛书的第一种，由上海社会主义研究社正式出版。这是马克思主义基本著作在中国出版的第一个中文全译本。据陈望道、邵力子回忆：这年五月，在上海成立了马克思主义研究会，参加的除陈独秀、李达、陈望道、李汉俊外，还有邵力子、沈玄庐等。

马克思主义在国内其他地区的传播几乎都同北京、上海这两个中心点直接有关。

我们来看一看毛泽东。他是个农家子弟，比陈独秀小十四岁，属于更年轻的一代。辛亥革命湖南独立后，他曾投身新军，当过半年兵。以后在湖南第一师范学校毕业。一九一八年到北京，在李大钊担任主任的北京大学图书馆当助理员，在天安门前听过李大钊《庶民的胜利》的演讲。一九一九年春回到长沙。五四运动爆发后不久，他在长沙创办《湘江评论》。在《创刊宣言》中，他认为世界上民众联合的力量是最强的，大声疾呼要实行改革，借平民主义来打倒一切强权，但那时他的实行方

〔1〕 朱务善：《回忆北大马克思学说研究会》，《一大前后》(2)，第119、120页。

〔2〕 邵力子：《党成立前后的一些情况》，《一大前后》(2)，第61页。

法仍然是相当温和的。他写道："用强权打倒强权，结果仍然得到强权。不但自相矛盾，并且毫无效力。""所以我们的见解，在学术方面，主张澈底研究，不受一切传说和迷信的束缚，要寻着什么是真理。在对人的方面，主张群众联合，向强权者为持续的'忠告运动'。实行'呼声革命'——面包的呼声，自由的呼声，平等的呼声——'无血革命'，不至张起大扰乱，行那没效果的'炸弹革命''有血革命'。"〔1〕他还曾提倡工读主义，想在湖南长沙的岳麓山办一个新村，学生一面读书一面劳作，视学校如家庭，从而结成一个公共团体。他认为，可以先从这样的小范围内做起来，一步步地扩大，最终达到改造社会的目的。

他接受马克思主义是在到北京和上海去同李大钊、陈独秀等长谈并且阅读了一些中文的马克思主义书籍以后。他对美国记者斯诺讲过：

"我第二次到北京期间，读了许多关于俄国情况的书。我热心地搜寻那时候能找到的为数不多的用中文写的共产主义书籍。有三本书特别深地铭刻在我的心中，建立起我对马克思主义的信仰。我一旦接受了马克思主义是对历史的正确解释以后，我对马克思主义的信仰就没有动摇过。这三本书是：《共产党宣言》，陈望道译，这是用中文出版的第一本马克思主义的书；《阶级斗争》，考茨基著；《社会主义史》，柯卡普著。到了一九二〇年夏天，在理论上，而且在某种程度的行动上，我已成为一个马克思主义者了，而且从此我也认为自己是一个马克思主义者了。"

"我第二次到上海去的时候，曾经和陈独秀讨论我读过的马克思主义书籍。陈独秀谈他自己的信仰的那些话，在我一生中可能是关键性的这个时期，对我产生了深刻的印象。"〔2〕

他把马克思主义同那时他接触到的其他新思潮、特别是也自称社会主义的思潮反复地逐一比较。一九二〇年十二月一日，他给蔡和森、萧

〔1〕《毛泽东早期文稿》，湖南出版社1990年7月版，第293、294页。

〔2〕（美）埃德加·斯诺：《西行漫记》，生活·读书·新知书店1979年12月版，第131—133页。

子升并在法国的新民学会会友的信中，明确赞成蔡和森所主张的走俄国十月革命式的道路；而对“用平和的手段，谋全体的幸福”那种意见表示：“在真理上是赞成的，但在事实上认为做不到。”对英国学者罗素在长沙讲演中主张的“宜用教育的方法使有产阶级觉悟，可不至要妨碍自由，兴起战争，革命流血”，也评为“理论上说得通，事实上做不到”。他得出结论：“我看俄国式的革命，是无可如何的山穷水尽诸路皆走不通了的一个变计。并不是有更好的方法弃而不采，单要采这个恐怖的方法。”[1]

比毛泽东更年轻的周恩来，五四前夜在日本求学时曾受过河上肇的影响，虽还不能说已成为马克思主义者。五四运动时，他是天津学生爱国运动的积极分子。主办过《天津学生联合会报》，参加“觉悟社”，被北洋政府逮捕并拘禁了半年。出狱后到欧洲考察，对当时流行的打着社会主义旗号的种种思潮进行认真比较，最后下定决心：“我们当信共产主义的原理和阶级革命与无产阶级专政两大原则，而实行的手段则当因时制宜!”“我认的主义一定是不变了，并且很坚决地要为他宣传奔走。”[2]

先驱者的思想经历是值得后人深思的。他们接受马克思主义，这个决心绝不是轻易下定的，更不是一时冲动或趋时行为，而是经过自己的深思熟虑，经过反复的比较和实践检验，最后才作出这个一生中最重要的选择。

科学和民主，是五四运动前夜的初期新文化运动中早已提出的响亮口号，在中国近代思想发展旅程中产生了巨大的进步作用。接受了马克思主义的先进分子正是在这面大旗下继续奋斗，并且赋予它们以新的更加完整的内容。

他们反复地思考：怎样才是真正的民主，怎样才是真正的科学？中国民众的绝大多数是工人和农民，如果不到他们中间去，不充分考虑他们的利益和关心的问题，而把他们置于自己的视野之外，只停留在少数知识分子的狭小圈子里活动，那么，不管议论如何激烈，甚至也可以争得某些成果，仍然只是一部分人甚至是少数人的民主，谈不上真正广泛

---

〔1〕《新民学会资料》，人民出版社1980年9月版，第147、148页。

〔2〕《周恩来书信选集》，中央文献出版社1988年1月版，第40、41、46页。

的人民民主。科学，最根本的是要符合实际，符合事物发展的客观规律，也就是实事求是。既不应当为陈腐的、过时的、僵化的旧教条所束缚，也不是单凭善良的愿望或学院式的推理就能解决，必须深深地扎根在中国社会的土壤中，脚踏实地地找到促进中国社会进步的切实办法，这自然比只在书房或会议室里高谈阔论要艰苦得多。民主和科学的对立物是专制和愚昧。而在旧中国，帝国主义和封建势力的统治是社会生产力发展和社会进步的最大障碍，是专制和愚昧的最深刻根源。如果不找到切实的办法扫除那些阻碍历史前进的反动的社会势力，改造社会，在此基础上逐步使现代化大生产替代以小生产为基础的旧社会结构，而单在文化等上层建筑领域内使力气，科学和民主的问题不管谈得多么热闹，仍是不能真正得到解决的。可以说，经过五四以后，人们对科学和民主的认识，比起以前来是更加深刻、更加切合实际了。他们是初期新文化运动的科学和民主思想的继承者和发扬者。

还有一些受过五四运动洗礼，仍然坚持科学和民主的信念但没有接受马克思主义的人，他们继续投身过一些民主政治运动，或从事过教育、科学、实业等方面的工作，主张“教育救国”、“科学救国”、“实业救国”，成为很好的学者、教师或企业家，对中国社会的进步也作出积极贡献。可是，他们没有找到解决中国社会问题的根本途径，所以没有能成为中国近代进步思想的主流，也没有能在推动中国近代历史前进中发挥主导作用。

五四爱国运动在严重民族危机的刺激下，像从天降落的狂飙一样，迅猛地席卷全国，从大城市直到偏僻乡镇。千百万人热血沸腾地为救亡图存而奔走呼号。人们不仅对祖国的命运充满忧患意识，并且勇敢地探索未来。一年内出版的刊物达四百种。第二年在全国就有了数目可观而接受马克思主义的先进青年，并且发起成立中国共产党，在南方领头的是陈独秀，在北方领头的是李大钊，当时被称为“南陈北李”，他们都是五四运动的主将。这是一个前后相续而难以分割的完整的运动过程。在这个意义上，把五四运动称为中国民主革命新时期的开端，是合理的，也是符合实际的。

第五章

中国共产党的诞生

已经有那么多先进分子先后在时代潮流的激荡下奔集到马克思主义的旗帜下，从这里看到了中华民族的新希望；而祖国和人民的悲惨处境又驱使他们产生一种特殊的紧迫感，无法长时间地从事一般议论和研究，而要求尽快把志同道合的人集合在一起，投入改造中国社会的实际行动。这便是中国共产党所以会那么快创立起来的原因所在。

最早提出并推动在中国建立共产党的，正是陈独秀和李大钊。一九二〇年二月，陈独秀化装逃离北京时，由李大钊护送。高一涵在七年后说到：他们“在途中则计划组织中国共产党事”。[1] 这件事虽有学者质疑，但高一涵同陈、李都是好友，交往密切，非一般道听途说可比；他的话是在一九二七年五月所说，也非多年后的回忆可比，似难轻易否定。

中国共产党的建立，得到列宁领导的共产国际的帮助。一九二〇年初，苏俄平定了西伯利亚地区的叛乱，帝国主义列强的入侵军队也被迫从这一地区撤走，中俄边境交通重新恢复。同年四月，俄共远东州符拉迪沃斯托克分局外国处派遣二十七岁的维经斯基来到中国。他到北京先见了李大钊。李大钊介绍他到上海去见陈独秀。李大钊对马克思的研究比陈独秀精深。而陈独秀有着烈火样的性格，往往更急于行动。这时，

---

〔1〕《中大热烈追悼南北烈士》，汉口《民国日报》1927年5月24日。

他的目光已更多地转向工人运动。《新青年》这年四月出版的第七卷第五号发表了五篇文章讨论"工读互助团"问题，特别是工读互助团失败的原因；五月出版的第六号是"劳动节纪念号"，发表介绍"五一"运动史，美国、日本、英国、俄罗斯劳动运动和上海、南京、唐山、山西、江都、长沙、芜湖、无锡、北京、天津等地劳动状况的文章。后一类文章，大体都是对当地工人状况、尤其是对他们的痛苦所做的比较系统而详细调查的材料，还有几十幅工人劳作的照片，包括未成年车夫停车喘息时的照片等。像这样集中地发表介绍中国工人状况的资料，以前还不曾有过，反映出中国工人运动问题已越来越受到人们重视，也反映出这些年中国社会结构和社会思潮已在发生很大变化。陈独秀在这一期上发表他在上海船务、栈房工界联合会上的演说：《劳动者底觉悟》。他说：

"只有做工的人最有用最贵重。但是现在人的思想，都不是这样，他们总觉得做工的人最无用，最下贱，反是那不做工的人最有用最贵重。"

"世界劳动者的觉悟，计分二步：第一步觉悟是要求待遇，第二步觉悟是要求管理权。"

"各国劳动者第二步觉悟，第二步要求，并没有别的奢望，不过是要求做工的劳力者管理政治、军事、产业，居于治人的地位；要求那不做工的劳心者居于治于人的地位。我们中国的劳动运动，还没有萌芽，第一步觉悟还没有，怎说得到第二步呢？不过我望我们国里底做工的人，一方面要晓得做工的人觉悟确有第二步境界，就是眼前办不到，也不妨作此想；一方面要晓得劳动运动才萌芽的时候，不要以为第一步不满意，便不去运动。"〔1〕

《劳动者底觉悟》和以前发表的《吾人最后之觉悟》这两篇文章，

〔1〕 陈独秀：《劳动者底觉悟》，《新青年》第7卷第6号，1920年5月1日。

都是陈独秀写的，都发表在《新青年》上。两篇文章相隔四年零两个半月，陈独秀的思想已发生多么大的变化！这自然不是只出于个人的原因，从中可以看出时代和中国社会嬗变的迅速。

中国共产党领导革命取得胜利，走的是“农村包围城市，武装夺取政权”的道路；但中国共产党不是从农村中产生，而是在城市里产生的。中国共产党的领导人，包括毛泽东、周恩来、刘少奇等，都是先在城市里从事工人运动，然后再到农村中去领导农民运动和游击战争的。这一条十分重要。没有它，就只能产生旧式的农民战争，而且也不可能取得胜利，这是几千年来的中国历史一直到太平天国的事实所证明了的。

中国共产党的领导人都是知识分子，而不是工人。党的成员，在它成立时只有一个工人，就是在上海江南造船厂做工的李中，其他都是知识分子。为什么称这个党为工人阶级先锋队呢？（解放前的工人阶级和“无产阶级”是一回事）确定什么人是哪个阶级的政治代表，并不取决于它的出身或本人成分，而是取决于它代表着哪个阶级的根本利益，是用哪个阶级的思想来观察和处理周围的一切。

工人阶级（不是说每个工人）的基本优点有三点：第一，同最先进的经济方式相联系；第二，富于组织性纪律性；第三，没有私人占有的生产资料，也就是靠自己的劳动为生。这种社会力量，是中国古代社会中所没有的，在近代社会中也是经过一个相当漫长的过程才形成和逐步壮大的。这三条基本优点是它同其他阶级相区别的地方：同最先进的经济方式相联系，就和封建社会留下的地主和农民相区别；富于组织性纪律性，就和小生产者和小资产阶级相区别；没有私人占有的生产资料，就和地主、资产阶级等一切剥削阶级以及其他小私有者相区别。在很远未来的理想社会中，其他阶级都要消亡，所有人都将成为工人阶级的一分子，包括脑力劳动和体力劳动者，而这两者之间的界限也将逐渐消失。共产党代表的就是这个阶级（最后也就是整个人类）的根本利益。对工人阶级先锋队每个成员的要求，就是应该具有工人阶级的这三个基本优点。毛泽东、周恩来、刘少奇等中共领导人后来到农村去领导农民运动和游击战争时，他们的思想是代表先进社会生产力的工人阶级的思想，有着远大的眼光和很强的组织力，而不是农民意识。他们要求用工人阶级思想来改造农民，反对各种非无产阶级思想意识。这是同旧式农民战争区别的根本所在，也是它最终能取得胜利的关键所在。

发起建立中国共产党

中国共产党的建立是什么时候正式发起的？最早参加这个发起活动的是哪些人？对这个问题，有着不同的说法。最可靠的材料，是共产国际中共代表团档案中保存的一份写于一九二一年的不具名的俄文档案《中国共产党第一次代表大会》。它写道："中国的共产主义组织是从去年年中成立的。起初，在上海该组织一共只有五个人。领导人是享有威望的《新青年》的主编陈同志。"〔1〕这位"陈同志"无疑是指陈独秀。

能够同它相印证的，是施复亮（即施存统）在一九五六年口述并改定的一份材料。他说：一九二〇年"六月间，陈独秀、李汉俊等筹备成立中国共产党，无政府主义者沈仲九、刘大白等也参加了。当时，第三国际代表维经斯基在上海，主张成立共产党。由陈独秀、李汉俊、俞秀松、施存统、陈公培（无名）五人，起草纲领十余条。陈公培抄了一份到法国，我抄了一份到日本。后来，陈望道、邵力子、沈雁冰等都参加了小组。"他又说："陈独秀、俞秀松、李汉俊、施存统、陈公培五人，开会筹备成立共产党，选举陈独秀为书记，并由上述五人起草党纲。"〔2〕再看他在一九二七年的一篇文章中讲道："我是一个老共产党员，当一九二〇年五月间陈独秀、戴季陶诸先生发起组织共产党时，我便在内。"〔3〕这里提到戴季陶，从陈公培的回忆材料看，指的是戴参加了沈仲九、刘大白等也在的那次关于筹备成立中国共产党的谈话，并不是说

〔1〕《中国共产党第一次代表大会档案资料（增订本）》，人民出版社 1984 年 10 月版，第 11 页。

〔2〕施复亮：《中国共产党成立时期的几个问题》，《一大前后》(2)，第 34、35 页。

〔3〕施存统：《悲痛中的自白》，《中央副刊》第 157 号，1927 年 8 月 30 日。

戴是中国共产主义组织的最早成员。而施在一九二七年谈到的时间是"五月"，应该比他近三十年后所讲的"六月"要准确。张太雷在一九二一年春向共产国际远东书记处的报告中也说："中国最初的共产主义支部，是于一九二〇年五月在上海和北京组织起来的。"[1] 他们所拟的党纲没有保存下来，据一九二〇年八月回国的李达说："首先拟定一个类似党章的东西，是由李汉俊用两张八行格纸写的。所谓党纲，只有'劳工专政，生产合作'八个字。首次决议，推陈独秀担任书记，函约各地社会主义分子组织支部。"[2]

组织的名称，经陈独秀、李大钊商议后，确定叫共产党，而不叫社会党。这个组织一成立，便成为创建中国共产党的活动中心。

在它的推动下，党的早期组织在各地相继成立。北京是在李大钊推动下创建的，最初的成员还有张申府、张国焘两人，当时取名为"共产党小组"，不久又陆续发展了邓中夏、罗章龙、刘仁静、高君宇、何孟雄、陈为人等，他们大多是北大的进步师生，便成立"共产党北京支部"，由李大钊任书记。武汉的早期组织，是李汉俊从上海来同董必武等商议、陈独秀又派刘伯垂到武汉推动后建立起来的，当时取名为"共产党武汉支部"，参加的有董必武、陈潭秋、包惠僧等。长沙的组织是毛泽东创立的，他同陈独秀、李大钊都有联系，最早的成员还有何叔衡、彭璜等。广州的组织，是陈独秀从上海到广州后同谭平山、陈公博、谭植棠等联系后建立的，他们大多原来是北大的学生，取名为"广州共产党"。济南的组织，是李大钊派陈为人到济南同王尽美、邓恩铭取得联系后建立的。留日学生中最初只有两个党员（施存统、周佛海），都是在上海入党的。旅法人士中原有三个党员（张申府、陈公培、赵世炎），是分别在北京、上海入党的，以后又发展了周恩来、刘清扬等。

党的早期组织建立后，除发展组织外，主要做了三件事：建立中国社会主义青年团；进行马克思主义的宣传；开始投身工人运动。

---

〔1〕《张太雷向共产国际远东书记处的报告》，《青年共产国际与中国青年运动》，中国青年出版社1985年12月版，第42页。

〔2〕《李达自传》，《党史研究资料》1980年第8期。

第一件是建立中国社会主义青年团。当时，接受马克思主义、愿意积极投身社会革命的，以青年学生为多。因此，党的早期组织重视建立青年团的工作是十分自然的。它的成立经过，据一九二二年五月召开的团的一大文件说："一九二〇年八月某日，上海有八个青年社会主义者，为实行社会改造和宣传主义起见，组织了一个团体，这团体叫做上海社会主义青年团。上海社会主义青年团成立不久，北京、广州、长沙、武昌等处就有同样的团体发生，与上海的团体相响应。于是中国社会主义青年团就宣告成立。那时的中国社会主义青年团，只不过带有社会主义的倾向，并没确定了那一派的社会主义。所以分子就很复杂：马克思主义者也有，无政府主义者也有，基尔特社会主义者也有，工团主义者也有，莫名其妙的也有。"[1] 另据中国社会主义青年团代表（俞秀松或张太雷）在一九二一年七月召开的青年共产国际第二次代表大会上的报告说："第一个青年团创建于上海，其原则是准备社会革命。起初这个团叫青年社会革命党，只是在第九次会议之后才改变了团的名称。在这次会上讨论改变团的名称问题时，一部分有无政府主义思想的成员退出了组织。一九二〇年八月二十二日，社会主义青年团举行了一次正式会议，其成员全是共产主义者。此后，在许多大城市也逐渐成立了这样的青年团。"[2] 最早的社会主义青年团成员有施存统、沈玄庐、陈望道、李汉俊、金家凤、袁振英、俞秀松、叶天底八人。不久，就从党举办的上海外国语学社中发展了任弼时、罗亦农、萧劲光、任作民、王一飞、柯庆施、彭述之等，刘少奇是在湖南入团后再到外国语学社的。

第二件是宣传马克思主义。在进行建党准备工作时，《新青年》曾暂时停刊。一九二〇年九月，《新青年》又出版第八卷第一号，逐渐成为党掌握的刊物，最初的内容仍很驳杂，虽辟了"俄罗斯研究"等专栏，但第一号也登载了杜威演讲录，第二号和第三号更以大量篇幅着重介绍在中国讲学的罗素的学说。十一月七日创刊的《共产党》就不同

---

〔1〕《中国社会主义青年团第一次全国代表大会文件》，《中国青年运动历史资料》(1)，中国新民主主义青年团中央委员会办公厅1957年3月版，第124页。

〔2〕《青年共产国际第二次代表大会》，《青年共产国际与中国青年运动》，第52页。

了。它不仅公开打出“共产党”的旗号，内容也是宣传党的主张。在它的第一号卷首代发刊词的《短言》中写道：

“经济的改造自然占人类改造之主要地位。吾人生产方法除资本主义及社会主义外，别无他途。资本主义在欧美已经由发达而倾于崩坏了，在中国才开始发达，而他的性质上必然的罪恶也照例扮演出来了。代他而起的自然是社会主义的生产方法，俄罗斯正是这种方法最大最新的试验场。”

“要想把我们的同胞从奴隶境遇中完全救出，非由生产劳动者全体结合起来，用革命的手段打倒本国外国一切资本阶级，跟着俄国的共产党一同试验新的生产方法不可。”

“一切生产工具都归生产劳动者所有，一切权都归劳动者执掌，这是我们的信条。”〔1〕

同一个月，党的早期组织还写了一份《中国共产党宣言》。这份宣言没有向外发表，只是作为收纳党员的标准，后来留下一份英文稿保存在共产国际中共代表团的档案中。它的内容同《共产党》的《短言》基本一致。一九五八年，它的中译稿在中共中央办公厅的内部刊物上刊出，毛泽东看后写了一段批语：

“不提反帝反封建的民主革命，只提社会主义的革命，是空想的。作为社会主义革命的纲领则是基本正确的。但土地国有是不正确的。没有料到民族资本可以和平过渡。更没有料到革命形式不是总罢工，而是共产党领导的人民解放战争，基本上是农民战争。”〔2〕

党的早期组织做的第三件事，是开始投身工人运动。他们出版的供工人阅读的通俗刊物，有上海的《劳动界》、北京的《劳动音》、广州的

---

〔1〕《短言》，《共产党》第1号，1920年11月7日。

〔2〕《中国共产党第一次代表大会档案资料（增订本）》，第1页。

《劳动者》、济南的《济南劳动月刊》等。在他们推动下，十一月二十一日成立了上海机器工会。正在上海的孙中山同陈独秀等一起参加了它的成立大会，并作了长达两小时的讲演。但这个工会的实际活动是相当温和的。中国共产党领导的工人运动真正开展起来，那是在党的一大和“中国劳动组合书记部”成立以后的事情。

在这个时期，建党所需要排除的主要思想障碍是无政府主义。

在当时的进步思想界中，无政府主义曾一度占有优势。这并不奇怪。中国是一个小资产阶级数量众多的国家。人们最初接受社会主义思潮时，对社会主义大多缺乏科学而明晰的了解。无政府主义者往往也打着“社会主义”甚至“共产主义”的旗号。他们提出的那些“绝对平等”、“绝对自由”、“反对任何权威”等主张都是以个人为中心的，很适合当时一些对黑暗现实极端不满、急于改变个人处境而又缺乏实际社会经验的知识青年的口味，因而有很广泛的市场。他们认为这才是最痛快、最彻底、最激进的新思潮。它在初期对冲击各种旧思想（特别是封建专制思想）对人们的束缚起过某些积极作用，但是要取消对个人的任何约束在现实社会生活中却是不切实际的空想，并且对集体起着严重的涣散作用。

五四运动前，无政府主义思潮曾经有过两次活跃的时期：一次是一九〇七年，在东京出版了《天义报》，在巴黎出版了《新世纪》，它同当时日本和法国无政府主义思潮相当流行直接有关；另一次是民国创立前后，师复等在广州成立晦鸣学舍，一九一三年还出版了《晦鸣录》周刊（第三号起改名为《民声》）。但这两次的社会影响都不大，不久就低沉下去了。初期新文化运动兴起后，思想界空前活跃，人们热心关注各种新思潮，无政府主义思想又重新抬头。它的主要代表人物是黄凌霜、区声白。中国共产党建党初期，一些无政府主义者也参加到早期党组织中来，这种状况在广州和北京更为突出，在内部制造了许多纠纷。一九二一年三月，无政府主义者的主要刊物《民声》在停刊四年多后复刊，并且越来越多地把攻击矛头指向马克思主义。它写道：“我们要明白时下的所谓共产党，却与期求‘无统治的自由社会、各尽所能各尽（取）所需的共产制度’的无政府共产党完全不同”。[1] 它还写道：“从上边给与民众甚至制度呀，组织呀，都很不好，勉强制成机械的共产主义决不生好结果。使民众自身任意组织建设一切罢：用国权去干涉总是坏事。真正自治是由民众任意建设来的。总而言之，俄罗斯革命对破坏是成功的，对建设是失败的。”“我们的原理很是单纯明了的：排斥所有的压制和窘迫，向自治方面进行的，就是企望自由社会的实现。”[2]

这种无政府主义思想很早就受到马克思主义者的反对。蔡和森一九二〇年八月从法国给毛泽东写信说：“我以为现世界不能行无政府主义，因为现世界显然有两个对抗的阶级存在，打倒有产阶级的迪克推多，非以无产阶级的迪克推多压不住反动，俄国革命就是个明证。”[3]《民声》复刊后不久，《共产党》在《短言》中就很客气地批评道：“我们并不是说无政府主义理想不好，只觉得他的玄虚已去西方阿弥陀佛不远了。人性中恶的部分一天不消灭净尽，裁制人的法律、军队便一天不可少。”[4]下一期，它又发表一篇《无政府主义之解剖》，写道：“能够成为无政府主义的，只有个人主义。”“至于强制，程度虽有不同，而在某时期，却有行使的必要。”“我奉劝我们相信无政府主义的朋友们，总要按照事实上理论上去为有效的努力，不要耗费有益的精神。”“要干这种革命事业，必定要具有一种能够作战的新势力方能办到的。说到这里，我要推荐马克思主义了。”[5]

在这场论战中，马克思主义者进一步阐明：被压迫民众在斗争中如果不能凝聚成一股有着共同理想和严格纪律的万众一心的巨大力量去战胜压迫者，就只会使自己停留在一盘散沙和软弱无力的状态，再美好的愿望也会成为空谈。这些看法是很正确的。在理论上论战的同时，组织上也出现分化和重新组合，许多无政府主义者退出了党，也有些一度信奉无政府主义的进步青年认识上有了转变，成为真正的共产主义者。张

---

〔1〕《正名》，《民声》第31号，1921年4月15日。

〔2〕《评平民的独裁政治》，《民声》第32号，1921年5月15日。

〔3〕《蔡和森文集》，人民出版社1980年3月版，第51页。

〔4〕《短言》，《共产党》第3号，1921年4月7日。

〔5〕江春：《无政府主义之解剖》，《共产党》第4号，1921年5月7日。

太雷一份报告中提到而至今尚未弄清的中共在一九二一年三月召开“各组织代表会议”如果可靠的话，它的主要内容也是排除无政府主义者出党。总之，反对无政府主义的斗争是建党过程中的一件大事。没有这样一场斗争，要建立起一个真正具有战斗力的党是不可能的。

中国共产党早期组织的成员几乎全是知识分子，包括一些青年学生。他们经过五四运动的洗礼，从爱国救亡的强烈要求出发，痛感现存社会的恶浊和不合理，要求从根本上改造这个社会。他们经过反复的比较推求，认定必须走社会主义的道路，接受了马克思主义。他们从事实的教训中认识到，单靠个人的力量绝不能实现社会的改造，必须把有着相同志向的人结合成一个有组织的有严格纪律的坚强有力的集体，齐心合力去做；否则，就只能停留在空谈上，不可能真正撼动旧社会的根基。恽代英在《学生加入政党问题》中写道：

“我们想罢！政治、经济上根深蒂固的恶势力，是我们这种乌合之众所能敌抗的么？一切复杂的纠纷的政治问题，是我们粗浅的常识，所能帮助我们解决的么？”

“古人亦说，一木难支，众擎易举。在同样为国家的紧要关头，大家都以为各不相统率，各不相帮助，是正当合理的办法，这亦不可解得很了。”

“‘联合起来便是力量。’真诚爱国的青年注意罢！我们为国家的原故，必须要联合。我们的分离，是仇敌的幸运。”〔1〕

因此，他们中许多人在经历了痛苦的自我斗争后，心甘情愿地准备牺牲原被他们看作至高无上的某些个人自由，甚至在必要时献出自己的生命。这当然不是什么受到外来力量的支配，而是他们自己深思熟虑和反复权衡的结果。如果离开当时中国那种令人无法忍受的黑暗环境，离开严酷的现实不断地给予人们的异常强烈的刺激，便不可能懂得这一切

〔1〕《恽代英文集》上卷，人民出版社1984年5月版，第383页。

是怎么会发生的，而作出一些皮毛的或错误的解释来。

这时，先进分子中还有不少人同样也在考虑建立共产党的问题。正在法国勤工俭学的蔡和森在一九二〇年八月十三日给毛泽东写信说：

> “我以为先要组织党——共产党。因为它是革命运动的发动者、宣传者、先锋队、作战部。以中国现在的情形看来，须先组织他，然后工团、合作社，才能发生有力的组织。革命运动、劳动运动，才有神经中枢。”[1]

在湖北，一九二一年夏季恽代英召集五四后不久成立的武昌利群书社社员和接近者开会。参加会议的廖焕星回忆：“会议举行了三天，一致拥护无产阶级专政，拥护无产阶级在革命中的领导权，拥护苏维埃，赞成组织新式的党——布尔什维克式的党，并提议要组织的团体叫做‘波社’（波尔什维克）”。“宣言与社章都系恽代英同志的手笔。不久，我们知道了中国共产党已成立，代英同志立即号召加入，结束利群书社。”[2]

在四川，吴玉章、杨闇公等也自动成立过一个中国青年共产党。吴玉章在延安整风时所写的自传中说道：

> “‘经过辛亥革命失败后的长期实践’，我得了两个教训：一个是不彻底推翻封建军阀，绝不能讲求改革，这就是说不革命不能建设新的社会；一个是没有革命的党，只是乌合之众绝不能成事，这就使我坚决地相信列宁的革命理论和组织列宁的、斗争的、革命的党是必要。”[3]

那时四川的对外交通十分闭塞，他们还不知道外面已有了共产党组织。后来，吴玉章到了北京，见到赵世炎，了解到中国共产党成立的经过

---

〔1〕《蔡和森文集》，第51页。

〔2〕廖焕星：《武昌利群书社始末》，《一大前后》（2），第301页。

〔3〕《吴玉章文集》下卷，第1301、1302页。

和活动情况，就在这时正式加入了中国共产党，并写信到四川去，要杨闇公等把中国青年共产党取消，它的成员个别地加入中国共产党。

这些事实说明：在中国建立共产党，绝不只是少数几个人的想法，也不是只靠外来因素造成的，而是许多先进分子当时的共同要求，是客观局势发展到这一步时的产物，是有它的必然性的。

中共第一次全国代表大会

尽管建党工作已在积极进行，许多地方已经相继建立起组织，不少组织已把共产党作为自己的名称，但它们分散在各地，并没有形成全国性的统一的党，没有中央领导机构，也没有一个共同的纲领和步调一致的实际工作计划。召开中国共产党第一次全国代表大会，正是为了解决这个根本性问题。经过一年的酝酿和准备，召开这次大会的条件已经成熟。

中共一大召开的时间和参加的代表有多少人，是一个很长时间内没有弄清或有争议的问题。最可靠的材料是共产国际中共代表团档案中保存的一份写于一九二一年的俄文档案《中国共产党第一次代表大会》。它写道："代表大会定于六月二十日召开，可是来自北京、汉口、广州、长沙、济南和日本的代表，直到七月二十三日才到达上海，于是代表大会开幕了。参加大会的有十二名代表，他们来自七个地方（包括上海），两个地方各有一名代表，五个地方各有两名代表。"〔1〕日本学者石川祯浩认为，其中的"六月二十日"当为七月二十日的误写。中国学者邵维正考定大会开幕的日子就是这份档案中所写的七月二十三日。这份档案清楚地写明：代表人数是十二人，各有一名代表的两个地方应当是广州和日本，其他五个地方各有两个代表。

一大是二十三日晚上在上海法租界望志路一百零六号（现兴业路七十六号）李汉俊的哥哥李书城家里开幕的。参加的人除代表全国五十三

〔1〕《中国共产党第一次代表大会档案资料（增订本）》，第11页。

个党员的十二个代表外，还有共产国际代表马林、共产国际远东书记处代表尼克尔斯基和正在广东的陈独秀派来参加的包惠僧。三十日晚上，法租界巡捕突然来搜查会场。因此，会议最后一天是在浙江嘉兴南湖一艘游艇上结束的。

中共一大着重讨论的，是制定纲领和实际工作计划。

大会通过的纲领，第一条写明："本党定名为'中国共产党'。"把中国共产党这个名称正式确定下来，反映出它已成为一个全国性的统一的党。对党的纲领，规定了四条：

"（1）革命军队必须与无产阶级一起推翻资本家阶级的政权，必须支援工人阶级，直到社会的阶级区分消灭为止；

（2）承认无产阶级专政，直到阶级斗争结束，即直到消灭社会的阶级区分；

（3）消灭资本家私有制，没收机器、土地、厂房和半成品等生产资料，归社会公有；

（4）联合第三国际。"〔1〕

这表明，中国共产党从建党一开始就旗帜鲜明地把社会主义和共产主义规定为自己的奋斗目标，并要以革命的手段来实现这个目标。他们抱有高尚的理想。但这个纲领没有分析中国社会的现实状况，没有对党在现阶段的基本任务作出明确而恰当的规定，说明这个党还很幼稚，对中国具体国情缺乏深刻的了解，也部分地反映出党内对这些问题还缺乏共识，难以形成为大家共同接受的明确表述。艰难的探索只是刚刚起步。对一个刚刚诞生的党，存在这种状况是可以理解的。

关于党的实际工作计划，在一大有关工作计划的六条决议中，最引人注目的是把工人运动放在全部工作中的首要地位。六条决议有三条的内容是这方面的。其中，第一条规定："本党的基本任务是成立产业工

---

〔1〕《中共中央文件选集》第1册，中共中央党校出版社1989年8月版，第3页。

会。”第三条规定：“因工人学校是组织产业工会过程中的一个阶段，所以在一切产业部门均应成立这种学校”，“学校的基本方针是提高工人的觉悟，使他们认识到成立工会的必要。”[1]

在这个幼年的党看来，事情似乎很简单：既然它是工人阶级的党，它的基础自然应该完全建立在工人阶级上，它的力量应该集中到对工人的宣传和组织工作中去，以此作为在中国建设一个新社会的根苗。他们多少也觉得要开展农民和士兵运动，但那时总共只有五十多个党员，力量和能够开辟的工作面很有限，对这些只能先放一下再说。

一大选出了中央局作为领导机构，由陈独秀、李达、张国焘组成，由陈独秀任书记。各地的早期党组织相继改组成中央局领导下的地方委员会或区委员会。这些是原来所没有的。一个全国性的统一的中国共产党就这样建立起来了。

一大的十二个代表，年龄最长的四十五岁，最轻的十九岁，平均二十八岁，作为湖南代表之一的毛泽东还没有满二十八岁。陈独秀和李大钊恰好有事，一个在广州，一个在北京，没有来参加这次大会，参加会议的这些代表都是社会上还不知名的“小人物”。这些年轻人以改天换地的豪迈气概，一心要在中国这块古老的国土上创立一个崭新的合理的社会。二十八年后，革命在全国范围内取得胜利，并开始建设新社会的实际探索。这个事实有力地表明：凡是符合历史潮流发展的新事物，尽管最初力量很小，尽管在成长进程中难以避免种种困难和挫折，会经历一些迂回曲折的道路，但它终究是任何陈腐力量阻挡不住的。

这个队伍在前进过程中，也经历了分化和重新组合。拿一大的十二个代表来说，有的始终坚持下来，成为党的领导人，如毛泽东、董必武；有的英勇地牺牲了；有的中途脱离党；有的成为党的叛徒，如张国焘、陈公博、周佛海。有如大浪淘沙，党正是在这个进程中，变得坚强有力。

也许从今天看来，中国共产党在一大时迈出的只是漫长旅途上的第

---

[1] 《中共中央文件选集》第1册，第6、7页。

一步，而且显得那样稚嫩。但这却是决定性的一步，有如一声春雷，震醒了原来冰封的大地。中国共产党从一开始就有着几个鲜明的特点：一是它旗帜鲜明地用科学的理论——马克思主义来观察和分析中国的问题；二是下决心深入下层，到占中国人口最大多数的劳苦大众中去做群众工作；三是要求建立严格的纪律以达到行动的一致。这些是中国以往任何政党不曾有过的。它给中国的社会生活带来全新的东西。它日后发展的迅猛，也许是创始者自己都难以料到的。

制定民主革命纲领

中国共产党成立后，最重要的任务是要学习运用刚学到的科学理论来观察和分析中国面对的实际问题。一九二二年一月创刊的《先驱》在《发刊词》中写道："本刊的第一任务是努力研究中国的客观的实际情形，而求得一最合宜的实际的解决中国问题的方案。"它还写道："我们要知道那不就客观的实际情形研究，而徒凭个人主观的思想想改造社会的人，他们的罪恶在实际上与反动派保守派没有什么分别。（虽然我们可以原谅他的心跡。）"〔1〕这最后一句话自然说得太过分了，但它批评那种现象是说得很中肯的，说出如此过分的话在某种程度上也反映出他们力求研究中国的客观实际情形、避免凭"个人主观的思想"去改造社会的那种决心。这在认识上无论如何是又跨前了一步。

当时"中国的客观的实际情形"中，最突出的现象是：军阀割据和军阀混战日益剧烈，给民众带来极大痛苦。这种状况比五四时期更为严重。

在一九二〇年至一九二二年之间，发生了两次全国性的牵动全局的大战。它们都发生在北洋军阀内部，目的是争夺对中央政府的控制权。这反映出袁世凯死后北洋军阀已越来越陷于分崩离析中。这种混乱局面在当时使人们感到极大的痛苦，其实正说明旧有的统治秩序已越来越无

〔1〕《发刊词》，《先驱》半月刊创刊号，1922年1月15日。

法维持下去了。这两次大战，一次是一九二〇年的直皖战争，一次是一九二二年的第一次直奉战争。

为什么这些军阀不惜用战争手段来争夺对中央政府的控制？至少有两个原因：第一，从中国传统观念来看，中央政府居于合法的正统地位，它的号令能得到比较多人的认可。人们常说："名不正则言不顺，言不顺则事不成。"一些权臣如果不是自己"黄袍加身"，也总要"挟天子以号令诸侯"。同样是封官许爵，由中央政府授予的似乎就比地方势力授予的或自封的要值钱得多。第二，中央政府受到外国承认，有对外签订条约的权力，可以向列强借款。关税和盐税是财政收入的两大来源，当时都已由外国控制作为支付赔款的保证，外国取走后的余额称为"关余"和"盐余"，拨给中央政府。谁控制了中央政府，既可用名位来笼络地方势力，又可有饷源来扩充自己的兵力，自然引起具有较大实力的军阀的垂涎和争夺。

五四运动时，北洋政府的总统是徐世昌，实际权力掌握在皖系军阀首领段祺瑞手中。他不但操纵督军团等不断兴风作浪，而且利用日本借款组训由他直接控制的参战军（欧战结束后改称边防军），一时权倾中外，威势仿佛如日中天。但民众对他的不满也与日俱增。这种不满集中在两个问题上：一是他对外勾结日本军国主义势力。他练成的参战军，共三万多人，钱主要靠西原借款，装备的是日本武器，教练、军需官、顾问有日本人。更使人们愤慨的是，在他主持下同日方秘密签订军事协定，直接导致巴黎和会上的失败。二是段祺瑞对内力主"武力统一"，向南方作战，造成兵连祸结，民不聊生。连英国驻华公使朱尔典也说："中央政府屡借外债，举凡国家所有可以抵押者均已抵押殆尽。此款尽充军费，而未收丝毫实效，万非长久之计。"[1] 而段最亲信的徐树铮飞扬跋扈，目无他人，总要独吞一切权益，也引起军阀内部直系和奉系越来越强烈的不满。正当皖系势力仿佛达到权力巅峰的时候，其实已日益自我孤立，伏下了大失败的种子。

---

〔1〕 叶恭绰：《一九一九年南北议和之经过及其内幕》，《北洋军阀史料选辑》（下），中国社会科学出版社 1981 年 6 月版，第 22 页。

直系军阀在冯国璋病死后，由直隶督军曹锟代为首领。他最倚仗的是第三师师长吴佩孚。吴是秀才出身，严于治军，能征善战，又擅用政治手腕。南北战争开始时，他奉北京政府之命，率部直下长沙、衡阳，直逼广东，造成很大震动。但段祺瑞却把湖南督军的职位授予并无战功的皖系将领张敬尧。张敬尧在湖南的残暴统治引起天怒人怨。毛泽东等发动“驱张运动”，得到湖南社会各界支持。吴佩孚到衡阳后，便顿兵不进，同南方势力相联络，在一九二〇年五月自动撤防北上。七月十三日，吴佩孚通电指名痛斥段祺瑞：

“自古中国严中外之防，罪莫大于卖国，丑莫重于媚外。穷凶极恶，汉奸为极。段祺瑞再秉国钧，认贼作父，始则盗卖国权，大借日款以残同胞，继则假托参战，广练军队以资敌国，终则导异国之人，用异国之钱，运异国之械，膏吾民之血，绝神黄之裔，实敌国之忠臣、民国之汉奸也。”〔1〕

对段祺瑞的这些痛快淋漓的斥责，是很得人心的，使吴佩孚顿时名噪一时，被许多人看作“爱国军人”。七月十四日，直皖战争在北京以南的铁路沿线展开。皖系主力是边防军三个师和第五、九、十五师约三万七千人，直系主力是第三师和四个混成旅约二万七千人。〔2〕皖系军队人数多，装备精良，但成军不久，缺少实战经验。直系军队战斗力强。战争进行了五天，直军取胜，奉军两个师也大举入关协助直军作战。皖系在战争中失败，政治上的势力也随之失去。

直皖战后，北洋政府的总统仍是徐世昌，但实际权力转移到直、奉两系军阀手中，大体说来，在地方上的势力以直系为强，吴佩孚自己在洛阳主持练兵，有“八方风雨会中州”之称，而对中央政府的控制力以奉系为强。不久，两者在权力争夺上的矛盾迅速上升。日本政府在段祺

〔1〕陶菊隐：《北洋军阀统治时期史话》第5册，生活·读书·新知书店1958年5月版，第164页。

〔2〕陈志让：《军绅政权》，第53页。

瑞失败后便着重支持奉系军阀。九月，张作霖会见日本贵志少将时明白表示："今后必须实行真正之亲善主义。外国人宣传：亲日之段祺瑞已没落，余将取而代之。既然如此，莫如承认之，索性将一贯依靠日本之态度彻底公布。"〔1〕奉系军阀支持下出任国务总理的梁士诒一向同日本关系密切。"恰好华盛顿会议关于山东问题的争执正在吃紧的当中，梁士诒想取得日本的金钱，电令中国代表退让，为国人所愤怒，于是吴氏捉住这个大题目，于（一九二二年）一月五日通电反对梁氏。"〔2〕他的矛头实际上指向梁士诒的后台张作霖。双方已成剑拔弩张之势。经过三个多月的电报战和军事准备，从四月二十九日起，第一次直奉战争开始。双方投入兵力二十多万人，直系约十万人，奉系约十二万人，规模大大超过直皖战争，作战地区在直隶北部。战争进行到五月四日，奉军大败，退出山海关外，张作霖自行改称东三省保安总司令。中央政府支配权完全落入直系军阀手中，但东北仍由奉系军阀控制。徐世昌当年是在段祺瑞支持下由皖系控制的"安福国会"选为总统的，后来又更接近奉系，为直系所不满。六月，徐世昌被迫辞去总统，直系请黎元洪再度出任总统，并恢复张勋复辟时解散的旧国会。"其实，直系拥戴黎元洪复职，纯系吴佩孚的个人主张。吴之所以拥黎，不过是利用黎与西南各省的旧关系，利用恢复法统之名，完成其以直系为主宰的大一统的天下。"〔3〕

但这时的中央政府对各省的控制力已江河日下。名记者邵飘萍在一九二二年一篇谈铁路问题的短评中写道："自国内时局不宁，兵额骤增其数，中央无力以供给无限制之军费，政令又不出于都门，于是军阀每以截留款项为理由，割据其军队所驻附近的铁路。驯致交通部尤任免局长之自由，铁路上之用人行政皆为无交通知识之军人所左右。"〔4〕铁路如此，其他方方面面又何尝不是如此。

---

〔1〕《日本外交文件选译》，见章伯锋、李宗一主编《北洋军阀》(4)，第 27 页。
〔2〕 李剑农：《中国近百年政治史》，第 559 页。
〔3〕 陶菊隐：《记者生活三十年》，中华书局 2005 年 9 月版，第 72 页。
〔4〕《邵飘萍选集》下册，第 372 页。

在直皖和第一次直奉这两次大战同时，许多省又出现许多地区性的小军阀，自行划定防区，征收捐税，相互不断发生军事冲突，百姓生命财产全无保障。其中，尤以处在南北之间的湖南、四川、陕西、福建等省为甚。一些省的地方军阀为了割据自保，避免为更大的军阀势力吞并，又提出“联省自治”的主张，大造舆论，一时显得相当热闹。社会各界民众中不少人由于痛恨北洋军阀“武力统一”造成的连年战乱，也有赞成这种主张的，但那只是一种无法实现的幻想。

还需要谈到，这段时间内在广东也出现两次重大反复。一九二〇年八月，原来由孙中山一手扶植起来、此时正移驻闽南的陈炯明部粤军，在得知桂系军阀首领陆荣廷准备进攻闽南的消息后，决定回师广东。陆荣廷在西南五省中拥有最大的兵力。“他做梦也不曾想到他的部下健儿几年来在广东搜刮民脂民膏，都已经变成了腰缠累累的富家翁，而前方炮声一响，他们忙于把自己的财富转移到后方安全之区，那里还有心情作战；特别是桂军士兵一贯骚扰地方，广东人民恨之刺骨，因此当粤军发动攻势并且提出‘粤人自救’的口号后，广东各县民军纷纷揭竿而起，使桂军陷于四面受敌的地位。”〔1〕十月下旬，陈炯明部粤军重新控制广州。孙中山从上海回到广州。那时，旧国会议员在广州的还有二百二十多人。一九二一年四月，由非常国会选举孙中山为非常大总统。七月，粤军又攻占广西，陆荣廷等逃走，旧桂系军阀基本被消灭。

这时孙中山仍打着“护法”的旗号，积极准备反对北洋军阀的北伐。但羽翼逐渐丰满的陈炯明已有异志，赞同“联省自治”，反对孙中山北伐。一九二二年六月十六日，陈炯明公开叛变，围攻总统府。孙中山避居军舰上，在广州白鹅潭同陈部相持五十多天后，终于被迫离开广东，再次回到上海。这次事件给孙中山的打击太大了，也是促成他晚年下决心走一条新路的重要契机。他到上海后，在告国民党海外同志书中痛心地写道：

---

〔1〕陶菊隐：《北洋军阀统治时期史话》第5册，第196页。

“文率同志为民国而奋斗垂三十年，中间出死入生，失败之数不可偻指，顾失败之惨酷未有甚于此役者。盖历次失败虽原因不一，而其究竟则为失败于敌人。此役则敌人已为我屈，所代敌人而兴者，乃为十余年卵翼之陈炯明，且其阴毒凶狠，凡敌人所不忍为者，皆为之而无恤，此不但国之不幸，抑亦人心世道之忧也。”[1]

在这样的乌烟瘴气的恶浊时局下，如果不先推倒祸国殃民的大小军阀，一切美好理想的实现都无从谈起。

一九二二年六月十五日，中共中央发表《中国共产党对于时局的主张》。这是中国共产党成立近一年来首次发表对中国时局的主张。它着重指出，今天的中国，内忧外患的根源是军阀统治：

“因为连年军阀互争地盘的缘故，无辜丧了无数的生命；军阀政治是中国内忧外患的源泉，也是人民受痛苦的源泉”。

它进一步指出，这种军阀政治的背后有着国际帝国主义的支持：

“这种半独立的封建国家，执政的军阀每每与国际帝国主义互相勾结，因为军阀无不欢迎外资以供其军资与浪费，国际帝国主义在相当的限制以内，也都乐以金力借给军阀，一是可以造成他们在中国的特殊势力，一是可以延长中国内乱使中国永远不能发展实业，永远为消费国家，永远为他们的市场。”

对民族资产阶级，它有了新的认识，看到在这种状况下的中国实业家在外资竞争和官场诛求等压力下简直没有发展的希望。对国内的民主势力，它也作出新的判断，对孙中山领导的国民党寄以希望，这样写道：

---

〔1〕《孙中山全集》第6卷，第555页。

“真的民主派，必须有两种证据表现于人民面前：（一）他的党纲和政策必须不违背民主主义的原则。（二）他的行动必须始终拥护民主主义与军阀奋斗。在这一点看起来，中国现存的各政党，只有国民党比较是革命的民主派，比较是真的民主派。”〔1〕

《主张》中强烈地指出：军阀不打倒，解决中国今天面对的种种问题是不可能的，唯一的办法“只有加入民主战争打倒军阀”。它着重用事实来批评社会上对时局三种错误想法：一是主张总统复位、恢复国会以维法统为解决时局的中心问题；二是主张联省自治为解决时局之唯一办法；三是以为吴佩孚不是反对民主主义的人，和别的卖国军阀不同，而且有力量可解决时局。这三种错误看法，在当时国内有相当的普遍性。

这份《对于时局的主张》的发表是一件大事。它显然受到这年年初共产国际召开的远东各国共产党及民族革命团体第一次代表大会的影响，同时也反映出中国共产党确实正在“努力研究中国的客观的实际情形”，对许多问题的认识比中共一大时大大前进了。

一九二二年七月，中国共产党在上海举行第二次全国代表大会。出席会议的代表有陈独秀等十二人，代表全国一百九十五名党员。这次大会最重要的成果是通过大会宣言，制定了中国民主革命的纲领。它写道：

“各种事实证明，加给中国人民（无论是资产阶级、工人或农人）最大的痛苦的是资本帝国主义和军阀官僚的封建势力，因此反对那两种势力的民主主义的革命运动是极有意义的：即因民主主义革命成功，便可得到独立和比较的自由。因此我们无产阶级审察今日中国的政治经济状况，我们无产阶级和贫苦的农民都应该援助民主主义革命运动。”

“无产阶级去帮助民主主义革命，不是无产阶级降服资产阶级的意

〔1〕《中国共产党对于时局的主张》，《先驱》第9号，1922年6月20日。

义，这是不使封建制度延长生命和养成无产阶级真实力量的必要步骤。”

“中国共产党是中国无产阶级政党。他的目的是要组织无产阶级，用阶级斗争的手段，建立劳农专政的政治，铲除私有财产制度，渐次达到一个共产主义的社会。”

《宣言》还提出自己的奋斗目标。最前面的两项是：“消除内乱，打倒军阀，建设国内和平”；“推翻国际帝国主义的压迫，达到中华民族完全独立。”[1]

中国成为半殖民地半封建社会已经八十多年了，中共二大破天荒第一次明确地提出反帝反封建的民主革命纲领（虽然它还没有提到反对封建主义的土地制度）。《宣言》还明白说明革命要分两步奋斗，实际上阐明了党的最低纲领和最高纲领的关系。“从党的一大确定直接搞社会主义革命，到二大确定首先进行民主革命然后再进行社会主义革命，这是党的战略方针的一次重大转变。”[2]

这次代表大会还通过了《中国共产党章程》和加入第三国际、关于“民主的联合战线”、关于“工会运动与共产党”等九个决议案。在《关于“民主的联合战线”的决议案》中，还提出要先行邀请国民党等在适宜地点开一代表会议。这和一大时也不同。可以说，没有这些，就不会有第一次国共合作，也不会有“打倒列强，除军阀”的大革命高潮的出现。

中国共产党成立后，在实际工作方面，从中央到地方各级组织都以主要力量从事工人运动（在浙江萧山县衙前村、广东海丰县，也开始从事农民运动，但只是开始，规模还很有限）。为了加强对工人运动的统一领导，一大后不久便在八月十一日成立了中国劳动组合书记部，并在各地成立分部。

过去，中国很少产业工人，主要是手工业工人和苦力。工人中只有行会、同乡式帮口、青红帮等秘密结社和同孙中山有联系的少数南方工

---

〔1〕《中共中央文件选集》第1册，第114、115页。

〔2〕《中国共产党历史》第1卷上册，中共党史出版社2002年9月版，第101页。

会。工人有过一些自发的罢工斗争，大多是经济性的，规模不大，时间也不长。第一次世界大战期间，随着民族工业的发展，中国产业工人的队伍迅速扩大。五四后不久的六三运动中，上海工人声援被捕的北京学生，罢工的大约有六七万人，使人们开始认识到工人的力量。一九二〇和一九二一年，在俄国十月社会主义革命影响下，欧洲一些国家的工人革命达到高潮。“世界革命潮流的消息当时在中国报纸上真是‘日不绝书’的，中国工人的文化程度虽然落后，虽然百分之九十是不识字不能直接看报，然而街谈巷议，工人们是听着的。中国工人经济生活那样极人世间少有的痛苦，迎受世界革命潮流，不用说是很自然的；特别是俄国十月无产阶级大革命的胜利，更使得中国工人受到深刻的影响和强烈的鼓励。就在这种情形之下，中国职工运动开始它的黎明期了。”〔1〕

中国劳动组合书记部成立后，在有计划有组织的推动下，中国的工人运动进入一个新的阶段。它的工作重点，最早从京汉铁路（特别是北京附近的长辛店）、安源路矿、开滦煤矿和上海小沙渡一带的纱厂集中区开始。

那时的共产党人大多是知识分子。如何深入到工人中去，在他们中开展宣传和组织工作并不是一件容易的事情。我在五十多年前曾听陈望道说过：他和沈雁冰（茅盾）常在工厂放工、大批工人从厂门里出来时站在稍高处对工人演讲，却没有多少人听这样的讲话。他们在实践中逐步摸索出一些行之有效的做法：以“提倡平民教育”为名，举办工人学校，帮助他们补习文化。从这里着手，一面同工人们熟悉起来，和他们交朋友，从中发现和培养一些积极分子，不断扩大团结面；另一面，在讲文化课时加上一些内容，帮助工人了解自己受剥削受压迫的真相和需要团结起来进行斗争的道理。到条件成熟时，就组织工会或工人俱乐部，团结更多工人，为他们谋福利，组织他们进行斗争。这样，就把工作局面一步步打开了。

一九二二年一月起开始了中国第一次罢工高潮。这个高潮持续到一

---

〔1〕《邓中夏文集》，第434页。

九二三年二月，前后共十三个月，大小罢工在一百次以上，参加罢工的人数大约在三十万人以上。

这次高潮是从香港海员大罢工开始的，它并不全是由共产党领导的。工人要求增加工资，最初参加罢工的海员有一千五百人，一星期内就增加到六千五百人，随后又得到运输工人的响应，罢工人数增加到三万人以上。香港的港口和运输事业全部陷入瘫痪。港英当局力图镇压，结果罢工扩大到邮局、银行、酒店、茶居、菜场以至家庭仆役等。全市关门闭户，秩序大乱。罢工持续达五十六天。最后，港英当局不得不同意增加工资，恢复被封闭的工会，释放被捕工人，罢工取得胜利。这件事震动了全国。

在北方，唐山开滦五矿工人大罢工的影响也很大。唐山有矿工五万人。工人工资低微，一般要连做两班（十六小时）才能维持生活。连年物价猛涨，工资却十几年没有加增。矿难频发，“每年绞车轧死者在四百名以上。”[1] 死难者抚恤金只有二十元。中共北方区委和北方劳动组合书记都先后派去十几人开展工作。一九二二年十月二十三日起，工人要求增加工资和抚恤，宣布罢工，参加的有五万多人（其中正式工四万多人），罢工坚持了一个月。最后在矿方部分提高工资后结束。

工人运动中，成绩最显著、坚持时间最长的是安源路矿（包括萍乡煤矿和株萍铁路两部分）。中共湘区书记毛泽东派李隆郅（立三）、刘少奇等到安源从事工人工作。他们从创办工人子弟学校和工人夜校着手，逐步建立党团组织。一九二二年五月，建立安源路矿工人俱乐部。九月，爆发了工人大罢工，路矿两局工人两万人完全停工。工人们喊出“从前是牛马，现在要做人”的口号。据当时《申报》报道：“罢工之后，两局恐工人或有暴动，特调北兵一旅，驻山弹压。而工人举动则极为文明，特推出监察二十人，手执白旗，到处巡视，工人对此监察者，亦如军士之对于官长，异常服从。弹压兵为所感动，亦与之表示同情。

[1] 《北方地区工人运动资料选编（1921—1923）》，北京出版社1981年9月版，第136页。

路矿两局不得已，乃倩当地商会出而调停。”[1] 罢工最后取得了胜利。安源路矿工人俱乐部还促成了粤汉铁路总工会、湖南全省工团联合会、汉冶萍总工会的成立。一九二三年春以后，全国工人运动进入低潮，而安源路矿工人俱乐部仍坚持下来。

“京汉铁路大罢工是中国第一次罢工高潮的最后一个怒涛。这个罢工显然为中国职工运动开了一个新的阶段——从改良生活的经济斗争转变到争取自由的政治斗争的阶段。”[2]

这次罢工是因成立京汉铁路总工会而起的。那时候，吴佩孚正标榜“保护劳工”，作为他的四大政治主张之一。一九二二年五月前后，李大钊通过同吴佩孚几个亲信的私交关系，介绍了一些共产党员到交通部担任密查员，利用公职人员身份在各条主要铁路上开展工作。到这年年底，京汉铁路各站已陆续建立十六个工人俱乐部，并商定一九二三年二月一日成立京汉铁路总工会。“全路的规模宏大，员工约三万余人，江岸（即刘家庙）、郑州、长辛店是三个总段，为全路的枢纽”。[3] 总工会的地点就选在全路的中心站郑州。那时，京汉铁路的收入是吴佩孚军饷的主要来源，工人的罢工使他的收入遭受损失，因此他便抛开“保护劳工”的假面具，坚持镇压。总工会成立那天，各分会代表和来宾约二百人整队向会场出发，遭到荷枪实弹的军警阻止前进，相持两个小时，最后代表们冲入会场宣布总工会成立。下午，代表和来宾住所被军警包围，总工会会所也被军队占领捣毁。当晚，总工会秘密会议，决定全路在二月四日起罢工，总工会移至汉口的江岸办公。四日那一天，全路客车货车一律停驶。

吴佩孚早有准备，下令在二月七日南北一齐下手，进行大屠杀。在长辛店，军队先从工人宿舍捕去工会负责人等十一人，然后向齐集军营门口要求释放被捕者的工人三千多人开枪，死者四人，重伤三十余人。

---

〔1〕《萍乡路矿工潮之经过》，《安源路矿工人运动史料》，湖南人民出版社 1980 年 4 月版，第 522 页。

〔2〕《邓中夏文集》，第 493—494 页。

〔3〕《包惠僧回忆录》，人民出版社 1983 年 6 月版，第 80 页。

在郑州，郑州铁路工会委员长高斌被杀害。在江岸，由湖北督军署参谋长张厚庵指挥包围总工会，乱枪环击，赤手空拳的工人被打死者三十二人，伤者二百余人。“同时军队包围工人宿舍，搜捕工人，江岸分会委员长林祥谦同志亦被捕。被捕工人数十皆缚于车站电杆上，张厚生（庵）亲自提灯找出林同志，回顾段长说：‘此人是否工会长?’段长答：‘是!’张乃令刽子手割去绳索，迫令林同志下上工命令，林同志不允，张乃令刽子手先砍一刀，然后再问道：‘上不上工?’林同志抗声说：‘不上!’张又令再砍一刀，怒声喝道：‘到底下不下上工命令?’林同志忍痛大呼：‘上工要总工会下命令，我的头可断，工是不上的!’张复令再砍一刀。此时林同志鲜血溅地，遂晕，移时醒来。张狞笑道：‘现在怎样?’林同志切齿大骂：‘现在还有什么话可说！可怜一个好好的中国，就断送在你们这般混账王八蛋的军阀手里!’……张听了大怒，不待林同志说完，立令枭首。林祥谦同志就此慷慨成仁了。”[1] 担任武汉工团联合会法律顾问的共产党员施洋也被杀害。

由于遭到军阀残酷镇压，二七惨案后，各地工会组织除广东、湖南、安源外都遭到封闭，工人情绪一时趋于消沉，全国工人运动暂时转入低潮。

这一系列斗争充分显示了工人阶级的坚强战斗力，也提供了重要教训：第一，中国革命的敌人是强大的。为了战胜它，仅仅依靠工人阶级孤军奋斗是不够的，必须利用一切可能的机会，争取一切可能的同盟者。第二，在半殖民地半封建的中国，工人没有起码的民主权利，到处受到反动军警的镇压。为了争取革命的胜利，没有革命的武装斗争，仅仅依靠罢工这个武器，主要进行合法斗争，是不行的。统一战线和武装斗争，是中国革命中的两个根本问题。年轻的中国共产党正是带着这些从实际生活中初步得出的经验教训，进入以国共合作为基础的大革命时期。

---

〔1〕《邓中夏文集》，第507、508页。

第六章

“打倒列强，除军阀”的国民革命

二十年代中期，中国大地上掀起了一场轰轰烈烈、席卷全国、高唱“打倒列强，除军阀”的国民革命的巨大风暴，人们通常把它称作中国的“大革命”。

“打倒列强，除军阀”，集中反映了当时大多数中国人最强烈的愿望，也是最能打动人心的行动口号。这场革命的宗旨是推翻帝国主义和北洋军阀对中国的统治，谋求国家的独立和统一。在这段时间内，帝国主义列强没有像中日甲午战争和八国联军进攻时那样直接发动大规模的对华战争，而是着重采取间接的方式，扶植北洋军阀来控制中国，因而显出内部矛盾的特别尖锐性。所以，大革命的最高表现是反对北洋军阀的北伐战争。

这是二十世纪内继辛亥革命后第二次全国规模的革命高潮。两者相比，时间只差十多年，却有很大不同：辛亥革命是孙中山为首的同盟会领导的，那时中国还没有共产党；到二十年代中期，中国有了共产党，大革命是国共两党合作发动起来的。这种不同，深刻地表现在它的方方面面。

大革命的时间范围，有两种说法：一种说法出现得比较早，是指一九二五年至一九二七年；另一种说法以后逐渐被更多人认可，是指一九二四年至一九二七年。这两种说法，有一点相同，都以一九二七年第一次国共合作破裂作为结束；不同的是起点从何时算起。以一九二五年为起点，指的是那年的五卅运动。以一九二四年为起点，指的是以国民党一大为标志的第一次国共合作正式形成。比较起来，五卅运动应该说是大革命进入高潮的起点，考察一个历史过程不能只从高潮的到来说起；而从第一次国共合作正式形成到它的最后破裂，才成为一个完整的发展过程，看来后一种划分比较恰当。

大革命兴起的社会原因

为什么在二十世纪二十年代中期会出现这样一场大革命？回答似乎很容易：这是帝国主义、封建势力同中国人民大众之间矛盾发展的结果，人民革命的要求是不可遏止的。这样说当然是对的，但还不够。人们可以反过来问：这个矛盾在中国近代一直存在，民众的不满和抗争从来没有停止过，为什么并不是任何时候都能出现像这个时期那样全国规模的群众性革命运动高潮？回答这个问题，需要对当时中国的社会状况和历史特点作些分析。

那时候，两个突出的问题摆在中国人的面前。

第一，欧美列强在第一次世界大战结束后逐步渡过战争造成的严重政治经济危机，进入相对稳定时期。他们在远东卷土重来。一九二一年十一月至一九二二年二月召开的备受世人注目的华盛顿会议，便是欧美列强企图遏制日本独占中国、在远东重建新的势力格局的努力。会议通过的《九国公约》，使中国回复到几个帝国主义国家共同支配的局面。会后，欧美列强又加紧对中国的经济和政治压迫。拿列强对中国的商品输入来说，如果以第一次世界大战前夕的一九一三年的指数为一〇〇，战争结束时的一九一八年已下跌至六十六点一，而到一九二四年已恢复至一百一十九点六，一九二六年更增加到一百三十点五。[1] 在外国商品重新大量涌入中国的同时，他们对中国的直接投资也迅速增加。以外国在华纱厂拥有的纱锭数来说，一九一八年为四十八万六千八百五十八，

〔1〕 汪敬虞主编《中国近代经济史（1895—1927）》上册，第177页。

一九二四年猛增至一百一十八万三千二百四十四，一九二五年又增至一百四十七万三千四百九十六。[1] 那时候，中国的国家主权大多控制在外国人手里，中国民族经济的力量十分脆弱。在这种情况下，外国商品大量涌入，投资迅猛增加，对中国民族经济自然是极大的打击。

有的学者提出过一个问题：中国的民族工业在二十年代仍在一步步增长，并不是只在第一次世界大战期间才得到发展、而在战后就跌下去了。这确是事实。怎样看待这种现象呢？细细观察一下，不难发现民族工矿企业在战后（特别是一九二四年以后）虽仍有所增长，但发展的速度明显放慢了：在一九二一年新设企业一百八十四家，资本七千六百十七万元；一九二四年降为一百四十二家，资本两千八百六十万元；以后逐年下降，到一九二七年只有九十二家，资本九百二十六万元。而且，“欧战时期的所谓黄金时代主要指利润优厚，非指投资。”[2] 这时在外商激烈竞争下，民族工业利润额比设厂数和投资额下降得更多。从这些枯燥的统计数字背后，可以想象到当年那种活生生的社会情景：中国民族工业在大战期间和战后初期有了很大发展，开始具有一定实力；但到一九二四年以后就处处感到西方列强的压力，步子变得十分艰难。因为有过前一段那样顺利的发展，有一个对比，他们对这时的发展艰难就格外敏感。民族工商业者自然强烈不满。而压力的最大承受者，最后仍落在众多劳动者身上，使他们感到日子越来越不好过。总之，到一九二四年以后，国内社会各阶层普遍存在强烈反对外国列强的情绪。

在欧美列强战后卷土重来中，英国是特别值得注意的。自从中国进入近代后，英国在华势力长期处于优势，实际控制着中国最富庶的长江流域等地区。美国学者雷麦在一九三三年出版的《外人在华投资》中写道：“大家知道英国在初年占第一位；但大家不十分知道一九一四年时英国仍居他国之上，而现在的投资依然较日本为大。”只是日本投资的

---

〔1〕 严中平等编《中国近代经济史统计资料选辑》，科学出版社 1955 年 8 月版，第 134、135 页。

〔2〕 许涤新、吴承明主编《中国资本主义发展史》第 3 卷，人民出版社 1993 年 8 月版，第 117、118 页。

增长速度大大高于英国罢了。第一次世界大战后，德、俄在远东的帝国主义势力消失了。大英帝国由于本身地位大幅下降，在华势力相对地也明显削弱，但它对这种状况并不甘心，力图恢复旧状，在二十年代继续做了许多努力。“一九一四的英国（在华）投资，较一九〇二年增加一倍以上，一九三〇年较一九一四年亦几乎增加一倍。”〔1〕政治上，它也力图通过支持一段时间内掌握着中央政府的直系军阀，代替日本支持的皖系和奉系军阀，来加强对中国的控制。比较一下就会看到：这以前几年内中国民众的爱国运动，从反对“二十一条”、西原借款、中日军事协定到巴黎和会的山东问题，主要目标都是反对日本帝国主义；而一九二四年以后，反对的主要矛头逐渐转向英国。五卅运动最初是从抗议日本纱厂打死工人顾正红开始的，但五月三十日英国巡捕在上海南京路枪杀示威群众后，运动的矛头主要就转向英国。省港大罢工也是如此。北伐开始后，中国人在汉口、九江收回的租界都是英国的，万县惨案、南京惨案等也由英国当局挑起。这自然同上述社会背景直接有关。

第二，在国内政治生活中，突出的现象是军阀割据和军阀混战愈演愈烈。国家实际上已分崩离析，各省分别由那些专横跋扈、胡作非为的军阀统治着。全国的陆军人数，据美国学者齐锡生估计：“一九一六年，略超过五十万人；一九一八年，一百多万人；一九二四年一百五十多万人；一九二八年二百多万人。”〔2〕北京政府的军费开支，一九一六年为一亿五千多万元，一九二五年达到六亿元。翻开当年的报纸，连篇累牍地刊载着的是军阀之间争夺地盘的混战和破坏。人民的生命财产得不到起码的保障，更谈不上其他了。

第一次直奉战争后，直系军阀在吴佩孚策划下，在北京恢复旧国会，迎回黎元洪重当大总统。他们这样做，只是为了打起“恢复法统”的旗号，一面逼迫由安福国会选出的总统徐世昌下台，一面也使南方的“护法运动”失去法理依据而瓦解。当这些目的达到后，他们便不再需

---

〔1〕（美）雷麦：《外人在华投资》，商务印书馆1959年1月版，第171、302页。

〔2〕（美）齐锡生：《中国的军阀政治（1916—1928）》，中国人民大学出版社1991年10月版，第71页。

要黎元洪了。黎元洪这次复出，只是充当傀儡，进退失据，自称“孤寄白宫，如聋如聩”，[1] 处境比上次“府院之争”时还不如。曹锟又急于自己当总统。第二年六月，他们再度用军警和“公民团”聚众逼走黎元洪，甚至连黎的总统官邸的水电也被切断。黎元洪乘火车离京避往天津，直隶省长王承斌在杨村车站率军警拦截专车，强迫黎元洪交出总统大印，并在向国会辞职书上签名。黎元洪到天津后发出通电说：“王承斌以行政长官，监禁元首，强索印玺，古今中外，皆所罕闻。”[2] 这真是民国宪政史上的大笑话。

黎元洪一下台，直系军阀首领曹锟就进行贿选，在国会众议院议长吴景濂主持下，由国会把他选为总统。替曹锟经手办这件事的王坦回忆道：“拿钱的地方是前门外二条胡同大有银行，银行的负责人是汪小舫。”“吴景濂一个人就给了四十万，其他每人送给五千元。有一个湖北众议员在我们送给他五千元之后，他曾把这件事上了报，还把支票拍了照片印在报上。”[3] 前去亲领或托人代领支票的议员达五百七十六人，有的还要求再另给特别报酬。[4] “国会开选，出席议员五百五十人中有四百八十人将选票投向了曹大帅”。[5] 这一下，举国哗然，那个在民国第二年选出的国会的名声便完全臭了，被称为“猪仔国会”。民众对这种丑剧已经厌恶透了，议会政治在中国人心目中完全失去原来曾有过的那种诱人力量，信用完全破产。

一九二三年十月，曹锟到北京就任总统，并且匆匆忙忙搞出一部“宪法”。北洋政府搞到如此乌烟瘴气的程度，说明它离末日的到来已经不远。次年九月，直系的江苏督办齐燮元和皖系遗留的浙江督办卢永祥之间的江浙战争发生。紧接着，第二次直奉战争爆发。这场战争的规模

---

〔1〕《张国淦文集》，第 292 页。

〔2〕刘楚湘编《癸亥政变纪略》，来新夏主编《中国近代史资料丛刊·北洋军阀》第 4 册，上海人民出版社 1993 年 4 月版，第 100 页。

〔3〕王坦：《曹锟贿选总统前后》，《中华文史资料文库》第 1 卷，中国文史出版社 1996 年 4 月版，第 770 页。

〔4〕来新夏等：《北洋军阀史》下册，第 773、774 页。

〔5〕《颜惠庆自传》，商务印书馆 2005 年 1 月版，第 180 页。

比第一次直奉战争要大得多，直军二十五万人，奉军十七万人，战斗主要发生在山海关、热河一带，共进行了近两个月，最初相持不下，最后以直系失败告终，直军投降人数估计在八万人左右。直系兵力虽众，导致失败的原因却很多：相对来说，奉系军阀在上次战争失败后，退守东北，在日本支持下，大力整军经武，编练新军，扩建奉天兵工厂，实力有很大增强；而直系军阀在权力达到巅峰后内部矛盾和纠纷迅速激化，当战争处于相持阶段时，担任第三路军总司令的冯玉祥等部突然倒戈相向，从热河前线秘密回师，接管北京，囚禁曹锟，使直军军心大乱，全线崩溃；而根本的一条还是由于曹锟贿选总统和吴佩孚刚愎自用、一味迷信武力，这些倒行逆施被民众唾弃，而处于孤立境地。

第二次直奉战争结束后，北洋军阀已陷入分崩离析、无法收拾的局面：张作霖率奉军入关，支持蛰居天津的北洋元老段祺瑞担任临时执政，作为暂时平衡协调他和冯玉祥关系的力量，并便于号召其他军阀势力，不久又将冯玉祥部驱往西北，控制了京、津、直隶、山东等地区；但他派往江苏、安徽担任督军的杨宇霆、姜登选却被已盘踞闽浙的后起直系军人孙传芳逐走，孙在南京自称苏、浙、皖、赣、闽五省联军总司令；吴佩孚在战败后主力尽失，特别是他多年来亲自统率的精锐主力第三师等在山海关附近覆没，只得仓皇地从天津由水路退至武汉，逐渐集结残部，控制湖北、河南以至直隶南部，实力已远非昔日可比。北洋军阀的大分裂，使它们的力量受到极大削弱，彼此还继续交战不休，为国民革命军北伐的成功造成十分有利的条件。这种战乱连年的局面，也使国人更加强烈地期望能扫除军阀，实现国内的和平与统一。

中国共产党的机关刊物《向导》周报创刊号的《本报宣言》中写道：

“现在最大多数中国人民所要的是什么？我们敢说是要统一与和平。为什么要和平？因为和平的反面就是战乱，全国因连年战乱的缘故，学生不能求学，工业家渐渐减少了制造品的销路，商人不能安心做买卖，工人农民感受物价昂贵及失业的痛苦，兵士无故丧失了无数的性命，所以大家都要和平。为什么要统一？因为在军阀割据互争地盘互争雄长互相猜忌的现状之下，战乱是必不能免的，只有将军权统一政权统一，构成一个力量能够统一全国的中央政府，然后国内和平才能够实现，所以大家都要统一。我们敢说：为了要和平要统一而推倒为和平统一障碍的军阀，乃是中国最大多数的真正民意。”〔1〕

推倒军阀，变革现状，已成为社会各阶层的共同强烈愿望。

但只有这些客观条件还不够。一场席卷全国的大革命，不能仅是人们痛苦和绝望的产物，还需要有足以鼓舞人们前进的希望和信念。中国共产党在全国人民面前破天荒第一次提出反帝反封建的政治主张，并且同国民党实行合作，吸引住了千百万人的心。国共合作下的广东根据地、建立起来的革命军队和广泛发展起来的工农运动，又使人们看到了希望和力量。于是，这场革命大风暴便不可避免地到来了。

国共两党走向合作

“打倒列强，除军阀”，是绝大多数中国人的共同愿望。但是，帝国主义和封建军阀是相当强大的力量，如果只靠少数人孤军奋斗，或是几种力量分散地各自为战，都难以把它打倒，因此自然地产生联合和合作的需要。这是共同的要求，国民党方面有，共产党方面也有。

共产党方面，在二七大罢工失败后越来越清楚地看到一个事实：工人阶级如果没有强大的同盟军，如果没有革命的武装力量，在一个毫无民主权利的国家，凭着赤手空拳，要推翻那些武装到牙齿的反动势力是办不到的。所以，它要寻找朋友，首先就看到了国民党。

那时的国民党也不很景气，他们在屡经挫折后并没有多大力量，内部成分相当复杂，还严重地脱离群众。但它有三个不可忽视的优点：第一，这个党在当时中国社会有一定威信。推翻清朝政府、建立共和国政

〔1〕《本报宣言》，《向导》第1期，1922年9月。

体，是在它的领袖孙中山领导下实现的。当辛亥革命的果实落到北洋军阀手里后，在极端困难的情况下，孙中山始终高举革命的旗帜，不屈不挠地坚持反对外国侵略者和本国军阀势力的斗争，在人们心目中是革命的象征。鲁迅在一九二六年三月评论道：

“无论如何，中山先生的一生历史具在，站出世间来就是革命，失败了还是革命；中华民国成立之后，也没有满足过，没有安逸过，仍然继续着进向近于完全的革命工作。直到临终之际，他说：革命尚未成功，同志仍须努力！”

“他是一个全体，永远的革命者。无论所做的那一件，全都是革命。无论后人如何吹求他，冷落他，他终于全都是革命。”[1]

第二，这个党在南方已经有了一块根据地。孙中山在广东曾三次建立根据地。陈炯明在一九二二年六月叛变后，支持孙中山的一些军队在一九二三年一月又逐走陈炯明，收复广州。孙中山在二月回到广东，设立陆海军大元帅府，控制了从珠江三角洲到粤北韶关这块比较富庶的地区，还有几万军队。有这样一块根据地和没有这样一块根据地，大不一样。那时在全国，只有在这里可以堂而皇之地高举革命的大旗，可以合法地发展工农运动，共产党也只有在这里可以公开地进行活动。这在全国范围内是绝无仅有的。

第三，在国民党内有一些忠实于民族民主革命的分子，如孙中山、宋庆龄、廖仲恺、邓演达、柳亚子等。他们的世界观和对革命的认识，跟共产党有区别，但他们对革命是坚决的，并且愿意跟共产党合作。通过他们还可以团结相当大一批国民党内的中间分子。

这就是为什么共产党跟国民党合作的原因。当然共产国际也起了重要作用。特别是它的代表马林，在印度尼西亚工作时曾有过跟民族主义政党合作、甚至让共产党员以个人身份参加民族主义政党的经验。这也

〔1〕《鲁迅全集》第7卷，人民文学出版社1958年9月版，第393、394页。

是不能忽视的。

前面说过，中国共产党在第一次对于时局的主张中已经表明“中国现存的各政党，只有国民党比较是革命的民主派，比较是真的民主派”；中共二大又通过了关于“民主的联合战线”的决议。几乎和中共二大同时，马林从中国回到莫斯科，向共产国际提出“在国民党内部开展工作”的建议，得到共产国际的同意。中共二大结束后的下一个月，也就是一九二二年八月下旬，中共中央执行委员会在杭州西湖开会。这是中国共产党在国共合作问题上有转折意义的一次决策性会议。会议根据共产国际的指示，决定在孙中山改组国民党的条件下，共产党员以个人身份加入国民党来实行合作。陈独秀第二年六月在中共三大的报告中讲到西湖会议前后的情况：

“在上届代表会议上，我们同意远东人民代表会议通过的关于共产党与民主革命派合作问题的决议。情况的发展表明，只有联合战线还不够，我们又接到了共产国际关于加入国民党的指示。在上届党代表会议以后，我们不能很快地再召开代表会议来讨论这个问题。起初，大多数人都反对加入国民党，可是共产国际执行委员会的代表说服了与会的人，我们决定劝说全体党员加入国民党。从这时起，我们党的政治主张有了重大的改变。以前，我们党的主张是唯心主义的，不切实际的，以后我们便更多地注意了中国社会的现状，并开始参加现实的运动。”〔1〕

这次国共合作是在“国民革命”的旗号下进行的。西湖会议后二十多天，陈独秀在《向导》第二期上发表了一篇《造国论》。他写道：由于中国的产业还不够发达，资产阶级和无产阶级都没有足够壮大的力量。“只有两阶级联合的国民革命（National Revolution）的时期是已经成熟了，这个时期的成熟是可以拿十余年来的政治史及眼前要求打倒军阀、建设民主政治的呼声可以证明的。”“总括起来说，我们造国的程序

〔1〕《陈独秀在中国共产党第三次全国代表大会的报告》，《“二大”和“三大”》，中国社会科学出版社 1985 年 8 月版，第 169、170 页。

是：第一步组织国民军；第二步以国民革命解除国内国外的一切压迫；第三步建设民主的全国统一政府；第四步采用国家社会主义开发实业。”

“国民革命”这个响亮的口号，就是这样提出来的。以前，“国民革命”这个名词在一九〇六年孙中山等起草的《中国同盟会革命方略》中也出现过。它写道：“前代为英雄革命，今日为国民革命。所谓国民革命者，一国之人皆有自由、平等、博爱之精神，即皆有革命之责任，军政府特为其枢机而已。”〔1〕可见，那次提到“国民革命”主要是同“英雄革命”相对来说的，是讲“一国之人”都要“负革命之责任”，着重点是讲革命的动力、革命的主体，不是讲革命的内容、革命的任务，而且这个名词在以后十六年间没有再提。陈独秀在《造国论》中提出“以国民革命解除国内国外的一切压迫”，把它同“打倒列强，除军阀”的革命任务直接联系起来，赋予它以新的明确的政治内容。从此，这个口号便风靡一时，深入人心。

一九二三年一月十二日，共产国际执行委员会作出《关于中国共产党与国民党的关系问题的决议》。〔2〕这是共产国际第一次专门就中国问题作出的决议，也可以看到国共关系被它看作中国问题中有着头等重要意义的课题。

对国共关系的推进产生重大影响的两件事都是在共产国际作出这个决议的下一个月发生的：一件是令人震惊的二七惨案。历来比较激进的蔡和森讲道：“这次失败给了我们很大的教训，教训就是孤军奋斗。此时在政治上是曹吴及英帝国主义统治之时，故政治上的压迫很严重，因此第三次大会无论客观上与主观上都有加入国民党找得政治上的同盟者的条件。”〔3〕马林在三大前给共产国际等的工作报告中讲道：“我们听不到如果我们共产党把国民革命看作主要任务并让党员参加国民党，我们

〔1〕《孙中山全集》第1卷，第296页。

〔2〕《共产国际有关中国革命的文献资料》第1辑，中国社会科学出版社1981年3月版，第76、77页。

〔3〕蔡和森：《中国共产党的发展（提纲）》，《蔡和森的十二篇文章》，人民出版社1980年3月版，第44页。

党就会消失的说法。”[1] 可见中共党内经过长期争议后对这个问题的看法已趋一致。另一件事是孙中山在二月二十一日回到广州，就任大元帅，重建广东革命根据地。这不仅使实行国共合作的重要性变得更加明显，而且也使中共三大有可能在广州公开举行。这两件事表明，召开中共三大、正式确立国共合作政策的时机已经成熟。

一九二三年六月，中国共产党第三次全国代表大会在广州召开。出席大会的代表有三十多人，代表全国党员四百二十人。这次大会的主题是国共合作问题。大会通过了《关于国民运动及国民党问题的议决案》等十多个重要文件。《议决案》中强调：“半殖民地的中国，应该以国民革命运动为中心工作，以解除内外压迫。”接着，作出几项重要规定：

“依中国社会的现状，宜有一个势力集中的党为国民革命运动之大本营，中国现有的党，只有国民党比较是一个国民革命的党。”

“工人阶级尚未强大起来，自然不能发生一个强大的共产党——一个大群众的党，以应目前革命之需要，因此共产国际执行委员会议决中国共产党须与中国国民党合作，共产党党员应加入国民党，中国共产党中央执行委员会曾感此必要，遵行此议决，此次全国大会亦通过此议决。”[2]

这样，“中国共产党须与中国国民党合作，共产党员应加入国民党”这个重大决策，就以党的全国代表大会决议的方式确定下来。这是当时孙中山和国民党所能接受的唯一合作方式。它既有利于国民党的改组和发展，又有利于中国共产党从原来比较狭小的圈子里走出来，在更加波澜壮阔的大革命洪流中得到锻炼和壮大，对双方都是有利的。但中共三大对国民党内的复杂情况和日后可能发生的变化估计不足，反映出中国共产党此时还处在缺乏实际政治经验的幼年时期。

国共合作是国共两党双方的事情。如果只有一方有这种要求，而另

---

〔1〕 李玉贞主编《马林与第一次国共合作》，光明日报出版社 1989 年 9 月版，第 192 页。

〔2〕《中共中央文件选集》第 1 册，第 146、147 页。

一方没有要求，只对一方有利，而另一方不能得到什么利益，这种合作仍难以实现。因此，我们还需要考察一下孙中山领导下的国民党为什么要同共产党合作。

民国成立后的很长时间里，孙中山一直在为维护共和制度而奋斗，以顽强的毅力，先后投入护国运动和护法运动。但他遭遇一次又一次的严重挫折。这些挫折的重要原因，一是没有认清革命的对象，不能团结真正的朋友以攻击真正的敌人；二是没有广泛的发动群众，特别是没有下层的工农群众中的工作，未能形成有组织的持久的群众运动；三是没有一个坚强有力的党。这些挫折，使孙中山在痛苦中深思。

他很早就关心西方的社会主义运动。十月革命发生后，他立刻对它表示同情。当他第二次建立广东根据地时，也就是一九二〇年秋，共产国际代表维经斯基到上海时，接受陈独秀的建议，会见了正要动身去广东的孙中山，谈得很融洽。孙中山在到达广州当天发表的演讲中说：“此次俄国革命后，实行社会主义。俄国遂酿成一种良好风气，而此种风气传及欧洲，欧洲各国，竟莫能抵抗。”〔1〕一九二一年十二月下旬，马林在参加中共一大后应国民党的邀请到桂林同孙中山进行了三次长谈，详细介绍了俄国从战时共产主义到新经济政策的转变。给他充当翻译的是中共党员张太雷。孙中山在会谈后告诉廖仲恺和汪精卫说：“今闻马林言，始悉苏俄行共产主义后，以深感困难，乃改行新经济政策。此种新经济政策，其精神与余所主张之民生主义不谋而合。”同马林会谈后十来天，他在桂林一次讲演中说：“法、美共和国皆旧式的，今日惟俄国为新式的。吾人今日当造成一最新式的共和国。”〔2〕一九二二年四月，少共国际代表达林到达广州，又在中共党员瞿秋白、张太雷陪同下，同孙中山有过五六次的接触。孙中山向他表示：打算同苏俄建立联系。陈炯明叛变事件发生后，孙中山在白鹅潭的永丰舰上坚持了五十多天。他请陈友仁转告留在广州的达林：“在这些日子里，我对中国革命的命运想了很多，我对从前所信仰的一切几乎都失望了。而现在我深

---

〔1〕《孙中山全集》第5卷，第430页。

〔2〕《孙中山全集》第6卷，第56页。

信，中国革命的惟一实际的真诚朋友是苏俄。”“我决定赴上海继续斗争。倘若失败，我则去苏俄。”[1] 态度的冷静，说明他的决心已经下定。而中共二大和西湖会议也正好是在孙中山困守白鹅潭这些日子里举行的。

孙中山从广州到上海只有十天，李大钊便陪同马林再次会见孙中山。以后，李大钊同孙中山多次会见，“讨论振兴国民党以振兴中国之问题”，两人“畅谈不倦，几乎忘食”。[2] 孙中山十分兴奋，亲自主盟，介绍李大钊加入中国国民党。李大钊告诉孙中山，自己是共产党员。孙中山回答：“这不打紧，你尽管一面做第三国际党员，尽管一面加入本党帮助我。”[3] 宋庆龄回忆：“孙中山特别钦佩和尊敬李大钊，我们总是欢迎他到我们家来。”“孙中山在见到这样的客人后常常说，他认为这些人是他的真正的革命同志。他知道，在斗争中他们能依靠他的明确的思想和无畏的勇气。”[4] 这以后，陈独秀、张太雷、蔡和森等共产党员便相继以个人身份加入了国民党。

因为对各种问题已作过反复的思考，孙中山这次到上海，很快就下定改组国民党的决心。台湾的国民党史家也这样写道：孙中山到上海后，“审察当时国际之局势，本党革命失败之症结，国内青年思想之变动，与民众对于政治改革之要求，八月间苏俄代表越飞亦派员（引者注：指马林）来沪晋谒，商讨中俄新关系，遂下改组本党决心。”[5]

局势的发展几乎是急转直下。九月四日，孙中山召集在上海的胡汉民、汪精卫、廖仲恺、张继、于右任、谭延闿、程潜、陈独秀等五十三人讨论国民党改组问题。参加讨论的人成分相当复杂，但由于孙中山在党内有着巨大的威望，他的决心既已下定，会上似乎没有发生什么争

---

〔1〕（苏）达林：《中国回忆录（1921—1927）》，中国社会科学出版社 1981 年 3 月版，第 126 页。

〔2〕《李大钊文集》（下），人民出版社 1984 年 12 月版，第 890 页。

〔3〕《汪精卫先生在第二次全国代表大会之政治报告》，《政治周报》第 5 期，1926 年 3 月 7 日。

〔4〕宋庆龄：《孙中山和他同中国共产党的合作》，《人民日报》1962 年 11 月 12 日。

〔5〕《中国国民党十三年改组史料》，（台北）《革命文献》第 8 辑，第 31 页。

执。国民党总务部部长居正也这样叙述：大家“交换意见，一致赞同”。[1] 六日，孙中山指定包括陈独秀在内的九人为国民党改进方略起草委员。委员会经过一个半月的努力，起草出中国国民党党纲和总章。经过反复而郑重的研究，孙中山在一九二三年一月一日发表《中国国民党宣言》。第二天，召开中国国民党改进大会，公布党纲和总章，开始揭开中国国民党历史上的新的一页。

一九二三年二月十五日，由于拥护孙中山的军队讨伐陈炯明，收复广州，孙中山重返广东，自任陆海军大元帅，第三次建立广东革命根据地。尽管他的主要精力先得放在亲自到东江前线指挥作战上，以打退陈炯明残部的反扑，但国民党的改组工作仍继续进行。十月六日，苏联代表鲍罗廷到达广州，被孙中山聘为中国国民党组织训练员。鲍罗廷十分尊重孙中山，也得到孙中山的信任。“鲍罗廷在孙中山的国民党内在决定最重大问题时是有发言权的。他出席所有最重要的会议，准备那些主要的政治文件。孙中山在一些群众性的集会上把鲍罗廷介绍给自己的拥护者时，总是尽力使鲍罗廷在听众心目中享有最大的威望。”[2] 他到后，国民党改组的步伐大大加快。十月十九日，孙中山委任廖仲恺、汪精卫、李大钊等五人为国民党改组委员。二十四日，又委任廖仲恺、谭平山（共产党员）等九人为国民党临时中央执行委员，负责筹备改组工作。十二月九日，孙中山在广州大本营向国民党员发表演说，指出：“吾党此次改组，乃以苏俄为模范，企图根本的革命成功，改用党员协同军队来奋斗。”“此次本党改组，想以后用党义战胜，用党员奋斗。”[3]

国民党改组的时机和条件已经成熟了。

国民党一大带来的新局面

第一次国共合作正式形成的标志，是中国国民党第一次全国代表大

---

〔1〕 居正：《本党改进大凡》，（台北）《革命文献》第8辑，第32页。

〔2〕（苏）切列潘诺夫：《中国国民革命军的北伐》，中国社会科学出版社1981年5月版，第32、33页。

〔3〕《孙中山全集》第8卷，中华书局1986年5月版，第500、501页。

会的召开。

这次大会于一九二四年一月二十日至三十日，在孙中山主持下举行。它是中国国民党（包括它的前身兴中会、中国同盟会、国民党、中华革命党）三十年历史上第一次举行的全国代表大会。孙中山指定胡汉民、汪精卫、林森、谢持、李大钊五人组成大会主席团。

大会开幕的当天下午，在孙中山讲述中国的现状和国民党改组问题后，宣读了大会的《宣言》稿，提交会议审查。二十三日，孙中山对大会宣言作了说明，强调以后的革命和以前不同。他说：

“此次我们通过宣言，就是从新担负革命的责任，就是计划彻底的革命。终要把军阀来推倒，把受压的人民完全来解放，这是关于对内的责任。至对外的责任，有要反抗帝国侵略主义，将世界受帝国主义所压迫的人民来联络一致，共同动作，互相扶助，将全世界受压迫的人民都来解放。我们有此宣言，决不能又蹈从前之覆辙，做到中间又来妥协。以后应当把妥协调和的手段一概打消，并且要知道，妥协是我们做彻底革命的大错。”〔1〕

这个大会《宣言》，是由鲍罗廷起草，经瞿秋白译成中文，汪精卫润色，最后由孙中山审定的。《宣言》对孙中山历来提倡的民族主义、民权主义、民生主义重新作了解释。对民族主义，《宣言》指出它有两方面的内容：“一则中国民族自求解放，二则中国境内各民族一律平等。”对民权主义，《宣言》强调：“近世各国所谓民权制度，往往为资产阶级所专有，适成为压迫平民之工具。若国民党之民权主义，则为一般平民所共有，非少数者所得而私也。”并且指出：这种民权，只有民国的国民才能享受，而必不能把这种权利授于反对民国的人，也就是“效忠于帝国主义及军阀者”。对民生主义，《宣言》指出两个最重要的原则，一是“平均地权”，二是“节制资本”。并且强调：“凡本国人及

〔1〕《孙中山全集》第9卷，中华书局1986年4月版，第126页。

外国人之企业，或有独占的性质，或规模过大为私人之力所不能办者，如银行、铁道、航路之属，由国家经营管理之，使私有资本制度不能操纵国民之生计”。《宣言》作了这些论述后，说了一句总结性的话：“国民党之三民主义，其真释具如此。”也就是说，除此之外，都不是三民主义的“真释”。[1]

在《宣言》中，孙中山把反对帝国主义放在异常鲜明突出的地位，并且提出三项关键性的措施，这是十分值得重视的。讨论过程中，宣言审查委员会曾将宣言“对外政策”项下的收回租界、收回海关、废除不平等条约这些具体内容删去。孙中山得知后十分生气，坚持要恢复这些条文。他临时在大会上作了一篇情绪激动的发言：

“本总理主张应当把这三件大事大书特书，然后本党此次的改组才有意义。本党革命的目的，第一步在求中国的自由独立以实现民族主义。我们笼统的说，革命的目的在求中国自由独立，大家尚不感觉有什么顾虑。一说到要收回租界、收回海关、废除不平等条约，大家深恐得罪了帝国主义，便战栗恐慌起来了。大家想想，中国民族不能自由，是由于什么原因？不能独立又是什么原因？难道说，帝国主义所加于中国民族的束缚不解除，中国还有什么希望可以自由？可以独立？”

“现在因应帝国主义来谋革命的成功的时代已经成为过去了，现在是拿出鲜明反帝国主义的革命纲领，来唤起民众为中国的自由独立而奋斗的时代了！不如此是一个无目的无意义的革命，将永久不会成功！”[2]

孙中山作了这番讲话后，要求将是否将这些内容加入政纲中付诸表决。结果，全体举手一致通过，连原来反对的人也举了手。

国民党一大的召开标志着国共合作的正式实现。但国民党内部情况相当复杂，尽管孙中山是坚决的，但仍有相当一部分人抱着怀疑以至反对的态度。会议快要结束时讨论章程审查报告，果然又发生一场风波。

---

〔1〕《孙中山全集》第9卷，第118—122页。

〔2〕《黄季陆先生怀往文集》，（台北）传记文学出版社1986年5月版，第33、34页。

广州代表方瑞麟发言说："本党党员不得加入他党应有明文规定，主张在第一章第二条之后增加一条，文为'本党党员不得加入他党'。"[1] 他的意思，就是不容许共产党员在保留原有党籍的条件下以个人身份加入国民党。接着，有十人以上附议。李大钊立刻登坛发言，作了回答。他说：

"我们相信在今日列强的半殖民地的中国，也就是本党总理所说的次殖民地的中国，想脱除列强帝国主义及那媚事列强的军阀的二重压迫，非依全国国民即全民族的力量去做国民革命运动不可。我们认定这种国民革命运动中，不宜使国民革命的势力分歧而不统一，以减弱其势力，而迟阻其进行，非以全民族之心力，集中于一党不可。"

"我们加入本党的时候，自己先从理论上、事实上作过详密的研究。本党总理孙先生亦曾允许我们仍跨第三国际在中国的组织，所以我们来参加本党而兼跨固有的党籍，是光明正大的行为，不是阴谋鬼祟的举动。"[2]

李大钊发言后，不少代表也发言反对方瑞麟的主张。廖仲恺说："对于方君之提案表示反对。""只要问加入的人是否诚意来革命的？此外即不必多问。此次彼等之加入，是本党一个新生命。"汪精卫发言说："曩者吴稚晖、李石曾、张溥泉诸君都是无政府党，我们已承认他们为国民党员。如何对于共产党员，又不允许他。这是什么道理?"大会执行主席胡汉民也不赞成方瑞麟的意见。毛泽东提议："请付表决。"举手结果，方的提案被否决。[3]

大会最后一天，通过中央执行委员、中央候补执行委员、中央监察委员、中央候补监察委员名单。这个名单是由孙中山亲手写下的。共产

---

〔1〕《中国国民党第一次全国代表大会会议案》，《中国国民党第一、二次代表大会会议史料》(上)，江苏古籍出版社1986年9月版，第51页。

〔2〕《李大钊文集》(4)，第369、371页。

〔3〕《中国国民党第一、二次代表大会会议史料》(上)，第53、54页。

党员李大钊、谭平山、毛泽东、林祖涵（伯渠）、瞿秋白等十人当选为中国国民党第一届中央执行委员会委员或候补委员，约占总数的四分之一。

第一次国共合作实现后，孙中山的态度一直十分坚决。他在这年十月给蒋介石的一封信中写道：“我党今后之革命，非以俄为师，断无成就。”他甚至说：“盖今日革命，非学俄国不可。而（胡）汉民已失此信仰，当然不应加入（革命委员会），于事乃为有济；若必加入，反多妨碍，而两失其用，此固不容客气也。（汪）精卫本亦非俄派之革命，不加入亦可。”〔1〕廖仲恺等也做了许多推动工作。而中国共产党确实一心一意地为实现国共合作、推进国民革命运动而努力。马林提出“一切工作归国民党”的口号，得到陈独秀的赞同。鲍罗廷甚至主张，中国共产党应当在国民革命运动中充当“苦力”。这些说法尽管失之过于天真，但说明中国共产党的诚意，国共两党的合作确实为国民党注入前所未有的新的生命力。

第一，在共产党帮助下，国民党有了一个比较明确的民族民主革命纲领，集中体现在国民党一大宣言中。辛亥革命在建立巨大历史功勋的同时，最大弱点是没有能提出一个明确而完整的反对帝国主义和封建势力的政治纲领。国民党一大在这方面大大前进了一步。蔡和森评论道：

“国民党以前的态度是犹疑的，尤其是反对帝国主义。当（中共）第三次大会时，我们党中央移广东，公开发表宣言，国民党尚恐怖，简直不愿意我们的党公开发表政治主张，另方面广东离香港太近。但改组后就确定了正确的反帝国主义之纲领，这在中国革命历史上从来所未有的。”〔2〕

国民革命军消灭陈炯明残部的两次东征和反对北洋军阀的北伐战争，都是在“打倒列强，除军阀”的雄壮歌声中行进的。它所以能受到

---

〔1〕《孙中山全集》第11卷，中华书局1986年7月版，第145页。

〔2〕《蔡和森的十二篇文章》，第45页。

各地民众的热烈欢迎并取得以往不曾有过的巨大胜利，原因首先在于它有了这样一个符合中国近代国情和民众愿望的政治纲领。

第二，促进了广东工农运动的高涨。国民党改组后，成立了工人部和农民部。工人部部长是廖仲恺，他的职务很多，这项工作实际上由工人部秘书、共产党员冯菊坡负责。农民部部长林祖涵、秘书彭湃都是共产党员。国民党中央创办的农民运动讲习所，第一期主任是彭湃，第六期主任是毛泽东。孙中山就是在农民运动讲习所第一期毕业典礼讲话中公开提出“耕者有其田”这个主张的。广州革命政府采取了不少保护和支持工农的政策，广东的工农运动出现蓬勃高涨的新局面。一九二四年七月，在外国人集中居住的广州沙面租界，数千名中国工人罢工，抗议英法当局限制中国居民自由出入沙面租界的“新警律”，斗争持续一个多月，终于取得胜利。彭湃的家庭是海丰的大地主，“每年收入约千余石租，共计被统辖的农民男女老幼不下千五百余人”，〔1〕他却从一九二二年起就开始在家乡发动农民，组织农会，实行减租，得到当地农民的信任和爱戴。到这时，广东各县农民已纷纷建立农民协会，组织农民自卫军，向土豪劣绅和贪官污吏开展斗争。广东的工农运动，直接影响到邻近的湖南、江西等省工农运动的高涨。没有这个条件，北伐战争是很难顺利发展的。粤军重要将领张发奎这样回忆他当时的感受：“国民党人并不关心工农运动，当共产党人下基层工作时，国民党人忙于向上攀爬。我同情共产党，相信他们所作的工作会刺激与鼓舞国民党。对中共党员，我印象甚好，因为我看不到他们有任何伤害我们国民党的证据。”〔2〕

第三，训练了一支党军。孙中山历来重视军事工作，但长期以来他总想利用原有的现成军队，而这些军队常常不能遵照他的革命主张去做，所以遭到一次又一次的失败。共产国际代表马林同孙中山会见时向他建议：“创立军官学校，建立革命军的基础。”国民党一大决定在广州附近的黄埔岛上创办一所陆军军官学校，孙中山亲自任总理，最初准备

〔1〕《彭湃文集》，人民出版社 1981 年 10 月版，第 111、112 页。

〔2〕张发奎：《蒋介石与我》，（香港）香港文化艺术出版社 2008 年 5 月版，第 72 页。

由程潜任校长，后来改派曾往苏联考察的粤军参谋长蒋中正（介石）为校长，廖仲恺任党代表，何应钦任总教官，苏联派来的红军将领加伦等为军事顾问。这年十一月，刚从欧洲归国不久的中共广东区委委员长周恩来任黄埔军校政治部主任。这个军校的重要特点，是把政治教育提到和军事训练同等重要的地位，注重培养学生的爱国思想和革命精神，这是它同一切旧式军校根本不同的地方，周恩来在这方面作出了重要贡献。这种军队中的政治工作制度，以后逐步推广到广州革命政府其他军队中去。毛泽东在抗日战争开始不久说过：“国民党的军队本来是有大体上相同于今日的八路军的精神的，那就是在一九二四年到一九二七年的时代。”“那时军队有一种新气象，官兵之间和军民之间大体上是团结的，奋勇向前的革命精神充满了军队。那时军队设立了党代表和政治部，这种制度是中国历史上没有的，靠了这种制度使军队一新其面目。”〔1〕军校的学生来源从全国选拔，不少人是共产党组织来的。徐向前、陈赓、左权、许继慎、蒋先云、王尔琢、周士第、宣侠父等都是黄埔军校第一期的学员。这期学生中的共产党员和共青团员有五十六人，占学生总数的十分之一。国民党以后的高级将领胡宗南、杜聿明、宋希濂、关麟征、郑洞国、侯镜如、黄维、王敬久、孙元良、李默庵、黄杰等也是这期的学员。苏联派来军事教官，给了一百万卢布作为黄埔军校开办费，四百万卢布供新编国民党党军之需，〔2〕还运来八千支步枪、五百万发子弹。应该说，黄埔军校是国共两党合作的产物。

第四，发展了国民党的组织。这以前，国民党在国内的活动范围限于少数地方。它的组织只在广东、上海、四川、山东存在，连东北、北京、天津、南京、湖北、湖南、福建这些地方都没有，更不用说边远地区了。许多地方的国民党组织是在共产党帮助下建立起来的。不少省市党部的负责人是共产党员，如北京执行部的李大钊，汉口执行部的林祖涵（伯渠），湖北省党部的董用威（必武）、陈潭秋，湖南省党部的何叔衡、夏曦，浙江省党部的宣中华，江苏省党部的侯绍裘，河北省党部的

〔1〕《毛泽东选集》第2卷，第380页。

〔2〕郭廷以：《近代中国史纲》下册，第542页。

于方舟、李永声等。这些地方的国民党组织，主要是在他们的努力下，从无到有地建立起来的。到一九二六年五月国民党二大时，除新疆、云南、贵州等少数省区外都已有了国民党的组织。国民党不仅在思想和政治上、而且在组织发展上也得到共产党的很大帮助。

如果没有这些条件，国民党要在很短几年内取得全国的统治地位是不可能的。

对共产党来说，在实行国共合作后也跨上一个新的台阶：它使党提出的反帝反封建的政治纲领，随着国民革命高潮的兴起，更广泛地深入人心；使党从原来比较狭小的圈子里走出来，登上更广阔的社会政治舞台，在更大的群众斗争风浪中受到锻炼；使工农运动在南方各省蓬勃发展，各地的农民协会和工会纷纷成立，为以后土地革命风暴的掀起准备了重要的群众条件；党的组织也有很大发展，在一九二三年六月中共三大时只有党员四百二十人，一九二五年一月中共四大时发展到九百九十四人，到大革命高潮时在两年多时间内发展到近六万人，并且培养出大批骨干人才。这一切，并不是以削弱国民党为代价取得的，而是在国民革命运动中两党得到了共同发展。

总之，对国共两党来说，“合则两利”是再清楚不过的事实。如果一定要说谁在这中间得到的更多，发展得更快，大约只能是国民党而不是年轻的共产党。

大革命高潮的到来

孙中山一九二四年十一月在直系军阀统治被推倒后，为了争取召开国民会议和废除不平等条约，为了谋求和平统一中国，扶病北上。第二年三月，在北京逝世。他在遗嘱中说：“余致力国民革命凡四十年，其目的在求中国之自由平等。积四十年之经验，深知欲达到此目的，必须唤起民众及联合世界上以平等待我之民族，共同奋斗。”[1] 这是孙中山

〔1〕《孙中山全集》第11卷，第639页。

一生经验的总结。要“唤起民众”，就要联共和扶助农工。要“联合世界上以平等待我之民族”，就要联俄。孙中山自己没有说过联俄、联共、扶助农工三大政策的话，但他晚年实行的正是这三大政策。

孙中山逝世时只有五十八岁零四个月。他的过早去世，在全国民众中引起巨大的悲痛。第二年，刘少奇在第三次全国劳动大会的报告中说：“固然，中山先生死了，中国革命要受很大的损失，然在各地纪念会之举行，全国民众对于国民革命的意义，益更明了；革命运动的空气，反因是而更加高涨。”[1]

全国范围的大革命高潮，是从一九二五年五月在上海爆发的五卅运动开始的。

中国最大的工业城市上海，那时有工人八十万人，是一个巨大的力量。这里有公共租界和法租界。公共租界主要由英国控制，它的行政权力机关工部局下设警务处等机构，各区都设巡捕房，来实行统治。日、英等国在这里（特别是沪西的小沙渡和沪东的杨树浦）开设了许多工厂，残酷地榨取中国工人的血汗。工人每天工作十二小时以上，还常遭毒打、扣发工资、罚款，以至被任意开除，无处说理。民族矛盾十分尖锐。

那时，中共中央设在上海。它以上海大学为培养干部的重要基地。该校的校长是国民党元老于右任，李大钊向他介绍邓中夏来校工作，被委为校务长，主持全校行政工作。它的社会学系主任是瞿秋白，中国文学系主任是陈望道，教员中有大批共产党员，也有一些国民党员。“党以上海大学为基础，在上海各区开办了好些工人夜校。这些工人夜校大部分设在有党的支部或国民党左派活动分子的大学、中学内，课室是现成的，教员是义务的。”[2] 夜校中最注重的课程是识字和算术。他们先后在七个地区办起工人夜校。单以上海大学附设的平民学校来说，就有学生三百六十多人。经过这些工人夜校的推动，一九二四年九月，在小

---

〔1〕 刘少奇：《一年来中国职工运动的发展》，《五卅运动史料》第1辑，上海人民出版社1981年11月版，第67页。

〔2〕 杨之华：《忆秋白》，见《忆秋白》，人民文学出版社1981年8月版，第201页。

沙渡成立沪西工友俱乐部，由项英担任委员会主任，宣布它的宗旨是“互相帮助，共谋幸福”，到年底就在同兴纱厂和内外棉三、四、九厂等十九个纱厂建立了俱乐部的秘密组织，会员将近两千人。在沪东的杨树浦，也成立了工人进德会。工人有了组织，他们的行动便更有力，他们的共同愿望才有可能实现。这些工人团体的建立，使工人运动得以出现一个新局面。

成为五卅运动前奏的是一九二五年二月的日本纱厂大罢工。罢工的起因是：日商内外棉八厂的日本工头毒打女工致伤，工人们愤不可遏，群起责问，被开除五十多人，后又捕去工人六人，引起全厂工人罢工。随后，导致二十一家日本纱厂的三万五千名工人总罢工。日方被迫签订四项条约，承诺以后再不打骂工人，不无故开除工人，并发还储蓄金等。斗争取得了胜利。

但复工以后，日人并不遵守诺言，对工人的虐待变本加厉，日本监工入厂时携带铁棍手枪。五月中旬，日本纱厂无故开除工人数十人。十五日，内外棉七厂日人在厂内持铁棍乱殴工人，日本大班元木、川村竟向人群开枪，工人顾正红（二月大罢工期间入党的共产党员）身中四枪死难，受伤者数十人。在中国的土地上，外国老板竟可以公然枪杀中国工人而不受惩处，这是任何一个有爱国心的中国人都无法忍受的。王若飞在《向导》上愤怒地写道：“在外国政府统治下的上海人民，已经与亡国奴无异。”〔1〕第二天，沪西内外棉五、七、八、十二等厂七千多工人罢工。为了扩大社会影响，二十四日，上海工人和各界代表一万多人在潭子湾广场隆重举行公祭顾正红大会。大会由共产党员刘华任总指挥。会场上停放顾正红灵柩，上面复盖白绸，写着“东洋人打死中国人”八个大字。群众情绪极为激昂。《民国日报》记者报道说：“这样伟大的无产阶级集会，在上海我敢说是空前的。”〔2〕租界当局竭力镇压，

---

〔1〕若飞：《在枪杀中国工人中日本帝国主义者对于上海市民之威吓》，《向导》第116期，1925年5月24日。

〔2〕味辛：《追悼会上》，《民国日报》1925年6月26日，转引自傅道慧《五卅运动》，复旦大学出版社1985年3月版，第71页。

不仅严禁工人在租界里活动，并且逮捕声援工人的学生多人。二十六日，全国学生总会开会，决定扩大宣传，唤起全国一致反抗。

五月二十八日，中共中央在上海召开紧急会议，研究当前形势和对策。李立三回忆道：“罢工支持十余日以后，日本资本家表现了明显溃散失败的形势。（蔡）和森同志提出，现在的战略，应当把工人的经济斗争转变到民族斗争。在五月二十八日的中央会议上，他解释这一口号说：现在要把工人的经济斗争与目前正在蓬勃发展的反帝斗争汇合起来，要使工人斗争表现明显的反帝性质，以争取一切反帝力量的援助，同时就使工人加入总的反帝战线而成为这一战线的中坚。在目前形势，这一策略的实现，将要发展出空前未有的全国反帝的巨大运动。因此他提出策略主张，在五月三十日在租界上组织反帝示威运动。一方面反对当时公共租界所提出压迫华人的四个法案（码头捐、交易所注册、童工保护等）；另一方面援助沪西工人罢工，反对日本资本家屠杀工人。”〔1〕会议经过辩论，通过了这一主张，决定立刻组织工人和学生到各校宣传发动。二十九日晚，上海学联召开会议，宣布各校在三十日停课一天，到租界指定地区进行大规模的反帝示威。各校连夜组织队伍，准备好演讲大纲、传单等，上海大学、同济大学等各有四百人左右参加。大示威就是这样发动起来的。

五月三十日，上海学生、工人三千多人到租界分队演讲，散发“打倒帝国主义”、“上海是中国人的上海”等传单。下午，公共租界老闸捕房捕头、英国人爱活生开始率巡捕拘捕学生。上海大学被捕的学生最多，有一百三十多人。愤怒抗议的民众越聚越多，南京路从浙江路到西藏路一段已是人山人海。这种场面是以前没有看见过的。下午三时多，英人捕头竟下令向密集的手无寸铁的人群开放排枪，打死何秉彝（上海大学学生、共产党员）等十三人，其中学生三人，职工九人，商人一人。参加当天宣传抗议活动、正在交涉署前示威的复旦大学学生陈复给他姐姐的一封信中悲愤地写道：

---

〔1〕李立三：《纪念蔡和森同志》，《回忆蔡和森》，人民出版社 1980 年 3 月版，第 10 页。

“是日下午，各校学生源源而来，沉痛的演讲醒了不少垂死的人们之迷梦。于是‘中华民国万岁！’市民们高喊出来了。英捕始而拘捕，但别一队接着讲了，如此，再接再厉，新世界、西藏路、南京路、浙江路附近，都被捕去不少（一百以上）爱自由的中国人。群众旋集南京路捕房前示威，请他放人。不料以残杀当勇敢的英国人竟行凶起来了，五十多响枪向人群射击，当场打杀四人，重伤至明日毙命者七人，轻伤者不可计数。‘打倒帝国主义！中国民族解放万岁！’从浴着血垂死的学生口中发出来，使没死的人们的心房不住的震动。我在交涉署前听到这不幸的消息，热泪几不禁夺眶而出。呜呼！最平常之演讲，今已变作送死之路，我们的愤恨，谁能形容呢？在这信，我对你报告平安无恙，然而，我羞耻得很，我也不多说，更不愿太自寻烦恼，以为牺牲不到便无面见人。我们后死之责还大呵，努力前进呵！”〔1〕

这就是震惊中外的五卅惨案。

五卅惨案激起了人们极大的愤怒。外国人竟能在中国的土地上这样任意地大量屠杀中国人，这还是什么世界？于是，工人罢工，学生罢课，商人罢市。六月一日，上海总工会成立，共产党员李立三任委员长。四日，上海工商学联合会成立。到十三日，全市参加罢工的人数达到二十五万人。运动迅速地扩展到全国，多少年来深埋在中国人心里的对帝国主义的怒火一下子喷发出来。从通商都市到偏僻乡镇，民众成千上万地涌上街头，举行抗议集会和示威游行。仅广州、北京、长沙、南昌、武汉、南京、杭州、济南、天津、开封、西安这些重要城市，参加的就有三百万人。据不完全统计，全国参加这个运动的约有一千七百万人。

发生在广州和香港的省港大罢工，是五卅运动的重要组成部分。六月三日，广州各界民众举行声势浩大的示威游行。十九日起，香港由海员、电车、印务工人首先发难，宣布罢工。十五天内罢工工人达到二十

〔1〕 陈复：《关于五卅惨案的一封信》，《五卅运动史料》第1卷，第650—651页。

五万人。工人纷纷乘火车、轮船回到广州。广州沙面洋务工人也同时罢工。香港工人在罢工宣言中写道：

“我们为民族的生存与尊严计，明知帝国主义的快枪巨炮可以制我们的死命，然而我们亦知中华民族奋斗亦死，不奋斗亦死；与其不奋斗而死，何如奋斗而死，可以鲜血铸成民族历史之光荣。所以我们毫不畏惧，愿与强权决一死战。”[1]

六月二十三日，香港罢工工人和广州各界民众十万人在广州举行大会和示威游行。周恩来等率黄埔军校师生和校军两千人，徒手参加游行。当游行队伍经过沙面租界对岸时，伏在租界内的英国军警突然用步枪和机关枪排枪射击。游行队伍密集在狭窄的街道上，无法散开躲避，当场被击毙五十二人，重伤一百七十多人。其中，黄埔军校的学生和士兵死难的有二十三人，受伤的有五十三人，一团三营营长曹石泉（共产党员）也中弹牺牲。[2] 周恩来身旁的两个人都中弹身亡。[3] 这就是沙基惨案。

沙基惨案发生后，广州革命政府立刻宣布同英国经济绝交，并封锁出海口。回广州的香港工人和沙面罢工工人，成立省港罢工委员会，由共产党员苏兆征任委员长。委员会下设纠察队、罢工工人医院、工人饭堂、工人宿舍等。广州政府每月资助罢工委员会经费一万元。省港大罢工给港英当局带来巨大损失。它坚持了十六个月，集中在广州的十多万罢工工人成为广州革命政府的重要支柱。

五卅运动在中国近代历史上所起的作用是重大的。它冲破了二七大罢工失败后长期笼罩着的沉闷空气，开始形成热气腾腾的革命景象。恽代英在一九二六年总结这次运动带来的两个重大结果：

---

〔1〕《邓中夏文集》，第613页。

〔2〕《鹰犬将军——宋希濂自述》，中国文史出版社1986年7月版，第42页。

〔3〕邓颖超同作者的谈话记录，1989年4月25日。

“（一）使反帝国主义的潮流高涨。五卅以前，中国还有好多人不知道为什么要反对帝国主义，就是一般有智识的学生，也不十分明白反帝国主义的意义。”“自国民党改组后，才提出反帝国主义的口号来，经过一番宣传，少数人才知道应该反对帝国主义。但经过五卅运动以后，反帝国主义的空气，就普及于全国，大多数人都知道了。”

“（二）使民众的力量增大。五卅以前的工人、学生、商人等，大部分都没有组织起来；五卅运动后，各地工人、学生很多都组织起来了，商人亦渐知引他们的组织来参加反抗帝国主义，且有工学联合组织，这种民众的力量影响政治方面的运动，使军阀内部分化。那时，（冯玉祥部）国民军通电对英宣战，便想站在民众方面得着民众的赞助。”〔1〕

在这个过程中，民众的觉悟大大提高了，中国共产党的组织也在群众性斗争的风暴中得到很大发展。这年年初全国共产党员只有九百九十四人，十月份增加到三千人，年底达到一万人，一年中增加十倍。陈云原来是商务印书馆的学徒、店员。他在自传中说：“以前我很赞成吴佩孚，后又很相信国家主义派之‘外抗强权，内除国贼’。看了三民主义，觉得孙中山的道理蛮多。”〔2〕商务印书馆内，中国共产党的力量很强。五卅运动起来后，陈云担任过商务印书馆发行所罢工委员会主席，在这年八九月间加入了中国共产党。很多过去没有共产党组织的地方建立了党组织，如云南、广西、安徽、福建等。共产党员在群众斗争中得到了锻炼，为北伐到来做了重要准备。

在五卅运动蓬勃发展的有利形势下，在国共合作下，经过两次东征，消灭了盘踞东江一带的陈炯明部和广东南路的邓本殷部，又平息了原驻广州的滇军杨希闵部、桂军刘震寰部的叛乱，统一了广东革命根据地。第二次东征时，蒋介石任东征军总指挥，周恩来为总政治部总主任。

七月一日，国民政府在广州成立，汪精卫当选为主席。孙中山北上

---

〔1〕《恽代英文集》下卷，人民出版社 1985 年 5 月版，第 968、969 页。

〔2〕陈云：《我的自传》，1940 年 7 月 10 日。

后代理大元帅职务的胡汉民改任国民政府外交部长。军事部长为粤军总司令许崇智，财政部长为廖仲恺。聘请鲍罗廷为高等顾问。在广东的军队改编为国民革命军，共六个军，八万五千人。这就为发动讨伐北洋军阀的北伐战争准备了比较可靠的基地。

蒋介石反共活动的抬头

国民党是一个复杂的混合体，它的成员从左到右都有：有的人忠诚地拥护孙中山的革命的三民主义；有的人在政治上缺乏定见，往往随风而倒；有的人只是想靠孙中山来谋求自己的发展，包括一些原来的军阀、政客在内。后一种人对联俄、联共、扶助农工本来就不赞成。孙中山在世时，已经多次有人提出反对。由于孙中山态度坚决，这些人不能形成大的气候。孙中山去世后，一批中央执监委员包括邹鲁、谢持、林森、居正等在西山碧云寺开会自称“中央执行委员会第四次全体会议”，非法地“决定，凡共产党之加入本党分子，尽数取消其在本党之职籍”，[1] 被称为“西山会议派”。但当时这还只是局部性的问题，并没有牵动大局。对局势逆转起关键性作用的人物，是蒋介石。

蒋介石那时任黄埔军官学校校长兼粤军参谋长。他在国民党内的地位本来并不高，根基有限。国民党一大时，他还没有当代表，没有被选入中央执行委员会。他地位的提高，是由于国共合作兴办的黄埔军校训练出一支以革命精神武装的新式军队，在第一次东征时奋勇作战，发挥了人们原来没有估计到的主力作用，特别是在棉湖战役中以教导一团顶住了来袭的陈炯明精锐林虎部一万人，在不利地形下坚持了半天，后来教导二团和粤军第七旅赶到，把林虎部队打垮，使黄埔军校威名大震。接着，他们又作为主力，把盘踞广州的杨希闵、刘震寰部解决。到第二次东征时，蒋介石当了东征军总指挥，兼广州卫戍司令，那时他还没有满三十八岁。靠这些战绩，使他的地位迅速提高。一九二五年八月，廖

〔1〕 邹鲁：《回顾录》，岳麓书社 2000 年 9 月版，第 153 页。

仲恺在广州被暗杀，这是国民革命的巨大损失。胡汉民因涉嫌同廖案有牵连，被迫出走。蒋介石乘此把国民政府军事部长、粤军总司令许崇智逼走，还把许崇智一部分部队改编为他所统率的国民革命军第一军的第三师。这时，他的兵力成为广东国民政府各路军队中战斗力最强的一支。

蒋介石这时一直以国民党左派的姿态出现，内心却存在着反苏反共的思想。他在一九二四年三月十四日给廖仲恺的信里写道："俄党对中国之惟一方针，乃在造成中国共产党为其正统。决不信吾党可与之始终合作，以互策成功者也。""以弟观察俄党，殊无诚意可言。即弟对兄言，俄人之言只有三分可信者，亦以兄过信俄人，而不能尽扫兄之兴趣也。"[1] 但他那时羽翼未丰，还需要苏俄和中共的帮助，他的反共思想不但从不在公开场合流露出来，还作了许多相反的表示。这年六月二十九日，他在黄埔军校国民党员大会演讲中说：

"我们所要仿效的，是俄国的革命党。"

"俄国共产党的党员，无论什么艰苦的事，他们都愿去做。旁人做不到的，他们便做得到，他们只顾为国家为群众谋幸福。他们却不单为自己谋幸福。他们权利便让给人家，义务却拿归自己。这种事实，不管怎样的艰苦困难，冻痛饥热，耐劳耐怨，忍辱含羞，一样一样的，统统实实在在的做出来，把人家看。所以他们一日一日便得了人民的信仰。所以都市的工人，乡间的农民，统统能做他们党的基础。从前不是党员的，后来也加入他的党里，帮助他们革命。"

"革命党党员任务，不仅是要自己好了就罢了，并且还要感化人家。俄国共产党人，就是能够这样，他们无论到一个什么社团，都能够使那个社团的人受他们的感化；因为他们党员最有团结力。"

"如此看来，俄国革命之所以成功如此之速，完全是其党员一心一德的来为党奋斗，来为人类牺牲，换一句话说，就是一个诚字来感动民

〔1〕 蒋中正：《自反录》第1集，1931年5月编印，第222页。

心，来感化敌军的。如果我们中国的党员，中国革命军人，也能照他们这个方法做去，不消说一个人可以感化一千个，就是一万个也是做得到的。”〔1〕

一九二五年九月三十日，他在黄埔军校特别党部一次讲演中又说：

“国民党员也不可反对共产党，反对共产党就是背反了总理定下来的方针和主张。”“总理容纳共产党的同志加入国民党，是有他的眼光和一定的方针的，决不是随随便便定了的。总理认为现在的中国，除了共产党主张彻底革命，还可以同国民党合作之外，再没有第二个党派能够和我们合作的了。而且共产党真正革命的同志们，实在不比我们国民党少，加入了国民党，实在能替国民党求进步求发展，促进本党的革命精神。所以总理就下这个大决心，不为众论所摇动。并且总理曾说：‘如果国民党的党员反对共产党，我便要自己去加入共产党。’这是什么理由？是因为共产党和国民党的革命的目的，都是一样的，并且我们革命党的性质，就是‘打不平’。”〔2〕

虽然抄得长了一点，这些话还是很值得读一读。既然蒋介石在政治上一再表示这样鲜明的态度，仿佛真有极大的合作诚意，而且他在黄埔军校和东征中办事果断认真，表现出相当的能力，做出了成绩，苏联代表鲍罗廷和中共中央一些人便把他看作可靠的革命左派，努力帮助他。但他一到羽毛丰满便突然变脸了。读读蒋介石一九二六年三月上半月的日记，可以发现不少值得玩味的话：“革命心理，皆由神秘势力与感情作用以成者，而理智实极微弱条件也。”“中国国民革命未成以前，一切实权皆不宜旁落。”“而今党事非精明审虑，皆成为傀儡矣。”“昨夜终夕

〔1〕《蒋介石言论集》第1集，中华书局1965年3月清样本，第311—313页。
〔2〕《蒋介石言论集》第2集，第233页。

不寐，今早起床会客，忧患思虑不可言状。”[1] 接着，便发生三月二十日的“中山舰事件”。为什么他在这时候敢于动手？在它的上一个月发生了两件大事：一件是第二次东征和南征在二月份结束，广东革命根据地统一了；另一件事是广西派了白崇禧来，表示服从广州国民政府，二月二十四日国民政府两广统一委员会成立，桂军首领李宗仁接着就任国民革命军第七军军长，两广的局势稳定下来了。蒋介石兵权在握，后方稳定，要动手便不再有多少后顾之忧。

中山舰事件的发生，对共产党来说，是毫无思想准备的。这件事很有些扑朔迷离。杨天石在《中山舰事件之谜》一文中考察，它的经过是这样的：三月十八日傍晚，黄埔军校接到消息说有一条船在外洋被海盗抢劫，校长办公厅主任要管理科打电话给军校驻广州办事处要求派巡逻艇前往保护。办事处主任欧阳钟便用蒋介石的名义找海军局代局长李之龙（共产党员），称：“奉教育长谕，转奉校长命，着即通知海军局迅速派兵舰两艘开赴黄埔，听候差遣。”李之龙就派中山舰开去黄埔。军校教育长邓演达说不知道这件事，刚好广州又有别的需要，船就开回去了。[2] 事情本来很简单，也不难查清楚。但极端多疑的蒋介石，因为他没有下令调船，而怀疑是汪精卫和共产党有阴谋，要用军舰来胁迫，把他强行送到苏联海参崴去；他立刻乘此采取大动作：实行戒严，逮捕李之龙，监视第一军各师党代表，包围苏联顾问寓所，解除省港罢工工人纠察队的武装，还把周恩来软禁了一天。随后提出两个条件：一是共产党员退出第一军，二是不退出的要交出名单。这件事的经过当然有偶然的因素，但蒋介石立刻由此采取这样大的动作，以突然袭击的手段排除异己，把大权掌握到了自己手里，显然有着更深的背景和用心，不能简单地只用偶然因素来解释。蒋介石在当天日记中写道：“组安军长（引者注：即谭延闿）不以此举为然，书生态度，不知革命之举动也。”[3]

---

〔1〕 蒋介石日记，1926年3月3、8、10、12日，美国斯坦福大学胡佛研究所藏，承中国社会科学院近代史研究所提供抄件。

〔2〕 杨天石：《蒋氏秘档与蒋介石真相》，社会科学文献出版社2002年2月版，第113—115页。

〔3〕 蒋介石日记，1926年3月20日。

从他得意地嘲笑谭延闿是书生之见，反衬出他此举的用心是很深的。

面对这场突然事变的发生，应该怎么办？共产党内有不同的主张。毛泽东、周恩来、陈延年都主张反击。所谓反击，并不是要打倒蒋介石，而是指不能一味容忍和退让。用毛泽东的话来说："对蒋介石要强硬"，"蒋介石此番也是投机，我们示弱，他就得步进步；我们强硬，他就缩回去。"〔1〕周恩来还这样解释："国民革命军六个军中，只有第一军是直属蒋介石指挥的，其他五个军都不会听他的，有的还想乘机搞掉蒋介石。""第一军又是黄埔军校教导团的底子，党的传统影响很大，我们是完全有能力反击蒋介石的。"〔2〕

但是，正率联共（布）中央政治局使团来广州的苏联红军总政治部主任布勃洛夫和以陈独秀为首的中共中央不同意反击。他们为什么不同意，也有复杂的考虑：第一，当时共产国际和中共中央认为中国国民革命主要靠两支力量：一支在南方，就是广东革命根据地；一支在北方，是冯玉祥的国民军，也已同苏联和中国共产党建立起联系。但就在这年三月份，奉军打败反戈相向的郭松龄部后进关占领天津，接着又占领北京，冯玉祥部退往南口。这使他们感到，既然北方已处在非常不利的情况下，唯一可以依靠的就是南方，因此希望让步，怕跟蒋介石闹翻了，南方的局势也会恶化。第二，在这以前，蒋介石表面上没有多少反共言行。中山舰事件对蒋介石来说起着两个作用：一个是要把汪精卫赶走，因为那时在国民党内居第一把手地位的是汪精卫。他不仅是国民政府主席，而且是军事委员会主席。蒋介石采取宣布戒严等这些重大行动，完全把汪置之不顾，使汪感到自己已呆不下去，被迫跑到法国去。从此，国民党的大权就集中到蒋介石的手里。另一个作用是他进行反共活动的试探，并且把共产党的力量排除出第一军。这两点得手了，他马上表示这次事件是误会，把包围苏联顾问寓所的军队撤退，所缴工人纠察队的枪支发还，把参与中山舰事件行动的王柏龄、陈肇英等撤职，还向国民

---

〔1〕茅盾：《我走过的道路》（上），人民文学出版社1981年10月版，第306、307页。

〔2〕聂荣臻：《学习恩来的优秀品德，继承他的遗愿》，《不尽的思念》，中央文献出版社1987年12月版，第13页。

政府写了一个自请处分的报告。他在四月九日给汪精卫的信中说："本校出身之军官，对于共产党员幼稚者之行动，固多不满意，而谓其有杀共产党之心，则弟保其绝无之事。盖一般军官皆知现在革命战线之不能撤散，与其杀共产党，不如谓其自取败亡也。"[1] 苏俄代表和中共中央认为蒋介石过去表现不错，对这次事件已声明是误会，又自请处分，不能对他过分了。第三，当时共产党从事的主要是工农运动和军队政治工作，除叶挺独立团外并没有直接掌握军队。认为如果同蒋介石决裂，在高级将领中由另一个人来代替他，也未必比蒋介石好。这样想来想去，最后还是以让步了结。

情况尽管很复杂，事实证明这个决策是完全错误的。对方采取那样强硬的措施，你却忍气吞声，一味退让，以为满足了对方的要求，事情就可以了结。结果充分暴露了自己的弱点，使蒋介石的胆子越来越大，更加得寸进尺，步步进逼。你的阵地一块又一块地丢掉，他的力量越来越大，到整个力量对比完全失去平衡的时候，他突然猛扑过来，你连还手的余地都没有。这是很沉重的教训。

果然，只过了一个多月，当国民党在五月十五日至二十二日召开二届二中全会时，蒋介石又进了一步。他借口改善两党关系，扬言为避免共产党员在国民党内担任重要职务容易引起"党内纠纷"，需要有"消除误会的具体办法"，提出一个《整理党务案》。它的主要内容有两条：一是其他党的党员加入国民党后，在省市以上党部中担任执行委员的不得超过三分之一；二是国民党的中央部长，不能由共产党员担任。在会上，柳亚子、何香凝等投票反对。但联共（布）中央政治局在半个月前决定："认为国共破裂问题具有头等重要的政治意义。认为这种破裂是绝对不能允许的。认为必须实行让共产党留在国民党内的方针。""要在内部组织上向国民党左派作出让步，重新安排人员，以便基本上保持目前的组织关系。"[2] 鲍罗廷和中共中央都认为共产党员担任国民党内这

---

〔1〕 蒋中正：《自反录》第1集，第253页。

〔2〕《联共（布）、共产国际与中国国民革命运动（1926—1927）》（上），北京图书馆出版社1998年11月版，第236、237页。

些重要职务容易同国民党员发生磨擦，甚至可能引起破裂，而在这个问题上作出重大退让后就磨擦不起来了。所以，鲍罗廷在会前就同意了蒋介石的要求。陈独秀也有句名言，叫“办而不包，退而不出”。[1] 结果，谭平山不再担任国民党中央组织部长，由蒋介石亲自兼，国民党中央宣传部代部长毛泽东、农民部长林祖涵和中央秘书处书记长刘芬（伯垂）也不再担任这些职务。随后，蒋介石又当上国民革命军总司令、国民党中央常务委员会主席。北伐期间，国民政府所属民政、财政各机关都受总司令指挥。整个南方的党政军大权都落到蒋介石手里。蒋介石十分懂得军权和政权的重要性。他平时不动声色，一到紧要关头就跨出一步，一步一步地把大权全都集中到他手里。“蒋介石三月二十日的行动以及随后的五月十五日国民党中央全会的决议，把共产党人排除在国民党和国民政府的整个领导工作之外。”[2] 而政治上十分幼稚的共产党却一味害怕发生磨擦，步步退让，最后，手里既没有政权，也没有多少军权，吃了大亏。“以斗争求团结则团结存，以退让求团结则团结亡”这个道理，是要在经过多少次付出血的代价后方才懂得的。

蒋介石对全会如此顺利地通过《整理党务案》十分得意。他在《苏俄在中国》中写道：“当鲍罗廷与我会商这个办法时，对我的态度极为缓和。凡我所提主张，都作合理的解决。”蒋介石高度评价这次全会的意义，写道：“这是我们中国国民革命成败的关键，也就是本党与共党消长的分水岭。”[3] 鲍罗廷却似乎还在做梦。他在会后几天给加拉罕的信中竟这样写道：“这些决议从右派手里夺走了他们用来反对我们的武器。他们反对我们，似乎是为了挽救党使之免遭国民党内的共产党人的控制。这是一个使他们得以把一些诚实的国民党人集合在他们周围的口号，因为这些诚实的国民党人确实害怕国民党最终被共产党人吃掉。上述决议通过后，这种害怕心理大为减少，右派被置于极其不利的地位。

〔1〕李立三：《一九二五年至一九二七年中国大革命的教训》，《中共党史报告选编》，中共中央党校出版社 1982 年 9 月版，第 291 页。

〔2〕《联共（布）、共产国际与中国国民革命运动（1926—1927）》（上），第 453 页。

〔3〕蒋中正：《苏俄在中国》，（台北）中央文物供应社 1992 年 2 月版，第 36、37 页。

我再说一遍，他们被剥夺了用来反对我们的主要的和很方便的武器。现在他们受到打击，也无法诿过于共产党人。”[1]

当然，蒋介石是算计得很精的：那时北伐马上就要开始，广东政府的力量有限，北伐能不能成功还是一个没有把握的问题，他暂时仍需要苏联和共产党的帮助。因此，在接连两步得手后，他马上又缓和一下，甚至表示欢迎共产党员回到第一军和黄埔军校来。反对北洋军阀的北伐战争就是在这种复杂情况下开始的。

北伐战争和工农运动的迅速高涨

北伐战争开始于一九二六年夏间。

孙中山生前曾经多次要以广东为根据地举行北伐，都没有成功。为什么这次北伐战争能够顺利地发展、迅速打开局面？这不是哪一个人所能左右的，而有着历史发展到这个阶段时的深刻社会原因。从前面的叙述中可以看到几个重要因素。

第一，北洋军阀已经统治中国十四年多，除了种种倒行逆施和彼此间拼死争夺权力外，从来没有提出过一个可以凝聚人心、使中国走向繁荣富强的目标和纲领。如果说民国初年曾有人把袁世凯看作“强有力的人物”而寄以希望，后来还有些人把吴佩孚看作“爱国将军”，那么，经过袁世凯恢复帝制到曹锟贿选，民众对他们已从怀疑、失望发展到深恶痛绝。连年的军阀割据和军阀混战，更给百姓带来极大的苦难。打倒祸国殃民的军阀，实现和平和统一，已成为社会各阶层的共同呼声。北伐战争所以能顺利发展以至国民党最初能得到不少人的支持，最根本的原因在于当时这种普遍的社会心理。

第二，北洋军阀已陷于严重分裂的极端脆弱局面。当手无实力的段祺瑞在一九二六年四月被迫辞去临时执政后，北京政府连个名义上的首脑也没有了。天津《国闻周报》上的《民国十五年之回顾》中写道：

---

〔1〕《联共（布）、共产国际与中国国民革命运动（1926—1927）》（上），第 273 页。

“段祺瑞倒而北洋派笼罩全局之人物，直无第二人，不可谓非政治上一大变局也。”“自中枢无主，各省分裂之势益著。”“矧复收入机关，概在军人之手，中央政府欲求点缀门面之资而不可得，斯又十五年未见之奇观，不可谓非政界之一大变化也。”[1] 在军阀割据的地区内，几经反复争夺，主要分裂成张作霖、吴佩孚、孙传芳三个集团，各据一方，各有盘算，相互疑忌很深，谁也指挥不了谁，谁也顾不上谁，甚至等着看别人笑话，准备从中取利。

北伐军正面的对手吴佩孚本是北洋正统人物，但他的主力已在第二次直奉战争中解体，留下的只是重新凑合的残部二十多万人，是这三个集团中最弱的一个。他本人当北伐战争开始时又正在北方同张作霖合作进攻已从京津退据南口的冯玉祥部国民军，不把北伐军放在眼里，并没有用全力对付。这使北伐军一开始就进展顺利，造成先声夺人的局面。

孙传芳雄踞富饶的东南五省，总兵力在二十万人以上，有较强的战斗力，野心勃勃，但这个集团刚刚形成，包括很多不同的地方势力，人各一心，都在准备窥伺风向而动，内部很不巩固。孙传芳却没有自知之明，以为此时正是他进一步扩大势力范围的机会。他的兵力处在吴佩孚集团的东侧，即与同广东、湖南相接壤的地区，但北伐军同吴部作战时，他却坐山观虎斗，并不出手援吴。吴佩孚在两湖危急时，每天用急电催促孙传芳出兵相助。“可是在此关键时刻，那位坐镇东南的孙联帅，时（与）遗老名流为文酒之会，大有轻裘缓带之风。有人问道：‘北伐军已经打到湖南，吴玉帅深感燃眉之急，我帅何以自处?’孙淡然一笑说：‘党军负嵎两广，正如麻绳子扭做一团，刀砍不入，火烧不断，如今他们由珠江流域伸展到长江流域来，就成了一根长绳子，用剪刀一剪就可以剪断，我们岂不省力得多。’接下来，北伐军又已进入鄂南，他的部下不免窃窃私议：‘直系两帅唇齿相依，我们如坐视不救，恐将同归于尽。’孙又嗤之以鼻说：‘傻瓜，吴玉帅驻节两湖，咱们不能开军队把它赶走，如今他要同党军硬拼，正如两虎相斗，不久两湖地盘也是咱

[1] 《民国十五年之回顾》，《国闻周报》第3卷第50期，1926年12月26日。

们的了。’”〔1〕

张作霖的奉系军阀，是三个集团中兵力最强大的一个，在一九二五年九月兵员已增至三十六万多人。〔2〕武器也比较精良。但它地处东北和华北的京、津、直隶、山东，同北伐军中间隔着吴、孙两大集团，而吴、孙都不愿奉军南下，怕它乘此夺去自己的地盘。至于盘踞山西已十五年的地方军阀阎锡山更是一向抱着冷眼旁观、伺机而动的态度。

这种四分五裂的状况，同以往袁世凯、段祺瑞和曹、吴当政时大为不同，北伐军最初兵锋所指只是吴佩孚集团一路，正便于实行各个击破。

第三，在南方，实现第一次国共合作和国民党改组后，高举“打倒列强、除军阀”的大旗，群众运动蓬蓬勃勃地开展起来，被全国进步人士特别是进步青年视为中国革命的希望所在。许多人从四面八方南下广东投军。经过两次东征和广西来归，已经形成相对巩固的两广革命根据地。他们又得到苏联在军械和经费上的很大支援，从一九二四到一九二六年从苏联运来的武器就有步枪一万五千支，子弹两千万发，还有机枪、大炮、手榴弹等，总值三十九万八千八百二十四卢布，〔3〕这些都大大增强了广州政府的力量。

一方面，北洋军阀的统治已到了日暮途穷的地步；另一方面，南方的广州国民政府又已具有兴师北伐的实力，并得到国内大多数民众的支持。这样，北伐的条件已经成熟，出师北伐已是不可避免的了。

北伐战争的开始，以湖南政局的剧变为契机。

湖南原在标榜“联省自治”的地方军阀赵恒惕控制下。他部下实力最雄厚的是驻防湘南、拥兵五万的第四师师长唐生智部。〔4〕唐同南方已有联系，一九二六年三月挤走赵恒惕，到长沙就任代理省长。一向支持

---

〔1〕 陶菊隐：《记者生活三十年》，第97页。

〔2〕 来新夏等：《北洋军阀史》，第25页。

〔3〕《联共（布）、共产国际与中国国民革命运动（1920—1925）》，北京图书馆出版社1997年1月版，第700页。

〔4〕 唐生智：《关于北伐前后几件事的回忆》，《湖南文史资料》（修订合编本）第3集，湖南人民出版社1982年1月版，第102页。

赵恒惕的吴佩孚在四月间派兵从湖北南下，唐生智被迫在五月一日退出长沙，正式投入广州革命政府，不久就任国民革命军第八军军长，兼北伐军中路前敌总指挥。国民革命军第四军（陈铭枢、张发奎两师和叶挺独立团）、第七军（李宗仁部）先后进入湖南，同唐部会合。北伐军发起攻击，势如破竹，七月九日已达到湘乡，十一日占领长沙。

广州国民政府在六月五日任命蒋介石为国民革命军总司令。同一天，作为北伐军先锋队的叶挺独立团已克复湖南攸县。〔1〕七月一日，蒋介石下北伐部队动员令。九日，也就是北伐军克复长沙前两天，蒋介石就任国民革命军总司令，誓师北伐。北伐军占领长沙后，休整了一个月。八月十二日，蒋介石到长沙。十四日，下总攻击令，向湖北推进。

北洋军阀本来以为这次仍同以前广东政府几次北伐那样，只是粤湘边境规模不大的拉锯战。这时，吴佩孚才发觉情况不妙，匆忙率刘玉春等两个师从北方赶回湖北，会合从湖南北撤的部队，在粤汉铁路线上的要隘汀泗桥布防。二十六日，双方展开激战。“此地素有天险之称，南西北三面环水，东面高山耸立，仅西南有一线铁路可以通行，实在是‘一夫当关，万夫莫开’的要塞。打不下汀泗桥，即无法进攻武汉。”〔2〕北伐军以第四军为进攻主力，有万余人。吴佩孚部有董政国、宋大霈等师约两万人。第二天上午，北伐军攻克了天险汀泗桥，叶挺独立团乘胜进占咸宁。这是关键性的一仗。具体指挥这场战役的张发奎回忆道：“汀泗桥对任何由南向北攻击的军队来说都是难以攻陷的。在一九二一年湘鄂军阀内讧时，（赵恒惕率领的）湘军终以天堑不能飞渡，损兵折将退回湖南。毫无疑问，汀泗桥战斗是北伐战争中决定性的一仗（吴佩孚守汀泗桥的精锐部队中，二个团长战死，卌九个连长死剩五个，士兵死伤过半）。设若我们拿不下汀泗桥，吴佩孚就会避免失败的命运。这场战役理应名垂青史。”〔3〕

〔1〕郭廷以：《中华民国史事日志》第2册，（台北）中研院近代史研究所1984年4月版，第54页。

〔2〕《陈诚先生回忆录——北伐平乱》，第46页。

〔3〕张发奎：《蒋介石与我》，第103页。

北伐军第四军同第七军会合后，继续北上，进攻贺胜桥。吴佩孚虽曾威名赫赫，此时却已今非昔比。著名记者陶菊隐写道："这次吴手下都是些杂牌队伍，能打不能打是一问题，愿打不愿打又是一问题，后方乌烟瘴气尤非往日可比。"汀泗桥失守的同一天，"吴一面电调京汉线各军星夜驰援，一面亲率刘玉春的卫队旅于二十七日赴前线督战，又令营务执法总司令赵荣华组织大刀队把守各要口，遇有退缩官兵，一刀一个，人头滚滚，一日之间砍杀团营长九人，逃兵正法者更无其数。"但是，"援军迟迟其行，海军不及调度，革命军再来一次比前更猛烈的扩大攻势。"吴佩孚的阵脚已无法稳住。"起初有大刀督战队，继而又有机关枪督战队出现。无如溃兵越到越多，越退越勇，正应着'自家人打自家人'的一句老话。其时汀泗桥已不守，所谓前线距吴的司令部仅有三五十里之遥，溃兵竟向吴的火车开起枪来，击死副官一人，伤卫队二人。"[1] 吴佩孚见大势已去，不得不在三十日决定退守武汉。他任命刘玉春为武昌城防司令，刘佐龙为湖北省长兼汉阳防守司令，自己不久后退往河南郑州。两湖战役的胜负实际上已成定局。北伐军出师不久，便已先声夺人。

这时，蒋介石赶到前线，亲自指挥第一军第二师和第四、七军进攻武昌，迟迟没有进展；唐生智部第八军渡过长江，进攻汉阳、汉口。九月六日，第八军在刘佐龙投降北伐军的情况下占领汉阳，控制极为重要的汉阳兵工厂。第二天，又占领汉口。武昌在刘玉春死守下，到十月十日才被北伐军攻克。

孙传芳当北伐军向湖北进攻时，认为他摘取果实的时机已到，陆续调五个师八个旅约十多万人进入江西，对外仍称只是防御性质。蒋介石在两湖战役中没有大的作为，还受到唐生智轻视，十分懊丧，就放下武昌，自己转向江西。九月五日，北伐军开始对江西发动进攻，一度突袭南昌成功，但在孙军优势兵力反击下又被迫退出，第一军第一师和第六军受到严重损失。蒋介石只得将战斗力强的第四军和第七军调入江西，

---

〔1〕 陶菊隐：《吴佩孚传》，上海书店出版社 1998 年 1 月版，第 147—150 页。

在九月三十日全歼孙部精锐谢鸿勋师。十一月九日，北伐军再克南昌，打开了进军长江下游的大门。

北伐军留守广东、福建边界的部队，由东路军总指挥何应钦指挥，也得到孙部福建地方军阀投诚，在十二月三日克复福州。

当高唱“打倒列强，除军阀”的北伐军北上时，湖南、湖北、江西等省的工农运动给了北伐军极大支援。拿湖南来说，据一九二七年一月出版的《中国农民问题》记载：

“北伐军入湘而后，平江、浏阳诸役，皆得农民为向导与协助，使我军不至陷于逆敌伏军及地雷之险。平江之役，农民引导我军，从间道抄平江北门，敌军几疑我军从天而降，敌将陆沄因势穷自杀，农民因此而牺牲者亦数十人。凡我军所到，农民必担茶担水，以相慰劳，跋涉险阻，以为向导。常有手持木棍，截击敌兵，夺其枪械，以为我军效力。黄陂县有农民千余，从吴佩孚溃军处获大帮枪械，送交革命军。故此次我军长驱而北，不两月已克复武汉，进兵豫赣，扑灭吴佩孚军阀，得助于农民群众者，实为至多。”〔1〕

北伐军前敌总指挥唐生智不久也说：“我们这次革命的成功，完全是工农群众的力量，并不是兵士的力量。我们在北伐的时候，在衡阳，在醴陵，在粤汉路，都得着农工运动的帮助，才得狠顺利的杀却敌人。”〔2〕

为什么农民如此踊跃地支持北伐战争？《向导》刊载的一篇长沙通信分析了四个原因：“A，党人宣传的效果，农民都知道北伐军是拥护工农利益的，要援助北伐军胜利，农民然后才能得到利益。B，对北兵叶军（引者注：指赵恒惕旧部叶开鑫的军队）之仇视。两方军纪比较，使农民仇视更深。C，受农民协会的指挥（有最少数是自动的）。D，在九十月中农民之愿意参加战争，则为欲得到枪支，因此时农民武装的要求

〔1〕《第一次国内革命战争时期的农民运动》，人民出版社1953年10月版，第15、16页。
〔2〕《唐总指挥在长沙对农工之重要讲话》，(汉口)《民国日报》1927年2月19日。

已经起来了。”[1] 这四条原因分析得都是对的。还有一点也应该提到，就是北伐军对军阀部队迅速地取得摧枯拉朽式的胜利，并对农民的活动采取热情鼓励和支持的态度，也为农民壮了胆，减除了许多顾虑。

随着北伐战争的胜利发展，各地农民协会纷纷成立，原来十分散漫的农民被组织起来。还是以湖南为例，这年九月，各县农民协会已纷纷成立或筹备成立；到十一月，全省七十五个县中已成立县农民协会的有三十六个，已有农民协会筹备处的有十八个。农民组织起来以后，局势发展之快远远超出人们的预料。毛泽东在一九二七年二月十八日所写的长沙通信中描述道：

“十月至今年一月为第二时期，即革命时期。农会会员激增到二百万，能直接指挥的群众增加到一千万（农民入农会大多数每家只上一个人的名字，故会员二百万，群众有一千万）在湖南农民全数中，差不多组织了一半。”

“农民既已有广大的组织，便开始行动起来，于是在去年十月至今年一月四个月中造成一个空前的农村大革命。”

“他们主要攻击目标为土豪劣绅不法地主；旁及农村各种宗法制度；城里的贪官污吏；乡村的恶劣习惯。这个攻击形势，简直是急风暴雨，顺之者存，违之者灭，结果把几千年封建地主特权，打得个落花流水。他们的体面威风扫地以尽。绅士权力既倒，农会便成了唯一的权力机关，真正办到了‘一切权力归农会’”。[2]

这是一场广泛而深刻的社会变动。在以往中国农村中，还不曾见过规模如此之大、行动如此激烈的大变动。它大抵是农民在国民革命运动强有力推动下主动起来争取自身权益时发生的。

在运动发展中也出现过一些过激的行为。当时担任中共湘区执行委员会委员长的李维汉回忆道：“在这场农村革命的大风暴中，不可避免

---

〔1〕 湘农：《湖南的农民》，《向导》第181期，1927年1月7日。

〔2〕 毛泽东：《湖南农民运动考察报告》，《向导》第191期，1927年3月12日。

地出现一些‘左’的偏差，诸如擅自捕人游乡，随意罚款打人，以至就地处决，驱逐出境，强迫剪发，砸佛像和祖宗牌位……等等。这些做法容易失去社会同情。”“此外，还冲击了少数北伐军官家属，引起同湖南农村有联系的湘籍军官的不满。这些虽是运动的支流，但不利于巩固和扩大农村联合战线，最大限度地孤立打击敌人。”〔1〕

为什么湖南农民运动会这样迅猛地发展起来？为什么会出现过激的行动？这有深刻的社会原因。

可以说，这场农村革命的大风暴是湖南农民长期以来受尽地主豪绅欺凌压迫而无处诉说心中郁积起来的全部仇恨和愤怒，在特定历史条件下的一次大爆发。如果没有这种深层背景，任何人或任何政党都不可能在农村中制造出这样一场大风暴。运动中的某些偏差自然无需讳言，那是这场革命风暴猛然展开中出现的，而且相当程度上是农民处于极端兴奋状态中的自发行动。

当时《湖南民报》有篇论说写道：“农民已经取得自由，若要不发生纠纷，除非剥夺其自由，任他永远压在地狱。”论说批判有些人对农民运动的指责说：“土豪劣绅屠杀农民，一次至数十百人，他们熟视无睹。一闻农民逮捕个把绅士，拿起短棍梭标游行，就伸着舌头：‘危险咧’。农民反抗事件与所受压迫事件，虽不过几分之几，而已震惊殊俗了。”〔2〕

一些国民党要人当时也有类似分析。孙科就说：“现在一般的民众，以至党内的同志，却都有不少是怀疑农民运动的人。他们摭拾一两件农民运动初期的病态的幼稚举动，便想（把）本党的农民运动根本抹煞。”“革命以（之）所以发生，并不是因滩（为）任何个人的意思，乃是因为当时的民生实在受着重大的压迫。中国现在的农民，一方面既受土豪劣绅残酷的剥削，一方面又受军阀和帝国主义双重的压迫。他们终岁勤苦，不特不能得着丰衣足食，简直是要过一种非人的劣陋的生活。他们一遇饥荒还常常要卖儿鬻女。所谓新文化、新教育，他们都完全没有享

〔1〕 李维汉：《回忆与研究》（上），中共党史资料出版社 1986 年 4 月版，第 97 页。
〔2〕 觉斋：《农民运动与国民革命》，《湖南民报》1927 年 3 月 15 日。

受的机会。爽快说句，中国的农民实在都有革命的要求，这是我们万万不能抹煞的事实。那末我们在今日唤起农民去参加革命，还有什么可疑惑之点呢？"[1]

中国共产党湖南党组织在发动农民运动的实际工作中确实起着主导作用。但党员人数太少。一九二六年十月中共湘区第六次代表大会时，"农运有工作者六十五县，其中四十五（县）是我们有把握的，会员约三十万至四十万；同志不甚多，大概不出七百人。"[2] 中共湖南区委在一九二七年二月的一个内部通告中写道："我们的农民同志（引者注：指农民党员）据一月份统计，仅一千七百余人，湖南现在有组织的农民群众已二百万，在农协旗帜下起来了的已千县（余）人，这样比较，一千人中还只有同志一人，又怎样去领导呢？"[3] 这点力量，难以完全左右运动如何发展。何况，那样少的党员大多还是刚入党不久、政治上比较幼稚的新党员。党员的活动大多停留在县一级，一般还不曾深入到乡和村。农民的行动有着很大的自发性。

除湖南以外，湖北全省的农民协会会员到十一月间已有二十万人，江西的农民协会会员到十月间也达到五万多人，农民运动都已蓬勃发展起来。

在城市中，特别是克复武汉后，工人运动也很快兴起。一九二六年十月，湖北全省总工会成立，代表八十多个工会组织和十多万工会会员。一九二七年一月，英国军舰上的水兵用刺刀向庆祝北伐胜利的人群乱刺，杀死一人，伤三十多人。正在召开的湖北省第一次工会代表大会通电全国，要求收回汉口英租界，还协同各界人民在汉口举行三十多万市民的反英示威大会和游行。在武汉政府支持下，收回了汉口英租界，不久又收回九江英租界。二月间，武汉的工会会员已达到三十万人，组织起武装的工人纠察队。武汉、长沙、九江等城市的工人还相继开展要

〔1〕孙科：《国民革命中之农民运动》（续），《湖南民报》1927年3月15日。
〔2〕《中共湖南区委书记报告》，《中央政治通讯》第10期，1926年11月3日。
〔3〕《中共湖南区委通告——发展党在农民中的组织计划》（1927年2月16日），《湖南革命历史文件汇集》（甲5），第55—57页。

求增加工资、减少工时、改善劳动条件、反对封建把头等斗争。这些斗争大多取得了胜利，但在这方面也提出了一些过高的要求，出现过一些过火的行动。

工农运动的蓬勃发展，迅速扩大了革命在群众中的影响，涌现出大批积极分子，为日后的土地革命准备了重要条件。如果只有五卅运动，而没有北伐战争和伴随而来的工农运动高涨，还不足以把它称作中国的大革命。它的影响十分深远。毛泽东在一九二八年的《中国的红色政权为什么能够存在》中写道：

"中国红色政权首先发生和能够长期地存在的地方，不是那种并未经过民主革命影响的地方，例如四川、贵州、云南及北方各省，而是在一九二六和一九二七两年资产阶级民主革命过程中工农兵士群众曾经大大地起来过的地方，例如湖南、广东、湖北、江西等省。这些省份的许多地方，曾经有过很广大的工会和农民协会的组织，有过工农阶级对地主豪绅阶级和资产阶级的许多经济的政治的斗争。所以广州产生过三天的城市民众政权，而海陆丰、湘东、湘南、湘赣边界、湖北的黄安等地都有过农民的割据。至于此刻的红军，也是由经过民主的政治训练和接受过工农群众影响的国民革命军中分化出来的。那些毫未经过民主的政治训练、毫未接受过工农影响的军队，例如阎锡山、张作霖的军队，此时便决然不能分化出可以造成红军的成分来。"〔1〕

蒋介石发动政变的准备

蒋介石是个要把一切大权独揽在自己手里、容不得任何异己力量而又富有权谋的人。当自己实力不足的时候，他可以隐忍不发，以便一步一步地达到目的。在他从广州出发北上的前一天，对留守后方的将领谈

〔1〕《毛泽东选集》第1卷，第49—50页。

话中甚至说："在政治问题上他们应该向两个人请教：一个是张静江……另一个是鲍罗廷，是总理推荐给我们的，自总理去世以来我们还没有这样一位伟大的政治活动家。"[1] 可是，一旦认为时机成熟，他立刻会翻过脸来，采取令人吃惊的断然行动。

中山舰事件、通过《整理党务案》、就任国民革命总司令以后，他已把南方的党政军大权集中到自己手里。"蒋就是国民党，蒋就是国民政府，威福之甚，过于中山为大元帅时。"[2] 蒋介石独断专行的种种表现，使他同各方面的矛盾很快激化，包括中国共产党，也包括国民党内的其他政治势力。

中国共产党在经历了中山舰事件和"整理党务案"以后，接连两次没有料想到的打击使它不再把蒋介石看作可靠的左派，但仍把他称为"中派"，力争同他继续合作，只是把西山会议派等看作国民党内的右派，认为："我们要联合左派并中派，向反动的右派进攻"，"只能联合左派控制中派使之左倾，而不能希图消灭中派"。[3] 随着北伐战争的胜利进展，作为国民革命军总司令的蒋介石的声誉和影响日益扩大。苏联和共产国际更加把他看作能够打击帝国主义、军阀势力和国民党右派的重要力量，竭力要把他拉住。九月十六日，共产国际执行委员会远东局委员和中共中央执行委员会在上海举行联席会议。远东局主席维经斯基在报告中说："从主观上看，蒋介石还不是革命的敌人，他打击过右派，他需要我们，是可以同他一起工作的。""蒋介石也不可能激烈反对左派，因为他在前线的处境迫使他寻求支持。我们不应挑头来反对蒋介石，他也不会来进攻。"会议的决议写道："我们对蒋介石的政策现在应当是，在国民党十月全会上要向左派和蒋介石表明，我们确实真的希望

---

〔1〕《鲍罗廷同蒋介石的谈话记录》，《联共（布）、共产国际与中国国民革命运动（1926—1927）》（上），第365页。

〔2〕《中央局报告（九月份）》，《中共中央文件选集》第2册，中共中央党校出版社1989年8月版，第341页。

〔3〕《中央政治报告》（1926年7月），《中共中央政治报告选辑（1922—1926）》，中共中央党校出版社1981年3月版，第57页。

他们进行合作。”[1] 同一天，中共中央根据这次会议的决议发出《中央通告第十七号》，谈到当时正在广东出现的欢迎被看作国民党左派的汪精卫从欧洲归国的活动时说：“迎汪绝不是就要倒蒋，在现时内外情势之下采此政策是很危险的：一动摇了北伐的局面，二继蒋之军事首领不见比蒋好。我们向蒋诚恳的表示，汪回后我们决无报复行为，决不推翻整理党务案。”“如果蒋能执行左派政纲成为左派，我们亦可不坚持要汪回来。”[2]

当时，国民党内不少政治势力对蒋介石的不满也在明显发展，甚至表现得比共产党更为激烈。国民党内的真正左派宋庆龄、邓演达等的不满不用说了。就是其他不少人的眼中，蒋介石在国民党领导集团内本属后进，北伐开始时还只有三十九岁，一旦大权在握，便独断专行，不把别人放在眼下，也不把国民党中央放在眼里，自然引起他们中很多人的不满和愤慨，从而提出“提高党权和集中党权”的问题。他们强调：“一切权力属于党，是目前党的第一个标语，表现党的意志与执行党的意志的最高机关是中央执行委员会。除去了中央执行委员会之外，决不可有第二个最高指导机关。如果中央执行委员会之外，再有第二个与中央执行委员会权力相等以至于权力冲突的机关，那便是党的莫大之危险。”[3] 孙科的几次讲演说得更明白：

“现在党的问题，就是革命工作的领导问题。这个领导问题，我们要问的，就是革命是否以党去领导呢？抑或以个人去领导呢？革命的权力是否要集中于党，抑或要集中于一两个首领身上呢？如果革命势力是统一集中于党的，那末这个党才是民众的党，才是代表民众势力的党。如果是集中于个人的，那末，这个党便马上变成了军阀的党、个人独裁的党、封建势力的党了！”[4]

---

〔1〕《联共（布）、共产国际与中国国民革命运动（1926—1927）》（上），第500、503页。
〔2〕《中共中央文件选集》第2册，第311、312页。
〔3〕《胡政之文集》（下），天津人民出版社2007年4月版，第917页。
〔4〕孙科：《我们为甚么要有党?》，汉口《民国日报》1927年3月10日。

“自从去年三月二十以后，军事委员会已是无形取消，军事的最高机关已移到总司令部。实在总司令部乃是作战时的组织，其唯一职责止在指挥作战，集中武装的力量去打倒敌人。至于军长之委任、军饷之支配、军事机关之组织，应该由军事委员会负责。但因军事委员会既经无形取消，所有一切军事都由总司令个人负责。总司令的权力便变成其大无限，甚至党也要服从总司令，总司令说要怎么样就怎么样。总司令所委的军长，也没有报告过中央党部、国民政府和军事委员会。在这回（中央）全体会议以前，究竟委了多少军长，委了何人做军长，每个月所用的一千几百万的军费是怎样支配的，中央党部和国民政府都不知道，止有总司令知道了。这种错误是从什么地方来的呢？就是从错误的思想上来的。从什么地方可以见得呢？比方蒋介石同志说我是革命的，反对我革命就是反革命，就无异是说我是党，我是国，反对我的就是叛党叛国，大逆不道了，这就是思想上的莫大错误。”〔1〕

还有一个情况：北伐开始时，前敌总指挥是唐生智。他的部队是湘军，在湖南北上时迅速扩军，进入湖北后又先渡过长江占领汉阳，拿下汉阳兵工厂，有人又有枪，第八军一下扩充成三个军，两湖地区主要控制在他的手里。他同蒋介石素无渊源，又认为“蒋私心很重”，“对蒋不满”。〔2〕蒋介石亲自指挥进攻武昌迟迟不下，更遭轻视。蒋在九月初转向江西作战，既为了替进军江浙打开通道，也因为在两湖地区难以立足。他在九月四日的日记中写道：“吾今竟处于四面楚歌、前后夹攻之境，耻辱悲怜、痛苦抑郁之情未有甚于此者也。最恨以下凌上、使人难堪也。如此奇辱，岂能忘乎。”八日写道：“接孟潇总指挥（引者注：即唐生智）函，其意不愿意余在武昌，甚明也。”十四日又写道：“余决离鄂向赣，不再为冯妇矣，否则人格扫地殆尽。”〔3〕

〔1〕孙科：《中央执行委员会第三次全体会议经过》（续昨），汉口《民国日报》1927 年 3 月 26 日。

〔2〕刘兴：《回忆国民革命军第八军》，《湖南文史资料选辑》（修订合编本）第 6 辑，第 83 页。

〔3〕蒋介石日记，1926 年 9 月 4、8、14 日。

这些错综复杂的矛盾，对以后的宁汉分裂都起着作用。一度反蒋的武汉政府成员中，不少便是这些对蒋怀有种种不满的国民党人士。

蒋介石公开反共和进行分裂活动是必然趋势，但他需要选择时机。这个时机，在一九二六年十一月开始到来。那以前，他进入江西之初，进展并不顺利，南昌得而复失。“孙传芳虎踞长江下游有年，饷裕财丰，弹械充足，其实力较之吴佩孚有过之无不及。”[1] 北伐军能不能打败孙传芳最初并无把握。蒋介石在这种情况下，自然不敢轻易地发动公开的分裂活动。经过北伐军两个月的苦战，特别是调第七军和第四军增援后，孙传芳部死伤及被俘六万多人，主力损折殆尽，失去斗志。十一月八日，北伐军攻克南昌。这下，蒋介石在江西站住了脚跟，东南半壁胜败的大局已定。他的态度便一天天强硬起来。本来，他主张国民政府和国民党中央党部从广州迁至武汉。第一批成员、国民政府部长陈友仁、孙科、徐谦、宋子文和苏联顾问鲍罗廷等已到武汉。这时蒋觉得武汉并不在他控制之下，迁都武汉对他不利，又改变态度，反对迁鄂。当第二批北迁人员张静江、谭延闿等十二月间从广州经南昌、准备前往武汉时，蒋突然在一九二七年一月三日召开中央政治会议，发表通告称中央党部和国民政府暂驻南昌，以后到三月初方才放行。这就使武汉和南昌之间的关系紧张起来，俨然形成两个中心。

日本这时加紧了对蒋介石的拉拢。他们的态度同英美有所不同。英美在长江流域有着巨大权益，对南方的国民革命军十分恐惧，倾向用武力手段对付。当北伐军进入湖北后不久，英国军舰借故用大炮猛轰长江上游的四川万县县城，造成中国军民伤亡一千多人。驻泊长江的外国军舰陆续增加到六十三艘。在上海租界内集结的英国等军队增加到两万多人，公然进行武力威胁。日本却倾向从内部分化。“币原外相根据派至武汉的（外务省）条约局长佐分利贞男的报告，得知革命军内部蒋派和共产派之间存在着尖锐对立。他考虑的方策是，拉拢反共主义者蒋介石，使蒋压制共产派，统一国民革命。因此，币原制止了英国的强硬态

---

〔1〕《李宗仁回忆录》，（香港）南粤出版社 1987 年 2 月版，第 255 页。

度，反对发出限期通牒，以免把蒋介石逼入绝境。”[1]

蒋介石这时正在“觅寻外力支持，日本为其主要目标。一九二七年一月，由通晓日本情形、与蒋私谊至笃的黄郛、戴传贤分别进行。黄郛代蒋向汉口日本总领事致意，盼彼此避免冲突，戴传贤在东京盘桓月余，屡晤外务省官员，使命似尤重要。”[2] 一月末，日方派驻九江领事江户千太郎到牯岭去见蒋介石。蒋向他明白表示：他本人非但不打算废除不平等条约，而且要尽可能地尊重现有条约。他保证承认外国借款，并如期偿还；外国人投资的企业将受到充分保护。二月初，日本军部派来的铃木贞一，到九江会晤蒋介石。蒋介石对他说：“我到南京就表明态度，你等着瞧吧!”[3] 这使日本当局作出判断：蒋介石是“口头上的过激派，行动上的稳健派”。帝国主义列强开始把蒋介石看作“唯一可以使长江以南的区域免于沦入共产党之手的保护力量”，使蒋介石感到有把握取得外国列强的支持。没有这种支持，他是难以很快下决心同中共和武汉方面实行破裂的。

这时，一批同蒋介石有关系的北方官僚政客联袂南下。其中最重要的就是蒋的盟兄、曾任北洋政府国务总理的黄郛（膺白）。蒋介石在一九二六年十一月二十二日、十二月二十八日两次去信邀他南下。黄郛到江西后，据他的妻子沈亦云说：“膺白差不多一天到晚在蒋先生处。”[4] 各方面许多关系，都是黄郛帮助蒋介石建立起来的：外交上，由他同熟识的佐分利贞男多次深谈，铃木贞一也是经他介绍同蒋介石相见的；军事上，他建议蒋介石在北方要同冯玉祥、阎锡山合作，形成中心力量，而他同冯、阎两人都有一定的历史关系；财政上，他南下时在上海商得中国银行副总裁张公权答应给蒋透支一百万元。这件事很重要，表明了上海金融界支持蒋介石的态度。本来，蒋在军事上虽取得发展，但他自

---

〔1〕（日）信夫清三郎：《日本外交史》下册，第516页。

〔2〕郭廷以：《近代中国史纲》下册，第553页。

〔3〕（日）铃木贞一自述，见《土肥原贤二秘录》第196页，转引自沈予《日本大陆政策史（1868—1945）》，第292页。

〔4〕沈亦云：《亦云回忆》上册，（台北）传记文学出版社1980年5月版，第255页。

陈：“办事困苦莫甚至于经济相逼也。”[1] 张公权以后给沈亦云的信中也写道：

“国民革命军由粤北进军中，膺白先生居上海，中行总处亦迁上海，先生时与我商讨如何帮助北伐军饷糈。及国民政府（引者注：指南京政府）成立后，又不断与我讨论如何由中国银行联合金融界帮助国府财政。所幸当时金融界久已同情国民革命，吾以膺白先生之意达于同业，均表示竭诚拥护。故国民政府成立初期之财政得免于匮乏，膺白先生从旁诱掖之功，不可没焉。”[2]

蒋介石原来的嫡系军队只有以黄埔军校教导团为基础发展起来的国民革命军第一军，其中左派还有相当力量。这时，北洋军阀部队、特别是一批地方军阀纷纷投到蒋的旗下，使蒋的实力迅速膨胀。如湖南赵恒惕的第一师贺耀组、第三师叶开鑫部投蒋，贺部后组成第四十军，成为驻守南京的主要兵力，叶部后改编为第四十四军；浙军第二师周凤岐部投蒋后，改编为第二十六军，后来成为在上海发动四一二大屠杀的主要执行者；福建曹万顺旅改编为第十七军，后来演变成陈诚的起家部队第十八军；苏军第六师陈调元部改编为第三十七军；皖军第三混成旅王普部改编为第二十七军；赣军第四师赖世璜部改编为第十四军；浙军第一师陈仪部改编为第十九军等。北伐军的组织成分已发生重大变化，蒋介石指挥下的部队大部分已是投向他旗下的原军阀部队。

连陈诚在回忆录中也写道：“正当宁沪底定之际，社会上即盛传‘军事北伐，政治南伐’的一种流言，能说这完全是不值一顾的诽谤吗？”[3]

联合战线已面对随时可能破裂的严重威胁。中共中央在一九二六年

[1] 蒋介石日记，1927年1月4日。

[2] 姚崧龄编著《张公权先生年谱初稿》下册，（台北）传记文学出版社1982年1月版，第1091页。

[3] 《陈诚先生回忆录——北伐平乱》，第88页。

十二月召开中央特别会议。这次会议主要讨论国民党问题，特别是江西战争胜利后同国民党关系发生的许多新变化。会议根据陈独秀所作政治报告通过决议，认为：

“各种危险倾向中最主要的严重的倾向是一方面民众运动勃起之日渐向左，一方面军事政权对于民众运动之勃起而恐怖而日渐向右。这种左右倾倘继续发展下去而距离日远，会至破裂联合战线，而危及整个的国民革命运动。”〔1〕

事实上，它对防止“军事政权”的“日渐向右”完全无能为力，也没有什么实在的应对措施，剩下的就只有竭力阻止“民众运动”的“日渐向左”，一味压制工农运动，以免引起“军事政权”的“恐怖”。陈独秀还找中共湘区委员长谈话，指令他一定要制止农民运动的“过火”行动。但这些丝毫也没有能阻止“军事政权”的“日渐向右”。蒋介石已经下定决心实行反共和分裂，掌握着军队和政权，一切都在紧锣密鼓地进行着，而中国共产党所能依靠的力量主要只有工农群众。尽管在工农运动中确有一些过激的行动，但从中央特别会议和陈独秀谈话来看，那不是中共中央的主要指导思想，倒是它要力图阻止的。事实上，在当时那种危急的生死关头，如果离开把工农群众有力地发动并组织起来，形成一股使别人不能轻视的力量，不但无法有力地反对蒋介石的反共政变，连中间派的动摇也难以克服，无异在严重危险面前自行解除武装，以后为此付出了沉重的血的代价。

四一二反共政变和宁汉分裂

蒋介石倒是胸有成竹，并且有决心的。其实，他当时的力量还不够

---

〔1〕《中共中央第一次国内革命战争时期统一战线文件选编》，档案出版社1991年5月版，第346页。

强大和巩固。北伐开始时国民革命军八个军中，第二、三、六、八和第四军的一半都听命于武汉政府，第四军的另一半和第五军在广东，直接听蒋指挥的原北伐军只有第一、七两军，而这两军间还有不少矛盾。蒋介石对政变的成功并没有完全的把握，但他敢于像赌徒那样孤注一掷地冒险，一到关键时刻便毫不留情地下手，从而取得了主动权和优势。

江西底定后，蒋介石的目光就集中注视着江浙地区。这是中国经济最发达的富庶地区。蒋介石同这个地区的资本家和帮会势力一向有着联系。在他看来，一旦掌握了这个地区，就可以无所顾忌地采取断然行动。他指挥的军队从江西、福建分两路进入浙江后，得到浙军陈仪、周凤岐两师的响应，在一九二七年二月十八日占领浙江省会杭州。控制了浙江，使蒋介石认定时机已到。二十一日，他在南昌总部的演讲中先说："中正并不会反对共产党，中正是向来扶助共产党的！"接着话锋一转，就说："现在共产党员，事实上有许多对国民党员加一种压迫，表示一种强横的态度，并且有排挤国民党员的趋向，使得国民党员难堪。这样，我便不能够照从前一样的优待共产党员了。""我是中国革命的领袖，并不仅是国民党一党的领袖。共产党是中国革命势力之一部分，所以共产党员有不对的地方，有强横的行动，我有干涉和制裁的责任及其权力！"[1] 这已发出了明白的行动信号！

三月四日，孙传芳部的安徽省长陈调元和芜湖镇守使王普公开宣布倒向北伐军，安徽落入北伐军手中，通向南京的大门已经打开。蒋介石的胆更壮了。六日，他便动手公开镇压工农革命力量，指使当地驻军诱杀江西省总工会副委员长、赣州总工会委员长、共产党员陈赞贤。十日至十七日，国民党二届三中全会由谭延闿主持在武汉举行。由于不少国民党要人对蒋介石的个人独裁也十分不满，全会将原由蒋介石担任主席的国民党常务委员会和军事委员会改为主席团制，不设主席。全会通过的《对全国人民宣言》中说："我们要把一切行政立法权集中在国民政府的手里。国民政府一定可以实行民主主义，防止个人专政或一部分人

---

〔1〕《蒋介石言论集》第4卷，第136、137页。

专政的倾向。”“我们同时要反对那些缓和民众运动的主张，我们要使民众运动充量的、普遍的发展。”全会通过的《对全体党员训令》中强调：“决定将一切政治、军事、外交、财政等大权均集中于党。”[1] 但这些空话丝毫不能约束蒋介石的行动。三月十六日，蒋介石从南昌到九江，指使暴徒捣毁左派占优势的国民党九江市党部和九江总工会，打死四人，打伤六人。接着，他乘军舰沿长江东下安庆。二十三日，暴徒又捣毁国民党安徽省党部和总工会、农民协会。蒋介石的公开政变已只是时间问题了。

中国的工业、贸易和金融中心上海，是蒋介石最重要的目标，也是一个发展得极快的城市。法国学者白吉尔写道：“在上海，若将各个区的人口加在一起计算，那么它在一九一〇年有一百三十万人口，至一九二七年就翻了一番，达到二百六十万。其中移民占了百分之七十二到八十三。上海行政区内的商业区和工业区也在扩大，它北向闸北发展，东越过黄浦江，向浦东扩充，南穿过古城，向南市发展。”[2] 这里最繁荣的公共租界和法租界号称“国中之国”，由租界当局管辖着，还有外国列强的驻军。中国人管辖的只是它周围的闸北、南市等地区。

孙传芳在江西失败后，自知已没有力量同北伐军对抗，便亲自秘密北上，向张作霖乞援。张作霖这时已成北洋军阀中唯一雄厚力量，随即在一九二六年十二月一日自任安国军总司令，以孙传芳、张宗昌为副司令。他派遣张学良、韩麟春率部南下河南，逐走吴佩孚；派遣张宗昌部直鲁联军到南京、上海一带代替孙传芳接防。在上海，“学生和罢工工人在街头散发传单，一被捕就当场砍头和枪决。”“罢工领袖被外国巡捕逮捕便移交中国地界处决。在租界和中国地界一样，警察队伍搜查行人和店铺，竟在街道上产生这样一种恐怖的空气，以致多数店铺，尤其是闸北和南市的店铺都停市了。”“大刀队将牺牲者的头斩断之后，他们便

〔1〕《中国国民党历次代表大会及中央全会资料》上册，光明日报出版社 1985 年 10 月版，第 306、314 页。

〔2〕（法）白吉尔：《中国资产阶级的黄金时代》，上海人民出版社 1994 年 1 月版，第 121、122 页。

把这些死人头挂在电杆柱上示众，或者放在大盘上游街。这种惨象穿过热闹的通衢大道，结果产生一种真实的恐怖景象。因为牺牲者连审判的外表程序也不准经受的。处决发生于人烟最稠密之区。”〔1〕

上海工人曾发动两次武装起义，都因条件不成熟和准备不充分而失败了。一九二七年三月二十一日，当北伐军从浙江推进到上海南郊的龙华时，上海工人在陈独秀、罗亦农、周恩来、赵世炎等组成的特别委员会领导下，发动总罢工（罢工工人达到八十万人），随即转入武装起义。参加行动的工人纠察队有五千多人，由周恩来担任总指挥。战斗最激烈的是火车站附近的闸北地区。直鲁联军军心不稳，准备北辙。工人纠察队经过三十多小时的战斗，击溃了北洋军阀在上海的驻军，缴获的步枪达三千多支，占领了上海除租界以外的地区。

当工人起义时，已到上海南郊龙华的北伐军却故意顿兵不进，坐山观虎斗。等战斗结束后，才在东路军前敌总指挥白崇禧率领下进驻上海，并把具有重要军事价值的江南兵工厂迅速抢占到手，总指挥部就设在兵工厂内。三天后，也就是二十四日，程潜指挥的江右军（第二军和第六军）从安徽东进，占领南京。“鲁军阵线冲破，全军溃退，由南门入城，沿途鸣枪，大肆焚劫。”“鲁军抢劫后纷纷渡江。党军于当天下午始到达。”〔2〕蒋介石也对记者说：“彼有丰富之证据，证明抢劫及射击外人者，并非国民军士兵，实为着国民军制服制帽之北兵所为。”〔3〕当晚，游弋长江江面的英美军舰，借口侨民和领事馆受到“暴民侵害”，突然向南京市区开炮数十发，死伤中国官兵平民三十多人。南京事件加速了蒋介石同帝国主义势力勾结的步伐。

但蒋介石更关心的仍是上海。他在三月二十六日从安徽乘军舰经南京，“没上岸，只和程潜讲了一些话就到上海来。”〔4〕赶到上海。当天上午，陈独秀在上海区委会议上说：“现在帝国主义与新军阀已经进攻

〔1〕（美）伊罗生：《中国革命史》，向导书局1947年3月版，第151、152页。

〔2〕《要闻》，上海《民国日报》1927年3月29日。

〔3〕《公论报载蒋总司令谈话》，上海《民国日报》1927年3月29日。

〔4〕《白崇禧先生访问纪录》下册，（台北）中研院近代史研究所1984年5月版，第939页。

了。”“中央与区委已决定准备防御战争。”同天傍晚，上海区委召开活动分子会议，提出：“蒋来别有用心，我们应当有明确观念”。“重要的为工人与纠察队问题，这次工人大流血大牺牲夺取许多枪械为自己解放的保障。上海工人有力武装，上海工人的政治地位与一切行动都有保障，同时CP（引者注：即共产党）也跟随有力。如果工人武装被解除，则工人又将入于过去黑暗之域。因此，维持工人武装为目前最重要的问题。”他们已经多少看到问题所在，但缺乏经验的共产党人仍不清楚怎样才能做到“维持工人武装”。二十八日，上海区委书记罗亦农又接到陈独秀的信，大意是：“目前我们表面上要缓和反蒋反张，实际准备武装组织，上总除力争保持纠察队外，要少说政治。对蒋要求我们的问题，差不多都可答应，但要他积极反英。”〔1〕这分明是来自共产国际的意见。在关键时刻的这种摇摆和退缩，导致的后果是严重的。

蒋介石一到上海，最看重的果然是工人纠察队的武装问题。工人纠察队总数共两千七百人，分驻闸北、南市、吴淞、浦东四处。上海总工会在四月十五日所写的一份材料中说：“当蒋介石初抵上海时，帝国主义者即问蒋能否镇压上海工人之行动，蒋不惟无一言反对，反以外人说话为口实，要上海总工会解除纠察队武装，以除去外人之误会。后又要求纠察队归其指挥调度，均经总工会说明纠察队不同于军队，性质完全是工人自卫组织。蒋虽然无词，但仍表示对工人武装持怀疑态度。”〔2〕三月三十日，上海总工会在闸北、南市、浦东分别举行兵工联欢会。

蒋介石是很重权谋的。他在政变部署完成之前，并不轻易暴露自己的真实意图，仍对上海工人作出似乎可以令人宽心的友好姿态。那时，北伐军在上海的，先是刘峙率领的第一军第二师，后调来周凤岐的第二十六军。第二十六军政治部发表通告。这份在他们动手大屠杀前十来天所发布的通告一开始就说：

---

〔1〕《上海工人三次武装起义》，上海人民出版社1983年2月版，第392、406、428页。

〔2〕上海总工会：《四一二大屠杀纪实》，《四一二反革命政变资料选编》，人民出版社1987年3月版，第209页。

“亲爱的工友们，我们革命军人所以能和你们在这里举行革命兵工联欢大会的，完全因为你们能以实力帮助我们，使我们共同杀退了直鲁军阀。我们应该诚恳地感激你们，同时更加相信你们的确是革命中的生力军。”“同时更希望工友们武装起来，以武力继续帮助我们，使我们共同肃清一切反革命派，打倒国内的封建军阀和国际资本帝国主义。”[1]

蒋介石嫡系将领刘峙也在讲演中表示：“我常说我们是为民众利益来打仗，民众自然是农工占大多数。虽没有提出很好听的口号，但实际上我们到处帮助农民协会，保护工会，已为农工阶级工作不少。反动派造谣，实在可笑。”[2]

这些姿态，对中国共产党和上海工人多少起了麻痹作用，没有意识到凶残的大屠杀转眼间便会到来。

四月一日，被看作国民党内“左派”领袖的汪精卫从海外归国，到达上海。六日，离上海去武汉。离沪前一天，同陈独秀发表联合宣言，提到传闻“国民党领袖将驱逐共产党，将压迫工会与工人纠察队”时说：“这类谣言，不审自何而起。国民党最高党部最近全体会议之议决，已昭示全世界，决无有驱逐友党摧残工会之事。上海军事当局，表示服从中央，即或有些意见或误会，亦未必终不可解释。在共产党方面，爱护地方安宁秩序，未必敢后于他人”，“两党同志果能开诚合作，如弟兄般亲密，反间之言，自不获乘机而入也。”[3]

但在幕后，蒋介石的政变部署正加紧地进行。他在四月二日日记中写道：“讨论共产党事，为本党计，非与之分裂不可也。晚开中央监察委员会，弹劾武汉党部与政府。”[4] 他在上海布置就绪后，就限令不完全听命于他的第二、六两军在四月六日前全部撤出南京，渡江北上。九日，吴稚晖、张静江、蔡元培等八人以国民党中央监察委员名义发表反

〔1〕《闸北之联欢会》，上海《民国日报》1927年3月31日。
〔2〕《刘师长最近表示》，上海《民国日报》1927年4月1日。
〔3〕《中共中央文件选集》第3册，中共中央党校出版社1989年8月版，第594页。
〔4〕蒋介石日记，1927年4月2日。

共的“救党护国”通电。同一天，蒋介石赶往南京，颁布战争戒严条件十二条，严禁集会、罢工、游行，任命白崇禧、周凤岐为淞沪戒严司令部正副司令。白崇禧回忆道：“我派员与上海帮会首领杜月笙、黄金镛（荣）等密商，借得工会之符号、衣服，分给采取行动之人员化装成工人混入工厂，以便策应外面包围之部队。”〔1〕十日，江苏的中共领导人侯绍裘等十余人被捕杀害。十一日，上海总工会委员长汪寿华被帮会首领杜月笙、张啸林等诱捕处死。周围已是一片“山雨欲来风满楼”的肃杀景象。

四月十一日深夜到十二日凌晨，蒋介石终于向上海工人纠察队下手了。他们采取的手法十分卑劣。先由黄金荣、杜月笙、张啸林的大批流氓党徒，臂缠白布黑“工”字标志，手持盒子炮等，从租界冲出，向上海总工会会所、工人纠察队总指挥处等冲锋放枪，工人纠察队立刻奋起还击。这时，大批第二十六军的部队开到，先将前来攻打的流氓完全缴械，有的并用绳索捆绑。工人纠察队看到这种情形，不再怀疑，开门将第二十六军迎入。谁知军队一进门，领队军官就变了脸，说那些人的枪械已缴，你们的枪械也应该缴下。这时机关枪已经架起，猝不及防的工人纠察队被迫缴械。其他几处的情况大同小异。

十二日清晨起，各厂工人听到纠察队被缴械的消息后，纷纷集会抗议。十三日上午十时，在闸北青云路广场召开有十万人参加的群众大会。会后，整队赴宝山路第二十六军二师师部请愿，要求立即释放被拘工友，交还纠察队枪械。游行队伍长达二里。周恩来、赵世炎等参加了这次大会，并同群众一起游行。当游行队伍行进到宝山路三德里附近时，埋伏在里弄内的第二十六军士兵突然奔出向徒手群众开枪，接着又用机关枪向密集在宝山路上的游行队伍扫射，前后达十五六分钟。群众因大队拥挤，无法避让，当场被打死的一百多人，伤者无数。第二天，上海知识界著名人士郑振铎、胡愈之、周予同等七人写信给上海临时政治分会委员蔡元培、李石曾、吴稚晖，愤怒地叙述了惨案经过，说：

〔1〕《白崇禧先生访问纪录》上册，第75页。

“此为昨日午后宝山路所目睹之实况，弟等愿以人格保证，无一字之虚妄。”要求严惩凶手，军队不得干涉集会游行。[1] 这就是惨绝人寰的宝山路血案。

这一切，都是按蒋介石的预定计划和部署进行的。紧接着，他们便宣布“清党”，并在上海、南京、杭州、广州等地大规模地搜捕并屠杀共产党人和革命群众，单广东一地被捕杀的就达两千多人。捕杀的手段极为残酷，并且到了不分青红皂白、滥捕滥杀的地步，到处沉浸在一片腥风血雨之中。在上海主持捕杀的杨虎、陈群被称为“狼虎成群”。四月十八日，蒋介石在南京自行另立国民政府，他自知资历和声望还不足以在党内服众，请出原来蛰居上海的国民党元老胡汉民任主席，同那时还保持着国共合作的武汉国民政府相对峙。二十八日，李大钊等二十人也在北京被奉系军阀张作霖杀害。

轰轰烈烈的大革命浪潮，至此陡然逆转。国内政治局势发生了根本变化。

大革命的失败

四一二政变的消息传到武汉，群情激愤。中共中央在四月二十日发表宣言，指出：“蒋介石业已变为国民革命公开的敌人，业已变为帝国主义的工具，业已变为屠杀工农和革命群众的白色恐怖的罪魁。”[2]

正在武汉的国民党中央党部和国民政府事前全被撇开，闻讯后也大为震惊。四月十三日晚，在湖北省、市党部欢迎汪精卫到来的宴会上，孙科说：“今天上海消息，蒋已缴工人纠察队械，他的行径比孙传芳、张宗昌还要凶。”“我们今日若对蒋再不予以处分，则他仍要利用国民革命军的招牌来违法作恶。现在已经不是讲情面的时候。我们一定要求中央对蒋严厉处分，否则不但东南难保，即武汉革命势力，也有颠覆的危

〔1〕《四一二反革命政变资料选编》，第187、188页。

〔2〕《中共中央文件选集》第3册，第39页。

险。到今天，我们还是随蒋介石呢，还是随中央呢？换句话说，还是革命呢，还是反革命呢？总之，我们要以革命的奋斗精神，反抗帝国主义，镇压反动派，如此革命势力才能巩固，才能完成国民革命。”何香凝说：“廖（仲恺）先生在时常说，反农工即反革命。现在蒋介石居然反农工了，居然反革命了。”“我们怎样对付呢？就只有照廖先生说的话，打倒这些反革命派。”〔1〕十五日，国民党中央常务委员会召开扩大会议，决议开除蒋介石党籍，免去本兼各职。谭延闿在当天日记中写道：“中央党部开会，讨蒋问题大喧腾，吾无以名之，决议免职查办而散。”〔2〕十八日，由武汉国民政府明令公布惩治蒋介石的决定。

汪精卫四月十日到达武汉，立刻成为武汉政府和国民党中央党部的中心人物。他在第二天就为《中央日报》写下三句当时很有名的话：“中国国民革命到了一个严重的时期了，革命的往左边来，不革命的快走开去！”登载在报纸的首页。还对记者说：“兄弟如果一天反革命了，希望诸君毫不容情的把兄弟打倒。”〔3〕在十三日的欢迎宴会上，他更发表了长篇讲话，痛斥蒋介石：

“现在狐狸尾巴都显露出来了。反共产派所做的事，就是破坏党的统一，用大炮机关枪杀工人。”

“反共产派已经与帝国主义、军阀妥协，已经把真正革命同志的血供献给军阀、帝国主义者了。国民革命的总司令现在已经变做讨赤联军副司令了。讨赤联军总司令是谁呢？就是张作霖。所以现在真正的革命分子，除了将反革命分子完全肃清，也再也没有第二条出路了。”

“革命运动到了这样一个严重的时期，我相信革命势力一定会联合起来，打倒这些工贼。即使到了最后一个同志，我们的革命运动也必得到最后的胜利。”〔4〕

---

〔1〕《省市两党部昨晚欢宴汪精卫同志志盛》，汉口《民国日报》1927年4月14日。

〔2〕谭延闿日记，复印件，1927年4月15日。

〔3〕记者：《汪精卫先生与革命的民众》，《中央副刊》第20号，1927年4月12日。

〔4〕汉口《民国日报》1927年4月14日。

汪精卫和武汉政府的这些表现，确实很容易使人产生错觉。斯大林和共产国际也好，陈独秀为首的中共中央也好，都对它寄以很大希望。在他们看来，国民党原来是工人、小资产阶级（城市和乡村的）和民族资产阶级的联盟，蒋介石的政变表示民族资产阶级退出革命，此后的国民党应是无产阶级和小资产阶级的联盟，而小资产阶级的代表自然是汪精卫。以前不惜对蒋介石作出种种让步来拉住民族资产阶级，现在就要不惜对汪精卫作出种种让步来拉住小资产阶级，避免无产阶级的孤立和国民革命的失败。这种分析显然不符合实际情况。武汉政府的成分十分复杂，许多人嘴里说的和心里想的不是一回事，实际上是很不可靠的。

在四一二政变后，武汉政府管辖的范围大体上是湖北、湖南、江西三省。放在武汉方面面前的行动可以作三种选择：一是东征，讨伐蒋介石；二是继续北伐，进入河南，同已经南下控制河南的奉军精锐作战；三是就地深入进行土地革命。采取哪一种方案？这在中共中央内部和共产国际派驻中国人员中也引起激烈的争论，最后采择的是继续北伐、全力同奉军作战这个其实最不利的方案。四月十八日，汪精卫、谭延闿、徐谦、唐生智、邓演达等开会，苏联军事顾问加伦也参加，“反复研究，仍大举入豫。”〔1〕为什么作出这样的选择？对汪精卫主持下的武汉政府来说是很自然的，而对共产党来说，同斯大林的态度直接有关。斯大林在五月十三日同中山大学学生谈话中说道：

“武汉政府对奉军进攻，至少有两个原因：第一，因为奉军向武汉进发，要肃清武汉，所以进攻奉军是刻不容缓的防御措施。第二，因为武汉派想和冯玉祥军队会师并向前推进以扩大革命根据地，这在目前对于武汉来说又是极其重要的军事政治事件。”

“夺取上海还要经过战斗，这场战斗不会像现在夺取郑州等地的战斗一样。不，在上海要进行更激烈的战斗。上海是世界各个帝国主义集团重要利益的交叉点，帝国主义是不会轻易让出的。”〔2〕

---

〔1〕 谭延闿日记，复印件，1927年4月18日。

〔2〕 斯大林：《论反对派》，人民出版社1963年4月版，第434页。

对深入进行土地革命，斯大林倒不曾反对，还强调它的重要性。但共产国际提出一个前提，必须巩固工人、农民、小资产阶级的联盟，也就是说要经过小资产阶级政治代表的同意后才能进行，这个代表就是指汪精卫这些人，而汪精卫等是不会同意这样做的。结果，武汉国民党中央成立的土地委员会尽管讨论了许多次，毛泽东和邓演达（国民党左派）等虽然在委员会中提出了不少积极意见，还起草出《解决土地问题决议》等文件，但国民党中央政治委员会在五月九日讨论时，汪精卫、谭延闿、孙科等都不举手，事情便这样不了了之地搁置起来。

继续北伐，是在四月十九日誓师出发的，唐生智部主力和张发奎率领的原第四军扩编的两个军都北上了。中国共产党在四月二十七日到五月七日举行由陈独秀主持的第五次全国代表大会。大会开幕的日子是四一二政变发生后半个月，各地代表到武汉来，心里最焦虑、最急于解决的问题是四一二政变后党怎么办？共产党面对的是自身生死存亡的问题。可是，五大却在那里海阔天空地大谈什么“非资本主义前途”等等。这些话不一定不对，在理论上还有些意义，但在生死关头，这些就成了空话。大会对当前形势应该怎样分析，究竟采取什么对策，都没有作出具体有力的回答，也就不能担负起挽救革命的任务，只能坐视整个局势越来越恶化。

蒋介石对武汉从经济上进行了全面的封锁和破坏。这是很厉害的一着。武汉政府失掉了江浙、广东这两个最大的财政来源，长江和粤汉铁路又都被切断，使武汉的对外交通和贸易几乎断绝。财政极端困难。湖北每月税收只有过去的四分之一，湖南为五分之一，江西为二分之一，武汉政府每月的收入不到二百万元，支出却达一千七百万元，被迫大量发行纸币。加上长江下游被南京政府封锁，货运阻塞，物资极端缺乏。四月底，汉口米店的存米只有七千担，只够维持十天。于是，物价飞涨，工商凋敝，资金外流，工厂、商店大批倒闭。武汉失业工人达十四万一千多人，其中码头工人失业的近四万人。[1] 人心严重动荡。

在军事方面，蒋介石策动原驻鄂西的夏斗寅师叛变，乘武汉部队主力在河南作战的机会，从五月十六日起进攻武汉，被武汉卫戍司令叶挺率部打败。接着，驻在长沙的第三十五军三十三团团长许克祥等在五月二十一日深夜在长沙突然发动政变。他们用军队捣毁国民党湖南省党部、省农民协会、省总工会等，杀死二十人左右，并将农工纠察队全部缴械。因为二十一日的电报代码是“马”，人们通常把它称为马日事变。本来，共产党在湖南有相当的力量，总工会和省农民协会都有武装队伍，而前来进攻的许部军队力量有限，但他们对原来的“盟友”竟会发动突然袭击并没有应对准备。许克祥对他们这样描写：“事前对我准备铲除他们的情形，竟毫无所知，迄至我军向他们进攻，他们才由睡梦中惊醒，措手不及。”[2] 李立三在两年多后评论说：“这是因为许克祥是坚决的进攻，而党是很动摇，反革命势力坚决，革命力量动摇，自然是反革命胜利。”[3] 事变后，许克祥等接着成立“湖南救党委员会”，拒绝武汉政府派去查办的特别委员会前往长沙，并在湖南各地同地方团防局的势力联合起来，对农民协会进行反攻倒算，制造一起又一起血案。这样，武汉已处在风声鹤唳的情况下。

从武汉出发的北伐军进入河南后，同南下的奉军精锐苦战，作出了巨大牺牲。北伐军不过六万人，步枪四万五千支。奉军在郑州以南就有七八万人，还有大炮、坦克。共产党员最多的张发奎部第四军和第十一军，在临颍战役中伤亡达三千人，包括优秀共产党员蒋先云等，但仍取得胜利。

张发奎回忆道：“在第二次北伐中，农民协会对北伐军帮助很大，农民群众为我们担任侦察、运输、通讯等工作。也有过几次，有人拒绝同北伐军合作，河南的红枪会对我们不友好。可是，加入农民协会的红枪会群众向我们提供援助，这必须归功于我们的政工人员。我军每占领

---

〔1〕《武汉失业工友统计》，汉口《民国日报》1927年6月6日。

〔2〕许克祥：《马日铲共真相》，《马日事变资料》，人民出版社1983年11月版，第200页。

〔3〕李立三：《党史报告》（1930年2月1日），《中共党史报告选编》，第254页。

一地，有时在占领前，共产党就派人去整顿红枪会。那些未经整顿的红枪会，对我们有所阻挠。有时骚扰我们的后方，掠夺我们的武器。他们装备很差。总之，红枪会的成员，协助我军的多于妨碍我军的。”[1]

六月一日，北伐军同从潼关东出的冯玉祥部在郑州会师。武汉政府原来很大程度上把希望寄托在同冯玉祥合作来打开局面，以为这样在力量上便可能超过蒋介石。十日，汪精卫、谭延闿、孙科、唐生智等在郑州同冯玉祥会谈。冯部刚从西北的甘肃、陕西一带贫穷地区出来，在这过程中又大大扩编，军费严重不足。一到郑州，冯玉祥立刻看出武汉方面处境窘困，而控制江浙的蒋介石的经济实力要大得多。他向武汉政府要求每月发给军饷三百万元，汪精卫口头答应给一百五十万元，实际上只能给六十万元。会后，唐生智、张发奎部从河南撤回，武汉政府将河南一切大权交给冯玉祥。（十八日，张作霖在北京改称“中华民国陆海军大元帅”。随后“通电自认为孙中山老友，继其素志，讨伐赤化”。[2]）十九至二十一日，冯玉祥又到徐州同蒋介石、胡汉民、李宗仁、白崇禧、张静江等举行会议。冯提出经济问题，蒋介石立刻答应对冯部“每月发二百万元”，[3] 并当即付银元五十万元。会议结束当天，冯致电武汉，要求把鲍罗廷调回苏联，并请汪精卫、谭延闿速决大计。他对蒋介石说：“我这个电报一定有个结果，否则我对他们便当实行相当手段。”[4] 这对武汉政府无疑是晴天霹雳。

这里需要谈一下中间派的问题。中国的政治状况，历来是两头小、中间大，中间派人数最多。但反过来讲，两头强、中间弱，两头通常是坚决的，而中间派往往摇摆不定。常常可以看到这种情形：革命运动高涨时左派就多，其实是很多中间派变成了“左派”；而革命形势低落时，右派就多，其实不少是中间派跟着右派走了。冯玉祥那时是中间派：他在一九二六年三月至八月在苏联访问，并得到苏联很多支援，他的部队

---

〔1〕 张发奎：《蒋介石与我》，第130页。

〔2〕 郭廷以：《中华民国史事日志》第2册，第221、222页。

〔3〕 蒋介石日记，1927年6月21日。

〔4〕 《蒋介石言论集》第4集，第437页。

中也有不少共产党员如刘伯坚、邓小平等。他对反对帝国主义和军阀的国民革命是支持的，在一九二七年五月七日的日记中写道：“中国民穷财尽，外受列强压迫，内受军阀蹂躏，此次本军出征，对外要取消不平等条约，还我自由，对内要扫除卖国军阀，重整山河。”但对共产党仍存有疑虑，在五月三十一日的日记中写道：“现在提倡共产者，要知共产学说，虽持之有故，言之成理，然决不适于我国国情，我国行之，徒招致破产之惨剧耳，有何可共之有耶？盖吾国贫苦极矣，除少数军阀官僚及买办阶级外，国内并无大资本家存在，抑将共谁之产耶。”在郑州会议和徐州会议后，他看到武汉方面软弱，没有力量，又存在一些缺点；而蒋介石的实力大，出手阔绰，就往那边靠过去了。六月二十六日，他在日记中写道：“集合政治人员讲话，告以当认清主义，勿受共党所诱惑，勿为第三国际所利用。”[1] 不久，他把军中的共产党员遣散。这是共产党和武汉方面原来没有料到的。

冯玉祥的转向，加速了汪精卫等武汉政府要人政治态度的变化。六月二十二日，汪精卫在第四次全国劳动大会上还在说什么：“我们要生死在一起。我们的利害甘苦都是一个样。打倒东南，不是党派或是人与人的关系，而是要向帝国主义进攻，实现非资本主义之国民革命。”[2] 但武汉政府内部的反共空气实际上已日益高涨。二十八日，湖北全省总工会再作重大让步，自动解散纠察队，交出武器，并且布告：“现在武汉反动派企图挑拨工兵之感情，制造种种谣言，中伤本会纠察队，以致飞短流长，淆乱外间闻听，影响工兵联合战线。本会为避免反动派借口武装纠察造谣起见，业于本月二十八日将纠察队全体解散，所有前领枪弹，并经交存政府，一面仍请政府派兵保护工会。”[3] 但这样重大的让步并没有换来武汉政府反共活动的缓解。第二天，唐生智密电汪精卫、谭延闿称：“以党治国，国民政府且隶属于党，各省农工团体独不受各

〔1〕《冯玉祥日记》第2册，江苏古籍出版社1992年1月版，第329、335、339页。

〔2〕《汪精卫同志军事政治报告——在第四次全国劳动大会》，汉口《民国日报》1927年6月24日。

〔3〕《全省总工会自动解散纠察队》，汉口《民国日报》1927年6月29日。

省党部之指挥监督而独树一帜”，“迨至焦头烂额，然后救弊补偏，固事倍而功半”，“惩前毖后，故宜改弦更张。”[1] 七月十二日，汪精卫作了《主义与政策》的讲演，公开扬言：“如果要将共产党的理论与方法，适用于国民党里，甚至要将国民党共产化，那么，只能说是将国民党变成共产党，不能说是容共，必为总理所不许。”[2] 武汉局势的逆转已经明朗化了。

七月十五日，武汉国民党中央执行委员会常务会召开扩大会议，由谭延闿主持，汪精卫作报告。他拿出共产国际代表罗易在四十多天前给他看的电报，危言耸听地宣称：“现在不是容共的问题，乃是将国民党变成共产党的问题”，并且提出“中央党部应制裁一切违反本党主义、政策之言论行动”。表决时，在出席会议的十二个中央执行委员中有十人同意，获得通过。[3] 这就是武汉的“分共”会议。

当天，“第三十五军何键部在汉口作反共示威，占据汉口汉阳各工会，并搜捕吴玉章等。”[4] 第二日，武汉中国国民党中央执行委员会发出布告：“近因农工运动，发生错误，有少数不良分子羼入其间，反蒋打倒土豪劣绅口号，屡发现危害良善及滥行逮捕情事，实与政府保护私有财产命令大相违反，殊失本党提倡农工运动之主旨，自不能不亟于纠正，从严制止。”[5] 二十六日，“武汉政治会议议决：一、凡列名国民党之共产党员，在党政各机关任职者，应即日起声明脱离共产党，否则一律停职；二、共产党员在国民革命期间，不得有妨害国民革命之行动；三、国民党员不得加入他党，违者以反党论。”[6] 谁都清楚，下一步将要到来的是什么。

至此，第一次国共合作全面破裂，由国共合作发动的大革命令人痛

[1]《唐总指挥电陈整理农工运动》，汉口《民国日报》1927年7月5日。

[2]《汪精卫先生最近演说集》，第32页，日本京都大学图书馆藏。

[3]《中国国民党中央委员会第二届常务委员会第二十次扩大会议速记录》，1927年7月15日，油印件。

[4] 郭廷以：《中华民国史事日志》第2册，第231页。

[5]《一周间国内外大事述评》，《国闻周报》第4卷第28期，1927年7月24日。

[6] 郭廷以：《中华民国史事日志》第2册，第236页。

心地宣告失败。

在七月十五日“分共会议”的前一天，孙中山夫人宋庆龄写出《为抗议违反孙中山的革命原则和政策的声明》。这位伟大女性以大无畏的气概，在《声明》中用毫不含糊的语言写道：

“我认为现在我必须以国民党中央执行委员的身份来说明我们目前有必要作明确的解释。本党若干执行委员对孙中山的原则和政策所作的解释，在我看来，是违背了孙中山的意思和理想的。因此，对于本党政策的执行，我将不再参加。”

“归根结底，一切革命都必须是社会的革命，以社会的基本变革为基础；否则便不成其为革命，只是改换政府而已。”

她断然得出结论：

“孙中山的政策是明明白白的。如果党内领袖不能贯彻他的政策，他们便不再是孙中山的真实信徒；党也就不再是革命的党，而不过是这个或那个军阀的工具而已。党就不成为一种为中国人民谋未来幸福的生气勃勃的力量，而会变为一部机器、一种压迫人民的工具、一条利用现在的奴隶制度以自肥的寄生虫。”〔1〕

此时此刻毅然发表这样一篇旗帜鲜明的《宣言》，特别出自宋庆龄那样同国民党有特殊关系、享有巨大威望的人，实在使人肃然起敬。以后越来越多的事实，证明宋庆龄当年得出的这个结论是何等深刻！

中国共产党从成立到第一次国共合作正式实现还不到两年半，到五卅运动时还不满四年，就是到大革命失败也只有六年。在大革命失败时，毛泽东不到三十四岁，瞿秋白、周恩来、罗亦农、张太雷、李立三、刘少奇、赵世炎等都只有二十多岁。这样一个年轻的党，在成立后

〔1〕《宋庆龄选集》上册，人民出版社1992年10月版，第43、47页。

短时期内就能够推动起那么大的一场革命高潮，创造出这样一个局面，而且站在它的前列。这是十分不容易的，说明这个党内确实集中了一大批中华民族的优秀儿女。他们提出了反帝反封建的明确政治纲领，进行了规模空前的发动群众、特别是广大下层群众的工作。这两点，在中国历史上没有其他任何政党能够做到。

大革命为什么失败？决定的因素是客观的力量对比。应该说，它的失败很难完全避免。第一，从世界范围来看，国际资本主义正处在相对稳定时期，可以用不少力量来干预中国革命，而社会主义苏联的力量还很有限。第二，从国内看，中国的旧社会势力盘根错节，根深蒂固，政治经验丰富，不可能通过一两次冲击就把它推倒。对它的斗争，需要经历一个长期的过程，慢慢地发展力量，积累经验，使自身成熟起来。第三，中国共产党那时还处在幼年时期，以前只搞过学生运动和工人运动，对农民运动只是初步搞了一些，而对那些善用政治手段的官僚、政客、军阀作斗争几乎没有经验，在理论上和对中国国情的了解上也都准备不够，客观形势却迫使它立刻投入这样大的一场革命浪潮中去，火点起来了，却没有足够能力去驾驭这种局面，从而存在这样那样的缺点错误。当时还有共产国际的指挥，中国共产党是它的一个支部，组织上要服从它，而共产国际离中国那么远，对中国的情况并没有准确的了解，派来的代表又未必是第一流人才。他们在中国建党时和大革命初期有些意见是正确的，但后来有不少意见，特别是主张对蒋介石、汪精卫一再退让这个关键问题上的意见，是错误的。从这些因素来看，大革命失败是很难避免的。

所以，问题并不在于怎样才能使这场革命不失败，而在于怎样在这场革命里使人民的力量最大限度地发展起来，在反动势力发动突然袭击时尽可能有所准备，恰当应对，以便多保存下一点力量，为下一回合的斗争创造较好的态势，这是有可能做到的。当时工农运动在做法上并不是不存在“左”的幼稚的地方，但从以陈独秀为首的中共中央的指导思想来看，在共产国际指挥下，主要的错误倾向是右：把自己的工作范围主要放在民众运动和一部分军队政治工作方面，没有掌握政权，也没有取得多少军队指挥权；不相信自己的力量，而过于依赖国民党，先是相信蒋介石，后来又相信汪精卫，尽管也看到他们的一些问题，但总怕得罪他们，对他们一让再让，使对方看准了你的弱点，胆子越来越大，而自己的阵地一块块地丢失，又缺乏应变准备，等别人一翻脸、挥动屠刀镇压时，几乎全军覆没。这确是惨痛的教训。

从世界历史来看，曾有不少革命政党曾造成相当大的声势，但在敌人突然袭击和血腥镇压下，一下就垮了，甚至被消灭了，多少年都翻不过身来。俄国一九〇五年革命失败后，也经历了十几年的低沉时期。中国共产党不是这样。经过这场大革命的洗礼，它提出的反帝反封建的政治主张已经深入人心，它联系的工农群众已从沉睡中开始觉醒和行动起来，已有了一部分党所掌握的军队，更重要的是，党积累起一批经过大风大浪锻炼、有了正反两方面经验教训的骨干力量。所有这一切，使中国共产党虽受到很大打击，但没有从此停步，能继续把斗争坚持下去，而且还为把斗争推向新的更高阶段准备了重要条件。尽管这场大革命失败了，它所留下的火种任何人也无法扑灭，不久又从星星之火变成燎原烈焰。中华民族的历史随着跨入一个新的阶段！

第七章

南京政府的最初几年

七一五事变后，南京政府和武汉政府在如何对待共产党的问题上的分歧已不存在，下一步的发展自然是宁汉合流。

但这个合流的过程并不顺利。国民党内部各派系间矛盾重重。武汉政府内许多人对蒋介石倚仗军事势力独断专行的不满依然相当强烈，把蒋介石下台作为双方合流的条件。唐生智指挥所属部队继续东进安徽，逼近南京。作为南京政府重要支柱的桂系李宗仁、白崇禧等，在宁汉分裂时主要是出于反共而支持蒋介石，但对蒋的独断专行也很不满，当武汉政府宣布分共后，转而逼蒋下台以换取宁汉合流。八月十二日，蒋介石在日记中记道："参加执监委员会，与何白李预商主张。会中李何亟欲与武汉遣使议和，似有不可终日之势，词迫甚逼，甚为难堪。余惟有以中央监察委员会之主张为依归，即进退亦如之。李白闻之大不为然，且藉此以为倒蒋之机会。毕，属张群来，责问并劝余自决出处，避免目标。何似同意。""余何人斯，为人逼迫竟至于此"。当晚，蒋辞职离开南京。他在十七日日记中又写道："成功原则在于削除异派。"[1] 胡汉民等也相继随之而去。十九日，武汉政府宣布迁往南京。接着，国民党内南京、武汉两方和早先因反共而分裂的西山会议派（西山会议派没有军队和地盘，但在国民党内仍有相当势力）商定，将三个中央党部合并，

〔1〕 蒋介石日记，1927年8月12、17日。

组成国民党中央特别委员会，代行中央执行委员会职权。反复无常的汪精卫因为众人所不满而被排除。十月，宁汉合流后的南京政府命令李宗仁、程潜讨伐东进的唐生智。十一月十四日，西征军占领武汉，唐生智逃亡。

蒋介石去职后，南京政府内部陷入群龙无首的混乱中，征讨盘踞北方的奉系军阀的第二期北伐正待进行。孙传芳残部曾一度渡过长江，攻占南京以东沪宁铁路线上的龙潭一带。已在六月五日就任国民革命军北方总司令的阎锡山和冯玉祥以及蒋介石嫡系黄埔将领纷纷支持蒋介石复出。一九二八年一月，蒋介石重新担任国民革命军总司令，又把权力集中到他手中。二月，国民党召开二届四中全会。蒋介石在开会词中说：我们要得到成功，“全凭全体中央委员领导一班同志去做，而惟一的方法，就是共同一致反对共产党。”〔1〕全会通过《中华民国国民政府组织法》、《整饬中央党部案》、《集中革命势力限期完成北伐案》等，推谭延闿为国民政府主席，蒋介石为军事委员会主席。

会后，北伐军改编为四个集团军，分别由蒋介石（兼）、冯玉祥、阎锡山、李宗仁任总司令，发动第二期北伐：蒋部沿津浦铁路北上，冯部在津浦和京汉铁路之间进攻，阎部沿正太铁路东出娘子关，李部作为总预备队，沿京汉铁路北进。北伐军在五月一日占领济南，九日占领石家庄。占领济南后，日本军队忽以保护日侨为借口悍然出兵，惨杀北伐军交涉员蔡公时等外交人员，中国军民死伤四千七百多人，造成举国悲愤的“济南惨案”。蒋介石没有抵抗而绕道北上。张作霖在五月九日电令北洋军全线退却。二十八日，各路北伐军发起总攻，先后占领保定、沧州等地。

北洋军阀势力此时已到了日暮途穷的地步。六月三日，张作霖离北京回奉天。这时，日本当局不满张作霖没有答应他们对东北提出的全部要求。当张的专车抵达京奉铁路和南满铁路交接处的皇姑屯时，被日本关东军预埋的炸药炸毁，张作霖伤重去世。北伐军随即进入北京和天津

〔1〕《中国国民党历次代表大会及中央全会资料》（上），第507页。

（南京政府随即将北京改名北平）。日本当局仍力图保持东北的特殊地位，以便置于他们的严密控制下，这却激起东北民众的强烈反日情绪。正在东北采访的《大公报》负责人胡政之在一篇通信中写道：“东三省为整个的中华民国之一部，自上至下，渴慕统一，决无二致。”“只以外交阻挠，易帜愆期，精神早合，形式犹非。”“记者是日所遇知识阶级中人，莫不以日本干涉易帜为谈资，而不胜其愤懑。”[1] 十二月二十九日，张作霖的长子张学良怀着国仇家恨，不顾日本人的阻挠，从东北发出通电，宣布：“遵守三民主义，服从国民政府，改易旗帜。”[2] 南京政府的统治扩展到全国。这是当时国内政治生活中的一件大事。

最初的相对稳定局面

南京政府成立初期，国内有不少人曾对它抱着很大期望。经济学家、南开大学教授何廉在回忆录中说到他当时的看法：“一九二八年北伐成功之后，中国进入到国家重建的新阶段。”[3] 银行家、上海商业储蓄银行总经理陈光甫曾同美国哥伦比亚大学学者说道：“我当时主要的想法是要推翻军阀的统治”，“我相信国民党能够带来和平和国家的繁荣”，“我的观点反映了当时上海实业界的看法。”[4] 当时不太过问政治的中国古典文学家顾随在一九二七年八月二十九日的日记中也写道：“党的专政，我十分赞成。不如此，中国将万年不会统一，除非隶属于外国政府之下。”[5]

为什么会出现这种现象？它有几个原因。

第一，中国国民党是孙中山创立的，它以往的革命历史在民众中有着不可忽视的影响。孙中山提出的三民主义，主张民族独立、民主和民

〔1〕《胡政之文集》（上），第380、381页。

〔2〕《张学良文集》（1），新华出版社1992年2月版，第150页。

〔3〕《何廉回忆录》，中国文史出版社1988年2月版，第43页。

〔4〕《陈光甫回忆录》，未刊稿，转引自（法）白吉尔《中国资产阶级黄金时代》，第259页。

〔5〕《顾随全集》第4卷，安徽教育出版社2000年12月版，第551页。

生幸福，并且要以革命的手段来实现它，得到许多人的认同。国民革命军的北伐曾受到民众的热烈欢迎，反映了人们痛恨帝国主义和北洋军阀的统治、要求和平与统一的强烈愿望。很多人把北伐的成功看作国民革命军总司令蒋介石的业绩，使他享有很高的声望。南京政府在成立后，继续打着孙中山的三民主义的旗号，继续作出反对帝国主义和军阀残余的承诺，表示要实行关税自主、裁兵、取消厘金等（关税自主问题，段祺瑞的临时执政府从一九二五年起为了解决政府的财政困境已开始同列强谈判，《国闻周报》写道："此固食北京关税会议之赐，非尽'革命外交'之力也。"〔1〕），一九二八年下半年同美、英、法等十一国签订承认中国关税自主的新约，第二年五月同日本也签订有关新约（但海关行政权仍操在外国人手中）。一九三〇年同英国签订交还威海卫租借地的临时协定，浙江还称要实行"二五减租"。这些，都会引起人们的关注，对它抱以期望。

宁汉分裂时，南京政府的成立宣言，写得很堂皇：

"本政府受中央党部与民众付托之重，惟有秉承总理全部遗教继续努力，一方面集中全国革命分子于三民主义之下共同奋斗，务使一切帝国主义、残余军阀及一切反革命派断绝根株，尤须于最短期间开国民会议，废除不平等条约，实现三民主义，使中华民国成独立自由之国家，中华民族成为自由平等之民族，同享民有民治民享之幸福。"〔2〕

南京政府成立当天，被蒋介石请出来充当国民政府主席的国民党元老胡汉民，在阅兵式讲话时甚至以很理直气壮的口气说道：

"武装同志们，你们自己亲眼看得见你们的领袖，背后有帝国主义做声援没有呢？没有的！你们的领袖，前面拿了官僚政客、土豪劣绅做

〔1〕《胡政之文集》（上），第418页。

〔2〕《国民政府定都南京宣言》，《中华民国史档案资料汇编》第5辑第1编政治（1），江苏古籍出版社1994年5月版，第1页。

虎狼没有呢？也没有的！你们的领袖，既然前无官僚政客、土豪劣绅做虎狼，后无帝国主义做声援，那你们的领袖就断然是革命的领袖，这是不容怀疑的！”〔1〕

对不少善良的人说来，舞台背后进行的种种交易，他们并不知道。南京政府信誓旦旦地说的那些话，对他们多少仍有吸引力，觉得它大概真的和北洋政府完全不同了。

第二，当南京政府名义上取得全国统一后，延续了十多年的各派军阀之间的内战在将近一年时间内暂时停息下来。这是国内大多数人长期以来渴望的事情。

由于军阀混战的暂时停息，经常中断的国内交通重新恢复，一些重要铁路线相继通车，国内市场明显活跃起来。同十二国又签订了承认中国关税自主的新约。在这种情况下，民族工商业出现一些生机。

以全国新设工厂的注册家数和资本额来说，从一九一四年至一九三四年这二十来年内，一九二八年这一年居于首位，比它以前和以后都高，注册厂家有二百五十户，资本额一亿一千七百八十四万元，从第二年起就大幅度下降了。再从当时民族工业中最重要的纱厂来看，据一九二二年至一九三六年十六家主要纱厂的资本纯益的统计，一九二八年从上一年的百分之六点八猛增到十七点五，一九二九年是最高的一年，达百分之二十二点三，下一年起也大幅度下降了。〔2〕

一九二八、一九二九年间民族工业的短暂繁荣，带动商业、交通运输业、服务业以至文化教育事业等在这段时间内有所发展。这也给不少人一时带来希望。

第三，南京政府对共产党人和革命者进行了极端残酷的镇压和屠杀。许多地方的共产党组织接连遭受严重破坏，甚至陷入混乱涣散状态。社会上不容易听到他们的声音。不少革命群众团体被解散或改组。

---

〔1〕 胡汉民：《在庆祝建都南京阅兵式上的演说词》，《国民党政府政治制度档案资料选编》下册，安徽教育出版社 1994 年 12 月版，第 562 页。

〔2〕 许涤新、吴承明主编《中国资本主义发展史》第 3 卷，第 118、138、139 页。

原来对革命抱同情而对蒋介石不满的人，在血淋淋的大屠杀面前，有些人感到恐惧，同革命拉开了距离。还有些人一时看不到出路，陷入苦闷和消沉之中。

这样，在将近一年时间内，特别是一九二九年三月蒋桂战争爆发以前，南京政府的统治确实有过一段相对稳定的时期。对国民党来说，这段时间也许给了他们一次机会，但它并没有也不可能抓住这次机遇。这种相对稳定的局面，基础十分脆弱，终究是难以持久的。

国民党的蜕变

南京政府是国民党一党专政的政府，这有明文的规定。北伐战争结束后，国民党宣布由军政时期进入训政时期。一九二八年十月三日，国民党中央常务委员会议通过一个明白地以党代政的《训政纲领》，交由国民政府施行。其中规定：

“一，训政开始，由党代表大会代理国民大会，领导国民行使政权。二，党代表大会闭幕时，由中央执行委员会执行之。三，依照建设大纲四种政策，训练人民，逐渐施行，以立宪政之基。四，行政、立法、司法、考试、监察之五种治权，付与国民政府总揽之，以立宪政时期民选政府之基。五，指导国民政府，重大国务由中央执行委员会政治会议议决行之。”〔1〕

十月八日，国民党中央常务委员会议推举蒋介石为国民政府主席，兼陆海空军总司令。《训政纲领》又规定由国民党中央执行委员会政治会议“指导国民政府”，并对“重大国务”“议决行之”，而政治会议主席也是蒋介石（《中央政治会议暂行条例》规定：“国民政府在发动政治

〔1〕《蒋中正总统档案·事略稿本》第4卷，（台北）“国史馆”2003年12月版，第199、200页。

根本方案上，对政治会议负责”）。南京政府的三大权力支柱——党、政、军，集中在蒋介石一人之手。

更重要的是，国民党在实行“清党”以后，它的性质发生了根本性的蜕变，不仅和孙中山改组国民党时不同，就是和北伐初期到“清党”前的状况也不同了。王奇生在《党员、党权与党争》一书中，对这种蜕变从党的组织成分变化和“不要民众”两方面作了详细的分析。对前一方面，他指出：在这场清党运动中，国民党内被淘汰、受打击的，主要是一批最有理想和对革命真正抱有热情的人。多数县以下基层组织成员为土豪劣绅的天下。“一九二八年江苏省党部举办国民党员总登记时，‘党员对党灰心，不来登记者占十之三四；存观望登记者十之四五；因受反宣传不登记者十之二三。’”在农工党员和左派青年被清除出党的同时，又有成千上万的投机分子、腐化分子和土豪劣绅涌入国民党内。两湖地区一大批曾被国民革命洪流迎头痛击的土豪劣绅借清党之机，沉渣泛起，乘机侵夺国民党基层党权。国民党在大城市主要依靠军队清党，而在省城以下的广大地方社会，土豪劣绅自发成为推行清党的主力。对后一方面，王奇生指出：一九二七年国民党开始执掌全国政权以后，政纲政策改弦更张。其中一个最明显的蜕变就是党与工农民众割裂出来。民众运动被禁止，民众团体受控制。国民党由一个曾具有相当广泛群众基础的革命党，转变为一个以官僚政客为主体的执政党。特别是在农村，国民党不敢触动地主阶级的既得利益，连温和的减租也不敢执行，甚至在共产党曾实施土地改革的地区，又将土地从农民手中夺回，归还给原来的地主，以维护旧的土地私有制度。王奇生征引大量档案和当时报刊资料，得出这样的结论：“在裂变与蜕变交相作用下，执政未久的国民党即成为一个被国民厌弃的党。”〔1〕

当大批富有革命朝气和献身精神的进步分子遭受镇压或清洗后，原来在北洋军阀政府中任职的官僚和地方的土豪劣绅纷纷麇集到国民党的各级组织和政府中来。曾经支持南京政府的银行家陈光甫，在一九二八

〔1〕王奇生：《党员、党权与党争——1924—1949年中国国民党的组织形态》，上海书店出版社2003年10月版，第92—122页。

年八月三日会见蒋介石的同一天日记中写道："今南京政府人物仍抱做官主义。"[1]在南京政府内部到处充斥并蔓延着种种官场的黑暗腐败、衙门工作的低下效率和达官贵人纸醉金迷的生活，农村依然在土豪劣绅的支配下，工农民众仍遭受着敲骨吸髓的压迫和榨取。陈诚在回忆录中说："一些形式的点缀外，真是国犹是也，官犹是也，民犹是也，想找一点真正的三民主义气象，实在是'戛戛乎其难哉'的。"[2]蒋介石自己到一九四九年初也写道："昨游鉴城乡，可说乡村一切与四十余年之前毫无改革，甚感当政廿年党政守旧与腐化自私，对于社会与民众福利毫未着手，此乃党政军事教育只重作官，而未注意三民主义实行也。"[3]说"而未注意"自然是回避了问题的实质，但他承认的"对于社会与民众福利毫未着手"则是事实。这就使很多人痛感原来的期待落了空，打着"三民主义"旗号的南京政府同过去没有什么根本的不同。

地方政制在南京政府统治下有一个很大变化。清代和民国初年，"县以上设官治理，县以下则不设官，交由土绅负责"；南京政府成立后，在一九二八年九月颁布县组织法，规定县下设区，成立公所，区以下的乡间设村，市镇设里，分别设村、里长，以后，将村、里改称乡、镇，在基层原有的保甲制度之上增设联保主任。其中最重要的是区公所的建立，"实施后使我国县以下地方行政区域多一阶层，增强其政令推行力量；再加以我国县区每多辽阔，有此一行政单位，确使行政组织趋于严密。"[4]这就在很大程度上加强了南京政府对社会基层的行政控制力量。

为了加强政治镇压以巩固独裁统治，蒋介石除政权、军队和警察外，还建立起前所未有的庞大特务组织。最早的是一九二八年设立的国民党中央组织部调查科和军事委员会密查组，它们以后发展成中统和军统这两大特务系统。他们完全不受任何法律的约束，任意逮捕、绑架或

〔1〕《陈光甫日记》，上海书店出版社2002年11月版，第50页。

〔2〕《陈诚先生回忆录——北伐平乱》，第89页。

〔3〕蒋介石日记，1949年2月3日。

〔4〕李国祁：《地方政制之改革》，《中华民国建国史》第3编（2），（台北）"国立编译馆"1989年1月版，第836、857—861页。

暗杀政治上的反对者，闯入并搜查私人住宅，设立各种暗无天日的囚禁和行刑场所，毫无根据地诬陷他们想要勒索的对象，控制报纸和杂志的言论，收买叛徒，窃取情报等。这样严密而狠毒的特务网，在北洋军阀政府时期还不曾有过，在中国以往历史上也不曾见过。特务横行的事实令人发指，激起人们的极大痛恨。

张发奎总括地评论说："自北伐成功后，国民党就变质了。""老百姓马上就不满意国民党。"[1]

各派军事势力间的大规模混战

打破南京政府统治初期那种一度相对稳定的政治局面的，是以一九二九年三月蒋桂战争为起点的国民党内各派军事势力的大规模混战。

在台北创立中研院近代史研究所的历史学家郭廷以，在他的名著《近代中国史纲》中写道：

"辛亥革命后的中国为军阀的天下。北伐完成后，旧的既未尽去，新的继之而来，意识如故，行为如故，不及一年，内战再起，历史有如重演，此伏彼起，为数之频，规模之大，更是后来居上。居中央者说是求统一，在地方者说是反独裁。不论是何种名义，要皆为国民党的内部之战，其由来并非一朝一夕。"[2]

前面说到，南京政府的三大权力支柱——党、政、军已集中在蒋介石一人之手，但这只是相对来说的，在国民党旗号下实际控制地方实权的，还有好几个军事集团。在南京政府二百多万军队中，蒋介石那时能直接控制的只有五十万人。他可以牢牢控制的地区主要限于江苏、浙江和安徽的一部分。当国民党中央政治会议推举蒋介石为主席时，以冯玉

〔1〕 张发奎：《蒋介石与我》，第222页。

〔2〕 郭廷以：《近代中国史纲》下册，第571页。

祥、阎锡山、李宗仁、李济深分别担任开封、太原、武汉、广州政治分会主席（东北易帜后，又成立张学良主持的沈阳政治分会）。这些政治分会，都是按照各派军事势力控制的地盘来划分的。它实际上是承认现状，允许这些政治分会享有在它们管辖地区内的支配权力。这种状况，对醉心独揽权力的蒋介石来说是难以忍受的，但因一时力不能及而无可奈何。他急于改变这种状况。南京政府初期那种权宜之计，自然不可能维持长久。

国民党内各派军事势力混战爆发的导火线，是东北易帜后第二个月、也就是一九二九年一月召开的全国编遣会议，要在半年内完成军队编遣工作。本来，北伐前全国兵额约一百四十万人，北伐后多达二百三十万人，军饷超过国家的全部财政收入。在大规模军事行动结束后，编遣军队以节省军事开支从事经济建设，看起来无可非议。但蒋介石的实际目的，却是借此削弱其他异己的军事集团，扩张自身势力。当时，北伐军的四个集团军中，蒋介石的第一集团军约五十万人，冯玉祥的第二集团军约四十万人，阎锡山的第三集团军和李宗仁的第四集团军各近二十万人。蒋介石的缩编议案是，第一集团军编为十三个师，第二、第三集团军各为十二个师，第四集团军编为八个师，此外还有中央直辖部队十二个师和两个步兵旅（主要是北伐时孙传芳、张宗昌及地方上的投诚部队）。这样一来，蒋介石直接控制的军队在比重上大幅度增加，兵额等于冯、阎、李的总和；阎锡山部有增无减，也满意；冯玉祥、李宗仁却大为不平。冯玉祥最初在一月五日的日记中还说："赴第一次编遣会议开会。宣言中有一不偏私，二不欺饰，三不中辍数语。观与会人之精神，我国前途，洵有无限之希望也。"但按会议提出的方案，冯部至少裁减一半。所以，到二月十二日的日记中，他就写道："蒋专弄权术，不尚诚意，既联甲以倒乙，复拉丙以图甲，似此办法，决非国家长治久安之象。"[1] 他在会上发言说："第一，中央直属部队保留太多，其他集团裁得多。"李宗仁在会上主张："要慢慢的裁，一面裁一面安置，安置

〔1〕《冯玉祥日记》第2册，第561、571页。

不好对不起出生入死的将士。”[1] 李一开始就已看出蒋介石的用心：“其实，他这里已另有腹案，他的第一集团军断难裁减，至于其他各军，他意对第二集团军首先开刀，然后再及其他，庶几可各个击破。”[2] 这一步来得如此之快，是很多人包括各军事集团的首领们没有想到的。会议不欢而散。各军事集团之间的矛盾顿时尖锐起来，很快达到剑拔弩张的地步。许多人原来殷切盼望的和平与统一，转眼间又化为泡影。

张发奎评论道：“蒋先生在编遣过程中假公济私，善自为谋，这就是为什么他一次又一次遭到反对，直至抗战爆发。”[3]

李宗仁虽然看清了蒋介石的用心，但他没有料到蒋介石“首先开刀”的并不是实力仅次于蒋的第二集团军，而是他所统率的第四集团军。蒋所以作出这样的选择有几个原因：第一，蒋是个很记仇的人，对宁汉合流时桂系李、白逼他下野一事是耿耿于怀的。第二，当时李宗仁担任武汉政治分会主席，坐镇华中；白崇禧率领刚收编的唐生智旧部，驻军平津附近；广西是桂系的根据地，由黄绍竑留守；广东的李济深也同他们接近。这些都是战略地位重要的富庶地区，被蒋看作必争之地。第三，在几个集团军中，第四集团军兵力最少，又从北至南拉成一字长蛇阵，力量分散，比较容易击破。冯玉祥在二月二十三日的日记中写道：“昔在京时，蒋介石云，沪、广、汉、平，皆为桂系占据，如何办理。余曰，同是一家，何分彼此，目下政府当务之急，只求得民心可耳，徒亟亟以消灭异己是务。吾恐方灭一秦，又生一仇也。而蒋以恐军阀再现为由，坚决主张以师为单位，以为削除桂系兵权之谋。”三月二十二日日记中又写道：“蒋、桂之争，远因实种于蒋上次下野时，彼时桂派言论，过于露骨，及蒋复职后，遂蓄意铲除之。后白崇禧驻兵北平，桂派势力直已纵贯中国本部，蒋遂拉拢湘之鲁涤平，以切断其两广与两湖之联络。近因桂派逐鲁，蒋遂不能再事容忍，两方均已盘马弯

---

〔1〕《白崇禧先生访问纪录》下册，第925、926页。

〔2〕《李宗仁回忆录》，第386页。

〔3〕张发奎：《蒋介石与我》，第168页。

刀，摩拳擦掌，大有山雨未来风满楼之概。势逼处此，战事决难幸免也。”[1] 可见蒋介石向桂系下手，早有成算，是不可避免的，需要的只是寻找一个适当的借口罢了。

蒋介石讨伐桂系的公开理由是武汉分会免去湖南省政府主席鲁涤平的职务；办法是政治分化重于军事行动。他先要唐生智携带饷银一百五十万元赴北方，收回已由白崇禧统率的唐旧部，逼使白崇禧弃部出走。他又将接近桂系的广州政治分会主席李济深诱骗到南京软禁起来，使广东实权落到已同蒋秘密联系的李的部将陈济棠手中。三月二十五日，讨桂战争开始。蒋介石指挥“讨逆军”进攻湖北时，以金钱和官职策动桂军重要将领倒戈，迅速占领武汉。白崇禧后来说：“中央这次的胜利，其得胜方式大有研究必要，以金钱、官职去买动人，以后成为风气。”[2] 接着，南京政府又命令粤军和湘军分路进攻广西，李、白和黄绍竑被迫出亡。

桂系失败，蒋介石并没有就此罢手，立刻把矛头转向下一个目标——冯玉祥，双方关系日益紧张。四月十三日，冯玉祥公开发表通电称：“好事者流，造作种种谣言，不曰蒋阎联合倒冯，则曰冯李联合倒蒋，不曰冯阎联合倒蒋，即曰蒋李联合倒冯，言人人殊，闻者不察，传之既广，讹更传讹，无形之中，遂造成一恐怖现象。”[3] 事实上，这不全是空穴来风，空气中早已充满火药味。蒋介石对冯玉祥已经利用过，这时到了对他下手的时候了。十七日，冯在日记中写道：“党内统一固佳，我方与人无忤，与世无争，但有谋我者，则势逼处此，亦不可不图生存之道。”为了集中兵力，避免陷入蒋阎的夹击，他命令已任山东省政府主席的孙良诚将军队从山东撤回河南，并准备将陇海铁路沿线部队继续西移陕甘。五月七日，他在日记中又写道：“蒋氏视我为心头之患，眼中之钉，处心积虑，必消灭之而后快。”“蒋氏屡向余言，军队须一律待遇，其实不然。彼之基本军队，甚至新收杂军，固皆按月关饷。而我

〔1〕《冯玉祥日记》第2册，第578、598页。

〔2〕《白崇禧先生访问纪录》下册，第930页。

〔3〕《一周内国内外大事述评》，《国闻周报》第6卷第15期，1929年4月21日。

军则仍衣食无着。”“我军始终力主和平，绝不轻启战端，万一相煎太急，只有全军撤至关内，扼险固守，强中更有强中手，看他横行到几时也。”[1] 十五日，冯玉祥致电蒋介石，指责他的行动违背编遣会决议案，“如愿去国，即追随同去。”二十日，蒋介石“在国府纪念周报告冯玉祥部之种种叛逆行动：扣留赈粮，移作军粮，而以军饷购买枪械，仍存封建思想、地盘主义。”[2] 同天，冯玉祥宣布就任西北护党救国军总司令。

蒋介石对付冯部西北军时，同样采用政治分化手段，特别是“银弹政策”。西北素来贫瘠。一九二八年至一九三〇年间又发生大面积的旱荒，土地龟裂，饿殍遍野。冯玉祥自以为西北军一向能够吃苦，会随他退往陕甘，但西北军一部分高级将领随着自身地位的改变，不愿放弃已得的河南等经济较陕甘富庶的地盘，再随他西退吃苦。蒋介石又以重金厚礼拉拢。五月二十二日，冯的重要将领、河南省政府主席韩复榘和石友三、马鸿逵等突然从洛阳通电，率部十万人倒戈。这对冯玉祥是极大的打击。局势急转直下，冯玉祥被迫宣布下野，余部二十多万人在宋哲元等统率下退回西北。

这以后不久，蒋介石又先后击败李宗仁、张发奎联军和唐生智、石友三联军的反蒋活动。这两次战争的规模都不小。从一九二九年三月起，国民党内各派军事势力间的混战一幕紧接着一幕上演，在这一年内没有停息过。

进入一九三〇年，一场更大规模的国民党内各派军事势力之间的大战又越来越迫在眉睫，那就是阎锡山、冯玉祥、李宗仁联合反蒋的中原大战。在这些反蒋力量中，居于主导地位的是阎锡山。

阎锡山从辛亥革命以来，长期控制山西，经历次军阀混战而不倒，在当时可说独一无二。北伐军兴后，他审时度势，宣布就任国民革命军第三集团军总司令。北伐军事结束后，由于蒋介石需要用他来牵制冯玉祥，使他获得山西、河北、察哈尔、绥远四省和北平、天津两市地盘，并兼平津卫戍总司令，成为华北最大的军事政治势力。在这种状况下，

---

〔1〕《冯玉祥日记》第 2 册，第 615、629 页。
〔2〕郭廷以：《中华民国史事日志》第 2 册，第 457、458 页。

他的政治野心迅速膨胀起来。

阎锡山为人精于计算，在山西苦心经营多年，已形成盘根错节、别人难以替代的统治网络，还拥有颇具规模、能生产重武器的太原兵工厂。但他有两大弱点，用中原大战时担任反蒋联军总参谋长的刘骥的话来说：一是“阎活像一个钱铺老板，只会算小账，不能成大事”；二是“晋军力量不大，而且是长于守而短于攻”。[1] 且在不少人看来，“嫌其作伪弄人，不够诚实”，[2] 因此，他很难得到晋系以外各方面人的信任。

当蒋介石出兵讨伐李宗仁、冯玉祥、张发奎、唐生智等时，阎锡山都采取坐山观虎斗的暧昧态度，甚至支持蒋介石，使自己处于举足轻重的地位。为什么到这些反蒋集团相继失败后，他反而在这时出面反蒋呢？原因在于蒋介石如此断然清除国民党内各派非蒋系军事势力，使阎锡山也有狐死兔悲之感，岌岌自危。他是个心计极重的人，凡事多疑。他亲信的高级将领周玳回忆道：阎锡山同蒋介石在北平会见后，蒋又密召张学良到北平商谈。阎锡山对左右说：“蒋介石与张学良见面，不知干了些什么？他们行动的诡秘，不叫我知道，其中必无好意。看样子，蒋是要来对付我们了。”阎在兼任平津卫戍总司令后，将平、津两市的税款留用。南京政府财政部长宋子文到北平，提出要划分国家税和地方税，并答应平津卫戍部队的饷项由财政部拨付，但实行了一个月就停止拨付了。阎锡山气得拍了桌子，说：“现在蒋要用经济手段把咱们困死。咱们没有错，他不敢用兵来打我们，只有在经济上来困死我们。”他还说：“以前，我以为蒋介石还可以相处，不料他这样排除异己，现在居然逼到我的头上来了。”[3] 这就促使阎下了反蒋的决心。本来，在阎锡山看来，冯玉祥、李宗仁等都是他的角逐对手，现在这些人由于处境困难，都愿推阎为盟主，使阎感到极大满足，这也是阎锡山此时出而反蒋的原因。

---

〔1〕刘骥：《蒋冯阎关系和中原大战》，《文史资料选辑》第16辑，中华书局1961年6月版，第7、27页。

〔2〕《徐永昌将军求已斋回忆录》，（台北）传记文学出版社1989年8月版，第196页。

〔3〕周玳：《阎锡山发动中原大战概述》，《文史资料选辑》第16辑，第35、36页。

那时许多人把国民党看作正统。阎、冯、李等都是在北伐前夜或期间才参加国民党的，为了避免人们把他们看作旧军阀的武装割据，需要找一些在国民党内有历史地位的人作招牌。这又导致他们同已被蒋排斥在野的以汪精卫为首的改组派和邹鲁、谢持等的西山会议派结成同盟。各种反蒋势力联合起来，形成浩大的声势。

经过一番电报战，一九三〇年四月初阎锡山在太原就任中华民国海陆空军总司令，通电指斥蒋介石专横独裁，冯、李分别就任副司令。五月一日，蒋介石誓师讨伐。中原大战爆发了。反蒋方面，阎、冯各有兵力二十多万人，李宗仁、张发奎约七万人，加上附从的石友三等杂牌军数十万人，总计不下八十万人。蒋介石也出动自己的全部精锐主力约六十万人。战争主要在陇海铁路和津浦铁路沿线展开，以河南为主战场、山东为辅战场。战线绵延数千里，历时半年。双方进行激烈的拉锯战，互有胜负，伤亡超过二十四万人，并给战地民众带来深重灾难。七八月间，汪精卫等在北平举行中国国民党中央党部扩大会议。九月一日，又在北平成立以阎锡山为主席的国民政府。在国内，再度出现两个国民党中央党部和两个国民政府对峙的局面。

这时，居于举足轻重地位的张学良在九月十八日发表“和平通电”，支持南京政府，要求各路军队“均宜静候中央措置”，〔1〕并率领十多万大军从东北入关。双方力量对比立刻失去平衡，局势急转直下。北方的阎、冯势力顿时土崩瓦解，阎军退入山西，冯部西北军从此解体，扩大会议悄然收场。蒋介石把黄河以北地区划归张学良管理。

中原大战一结束，蒋介石踌躇满志，以为国内已没有任何足以同他相抗衡的力量，充满自信地宣称：“此次讨逆战后，深信本党统一中国之局势已经形成，叛党乱国之徒今后决无能再起。”〔2〕他提出立刻召开国民会议，制定约法，准备出任总统。这件事没有经过中央党部讨论就由他公布了。蒋介石的野心太大又太急，排他性太强，结果就给自己处处树敌。这件事受到国民党元老胡汉民的坚决反对，“认为军事胜利，

〔1〕《张学良文集》(1)，第317页。

〔2〕《蒋中正总统档案·事略稿本》第9册，(台北)“国史馆”，2004年12月版，第118页。

政治屈降，有以去就争之态度”，[1] 并且在国民党三届四中全会上发生激烈争辩。

胡汉民主张由国民党中央党部集体来实行“党治”，反对蒋介石实行个人独裁。一九三一年一月五日，他在立法院纪念周上讲话：“近来有很多人故意把国民会议与国民大会混为一谈，想借以遂其捣乱的诡谋，破坏本党党治的基础。”[2] 在他看来，依照孙中山的“遗教”，只有国民大会才有制定约法的权力。他不是反对制定约法，而是强调在训政时期要坚持“以党治国”，反对蒋借制定约法而在五院之上增设一个大权独揽的总统。这自然深深触怒了蒋介石。蒋在二月十三日的日记中写道：“彼借委员制之名，而把持一切，逼人强从。”“曲解遗教欺惑民众”，“不知其为人恶劣卑陋至此，是诚小人之尤者。贪天之功，侵人之权，总理对胡汪之所以痛恨者以此也。今又欲阻碍革命，谋倾党国，其罪诚不可恕矣。”[3]

蒋介石只要认为有需要和可能，从来可以顿时翻脸不认人。二月二十八日夜，他以宴客为名，邀请胡汉民到他寓所晚餐。胡一到，就被引到别室，由首都警察厅长吴思豫交给他一封蒋介石历数他“罪状”的信件，第二天便押送到南京附近的汤山软禁起来。胡汉民长期担任孙中山的助手，在孙中山逝世后代理孙的大元帅职务，还是南京国民政府的第一任主席，在国民党内有着很高的地位。从南京政府成立起，他一直支持蒋介石。中原大战时，蒋在前线指挥作战，胡汉民作为立法院长，和行政院长谭延闿一起主持南京政府的日常工作（谭在一九三〇年九月二十二日即张学良宣布入关后第四天因脑溢血去世）。这样的一个人一旦触怒蒋介石，便会落到如此下场，自然使许多人感到寒心，在国民党内部掀起轩然大波。国民党中央监察委员邓泽如、林森等四人联名发表弹劾蒋介石的通电。两广军事首领陈济棠、李宗仁等发电响应。孙科也通

---

〔1〕 黄郛日记，复印件，1930 年 10 月 15 日。

〔2〕 胡汉民：《遵依总理遗教开国民会议》，《民国日报》1931 年 1 月 12、13 日。

〔3〕《蒋中正总统档案·事略稿本》第 10 册，（台北）“国史馆”2004 年 7 月版，第 84、85 页。

电反蒋。国民党内受过蒋介石打击的各派势力云集广州，在五月二十七日举行国民党中央执监委员非常会议。第二天，在广州另组国民政府，推汪精卫为主席。南京和广州之间又形成对峙的局面。（蒋介石日记中写道："晚宴党国重心，勉以不应以一二人之离异而致消极，为其无粤人汪、胡即不成党之奇言所惑。"[1] 可见蒋虽在军事上取得一系列胜利，但在号称"以党治国"的国民党内的地位还不巩固，此事是他没有料到的，给他的打击不小）这时，离日本帝国主义发动九一八事变只有三个多月了。

鲁迅在一篇杂文中辛辣地写道："军阀们只管自己斗争着，人民不与闻，只是看。然而军阀们也不是自己亲身在斗争，是使士兵们相互斗争，所以频年恶战，而头儿个个终于是好好的，忽而误会消释了，忽而杯酒言欢了，忽而共同御侮了，忽而立誓报国了，忽而……不消说，忽而自然不免又打起来了。"[2]

这种新军阀间的大规模内战代替了北洋军阀统治时期的军阀割据和军阀混战，便是从一九二九年初到九一八事变前夜中国政治生活中左右全局的突出内容。

经济和社会状况

北伐战争结束后，许多人曾强烈地期望能在和平统一的环境中开展经济建设，一步一步改变中国贫穷落后、备受外人欺凌的面貌。中国人期待这个日子的到来已经太久了。谁能够带领民众做到这一点，谁就能得到人们的欢迎和支持。这种善良愿望很快却痛苦地化为泡影。

由于南京政府建立后连年内战烽火不断，军费开支不但没有减省，反而不断激增。政府的财力，主要用在蒋介石最最关心的军事行动方面（包括被称为"银弹"的用来收买其他军事集团将领倒戈的大笔费用），

---

〔1〕 蒋介石日记，1931年6月19日。

〔2〕《鲁迅全集》第5卷，人民文学出版社1957年11月版，第6页。

自然日益捉襟见肘。财政部长宋子文在一九二八年六月和七月召开的全国经济会议和全国财政会议上，打算把年度军费限制在一亿九千二百万元以内，但这是根本办不到的，那个年度的军费开支就超过两亿二千万元，以后更有增无已。还有一件事也很重要：蒋介石在四一二政变后，为了寻求帝国主义列强的支持，宣布承担北洋军阀政府以至清政府欠下的巨额外债，加上国内发行的巨额公债本息的偿还，又使南京政府陷入深重的债务负担中。

台北出版的《中华民国建国史》有一项关于政府岁出的统计数字很值得注意。这些似乎很枯燥的数字，比多少议论更容易看出问题所在：一九二八年，岁出四亿九千七百万元，主要项目所占百分比，军务是四十九点七，债务三十三点三，建设零点六；一九二九年，岁出六亿一千八百七十五万元，军务所占百分比为四十二点九，债务为三十三点四，建设为零点四；一九三〇年，岁出七亿一千二百万元，军务占百分之四十三点八，债务占三十九，建设只占零点二。[1]

由于军费和偿还内外债务一直占财政岁出百分之八十左右，在这种沉重负担下，南京政府能用在经济建设上的费用自然微不足道，而且大多只是维持性的费用。当然，不能说南京政府在经济建设上任何事也没有做；但这方面的开支只占财政总支出的百分之零点几，只有军费的百分之一左右，它在经济建设方面究竟能做多少事，不需要作很多分析，就已一望而知。还要看到，国民党各军事集团之间的内战，主要是在重要城市和铁路线一带进行的，对国民经济造成极大破坏，国家经济生活弄到这样地步，不能不使许多人感到痛心。

为了弥补财政上的连年赤字，除了加紧搜括外，南京政府的重要办法是发行公债，它的对象首先是上海的银行家和企业家。最初，由于购买公债的折扣大，利息高，他们（特别是银行家）能从中得到不少好处。然而，不依靠发展生产而凭发行公债毕竟无法真正解决财政上的问题。时间一长，他们也难以承受了。于是，南京政府便强制摊派，甚至

〔1〕蒋永敬：《第三编导言》，《中华民国建国史》第3编（1），第44页。

借助黑社会的力量，采取绑架勒索资本家等手段来达到自己的目的。这种状况，在早期就有了。美国历史学家小科布尔在《江浙财阀与国民政府》一书中写道：

“一九二八年一月，绑架事件发展到了高潮。蒋的特务企图劝说万国体育场和远东公共体育场这两个跑马场各承担五十万贷款。这个企图落空后，宋突然要这两个跑马场缴纳入场券和赛马彩票的印花税。随后，一九二八年一月十九日，远东体育场董事会主席的兄弟在法租界被绑架，勒索赎金。当时上海的一些富有市民纷纷逃离这个城市，以避免被绑。正如美国领事所说：‘蒋在这一地区的部下似乎正在又一次求助于类似一九二七年夏天在上海盛行过的官方的敲诈勒索的阴谋诡计。’”

这种情景是现在的年轻人根本难以想象的。小科布尔感叹地得出这样的结论：

“对上海资本家来说，国民党统治的第一年是一个灾难。诚然，资本家通过和蒋的结合在上海挫败了共产党控制的工会，但是作为中国最强大的经济财团上海资本家却未能把它的经济势力转变为政治力量。他们在一九二七年以前十年中在上海享有不受政治控制的局面，因近似‘恐怖的统治’而突然结束了。”〔1〕

从经济状况来看，也使资本家感到沮丧。民族工业在经过短期的发展后，很快便开始萎缩。一九二八年，全国新注册的工厂数是二百五十家，资本额一亿一千七百八十四万元。以后几年的记录分别是：一九二九年，一百八十家，六千四百零二万元。一九三〇年，一百十九家，四千四百九十五万元；一九三一年，一百十七家，两千七百六十九万元；

〔1〕（美）帕克斯·M·小科布尔：《江浙财阀与国民政府》，南开大学出版社 1987 年 7 月版，第 25、26 页。

一九三二年，八十七家，一千四百五十九万元。[1] 拿一九三二年同一九二八年相比，新注册的工厂家数只有后者的三分之一稍多一点，资本额还不到八分之一。五年内，几乎呈现直线下降的趋势。

甚至连恢复关税自主也没有给民族工商业带来多少实际好处，这更是许多人没有想到的。小科布尔这样分析：

“南京恢复关税自主，其结果对中国人自办的工业的利益很有限。南京对关税收入的需求和日本的压力，一直阻挠着保护关税的真正作用。从一九二八年到一九三四年经常改变的关税税率事实上是一种足使中国工业不能稳定的破坏性因素。南京政府改变税率如此频繁，致使实业家随着行情调整投资后，往往在获得利益以前情况就发生变化。”

还有一点十分重要：南京政府变动关税税率的着眼点，根本不在如何保护民族工商业的发展，而只在于如何增加它的财政收入。结果往往是：民族工业自己能够生产的产品，同类进口货的关税很低；而它们迫切需要的某些设备和原料，关税却很高。这就很难对保护和发展民族工商业带来多少好处。

厘金制度是民族资本发展的沉重负担。南京政府废除了厘金（各国在承认中国关税自主权的同时，规定中国必须裁撤厘金），这听起来似乎令人鼓舞，但它并不意味着税收的减轻，因为新的税种不断增加，在一九二八年一月南京政府创设了新的统税，还有一九二八年的烟草和面粉税，一九三一年的棉纱、火柴和酒精税、一九三三年的矿业税等。

由于南京政府主要着眼于如何增加财政收入，它对待资产阶级中的银行家和工业家的态度很不一样。法国历史学家白吉尔在《中国资产阶级的黄金时代》一书中写道：

“从这个政权中获益最多的企业家（包括政治和经济利益）是银行

〔1〕许涤新、吴承明主编《中国资本主义发展史》第3卷，第118页。

家。”“从一九二七年开始，一直渴望获得独立地位的上海银行家，也成了国家的主要投资者，他们同样将自己的命运与蒋介石政权系在一起。在一九二七至一九三一年期间，他们认购了国内借款（当时总额已达到十亿元）的百分之五十至七十五。由于政府是以低于面值的价格出售，所以债券将给银行家带来百分之二十的实利，这在当时要比百分之八点六的官方利率高出许多。在此种意义上说，蒋氏政权的最初几年，是中国银行家获得繁荣发展的时期。但到一九三一年至一九三二年，情况就发生逆转。”“在这种情况下，有些银行家就选择了进入政府部门当大官的道路。结果是他们获得了特权，却完全丧失了以往的首创精神。”“很显然，大工业家和大商人不可能像银行家一样，为财政短缺的中央政府提供大量的经济援助，因而也就不可能获得后者那样的优厚待遇。”“大量事实证明：国民党政府对于发展私人企业的态度是相当冷漠的。这里可以举一个最能说明问题的例子：在工商业萧条的最初几年里（一九三二至一九三六年），南京政府竟然不愿为濒临绝境的资产阶级提供任何支持，以帮助有关企业克服和渡过危机。”〔1〕

在农村中，国民党政府依靠地主豪绅来实行统治。土地分配极不平均。经济学家陈翰笙一九三〇至一九三一年在河北定县调查，“经过调查的一四六一七农家之中，有百分之七十的农家占有耕地不到全数的百分之三十，其余不到百分之三的农家，占有耕地几当全数五分之一。”〔2〕贫苦农民向地主缴纳的地租通常要占全年收成的一半，赋税繁重。四川地方军阀的预征田赋更是全国最重的：“二十一年（引者注：即一九三二年）二十四军已征至四十六、七年，二十八军至六十一年，二十九军至四十九年，但预征次无定限，时无定期，无钱即又预征一年，全年毫无预计。”〔3〕在连年内战中，兵差及其他摊派、征发无法计算。加上严

〔1〕（法）白吉尔：《中国资产阶级的黄金时代》，第318、320、321、325页。

〔2〕陈翰笙：《现代中国的土地问题》，《解放前的中国农村》第2辑，中国展望出版社1987年11月版，第80页。

〔3〕章有义编《中国近代农业史资料》第3辑，生活·读书·新知三联书店1957年10月版，第40页。

重的天灾，“因为水灾，华中一带农田都被淹没了；庐舍都被漂去了！一九三三年又来一次旱灾，迫得江、浙、安徽、四川、陕西等处的农民在吃树根和观音土，饿死和自杀的不可胜计。”〔1〕农业危机日趋深重，无数难民挣扎在生死线上。在广大农村中，到处可以看到一幅幅惨绝人寰的图景。

需要讲到，在这段时间里中国的教育事业、特别是高等教育事业倒得到比较明显的发展。在前面所引南京政府财政岁出的统计表中，教育的岁出所占的百分比，在一九二八年为一点五，一九二九年为二点六，一九三〇年为二，一九三一年为二点一，虽远远不能同军事和债务相比，但都比经济建设的费用高不少。在大学院（它的英文译名是教育与研究部）院长蔡元培等主持下，不少重要的高等学校如中央大学、武汉大学、浙江大学、中山大学等都在这时粗具规模。教授的薪金比较优厚，可以安心从事学术和教育工作。中等学校也有发展，一九二八年为一千三百三十九所，学生二十三万四千八百十一人；一九三一年增加到三千零二十六所，学生五十三万六千八百四十八人。

大学院成立后，还建立起中央研究院，设物理、化学、工程、地质、气象、天文、心理、社会科学、历史语言研究所，后来增设动植物研究所。学术研究有了发展，河南安阳的殷墟发掘工作便是在一九二八年十月开始的。教育部成立后，又筹设北平研究院，先后成立九个研究所，并通令全国国立大学酌设研究所，还出版了多种学术刊物。顾颉刚等“古史辨”派学者提出“疑古”主张，破除中国远古“黄金时代”的神话。这些，都是有积极意义的。

这段时间前后，为数不少留学欧美的高级知识分子回国，在大学任教或在研究机构工作。他们大多有爱国心，不少人抱着教育救国、科学救国的思想，默默地在本职岗位上耕耘，对中国的教育和科学事业作出了贡献。他们中有相当数量的人倾心于西方式民主和自由主义思潮，对国民党政府的独裁政治不满，但又倾向于维护现有的社会秩序。以他们

〔1〕许涤新：《现代中国经济教程》，第 25 页。

为主体，先后创办了《新月》等刊物，出版《人权论集》，提出人权主张，批评南京政府的专制统治。胡适、罗隆基等在这些活动中表现得十分活跃。由于他们的社会地位和声望，在思想界产生了不小影响。

对当时的民族资产阶级应该怎么看？胡绳作过这样一段分析："对于那时民族资本家做的一些有益的事业，也应当予以肯定。他们虽然不赞成革命，但至少他们对国民党是不满意的，对帝国主义侵略是不满意的，他们也是在反动统治下挣扎求生。例如，吴蕴初看到日本的味之素独霸中国市场，便发奋制造天厨味精，可能他没有发表什么政治见解，但他这件事至少是在具体行动上维护了民族利益，表现出民族独立的意识，应当说是进步的，不能因为他没有参加革命就予以否定。"同时，他在谈到中间势力中一些主张工业救国、教育救国的人时也指出："他们搞工业这件事本身是进步的，应予肯定。但他们反对革命，主张大家都走工业救国或教育救国的路，就是搞改良主义，却是错误的，不能不给予批评。因为如果大家都接受这种主张，革命就搞不成功，反帝、反封建问题就无法解决，靠办工业、办教育是解决不了反帝、反封建的问题的；而反帝、反封建问题不解决，中国的工业、教育也不可能真正发展起来。"[1]

日本侵华政策的重大转折

正当南京政府把它的主要精力投入连年不断的内战中，激起社会各界越来越增强的不满时，对中华民族生存构成更严重威胁的阴影正在一步步逼近。它的集中表现是日本田中义一内阁的上台和它召开的东方会议。

田中义一大将出身日本的长州军阀，是山县有朋的后继人。他在一九二七年四月出任首相兼外相（外务省政务次官由森恪担任，实际主持

〔1〕《胡绳论"从五四运动到人民共和国成立"》，社会科学文献出版社 2001 年 5 月版，第 35 页。

外交工作)，标志着军部直接控制了日本外交。田中外交的突出特点，是把注意力首先集中在中国的满蒙地区，特别是东北，要把它从中国领土中分割出去，作为日本对外扩张、夺取世界霸权的第一步。这是日本加紧对华侵略进程中的一项重大决策，也就是所谓“欲征服中国，必先征服满蒙；如欲征服世界，必先征服中国”。

当时正在外务省任职的重光葵，在《日本之动乱》一书中写道：“田中首相对东北问题的方针，是将东北作为中国的特殊地区和中国本土分开，并打算将所有问题和当时东北实权者张作霖之间解决一切。所以田中首相对张作霖之野心勃勃向北京进展一节，不表赞同。但希望张作霖得日本的援助，在东三省独立，脱离中央，建立日本与张之间的特殊关系，而照日本的意见解决东北问题。”〔1〕

由田中主持的东方会议，在六月二十七日至七月七日在东京召开。田中在会上致开幕词，又在结束时以“训示”的形式提出《对华政策纲领》。这个“纲领”中赤裸裸地提出：

“有关满蒙、特别有关东三省地方，因在国际上以及在国民之生存上保有重大之利害关系，站在我国立场上不但必须加以特殊之考虑，且以领土接壤之邻邦之立场，对‘藉该地方和平之维持与经济之发展以使之成为国内外人士安居之地’一事，不能不特别感到自身之责任与任务。”

“帝国在中国之权利、利益以及日本侨民之生命、财产有受到不法侵害之虞时，则惟有顺应其必要，断然出之以自卫之措置而拥护之，别无其他办法。”

“万一动乱波及满蒙，治安紊乱，对我在该地方之特殊地位权益有发生侵害压迫之虞时，不问其来自任何方面，帝国为加以防护并保持其为国内外人士安居发展之地，必须有不失机宜而出之以适当措置之

〔1〕（日）重光葵：《日本之动乱》，（香港）南风出版社1954年3月版，第21页。

决心。”[1]

日本关东军司令官武藤信义同田中义一有一段对话，很可以说明日本军国主义者在这个问题上已经下了何等的决心：

“武藤：……如此重大的方针，一旦付诸实施，必须估计到将会引起世界战争。至少，美国不会沉默，英国和其它列强会跟在美国后面大吵大闹。在引起世界战争的情况下，怎么办？阁下有这样的决心和准备吗？田中：我有这样的决心！武藤：以后不致发生动摇吧？田中：没问题，我已经下了决心。武藤：政府既然有足够的决心和准备，我没有什么可说的。什么时候命令一下，我推行政策就是。”[2]

以东方会议为起点，日本军国主义者大大加紧侵略中国、特别是夺取整个中国东北的步伐。他们两次出兵山东，制造济南惨案，炸死他们认为还不够听话的张作霖。张作霖死后又竭力阻挠张学良在东北易帜。

这一系列紧锣密鼓的行动，清楚地显示出日本侵华的极大野心。震惊世界的九一八事变的发生，可以说已在日本军国主义者预定计划之内，或迟或早总要发生。时机越来越紧迫，中华民族的生存正遭受着空前的威胁。对中国人来说，没有比这个更敏感的问题了。

在如此严重的民族危机面前，民众的抗日救亡呼声日益强烈，期望政府能带领他们外御强敌。蒋介石对日本的侵略野心和蛮横行为也感到愤怒。济南惨案发生后，他在一九二八年五月七日的日记中对五三惨案写道：“日本军阀，心毒狠而口狡诈。”九日写道：“如有一毫人心，其能忘此耻辱乎？”[3] 六年后他在日记中又写道：“身受之耻，以五三为第

---

〔1〕秦孝仪主编《中华民国重要史料初编——对日抗战时期》绪编（1），（台北）中国国民党中央党史委员会1981年9月版，第54、55页。

〔2〕（日）山浦贯一编《森恪》，第636、637页，转引自中国社会科学院近代史研究所《日本侵华七十年史》，中国社会科学出版社1992年10月版，第266页。

〔3〕《蒋中正总统档案·事略稿本》第3册，（台北）“国史馆”2003年12月版，第288、298页。

一，倭寇与中华民族结不解之仇，亦由此而始也。”[1] 但他对日本侵略者依然一味采取退让和妥协的态度（他在五月十日日记中写道：“决取不抵抗主义，宣告中外，而各军渡河北伐完成革命为惟一方针。”[2]），从而引起人们理所当然的愤怒和不满。

美国著名历史学家费正清主编的《剑桥中华民国史》在《南京时期的国民党中国》一章中写道：

“中国人对于其民族的悲惨境况，对于军阀混乱的蹂躏，以及对于帝国主义侵略的屈辱是创巨痛深的。因此，当国民革命军从南方的广州（一九二六年七月开始）向北方的北京（一九二八年六月占领）进行北伐时，到处受到人民的热烈欢迎。对于许多中国人来说，国民党的统治标志着新时代的开始，中国将再度统一和强大，将为所有的人带来生活上的丰裕，将使他们不再为自己是一个中国人而感到羞愧。但是，仅仅到了一九二九年，这些奢望就都变得苍白无力了。”

“政治压迫成了南京政府统治的基本手段。早在一九二九年到一九三〇年，腐败、宗派纷争以及管理不善，就已经无法加以掩饰，南京政权于是不再依赖于群众支持。一九三〇年五月的《北华捷报》这样写道：‘仅仅在一年半之前，人们还满怀热情，而今天，在所有中国人中间都存在绝望感，这是最糟糕的现象。’三年以后，深孚众望的《国闻周报》评论说：‘民众不再掩饰对国民党的厌恶。’”

“这个政权首先是依靠军事力量的支持，从这一基本事实产生出其他特性……这就是为什么这个政权的现代化和发展的动力如此微弱的基本原因；就是为什么尽管有腐败和行政机关的懈怠，民国政府的官僚机构还能支撑这么久的原因；以及为什么这个政权能够在既鲜有其成员的更换，又无新思想的情况下存在了二十年以上的原因。当然，这个政权还是有一些成员是开明的和有献身精神的和有能力的。但是，想利用这个政权制度上的特点来尽可能地扩大自己的权力、威望和财富，而不是

[1] 蒋介石日记，1928年5月3日。

[2] 蒋介石日记，1928年5月10日。

去为民族的利益而奋斗的人实在是太多了。”〔1〕

难怪美国历史学家易劳逸要把他一部论述一九二七年至一九三七年国民党统治下的中国的专著，取名为《流产的革命》。

不难看到，南京政府建立后的最初几年，实际上已为它日后的失败埋下了种子。

〔1〕 费正清主编《剑桥中华民国史》第二部，上海人民出版社 1992 年 9 月版，第 130—131、153、156—157 页。

第八章

工农红军的苦斗

中国共产党对国共合作这样快破裂以及随之而来的严酷的白色恐怖，并没有足够的精神准备，更没有在事先做好应对的准备。

国共合作破裂后，国内政治局势陡然逆转。昔日的盟友转眼间变成凶残的刽子手，到处在搜捕，到处在屠杀。据中共六大的不完全统计，从一九二七年三月到一九二八年上半年，共产党员和进步群众被杀害的达三十一万多人，其中共产党员两万六千多人。党的组织只能秘密转入地下，在这过程中遭受严重破坏。许多地方的党组织被打散了。一些不坚定的分子纷纷脱离党、团，报纸上经常可以看到他们的“悔过”启事，有的甚至带领敌人搜捕自己原来的同志。党员人数从大革命高潮时的近六万人急剧减少到一万多人。各地的工会和农民协会遭到查禁或解散。相当多的中间派人士在白色恐怖下同共产党拉开了距离。党内思想一时异常混乱，不知道该怎么办。

革命显然已进入低潮。许多人认为共产党在这样沉重的打击下，面对着比自己力量大多少倍的敌人，大概已无法生存下去，再也翻不过身来。

在这样的生死关头，要一如既往地坚持自己的信念，是极不容易的。刚成立了六年的中国共产党经受住了这种考验。正如毛泽东在十多年后所说：“中国共产党和中国人民并没有被吓倒，被征服，被杀绝。他们从地下爬起来，揩干净身上的血迹，掩埋好同伴的尸首，他们又继续战斗了。”[1] 一些坚定的、有骨气的革命者恰恰在这种极端危难的时刻义无反顾地参加到共产党的行列中来，如彭德怀、贺龙、徐特立等。许多工农群众重新集合在镰刀斧头的红旗下，凝聚成一股打不散的力量。

拿起武器，进行武装反抗

当时放在中国共产党面前的路只有两条：或者是拿起武器，进行武装反抗；或者是迟疑犹豫，坐以待毙。除此以外，没有别的路可走。

在逆转到来前夕刚刚经过改组的由张国焘、周恩来、李立三、张太雷、李维汉五人组成的中共中央临时政治局常委，断然决定三件大事：将党能够掌握或影响的部队向南昌集中，准备起义；在秋收时节，组织湘鄂粤赣四省农民暴动；召集中央会议，讨论新时期的新政策。

南昌起义是中国共产党领导下对国民党的第一次反击，是在极端危急的情况下挽救中国革命的壮举。

那时候，中国共产党所能掌握或影响的军队主要集中在张发奎统率的国民革命军第二方面军中。第二方面军有第四、十一、二十军和其他一些部队。叶挺担任着第十一军第二十四师师长。第四军第二十五师由原叶挺独立团扩编而成。贺龙担任着第二十军军长。七月间，他们在“东征讨蒋”的口号下，已分驻江西九江至南昌一带。朱德曾担任国民革命军第三军军官教育团团长兼南昌市公安局长。云集在这个地区的倾向革命的武装有两万人以上。武汉政府宣布“分共”后，已准备对这支部队下手。如果不当机立断，仅有的这一点革命武装必将被完全断送。

中共中央在决定举行南昌起义时，指定周恩来为前敌委员会书记。贺龙虽还没有参加共产党，但已向周恩来表示过：“我听共产党的话，决心和蒋介石、汪精卫这帮王八旦拼到底。”[2] 八月一日凌晨，起义发

---

〔1〕《毛泽东选集》第3卷，第1036页。

〔2〕廖汉生：《沧海横流，方显出英雄本色》，《怀念贺龙同志》，湖南人民出版社1979年11月版，第32页。

动了，到天亮时已控制南昌。起义军由贺龙任总指挥，叶挺任前敌总指挥，刘伯承为参谋长。下一步怎样行动？中共中央早有决定：部队立即南下，占领广东，取得海口，以求得到国际援助，再举行第二次北伐。起义军在酷暑中行军。途中，有在作战中损失的，有被亲国民党的军官拉走的，还有散失的。当进入广东并占领潮州、汕头时还有一万零七百人。南下过程中曾提出要没收地主土地，实行耕者有其田，但由于军事倥偬，并没有来得及实施。这时，国民党调集重兵合围。起义军在众寡悬殊的条件下经过苦战，最终失败了。但留下两支部队：一支到达广东陆丰，同当地农军会合，创建海陆丰根据地；另一支在朱德、陈毅率领下，转战赣粤边界，在第二年初发动湘南起义，随后上井冈山同毛泽东领导的秋收起义队伍汇合。

南昌起义，在中国共产党历史上开辟了一个新的时期。周恩来以后说：八一起义在共产党领导下，向国民党反动派打响了第一枪，这在大方向上是对的。李立三在起义两年后也说："南昌暴动在革命历史上有它的伟大意义。在广大群众没有出路的时候，全国树出新的革命中心，南昌暴动是很重要的时期。"[1] 中国共产党领导的人民军队，就是在这次起义中诞生的。

这次起义也有深刻的教训。周恩来把它归结到一点，就是没有"就地闹革命"。那时候，江西、湖南、湖北一带工农运动的基础比较好。起义军撤出南昌后，如果同湘鄂赣的工农运动结合起来，建立革命根据地，对以后的发展会更有利得多。

当时没有这样的思想也不奇怪。中国共产党还很年轻，在武装斗争方面原先参加过的只有广州东征和北伐那种以占领重要城市为目标的正规军作战，建立农村革命根据地这样的事情先前还不曾有过。人们总是容易根据自己原有的经验来处理新遇到的问题。通常总需要在实践中经过多少次胜利和失败的反复比较，才能把原来不清楚的事情逐渐认识清楚。

---

〔1〕 李立三：《党史报告》，《中共党史报告选编》，第 267 页。

在遭受大革命失败的严重挫折后，中国共产党内普遍要求清算并纠正过去的严重错误，决定新的路线和政策。南昌起义后六天，中共中央在湖北汉口秘密召开紧急会议，这便是八七会议。

这是中国共产党在处于生死存亡关头召开的一次紧急会议。会议旗帜鲜明地清算了中共中央在大革命后期的右倾错误。会议通过的《告全党党员书》在“绪言”中写道：

“我们党如果不能纠正指导机关的错误，那就一步也不能向革命的道路前进。工人阶级的革命党，要纠正自己的错误，只有公开的批评这些错误，而且要使全党党员都参加这种批评。无产阶级的政党不怕公开的承认自己错误。如果共产主义者不能无所畏惧无所忌讳的批评党的错误、疏忽和缺点，那么，共产主义者也就完了。我们党公开承认并纠正错误，不含混不隐瞒，这并不是示弱，而正是证明中国共产主义运动的力量。”

由党自己无所忌讳、毫不含糊地批评并纠正所犯的错误，认真总结教训，更好前进，是中国共产党的一个很好的传统。

会议着重批评了以陈独秀为首的中共中央在同国民党关系上一味妥协退让，“没有想着武装工农的必要，没有想着造成真正革命的工农军队”。这是右倾机会主义的错误。会议强调：“党应当在过去指导的错误中学习。党应当明了，他的力量与他的将来，建筑在工农群众的身上，在他们的力量与他们的组织上面。”〔1〕会上所作的批判有不尽恰当的地方，没有（当时也不可能）指出共产国际应负的主要责任，但如果没有这样一个对过去右倾错误鲜明有力的批判，要使党在紧急关头从指导思想上实行根本的转变是不可能的。

八七会议确定了土地革命和武装反抗国民党反动派的总方针。它使原来正处在思想混乱和组织涣散中的中国共产党看到了新的出路，燃起

〔1〕《中国共产党中央执行委员会告全党党员书》，《八七会议》，中共党史资料出版社 1986 年 10 月版，第 7、34、28 页。

新的希望，重新增加了凝聚力，踏上新的征途，为挽救党和革命作出了巨大贡献。

参加这次会议的毛泽东在会上发言，从大革命失败的惨痛教训中，提出“枪杆子里出政权”的重要论断。他说：

“对军事方面，从前我们骂中山专做军事运动，我们则恰恰相反，不做军事运动专做民众运动。蒋、唐都是拿枪杆子起的，我们独不管。现在虽已注意，但仍无坚决的概念。比如秋收暴动非军事不可，此次会议应重视此问题，新政治局的常委要更加坚强起来注意此问题。湖南这次失败，可说完全由于书生主观的错误，以后要非常注意军事。须知政权是由枪杆子中取得的。”〔1〕

八七会议一结束，毛泽东便以中央特派员身份到湖南领导秋收起义。他参加了在长沙市郊召开的湖南省委会议。会上，他就两个重要问题发表了意见。一个是暴动问题，他说：“要发动暴动，单靠农民的力量是不行的，必须有一个军事的帮助。”“我们党从前的错误，就是忽略了军事，现在应以百分之六十的精力注意军事运动。实行在枪杆上夺取政权，建设政权。”另一个是土地问题，他说：“单只没收大地主的土地，不能满足农民的要求和需要。要能全部抓着农民，必须没收地主的土地交给农民。”〔2〕

当时，在湘赣边界存在几支革命的武装力量：一支是共产党员卢德铭任团长的国民革命军第二方面军总指挥部警卫团，因为没有赶上南昌起义而停留在那一带，以后成为秋收起义部队的骨干力量；一支是平江、浏阳等地在大革命时期组织起来的工农义勇队或农民自卫军；还有一支是准备起义的安源路矿工人武装。这几支武装的处境十分危险。在国民党当局加强镇压的紧急情况下，必须迅速决定行止，不能再延搁

〔1〕《毛泽东文集》第1卷，人民出版社1993年12月版，第47页。

〔2〕《彭公达同志关于湖南秋暴经过的报告》，《井冈山革命根据地》（上），中共党史资料出版社1987年9月版，第29、28页。

了，否则就会被全部消灭。

中共湖南省委讨论确定秋收暴动计划，并成立以毛泽东为书记的前敌委员会。他们在起义初期的指导思想仍没有跳出旧的路子：虽然提出这次起义是“发展土地革命”，“主要战斗者是工农”，但具体目标并不是建立农村革命根据地，仍是要进攻并夺取湖南省会长沙这样的中心城市。九月八日，省委下达关于夺取长沙的命令。第二天，湘赣边界的秋收起义爆发。

但这时全国革命形势已走向低潮，国民党当局的军事力量在各地都大大超过革命力量，并且实行着残酷的白色恐怖。从湘赣边界来说，群众没有充分发动起来，本来很薄弱的力量又被分散使用，行动并不统一，内部的成分也很复杂，攻占长沙的计划是无法实现的。起义部队最初分路向长沙进攻，还期待得到长沙暴动的响应，但进攻中在平江、醴陵、浏阳等地先后遭到挫败，起义队伍组成的工农革命军第一师从原来的五千人锐减到一千五百多人。中共中央派任弼时去湖南调查时，夏明翰告诉他：“这次我军所到之地农民并未起来，远不及北伐军到时，农民的踊跃。大多数农民甚恐慌不敢行动，恐怕军队失败大祸临来的心理充满了农民的脑筋。”〔1〕

毛泽东十分注重实际，善于从实际工作中总结经验。他最初想的也是进攻长沙。当他发现原定计划无法实现时，立刻在浏阳县文家市举行的前敌委员会会议上果断地改变原有部署，转入江西，沿罗霄山脉南行，到国民党当局控制力薄弱的乡村山区寻求立足点，保存力量，再图发展。

陆定一曾经指出：“革命从以城市为中心转到以乡村为中心，这在以往是没有前例的。法国的巴黎公社和俄国的十月革命，都是首都的暴动。只要在首都夺取了政权，就是全国革命的胜利，否则，就是失败。而中国革命却不是这样，城市革命处于低潮时，可以到乡村去，继续革命，以‘乡村包围城市’的方法夺取全国政权。”〔2〕这是一条前人从来

〔1〕《任弼时报告》，《湘赣边界秋收起义》，湖南人民出版社 1987 年 8 月版，第 84 页。

〔2〕《陆定一文集》，人民出版社 1992 年 2 月版，自序，第 3 页。

没有走过的道路。

作出转向乡村进军这样的决断需要很大勇气，因为这同中共中央原来的部署并不一致，起义队伍内部有争议，自己也没有经验。但它是正确的。对初创时期的弱小革命军队来说，为了避免在力量不足时同优势的敌人决战，为了求得自身的生存和发展，唯一办法就是把进军方向转向农村，特别是转向两省或数省交界的山区。从进攻大城市转到向农村进军，这是中国人民革命历史中具有决定意义的新起点，也是在遭受严重挫折的实践中才能懂得的。当然，要自觉地认识“乡村包围城市”这条道路，还需要在此后的继续实践中才能真正懂得。

起义军沿湘赣边界南下。因为国民党方面的湘军战斗力强，赣军战斗力弱，工农革命军便沿江西一侧前进。九月二十九日，部队翻过山口，来到江西永新县三湾村宿营。这里群山环抱，追敌已被摆脱，又没有地方反动武装，比较安全。部队在村里住了五天，进行了著名的三湾改编。

三湾改编的主要内容是：第一，把已经不足一千人的部队，缩编为一个团，称工农革命军第一军第一师第一团。部队中愿留则留，愿走的发给路费，将来愿回来的还欢迎。第二，在部队内部实行民主制度，官兵平等，待遇一样，官长不准打骂士兵，士兵有开会说话的自由。连以上建立士兵委员会，有很大的权力。第三，全军由党的前敌委员会统一领导。党支部建立在连队上。部队的一切重大问题，都必须经过党组织集体讨论决定。这三项措施开始改变旧式军队的习气和农民的自由散漫作风，是建设新型人民军队的重要开端。

在三湾，毛泽东还提出一个重要问题：军队要和地方结合起来，一方面可以把伤病员交给他们安置，另一方面又可以发枪给他们，帮助他们发展起来。〔1〕这里多少已有建立农村革命根据地的初步思想。他按照中共江西省委的介绍，派人同宁冈县党组织和驻在井冈山北麓宁冈茅坪的袁文才部联系。

---

〔1〕《熊寿祺关于秋收起义的几次回忆》，《湘赣边界秋收起义》，第153页。

毛泽东率领部队从三湾来到宁冈后，认为井冈山是落脚的理想场所，并同井冈山的地方农民武装袁文才、王佐两部取得了联系，开始了准备建立井冈山革命根据地的工作。

在南昌起义和秋收起义后，中国共产党在十二月中旬又领导了广州起义。

那时，张发奎在南昌起义后率余部南下，控制了广州。他的部队中有着隐蔽下来的共产党员叶剑英率领的教导团。这个团的前身是武汉中央军事政治学校，学员大多是共产党员、共青团员和倾向革命的青年。广州和它周围地区的工农运动在大革命高潮时有较好的基础。十一月间，张发奎同桂系的黄绍竑和驻在粤东的陈济棠之间，为了争夺对广东的控制权发生战争。张部主力第四军调往西江同桂军作战。留在广州的部队中战斗力最强的只有教导团。但张对教导团已有怀疑。他自己说："我们本有计划将教导团解散，这是叶剑英所知道的。"〔1〕局势紧急，中共广东省委根据中共中央的指示，便在十二月十一日发动了起义。

起义的第一天，由于出敌不意，发展比较顺利，当天就控制了广州市珠江以北的地区。当天深夜，起义军总指挥叶挺认为国民党军队的反扑在第二天将达到高潮。他在会议上"分析了形势，说明广州周围敌人兵力太多，而且近在咫尺，一旦组织起来，向我反扑，形势对我们很不利，提出最好不要再在广州坚持，把起义部队拉到海陆丰去"。这本来是避开优势敌人打击、到有利地区再图发展的正确主张。但共产国际派来的代表诺伊曼，"却教条主义地认为，搞起义只能进攻，不能退却。他甚至声色俱厉地批评叶挺撤出广州的主张是想去当土匪。"〔2〕叶挺的意见没有被采纳。结果，第二天在国民党军队全力反扑下，情况严重恶化。中共广东省委书记张太雷不幸牺牲，使整个起义失去了核心。发动群众的工作也做得差。罗登贤在一个多月后举行的广东省委常委扩大会议上说："当时大家都存一个心理，以为暴动发动后，群众自然可以自

---

〔1〕张发奎：《卅年前广州暴动之回忆》，《广州起义》，中共党史资料出版社 1988 年 5 月版，第 663 页。

〔2〕《聂荣臻回忆录》（上），战士出版社 1983 年 8 月版，第 87、88 页。

动起来，因此有意无意中遂忽略了发动群众的工作。”[1] 结果，终因寡不敌众，起义在第三天失败了。

广州起义是英勇的，最初也取得了成功。但实践又一次证明，在国民党当局拥有强大武力的情况下，企图通过城市武装暴动或攻占大城市来夺取革命胜利是不可能的。在敌我力量悬殊的情况下，企图坚守大城市，只能导致惨重的失败。

除了南昌起义、秋收起义、广州起义这些规模较大的起义外，到一九二八年初，中国共产党还先后领导发动了海陆丰、琼崖、赣西南、赣东北、湘南、湘鄂西、鄂豫边、闽西等起义。这些起义，一部分很快就失败了，一部分坚持了下来。这些能坚持下来的地区，大多处在数省边界、国民党统治力量薄弱的偏僻山区，为后来各地工农红军和农村革命根据地的大规模发展奠定了初步基础。

为什么中国共产党要拿起武器，开展武装斗争？它本来并没有选择这条路，而是在国民党大规模镇压和屠杀的情况下，才不得不拿起武器进行反抗的。毛泽东后来多次同外国朋友谈起自己的亲身体会。他说：

“有了共产党以后，就进行了革命战争。那也不是我们要打，是帝国主义、国民党要打。一九二一年，中国成立了共产党，我就变成了共产党员了。那时候，我们也没有准备打仗。我是一个知识分子，当一个小学教员，也没学过军事，怎么知道打仗呢？就是由于国民党搞白色恐怖，把工会、农会都打掉了，把五万共产党员杀了一大批，抓了一大批，我们才拿起枪来，上山打游击。”[2]

他又说：

“他要打，我就打。这个方法就是从反动派那里学来的。蒋介石打

[1] 《中共广东省委常委扩大会议记录》，《广州起义》，第 325 页。

[2] 毛泽东同智利新闻工作者代表团的谈话记录，1964 年 6 月 23 日。

我，我就打他。他可以打我，难道我就不能打他呀？”[1]

“敌人教会了我们两个办法，一个是做秘密工作，他不杀人我们是学不会的；第二是学会了打仗，一打就打了十年。”[2]

这就把事情说得很清楚了。

中共六大对革命形势的判断

在走上武装反抗的道路后，面对着和大革命时期很不相同的新局面，周围的环境变化得那样快，许多陌生的带根本性的问题需要作出回答。首先遇到的问题是：在新情况下，中国革命的性质有没有改变？当前中国革命的形势是继续高涨，还是已进入低潮？党的总策略应该是什么？

情况错综复杂，许多问题在刚出现时还不那样清晰，留给人思考的时间又不多，要作出正确的回答实在很不容易。八七会议着重清算了党内的右倾错误，这是必要的，但没有同时注意防止“左”的错误。会后，“左”倾盲动主义和命令主义的错误很快发展起来，到这年十一月的中共中央临时政治局扩大会议上在党内取得支配地位。

这种错误主张的主要代表是共产国际代表罗米那兹，并得到中共中央主要负责人瞿秋白等的支持。对革命性质问题，他们把蒋介石的四一二政变看作资产阶级退出革命，把汪精卫反共看作上层小资产阶级也退出革命，认为现时的中国革命只能是“工农革命”。罗米那兹把中国革命的性质和速度都用一句话来概括，称作“无间断的革命”。瞿秋白这时写道：“中国革命要推翻豪绅地主阶级，便不能不同时推翻资产阶级。”“所以中国当前的革命，显然是由解决民权主义任务急转直下到社会主义的革命。”对中国革命的形势，瞿秋白先提出问题：“革命是低落

〔1〕毛泽东同出席第二次亚洲经济讨论会的一些国家与地区代表的谈话记录，1964年7月9日。

〔2〕毛泽东同摩洛哥共产党中央委员会第一书记亚塔的谈话记录，1959年2月17日。

吗?”然后回答道:“革命潮流的低落或消沉,在现时的中国必须有三个条件:一、反革命的统治能相当解决中国社会关系中的严重问题(如土地问题、劳资问题等);二、反革命的统治能够逐渐稳定;三、革命的群众溃散而消沉。如今事实上中国绝对没有这些条件。”〔1〕可以看出,瞿秋白在回答这些问题时是经过深思熟虑的,并且充满着自信。

中共中央在同月内接连发出第十五号和第十六号通告。这两个通告督责各地工农民众尽可能实行武装暴动;并且声言,如果认为不可“轻举妄动”,想多“保存着”党的组织,“那就又是机会主义毒发作,势必至于阻碍群众暴动的发展。”〔2〕

在这种思想指导下,许多地方不顾当地的实际条件,强行发动工人罢工、农民暴动,有的地方还盲目烧杀而严重脱离群众,使大革命失败后千辛万苦保存下来的那点革命力量遭受更多损失。这种错误在党内占支配地位的时间,前后共有半年。

失误究竟发生在什么地方呢?这同当时问题的复杂性有关。

不错,在大革命失败后,中国民族资产阶级确曾一度因动摇而脱离革命,分化到反革命方面。“中国是资产阶级民主革命,可是又要反对资产阶级,这在当时就成为很难理解的问题。”不少人以为现时的中国革命已是“工农革命”,并把它同社会主义革命混为一谈。可是,革命性质只能由革命任务来决定。反帝反封建这个中国资产阶级民主革命的任务并没有完成,共产党仍要继续为完成这个任务而奋斗,中国革命不可能超越阶段而急转直下地立刻发展成社会主义革命。

同样不错,中国社会内部的根本矛盾确实一个也没有解决,反动势力不可能建立起长期而稳定的统治,人民也不可能放弃斗争。但事情还有另外一面:在大革命失败后,反动势力和它们间的结合暂时得到了加强,而革命势力却遭到严重削弱。从全国范围来看,革命潮流现时并不处在“一直高涨”之中。

---

〔1〕瞿秋白:《中国革命是什么样的革命》,《布尔塞维克》第1卷第5期,1927年11月16日。

〔2〕《中共中央文件选集》第3册,第441页。

中国共产党毕竟是一个年轻的党。他们在极端困难的环境中把斗争坚持了下来，这是极不容易的事情。但他们缺乏处理如此复杂问题的足够经验。对国民党屠杀的愤怒和复仇的渴望，对一部分人动摇背叛行为的强烈憎恨，使他们很难保持冷静的心态，而产生一种近乎拼命的急躁的冲动，容易只看到（甚至夸大）事情有利的方面，而忽略（乃至无视）事情不利的方面，对情况作出错误的判断。此外，对相隔不久的大革命高潮中那些轰轰烈烈场面的回忆和怀念，也使他们中许多人不容易承认已经大大改变了的冷酷现实，以为只要凭着满腔热情，不难很快打开一个新的局面，总觉得“现在这种局面持续的时间不会太长”。〔1〕李立三不久后说过：“革命遭受了失败，很多的工人遭受屠杀或失业，大多数的群众因疲倦而要休息，但一部分急进分子是不能忍耐的，而走上群众前面去了，这就是盲动主义与强迫罢工的来源。”〔2〕李维汉也这样概括：“当时，这种‘左倾情绪’，在革命者内部乃是普遍现象。”〔3〕这种盲动主义错误不能只用某一个人的失误来解释，在某种意义上可以说是一种历史现象。

这种错误做法，由于严重脱离实际，在实践中不断给人以惨痛的教训，到一九二八年四月下旬在实际工作中已不能不停止下来，但认识上的问题（特别是对中国革命形势的估计）仍存在着，需要到即将召开的中共六大中去解决。

中国共产党第六次全国代表大会从六月十八日到七月十一日连续开了二十四天。由于国内环境险恶，这次大会是在苏联莫斯科开的。大会对中国革命的一系列根本问题取得比较一致的认识，主要是：第一，现时中国革命的性质依然是反帝反封建的资产阶级民主革命。这个问题在大会上没有发生严重的争论。第二，对中国革命形势的估计，这是会上争论得最激烈的问题。布哈林代表共产国际在会上作总结时说：“不要忘记我们现在是被人打败了，现在还没有什么新的革命高涨。”“现在对

〔1〕《管文蔚回忆录》，人民出版社1985年3月版，第61页。

〔2〕李立三在中共六大政治报告讨论时的发言记录，1928年6月23日。

〔3〕李维汉：《回忆与研究》（上），第231页。

于中国党最危险的地方，就是中国党不看见许多失败以后的低落。”〔1〕六大通过的《政治议决案》写道：“现时的形势，一般说来是没有广泛的群众的革命高潮，中国革命运动发展的速度是不平衡的，亦就是现时形势的特征。”第三，对中国革命现时的任务和策略，《政治议决案》写道：“现在，第一个革命浪潮已经因为历次失败而过去了，而新的浪潮还没有来到，反革命的势力还超过工农，党的总路线是争取群众。”〔2〕

这样，不仅使党内存在过严重争论的这些根本性问题得到了明确的解决，而且根据实际情况，把党的工作中心从千方百计地到处组织暴动，转变到从事长期的艰苦的群众工作、以争取群众作为首要任务。这也可以说是一次战略重点的转移。由于这些决定是党的全国代表大会的决议，不只是哪一个人的主张，它所产生的影响特别巨大，对统一全党思想、推进中国革命起了重要作用。

六大也有它的缺点，主要是：第一，还把城市工作放在中心地位，没有认识到中国革命的特点是走农村包围城市的道路；第二，继续把民族资产阶级看作革命的敌人，对中间阶级的作用、反动势力内部的矛盾也缺乏正确的估计。当然，这也有历史条件的限制。周恩来后来说过：“依据当时的实际情况与理论水平，要求‘六大’产生一个以无产阶级为领导、以乡村作中心的思想是不可能的。当然虽然有了农民游击战争，但我们这种经验还不够，还在摸索。”“在历史上无论中外都找不到农村包围城市的经验。从我国当时的实际情况来看，正是处在整个农村革命的游击运动非常困难的时期，蒋桂战争还未爆发，想在这种情况下肯定以乡村作中心是不可能的。”〔3〕

从井冈山斗争到古田会议

怎样根据中国国情走出一条切合中国实际的新路子来，没有现成的

〔1〕布哈林在六大政治报告讨论后的结论，记录稿，1928 年 6 月 29 日。
〔2〕《中共中央文件选集》第 4 册，中共中央党校出版社 1989 年 8 月版，第 310、314 页。
〔3〕《周恩来选集》上卷，人民出版社 1980 年 12 月版，第 177、178 页。

方案和经验可以照搬，只有在实践中经过艰苦的甚至反复的探索，才能逐步取得解决。其中，做得最成功的是毛泽东领导的井冈山斗争。

井冈山，地处湘赣边界罗霄山脉中段，位于江西宁冈、遂川、永新和湖南酃县四县之交，总面积约四千平方公里。大革命时期，这几个县都建立了党的组织和农民自卫军，群众基础比较好；山上的茨坪、大小五井等都有水田和村庄，周围各县的农业经济可供部队筹措给养；这里离中心城市较远，交通不便，国民党统治力量薄弱；崇山峻岭，地势险恶，森林茂密，只有几条狭窄的小路通向山内，进可攻，退可守。陈伯钧回忆道："敌人在山的周围转一圈要一个星期，我们只要一天时间，就能由东到西，由南到北的打击敌军。"〔1〕在敌我力量悬殊的情况下，这里确实是一个理想的落脚点。

井冈山原有袁文才、王佐两支绿林式的农民武装。两人都参加过大革命，袁文才还是共产党员。毛泽东率领的秋收起义军取得他们的信任和支持后，就上了山，落了脚。

在国共双方力量悬殊的情况下，井冈山那样的工农武装割据所以能站住脚跟，一个原因就是国民党各派军事势力有如前面所说，正在不断进行着彼此间你死我活的争夺战，使他们无力顾及当时还被他们轻视的工农武装割据。毛泽东在《井冈山的斗争》中一开始就说："一国之内，在四围白色恐怖的包围中间，产生一小块或若干小块的红色政权区域，在目前的世界上只有中国有这种事。我们分析它发生的原因之一，在于中国有买办豪绅阶级间不断的分裂和战争。只要买办豪绅阶级间的分裂和战争是继续的，则工农武装割据的存在和发展也将是能够继续的。"在毛泽东写了这篇文字以后，国民党各派军事势力之间的分裂和战争不但继续着，而且一步步发展到一九三〇年中原大战那样规模空前的内战。这对工农武装割据的存在和发展无疑十分有利。当然，只有这个外部条件是远远不够的。毛泽东接着写道："此外，工农武装割据的存在和发展，还需要具备下列的条件：（1）有很好的群众；（2）有很好的

〔1〕陈伯钧：《井冈烽火岁月》，《井冈山革命根据地》（下），中共党史资料出版社 1987 年 9 月版，第 52 页。

党；（3）有相当力量的红军；（4）有便利于作战的地势；（5）有足够给养的经济力。”[1] 因此，毛泽东上井冈山后，着重抓了三件事。

第一，建党工作。他认定，如果没有一个坚强有力、齐心一致的共产党组织在当地民众中生根，成为团结群众的核心，无论军队也好、地方工作也好，都会松散无力，难以持久，甚至会迷失方向。所以，毛泽东把它看作一切工作的根本。三湾改编的一个重要内容便是规定军队要在党的领导下，并把支部建立在连上。接着，在井冈山周围各县相继恢复大革命失败后被打散了的党组织。

第二，建立一支新型的人民军队。以往的革命武装大多来自旧军队或旧式农民武装这两种力量。这支新型人民军队的性质和需要跟它们都不同。这就有一个对原有队伍逐步改造的问题。能不能做到这一点，是革命成败的关键。

这年十一月，由于国民党李宗仁和唐生智两集团之间的战争爆发，国民党军队主力从赣南北调，井冈山周围各县只留下一些地主武装靖卫团和挨户团，实力不强，井冈山的工农革命军攻克了茶陵县城，这是他们攻克的第一个县城。但是，军队在茶陵一个多月并没有做群众工作，每天的活动还只是三操两讲和两点名。[2] 它没有在当地民众中生根，当国民党军队重新进攻时不能不退出茶陵。毛泽东总结了这次教训。明确提出革命军队应该担负起三大任务：一是打仗消灭敌人；二是打土豪筹款子；三是做群众工作。自古以来，人们总认为军队的任务就是打仗。提出军队的任务不只是打仗，而且要做群众工作，这是毛泽东提出的全新观念，它所产生的影响十分深远。

在军队内部，抓住了加强了政治教育和实行民主制度这两大环节。红军的成分，一部分是工人农民，一部分是游民无产者，而且国民党俘虏兵占了很大比重。毛泽东在《井冈山的斗争》中写道：“红军士兵大部分是由雇佣军队来的，但一到红军即变了性质。首先是红军废除了雇

---

〔1〕《毛泽东选集》第1卷，第57页。

〔2〕赖毅：《给茶陵县纪建委员会的信》，《回忆井冈山斗争时期》，江西人民出版社1983年6月版，第331页。

佣制，使士兵感觉不是为他人打仗，而是为自己为人民打仗。红军至今没有什么正规的薪饷制，只发粮食、油盐菜钱和少数的零用钱。”“经过政治教育，红军士兵都有了阶级觉悟，都有了分配土地、建立政权和武装工农等项常识，都知道是为了自己和工农阶级而作战。因此，他们能在艰苦的斗争中不出怨言。”“红军的物质生活如此菲薄，战斗如此频繁，仍能维持不敝，除党的作用外，就是靠实行军队内的民主主义。官长不打士兵，官兵待遇平等，士兵有开会说话的自由，废除烦琐的礼节，经济公开。”“这些办法，士兵很满意。尤其是新来的俘虏兵，他们感觉国民党军队和我们军队是两个世界。他们虽然感觉红军的物质生活不如白军，但是精神得到了解放。同样一个兵，昨天在敌军不勇敢，今天在红军很勇敢，就是民主主义的影响。”[1] 这样的军队，和旧军队根本不同，和旧式的农民武装也根本不同，是中国历史上前所未有的新型军队。

第三，重视军民关系。老百姓是最看重实际的。过去，他们对旧军队的欺压民众和有些地方的土匪骚扰，历来是既害怕，又痛恨。他们刚接触工农革命军时，往往用同样的眼光来对待。这个问题不解决，工农革命军便无法接近群众。做不好群众工作，自身也无法存在。而要解决这个问题，只靠口头宣传是没有用的，根本的要靠让民众能实际看到工农革命军的行动表现。毛泽东归纳实际生活中遇到的问题，最初提出“三大纪律，六项注意”，后来发展为“三大纪律，八项注意”。工农革命军纪律严明，爱护百姓，不做损害群众利益的事，还在居住的地方尽可能帮助老百姓干活。从此，改变了工农革命军同群众的关系。这是工农革命军能够从小到大地发展起来并战胜敌人的重要力量源泉。

毛泽东上井冈山后将近半年，朱德、陈毅率领的南昌起义军余部，在发动湘南起义后，带领一万多人向井冈山转移。一九二八年四月下旬，朱德和毛泽东两军会师，合编为中国工农革命军第四军（不久改名为工农红军第四军），毛泽东任军委书记和党代表，朱德任军长。

---

〔1〕《毛泽东选集》第1卷，第63、64、65页。

这次会师有重大的意义。会师后，井冈山革命根据地的武装力量从原来的两千人增加到一万多人（其中不少是湘南农民）。朱德、陈毅率领的南昌起义军余部以大革命时期战功卓著的叶挺独立团为骨干，装备和训练都比较好，有一千几百支枪，还有机关枪，有较强的战斗力。参加这次会师的谭震林回忆说：

“朱德、毛泽东井冈山会师，部队大了，我们才有力量打下永新。当然，在这之前打了茶陵、遂川，也占领了宁冈县城。那时不敢走远，因为国民党来上两个团我们就打不赢。可是朱毛会师后力量就大了。”〔1〕

朱毛会师后，红军接连打退了国民党方面赣军对井冈山的两次“进剿”，三下永新城，打垮了赣军朱培德部的主力。毛泽东、朱德在总结经验的基础上概括出“敌进我退，敌驻我扰，敌疲我打，敌退我追”的游击战十六字诀。中国共产党领导的军事斗争，长时期内是在敌强我弱的条件下进行的。这就要求重在斗智，而不能单靠斗力。十六字诀正是从敌强我弱这一特点出发，趋利避害，避实击虚，灵活机动，达到保存自己、消灭敌人的目的，从而逐步改变敌我双方的力量对比。人民军队后来的战略战术，就是由它发展起来的。

到六月下旬，红四军取得龙源口大捷后，井冈山根据地扩大到宁冈、永新、莲花三个县全县，吉安、安福县各一小部分，遂川县北部，酃县东南部，面积达七千二百多平方公里，居民共五十多万人。用毛泽东在《井冈山的斗争》里的话来说：“是为边界全盛时期”。

在这块根据地上，建立了湘赣边界特委，成立了湘赣边界工农兵苏维埃政府，它们的重要任务是领导土地革命。中国人口的绝大多数是农民。湘赣边界是交通阻塞的农业区域，居民几乎都是农民。这里的土地，大半在地主手里。向地主租种土地的农民，每年要把收获量的一半以上缴给地主，还要受其他种种压迫和剥削。获得土地，是贫苦农民最

〔1〕《谭震林同志的谈话》，《党史会议报告集》，中共中央党校出版社 1982 年 3 月版，第 24 页。

强烈的渴望。土地革命，本来是八七会议后各地武装暴动的目标。没有土地革命，军事斗争不可能得到广大农民的真心实意的支持，难以坚持下去。

当湘赣边界割据进入全盛时期时，五月至七月在边界各县掀起了轰轰烈烈的分田高潮。六月十五日，湖南省委派来的代表给省委的报告中写道：

“现在宁冈的土地已快分清楚，永新也分了一部分。分配的方法，多以乡苏维埃为单位，由区苏维埃派人协同乡苏维埃，将全乡每处土地人口调查清楚（如少报土地的，查出后，即取消其分田的权利），再由苏维埃将人口土地统计，看每家分多少，乃由根据他原有的田数定其应出多少，分定后出一榜，又依榜到各田去插一牌子，即归某正式营业。”“照他们这种分法，每人可分谷八担，大小人口一样的多。”〔1〕

革命根据地所以能在极端困难的条件下坚持和扩大，它的力量源泉就在于取得人数众多的农民的由衷支持。

这年十二月，在湖南平江起义中建立了红五军的彭德怀、滕代远率部来到井冈山，同红四军会师。

大革命失败后，全国革命形势处于低潮。井冈山革命根据地的旗子不倒，并且在建立革命武装、深入土地革命、加强政权建设等方面创造出大量新鲜经验，在处境困难的革命者心中燃起新的希望，有着重大的政治意义。

可是，从进一步发展的要求来看，井冈山革命根据地在地域上又有它的弱点：第一，井冈山虽然地势险要，但人口稀少，物产并不丰富。随着红军人数激增，加上国民党军队的反复“清剿”和严密封锁，军民生活极端困难，有时连最低限度的衣食用品也难以保证。第二，井冈山位于湘江和赣江之间的狭长地区，这两条大江都无法徒涉，向南和向北

〔1〕《杜修经向中共湖南省委的报告》，《井冈山革命根据地史料选编》，江西人民出版社1986年3月版，第19页。

也不易发展，因此军事上缺乏足够的回旋余地。这两个弱点，在初期并不明显，而在红军力量逐渐扩大时便暴露出来。当时在红四军担任连长的粟裕评论道："这个地区作为一个后方是可以的，从战略发展观点来看，作为大发展的基地不够理想。"〔1〕

一九二九年一月十四日，当湘赣两省的国民党军队以三万人分五路向井冈山发动"会剿"时，毛泽东、朱德便率红四军主力下井冈山，向赣南出击。

赣南地区的条件更便于红四军的发展。这里山峦起伏，林木繁茂，物产比较丰富，并同闽西、粤北山区连接，回旋余地宽广，适宜于发展游击战争。这里党和群众的基础较好，大革命失败后已有李文林等在吉安的东固建立起小块的秘密根据地；国民党驻军力量薄弱，战斗力不强，而且主要是云南军队，同本地地主豪绅关系不那么密切。这里距离大城市远，交通不便，国民党军队往来聚集困难。这些，都是红军发展游击战争的有利条件。

陈诚也有这样的分析："赣南位于赣江上游，地势高峻，山岭重叠，交通极为不便，这是打出没无定的游击战最理想的地带。共党最擅长的就是打游击战，所以他们选定了赣南作主要根据地。而且赣南的经济条件也很优越。赣南虽然山多，但因侵蚀年久，山间溪谷多冲积成局部平原，颇适宜于耕种。前章提到的瑞金，就是'种一年吃三年'的好地方。其他各县虽不都和瑞金一样，可是出产的种类数量，都很丰富，维持一个经济生活自足自给的局面是可能的，所以他们就看中了赣南。"〔2〕

红四军主力下井冈山后，最初的经历是很艰难的：由于脱离了原有的根据地，又受着国民党军队重兵尾追和袭击，屡次陷入险境。二月十一日，他们在赣南瑞金的大柏地伏击，一举歼灭紧紧追来的赣军刘士毅旅大部，扭转了被动局面。接着，又北上东固，同李文林部会师，开始在赣南站住脚跟。

随后，他们又利用闽西国民党兵力空虚的机会，三次进军闽西。在

〔1〕《粟裕战争回忆录》，解放军出版社 1988 年 11 月版，第 79 页。

〔2〕《陈诚先生回忆录——国共战争》，（台北）"国史馆" 2005 年 8 月版，第 19 页。

闽西工农武装邓子恢、张鼎丞等部配合下，先后消灭闽西地方军阀郭凤鸣、陈国辉、卢新铭三个旅。赣西南和闽西的苏维埃政府相继成立，两处地方工农武装也有很大发展，为后来的中央革命根据地奠定了基础。

在这个时期内，有两件重要的事情。

一件是同年十二月在福建上杭古田召开的中共红四军第九次代表大会。这次大会是红四军内部一场严重争论的结果。这场争论最初是由红四军要不要设立军委的问题引起的。当时担任红四军政治部秘书长的江华回忆道："军委要不要的争论虽然解决了，但是在这个问题背后的关于党和军队关系的争论，仍未得到完全解决。所谓党和军队的关系问题，主要是由于当时红军还建立不久，其大部分是从旧式军队脱胎出来的，而且是从失败环境中拖出来的，旧军队的旧思想、旧习惯、旧制度都带到了红军队伍中来，因而一部分人习惯于旧军队的领导方式，对保证军队接受党的绝对领导不赞成，有怀疑。""在这场争论中，军内存在的单纯军事观点、流寇思想、极端民主化和军阀主义残余等非无产阶级思想有所抬头。"〔1〕这些问题上的分歧，在建军后已长时间存在，到福建后环境比较安定，争论就比较集中地突出出来了。

中共中央对红四军内这场争论十分重视。在八月十三日、二十七日、二十九日三次召开政治局会议讨论这个问题。这年八月和九月，中共中央两次给红四军前委来信，对争论的问题明确表示了态度。九月指示信中有一句十分重要的话："先有农村红军，后有城市政权，这是中国革命的特征，这是中国经济基础的产物。"信中还说："党的一切权力集中于前委指导机关，这是正确的，绝不能动摇。不能机械地引用'家长制'这个名词来削弱指导机关的权力，来作极端民主化的掩护。"〔2〕这两封来信，是周恩来主持起草的，给了毛泽东很大的支持。

古田会议作出的决议近三万字，总结了红四军成立以来部队建设的基本经验。它指出红军是一个执行革命的政治任务的武装集团；确立了共产党对红军实行绝对领导的原则；规定了红军中政治机关和政治工作

---

〔1〕江华：《追忆与思考》，浙江人民出版社1991年7月版，第92页。

〔2〕《周恩来选集》上卷，第32、40、41页。

的地位；强调在红军内部加强思想政治教育；坚持实行官兵平等的民主主义制度，同时要和人民群众打成一片。

古田会议决议是红军建设的纲领性文献。它系统地解决了以农民为主要成分的军队如何建设成无产阶级领导的新型人民军队这个根本性问题，这样的军队是中国过去历史上不曾有过的。决议不但在红四军实行了，其他各路红军也先后照此来做，加速了人民军队建设的进程。

在这个时期发生的另一件重要事情，是在赣南和闽西广大区域内开展了轰轰烈烈的分田运动。

比起井冈山时期来，这次的分田办法有两点原则性修改：一是把“没收一切土地”改为“没收一切公共土地及地主阶级的土地”，从而避免严重侵犯中农的利益；二是把土地所有权属于政府、农民只有使用权，改为得田的人“这田由他私人，别人不得侵犯”，满足广大贫苦农民对土地的要求。这两点修改都十分重要。中国共产党需要在实践中反复摸索，才能形成一套比较完备而符合中国实际情况的土地制度改革方案。分田运动后，在赣南和闽西革命根据地内真正出现了一场规模空前的农村的社会大变动，社会结构和阶级关系都发生了根本的变化。

旧中国是一个半殖民地半封建社会。在绝大部分国土上，占着支配地位的仍然是千百年留下的野蛮的封建剥削制度。相对说来，城市只是大海中的若干小岛。这个封建剥削制度统治下潜藏着尖锐矛盾的广大农村，就像一座随时可能爆炸的大炸药库。这是理解中国近代社会政治种种现象的奥秘所在。美国记者西奥多·怀特和安娜·雅各布目光犀利地写道：

“由于农村的贫困和日益加剧的压力，中国内部出现了一种紧张的气氛，只有变才能使这种气氛平静下来——如果可能的话，就采用和平手段；如果没有别的路可走，就只有借助于暴力了。”〔1〕

〔1〕（美）西奥多·怀特和安娜·雅各布：《风暴遍中国》，解放军出版社 1985 年 12 月版，第 33 页。

中国共产党正是以最坚决的态度领导了这场顺应民心的农村革命大风暴。

土地革命是中国民主革命的基本内容之一。人们常常谈论反对封建主义的问题。如果不铲除统治中国几千年的地主土地所有制，就根本没有彻底的反封建可言。有了这个前提，才谈得上如何继续清除封建主义的遗毒。当年中国许多政党或论者谈中国现代化的问题，或者把占中国人口最大多数的贫苦农民摒弃在他们视线之外，或者虽然谈到以至在乡村建设中采取了一些改良措施，却不敢触及改变地主土地所有制这个根本问题，结果都不能解决中国的农村问题；只有中国共产党领导广大贫苦农民，坚决反对封建剥削制度，根本改变这种状况，铲除了封建主义的根基。大革命失败后，尽管民族资产阶级一度退出革命，城市小资产阶级表现出很大动摇，中国革命在极端困难的环境中仍能坚持下来，并不可遏制地向前发展，原因就在中国共产党能紧紧依靠人数如此众多的贫苦农民，全身心地投入到他们中间去，深入开展土地革命，得到他们真心实意的拥护。这是任何力量无法把它摧毁的，终于为中国革命闯出农村包围城市、武装夺取政权这样一条前人从来没有走过的独特的胜利之路。

这个时期内，在中共中央领导下，并不是只有一个井冈山和赣南、闽西革命根据地，其他地区的红军和革命根据地也有很大发展。先后建立起来的重要革命根据地有湘鄂西、鄂豫皖、湘鄂赣、湘赣、广西的左右江、广东的东江和琼崖等十五个。到一九三〇年三月，全国红军已有十三个军、六万二千七百三十人、两万八千九百八十二支枪（其中最强大的是朱德、毛泽东领导的红四军，有一万人，七千支枪；其次是彭德怀、滕代远领导的红五军，有九千四百多人，六千五百多支枪）。[1] 以后中国工农红军的三大主力——一方面军、二方面军、四方面军，此时已粗具雏形。

国民党统治区的党组织在把工作重心放在“争取群众”上后，也正

〔1〕 周恩来：《红军的数目与区域》，1930 年 3 月。

在走向复兴。中共中央着力整顿几乎被打散了的党组织，恢复党在国民党统治区的秘密工作。他们帮助各省一个一个地恢复党的组织，把“深入群众”当作当前组织工作上的中心口号。全党的作风有明显改变，注意深入到群众中去，了解并维护他们的切身利益和要求，努力团结更广泛的群众。党在群众中的政治影响正在扩大。这些虽还是初步的，却是得来不易的。

大革命失败后仿佛已陷入绝境的中国共产党，经过四年来艰苦卓绝的斗争，又作为一个重要力量出现在中国政治舞台上。就是和六大闭幕时相比，经过两年的努力，情况也明显不同了，处处呈现出向前发展的态势。

“立三路线”和中共六届四中全会

革命前进的道路实在艰难曲折。当革命形势刚刚出现一些好转的时候，“左”倾冒险主义错误又再度上升，在中共中央取得支配地位。它以李立三为主要代表，所以常被称为“立三路线”，时间共三个月。

这次“左”倾错误同上一次相比，时间相隔两年，两者有明显的不同：上一次是在大革命遭受严重挫败时带着浓厚拼命色彩的盲目蛮干；这一次却是在国民党各派军事势力间陷入不断混战、革命运动明显走上复兴时，由于对革命发展有利形势作出过分夸大的估计而发生的迫不及待的冒险主义。

六大对形势的估计，本来遗留下一个问题。它虽然指出“现在第一个革命浪潮已经因为历次失败而过去了，而新的浪潮还没有到来”，但对新的革命浪潮究竟在什么时候可以到来，并没有作出回答，而在当时确实也难以回答。因此，新的革命浪潮何时可以到来，就一直萦绕在中共中央许多人头脑中。在主观上，他们是急切希望这种高潮能早日到来的。革命形势处处呈现向前发展的态势，更增强了他们的这种情绪。这是中国共产党内“左”的急性病容易重新抬头的重要原因。

在六大后的最初一年多时间内，中共中央的态度仍比较冷静。当时，工人出身的向忠发是名义上的中央政治局主席，而周恩来是中共中央的实际主持人，各项工作仍在有条不紊地进行着。

到一九二九年底和一九三〇年初，有两个因素促成了中共党内“左”的急性病的抬头和发展：一个是共产国际那时正猛烈批判布哈林的“右倾”，要求各国党都要同步地开展反右倾斗争。共产国际给中国党写来四封指示信，内容都着重在反右倾。其中，一九二九年十月二十六日的来信更这样说：“中国已进入深刻的全民族危机的时期。”“现在就可以而且应该开始让群众做好准备，以便用革命的手段推翻资产阶级和地主联盟的政权，建立苏维埃形式的工人阶级和农民的专政。”〔1〕另一个因素是国民党内各派军事势力之间规模空前的中原大战的爆发已迫在眉睫。国民党统治区内的状况越来越混乱。党内许多人又过分兴奋起来，对革命形势的发展作出过高的脱离实际的估计。

“左”倾急性病一旦重新抬头，很快就不断升温。一九三〇年五月初，中原大战正式爆发。这时，周恩来已去莫斯科向共产国际报告工作，实际主持中共中央工作的政治局常委兼宣传部长李立三认为革命危机已在全国范围内成熟。他在五月十五日出版的《布尔塞维克》上发表题为《新的革命高潮前面的诸问题》的长篇文章，写道：

“在革命高潮到来的形势之下，群众组织可以飞速的从极小的组织发展到几十万人甚至几百万人的伟大的组织。同样，党的组织也可以在几星期甚至几日以内变成广泛的群众的党。”〔2〕

他认为，尽管如此，革命政权或许不能同时在全国范围内取得胜利，所以要先夺取一省与几省的首先胜利。怎样夺取这种胜利？他仍从城市中心论的观点出发，认为主要得依靠城市产业工人从政治罢工到总

〔1〕《共产国际有关中国革命的文献资料》第2辑，中国社会科学出版社1982年6月版，第81、82页。

〔2〕李立三：《新的革命高潮前面的诸问题》，《布尔塞维克》第3卷第4、5期合刊，1930年5月15日。

同盟罢工再到武装暴动，同时，要求各路红军进攻中心城市作为辅助力量。

六月十一日，中共中央根据李立三的报告，通过《目前政治任务的决议——新的革命高潮与一省或几省的首先胜利》。这个决议改变了六大规定的“争取群众”这个党的总路线，写道：

“在革命急剧的发展、伟大的革命巨潮已经接近的现在，党不只是要注意到夺取广大群众，组织广大群众的争斗，以促进这一革命巨潮更快的爆发；尤其要注意到革命巨潮爆发时，组织全国武装暴动夺取政权的任务。因此，加紧组织群众的政治斗争，加紧宣传武装暴动夺取政权的必要，注意促进全国革命高潮，注意武装暴动的组织上和技术上的准备，注意布置以武汉为中心的附近省区首先胜利，是目前党的策略总路线。”

“中国是帝国主义统治世界的锁链中最薄弱的一环，就是世界革命的火山最易爆发的地方。所以在现在全世界革命危机都已严重化的时候，中国革命有首先爆发、掀起世界的大革命、全世界最后的阶级决战到来的可能。”〔1〕

由于这个决议的通过，第二次“左”倾错误在中共中央取得了统治地位。接着，中共中央便着手布置武汉暴动、南京暴动和上海总同盟罢工，把这几个主要城市的行动作为全盘计划的重点，并要求各路红军“会师武汉”、“饮马长江”。这个计划听起来轰轰烈烈，其实根本不具备付诸实施的力量和条件，只是主观臆想的产物。七月二十七日，红军第三军团乘湖南军阀何键将湘军主力南调、应付李宗仁及张发奎部进攻的机会，一度乘虚攻占湖南省会长沙，李立三更加兴高采烈，以为他的主张是正确的，以为出现他所期待的那种惊人剧变的时机到了。八月三日，李立三在中共中央政治局会议上声言：“我们的战略也必须推动国

〔1〕《中共中央文件选集》第6册，中共中央党校出版社1989年8月版，第128、116、117页。

际无产阶级对帝国主义的决战。”“国际在目前形势，我想必须采取积极进攻路线才有办法，首先是苏联，苏联必须积极准备战争。”“否则，不能在中国革命中掀动全世界的大革命，作最后的阶段决战。”〔1〕他还要求蒙古出兵配合。六日，中共中央成立全国总行动委员会，作为领导武装暴动和总同盟罢工的最高指挥机关，停止了党、团、工会的正常活动，使一切经常性工作陷于停顿。

这次“左”倾错误在党内统治的时间虽然只有三个多月，但党为此付出了惨重的代价。国民党统治区内，许多地方的党组织因为急于组织暴动而把原来就很有限的力量暴露出来，先后有十一个省委机关遭到破坏，武汉、南京等城市的党组织几乎全部瓦解。红军在进攻大城市时也遭到损失。

李立三的“左”倾冒险主义，包括要苏联准备战争和蒙古出兵配合等，也超出共产国际所能允许的范围。八月下半月，周恩来、瞿秋白先后回国，纠正这种错误。周恩来先回国。八月二十二日，他在中共中央政治局会议上批评李立三的错误，特别指出中共中央对农村根据地“确实注意得比较少”。他说：“赣西南、闽粤边等处，不仅有广大的苏维埃区域，而且有党的基础，有广大的群众，巩固这许多地方以向着工业城市发展。在策略上为什么要这样做？这是因为在这许多区域不仅是敌人力量最弱的地方，而且有党所领导的广大基础，党将这力量巩固起来。”“根据地决不是割据、保守，而是站住脚跟，一步一步的有力的发展。”〔2〕二十四日，李立三在政治局会议讨论时说：“听了伍豪同志（引者注：即周恩来）的报告以后，将过去所怀疑的主要问题完全了解。”“我们如仅注意弱点（引者注：指只强调要加强力量薄弱的城市工作），而不利用优点（引者注：指不重视发展条件最有利的农村革命根据地），确是不妥当的，至少我个人过去是没有注意到这一点。”“这一不同从哪里发生？这还是在发展不平衡这点上发生。”〔3〕这时，李立三“左”倾

〔1〕李立三在中共中央政治局会议上的发言记录，1930年8月3日。
〔2〕周恩来在中共中央政治局会议上的发言记录，1930年8月22日。
〔3〕李立三在中共中央政治局会议上的发言记录，1930年8月24日。

错误使革命造成的重大损失也已暴露出来，受到党内许多干部的反对。九月二十四日至二十八日，中共中央召开六届三中全会扩大会议。会后，李立三离开了领导岗位，武汉、南京暴动和上海总同盟罢工的计划已经取消，中央和地方的行动委员会不再保持，党、团、工会的组织重新恢复。尽管三中全会还有不足之处，但总的说来，作为“立三路线”主要特征的那些错误已在实际工作中得到纠正，问题基本上得到解决，整个工作正逐步转到正常轨道上来。

可是，就在这以后不久，以王明为代表的“左”倾教条主义，又在一九三一年一月召开的中共六届四中全会上取得党内的统治地位。四中全会在共产国际代表米夫的直接指挥下，严厉指责瞿秋白、周恩来主持的三中全会对“立三路线”犯了“调和主义”的错误，决定要“改造充实各级领导机关”。王明在会前散发的纲领性小册子《两条路线》（增订后改名《为中共更加布尔塞维克化而斗争》）中，认为国民党统治的崩溃正在加速进行着，已有可能在湘、鄂、赣等省真正实现一省或几省首先胜利，进而推进与争取全国范围内的胜利；把中间派看作最危险的敌人；一味鼓吹所谓“进攻路线”，而把不同意这些看法的人当作“右倾机会主义”来打击，认为这是党内的主要危险。这样，又开始了控制中共中央四年之久的“左”倾教条主义错误。

王明等是一批只有点马克思主义书本知识而没有实际工作经验的归国不久的留苏学生。为什么他们能够上台而且控制中共中央那样久时间？亲身经历过这段历史的陆定一作了这样的分析：“反对王明路线，比起反对其他错误路线来更为困难。因为（一）他们有共产国际的米夫作靠山，而在当时，中国党对共产国际有迷信，以为共产国际的任何决定都是正确的。共产国际相信王明宗派，那么王明宗派也一定是正确的。（二）他们言必称马列，在马列主义词句的掩护下干错误的事情。当时，中国党还没有这种理论水平，不能分别马列主义的词句中哪些是适合中国情况的，哪些是不适合中国情况的，所以就受到他们的欺蒙。（三）他们亦是反对帝国主义，反对地主资产阶级，主张土地革命的。

所以就很难看出有什么路线的分歧。”[1]

红军三次反“围剿”的胜利

我们再把目光转到各革命根据地工农红军的斗争上来，特别是看一看三次反“围剿”的胜利。

当中原大战结束前，蒋介石的主要精力一直放在国民党内各派军事势力之间连续不断的战争上。因为他在国民党内的统治地位还不巩固，这些战争的胜负对他说来是生死攸关的，而对处在一些省边界山区的红军游击战争比较轻视，没有那么放在心上。同红军作战的对手，大多是地方军阀的部队，而不是蒋介石嫡系精锐部队。但是，红军和根据地的迅速发展，特别是“立三路线”时期红军攻打中心城市的冒险活动，使他感到吃惊。因此，当中原大战一结束，他几乎没有停顿，立刻亲自部署，到南方对各革命根据地的红军发动“围剿”。

这场较量开始前，中共中央还在推行“立三路线”。朱毛红军四个军本来正集中在闽西的长汀一带开展游击战争，中央派涂振农赶去，要求他们把部队改编为第一军团，进攻江西的中心城市南昌和九江。朱德几年后讲道：“毛泽东和我对于整个方案都表示怀疑，但是我们久居山区多年，能够得到的有关国内和国际局势的情报很不全面。在这种情况下，我们不得不接受我们中央委员会的分析。”而且，“除了毛泽东和我之外，很少有人反对李立三路线。我们别无选择，只有接受。”“话虽如此，就我们所知，我们的部队以及其他红军部队力量既弱，装备又不好，即或我们能攻占几座工业城市，即或有些产业工人参加战斗，但能否坚守城市的确是大可怀疑的。”[2]

一九三〇年六月二十三日，朱德、毛泽东率第一军团出师北上。七月三十日，红军推进到距南昌城三十里处。他们分析了敌情和地势，没

[1] 《陆定一文集》，自序，第5页。
[2] (美)艾格尼丝·史沫特莱：《伟大的道路——朱德的生平和时代》，生活·读书·新知三联书店1979年4月版，第316、317页。

有按照中共中央指示硬攻南昌，只派了一支部队在八月一日攻击赣江西岸的牛行车站，隔江向南昌城开枪示威，以纪念南昌起义三周年，随后就撤离南昌。这时，彭德怀率第三军团在乘虚攻占长沙后又已退出长沙。第一军团西进同第三军团会师，组成第一方面军，共三万余人。中共中央要求第一方面军第二次攻占长沙，由于国民党湘军主力已回师长沙，红军猛攻不克，没有请示中共中央，就断然撤围长沙，折回江西，在十月初攻下吉安。其他革命根据地内，一些领导人也在不同程度上对李立三的错误有所抵制。因此，“立三路线”在实际工作中，特别是在红军和各根据地中并没有得到全面贯彻。

中原大战在十月间大体结束。蒋介石一腾出手来，立刻准备对中国共产党领导的各根据地发动大规模“围剿”。十一月四日，他在回家乡休养时就发表文告说：“洎乎战事既起，湘鄂赣则共党益肆其披猖。”同天，又命令：“江西部队应迅即限期收复吉安，不可延缓，坐失时机。”二十二日，致电何键并各师旅长称：“自讨逆军兴，湘省即沦为匪域。尔时本总司令督师前方，无暇兼顾。”“乃近日湘省匪祸，仍有增无已”，要求各师旅长“切实剿办，克期肃清。”十二月二日，又令江西省政府主席鲁涤平：“现在江西兵力甚多，不必待友军之到齐，始行围剿，请兄严令各部猛进，务于此一个半月内将江西所失各县收复，不得延误。”七日，蒋介石亲赴南昌部署作战事宜。但他这时对红军仍很轻视，二十九日在国民政府纪念周上说道：“我想三个月内肃清共匪，一定没有什么问题。”〔1〕负责指挥这次“围剿”的鲁涤平对红军的估计也十分不足，因而采取“长驱直入，分进合击”的战术，以为可以一举消灭红一方面军主力。

红一方面早在罗坊召开的总前委会议上，通过毛泽东提出的战略方针：“诱敌深入赤色区域，待其疲惫而歼灭之。”〔2〕这次由鲁涤平统一指

---

〔1〕《蒋中正总统档案·事略稿本》第9册，（台北）“国史馆”2004年12月版，第109、110、164、177、230页。

〔2〕《毛泽东军事文选》第1卷，军事科学出版社、中央文献出版社1993年12月版，第181页。

挥的军队共十几万人，但都不是蒋介石的嫡系，各部之间行进的距离很大，易于各个击破。这些军队中，张辉瓒和谭道源两个师是鲁涤平的嫡系部队，张又是前线总指挥。把他们打败了，这次“围剿”就可以打破。这两个师各约一万四千人，红军有四万人，一次打一个师占绝对优势。他们先向根据地中部退却，避免同对方过早决战。十二月三十日，张辉瓒部孤军深入，进入龙冈地区的狭窄山路，突然遭到预先设伏的红军猛烈袭击，并且切断了它突围的退路。经过一天激战，歼灭张部近一万人，活捉了张辉瓒；接着，乘胜东进，又在东韶歼灭谭道源部半个师。第一次大规模“围剿”不能不结束。

这个结局完全出乎蒋介石意料之外。一九三一年二月，他派军政部长何应钦兼任陆海空军总司令南昌行营主任，依照“稳扎稳打，步步为营”的原则组织第二次“围剿”，兵力也增加到二十万人，其中包括蔡廷锴、孙连仲等战斗力较强的部队，但仍都不是蒋的嫡系部队。四月，国民党军队开始分四路进攻。那时，中共六届四中全会虽已召开，但王明为代表的“左”倾教条主义错误还来不及深入控制各革命根据地。中央红军仍坚持“诱敌深入”的方针，主力集中隐蔽在东固附近地区二十多天，伺机出击。出击时，先打对方的哪一路？苏区中央局秘书欧阳钦不久后给中共中央的报告中写道：

“当时多数同志的意见是打蒋（光鼐）蔡（廷锴），理由是蒋蔡打坍之后我们有出路，便于发展，可以伸开两手到湘南到赣南。这时泽东同志意见认为在进攻我们的人中，蒋蔡比较是强有力的，在历史上未曾打过败仗，曾经在湘南把张发奎打得落花流水，我们现在主要是择敌人弱点打破，打蒋蔡没有绝对胜利的把握，我们应打王金钰这路，因为这路敌人既弱且地势群众都好”。[1]

五月十六日，王金钰部（那是北伐结束时收编的孙传芳残部）公秉

---

〔1〕 欧阳钦：《中央苏维埃区域报告》，《中央革命根据地史料选编》上册，江西人民出版社1982年5月版，第367、368页。

藩师脱离富田阵地向东固推进。原来隐蔽着的红一方面军突然集中主力对它发起攻击，歼灭它的大部。然后由西向东横扫，各个歼敌。半个月间，连打五个胜仗，横扫七百里，从赣江之滨直达福建建宁，先后歼敌三万多人，打破了国民党军队的第二次“围剿”。

这次失败给了蒋介石更大的震动。他在六月五日的讲话中，称红军已是“唯一之敌人”，把它看作比宁粤对立更大的威胁，“中央现在决以全力扑灭”。他亲自担任“围剿”军总司令，六月二十二日到达南昌，在此坐镇，并以何应钦为前敌总司令，增调嫡系陈诚部第十一、十四师及卫立煌部第十师等十万人到江西，并从七月一日起发动进攻。它的来势显然比前两次要猛烈得多。

蒋介石在这次“围剿”中依仗兵力众多，又采取“长驱直入”的战略，企图先击破红军主力，再深入“清剿”。它比红军所预计的来得快得多，规模也大得多。

红军在打破第二次“围剿”时，主力由西向东已离开根据地的中心地带，远在闽西和闽西北，并且正在分散发动群众。第三次“围剿”来得那么快，那么突然。红军在没有得到必要休整的条件下，星夜集中，在酷暑下向南实行千里大迂回，绕开国民党军的进攻锋芒，插入江西南部。这时，各路国民党军纷纷逼近。红军冒雨从它们中间只有二十公里的空隙中向东穿出，五天内在敌军主力背后三战皆捷，歼敌一万多人，蒋介石立刻命令主力掉头东追，准备决战，但他们完全弄不清红军的行踪。红军以一小部分兵力伪装主力吸引国民党军队一直向东北追去，主力又悄悄地迎着国民党军西进，再度穿过他们重兵之间只有十公里的夹缝，翻山越岭，回到兴国境内隐蔽休整。当国民党军发现时，红军已休整半个多月。国民党军饥疲沮丧，多次扑空，宁粤之间的军事冲突又有一触即发之势，加上长江下游（特别是武汉地区）发生了百年罕见的大水灾，灾民达五千三百多万人，死亡四十二万多人，“进剿”军只得全面退却。红军乘势再歼敌两万多人。这样，蒋介石亲自指挥的第三次“围剿”又被粉碎。蒋介石在日记中叹道：“剿匪之难甚于大战。彼利用地形熟识与民众协从，故避实击虚，随其所欲，而我官兵则来往追逐，疲于奔命。故欲剿灭赤匪，决非一朝一夕之故。”[1]

这次战役后，赣南、闽西两个革命根据地完全连成一片，形成拥有十五座县城、面积五万平方公里、居民达二百五十万人的中央革命根据地。

取得这次反“围剿”战争胜利的基本经验是什么？朱德后来概括道：

“一、二、三次反‘围剿’，是中国很好的革命战争经验，主要一点是在于依靠群众。三次反‘围剿’，我们都是为了群众，又很好地依靠了群众。当时我们只有五万人，三万支枪，粉碎了几十万敌人的三次‘围剿’。蒋介石、外国人，都不知道我们究竟有多少人，连党中央也不相信我们只有那么多人。”[2]

在中央革命根据地连续取得三次反“围剿”胜利的同时，其他革命根据地也都粉碎了国民党军队的多次“围剿”，取得重大发展。

以大别山为中心的鄂豫皖革命根据地，是在鄂豫边、豫东南、皖西三块根据地基础上形成的。中原大战结束后，国民党军队从一九三〇年冬到一九三一年夏对它先后发动两次大规模“围剿”，每次调集兵力都在十万人左右。红军主动出击，抓住对方的弱点实行各个突破，粉碎了这两次“围剿”。在双桥镇战斗中，俘获曾任河南省督办的国民党军第三十四师师长岳维峻以下官兵五千多人，引起很大震动。“一九三一年四五月间，（中共）中央派张国焘、沈泽民、陈昌浩到鄂豫皖后，即宣布了中央的决定，成立鄂豫皖中央分局与省委、省苏。”“十一月七日，分局在七里坪宣布成立红四方面军，徐向前为总指挥，陈昌浩为政治委员”[3]，全军近三万人。那时，国民党军队在根据地周围部署的兵力增

---

〔1〕蒋介石日记，1931年8月12日。

〔2〕《朱德选集》，人民出版社1983年8月版，第131页。

〔3〕徐向前、仉志亮：《鄂豫皖苏区红军历史》，《中国工农红军第四方面军战史资料选编·鄂豫皖时期》（上），解放军出版社1993年7月版，第32、37、38页。

加到十五个师，准备发动第三次“围剿”。红四方面军在徐向前等指挥下再次主动出击，先后发动黄安、商潢、苏家埠、潢光四次战役。其中苏家埠战役历时四十八天，共歼敌三万多人，俘敌总指挥厉式鼎（第七师代师长）、旅长五人、团长十二人，是鄂豫皖红军创建以来空前的大胜利。四次战役的胜利，促进了根据地武装力量的壮大，主力红军发展到两个军六个师，共四万五千多人。根据地猛烈扩大，“为革命势力所控制的面积已经达到四万余平方公里。根据地人口已达三百五十万”〔1〕。

湘鄂西根据地最早是大革命失败后中共中央派贺龙、周逸群到当地发动武装起义建立起来的。这里地势险要，千山万壑，又是贺龙的家乡。红军在艰苦环境下从小到大，迅速发展起来，击破国民党军队多次“围剿”，建成红二军团。贺龙回忆道：“红二军团的成立，标志着湘鄂西革命斗争进入了一个新的阶段。”〔2〕湘赣革命根据地红军，是井冈山红军主力挺进赣南、闽西后，留在当地坚持斗争的游击队、赤卫队和地方武装发展起来的，以后组成由任弼时、萧克、王震率领的红六军团。这两个军团，成为红二方面军的前身。

赣东北革命根据地的红军，在方志敏、邵式平等率领下，在一九三〇年十一月至一九三一年三月粉碎了国民党军队的两次“围剿”，有力地配合了中央革命根据地的反“围剿”斗争。

此外，谢子长、刘志丹等领导建立了陕甘边和陕北的红军游击队，冯白驹等领导的琼崖红军也得到坚持和壮大。

这时，工农武装割据的革命根据地已取得重大发展。赣南和闽西连成一片的中央革命根据地已经形成，张国焘、徐向前、陈昌浩等领导的红四方面军和鄂豫皖革命根据地，贺龙等领导的红二军团和湘鄂西革命根据地，方志敏领导的赣东北革命根据地等，也都有相当规模。客观形势需要建立起一个对各根据地实行统一领导的机构。一九三一年十一月初，中华苏维埃第一次全国代表大会在江西瑞金举行，成立中华苏维埃

---

〔1〕《中国工农红军第四方面军战史》，解放军出版社 1991 年 8 月版，第 168 页。

〔2〕贺龙：《湘鄂西初期的革命斗争》，《星火燎原》第 1 集下册，人民文学出版社 1958 年 9 月版，第 615 页。

共和国，选举毛泽东为中央执行委员会和人民委员会的主席。大会通过的《宪法大纲》写道："中华苏维埃政权所建设的是工人和农民的民主专政的国家。"〔1〕它的政治体制实行民主集中制，而不是议会制和三权分立。尽管它还不成熟、不完备，还有一些"左"的错误东西，但它在国体、政体等根本问题上已是日后新中国的雏形，有着重大的历史意义。

大会后不到一个月，国民党第二十六路军（原属冯玉祥西北军的孙连仲部）一万七千多人，在参谋长、地下党员赵博生和重要将领季振同、董振堂、黄中岳率领下，在江西宁都起义，改编为中国工农红军第五军团。像这样有较强战斗力的国民党正规军大部队在战场上起义，投向红军，还是第一次。鄂豫皖、湘鄂西等革命根据地的反"围剿"斗争也先后取得重大胜利，使红军和根据地得到很大发展。

在此期间，红军实行了由游击战为主向运动战为主的战略转变，并且积累起丰富的经验，基本形成了它的作战原则，成为谁都不能轻视的力量了。

---

〔1〕《中共中央文件选集》第7册，中共中央党校出版社1991年3月版，第772页。

改变，从阅读开始

二十世纪
中国史纲

[第四卷]

金冲及 著

社会科学文献出版社
SOCIAL SCIENCES ACADEMIC PRESS (CHINA)

国家社会科学基金重大委托项目

图书在版编目（CIP）数据

二十世纪中国史纲．第4卷／金冲及著．—北京：社会科学文献出版社，2009.8

ISBN 978-7-5097-1007-4

Ⅰ．二…　Ⅱ．金…　Ⅲ．①中国－近代史②中国－现代史　Ⅳ．K25

中国版本图书馆CIP数据核字（2009）第152623号

二十世纪中国史纲

著　　者／金冲及

出 版 人／谢寿光
总 编 辑／邹东涛
出 版 者／社会科学文献出版社
地　　址／北京市西城区北三环中路甲29号院3号楼华龙大厦
邮政编码／100029
网　　址／http://www.ssap.com.cn/
网站支持／（010）59367077
责任部门／人文科学图书事业部　（010）59367215
电子信箱／zongbianshi@ssap.cn
项目负责人／宋月华
责任编辑／徐思彦
责任校对／宋荣欣　桂　芳　陶　璇
责任印制／董　然　蔡　静　米　扬

总 经 销／社会科学文献出版社发行部
　　　　（010）59367080　59367097
经　　销／各地书店
销售热线／（010）62142489　62164516
排　　版／蒋宏工作室
印　　刷／北京市通州兴龙印刷厂

开　　本／700 mm × 1000mm　1/16
印　　张／87.75
字　　数／1136千字
版　　次／2009年9月第1版
印　　次／2019年3月第2次印刷

书　　号／ISBN 978-7-5097-1007-4
定　　价／128.00元（全四卷）

本卷目录

第二十四章

伟大的历史性转折

中共十一届三中全会开始的改革开放，是二十世纪中国又一次历史性巨大变化。邓小平把这次改革开放称为新的革命，是社会主义制度的自我发展和自我完善。它的目的是为了进一步解放中国社会主义社会的生产力，通过改革开放走出一条有中国特色社会主义的道路。

开创出这样一个新的发展局面十分不易。中国的改革开放，并不是在各种条件都已具备的顺利环境下开始的，相反，倒是在异常复杂和艰难的环境中迈出它的第一步。经历了“文化大革命”十年动乱以后，中国社会和政治生活中积累下来的矛盾实在太多。历史走到了一个新的转折关头，广大干部和群众急切地期待走出一条新的社会主义发展道路。但这条路应该是怎样的、应该怎么走，开始时并不很清楚，人们的认识也很不一致。因此，从粉碎“四人帮”到召开十一届三中全会，中间有过两年在徘徊中前进。十一届三中全会根本改变了这种徘徊局面，明确地作出实行改革开放、把党和国家的工作着重点转到社会主义现代化建设上来的战略决策。这是重大的历史转折。以后，又经过三年多实践中的探索，终于在中共十二大上明确地得出“建设有中国特色的社会主义”这个基本结论。

在徘徊中前进的两年

粉碎“四人帮”，结束了“文化大革命”，使祖国从危难和挫折中得到拯救。人们怀着异常激动的心情欢呼粉碎“四人帮”的胜利，热情地准备投身到祖国的建设事业中去。可是，十年动乱留下的后果太严重了，整个国家百业待兴，问题堆积如山，思想也很混乱。应该从哪里起步？

以华国锋为首的中共中央着重抓了两件事：一件是揭批“四人帮”，一件是初步恢复和发展国民经济。

华国锋提出“抓纲治国”的战略决策。他所说的“抓纲”依然是指六十年代以来实行的“以阶级斗争为纲”。而它的具体内容已有差别，主要是指揭批“四人帮”，清查同“四人帮”有牵连的人和事，消除“四人帮”长期散布的极左思潮和流毒。这在当时是急需解决的一个问题。

那时，“四人帮”和一批骨干分子虽已被隔离审查，北京、上海以及全国绝大部分地区的局势虽已迅速得到控制，但他们多年经营的帮派势力遍布全国许多部门和地区，有些还掌握着相当的权力。他们“结党营私，大搞宗派主义、分裂主义”、“在党内自成体系，为所欲为”，“大搞‘突击入党、’‘突击提干’，封官许愿，拼凑黑班底”。〔1〕对这些人，如果不认真清理便会留下重大隐患，发展国民经济便难以在安定有序的环境中进行。在极少数仍被“四人帮”余党把持的地方，局势依然很混乱，武斗尚未停止。中央采取果断措施，先把保定地区和郑州铁路局、兰州铁路局的混乱局面稳定下来。同时，在各地区、各部门进行深入细致的清查工作，把“三种人”（即在“文化大革命”中追随林彪、江青反革命集团造反起家的人、帮派思想严重的人、打砸抢分子）清理出来，特别是不让他们继续担任领导工作。由于“四人帮”在很长时间内

〔1〕《彻底揭发批判“四人帮”》（社论），《人民日报》1976年11月28日。

是以“党和国家领导人”的面目出现的，跟着他们做了错事坏事的人中间情况相当复杂。因此，在清查工作中强调要正确掌握政策，严格区别对待，扩大教育面，缩小打击面。规定：

“在同‘四人帮’篡党夺权阴谋活动有牵连的人当中，属于‘四人帮’及其余党的帮派体系的，只是极少数。在清查工作中，一定要十分注意；把受‘四人帮’影响说了错话做了错事，同参与‘四人帮’篡党夺权阴谋活动严格区别开来；把参与某些篡党夺权阴谋活动但是尚属受人利用、犯政治错误的人，同参与“四人帮”篡党夺权阴谋活动的骨干分子严格区别开来。在骨干分子当中，又要把那些在一九七六年十月中央打招呼会议之后愿意悔改、揭发‘四人帮’罪行、与‘四人帮’划清界限的人，同继续顽抗的死硬分子严格区别开来。对于一切可以争取的犯了错误的人，要认真做好思想转化工作，不要把他们推开。只有这样，才能团结百分之九十五以上的干部和群众，最大限度地孤立和集中打击‘四人帮’及其一小撮罪行严重又不肯悔改的死党。”[1]

清查工作取得很大成绩：摧毁了“四人帮”残留的政治势力，调整和充实了各级领导班子，各方面的工作基本上恢复了正常秩序。由于得到人民的全力支持，政策恰当，在很短时间内解决了这个长期使人感到棘手的问题，并且始终保持着社会的稳定，没有发生大的动荡和混乱。这是很不容易的。

一九七八年二月，华国锋在第五届全国人民代表大会第一次会议的政府工作报告中宣布：“绝大多数地区和部门，同‘四人帮’篡党夺权阴谋活动有牵连的人和事已经基本查清，阶级阵线已经基本清楚。就全国范围来说，清查工作基本上胜利结束。”[2]

---

〔1〕 华国锋：《在中国共产党第十一次全国代表大会上的政治报告》，《人民日报》1977年8月23日。

〔2〕 华国锋：《团结起来，为建设社会主义的现代化强国而奋斗》，《人民日报》1978年3月7日。

由于“四人帮”在“文化大革命”中长期把持着中央和地方的重要宣传舆论阵地，制造了许多颠倒黑白、混淆是非的言论，把人们的思想搞乱。在所谓“批邓、反击右倾翻案风”中，他们又把安定团结说成“阶级斗争熄灭论”，把反对派性说成“整造反派”，把将国民经济搞上去说成“唯生产力论”，把四个现代化说成“为资本主义复辟准备物质基础”，还要求“层层抓、抓还乡团”。因此，从思想上批判并消除他们散布的极左思潮的种种流毒，也是一项十分重要的任务。一九七六年十一月，中共中央召开全国宣传工作座谈会，要求把“四人帮”的谬论收集起来，加以整理，一条一条地批深批透。十二月起，中共中央将“四人帮”的罪证材料（一至三）陆续下发，其中“之三”就是“四人帮在各个领域散布的反动谬论”。在中央和地方的报刊上，都以大量篇幅刊登批判“四人帮”的文章，拨乱反正，分清是非。其中，如杨逢春等的《把被“四人帮”颠倒了的干部路线是非纠正过来》、教育部大批判组的《教育战线的一场大论战——批判“四人帮”炮制的“两个估计”》、薛暮桥的《批判“四人帮”在资产阶级法权问题上的反动谬论》、《人民日报》特约评论员的《贯彻执行按劳分配的社会主义原则》、胡乔木的《按照经济规律办事，加快实现四个现代化》等文章，都产生很大影响。

国民经济在这个时期内也得到初步的恢复和发展。

本来，一九六九年开始的七年间，经济工作在周恩来、邓小平先后主持下，经过全国人民在“文化大革命”那种极其艰难的环境中顽强地坚持辛勤劳动，国内生产总值逐年上升，年均增长百分之九点四三。而一九七六年由于“批邓、反击右倾翻案风”和唐山大地震，国内生产总值又一次出现下降，下降了百分之一点六，其中工业总产值只增长百分之二点四，而钢产量下降百分之十四点九，农业总产值下降百分之零点四。

粉碎“四人帮”后，华国锋在一次会议上说：“现在全国人民都热切期望，在打倒‘四人帮’之后，我国国民经济迅速发展起来，并且决心把被‘四人帮’耽误的时间尽快地夺回来。”这确是当时人们的普遍心情。他提出：“深入开展农业学大寨、工业学大庆的群众运动，努力把国民经济搞上去。"[1] 在全国人民共同努力下，一九七七年，国内生产总值比上年增长百分之七点六，工业总产值增长百分之十四点六，其中钢产量增长百分之十六点零三，农业总产值仍下降百分之零点四；一九七八年，国内生产总值比上年增长百分之十一点七，工业总产值增长百分之十三点五五，农业总产值增长百分之八点一。许多重点工程建设，如武汉钢铁厂一米七轧机、葛洲坝水电工程、第二汽车制造厂等取得重大进展，规模巨大、设备先进的上海宝山钢铁总厂在新日本制铁株式会社帮助下也完成了动工的准备。国务院在一九七七年八月十日发出《关于调整部分职工工资的通知》，决定从该年十月一日起提高部分职工工资，全国有百分之六十的职工共三千多万人增加了工资，这是"文化大革命"开始以来十年内第一次为职工提高工资。一九七八年五月七日，国务院又发出通知，决定实行奖金和计件工资制度。稿费制度也恢复了。

落实干部政策、平反冤假错案方面，最初进展不快。一九七七年十二月十日，中共中央任命胡耀邦为中央组织部部长。他在邓小平、陈云等支持下，顶住各种压力，冲破重重阻力，大刀阔斧地推进落实干部政策的工作。他提出"两个不管"："凡是不实之词，凡是不正确的结论和处理，不管是什么时候、什么情况下搞的，不管是哪一级组织、什么人定的和批准的，都要改正过来。"[2] 本着这种精神，开展大规模的积案复查工作。一九七八年这一年内，中央组织部直接办理和复查平反了一百三十多名副省级、中央副部级以上干部的大案要案。胡耀邦还提出：原国家干部可以工作而没有分配工作的要尽快分配工作，年老体弱的要妥善安排，少数干部需要作出审查结论的要尽快作出。这样，使大批有经验的干部重新走上工作岗位。

各地在这方面也做了不少工作。如甘肃省委第一书记宋平提出："纠正冤假错案非抓不可！对于真正冤屈的、搞错了的，就得平反，就

---

〔1〕《中国共产党中央委员会主席华国锋同志在第二次全国农业学大寨会议上的讲话》，《人民日报》1976年12月28日。

〔2〕《宋任穷回忆录》（续集），解放军出版社1996年8月版，第66页。

是要坚持‘有反必肃、有错必纠’的原则。你们工作胆子要壮，不要有顾虑。”〔1〕甘肃的白银有色金属公司在“四清”运动中被指为“反革命修正主义分子夺权”的典型，这个报告经中央批转全国，造成很大影响。经过十个月的复查，甘肃省委和中央组织部、冶金部共同给中央写了报告，经中央批准后得到彻底平反。省委还组织工作组或调查组到各高等学校，帮助他们平反冤假错案和落实知识分子政策。又如广东省委第一书记习仲勋提出：“我们广东过去搞‘两退一插’（引者注：指职工退休、退职和到农村插队），把很多教师弄回家了，到目前仍有五千三百多人尚未复查处理，还在一边摆着。这个问题很严重，是严重违背党的政策的。现在首先要落实人家的工作，然后再复查。”〔2〕

一九七八年二、三月间，第五届全国人民代表大会第一次会议和第五届政协全国委员会第一次会议先后召开，分别选出叶剑英为全国人大常委会委员长、邓小平为全国政协主席；妇联、工会、共青团等群众团体相继恢复活动。各项工作逐步走上正常轨道。

说粉碎“四人帮”后的最初两年是“徘徊中前进的两年”，是指它虽在“徘徊”，但比起过去来是“前进”的。为什么又说它在“徘徊”呢？因为当时在领导思想上还存在着两个大问题，对中国的前进起着严重的阻碍作用。

第一个问题：在根本指导思想上还没有彻底清理“文化大革命”时期和多年来存在的“左”的错误，思想受着严重的束缚，不敢从毛泽东晚年的错误中真正解脱出来。最有代表性的，是当时提出的“两个凡是”的错误主张。

一九七七年二月七日，发表《人民日报》、《红旗》杂志、《解放军报》社论《学好文件抓住纲》。这篇社论集中体现和宣传了这种错误主张，它写道：

“凡是毛主席作出的决策，我们都坚决维护，凡是毛主席的指示，

〔1〕牛颖、彭效忠：《宋平在甘肃》，中央文献出版社2003年6月版，第104页。
〔2〕《习仲勋文选》，中央文献出版社1995年12月版，第270页。

我们都始终不渝地遵循”。[1]

既然毛泽东作出的一切决策和一切指示都要坚决维护，都要始终不渝地遵循，那么，“以阶级斗争为纲”也好，“无产阶级专政下继续革命的理论”也好，对“文化大革命”的肯定评价也好，都得始终不渝地维护和遵循了；只要经过毛泽东批准或点头而做错了的事，都不能触动了。

当时担任中共中央主席的华国锋坚持的就是这种思想。他在这年四月底学习《毛泽东选集》第五卷的文章中写道：

“毛主席为我们党制定了一条清楚、明确的、正确的马克思列宁主义路线，这就是在无产阶级专政下把社会主义革命进行到底的路线。毛主席要我们时刻不要忘记阶级斗争，抓住阶级斗争这个纲，一步步地做好社会主义革命和社会主义建设的工作，把我国建设成为一个伟大的社会主义国家，直到实现从社会主义社会到共产主义社会的过渡。毛主席要我们这样做，我们就应该坚定不移地这样做。”[2]

这年八月，中国共产党召开第十一次全国代表大会。这是党在粉碎“四人帮”以后召开的第一次全国代表大会。（十一届一中全会上，选举华国锋为中共中央主席，叶剑英、邓小平、李先念、汪东兴为副主席）这次大会的任务是要总结过去，规划未来。华国锋在大会上所作的政治报告，虽然在揭批“四人帮”和动员全党建设社会主义现代化强国方面有着积极作用，但它依然肯定了“文化大革命”和它的错误理论。报告说：

“在社会主义时期，毛主席对马克思主义的最伟大贡献，就是完整地创立了无产阶级专政下继续革命的理论。”

〔1〕《学好文件抓住纲》（社论），《人民日报》1977年2月7日。

〔2〕华国锋：《把无产阶级专政下的继续革命进行到底》，《人民日报》1977年5月1日。

“我国这次无产阶级文化大革命，必将作为无产阶级专政历史上的伟大创举而载入史册，随着历史的前进，越发显示它的灿烂光辉。”〔1〕

这样，就不可能从根本上纠正“文化大革命”的错误。

华国锋在粉碎“四人帮”的斗争中起了重要作用，作出了巨大贡献。为什么在粉碎“四人帮”以后，他和其他几个领导人仍要坚持这样的思想呢？胡绳主编的《中国共产党的七十年》这样分析：“华国锋虽然在粉碎江青反革命集团的斗争中有功，也试图结束‘文化大革命’造成的混乱，但他没有从根本上认清‘文化大革命’的问题，特别是没有认清‘文化大革命’和毛泽东晚年错误的关系。他没有识力和胆力来解决既要彻底清除‘文化大革命’的错误，又要维护毛泽东的历史地位和毛泽东思想这样一个复杂的问题。他不知道，只有如实地指出毛泽东晚年发动和坚持‘文化大革命’的错误，并加以纠正，才能继承以毛泽东和毛泽东思想为旗帜的中国共产党和中国革命的优良传统。”〔2〕

这是一个根本性的问题。这个问题不解决，中国的社会主义事业便无法走上一条成功的新路，便谈不上开辟一个改革开放的新时期。但当时有这种思想的并不只是华国锋一个人。因此，要冲破这个障碍十分不容易。

第二个问题在经济工作方面。粉碎“四人帮”后，人们处在异常兴奋的精神状态中，群众长期被压抑的生产积极性充分发挥出来，摩拳擦掌地想大干一场，把被耽误的时间夺回来。国民经济初步得到恢复性增长，又使不少人产生一种错觉，以为快速发展的时机已经到来，看有利条件多，看困难和问题少。在这种情况下，指导工作中再次发生急于求成、片面追求高速度的急躁冒进错误。

这仍是“左”的错误，是新中国经济建设中一再出现的顽症。在粉碎“四人帮”后不久的一九七六年十二月间召开的第二次全国农业学大

---

〔1〕华国锋：《在中国共产党第十一次全国代表大会上的政治报告》，《人民日报》1977年8月23日。

〔2〕胡绳主编《中国共产党的七十年》，第617、618页。

寨会议上，重新提出实现四个现代化的要求，但未能认真考虑客观实际的可能，对农业生产指标和人民公社公有化水平提出了无法实现的高指标。一九七七年一月，国务院又要求到一九八〇年在全国基本实现农业机械化。五月，华国锋在全国工业学大庆会议上讲话，把这两次会议称为“是力争抓纲治国的战略决策今年初见成效、三年大见成效的两次十分重要的会议”，预言：“我国国民经济必将出现一个全面跃进的新局面。”他说：

“从现在起到本世纪末，只有二十三年的时间，大大加快我国国民经济发展的步伐，是刻不容缓的了。建设速度问题，不是一个单纯的经济问题，而是一个政治问题。”

“石油部门要为创建十来个‘大庆油田’而斗争。所有企业，都要努力向大庆看齐。各个工业部门，都要努力向石油部门看齐。各个省、市、自治区都要不断地向新的高峰攀登。先进更先进，后进赶先进，革命加拼命，无往而不胜！”〔1〕

这年十一月，中央政治局通过国家计委《关于经济计划汇报要点》。《汇报》在二十三年设想中提出：“在二〇〇〇年以前，全面实现农业、工业、国防和科学技术的现代化，粮食总产量达到一万三千亿斤，钢产量达到一亿三千万吨。”〔2〕随后，召开全国计划会议对它进行讨论，并由中央将《汇报要点》转发全国。

在一九七八年二、三月间举行的第五届全国人民代表大会第一次会议上，国务院将根据二十三年设想制定的《十年规划纲要（草案）》提交全体代表审议。华国锋在政府工作报告中说：“按照十年规划，到一九八五年，粮食产量达到八千亿斤，钢产量六千万吨。从一九七八年到一九八五年八年间，我国农业总产值每年要增长百分之四点五，工业总产值每年要增长百分之十以上。这八年，我国主要工业产品新增加的产

〔1〕华国锋在全国工业学大庆会议上的讲话，《人民日报》1977年5月13日。

〔2〕国家计划委员会：《关于经济计划的汇报要点》，1977年11月15日。

量都将大大超过过去二十八年增加的产量。这八年，国家财政收入和基本建设投资，都相当于过去二十八年的总和。”[1] 报告提出，今后八年国家计划新建和续建一百二十个大型项目，包括十大钢铁基地、九大有色金属基地、八大煤炭基地、十大油气田、三十个大电站等。这些项目大多是重工业，农业和轻工业没有受到足够重视。根据大会通过的这个规划，各部门、各地区纷纷筹划此后八年的新的“跃进”，提出许多无法做到的高指标。

要求加快发展，本来是好事。问题在于，这些主张严重脱离了中国当时的实际情况。事实上，经过持续十年的“文化大革命”的严重破坏，经济工作亟待解决的问题太多了。比较突出的，一是国民经济比例关系严重失调，需要重新调整过来，达到基本平衡；二是人民生活方面多年积累下来的大量“欠账”需要逐步解决；三是被严重打乱的规章制度和经济管理工作需要重建和整改；四是经济增长不能缺少的许多基础工作需要做好准备。如果对这些都置之不顾，单从人们在粉碎“四人帮”后那种普遍的兴奋和热情出发，想靠“革命加拼命”，就要求国民经济实现如此高速的增长，它的后果必将出现新的大起大落。“有如重病初愈的人，不让他休养一段时间，恢复健康，就要求他跑步前进，这没有不跌跤子、不出问题的。”[2]

沿着这条路子走下去，尽管人民有着迅速改变经济文化落后状况的强烈愿望，但违背客观的经济规律，过分夸大主观意志和主观努力的作用，只会造成事与愿违的恶果。这样的痛苦教训，以往已经够多了。

好在当时所说的“全面跃进”大体上还只是停留在纸面上的设想，没有也不太可能全面付诸实施。在这两个问题中，比较起来，更迫切需要解决的是前一个问题，也就是“两个凡是”的问题，后一个经济方面问题的解决主要还得放在下一步。只有前一个问题解决了，把“左”的指导思想扭转和纠正了，后一个问题才有可能得到顺利而妥善的解决。

---

〔1〕 华国锋：《团结起来，为建设社会主义的现代化强国而奋斗》，《人民日报》1978年3月7日。

〔2〕 马洪、刘国光、杨坚白主编《当代中国经济》，第395页。

新的时期，新的任务，需要有新的领导人物。邓小平由于他在长期革命中的历史功勋，由于他对“四人帮”的坚决斗争和在动乱后期主持全面整顿取得的显著成效，在党和人民中享有巨大的威望。在全国人民的殷切期待中，一九七七年七月十七日，中共十届三中全会一致通过决议：恢复邓小平原来担任的中共中央副主席、中央军委副主席、国务院副总理、中国人民解放军总参谋长等职务。二十一日，邓小平在全会上讲话。那一年，他已七十三岁。在全会的讲话中，他说：

“作为一名老的共产党员，还能在不多的余年里为党为国家为人民做一点力所能及的事情，在我个人来说是高兴的。出来工作，可以有两种态度，一个是做官，一个是做点工作。我想，谁叫你当共产党人呢，既然当了，就不能够做官，不能够有私心杂念，不能够有别的选择”。〔1〕

那时候，中国面对的问题之多，难度之大，是罕见的。许多人一时还看不清怎样才能从这种困境中摆脱出来。而且，又不能只停留在应对当前种种迫切而棘手的问题，还要从长远的战略眼光出发，形成一条全新的思路，为打开一个前所未有的新局面而奠定坚实的基础。这两个方面必须在不长的时间内同步完成。

邓小平没有辜负全党和全国人民的期望。他一出来工作，立刻表现出作为战略家的远见卓识，衡量全局，有条不紊地从混乱中指明一条新的出路。步子从哪里走起？面对千头万绪的问题，他首先抓住具有决定意义的环节，从思想路线的拨乱反正下手。

恢复工作前，他在四月十日给中共中央写了一封信，针对“两个凡是”的观点，提出“要用准确的完整的毛泽东思想来指导我们全党、全军和全国人民”。五月二十四日，他对人说：“前些日子，中央办公厅两位负责同志来看我，我对他们讲，‘两个凡是’不行。”可见在他看来，这是首先需要解决的问题。

---

〔1〕 冷溶、汪作玲主编《邓小平年谱（1975—1997）》（上），第162页。

在十届三中全会上的讲话中，他又一次讲了要完整地准确地理解毛泽东思想，说："我们不能够只从个别词句来理解毛泽东思想，而必须从毛泽东思想的整个体系去获得正确的理解。"他着重讲了实事求是和群众路线，说："在延安中央党校，毛泽东同志亲笔题的四个大字，叫'实事求是'。我看大庆讲'三老'，做老实人，说老实话，干老实事，就是实事求是。我认为，毛泽东同志倡导的作风，群众路线和实事求是这两条是最根本的东西。"〔1〕他这些话，显然有着鲜明的现实针对性。以后，关于真理标准问题的讨论，就是在这个基础上发展起来的。

恢复工作后，邓小平主动提出，分管科学和教育工作。在他看来。要实现现代化，关键是科学技术要能上去；发展科学技术，不抓教育不行；靠空讲不能实现现代化，必须要有知识，有人才。分管科学和教育工作后，他同样本着解放思想、实事求是的精神，以实际行动打破"两个凡是"的束缚，大刀阔斧地开辟出一个新局面来。

邓小平历来办事果断，雷厉风行。他在七月中旬刚刚恢复工作，八月初就采取一个重大的行动，作出决定：恢复高等学校的招生考试制度。这是一项影响深远的重大决定。"文化大革命"中，科学工作和教育工作受到的破坏极大。高等学校在"文化大革命"初期曾停止招生四年。从一九七〇年到一九七六年，又按照"自愿报名，群众推荐，领导批准，学校复查"的办法，招收了七届工农兵学员。但这个做法有两个很大的弊端：一个是没有经过招生考试，工农兵学员的文化程度相差很大，"四人帮"又宣传工农兵学员入学后要做到"上大学、管大学、改造大学"，以致不少人毕业时并不能保证专业质量；另一个是虽说"群众推荐，领导批准"，实际上被推荐的人中不少有着种种特殊社会关系，缺少关系的往往难有机会，这显然是不公平的，容易造成人才的埋没。

邓小平一恢复工作，就在一九七七年的七月二十九日，找中国科学院副院长方毅和教育部部长刘西尧谈话，说要准备开一个科学和教育工作座谈会。并且说：

---

〔1〕《邓小平文选》第2卷，第38、39、42、43、45页。

“有几个问题要提出来考虑：第一，是否废除高中毕业生一定要劳动两年才能上大学的做法？在中小学完成了劳动任务，为什么还要集中搞两年劳动？第二，要坚持考试制度，尤其是重点学校一定要坚持，不合格的要留级。对此要有鲜明的态度。第三，要搞个汇报提纲，提出方针、政策、措施。”〔1〕

座谈会上，许多教师主张立即恢复高等学校招生考试制度。邓小平仔细听取大家意见后，立刻作出决断：推迟招生和新生开学时间，下决心从当年起恢复高考。一九七七年冬，全国有五百七十万考生参加高考，录取新生二十七万八千人。一九七八年夏，全国有六百一十万考生参加高考，录取新生四十万二千人；高等学校和科学研究机构还招收了一万零七百零八名研究生。录取的新生中，相当多的是原来上山下乡的知识青年，也有一定数量应届高中毕业生，结束了前几年凭推荐入学的做法。一九七八年，派遣出国留学人员增加到三千人以上，超过过去十年总数的三点五倍。

这件事，不仅是教育工作中的重大拨乱反正，有利于早出人才，早出成果，能够尽快培养出一大批在各个科学领域内起承前启后作用的骨干力量；而且涉及的社会面十分广，为大批知识青年敞开高校的大门，改变了人生的道路。它以体现解放思想、实事求是的重大实际行动，有力地冲破“两个凡是”的束缚，震动全国，对打开改革开放的新局面起了先导作用。

科学和教育领域是知识分子集中的地方。“文化大革命”中，“四人帮”把知识分子称为“臭老九”，使他们在精神上受到很大压抑。邓小平在那次座谈会上态度鲜明地说：“对全国教育战线十七年的工作怎样估计？我看，主导方面是红线。”“无论是从事科研工作的，还是从事教育工作的，都是劳动者。”〔2〕这些话像一阵春风，使广大知识分子感到精神振奋，扬眉吐气，大大调动起他们的积极性。

---

〔1〕《邓小平决策恢复高考讲话谈话批示集》，中央文献出版社2007年8月版，第6页。

〔2〕《邓小平文选》第2卷，第49、50页。

一九七八年三月，全国科学大会在北京召开。邓小平在大会开幕式上说："四个现代化，关键是科学技术的现代化。没有现代科学技术，就不可能建设现代农业、现代工业、现代国防。"他重申：要"正确认识科学技术是生产力，正确认识为社会主义服务的脑力劳动者是劳动人民的一部分"。他提出："我们不仅因为今天科学技术落后，需要努力向外国学习，即使我们的科学技术赶上了世界先进水平，也还要学习人家的长处。"他还表示："我愿意当大家的后勤部长"。[1] 在"四人帮"肆意摧残科学事业、迫害知识分子那么多年后，这些话使人们受到极大的鼓舞。中国科学院院长郭沫若在闭幕式的书面发言中激动地写道："现在，我们可以扬眉吐气地说，反动派摧残科学事业的那种情景，确实是一去不复返了！科学的春天到来了！"[2] 这些话反映出当时许多人那种兴奋感情。

作为军委副主席兼总参谋长，邓小平雷厉风行地对军队和国防科技工业作出一系列重要部署。他指出："现在拖后腿的，一是技术水平，一是管理水平。"因此，要学习和引进国外先进技术，同时发展自己的创造力。由于中国国力有限，这时又处在百废待兴的状况下，邓小平要求：立足国情，量力而行，缩短战线，突出重点。他说："抓科研也要集中力量打歼灭仗，不能各部门齐头并进，样样都搞。抓多了什么都没有做成，结果更慢。"邓小平十分强调军品要坚持质量第一，说："质量不好是要死人的，要寸步不让。"他还提出"军民结合、平战结合、军品为主、以民养军"的方针。这样，就为新时期将要开始时的国防和军队建设指明了重要方向。[3]

尽管如此，粉碎"四人帮"后的两年时间内，整个中国仍在徘徊中前进，难以迈出大的步子。重要思想障碍就在于"两个凡是"。这个障碍不突破，中国的社会主义现代化建设的新局面便不可能到来。

社会上，对"两个凡是"的不满越来越强烈，但突破起来遇到很大

---

〔1〕《邓小平文选》第2卷，第86、89、91、98页。

〔2〕郭沫若：《科学的春天》，《人民日报》1978年4月1日。

〔3〕《刘华清回忆录》，解放军出版社2004年8月版，第379、380页。

的阻力。邓小平在复出前后的多次讲话就是针对这个症结所在来讲的。叶剑英在中共中央党校的开学典礼上讲话，也尖锐地提出：

“理论密切联系实际，我认为有两层最基本的意思。一层是：一定要掌握理论。没有理论，一张白纸，凭什么去联系实际呢？另一层是：一定要从实际出发。如果理论不能指导实际，不受实际检验，那算什么理论！”

“可以说，理论愈多接触实际问题，愈敢接触实际问题，不是绕开问题走，不是模棱两可，含混不清，理论就愈加彻底，愈能掌握群众，愈易变成物质力量。党中央号召我们，一定要恢复和发扬实事求是的作风，做大无畏的彻底的唯物主义者。”〔1〕

中央党校常务副校长胡耀邦在校内组织对党史的讨论，形成这样的看法：应当完整地准确地运用马列主义、毛泽东思想的基本原理；应当以实践作为检验真理、辨别路线是非的标准。

一九七八年五月十一日，《光明日报》发表了本报特约评论员文章《实践是检验真理的唯一标准》。当时担任《光明日报》总编辑的杨西光回忆道：“《实践是检验真理的唯一标准》一文，和后来关于真理标准问题的讨论，是在邓小平同志完整、准确地认识和运用毛泽东思想、反对‘两个凡是’的思想指导下，以及胡耀邦同志在中央党校提倡解放思想、实事求是地评价党的历史问题的推动下，针对当时思想路线斗争实际展开的。”〔2〕

这篇特约评论员文章引用马克思、恩格斯、列宁、毛泽东的许多论述，说明检验真理的标准只能是社会实践，任何理论都要不断接受实践的检验，并且尖锐地指出：

---

〔1〕《叶剑英选集》，人民出版社1996年3月版，第462—464页。

〔2〕杨西光：《关于〈实践是检验真理的唯一标准〉一文写作的思想背景》，《文献和研究》1985年第2期。

“革命导师这种尊重实践的严肃的科学态度，给我们极大的教育。他们并不认为自己提出的理论是已经完成了的绝对真理或‘顶峰’，可以不受实践检验的；并不认为只要是他们作出的结论不管实际情况如何都不能改变；更不要说那些根据个别情况作出的个别结论了。他们处处时时用实践来检验自己的理论、论断、指示，坚持真理，修正错误，尊重实践，尊重群众，毫无偏见。他们从不容许别人把他们的言论当作‘圣经’来崇拜。”

“现在，‘四人帮’及其资产阶级帮派体系已被摧毁，但是，‘四人帮’加在人们身上的精神枷锁，还远没有完全粉碎。毛主席在第二次国内革命战争时期曾经批评过的‘圣经上载了的才是对的’这种倾向依然存在。无论在理论上或实际工作中，‘四人帮’都设置了不少禁锢人们思想的‘禁区’，对于这些‘禁区’，我们要敢于去触及，敢于去弄清是非。科学无禁区。凡是超越于实践并自奉为绝对‘禁区’的地方，就没有科学，就没有真正的马列主义、毛泽东思想，而只有蒙昧主义、唯心主义、文化专制主义。”〔1〕

“实践是检验真理的唯一标准”本来是马克思主义的常识。但由于它同“两个凡是”相对立，有着很强的针对性，文章一发表，立刻引起轩然大波。第二天，《人民日报》、《解放军报》全文转载。全国绝大多数省、市、自治区的报纸也陆续转载。各报刊上发表了大量文章，给予支持。但这场讨论受到当时分管宣传工作的中共中央负责人的批评和斥责，认为是“砍旗”，是“反对毛主席”，并且施加了相当大的政治压力。这就使这场关于真理问题的讨论更加受到全社会的关注。

那时，中国人民解放军正准备召开全军政治工作会议。五月三十日，邓小平同胡乔木谈他准备在会上讲话的内容时说到：有人认为会议的两个提法和毛泽东、华国锋不同。“总而言之，就是这么个意见：只要你讲话和毛主席讲的不一样，和华主席讲的不一样，就不行。毛主席

---

〔1〕 本报特约评论员：《实践是检验真理的唯一标准》，《光明日报》1978年5月11日。

没有讲的，华主席没有讲的，你讲了，也不行。怎么样才行呢？照抄毛主席讲的，照抄华主席讲的，全部照抄才行。这不是一个孤立的现象，这是当前一种思潮的反映。”他又说：“毛泽东思想最根本的最重要的东西就是实事求是。现在发生了一个问题，连实践是检验真理的标准都成了问题，简直是莫明其妙！”〔1〕

六月二日，他在全军政治工作会议上讲话，着重谈了实事求是的问题。他说：

“我们开会，作报告，作决议，以及做任何工作，都为的是解决问题。我们说的做的究竟能不能解决问题，问题解决得是不是正确，关键在于我们是否能够理论联系实际，是否善于总结经验，针对客观现实，采取实事求是的态度，一切从实际出发。我们只有这样做了，才有可能正确地或者比较正确地解决问题，而这样地解决问题，究竟是否正确或者完全正确，还需要今后的实践来检验。如果我们不这样做，那我们就一定什么问题也不可能解决，或者不可能正确地解决。”

“我们也有一些同志天天讲毛泽东思想，却往往忘记、抛弃甚至反对毛泽东同志的实事求是、一切从实际出发、理论与实践相结合的这样一个马克思主义的根本观点，根本方法。不但如此，有的人还认为谁要是坚持实事求是，从实际出发，理论和实践相结合，谁就是犯了弥天大罪。他们的观点，实质上是主张只要照抄马克思、列宁、毛泽东同志的原话，照抄照转照搬就行了。要不然，就说这是违反了马列主义、毛泽东思想，违反了中央精神。他们提出的这个问题不是小问题，而是涉及到怎么看待马列主义、毛泽东思想的问题。”〔2〕

真理标准的大讨论，在全国范围内引起强烈震动，带来了一次思想大解放。越来越多的人考虑问题时不再受陈旧过时的框框束缚，把注意力放到研究新情况和实际问题、研究如何开创社会主义现代化建设新局

〔1〕 冷溶、汪作玲主编《邓小平年谱（1975—1997）》（上），第319、320页。
〔2〕《邓小平文选》第2卷，第113、114页。

面上来。邓小平、江泽民对这场大讨论都作出高度评价。胡锦涛在二十年后指出：“这场讨论，冲破了‘两个凡是’的严重束缚，推动了全国性的马克思主义思想解放运动，为具有划时代意义的党的十一届三中全会作了重要的思想准备，在党和国家的历史进程中产生了重大而深远的影响。”〔1〕以改革开放为标志的新时期的到来，就是以这场大讨论为突破口的。

那时候，从国际范围来看，也为中国实行改革开放提供了有利机会：许多西方国家随着新一轮科技革命的兴起，产业结构正处在大调整的过程中，许多生产设备和资金闲置，市场萎缩，需要寻找出路，愿意同新中国打交道；东（南）亚一些发展中国家和地区，利用发达国家产业结构调整的机会，引进国外资金和技术，加快经济发展，引起全世界的注意，被称为亚洲的“四小龙”。中国从一九七七年下半年起，已派不少代表团出国考察访问。一九七八年四、五月间，中共中央和国务院决定，派三个较大的代表团分别赴西欧、日本和港澳考察经济。

这三个代表团中，有一个谷牧副总理率领、六个省部级干部参加、由三十多人组成的代表团，赴西欧五国（法国、西德、瑞士、丹麦、比利时）考察。这是新中国建立后第一次向发达的资本主义国家派出国家级的政府经济代表团。出访前，邓小平听取他们的汇报，要求他们广泛接触，详细调查，深入研究些问题。代表团从五月二日到六月六日走了上述五国十五个城市，会见许多政界人士和企业家，参观了八十多个工厂、农场、港口、市场、学校、科研单位、城市设施和居民区，受到很大触动，扩大了眼界，看到这些国家科学技术的发展日新月异，工农业生产、交通运输、通信手段广泛采用电子技术，现代化水平很高，深深感到中国工业的生产能力、技术水平和组织管理都远远落后于发达国家，从而对现代化有了许多新的认识。六月三十日，中共中央政治局开会听取谷牧的汇报。他着重讲了三点：“一，二战后，西欧发达国家的经济确有很大发展，尤其是科技日新月异，我们已经落后很多，它们在

〔1〕《十五大以来重要文献选编》（上），人民出版社2000年6月版，第332页。

社会化大生产的组织管理方面也有许多值得借鉴的经验；二，它们的资金、商品、技术要找市场，都看好与中国发展关系；三，国际经济运作中有许多通行的办法，包括补偿贸易、生产合作、吸收外国投资等，我们可以研究采用。”会后，邓小平找谷牧谈话，又讲了三点意见：“一，引进这件事要做；二，下决心向国外借点钱搞建设；三，要尽快争取时间。”〔1〕

七月六日起，国务院召开由有关部委负责人六十多人参加的关于加速四化建设的务虚会。谷牧在会上报告了考察西欧五国的情况。他提出：“我国要老老实实承认落后了，与世界先进水平拉开了很大的差距。我们怎么赶上国际先进水平，怎么搞现代化，怎么把速度搞快些？很重要的一条就是狠抓先进技术的引进、消化、吸收。国际形势提供了可以利用资本主义世界的科技成果来发展我们自己的机会，一定要抓住它。”〔2〕 这次务虚会持续了二十多天。在讨论中，大家思想比较敞开，着重议论引进西方先进技术设备和管理经验、改革经济管理体制、实行按劳分配、高速度发展等问题。大家深深感到中国同发达国家在经济和科学技术上存在的巨大差距，迫切需要利用国外资金和引进世界先进科学技术，来加快中国经济的发展；同时，也比较多地谈到中国原有的经济管理体制需要改革，才能适应现代化建设的需要。陈云没有参加国务院务虚会议，但对会上的重要发言都看了。他针对会上讨论的情况，对李先念、谷牧说：“可以向外国借款，中央下这个决心很对，但是一下子借那么多，办不到。有的同志只看到外国的情况，没有看到本国的实际。我们的工业基础不如他们，技术力量不如他们。”“不按比例，靠多借外债，靠不住。”〔3〕 李先念在务虚会闭幕那天作了长篇讲话。他对综合平衡、引进国外先进技术和设备、改革经济管理体制等问题都进行了较充分的论述，说：

---

〔1〕 谷牧：《小平同志领导我们抓对外开放》，《回忆邓小平》（上），第156页。

〔2〕《谷牧回忆录》，第307页。

〔3〕《陈云文选》第3卷，第252页。

“我国二十八年经济建设的经验证明，要高速度地协调地发展国民经济，就一定要遵循客观经济规律，首先是国民经济有计划按比例发展的规律，搞好综合平衡。”“只有这样，才能避免大起大落，实现持久的均衡发展的高速度。”

“为了大大加快我们掌握世界先进技术的速度，必须积极从国外引进先进技术和设备。这比关起门来样样靠自己从头摸索，要快不知多少倍。”“大规模引进先进的技术和设备，需要大量的外汇，这就要采用多种形式把出口贸易做大做活。”“引进要力争少花钱多办事。新厂要建设一些，但大量的是要把新技术的引进同老企业的改造、改组结合起来，充分利用现有的厂址、厂房、设备和人员，做到事半功倍。”

“企业是基本的生产单位，企业职工是直接的生产者，只有充分尊重和充分发挥他们的积极性和主动精神，生产才能够高速度发展。把各企业当作任何行政主管机关的附属品，当作只能依靠上级从外部指挥拨动的算盘珠，这种管理思想是同实现四个现代化的要求格格不入的。”〔1〕

这次国务院务虚会是十一届三中全会前夜的一次重要会议。要求改革和要求开放的呼声越来越高，成为一股不可阻挡的潮流。会上虽仍有要求过高过急的表现，但总的说来，对把工作重心转移到社会主义现代化建设上来、实行改革开放，起了积极的推动作用。

当真理标准问题讨论在全国进一步展开、改革开放的呼声越来越高的时候，邓小平结束对朝鲜的访问，在九月十三日至十八日到中国的老工业基地东北三省考察。他自己说，我这是到处点火。在吉林，他对省委负责人说：“我们有了过去没有的好条件。如果毛泽东同志没有说过的我们都不能干，现在就不能下这个决心。在这样的问题上，什么叫高举毛泽东思想的旗帜呢？就是从现在的实际出发，充分利用各种有利条件，实现毛泽东同志提出、周恩来同志宣布的四个现代化的目标。如果只是毛泽东同志讲过的才能做，那我们现在怎么办？马克思主义要发展

〔1〕《李先念文选》，第324、325、332、335、333、330页。

嘛！毛泽东思想也要发展嘛！否则就会僵化嘛！”[1] 当时担任中共吉林省委书记的王恩茂回忆说：

“小平同志在吉林对我们所作的指示，促进了我们思想的大解放，过去有些不敢想的问题，现在敢想了；过去不敢讲的问题，开始敢讲了。所以，在三中全会以前，小平同志还是做了很多思想发动工作的，这就为召开三中全会打下了一个很好的思想基础。”[2]

人的行动是受思想指导和支配的。对思想领域的状况和动向进行深刻分析，从思想路线的拨乱反正入手，并且使它真正为广大干部和民众所接受，这就从千头万绪中抓住了要端，使它成为改革开放能够成功地展开的正确起点。

接着，邓小平在视察鞍山钢铁公司时又提出一些重要主张：“世界在发展，我们不在技术上前进，不要说超过，赶都赶不上去，那才真正是爬行主义。我们要以世界的先进科学技术成果作为我们发展的起点。”“引进先进技术设备后，一定要按照国际先进的管理方法、先进的经营方法、先进的定额来管理，也就是按照经济规律管理经济。一句话，就是要革命，不要改良，不要修修补补。”“要加大地方的权力。企业要有主动权、机动权，如用人多少，要增加点什么，减少点什么，应该有权处理……以后既要考虑给企业的干部权力，也要对他们进行考核，要讲责任制，迫使大家想问题。现在我们的上层建筑非改不行。”[3]

一个月后，邓小平应日本政府邀请，从十月二十二日至二十九日访问日本，出席中日和平友好条约两国批准书互换仪式。这是中国国家领导人第一次访问日本。在日本，他参观了日产汽车公司、日本钢铁公司君津钢铁厂、松下电器产业公司茨木工厂等。在神奈川的日产汽车公

〔1〕《邓小平文选》第2卷，第127、128页。

〔2〕王恩茂谈话录像，《大型电视文献纪录片〈邓小平〉》，中央文献出版社1997年1月版，第128—129页。

〔3〕《邓小平文选》第2卷，第129—131页。

司，邓小平了解到，这里每个工人平均年产汽车九十四辆，而当时中国长春第一汽车制造厂每个工人平均年产汽车只有一辆。他感慨地说，我懂得什么是现代化了。在乘坐新干线超特快列车往京都访问时，他应日本记者之请谈对新干线的观感，说："就感觉到快，有催人跑的意思。"〔1〕接着，他又访问了泰国、马来西亚、新加坡三国，去看看这几个周边的发展中国家是怎样得到较快的经济增长的，特别是了解他们利用外资的一些情况。一回国，他就参加中共十一届三中全会前的中央工作会议。

中共十一届三中全会

一九七八年十二月召开的中共十一届三中全会，是新中国成立以来具有深远意义的伟大转折。它的意义远不限于结束了粉碎"四人帮"后的两年徘徊，而且开创了中国社会主义现代化建设的全新局面，使它成为二十世纪中国第三次历史性巨大变化的起点。

十一届三中全会前，从十一月十日至十二月十五日，中共中央召开了三十五天的中央工作会议。这是三中全会的重要准备。

华国锋在会议第一天宣布：这次会议的主要议程有三项：一是讨论如何进一步贯彻执行以农业为基础的方针，尽快把农业生产搞上去；二是商定一九七九、一九八〇年国民经济计划的安排；三是讨论李先念在国务院务虚会上的讲话。他还宣布了中央政治局的一个决定：从明年一月起，把全党工作的着重点转移到社会主义现代化建设上来。大家对工作着重点的转移都是同意的，但认为有些重要问题如果不先解决，就不能很好地实现工作着重点的转移。"由于绝大多数与会者的意志，会议没有按预定计划进行，实际上主要集中讨论的是：一些重大的历史遗留问题，对几个中央负责同志的批评意见，关于真理标准讨论的问题，关

〔1〕邓小平谈话录像，《大型电视文献纪录片〈邓小平〉》，第129、145页。

于中央人事的调整问题。”[1]

会议第三天，陈云在东北组作了一篇引起很大震动的发言。他一开始说：“中央政治局常委、中央政治局一致主张，从明年起把工作着重点转到社会主义建设上来。实现四个现代化是全党和全国人民的迫切愿望。我完全同意中央的意见。”接着，他尖锐地提出：“安定团结也是全党和全国人民关心的事。干部和群众对党内是否能安定团结，是有所顾虑的。”“对有些遗留的问题，影响大或者涉及面很广的问题，是需要由中央考虑和作出决定的。对此，中央应该给以考虑和决定。”[2] 他列举六个问题。这些问题是：薄一波等六十一人所谓叛徒集团一案，一九三七年七月七日中央组织部关于所谓自首分子的决定，陶铸一案，彭德怀的评价，一九七六年四月悼念周总理、反对“四人帮”的天安门事件，康生的错误。

陈云提出的，确实都是“影响大或者涉及面很广的问题”，而且表达了党内许多人希望尽快解决这些问题的普遍呼声和要求。粉碎“四人帮”已经两年，中央对这些重大问题迟迟没有作出决定，反映出要大踏步前进还存在严重阻力，干部和群众“有所顾虑”是十分自然的。这些是实现历史性转折必须首先扫除的障碍。

陈云的发言在简报上全文刊出后，在与会者中引起强烈反响，会议的气氛顿时活跃起来。大家议论纷纷，同意陈云提出的“有错必纠”的原则，这事实上也是针对“两个凡是”来说的，并且又提出其他一些重大的历史遗留问题。十一月二十五日，华国锋代表政治局在大会上讲话，对提出的这些冤假错案以及所谓“反击右倾翻案风”、“二月逆流”和杨尚昆等问题明确进行平反。

接着，会议又转到对真理标准问题讨论这件事上来。经过激烈的争辩，取得了共同的认识。华国锋对“两个凡是”作了自我批评。

会上还对几个中央领导人在粉碎“四人帮”后工作中的错误提出批

〔1〕 程中原、王玉祥、李正华：《1976－1981年的中国》，中央文献出版社1998年12月版，第195页。

〔2〕《陈云文选》第3卷，第232页。

评。“理由很简单，提出了历史遗留问题、真理标准讨论问题，很自然就会联系到，这些问题为什么会有阻力？阻力来自哪里？”“从发言的内容看，批评意见主要集中在汪东兴、纪登奎、陈锡联、吴德四位政治局委员。”[1] 他们也分别作了自我批评。

中央工作会议原来准备开二十多天，结果开了三十六天。十二月十三日，邓小平在会上作了题为《解放思想，实事求是，团结一致向前看》的讲话。这个讲话实际上成为十一届三中全会的主题报告。

邓小平充分肯定这次中央工作会议，说：“这次会议开得很好，很成功，在党的历史上有重要意义。我们党多年以来没有开过这样的会了，这一次恢复和发扬了党的民主传统，开得生动活泼。我们要把这种风气扩大到全党、全军和全国各族人民中去。”

他首先强调一定要解放思想，尖锐地指出这是中国能不能前进的关键，并且肯定正在全国展开的真理标准问题的讨论实际上是要不要解放思想的争论，说：

“一个党，一个国家，一个民族，如果一切从本本出发，思想僵化，迷信盛行，那它就不能前进，它的生机就停止了，就要亡党亡国。”

“实事求是，是无产阶级世界观的基础，是马克思主义的思想基础。过去我们搞革命所取得的一切胜利，是靠实事求是；现在我们要实现四个现代化，同样要靠实事求是。”

“在党和人民群众中，肯动脑筋、肯想问题的人愈多，对我们的事业就愈有利。干革命、搞建设，都要有一批勇于思考、勇于探索、勇于创新的闯将。”

他指出，民主是解放思想的重要条件，并且着重讲了发扬经济民主的问题，提出要改变管理权力过于集中的状况，扩大基层的经营自主权，这是推进经济改革的重要指导思想。他说：“现在我国的经济管理

---

〔1〕 程中原、王玉祥、李正华：《1976—1981年的中国》，第213页。

体制权力过于集中，应该有计划地大胆下放，否则就不利于充分发挥国家、地方、企业和劳动者个人四个方面的积极性，也不利于实行现代化的经济管理和提高劳动生产率。应该让地方和企业、生产队有更多的经营管理的自主权。”对民主和法制的关系，他说：“为了保障人民民主，必须加强法制”，“做到有法可依，有法必依，执法必严，违法必究。”他强调：“必须使民主法制化、法律化，使这种制度和法律不因领导人的改变而改变，不因领导人的看法和注意力的改变而改变。”

他指出，处理历史遗留问题为的是向前看，为了顺利实现全党工作重心的转变。这里，有一个对毛泽东的评价问题。他深情地说：

“回想在一九二七年革命失败以后，如果没有毛泽东同志的卓越领导，中国革命有极大的可能到现在还没有胜利，那样，中国各族人民就还处在帝国主义、封建主义、官僚资本主义的反动统治之下，我们党就还在黑暗中苦斗。所以说没有毛泽东就没有新中国，这丝毫不是什么夸张。毛泽东思想培育了我们整整一代人。我们在座的同志，可以说都是毛泽东思想教育出来的。没有毛泽东思想，就没有今天的中国共产党，这也丝毫不是什么夸张。毛泽东思想永远是我们全党、全军、全国各族人民的最宝贵的精神财富。我们要完整地准确地理解和掌握毛泽东思想的科学原理，并在新的历史条件下加以发展。当然，毛泽东同志不是没有缺点、错误的，要求一个革命领袖没有缺点、错误，那不是马克思主义。”

他最后要求大家：要及时地研究新情况和解决新问题，尤其要注意管理方法、管理制度、经济政策这三方面的问题。在管理方法上，当前要特别注意克服官僚主义，学会用经济方法管理经济，自己不懂就要向懂行的人学习，向外国的管理方法学习，全面地转到社会化的大生产的技术基础上来。在管理制度上，要特别注意加强责任制，做到职责分明，通过赏罚严明，在各条战线上形成你追我赶、争当先进、奋发向上的风气。在经济政策上，他提出一个重要思想：

“我认为要允许一部分地区、一部分企业、一部分工人农民，由于辛勤努力成绩大而收入先多一些，生活先好起来。一部分人生活先好起来，就必然产生极大的示范力量，影响左邻右舍，带动其他地区、其他单位的人们向他们学习。这样，就会使整个国家经济不断地波浪式地向前发展，使全国各族人民都能比较快地富裕起来。”

“这是一个大政策，一个能够影响和带动整个国民经济的政策，建议同志们认真加以考虑和研究。”〔1〕

这个讲话中，提出了实现历史转折面临的一系列关键问题，为十一届三中全会明确了指导思想。它是“文化大革命”结束以后，中国社会主义事业的发展面临向何处去的重大历史关头，冲破“两个凡是”的禁锢，开辟历史的新时期新道路，开创中国特色社会主义新道路的宣言书。

在中央工作会议结束到十一届三中全会召开之间，还有一件重要事情，那就是中美两国经过近半年的谈判，在十二月十六日宣布建立外交关系。这次谈判，是在邓小平直接参与下完成的。美国总统卡特在十二月十四日的日记中写道：“他的果断令我们印象深刻。”〔2〕两国在建交的《联合公报》中说：

“中华人民共和国和美利坚合众国商定自一九七九年一月一日起互相承认并建立外交关系。

美利坚合众国承认中华人民共和国是中国的唯一合法政府。在此范围内，美国人民将同台湾人民保持文化、商务和其他非官方关系。”〔3〕

美国是世界上最大的发达国家。中国是世界上最大的发展中国家。

〔1〕《邓小平文选》第2卷，第140、143、145、146、147、148、149、152页。
〔2〕（美）吉米·卡特：《在中美建交二十八周年纪念会上的演讲》，2007年12月5日。
〔3〕《人民日报》1978年12月17日。

中美建交，结束了两国间长达三十年的不正常状态，对亚洲和世界和平作出了重大贡献。它是两国关系中具有历史意义的重大转折，为促进两国人民的相互了解和接近，为进一步发展两国各个领域的交流和合作，开辟了新的广阔前景，对中国的改革开放也创造了新的有利条件。

这时，中共十一届三中全会胜利召开的各方面条件已经成熟，到了水到渠成的时候。

思想解放的闸门一打开，什么样的主张都有。但是，一个国家、一个民族要前进，必须有明确的共同方向。没有这种坚定明确的方向感，就像大海上的一叶扁舟，随着时代潮流漂来漂去，是很危险的。如果犹豫迟疑，拖延不决，也会丧失时机，以至重走弯路。

一九七八年十二月十八日至二十二日，具有历史转折意义的中共十一届三中全会在北京举行。由于已经有了中央工作会议的充分准备，这次会只开了五天。

全会最突出的贡献，是冲破长期“左”的错误的严重束缚，作出把党和国家的工作重点转移到社会主义现代化建设上来和实行改革开放的战略决策。这是一个划时代的转变。胡乔木在谈三中全会的意义时曾写道：“我们不是为革命而革命，不是为阶级斗争而阶级斗争。革命、革命战争，这不是我们的目的，这是我们为达到目的所必须采取的方法。我们建立无产阶级专政，这也不是我们的根本目的，它也是一个方法，一个手段，目的还是为了建设社会主义、共产主义，来提高全体人民的物质文化生活水平，最后达到各尽所能、按需分配这个理想。”“社会主义、共产主义是要靠经济建设才能实现的，离开了经济建设就谈不到实现社会主义、共产主义。”“我们现在把工作中心转到建设社会主义经济、实现四个现代化方面来，我们现在的物质基础更加强大，国内、国际的条件更加有利，但更重要的是全党和全国人民对要实现这个转变的思想认识更加统一，更加明确，更加清醒。”〔1〕同时，全会也针对已察觉的“全面跃进”错误进行纠正。

---

〔1〕《胡乔木文集》第2卷，第94、95、98、97页。

全会的《公报》对这次会议作出的重大决断作了概括的叙述，写道：

“全会一致同意华国锋同志代表中央政治局所提出的决策，现在就应当适应国内外形势的发展，及时地、果断地结束全国范围的大规模的揭批林彪‘四人帮’的群众运动，把全党工作的着重点和全国人民的注意力转移到社会主义现代化建设上来。”

“实现四个现代化，要求大幅度地提高生产力，也就必然要求多方面地改变同生产力发展不适应的生产关系和上层建筑，改变一切不适应的管理方式、活动方式和思想方式，因而是一场广泛、深刻的革命。”

“必须看到，由于林彪、‘四人帮’的长期破坏，国民经济还存在不少问题。一些重大的比例失调状况没有完全改变过来，生产、建设、流通、分配中的一些混乱现象没有完全消除，城乡人民生活中多年积累下来的一系列问题必须妥善解决。我们必须在这几年中认真地逐步地解决这些问题，切实做到综合平衡，以便为迅速发展奠定稳固的基础。”

“现在，我们实现了安定团结的政治局面，恢复和坚持了长时期行之有效的各项经济政策，又根据新的历史条件和实践经验，采取一系列新的重大的经济措施，对经济管理体制和经营管理方法着手认真的改革，在自力更生的基础上积极发展同世界各国平等互利的经济合作，努力采用世界先进技术和先进设备，并大力加强实现现代化所必需的科学和教育工作。因此，我国经济建设必将重新高速度地、稳定地向前发展，这是毫无疑义的。”〔1〕

这就旗帜鲜明地揭开改革开放的序幕。

全会高度评价关于真理标准问题的讨论，要求进一步继承和发扬毛泽东倡导的实事求是的学风，解放思想，努力研究新情况新事物新问题，坚持正确的思想路线。

---

〔1〕《三中全会以来重要文献选编》（上），人民出版社1982年8月版，第4、6、5页。

全会认真地讨论了“文化大革命”中发生的一些重大政治事件，也讨论了“文化大革命”前遗留下来的某些历史问题。决定撤销中央发出的有关“反击右倾翻案风”和天安门事件的错误文件。本着“实事求是，有错必纠”的原则，审查并纠正了过去对彭德怀、陶铸、薄一波、杨尚昆等所作的错误结论。

全会在组织上也作了关系重大的调整，增选陈云为中央政治局委员、政治局常委、中央副主席，邓颖超、胡耀邦、王震为政治局委员；增补黄克诚、宋任穷、胡乔木、习仲勋等九人为中央委员，将来提请十二大追认；决定成立中央纪律检查委员会，以陈云为第一书记，邓颖超为第二书记，胡耀邦为第三书记，黄克诚为常务书记。会后，政治局又决定任命胡耀邦为中共中央秘书长，胡乔木、姚依林为副秘书长。

经过这次全会后，事实上形成了以邓小平为核心的中共中央第二代领导集体。

对这次全会，邓小平向来访的金日成这样说：“我们召开了十一届三中全会，批评了‘两个凡是’，提出了‘解放思想，开动脑筋’的口号，提倡理论联系实际，一切从实际出发，肯定了实践是检验真理的唯一标准，重新确立了实事求是的思想路线。只有解决好思想路线问题，才能提出新的正确政策，首先是工作重点的转移，还有农村政策、对外关系政策，以及相应的一整套建设社会主义的政策。”[1]

十一届三中全会的历史意义，江泽民在纪念这次全会二十周年的大会上说：

“十一届三中全会，是建国以来我党历史上具有深远意义的伟大转折。党在思想、政治、组织等领域的全面拨乱反正，是从这次全会开始的。伟大的社会主义改革开放，是由这次全会揭开序幕的。建设有中国特色社会主义的新道路，是以这次全会为起点开辟的。当代中国的马克思主义——邓小平理论，是在这次全会前后开始逐步形成和发展起来

---

〔1〕《邓小平文选》第3卷，第10页。

的。十一届三中全会是一个光辉的标志，它表明中国从此进入了社会主义事业发展的新时期。”〔1〕

十一届三中全会结束后二十多天，理论工作务虚会在北京举行。

这次理论工作务虚会，是一九七八年九月叶剑英在国务院务虚会结束后提议召开，并得到中央政治局常委同意的。它本来准备在三中全会之前举行，后来因为有其他更迫切需要解决的问题，所以推迟到三中全会以后。

理论务虚会分为两个阶段，第一阶段由中共中央宣传部和中国社会科学院联合召开，从一九七九年一月十八日开始举行。参加的有理论工作者一百六十多人，主要是开小组会。会前，把胡耀邦的《理论工作务虚会引言》、胡乔木的《关于社会主义时期阶级斗争的一些提法问题》等印发给大家。

胡耀邦在《引言》中说：粉碎“四人帮”以后，我们的思想理论战线面临拨乱反正、正本清源的工作。这次会议的目的：第一，要总结理论宣传战线的基本经验教训；第二，要研究全党工作重心转移之后理论宣传工作的根本任务。会议的开法，应当推广三中全会和中央工作会议的那种会风，大家解放思想，开动脑筋，畅所欲言。他认为，今天摆在理论宣传工作者面前的，有两方面的任务：一方面是继续扫清我们前进道路上的思想障碍；另一个更重要的方面，是用马克思列宁主义、毛泽东思想作指导，研究和解决伟大转变中层出不穷的新问题。在务虚会第一天的讲话中，他还提出：“今后要撰写一批理论文章。分两个方面：一是林彪、‘四人帮’搞乱了的，没有批深批透的、甚至还没有触及到的问题；二是目前出现的新事物，提出的新问题，如社会主义的计划经济、经营管理，特别是今年如何加快发展农业的问题。”〔2〕

胡乔木的文章说：“现在，思想理论工作正处在一个重要的历史时期，由于林彪、‘四人帮’的长期干扰，有些旧的说法需要继续清理。

〔1〕《十五大以来重要文献选编》（上），第673页。

〔2〕程中原、王玉祥、李正华：《1976—1981年的中国》，第291页。

我们应当有足够的理论上的勇气，敢于提出问题，解决问题。”他提出几个重要问题，如“无产阶级专政下继续革命”这个口号，究竟是什么涵义，继续使用好不好；又如“‘以阶级斗争为纲’，应当怎样理解？”“不讲清楚就会引起思想上和实际工作中的混乱。人们会认为，只要还有残余形态的阶级斗争，这种斗争就还是社会前进的动力。这样势必造成阶级斗争的人为的扩大化。”还有，“党内斗争，是否都是社会阶级斗争的反映，都是路线斗争？党的历史是否只是路线斗争的历史？”〔1〕

会议的讨论十分活跃。开始时，集中批评“两个凡是”的错误，进一步分清理论是非。以后，就转到对其他重大理论问题的讨论上去，首先是社会主义时期的阶级斗争问题，还有社会主义民主问题、经济理论和实际问题、党史问题、国际问题、文艺问题等。所有这些，又几乎都涉及对毛泽东和毛泽东思想的评价。

会议的第一阶段，到二月十五日结束。

与会者畅所欲言，相互启发，对许多重大理论问题进行深入探讨，提出不少有价值的真知灼见。会上，也出现一种现象：有些人思想偏激，从一个极端走向另一个极端，发表了一些错误意见。在历史处在重大变动和转折的时刻，出现这种现象并不奇怪。

那时，在社会上还存在着不安定的因素。“林彪、‘四人帮’的流毒，特别是派性和无政府主义的流毒，同一些怀疑社会主义、怀疑无产阶级专政、怀疑党的领导、怀疑马列主义毛泽东思想的思潮相结合，开始在一小部分人中间蔓延。”这种现象，相当集中地表现在北京所谓“西单民主墙”的一部分大字报中，具有很大的煽动性。有人还以“中国人权同盟”的名义，在西单墙上贴出宣言，要求美国总统“关怀”中国的“人权”问题。每天围观的人很多。“在一些地方出现了少数人的闹事现象。有些坏分子不但不接受党和政府负责人的引导、劝告、解释，并且提出种种在目前不可能实现的或者根本不合理的要求，煽动、诱骗一部分群众冲击党政机关，占领办公室，实行静坐绝食，阻断交

〔1〕《三中全会以来重要文献选编》(上)，第38、40、41页。

通，严重破坏工作秩序、生产秩序和社会秩序。不但如此，他们还耸人听闻地提出什么‘反饥饿’、‘要人权’等口号，在这些口号下煽动一部分人游行示威，蓄谋让外国人把他们的言论行动拿到世界上去广为宣传。”[1] 这些，使人重新想起“文化大革命”中无政府主义泛滥、到处打砸抢的那些日子，并且又有了新的内容。

举一个例：北京市公园服务管理处有个工人名叫魏京生的，在“西单民主墙”张贴大字报，并私自编印和散发一份油印刊物《探索》。“他在‘文章’、刊物中诽谤马列主义、毛泽东思想‘是比江湖骗子的膏药更高明一些的膏药’，污蔑我国无产阶级专政的国家制度‘是披着社会主义外衣的封建君主制’，煽动群众‘不要再相信独裁者的‘安定团结’，‘把怒火集中在制造人民悲惨境遇的罪恶制度上’，煽动要‘把权力从这些老爷手里夺过来’。”[2]

这些人一般都打着“民主”的幌子，利用“文化大革命”遗留的一些社会问题，开始结成秘密的或者半公开的组织，并且同国外的敌对势力相勾结，破坏党和国家工作着重点的转移。集中力量发展经济，进行现代化建设，必须有一个安定的社会政治环境。如果对这些严重现象熟视无睹，听任它发展下去，各级党政机关都将被他们困扰得无法工作，哪里还顾得上考虑现代化建设？“文化大革命”中，这样的教训够多了。理论务虚会上，也有些人认为对“西单民主墙”应该给予支持，还写了正式建议，要会议领导小组向中央反映。

邓小平敏锐地一眼看清问题的实质，旗帜鲜明地出来作了回答。三月二十八日，理论务虚会第二阶段开始。会议改由中共中央主持，名称改为全国理论工作务虚会，出席人数增加到四百多人。三十日，邓小平在人民大会堂代表中共中央作了题为《坚持四项基本原则》的报告。听讲的，还有中央、国家机关和北京市的领导干部。

邓小平在报告中充分肯定中央工作会议和三中全会的重大意义：“政治和经济形势，使全党有可能把工作着重点从今年起转移到社会主

---

〔1〕《邓小平文选》第2卷，第162、173页。

〔2〕《北京市中级人民法院公审反革命犯魏京生》，《人民日报》1979年10月17日。

义现代化建设上来。这是我国历史上的一个伟大的转折。虽然过去我们已经进行了多年的社会主义建设，但是我们仍然有足够的理由说，这是一个新的历史发展阶段的开端。三个多月形势的发展，充分证明三中全会的方针是正确的，是受到全党和全国各族人民坚决拥护的。”

他也肯定这次理论工作务虚会：“大家敞开思想，各抒己见，提出了不少值得注意、需要研究的问题，总的说来开得是有成绩的。”

针对当时出现的那股否定四项基本原则的错误思潮，邓小平从关系国家前途命运的全局出发，重申并深刻地阐述了在中国为什么必须坚持四项基本原则这个根本的政治问题。他毫不含糊地说：

“中央认为，我们要在中国实现四个现代化，必须在思想政治上坚持四项基本原则。这是实现四个现代化的根本前提。这四项是：第一，必须坚持社会主义道路；第二，必须坚持无产阶级专政；第三，必须坚持共产党的领导；第四，必须坚持马列主义、毛泽东思想。

大家知道，这四项基本原则并不是新的东西，是我们党长期以来所一贯坚持的。粉碎‘四人帮’以至三中全会以来，党中央实行的一系列方针政策，一直是坚持这四项基本原则的。”

“中央认为，今天必须反复强调坚持这四项基本原则，因为某些人（哪怕只是极少数人）企图动摇这些基本原则。这是决不许可的。每个共产党员，更不必说每个党的思想理论工作者，决不允许在这个根本立场上有丝毫动摇。如果动摇了这四项原则中的任何一项，那就动摇了整个社会主义事业，整个现代化建设事业。”

“以上所说的，同三中全会的精神有没有不一致的地方？没有。这里所说的一切，都是为贯彻执行三中全会各项方针政策所必须采取的措施。再说一遍，不采取这些措施，三中全会的方针政策就要落空，工作着重点的转移就要落空，四个现代化建设就要落空，党内外民主生活的发展也要落空。”〔1〕

〔1〕《邓小平文选》第2卷，第159、158、164、165、173、178页。

要开辟一个新的历史时期，不能停留在应对当前种种迫切问题上，需要有一个全盘而长远的总设计。到这时，以经济建设为中心、坚持四项基本原则、坚持改革开放这些作为新时期基本路线指导思想的“一个中心，两个基本点”，在很短时间内都已十分明确地提出来，使人们在前进中有了共同的衡量是非的标准。中国的改革开放和现代化建设，从一开始就在明确而坚定的大方向指引下进行，不再有大的摇摆。人们开始在新的起点上阔步前进。

拨乱反正和全面改革开放的起步

怎样在已经指明的大方向下开始社会主义现代化建设的起步？十一届三中全会后面对着三项任务：一是调整国民经济，二是完成拨乱反正，三是部署和展开全面改革开放。

把工作着重点转到社会主义现代化建设上来，首先碰到的问题是要使多年来造成的经济比例关系严重失调的状况得到调整，否则谈不上国民经济能有稳定的、确实可靠的快速发展。

对这个问题，一直存在着不同意见的争论。十一届三中全会前的中央工作会议上，陈云针对当时已出现的经济过热现象，提出“循序而进”的主张。那时，华国锋认为，日本实现现代化只有十三年，德国、丹麦也是十几年，今年我们起步是三千万吨钢，日本起步时只有两千万吨钢，我们有优越的社会主义制度，只要路线方针政策正确，安定团结，调动积极因素，可以赶上去。陈云则以为：“我们要坚持实事求是，就是要根据现状，找出解决问题的办法。首先弄清事实，这是关键问题。”“我们的起点，是三千万吨钢。但是，不能光看钢铁这个指标。我们和日、德、英、法不同，工业基础不如他们，技术力量不如他们，这两点是很重要的。”“要循序而进，不要一拥而上。一拥而上，看起来好像快，实际上欲速则不达。”他提出，生产和基本建设都不能有材料的缺口：“各方面都要上，样样有缺口，表面上好看，挤来挤去，胖子挤了瘦子，实际上挤了农业、轻工业和城市建设。”“材料如有缺口，不论是中央项目或地方项目，都不能安排。”[1]

一九七九年三月十四日陈云和李先念又联名给中央写信，建议：“（一）前进的步子要稳。不要再折腾，必须避免反复和出现大的‘马鞍形’。（二）从长期来看，国民经济能做到按比例发展就是最快的速度。（三）现在的国民经济是没有综合平衡的。比例失调的情况是相当严重的。（四）要有两三年的调整时期，才能把各方面的比例失调情况大体上调整过来。”[2]

邓小平完全支持这个意见，认为经济在总的前进中需要有一段调整的时间。他在一月六日对余秋里、谷牧等说：“我们对经济建设的方针、规划要进行一些调整”。“有些指标要压缩一下，不然不踏实，不可靠。”[3] 他指出，中心任务是三年调整，这是个大方针、大政策。首先要有决心，东照顾西照顾不行，决心很大才干得成。三月三十日，他在理论务虚会的报告中说：“这次调整同六十年代初期的调整不同。这次调整是前进中的调整，是为了给实现四个现代化打好稳固的基础。但是局部的后退是必要的，有些不切实际的和对整个经济害多利少的高指标要坚决降下来，有些管理不善、严重亏损的企业要限期整顿，甚至于停下来整顿。退一步才能进两步。同时，为了有效地实现四个现代化，必须认真解决各种经济体制问题，这也是一种大规模的很复杂的调整。我们今年能把第一年的调整工作做好，就是一个巨大的前进，就是为工作着重点转移创造良好的开端。”[4] 华国锋也表示：不调整好国民经济各部分的比例关系，就谈不上实现四个现代化。

根据中央的决定，成立国务院财政经济委员会，作为决定财经工作大事的决策机构，由陈云任主任，李先念任副主任，姚依林任秘书长。四月五日至二十八日，中共中央召开中央工作会议，李先念作了《关于国民经济调整问题》的报告。会议决定自一九七九年起，用三年时间对

---

〔1〕《陈云文选》第3卷，第235—237页。

〔2〕《陈云文选》第3卷，第246页。

〔3〕冷溶、汪作玲主编《邓小平年谱（1975—1997）》（上），第466页。

〔4〕《邓小平文选》第2卷，第161页。

国民经济实行以调整为中心的“调整、改革、整顿、提高”的方针。在调整中着重调整农轻重、积累与消费之间的比例关系。这是十一届三中全会后对国民经济如何发展作出的一项重要决定。李先念在报告中说：“我们的资金有限，技术力量不足，人口又多，搞现代化不能不考虑先化什么后化什么的问题。一定要分清轻重缓急，有一个合理的安排。”“只有按比例，才有高速度。”〔1〕

开始执行这个方针时，许多干部对经济比例失调的严重性认识不足，仍一股劲地急于大干快上，思想不尽一致。有些人说刚提出要三年大见成效，怎么一下子又来了个调整，接受不了。许多地方和部门仍争着上项目，只讲主观需要，不管客观可能。还有人担心强调调整会把气泄下来。因此，头两年调整的行动迟缓，特别是削减基建规模没有达到预定要求，连年出现巨额赤字，一九七九年的赤字达到一百七十亿元。这是建国以来最大的，成为一个突出问题，物价上涨较多。到一九八〇年十月，经济中的问题暴露得更加明显：农业因灾减产，能源供应不足，特别是基本建设项目该退的没有退够，各地又盲目上了一批重复建设的项目，国家的开支大大超过负担能力，又没有新的重大财源，只有靠发票子来应付，两年内通货增加了百分之五十。连续出现这样大的赤字，是支撑不下去的。如果不下决心动大手术，潜伏着的危险积累到一定程度就会爆发。但一些地方和部门只看到自己的局部，没有清醒地认识这种潜伏着的巨大危险。

十一月二十八日，中共中央举行政治局常委和书记处书记会议。陈云在会上再次强调：“好事要做，又要量力而行。”有人说耽误了时间，现在耽误三年时间有什么？“历史上有人讲我是右倾机会主义，我就再机会主义一次。”〔2〕邓小平同意陈云的意见，说：要考虑国务院的调整退得够不够，不退够要延长时间，真正大的调整是从明年开始。通过这次调整把生产搞得扎扎实实的，质量搞得好一些。调整期间的权力要集

〔1〕《李先念文选》第356、355页。

〔2〕《陈云文集》第3卷，第471页。

中，历来克服困难都是讲集中。[1] 李先念也发言，同意他们的意见。

十月十六日至二十五日，中共中央召开工作会议，确定经济上进一步调整、政治上进一步安定的方针。陈云在会上说：经济形势很好，但要看到不利的一面：涨价商品的面相当大，影响人民的生活。“这种涨价的形势如果不加制止，人民是很不满意的。经济形势的不稳定，可以引起政治形势的不稳定。”“搞经济建设的最后目的，是为了改善人民的生活。搞国防建设，也是为了保障人民生活的改善。因为只能量力而行，所以有些好事不能一时就办到。”“必须指出，开国以来经济建设方面的主要错误是‘左’的错误。”[2] 邓小平在会上表示完全同意陈云的讲话。他说：“为什么在实现四个现代化的过程中，会出现调整或部分后退的问题呢？这是因为，如果不调整，该退的不退或不退够，我们的经济就不能稳步前进。”“所谓某些方面要退够，主要是说，基本建设要退够，一些生产条件不足的企业要关、停、并、转或减少生产，行政费用（包括国防开支和一切企业事业单位的行政管理费用）要紧缩，使财政收支、信贷收支达到平衡。生产建设、行政设施、人民生活的改善，都要量力而行，量入为出。这就是实事求是。下决心这样做，表明我们真正解放了思想，摆脱了多年来‘左’的错误指导方针的束缚。”[3] 中央工作会议上作出了相应的决定，其中最重要的是一九八一年基本建设投资比上年减少百分之四十。随后，国务院又采取措施：冻结各单位的上年存款，控制银行贷款和货币发行。

下了这样大的决心，从第三年即一九八一年开始，情况很快有了改变。国民经济的发展在保持较高速度的条件下，降低过高指标，使农业和工业、轻工业和重工业、燃料动力业和其他工业、积累和消费的比例关系逐渐趋向合理，财政赤字大幅度缩小，降至三十七亿元，避免了一次原来潜伏着的危机发生。

和六十年代初那次调整不同：那一次困难重重，只得下“壮士断

〔1〕 冷溶、汪作玲主编《邓小平年谱（1975—1997）》（上），第 695 页。

〔2〕《陈云文选》第 3 卷，第 277、278、280、281、282 页。

〔3〕《邓小平文选》第 2 卷，第 355 页。

腕”的决心，开始调整时生产和基本建设的总规模都不得不大幅度退下来；而这一次是边前进边调整，在前进中调整经济比例关系，降低过高指标，使各项指标的比例更加合理，生产和基本建设规模继续增长，经济平稳发展，没有出现上次那样大起大落的情况。一九七九年，国内生产总值比上年增长百分之七点六，工业总产值增长百分之八点八一，农业总产值增长百分之七点五。一九八〇年，国内生产总值增长百分之七点八，工业总产值增长百分之九点二七，农业总产值增长百分之一点四。一九八一年，国内生产总值增长百分之五点二，工业总产值增长百分之四点二九，农业总产值增长百分之五点八。调整中有保有压。对宝钢这样对国民经济发展有重大意义、并且工程建设进度良好的特大项目，在经过反复调查和研究后不但没有下马，而且决心干到底。以后事实证明，这个决策是正确的。

邓小平对一九七九年十月中央工作会议确定调整方针这件事评价很高。他在一九八三年三月说：“现在看起来，没有那次会议进一步明确八字方针，而且以调整为核心，就没有今天的形势。”[1]

调整国民经济的效果十分明显。财政赤字在一九七九年最高，占国内生产总值的百分之三点三五，超过国际警戒线。经过调整，一九八一年赤字大大缩减，在国民经济继续增长的同时，物价趋于稳定。农民在一九八二年的人均收入，比一九七八年增长一倍。城市职工家庭在一九八二年的人均收入，比一九七八年增长百分之三十八点五。人民生活得到较大幅度的改善，城乡差距在这段时期内得到缩小。

当时，人口问题已成为影响国民经济较快发展等方方面面的突出问题。在“文化大革命”期间，由于很长时间内几乎处在无政府状态中，全国人口总数急剧膨胀。只要比较一下就可以看出：在一九五四年突破六亿人到一九六四年突破七亿人，用了十年；而到一九六九年突破八亿人，只用了五年；到了一九七四年突破九亿人，也只用了五年。[2] 这两次人口总数的大幅度增加，大体正在“文化大革命”期间。人口的剧

〔1〕冷溶、汪作玲主编《邓小平年谱（1975—1997）》（下），第895页。

〔2〕国家统计局编《新中国五十年》，第535页。

增，使人均粮食拥有量下降，使市场供应、住房、交通、教育、医疗以及劳动就业等方面的困难大大增加。一九八〇年全国人口总数已达九亿八千七百零五万人，直逼十亿大关。这年九月二十五日，中共中央发出《关于控制我国人口增长问题致全体共产党员共青团员的公开信》，一开始就明确指出："为了争取在本世纪末把我国人口总数控制在十二亿以内，国务院已经向全国人民发出号召，提倡一对夫妇只生育一个孩子。这是一项关系到四个现代化建设的速度和前途，关系到子孙后代的健康和幸福，符合全国人民长远利益和当前利益的重大措施。中央要求所有共产党员、共青团员特别是各级干部，用实际行动带头响应国务院的号召，并且积极负责地、耐心细致地向广大群众进行宣传教育。"〔1〕这是推行计划生育工作中一个极为引人注目的大动作。这以后，人口出生率的增长逐渐得到控制。

中国的经济经过调整，安然度过困难时期，走上稳步发展的健康轨道，为中共中央十二大能够制订出本世纪内"翻两番"、"两步走"的较长期规划准备了重要条件。

文化教育科技事业表现得十分活跃，对提高全民族的思想道德和科学文化素质发挥了积极作用。文艺界在相隔十九年后召开中国文学艺术工作者第四次全国代表大会。会上，茅盾致开幕词，周扬作工作报告，夏衍致闭幕词。邓小平代表中共中央、国务院向大会致祝词。他说："人民是文艺工作者的母亲。一切进步文艺工作者的艺术生命，就在于他们同人民之间的血肉联系。忘记、忽略或是割断这种联系，艺术生命就会枯竭。人民需要艺术，艺术更需要人民。自觉地在人民的生活中汲取题材、主题、情节、语言、诗情和画意，用人民创造历史的奋发精神来哺育自己，这就是我们社会主义文艺事业兴旺发达的根本道路。"〔2〕文艺工作者心情舒畅、创作热情高涨。文学题材得到广泛拓展，艺术表现形式和风格日益多样化。短时间内创作出许多优秀的小说、诗歌、戏剧、电影、曲艺、报告文学以及音乐、舞蹈、摄影、美术等作品。教育

---

〔1〕《三中全会以来重要文献选编》（上），第535页。

〔2〕《邓小平文选》第2卷，第211—212页。

事业在恢复高等学校统一招生制度以后，又恢复研究生招生，并开始实行学位制度。中小学和职业学校教育得到加强。科技事业按照“经济建设必须依靠科学技术，科学技术必须面向经济建设”的方针蓬勃发展，队伍迅速扩大，取得一系列较高水平的成果。一九八〇年五月，中国向南太平洋海域发射远程运载火箭准确落在预定海域。第二年九月，又第一次用一枚运载火箭发射三颗不同用途的空间物理探测卫星取得成功。

国防和军队建设，在进入八十年代后以很大力量抓了精简整编和“消肿”工作。这是根据对国际形势的科学判断和提高军队战斗力的需要提出的。一九八〇年三月十二日，邓小平在中央军委常委扩大会议上说：“冷静地判断国防形势，多争取一点时间不打仗还是可能的。在这段时间里，我们应当尽可能地减少军费开支来加强国家建设。”“军队人员过多，也妨碍军队装备的现代化。减少军队人员，把省下来的钱用于新装备，这是我们的方针。”“总之，搞四个现代化也好，把军队搞精干、提高战斗力也好，都需要‘消肿’。”他又提醒：“现在打仗，我们的军官没有现代化战争的知识不行。”“过去是在战争中训练，从战争中学习，而且那个学习是最过硬的。但是现在，即使有战争，不经过学校学习也不行，因为装备不同了，指挥现代化战争需要多方面的知识。”〔1〕

当时先后担任中央军委秘书长和国防部长的耿飚回忆道：“根据党中央和中央军委对国际形势的分析以及据此作出的战略决策，我们认为在相当长的时期内，世界大战打不起来；因此必须利用这个和平环境，集中力量（包括人力、物力、财力）来搞好我国的经济建设。”“精简消肿，不但不会削弱、反而可以加强部队的战斗力，而且节省下来的军费还可用于武器装备的现代化。”“所以，我们十分重视此事，抓紧完成这个任务。光是把基建工程兵和铁道兵等部队成建制地划归国务院和地方有关部队，就使军队减少了几十万人。这是‘文革’以后人民解放军的第一次大消肿。”〔2〕

军队的这次精简整编工作，从一九八〇年开始至一九八三年完成。

---

〔1〕《邓小平文选》第2卷，第285、289页。

〔2〕《耿飚回忆录（1949—1992）》，江苏人民出版社1998年1月版，第300、301页。

“这些精简措施都是为了适应新形势、加强国家经济建设和我军现代化建设采取的重大行动。”[1]

拨乱反正，在十一届三中全会前后已经做了大量工作。真理标准问题的讨论，重新确立实事求是的思想路线，是思想路线上的拨乱反正。三中全会废止“以阶级斗争为纲”的方针，把党和国家的工作重点转移到社会主义现代化建设上来，集中力量发展社会生产力，是政治路线上最根本的拨乱反正。接着，邓小平又提出：思想路线、政治路线的实现要靠组织路线来保证，现在解决组织路线问题已经提到我们议事日程上来了。

邓小平特别抓紧由什么人来接班的问题，采取一系列措施，着手解决干部的革命化、年轻化、知识化、专业化问题，实行新老合作和交替，废除领导职务终身制，逐步实现干部队伍的梯形结构。一九七九年十一月，他在一次干部大会上指出：“现在我们面临的问题，是缺少一批年富力强的、有专业知识的干部。而没有这样一批干部，四个现代化就搞不起来。我们老干部要清醒地看到，选择接班人这件事情不能拖。否则，搞四个现代化就会变成一句空话。”[2] 一九八〇年八、九月间，第五届全国人大第三次会议根据中共中央的建议，接受华国锋辞去国务院总理职务的请求，决定由赵紫阳接任；同意邓小平、李先念、陈云、徐向前、王震、王任重不再担任国务院副总理，接受聂荣臻、刘伯承、张鼎丞、蔡畅、周建人辞去人大常委会副委员长。一九八一年六月，陈云主持起草了《关于老干部离休退休问题座谈会纪要》。七月一日，他在省、自治区、直辖市党委书记座谈会上作了《成千上万地提拔中青干部》的讲话，特别强调“成千上万”这四个字，说：“只有成千上万地提拔经过选择的好的中青年干部，才能使我们的干部交接班稳定地进行。”[3] 他讲完后，邓小平接着说：“我们历来讲，这是个战略问题，是

---

〔1〕《刘华清回忆录》，第404页。

〔2〕《邓小平文选》第2卷，第221页。

〔3〕《陈云文选》第3卷，第302页。

决定我们命运的问题。现在，解决这个问题已经是十分迫切了，再过三五年，如果我们不解决这个问题，要来一次灾难。”[1]

一九八二年二月二十日，中共中央作出《关于建立老干部退休制度的决定》，规定省部级干部离休退休年龄，正职一般不超过六十五岁，副职一般不超过六十岁；司局级干部，一般不超过六十岁。并且写道：“建立老干部离休退休和退居二线的制度，妥善解决新老干部适当交替的问题，这是一场干部制度方面的深刻改革，是关系我们党兴旺发达，国家长治久安，社会主义现代化建设宏伟事业能够顺利实现的具有战略意义的重大决策。”[2]这就改变了领导职务终身制，许多老干部愉快地离休、退休或退居二线，大批经过考验的优秀中青年干部先后走上领导岗位。干部队伍的结构发生重大变化。

平反冤假错案的工作，在十一届三中全会后进入全面展开的阶段。一九七八年十二月，宋任穷接任中央组织部部长。一九七九、一九八〇、一九八一这三年，共审理、结案两千六百六十七件，内有中央管理的干部四百九十四人，包括彭真、张闻天、李维汉、陆定一、乌兰夫、习仲勋等。“从一九八一年开始，各省、市、自治区相继把复查工作的重点转到‘文化大革命’前其他历史遗留案件的复查工作上来了。”远的一直追溯到苏区肃反被错杀人员的历史遗留问题。宋任穷回忆道：“其时间之长、内容之广、规模之大是我党历史上前所未有的，解决问题也是较彻底的。”[3]对错划为右派的人的改正工作，三中全会前已经开始，到一九八一年上半年结束。全国共改正五十四万多人的“错划右派”问题，占原划右派总数的百分之九十八以上。这些冤假错案如果不及时平反，就不可能实现安定团结的局面，不可能发挥各方面的积极性，顺利地实现工作着重点的转移。

在平反冤假错案中，影响最大的是一九八〇年二月的中共十一届五中全会为原中共中央副主席、国家主席刘少奇平反昭雪，恢复名誉，纠

---

〔1〕《邓小平文选》第2卷，第384页。

〔2〕《三中全会以来重要文献选编》（下），第1167页。

〔3〕《宋任穷回忆录》续集，第90、91页。

正了这起建国以来的最大冤案。全会公报写道：

“近一年来，中央纪律检查委员会针对一九六八年十月党的八届十二中全会提出的对刘少奇同志的各项‘罪状’，进行了周密的调查研究工作，反复核对材料，向中央作出了详尽确切的审查报告。中央政治局一致同意这个审查报告，据以作出关于为刘少奇同志平反的决议（草案）。全会经过严肃认真的讨论，一致通过这个决议，决定撤销党的八届十二中全会强加给刘少奇同志的‘叛徒、内奸、工贼’的罪名和把刘少奇同志‘永远开除出党，撤销党内外的一切职务’的错误决议，撤销原审查报告，恢复刘少奇同志作为伟大的马克思主义者和无产阶级革命家、党和国家的主要领导人之一的名誉；在适当的时候为刘少奇同志举行追悼会；因刘少奇同志问题株连造成的冤假错案，由有关部门予以平反；本着团结一致向前看的精神，把全会的决议向全党和全国人民进行传达，消除过去对刘少奇同志的错误处理造成的影响”。〔1〕

与此同时，还采取一系列措施，调整各方面的社会关系，以调动一切积极因素，并尽可能化消极因素为积极因素。如一九七九年一月起，开始摘掉地主、富农分子的帽子，给予他们以农村人民公社社员的待遇；并为国民党起义、投诚人员落实政策。

思想路线、政治路线、组织路线上一系列的拨乱反正，使中国从“文化大革命”后的一片混乱中，重新理出头绪，走上了正常发展的轨道。这是进行社会主义现代化建设、实行改革开放所必需的前提。这些问题不解决，别的都无从谈起。

在拨乱反正的同时，改革开放在十一届三中全会后，也开始全面起步。

拨乱反正和改革开放，二者有联系又有区别。拨乱反正的着重点是

---

〔1〕《三中全会以来重要文献选编》（上），第440—441页。

纠正过去的错误，继承并发扬过去正确的东西。它更多地体现出十一届三中全会以前和以后之间一脉相承的关系。而改革开放，则是新时期最鲜明的特点。它是社会主义制度的自我完善和发展，在新的历史条件下作出新的创造和开拓，极大地调动起亿万人民的积极性，鼓舞他们努力赶上时代的前进潮流，给社会主义赋予新的生机和活力。

全面改革也有一个从哪里下手的问题。改革的浪潮首先从农村掀起。中国是一个农民占全国人口百分之八十的国家。农业是国民经济的基础。中国的事情能不能办好，农村状况具有决定意义。由于历史和现实的原因，中国农业生产长期处于落后状态。经过“文化大革命”，随着人口总数的激增，农民人均分配的口粮和现金不但没有增加，而且比一九五七年和一九六五年还略有减少。农业生产的潜力是有的，但必须有切实有效的措施来保证它进一步发挥出来。陈云在十一届三中全会前的中央工作会议上强调提出：“要先把农民这一头安稳下来。”“摆稳这一头，就是摆稳了大多数，七亿多人口稳定了，天下就大定了。”[1]

为了使农业生产有较快的发展，最重要的是要充分调动起广大农民的积极性。当时农村中相当普遍地存在“增产不增收，多劳不多得，分配不兑现（指只分口粮分不到现金）”的现象，严重妨碍了农民增产积极性的提高。十一届三中全会后的三年内，农村改革的主要内容是在广大农村实行家庭联产承包责任制，形成农户分散经营与集体统一经营相结合的双层经营体制。它的特点是：以农民家庭或小组为承包单位，向村集体承包土地和其他生产资料，在生产和经营上拥有自主权，在分配上克服了平均主义。这是一项适合于中国现阶段农村生产力发展的实际水平和广大农民愿望的重大改革。

这场农村改革的烈火，从安徽等地开始点燃起来。安徽在“文化大革命”的十年间，粮食总产量一直徘徊在二百亿斤左右，再加上价格因素，农民实际生活水平有所下降。一九七八年，全省又遭受百年一遇的特大旱灾，直到九月还没有下雨，许多河道断流，粮食严重减产。农村

〔1〕《陈云文选》第3卷，第236页。

的人民公社体制，在经营管理上过于集中，在分配上存在严重的平均主义，抑制和损伤了农民的积极性。安徽省肥西县山南公社在这年秋天种麦时，因为天太旱种不下去，悄悄地将集体的绝大部分土地实行“包产到户”，结果麦子总产量比历史最高水平时增产一千四百三十五万斤，受到周围不少村的仿效。这年十一月四日，凤阳县小岗村十八户农民，由生产队副队长严宏昌主持开了一个会，决定实行大包干。大包干的做法是：农户承包集体的土地后，由生产队和农户签订合同：在保证按合同交够国家公粮和集体提留的前提下，剩下的全部归承包农户所有，剩多剩少都如此。当时担任安徽滁县地委书记（凤阳县属滁县地区管辖）的王郁昭回忆说：“‘大包干’联产承包制实现了农村土地的两权分离，土地所有权仍归集体所有，而农民通过承包则取得了对土地的使用权，即经营权，农民成了相对独立的商品生产者和经营者，形成了统一经营和分散经营相结合的双层经营体制，集体和农户的权利和义务通过承包合同来实现，既能保证国家的税收、征购和集体提留任务的完成，又使农民取得了生产自主权和产品支配权，有利于调动农民的生产积极性，促进生产力的发展。”〔1〕这样做的结果，小岗生产队在一九七九年的粮食产量达到六万七千多公斤，比上年有大幅度的增长。

这种做法在周围地区逐步传开，一度引起很大争议，被不少人看作是破坏集体经济，但得到安徽省委书记万里的支持。他在一九七八年十月十一日在省委常委会上说：“所有制不变，出不了资本主义，没有什么可怕的。如果不关心群众生活，不发扬民主，想要发展快，办不到。”一九七九年五月二十五日，他在省委扩大会议上说：“我已向中央请示过了，包到户的先干一年，秋后再说。”这年年底，他在一次大会上又说：“包产到户不同于分田单干。如果说分田单干意味集体经济瓦解、退到农民个体所有和个体经营的状况，那么，包产到户并不存在这个问题，它仍然是一种责任到户的生产责任制，是搞社会主义，不是搞资本

〔1〕王郁昭：《中国农民的伟大创造——“大包干”联产承包制产生与发展的回顾》，《中国农村改革决策纪事》，中央文献出版社 1999 年 1 月版，第 208 页。

主义。”〔1〕

但这个问题在全国范围内、在许多负责干部中依然存在激烈的争论。安徽的做法，得到邓小平、陈云的肯定。一九七九年六月十八日，第五届全国人大第二次会议开幕。会议休息时，万里找陈云说：安徽一些农村已经搞起了包产到户，怎么办？陈云回答：“我双手赞成。”以后，万里又同邓小平谈。邓小平说：“不要争论，你就这么干下去就完了，就实事求是干下去。”〔2〕

农村改革受到的阻力是不小的。“一九八〇年一月，全国有百分之八十四点七的生产队实行了各种形式的生产责任制，其中实行定额包工责任制的占生产队总数的百分之五十五点七，实行联产承包责任制的占百分之二十九，而实行包产到户、包干到户等家庭联产承包生产责任制的还不足百分之一点一。”〔3〕

一九八〇年五月三十一日，邓小平发表《关于农村政策问题》的讲话。他经过一段时间对农村工作实践细心观察后，明确地作出结论，说：“总的说来，现在农村工作的主要问题还是思想不够解放。”他指出：

“农村政策放宽以后，一些适宜搞包产到户的地方搞了包产到户，效果很好，变化很快。安徽肥西县绝大多数生产队搞了包产到户，增产幅度很大。‘凤阳花鼓’中唱的那个凤阳县，绝大多数生产队搞了大包干，也是一年翻身，改变面貌。有的同志担心，这样搞会不会影响集体经济。我看这种担心是不必要的。我们总的方向是发展集体经济。实行包产到户的地方，经济的主体现在也还是生产队。这些地方将来怎么样呢？可以肯定，只要生产发展了，农村的社会分工和商品经济发展了，低水平的集体化就会发展到高水平的集体化，集体经济不巩固的也会巩

〔1〕《万里文选》，第109、128、135页。

〔2〕朱佳木主编《陈云年谱》下卷，中央文献出版社2000年6月版，第248、249页。

〔3〕朱荣等主编《当代中国的农业》，第310页。

固起来。关键是发展生产力，要在这方面为集体化的进一步发展创造条件。”〔1〕

一九八〇年九月，中共中央召开各省、市、自治区党委第一书记座谈会。会后，印发了作为座谈会纪要的《关于进一步加强和完善农业生产责任制的几个问题》。纪要写道：

“两年来，各地干部和社员群众从实际出发，解放思想，大胆探索，建立了多种形式的生产责任制，总起来可以分为两类：一类是小段包工，定额计酬；一类是包工包产，联产计酬。实行结果，多数增产，并且摸索到一些新的经验。特别是出现了专业承包联产计酬责任制，更为社员所欢迎。这是一个很好的开端。”

“当前，在一部分省区，在干部和群众中，对于可否实行包产到户（包括包干到户）的问题，引起了广泛的争论。为了有利于工作，有利于生产，从政策上做出相应的规定是必要的。”

“就全国而论，在社会主义工业、社会主义商业和集体农业占绝对优势的情况下，在生产队领导下实行的包产到户是依存于社会主义经济，而不是会脱离社会主义轨道的，没有什么复辟资本主义的危险，因而并不可怕。”〔2〕

这样，在一九八〇年和一九八一年，包产到户在全国农村中迅速发展起来，并且从经济落后、生活穷困的特殊困难地区，发展到一般的以至富裕地区。“一九七九年底，包产到户虽然在全国还只是个别地方试行，比重仅占百分之九，由于一些地方自发仿效，其数量在逐步增加。”“到一九八〇年以后，情况有了变化。”“例如苏南地区，在一九八〇年冬是专业承包，到一九八一年包产到户就占据了百分之五十的比重。山

〔1〕《邓小平文选》第2卷，第316、315页。

〔2〕《新时期农业和农村工作重要文献选编》，中央文献出版社1992年10月版，第58、60、61页。

东沿海地带，也是这样。”[1]

由于中共中央毫不含糊地表明了态度，许多干部纷纷深入基层，带领群众研究措施。随着家庭联产承包责任制的迅速推广，促进了“政社合一”的人民公社体制逐步解体。一九八〇年九月，四川省广汉县向阳乡重新挂出乡人民政府的牌子，这虽只是第一步，却是重要的一步。

一九八二年元旦，中共中央的一号文件是批转《全国农村工作会议纪要》。这个文件先指出当前农村已发生的巨大变化：“截至目前，全国农村已有百分之九十以上的生产队建立了不同形式的农业生产责任制；大规模的变动已经过去，现在，已经转入了总结、完善、稳定阶段。”更重要的是，文件明确地肯定包产到户等都是社会主义集体经济的生产责任制，写道：“我国农业必须坚持社会主义集体化的道路，土地等基本生产资料公有制是长期不变的，集体经济要建立生产责任制也是长期不变的。目前实行的各种责任制，包括小段包工定额计酬、专业承包联产计酬，联产到劳，包产到户、到组，包干到户、到组，等等，都是社会主义集体经济的生产责任制。不论采取什么形式，只要群众不要求改变，就不要变动。”[2] 长期以来关于包产到户同社会主义之间关系的争论，至此以中共中央决策的形式结束了。“长期不变”的规定，使许多农民放下心来。

这样，家庭联产承包责任制便进入普遍推行阶段。据这年十一月的统计，全国实行联产承包制的生产队已占百分之九十二点三，其中实行包产到户、到组和包干到户、到组的占百分之七十八点八。“至此，农业生产以家庭联产承包为主要经营形式的格局确定了下来。”[3]

实行家庭联产承包后的农村经济性质，仍然是集体经济。它建立在土地公有的基础上。集体不仅同农户保持着发包和承包的关系，而且有相当数量的公有财产和公共提留，有的农村集体还统一规划农田基本建设，以及为承包的农户统一提供其他的生产、生活服务项目，有统有

〔1〕《杜润生自述：中国农村体制变革重大决策纪实》，第 114、121 页。

〔2〕《新时期农业和农村工作重要文献选编》，第 115—117 页。

〔3〕朱荣等主编《当代中国的农业》，第 314 页。

分，统分结合。所以，这种家庭联产承包责任制，并不是回到农业合作化以前的小私有经济，而是农村社会主义集体经济的重要组成部分和新的经营形式、经营体制。

鉴于过去的教训，这次农村改革和农村经济结构的变动，坚持从各地具体实际出发，不搞“一刀切”，不强求一律，而是因势利导、因地制宜，尊重群众自己的选择，多种形式的责任制可以并存。同时，一些有条件的地方，按照群众自愿，在过去集体经济的基础上继续实行集体经营的方式，坚持发展和壮大走向大市场的新型集体经济，如江苏的华西村、北京的韩城河村、河南的留庄等等。实践表明，在这些集体经济实力强的地方，两个文明的发展和农村群众的共同富裕都取得十分显著的成绩。

在农村工作中，还改变以往“以粮为纲”的方针，提倡多种经营，因地制宜，农民有了生产自主权，积极性大大提高，该种粮食的地方种粮食，该种经济作物的地方种经济作物，该放牧的地方放牧，该养鱼的地方养鱼。农村经济朝着专业化、商品化、社会化的方向迅速发展。农民的生产热情普遍高涨，农业产量和农民收入都有大幅度提高。农业生产率的提高和体制的改革，解放了大批农业劳动力。他们投入乡镇企业和城市，又推动了工业化和城镇化的进程。

除经营管理体制改革和政策调整外，对推动农村的迅速发展来说，还有两个因素也十分重要：

一个是财政投入。在经济调整中，为了改变严重失调的国民经济比例关系，大幅度削减了基本建设投资，加大了国家在财政上对农村的支持力度。“不仅支持了大幅度提高农副产品的收购价格，还减免了一部分农村税收，增加了发展农业的资金，使得农村得以休养生息。”就拿提高农副产品价格来说，从一九七九年夏收开始，“粮食统购价格提高百分之二十，超购部分在这个基础上再加价百分之五十；棉花、油料平均提高百分之一十五和百分之二十五，超额部分也都加价百分之五十；

生猪平均提高百分之二十六。”〔1〕一九七九年农副产品收购总额比上年增长百分之二十七点六。收购价格提高而市场销售价格不变，因此而支付的财政补贴，一九八〇年达到一百六十八亿元。“一九八四年同一九七八年相比，农产品收购价格提高了将近百分之五十，工农业产品综合比价缩小了百分之三十。这保证了农民在改革农业生产管理体制、实行包产制度后得到显著的经济利益，因而对过去几年农业生产的迅速增长和农民生活水平的迅速提高起了巨大的推动作用。”〔2〕

另一个因素是科学技术的支持。其中，尤其是袁隆平试验成功的杂交水稻得到大面积推广。“一九七六年，杂交水稻率先在湖南大面积推广，进而推向全国。据不完全统计，当年就推广了二百零八万亩，全部增产百分之二十以上。按每亩增长六十公斤计算，即增产十二点四八亿公斤。”湖南有个农民形象地说：“我们农民吃饭靠‘两平’，一靠邓小平，二靠袁隆平。”〔3〕这对粮食生产和农村经济的发展发挥了重要的促进作用。

一靠政策、二靠科学、三靠投入，成为支撑农村发展和建设发生重大变化的三大要素，哪一个也不能少。从一九七九年到一九八四年，农业总产值平均每年递增百分之七点九。在一段时间内，城乡收入的差距缩小，农民生活明显改善。农村面貌发生显著变化，由原来长时间的停滞不前变得欣欣向荣。这又带动当地乡镇工业的发展，从而对整个国民经济也产生很大影响。总之，农村改革是全国整个改革开放起步的突破口。

城市经济体制改革，在起始阶段主要是在扩大企业自主权等方面做了一些探索。由于城市的情况远比农村复杂，农村的承包责任制不能简单地搬到城市中来，应该怎么做在最初并不那么清楚，人们的认识也不一致，所以，城市经济改革的步子在这个阶段没有像农村中跨得那么大，而是经历了一个由浅入深的过程。国务院在一九七九年七月发出

〔1〕陈如龙主编《当代中国财政》（上），第276页。
〔2〕《薛暮桥学术论著自选集》，第557—558页。
〔3〕胡其峰：《袁隆平：一粒种子的承诺》，《光明日报》2007年5月23日。

《关于扩大国营企业经营管理自主权的若干规定》、《关于国营企业实行利润留成的规定》等五个文件。在这以前，先选择首都钢铁公司等八家企业进行试点。一九八二年一月，中共中央、国务院作出《关于国营工业企业进行全面整顿的决定》，着重强调的是：整顿和完善责任制，改进企业经营管理；整顿和加强劳动纪律，严格执行奖惩制度；整顿财经纪律，健全财务会计制度；整顿劳动组织，克服人浮于事、工作散漫的现象；整顿和建设领导班子，加强对职工的思想政治教育。经过这些初步改革，由于生产秩序的恢复和职工生产积极性的高涨，由于企业实行利润后有点钱可以自主地用于技术改造和适当改善职工生活，由于企业可以根据生产条件适当地自行安排生产，一些企业还进行改组联合，工业生产稳定增长，特别是轻工业和能源生产的变化相当显著。

财政体制的改革，是一九八〇年起在大多数省市实行“分灶吃饭”，各地方财政实行包干，规定基数，多收可以多支。这样做，扩大了地方的经济自主权，有利于调动他们增产增收的积极性。但以后又发生中央财政困难、财政预算外资金大幅度增加的问题。

在对内搞活的同时，邓小平把握住时代的脉搏，积极倡导推进对外开放，把对外开放确定为加速社会主义现代化建设的一项长期的基本国策。他一直认为，现在的世界是开放的世界，中国的发展离不开世界，关起门来搞建设是不行的，务必使中国经济从封闭半封闭状态，大踏步走向世界。

对外开放国策的提出，并不是偶然的。当时分管对外开放工作的国务院副总理谷牧在回忆录中写道：“国际社会中，包括若干对我国很友好的人士，似乎有个看法，认为毛主席忽视国内建设与世界经济的联系。时下国内也有些人，主要是青年人，认为新中国成立后的二十多年间，我国的对外经济关系，基本是个空白。这类看法，不符合历史的真实，因而也就无助于总结历史经验。的确，新中国成立后的二十多年间，我们与世界经济的联系松散。但是，这主要不能归因于我国，更不是中央决定的失误，主要原因是帝国主义的封锁。邓小平同志说得好：‘毛泽东同志在世的时候，我们也想扩大中外经济技术交流，包括同一些资本主义国家发展经济贸易关系，甚至引进外资，合资经营等。但是那时候没有条件，人家封锁我们。'"[1] 这是当事人的切身感受，自然要比局外人多少年后的主观臆测中肯得多。

十一届三中全会前后，国际国内的形势都已发生很大变化。第一次明确提出"实行开放政策"，是在一九七八年十月邓小平会见联邦德国新闻代表团时的讲话中，他说："你们问我们实行开放政策是否同过去的传统相违背。我们的做法是，好的传统必须保留，但要根据新的情况来确定新的政策。"[2]

十一届三中全会以后的全面对外开放，首先从沿海的广东迈出较大的步子。广东一是地接港澳，二是重要侨乡，一直有着对外经济交往的传统，实行对外开放、加快经济发展步伐有着得天独厚的条件。十一届三中全会结束后不久，"一九七九年一月，一封关于香港厂商要求回广州开设工厂的来信摘报，送到了邓小平同志的办公室。邓小平阅后当即批示：这种事，我看广东可以放手干。曾任广东省委副书记的王全国回忆当时的情形说：'经过十一届三中全会，我们感到不改革开放不行了。小平同志的这个批示，对我们是很大的启示和鼓舞。我们就从广东的实际出发，分析广东的特点，提出广东的改革开放应该先走一步。'"[3]

同一个月，广东省和交通部给李先念和国务院写报告，联合提出：交通部驻香港的招商局在广东省邻近香港的宝安县蛇口人民公社建立工业开发区，"既能利用国内较低廉的土地和劳动力，又便于利用国外的资金、先进技术和原材料"。李先念听取他们汇报后，在三十一日批示，同意在蛇口兴办工业开发区（这个工业开发区的基础工程在七月二十日破土动工，以后成为深圳经济特区的一部分）。

接着，设置经济特区这个更加重大的决策便提上议事日程。谷牧回忆道：

---

〔1〕《谷牧回忆录》，第288—289页。

〔2〕《邓小平文选》第2卷，第133页。

〔3〕李岚清：《突围——国门初开的岁月》，中央文献出版社2008年11月版，第71页。

“当时世界上有八十多个国家和地区设立了五百多个出口加工区、自由贸易区、自由港，有效地开展对外经济贸易和技术交流。这种经验启示人们思考：我国沿海某些地区，是否可以借鉴采用。广东省委和省政府根据本省邻近港澳、商品经济比较活跃，对外经济交往历史悠久、祖居于粤的海外的华侨和华人为数众多等特点，对举办出口加工区的可行性进行了反复讨论和论证，并在领导层中形成了一致意见。

一九七九年四月，在中央召开的专门讨论经济建设的工作会议上，广东省委主要领导同志（引者注：指当时担任广东省委第一书记的习仲勋）向小平同志汇报时提出：希望中央下放若干权力，让广东对外经济活动中有较多的自主权和机动余地，允许在毗邻港澳的深圳和珠海以及属于重要侨乡的汕头举办出口加工区。小平同志十分赞同这一设想。他说：还是叫特区好，陕甘宁开始就叫特区嘛！中央没有钱，可以给些政策，你们自己去搞，杀出一条血路来。他向中央倡议批准广东的这一要求。党中央、国务院根据小平同志的意见，责成广东、福建两省进一步组织论证，提出实施方案，并要我同他们具体研究，把此事抓紧抓好。”〔1〕

这次工作会议形成的文件中有“试办出口特区”一节，决定在深圳、珠海、汕头、厦门试办出口特区。七月二十日，又发出《中共中央、国务院批转广东省委、福建省委关于对外经济活动实行特殊政策和灵活措施的两个报告》。

创办特区，是大刀阔斧地实行对外开放的突破口，又是一项各方面都缺乏经验的新事物。

一九八〇年三月，中共中央和国务院委托谷牧主持，在广州召开广东、福建两省会议，把四处出口特区定名为“经济特区”，并总结试办的经验，进一步研究和完善经济特区的建设。八月二十六日，全国人大常委会审议并批准国家进出口管理委员会副主任江泽民所作的关于在广

---

〔1〕 谷牧：《小平同志领导我们抓对外开放》，《回忆邓小平》（上），第157—158页。

东、福建两省设置经济特区和《广东省经济特区条例》的说明。这样，“经济特区”便以国家立法的形式确定下来。

经济特区是社会主义国家领导下资金以利用外资为主，产品以出口为主，大力引进先进技术，来加快经济发展的比较成功的方式。中央给予经济特区的特殊政策，包括：允许经济特区大量吸收利用外资，经济活动以市场调节为主，经济成分可以让非公有制经济的比重更大些，对外商投资和特区进口货物的关税给予优惠政策，简化出入境手续，改革劳动工资制度，赋予经济特区政府有较大的经济活动自主权。

这是大胆的尝试。经济特区建设，以令人吃惊的速度和效率，在人们面前展开。特区建设首先搞好基础设施，试行工程招标的办法，引进竞争机制。一座座高楼，一排排厂房，从昔日的渔村、边镇、荒地、塘边拔地而起。许多新兴企业建立起来，不少设备和产品是国内过去没有过的。一切工作进行得井井有条，使每个到经济特区参观访问的人感到耳目一新。深圳经济特区的居民绝大多数从全国各地汇流而来。这里工资高，效率也高。尽管初期发生过不少问题，但总的说来，“深圳速度”，对全国起了巨大的示范带动作用，并且取得了经济体制改革的一系列重要经验。

中国在这时抓住“亚洲四小龙”产业结构升级、劳动密集型产业向外二次转移的机遇，欢迎海外投资，依托中国廉价劳动力资源极为丰富的比较优势，先大力发展劳动密集型出口加工业。这一阶段的对外开放，适合当时的实际情况，对中国经济增长注入了新的活力，也为全面的经济体制改革积累了新的经验。

加强技术引进，有一个付款问题。当时在引进技术装备时已采用过国际上通行的延期付款方式，但这种办法利息较高。邓小平提出：引进这件事反正要做，重要的是争取时间，可以借点钱。一九七八年八月中日和平友好条约签订后，日方表示可以提供利息低的优惠贷款。几经磋商后，一九七九年“十二月五日至九日，（日本）大平首相来访，正式谈定了一九七九年度五百亿日元的贷款（当时约折合二点三亿美元），年利百分之三，还款期三十年。这是我国在实行改革开放中获得的第一笔外国政府长期低息贷款”。“从一九七九年到一九八三年，我国向日本政府贷得三千三百九十亿日元，一九八四年到一九八九年又贷得四千七百亿日元。在我国使用的外国政府贷款中，日本是一个大的户头。”

“在使用国外贷款方面还有一件大事，就是我国通过争取在一九八○年正式恢复了在世界银行中的成员国席位，也恢复了我国在国际货币基金组织中的成员国席位。从此开始了我国与世界银行的长期密切合作，我国利用世界银行贷款的项目不断获得成功，成为第三世界发展中国家利用世界银行贷款促进国内科技、经济发展的典范。”〔1〕

吸引外资的另一项重大措施是允许外商在华直接投资。邓小平在一九七八年底的一份报告上批示：合营企业可以办。一九七九年七月一日，第五次全国人民代表大会第二次会议通过了《中外合资经营企业法》。十月四日，由荣毅仁担任董事长兼总经理的中国国际信托投资公司正式对外开业。荣毅仁回忆道，早在这年一月，邓小平接见工商界几个负责人，就如何搞好经济建设、实行改革开放，向他们征求意见，“我提出了可以引进外资搞生产，还提出，要搞好生产，需要解决两个问题，一是人才问题，二是管理问题。另外，在对外合作中，国内各部门也需要协调。小平同志听完后就说：对外接谈，要有统一安排；一定要把项目选好，把负责人定好。他着重指出：要采取经济办法管理经济，排除不合理的行政干扰。他鼓励我要把事业搞好，不要有顾虑。要我全权负责，全权处理，包括用人权，处理错了，也不怪我。”〔2〕

根据《中外合资经营企业法》，一九八○年四月十日，国家的外国投资管理委员会批准北京航空食品公司、北京建国饭店公司、北京长城饭店公司这三家中国最早成立的中外合资企业。它们都是扩大中国对外交流所需要的。接着，又批准了很大一批中外合资企业，开始生产出很多中国过去不能生产或难以达到国际先进水平的产品。

这里不能不谈到，中国开展对外经济贸易活动时有着一个特殊的优势。中国的港澳同胞、台湾同胞及海外侨胞，加上遍布世界的外籍华

〔1〕《谷牧回忆录》，第312—314页。

〔2〕荣毅仁：《“勇于创新，多作贡献”》，《回忆邓小平》（上），第16页。

人，超过五千万人。他们对中华民族的复兴抱有很高的热情，又熟悉如何在中国从事经济贸易活动。“我国实行开放以后，最先来投资的就是港澳同胞和东南亚华侨、华人中的企业家，他们投资的项目和投资的数量在一段时间里居于境外客商投资的首位。一直到二十世纪末，即使在外国客商投资逐步增加的情况下，香港的投资仍占百分之六十。他们也带动了欧、美、日等国和地区的投资，在境外客商来华投资、开展贸易活动方面，他们起了先行示范作用，在增进中国和外国的相互了解方面，在我们学习当代世界经验方面，他们也起着重要媒介作用。”[1]

这个时期新建立和发展起来的企业，由于资金和技术能力的不足，较多地采取对外加工、装配和补偿贸易等“三来一补”的方式，来提高技术水平，促进生产和外汇收入。“早期的‘三来一补’，是指由外商利用现有工厂，由他们提供产品样式、原料和设备、生产出来的产品由外商负责出口，设备经过一定时间出口补偿便归中方所有，工厂和政府收取一定的加工费和管理费。”[2] 这是一种特殊的贸易方式和引进技术方式，取得了成功，有力地打开了一个新的局面。

对外贸易体制也相应地进行了重大改革。“新中国成立后的三十年间，我国依照苏联经验，实行国家统制对外贸易的政策。进出口贸易基本上由外贸部及其所属各专业进出口公司统一经营。这种根据当时历史条件实行的高度集中的外贸体制，对于抗击帝国主义的经济封锁，进行私营进出口商行的社会主义改造，发展独立自主的对外贸易，起了重要的历史作用。但是，它也有许多弊端。”[3] 这种过于集中的体制，在新的历史条件下对扩大出口、搞好技术引进十分不利。改革的措施主要是：赋予一些地区和部门部分商品的进出口经营权；组织多种形式的工贸结合试点；外贸出口收汇实行内部结算价格，提高地方出口外汇留成比例。这些改革是初步的，但已跨出重要的一步。

这样，对外开放已从决策进入组织实施的阶段。

---

〔1〕《谷牧回忆录》，第406—407页。

〔2〕李岚清：《突围——国门初开的岁月》，第191—192页。

〔3〕《谷牧回忆录》，第318—319页。

在引进国外先进技术的同时，已注意并重视自主创新的问题。其中最突出的成果，是一九八〇年在北京大学王选主持下诞生的中文激光照排系统，并顺利地实行产业化和推广使用，根本改变了中国印刷业的面貌。

一九八二年一月，胡耀邦在中央书记处会议上提出：进行社会主义现代化建设，“要利用两种资源——国内资源和国外资源，要打开两个市场——国内市场和国际市场，要学会两套本领——组织国内建设的本领和发展对外经济关系的本领。”〔1〕这个意见，进一步拓宽了对外开放的思路。

政治体制改革，也本着“发扬民主，加强法制”的精神迈出新的步伐。人民代表大会重新建立起来，立法步子加快。一九七九年六、七月间，第五届全国人民代表大会第二次会议通过了《中华人民共和国刑法》、《中华人民共和国刑事诉讼法》等七种重要法律。在这次会议上补选为人大常委会副委员长的彭真，对七个法律草案作了说明。鉴于“文化大革命”中种种“无法无天”的沉痛教训，他说：“要发展社会主义民主，必须逐步健全社会主义法制，使九亿人民办事有章可循，坏人干坏事有个约束和制裁。因此，‘人心思法’，全国人民都迫切要求有健全的法制。”〔2〕他在说明这次提出的七个法律草案的主要精神后，强调必须做到有法必依、执法必严、违法必究。这些基本法律的制定，标志着中国步入扩大社会主义民主、健全社会主义法制的轨道。

党和国家领导制度改革问题也提上议事日程。一九八〇年八月，邓小平在中共中央政治局扩大会议上讲话。他说：

“从党和国家的领导制度、干部制度方面来说，主要的弊端就是官僚主义现象，权力过分集中的现象，家长制现象，干部领导职务终身制现象和形形色色的特权现象。”

“我们的各级领导机关，都管了很多不该管、管不好、管不了的事，

〔1〕《三中全会以来重要文献选编》（下），第1113页。
〔2〕彭真：《论新中国的政法工作》，中央文献出版社1992年2月版，第156页。

这些事只要有一定的规章，放在下面，放在企业、事业、社会单位，让他们真正按民主集中制自行处理，本来可以很好办，但是统统拿到党政领导机关、拿到中央部门来，就很难办。”

“不少地方和单位，都有家长式的人物，他们的权力不受限制，别人都要惟命是从，甚至形成对他们的人身依附关系。我们的组织原则中有一条，就是下级服从上级，说的是对于上级的决定、指示，下级必须执行，但是不能因此否定党内同志之间的平等关系。”

“我们过去发生的各种错误，固然与某些领导人的思想、作风有关，但是组织制度、工作制度方面的问题更重要。这些方面的制度好可以使坏人无法任意横行，制度不好可以使好人无法充分做好事，甚至会走向反面。”〔1〕

根据刑法和刑事诉讼法，使人心大快的是，一九八〇年十一月二十日，最高人民法院特别法庭开庭公审林彪、江青两个反革命集团的主犯，确认这两个反革命集团都是以夺取党和国家最高权力、推翻人民民主专政为目的。第二年一月二十五日，特别法庭对江青等十名主犯作出判决，判处江青、张春桥死刑，缓期两年执行；判处王洪文无期徒刑；判处其他七名罪犯有期徒刑。这是一次历史性的审判。它体现了人民的意志，显示了社会主义法制的巨大威力。

对日益猖獗的走私贩私、投机诈骗、贪污受贿等严重经济犯罪活动，也运用法律武器进行打击。一九八二年，中共中央、国务院发出《关于打击经济领域中严重犯罪活动的决定》。邓小平在讨论这个文件的政治局会议上说：“这股风来得很猛。如果我们党不严重注意，不坚决刹住这股风，那末，我们的党和国家确实要发生会不会‘改变面貌’的问题。这不是危言耸听。”“现在刹这个风，一定要从快从严从重。”“我们要有两手，一手就是坚持对外开放和对内搞活经济的政策，一手就是坚决打击经济犯罪活动。”“打击经济犯罪活动，不仅是今年一年的事

〔1〕《邓小平文选》第2卷，第327、328、331、333页。

情，现在是开个头。”[1] 国务院召开东南沿海打击走私会议。以后，中央纪委又召开全国打击经济领域严重犯罪活动工作会议，集中力量查处大案要案。

一九八一年六月，中共十一届六中全会举行。这次全会主要解决了两个问题：一个是通过《关于建国以来党的若干历史问题的决议》，对统一党内和全国人民的思想有很重要的作用；一个是人事问题，同意华国锋辞去中共中央主席和中央军委主席的请求，选举胡耀邦为中央委员会主席、邓小平为中央军委主席。

叶剑英在庆祝中华人民共和国成立三十周年大会上的讲话中说：“中共中央认为，对于过去三十年特别是文化大革命十年的历史，应当在适当的时候，经过专门的会议，作出正式的总结。”[2] 这是全国人民的共同愿望。

十一届六中全会通过的关于历史问题的决议，是从一九七九年十一月起，在邓小平主持下着手起草的，前后历时一年半。《决议》总结了建国以来社会主义革命和建设的历史经验，对一些重大历史事件的功过是非作出了实事求是的评价，从根本上否定了“文化大革命”和“无产阶级专政下继续革命”的错误理论。同时，坚决顶住当时出现的一股否定毛泽东和毛泽东思想的错误思潮，科学地评价毛泽东的历史地位，维护了毛泽东思想的指导作用，指出毛泽东思想的活的灵魂有三个基本方面，即实事求是、群众路线、独立自主，恢复了毛泽东思想的本来面目。这样做的结果，既分清了理论和政治是非，又加强了全党和全国人民的团结，为社会主义现代化建设事业的健康发展提供了根本保证。通过这个《决议》，是关系党和国家命运的重大步骤。如果没有这样一个《决议》，全党和全国人民对许多重大问题就不能形成统一的看法，甚至会陷入没完没了的争论之中，在继续前进中也难以形成统一的步伐。

《决议》在最后部分中说：“三中全会以来，我们党已经逐步确立了一条适合我国情况的社会主义现代化建设的正确道路。”并且把它的主

---

〔1〕《邓小平文选》第2卷，第403、404页。

〔2〕《叶剑英选集》，第522页。

要点归纳为十条，包括：党和国家工作的重点必须转移到以经济建设为中心的现代化建设上来；大力发展社会生产力；社会主义生产关系的变化和完善必须适应于生产力的状况，有利于生产的发展；逐步建设高度民主的社会主义政治制度；社会主义必须有高度的精神文明；把党建设成为健全的民主集中制的党等。这是第一次对三中全会以来的路线、方针、政策进行初步概括的重要尝试。

这次全会标志着中国共产党在指导思想上的拨乱反正已胜利完成，为一九八二年召开党的十二大奠定了坚实的基础。全会公报中这样写道：

“这次全会是继十一届三中全会以后我党历史上又一次具有重大意义的会议，是总结经验、团结前进的会议。这次会议将以在党的指导思想上完成拨乱反正的历史任务而载入史册。”〔1〕

当“文化大革命”刚刚结束的时候，中国人面对的是极其艰难的处境：十年动乱造成的破坏实在太严重了，问题堆积如山，人们思想混乱，许多消极现象似乎已到了积重难返的地步。能不能从这种困境中摆脱出来？怎样从这种困境中摆脱出来？社会主义现代化建设这样宏伟的目标有没有可能实现？不少人对这些问题抱着怀疑的态度，或者缺乏足够的信心。全世界的目光也都注视着中国：中国的发展前途究竟怎么样？

那时中国面对的问题和要做的工作实在太多，而国家的力量和资金都很有限，各项变革又需有序地进行。如果一哄而上，齐头并进，必将一事无成。从中共十一届三中全会到十二大召开，中间相隔有三年多时间。就在这短短的三年多内，以邓小平为核心的中国共产党领导集体，高瞻远瞩，从容应对，在如此艰难的处境中，分清轻重缓急，合理安排，有条不紊地开展工作：对国民经济进行重大调整，完成思想、政

〔1〕《三中全会以来重要文献选编》（下），第847页。

治、组织等领域的全面拨乱反正，改革开放的新路子也在这时起步，来自各方面的干扰得到排除，打开了全国经济社会发展和全体人民安定团结的局面。中国的社会主义现代化建设事业走上了健康发展的轨道。中国在经历了十年“文革”动乱之后，在很短时间内，顺利实现了伟大的历史性转折。这确实是中国社会主义事业发展进程中具有划时代意义的成就。

第二十五章

高举起“中国特色社会主义”的旗帜

邓小平用十分概括的语言写道："从十一届三中全会到十二大，我们打开了一条一心一意搞建设的新路。"他又说："我在东北三省到处说，要一心一意搞建设。国家这么大，这么穷，不努力发展生产，日子怎么过？我们人民的生活如此困难，怎么体现出社会主义的优越性？"〔1〕

走上这条"新路"后，中国人应该举着怎样的旗帜前进？"一心一意搞建设"的目标是什么？这是放在中国各族人民面前迫切需要回答的问题。"建设有中国特色的社会主义"，就是对这些问题的总回答，它是邓小平在中共十二大的开幕词中提出来的。

什么是"中国特色社会主义"？它的含义十分明确：第一，我们要建设的是社会主义社会，决不是其他什么社会。以后，邓小平同一位台湾朋友说："我们大陆坚持社会主义，不走资本主义的邪路。社会主义与资本主义不同的特点就是共同富裕，不搞两极分化。"〔2〕第二，我们所要建设的社会主义，必须按照中国的实际国情来办，具有中国特色，别国的建设和管理经验，无论是苏联的还是西方国家的，都可以而且应该积极学习和借鉴，但是都决不能照抄照搬。

这是一面鲜明的旗帜。高举这面旗帜，就使十几亿中国人在前进中

---

〔1〕《邓小平文选》第3卷，人民出版社1993年10月版，第11、10页。

〔2〕《邓小平文选》第3卷，第123页。

有了共同的明确方向。

十二大和十二届三中全会的重大决策

中国共产党第十二次全国代表大会是一九八二年九月一日至十一日在北京举行的。邓小平在开幕词中说了一段极其重要的话：

“无论是革命还是建设，都要注意学习和借鉴外国经验。但是，照抄照搬别国经验、别国模式，从来不能得到成功。这方面我们有过不少教训。把马克思主义的普遍真理同我国的具体实际结合起来，走自己的道路，建设有中国特色的社会主义，这就是我们总结长期历史经验得出的基本结论。”〔1〕

“建设有中国特色的社会主义”这面把全国各族人民凝聚在一起的大旗，就这样高高地举起来了。

“一心一意搞建设”，中国在本世纪内所要达到的具体目标是什么？邓小平一直在思考这个问题。一九七九年十二月，他同日本首相大平正芳谈话时提出中国在本世纪末达到小康水平的目标。他说：

“到本世纪末，中国的四个现代化即使达到了某种目标，我们的国民生产总值人均水平也还是很低的。要达到第三世界中比较富裕一点的国家的水平，比如国民生产总值人均一千美元，也还得付出很大的努力。就算达到那样的水平，同西方来比，也还是落后的。所以，我只能说，中国到那时也还是一个小康的状态。”〔2〕

这是一个新的重要判断。以往，一直把实现四个现代化作为本世纪

〔1〕《邓小平文选》第3卷，第2—3页。

〔2〕《邓小平文选》第2卷，第237页。

末的奋斗目标，这容易导致提出许多过高的指标。以本世纪末达到“小康的状态”这个新的判断，就为中国近期发展规定了一个既积极而又脚踏实地、切实可靠的基本设想。这就从根本指导思想上防止了重犯过去长期存在的脱离中国国情而急于求成的错误。这个设想在中共十二大确定下来。

邓小平致开幕词后，胡耀邦代表第十一届中央委员会作报告。报告的题目是《全面开创社会主义现代化建设的新局面》。报告回顾了过去六年的历史性转变，提出新的历史时期的任务。报告根据邓小平提出的基本设想，提出“翻两番”的要求，也就是说：从一九八一年到本世纪末的二十年，中国经济建设总的奋斗目标是，在不断提高经济效益的前提下，力争使全国工农业的总产值翻两番，即由一九八〇年的七千一百亿元增加到二〇〇〇年的两万八千亿元左右；这时，人民的物质生活就可以达到小康水平。报告又指出：通观全局，为实现上述经济发展目标，最重要的是解决好农业问题，能源、交通问题和教育、科学问题。因此，“为了实现二十年的奋斗目标，在战略部署上要分两步走：前十年主要是打好基础，积蓄力量，创造条件；后十年要进入一个新的经济振兴时期。”〔1〕

这是总结了十一届三中全会以来积累起来的经验，又全面分析了中国经济情况的发展趋势后，作出的重大决策。

这个决策是符合实际的，是能够实现的。因为：大局已经稳定，指导思想已经明确并已积累起丰富的经验，人民已得到休养生息，经济振兴的物质基础已经基本具备。在本世纪末“翻两番”这个奋斗目标由此深入人心，成为鼓舞全国各族人民投身社会主义现代化建设的巨大力量。

十二大报告还要求：在促进社会主义经济的全面高涨的同时，要努力建设高度的社会主义精神文明，要努力建设高度的社会主义民主，要坚持独立自主的对外政策，要把党建设成为领导社会主义现代化事业的

〔1〕《十二大以来重要文献选编》（上），人民出版社1986年10月版，第16页。

坚强核心。

十二大选举产生了新一届中央委员会。它的构成特点是实现了新老干部的合作和交替。新华社报道说：“在中央委员会的三百四十八名成员中，有二百一十一人，即百分之六十多，是第一次选进中央委员会。在这二百一十一人中，有一百四十多人，即三分之二以上，年龄在六十岁以下，最小的为三十八岁。”他们中包括三十九岁的甘肃省建委副主任胡锦涛。“新的中央委员会保留了十多位七十岁以上德高望重、在国内外享有巨大威望的老一辈无产阶级革命家。上一届中央委员会的其他老同志，有许多被选进中央顾问委员会和中央纪律检查委员会。”“同十一届中央委员会相比，专业技术人员从九人（占百分之二点七）增加到五十九人（占百分之十七）。”[1] 十二届一中全会选举胡耀邦、叶剑英、邓小平、赵紫阳、李先念、陈云为政治局常委，胡耀邦为中央委员会总书记。

十二大决定成立的中央顾问委员会是一种过渡性质的组织形式。邓小平说：“中央顾问委员会是个新东西，是根据中国共产党的实际情况建立的，是解决党的中央领导机构新老交替的一种组织形式。目的是使中央委员会年轻化，同时让一些老同志在退出第一线之后继续发挥一定的作用。”“应当说，这一次在解决新老交替问题上迈出了相当大的一步。如果花两个五年的时间，通过这种过渡的形式，稳妥地顺当地解决好这个问题，把退休制度逐步建立起来，那就是很大的胜利。这对于我们国家以后的发展，是办了一件很好的事情。”[2] 邓小平、陈云先后担任第一届和第二届中央顾问委员会主任。到中共十四大召开时，中央顾问委员会完成了它的历史任务，就决定取消了。

十二大闭幕后不久，第五届全国人民代表大会举行了第五次会议。这次会议有两个主要内容：一个是根据变化了的新情况修改《中华人民共和国宪法》。彭真作了关于宪法修改草案的报告。他说：“现在，我们完成了指导思想上的拨乱反正，确立了全面开创社会主义现代化建设新

〔1〕《新的中央委员会体现了新老干部的合作和交替》，《人民日报》1982年9月12日。
〔2〕《邓小平文选》第3卷，第5、6页。

局面的正确纲领。”[1] 他对宪法修改草案的基本内容，联系全民讨论中提出的意见作了说明。大会通过了经过修改后的宪法。大会另一个内容是听取国务院总理赵紫阳《关于第六个五年计划的报告》，批准《中华人民共和国国民经济和社会发展第六个五年计划》。在讨论这个计划时，对中国经济在这二十年内的发展是不是要分“两步走”仍存在不同意见。陈云在这次人代大会的小组中发言说：

“‘六五’计划的主要特点是着重于提高经济效益。只要我们经过‘六五’和‘七五’两个五年计划的努力，把各方面的关系理顺，并且做好一些大骨干项目的前期工作，后十年的发展速度就可以搞快一些，翻两番的奋斗目标就可以实现。如果急于求成，把本来应该放在后十年办的事也勉强拿到前十年来办，在‘六五’和‘七五’期间乱上基本建设项目，那末，经济又可能出现混乱，翻两番的任务反而有可能完不成。”[2]

他所批评的急于求成的现象，是指当时许多地方在经济形势好转时又盲目地竞相增加投资，乱上基本建设项目，其中一种是看起来投资少、见效快、实际上是低水平重复建设的加工工业，一种是缺少原料和市场、建起来就要亏损的企业，对这些项目总是这也不能下，那也不能下，缺乏长远的全盘打算，这样下去，经济又会趋向过热。有的领导人从尽快把国民经济搞上去的愿望和满腔热情出发，急于大干快上，说：“只要把问题抓准抓好，三、五年内打一个比较大的翻身仗是有充分可能的。”“四化开始起飞，此其时矣。”“前十年我们一些重点工程再也不能犹豫了，要抓紧时间呀”， “可不能把麻烦留给后人啊!”并且主张“能挣会花”，到处鼓励各地提前翻番。在这个问题上不同看法的争论，持续了一段不短的时间。

如果这个问题不解决，刚刚好转的形势就难以保持下去，到一定时

---

〔1〕《彭真文选》，人民出版社 1991 年 5 月版，第 438 页。

〔2〕《陈云文选》第 3 卷，第 318 页。

候又可能被迫调整，这种状况过去曾一再出现。一九八三年六月七日，中共中央政治局常委和书记处会议听取国家计委和财政部汇报。邓小平明确地指出：“现在的状态是资金太分散，这样下去日子怎么能过？有些东西硬是要停下来，这可能要损失一些，宁可损失一些也要停下来。要搞重点，要想今后二十年能够搞上去，现在不搞重点不行。特别是能源、交通、通信这些重点项目，现在不抓，以后别的事情想干也干不成。现在我担心这个规划中能源到底够不够？特别是电够不够？”六月二十五日至三十日，召开中央工作会议，讨论集中财力物力保证重点建设问题。邓小平在会上又说：“如果‘六五’达到百分之六以上的速度，‘七五’达到百分之七以上，而且在能源、交通、原材料工业等方面为今后十年打好基础，集中资金保证重点建设，那我们就能更有把握地说，后十年达到百分之八以上是可能的。这并不是冒险的计划，而是讲求实际的可行的能够达到的计划。但是，搞得不好，有可能改变十二大的决议，那就严重了！这不但在国内是个政治问题，在国际上也是个大的政治问题。不搞重点建设没有希望。能源、交通等重点项目，都是十年八年才见效的。”[1] 这次中央工作会议认为：“重点上不去，全局活不了。能源、交通是国民经济中最薄弱的环节，加工业搞多了，再多也是白费力气，否则还要大调整。”“集中财力、物力势在必行。”[2] 这样，进一步调整的方针确定了下来。

尽管遇到过一些阻力，由于中央下了决心，经过几年的调整和发展，第六个五年计划的完成情况总的是好的。拿一九八二年至一九八五年来说：一九八二年，国内生产总值又重新较快上升，比上年增长百分之九点一，工业总产值增长百分之七点八二，农业总产值更比上年猛涨百分之十一点三；一九八三年，国内生产总值增长百分之十点九，工业总产值增长百分之十一点一九，农业总产值增长百分之七点八；一九八四年，国内生产总值增长百分之十五点二，工业总产值增长百分之十六

〔1〕冷溶、汪作玲主编《邓小平年谱（1975—1997）》（下），第911、912、918页。

〔2〕《市场与调控——李鹏经济日记》（上），新华出版社、中国电力出版社2007年2月版，第4页。

点二八，农业在这一年获得大丰收，农业总产值增长百分之十二点三；一九八五年，国内生产总值增长百分之十三点五，工业总产值增长百分之二十一点三九，而农业总产值在这一年只增长百分之三点四（它的原因，后面要讲到）。

更重要的是：经过几年的调整，在国内生产总值迅速增长的同时，国民经济主要比例关系得到明显改善，趋于协调。农业经济的发展，这几年是建国以来最好的时期。拿“六五”时期同“五五”时期相比，粮食平均年产量从三点零五亿吨增加到三点七亿吨，棉花由二百二十四万吨增加到四百三十二万吨；猪牛羊肉由九百三十七万吨增加到一千四百六十二万吨。工农之间、城乡之间的差距比过去有所缩小，这很值得注意，也是十分难得的。农业产量的迅速增长，有力地带动了其他产业的发展。轻工业方面，把民众生活需要的消费品工业放到重要位置，继续加快轻纺工业的发展。能源开发和交通建设成为国民经济中的重点建设项目，一批重点煤矿、电站、油井、建筑材料企业和铁路新线陆续建成。在国家基本建设投资中，能源和交通所占的比重从一九八〇年的百分之三十一点九提高到一九八五年的百分之三十五，缓和了原来十分紧张的矛盾。

在这段时间内，人民生活得到实实在在的改善。一九八一年至一九八三年，农民的人均纯收入增长百分之六十左右，平均每年增长百分之十六点七。随着职工工资、奖金的增加和就业人数的扩大，城市居民的收入也逐年增加。薛暮桥在一九八五年六月发表的一篇文章中写道：“家庭日用工业品近几年也发生了显著的需求变化。几年前人们追求的是自行车、缝纫机、手表三大件，现在这些耐用消费品已经基本上满足需要了。人们开始追求电视机、电冰箱、洗衣机‘新三大件’等高级耐用消费品。不论老三大件（主要是手表）还是新三大件，近几年价格是下降的，今后还有继续下降的趋势。”[1]

由于“文化大革命”遗留下来的党内思想、作风、组织不纯和纪律

〔1〕《薛暮桥学术论著自选集》，第555页。

松弛的问题还相当严重，整个国家的社会生活又处于深刻变动中，一九八三年十月，中共十二届二中全会作出关于整党的决定，开始全面整党，最后还进行党员登记。这次整党在全党分期分批进行，历时三年半，在各方面都取得了进步。

随着国民经济的发展和经济运行机制的变化，经济工作中另一个争论又起来了，那就是计划和市场的关系问题，当时主要围绕着社会主义社会是否要发展商品经济而展开讨论。

计划和市场都是发展生产力的方法和手段，不是根本对立的。只要是社会化的大生产，都得有一定的计划性。只要存在商品货币关系，就必须利用市场和价值规律。新中国成立以来长期存在的问题是：实行高度集中的计划经济，忽视商品生产、价值规律和市场的作用，结果把经济工作统得很死，使它缺乏发展的活力。

一九八四年十月二十日，中共中央召开十二届三中全会。全会认真总结多年实践中的经验，通过《中共中央关于经济体制改革的决定》。这个《决定》最引人注目的是：经济工作的重点从调整转向全面改革，并且强调改革是为了把经济搞活，建立充满生机的社会主义经济体制，反映出中国的经济体制改革进入一个新阶段。它写道：

“我国建国三十五年来所发生的深刻变化，已经初步显示出社会主义制度的优越性。但是必须指出，这种优越性还没有得到应有的发挥。其所以如此，除了历史的、政治的、思想的原因之外，就经济方面来说，一个重要的原因，就是在经济体制上形成了一种同社会生产力发展要求不相适应的僵化的模式。这种模式的主要弊端是：政企职责不分，条块分割，国家对企业统得过多过死，忽视商品生产、价值规律和市场的作用，分配中平均主义严重。这就造成了企业缺乏应有的自主权，企业吃国家‘大锅饭’、职工吃企业‘大锅饭’的局面，严重压抑了企业和广大职工群众的积极性、主动性、创造性，使本来应该生机盎然的社会主义经济在很大程度上失去了活力。”

《决定》突出地提出：要进行经济体制改革，自觉运用价值规律，发展社会主义商品经济。它写道：

“在很长的历史时期内，我们的国民经济计划从总体来说只能是粗线条的和有弹性的，只能是通过计划的综合平衡和经济手段的调节，做到大的方面管住管好、小的方面放开放活，保证重大比例关系比较适当，国民经济大体按比例地协调发展。

改革计划体制，首先要突破把计划经济同商品经济对立起来的传统观念，明确认识社会主义计划经济必须自觉依据和运用价值规律，是在公有制基础上的有计划的商品经济。商品经济的充分发展，是社会经济发展的不可逾越的阶段，是实现我国经济现代化的必要条件。只有充分发展商品经济，才能把经济真正搞活，促使各个企业提高效率，灵活经营，灵敏地适应复杂多变的社会需求，而这是单纯依靠行政手段和指令性计划所不能做到的。同时还应该看到，即使是社会主义的商品经济，它的广泛发展也会产生某种盲目性，必须有计划的指导、调节和行政管理，这在社会主义条件下是能够做到的。”〔1〕

《决定》中“要突破把计划经济同商品经济对立起来的传统观念”这个论断，是理论上的重要突破。这里说的“商品经济”，基本上是指市场经济。计划和市场的关系，是邓小平一直在思考的问题。他早在一九七九年十一月就说过：“说市场经济只存在于资本主义社会，只有资本主义的市场经济，这肯定是不正确的。社会主义为什么不可以搞市场经济，这个不能说是资本主义。”〔2〕十二届三中全会作出不能把计划经济和商品经济对立起来，虽然在认识的发展上还只是初步的，却成为以后提出实行社会主义市场经济体制的先导。

《决定》还有许多理论上的重要突破，如：“《决定》确认企业的所

---

〔1〕《十二大以来重要文献选编》（中），人民出版社1986年10月版，第561、562、568、569页。

〔2〕《邓小平文选》第2卷，第236页。

有权和经营权是可以适当分开的。这突破了把全民所有同国家机构直接经营混为一谈的传统观念。”“《决定》确认，计划经济不等于指令性计划为主。这突破了计划管理同价值规律互不相容的传统观念。”〔1〕这个文件，继实现工作重点转移、进行经济调整、推动农村改革之后，对制定全面改革蓝图、推动以城市为重点的整个经济体制改革，起了重要作用。

邓小平对这个文件很满意。他在全会上说：“这个决定，是马克思主义的基本原理和中国社会主义实践相结合的政治经济学。”〔2〕两天后，他又在中央顾问委员会全会上说：

“这次经济体制改革的文件好，就是解释了什么是社会主义，有些是我们老祖宗没有说过的话，有些新话。我看讲清楚了。过去我们不可能写出这样的文件，没有前几年的实践不可能写出这样的文件。写出来，也很不容易通过，会被看作‘异端’。”〔3〕

改革开放的全面展开

中共十二大以后，中国已经走上一条一心一意搞建设的新路，改革开放在全国范围内迅速地全面展开。

中国的经济改革，最早在农村率先取得显著成效。通过联产承包，农民家庭取得了集体生产资料的经营权，成为相对独立的经营实体；社区性合作经济的经营体制，开始由单一的集体统一经营，变成集体统一经营和家庭分散经营相结合的双层经营体制。同时，还形成多种经营形式并存的格局。一九八二年起连续五年，中共中央在每年初发出的“一号文件”都是谈农业问题的。

十二大后着重强调的是：稳定和完善农业生产责任制是当前农村工

〔1〕朱镕基主编《当代中国的经济管理》，中国社会科学出版社 1985 年 8 月版，第 131 页。
〔2〕冷溶、汪作玲主编《邓小平年谱（1975—1997）》（下），第 1006 页。
〔3〕《邓小平文选》第 3 卷，第 91 页。

作的主要任务。一九八三年一月二日，中共中央印发的《当前农村经济政策的若干问题》中提出："这种分散经营和统一经营相结合的经营方式具有广泛的适应性，既可适应当前手工劳动为主的状况和农业生产的特点，又能适应农业现代化进程中生产力发展的需要。在这种经营方式下，分户承包的家庭经营只不过是合作经济中一个经营层次，是一种新型的家庭经济。它和过去小私有的个体经济有着本质的区别，不应混同。因此，凡是群众要求实行这种办法的地方，都应当积极支持。当然，群众不要求实行这种办法的，也不可勉强，应当始终允许多种责任制形式同时并存。"〔1〕一九八四年一月一日，中共中央《关于一九八四年农村工作的通知》中采取的重要措施是：延长土地承包期，鼓励农民增加投资，培养地力，实行集约经营。土地承包期一般应在十五年以上。生产周期长的和开发性的项目，如果树、林木、荒山、荒地等，承包期应当更长一些；承包地、自留地都不准买卖，不准出租，不准转作宅基地或其他非农业用地。同时还指出：农村在实行联产承包责任制基础上出现的专业户，带头勤劳致富，带头发展商品生产，带头改进生产技术，是农村发展中的新生事物，应当珍惜爱护，积极支持。

在新形势下，原来那种"政社合一"的人民公社体制已无法适应，必须改变。四川广汉县在一九七九年对人民公社管理体制进行的改革试点，主要是将"政社合一"改为"政社分开"。而一九八二年五届全国人大第五次会议通过的经过修改的《中华人民共和国宪法》进一步规定：在县以下设立乡、民族乡、镇一级人民代表大会和人民政府，作为一级政权机关，行使行政权力。乡政府以下，在村一级建立村民选举产生的村民委员会，作为基层群众性的自治组织。这项变革，到一九八五年全部完成，中国农村的"人民公社"制度便不再存在。

农村改革中出现的新的令人惊喜的巨大变化，是乡镇企业的异军突起。

这种企业的来历，据费孝通教授在八十年代的考察，大体上有两

---

〔1〕《十二大以来重要文献选编》(上)，第256页。

类。他把它称为“苏南模式”和“温州模式”。“苏南模式”是多数，来自原来的社队企业。“这些小型工厂实际是公社或生产队结构中的一部分，由公社的书记或生产队长领导和管理。这种工厂里的工人是从本社或本队的社员家中招收的，记工分不拿工资。工厂的利润到年终结算，除了一部分作为公社或生产队的财政和公益开支外，归入生产队的工分基金，平均分配给社员。这种工厂如果有利可图，上级政府还可以上调作为自己一级政府的企业。”“公社体制改革后，农工分了手。农业经营承包到户，而社队办的企业却没有分，照原样办下去。公社名称改成了乡，生产队改成了村，社队企业的名称也得改，一般称作乡镇企业。这些乡镇企业还是由乡长或村长领导和管理。”“温州模式”跟它不同，是由家庭企业联合而成的。“温州当然也有和苏南类似的乡镇企业，但是主要是家庭企业，就是所谓个体户，属个体所有制。严格说，如果个体的意思是指个人，温州街上的作坊也不真是个人所有的，而是家庭所有的。家庭里有不少成员，而且通常并不限于直系亲属组成。许多是已婚的兄弟甚至亲亲戚戚合组成的家庭作坊。”“不同的个体企业联合起来按‘合作社’的原则来经营，这是一种合作性质的集体所有制。这种合作组织常是以‘亲戚’或街坊关系组成的作坊，也可以说是家庭所有制顺理成章的发展。”〔1〕

家庭联产承包责任制的实行，提高了农村劳动生产率，释放出的大批剩余劳动力，需要寻找出路。农村商品经济的发展，又带来市场的繁荣和城乡交流的扩大。社队企业便适应这种需要而很快发展起来。

这些企业最初遇到的困难很大，因为它没有列入国家计划，就没有可靠的原料供应，也没有通畅的销售渠道，只能靠供销员去跑，形成供销员满天飞的现象，有的还采取一些非正常的手段来解决问题，遭到不小的非议。中共中央对这些企业的发展采取肯定的态度。一九八三年一月中共中央印发的《当前农村经济政策的若干问题》中提出：

〔1〕《费孝通全集》第11卷，第483、484页。

“长期以来把农产品远距离运到城市加工，农村光生产原料的状况，不但造成农产品不必要的损耗浪费，而且限制了农村劳动者就业的范围和农产品综合利用的效益，这必须逐步地有计划地加以改变。今后新增加的农产品加工能力，都要尽可能接近原料产地。”

“现有的社队企业，不但是支持农业生产的经济力量，而且可以为农民的多种经营提供服务，应在体制改革中认真保护，勿使削弱，更不得随意破坏、分散。社队企业也是合作经济，必须努力办好，继续充实发展。”〔1〕

到这年年底，全国社、队两级企业已有一百三十四万个，从业人员三千一百三十四万人，创造产值一千二百二十二亿元，占农村总产值的三分之一，比上年翻了一番。

进入一九八四年后，中央对这个问题更加重视。这年三月一日，中共中央和国务院转发农牧渔业部党组《关于开创社队企业新局面的报告》，“同意报告提出的将社队企业名称改为乡镇企业的建议。”“乡镇企业”这个名称就正式确定下来。转发这个报告的《通知》中指出：乡镇企业包括社（乡）、队（村）举办的企业、部分社员联营的合作企业、其他形式的合作工业和个体企业。它是广大农民群众走向共同富裕的重要途径。乡镇企业的发展，有利于“以工补农”，使农业合作经济组织增强实力；必将促进集镇的发展，加快农村的经济文化中心的建设，有利于实现农民离土不离乡，避免农民涌入城市。〔2〕

乡镇企业以令人惊异的速度和规模，迅速改变着中国农村的面貌。到一九八七年，全国乡镇企业发展到一千七百五十多万个，是一九八三年时的十多倍；产值达到四千七百六十四亿元，占农村社会总产值的百分之五十点四，第一次超过农业总产值；从业人员达到八千八百零五万人，使众多原来的农民变成新一代的工人；随着乡镇企业的发展，兴起了一大批小城镇，从一九八三年到一九八六年这几年内全国建制的镇增

〔1〕《十二大以来重要文献选编》（上），第255、259页。
〔2〕《新时期农业和农村工作重要文献选编》，第263、264页。

加七千七百五十个，平均每年增加一千六百零八个，从而逐步改变着全国城乡分布的格局，并且为走出一条有中国特色社会主义新农村的发展道路创造了重要条件。

邓小平在一九八七年的两次讲话中讲道：

“农村改革中，我们完全没有预料到的最大的收获，就是乡镇企业发展起来了，突然冒出搞多种行业，搞商品经济，搞各种小型企业，异军突起。这不是我们中央的功绩。乡镇企业每年都是百分之二十九的增长率，持续了几年，一直到现在还是这样。”

“乡镇企业容纳了百分之五十的农村剩余劳动力。那不是我们领导出的主意，而是基层农业单位和农民自己创造的。把权力下放给基层和人民，在农村就是下放给农民，这就是最大的民主。我们讲社会主义民主，这就是一个重要内容。同时，乡镇企业反过来对农业又有很大帮助，促进了农业的发展。”〔1〕

从一九八四年开始，经济体制改革方面出现的新特点是：重点从农村转向城市。这是一个重要变化。

大家知道，城市是中国经济、政治、科学技术、教育文化的中心，在社会主义现代化建设中起着主导作用。对城市经济体制某一环节进行改革，往往会牵一发而动全身。如果在缺乏经验的情况下贸然铺开，很可能把事情搞乱而难以收拾。因此，中共中央和国务院对城市经济改革采取比农村更慎重的态度。

改革的探索是艰难的。在探索如何进行城市经济改革时，有过多种设想，其中包括能否将农村实行的承包制移用到城市企业中来。例如，在一九八三年初曾有过这样的考虑：

“近年来，我们的一些地方、一些同志，在农业生产责任制的启发

---

〔1〕《邓小平文选》第3卷，第238、252页。

下，在工商业方面勇敢地搞了一些各种形式的企业责任制的试验。这种经营责任制的根本要求和根本做法，归纳起来大致可以叫做：以承包为中心的，国家、集体、个人三者利益相结合的，职工福利和劳动成果相联系的经营责任制。试点证明：小企业可以搞；大企业也可以搞；集体所有制企业可以搞；全民所有制企业也可以搞；工业可以搞，商业和交通运输业也可以搞；已建成的企业可以搞，基建工程也可以搞；盈利的企业可以搞，需要国家补贴的企业也可以搞；还有一些事业单位也可以搞。”

“看来，这股改革潮流，势不可挡。我们的同志要积极加以领导；使之健康地向前发展。我们要注意汲取过去在拨乱反正和推行农业生产责任制过程中出现的那种没有跟上跟好的教训。”〔1〕

最初曾要求在城市中很快全面推行这种以承包为中心的办法，后来考虑先在北京西单、前门两条商业街试行班组和柜台按销售额承包。当时有的报上还宣传：“一包就灵，一包就活，一包就变。”但经过实践的检验看出，城市情况远比农村复杂：整个城市内部的方方面面有着密切联系和相互制约，各企业的条件和承包人的素质又有很大差别，不能把农村的承包制简单地搬到城市里来实行。在推行初期又发现：承包有一定期限，常常造成经营者的短期行为；承包内容主要是包上缴利润，容易导致企业片面生产高利润产品，而不愿生产利润低而为民众需要的产品；包干基数普遍过低，超收分成比例过高，负盈不负亏，造成损公肥私；得利者很不平衡，承包人个人收入通常比一般工人高得多。这个试验并不很成功。

陈云在一封信中写道：“改革必须经过试点。因为试点而使改革的进度慢了，与为了加快改革的进度而不经过试点，以致改得不好，还要回过头来重新改，这两种损失相比，前一种比后一种要小些。”〔2〕

以后采取的一项重大措施，是实行“利改税”。国务院在一九八三

〔1〕 胡耀邦：《四化建设和改革问题》，1983 年 1 月 20 日。

〔2〕《陈云文集》第 3 卷，第 529 页。

年四月十二日发出《国营企业利改税试行办法》。在十一届三中全会以前，“我国的国营企业基本上没有自有资金，盈利全部向上交，开支全部向上要，国家统负盈亏，企业事实上是国家的附属物，没有行为的能力，所以不可能成为一个法人。”采取利改税等办法后，“国营企业分得一部分税后盈利，使它有可能用自己的资金进行企业的革新改造，增加集体福利设施和对有特殊贡献的职工多发一点奖金。”〔1〕它使企业可以摆脱对中央各部和各级地方政府的直接隶属关系，保持相对的独立性，是税收制度上的重大改革。以税法、税率来规定国家和企业的分配关系，来调节企业的经济活动，是经济现代化所必需的。当时，国务院“总的思路是想通过利改税，来加快城市改革的步伐”。〔2〕这是前进了一大步，但这对城市经济改革来说仍是不够的。

对这样复杂而又缺乏经验的问题，找到一条正确的出路真不容易。一九八四年十月中共中央十二届三中全会通过的《关于经济体制改革的决定》，在经过实践反复探索的基础上对城市经济改革提出了系统的全盘性的意见。它写道：

“城市企业是工业生产、建设和商品流通的主要的直接承担者，是社会生产力发展和经济技术进步的主导力量。”

“具有中国特色的社会主义，首先应该是企业有充分活力的社会主义。而现行经济体制的种种弊端，恰恰集中表现为企业缺乏应有的活力。所以，增强企业的活力，特别是增强全民所有制的大、中型企业的活力，是以城市为重点的整个经济体制改革的中心环节。”

“要实现这个基本要求，势必牵动整个经济体制的各个方面，需要进行计划体制、价格体系、国家机构管理经济的职能和劳动工资制度等方面的配套改革。中央认为，这些改革，应该根据国民经济各个环节的内在联系和主客观条件的成熟程度，分别轻重缓急和难易，有先有后，

---

〔1〕《薛暮桥学术论著自选集》，第595页。

〔2〕《市场与调控——李鹏经济日记》（上），第14页。

逐步进行，争取用五年左右的时间基本实现。”[1]

《决定》对这方面的改革还作出具体规定，包括：建立自觉运用价值规律的计划体制，发展社会主义商品经济；建立合理的价格体系，充分重视经济杠杆的作用；实行政企职责分开，正确发挥政府机构管理经济的职能；建立多种形式的经济责任制，认真贯彻按劳分配原则；积极发展多种经济形式，进一步扩大对外的和国内的经济技术交流；起用一代新人，造就一支社会主义经济管理干部的宏大队伍；加强党的领导，保证改革的顺利进行。《决定》规定：国有企业的所有权和经营权适当分离，使国有企业成为自主经营、自负盈亏、相对独立的商品生产者和经营者，普遍实行厂长（经理）负责制。

有了这个《决定》，从打破“大锅饭”入手，以城市为重点的整个经济体制改革便全面展开了。

在所有制结构方面，以公有制经济为主体、多种经济成分共同发展的新格局开始形成。到一九八七年，工业产值中，国有经济的比重为百分之五十九点七；集体经济从改革前的百分之二十三点四，上升为百分之三十四点六；非公有制经济从改革前的几乎为零，上升为百分之五点六，对发展生产、方便人民生活和解决就业问题发挥了明显作用。

在国有企业内部，实行企业所有权和经营权分离的原则，实行厂长（经理）负责制，进一步推行利改税，扩大经营者的经营自主权。“一九八七年同一九七八年相比，国营企业留利占利润总额的比重从百分之三点七上升到百分之四十以上（扣除各种税费，实际留利约占百分之二十），使企业增强了自我改造和自我发展的能力。”[2] 国务院发出《关于深化企业改革、增强企业活力的若干规定》，决定：全民所有制大中型企业要实行多种形式的经营责任制；各地可选择少数有条件的全民所有制大中型企业，进行股份制试点。全国人大常委会还通过《企业破产法（试行）》。

---

〔1〕《十二大以来重要文献选编》（中），第 564、565、567 页。

〔2〕 胡绳主编《中国共产党的七十年》，第 657 页。

在国家的计划体制方面，国务院批转国家计委《关于改进计划体制的若干暂行规定》，并在批转这个《规定》的通知中强调：要根据"大的方面管住管好，小的方面放开放活"的精神，缩小指令性计划的范围，扩大指导性计划和市场调节的范围："对关系国计民生的重要经济活动，实行指令性计划。对大量的一般经济活动，实行指导性计划。对饮食业、服务业和小商品生产等方面，实行市场调节。"[1] 以后，随着物资的越来越丰富，除粮、油外的其他消费品价格陆续放开，基本取消票证，做到敞开供应。

《决定》通过后，上海市开始股份制试点。第一家向社会公开发行股票的是上海飞乐音响公司。一九八六年九月，中国工商银行上海信托投资公司静安证券部挂牌上市股票，开始股票交易。同年底，上海灯泡厂、上海电子管厂、上海电子管二三四厂、上海显像管玻璃厂、上海电真空器件研究所组成上海真空器件股份有限公司，这是建国后第一家比较规范地向社会发行股票的以国有股为主体的股份制企业。股份制搞得好的，不只可以积聚社会资金，而且在经营机制上发生了积极的变化。上述这家公司的董事长说："股份制与国有独资就是不一样。国有独资企业虽然放了权，但最后还是政府说了算。你厂长、书记都得听政府的。""现在不同了，我要对股东负责，我得听股东的，听市场的，当然大的政策方针还必须听国家的。"尽管在开始试点时并不规范，"如事先确定股息股红，不管经营情况，一律付息分红；不开股东大会，监事会形同虚设；配套措施落后等。随着改革的深入和经验的积累，这些问题在逐步克服。"[2] 在实行股份制时，一个重要问题是谁控股，情况有很大不同。

城市经济体制改革过程中虽然也发生过一些混乱现象，但总的说来，城市经济生活通过有序的改革出现了前所未有的活跃局面。

邓小平兴奋地说："十二届三中全会以后，改革的重点转移到城市。在多年酝酿和农村改革成功的基础上，经济体制的全面改革逐步展开。"

---

〔1〕《十二大以来重要文献选编》(中)，第 545 页。

〔2〕宗寒：《国企改革三十年亲历记》，上海人民出版社 2008 年 6 月版，第 124、125 页。

“这是一件大事，表明我们已经开始找到了一条建设有中国特色的社会主义的路子。”〔1〕

在城乡经济体制改革全面展开的同时，中共中央一九八五年先后就科学技术体制改革和教育体制改革分别作出决定。《关于科学技术体制改革的决定》强调：应当按照经济建设必须依靠科学技术、科学技术必须面向经济建设的战略方针，尊重科学技术的发展规律，从我国的实际出发，对科学技术体制进行坚决的有步骤的改革。《关于教育体制改革的决定》中指出，教育体制改革的根本目的是提高民族素质，多出人才，出好人才。

一九八六年三月三日，著名科学家王大珩、王淦昌、陈芳允、杨嘉墀上书中共中央，提出发展高科技的建议。这个建议后来被称为“八六三计划”。邓小平在建议上批示：此事宜速作决断，不可拖延。十一月十八日，中共中央、国务院关于转发《高技术研究发展计划（“八六三计划”）纲要》的通知中指出：要在几个重要的高科技领域跟踪世界水平，并把生物技术、航天技术、信息技术、先进防御技术、自动化技术、能源技术和新材料七个领域中的十五个主题项目作为重点，这个计划的实施，对我国经济和科学技术的发展、国防实力的增强有着极为重要的意义。

随着改革的全面展开，在现代化建设方面取得了大量确确实实的硕果。一九八三年，成功发射一颗科学实验卫星，并按预定计划准确返回地面；引滦入津工程向天津正式送水；研制成功中国第一台亿次计算机。一九八四年，发射试验通信卫星并定点成功；中国第一条高原铁路——西（宁）格（尔木）铁路正式交付运营。一九八五年，宝山钢铁总厂一期工程如期投产，这是当时从国外引进的最重要的建设项目，规模大，投资多，工艺技术先进，产品质量好，品种多，管理科学，对中国的现代化企业产生了广泛的示范效应；这年五月，中国第一条程控电话交换机生产线在中比合营的上海贝尔电话设备制造公司开工生产，揭

〔1〕《邓小平文选》第3卷，第142页。

开了中国通信制造业迈向现代化生产的新篇章。一九八六年，第二汽车制造厂建成，这是中国第二个汽车工业基地；郑州黄河公路大桥通车，这是当时全国最长的公路桥；发射实用通信广播卫星定点成功；首次向国外出售民用飞机。

在国民经济全面高涨的同时，一些新的问题开始露头。“从一九八四年初开始，一些同志在取得的巨大成就面前头脑显得很不清醒，以为我国经济已经进入高速成长的‘起飞’阶段，于是到处加温加压，号召‘提前翻番’，致使各地竞相攀比增长速度，形成了一浪高过一浪的热潮，并不可避免地出现了积累与消费同时扩大的局面。需求膨胀同‘超高速’相互促进形成的浪潮，妨碍了打基础工作的稳步进行，导致部分经济结构，主要是工业内部的部门结构、产业的地区结构以及企业规模结构等的偏畸加剧，损害了经济效益。”“在追求产值高指标的思想指导下，一九八四年各地普遍刮起大办各种能够立竿见影地‘上产值’的一般加工工业和高产值的耐用消费品组装工业的‘热风’。这不仅造成了固定资产投资的剧烈膨胀，而且使电力工业、原材料工业、交通运输等‘短线’部门相对地更‘短’，部门结构不协调加剧。”还有一个问题也不容忽视：“一九八四年，由于部分同志在三中全会后经济建设取得的巨大成就面前，未能对我国的实际发展水平和面临的严重挑战保持清醒的认识，以为我国粮食已经‘过关’，数年以后粮食将有巨额剩余，应当改变人民的饮食结构，放松商品粮销售控制，多吃肉、多销粮；同时，在计划生育上‘开小口子’，使人口增长突破了原定的计划，加之急于想给人民以看得见的好处，提出了‘高消费’、‘能挣会花’等不切实际的口号，使群众对于生活的改善抱有过高的要求与期望。与此同时，一些地区、部门和单位从自身利益出发，想方设法多发、滥发各种奖金、津贴、实物补贴。”“追求‘高消费’对党风、政纪和社会风气造成的腐蚀作用也不可小视。”〔1〕

这些较深层次的问题，在经济高速增长显然加强了国家经济实力、

〔1〕国务院发展研究中心课题组：《十一届三中全会以来建设和改革经验的研究》（吴敬琏、胡季、李剑阁执笔），1987年2月。

改善了人民生活、带给人们巨大兴奋的情况下，一时没有受到多数人的足够重视。在缺乏经验（尤其缺乏在发展商品经济条件下进行宏观调控经验）的情况下，这是前进中出现的问题，是不足怪的。但经过几年积累，特别是到一九八七年以后，问题的后果便一步步暴露出来。这在后面将会谈到。

国防建设方面，重要的措施是要求军队减少数量，提高质量。一九八四年十一月，邓小平根据对国际形势的分析和判断，提出人民解放军员额减少一百万人。他在中央军委座谈会上说："即使战争爆发，我们也要消肿。肿，就是我们指导战争的能力不高。不消肿就不能应对战争。"[1] 这是一个大动作。根据邓小平的提议，总参谋部提出《军队改革体制、精简整编方案》。一九八五年六月四日，邓小平又在军委扩大会议上说："我们下这样大的决心，把中国人民解放军的员额减少一百万，这是中国共产党、中国政府和中国人民有力量、有信心的表现。""减少一百万，实际上并没有削弱军队的战斗力，而是增强了军队的战斗力。"[2] 这次裁军，实际上是对人民解放军的体制进行一次重组。军一级部队走向诸兵种的合成部队，成立了集团军。导弹部队、电子对抗部队、潜艇部队等得到加强。中国人民解放军进一步朝着现代化的方向前进。

对外开放，这时也迈出新的步伐。它是由沿海到内地、由点到面逐步推进的。

经济特区靠中央给予的特殊政策和灵活措施，在这方面走在前列，但也引起一些非议。原中共深圳市委书记厉有为回忆道："深圳经济特区的迅速崛起令世人瞩目。随着外商外资的不断涌入，引起了国内外各阶层人士的广泛关注。在得到多数人理解和支持的同时，也遭到国内外少数不同意见者的怀疑和指责，说什么'在深圳这块土地上，除了五星红旗是红的外，其他一切都是'黄'的了'；说什么'辛辛苦苦几十年，

[1] 冷溶、汪作玲主编《邓小平年谱（1975—1997）》，第1012页。
[2] 《邓小平文选》第3卷，第126页。

一夜之间变成解放前’。”〔1〕

一九八四年一、二月间，邓小平视察了深圳、珠海、厦门三个经济特区和上海的宝山钢铁总厂。深圳的工业产值比兴办特区前的一九七八年已增长十倍多。这次视察，使邓小平十分兴奋。回到北京后，他对几个中央负责人说：

“这次我到深圳一看，给我的印象是一片兴旺发达。”

“特区是个窗口，是技术的窗口，管理的窗口，知识的窗口，也是对外政策的窗口。从特区可以引进技术，获得知识，学到管理，管理也是知识。特区成为开放的基地，不仅在经济方面、培养人才方面使我们得到好处，而且会扩大我国的国际影响。”

“除现在的特区之外，可以考虑再开放几个港口城市，如大连、青岛。这些地方不叫特区，但可以实行特区的某些政策。我们还要开发海南岛，如果能把海南岛的经济迅速发展起来，那就是很大的胜利。”〔2〕

经济特区也得到其他中央领导人的一致支持。陈云在中共十二大结束后不久的一九八二年十月三十日对广东关于试办经济特区初步总结的报告上批示：“特区要办，必须不断总结经验，力求使特区办好。”〔3〕以后，他又说过：“先念同志和我虽然都没有到过特区，但我们一直很注意特区建设，认为特区要办，必须不断总结经验，力求使特区办好。这几年，深圳特区经济已经初步从进口型转变成出口型，高层建筑拔地而起，发展确实很快。现在我们国家的经济建设规模比过去要大得多、复杂得多，过去行之有效的一些做法，在当前改革开放的新形势下很多已经不再适用。这就需要我们努力学习新的东西，不断探索和解决新的问题。”〔4〕

---

〔1〕厉有为：《世纪伟业，历史丰碑》，《回忆邓小平》（下），第470页。

〔2〕《邓小平文选》第3卷，第51、52页。

〔3〕《陈云文集》第3卷，第516页。

〔4〕《陈云文选》第3卷，第379页。

根据邓小平的建议，同年五月，中共中央、国务院批转《沿海部分城市座谈会纪要》，决定进一步开放天津、上海、大连、秦皇岛、烟台、青岛、连云港、南通、宁波、温州、福州、广州、湛江、北海十四个沿海港口城市。对这些城市在利用外资和引进技术方面给予更多的自主权，实行经济特区的某些特殊政策，并在这些城市划出一定区域兴办经济技术开发区，给前来投资和提供先进技术的外商以优惠待遇，为他们创造良好的投资环境。一九八四年，全国批准外商投资项目一千八百五十六个，超过了前五年的总和。到一九八七年，这十四个沿海开放城市引进技术改造项目五千项。

一九八五年二月，中共中央、国务院又决定将长江三角洲、珠江三角洲和闽南厦（门）漳（州）泉（州）三角地区开辟为沿海经济开发区，赋予这些地区在对外经济活动方面相应的权限，实行十四个沿海港口开放城市的部分政策。

根据邓小平的指示，这年五月聘请新加坡前副总理吴庆瑞担任沿海开发经济顾问，后来又聘他兼旅游业顾问。

陈云还提出一个重要建议："对外开放不一定都是人家到我们这里来，我们也可以到人家那里去。"〔1〕

对外贸易体制的改革继续推进：改革汇率和外贸补贴机制；实行出口退税制度；改变出口创汇的指令性计划任务；放开外贸经营权。"当时，许多同志都明白一个简单的道理；只靠外贸部门的十几个专业公司就使十几亿人口的中国外贸有大的发展，那是绝不可能的。"〔2〕一九八六年七月，中国提出恢复关贸总协定缔约国地位的申请，以后演变为参加世界贸易组织的谈判。

当时加强利用外资是一个相当突出的问题。人们认识到："从许多国家经济发展的历史来看，无论发达国家还是发展中国家，都将利用外资作为它们开展国际经济合作、加快本国经济发展的重要手段；无论是吸收外国间接投资或直接投资，只要使用得当，都有助于弥补资金、技

〔1〕《陈云文集》第3卷，第537页。

〔2〕李岚清：《突围——国门初开的岁月》，第327页。

术的不足，促进经济建设的发展。”[1] 从中国的具体国情来说，这个问题更有它的迫切性。建设速度是现代化建设中的一个迫切问题。在国际经济发展的激烈竞争中，赢得时间极为重要。而中国底子薄，资金积累有限，又经过“文化大革命”的长期破坏，资金不足和技术落后成为现代化建设中的突出困难。吸引外资正是引进先进技术、设备和管理经验的一条有效途径。

改革开放中的引进外资，同旧中国时期帝国主义在华的资本输入有着本质的区别。它是以维护国家主权为前提的，是按照独立自主、平等互惠、有利于促进民族经济和增强国家经济实力的原则进行的。

一九八三年九月，中共中央、国务院发出《关于加强利用外资工作的指示》，指出：利用外资、引进先进技术，对加快社会主义现代化建设具有重要的战略意义，要把利用外资作为发展经济的一个长期方针。应尽可能利用外国政府和国际金融机构的中低利、中长期贷款，加快一些重点项目和基础设施的建设；同时，也要尽可能多吸收一些直接投资，进一步放宽鼓励外商投资的优惠政策，以吸收外国先进技术和管理经验。

吸引和利用外资在这些年内取得不小的进展。一九七九至一九八五年，中国对外签订利用外资的协议，总额达三百七十五亿五千万美元，实际利用的外资金额为二百十七亿九千一百万美元，在建设资金仍很短缺的情况下，对中国发展社会生产力起了有益的补充作用。

在加快物质文明建设的同时，中共中央把加强社会主义精神文明建设提到重要位置上来。

这是一个根本性的问题。中国进行的是社会主义现代化建设，而不是搞别的什么现代化。这要求既把工作着重点放在物质文明建设上，也就是发展生产力；同时，必须不断加强精神文明建设，始终坚持社会主义方向，提高人民的思想文化素质。忽视这一点，就会偏离正确的航

[1] 石林主编《当代中国的对外经济合作》，中国社会科学出版社 1989 年 11 月版，第 308 页。

向，走到邪路上去。为什么邓小平在提出改革开放这个最重要的战略决策后，很快又提出坚持四项基本原则的问题，成为党的基本路线的两个基本点，道理就在这里。

不久，邓小平敏锐地察觉到，改革开放进程中必须十分重视反对错误思想倾向。他在一九八一年为此作了多次讲话。三月二十七日，他提出："要加强坚持四项基本原则的宣传、教育"。"解放思想也是既要反'左'，又要反右。三中全会提出解放思想，是针对'两个凡是'的，重点是纠正'左'的错误。后来又出现右的倾向，那当然也要纠正。""对'左'的错误思想不能忽略，它的根子很深。重点是纠正指导思想上'左'的倾向，但只是这样还不能完全解决问题，同时也要纠正右的倾向。"七月十七日，他又提出尖锐的批评："党对思想战线和文艺战线的领导是有显著成绩的，这要肯定。工作中也存在某些简单化和粗暴的倾向，这也不能否认和忽视。但是，当前更需要注意的问题，我认为是存在着涣散软弱的状态，对错误倾向不敢批评，而一批评有人就说是打棍子。"他列举了一些错误言论后说："像这一类的事还有不少。一句话，就是要脱离社会主义的轨道，脱离党的领导，搞资产阶级自由化。""这种现象有它的社会历史原因，主要是十年动乱的后遗症，同时也是由于外来资产阶级思想的侵蚀。""资产阶级自由化的核心就是反对党的领导，而没有党的领导也就不会有社会主义制度。对待这些问题，我们不能再走老路，不能再搞什么政治运动，但一定要掌握好批评的武器。"〔1〕这大概是邓小平第一次使用反对"资产阶级自由化"的说法。他批评对思想战线的领导"涣散软弱"，话是讲得很重的。

陈云在不久前同样说过很重的话："经济工作搞不好，宣传工作搞不好，会翻船的。我讲的宣传工作，不只是讲报纸宣传工作，实际上包括党的整个思想政治工作。"〔2〕

以后，邓小平一再强调社会主义精神文明的重要性，要求加强党对思想战线的领导。一九八三年四月，他在一次谈话中说：

---

〔1〕《邓小平文选》第2卷，第379、389、390、391页。

〔2〕《陈云文集》第3卷，第475页。

“在社会主义国家，一个真正的马克思主义政党在执政以后，一定要致力于发展生产力，并在这个基础上逐步提高人民的生活水平。这就是建设物质文明。过去很长一段时间，我们忽视了发展生产力，所以现在我们要特别注意建设物质文明。与此同时，还要建设社会主义的精神文明，最根本的是要使广大人民有共产主义的理想，有道德，有文化，守纪律。”〔1〕

同年十月十二日，邓小平在中共十二届二中全会上作了《党在组织战线和思想战线上的迫切任务》的长篇讲话，更加系统地阐述了他在这方面的看法：

“思想战线上的战士，都应当是人类灵魂工程师。在当前这个转变时期，在社会主义精神文明建设和整个社会主义建设事业中，他们在思想教育方面的责任尤其重大。十年内乱的消极后果和历史遗留的种种因素，新形势下出现的新的复杂问题，在人们的思想上引起各种反映，包括一部分模糊和错误的认识。作为灵魂工程师，应当高举马克思主义的、社会主义的旗帜，用自己的文章、作品、教学、讲演、表演，教育和引导人民正确地对待历史、认识现实，坚信社会主义和党的领导，鼓舞人民奋发努力，积极向上，真正做到有理想、有道德、有文化、守纪律，为伟大壮丽的社会主义现代化建设事业而英勇奋斗。大多数人正是在不同程度上这样做的。但是，一些人却同时代和人民对他们的要求背道而驰，用他们的不健康思想、不健康作品、不健康表演，来污染人们的灵魂。精神污染的实质是散布形形色色的资产阶级和其他剥削阶级腐朽没落的思想，散布对于社会主义、共产主义事业的不信任情绪。前年党中央召开了思想战线问题的座谈会，批评了某些资产阶级自由化倾向和领导上的软弱涣散现象，那个会收到了一些效果，但没有完全解决问题。领

〔1〕《邓小平文选》第3卷，第28页。

导上的软弱涣散状态仍然存在；资产阶级自由化倾向有的有所克服，有的没有克服，有的发展得更严重了。”

“不要以为有一点精神污染不算什么，值不得大惊小怪。有的现象可能短期内看不出多大坏处。但是如果我们不及时注意和采取坚定的措施加以制止，而任其自由泛滥，就会影响更多的人走上邪路，后果就可能非常严重。从长远来看，这个问题关系到我们的事业将由什么样的一代人来接班，关系到党和国家的命运和前途。”

“我们在强调开展积极的思想斗争的时候，仍然要防止‘左’的错误。过去那种简单片面、粗暴过火的所谓批判，以至残酷斗争、无情打击的处理方法，决不能重复。无论是开会发言、写文章，都要进行充分的说理和实事求是的科学分析……批评或自我批评都要站在马克思主义立场上，不能站在‘左’的立场上。对于思想理论方面‘左’的错误观点，仍然需要继续进行批评和纠正。但是，应当明确指出，当前思想战线首先要着重解决的问题，是纠正右的、软弱涣散的倾向。”〔1〕

一九八六年九月，中共中央十二届六中全会通过了《中共中央关于社会主义精神文明建设指导方针的决议》。它一开始就提出社会主义精神文明的战略地位问题，写道：“以马克思主义为指导的社会主义精神文明是社会主义社会的重要特征。在社会主义时期，物质文明为精神文明的发展提供物质条件和实践经验，精神文明又为物质文明的发展提供精神动力和智力支持，为它的正确发展方向提供有力的思想保证。社会主义精神文明建设，是关系社会主义兴衰成败的大事。”它指出：“精神文明建设，包括思想道德建设和教育科学文化建设两个方面，渗透在整个物质文明建设之中，体现在经济、政治、文化、社会生活的各个方面。”〔2〕因此，《决定》要求：用共同理想动员和团结全国各族人民，树立和发扬社会主义的道德风尚，加强社会主义民主、法制和纪律的教育，普及和提高教育科学文化。这一切，是为了提高整个中华民族的思

〔1〕《邓小平文选》第3卷，第40、45、47页。

〔2〕《十二大以来重要文献选编》（下），人民出版社1988年5月版，第1174、1176页。

想道德素质和科学文化素质。

在讨论这个《决议》时，会上发生不同意见的争议，主要是决议中要不要提反对资产阶级自由化。邓小平即席讲话。他说：

“反对资产阶级自由化，我讲得最多，而且我最坚持。为什么？第一，现在在群众中，在年轻人中，有一种思潮，这种思潮就是自由化。第二，还有在那里敲边鼓的，如一些香港的议论，台湾的议论，都是反对我们的四项基本原则，主张我们把资本主义一套制度都拿过来，似乎这样才算真正搞现代化了。自由化是一种什么东西？实际上就是要把我们中国现行的政策引导到走资本主义道路。”

“搞自由化，就会破坏我们安定团结的政治局面。没有一个安定团结的政治局面，就不可能搞建设。”

“看来，反对自由化，不仅这次要讲，还要讲十年二十年。这个思潮不顶住，加上开放必然进来许多乌七八糟的东西，一结合起来，是一种不可忽视的、对我们社会主义四个现代化的冲击。”〔1〕

作为党的总书记的胡耀邦，拨乱反正和改革开放以来是有重要贡献的，对纠正“左”的错误旗帜鲜明、态度坚决，但对来自右的方面的资产阶级自由化思潮却警惕不够，斗争不力，对它的危害性估计不足。这年年底，合肥、北京等地一些高等学校的部分学生上街游行闹事，就是受着自由化思潮的影响和煽动。极少数别有用心的人，如中国科技大学副校长方励之等，从中进行反对共产党、反对社会主义制度的煽动。有些地方发生了影响社会稳定和治安的情况。邓小平指出：“大学生闹事，主要责任不在学生，而是少数别有用心的人煽动，其中主要是少数党内高级知识分子。”为什么邓小平如此看重这件事？他说：“中国要实现四个现代化，摆脱落后状态，必须有一个安定团结的政治局面，必须有领导有秩序地进行建设。闹事就使我们不能安心建设，我们已经有了‘文

〔1〕《邓小平文选》第3卷，第181、182页。

化大革命’的经验教训，这样一闹，就会出现新的‘文化大革命’。”[1]由于中央态度鲜明，这场学潮很快平息下来。胡耀邦作了自我批评，辞去总书记职务，仍留任中共中央政治局委员、常委。赵紫阳代理中共中央总书记。

邓小平在这次闹事平息下去后一再强调保持社会稳定对进行现代化建设的极端重要性。他说：“我们坚定不移的原则是要有稳定的政治局面，以保证有秩序地进行四个现代化建设。”确实，有过“文化大革命”十年动乱那样的沉重教训，中国再也不能折腾了。搞自由化，以种种不同形式动摇人们对社会主义的信念，制造动乱，破坏稳定，中国就将没有什么社会主义现代化可言。

为了一心一意地搞社会主义现代化建设，在国内需要有一个稳定的政治局面，在国外则需要有一个和平的国际环境。邓小平已考虑到：“我们确定了两个阶段的目标，就是本世纪末达到小康水平，然后在下个世纪用三十到五十年的时间达到中等发达国家的水平。”这是一个更长远更实际的目标，是一个要以一百年左右时间走完许多发达国家几百年所走的路程的令人自豪的目标。他强调：“实现这两个阶段的目标，需要两个条件，一个是国际上的和平环境，另一个是国内安定团结的政治局面，使我们能有领导有秩序地进行社会主义建设。”[2]

进入二十世纪八十年代的时候，在世界范围内来说，“美苏争霸陷入僵持状态，国际形势总体上趋向缓和。”“邓小平对于这个问题的看法有一个历史过程。一九七七年他说，‘可以延缓战争的爆发’。一九八五年提出，‘在较长时间内不发生大规模的世界战争是有可能的’。一九八七年进一步指出，‘争取比较长期的和平是可能的，战争是可以避免的。’”[3] 这就根本改变了认为世界战争不可避免而且迫在眉睫的看法，改变了对战争与和平的看法。对国际形势作出的这种新的判断，为中国

---

〔1〕《邓小平文选》第3卷，第204、208页。
〔2〕《邓小平文选》第3卷，第210页。
〔3〕刘华秋：《国际风云录》，人民出版社2005年9月版，第2、207、208页。

一心一意地进行社会主义现代化建设提供了重要的科学依据。

中国的对外政策一贯坚持独立自主的原则，不屈从于任何外来压力，也不顺从任何外国的指挥棒，这在旧中国是难以想象的。邓小平在中共十二大的开幕词中说了一段使中国人深感自豪的话：

“独立自主，自力更生，无论过去、现在和将来，都是我们的立足点。中国人民珍惜同其他国家和人民的友谊和合作，更加珍惜自己经过长期奋斗而得来的独立自主权力。任何外国不要指望中国做他们的附庸，不要指望中国会吞下损害我国利益的苦果。我们坚定不移地实行对外开放政策，在平等互利的基础上积极扩大对外交流。同时，我们保持清醒的头脑，坚决抵制外来腐朽思想的侵蚀，决不允许资产阶级生活方式在我国泛滥。中国人民有自己的民族自尊心和自豪感，以热爱祖国、贡献全部力量建设社会主义祖国为最大光荣，以损害社会主义祖国利益、尊严和荣誉为最大耻辱。”[1]

这是一个为中华民族的独立和解放奋斗了一生的老人说出来的话，也道出了无数有爱国心的中国人的共同心声。

自一九八二年前后起，中国在外交政策方面逐步进行调整：“从本国人民和世界人民的根本利益出发，把反对霸权主义、维护世界和平，发展同各国友好合作和促进共同经济繁荣，作为自己对外工作的根本目标。”[2]

为什么要对中国的外交政策进行调整？它的前提，是要对当今世界面对的主要问题作出正确的判断。“文化大革命”期间曾经有一种流行的说法：当今世界是处在帝国主义走向全面崩溃、社会主义走向全世界胜利的时代。对中国面对的战争威胁也估计得比较严重。从这种判断出发，只能引导人们对国际问题的注意力集中到支持世界革命的问题上，或者是备战问题上。十一届三中全会以后，中国领导人在处理繁忙的国

〔1〕《邓小平文选》第3卷，第3页。

〔2〕《当代中国外交》，第339页。

内事务的同时，一直密切地关注着世界形势的每一步发展，从实际出发，调整思路，重新作出判断。一九八四年，邓小平在几次谈话中明确指出："国际上有两大问题非常突出，一个是和平问题，一个是南北问题。还有其他许多问题，但都不像这两个问题关系全局，带有全球性、战略性的意义。"〔1〕他所说的"南北问题"就是发展问题，特别是第三世界国家的发展问题。以后，他又概括地说："世界和平与发展这两大问题，至今一个也没有解决。"〔2〕根据这个判断，自然就要把反对霸权主义，维护世界和平，发展同各国友好合作，促进各国共同发展共同繁荣，作为中国对外工作的根本目标了。

中美关系是中国对外关系中最重要的关系之一，事关中国的外交全局。中美实现建交，是一件有利于和平与发展的大事。中美建交后不久，邓小平率团访问美国，在白宫南草坪宣布：中美关系史上的一个新时代开始了。他这次访问，进一步加深了中美双方的相互了解，产生了巨大影响。美国舆论说："邓小平一九七九年一月的美国之行，以他的坦诚、开放、幽默和平易近人的风格，深深打动了美国人的心。"但中美关系的发展并不是一帆风顺的，还存在不少困难和障碍：先是美国通过了《与台湾关系法》，后来又向台湾增加出售武器。"邓小平同志历来主张，要从世界的全局着眼，用长远的政治和战略观点来看待和处理中美关系。只有这样才能做出正确判断，采取正确政策，中美关系才能不断地改善和发展。'中美两国之间尽管有些纠葛，有这样那样的问题和分歧，但归根到底中美关系是要好起来才行。这是世界和平和稳定的需要。'从这一战略考虑出发，邓小平同志对中美关系发展中出现的每一个积极变化都极为高兴，给予热情赞扬。对不利于中美关系发展的看法、言论和行为，总要利用各种机会，进行纠正、批驳和劝导。"〔3〕

中共十二大召开前夜，中美两国发表了《联合公报》。这是中美关系中又一件大事。为什么会发表这个《公报》？当时担任中国外交部长

---

〔1〕《邓小平文选》第3卷，第96页。

〔2〕《邓小平文选》第3卷，第383页。

〔3〕刘华秋：《国际风云录》，第193页。

的黄华在回忆录中叙述了它的由来：“一九八〇年一月，里根当选为美国总统。就职前夕，他的外交顾问克莱因访问台湾，一到台湾就大放厥词，说中国军力落后，不足以牵制苏联，美国在战略上无求于中国，可以加强美台关系而不必顾忌中国的反对。”“一九八一年六月，美国国务卿黑格访华。十四日和十五日，我先同他谈了两次。”“在会谈中，我提出了美国售台武器问题。我说：建交后，美国国会通过的《与台湾关系法》，在许多重要方面违背建交公报，实际上重新恢复了美台《共同防御条约》，向台湾提供防御物资和防御服务。武器不是一般商品，向台湾出售武器不是民间往来……建交之初，我们就声明反对美国卖武器给台湾，希望经过一段时间能解决这个问题。现在一年多了，如果这样继续下去，我们不能容忍，不得不作出强烈反应，两国关系不仅不能发展，连停滞都不可能，如果中美关系倒退，将给战略全局带来严重后果。黑格说：战略全局是大车轮，台湾问题是大车轮中的小车轮，大车轮应该继续影响和制约小车轮。美国今后仍要为台湾提供仔细选择的、性能适度的防御性武器。我于是说，向台湾继续出售武器不是小车轮、小问题，而是大车轮、大问题，是影响两国关系和战略全局的大问题，希望能引起你们的严肃注意。十六日，小平同志会见黑格，再次谈美国售台武器问题，他强调说：我们的容忍是有限度的，干扰太厉害会使中美关系停滞甚至后退，希望美国政府从更广的角度考虑这个问题。黑格只说，美国会十分谨慎地处理这个问题。”〔1〕

经过持续一年的艰苦谈判，两国终于达成协议，在一九八二年八月十七日发表《联合公报》，通常称为“八一七公报”。这个《公报》不仅是解决美国售台武器的公报，而且由美国政府更明确地承诺对待台湾问题的态度。《公报》写道：

“在中华人民共和国政府和美利坚合众国政府发表的一九七九年一月一日建立外交关系的联合公报中，美利坚合众国承认中华人民共和国

〔1〕《亲历与见闻——黄华回忆录》，人民出版社2007年8月版，第258—260页。

政府是中国的唯一合法政府，并承认中国的立场，即只有一个中国，台湾是中国的一部分。在此范围内，双方同意，美国人民将同台湾人民继续保持文化、商务和其他非官方关系。在此基础上，中美两国关系实现了正常化。”

“美国政府声明，它不寻求执行一项长期向台湾出售武器的政策，它向台湾出售的武器在性能和数量上将不超过中美建交后近几年供应的水平，它准备逐步减少对台湾的武器出售，并经过一段时间导致最后的解决。在作这样的声明时，美国承认中国关于彻底解决这一问题的一贯立场。”〔1〕

声明发表后，美国驻华大使恒安石说“公报是持久的，美准备完全忠实地执行公报”。〔2〕它使中美关系确有重要发展。一九八四年，里根总统访华；第二年，李先念主席访美，布什副总统访华。中美在许多领域的交往与合作逐步取得进展。在一段时间内，美国卖武器给台湾比较谨慎，但以后美方并没有信守自己在对售台武器问题上所作的承诺。

中国是一个发展中国家，一直坚持同第三世界国家的团结合作，特别是重视同周边国家的睦邻友好的关系。“中国继续把加强同第三世界国家的团结与合作作为自己对外政策的基本立足点，并根据国际形势的新特点，把维护世界和平与促进共同发展摆到了中国同第三世界国家团结合作的主要位置。中国继续坚决支持第三世界维护国家独立和民族权益的正义斗争，坚决支持第三世界国家要求改变国际经济旧秩序、建立国际经济新秩序的正义立场，中国致力于探索开展南南合作及中国同第三世界各国双边合作的新途径。”〔3〕邓小平十分看重这个问题。他在一九八四年说：“中国永远属于第三世界。中国现在属于第三世界，将来发展富强起来，仍然属于第三世界。中国和所有第三世界国家的命运是

---

〔1〕《人民日报》1978年8月18日。

〔2〕《亲历与见闻——黄华回忆录》，第267页。

〔3〕韩念龙主编《当代中国外交》，第357页。

共同的。中国永远不会称霸，永远不会欺侮别人，永远站在第三世界一边。”〔1〕

这个时期内，中国同苏联、东欧国家，同日本，同西欧及加拿大、澳大利亚、新西兰的关系，都取得进一步发展。

随着改革开放的全面发展，在国内各方面呈现出一派蒸蒸日上的局面，城乡居民的收入水平和消费水平明显提高；在国外，广交朋友，越来越得到国际社会的尊重。一九八四年，举行中华人民共和国成立三十五周年国庆活动，天安门前的庆祝游行队伍中，北京大学一些学生行经天安门城楼时自发地打出他们事先准备好的“小平您好”的横幅，这是从来没有过的事情，充分反映出全国人民的喜悦和兴奋心情。

积极推进祖国统一大业

进入八十年代前后，推进祖国的完全统一这个重大问题也突出起来了。邓小平在一九七九年元旦一次座谈会上说：“把台湾归还祖国、完成祖国统一的大业提到具体的日程上来了。”〔2〕

以怎样的构想来实现祖国的统一大业？基本方针是“和平统一、一国两制”。这个构想的提出，是从考虑如何解决台湾问题开始的。这年一月三十日，邓小平访美时在美国参、众两院发表的演说中说：“我们不再用‘解放台湾’这个提法了。只要台湾回归祖国，我们将尊重那里的现实和现行制度。”〔3〕第二天，他同美国广播电视界雷诺兹谈话时说：“我们力求用和平方式来解决台湾归回祖国和完成我国的统一。问题是如果我们承诺我们根本不使用武力，那就等于将我们的双手捆缚起来，结果只会促使台湾当局根本不同我们谈判和平统一。这反而只能导致最终用武力解决问题。”〔4〕

〔1〕《邓小平文选》第3卷，第56页。

〔2〕《邓小平文选》第2卷，第154页。

〔3〕《人民日报》1979年2月1日。

〔4〕《邓小平论祖国统一》，团结出版社1995年2月版，第5页。

这时，台湾的情况也有很大变化。一九七五年四月，蒋介石去世。一九七八年三月，蒋经国当选为“总统”。他为了应变求存，开始在政治上作出一些调整。一九八六年三月，国民党召开的十二届三中全会上，蒋经国提出“政治革新”的主张，并相继采取了一系列措施，包括解除戒严、开放党禁报禁、实行地方自治法制化等。这些措施，“虽仍没有突破‘动员戡乱体制’的范围，但解严、开禁确是四十多年来台湾政治中的一个重大变革，台湾的政治体制由此发生了重大变化，开始由军事戒严和一党专政向标榜实行西方的政治制度的方向过渡。”〔1〕

台湾经济这些年取得较大的发展。五十年代，台湾基本上以农业为主。以后，经历了两次“进口替代”：第一次是利用低廉工资，大力发展加工出口工业以带动经济发展；第二次是着重发展资本密集和技术密集的产品，主要是发展重化工业产品，以替代同类的进口产品，建立较完整的工业体系，同时大力建设电力、交通等基础设施。从六十年代起，台湾经济高速增长。七十年代，增长速度更快。“一九七二至一九八〇年间实质年均增长率达到百分之八点九，工业生产和出口年均实质增长率分别达到百分之十一点四和十二点八的高增长速度。”〔2〕这种高速发展有很多原因：首先是台湾地区人民吃苦耐劳的辛勤劳动，还有国民党当局从大陆带去不少资金和人才，美国政府也给了它一定程度的援助。一九八〇年，设立新竹科学工业园区，吸引岛内外厂商前往投资高科技工业。八十年代，产业升级已初见成效，资本和技术密集型工业在制造业中所占比重不断上升，其中信息产业的发展尤为突出。但台湾资源短缺，市场狭小，对外依赖程度较高，形成“浅碟子经济”的特点，严重制约着它的进一步发展。

这个时期内，岛内主张“台湾独立”的分裂活动日见猖獗。“‘台独’思潮与活动的产生有复杂的历史、社会、政治原因，也是美国、日本反华势力支持的产物。蒋氏父子统治时期，台湾当局采取打击‘台独’活动的措施，‘台独’势力在岛内难以生存，不得不移到海外。七

〔1〕 陈云林主编《中国台湾问题》，九洲图书出版社 1998 年 4 月版，第 13 页。

〔2〕 陈孔立主编《台湾历史纲要》，第 463 页。

十年代后期，台岛的‘反蒋民主’运动兴起，‘台独’分子披着‘争民主、争人权’的外衣大肆活动。八十年代中期蒋经国开始推行‘政治革新’之后，一九八六年九月民进党成立。民进党成立之初，是各种反国民党势力的复杂组合，但领导权基本上被‘台独’分子把持，‘台独’思潮在该党内泛滥。该党一大通过的党纲即主张台湾前途由台湾全体住民决定。以后，该党又陆续通过一些决议，宣称‘台湾人民有主张台湾独立的自由’、‘台湾国际主权独立’等等。”[1] 这股“台独”分裂势力越来越构成对两岸关系发展与祖国和平统一的严重威胁。

七十年代初，中华人民共和国在联合国合法席位得到恢复，尼克松访华，中国和日本建立正式外交关系，台湾当局在国际上日益陷于孤立。

在这种情况下，一九七九年元旦，全国人大常委会发出《告台湾同胞书》，恳切陈词：“自从一九四九年台湾同祖国不幸分离以来，我们之间音讯不通，来往断绝，祖国不能统一，亲人无从团聚，民族、国家和人民都受到了巨大的损失。所有中国同胞以及全球华裔，无不盼望早日结束这种令人痛心的局面。”“如果我们还不尽快结束目前这种分裂局面，早日实现祖国的统一，我们何以告慰于列祖列宗？何以自解于子孙后代？”[2]

一九八一年九月三十日，叶剑英以全国人大常务委员会委员长名义，向新华社记者发表谈话，对如何解决台湾问题提出了九条意见：

“（一）为了尽早结束中华民族陷于分裂的不幸局面，我们建议中国共产党和中国国民党两党对等谈判，实行第三次合作，共同完成祖国统一大业。双方可先派人接触，充分交换意见。（二）海峡两岸各族人民迫切希望互通音讯、亲人团聚、开展贸易、增进了解。我们建议双方共同为通邮、通商、通航、探亲、旅游，以及开展学术、文化、体育交流提供方便，达成有关协议。（三）国家实现统一后，台湾可作为特别行

〔1〕 陈云林主编《中国台湾问题》，第17页。

〔2〕《一国两制重要文献选编》，中央文献出版社1997年5月版，第1、2页。

政区，享有高度的自治权，并可保留军队。中央政府不干预台湾地方事务。（四）台湾现行社会、经济制度不变，生活方式不变，同外国的经济、文化关系不变。私人财产、房屋、土地、企业所有权、合法继承权和外国投资不受侵犯。（五）台湾当局和各界代表人士可担任全国性政治机构的领导职务，参与国家管理。（六）台湾地方财政遇有困难时，可由中央政府酌情补助。（七）台湾各族人民、各界人士愿回祖国大陆定居者，保证妥善安排，不受歧视，来去自由。（八）欢迎台湾工商界人士回祖国大陆投资，兴办各种经济事业，保证其合法权益和利润。（九）统一祖国，人人有责。我们热诚欢迎台湾各族人民、各界人士、民众团体通过各种渠道，采取各种方式提供建议，共商国是。”〔1〕

一九八三年六月，邓小平会见美国杨力宇教授时说：

“问题的核心是祖国统一。和平统一已成为国共两党的共同语言。但不是我吃掉你，也不是你吃掉我。我们希望国共两党共同完成民族统一，大家都对中华民族作出贡献。”

“祖国统一后，台湾特别行政区可以有自己的独立性，可以实行同大陆不同的制度。司法独立，终审权不须到北京。台湾还可以有自己的军队，只是不能构成对大陆的威胁。大陆不派人驻台，不仅军队不去，行政人员也不去。台湾的党、政、军等系统，都由台湾自己来管。中央政府还要给台湾留出名额。”〔2〕

一年后，邓小平分别会见两批香港人士时，更加明确地提出“一个国家，两种制度”的主张。他说：

“我们的政策是实行‘一个国家，两种制度’，具体说，就是在中华人民共和国内，十亿人口的大陆实行社会主义制度，香港、台湾实行资

---

〔1〕《叶剑英选集》，第563—564页。

〔2〕《邓小平文选》第3卷，第30页。

本主义制度。近几年来，中国一直在克服‘左’的错误，坚持从实际出发，实事求是，来制定各方面工作的政策。经过五年半，现在已经见效了。正是在这种情况下，我们才提出用‘一个国家，两种制度’的办法来解决香港和台湾问题。”

“实现国家统一是民族的愿望，一百年不统一，一千年也要统一的。怎么解决这个问题，我看只有实行‘一个国家，两种制度’。世界上一系列争端都面临着用和平方式来解决还是用非和平方式来解决的问题，总得找出个办法来，新问题就得用新办法来解决。”〔1〕

这些话，把“一国两制”的基本内容说得很清楚。

“和平统一，一国两制”的主张提出后，台湾当局在对大陆政策的策略和具体做法上有所调整，但调整的幅度并不大，整个政策仍很僵硬。但到一九八七年有一个重大突破，那就是台湾当局允许居民赴大陆探亲。

这个突破是在多方面因素的影响下出现的。祖国大陆改革开放以来取得巨大变化，中英达成解决香港问题的协议，使岛内知识界、新闻界和工商界越来越多地发出要求当局调整大陆政策、松动两岸关系的呼声。在台湾有着一九四九年前后随国民党当局来到台湾的上百万军人和平民。“将近四十多年没有家里的消息，不知故乡的老父母是否安在，甚至不曾见过离家时还在腹中的儿女。”一九八七年二月，一些人发起返乡运动，发表《自由返乡运动宣言》。四月，第一张传单《我们已沉默了四十年》印发了三十万份。传单上写道：“难道我们没有父母？而我们的父母是生是死不得而知？我们只要求：‘生’则让我们回去奉上一杯茶；‘死’则让我们回去献上一炷香。”这些哀戚的语言，深深打动了社会各界。这年五月十日是母亲节，一些老兵穿着写有“想家”两个大字的 T 恤衫走上街头。六月二十八日，老兵组成的合唱团在一次集会上演唱《母亲您在何方?》。“夏夜里，这首《母亲您在何方》，让台上台

〔1〕《邓小平文选》第 3 卷，第 58、59 页。

下的老兵哭成一片。”“看着一群六七十岁的老先生像孩子般的痛哭，所有人都为他们揪心。”〔1〕

这是一股难以阻挡的巨潮。这年十月十四日，国民党中常会通过台湾居民赴大陆探亲的方案。十五日，台湾当局宣布自一九八七年十一月二日起，允许除现役军人和公职人员以外的台湾居民，可经第三地转赴大陆探亲。国务院有关部门负责人在台湾当局宣布台胞赴大陆探亲实施细则的前一天发表谈话，欢迎台胞赴大陆探亲，保证来去自由，尽力提供方便和照顾；并要求台湾当局允许大陆同胞到台湾探亲，不应有不合情理的限制。十月十六日，国务院办公厅又公布有关接待办法。同年十一月以后，海峡两岸同胞近三十八年的隔绝状态终于被打破了。

闸门一旦打开，两岸人员往来和经济文化交流的洪流便再也无法阻遏。两岸人员的往来逐年递增，规模越来越大，一九九二年已超过一百万人次。两岸经贸交流越来越频繁，经济关系愈益密切。双方文化等交流也大幅增加。

“一国两制”构想的提出，最初并不是从香港、澳门问题开始的。但香港和澳门问题却以快得多的速度在八十年代得到原则上的解决。这是中国历史上的一件大事。

香港自古便是中国珠江三角洲的组成部分。这个地名在两千年前的汉朝已经确定下来。一八四〇年，英国发动鸦片战争。一八四二年签订的《南京条约》，将香港强行割给英国。它的居民绝大多数依然是中华儿女，香港主要是依靠他们建设和发展起来的。一百多年来，这件事一直是中国人心头的隐痛。一八六〇年，第二次鸦片战争后签订的《北京条约》，又将九龙半岛的尖端割给英国。一八九五年，英国乘列强在中国划分势力范围的机会，胁迫清政府签订《展拓香港界址专条》，强行租借九龙半岛的大片土地及附近二百多个岛屿（以后统称“新界”），租期九十九年，到一九九七年六月三十日期满。“新界”的面积占香港地

〔1〕《回家这条路，走了二十年》，台湾《新新闻》周报2007年11月14日，见《参考消息》2007年11月20日。

区的百分之九十二。在当时中国极端贫弱、国势岌岌可危的情况下，英国政府根本没有到期归还的打算。中国人民一直反对这些不平等条约，不承认英国对香港的占领。

中华人民共和国恢复在联合国的合法席位后，当时联合国非殖民化特别委员会曾把香港和澳门列入非殖民宣言的名单。黄华回忆道：“一九七二年三月八日，经请示中央和外交部，我作为中国常驻联合国代表致函联合国非殖民化特别委员会主席萨利姆，指出：‘香港、澳门是帝国主义强加于中国的一系列不平等条约的结果。香港和澳门是被英国和葡萄牙当局占领的中国一部分领土，解决香港和澳门问题完全是属于中国主权范围内的问题，根本不属于通常的所谓殖民地范畴’。因此，中国代表团要求‘立即从反殖民化特别委员会的文件及联合国其他一切文件中取消关于香港、澳门是属于所谓殖民地范畴的这一错误提法’。非殖民化特别委员会就此进行了讨论，并向联合国大会提出报告，建议将香港、澳门从殖民地名单中删除。一九七二年十一月，第二十七届联合国大会以九十九票赞成和五票反对通过决议，从反殖民宣言中适用的殖民地地区名单中删除了香港、澳门。”“在联合国里，将香港、澳门从非殖民化名单中删除，为日后中英两国就解决香港回归问题提供了重要的政治上和法理上的依据。”〔1〕

一九七九年，离英国政府强行租借新界地区的最后期限只剩下十八年了。英国政府已忐忑不安，派香港总督麦理浩在三月间访问北京，实际上是要试探中国政府对香港问题的态度。麦理浩向邓小平表示：在香港的投资者对未来不放心。邓小平明确地告诉他：“香港是中国的一部分，这个问题本身不能讨论。但可以肯定的一点，就是即使到了一九九七年解决这个问题时，我们也会尊重香港的特殊地位。现在人们担心的，是在香港继续投资靠不靠得住。这一点，中国政府可以明确地告诉你，告诉英国政府，即使那时作出某种政治解决，也不会伤害投资人的利益。请投资的人放心，这是一个长期的政策。”“在本世纪和下世纪的

〔1〕《亲历与见闻——黄华回忆录》，第345、346页。

相当长的时期内，香港还可以搞它的资本主义，我们搞我们的社会主义。就是到一九九七年香港政治地位改变了，也不影响他们的投资利益。”[1] 这次谈话后，中国政府把解决香港问题提上了现实议事日程。

一九八二年九月二十二日，刚上任不久的英国首相撒切尔夫人访华。这是第一位在任的英国首相访问中国。二十四日，撒切尔夫人在北京同邓小平会谈。她是有名的强硬派，被西方舆论称为“铁娘子”。会谈中，“她坚称三个不平等条约仍然有效，咄咄逼人地提出，如果中国同意英国一九九七年后继续管治香港，英国可以考虑中国提出的主权要求。这就是所谓的‘主权换治权’的提法。她还危言耸听地说，没有英国的管理，投资者就会失去信心，资金会外流，香港经济就会崩溃，产生灾难性影响。要保持香港的繁荣与信心，就得保持英国对香港的管辖，至少要超过十五年。”[2]

邓小平针对撒切尔夫人这番话，坦率地、斩钉截铁地回答：

“主权问题不是一个可以讨论的问题。现在时机已经成熟了，应该明确肯定：一九九七年中国将收回香港。就是说，中国要收回的不仅是新界，而且包括香港岛、九龙。中国和英国就是在这个前提下来进行谈判，商讨解决香港问题的方式和办法。如果中国在一九九七年，也就是中华人民共和国成立四十八年后还不把香港收回，任何一个中国领导人和政府都不能向中国人民交代，甚至也不能向世界人民交代。如果不收回，就意味着中国政府是晚清政府，中国领导人是李鸿章！……如果十五年后还不收回，人民就没有理由信任我们，任何中国政府都应该下野，自动退出政治舞台，没有别的选择。”

“香港继续保持繁荣，根本上取决于中国收回香港后，在中国的管辖之下，实行适合于香港的政策。香港现行的政治、经济制度，甚至大部分法律都可以保留，当然，有些要加以改革。香港仍将实行资本主义，现行的许多适合的制度要保持。我们要同香港各界人士广泛交换意

---

〔1〕 冷溶、汪作玲主编《邓小平年谱（1975—1997）》（上），第500、501页。

〔2〕《亲历与见闻——黄华回忆录》，第350页。

见，制定我们在十五年中的方针政策以及十五年后的方针政策。这些方针政策应该不仅是香港人民可以接受的，而且在香港的其他投资者也能够接受，因为对他们也有好处。”

“至于说一旦中国宣布一九九七年要收回香港，香港就可能发生波动，我的看法是小波动不可避免，如果中英两国抱着合作的态度来解决这个问题，就能避免大的波动。我还要告诉夫人：中国政府在做出这个决策的时候，各种可能都估计到了。我们还考虑了我们不愿意考虑的一个问题，就是如果在十五年的过渡时期内香港发生严重的波动，怎么办？那时，中国政府将被迫不得不对收回的时间和方式另作考虑。”〔1〕

会谈结束后，还发生一个小小的偶然插曲。陪同邓小平会见撒切尔夫人的黄华回忆道：“两人谈笑风生，却不乏唇枪舌剑，针锋相对，然而又峰回路转。就这样，原定一个半小时结束的会谈延长了五十分钟。会谈结束后，撒切尔夫人可能心思太重，从人民大会堂北门出来时不慎在台阶上失足跪倒，我马上把她搀扶起来。新闻媒体对此情景作了种种渲染报道。”〔2〕

经过九个多月的僵持和协商，一九八三年七月，中英两国政府代表团举行第一轮正式谈判。又经过两年十几轮的艰苦谈判，一九八四年九月二十六日，双方草签了两国《联合声明》和三个附件。十二月十九日，由中国国务院总理赵紫阳和英国首相撒切尔夫人在北京正式签署关于香港问题的联合声明，明确规定：中国政府于一九九七年七月一日对香港恢复行使主权。一九八五年五月二十七日，两国政府代表在北京互换议会批准书，中英联合声明正式生效。这是两国处理香港问题和实行平稳过渡的法律基础。

香港问题的解决，为澳门问题提供了榜样。澳门问题的解决比较顺利。

澳门原属广东省香山县。一五五三年（明朝嘉靖三十二年），葡萄

---

〔1〕《邓小平文选》第3卷，第12—14页。

〔2〕《亲历与见闻——黄华回忆录》，第350页。

牙人用欺骗和贿赂手段，买通明朝官员，佯言商船遭遇风暴，请求在澳门居住，晾晒货物。不到十年，在澳门的葡萄牙人达到万人，开始在澳门长期居住。一八八七年，他们又强迫衰败的清政府签订《中葡会议草约》和《中葡北京条约》，规定“葡国永驻管理澳门以及属澳之地，与葡国治理他处无异”。此后葡萄牙一直占领着澳门。

一九七九年中葡建交时，双方就澳门问题达成原则谅解，葡政府承认澳门是中国领土。中英解决香港问题的谈判结束后，一九八五年葡萄牙总统埃内亚斯访华，双方同意在近期内举行谈判来解决澳门问题。第二年七月，双方谈判开始。一九八七年四月十三日，两国总理共同签署《关于澳门问题的联合声明》，明确宣布：澳门地区是中国领土，中华人民共和国政府将于一九九九年十二月二十日对澳门恢复行使主权。中国政府并声明根据“一个国家、两种制度”的方针将对澳门实行的各项基本政策。这个联合声明，自一九八八年一月十五日起生效。

第二十六章

在风浪中奋勇前进

中共十三大在更深入地认识国情和总结历史经验的基础上，系统地阐明了社会主义初级阶段的理论和党在社会主义初级阶段的基本路线，使社会主义中国前进的方向更明确了。

但前进的道路并不平坦。这以后不久，巨大的风浪迭起：在国内发生了一九八九年那场政治风波；在国际上发生了苏联解体和东欧剧变，发生了西方七国的对华“制裁”。中国能不能排除重重困难，进一步打开一个新局面，再一次面对严峻的考验。

在此期间，中国共产党形成以江泽民为核心的新的中央领导集体。中国的社会主义现代化建设事业在惊涛骇浪中继续奋勇前进。

社会主义初级阶段基本路线的确立

一九八七年十月二十五日至十一月一日，中国共产党第十三次全国代表大会在北京召开。这次大会在改革开放全面展开的进程中占着重要地位。它的历史性功绩是系统论述了中国正处在社会主义的初级阶段，全面阐发了“一个中心、两个基本点”的基本路线，使中国特色社会主义的道路更加清楚、更加具体化了。

这些基本思想，在十一届三中全会以来近九年的实践中已经逐渐形成，需要在党的这次全国代表大会上作出更清晰的概括，以便在全党和全国人民中达成共识，成为人们继续前进的明确指针。

邓小平不愧为中国社会主义改革开放和现代化建设的总设计师。他在十三大前经过深思熟虑，高瞻远瞩地作出这种概括。他在这年的几次谈话中，先后提出一切要从中国社会主义初级阶段的实际出发，在以经济为中心的社会主义现代化建设中必须坚持“两个基本点”，以及现代化建设要分“三步走”等关系中国今后几十年发展的全局性大思路，以这些鲜明的理论观点为中共十三大定下了基调。他说：

“我们党的十三大要阐述中国社会主义是处在一个什么阶段，就是处在初级阶段，是初级阶段的社会主义。社会主义本身是共产主义的初级阶段，而我们中国又处在社会主义的初级阶段，就是不发达的阶段。一切都要从这个实际出发，根据这个实际制订规划。”

“搞社会主义现代化建设是基本路线。要搞现代化建设使中国兴旺发达起来，第一，必须实行改革、开放政策；第二，必须坚持四项基本原则，主要是坚持党的领导，坚持社会主义道路，反对资产阶级自由化，反对走资本主义道路。这两个基本点是相互依存的。”

“我们的第一个目标是解决温饱问题，这个目标已经达到了。第二个目标是在本世纪末达到小康水平，第三个目标是在下个世纪的五十年内达到中等发达国家水平。我们现在真正要做的就是通过改革加快发展生产力，坚持社会主义道路，用我们的实践来证明社会主义的优越性。”〔1〕

这些话，从大视野出发，言简意赅地把中国现阶段的实际国情和前进规划的基本依据说得非常透彻，把中国社会主义现代化建设必须遵循的原则说得十分明确，把中国今后几十年的路应该怎么走、需要经历哪几个阶段说得清清楚楚。

中共十三大上，赵紫阳受第十二届中央委员会的委托，在会上作

〔1〕《邓小平文选》第3卷，第252、248、256页。

《沿着有中国特色的社会主义道路前进》的报告。报告系统地阐述了关于社会主义初级阶段的理论和党在社会主义初级阶段的基本路线，指出："正确地认识我国社会现在所处的历史阶段，是建设有中国特色的社会主义的首要问题，是我们制定和执行正确的路线和政策的根本依据。"报告明确地说明，我国正处在社会主义初级阶段。这个论断包括两层含义：第一，我国社会已经是社会主义社会，我们必须坚持而不能离开社会主义；第二，我国的社会主义社会还处在初级阶段，我们必须从这个实际出发，而不能超越这个阶段。报告提出：

"在社会主义初级阶段，我们党的建设有中国特色的社会主义的基本路线是：领导和团结全国各族人民，以经济建设为中心，坚持四项基本原则，坚持改革开放，自力更生，艰苦创业，为把我国建设成为富强、民主、文明的社会主义现代化国家而奋斗。"〔1〕

这条基本路线的主要内容，后来被简要地概括为"一个中心、两个基本点"。

报告还说明，中共十一届三中全会以后，我国现代化建设的战略部署大体上分三步走：第一步，实现国民生产总值比一九八〇年翻一番，解决人民的温饱问题，这个任务已经基本实现；第二步，到本世纪末，使国民生产总值再增长一倍，人民生活达到小康水平；第三步，到下世纪中叶，人均国民生产总值达到中等发达国家水平，人民生活比较富裕，基本实现现代化。

这样，中国共产党便在全国人民面前，为此后七十年内的中国提出了清晰具体的发展战略（第三步的设想，是邓小平在一九八二年八月的两次谈话中初步提出、而在一九八七年四月完整地提出来的）。中国正是沿着这条路一步一步前进的。

十一月二日召开的十三届一中全会，选举赵紫阳、李鹏、乔石、胡

〔1〕《十三大以来重要文献选编》（上），人民出版社 1991 年 10 月版，第 9、15 页。

启立、姚依林为中央政治局常委，赵紫阳为总书记；决定邓小平为中央军委主席；批准陈云为中央顾问委员会主任，乔石为中央纪律检查委员会书记。邓小平、陈云、李先念等不再担任中央政治局常委，退到二线。这是新老交替的重要一步。第二年三月至四月举行的第七届全国人民代表大会第一次会议，选举杨尚昆为国家主席、万里为人大常委会委员长，决定李鹏为国务院总理，选举邓小平为国家军事委员会主席。

前进中的新情况和新问题

中共十三大的召开，正处在第七个五年计划的第二年。

第七个五年计划从一九八六年至一九九〇年，事实上正处在从高度集中的计划经济体制向社会主义市场经济体制转变的过程中。经济体制改革的步伐加快，在这个过程中两种经济体制并存，常发生激烈冲突，遇到许多新情况和新问题。

“七五”计划的头几年，经济发展的速度是很快的。一九八六年，国内生产总值比上年增长百分之八点八，在历史上第一次突破一万亿元大关，工业总产值增长百分之十一点六七，农业总产值增长百分之三点四。中共十三大召开的一九八七年，国内生产总值比上年增长百分之十一点六，工业总产值增长百分之十七点六九，农业总产值增长百分之五点八。一九八八年，国内生产总值比上年增长百分之十一点三，工业总产值增长百分之二十点九，农业总产值增长百分之三点九。值得提到，中国大陆的第一条高速公路——上海至嘉定高速公路是在这年十月建成通车的。这种发展速度的步子跨得很大，整个国民经济提高到一个新的水平。但是，“这一次与过去的大跃进不同，大跃进发展最快的是重工业，引起人民生活显著下降；这一次发展最快的是投资省、收效快的加工工业，能源、原材料供应愈来愈紧张，而人民生活还是有显著的改善。”〔1〕

〔1〕《薛暮桥晚年文稿》，生活·读书·新知三联书店1999年3月版，第79页。

十三大以后，邓小平又提出一个重要论断：科学技术是第一生产力。他说："马克思说过，科学技术是生产力。事实证明这话讲得很对。依我看，科学技术是第一生产力。"这是一个富有远见卓识和深远影响的战略思想。在他讲话后，一九八八年九月和十月间，中国先发射一颗试验性气象卫星"风云一号"，这是中国自行研制和发射的第一颗极地轨道气象卫星；接着，在东海海域进行核潜艇水下发射运输火箭试验，又取得成功；中国第一座高能加速器——北京正负电子对撞机也对撞成功，这是中国在高科技领域取得的一项重大突破性成就。

在深化改革方面，最重要的突破是：以公有制为主体、多种所有制经济共同发展的新格局开始逐步形成。

改革开放以前，中国的所有制结构是单一的公有制。中共十一届三中全会以后，最初是农村中各类手工业者、小商小贩等经批准允许个体经营；以后，随着大批知识青年返城和其他就业安置，城镇中的个体工商业户也恢复和发展起来，到一九八五年已超过一千万户。"个体经营户一般规模都很小，有的是肩挑手提，走街串巷，卖一些居民需要而大商店不经营的零星廉价产品或时鲜菜蔬，活跃了群众生活，满足了群众的需要，又增加了这一部分劳动者的收入。"〔1〕有些人还进行短途贩运。它对发展生产（特别是小商品生产）、搞活商品流通、增加就业、方便人民生活等方面都起了积极作用。私营企业首先从农村萌生，通过个体经济不断积累、扩大规模而来。并利用自身机制灵活、贴近市场的长处而迅速得到发展。一些私人经营的工商业的雇工人数逐步增加。这时，"二道贩子"问题、雇工人数问题等，成为人们议论的热点。一九八七年八月五日，国务院发布了《城乡个体工商户管理暂行条例》，采取鼓励个体工商业发展、加强管理、逐步引导的做法。同天的《人民日报》发表报道："变单一经营为集体个体双轨并进，宁波乡镇企业结构出现新格局。"

十三大报告中更明确地提出："在公有制为主体的前提下继续发展

〔1〕宗寒：《国企改革三十年亲历记》，第38页。

多种所有制经济。”这里所说的“多种所有制经济”，包括私营经济在内。它写道：

“社会主义初级阶段的所有制结构应以公有制为主体。目前全民所有制以外的其他经济成分，不是发展得太多了，而是还很不够。对于城乡合作经济、个体经济和私营经济，都要继续鼓励它们发展。”

“私营经济是存在雇佣劳动关系的经济成分。但在社会主义条件下，它必然同占优势的公有制经济相联系，并受公有制经济的巨大影响。实践证明，私营经济一定程度的发展，有利于促进生产，活跃市场，扩大就业，更好地满足人民多方面的生活需求，是公有制经济必要的和有益的补充。必须尽快制订有关私营经济的政策和法律，保护他们的合法利益，加强对它们的引导、监督和管理。”〔1〕

一九八八年四月第七届全国人大第一次会议通过的宪法修正案中，将“国家允许私营经济在法律规定的范围内存在和发展，私营经济是社会主义公有制的补充。国家保护私营经济的合法权利和利益，对私营经济实行引导、监督和管理”以及“土地的使用权可以依照法律的规定转让”等载入宪法。这年六月，国务院发布《中华人民共和国私营企业暂行条例》和《中华人民共和国企业法人登记管理条例》。各地工商行政管理机关开始办理私营企业的注册登记。

这是一个新的关系全局的重大决策。随后，私营企业便以相当快的速度发展起来。

国有企业的改革，在这段时间内采取了不少措施，那时叫做“放权让利”，但进展并不顺利。“转变国有企业经营机制，一直是国有企业改革的重点。一九八八年四月十三日，第七届全国人民代表大会通过的《中华人民共和国全民所有制工业企业法》，对扩大企业自主权，转变企业经营机制，已经作了若干规定。但落实的情况很不理想。原因是，人

〔1〕《十三大以来重要文献选编》（上），第31、32页。

们的认识不一致，执行时便出现矛盾；有些现行政策未与《企业法》衔接配套，甚至与其相冲突；《企业法》本身有些规定也不明确，难于操作，等等。”[1]

在扩大对外开放方面，这时一个重要措施是：第七届全国人大第一次会议通过设立海南省和建立海南岛经济特区的决定。

这一系列深化改革，是改革开放中跨出的重要一步。有的学者指出：“我国改革开放的过程，实际上是从计划经济向市场经济转变的过程。农村家庭联产承包，国有企业扩大经营管理自主权，非公有制经济的广泛发展，为市场经济塑造了经营主体——微观基础。在宏观上，则是从改革价格管理体制，逐步扩大市场调节范围开始的。”[2] 无论从微观或是宏观上看，这些都是必要的，不可避免的。

总起来说，这几年经济发展和改革取得的成绩很大，功劳不小。邓小平说：“经济发展隔几年上一个台阶，是能够办得到的。”“经济发展比较快的是一九八四年至一九八八年。”“怎样全面地来看那五年的加速发展？那五年的加速发展，也可以称作一种飞跃，但与‘大跃进’不同，没有伤害整个发展的机体、机制。”他又说：“如果不是那几年跳跃一下，整个经济上了一个台阶，后来三年治理整顿不可能顺利进行。”[3]

当然，以这样高的速度发展，又跨出这样涉及社会方方面面的重大改革步伐，对中国人来说，是以往从来没有经历过的、几乎完全缺乏经验的新事情。在新旧交替的大变动过程中，它所带来的问题很多在事先很难预计到，人们的认识也需要有个过程。这是一段艰难的旅程。薛暮桥概括道：“十二届三中全会制定经济体制改革的方针无疑是完全正确的，可惜的是在新旧两种体制交替中，我们还没有学会利用财政税收、银行信贷等经济杠杆进行宏观控制，旧体制削弱了，新体制没有及时建立起来，留下一段空白，使经济秩序陷于混乱。”[4]

---

〔1〕 苏星：《新中国经济史》，第731页。

〔2〕 苏星：《新中国经济史》，第764页。

〔3〕《邓小平文选》第3卷，第376、377页。

〔4〕《薛暮桥晚年文稿》，第78页。

这些“使经济秩序陷于混乱”的新问题，并不是一下子就清楚地显露出来并引起人们重视，而是经历了在几年时间内逐步积累和发展的过程。正如邓小平所说：“看起来我们的发展，总是要在某一个阶段，抓住时机，加速搞几年，发现问题及时加以治理，尔后继续前进。”[1]当时出现的前进中的主要问题有以下几个。

第一，一段时间以来，随着经营管理权力的不断下放，中央掌握的财政收入比重大幅度下降，地方、部门、企业掌握的资金比重急剧上升。从一九八四年第四季度起，各地经济工作再度出现相当普遍的头脑发热，对改变面貌急于求成。为了争取“提前翻番”，加上“放权让利”失控，宏观控制的有效手段又尚未形成，出现了两种越演越烈的现象：一是急于铺摊子，什么好事都想办，而且都要在短期内办成，到处大兴土木，基本建设规模急速扩大，工业生产超高速增长，特别是低水平重复的一般建设项目和加工工业项目上得太多；二是各单位在扩大自主权后，又纷纷争发工资和奖金，相互攀比，企业亏损了仍照样滥发工资和奖金，还自设“小金库”，造成消费基金大膨胀。也就是说，出现投资和消费这两方面同时膨胀。当时国力有限，并没有那么多钱，缺口就靠把银行当财库和账房，要求他们扩大信贷投放和多发票子，来应付投资和消费这两方面的需求，通货膨胀迅猛发展。

薛暮桥在一九八八年写道：“货币发行量一九八三年比一九七八年增加三百多亿元，五年大约增加一点五倍。一九八七年比一九八三年又增加九百多亿元，四年增加一点七倍，今年增长的幅度将明显地超过过去四年，五年合计可能增长二点五至三倍。”他又写道：尽管金融管理体制改变后要求银行以存支贷，自主经营，“但对银行贷款的行政干预并未迅速消除，各省市县作出庞大的建设计划，要求银行贷款支持，银行难于抗拒。‘首长项目’、‘条子工程’多如雨后春笋。上级领导部门批准设立一个公司，没有自有资金，也可以靠银行贷款来经营。”[2]

它的恶果，突出地表现在两方面：一是建设规模如此膨胀，你挤

[1]《邓小平文选》第3卷，第377页。

[2]《薛暮桥学术论著自选集》，第668、670页。

我，我挤你，形成打乱仗，引起能源和原材料供应极度紧张，许多重点建设项目受到影响，全国缺电严重，又一次出现经济比例关系严重失调；二是这样大幅度的通货膨胀必然引起多年未见的物价高速上涨，造成群众不满。从一九八五年起，政府采取了一些措施力图加以控制，但又存在顾虑，担心经济“滑坡”，对各地投资过热和互相攀比的现象并没有制止住。一九八六年二、三月之交再次放松银根，又出现一次新的过热。情况越来越严重。

第二，一部分党政机关和党政干部中腐败行为开始蔓延滋长。为了弥补财政力量不足，一度曾盲目鼓励各单位自行“创收”，把它说成“新生事物”，视为“势在必行”。不少党政机关、事业单位以至学校、研究机构、军队纷纷以很大力量去经商、办公司，其中绝大多数属于流通领域或兼有流通性业务。有的还在利益驱动下，利用权势非法牟利，甚至公然进行走私。当时实行计划价格和市场价格“双轨制”。从推行市场经济改革来看，“采用‘双轨制’的过渡办法能分散改革的风险，使改革易于推行。”“然而，价格的‘双轨制’作为双重体制的集中表现，又不可避免地存在消极作用。”不少人通过各种关系，以计划价格套取物资，再以市场价格出售，甚至由“公司”层层转手倒卖，获取暴利。“在一九八四至一九八五年的短时间内，全国办起了二十万家‘公司’，其中相当一部分一无资金，二无场地设备，三无确定的业务方向，专靠倒卖牟取暴利。”[1] 还有人利用手中掌握的审批权力，索贿受贿。经济犯罪大量增加。

一九八四年，中共中央、国务院发布《关于严禁党政机关和党政干部经商办企业的决定》。但直到一九八六年中共中央、国务院再次为此作出《规定》时，仍指出：“这股不正之风还没有完全刹住。有的党政机关和党政干部仍采取各种手法继续经商、办企业；有的党政领导干部还继续兼任企业职务；有的家属利用领导干部的关系及影响经商、办企业；经商、办企业中的一些严重违法行为，特别是牵涉到某些领导干部

〔1〕《吴敬琏自选集》，第120、122页。

的问题，至今得不到应有的处理。”[1] 这些，自然引起群众越来越大的不满。

第三，农村、农业、农民的“三农”问题又逐渐被忽视。改革开放的最初阶段本来是从农村改革起步的，成效突出，城乡差距明显有所缩小。“六五”期间粮食产量继续稳步增长，一九八四年突破了四亿吨。但从这年秋收后起许多地区对农业发展形势估计过高，认为粮食已经过关，可以把主要精力从抓粮食生产转移到抓钱上来了，又出现重工轻农和重副轻粮的倾向，对种植业特别是粮食生产的投入减少。一九八五年九月陈云在中共全国代表会议上郑重提醒：“现在有些农民对种粮食不感兴趣，这个问题要注意。”“问题是‘无工不富’的声音大大超过了‘无农不稳’。十亿人口吃饭穿衣，是我国一大经济问题，也是一大政治问题。‘无粮则乱’，这件事不能小看就是了。”[2] 提醒是及时的，但这种趋势并没有得到扭转。一九八五年粮田面积又调减过多，全国粮食播种面积比上年减少五六千万亩，粮食比上年减产百分之七。

粮食产量在一九八四年大丰收后连续几年徘徊不前。一九八八年，“粮食减产二百亿斤，一九八四年以来人口增加六千万，人均从八百斤降到七百二十斤。”[3]

农民收入，一九七八年至一九八四年快速增长，年均增长百分之十六点五；一九八五年至一九八八年明显放缓，年均增长率大幅度下降到百分之四点九；一九八九年至一九九一年，年均增长只有百分之一点九，其中一九八九年出现改革开放以来唯一一次负增长。[4] 中国的城乡差距日益拉大，从一九八四年第四季度以后开始。这是十分值得注意的。

第四，思想政治工作明显削弱，错误思潮泛滥，领导存在软弱涣散现象。邓小平在一九八九年六月尖锐地指出：“四个坚持、思想政治工

---

〔1〕《十二大以来重要文献选编》（中），第901页。
〔2〕《陈云文选》第3卷，第350页。
〔3〕《市场与调控——李鹏经济日记》（中），第623页。
〔4〕李剑阁等：《改革开放以来我国农村经济发展的若干重大变化》，2007年3月19日。

作、反对资产阶级自由化、反对精神污染，我们不是没有讲，而是缺乏一贯性，没有行动，甚至讲得都很少。不是错在四个坚持本身，而是错在坚持得不够一贯，教育和思想政治工作太差。”“建国以来我们一直在讲艰苦创业，后来日子稍微好一点，就提倡高消费，于是，各方面的浪费现象蔓延，加上思想政治工作薄弱，法制不健全，什么违法乱纪和腐败现象等等，都出来了。我对外国人讲，十年最大的失误是教育，这里我主要是讲思想政治教育，不单纯是对学校、青年学生，是泛指对人民的教育。对于艰苦创业，对于中国是个什么样的国家，将要变成一个什么样的国家，这种教育都很少，这是我们很大的失误。”〔1〕

进入一九八七年和一九八八年，几年来积累的矛盾开始激化。物价不仅大幅度上涨而且轮番涨价，成为异常突出的问题。一九八七年，全年零售物价总水平比上年增长百分之七点三，引起较大范围的职工实际收入下降。一九八八年一月，国家计委、财政部、中国人民银行、国家物资局都强烈地提出稳定物价、稳定经济的问题。当时在第一线主持工作的赵紫阳却说：不要有了一个物价问题，就满脑子物价，只见树木，不见森林。在这种情况下，一九八八年全国又增加货币发行六百七十九点六亿元，比上年增发四百四十三亿元，是新中国历史上货币发行最多的一年；全国零售物价继续猛涨，总水平上升百分之十八点五（其中十二月份比上年同月上升百分之二十六点七），是改革开放以来物价上升最快的一年，远远超出人们能承受的程度。一九八九年，已采取了一些稳定物价的措施，全年零售物价总水平仍比上年上升百分之十七点八。物价问题，直接牵涉家家户户的实际生活和切身利益。中国人在二十世纪前半期吃够了恶性通货膨胀的苦头，对这个问题格外敏感。最近多少年来，在国家控制下，中国物价长期保持着稳定状态，人们已经习惯，突然面对物价如此大幅度上涨的状况，是多年来没有见过的，自然难以接受。于是人心惶惶，处处都在谈论物价问题。

正在这时，随着计划经济向市场经济逐步转变，价格改革问题又被

---

〔1〕《邓小平文选》第3卷，第305、306页。

突出地提到议事日程上来。提出这个问题，特别是理顺价格体系，不能不说有它的客观需要。“在计划经济体制下，我国的价格体系和价格管理体制极不合理。十年‘文化大革命’中价格基本冻结，加剧了这种不合理状态。”“企业基本上没有定价权，不能根据市场供求变化灵活地制定与调整价格。这种价格体系和价格管理体制，不仅不利于工农业生产发展和人民生活的提高，而且已经成为改革和开放的障碍，非进行调整和改革不可了。”〔1〕

已退居二线的邓小平看到这个问题。他在一九八八年五月十九日说：“理顺物价，改革才能加快步伐。物价问题是历史遗留下来的。过去，物价都由国家规定。”“这种违反价值规律的做法，一方面使农民生产积极性调动不起来，另一方面使国家背了一个很大的包袱，每年用于物价补贴的开支达几百亿元。这样，国家财政收入真正投入经济建设的就不多了，用于发展教育、科学、文化事业的就更少了。所以，不解决物价问题就不能放下包袱，轻装前进。”〔2〕同时，他又冷静地提醒：中国的物价改革这一关很不容易过，要担很大风险。这就要求我们每走一步都兢兢业业，大胆细心，及时总结经验，发现问题就及时调整，使之符合实际情况。

中国的社会主义改革开放，是史无前例的全新事业。许多事情只能在实践中边摸索边总结边前进。当时在价格改革问题上确实面对着两难的处境：一方面，在通货大幅度膨胀、物价上涨迅猛、人心惶恐不安、经济秩序特别是流通秩序又十分混乱的情况下，进行价格改革的风险是很大的；另一方面，随着改革的深入，向市场经济转变，原来那种被严重扭曲的价格关系成为无法绕开的障碍。问题在于调整的时机和力度，特别是要极大地注意遏制通货膨胀。赵紫阳主张下决心在价格改革上“闯关”；同时，保持适度通货膨胀，使经济能持续增长；认为不这样做就会失去时机。一九八九年五月二十五日，他会见美国客人时说：“现在中国的改革进入了关键阶段，到了不进则退的阶段。今后一段时间，

〔1〕苏星：《新中国经济史》，第764、765页。

〔2〕《邓小平文选》第3卷，第262页。

主要将对物价进行改革。”二十八日，陈云同李鹏等谈话，提醒他们说：“物价不可能一下子理顺，任何国家都有补贴。”“农业到本世纪末，也过不了关。”“农民生活确实改善了，因此有人认为中国不会出现波兰、匈牙利的情况，但在城市二亿人口中可能存在闹事的危险。”“发行货币要控制。”“党政机关都经商不是好现象。”〔1〕

五月三十日至六月一日，中共中央政治局讨论“五年理顺价格”问题，并提出一个补偿的办法：“必须相应地解决工资问题，改革应当使人民得益。”以为这样就可以保障价格改革平稳地进行了。事实上，两难的矛盾并没有因此得到解决。根据会议精神，《人民日报》在六月九日发表题为《改革有险阻，苦战能过关》的社论，重点仍在要通过“苦战”达到“过关”。它写道：

“一个多月来，一些大城市先后调整了肉、蛋、菜、糖等四类主要副食品的零售价格，同时给职工适当补贴，变暗补为明补。这样，本来就为广大群众所瞩目的物价问题，更加成为千家万户讨论的热点。”

“中国的改革发展到今天，已经到了一个关键性的阶段，到了非解决物价问题不可的时刻。我们的目标是打破产品经济的模式，建立社会主义商品经济的新秩序，促进社会生产力的大发展，为此，中心问题是必须理顺价格体系，坚决按价值规律办事。离开这一点，所谓社会主义商品经济就是一句空话。在过去九年中，我们进行了多方面的改革，取得了显著的成就，但是大体说来，那些都是放权让利性质的改革，是浅层次的、比较容易做的改革，也能较快地给群众带来实惠。而更深层次的、更起决定作用的经济关系，还没有很好地触动。随着改革的深入发展，价格体系不合理的问题愈益突出，价格改革成为制约、影响经济体制改革的其他很多方面的关键问题。”

“根本的出路就是下决心对价格体系进行大的改革。总的方向是，除了少数重要商品的价格由国家管理外，其他大量商品的价格完全放

〔1〕《市场与调控——李鹏经济日记》（上），第533、534页。

开，实行市场调节。非如此，价格体系就永远理不顺；为企业和生产者创造一个平等竞争、发展商品生产的市场环境，也永远不会出现。”

“很多群众对物价改革最大的顾虑，在于害怕降低自己的生活水平……我们的党和政府是把物价改革同工资改革联系在一起考虑的，并不是理顺物价之后再调整工资，而是在理顺物价的同时相应地理顺工资。这次四类副食品调价，给职工以适当补助，初步体现了这一原则。在今后的物价改革中，将更好地体现这一原则。”

八月十五日至十七日，中共中央在北戴河举行政治局会议，原则通过《关于价格、工资改革的初步方案》，准备再提交中央工作会议和十三届三中全会讨论和审议。十八日，这次政治局会议精神立刻由新华社作了报道：“会议认为，价格改革的总方向是，少数重要商品和劳务价格由国家管理，绝大多数商品价格放开，由市场调节，以转换价格形成机制，逐步实现‘国家调控市场、市场引导企业’的要求。”〔1〕

物价大幅度上涨，是人人都感受得到的现实，人心普遍恐慌。“相应地理顺工资”的许诺，并未能使人放下心来。新华社这个报道强调了“绝大多数商品价格放开”的“总方向”，十九日由《人民日报》发表，并由中央人民广播电台广播。许多人以为价格立刻就要全面放开和上涨。国务院批准名烟名酒提价后，各地商品又自发地“搭车”涨价。银行宣布九月一日提高利率，更造成九月一日将普遍地大幅度地涨价的错觉。

民众心理最怕货币贬值。从十九日报上消息发表那天起，各地到处出现抢购商品、进而掀起向银行挤兑的风潮。据国家统计局统计：八月份社会商品零售总额比去年同月猛增百分之三十八点六。这次抢购风潮的特点是：（一）来势迅猛，波及面大。抢购风自八月中旬在少数地区掀起后，迅速蔓延到全国大部分城市和一部分农村。（二）持续时间长，抢购商品范围广泛。（三）购买数量大，销量剧增。如：洗衣机销售增

〔1〕《中央政治局召开第十次全体会议　原则通过价格工资改革初步方案》，《人民日报》1988年8月19日。

长一点三倍，电视机增长百分之五十六，电冰箱增长百分之八十二点八。这种销量剧增是不正常的。（四）抢购的盲目性大，被动性强。抢购的目的，不完全是出于消费的需要，相当程度上是为了保值或担心商品将进一步大幅度涨价。（五）参与抢购者遍及社会各阶层。挤兑风潮同样猛烈。八月份居民从银行提取储蓄存款三百八十九点四亿元，比上年同期增长一点三倍，大大超过储蓄存款增长百分之七十点三的幅度。各地反映，部分商品库存量已越过最低警戒线。

这场突然袭来的挤提存款、抢购商品的风潮，反映出改革的力度必须同人民承受力的程度相适应，也反映出当时市场环境和秩序缺乏宏观监管的严重混乱状况。李鹏在八月二十七日的日记中写道："晚七时半，赵紫阳主持讨论经济形势。他对目前各地愈演愈烈的抢购风甚为着急，说这是没有预料到的。""他提出了整顿改革环境的问题，实际上就是稳定经济。""针对当前出现地方不听中央号令的情况，他表示，放权这么多年，是应该整顿一下了"。[1] 经过研究，中共中央认为价格工资改革的方向不变，但步骤要更稳妥些；从现在起以至明年，要集中力量治理经济环境，整顿和建立正常的经济秩序，这是价格改革顺利出台和全面深化改革的必要条件，它本身也是非常重要的改革。八月三十日，国务院发出《关于做好当前物价工作和稳定市场的紧急通知》。《通知》的内容共六条，主要是：

"一、经中央政治局第十次会议原则通过的价格工资改革初步方案中所讲的'少数重要商品和劳务价格由国家管理，绝大多数商品价格放开，由市场调节'，指的是五年或更长一些时间的长远目标，目前改革方案还在进一步修订完善之中。明年作为实现五年改革方案的第一年，价格改革的步子是不大的，国务院将采取有力措施，确保明年社会商品零售价格上涨幅度明显低于今年。要据此向群众做好宣传解释工作，消除疑虑。

〔1〕《市场与调控——李鹏经济日记》（上），第569、570页。

二、必须坚决贯彻执行国务院关于今年下半年不出台新的涨价措施的决定。国务院有关部门管理的商品价格和收费标准，各地一律不得擅自提高。地方管理的商品价格和收费标准，也不得任意提高。企业也不得违反规定乱涨价。违者要严肃追究主要负责人的责任。

三、为了稳定金融和保护人民群众的利益，由人民银行开办保值储蓄业务，使三年以上的长期存款利息不低于或稍高于物价上涨幅度。”〔1〕

九月一日，李鹏在日记中写道：“小平同志对我讲，你们提的控制物价的措施，我赞成，喘一口气，有好处，但改革方向不变。”“今年，国家的提价措施并没有多少，各地却上涨这样多！像现在这样，你哄过来，我哄过去，不听号令，各行其是，非把国家搞乱了不行。”李鹏日记中还摘录记下上一天《经济日报》评论员文章的一段话：“一段时间以来，有令不行，有禁不止，甚至阳奉阴违、我行我素的现象严重存在。一些单位和地方，从局部和部门利益出发，由‘搭车涨价’发展到‘抢先开车’，严重破坏了物价纪律，损害了人民和改革的利益。”〔2〕

这个时期经济工作中暴露的种种问题，相当程度上反映出在放开搞活的过程中，急于求成，而对宏观调控和综合平衡严重忽视。薛暮桥指出：“在还没有建立运用价格、税收、信贷等经济杠杆进行宏观控制的新体制的时候，就过多地削弱了中央在计划、财政、银行、外贸等方面必要的管理权力，从过分集中走向过分分散，使宏观经济环境遭到破坏。并且在新的经济体制还未初步形成的条件下而急于提高增长速度，发生经济过热现象，产生新的比例失调。”〔3〕这是沉重的教训，也是吃了苦头才更明白的。

九月十二日，邓小平同政治局常委谈话，指出通货膨胀是多种因素造成的，因此，治理通货膨胀也是多方面的事情。他说：“改革要成功，就必须有领导有秩序地进行。没有这一条，就是乱哄哄，各行其是，怎

〔1〕《十三大以来重要文献选编》（上），第253—254页。

〔2〕《市场与调控——李鹏经济日记》（上）第571、572页。

〔3〕《薛暮桥晚年文稿》，第91页。

么行呢?”“我赞成边改革、边治理环境整顿秩序。要创造良好的环境，使改革能够顺利进行。”“不仅是价格一个方面的改革，而且是多方面的、综合的改革。只有多方面的、综合的改革，才能为价格改革创造条件。”〔1〕几天后，他又对一位外宾说：“通货膨胀主要是管理不严造成的，我们缺乏经验。”“十亿人口的大国，应力求稳定。走一步，总结一下经验，有错误就改，不要使小错误变成大错误，这是我们遵循的原则。”〔2〕

九月十五日至二十一日，中央召开工作会议，明确了深化改革不仅是指价格、工资改革，而且是多方面的改革，应该先把工作重点放在治理经济环境、整顿经济秩序上。事实上，物价如此迅猛上涨的原因，首先是经济过热导致的通货大幅度膨胀，其次是市场秩序失控的严重混乱。薛暮桥认为：由于人们往往看不到经济过热，只看到物价上升幅度越来越大，而不懂得物价上涨正是经济过热所引起的。因此，这次进行治理整顿，难度就更大一点。九月二十六日至三十日，中共十三届三中全会在北京举行。全会指出当前突出的问题是经济生活中出现了明显的通货膨胀，物价上涨幅度过大，造成这种情况的根本原因是经济过热，社会总需求超过总供给，这是多年积累下来的。全会批准中央政治局提出的治理经济环境、整顿经济秩序、全面深化改革的方针、政策和措施，确定治理环境、整顿秩序是明后两年改革和建设的重点。

治理经济环境、整顿经济秩序的含义是什么？全会《公报》这样说：

“治理经济环境，主要是压缩社会总需求，抑制通货膨胀。整顿经济秩序，就是要整顿目前经济生活中特别是流通领域中出现的各种混乱现象。在这两方面都要采取坚决有力的措施。治理经济环境，整顿经济秩序，必须同加强和改善新旧体制转换时期的宏观调控结合起来，必须同努力增加农副产品、适销的轻纺产品以及能源原材料等方面的有效供

〔1〕《邓小平文选》第3卷，第277、278页。
〔2〕冷溶、汪作玲主编《邓小平年谱（1975—1997）》（下），第1249、1250页。

给结合起来。”〔1〕

中共十三届三中全会后，十月三日，中共中央、国务院发出《关于清理整顿公司的决定》。《决定》指出：近几年来，全国成立了一大批新公司，在生产、流通领域中起了一定的作用，但其中有相当一部分公司政企不分，官商不分，转手倒卖，牟取暴利。这些问题的存在和发展，损害国家和群众的利益，造成社会分配不公，扰乱经济秩序，败坏社会风气，严重干扰和阻碍改革。《决定》规定了清理整顿公司的各项具体措施。国务院也先后发出《关于清理固定资产投资在建项目、压缩投资规模、调整投资结构的通知》、《关于进一步控制货币、稳定金融的决定》、《关于加强物价管理、严格控制物价上涨的决定》，落实十三届三中全会提出的各项政策措施。

邓小平在十月十七日会见外宾时说：“我们最近经济发展过热、速度过快，需要总结经验。所以十三届三中全会提出控制经济发展速度，治理经济环境，整顿经济秩序。初步确定搞两年。一个是降低经济发展速度，保持比较适当的发展速度。一个是努力消除一些腐败现象。为此应该加强党中央和国务院的控制能力，采取一些积极的措施和妥善的办法来加强管理。”〔2〕

已退居二线的陈云在十月八日找赵紫阳谈话。陈云说：“在我们这样一个社会主义国家里，学习西方市场经济的办法，看来困难不少。你们正在摸索，摸索过程中碰到一些问题是难免的，还可以继续摸索，并随时总结经验。”他着重谈了八点意见，其中说：

“粮食问题始终是一个大问题。”

“从全局看，在几大平衡中，最基本的，是财政平衡。要扭转当前混乱的经济局面，首先要靠财政平衡，特别是中央财政平衡。现在票子发得太多。票子发行的权力要高度集中，我看还是要‘一枝笔’。”

---

〔1〕《十三大以来重要文献选编》（上），第286—287页。

〔2〕冷溶、汪作玲主编《邓小平年谱（1975—1997）》（下），第1254页。

“我在一九七九年三月说过，六十年来，无论苏联或中国的计划工作中出现的主要缺点：只有‘有计划按比例’这一条，没有在社会主义制度下还必须有‘市场调节’这一条。所以，我们需要改革。但在改革中，不能丢掉有计划按比例发展经济这一条，否则整个国民经济就会乱套。”

“提高人民生活水平，要掌握一定的幅度，不能过高、过快。还是那两句老话：一要吃饭，二要建设。好事要做，又要量力而行。”

“中央的政治权威，要有中央的经济权威作基础。没有中央的经济权威，中央的政治权威是不巩固的。在经济活动中，中央应该集中必须集中的权力。搞活经济是对的，但权力太分散就乱了，搞活也难。”〔1〕

邓小平、陈云的意见是一致的，指出了问题的症结所在。但是，当时已陷于十分混乱的经济环境和经济秩序要治理整顿很不容易。何况这次治理整顿是在物价大幅度上涨，出现全国性的挤提存款和抢购商品的情况下被迫进行的，过热的头脑一时不易冷静下来，实际做起来遇到的阻力重重，对一些大项目这也不想下那也不想下，效果很不明显。国家统计局对十一月份情况的统计，“物价比上月上涨百分之三十一的幅度低零点七个百分点”，“经济过热形势仍然十分严峻。”〔2〕第二年二月，国家统计局报告一九八八年物价状况时写道：“去年货币超量发行，物价上涨过猛，出现了明显的通货膨胀。社会商品零售价格总水平上升百分之十八点五，其中蔬菜、肉禽蛋、水产品价格上升百分之三十一至三十七，约有百分之三十四点九的家庭纯因物价上涨造成实际收入下降。这次经济过热是在粮、棉、油生产连年徘徊下出现的。增加生产和商品涨价带来的利益大都留在企业和中间环节，国家拿不到多少。”〔3〕在这种状况下，人们对种种腐败现象、特别是利用特权在“中间环节”牟取暴利的“官倒”等行为格外感到愤怒。

---

〔1〕《陈云文选》第3卷，第365—367页。

〔2〕《市场与调控——李鹏经济日记》(上)，第598页。

〔3〕《市场与调控——李鹏经济日记》(中)，第625页。

一九八九年的政治风波

一九八九年《人民日报》的元旦献词很引人注目。它一开始就写道："刚刚过去的一九八八年是难忘的。"在讲了这一年取得的成就后，着重指出："在这一年，我们也遭到了前所未有的严重问题，最突出的就是经济生活中明显的通货膨胀，物价上涨幅度过大，党政机关和社会上的某些消极腐败现象也使人触目惊心。""对于在改革的第十年遇到的严重困难和问题，上上下下，党内党外绝大多数人缺乏足够的思想准备，一时间议论纷纷。这是很自然的。"怎样看待突然面对的这些问题，应该怎么办？它写道："改革的确是一场非常复杂、非常艰巨的革命。理想化的方案是没有的，不可能一帆风顺，不可能一改就灵。""当前最需要的是，认真总结经验，提高对改革的规律性的认识，从而坚定改革的信心，紧紧团结在党中央的周围，同心同德，振奋精神，艰苦奋斗。"它还强调："在新的一年里，我们一定要进一步从严治党，从严治政，特别是在廉政方面采取更切实有力的措施，把消极腐败现象限制在最小的范围之内。"〔1〕

国务院总理李鹏在春节团拜会的致词中也坦率地说："有些困难和问题的形成，是同我们在工作指导上的某些缺点和失误分不开的。我们一定要认真总结经验，克服缺点，争取在新的一年里把各方面的工作做得更好一些。同时也要看到，由于经济和社会发展中的矛盾错综复杂，因此解决起来会有相当难度，需要有一个过程。对这一点，也希望大家能够理解。"他着重地说："经过今年的努力，我们要在控制物价上涨的幅度，缓解社会分配不公的矛盾，以及消除腐败现象等广大群众和干部普遍关心的问题上，取得实实在在的进展。我们要把稳定、改革、发展这三者很好地统一起来，审时度势，兴利除弊，在稳定中搞好改革，在

〔1〕《同心同德，艰苦奋斗》（元旦献词），《人民日报》1989年1月1日。

稳定中求得经济的发展。”〔1〕

面对原来没有预料到的物价大幅度上涨突然袭来，当党和政府已开始认识工作中的缺点和失误、着手总结经验教训、采取措施来解决这些问题的时候，特别需要有一个稳定的政治秩序，需要全国人民齐心协力为扭转当前困难局面而共同奋斗。

国际和国内敌对势力却认为这正是可乘之机，力图利用人们对物价上涨和腐败现象的正当不满来制造分裂，把中国搞乱，改变中国的社会主义制度。“长期以来，一些西方国家的政治势力有计划地通过种种渠道对社会主义国家进行思想、政治渗透，竭力支持和扶植各种反共反社会主义活动。”〔2〕这时，他们打着要求“民主”的旗号，活动异常频繁，政治意图十分露骨。“一九八八年夏以后，搞资产阶级自由化的一些人如方励之等，攻击政府的声音越来越强了。他频频接受外国记者采访，公开否定四项基本原则，批评‘反精神污染’，批评‘反对资产阶级自由化’，提倡‘全盘西化’。”“一九八八年秋冬，北京一些高校里也有各种‘研究会’、‘讨论会’、‘沙龙’等，搞自由化的一些人经常到这些地方发表演讲。一九八九年一月六日，方励之致电邓小平，要求大赦政治犯、释放魏京生。一月二十八日，方励之等在北京‘都乐书屋’搞‘新启蒙沙龙’活动。参加者除中国人之外，还有一些美国、法国、意大利的驻京记者，共百余人。方励之在会上说：‘现在中国主要是人权问题，需要行动。’”〔3〕

这一切，已使人有“山雨欲来风满楼”之感。一场猛烈的政治风波正在酝酿中。

邓小平敏锐地察觉到这种值得警惕的政治动向。他在二、三月间多次谈话中一再指出：压倒一切的是稳定；中国不能乱。他对来访的美国总统布什说：“中国的问题，压倒一切的是需要稳定。没有稳定的环境，什么都搞不成，已经取得的成果也会失掉。中国一定要坚持改革开放，

---

〔1〕《李鹏在春节团拜会上的讲话》，《人民日报》1989年2月7日。
〔2〕中共中央党史研究室：《中国共产党简史》，中共党史出版社2001年6月版，第197页。
〔3〕张神根：《世纪的辉煌》，河南人民出版社2002年12月版，第6页。

这是解决中国问题的希望。但是要改革，就一定要有稳定的政治环境。”“中国正处在特别需要集中注意力发展经济的进程中。如果追求形式上的民主，结果是既实现不了民主，经济也得不到发展，只会出现国家混乱、人心涣散的局面。对这一点我们有深切的体验，因为我们有‘文化大革命’的经历，亲眼看到了它的恶果。中国人多，如果今天这个示威，明天那个示威，三百六十五天，天天会有示威游行，那么就根本谈不上搞经济建设了。我们是要发展社会主义民主，但匆匆忙忙搞不行，搞西方那一套更不行。如果我们现在十亿人搞多党竞选，一定会出现‘文化大革命’中那样‘全面内战’的混乱局面。”他同赵紫阳谈话时说：“我同布什谈了，中国的问题，压倒一切的是需要稳定。凡是妨碍稳定的就要对付，不能让步，不能迁就。不要怕外国人议论，管他们说什么，无非是骂我们不开明。多少年我们挨骂挨得多了，骂倒了吗？总之，中国人的事中国人自己办。中国不能乱，这个道理要反复讲，放开讲。不讲，反而好像输了理。要放出一个信号：中国不允许乱。”〔1〕这些话，是语重心长的。

四月十五日，胡耀邦因心脏病突发逝世。当晚，中共中央发表讣告。中共中央在悼词中对胡耀邦在改革开放中作出的重要贡献和他毕生为党为人民的奋斗，作了充分肯定和全面评价。但是，极少数人却借胡耀邦逝世这件事在缺乏社会经验的青年学生中散布谣言，煽动闹事，公然喊出“反对专制独裁”等口号。从四月十八日起，局势迅速恶化。当时担任国务委员兼公安部部长的王芳回忆道：

“北京有数千名学生到天安门非法游行，有些人发表煽动性演讲，并到人民大会堂前和中南海新华门静坐、请愿，少数学生还多次冲击新华门闹事。一些高校相继宣布成立非法学生组织。上海、西安、武汉、南京等地部分高校学生到省、市人民政府门前游行示威，有些人还冲击省、市人民政府。一些大小字报、标语、传单大肆攻击党的领导和社会

〔1〕《邓小平文选》第3卷，第284—286页。

主义制度。有的高校甚至出现了‘打倒共产党’的反动标语。有些人借公安干警、武警战士驱散冲击新华门的学生一事大肆造谣，声称发生了所谓‘新华门血案’，煽动学生罢课抗议。天津、武汉等少数学生开始到北京串联，扩大事态。而海外敌对势力电台则连篇累牍、造谣煽动。”

“四月二十四日，北京四十所高校近六万名学生罢课。一些人到市内交通要道、繁华地段演讲、募捐，张贴标语，散发传单，恣意造谣，攻击社会主义制度与党和国家领导人。有的人还在高校贴出大字报，妄图煽动工人、农民起来推翻政府。事态越来越严重。”〔1〕

这一切，都使人回想起“文化大革命”中常见的现象。“文化大革命”十年动乱，给中国留下惨痛的令人难忘的回忆。安定团结的局面得来不易。如果听任那种动荡的事态发展下去，最后将难以收拾，可能出现许多原来根本没有想到的后果，国家又会陷入严重混乱局面，不但治理整顿无法进行下去，甚至可能使十年改革取得的成果毁于一旦。四月二十六日，《人民日报》发表社论，指出：“全党同志、全国人民必须清醒地认识到，不坚决地制止这场动乱，将国无宁日。这场斗争事关改革开放和四化建设的成败，事关国家民族的前途。”〔2〕

当时担任中共中央总书记的赵紫阳对反对资产阶级自由化却一直持消极的态度。他出国访问归来后，没有征求任何政治局常委的意见，在五月四日发表了一篇同中央的立场和方针不同的谈话，把中央内部的意见分歧公开暴露于世。五月六日，他又对中央主管宣传、思想工作的负责人说：放开了一点，游行作了报道，新闻公开程度增加一点，风险不大。赵紫阳的这种态度，使舆论阵地上迅速出现支持学潮的错误报道。本来已趋向平缓的局势又骤然紧张起来，不少已经复课的学生重新卷入学潮，社会上谣言四起。这时，邓小平、陈云、李先念等老一代领导人已退居二线，并不过问中央日常工作，中央内部又出现两种声音，如何应对事变一时十分混乱，矛盾没有得到缓和。五月十三日起，一部分学

〔1〕《王芳回忆录》，浙江人民出版社 2006 年 9 月版，第 365、366 页。

〔2〕《必须旗帜鲜明地反对动乱》（社论），《人民日报》1989 年 4 月 26 日。

生到天安门广场绝食，在人民英雄纪念碑前树立“民主女神”像。参与的社会成分越来越复杂，北京秩序近于失控。

面对如此严重的形势，公安部发出《关于当前形势和工作意见的通知》，指出：“绝大多数学生主要是出于对一些腐败现象和党政工作中的失误不满而参加游行的，但确有极少数别有用心的人幕后活动，企图借机制造混乱，以达到否定党的领导、否定社会主义制度的目的。还有一些刑事犯罪分子混水摸鱼，趁机搞打砸抢烧等犯罪活动。各种矛盾交织在一起，情况十分复杂。”〔1〕

五月十五日，戈尔巴乔夫来华访问。这是中苏两国改善关系而举世瞩目的大事。但这样的活动也难以正常进行，欢迎仪式无法在人民大会堂东门外广场举行，不得不改到北京机场。这是新中国成立以来罕见的事情。第二天上午，邓小平同戈尔巴乔夫会谈。十八日，《中苏联合公报》发表，宣布两国关系正常化。

为了防止局势进一步恶化，在北京市警力严重不足、已无法维持正常的生产、工作、交通和生活秩序的情况下，十九日晚，中共中央和国务院召开中央和北京市党政军干部大会。李鹏在讲话中说：“我们的党和政府多次说过，广大青年学生的心灵是善良的，他们在主观愿望上是不想搞动乱的。他们有爱国热情，希望促进民主，整治腐败，这同党和政府要努力实现的目标是一致的。他们提出的一些问题和意见，已经对改进党和政府的工作起到积极作用。但是，任意采取游行、示威、罢课乃至绝食请愿等方式，破坏了社会稳定，不仅不利于问题的解决，而且事态的发展已经完全不以青年学生们的主观愿望为转移，正在越来越走向他们愿望的反面。”李鹏“要求大家紧急动员起来，采取坚决有力的措施，旗帜鲜明地制止动乱，恢复社会正常秩序，维护安定团结，以保证改革开放和社会主义现代化建设的顺利进行。”〔2〕

赵紫阳引人瞩目地拒绝出席这次大会。二十日，国务院发布命令：在北京部分地区实行戒严。

---

〔1〕《王芳回忆录》，第368页。

〔2〕《十三大以来重要文献选编》(上)，第518、519、517页。

六月三日，部分戒严部队按计划向戒严地区开进。一些非法组织头头策动在路口设置路障，阻碍部队前进，并且发生抢夺解放军枪支和焚烧军车等严重事件。当晚，戒严部队不得不采取断然行动，强行开进，在部分地区发生了冲突。四日晨，停留在天安门广场的几千名学生在戒严部队劝告下和平撤离。北京局势很快稳定下来。方励之逃往美国驻华使馆。

在这前后，“上海、广州、武汉、西安、成都、贵阳、哈尔滨、兰州等一些大城市，接连发生暴徒冲击省、市政府和基层公安机关，破坏和阻断交通、焚烧商店、残害无辜等严重事件。特别是，六月五日，成都市一些暴徒放火焚毁了‘全国十佳商场’之一的成都市人民商场，损失财物时值一点二亿多元人民币……全国二十多个大中城市的不少学生听信海外电台蛊惑，上街游行、静坐。”〔1〕不难看出，如果北京的政治风波不能迅速平息下来，很可能会发生全国范围的大动乱。那样的话，解决起来必将付出更大得多的代价。

这场政治风波的发生，有着深刻的社会政治背景。邓小平在六月九日接见首都戒严部队军以上干部讲话中说：

“这场风波迟早要来。这是国际的大气候和中国的小气候所决定了的，是一定要来的，是不以人们的意志为转移的，只不过是迟早的问题，大小的问题。”

“事情一爆发出来，就很明确。他们的根本口号主要是两个，一是要打倒共产党，一是要推翻社会主义制度。他们的目的是要建立一个完全西方附庸化的资产阶级共和国。人民要求反腐败，我们当然接受。那些别有用心的人提出的所谓反腐败的口号，我们也要当好话来接受。当然，这个口号仅仅是他们的一个陪衬，而其核心是打倒共产党，推翻社会主义制度。”

“处理这一事件的主要难点在于，我们从来没有遇到过这种情况，

---

〔1〕《王芳回忆录》，第372页。

一小撮坏人混杂在那么多青年学生和围观的群众中间，阵线一时分不清楚，使我们许多应该采取的行动难以出手。如果没有我们党这么多老同志支持，甚至连事件的性质都难以确定。一些同志不了解问题的性质，认为这只是单纯的对待群众的问题，实际上，对方不只是一些是非不分的群众，还有一批造反派和大量的社会渣滓。他们是要颠覆我们的国家，颠覆我们的党，这是问题的实质。不懂得这个根本问题，就是性质不清楚。”

经历了这样一场政治风波后，中共十一届三中全会制定的路线、方针、政策，包括“三步走”的发展战略正确不正确？中共十三大概括的“一个中心、两个基本点”对不对？成为全国人民以至举世瞩目的问题，成为迫切需要回答的问题。邓小平斩钉截铁地作了回答：“我们没有错。”“以后我们怎么办？我说，我们原来制定的基本路线、方针、政策，照样干下去，坚定不移地干下去。”“要认真总结经验，对的要继续坚持，失误的要纠正，不足的要加点劲。总之，要总结现在，看到未来。”〔1〕

邓小平这个讲话极其重要。他是在共产党和社会主义制度面临严峻考验的历史关键时刻讲这番话的。当时，国内外许多人十分关注中国的改革开放会不会因为发生这场政治风波而改变，还有些人对这场政治风波为什么会发生仍感到困惑。邓小平的讲话，以斩钉截铁的语言，帮助大家清醒地认识这场政治风波的实质，认识坚定不移地维护党的领导和社会主义制度的极端重要性；在惊涛骇浪的重要历史关头把住了正确的航向，决不因一时的险恶形势而动摇党自十一届三中全会以来的基本路线、方针和政策，并且把这种态度毫不含糊地向全世界宣告，使很多人的心安了下来。在经过近二十年后的今天回头来看，更感到它所产生的影响多么深远。

---

〔1〕《邓小平文选》第3卷，第302、303、305、307、308页。

中共十三届四中全会

这场政治风波一平息，中共中央就在当月（六月二十三日至二十四日）召开十三届四中全会。这次重要会议，不仅对当时稳定全国局势具有重大作用，而且对于此后保证十一届三中全会以来党的路线、方针、政策的连续性有着深远影响。

十三届四中全会发表公报："全会分析了近两个月来全国的政治形势，指出极少数人利用学潮，在北京和一些地方掀起一场有计划、有组织、有预谋的政治动乱，进而在北京发展成了反革命暴乱。"

全会讨论了赵紫阳在这场政治风波中的严重错误，审议并通过李鹏代表政治局提出的《关于赵紫阳同志在反党反社会主义的动乱中所犯错误的报告》。据此，全会决定撤销他的中央委员会总书记等职务。

全会对中央领导机构作了调整：选举江泽民为中央委员会总书记，中央政治局常委会由江泽民、李鹏、乔石、姚依林、宋平、李瑞环六人组成。四中全会前后，邓小平多次表示："新的领导一经建立有秩序的工作以后，我就不再过问、不再干预大家的事情。""我多年来就意识到这个问题，一个国家的命运建立在一两个人的声望上面，是很不健康的，是很危险的。不出事没问题，一出事就不可收拾。新的领导一建立，要一切负起责任，错了也好，对了也好，功劳也好，都是你们的事。这样你们可以放手工作，对于新的集体自我锻炼也有好处。"他又叮嘱："整个帝国主义西方世界企图使社会主义各国都放弃社会主义道路，最终纳入国际垄断资本的统治，纳入资本主义的轨道。现在，我们要顶住这股逆流，旗帜要鲜明。因为如果我们不坚持社会主义，最终发展起来也不过成为一个附庸国，而且就连想要发展起来也不容易。""只有社会主义才能救中国，只有社会主义才能发展中国。""现在国际舆论压我们，我们泰然处之，不受他们挑动。但是，我们要好好地把自己的事情搞好，这次事件确实把我们的失误也暴露得足够了。我们确实有失误呀！而且失误很不小啊！”〔1〕同年十一月的中共十三届五中全会通过《关于同意邓小平同志辞去中共中央军委主席职务的决定》，并决定江泽民为中央军委主席。这样，以邓小平为核心的中国共产党第二代中央领导集体同以江泽民为核心的党的第三代领导集体顺利地实现了交接。江泽民在十三届四中全会的讲话中说：

“我们党已经制定和形成了一条建设有中国特色社会主义的路线和一系列基本政策。概括地说，就是小平同志多次指出、最近再次强调的，以经济建设为中心，坚持四项基本原则，坚持改革开放。这是我们有信心做好工作的根本的、坚实的基础。这次中央领导机构作了一些人事调整，但是，党的十一届三中全会以来的路线和基本政策没有变，必须继续贯彻执行。在这个最基本的问题上，我要十分明确地讲两句话：一句是坚定不移，毫不动摇；一句是全面执行，一以贯之。”〔2〕

当前的工作应该怎么做？四中全会的《公报》写道：

“当前，要特别注意抓好四件大事：一是彻底制止动乱、平息反革命暴乱，严格区分两类不同性质的矛盾，进一步稳定全国局势；二是继续搞好治理整顿，更好地坚持改革开放，促进经济持续、稳定、协调地发展；三是认真加强思想政治工作，努力开展爱国主义、社会主义、独立自主、艰苦奋斗的教育，切实反对资产阶级自由化；四是大力加强党的建设，大力加强民主和法制建设，坚决惩治腐败，切实做好几件人民普遍关心的事情，决不辜负人民对党的期望。”〔3〕

以江泽民为核心的新的中央领导集体，受命于动荡艰难的时刻，有条不紊地开展工作。中国的航船，继续沿着十一届三中全会以来确定的

---

〔1〕《邓小平文选》第3卷，第310、311、312页。
〔2〕《江泽民文选》第1卷，人民出版社2006年8月版，第57页。
〔3〕《十三大以来重要文献选编》(中)，第545页。

方向前进。

十三届四中全会结束后，中共中央、国务院首先聚精会神地抓几件使人民满意的事情，在七月二十八日作出《关于近期做几件群众关心的事的决定》，八月十七日作出《关于进一步清理整顿公司的决定》。那时候，全国共有二十九万多个公司。一些公司经营混乱和实行脱离中国国情的高工资、高福利，少数人利用职权贪污盗窃、投机倒把、行贿受贿，加剧了社会分配不公的矛盾，是群众不满的热点所在。《决定》要求下决心砍掉一大批公司，重点是砍流通领域中过多过滥的从事商业、外贸、物资供应的公司和金融性公司。中央军委随后坚决果断地停止军队、武警部队的一切经商活动。江泽民在一九八九年十一月十二日的军委扩大会议上说："军队从总体上来说应该'吃皇粮'。""军队不能走自己养自己的道路。如果把精力都放在经商赚钱上，这样下去是非常危险的。"〔1〕

中共中央还发出《关于加强党的建设的通知》，全国人大常委会通过《中华人民共和国集会游行示威法》。各方面对治理整顿、特别是压缩社会总需求，采取了许多有力措施。原来十分混乱的局势迅速稳定下来。

打破西方七国的对华"制裁"

当中国平息政治风波以后，西方七个大国却在"人权问题"的名义下对中国实行所谓"制裁"，粗暴干涉中国内政，也使中国的对外开放政策面对新的严重考验。

对华"制裁"是由美国政府领头的。在平息风波的第二天，也就是六月五日，美国政府就宣布：中止一切中美两国政府间和商业性的向中国的武器出口，中断中美两国军事领导人之间的互访活动。二十日，美国政府又宣布停止同中华人民共和国政府官员的所有高层接触。同一

〔1〕《江泽民文选》第1卷，第78页。

天，白宫发言人菲茨沃特宣布：美国将力求推迟考虑国际金融机构向中国提供新的贷款。

但是，“制裁”中国并不符合美国的全球战略和长远利益。这样做，未必对它自身有利。因此，它暗中又同中国高层接触，留下转圜的余地。当时担任中国外交部长的钱其琛回忆道：“那一段时间里，布什总统几次私下向中国传递口信，表明他重视中美关系，解释说，目前对中国的制裁，是在美国国会和社会的压力下采取的行动，希望中国领导人能够谅解。一九八九年六月二十一日，布什总统秘密致函邓小平同志，要求派特使秘密访华，与小平同志进行完全坦率的谈话。第二天，小平同志就复信布什总统，指出中美关系目前面临严峻的挑战，他对此感到担心，因为这种关系是双方多年共同培养起来的。为了避免中美关系继续下滑，小平同志表示同意布什总统的建议，在双方绝对保密的情况下，欢迎美国总统特使访华，并愿亲自同他进行真诚坦率的交谈。布什总统接到回信后十分高兴，决定派国家安全事务助理斯考克罗夫特将军作为总统特使于七月一日访华，随行人员只有副国务卿伊格尔伯格和一名秘书，不带警卫和其他人员。”〔1〕

这次会见，是在极端秘密情况下进行的。七月二日，邓小平会见斯考克罗夫特。他在会见前对陪同的李鹏、钱其琛说：“今天谈原则，不谈具体问题。制裁措施我们不在意，吓不倒我们。”会见时，他向斯考克罗夫特说：“现在中美关系确实处在一个很微妙、甚至可以说相当危险的地步。中国没有触犯美国，美国在很大范围内直接触犯了中国的利益和尊严。我要明确告诉阁下，中国的内政决不允许任何人加以干涉，不管后果如何，中国都不会让步。中国的内政要由中国来管，什么灾难到来，中国都可以承受，决不会让步。中国领导人不会轻率采取和发表处理两国关系的行动和言论，现在不会，今后也不会，但在捍卫中国的独立、主权和国家尊严方面也决不含糊。”〔2〕

七月十四日至十六日，美国、加拿大、日本、英国、意大利、法

〔1〕钱其琛：《外交十记》，世界知识出版社 2003 年 10 月版，第 170、171 页。

〔2〕冷溶、汪作玲主编《邓小平年谱（1975—1997）》（下），第 1284 页。

国、联邦德国七国首脑和欧洲共同体委员会主席在巴黎举行第十五届七国首脑会议。会议发表的《政治宣言》中对中国横加指责，并对中国采取中止高层政治接触及延缓世界银行贷款等“制裁”措施，同中国之间的双边经济联合委员会和科学技术合作委员会等会议都停止召开，连关于香港问题的中英联合联络小组的会议也拖延了三个月。十七日，中国外交部发言人发表谈话说：“七国首脑会议粗暴干涉中国内政，向中国施加压力，违反了最起码的国际关系准则，是中国政府所绝对不能接受的。它们的这种做法也是不明智的，到头来只会给它们自己带来损害。”同时明确地宣布：“中国政府是根据中国人民的根本利益和国际形势发展的总趋势来制定内外政策的，不会因为一些暂时因素而改变自己的既定基本方针。中国将坚定不移地执行改革开放政策和独立自主的和平外交政策。”〔1〕

这个时期内，中国同第三世界国家的关系继续顺利地发展，这些国家给了中国很大支持；同苏联和东欧国家之间的正常国家关系也有了进展。

西方七国的对华“制裁”，固然给中国的改革和经济建设造成严重困难，也对它们自己的切身利益带来严重损害。随着中国国内的政治局势和社会秩序很快稳定，它们便相继放松以至改变对中国实行的“制裁”。

最早同中国改善关系的是日本。七月十日，日本首相宇野宗佑就表示反对“制裁”中国。十二月一日，以樱内义雄为团长的日本国际贸易促进协会访华代表团访问中国。邓小平会见他们时说：“在国际垄断资本对我国实行制裁时，你们带来了这么大一个代表团来我国访问，这是真正友情的表现。”他又说：“在过去的工作中我们虽然有一些失误，但今年发生的事件的原因也来自国际上的大气候。西方世界，特别是美国开动了全部宣传机器进行煽动，给中国国内所谓的民主派，实际上是中华民族的败类以很多的鼓励和方便，因此才形成了当时那样混乱的局

〔1〕《外交部发言人发表谈话》，《人民日报》1989 年 7 月 18 日。

面。他们在许多国家煽动动乱，实际上是搞强权政治、霸权主义，要控制这些国家，把过去不能控制的国家纳入他们的势力范围。看清了这一点，就有助于认清问题的本质，总结经验教训。这次动乱从反面教育了我们，国家的主权、国家的安全要始终放在第一位，对这一点我们比过去更清楚了。”〔1〕一九九〇年一月和六月，国务委员邹家华和李铁映应日本政府邀请访问日本。同年七月，日本政府正式作出恢复第三批对华政府贷款的决定。一九九一年初，日本大藏大臣桥本龙太郎、通产大臣中尾荣一、外务大臣中山太郎相继访华。同年八月，日本首相海部俊树访问中国，成为西方对中国实行“制裁”后第一位访华的政府首脑。一九九二年四月，江泽民总书记访问日本。同年十月，日本明仁天皇和美智子皇后访问中国，这是日本天皇在历史上第一次访问中国。

西欧国家“制裁”中国的立场也在松动。钱其琛回忆道：“值得一提的是，在中国外交面临严峻的艰难时刻，许多西方国家仍然对中国保持了友善的态度，其中令我记忆深刻的是西班牙。在当时一片反华声浪中，西方国家中没有随波逐流的是西班牙。西班牙对中国的情况表示理解，并一直执行中西两国已签约的贷款协议和经济合作项目，积极恢复与中国的政府交往。”〔2〕一九九〇十月二十三日欧洲共同体各国外长在卢森堡举行会议后，宣布除政府首脑以上交往和军事往来、合作及军品贸易外，取消一九八九年六月以来实行的针对中国的其他限制性措施，立即恢复同中国的正常关系。

美国虽然带头实行对中国的“制裁”，私下却同中国接触不断，但这种关系也经历了一波三折。一九八九年十月，美国前总统尼克松访华。邓小平会见他时，向他指出：结束严峻的中美关系，要由美国采取主动。十二月，布什派遣斯考克罗夫特作为特使，以通报美苏首脑马耳他会晤情况为由，访问中国。他这次访问和上次不同，是公开访问，实际上打破了美国不同中方进行高层互访的决定。会见时，邓小平对他说：“中美两国之间尽管有些纠葛，有这样那样的问题和分歧，但归根

〔1〕《邓小平文选》第3卷，第347、348页。

〔2〕钱其琛：《外交十记》，第197页。

到底中美关系是要好起来才行。这是世界和平和稳定的需要。”[1]这次访问，使中美关系出现了改善的趋向。但就在这时，东欧局势发生剧变，美国的态度又发生变化，要观察中国是不是能抗得住这次风浪，而不急于同中国改善关系。“对于美方的短视行为，小平同志于（一九九〇年）五月十四日托来华访问的埃及总统穆巴拉克转告布什总统，提醒他不要因东欧事情过分兴奋，也不要用同样的方式来处理中国问题和中美关系。否则，双方很难不发生磨擦，甚至导致冲突。这对两国都不利。”[2]

美国的对外行为，确如邓小平所提醒它的，往往很“短视”。正在这时，伊拉克突然出兵入侵和吞并科威特，美国准备发动海湾战争。为了获得联合国安全理事会的授权，必须得到中国的支持。而中国已成功地抗住了东欧剧变引起的那场风浪。美国的对华态度又发生变化。一九九一年十一月，美国国务卿贝克访华，双方的谈判也取得进展。这样，西方七国对中国持续了两年多的“制裁”，几经曲折，终于被基本上打破了。

深入开展治理整顿

一九八九年和一九九〇年，是改革开放以来国民经济增长缓慢的两年：一九八九年年初，邓小平还叮嘱：“保证一定的速度百分之七至八是需要的。”[3]这个平均速度可以保证国民经济在本世纪末翻两番。这年年底，总理办公会议在那场政治风波后讨论下一年计划盘子时，对经济增长速度定为百分之五。但实际执行的结果，一九八九年的国内生产总值比上年只增长百分之四点一，一九九〇年更是只比上年增长百分之三点八。中共十一届三中全会以后的二十多年中，唯有这两年的增长率低于百分之五。

---

〔1〕《邓小平文选》第3卷，第350页。

〔2〕钱其琛：《外交十记》，第185页。

〔3〕《市场与调控——李鹏经济日记》（中），第609页。

出现这种状况的原因是多方面的：同前几年的经济过热和对它进行必要的治理整顿自然有关；一九八九年的政治风波，对治理整顿和深化改革是很大的干扰，给经济造成相当大的损害，在社会发生那样大的政治风波的情况下要保持经济的正常发展是不可能的；还有，西方国家对中国实行“制裁”，一九九〇年的进口总额比上年下降百分之九点八，一些急需的设备和原料不能进口，更加重了经济困难。这些事实说明，政治和社会的稳定，对中国经济的发展何等重要。

在国内政治风波得到平息后，在经济上必须更冷静地实事求是地估计面对的困难，总结经验教训，加大治理整顿的力度，并且有针对性地深化改革。一九八九年十一月六日至九日，中共中央召开十三届五中全会，通过《关于进一步治理整顿和深化改革的决定》。《决定》一开始就强调：我们既要充分肯定成绩，又要如实估计困难，当前主要应该注意的是对困难估计不足。《决定》写道：“当前的经济困难是多年积累下来的，只有看清楚这一点才能深刻理解治理整顿的必要性和艰巨性。”它指出，这些问题主要是：社会总需求远远超过社会总供给，现有国力和社会生产能力已支撑不了庞大的建设规模和严重膨胀的社会消费需求；工农业比例关系严重失调，现有农业已支撑不了过大的工业生产规模；基础工业、基础设施与加工工业的比例关系严重失调，能源、交通、原材料的供应能力已支撑不了过大的加工工业；资金、外汇、物资的分配权过度分散，国家宏观调控能力严重削弱；生产、建设、流通领域中普遍存在高消耗、低效益，高投入、低产出，高消费、低效率的现象，各方面浪费严重。

中共中央在《决定》中作了严肃的自我批评，写道：“党中央、国务院对我国经济生活中出现的困难和问题负有重要责任，应当从中吸取深刻的经验教训。十一届三中全会以来，党中央、国务院在执行正确路线、方针、政策的过程中，对经济建设和改革开放的具体指导也有失误。从一九八四年下半年开始，我国就出现了经济过热、货币发行过多、国民收入超额分配等现象，但党中央、国务院未能及时采取果断措施加以解决；一九八七年虽然提出了财政信贷双紧方针，但又没有坚决加以贯彻，以致问题越积越多。这些年来，对农村形势的估计一度过于乐观，对加工工业的盲目发展纠正不力；在改革统得过多、管得过死的经济体制过程中，忽视了必要的适当集中；在强调微观搞活的同时，忽视了综合平衡和加强宏观调控。由于对国情缺乏全面深刻的认识，对国力缺乏清醒的估计，在建设和改革两方面都存在急于求成的偏向。经济工作中的问题，同党的领导和思想政治工作的削弱也是分不开的。出现这些问题的责任不在下面。”〔1〕这个严肃的自我批评是中肯的。它提出的综合平衡和加强宏观调控的问题，是前一阶段被忽视而又极为重要的问题；至于急于求成的偏向，更是新中国经济工作中一再出现的顽症。《决定》要求：用三年或者更长一些时间基本完成治理整顿任务。江泽民在全会闭幕时的讲话中说：

“这次中央《决定》总的精神和指导思想，就是要通过进一步治理整顿和深化改革，努力实现国民经济的长期持续稳定协调发展。全会认为，四十年来，我国经济工作取得了伟大成就，但也有失误。最重要的教训，就是往往脱离国情、超越国力、急于求成、大起大落。这种失误，严重挫伤了干部和群众的积极性，造成了巨大的损失。”

“要保持国民经济持续稳定协调发展，已经提出来多年了，但是并没有真正为全党同志共同接受和认真贯彻执行。因此，必须进一步明确和强调这个指导思想，从上到下都要牢固树立起来，而且在整个社会主义现代化建设过程中都要始终坚持，不能动摇。”

“我们所说的持续，就是要长期保持正常发展的速度；稳定，就是不能大起大落；协调，就是重大经济关系比较合理。说到底，就是要有计划按比例地稳步前进，不断提高经济效益和社会效益。这样的速度，才是最有效、最可靠的。”〔2〕

由于中共中央和国务院下了更大决心，一九九〇年的治理整顿，在

〔1〕《十三大以来重要文献选编》(中)，第681、683页。

〔2〕《十三大以来重要文献选编》(中)，第711、712页。

一九八九年下半年工作的基础上，取得了明显成效：压缩固定资产投资规模和抑制消费基金过快增长，使通货膨胀得到控制，社会商品零售价格指数比上年只增长百分之二点四九（而一九八九年比上年增长了百分之十七点八）；产业结构调整开始起步，在基本建设投资中农业、能源和交通运输等薄弱环节的比重上升，重点建设步伐加快；流通领域的混乱现象得到初步整顿，到一九九〇年底，全国已撤并公司十万多个，占原有各类各级公司总数的百分之三十五点二，党政机关办的各种公司绝大多数已经撤销或同机关脱钩，市场秩序进行了初步整顿。刘国光在这年十二月下旬评论治理整顿取得的成效说："通货膨胀开始抑制下来，特别是一九九〇年的物价，原来预计百分之十四至十六，现在看来到年终也只在百分之二至三。""经济秩序，特别是流通领域的秩序，经过初步整顿，也有好转，社会比较稳定，老百姓有稳定感，不像前二年那样，人心惶惶。"〔1〕没有这样力度很大的治理整顿，经济状况要从原来那样混乱和困难的局面中走出来是不可能的。中国经济在十分困难的条件下比较快地扭转局势，走上健康发展的轨道，这是很不容易的事情。

从更广阔的视野来看，一九九〇年是第七个五年计划的最后一年，而且是中共十二大提出的"两步走"发展战略中前十年的最后一年。我们来分别看一看这五年和十年的总貌：

拿第七个五年计划来说，从一九八六年到一九九〇年这五年间，"国内生产总值平均增长速度百分之七点九，工业总产值平均每年增长百分之十三点二，农业总产值平均每年增长百分之四点八，财政总收入平均每年增长百分之七点九，财政总支出平均每年增长百分之九。"〔2〕

拿中共十二大"两步走"的战略部署来看，原来要求一九九〇年的国民生产总值比一九八〇年翻一番，基本解决人民的温饱问题。实行的结果，这个目标提前实现了："一九九〇年同一九八〇年相比，国民生产总值由四千四百七十亿元增加到一万七千四百亿元，按不变价格计算，增长一点三六倍，平均每年增长百分之九。国民收入由三千六百八

〔1〕《刘国光文集》第6卷，中国社会科学出版社2006年12月版，第270页。

〔2〕《中国经济发展五十年大事记》，第433页。

十八亿元增加到一万四千三百亿元，按不变价格计算，增长一点三一倍，平均每年增长百分之八点七。生产门类更加齐全，资源开发能力明显提高。一些重要工农业产品产量跃居世界前列。钢、化学纤维由世界的第五位升至第四位，有色金属由第七位升至第四位，发电量由第六位升至第四位，煤炭、水泥由第三位升至第一位，乙烯由第十五位升至第八位，粮食、棉花、肉类、布匹已居世界首位。由于我国人口众多，产品的人均占有量还比较低，但国家整体经济实力的增强是极为明显的。"[1]

这个时期内中国经济的增长，是八十年代世界平均增长速度的三倍，为以后十年实现比一九八〇年翻两番、进入小康社会打下了坚实的基础。

在第七个五年计划胜利完成后，一九九〇年十二月二十五日至三十日，中共中央举行十三届七中全会，通过了《关于制定国民经济和社会发展十年规划和"八五"计划的建议》。这个《建议》的特点，是把制定"八五"计划和十年规划结合起来。它的原因是：经济和社会发展的许多问题是有连续性的，需要有较长时间的考虑；一些重大建设项目、科技攻关课题，以及人才培养等，也往往不是在一个五年计划期间就能够完成的。根据十年经济发展的总趋势和奋斗目标来确定五年计划，可以把眼光放得更远些，步子走得更扎实可靠些。

全会开始的上一天，邓小平同几位中央负责人谈话，提出"要善于把握时机来解决我们的发展问题"。他说：

"现在国际形势不可测的因素多得很，矛盾越来越突出。过去两霸争夺世界，现在比那个时候要复杂得多，乱得多。怎样收拾，谁也没有个好主张。第三世界有一些国家希望中国当头。但是我们千万不要当头，这是一个根本国策。"

"本世纪末实现翻两番，要稳扎稳打。在翻两番的基础上，再用三

〔1〕《十三大以来重要文献选编》(下)，人民出版社 1993 年 12 月版，第 1482 页。

十年到五十年时间，我国综合国力达到世界前列，社会主义的优越性就真正体现出来了。我们必须从理论上搞懂，资本主义与社会主义的区分不在于是计划还是市场这样的问题。社会主义也有市场经济，资本主义也有计划控制。资本主义就没有控制，就那么自由？最惠国待遇也是控制嘛！不要以为搞点市场经济就是资本主义，没有那么回事。计划和市场都得要。不搞市场，连世界上的信息都不知道，是自甘落后。”

“共同致富，我们从改革一开始就讲，将来总有一天要成为中心课题。社会主义不是少数人富起来、大多数人穷，不是那个样子。社会主义最大的优越性就是共同富裕，这是体现社会主义本质的一个东西。如果搞两极分化，情况就不同了，民族矛盾、区域间矛盾、阶级矛盾都会发展，相应地中央和地方的矛盾也会发展，就可能出乱子。”〔1〕

在酝酿和制定《建议》的过程中，江泽民提出：“中央和国务院都坚持在治理整顿中，深化改革，不走回头路。全党要充分利用有利时机，坚定不移地把经济搞上去，充分发挥社会主义制度的优越性。当前最重要的是要启动市场。启动要符合经济规律，不能再搞经济过热。大家要齐心协力找到一条计划经济与市场调节相结合的具体化的路子。”李鹏提出：“计划的主导思想是‘适当集中，办几件大事，保持经济后劲。’”“今后十年发展总方针仍然是‘持续、稳定、协调’。”“强化宏观调控手段，主要是银行利率、财政、税收、海关和基建审批权。”〔2〕

全会通过的《关于制定国民经济和社会发展十年规划和“八五”计划的建议》规定：从一九九一年到二〇〇〇年，要实现现代化建设的第二步战略目标，把国民经济的整体素质提高到一个新水平。基本要求是：在大力提高经济效益和优化经济结构的基础上，使国民生产总值按不变价值计算，到本世纪末比一九八〇年翻两番；人民生活从温饱达到小康；发展教育事业，推动科技进步，改善经济管理，调整经济结构，加强重点建设，为二十一世纪初叶我国经济和社会的持续发展奠定物质

〔1〕《邓小平文选》第3卷，第363、364页。
〔2〕《市场与调控——李鹏经济日记》，第760、761、753、754页。

技术基础；初步建立适应以公有制为基础的社会主义有计划商品经济发展的、计划经济和市场调节相结合的经济体制和运行机制；社会主义精神文明建设达到新的水平，社会主义民主和法制建设进一步健全。

《建议》提出了一些值得注意的重大措施，如：农村在实行以家庭联产承包为主的责任制的同时，建立统分结合的双层经营体制；贫困地区在解决大多数群众温饱的基础上，转入以脱贫致富为主要目标的扶贫开发阶段；加强基础工业和基础设施的建设；把发展电子工业放到突出位置；继续坚持以公有制为主体，适当发展其他经济成分，形成适合现阶段生产力水平的所有制结构；计划经济不限于指令性计划，指令性计划和指导性计划都是实行计划经济的具体形式；坚持实行政企职责分开、所有权与经营权适当分离，逐步使绝大多数国营企业真正成为自主经营、自负盈亏的社会主义商品生产者和经营者；积极稳妥地推进价格改革；改革财政税收体制，现行的是财政包干制，改革的方向是在划清中央和地方事权范围的前提下实行分税制，等等。

江泽民在全会闭幕时讲话。他说：

“尽管国际风云变幻，尽管我们在前进道路上遇到这样那样的困难，但是我们党、国家和人民经受住了考验，我们胜利地走过来了。”

“建设有中国特色的社会主义是一篇大文章。邓小平同志已经为它确定了基本思路和基本原则。这是在新的历史条件下对马列主义、毛泽东思想的重大发展。我们希望，全党同志特别是党的高级干部，都要把心思用在这里，经过实践，集思广益，继续把这篇大文章作好。”〔1〕

中共十三届七中全会后，一九九一年，中国各方面的工作在外有压力、内有困难的情况下，迅速走上大踏步前进的行程。经过三年的治理整顿和改革的深化，中国经济发展已基本趋于正常，并继续向好的方向发展。

〔1〕《十三大以来重要文献选编》（中），第1428、1430页。

这一年，与战胜淮河流域和太湖地区严重水灾同时，中国的国民经济跨出了很大的步子。到这年年底，全国国内生产总值达到两万一千六百十七亿八千万元，首次突破两万亿元大关，比上年增长百分之九点二。“同时物价平稳，商品零售价格仅比上年上升百分之三点四。”〔1〕治理整顿的主要任务基本完成，社会总供求恢复基本平衡，通货膨胀得到控制，使人们放下心来。国民经济转向全面增长。

这一年，在工业方面，国内生产总值增长百分之十三点九，先后建成宝钢二期工程、年产各三十万吨的扬子和齐鲁乙烯工程、长江葛洲坝水利枢纽第二期工程。中国大陆第一座自行设计制造的核电站——秦山核电站，这年十二月十五日在浙江海盐的杭州湾畔并网发电成功，国际原子能机构在运行前的安全评审时认为：“没有发现任何影响安全的问题。”〔2〕国务院发出《关于批准国家高新技术产业开发区和有关政策规定的通知》。企业集团的组建、股份制和租赁制的试点正在继续展开。随着生产的发展，人民的收入提高，生活持续改善，储蓄不断增加，失业减少，保证了经济稳定和社会安定。社会保障制度和住房制度改革的范围不断扩大。利用国外资金和外商来华直接投资，都是历史上最多的一年。

当然，事情还有另外一面。中国的经济发展虽已步入正常阶段，但基础尚不稳固。经济回升速度虽较快，经济效益仍处在低谷。特别令人焦虑的是：国有企业的亏损面和亏损额双双增加，技术水平提高慢，经济效益低，产业结构不合理。这年九月召开的中央工作会议，着重讨论如何搞好国营大中型企业这个大问题。江泽民在会上指出：

“要把搞好国营大中型企业作为坚持社会主义道路的一件大事，摆到突出位置，集中精力抓下去。进一步搞好国营大中型企业，不仅是经济问题，而且是政治问题。没有经济的发展、繁荣与稳定，也不可能有

---

〔1〕马洪、刘中一、陆百甫主编《中国宏观经济政策报告 1997》，中国财政经济出版社 1997 年 8 月版，第 4 页。

〔2〕艾俊平：《秦山，向世界宣告》，《共和国的记忆》，第 278 页。

政治的稳定。”

“我们是发展中的社会主义国家，在经济上要赶上发达国家，就要保持必要的发展速度。这种速度，要建立在提高经济效益的基础上。没有一定的速度，经济搞不上去。但是忽视效益的速度，会造成浪费，增加经济发展的困难，而且也不能持久。”

“发展有计划的商品经济，不能盲目追求产值，而要推动企业去研究市场，研究消费者的需要，开发适销对路的产品，合理地组织生产。”〔1〕

开发浦东新区，是这个时期的一项重大决策。上海是中国最大的工业城市，在人才、技术和管理方面都有明显的优势，所处地理位置的辐射面宽。发挥上海这个经济中心城市的作用，对促进长江三角洲乃至整个长江流域经济的腾飞，对加快全国经济的发展，都有极重要的意义。但上海原来市区的发展余地有限，而同市区隔黄浦江相望的浦东地区却有巨大的发展潜力，没有很好得到利用。一九九〇年初，邓小平来到上海。上海市委书记兼市长朱镕基等向他汇报工作，提出开发开放浦东。同年三月，邓小平回到北京，向几位中央负责人说：“要研究一下哪些地方条件更好，可以更广大地开源。比如抓上海，就算一个大措施。上海是我们的王牌，把上海搞起来是一条捷径。”〔2〕四月，国务院总理李鹏到上海，宣布中共中央和国务院的决定：“同意进一步开发浦东，主要发展外向型和高科技经济，执行经济特区某些政策，以发挥上海的工业基础优势、人才优势、科技力量优势”。〔3〕同年，在浦东新区设立封闭式管理的外高桥保税区，这是中国批准设立的第一个保税区。

一九九一年一、二月间，邓小平再次视察上海时说：“开发浦东，这个影响就大了，不只是浦东的问题，是关系上海发展的问题，是利用上海这个基地发展长江三角洲和长江流域的问题。抓紧浦东开发，不要动摇，一直到建成。只要守信用，按照国际惯例办事，人家首先会把资

〔1〕《十三大以来重要文献选编》（下），第1700—1702页。
〔2〕《邓小平文选》第3卷，第355页。
〔3〕《市场与调控——李鹏经济日记》（中），第724页。

金投到上海，竞争就要靠这个竞争。金融很重要，是现代经济的核心。金融搞好了，一着棋活，全盘皆活。上海过去是金融中心，是货币自由兑换的地方，今后也要这样搞。中国在金融方面取得国际地位，首先要靠上海。那要好多年以后，但现在就要做起。”〔1〕三月，中央确定在上海和深圳试点实行股票上市。这又是改革开放中的新事物。这一年，开发浦东已进入实质性的启动阶段。

一九九一年农业总产值比上年增长百分之三，在大灾中夺得了丰收年。这年内，国务院在总结经验的基础上，发出《关于加强农业社会化服务体系建设的通知》；中共中央举行十三届八中全会，又通过《关于进一步加强农业和农村工作的决定》。《决定》突出地强调“三农”的极端重要性，写道：

“农业是经济发展、社会安定、国家自立的基础，农民和农村问题始终是中国革命和建设的根本问题。没有农村的稳定和全面进步，就不可能有整个社会的稳定和全面进步；没有农民的小康，就不可能有全国人民的小康；没有农业的现代化，就不可能有整个国民经济的现代化。”〔2〕

价格改革，在一九八八年前后社会经济中曾是焦点问题，并造成过巨大风波。经过三年的治理整顿，投资和消费双膨胀的状况基本上得到抑制，社会总供求基本取得平衡，原来欠的账基本上还掉了，取得了主动，因此在一九九一年得以跨出重大的步子：“政府对可能导致物价上涨的各种因素比较警惕，同时也利用比较宽松的宏观环境，进行大幅度的价格改革，并注意积极扩大商品市场机制的作用范围与培育市场。”它所采取的措施包括：调整了二十五年没有动过的城镇居民定量平价粮的销售价格，改变了因多次提高国家定额粮油收购价格而不动销售价格所造成的购销价格严重倒挂现象；提高了长期偏低的部分基础工业品的

---

〔1〕《邓小平文选》第3卷，第366—367页。
〔2〕《新时期农业和农村工作重要文献选编》，第760页。

价格，如原油及成品油价格；提高钢铁及水泥等产品的计划内价格，对部分原来实行‘双轨制’的产品实行计划内外两种价格并轨或缩小差距；还下放一批轻工商品价格管理权限，放开粮食、卷烟等一大批商品价格，初步改变高度集中的价格管理体制，形成多种价格形式并存的局面。这些措施，时机比较恰当，条件已较成熟，步子比较稳重，对理顺价格关系起了积极作用。“全年商品零售价格上涨幅度为百分之二点九，比计划目标低三点一个百分点。”〔1〕

对一九九一年在中国工业化进程中的地位，经济学家马洪有一个判断：“工业化进入中期阶段的指标是：工业产值比重大于百分之六十，工业就业比重大于百分之四十五，城市人口比重大于百分之三十五，人均国内生产总值达到一千美元以上”。“从一九九一年开始，中国经济发展的上述指标就已经达到或接近工业化中期阶段的水平。”他又说：“如果认为中国工业化已于一九九一年基本跨过第一个转折点，即由工业化的前期阶段进入中期阶段的话，那么，我国从一九五三年到一九九一年三十八年所走的历程，美国约走了八十年，日本约走了四十年。”〔2〕

在国防建设方面，作为中央军委主席的江泽民十分重视研究这年一月海湾战争提出的新课题。他说：“国际形势总的继续走向缓和，但天下仍很不太平。世界上重大突发事件接连不断，地区冲突和局部战争此起彼伏。”“在日新月异的科技进步推动下，世界军事迅猛发展。一九九一年的海湾战争表明，现代战争已开始成为高技术战争。”〔3〕根据这一新的判断，制定了在新的历史条件下的战略总方针，指出要实施科技强军战略，依靠科技进步来提高军队的战斗力，要把战争准备的基点放在打赢一场现代技术、特别是高技术条件下的局部战争上。提出在军队建设的指导思想上，要走有中国特色的精兵之路。

在推进祖国和平统一大业方面，《中华人民共和国香港特别行政区基本法》，经过四年多的调查研究、起草、磋商和修改，已由一九九〇

〔1〕 马洪、刘中一、陆百甫主编《中国宏观经济政策报告 1997》，第 269、270 页。
〔2〕 马洪：《序言》，中国工业经济联合会编《中国工业现代化进程》，卷前。
〔3〕《江泽民文选》第 2 卷，第 451—452 页。

年举行的第七届全国人民代表大会第三次会议通过并颁布。《澳门特别行政区基本法（草案）》也由全国人大常委会审议公布，不久经全国人民代表大会通过。海峡两岸的贸易额和来大陆的台资迅速增长，探亲、旅游以及文化、科技、学术、体育等交流持续发展。

在这个过程中，也遇到一些新问题。

一个突出问题是“三角债”。由于抑制前一阶段通货膨胀和信贷过分投放而收紧了银根，加上抢购风潮平息后出现销售疲软，许多企业流动资金不足，相互拖欠货款。国务院用了很大力量来处理这个问题，一九九一年关于搞好国营大中型企业的二十条政策措施中就把清理三角债作为突破口。但工作难度很大，往往是前清后欠，有些企业还有“欠债有理、欠债有利”的错误思想。这个问题成为经济生活正常运转的严重障碍，困扰了经济工作好几年。

另一个更令人焦虑的问题，是不少国营企业的经济效益继续下降，亏损严重。事实表明，经济生活中的突出问题已不是速度上不去，而是效益提不高。这又同前几年经济过热时低水平重复建设过多有关，同企业的经营机制没有很好转换有关。江泽民在这一年指出：“历史经验证明，在经济工作中，主观上的急于求成必然造成片面追求速度，不讲效益。当前和今后一个时期，我们必须下功夫调整结构和提高效益，把扩大再生产的重点放在技术改造上，而不能主要靠铺新摊子。经济的发展要依靠科技进步和提高劳动者素质。”新任国务院副总理的朱镕基尖锐地指出：“现在相当大比例的国营企业亏损或濒于亏损。更为严重的是，有许多企业，问题不只是亏损，而是坐吃山空。不少企业该提的折旧费和新产品开发基金没有按国家规定提足用好，实际上是吃了老本。亏损了，职工奖金照发；企业办糟了，厂长易地做官；产品积压，工厂照样生产；任务不足，一个人也不精简；企业内部奖罚不明，干多干少、干好干坏一个样，这些都是属于机制方面的问题。这些问题不解决，企业效益不可能提高，有些企业死水一潭的局面也不可能改观。”他提出了

“实行关停并转，调整工业内部结构”的问题。[1]

这些都是中国的改革开放和社会主义现代化建设事业发展过程中出现的新问题，是以前不曾遇到过的。它只能靠深化改革来解决，只能在发展中解决。改革和发展都需要有新的思路，迈出更大的步子。中国人民正是在异常复杂的环境中，在缺乏现成经验的情况下，以坚定的步伐，继续大胆地往前闯，边摸索边前进，迎接新局面的到来。

---

〔1〕《十三大以来重要文献选编》(下)，第1701、1816、1817、1808页。

第二十七章

建立社会主义市场经济体制

八十年代和九十年代之交，国际局势发生了令人震惊的巨大变化。苏联解体，东欧剧变。它带来两方面的变化：冷战结束，世界政治格局走向多极化，对中国的改革开放和现代化建设创造了有利条件；但世界社会主义运动处于低潮，西方有些人得意洋洋地说二十世纪最大遗产是社会主义的试验和失败，国内也有一些人感到惶惑。面对这种严峻的局势，中国应该怎么办？邓小平冷静地指出：

“别人的事情我们管不了，只讲一个道理：中国的社会主义是变不了的。中国肯定要沿着自己选择的社会主义道路走到底。谁也压不垮我们。只要中国不垮，世界上就有五分之一的人口在坚持社会主义。我们对社会主义的前途充满信心。

总之，对于国际局势，概括起来就是三句话：第一句话，冷静观察；第二句话，稳住阵脚；第三句话，沉着应付。不要急，也急不得。要冷静、冷静、再冷静，埋头实干，做好一件事，我们自己的事。”〔1〕

“做好一件事，我们自己的事”，那就是要把中共十一届三中全会以来开创的中国特色社会主义事业扎扎实实地不断推向前进。

---

〔1〕《邓小平文选》第3卷，第320—321页。

一九九二年邓小平南方谈话和中共十四大，标志着中国的改革开放和社会主义现代化建设进入一个新的阶段。进入新阶段的特征：一是抓住机遇，加快发展；二是明确中国经济体制改革的目标是建立社会主义市场经济体制。在这种思想指引下，中国大地上不但没有出现西方有些人期望的那样放弃社会主义或经济停滞不前，而是到处热气腾腾，国民经济出现蓬勃发展的新势头，社会主义制度在自我完善和发展中更加充满生机和活力。

邓小平南方谈话和中共十四大

邓小平在一九九二年一月十八日至二月二十一日到武昌、深圳、珠海、上海等地视察。这位退休老人的心依然密切关注着建设中国特色社会主义的事业，关注着改革开放和社会主义现代化建设事业的发展。这时，中国的经济建设和改革事业正走到一个重要关头。邓小平在视察南方的谈话中，以一个战略家的眼光和胆识，回答了长期以来人们关注而思想上尚未完全弄清楚的许多重大问题。他说：

“不坚持社会主义，不改革开放，不发展经济，不改善人民生活，只能是死路一条。基本路线要管一百年，动摇不得。只有坚持这条路线，人民才会相信你，拥护你。”

“判断的标准，应该主要看是否有利于发展社会主义的生产力，是否有利于增强社会主义国家的综合国力，是否有利于提高人民的生活水平。”

“计划多一点还是市场多一点，不是社会主义与资本主义的本质区别。计划经济不等于社会主义，资本主义也有计划；市场经济不等于资本主义，社会主义也有市场。计划和市场都是经济手段。社会主义的本质，是解放生产力，发展生产力，消灭剥削，消除两极分化，最终达到共同富裕。”

“要抓住机会，现在就是好机会。我就担心丧失机会。不抓呀，看到的机会就丢掉了，时间一晃就过去了。”

“我国的经济发展，总要力争隔几年上一个台阶。当然，不是鼓励不切实际的高速度，还是要扎扎实实，讲求效益，稳步协调地发展。”

“现在，我们国内条件具备，国际环境有利，再加上发挥社会主义制度能够集中力量办大事的优势，在今后的现代化建设长过程中，出现若干个发展速度比较快、效益比较好的阶段，是必要的，也是能够办到的。我们就是要有这个雄心壮志!”

“一些国家出现严重曲折，社会主义好像被削弱了，但人民经受锻炼，从中吸取教训，将促使社会主义向着更加健康的方向发展。因此，不要惊慌失措，不要认为马克思主义就消失了，没用了，失败了。哪有这回事!”

“我们要在建设有中国特色社会主义道路上继续前进。资本主义发展几百年了，我们干社会主义才多长时间！何况我们自己还耽误了二十年。如果从建国起，用一百年时间把我国建设成中等水平的发达国家，那就很了不起！从现在起到下世纪中叶，将是很要紧的时期，我们要埋头苦干。我们肩膀上的担子重，责任大啊!”〔1〕

邓小平把这篇讲话作为三卷本《邓小平文选》的结束篇，可以看成是他留给中国共产党和中国人民的重要政治交代。由于谈话内容重要，中共中央在二月二十八日发出《关于传达学习邓小平同志重要谈话的通知》，要求把这个谈话的精神逐级传达到全体党员和干部，认真贯彻落实。三月上旬，中共中央政治局召开会议，讨论邓小平的谈话。会议指出：从现在起到本世纪末是一个关键时期，我们要认清形势，把握机遇，真抓实干，讲求效益。加快经济发展速度，力争几年上一个台阶。

从三月二十日到四月三日，第七届全国人民代表大会举行第五次会议。李鹏在大会上作政府工作报告，要求抓紧有利时机，加快经济发展；加快改革步伐，扩大对外开放；为经济建设和改革创造更好的社会

〔1〕《邓小平文选》第3卷，第370、371、372、373、375、377、383页。

政治环境。这次大会通过了《关于兴建长江三峡工程的决议》。这是一项中国人民期待、准备了多年而又举世瞩目的宏伟工程，经过长期筹备在一九九四年十二月正式开工。人代会后不久，六月下旬，国务院召开长江三角洲及长江沿江地区经济规划座谈会，要求以上海浦东开发开放和三峡工程建设这两件大事为契机，推动长江三角洲及长江沿岸地区的开发开放和经济发展，这是继沿海地区开放以后促使中国经济振兴的又一个重大战略决策。

在这前后，针对当时工作中迫切需要解决的问题，还采取了一系列有力措施：中共中央政治局通过《中共中央关于加快改革、扩大开放、力争经济更好更快地上一个新台阶的意见》；中共中央、国务院作出《关于加快发展第三产业的决定》；国务院通过《全民所有制工业企业转换机制条例》。除了扩大沿海地区的开放以外，进一步开放黑龙江、吉林、内蒙古、新疆、云南、广西的一批边境城市，加强同周边国家的经济文化交流和合作。

本来，一九九一年全国人大七届四中全会通过的“八五”计划和十年规划纲要规定国民生产总值平均每年增长百分之六。这同那时的形势和认识判断有关：一是制定这个计划时，国际和国内的政治经济形势都十分严峻，需要继续观察，需要强调稳定，在稳定中增长；二是原定到二〇〇〇年实现国民生产总值翻两番的战略目标，只要保持年增长百分之六这个速度已可完成；三是考虑到定计划要留有余地，不可把弦绷得太紧，宁可在实际执行中超额完成。后来从实践情况来看，原来计划所定的百分之六的年增长速度，偏低了一些。到一九九二年，客观形势已有变化：国际形势渐趋稳定，中国的回旋余地较大；新的科技革命正在发展，产业结构继续在国际范围内调整，发达国家企业有不少正向发展中国家转移；中国周边一些国家和地区都在加快发展。在这种情况下，加快经济发展，实现比原计划更高一些的速度，是必要的，也是有可能的。邓小平敏锐地察觉到这些变化，及时提出要抓住时机、加快发展，对推进中国经济的快速发展起了举足轻重的作用。

这时，中国共产党正积极筹备召开第十四次全国代表大会。

六月九日，江泽民在中央党校省部级干部进修班上作了《深刻领会和全面落实邓小平同志的重要讲话精神，把经济建设和改革开放搞得更快更好》的讲话。这个讲话，是为了使全党和全国人民对中共十四大将要作出的重大决策在思想上有所准备。

讲话中，最重要的是谈了经济体制改革问题。他说：加快经济体制改革的根本任务，就是要尽快建立社会主义的新经济体制。而建立新经济体制的关键，是要正确认识计划和市场问题及其相互关系，就是要在国家宏观调控下，更加重视和发挥市场在资源配置中的作用。这也是邓小平南方谈话中着重谈的一个问题。

对这个问题的认识，是在实践中逐步深化的。江泽民在讲话中对中共十一届三中全会以来对计划和市场问题及其相互关系的认识过程，作了一个客观的历史回顾。他说："党的十二大时，讲的是计划经济为主、市场调节为辅；党的十二届三中全会通过的《关于经济体制改革的决定》提出了社会主义经济是在公有制基础上的有计划的商品经济的新概念；党的十三大时，提出了社会主义有计划商品经济的体制应该是计划与市场内在统一的体制；党的十三届四中全会以来，提出了建立适应有计划商品经济发展的计划经济与市场调节相结合的经济体制和运行机制。我这里讲的是党的正式文件中的一些提法，至于学术界、理论界在讨论中的不同意见、不同提法就更多了。"

根据十几年来实践和认识的发展，江泽民明确地提出了"社会主义市场经济"的新概念。他说：

"我想在党的十四大报告中，总得最后确定一种大多数同志都赞同的有关经济体制的比较科学的提法，以利于进一步统一全党同志的认识和行动，以利于加快我国社会主义的新经济体制的建立。我个人的看法，比较倾向于使用'社会主义市场经济体制'这个提法。有计划的商品经济，也就是有计划的市场经济。社会主义经济从一开始就是有计划的，这在人们的脑子里和认识上一直是清楚的，不会因为提法中不出现

‘有计划’三个字，就发生是不是取消了计划性的疑问。”[1]

六月十二日，邓小平在住地同江泽民谈话，赞成使用“社会主义市场经济”的提法。“他说：实际上我们是在这样做，深圳就是社会主义市场经济。不搞市场经济，没有竞争，没有比较，连科学技术都发展不起来。产品总是落后，也影响到消费，影响到对外贸易和出口。他还说：在党校的讲话可以先发内部文件，反映好的话，就可以讲。这样党的十四大也就有了一个主题了。”[2] 这个提法，也得到陈云、李先念的支持。

刘国光当时这样解读：“中国经济体制改革的实质，是以市场机制为基础的资源配置方式取代以行政命令为主的资源配置方式。资源配置是近十年才在中国出现的一个概念。一个国家的资金、物资、人力、土地资源是有限的。有限的资源如何合理配置，对一个国家经济的发展关系极大。从世界范围来看，有这样两种方式：第一种是通过价格供求变化，就是通过市场配置资源，第二种是政府用行政命令和指标来分配资源。中国以前一直使用的是第二种。不过从世界历史发展以及中国经济改革现实来看，市场经济作为资源配置的手段被认为更加有效。”[3]

他接着写道：计划经济并非一无是处。在一定的历史条件下，它是有效的。中国在建国初期，经济发展水平低，靠计划集中资源搞了一百五十六项工程，成绩也是很大的。当经济规模扩大、结构复杂、需求和技术不断变化时，集中管理的弊病就出现了。在和平的环境中要把经济搞上去，随着经济生活的多样化、复杂化，市场显得越来越重要。实践证明，市场取向的改革进行越深入的地方、部门、企业，其经济活力就越大，经济发展就越快。从根本上说，过分集中、统得过死的计划经济体制束缚了生产力的发展。这种观念的转变，是中国人认识上的一个飞跃。

---

〔1〕《江泽民文选》第1卷，第201、202页。

〔2〕陈锦华：《国事忆述》，第228页。

〔3〕《刘国光文集》第7卷，第135页。

中国共产党第十四次全国代表大会在一九九二年十月十二日至十八日举行。江泽民代表第十三届中央委员会作了《加快改革开放和现代化建设步伐，夺取有中国特色的社会主义事业的更大胜利》的报告。

报告指出：十一届三中全会以来的十四年，是真正集中力量进行社会主义现代化建设的十四年，是人民生活水平提高最快的十四年。报告对邓小平提出的建设有中国特色社会主义理论的主要内容，从社会主义的发展道路、发展阶段、根本任务、发展动力、建设的外部条件、建设的政治保证、建设的战略步骤、领导力量和依靠力量、祖国统一问题九个方面作了概括，使人们对这个理论的完整科学体系有一个更清晰的认识。江泽民说：

“十四年伟大实践的经验，集中到一点，就是要毫不动摇地坚持以建设有中国特色社会主义理论为指导的党的基本路线。”

“这个理论，第一次比较系统地初步回答了中国这样的经济文化比较落后的国家如何建设社会主义、如何巩固和发展社会主义的一系列基本问题，用新的思想、观点，继承和发展了马克思主义。”

报告在谈到九十年代改革和建设的任务时指出：当前要紧紧抓住有利时机，加快发展，有条件能搞快一些的就快一些，只要有质量高、效益好、适应国内外市场需求变化的，就应当鼓励发展。他说：

“九十年代我国经济的发展速度，原定为国民生产总值平均每年增长百分之六，现在从国际国内形势的发展情况来看，可以更快一些。根据初步测算，增长百分之八到九是可能的。我们应该向这个目标前进。在提高质量、优化结构、增进效益的基础上努力实现这样的发展速度，到本世纪末我国国民经济整体素质和综合国力将迈上一个新的台阶。”

报告指出：我国经济体制改革确定什么样的目标模式，是关系整个社会主义现代化建设全局的一个重大问题。这个问题的核心，是正确认识和处理计划与市场的关系。江泽民在报告中明确地提出：中国经济体制改革的目标是建立社会主义市场经济体制。他对这个目标作了具体的解释：

“我们要建立的社会主义市场经济体制，就是要使市场在社会主义国家宏观调控下对资源配置起基础性作用，使经济活动遵循价值规律的要求，适应供求关系的变化；通过价格杠杆的竞争机制的功能，把资源配置到效益较好的环节中去，并给企业以压力和动力，实现优胜劣汰；运用市场对各种经济信号反应比较灵敏的优点，促进生产和需求的及时协调。同时也要看到市场有其自身的弱点和消极方面，必须加强和改善国家对经济的宏观调控。”〔1〕

把社会主义基本制度和市场经济体制紧紧结合在一起，作为经济体制改革的目标，是一项前无古人的开创性事业，是社会主义发展史上的重大突破，是中国共产党在新的历史时期的重大决断：如果不能适应市场供求关系的实际需要，如果没有竞争，社会生产力就不能得到进一步解放和发展，社会主义便不能充满生机和活力；而如果离开社会主义国家对经济的宏观调控，经济的发展容易陷入盲目性，容易只着眼于眼前利益和局部利益，难以限制市场经济自身的弱点和消极方面，难以符合最广大人民的根本利益，最终也不可能健康地持续前进。市场经济和宏观调控这两者，哪一个方面都不能丢。

第二年三月，第八届全国人民代表大会第一次会议在北京举行。大会确定中国经济体制改革的目标是建立社会主义市场经济体制，并选出江泽民为国家主席、乔石为全国人大常务委员会委员长，决定李鹏为国务院总理。

在邓小平南方谈话和中共十四大精神指引下，中国的改革开放和现代化建设事业在人们面前展现出新的面貌。广大干部和群众解放思想、

---

〔1〕《江泽民文选》第1卷，第222、218、224、226—227页。

抓住机遇、加快发展的热情高涨。大家都在考虑，怎样根据本地本部门的有利条件，采取灵活多样的方式，把经济搞上去，创造出一个新的局面。这种状况，在沿海地区、特别是一些重要城市中，表现得更为突出。

一九九二年，也就是邓小平南方谈话和党的十四大召开的当年，国内生产总值达到两万六千六百三十八亿一千万元，比上年增长百分之十四点二，猛增五个百分点。拿工业生产来说，钢产量达到八千万吨，比五年前的一九八七年增长百分之四十二；原煤产量达到十一亿吨，五年内增长百分之二十；发电装机达到一亿六千五百万千瓦，五年内增长百分之四十六。农业已连续四年获得丰收，乡镇企业保持旺盛的发展势头。打破西方国家对华“制裁”以后，进出口总额在这一年达到一千六百五十五亿三千万美元，比上年增长百分之二十二。

这种增长速度已经超过一九八八年时百分之十一点三的水平，但情况与一九八八年有很大不同：一是这次高速增长是建立在前几年治理整顿时期较低速度增长的基础上的；二是在治理整顿时期对产业结构和经济比例关系进行了调整，能源和原材料等基础工业增长较快，供应状况比一九八八年有较大改善，经济发展有着较可靠的支撑；三是城市职工收入增加幅度大于物价的涨幅，物价的上涨没有超过居民的承受能力。因此，经济在这时并不能说过热，并且为以后的抑制过热创造了重要条件。

在经济发展的同时，以改变经济结构和转换企业经营机制为中心的深化改革也取得明显成效：公有制经济以外的其他经济成分增长得比较快；市场机制作用的范围扩大，工业生产的指令性计划缩小到百分之十几，消费品价格有百分之九十以上已由市场调节；人才可以自由流动，劳动力市场已经形成；资本市场，包括股票、债券等机制也逐渐形成。

一九九三年，经济在上一年快速增长的基础上，继续较快地向前发展。国家统计局根据第一次全国经济普查资料重新核算后得到的数据（以下同）：这一年的国内生产总值达到三万五千三百三十四亿元，首次突破三万亿元大关，比上年又增长百分之十四。其中，第一产业增长百分之四点七，第二产业增长百分之十九点九，第三产业增长百分之十二点一。[1] 一些重要产品的产量大幅度增加，钢产量达到八千八百六十八万吨。企业技术改造和产品结构调整步伐加快。农业继续获得丰收，粮食总产量为四千五百六十四亿公斤，达到历史最高水平。重点建设加速，特别是针对交通运输能力严重不足的状况，（北）京九（龙）、南（宁）昆（明）等重要铁路干线建设进展顺利，高等级公路和重点港口建设加快。邮电通信状况迅速改善。扣除物价上涨因素，全国城镇居民人均生活费收入比上年增加百分之十点二，农村居民人均收入增长百分之三点二。城乡居民存款在年末达到一万四千七百六十四亿元，比上年增长百分之二十八。

这种经济增长的速度，不仅大大超过世界各国增长的平均数，而且连续位居第一。中国经济的繁荣，同当时国际经济疲软乏力的局面形成鲜明对照，已成为带动国际经济增长的新热点，充分显示出通过改革以自我完善的社会主义制度的巨大优越性。

加强宏观调控的十六条措施

确定建立社会主义市场经济体制的目标后，在市场机制作用扩大、国民经济高速发展的同时，由于旧的调控机制逐渐失效、新的宏观调控机制尚未完善，又遇到许多新的问题："伴随着经济高速增长，也出现了经济盲目扩张、经济秩序混乱等一些突出问题，尤其是一九九三年表现为甚。这些问题具体表现为'四高'、'四热'、'二乱'。'四高'是指高投资增长、高货币投放、高物价上涨和高贸易逆差。'四热'是房地产热、开发区热、集资热和股票热。'二乱'是金融秩序混乱、市场秩序混乱。"[2] 也就是说，在新的历史条件下，又出现新的经济过热。

新中国成立以来，曾经多次地因经济过热而发生大起大落的波折现

〔1〕 第一产业指农业、林业、牧业、渔业；第二产业指采矿业、制造业、电力业、燃气及水的生产和供应业、建筑业；第三产业指除第一、二产业外的其他产业。

〔2〕 马洪、刘中一、陆百甫主编《中国宏观经济政策报告 1997》，第 4、5、6 页。

象，有过沉重的教训。曾任国家计委主任的陈锦华写道：“实行改革开放以后，则有两个现象值得深思和总结，一个是投资饥渴症，一个是政府换届的政绩效应。这两者的结合和相互作用，便催发经济过热，发展失控，造成新的经济波动，甚至是很大的波折。”一九九三年，又值政府换届，各地新一届政府产生后都急于要多做些事情，到处是一派大干快上的劲头。这种劲头对发展经济无疑有着积极的作用。但在经济继续快速发展中，一些地区和领域再度出现经济过热现象：建设摊子铺得过大，层层搞开发区，连乡一级也搞，不少开发区事实上形成大面积撂荒，还有相当数量建成或没有建成的商品房闲置着，称为“烂尾楼”，没有资金，便用各种形式乱集资，乱向银行拆借；乱设金融机构，大量资金在体外循环，利率失控；投资规模过度扩大，超过了国家和地方的承受能力。这对刚刚起步不久的经济体制改革是一次严峻考验。“宏观经济越来越热，地方和部门各行其是，而中国的市场又很不成熟，‘看不见的手’在兴风作浪，‘看得见的手’怎么办?”[1] 人们关注着：在实行社会主义市场经济体制的新的复杂环境中，国家能不能及时有效地控制和驾驭这种局势?

中共中央和国务院早就注意到这个问题。一九九二年四月四日，江泽民在出访日本前夕写信给其他领导人，及时地叮嘱：“现在重要的问题，是要善于把干部和群众高涨的劲头和积极性引导好、保护好、发挥好。”“总之，要在深化改革上狠下功夫，避免只在扩大投资规模上做文章，以防出现新的重复建设和产品积压。”[2]

但当时干部中的认识并不能很快取得一致。“东部地区认为，改革开放的势头很好，加快发展带来了新的机遇，经济并不热；中西部地区则感到发展已经滞后了，形势刚好一点，也还远未热起来，是‘你热我不热’。”[3] 有些人还担心加强宏观调控会不会影响改革开放，影响贯彻邓小平南方谈话精神和十四大精神，使改革开放的势头发生逆转，经济

[1] 陈锦华：《国事忆述》，第260、261页。
[2] 《江泽民文选》第1卷，第195、196页。
[3] 陈锦华：《国事忆述》，第266页。

发展速度又会掉下去。因此，还在争相攀比，不问市场需求的实际情况，不顾条件地争相扩大投资规模。

一九九三年的一月，邓小平同上海市党政军负责人和各界人士共度除夕，叮嘱他们："上海人民在一九九二年做出了别人不能做到的事情。当然走一步，回头看一下是必要的。要注意稳妥，避免损失，特别要避免大的损失。有一点小的损失不要紧，回头总结经验，改正缺点就是了。乘风破浪，脚步扎实，克服困难，更上一层楼。"〔1〕

三、四月间，中共中央先后召开各省省委书记、省长会议和经济情况通报会，提出防止经济过热的问题。江泽民、李鹏、朱镕基在经济情况通报会上讲话。他们指出：当前，国内形势和国际环境为加快改革和发展提供了难得的机遇。同时指出，抓住机遇、加快发展，必须从中国当前的实际出发，要注意汲取历史上造成几次较大经济波折的教训，力求在经济建设上，既保持一个较快的增长速度，又争取有一个较为合理的经济结构，做到既加快发展，尽力而为，又从实际出发，量力而行，避免大的起伏，避免大的损失，把经济发展的好势头保持下去。

由于用高利率来乱集资和搞开发区热是两个突出的新问题，国务院在四、五月间相继发出《关于坚决制止乱集资和加强债券发行管理的通知》和《关于严格审批和认真清理各类开发区的通知》。

五月九日至十一日，江泽民在上海主持召开华东六省一市经济工作座谈会。他在会上说："当前我国经济发展中出现的一些矛盾和问题，从根本上讲，是经济体制转换过程中发生的问题。解决这些问题，不能沿用过去的老办法，而应通过改革，主要运用经济手段、法律手段，辅之以必要的行政手段，加强宏观调控力度，对经济运行进行有效的驾驭，使经济生活中的矛盾得以缓解，努力保持和发展经济运行的好形势。"这月十九日，他又给国务院领导人写信，以异常急迫的心情写道："对于经济中存在的突出问题，要抓紧时机解决，解决问题的时机稍纵

---

〔1〕 冷溶、汪作玲主编《邓小平年谱（1975—1997）》（下），第1359页。

即逝，倘若问题积累，势必酿成大祸。”[1]

社会主义市场经济，不能离开国家的宏观调控，这是它同西方一些国家的自由市场经济的重要区别。中共中央和国务院在六月二十四日发出《关于当前经济情况和加强宏观调控的意见》。这是中国建立和完善社会主义市场经济体制过程中一个具有十分重要意义的文件。

《意见》首先充分肯定：今年以来，我国经济总的形势是好的，改革开放和现代化建设取得的成绩是显著的。接着指出：我国经济在继续大步前进中，也出现了一些新的矛盾和问题，某些方面的情况还比较严峻：一是货币过量投放，金融秩序混乱；二是投资需求和消费需求都出现膨胀的趋势；三是财政困难状况加剧；四是由于工业增长速度越来越快，基础设施和基础工业的“瓶颈”制约进一步强化。五是出口增长乏力，进口增长过快，国家外汇结存下降较多；六是物价上涨越来越快，通货膨胀呈现加速之势。“上述情况表明，当前的宏观经济环境已经绷得很紧，有些矛盾和问题还在继续发展，如果不抓住时机，进一步深化改革，抓紧实施宏观调控措施，势必导致社会供需总量严重失衡，通货膨胀进一步加剧，甚至会引起经济大的波动，影响社会安定。”《意见》特别提醒：“对这些问题，从局部观察是不容易看清楚的，需要从全局上、宏观经济形势上和未来发展的走势上作出正确判断。为了解决当前经济中的突出问题，首先必须进一步统一思想认识，特别是各级领导干部对当前经济形势要有正确的、清醒的认识。”

针对经济生活中这些急迫问题，中共中央、国务院在《意见》中决定以很大力度采取十六条措施来加强和改善宏观调控。这些措施是：(一）严格控制货币发行，稳定金融形势；（二）坚决纠正违章拆借资金；（三）灵活运用利率杠杆，大力增加储蓄存款；（四）坚决制止各种乱集资；（五）严格控制信贷总规模；（六）专业银行要保证对储蓄存款的支付；（七）加快金融改革步伐，强化中央银行的金融宏观调控能力；(八）投资体制改革要与金融体制改革相结合；（九）限期完成国库券发

〔1〕 中共中央党史研究室：《中国共产党新时期大事记（增订本）》，中共党史出版社 2002 年 9 月版，第 388、389 页。

行任务；（十）进一步完善有价证券发行和规范市场管理；（十一）改进外汇管理办法，稳定外汇市场价格；（十二）加强房地产市场的宏观管理，促进房地产业的健康发展；（十三）强化税收征管，堵住减免税漏洞；（十四）对在建项目进行审核排队，严格控制新开工项目；（十五）积极稳妥地推进物价改革，抑制物价总水平过快上涨；（十六）严格控制社会集团购买力的过快增长。

《意见》写道："采取上述措施，从全局来说是非常必要的，是积极的。既可以保持经济持续快速发展，又可以为加快改革开放创造必要的宏观环境。""各地区、各部门都要从大局出发，加强组织纪律性，做到令行禁止，坚决维护中央对全国宏观调控的统一性、权威性和有效性。自接到文件之日起，必须立即组织贯彻落实，制定出具体的办法和措施。党中央、国务院将组织调查组，深入各地进行督促检查。"〔1〕

加强宏观调控，是建立社会主义市场经济体制的题中应有之义，是对社会主义市场经济认识的深化。过去管理权限过于集中、政府对企业干预过多、微观经济缺乏活力的状况必须坚决改变，这已为实践证明。市场经济的充分发展，是经济现代化的必要条件。但市场主体分散决策，市场机制自发调节，难以实现国民经济的总量平衡和结构优化。如果片面强调"市场化改革"，放松宏观调控和监管，缺乏全局性、前瞻性、战略性的考虑和约束，采取自由市场经济那套做法，就会出现盲目追逐眼前或局部利益、不顾大局、破坏综合平衡等现象，甚至会出现少数人为谋取暴利而胡作非为，最终损害最广大人民的根本利益，这方面也有过不少教训，那是不符合社会主义市场经济体制的本质要求及其建立目的的。

加强宏观调控力度，并不等于回到传统计划经济的模式：第一，它主要着眼的是正确驾驭宏观经济的发展，保持国民经济的综合平衡，至于微观经济方面的问题基本上依靠市场来调节；第二，解决问题的方法主要运用经济手段、法律手段，辅之以必要的行政手段。这些都是在实

---

〔1〕《十四大以来重要文献选编》（上），人民出版社 1996 年 2 月版，第 311—324 页。

践中一步步看清楚的。

既要珍惜和保护得来不易的经济高速发展的大好形势，坚定不移地推行社会主义市场经济体制的改革，又要坚决有力地纠正当前正在出现的种种新问题，难度很大。中共中央和国务院的这个文件在很大程度上体现了中国共产党和人民政府驾驭宏观经济的能力已日臻成熟。这是中国经济能够持续、快速、健康发展的重要保证。

这次加强宏观调控采取的具体措施着重从金融、财政、税务下手，确实抓住了问题的源头，“在计划经济体制下，财政和金融的关系一直没有理得很顺。财政发生困难就向银行透支，银行支付能力不足就增发货币，进而引发通货膨胀。”〔1〕金融在国民经济中处于枢纽地位。金融秩序混乱，纪律松弛，已严重影响改革开放和经济发展。因此，这次宏观调控工作把整顿金融秩序作为重点。从这里下手，对防止经济过热起到了釜底抽薪的作用，是一种正确的选择。

为了加强宏观调控的落实力度，国务院在一九九三年七月间先后召开全国金融工作会议和全国财政、税收工作会议。朱镕基副总理在这两次会议上，指出这次加强宏观调控的特点，如：它不是实行全面紧缩，而是进行结构调整；十六条措施中十三条是采用经济手段，不是“走老路”。他说：“我们是把解决当前经济工作中存在的问题，作为加速建设社会主义市场经济的动力，力求通过加快形成社会主义市场经济体制的办法，来解决当前经济发展中出现的问题。”这些体现了新的改革思路。

朱镕基在两个会议上都向与会者毫不含糊地提出要“约法三章”，针对存在的问题，作出必须执行的严格规定。他动情地说：“这些任务的完成难度都很大，我充分估计到了这个难度。那末，任务怎么样才能完成呢？就是各级领导班子要以身作则，只有自己以身作则，才能够严格要求部下。自己不能勤政，又不廉政，吃吃喝喝，乱批条子，任人唯亲，到处搞关系，把国家财产不当一回事，你还坐在讲台上面作报告，下面能不骂你？更不会照你说的去做。你也不敢处理一个人，就只能搞

〔1〕陈锦华：《国事忆述》，第279页。

点福利主义，给大家发点奖金，形成一种庸俗的机关作风，这要害死人的。所以，必须从我们自己着手。自己带头，为人表率，才能有真正的廉政建设，才能真正遵守‘约法三章’。”他又说：“我在这里讲的，如果我自己做不到，请同志们检举、揭发。如果我自己做不到，我绝对不要求大家。”〔1〕

一九九三年加强宏观调控的各项措施，既雷厉风行，又不搞“急刹车”，不搞“一刀切”；既针对当时的严重问题，又着眼于长远的布局；而且主要采取经济手段，注重调整经济结构和改革经济管理方式。这对此后中国经济能够持续快速健康发展，产生了深远影响。

一部分干部中的腐败问题，历来受到群众极端痛恨。在新体制正在建立而没有完善的情况下，他们又尽力钻政策空子，上下其手，以新的形式使腐败行为肆无忌惮地蔓延滋长。中共中央和国务院对此十分重视。在这个时期，廉政建设和反腐败斗争取得一定进展。八月二十一日，江泽民在中央纪律检查委员会全体会议上作报告。他说了一些分量很重的话：

“我们不能否定党的主流是好的，也不能低估腐败现象的严重性和危害性。腐败现象是侵入党和国家机关健康肌体的病毒。如果我们掉以轻心，任其泛滥，就会葬送我们的党，葬送我们的人民政权，葬送我们的社会主义现代化大业。”

“要坚持两手抓，一手抓改革开放，一手抓打击各种犯罪活动。这两只手都要硬。打击各种犯罪活动，扫除各种丑恶现象，手软不得。两个文明建设都搞好，这才是有中国特色的社会主义。”〔2〕

他要求，集中力量查办一批大案要案，着重查办发生在党政领导机关和司法部门、行政执法部门、经济管理部门工作人员中的案件；要标本兼治，综合治理，持之以恒，最基本的要靠教育、靠法制。十月五

〔1〕《十四大以来重要文献选编》（上），第346、371页。

〔2〕《江泽民文选》第1卷，第319、321页。

日，中共中央、国务院作出《关于反腐败斗争近期抓好几项工作的决定》。

由于及时采取了一系列果断措施，特别是加强宏观调控的有力措施，经过几个月的努力，经济过热现象得到一定遏制，全国经济局势既保持发展的劲头，又趋于稳定，向着健康的方向发展。

为了继续推进改革，在一年多实践的基础上，中共中央这年十一月十一日至十四日召开十四届三中全会，审议并通过《关于建立社会主义市场经济体制若干问题的决定》。《决定》共有五十条。其中最重要的第二条，将《决定》内容作了扼要的概括：

“社会主义市场经济体制是同社会主义基本制度结合在一起的。建立社会主义市场经济体制，就是要使市场在国家宏观调控下对资源配置起基础性作用。为实现这个目标，必须坚持以公有制为主体、多种经济成分共同发展的方针，进一步转换国有企业经营机制，建立适应市场经济要求，产权清晰、权责明确、政企分开、管理科学的现代企业制度；建立全国统一开放的市场体系，实现城乡市场紧密结合，国内市场与国际市场相互衔接，促进资源的优化配置；转变政府管理经济的职能，建立以间接手段为主的完善的宏观调控体系，保证国民经济的健康运行；建立以按劳分配为主体，效率优先、兼顾公平的收入分配制度，鼓励一部分地区一部分人先富起来，走共同富裕的道路；建立多层次的社会保障制度，为城乡居民提供同我国国情相适应的社会保障，促进经济发展和社会稳定。这些主要环节是相互联系和相互制约的有机整体，构成社会主义市场经济体制的基本框架。必须围绕这些主要环节，建立相应的法律体系，采取切实措施，积极而有步骤地全面推进改革，促进社会生产力的发展。”〔1〕

这个《决定》，将建设社会主义市场经济体制的目标进一步具体化，

〔1〕《十四大以来重要文献选编》(上)，第520—521页。

勾画出它的基本框架。

一九九三年在调整社会关系方面还有一件重要的事情，就是把民族工作和宗教工作提到相当突出的议程上来。这年十一月七日，江泽民在全国统战工作会议上讲话。他首先谈了民族问题，说："民族问题是关系我们的国家统一、社会稳定、边防巩固、建设成功的大问题。东欧剧变、苏联解体的教训再一次说明，在社会主义条件下，正确处理民族问题是一个带根本性的问题，加强民族团结是一个需要长期努力的重要任务。""国际敌对势力把民族问题和宗教问题，作为对社会主义国家实行'西化'和'分化'的突破口。这很值得我们注意和警惕。"如何做好民族工作？江泽民说了三句话：一是继续巩固和发展社会主义民族关系，二是坚持和完善民族区域自治制度，三是加强民族地区的经济发展和社会进步。他强调："民族地区存在的矛盾和问题，归根到底要靠发展经济来解决。所以，我们处理民族地区的各种问题，都必须牢牢掌握经济建设这个中心。要千方百计地加快民族地区经济的发展，逐步缩小民族之间的发展差距，逐步实现各民族共同繁荣。"中国是一个多宗教的国家，信教群众有一亿多人。在宗教问题上，江泽民也说了三句话：一是全面、正确地贯彻执行党的宗教政策，二是依法加强对宗教事务的管理，三是积极引导宗教与社会主义社会相适应。他说："广大宗教信徒是拥护社会主义制度的，同全国人民在根本利益上是一致的，这是宗教能够与社会主义社会相适应的政治基础。"〔1〕这是新中国宗教政策在新的历史条件下的重要发展。

改革的整体推进和"软着陆"的成功

一九九四年，中国以建立社会主义市场经济体制为目标的经济体制改革，进入整体推进和重点突破的阶段，以前所未有的广度和深度大步向前跨进。

---

〔1〕《十四大以来重要文献选编》(上)，第512、515、518页。

建立社会主义市场经济体制，是一项复杂而艰巨的系统工程。几年来治理整顿取得的成功，初步理顺了经济结构内部的关系，使改革在方方面面的整体推进有了可能。

这个推进的最突出表现是：按照建立社会主义市场经济体制的要求，出台了财税、金融、外汇外贸、投资、价格和流通体制等一系列相互配套的重大改革。它涉及面之广、力度之大，是以往所少见的。各个领域的改革有着密切的联系，往往牵一发而动全身。实行这样整体性的体制改革，许多问题过去从不曾遇到过，没有现成的经验，改革进入攻坚阶段。这些改革，根据建立社会主义市场经济体制的要求，立足于理顺基本经济关系，建章立制，对解决新的运行机制产生十分深远的影响。

当时担任中央财经领导小组副秘书长的曾培炎，在年底的一次报告中，对它作了概括的叙述：

“在财税体制改革方面，推行了以增值税为主体的流转税制度，按照新的税制划分税种，实行中央和地方的分税体制。改革是成功的，基本上达到了预期目的。财政收入总的情况比原来预计的要好。一至十月份，全国财政收入完成三千六百五十四亿元，比去年同期增长百分之十八点一。全年财政赤字可控制在计划目标之内。

在金融体制改革方面，围绕建立中央银行宏观调控体系，设立政策性银行，发展和完善金融市场，以及正确引导非银行金融机构健康发展，做了大量工作。新组建的国家开发银行、中国进出口银行和中国农业银行等政策性银行已经投入运营。中央银行在宏观调控中的作用正在增强，金融市场秩序有所改善，非银行金融机构的行为有所规范，金融总体运行正常。

在外汇外贸体制改革方面，从一九九四年一月一日起，对以前的双重汇率进行并轨，实行以市场供求为基础的、单一的、有管理的汇率制，推行外贸进出口结汇、售汇制度和新的外汇账户管理办法，取消外汇额度留成和上缴制度；建立银行之间的外汇交易市场，改进汇率形成机制。外贸体制改革中，进一步扩大企业对外贸易权，普遍推行了外贸代理制。

在投资体制改革方面，按照不同投资主体的投资范围和各类建设项目的不同情况，开始将投资项目划分为基础性、竞争性和公益性三种类型，分别实行不同的投资方式。

在价格和流通体制改革方面，调高了粮食、棉花、石油、煤炭等基础产品价格，比价关系进一步理顺，并出台了粮食、棉花、成品油、原油和化肥等农业生产资料方面的流通体制改革措施，明确了流通主体，规范了流通秩序。

与此同时，对企业改革做了不少工作，社会保障和住房制度改革也有进展。一年出台这么多的重大改革措施，又维护了社会稳定，确实是不容易的。”〔1〕

这一年，国民经济继续保持较快增长。在此前连续两年两位数高速增长的基础上，国内生产总值又比上年增长百分之十三点一，达到四万八千一百九十八亿元，迈上四万亿元这个台阶。第一产业产值比上年增长百分之四，第二产业产值增长百分之十八点四，第三产业产值增长百分之十一。

国家重点建设得到明显加强。重点建设项目资金到位状况明显好于往年，是近几年基础产业和基础设施建设完成较好的年份。如：“三北”防护林二期工程提前一年完成，造林两亿多亩；长达两千二百多公里的京九铁路全线进入施工高潮，全长一千六百多公里的兰新复线和五百公里的宝（鸡）中（卫）线电气化铁路全线铺通，新增高等级公路近一千九百公里；举世瞩目的长江三峡水利枢纽工程在十二月十日正式开工，黄河小浪底水利枢纽也已开工兴建。

科技领域取得一批重大成果。已育成的二百七十多个高产、优质、抗逆性强的农作物新品种，推广面积进一步扩大。完成一批重大装备的

〔1〕 曾培炎：《关于当前经济形势》，《当代中国马克思主义研究巡礼》（上），人民出版社1995年4月版，第438—439页。

研制，在数字程控交换机、高性能并行计算机、工业机器人、生物疫苗、功能材料等高技术的产业化方面取得重要进展。成立了中国工程院，加强应用技术的基础研究，促进新工程技术的推广应用。

对外开放继续保持好的势头。全年进出口总额比上年增长百分之二十点九，其中出口增长速度持续高于进口增长速度。实际利用外资四百三十二亿一千三百万美元，比上年增长百分之十点九。外汇储备五百十六亿美元，比上年增长一倍以上。政府对外资进入继续抱着积极欢迎的态度，同时增强对外资的选择性，重视先进技术和先进管理经验的引入，适当限制高污染项目的外国投资等。

城乡人民生活继续改善。农村居民人均年纯收入，比上年实际增长百分之五。城镇居民人均生活费收入实际增长百分之八点八。“但居民收入增长还存在不平衡的情况，一部分职工、离退休人员和贫困地区农民收入水平较低”。[1] 国务院召开全国扶贫开发工作会议，部署实施《国家八七扶贫攻坚计划》，要求力争在本世纪末最后七年内基本解决全国八千万贫困人口的温饱问题。

在迅速推进经济建设的同时，国防建设也得到加强。这一年，江泽民提出军队和国防建设要做到“政治合格、军事过硬、作风优良、纪律严明、保障有力”，把它作为军队建设的总要求。在武器装备、特别是“杀手锏”武器装备建设方面，本着有所为有所不为的方针，对重点项目和关键技术组织各方面力量协同攻关。

从经济周期的角度看，一九九一年至一九九五年处于新一轮经济增长的高峰期。经济从一九九一年开始回升，一九九二年比上年增长百分之十四点二，以后逐年稍有回落，但仍保持连续四年的两位数增长。“这一时期经济的增长，既反映了周期性经济扩张的固有趋势，也受到了宏观经济政策的深刻影响。一方面，‘保持国民经济持续、快速、健康发展’的战略要求，构成了宏观决策的主线，决定了经济迅速增长的基本格局。另一方面，以稳定经济、整顿经济秩序为着眼点的宏观经济

〔1〕 陈锦华主编《1995 年中国国民经济和社会发展报告》，中国计划出版社 1995 年 3 月版，第 5 页。

政策，构成了政府调控的基本内容，影响着经济增长过程中的宏观环境和结构变动。”[1]

中国改革开放以来的经济运行不是在风平浪静中进行的，而是不断遇到波澜起伏。这时出现的突出问题是：在经济高速增长的同时，物价涨幅过高，而且势头猛、涨幅大、持续时间长。从一九九三年三月开始，涨幅一直保持在百分之十以上。一九九三年全国零售物价总水平已比上年上涨百分之十三。因此，一九九四年把宏观调控工作的重点转到抑制通货膨胀上来。但物价猛涨的势头未能刹住。李鹏一九九五年初在全国人大八届三次会议的报告中说：“去年我在政府工作报告中曾提出，要把全年商品零售物价上涨幅度控制在百分之十以内。虽然在这方面做了很大努力，涨幅仍然高达百分之二十一点七，其中食品价格上涨的因素大约有十三个百分点左右，群众反映强烈。”[2] 这是改革十多年来第一次物价增幅超过百分之二十，出现家家户户谈物价的情况。低收入群体的生活更加困难。

物价为什么又出现如此猛涨？原因是多方面的。它暴露出中国农业的基础仍很脆弱，不能适应高速发展的工业以及城乡居民生活不断提高的要求。而一九八四年第四季度后对农业又长期有所忽视。国家计划委员会主任陈锦华在一九九五年初人代会上的报告中说：“近几年一些地区对农业有所忽视，投入不足，粮食播种面积下降，稻谷产量有所减少，加上去年各种灾情较重，有些农产品供应偏紧。同时，随着人口增加、居民生活改善和进入城镇的流动人口增多，对食品需求扩大，供应不足，引起食品价格大幅度上升。据统计，去年食品类商品零售价格比上年上涨百分之三十五点二，成为推动价格总水平上涨的重要因素。”[3] 同时，连续几年固定资产投资和消费基金增长过快，特别是各地加工工业的低水平重复建设过多，货币投放量过大，这也是物价大幅上涨的重要原因。从积累和消费的比例，也可以看到当时存在的问题：“一九九

〔1〕马洪、孙尚清主编《中国发展研究》，中国发展出版社 1996 年 9 月版，第 2—3 页。

〔2〕《十四大以来重要文献选编》（中），人民出版社 1997 年 12 月版，第 1242 页。

〔3〕陈锦华主编《1995 年中国国民经济和社会发展报告》，第 6 页。

〇年以来，消费占国内生产总值的比重逐年下降且幅度不小。一九九四年为百分之五十六点七三，比一九九〇年下降了六点二五个百分点。与此相对应，一九九四年投资率为百分之四十二点二四，比一九九〇年上升了七点四零个百分点。”[1]

“抑制通货膨胀并不轻而易举。主要难点有两个：一是控制总量就不能满足所有资金的需要，有的建设项目和企业生产要上，有的要维持，有的就要下，从而不可避免地要付出一些代价，遇到一些阻力。二是在目前的经济条件下，通过什么办法来控制总量，比以往任何时候都要复杂得多，艰巨得多。现在市场化程度已经很高了，国家能够直接控制的数量并不大，受利益机制的驱动，国家调控起来很难。但是，抑制通货膨胀又刻不容缓，一九九五年必须作出成效。否则，问题越积累越多，最后还得解决，那时付出的代价，就会更大。”[2]

面对这样的难题，国家保持着冷静的头脑，没有采取“急刹车”和全面紧缩的办法，而是力求“软着陆”，使问题逐步得到缓解，避免经济出现大起大落，但这又增加了抑制物价上涨的难度。

当一九九五年到来的时候，放在党和政府面前的艰巨任务是，如何本着“软着陆”的精神，既保持适当的经济增长速度，又抑制住通货膨胀，控制物价的上涨幅度。

要这样做，阻力仍然不小。不仅是理论界，有些地方市长、县长认为物价上涨不要紧，只要工资赶上不就行了吗？能够承受就行了。中央在这个问题上采取了既坚决又慎重的态度。在继续保持经济较快增长的同时，抑制通货膨胀也开始取得成效。主要措施是：采取“适度从紧”的财政政策和货币政策，控制货币供应和收缩银行信贷，清理“小金库”；辅以整顿流通秩序，加强市场价格监管，推迟一些日用消费品的价格调整；提高财政预算内资金和银行信贷用于农业的比重，严格对耕地资源的保持，加强“米袋子”省长负责制和“菜篮子”市长负责制，

---

〔1〕 马洪、孙尚清主编《中国发展研究》，第8页。

〔2〕 房维中主编《关于搞好国有企业的调查》，中国文史出版社1995年7月版，第2页。

以增加粮食和副食品的市场供给。“一九九五年物价总水平上涨幅度逐月回落，从一月份的百分之二十一点二降到十二月份的百分之八点三。全年商品零售价格指数上升百分之十四点八，实现了八届人大三次会议确定的百分之十五左右的物价调控指标。”〔1〕这个成绩虽还是初步的，物价水平依然偏高，但已向“软着陆”的目标前进了一步。

在一九九五年这一年里，还有几件比较重要的事情：一是以很大力量来抓国有企业的改革和发展；二是确定“科教兴国”的战略；三是在中国共产党内提出“讲学习，讲政治，讲正气”，通常简称为“三讲”。

先说国有企业的改革和发展。

随着传统的计划经济体制向社会主义市场经济体制转变，原来在计划经济体制下建立起来的国有企业的管理和经营体制不适应社会主义市场经济的要求，受到的压力很大，成为经济和社会生活中越来越突出的矛盾。这是一个全局性的问题。国有企业特别是国有大中型企业是国民经济的支柱，是能源、交通、重要原材料和技术装备的主要供应者，也是国家财政收入的主要来源，在国民经济中占着举足轻重的地位。国家经贸委这年三月的一个报告中对国有企业面对的困难这样分析：“一是优胜劣汰机制、自负盈亏机制、激励和约束机制还未真正建立起来；二是有些企业管理不善，亏损严重，欠发、缓发职工工资，给部分职工生活造成困难；三是发展后劲不足；四是负债过多，运营资金紧张；五是富余人员多，办社会的负担沉重。”〔2〕这里讲的“办社会的负担沉重”，包括大一些的企业还要自己办学校、托儿所、医院等公益事业。要解决这些困难，用当时流行的一句话来说：“钱从哪里来，人往哪里去？”出路仿佛十分渺茫。

中共中央、国务院极其重视这个问题。江泽民在五、六月间先后到上海、江苏、浙江、辽宁、吉林、黑龙江考察了近五十家国有企业，召

〔1〕陈锦华主编《1996年中国国民经济和社会发展报告》，中国计划出版社1996年3月版，第4页。

〔2〕《十四大以来党和国家领导人论国有企业改革和发展》，中央文献出版社1999年10月版，第371页。

集了十多次座谈会。他在座谈会上说：

“我国经济体制改革的目标是建立社会主义市场经济体制，而不是搞资本主义市场经济，重要的是要使国有经济和整个公有制经济在市场竞争中不断发展壮大，始终保持公有制经济在国民经济中的主体地位，充分发挥国有经济的主导作用。如果失去公有制经济的主体地位和国有经济的主导作用，也就不可能建设有中国特色的社会主义。所以，搞好国有企业特别是国有大中型企业，既是关系到整个国民经济发展的重大经济问题，也是关系到社会主义制度命运的重大政治问题。”

“改革开放十七年来，国有经济和其他所有制经济都有很大发展，但国有经济始终控制着国家的经济命脉，在电力、石油天然气、石油加工、冶金、交通运输和大型成套设备制造业、化工等关系国计民生的重要行业中，国有经济都占绝对的支配地位。特别是金融、通信、铁路、航空等属于国家经济命脉的领域，更是掌握在国家手里。一九九三年，我国独立核算的国有大中型工业企业有一万四千二百家，占全部工业企业总数的百分之三点二，但上缴国家利税占百分之五十四。”

“过去在计划经济体制下，国有企业的生产经营活动主要依据政府的行政指令和计划来安排，没有经营自主权，也不承担盈亏责任，造成企业吃国家的‘大锅饭’、职工吃企业的‘大锅饭’，企业缺乏活力，国有经济整体效益受到影响。建立现代企业制度就是要从根本上解决这个问题，使国有企业转换经营机制，成为法人实体和市场主体，做到自主经营、自负盈亏、自我发展、自我约束。”〔1〕

具体地说，这个阶段深化国有企业改革，进行现代企业制度试点，需要重点解决的问题：一是抓紧改变政企不分，二是加强国有资产管理和监督，三是尽快建立社会保障体制，四是解决好国有企业负担过重的问题。

---

〔1〕《江泽民文选》第1卷，第441、445、443、444页。

中共中央、国务院把国有企业的改革规定为当年经济体制改革的重点，要求把深化国有企业改革同企业改组、技术改造和加强企业管理结合起来（通常称为“三改一加强”），并采取了一系列具体措施，如：组建一批大型企业集团，增强国有企业竞争力；抓好一百家国有大中型企业建立现代企业制度的试点工作；多渠道增加国有企业的生产经营资金；提高技术改造投资在全社会固定资产投资中的比重；对有关试点企业因“拨改贷”形成的债务，经批准可改为国家投资；逐步减轻企业办社会的负担，可把企业的辅助性机构分离出去，实行独立核算，减少补贴；长期亏损、扭亏无望、不能偿还到期债务的企业，有的直接依法实行破产，有的可以先停产整顿，再进行重组；探索分流企业富余人员的有效途径，对失业职工保证其基本生活，通过转业培训、职业介绍等，促使他们重新择业；逐步转变政府职能，实现政府社会经济管理职能与国有资产所有者职能分开，国有资产监督管理职能与国有资产经营职能分开等。

但是，造成国有企业困难的原因很多：有的是在较长历史过程中沉积下来的，不可能在短时间内解决；有的是改革转轨过程中一时难以适应导致的；有的是因全局需要担负着政策性亏损；有的是经营不善以至存在着人为的蓄意侵吞。它的困难到一九九五年已表现得十分突出。这年十月，“有报告反映二千万人左右因发不出工资，生活困难，情绪不稳，主要是煤炭、林业、军工，以及一些中小企业。”〔1〕困难企业职工的大量“下岗”是多少年来不曾有过的新问题，成为全社会上下普遍关注和议论的热点。国有企业的改革和发展这个大课题，这一年只是跨出了一步，还需要继续在实践中探索。

再说“科教兴国”战略的确定。

国际上，这时异常引人注目的是：以信息技术为标志的现代科学技术日新月异地突飞猛进，世界范围内经济结构调整和产业升级步伐明显加快，生产、投资、贸易、金融的全球化进一步增强。这既给中国的发

〔1〕《市场与调控——李鹏经济日记》（中），第1204页。

展带来“后发优势”的重大机遇，又构成严峻的挑战。科学技术实力，已成为决定国家综合国力和国际竞争力强弱的重要标志。中国在高科技方面显然还落后于发达国家，面向经济建设、实现产业化的差距更大。“一九九五年我国高技术产业增加值占工业增加值的比重为百分之十左右，只略高于印度一九九〇年的水平。”[1] 形势逼人。中共中央、国务院在五月六日作出《关于加强科学技术进步的决定》，明确提出：

“实施科教兴国战略，是全面落实科学技术是第一生产力思想的战略决策，是保证国民经济持续、快速、健康发展的根本措施，是实现社会主义现代化宏伟目标的必然抉择，也是中华民族振兴的必由之路。”

“我国科技工作的基本方针是：坚持科学技术是第一生产力的思想，经济建设必须依靠科学技术，科学技术必须面向经济建设，努力攀登科学技术高峰。”

“逐步建立现代化的信息网络，加快国民经济信息化的进程。扩大先进的电子信息技术在生产、管理、服务等领域的应用，努力解决交通、通信、商贸、财税、金融、保险、社会服务等领域的信息化、现代化的关键技术问题。大力推动与科技进步密切相关的信息、咨询等第三产业的发展。”

“高技术研究与开发是现代经济发展的先导，是高技术产业发展的源泉。发展高技术要紧密结合国民经济和国防建设的需要，把握世界高技术发展的趋势，坚持有限目标，突出重点，把提高自主创新能力和经济竞争力、掌握知识产权、实现产业化作为主要目标。”[2]

五月二十六、二十七日，中共中央、国务院召开全国科学技术大会，江泽民、李鹏、朱镕基在大会上讲话，动员全党、全国各族人民，认真贯彻《决定》，在全国形成实施科教兴国战略的热潮。江泽民在讲话中还提出在加强科学技术进步时要狠抓重点，不能齐头并进：“要确

---

〔1〕 中国经济联合会编《中国工业现代化进程》，第93页。

〔2〕《十四大以来重要文献选编》(中)，第1344、1345、1349、1350页。

定有限目标，突出重点，有所赶有所不赶，才能有所作为。要经过科学论证，选择一批有基础和优势、国力可以保证、能跃居世界前沿、一旦突破对国民经济和社会发展有重大带动作用的课题，在全国组织专门队伍，集中力量，大力协同，重点攻关。”[1]

就是对数量众多的劳动密集型企业来说，要改变那种消耗能源多、污染环境严重、加工深度低、利润却很微薄的状况，也需要靠技术不断进步，否则在激烈的世界竞争中，终究是很难立足或要吃大亏的。

还有，提倡“讲学习、讲政治、讲正气”。

在党和国家工作重心转到经济建设以后，当向社会主义市场经济体制转变过程中面对种种复杂的新问题的情况下，针对不少干部埋头业务、埋头经济工作而忽视政治的倾向，中共中央向全党、尤其是领导干部提醒：“一定要讲政治”。九月二十七日，江泽民在中共十四届五中全会召集人会议上说：“我这里所说的政治，包括政治方向、政治立场、政治观点、政治纪律、政治鉴别力、政治敏锐性。在政治问题上，一定要头脑清醒。”“我们搞现代化建设，中心任务是发展经济，但必须有政治保证，不讲政治、不讲政治纪律不行。这一点对高级干部尤其重要。西方敌对势力要西化、分化我们，要把他们那套‘民主’、‘自由’强加给我们，李登辉要搞‘台独’，我们不讲政治行吗？不警惕、不斗争行吗？树欲静而风不止，这是不以人们的意志为转移的。”[2] 十月八日，他在北京考察时又提出要“讲学习、讲政治、讲正气”。这些，都是为了防止干部在繁重的经济工作和日益复杂的斗争中迷失方向，为了使广大党员和干部牢记党的宗旨，不管形势、任务和社会环境发生什么变化，都要一身正气，坚持全心全意为人民服务。

一九九五年是第八个五年计划的最后一年，国民经济和社会发展的任务都十分繁重。这一年，国内生产总值达到六万零七百九十四亿元，一举跨过六万亿元大关，比上年增长百分之十点九；第一产业产值增长百分之五；第二产业产值增长百分之十三点九，第三产业产值增长百分

〔1〕《江泽民文选》第1卷，第431页。
〔2〕《江泽民文选》第1卷，第457、458页。

之九点八。经济增长速度是相当快的。重点建设得到进一步加强：举世瞩目的三峡工程进展顺利，枢纽工程和库区移民等各项工作按计划实施；纵贯南北的京九铁路全线铺通，穿越九个省市的九十八个市县，全长两千二百三十五公里；西南第一条高速公路成渝路建成通车；采用自主开发的五次群光纤通信技术的京津沪光缆干线正式开通；计算机集成制造系统在一批企业得到应用。城镇实行了每周五天工作制。人民生活继续得到改善，正向小康目标前进。

由于加强宏观调控和采取“软着陆”的方针，第八个五年计划终于冲破重重困难顺利地完成了。五年中，国内生产总值年增长率达到百分之十二，高于以前任何一个五年计划时期。在一九九一年至一九九六年间，经济波峰与波后之间的落差仅为四点五个百分点，比波动幅度最小的第六个五年计划时期低约两个百分点。“‘八五’以来的宏观调控是我国明确建立社会主义市场经济体制目标后的首次调控尝试，它的成功不仅为顺利实施‘九五’计划提供了一个比较宽松的宏观经济环境，而且也为实现我国向社会主义市场经济体制的转轨开创了一个良好的经济发展背景。”〔1〕

李鹏在一九九六年初全国人大八届四次会议的报告中响亮地宣布：“我在这里向大会报告：原定二〇〇〇年比一九八〇年翻两番的目标，已经提前五年实现了。”〔2〕这确是了不起的成就，是全国人民可以引为自豪的成果。

随着第八个五年计划的胜利完成。一九九五年九月召开的中共十四届五中全会，主要议题是审议并通过《关于制定国民经济和社会发展“九五”计划和二〇一〇年远景目标的建议》。

“九五”计划，是在建立了社会主义市场经济体制情况下第一次制定的经济和社会发展五年计划，和过去历次五年计划有很大不同，需要有新的思路和方法。它不是先很多地去考虑主要产品的指标等等，而是

---

〔1〕马洪、刘中一、陆百甫主编《中国宏观经济政策报告1997》，第3页。

〔2〕《十四大以来重要文献选编》（中），第1751页。

更多地考虑国民经济和社会发展的主要奋斗目标和指导方针、经济发展的主要任务和战略布局、改革开放的主要任务和部署、社会发展的主要任务和基本政策这些宏观经济的问题。

对中国说来，发展是硬道理，解决所有问题的关键是要靠自己的发展。这里，很重要的是要把握好发展速度问题，速度低了不行，速度过高也不行。快是有条件的，要讲效益，讲质量；快是有区别的，各地发展速度可以有所不同；快必须是没有水分的实实在在的速度。由于原定到二〇〇〇年国民生产总值比一九八〇年翻两番的任务已可提前五年完成，《建议》要求：二〇〇〇年，在全国人口将比一九八〇年增长三亿左右的情况下，实现人均国民生产总值比一九八〇年翻两番，基本消除贫困现象，人民生活达到小康水平，加快现代企业制度建设，初步建立社会主义市场经济体系；再过十年，到二〇一〇年的主要奋斗目标是：实现国民生产总值比二〇〇〇年再翻一番，使人民的小康生活更加宽裕，形成比较完善的社会主义市场经济体制。经过十五年的努力，使中国的社会生产力、综合国力、人民生活水平再上一个大的台阶，为下个世纪中叶实现第三步战略目标，基本实现现代化，开创新的局面。

这个目标是积极的，也是经过努力能够完成或超额完成的。“九五”计划实施的结果，从一九九六年至二〇〇〇年，年平均经济增长率为百分之八点三，超过十年翻一番所需的百分之七点二，大大超过世界百分之三点八的年平均增长率，更大大超过发达国家（地区）百分之三点三的年平均增长率，缩短了中国经济水平同世界发达国家的差距。

《建议》强调要积极推进经济增长方式的转变，把提高经济效益作为经济工作的中心。这是非常重大的问题，也是“九五”计划的重要特色。那时候，国民经济发展速度虽快，但许多企业多少年的积弊一直是粗放型的经济增长方式，以追求数量、规模、速度、产值为目的，不重视技术更新改造、管理水平和人的素质的提高，投入大，耗费大，而效益不高，创造价值不高。有专家测算，改革开放到这时，中国经济增长有百分之七十二靠投入取得，只有百分之二十八是靠技术进步取得的。这种状况如果不改变，提高发展速度就只是靠盲目地不断铺新摊子和上新项目，而不重视先在现有企业下功夫挖掘潜力，提高效益。铺新摊子和上新项目的钱从哪里来？主要是靠增加财政投入。财政上钱不够，只得多发票子。它的后果，一是造成前面所说的连续几年的通货膨胀，物价上涨，使相当部分人生活困难，如果任其发展下去，就会造成社会中潜在的危险；二是造成大量低水平重复建设，产品不符合社会需求，供过于求，只能大量压仓库，使有些企业刚投产就陷入亏损的困境，这是国有企业困难的一个重要原因。要求转变经济增长方式，正是针对这种状况提出来的，但遇到的来自各方面的阻力依然不少，并非一下子就能解决。

这种状况难以改变的原因："首先是各级政府和官员的政绩考核，事实上是与各地经济发展的速度、规模有关系。第二是政企不分的旧体制还没有完全退出历史舞台，企业投资受约束。第三是企业素质较低，没有力量也没有兴趣进行技术改造和创新。第四是城乡劳动力较多，需要解决庞大的就业问题。单纯的提高劳动生产率，提高劳动效率，在中国还是不行的。这么多劳动力就业如何解决？"〔1〕因此，转变经济增长方式既是迫切需要解决的问题，又只能是长期的工作。

《建议》还注意到协调发展的问题，这是一个更加艰难的任务。邓小平在一九九三年九月就说过："十二亿人口怎样实现富裕，富裕起来以后财富怎样分配，这都是大问题。""少部分人获得那么多财富，大多数人没有，这样发展下去总有一天会出问题。分配不公，会导致两极分化，到一定时候问题就会出来。这个问题要解决。过去我们讲先发展起来。现在看，发展起来以后的问题不比不发展时少。"〔2〕差距本来是发展中难以避免的。令人忧虑的是，这些差距还在继续扩大。陈云在一九八八年八月给李鹏、姚依林等的一封信中还提出："治理污染、保护环境，是我国的一项大的国策，要当作一件非常重要的事情来抓。"〔3〕在讨论《建议》初稿时李鹏说：

〔1〕《刘国光文集》第8卷，第344页。

〔2〕冷溶、汪作玲主编《邓小平年谱（1975—1997）》（下），第1364页。

〔3〕《陈云文选》第3卷，第364页。

“目前存在三大差距：一是东西差距，二是城乡差距，三是不同社会群体之间的收入差距。缩小三大差距是一个逐步发展的过程，要经历一个比较长的时期。”

“城乡差距大体上反映了工农差距。我们靠提高农产品价格缩小工农业产品剪刀差，提了几次价，种粮食积极性有提高。但是没有几年，农业生产资料价格上涨，剪刀差又扩大。出路还是发展乡镇企业和小城镇，农业搞适度规模经营。”

“资源的制约是影响今后十五年我国经济发展的一个重要因素。我国人口多，人均资源相对不足。最突出的，耕地资源不足，直接制约农业的发展。水资源不平衡，东南多，西北少，已成为这些地区发展的突出矛盾。能源不足，主要是石油资源，在可预见的十五年，不具备石油自给的条件。”

“保护环境是我国一项基本国策，要切实转变经济增长方式。过去那种靠高消耗、高污染来带动经济高增长的方式，是不可取的，也是难以为继的。任何时候，都不能以牺牲环境为代价去换取经济一时的发展。如果经济上去了，但环境污染了，资源耗尽了，家园破坏了，这就违背了发展的根本宗旨，可以说是上对不起祖宗，下对不起子孙。”〔1〕

江泽民在全会最后一天讲话。他总结改革开放几年来的实际经验，谈了要正确处理社会主义现代化建设中的若干重大关系，包括：改革、发展、稳定的关系；速度和效益的关系；经济建设和人口、资源、环境的关系；第一、第二、第三产业的关系；东部地区和中西部地区的关系；市场机制和宏观调控的关系；公有制经济和其他经济成分的关系；收入分配中国家、企业和个人的关系；扩大对外开放和坚持自力更生的关系；中央和地方的关系；国防建设和经济建设的关系；物质文明和精神文明的关系。这十二个关系是在改革和发展的新形势下有全局性的重

---

〔1〕《市场与调控——李鹏经济日记》（中），第1142、1143、1198、1199页。

大问题。

他说："在现代化建设中，必须把实现可持续发展作为一个重大战略。要把控制人口、节约资源、保护环境放到重要位置，使人口增长与社会生产力发展相适应，使经济建设与资源、环境相协调，实现良性循环。""解决地区发展差距，坚持区域经济协调发展，是今后改革与发展的一项战略任务。"

在讲话的最后部分中，他说："改革开放以来，政治经济形势很好，精神文明建设也取得了很大进展。但是还存在一些亟待解决的问题，思想政治工作薄弱，拜金主义、享乐主义抬头，一些地方社会治安情况不好，一些腐败、丑恶现象又重新滋生蔓延。这些问题应该引起我们高度重视，采取切实有力的措施加以解决。"〔1〕

这个《建议》体现了三步走发展战略的连续性，重点放在本世纪的最后五年，同时也初步研究了下世纪头十年的重大问题。第二年三月，全国人民代表大会八届四次会议审议并通过国务院根据《建议》制订的《国民经济和社会发展"九五"计划和二〇一〇年远景目标纲要》。这样，就使全国各族人民在完成了第八个五年计划规定的各项任务后，立刻对下一步的战略目标和指导方针有着比较明确的认识，万众一心地继续前进。

一九九六年最重要的事情是成功地实现了经济运行的"软着陆"。

"软着陆"，是指经济运行从不正常状态向正常状态平稳过渡，在经过一段过度扩张后平稳地回落到适当增长区间。它相对于"硬着陆"而言，也就是避免因"急刹车"而导致"大起大落"。对当时的中国来说，是要在保持国民经济适度快速发展的同时，成功地抑制通货膨胀和物价上涨幅度，确保经济社会稳定，这被看作一种两难处境，很不容易做到。

前面说到，一九九四年的物价涨幅达到百分之二十一点七这样的惊

〔1〕《江泽民文选》第1卷，第463、466、474页。

人高度，食品类商品零售价格更涨到百分之三十五点二。这是民众难以承受的。政府综合运用价格、税收、信贷、利率、汇率等各种经济杠杆，增加供给能力，减少货币供应，抑制过度需求，使物价开始回落。一九九五年十二月，中共中央召开中央经济工作会议，部署一九九六年的经济工作。朱镕基在讲话中说：

“当前经济生活中的突出问题仍然是物价过高。今年全年市场物价涨幅预计可以降低到百分之十五，这是一个很大的成绩。但商品零售价格指数达到百分之十五，居民消费价格指数将超过百分之十七，这仍然是相当高的涨幅，而且涨幅两位数已经连续三年。去年以来物价上涨的特点，是农村高于城市、内地高于沿海，这对欠发达地区和低收入居民影响比较大，要引起高度重视。物价连续三年大幅度上涨，增加了企业成本和经营负担，也不能不影响改革的顺利进行。”〔1〕

由于继续运用综合性宏观“适度从紧”政策，完善和落实价格调控目标责任制，出台一系列相应措施，到一九九六年过了一半的时候，控制物价的工作已取得明显成效。七月十七日召开的总理办公会议讨论经济形势。“会议认为今年经济运行大体平稳，从一九九三年出现的经济过热，通过这几年实行‘软着陆’已初见成效。国内生产总值增长为百分之十，物价涨幅可控制在百分之六至七，财政收大于支一百三十亿元。”〔2〕由于国家在这一年继续采取加强宏观调控的措施，包括整顿金融秩序、控制信贷规模和货币供应量、控制固定资产投资规模、加强农业的政策和措施得到落实、拓宽粮食流通渠道、加强物价管理、增加社会有效供应等，商品零售价格涨幅在一九九六年终于下降到百分之六点一，开始恢复到接近合理的区间。

这一年，国内生产总值比上年增长百分之十，第一产业产值增长百分之五点一，第二产业产值增长百分之十二点一，第三产业产值增长百

〔1〕《十四大以来重要文献选编（中）》第1585—1586页。
〔2〕《市场与调控——李鹏经济日记》（下），第1288页。

分之九点四，财政总收入比上年增长百分之十八点七。国家外汇储备在一九九〇年刚超过一百亿美元，到这一年第一次超过一千亿美元。农村居民家庭人均纯收入比上年增长百分之二十二点零八，是九十年代以来增长最快的一年。值得特别指出，这年中国的钢产量达到一亿零一百二十四亿吨，比上年增长百分之六点一七，首次突破一亿吨的大关，使中国人多少年来梦寐以求的这个目标在没有大事声张的情况下悄悄地实现了。“在世界钢铁史上，从年产钢一百万吨到年产钢一亿吨，美国用了七十三年，苏联七十一年，日本四十九年，中国只用了四十五年。”〔1〕随后的一九九七年，国内生产总值比上年增长百分之九点三，第一产业产值增长百分之三点五，第二产业产值增长百分之十点五，第三产业产值增长百分之十点七，而商品零售价格指数比上年只增长百分之零点八。

中国既保持经济快速增长，又有效抑制通货膨胀，避免了经济发展的大起大落，这是很了不起的事情。朱镕基在一九九七年十一月指出：“几年前，在经济的某些领域出现过热，导致严重通货膨胀以后，国民经济还能够连年保持百分之九至百分之十的速度，又能把通货膨胀很快降下来，这在世界上是罕见的。”〔2〕通常说来，“世界各国抑制通货膨胀一般都要付出经济增长率大幅度下降的代价，我国以往几次治理通货膨胀也都是如此，我们这次做到了‘鱼与熊掌’兼得，这是在发展社会主义市场经济条件下进行宏观调控的成功实践，各国舆论对此都给予很高的评价。”〔3〕

曾任国家计委主任的陈锦华对新中国以往历史作了一个回顾。他说：“新中国成立以来，曾多次发生经济大起大落的波折现象。我查了一九五三年到一九九六年四十四年间中国经济的历次波动情况。在四十四年中，大的波动有五次，其中经济增长率波动在两位数的有四次，覆

---

〔1〕李岚清：《突围——国门初开的岁月》，第207页。

〔2〕《十五大以来重要文献选编》（上），人民出版社2000年6月版，第88页。

〔3〕林兆木：《经受重大考验取得辉煌成就的五年》，《十五大报告辅导读本》，人民出版社1997年9月版，第90页。

盖的时间长达二十多年，被一些干部和经济学家称之为‘折腾’。在历次五年计划的大的调整中，波动最大的峰谷差，是一九五八年至一九六二年的大起大落，最高年和最低年的经济增长率相差高达五十一点七个百分点。波动最小的是一九九二年至一九九六年，国内生产总值增长率的起伏落差只有四点六个百分点，是新中国成立以来经济波动最小的一次。”

他在总结这次“软着陆”的成功经验时说：“发展社会主义市场经济，必须有国家的宏观调控。”“中国社会主义市场经济还很不成熟，既要看到市场对资源配置的积极作用，又要看到它的盲目性和不公正性，看到它对调节社会全局利益和长远利益的功能欠缺。中国社会主义市场经济体制是同社会主义基本经济制度结合在一起的，结合得好，既可以发挥市场经济的优势，又可以发挥社会主义制度的优越性。在处理经济与社会、市场机制与宏观调控、长远目标和当前任务、局部利益与全局利益、效率与公平的关系等方面，就能够找到合适的结合点，避免市场绝对自由化带来的盲目性和局限性，促进经济全面、协调和可持续的发展。"〔1〕

其他领域的深化改革，在一九九六年也取得进展。如：国有企业改革工作实行“抓大放小”，抓好一千家国有大中型重点企业，加快国有小企业的改革改组步伐；要求所有用人单位在年内全面建立劳动合同制度；扩大职工医疗保障制度的改革试点；组织经济较发达地区与经济欠发达地区开展扶贫协作；加强预算外资金管理；成立中国人民保险（集团）公司；恢复农村信用社的合作性质；对固定资产投资项目试行资本金制度，投资项目必须首先落实资本金才能进行建设；深入住房制度改革，推行和完善住房公积金制度，逐步走住房商品化的道路等。鉴于计划经济向社会主义市场转变过程中，有些企业经营状况不好以至破产，职工下岗或停工待业增多，一九九七年七月和九月，国务院先后发出《关于建立统一的企业职工基本养老保险制度的决定》和《关于在全国

〔1〕 陈锦华：《国事忆述》，第262、294、295页。

建立城市居民最低生活保障制度的通知》，着手建立比较完善的社会保障制度。

从一九八二年初开始推行的价格双轨制，到一九九六年正式消失。这种双轨制是价格渐进式改革进程中采取的阶段性措施。当时采取这种措施的原因是：某些基础工业产品供求严重失衡，而那时的宏观经济环境又不允许大面积调整价格，只能用这种过渡办法来避免市场需求出现的突出矛盾。计划价格和市场价格两种制度并行的做法是：企业在计划内生产的产品按计划价格出售，在完成计划后的超产部分，可以按市场价格进行自销。这样，既有利于调动企业增产超产的积极性，以搞活企业，又可以使一些很少能得到计划分配物资的企业（特别是乡镇企业）有一个取得物资的渠道，而且成为由计划价格体制向市场价格体制过渡的桥梁。但在物价大幅上升时期，市场价格猛涨，同计划价格形成巨额差价。同量的货币在两个市场具有很大不同的购买力，诱发了倒买倒卖、牟取暴利的投机行为，也为以权谋私、行贿受贿、贪污腐败行为的滋长提供了温床。它的流弊日益明显，受到社会的非议。随着国民经济的迅速发展和市场价格的逐步放开，实行了十四年的双轨制到一九九六年终于结束了。

香港、澳门回归祖国和台湾问题

完成祖国统一大业，是中华民族的核心利益所在，是全中国人民包括台湾同胞、香港同胞、澳门同胞在内的共同使命。邓小平提出的“一国两制”的构想，为和平解决这些历史遗留问题指明了出路。

“一国两制”的主张，最初是针对和平解决台湾问题提出来的。但台湾问题在二十世纪的最后十几年内经历的却是一条崎岖曲折的道路。

一九八七年十一月海峡两岸同胞近三十八年的隔绝状态被打破后，两岸人员往来和经济文化交流迅速展开，出现了可喜的现象。两岸经贸交流保持很快的发展势头，台湾在大陆大量投资，经济关系愈益密切；两岸文化等领域的交流大幅增加；两岸人员往来逐年递增，一九九二年起每年就超过一百万人次的规模；海峡两岸关系协会与台湾的海峡交流基金会在一九九二年达成各自以口头方式表述“海峡两岸均坚持一个中国原则”的“九二共识”，在此基础上开展事务性商谈，双方的会长汪道涵和辜振甫第二年在新加坡成功地举行了“汪辜会谈”，签署了关于本年度协商议题、经济交流、能源开发与交流、文教科技交流等问题的《共同协议》，改变了以往台湾当局规定的同大陆“不接触，不谈判，不妥协”的“三不”政策。

一九八八年一月，蒋经国去世。李登辉继任台湾当局领导人。他在最初羽翼未丰时，把自己的“台独”真面目暂时有所掩盖。“一九八八年二月二十三日，李登辉在刚继任后的第一次记者会上说：‘中华民国的国策，就是一个中国的政策，而没有两个中国的政策’。他在上台初期，多次表示过这一态度，还说过‘一个中国是最高原则’。此后，李登辉及台湾当局背离一个中国原则的态度逐步暴露。”〔1〕

一九九一年九月，李登辉声称“台湾早已是一个主权独立的国家，国名就叫中华民国”。一九九三年二月，他又公然扯谎说：“我主张中华民国在台湾，始终没有讲过一个中国。”一九九四年三月，李登辉同日本作家司马辽太郎谈话，说“中国这个词是含糊不清的”，“主权是危险的概念”，并且强调“台湾必须是台湾人的东西，这是最基本的想法”。在这种思想指导下，他制定了一套制造“两个中国”、“一中一台”的政策和措施，为和平解决台湾问题设置障碍。

一九八六年九月成立的民进党，最初是各种反国民党势力的复杂组合，但领导权基本上被“台独”分子把持。一九九一年十月召开的民进党十大上，公然在党纲中规定“建立主权独立的台湾共和国暨制订新宪法，应交给台湾人民以全民投票方式选择决定”。岛内外的各种“台独”势力，在李登辉纵容下迅速发展，气焰日益嚣张。

面对这股逆流，江泽民在一九九五年一月的新春茶话会上发表《为促进祖国统一大业的完成而继续奋斗》的讲话。他一开始就指出：“台

---

〔1〕 陈云林主编《中国台湾问题》，第107页。

湾是中国不可分割的一部分。”“由于众所周知的原因，一九四九年以后，台湾又与祖国大陆处于分离状态。实现祖国的完全统一，促进中华民族的全面振兴，仍是所有中国人的神圣使命和崇高目标。”[1]

对现阶段发展两岸关系、推进祖国和平统一进程，他提出八条看法和主张：（一）坚持一个中国的原则，是实现和平统一的基础和前提。中国的主权和领土决不容许分割。（二）对于台湾同外国发展民间性经济、文化关系，我们不持异议。但是，我们反对台湾以搞“两个中国”、“一中一台”为目的的所谓“扩大国际生存空间”的活动。（三）进行海峡两岸和平统一谈判，是我们的一贯主张。（四）努力实现和平统一，中国人不打中国人。（五）面向二十一世纪世界经济的发展，要大力发展两岸经济交流与合作，以利于两岸经济共同繁荣，造福整个中华民族。我们主张不以政治分歧去影响、干扰两岸经济合作。（六）中华各族儿女共同创造的五千年灿烂文化，始终是维系全体中国人的精神纽带，也是实现和平统一的一个重要基础。（七）两千一百万台湾同胞，不论是台湾省籍还是其他省籍，都是中国人，都是骨肉同胞、手足兄弟。要充分尊重台湾同胞的生活方式和当家作主的愿望，保护台湾同胞一切正当权益。（八）我们欢迎台湾当局的领导人以适当身份前来访问，我们也愿意接受台湾方面的邀请，前往台湾。

这个讲话，体现了中国政府完成祖国统一大业的坚定决心，又充分考虑到两千多万台湾同胞的愿望和台湾的实际情况，提出和平解决台湾问题的正确方针。在海峡两岸同胞的共同努力下，两岸人员往来和经贸、文化等领域的交流与合作有了很大规模的发展，出现新的热潮。但与此同时，台湾岛内局势也发生了值得注意的变化：一部分台湾分裂势力，在外部势力的纵容和支持下，以渐进手法推进“台独”，以对抗的心态限制交往，拒绝两岸对话；并挑动省籍矛盾，制造社会纷争，造成台湾社会的分化、对立和不安。一九九九年七月，李登辉抛出“两国论”，严重破坏了两岸关系的发展。二〇〇〇年三月，民进党的陈水扁

---

〔1〕《江泽民文选》第1卷，第418、419页。

充当台湾当局领导人后，更是变本加厉地推行“台独”活动，制造台海紧张局势，发展到不择手段的地步，激起海峡两岸同胞的共愤。

解决台湾问题，实现祖国完全统一，关系国家主权和领土完整，关系中华民族的核心利益，关系处理对外关系的全局。国际上也普遍承认一个中国的原则。台湾问题最终一定将得到解决，这是毫无疑问的。

恢复在香港行使主权，是祖国统一大业的重要组成部分，是二十世纪中国历史上使中国人扬眉吐气的一件大事。

本着邓小平“一个国家、两种制度”的构想，一九八四年中英两国政府签署的《关于香港问题的联合声明》已对香港回归祖国的原则达成协议。“自回归的原则达成协议到政权交接，有一个相当长的过渡时期。在此期间，英方要保证做好香港的日常行政管理工作，保持当地的稳定和繁荣；中方则要承诺根据双方达成的协议，为收回后的特别行政区制定出一系列符合实际的具体政策，以落实‘一国两制’，保持长期的稳定和繁荣。”“中方根据协议确定了总体谈判方针：对于过渡期间的日常行政管理，中方给予合作但不干预；对跨越回归、涉及未来特别行政区权益的事务，中方有发言权甚至参与权。”〔1〕

在中英有关香港回归的外交磋商中，最初合作比较顺利。一九八九年北京发生的政治风波后，中英关系出现逆转，在香港政治体制改革问题上更发生了旷日持久的纷争。英方不顾两国原已达成的协议，提出一系列中方无法接受的意见，为双方的磋商设置严重障碍。

中方早在中英《联合声明》公布后，已请香港各方面有代表性的人士参加，着手起草《中华人民共和国香港特别行政区基本法》。这个《基本法》的制订是迫切需要的。它可以澄清当时不少人对香港回归后的前途存在的疑虑和曲解。那时候，“西方国家有这样一种看法，认为九七香港回归后，中国的中央政府会过多地干预香港特别行政区的事务。他们不相信中国政府所作出的关系香港特别行政区实行高度自治、中央政府不干预香港特别行政区自治范围内的事务的承诺。在祖国大

〔1〕 钱其琛：《外交十记》，第321、322页。

陆，有一部分人在思想上对于香港的回归也存在着模糊的观念。例如，有些人认为，到了一九九七年的六月三十日，中央政府就会像一九四九年‘大军南下’那样去接管香港；有些人则认为，在一九九七年以前，香港在英国管治之下，想去去不了，一九九七年香港回归了，总不会再受限制了，想去就可以去，如同到大陆的任何地方一样；还有些人认为，香港回归后，可以在香港自行设立办事联络机构。在香港市民中，对于香港回归后，是否能够保持繁荣稳定，也心存疑虑。在这种情况下，用香港特别行政区基本法去对人民群众包括香港市民进行宣传教育，对于保证香港的平稳过渡，就具有了特别重要的意义。”〔1〕

一九八七年四月十六日，邓小平会见香港特别行政区基本法起草委员会委员时说：

“今天我想讲讲不变的问题。就是说，香港在一九九七年回到祖国以后五十年政策不变，包括我们写的基本法，至少要管五十年。我还要说，五十年以后更没有变的必要。”

“我们的社会主义制度是有中国特色的社会主义制度，这个特色，很重要的一个内容就是对香港、澳门、台湾问题的处理，就是‘一国两制’。这是个新事物。”

“这个‘不变’的问题，是人们议论纷纷的问题，而且我相信，到本世纪末、到下世纪还要议论。我们要用事实证明这个‘不变’。”

“还有一个问题必须说明：切不要以为香港的事情全由香港人来管，中央一点都不管，就万事大吉了。这是不行的，这种想法不实际。中央确实是不干预特别行政区的具体事务的，也不需要干预。但是，特别行政区是不是也会发生危害国家根本利益的事情呢？难道就不会出现吗？那个时候，北京过问不过问？难道香港就不会出现损害香港根本利益的事情？能够设想香港就没有干扰，没有破坏力量吗？我看没有这种自我安慰的根据。如果中央把什么权力都放弃了，就可能会出现一些混乱，

〔1〕陈威、石仲泉、李君如主编《走进改革开放新阶段》（上），学习出版社1999年10月版，第83、84页。

损害香港的利益。所以，保持中央的某些权力，对香港有利无害。”[1]

经过基本法起草委员会四年零八个月的认真工作，一九九〇年四月四日，第七届全国人民代表大会第三次会议通过《中华人民共和国香港特别行政区基本法》和《关于设立香港特别行政区的决定》、《关于香港特别行政区第一届政府和立法会产生办法的决定》等文件，对香港特别行政区实行的制度作出明确而具体的规定，用法律形式确定下来，昭告天下，使香港回归祖国后各方面的工作有所遵循。

这时离香港回归祖国只有七年多时间了。但英方又节外生枝地继续为香港顺利回归设置障碍。一九九二年十月，港英当局在施政报告中突然单方面提出一套违反双方已达成协议、违反同基本法相衔接原则、对香港现行政治体制进行重大改变的方案，并在立法局通过。在中方一再要求下，两国进行了十七轮谈判，仍毫无结果。英方又在没有同中方达成任何协议的情况下，按照港英当局的“政治方案”举行选举，企图造成既成事实来强使中国接受。一九九四年八月，第八届全国人民代表大会常务委员会第九次会议正式通过决议：根据中英联合声明的规定，英国对香港的行政管理到一九九七年六月三十日为止，中国政府于一九九七年七月一日对香港恢复行使主权。作为英国管治香港的政制架构的组成部分，即港英最后一届区议会、两个市政局和立法局，必将随英国管治期的结束而终结，从一九九七年七月一日起，香港特别行政区政制架构将依据中国全国人大的决定和基本法的有关规定予以组建。这样，由于英方的破坏，原来设想的“直通车”不得不改为“另起炉灶”。英方只是弄巧成拙，自搬石头自砸脚。

一九九六年一月二十六日，香港特别行政区筹备委员会成立，作为全国人民代表大会设立的机构，负责筹备成立香港特别行政区的有关事宜。“在一百五十名筹委会委员中，来自香港的有九十四名，占委员总数的百分之六十三，高出于全国人大规定的不少于百分之五十的比例。

[1] 《邓小平文选》第3卷，第215、218、221页。

这些香港委员包括了不少香港各界精英，代表性广泛。”〔1〕

同月二十八日，国务院、中央军委公告：中国人民解放军驻香港部队组建完成，由陆军、海军和空军部队组成，隶属中华人民共和国中央军事委员会领导，将于一九九七年七月一日零时正式进驻香港。驻军不干预香港特别行政区地方事务。香港特别行政区政府在必要时可向中央人民政府请求驻军协助维持社会治安和救灾。

这年十二月十一日，香港特别行政区第一届政府推选委员会无记名投票选出前东方海外（国际）有限公司主席董建华为首任行政长官人选。十六日，国务院任命董建华为香港特别行政区第一任行政长官。二十一日，推选委员会又选举产生第一届临时立法会议的六十名议员。

一九九七年六月三十日二十三时四十二分，中英两国政府香港政权交接仪式在香港隆重举行。出席仪式的中方主礼宾有：江泽民、李鹏、钱其琛、张万年、董建华；英方主礼宾有：英国王储查尔斯、首相布莱尔、外交大臣库克、离任港督彭定康、国防参谋长查尔斯·格思里。二十三时五十九分，英国国旗在英国国歌乐曲声中降落，象征着英国对香港一个半世纪的统治宣告结束。七月一日零时，乐队奏起中华人民共和国国歌，中国国旗和香港区旗徐徐升起，香港从此回归祖国。江泽民在仪式上讲话。他说：

“一九九七年七月一日这一天，将作为值得人们永远纪念的日子载入史册。经历了百年沧桑的香港回归祖国，标志着香港同胞从此成为这块土地上的真正主人，香港的发展从此进入一个崭新的时代。”〔2〕

澳门回归的过程，和香港有很大的不同。“如果说香港回归祖国的历史，是‘风高浪急、波涛暗涌’，那么澳门的回归，就可以用‘风平

〔1〕张学仁、陈宁生：《香港百年·从历史走向未来》，中国言实出版社1997年5月版，第316页。

〔2〕《江泽民文选》第1卷，第651页。

浪静，波澜不兴’来形容了。”[1]

它的一个重要原因是：一九七四年四月，统治葡萄牙近半个世纪的独裁政权被年轻军官组成的“共和国救国委员会”推翻。新政府放弃了殖民主义政策，对葡属殖民地实行“非殖民地化”：先让在非洲的殖民地走向独立，然后在一九七五年底开始从澳门撤出军队，并在后来颁布的《澳门组织章程》中承认澳门是中国领土，由葡萄牙管理。一九七九年中葡两国建立外交关系时，葡方又正式向中方承认，澳门是中国领土。

当八十年代中葡开始谈判解决澳门问题时，领土主权的归属问题已经解决，中国实行“一个国家、两种制度”的方针也已明确，谈判的主要问题是中国在澳门恢复行使主权的具体时间。经过友好协商，一九八七年四月十三日，两国政府在澳门签订《关于澳门问题的联合声明》，宣布：

“澳门地区（包括澳门半岛、氹仔岛和路环岛，以下称澳门）是中国领土，中华人民共和国政府将于一九九九年十二月二十日在澳门恢复行使主权。”

“自本联合声明生效之日起至一九九九年十二月十九日止的过渡时期内，葡萄牙共和国政府负责澳门的行政管理。葡萄牙共和国政府将继续促进澳门的经济发展和保持其社会稳定，对此中华人民共和国政府将给予合作。”[2]

一九九三年三月三十一日，第八届全国人民代表大会第一次会议，通过《关于设立中华人民共和国澳门特别行政区的决定》和《中华人民共和国澳门特别行政区基本法》。

一九九九年五月二十日，国务院按照澳门特区第一届政府推选委员会的选举结果任命何厚铧为澳门特别行政区第一任行政长官，于一九九九年十二月二十日就职。同月二十四日和二十五日，江泽民、李鹏、朱镕基等分别会见何厚铧。江泽民对他说：

---

〔1〕钱其琛：《外交十记》，第350页。

〔2〕《一国两制重要文献选编》，第75、76、78页。

"葡萄牙管治澳门四百余年，历任总督皆由葡萄牙直接派遣。你是澳门四百多年来第一个由中国人担任的行政长官，并且是通过全部由澳门永久性居民组成的推选委员会以无记名投票方式民主选出的，充分体现了中央贯彻落实'一国两制'、'澳人治澳'、高度自治方针的坚强决心，也开创了澳门历史的新纪元。"

"澳门特别行政区成立后，我们一定严格按照基本法办事，决不干预属于特别行政区自治范围的事务。同时，根据基本法的规定，澳门特别行政区行政长官要对中央人民政府和澳门特别行政区负责。如果行政长官遇到什么问题需要中央协助解决，中央一定会全力支持。"〔1〕

一九九九年十二月十九日二十三时四十二分开始，澳门政权交接仪式隆重举行。出席仪式的中方主礼宾有：江泽民、朱镕基、钱其琛、唐家璇、何厚铧；葡方出席的主礼宾有：葡萄牙总统桑帕约、总理古特雷斯、国务部长兼外交部长伽马、国会副议长科伊索罗、原澳门总督韦奇立。葡萄牙国旗缓缓降下，中国国旗和澳门区旗冉冉升起。江泽民在仪式上讲话说：

"中国政府按照邓小平提出的'一国两制'的伟大构想，成功地解决了香港、澳门问题，这是中国人民在完成祖国统一的大业中取得的重大进展。'一国两制'在香港、澳门的实践，已经并将继续为我们最终解决台湾问题发挥重要的示范作用。中国政府和人民有信心有能力早日解决台湾问题，实现中国的完全统一。"

"回到祖国怀抱的澳门，必将迎来更加美好的未来。"〔2〕

香港和澳门的回归祖国已经实现，中国人民自然更加期盼台湾问题早日得到和平解决，最终完成祖国的统一大业。

---

〔1〕《人民日报》1999年5月25日。
〔2〕《人民日报》1999年12月20日。

第二十八章

迎接新世纪

二十世纪只留下最后几年了，新的世纪即将到来。中国再一次处在世纪之交。

中国领导人不仅密切注视着当前迫切需要解决的种种问题，而且想得更远，考虑到应该怎样迎接新世纪的到来。江泽民一九九三年十一月在美国西雅图亚太经济合作组织领导人非正式会议上，对美国总统克林顿提出一个值得深思的问题：

“把一个什么样的世界带到二十一世纪，这是我们这一代领导人必须认真探索和解决的重大问题。到本世纪结束还有好几年时间，我们还来得及做些事情，还可以有所作为。”〔1〕

面对世纪之交，要求中国在考虑自己的发展问题时，必须想得大些，想得久远些。想得大些，就是要在经济全球化和国际多极化日益发展这种情况下，把中国的问题放在世界全局中来考虑。想得久远些，就是不要只把眼光局限在当前那些问题，同时要站在面向二十一世纪的高度，考虑今后的布局，多想几步，想得更远。

在新的世纪里，和平和发展仍然是时代的主题。国际上的较量越来

〔1〕《人民日报》1993年11月22日。

越突出地转向以经济、科学技术为主要内涵的综合国力竞争上。形势逼人，不进则退。科教兴国的发展战略，自主创新的要求，便是在这个时代背景下提出的。

全国人民代表大会一九九六年三月通过的《国民经济和社会发展“九五”计划和二〇一〇年远景目标纲要》，相当程度上也是为迎接新世纪的到来做准备。

中共十五大正是在世纪之交这个历史时刻召开的。

中共十五大

中国共产党第十五次全国代表大会在一九九七年九月十二日至十八日举行。这是一次具有承前启后、继往开来意义的重要大会。

这年二月十九日，中国社会主义改革开放和现代化建设的总设计师邓小平逝世，享年九十三岁。全国人民陷于巨大的悲痛中。江泽民在隆重的追悼大会上的悼词中说：

“邓小平同志这样说过：如果没有毛泽东同志，我们中国人民至少还要在黑暗中摸索更长的时间。我们今天同样应当说，如果没有邓小平同志，中国人民就不可能有今天的新生活，中国就不可能有今天改革开放的新局面和社会主义现代化的光明前景。”

“邓小平同志留给我们的最可宝贵的财富，就是他创立的建设有中国特色社会主义理论和在这个理论指导下制订的党在社会主义初级阶段的基本路线。”“这个理论，科学地把握社会主义的本质，第一次比较系统地初步回答了中国这样的经济文化比较落后的国家如何建设社会主义、如何巩固和发展社会主义的一系列基本问题。它是马克思列宁主义基本原理与当代中国实际和时代特征相结合的产物，是毛泽东思想的继承和发展，是当代中国的马克思主义。”

“在跨越世纪的新征途上，更高地举起邓小平建设有中国特色社会主义理论的伟大旗帜，更好地贯彻执行党的基本路线，是我们党中央领

导集体坚定不移的决心和信念，也是全党全军全国各族人民的共识和愿望。”〔1〕

邓小平逝世后，国内国外不少人都关注着中国今后举什么旗、走什么路的问题。这个问题，需要由中国共产党的全国代表大会正式作出明确而肯定的回答。

中共十五大上，江泽民代表第十四届中央委员会作了《高举邓小平理论伟大旗帜，把建设中国特色社会主义事业全面推向二十一世纪》的报告。报告在作了世纪之交的回顾和展望后，着重阐述了在跨世纪的新征途上，必须用邓小平理论来指导中国整个事业和各项工作。郑重地宣布：必须坚持十一届三中全会以来的路线不动摇，坚持高举邓小平理论的旗帜不动摇。他说：

“马克思列宁主义同中国实际结合有两次历史性飞跃，产生了两大理论成果。第一次飞跃的理论成果是被实践证明了的关于中国革命和建设的正确的理论原则和经验总结，它的主要创立者是毛泽东，我们党把它称为毛泽东思想。第二次飞跃的理论成果是建设有中国特色社会主义理论，它的主要创立者是邓小平，我们党把它称为邓小平理论。”

“在当代中国，只有把马克思主义同当代中国实践和时代特征结合起来的邓小平理论，而没有别的理论能够解决社会主义的前途和命运问题。邓小平理论是当代中国的马克思主义，是马克思主义在中国发展的新阶段。”〔2〕

报告系统论述了社会主义初级阶段的基本路线和纲领，强调指出：中国现在处于并将长期处于社会主义初级阶段。这样的历史进程，至少需要一百年时间。至于巩固和发展社会主义制度，那还需要更长得多的时间，需要几代人、十几代人甚至几十代人坚持不懈地努力奋斗。

---

〔1〕《江泽民文选》第1卷，第628、634—636页。

〔2〕《江泽民文选》第2卷，第8、9页。

在这个关键时刻，摆在人们面前的有两大课题：一个是社会主义制度能不能同市场经济体制结合好，另一个是能不能保持国民经济的持续快速健康发展。

报告从生产关系必须适合生产力发展水平的要求出发，对社会主义初级阶段的所有制结构、分配制度和公有制实现形式等重大理论问题，根据实际情况和实践经验，作出一系列新的论断：公有制为主体、多种所有制经济共同发展，是中国社会主义初级阶段的一项基本经济制度；公有制经济不仅包括国有经济和集体经济，还包括混合所有制经济中的国有成分和集体成分；国有经济起主导作用，主要体现在控制力上；公有制实现形式可以而且应当多样化；股份制是现代企业的一种资本组织形式，有利于所有权和经营权的分离，有利于提高企业和资本的运作效率，资本主义可以用，社会主义也可以用等。它进一步突破了过去脱离生产力发展水平、在所有制问题上“急于求纯”、“急于过渡”的思想束缚，指出这是在社会主义初级阶段长期存在的制度，有利于进一步解放和发展社会生产力。相应地，在分配结构和分配方式方面，提出要坚持按劳分配为主体、多种分配并存的制度；要逐步提高财政收入占国民生产总值的比重和中央财政收入占全国财政收入的比重。

国有企业的改革问题，在十四大以来已日益显得突出，成为深化改革的关键所在。十五大解决了国有企业改革的一系列实质性问题。报告要求把国有企业改革同改组、改造和加强管理结合起来，用三年左右的时间使大多数国有大中型亏损企业摆脱困境；要着眼于搞好整个国有经济，抓好大的，放活小的，对国有企业实施战略性改组；实行鼓励兼并、规范破产、下岗分流、减员增效和再就业工程，形成企业优胜劣汰的竞争机制。积极推进各项配套改革：保证国有资产的保值增值，防止国有资产流失；建立社会保障体制，实行社会统筹和个人账户相结合的养老、医疗保险制度；建立城镇住房公积金，加快改革住房制度。这些改革中，“抓大放小”、进行战略重组，实实在在地造一批“航空母舰”，也就是跨地区、跨行业、跨所有制的大型集团是一项不容忽视的重要措施。

对外开放是一项长期的基本国策。面对经济全球化趋势，报告要求以更加积极的姿态走向世界，完善全方位、多层次、宽领域的对外开放格局。

报告还突出地提出要在坚持四项基本原则的前提下，继续推进政治体制改革，进一步扩大社会主义民主，健全社会主义法制，依法治国，建立社会主义法治国家。它强调：依法治国，是党领导人民治理国家的基本方略，是发展社会主义市场经济的客观需要，是社会文明进步的重要标志，是国家长治久安的重要保障。这以后，国家制定了一系列法律法规，加大执法的力度，发扬人民民主，创造了村民自治这一亿万农民当家作主的好形式，初步构建了具有中国特色的农村基层民主的政治框架。

第二年三月，全国人民代表大会举行第九届第一次会议。大会要求高举邓小平理论伟大旗帜，全面贯彻中共十五大精神，并选举江泽民为国家主席、李鹏为人大常委会委员长，决定朱镕基为国务院总理。

十五大结束后，一九九七年还有三个多月。

在这段时间内，国家经济建设又取得新的进展。其中最引人注目的是：经过多年准备的长江三峡水利枢纽工程、黄河小浪底水利枢纽工程成功实现截流和南昆铁路全线开通运营。

长江和黄河是中国的两大河流。三峡和小浪底水利枢纽工程的成功截流相隔只有十来天。“一北一南，两项特大型水利水电工程联袂而进，比翼齐飞，引人瞩目，振奋人心。两大工程是中国水利史上的壮举，展现了中国人民征服自然、改造自然的雄心壮志”。〔1〕时任国家计委主任的陈锦华感叹地说：“黄河、长江双双截流，这是历史的巧合，是中华民族千载难逢的双喜临门。”〔2〕

黄河是中国的母亲河之一，但黄河水患曾给中国人带来无数次灾难。治理黄河是人们几千年来的强烈愿望。“黄河斗水，泥居其七”。治黄难，难在泥沙。小浪底水利枢纽位于洛阳以北黄河中游最后一段峡谷

〔1〕 本报评论员：《气壮山河的伟大实践》，《人民日报》1997年11月6日。
〔2〕 陈锦华：《国事忆述》，第288页。

的出口处，水库总容量一百二十六亿五千万平方米，战略地位重要，工程规模宏大，地质条件复杂，水沙条件特殊，被中外水利专家称为世界上最复杂的水利工程之一。“小浪底水库南管到淮河，北管到海河，实为控制黄河水患的关键工程。”〔1〕它在十月二十八日成功实现截流。李鹏在截流仪式上讲话中兴奋地说：“小浪底工程是一项具有防洪、防凌、减淤、灌溉、供水、发电等综合效益的水利枢纽工程。小浪底工程的建成将使黄河中下游防洪由现在的防御六十年一遇洪水的标准，提高到防御千年一遇洪水的标准，并且为下游河道整治争取宝贵的时间，为开展黄土高原水土保持提供良好的机遇，也为黄河中下游经济发展打下坚实的基础。”〔2〕

长江三峡水利枢纽是世界上最大的水电工程。它的截流是当前世界水利工程中综合难度最大的截流工程。截流合龙时选定的设计流量是每秒一点四万立方米至一点九四万立方米，是历来世界水电工程中最大的截流流量。截流的最大水深是六十米，也是世界水电工程历史上最大的截流水深。在深水和大流量条件下截流，水下地质状况又十分复杂，防止围堰坍塌和解决防渗问题，是三峡工程自一九九四年十二月开工以来面临的第一道世界技术难题。长江是中国的黄金水道。葛洲坝工程进行大江截流后，这一带的长江约有半年断航。而三峡工程采取导流明渠结合临时船闸的方案，保证这样大规模的施工期间长江航运始终畅通。

三峡截流在十一月八日上午九时开始，四百多辆巨型装载车轮番抛投石料，到下午三时三十分大江截流成功。江泽民在截流仪式上讲话。他说：

“这是我国现代化建设的一件大事，也是人类改造和利用自然史上的一个壮举。”

“多少代中国人开发和利用三峡资源的梦想，今日正在变为现实。

〔1〕《市场与调控——李鹏经济日记》（下），第1574页。

〔2〕李鹏：《在黄河小浪底水利枢纽工程截流仪式上的讲话》，《人民日报》1997年10月29日。

这再次生动地说明，社会主义制度具有能够集中力量办大事的优越性。”

“今天，我们在长江三峡兴建这一世界上规模最大、综合效益最广泛的水利水电工程，将对我国国民经济发展起到重大促进作用。它是一项造福今人、泽被子孙的千秋功业。”〔1〕

南昆铁路是西南的铁路大动脉，东起广西南宁，西到云南昆明，北接贵州红果，全长八百九十八点七公里；经过的地区地形极为复杂，高差达两千零十米，是中国铁路建造史上前所未有的。它在三月十八日全线铺通，一次建成电气化，十二月二日全线开通运营。“修建南昆铁路对加快西南地区经济发展、社会进步，增进民族团结，缩小东西部差距，具有十分重要的意义。南昆铁路是西南与华南沿海间最便捷的通道，它把地域辽阔、发展潜力巨大但无出海口的西南内陆，与有绵长海岸、交通发达的华南地区连接起来，形成‘背靠大西南，面向东南亚’的格局，为大西南的资源开发和从根本上改变贫困落后面貌起到促进作用。”〔2〕这又为不久后提出的实施西部大开发战略做了准备。

随着经济建设的发展和经济实力的增强，许多以往难以办到的有全局影响的大事这时一件件化为现实。中国正在以新的面貌走向新世纪。

国内的经济状况，前几年最迫切需要应对的是物价问题，这时物价涨幅已大幅度下降，而金融问题日益突出，金融隐患和金融风险不断加大。它的具体表现：一是国有银行不良资产比例高，应收未收的利息急剧增加，经营日趋困难，相当部分不良贷款和应收利息是呆账、坏账，无法收回；二是非银行金融机构问题更加严重；三是一些地方、部门、单位乱设金融机构、乱办金融业务和乱搞集资活动；四是股票、期货市场存在大量违法违规行为；五是不少金融机构和从业人员弄虚作假，违法经营。

金融是现代经济的核心，金融系统掌握着巨大的经济资源。随着社会主义市场经济不断发展，金融活动的作用日益广泛地渗透到社会经济

---

〔1〕《江泽民文选》第2卷，第67、68页。
〔2〕《市场与调控——李鹏经济日记》(下)，第1358页。

生活的各个方面。如果金融不稳定，势必影响经济社会稳定，妨碍整个改革和发展的进程。因此，中共中央、国务院在十一月十七日至十九日召开全国金融工作会议，并在十二月六日发出《关于深化金融改革，整顿金融秩序，防范金融风险的通知》。朱镕基在全国金融工作会议上大声疾呼地说：

“‘凡事预则立，不预则废。’应当清醒地看到，对于金融领域长期积累的风险，如不切实加以防范和化解，任其发展下去，有朝一日爆发，就有可能发生影响全局的重大金融风波。这样，当前好的经济形势不但不能发展，而且还可能发生逆转，甚至会酿成大祸，动摇国本。”

他又谈到深化金融体制改革、整顿金融秩序同深化国有企业改革两者之间的关系，说：

“国有企业现在为什么那么困难，我认为有三个主要原因：一是盲目上项目，重复建设，各地区经济结构趋同化。二是企业资本金不足，负债累累，再好的企业家也难以经营。三是人员过多，‘一个人的饭三个人吃’是普遍现象。所以，国有企业改革要‘对症下药’。第一，不要再搞重复建设。对此必须‘一刀切’。第二，要减轻企业债务，鼓励兼并，规范破产，增资减债，发展一些直接融资。第三，要实施再就业工程。现在社会上对就业问题反映强烈，主要原因是企业下岗职工的再就业没有搞好。据统计，现在国有企业下岗职工大约一千万人，今后三年把这批人的安置和再就业搞好，就是一个重大任务……总之，不在‘三改一加强’上下功夫，是不能解决国有企业的根本问题的。”

“国有企业不改革，银行就会被拖垮，但是如果银行体制不改革，国有企业也改不了，因为它可以靠不断地向银行借钱，随意拖欠贷款本息取得资金来源，国有企业机制不可能转变。”[1]

---

〔1〕《十五大以来重要文献选编》（上），第 91、95、96 页。

江泽民也在会上讲话。他说：“这些改革的根本出发点和主要目的，在于使人民银行能够更好地依法履行中央银行的职能和职责，在于使国有商业银行健全统一法人制度，并加快商业化进程。归根到底，就是要把银行办成真正的银行。”〔1〕

这次金融体制改革，不仅使整个金融机构体系逐步同社会主义市场经济发展相适应，而且为第二年应对原来没有预料到的东南亚金融风暴做了重要准备。

应对两大挑战

十五大的下一年，是一九九八年，离新世纪的到来又近了一年。

这一年，中国经济遇到两大特殊的挑战，它们造成的困难远远超出原来预料的程度：一是东南亚金融危机的进一步深化和蔓延，国际金融市场持续动荡，日本、俄罗斯、拉丁美洲、美国的经济发展速度都在下降，使中国经济受到很大冲击；二是遭遇历史上罕见的严重的洪涝灾害，长江发生自一九五四年以来又一次全流域大洪水，松花江、嫩江更出现超历史纪录的特大洪水，全国受灾面积三亿一千八百万亩，受灾人口两亿二千三百万人，直接经济损失两千多亿元，许多工矿企业停产，长江部分航道中断航运一个多月，对生产建设造成严重影响。这两个新问题加上社会经济生活中原来积聚的种种矛盾，使一九九八年面对着相当严峻复杂的局面。不少人担心：中国能不能经受住如此严峻的考验，有没有力量保持改革和建设继续向前发展。

东南亚金融危机是一九九七年七月从泰国开始的，迅速蔓延到东南亚各国。一些国家的货币相继贬值，而且贬幅很大，影响波及亚洲以至世界。受这次金融危机沉重打击的东亚经济体，大多是房地产市场和证券市场连年出现“泡沫经济”，最终酿成了以大量房地产闲置、呆坏账连锁冲击为主要特征的金融危机。它们在金融自由化的过程中，由于放

〔1〕《江泽民文选》第2卷，第73页。

松了必要的监督与管理，大量银行信贷资金直接、间接流向高风险部门，导致过度贷款、巨额呆坏账和金融机构破产倒闭。这些国家，在金融体系尚不健全、政府调控能力较弱的情况下，过早过快地全面放开本国资本市场、取消外汇管制、大量引进境外金融机构，助长了国际游资的进入和冲击，造成投机资本排挤产业资本、短期投资和短期债务规模过大的不稳定局面。这是东亚一些经济体发生金融危机的重要原因。

东南亚金融危机是在经济全球化的大背景下发生的，对中国也是一个严重警示。它虽从一九九七年开始，而对中国经济冲击的影响在一九九八年才开始真正显现出来。它首先表现为对中国出口贸易的影响。这些国家爆发金融危机后，经济增长放慢，市场萧条，势必减少从中国的进口。拿中国经济发展较快、外向型经济比重较大的浙江省来说，李鹏这年三月十日的日记中写道："浙江向东南亚出口占百分之五十，向发达国家出口百分之三十，两者受东南亚金融危机影响，今年浙江出口可能下降百分之二十至三十。"〔1〕拿全国这一年的情况来看，受到国际市场萎缩影响，外贸进出口总额比上年不但没有上升，还出现负增长，下降了百分之零点四，这是一九八二年以后不曾有过的，减少全年国内生产总值增长率约两个百分点。同时，那些东南亚国家的部分出口产品和主要市场同中国相似，它们的汇率大幅度下调，在海外市场的出口商品价格降低，势必影响中国的出口竞争力，给中国的人民币是否需要相应贬值造成巨大的压力。海外对华的直接投资也减少了。

在这种情况下，全世界特别是东亚各国都注视着中国，看中国经济在这场巨大风浪中能不能站得住脚，人民币是不是会贬值。如果中国经济支撑不住，如果人民币大幅度贬值，必将使这场金融危机造成的严重局势更加恶化。

中国给了世界一个满意的答复。经过近二十年的改革开放和现代化建设，中国的综合国力和应对危机的能力已有很大增强。一九九六年经济运行的"软着陆"取得成功和一九九七年深化金融改革、整顿金融秩

〔1〕《市场与调控——李鹏经济日记》（下），第1440页。

序采取的一系列措施，更使中国在面对这场席卷亚洲的金融危机时站在比较主动的地位。如果没有这些条件，东南亚金融危机给中国的冲击一定要大得多。经过权衡利弊，尽管中国有不少困难，但始终坚持人民币不贬值，并且给予受到金融危机严重影响的国家以一定的援助，为缓解这场金融危机作出了贡献。

人民币不贬值，从国内来说，使人们对中国的经济局势仍充满信心，知道中国经济没有发生大的问题，在周围国家剧烈动荡的环境中屹然不动，保持稳定，这是十分重要的；从国际上说，使全世界都看到，中国在这场影响全球的金融风暴中，是一个国际社会中负责任的大国，是一个不可缺少的稳定因素。中国的国际声望和地位进一步提高。

抗御严重洪灾，是中国经济在一九九八年面对的另一个严峻挑战。中华民族在这场斗争中，向世人显示出强大的凝聚力。党和国家主要领导人江泽民、李鹏、朱镕基等亲临抗洪前线进行部署指挥。广大军民协同作战，参加抗洪抢险的干部群众达八百多万人。他们不顾个人安危得失，舍小家保大家，舍局部保全局，同滔滔洪水展开一场气吞山河的搏斗。中国人民解放军和武警部队三十多万人在抗洪斗争中更表现出顽强拼搏和自我牺牲的精神，严防死守，出现无数动人事例。从坚守荆江大堤到抢堵九江决口，从会战武汉三镇到防守洞庭湖区，从保卫大庆油田到决战哈尔滨，哪里最危险，哪里任务最艰巨，哪里就有人民的子弟兵。经过多少日日夜夜的苦战，终于保住全线干堤的安全，保住了千百万人民的生命财产。国务院副总理、全国防汛总指挥温家宝向全国人大常委会报告时，把这次洪水的损失同一九三一年、一九五四年那两次大洪水作了对比：

“今年长江的洪水和一九三一年、一九五四年一样，都是全流域的大洪水，但迄今为止造成的损失，比一九三一年和一九五四年要小得多。一九三一年干堤决口三百多处，长江中下游几乎全部受淹；一九五四年干堤决口六十多处，分流洪水一千零二十三亿立方米，江汉平原和岳阳、黄石、九江、安庆、芜湖等城市受淹，京广铁路中断一百多天；

今年长江干堤只有九江大堤一处决口，而且几天之内堵口成功，沿江城市和交通干线没有受淹。长江流域一九三一年死亡十四万五千人，一九五四年死亡三万三千人，今年死亡一千三百二十人。”〔1〕

这场斗争，到九月间取得全面胜利。在同洪水的搏斗中，中华民族和中国人民表现出万众一心、众志成城、不怕困难、顽强拼搏、坚韧不拔、敢于胜利的抗洪精神。中国共产党同人民群众的血肉联系、军队同人民群众的鱼水之情，得到极大加强。这是中国继续前进的重要精神财富。

国民经济在一九九八年保持较快增长。国内生产总值比上年增长百分之七点八，虽然略低于百分之八的预定目标，但这是在抵御亚洲金融危机的冲击和战胜国内特大洪涝灾害的情况下取得的，仍比世界经济平均增长率高出五点八个百分点，物价涨幅控制在百分之三以内，这确是来之不易。

农业在大灾之年继续获得好收成，全年粮食产量在四亿九千万吨以上，同上年基本持平。第一产业产值比上年增长百分之三点五，农产品供求由长期短缺转变为总量大体平衡、丰年有余，农田水利建设得到加强。第二产业产值比上年增长百分之八点九，产品结构得到改善。科技含量高、附加价值大的电子、信息、通信产品等生产增长大大加快，微型电子计算机、程序交换机、载波通信设备、光通信设备、移动通信设备等生产比上年增长百分之十六点九至百分之五十三点七。第三产业产值增长百分之八点三。

固定资产投资扩大。这种投资注意对中西部地区适当倾斜。西部地区投资增长百分之三十一点二，比东部地区快十四点九个百分点。一批大型基础设施项目交付使用。兰州经西宁到拉萨的通信光缆工程提前完成，使全国通信光缆骨干网基本形成。沪杭高速公路、京郑电气化铁路、陕甘宁气田等大型项目竣工投产。这一年，互联网在中国开始进入

〔1〕《人民日报》1998年8月27日。

大众传播领域，使新闻传播更加快捷便利，更加多样化。

环境保护事业提到越来越重要的地位，大大加快发展。以往不少地方不断砍伐林木，扩大耕地。国家要求狠下决心开展退耕还林工作：凡是一九九四年以来开垦的林地，必须在二〇〇〇年前全部退耕还林；一九九四年以前开垦的林地，凡坡度在二十五度以上的，也必须在二〇〇〇年前全部还林；坡度在二十五度以下的，必须提高水土保持标准。重要的是，政府对退耕还林的民众给予足够的粮食补助。中共中央、国务院在十月二十日决定：从现在起，全面停止长江、黄河流域中上游的天然林采伐，森工企业转向营林管护。国务院又在十一月七日印发《全国生态环境建设规划》。

城乡人民生活水平继续提高。农村居民人均纯收入，考虑到价格因素，比上年实际增长百分之四点五；城镇居民人均可支配收入实际增长百分之五点八。市场供应充足，乃至供过于求，全国商品零售价格到一九九八年底已连续下降十五个月。扶贫工程的步伐加快：全国农村贫困人口在一九七八年有两亿五千万人，一九九三年底减少到八千万人，一九九八年底减少到四千二百万人，占农村人口的比重由百分之三十点七下降到百分之四点六，平均每年减少一千万人。

经过几年的努力，中国已从总体上改变了以往多少年来长期困扰人们的商品短缺格局，初步形成了一定范围的买方市场。这是中国建立社会主义市场经济体制带来的历史性变化。

在承受两大挑战的同时，经济改革在一九九八年继续有序推进，先后出台一系列重大的改革措施，在一些难点上取得突破。

国有企业改革进一步深化。政企分开迈出重大步伐，大力整顿企业领导班子。组建了中国石油天然气集团、中国石油化工集团、上海宝钢集团等一批特大型企业集团，技术装备水平大幅提高，技术创新能力明显增强。国务院开展向部分国有重点企业派出稽查特派员的试点工作，这些稽查特派员都是副部级干部，一人负责几个公司，不干预企业经营，只管查账，起审计和监督作用，取得初步成效。国有企业中亏损面最大的纺织行业，全年压缩淘汰落后棉纺锭五十二万锭，分流下岗职工六十六万人，成为国有企业改革中整个行业摆脱困境的突破口。国有企业大量职工下岗在这几年相当突出，那是难以避免的，是经济结构大调整过程中发生的。它的重要根源是几十年来的重复建设，近些年又继续发展，制止不了。在有些地区，“企业有了自主权，什么都能干，动不动就贷款上亿元上项目，也不管是不是真需要这样的项目。政府和银行也鼓励企业乱上项目。”[1] 这些企业市场竞争力差，产品销售不出去，有的刚投产就已严重亏损，职工就得下岗。以前企业开不出工资就向银行贷款，现在银行独立经营，这条路也走不通了。此外，技术在进步，资本有机构成在提高，需要的工人数量也随之减少。大批职工下岗，生活十分困难，成为万众瞩目的社会问题。社会上这时“议论焦点是下岗，人人自危，说不知何时就要轮到自己”。[2] 因此，国家以很大力量加强下岗职工的基本生活保障和再就业工作。大多数下岗职工进入再就业服务中心，进行技术培训，并且领到基本生活费，全年共有六百多万下岗职工实行了再就业。

在国有企业改革的“放小”中曾刮起一股不小的歪风：大量拍卖企业，不少在“改制”的名义下，实际上是半卖半送，评估资产时以很低价格计算（而且不把无形资产和土地价值计算在内），出售时强调经营者优先，造成国有资产的严重流失。这是十分令人痛心的。而一些人却鼓吹只有“私有化”才能充分激发人的积极性，称作“一卖就活”。为此，国家经贸委、财政部、中国人民银行为此发出《关于出售国有小型企业中若干问题意见的通知》，加以制止，并要求依法规范操作。

国务院副总理吴邦国在这年年底召开的全国经贸会议讲话中指出：“实现国有企业三年改革与脱困目标，关键是要提高效益，实现扭亏为盈。要抓住时机，主动进行结构调整。第一，要下决心制止重复建设。第二，要坚决关掉那些技术落后、浪费资源、质量低劣、污染严重、不符合安全生产条件的小煤矿、小玻璃厂、小水泥厂、小炼油厂、小水电厂和小炼钢厂，压缩淘汰落后富余的生产能力。第三，要抓紧落实已确

---

〔1〕 宗寒：《国企改革三十年亲历记》，第 273 页。

〔2〕《市场与调控——李鹏经济日记》（下），第 1504 页。

定的重点行业的调整，控制总量，优化结构。第四，真正把技术改造的重点转到质量、品种、效益上来。”[1] 事实证明，凡是在技术改造、产品质量和市场这三方面搞得比较有力的国有企业，效益和经营状况就比较好。

粮食流通体制改造稳步推进，按保护价敞开收购农民余粮，保护了农民的种粮积极性。

金融体制改革，吸取亚洲金融危机的教训，继续跨出重要步伐：撤销了人民银行省级银行，跨省区设置九家地区性分行，避免地方政府对银行进行不必要的干预；证监会实行垂直管理体系；整治金融秩序，查处了一批违法违规案件，关闭了个别问题严重的金融机构；商业银行独立地自主经营。

国务院机构改革进展顺利，政府机构职能有了变化，人员编制总数减少一半。

中央作出关于军队、武警部队和政法机关不再从事经商活动的决定后，中央党政机关与所办经济实体和管理的直属企业脱钩的重大决策得到落实。同时，集中一段时间和精力在全国范围内开展大规模反走私联合行动，严厉打击骗汇、逃汇、套汇的斗争，取得了显著成效。

这一年，中共中央还部署了一九九八年、一九九九年在县以上各级党政领导班子和领导干部中开展了“讲学习，讲政治，讲正气”为内容的党性党风教育活动。

两项重大决策

从一九九八年下半年起到一九九九年，中国的社会主义现代化建设又作出两项重大决策：一项是要求立足于扩大内需，实行积极的财政政策，特别是加强基础设施建设的投资；另一项是确定西部大开发战略。

历史的发展总是这样：一个问题解决了，新的问题又上升到引人注

〔1〕 中共财经领导小组办公室编《中国经济发展五十年大事记》，第533页。

目的地位。当时，中国经济中使人焦虑的新问题是：在经济过热现象得到克服、实现了“软着陆”以后，又出现经济增长率持续数年一路下降的局面。“八五”时期，也就是一九九一年至一九九五年，国内生产总值平均年增长速度为百分之十二，一九九六年为百分之十，一九九七年为百分之九点三，一九九八年为百分之七点八，一九九九年为百分之七点六。这个增速在世界范围内不算低，但在中国，增长率连续四年下降，已降至经济运行合理区间的下限。“‘软着陆’成功后，经济增速为何继续下降？一是原来经济下滑的惯性使然；二是亚洲金融风暴的影响；三是新出台的宏观调控政策没有到位。”[1]

保持适度快速的经济增长率，从中国的现实状况来说有着特殊的重要性。中国社会面对的种种问题，都需要经济较快发展才能得到解决。增长率持续下降，就带来了职工下岗增多、企业经营困难和金融风险增大等问题。中国又是一个人口大国，每年新增加需要就业的人口达到一千万人，农村还存在一亿多富余劳动力，就业压力日益加大。当时正逢职工下岗、干部分流、军队缩编，多余劳动力难以安置，使就业问题越来越加突出。而经济增长速度每提高一个百分点，可以带动一百万人的就业，这当然是不可忽视的大事。

改革开放以来，依靠廉价劳动力的出口导向型经济在国民经济发展中所占比重很大。经济特区和沿海重要城市中，不少企业带有“来料加工”的性质。赵紫阳还提出过原料和市场“两头在外”的主张。亚洲金融危机使一九九八年中国进出口总额出现负增长，影响国内生产总值的增长率下降了两个百分点。这个问题不能不使中国领导人认真思考和对待。

从出口导向增长逐步转向依靠内需拉动增长，便是在这种情况下提出来的。

拉动内需包括两个方面：一是增加国内消费，一是扩大投资。增加国内消费，这是根本的，但从当时情况来看难以在短期内奏效。因此，

---

〔1〕《刘国光文集》第9卷，第515页。

工作重点就先放在扩大投资上。一九九八年八月二十九日，全国人大常委会通过《关于批准国务院增发今年国债和调整中央预算方案的决议》。国务院的议案提出，要实行更加积极的财政政策，扩大国内需求，拉动经济增长，拟增发一千亿元长期国债，作为国家预算内基础性建设专项投资，用于基础设施投入。

这一项有力地拉动内需的大动作，有两个显著特点：一是资金来源是增发国债而不是多发货币，把民众的储蓄吸引到国家建设投资中来，而避免出现通货膨胀，使积极的财政政策和稳健的货币政策统一起来；二是资金投向主要是基础设施，而不是盲目地大干快上，大上加工工业项目，这就不会造成大量重复建设而导致上了还得退下来。这些基础设施项目投资大、周期长，资金一时收不回来，不能完全由银行贷款，也无法靠民间集资来解决，主要得靠增加财政投入、发行国债来进行。

一九九八、一九九九和二〇〇〇这三年，国家分别发行长期建设国债一千亿元、一千一百亿元和一千五百亿元，合计三千六百亿元，用来大力进行公共工程建设，集中力量办了一些多年想办而未办成的大事。它着重投入以下几个方面：一是修建共能容纳五百亿斤粮食的现代化粮库，中央出钱，地方出地，而又带动了水泥、钢材等相关产业。二是改造电网。过去农村电网的电损耗率达到百分之三十七，三分之一的电损失在输送线路上，造成电费贵，农村使用不起家用电器。三是大规模开展长江、黄河中上游的水土保持，把伐木大军改变成种树大军；同时，大力整治或加固大江大河的堤防，增强抗洪防灾能力。四是加强住房建设。这也使过剩的钢材、水泥、机电、建筑材料都能用上。五是以很大力量投入交通和通信建设。特别值得说到的是："九五"期间，公路建设新增通车里程二十四万公里，新建高速公路一万一千五百公里；二〇〇〇年末，中国高速公路达到一万六千二百公里，居世界第三，绝大部分是这几年内修建的，大大改善了交通运输状况。通信事业自改革开放以来一直保持年两位数的增长速度，这几年发展得更快。时任信息产业部部长的吴基传写道："回顾我国通信发展历程，从一八八二年我国开通第一部电话到一九九二年达到一千万用户，经历了一百十年的漫长岁月；而从一千万户到一九九八年的一亿户只用了六年，此后，到二〇〇〇年的二亿户只用了两年。”[1] 移动电话的使用，以惊人的速度发展起来。高速公路和电信等基础设施的迅速发展，大大促进了商品流通的规模和速度，是中国现代化经济建设中的一件大事，不仅在几年内明显改变了原来对经济发展起着严重“瓶颈”作用的落后面貌，而且使国家建设有了扎实可靠的后劲。

“事实表明这种积极的财政政策对拉动中国经济增长发挥了重要作用。二〇〇〇年中国经济增长能够实现回升，在很大程度上是与连续多年的积极财政政策有重要的关系。有统计表明，实施积极的财政政策三年来国家发行的三千六百亿元长期建设国债，直接带动各种投入配套资金和银行贷款约七千五百亿元。根据有关部门测算，一九九八年、一九九九年和二〇〇〇年分别带动经济增长一点五个、两个和一点七个百分点。”[2] 而且对此后现代化建设事业的发展产生了深远影响。

有了“软着陆”的经验，又有了扩大内需的思路和办法，这对建立和完善社会主义市场经济体制有着重要的意义。

立足扩大内需，并不是放松对外贸易。相反，在经济全球化加速发展和中国准备参加世界贸易组织的大背景下，应该努力扩大互利互惠的出口。时任对外贸易经济合作部部长的石广生写道：“为应对困难局面，在保持原有政策稳定的基础上，国家出台了一系列支持扩大出口等政策措施，主要包括保持人民币汇率稳定，提高出口退税率，发展加工贸易，扩大机电产品和高新技术产品出口，完善金融支持，以及检验检疫、‘大通关’等贸易投资便利化措施。同时，各级地方政府大胆探索，采取了许多支持外经贸发展的政策措施。这几年是我国外经贸发展历史上出台政策最多的时期。由于各项政策及时到位，应对措施得力，我国出口在逆境中不仅没有衰退，反而稳定增长，为国民经济摆脱亚洲金融

〔1〕 吴基传：《我国信息产业实现历史性跨越》，《回顾辉煌成就　展望美好未来》，学习出版社2002年11月版，第245页。

〔2〕 余永定、李军、丛亮：《论中国当前的积极财政政策》，《中国经济前景分析——2001年春季报告》（经济蓝皮书春季号），社会科学文献出版社2001年4月版，第16页。

危机及世界经济衰退的影响发挥了重要作用。”[1]一九九九年十一月还有一项重要进展，就是中美两国签署了中国加入世界贸易组织的双边协议，共同发表了新闻公报，这为中国的“入世”迈出了重要一步。与此同时，为了更好地利用外资，进一步扩大对外开放，继续完善吸收外资的产业政策，鼓励外资更多地投入新技术产业，推动了全方位、多层次、宽领域对外开放格局的进一步形成。

在努力扩大对外贸易的同时，国家采取有力措施，严厉打击走私活动。这是一件大事。当时，走私活动范围之广，走私货物品种之繁多，数额之巨大，都是前所未有的，走私严重的商品是两油（成品油和食用油）、两车（汽车和摩托车）、两料（纺织原料和化工原料）以及香烟、盗版光盘等。每年查获的走私商品价值高达七亿元。一九九八年七月，中共中央和国务院召开全国打击走私会议，江泽民、朱镕基在会上讲了话，表明严厉打击走私犯罪活动的决心。各地积极贯彻落实，打击走私和骗汇取得初步成效。十月，朱镕基到广东考察这项活动。他指出为什么沿海走私猖獗，屡打不尽，有三个原因：第一，境内外一些商品有较大差价，走私犯罪有利可图，而有些干部认识不够，打击不力，说什么“打击走私是不要对外开放”，这纯粹是奇谈怪论。第二，对有特殊背景的法人走私不敢轻易动真格。第三，确实有一些地方领导腐败变质了，确实有一些海关蛀虫徇私舞弊。他斩钉截铁地说：“一定要打击走私犯罪分子的嚣张气焰！你们要什么我就给什么，要驱逐舰、巡洋舰都可以造。一定要狠狠打，什么走私船都要打沉它！”[2]一九九九年一月，他又到福建考察打击走私等工作。广东湛江、福建厦门等地的走私大案相继破获，受到严厉惩处。这一年的海关税收增加七百七十亿元，比上年增长近百分之五十，这对财政状况的改善起了十分重要的作用。

尽管取得了这些成绩，一九九九年中国经济面对的困难依然相当严

〔1〕石广生：《我国外经贸在改革开放中飞跃发展》，《回顾辉煌成就　展望美好未来》，第224页。

〔2〕杨春南、张宿堂：《朱镕基总理考察广东打击走私骗汇犯罪活动记行》，《新华月报》1999年第2期。

重：外贸出口和外商直接投资继续下降，世界经济走势中不确定因素增加，亚洲金融危机的后果还在显现；国内消费需求仍然持续不振，城乡居民收入增势趋缓，居民对未来支出增加的预期增强，即期消费意愿减弱，储蓄存款持续高速增长，工业消费品几乎全面过剩，商品库存特别是消费品库存大量增加，启动居民消费需求的难度较大。衡量经济发展的成果，不是取决于生产能力的大小，关键在于有没有市场需求，如果需求上不去，生产高速度发展，只能徒然增加库存，造成更大困难。但由于前面所说国际竞争和就业压力等种种原因，发展速度太低也不行。因此，朱镕基总理一九九九年三月在全国人大九届二次会议所作《政府工作报告》中提出："综合分析国内外的有利条件和制约因素，今年的经济增长预期为百分之七左右。"怎样实现这个目标？他说：

"必须首先立足于扩大国内需求，继续实施积极的财政政策。去年的实践证明，这是在需求不旺的情况下拉动经济发展的有效举措。"

"在通常情况下，靠扩大财政赤字搞建设，势必会引发通货膨胀，这在我国历史上有过多次深刻的教训。但是，在当前的特定条件下，发生这种危险的可能性不大。现在银行储蓄存款比较多，通过财政债券将一部分储蓄转化为基础设施的投资，不会过量发行货币；粮食等主要农业品、工业消费品和生产资料供应充裕，物价比较稳定，适度扩大财政赤字和国债规模，如果运用得当，不会引发通货膨胀。"

"基础设施是我国的薄弱环节，总体上不存在重复建设问题。加强基础设施建设，不仅可以拉动当前经济增长，还可以增强经济发展的后劲。"

"在扩大投资需求的同时，要采取有力措施引导和扩大消费需求，形成投资和消费对经济增长的双重拉动。"[1]

当时还有一个值得注意的现象，就是因社会总需求不足而出现了通

〔1〕《十五大以来重要文献选编》(上)，第774、775、776、778页。

货紧缩的趋势。对什么是“通货紧缩”，理论界的看法并不一致。比较多的看法，认为是指物价总水平持续下降。中国这几年通货供应量并没有大的缩减，生产也没有下降，但“从一九九七年十月到一九九九年八月，中国商品零售指数价格已连续下降二十三个月。”〔1〕在这个意义上，可以说是出现了通货紧缩的趋势。通货紧缩，在中国历史上很少见。过去，大家都深知通货膨胀对经济发展的危害，很少知道通货紧缩的危害，对此缺乏应对的经验，看法不尽一致，在宏观调控的政策取向上出现过一些摇摆。而这样长时间、大范围的价格持续下跌，造成国有企业利润下降，生产经营困难，投资者信心不足，职工收入和就业机会减少，便成为一个大问题。

本来，中共十五大和十五届一中全会对国有大中型亏损企业提出了三年摆脱困境的要求。“一九九八年，尽管出台了一系列改革措施，实施了力度不小的政策，但这一年国有企业仍然处于十分艰难的困境之中。国有工业企业的亏损面和亏损额由一九九〇年的百分之二十七点六和百分之四十七点三上升到一九九八年的百分之四十一点五和百分之六十八点八。”〔2〕通货紧缩趋势的出现，对国有企业的困难有如雪上加霜。国有企业的改革和发展，已成为一九九九年中国经济工作中的突出课题。

这不是一个新问题，但到这时已处在举足轻重的地位。中共中央极端重视这个问题。这年四月二十二日，江泽民在四川成都召开西南四省市国有企业改革和发展座谈会。他在会上说：“中央提出，搞好国有企业的改革和发展，是今年经济工作的重中之重。”“全面推进国有企业的改革和发展，是一个非闯不可、也绕不过去的关口。打好这场攻坚战，不仅关系到国有企业改革的成败，也关系到整个经济体制改革的成败。”〔3〕五月、六月、八月，他又先后在武汉、西安、青岛、大连分别

〔1〕刘树成：《论中国当前的通货紧缩》，《2000年中国：经济形势分析与预测》（经济蓝皮书），社会科学文献出版社2000年1月版，第118页。

〔2〕金碚：《国有企业改革的进展和前景》，《中国经济前景分析——2001年春季报告》（经济蓝皮书春季号），第72页。

〔3〕《十四大以来党和国家领导人论国有企业改革和发展》，第287、288页。

召开中南、西北、华东、东北和华北各省市国有企业改革和发展座谈会。他在会上说："从现在起到下世纪的前十年，是我国改革和发展的关键时期。在这个时期，要建立比较完善的社会主义市场经济体制，保持国民经济持续快速健康发展。要解决好这两大课题，必须不失时机地推进国有企业改革和发展，使国有企业改革取得突破性进展。""现在国有企业改革处于攻坚阶段，发展处于关键时期。"[1] 当时还有一个背景：由于改革出台的措施比较集中，人们相当普遍存在一种心理：要留点钱应付今后可能要支出的养老、医疗、购房、上学等需要，造成消费需求长期低迷。江泽民在讲话中着重提出一条原则，就是要把改革的力度、发展的速度和社会的承受能力结合起来。九月十九日至二十二日，中共十五届四中全会召开。全会通过了《中共中央关于国有企业改革和发展若干重大问题的决定》。

经过几年来对国有企业改革和发展的艰苦探索，在认识和思路上有了重要变化：从着眼于搞好每个企业，转向着眼于搞好整个国有经济；从注重调整企业与国家的利益分配、减税让利，转向制度创新、转换机制；从主要抓企业自身改革，转向企业改革与各项配套改革同步进行。这就为实现这项艰巨复杂的任务闯出一条新的路子。

国企改革离不开加强企业管理。"管理问题最重要的是预测市场的变化，根据市场的需要，不断进行产品更新、技术创新、管理创新和规模结构创新。宏观情况变化了，就必须进行调整。预为之谋至关重要。思想谋划走在前面，技术和产品走在前面，企业就能走在前面，否则必将落后甚至被淘汰。"[2] 这是被无数事实证明了的。

在经济发展、包括对国有经济改革和发展的探索过程中，人们越来越强烈地感受到：知识创新、技术创新和高技术产业化，是当今国际竞争的核心。如果不能在这方面取得突破，就不可能站住脚跟，更谈不上在激烈竞争中置身前列。这也是国有企业改革和发展中的重要关键问题。同年八月二十日，中共中央、国务院作出《关于加强技术创新，发

---

〔1〕《江泽民文选》第 2 卷，第 376、378 页。

〔2〕宗寒：《国企改革三十年亲历记》，第 283 页。

展高科技，实现产业化的决定》。它写道：

“当今世界，科学技术日新月异，以信息技术、生物技术为代表的高新技术及其产业迅猛发展，深刻影响着各国的政治、经济、军事、文化等方面。在以经济实力、国防实力和民族凝聚力为主要内容的日趋激烈的综合国力竞争中，能否在高新技术及其产业领域占据一席之地已经成为竞争的焦点，成为维护国家主权和经济安全的命脉所在。”〔1〕

为了部署贯彻落实这个《决定》、进一步实施科教兴国战略，中共中央、国务院在八月二十三日至二十六日，召开全国技术创新大会。江泽民在会上说：“科技创新包括很多方面，其中很重要的一个方面是技术创新。技术创新，主要是企业应用新知识、新技术、新工艺，采用新的生产方式和经营管理模式，提高产品质量，开发新的产品，增强市场竞争能力和抵御风险能力。”由于中国在科学技术上长期处于落后地位，不可能一下子在各方面都赶上发达国家的先进水平。因此，江泽民强调：“我们要按照有所为有所不为的方针，突出重点，选准一些对推动经济社会发展、维护国家安全、提高生产力和综合国力有重大带动作用的领域，集中力量，大力协同，重点攻关，力求突破。”〔2〕朱镕基在讲话中说：“必须明确今后时期我国技术创新的主要方向和重点。概括地说，一方面要用高新技术改造和提高传统产业，促进传统产业升级；另一方面，要不失时机地加速发展有市场需求和前景的高科技和高新技术专业，带动和促进新兴产业的崛起；必须把改造和提升传统产业同加速发展高新技术很好地结合起来，走有中国特色的技术跨越发展道路。”他要求：“使企业成为技术创新的主体”，“国有企业在建立现代企业制度的改革中，要把建立技术创新机制作为重要内容。”〔3〕

九月十八日，中共中央、国务院、中央军委隆重举行表彰为研制

〔1〕《十五大以来重要文献选编》（中），第 933 页。

〔2〕《江泽民文选》第 2 卷，第 393、394 页。

〔3〕《人民日报》1999 年 8 月 27 日。

“两弹一星”作出突出贡献的科技专家大会，授予钱学森等十六位科技专家、追授钱三强等七位科技专家以“两弹一星功勋奖章”，号召全党、全军、全国各族人民向他们学习，大力弘扬研制“两弹一星”的精神，把建设有中国特色社会主义事业全面推向二十一世纪。

这年十月一日，是中华人民共和国成立五十周年的国庆，全国各族人民热烈庆祝这个自己的节日。在它的下一个月，十一月二十日，中国第一艘载人航天工程试验飞船“神舟号”在甘肃酒泉卫星发射中心航天发射场发射升空。完成预定的空间科学实验后，飞船于二十一日在内蒙古中部地区成功着陆。这次发射的试验飞船和新型火箭，是中国独立自主研制的，以中国航天科技集团所属的空间技术研究院、上海航天技术研究院和运载火箭技术研究院为主研制。这次飞行试验，飞船上没有载人，但它的一系列技术创新是中国航天测试发射技术的一个新突破，标志着中国航天事业自主创新的发展跨上了一个新台阶。

经过全国上下的共同努力，一九九九年的国内生产总值比上年增长百分之七点六，高于年初计划的目标，其中第一、二、三产业分别增长百分之二点八、八点一、九点三。外贸进出口总额比上年增长百分之十一点三。社会商品零售价格总水平比上年下降百分之三。城镇居民人均可支配收入，实际增长百分之九点三；农民人均纯收入，实际增长百分之四。国家财政收入首次突破一万亿元。外汇储备年底达到一千五百四十七亿美元。

一九九九年作出的另一项重大决策，是确定西部大开发战略。

中国西部包括甘肃、贵州、宁夏、青海、陕西、四川、西藏、新疆、云南、内蒙、广西、重庆十二个省、自治区、直辖市，同十多个国家接壤，是少数民族居住比较集中的地区，并且蕴藏着丰富的资源。

由于历史的因素和现实生态、交通、贸易和投资环境等影响，东部沿海地区比西部内地的发展要快得多。新中国成立后，为了开发西部地区做了许多工作。“三线建设”开始后，许多干部职工在艰苦条件下长期扎根这个地区，顽强拼搏，积极开发资源，加强基础设施建设，建成了一批有地区特色的支柱产业和骨干企业，为西部开发创造了重要条件。但总的说来，西部在全国地区经济格局中仍处在严重落后的地位，东西部地区的经济差距还在不断扩大。“一九七九至一九九九年，西部地区比东部地区的平均增长率低一点四个百分点。一九九九年，西部地区人均国内生产总值为四千二百八十元，只有东部地区的百分之四十。”〔1〕

邓小平早就十分重视这个问题。他在一九八八年九月谈到沿海地区和内地的关系时明确地提出“两个大局”的思想。他说：“沿海地区要加快对外开放，使这个拥有两亿人口的广大地带较快地先发展起来，从而带动内地更好地发展，这是一个事关大局的问题。内地要顾全这个大局。反过来，发展到一定的时候，又要求沿海拿出更多力量来帮助内地发展，这也是个大局。那时沿海也要服从这个大局。”〔2〕他还指出：可以设想，在本世纪末达到小康水平的时候，就要突出地提出和解决这个问题。

到了世纪之交的一九九九年，也可以说已“发展到一定的时候”了。这年六月九日，江泽民在中央扶贫开发工作会议上提出：

“逐步缩小全国各地区之间的发展差距，实现全国经济社会的协调发展和最终达到全体人民的共同富裕，是社会主义本质特征的要求。我国地域辽阔、人口众多，不能设想采用平均主义的办法可以实现共同富裕，这是我们过去实践的经验教训已经证明了的……现在，加快中西部地区发展步伐的条件已经具备，时机已经成熟。如果我们看不到这些条件，不抓住这个时机，不把该做的事情努力做好，就会犯历史性的错误。在继续加快东部沿海地区发展的同时，必须不失时机地加快中西部地区的发展。从现在起，这要作为党和国家一项重大的战略任务，摆到

〔1〕曾培炎：《国民经济和社会发展的历史性变化》，《回忆辉煌成就，展望美好未来》，第13页。

〔2〕《邓小平文选》第3卷，第277—278页。

更加突出的位置。”[1]

同月十七日，他在西安召开西北地区国有企业改革和发展座谈会时，对这个问题作了更加系统的论述。他说：

“实施西部大开发，是一项振兴中华的宏伟战略任务。实现了这个宏图大略，其经济、文化、政治、军事、社会的深远意义，是难以估量的。全党同志和全国上下必须提高和统一认识。没有西部地区的稳定就没有全国的稳定，没有西部地区的小康就没有全国的小康，没有西部地区的现代化就不能说实现了全国的现代化。”

“加快开发西部地区是一个巨大的系统工程，也是一项空前艰难的历史任务。既要有紧迫感，抓紧研究方案、步骤和政策措施，又要做好长期奋斗的思想准备。”

“经过我们一代又一代持续不懈的奋斗，使从唐代安史之乱以后一千二百年来逐渐衰落的西部地区，从生态环境到经济、文化、社会发展来一个天翻地覆的根本改变，来一个旧貌换新颜。这将是中华民族发展史上一项惊天动地的伟业，也将是世界开发史上一个空前的壮举！”[2]

这年十一月中旬，中共中央、国务院召开的中央经济工作会议在部署第二年经济工作任务时具体规定：“不失时机地实施西部大开发战略，直接关系到扩大内需、促进经济增长，关系到民族团结、社会稳定和边防巩固，关系到东西部协调发展和最终实现共同富裕。现在研究实施西部大开发战略，条件基本具备，时机已经成熟。实施这个战略是党中央总揽全局、面向新世纪作出的重大决策。西部大开发是一项宏大的工程，必须统筹规划，突出重点，有步骤、分阶段地实施。必须紧紧依靠西部地区干部群众的积极性，自强不息，艰苦奋斗。同时，国家要逐步加大对西部地区的投入，并通过政策引导，吸引更多的国内外资金、技

〔1〕《十五大以来重要文献选编》(中)，第854—855页。
〔2〕《江泽民文选》第2卷，第344、345、346页。

术和人才。西部开发要重点抓好基础设施建设，大力植树种草，有计划、有步骤地退耕还林，调整产业结构，优先发展科技教育。”〔1〕这些，是需要依靠社会主义的国家力量，才能在比较短的时间内实现的。

基础设施落后是制约西部地区发展的关键因素。这一年，南疆铁路全线铺通。这条铁路是国家“九五”计划中的重点工程，东起吐鲁番，西至喀什，全长一千四百五十一公里，在三年内完成建设并正式通车，是中国铁路建设史上的奇迹，也是西部大开发的重要基础设施建设之一。

第二年，也就是二○○○年，西部大开发陆续展开，战略构想开始实施：国家研究制定了西部开发总体规划，出台了西部大开发的若干政策措施。当年，国家对“西部地区投资三千九百四十三亿元，增长百分之十四点四，高于全国平均速度五点一个百分点，分别比东、中部地区投资增速快六点一和零点六个百分点。”〔2〕其中，新开工十大工程，总投资一千多亿元。西部地区交通、能源和水利建设积极推进。西安至南京和重庆至怀化铁路、重庆轻轨、青海涩北经西宁至兰州输气管线等新开工项目进展顺利。“西气东输”和“西电东送”等重大项目前期工作加快，贵州洪家渡、引子渡和乌江渡水电站，以及云南宣威六十万千瓦电厂和一批高压输电线路开工建设。在建的大中型项目进度加快。“西部地区水土流失面积占全国的百分之八十，每年因上游水土流失进入长江、黄河的泥沙量达二十多万吨，导致中下游淤积抬高，水患不断。全国每年新增的荒漠化面积二千四百多平方公里，主要集中在西部，西北地区荒漠化和西南地区石漠化的问题日趋严重。”〔3〕因此，加强生态建设和环境保护成为实施西部大开发的根本和切入点。这一年，退耕还林还草试点工作稳步推进，试点地区共完成退耕还林还草面积一千一百二十九万亩，宜林荒山荒地造林种草七百八十七万亩。天然林资源保护工

---

〔1〕《中央经济工作会议在京召开　江泽民朱镕基作重要讲话》，《人民日报》1999年11月18日。

〔2〕《九五经济高增长，投资拉动立大功》，《中国信息报》2001年3月5日。

〔3〕曾培炎：《国民经济和社会发展的历史性变化》，《回顾辉煌成就　展望美好未来》，第15页。

程进展顺利。防沙、治沙、水土保持综合治理等工程稳步展开。此外，科技教育加大了对西部地区的支持力度，特色经济和优势产业取得发展，农村的生产和生活条件有了改善。

西部大开发迈出了实质性步伐，有了良好的开端。这是迎接新世纪到来的重要一着。

“三个代表”要求的提出

二〇〇〇年刚开始时的一件大事，是江泽民提出了“三个代表”的重要思想。二月二十五日，他在广东考察工作时讲话中说：

“总结我们党七十多年的历史，可以得出一个重要结论，这就是：我们党所以赢得人民的拥护，是因为我们党在革命、建设、改革的各个历史时期，总是代表着中国先进生产力的发展要求，代表着中国先进文化的前进方向，代表着中国最广大人民的根本利益，并通过制定正确的路线方针政策，为实现国家和人民的根本利益而不懈奋斗。人类又来到一个新的世纪之交和新的千年之交。在新的历史条件下，我们党如何更好地做到这‘三个代表’，是一个需要全党同志特别是党的高级干部深刻思考的重大课题。”〔1〕

“三个代表”的提出，这是在新的世纪之交的关键时刻，面对着急剧变动而又错综复杂的新情况，要求当代中国共产党人特别是党的高级干部对于履行自己所肩负的领导建设社会主义现代化中国的伟大历史使命必须深刻思考和紧紧抓住的三个要点。

始终代表中国先进生产力的发展要求，就是一切必须努力符合生产力发展的规律，体现不断推动社会生产力的解放和发展的要求，尤其要体现推动先进生产力发展的要求，通过发展生产力不断提高人民群众的

---

〔1〕《江泽民文选》第3卷，第2页。

生活水平。科学技术是第一生产力，而且是先进生产力的集中体现和主要标志。从最根本上来说，人类社会的发展，就是先进生产力不断取代落后生产力的历史进程。社会主义现代化必须建立在发达生产力的基础之上。为实现现代化而奋斗，最根本的就是要通过改革和发展，使中国形成发达的生产力。

始终代表中国先进文化的前进方向，就是一切必须体现发展面向现代化、面向世界、面向未来的，民族的科学的大众的社会主义文化的要求，促进全民族思想道德素质和科学文化素质的不断提高，为中国经济发展和社会进步提供精神动力和智力支持。发展社会主义文化的根本任务，是培养一代又一代有理想、有道德、有文化、有纪律的公民。

始终代表中国最广大人民的根本利益，就是一切必须坚持把人民的根本利益作为出发点和归宿，充分发挥人民群众的积极性、主动性、创造性，在社会不断发展进步的基础上，使人民群众不断获得切实的经济、政治、文化利益。中国共产党同一切剥削阶级政党的根本区别，是立党为公，执政为民，始终坚持人民的利益高于一切。所有党员干部必须真正代表人民掌好权、用好权，而绝不允许以权谋私，绝不允许形成既得利益集团。

这“三个代表”是统一的整体，相互联系，相互促进。发展先进的生产力，是发展先进文化、实现最广大人民根本利益的基础条件。人民群众是先进生产力和先进文化的创造主体，也是实现自身利益的根本力量。不断发展先进生产力和先进文化，归根到底都是为了满足人民群众日益增长的物质文化生活需要，不断实现最广大人民的根本利益。

五月十四日，江泽民在上海主持召开江苏、浙江、上海党建工作座谈会时，在讲话中进一步指出“三个代表”的重要意义。他说：

“始终做到‘三个代表’，是我们党的立党之本、执政之基、力量之源。按照‘三个代表’要求抓党的建设，同新时期党的建设新的伟大工程的总目标、总要求是一致的。推进党的思想建设、政治建设、组织建

设、作风建设，都应该贯穿‘三个代表’要求。”〔1〕

为什么江泽民要在这个时候提出“三个代表”的要求？他在六月二十日召开的西北五省党建工作和西部开发座谈上讲话时这样回答：

“时代在发展，形势在变化，我们党要不断巩固自己的执政地位，必须紧跟世界发展进步的潮流，始终代表中国先进生产力的发展要求、先进文化的前进方向和最广大人民的根本利益，坚决解决党内存在的突出问题。提出坚持‘三个代表’的要求，其出发点和着眼点就在这里。”〔2〕

“三个代表”重要思想，是邓小平理论的继承和发展，是中国特色社会主义理论体系的重要组成部分。

二十世纪的最后一年

二〇〇〇年，是二十世纪的最后一年。

对中国来说，这是“九五”计划的最后一年，也是中国社会主义现代化建设实施“三步走”战略中第二步的最后一年。

这一年的中国经济状况，是近几年中最好的一年。几年来一系列重大举措的累积效应，到这时清楚地显示出来。国内生产总值达到九万九千二百十五亿元，不仅突破九万亿元大关，而且已直逼十万亿元这个更高的台阶，比上年增长百分之八点四；增长率比上年也回升近一个百分点，这是一九九二年以后第一次出现经济增长率重新回升的转折。根据联合国工发组织资料，一九九五年至二〇〇〇年，中国制造业年均增长百分之九点三，比工业化国家快六点一个百分点，比发展中国家快四个

〔1〕《江泽民文选》第3卷，第15页。

〔2〕《江泽民论有中国特色社会主义（专题摘编）》，中央文献出版社2002年8月版，第579页。

百分点。还有值得注意的一点：近年来困扰中国经济的通货紧缩趋势已经出现缓解迹象。从一九九七年十月起，物价绝对水平出现下降，进入二〇〇〇年，物价总水平开始呈现回升迹象，居民消费价格结束了连续二十多个月下降的格局。中国经济在各方面都走上比前几年更健全的轨道。

如果拿整个“九五”期间来看，年均经济增长率为百分之八点六，中国的经济和社会全面发展，顺利完成了社会主义现代化建设的第二步战略目标：在一九九五年提前实现国民生产总值比一九八〇年翻两番的基础上，一九九七年又比预期目标提前三年实现人均国民生产总值比一九八〇年翻两番的目标，综合国力上了一个新台阶，人民生活总体上达到小康水平，社会主义市场经济体制初步建立，实现了社会主义现代化建设第二步战略目标，为进一步实现第三步战略目标奠定了良好基础。朱镕基对此作出高度评价，说：“这是我国社会主义现代化事业取得的伟大成就，是中华民族发展史上一个新的里程碑。”〔1〕

二〇〇〇年所取得的成果，除前面已经说到的实行积极的财政政策和稳健的财政政策、扩大投资、加强基础设施建设、拉动内需和实施西部大开发战略这两大方面以外，还有几点值得注意的重大变化。

第一，国有企业三年脱困目标基本实现，一大批大中型亏损企业摆脱了困境，国有企业经济效益大幅度攀升，现代企业制度的基本框架基本形成。

这个成绩的取得十分不易。“进入九十年代以来，国内外经济环境风云突变，面对通货膨胀、通货紧缩、亚洲金融危机等一系列严重冲击，国有企业的体制转换和结构调整进入攻坚阶段，许多深层次的矛盾和问题集中暴露：国有经济战线过长，国有企业数量过多，行业分布过于分散；资本结构单一，自有资本金不足，负债过高，部分企业的负债率甚至超过了百分之百；企业富余职工超过二千万；更令人忧心的是，国有企业还承担了大量社会职能，医院、学校、幼儿园及其他非经营性

〔1〕《十五大以来重要文献选编》（中），第1679页。

资产约占固定资产的百分之十五，每年用于社会方面的费用约占全年管理费用一半。一些企业经营机制不活，生产经营面临困境，经济效益连续下滑，部分职工生活比较困难，社会负担日益沉重。到一九九六年和一九九七年，国有企业经济效益滑向了谷底，一九九七年国有独立核算工业企业盈亏相抵后净亏损八十亿元，在一万六千户国有及国有控股大中型工业企业中，竟有六千五百九十九户发生亏损，亏损率高达百分之三十九点一。”〔1〕中共十五大和十五届一中全会提出国有企业三年脱困的奋斗目标时，不少人对实现这个目标信心不足。

中共中央和国务院在这方面接连作出一系列重大决策，特别是一九九九年集中力量多渠道地加大国有企业改革和发展力度后，逐步恢复了国有企业的元气。从宏观经济环境来看，国家实行积极的财政政策，大幅度增加投资，加强基础设施建设，扩大了国内需求，有力地带动原来供过于求的钢铁、建筑材料和有关产业经济增长。连续降低银行贷款利率，出重拳打击走私和骗税，整顿市场秩序，治理向企业乱收费、乱罚款和各种摊派，把国有企业所办学校、医院等逐步实施分离，也为国有企业的改革和脱困改善了外部环境。

二〇〇〇年十二月十一日，时任国家经贸委主任的盛华仁在全国经贸工作会议上宣布：国有企业改革与脱困三年目标已基本实现。他说：“今年前十个月，国有及国有控股工业实现利润一千八百三十九亿元，比去年同期增长一点六倍；纺织行业作为突破口，率先实现整体扭亏，起到了示范作用，重点监测的十四个行业有十二个整体扭亏和持续增盈，煤炭、军工两个行业的亏损额也大幅度减少；以东北老工业基地脱困为重点，带动了全国各地扭亏增盈，三十一个省区市有三十个整体扭亏和持续增盈；六千五百九十九户大中型亏损企业已减少四千零九十八户，占总额的六十二点一。”“上述成效说明，三年脱困目标基本实现。同时，据快报统计，今年一至十月，国有小型工业企业实现利润九点九四亿元，后两个月可望继续增加，从而结束连续六年净亏损的局面。这

---

〔1〕 李凤双、陈芳：《写在国企改革与脱困三年目标基本实现之际》，《解放军报》2000 年 12 月 13 日。

也是今年取得的显著成绩之一。”[1] 虽然这只是阶段性成果，国有企业仍有许多深层次矛盾有待解决，但在面对新世纪到来的时刻，已有的成绩对增强国有经济的竞争力和控制力，保证国民经济持续快速健康发展，都有十分重要的意义。三年基本脱困的事实有力地证明，国有企业改革不仅必须搞好，而且也是完全能够搞好的。

所有制结构在这几年发生了重要变化：一九七八年时，公有制经济在国民经济中的比重为百分之九十四点八（其中国有经济为百分之五十七点七，集体经济为百分之三十七），非公有制经济为百分之五点二；到一九九〇年，公有制经济为百分之八十六点九（国有为百分之四十八点六，集体为百分之三十八点二），非公有制经济为百分之十三点一；而到二〇〇〇年，公有制经济为百分之七十点五（国有为百分之四十点二，集体为百分之三十一点二），非公有制经济为二十八点三。私有经济户均资产规模，一九九〇年为九万七千元，二〇〇〇年增加为七十五万五千元，并且已有一批规模相当大的企业。二十多年内，非公有制经济得到较快发展，已成为国民经济的重要组成部分。

第二，经济结构调整积极推进，高技术产业快速发展，成为新的增长点。当时担任国家计委主任的曾培炎在全国人大九届四次会议上的报告中说：“电子通信产品制造业总产值首次突破一万亿元，成为制造业中第一大产业。移动通信手机增加百分之一百三十，半导体集成电路增长百分之五十一点五。固定电话网和移动电话网规模均位居世界第二。以企业为主体的技术创新体系建设进一步加强，产学研合作项目十四万个。纺织行业结构调整的重点从压缩淘汰落后生产能力逐步转到提高产品质量和档次，使一批企业增强了竞争力。煤炭、冶金、石油、化工、机械、建材、制糖等行业淘汰落后生产能力、加快产品结构调整也取得积极进展。”[2] 这对加快中国向现代化迈进的进程、增强国际竞争力，创造了十分重要的条件。

第三，外贸进出口摆脱了亚洲金融危机的不利影响，增长迅猛，这

---

〔1〕 王彦田：《国有企业改革与脱困三年目标基本实现》，《人民日报》2000 年 12 月 12 日。

〔2〕《人民日报》2001 年 3 月 19 日。

是对国内形势发展的重要支撑。原来预计二〇〇〇年的进出口总额达到四千亿美元就很好了，结果达到四千七百四十三亿美元，比上年增长百分之三十一点五，其中出口增长百分之二十七点八，进口增长百分之三十五点八。贸易结构进一步改善。机电产品出口一千零五十三亿美元，增长百分之三十六点九，占出口总额的百分之四十二点三。高新技术产品出口增长百分之五十，占出口总额的百分之十四点九。国内短缺的机械设备、原材料和工业中间产品进口增长较快。

这又是一个重大转折。一九九七年下半年发生的亚洲金融危机使整个亚洲经济遭受严重打击。二〇〇〇年下半年世界经济开始衰退，中国对外贸易面对的形势十分严峻，进出口总额曾出现明显下滑。为什么在如此逆境中仍能取得这样重大的进展？首先是由于国内经济的迅猛发展，这是发展对外贸易的根本支撑；从世界范围看，美国经济随着信息技术迅猛发展和产业化的带动，在这时出现持续强劲增长，国内消费扩大，使中国的纺织品、鞋类等劳动密集型产品的对美出口大幅度上升；同时，也由于国家采取了正确的应对措施，前面所引对外贸易经济合作部部长石广生谈对外经贸工作时说的那段话，特别是说“这几年是我国外经贸发展历史上出台政策最多的时期”，便是很好的说明。

第四，全国财政收入大幅度增加。“九五”期间，前三年中每年都增收一千二百亿元，分别达到六千二百亿元、七千四百亿元、八千六百亿元；一九九九年增收一千五百六十亿元，一个重要原因是打击了走私活动。二〇〇〇年又增收一千九百三十六亿元，增长百分之十六点九，大大高于“九五”期间年均增幅。这件事十分重要。有了财力支持，就可以办很多事，加大重点支出的保障力度，改善人民生活，促进各项改革和社会事业的发展。

为什么二〇〇〇年的全国财政收入能有这样大的增加？时任财政部部长的项怀诚在全国人大九届四次会议上这样说明：“收入增加较多的主要原因：一是持续实施积极财政政策，促进了经济的增长，加之一部分税收优惠政策到期恢复征税、原油价格上涨以及加快‘金税工程’建设等，使增值税比上年增加六百七十亿六千四百万元，比预算增加二百三十二亿一千四百万元；二是对外贸易增加加快，进口大幅度增加，进口税比上年增加六百六十四亿一千八百万元，比预算增加六百七十七亿零三百万元；三是国有企业改革和脱困三年目标基本实现，企业效益明显改善，企业上交收入增加；四是金融保险业、房地产销售、建筑安装业以及旅游、餐馆等服务业营业额增长较快，营业税比上年增加一百九十九亿四千五百万元，比预算增加六十八亿零一百万元；五是证券市场交易活跃，交易额扩大，证券交易所印花税比上年增加二百三十二亿九千三百万元，比预算增加二百八十四亿四千万元。”他归结起来，说：“综上所述，二〇〇〇年财政增收，主要是经济增长速度加快、经济效益提高，以及整顿财经秩序、加强税收征管、依法征税的结果。充分体现了中央实施积极财政政策等宏观调控措施所取得的显著成效。”〔1〕

第五，消费需求稳步回升，人民生活继续改善。社会消费品零售总额达三万四千一百五十三亿元，实际增长百分之十一点四。住房、旅游等新的消费热点逐步形成。个人购买商品住宅的支出增长百分之五十点六，占全部商品住宅销售额的百分之八十四点八。春节、“五一”和“十一”各连续放假七天，成为假日消费“黄金周”。全年国内共有七亿四千万人次出游，旅游收入三千一百七十六亿元，增长百分之十二点一。城镇居民人均可支配收入和农民人均纯收入分别达到六千二百八十元和两千二百五十三元，扣除价格因素影响，实际增长百分之六点四和百分之二点一。城镇和农民人均居住面积分别达到十和二十五平方米。扶贫开发力度加大，尚未解决温饱问题的农村贫困人口继续减少，“八七”扶贫攻坚目标基本实现。

这里需要讲到，农民的收入比较单一，以农业和粮食收入为主体，实物收入占很大比重。随着市场经济发展、农村产业结构调整和经济体制改革深化，农民收入来源的市场化、多元化和非农化趋势明显。一九九七年以后，由于农民外出务工收入增加等原因，到二〇〇〇年，农业在农民收入中的比重第一次下降到百分之五十以下。〔2〕“三农”的问题，

---

〔1〕《人民日报》2001年3月19日。

〔2〕李剑阁等：《改革开放以来我国农村经济发展的若干重大变化》，2007年3月19日。

越来越引起人们的重视。

可以看出，经过连续几年的不懈努力，二〇〇〇年的国民经济状况已经发展到一个“拐点”，也就是一个转折点，为实现“十五”计划、开始迈向第三步战略目标奠定了良好的基础。一个喜讯接着一个喜讯传来。中国人民正满怀信心地为迎接新世纪到来做好扎实的准备。

如果把视野放得更宽一些，拿进入改革开放新时期的一九七八年同世纪之交的二〇〇〇年相比较，中国面貌发生的历史性变化就看得更清楚了。

在这二十多年里，国民经济上了一个大台阶，综合国力和国际影响大大增强。一九七八年，国内生产总值三千六百二十四亿元，位居世界主要国家中的第十位；人均国内生产总值三百八十一元，处于世界最不发达的低收入行列。二〇〇〇年，国内生产总值九万九千二百十五亿元；人均国内生产总值达到七千八百五十八元；主要工农业产品产量位居世界前列，商品短缺状况基本结束。

国家财政实力不断增强。一九七八年国家财政收入只有一千一百三十二亿元，到一九八五年翻了一番，一九九三年再翻一番，一九九九年跨上一万亿元台阶，二〇〇〇年达到一万三千三百九十五亿元。财力的增加对促进经济发展、加强经济和社会中的薄弱环节、切实改善民生、有效应对各种风险和自然灾害的冲击，提供了有力的资金保证。外汇储备从一九七八年的一亿六千七百万美元增加到二〇〇〇年的一千六百五十六亿美元。

经济结构不断优化升级。工业结构由技术含量低、劳动密集程度高、门类单一的结构，向劳动密集、技术密集、门类齐全的发展格局转变。淘汰落后和压缩过剩工业生产能力取得成效，重点企业技术改造不断推进，信息产业等高新技术产业迅速成长，交通、通信、电力等基础设施得到大幅度改善。粮食等主要农业产品生产能力明显提高，多种经营全面发展，实现了农产品供给由长期短缺到常年基本平衡、半年有余的历史性转变。第三产业比重大大增加，城镇化步伐明显加快。

适应经济全球化要求，对外交往越来越密切。进出口总额在一九七八年为二百零七亿美元，二〇〇〇年增加到四千七百四十三亿美元。利用外资、引进国外先进技术和管理经验取得明显成效。

经济体制改革全面推进。社会主义市场经济体制初步建立，国家宏观调控和驾驶复杂局势的能力大大增强。国营大中型企业建立现代企业制度的改革取得重要进展。由单一的公有制经济向以公有制为主体、多种所有制经济共同发展的转变基本实现。

人民生活水平显著提高，实现了从温饱不足到总体小康的历史性跨越。农村居民人均纯收入和城镇居民人均可支配收入，在一九七八年分别为一百三十三点六元和三百四十三点四元，到二〇〇〇年分别增加到两千二百五十三元和六千二百八十元。市场商品丰富，居民消费水平不断提高，消费结构不断优化。

科技、教育取得重大发展，社会事业全面进步。国防建设向现代化迈出了一大步。

二〇〇〇年十月九日至十一日，中共中央召开了十五届五中全会。这次全会是为迎接新世纪到来而召开的。会后发表的《公报》宣布：

“全会深入分析了世纪之交我国改革开放和现代化建设面临的国际和国内形势，认为从新世纪开始，我国将进入全面建设小康社会、加快推进现代化的新的发展阶段。”〔1〕

这是第一次正式提出中国在二十一世纪初将进入“全面建设小康社会”的新阶段。第十个五年计划，是进入这个新阶段的第一步。全会的主要议题，是审议并通过《中共中央关于制定国民经济和社会发展第十个五年计划的建议》。它提出的主要目标是：“国民经济保持较快发展速度，经济结构战略性调整取得明显成效，经济增长质量和效益显著提高，为到二〇一〇年国内生产总值翻一番奠定坚实的基础。”〔2〕在《建议》中，通篇只有这一个数字，还是原来“九五”计划中已经规定了

〔1〕《中国共产党第十五届中央委员会第五次会议公报》，《人民日报》2000年10月12日。
〔2〕《市场与调控——李鹏经济日记》(下)，第1599页。

的。整个《建议》是战略性、宏观性和指导性的。《建议》要求："制定'十五'计划，要把发展作为主题，把结构调整作为主线，把改革开放和科技进步作为动力，把提高人民生活水平作为根本出发点。"[1] 这就为"十五"期间的国民经济和社会发展勾勒出一个清晰的思路。

这次全会，把二十一世纪中国的发展放在世界范围内空前激烈的国际竞争的大背景下来考察，指出在这场竞争中如同逆水行舟，不进则退，必须抓住机遇，开拓进取，奋力在这场大竞争中取得主动，发展壮大自己。

二〇〇〇十二月三十一日，是二十世纪的最后一天。江泽民作为中华人民共和国主席，向全国人民和全世界致《共同创造美好的新世纪》的新年贺词。他说：

"二〇〇一年新年钟声即将敲响。人类社会前进的航船就要驶入二十一世纪的新航程。中国人民进入了向现代化建设第三步战略目标迈进的新征程。"

"中国人民进入新世纪的主要任务，就是继续推进现代化建设，完成祖国统一，维护世界和平与促进共同发展。中国人民将坚持以邓小平理论为指导，坚定不移地推进改革和经济建设，坚定不移地贯彻'和平统一、一国两制'方针，坚定不移地奉行独立自主的和平外交政策，为不断推进建设有中国特色社会主义事业，最终实现祖国的完全统一，实现中华民族的伟大复兴而不懈奋斗，争取对人类作出新的更大的贡献。"[2]

新年的钟声响起了。中国人民就是在这种情况下肩负着不断推进建设中国特色社会主义事业的历史使命，同全世界人民一起，告别二十世纪，大步跨入新的二十一世纪。

---

〔1〕《十五大以来重要文献选编》(中)，第 1372 页。

〔2〕江泽民：《共同创造美好的新世纪——二〇〇一年新年贺词》，《人民日报》2001 年 1 月 1 日。

第二十九章

历史的启示

人们常说：实践是检验真理的唯一标准。历史，可以说是集体的记忆，是人类实践记录的总汇。一部二十世纪中国的历史，也可以说是中国人在这一百年内实践记录的总汇。它有过悲惨的遭遇，也享受到胜利的欢乐；在取得胜利的过程中，有巨大的成功，也经历过严重的挫折。一切言论和主张，都在如此丰富的实践中经受检验。它比任何滔滔雄辩更能说明什么是正确的，什么是谬误，给后人留下无穷启示。

剧烈的不停顿的社会变动和巨大的社会进步，是二十世纪中国历史的显著特点。把二十世纪刚刚来临时的中国同它结束时的中国比较一下，变化之大真可说是“换了人间”。

当二十世纪揭开帷幕的时候，中国是那样贫穷、衰败，任人摆布，仿佛已经奄奄一息，濒临灭亡的边缘。有些傲慢的西方人把中华民族看成“劣等民族”。“救亡”成为千千万万有爱国心的中国人苦苦追求的第一目标。如果连国家都灭亡了，其他事情说得再好听，也没有什么用处。“灵台无计逃神矢，风雨如磐闇故园，寄意寒星荃不察，我以我血荐轩辕。”年轻的鲁迅在二十世纪初年饱含着深沉的悲愤写下的这首七言绝句，呼喊出当时无数爱国者的共同心声。

到二十世纪结束时，中国人不仅早已站立起来，并且正在建设中国特色社会主义的道路上大步前进，迅速改变着中国的面貌，已经过上小康的生活，正在满怀信心地大踏步走向实现社会主义现代化和中华民族伟大复兴的未来。中国以这样高的速度前进使全世界感到惊讶，渴望了解它究竟是怎么一回事。中国重新认识了世界，世界也开始重新认识中国。这也许是二十世纪初年的爱国者们很难想象得到的。

占世界人口将近四分之一的中国，在不长的一百年时间里，竟发生这样翻天覆地的变化，确实称得起人类历史上罕见的奇迹。它是怎么发生的，是怎样一步一步走过来的？这个问题，不仅中国人一直在深入探讨，而且正引起世界上越来越多人的浓厚兴趣。

回顾二十世纪中华民族一步一步走过来的路程。有几个问题特别引人注目。

第一，实现中华民族的伟大复兴。

实现中华民族的伟大复兴，在整个二十世纪一直是中国无数志士仁人顽强追求的目标，一直是时代潮流中的突出主题。中国的革命也好，建设也好，改革也好，归根到底都是为了实现这个目标。这可以说是贯穿二十世纪中国历史的基本线索。

怎样看待这种现象：为什么它在如此漫长岁月中一直紧紧牵动着亿万中华儿女的心？

中国是一个文明古国，中华民族曾经创造出居于世界前列的灿烂的古代文明，站在世界文明的前列，并且在几千年内绵延不绝，从来没有中断过。这是举世公认的事实。距今两千多年和一千多年的“汉唐盛世”不去多说它了。就以离近代不远的十八世纪也就是清朝的康雍乾时期来说，中国在不少方面依然居于世界的前列。历史学家戴逸在《十八世纪的中国与世界》的报告中指出：当时全世界有九亿人口，中国有三亿人，占世界人口的三分之一；相应地在粮食产量上，中国大约也占世界的三分之一，居世界首位；一八〇〇年中国的工业产值（主要是手工业生产）占世界的百分之三十三点三，而整个欧洲只占百分之二十八点一；十八世纪全世界超过五十万人口的大城市共有十个，中国占了六个：北京、南京、扬州、苏州、杭州、广州。法国启蒙思想家伏尔泰在十八世纪中叶写道：“由于它是世界上最古老的民族，它在伦理道德和治国理政方面，堪称首屈一指。”[1] 但是，十八世纪和十九世纪之交的法国大革命和英国工业革命以后，西方在经济上和政治上发生重大变化，中国很快就落后了。随着时间的推移，越来越同西欧和美国拉大了差距。

一八四〇年鸦片战争后，在西方国家炮舰的威胁下，中国被迫签订南京条约，开始丧失独立地位，成为一个半殖民地半封建国家。随之而来的第二次鸦片战争、中法战争和一系列不平等条约的签订，使中华民族越来越沦入被西方列强恣意掠夺和压榨的悲惨境遇。到十九世纪和二十世纪相交的时候，这种不断沦落的步伐大大加快了。中日甲午战争的失败给了中国人太大的刺激。翻开二十世纪历史的第一页，呈现在中国人面前的是一幅更加令人痛心的情景：西方国家的八国联军占领了中国的首都北京，耀武扬威地统治北京达一年之久。

中国真的要灭亡了吗？昔日的辉煌同任人宰割的现实之间那样强烈的反差，使每个有血性的中国人对这种屈辱的生活格外感到难堪而无法忍受。“振兴中华”这个响亮的口号，便是孙中山先生在中日甲午战争发生那年喊出来的。它成为一代又一代中国人顽强追求的目标，成为时代潮流中的突出主题。

但是，前进的道路并不平坦。这以后，日本军国主义者出于独霸东亚的野心，对中国进行规模空前而极端野蛮的侵略掠夺。他们向袁世凯政府提出了企图独占中国的“二十一条”。从九一八事变到七七事变后，日本侵略军铁蹄所到的地方，当地各族人民更沦为连生命财产都没有起码保障的“亡国奴”。在近代中国面对的种种矛盾中，帝国主义和中华民族的矛盾是最主要的矛盾。大家清楚地看到：离开祖国的独立和民族的解放，个人的前途和命运是根本谈不上的。这就毫不奇怪，当人们唱起“中华民族到了最危险的时候”时，不管是汉族还是其他所有兄弟民族，都同样难以抑制地热血沸腾。面对空前深重的民族灾难，无论是八路军、新四军和抗日民主根据地军民们，还是国民党军队中许多爱国将

---

〔1〕（法）伏尔泰：《路易十四时代》，商务印书馆 1982 年 6 月版，第 594 页。

领和士兵，为着民族生存而浴血奋战，直至献出自己的生命，他们都是永远值得后人怀念的。外来的横暴侵略，把中华民族更紧密地凝聚成一个利益与共、命运与共的整体。这是中华民族解放史上光辉的一页。

经过一百多年不屈不挠、可歌可泣的顽强奋斗，中国人终于从帝国主义侵略和本国反动政府的压迫下摆脱出来，建立起中华人民共和国。这是一个新的起点。新中国成立前夜，毛泽东响亮地宣布："我们的民族将从此列入爱好和平自由的世界各民族的大家庭，以勇敢而勤劳的姿态工作着，创造着自己的文明和幸福，同时也促进世界的和平和自由。我们的民族将再也不是一个被人侮辱的民族了，我们已经站起来了。"[1]

新中国的成立跨出了实现中华民族伟大复兴的第一步，但毕竟只是第一步。中国人经过千辛万苦，赢得了政治上的独立，但在经济上依然十分落后。广大人民群众还没有过上富裕的好日子。朝鲜战争的爆发，又使中国人深深感到：世界并不太平，新生的人民共和国周围仍充满着危险，如果没有强大的经济力量，也就没有可靠的国防可言。总之，没有经济上的独立，政治上的独立是不巩固的、缺乏保障的。在恢复了遭受战乱严重破坏的国民经济后，全体中国人民又立刻在祖国大地上展开热气腾腾的大规模经济建设。这样大规模的经济建设在中国是史无前例的，虽然中间经过曲折，依然从根本上改变了中国的面貌。一九六四年十二月，周恩来总理在第三届全国人民代表大会第一次会议上作《政府工作报告》时，在中国人面前响亮地提出要努力实现四个"现代化"的宏伟目标。他说：

"中国人民不是懒汉懦夫，过去没有，今后也决不会依赖别人过活。我们完全能够依靠自己的力量，建立一个独立的完整的现代化的国民经济体系。同时，我们仍要在力所能及的范围内，认真地加强对外援助，努力做出更大的国际主义贡献。"[2]

---

〔1〕《毛泽东文集》第5卷，第344页。

〔2〕《周恩来选集》下卷，第440—441页。

经过“文化大革命”的十年动乱，中共十一届三中全会后，以邓小平为核心的中共中央，果断地实现了工作重点的根本转移，下决心排除一切干扰，一心一意搞经济建设，努力实现四个现代化。邓小平客观地分析了中国同发达国家经济上的差距，提出从八十年代到下世纪中叶分三步实现现代化的战略目标：到八十年代末实现国内生产总值翻一番，基本解决温饱；到二十世纪末再翻一番，进入小康社会；到下世纪中叶再翻两番建成中等水平的发达国家。“有了这样一个目标，就有了凝聚全党和全国各族人民共同为之奋斗的基点和前进方向。”“从邓小平同志十几年来的一系列重要讲话和谈话中可以看到，目标问题是他谈论最多的内容之一，几乎每次都要提到。”“他的许多重要思想，都是围绕着战略目标问题展开和阐发的。”[1] 坚持社会主义道路也好，坚持改革开放也好，奉行独立自主的和平外交政策也好，一个重要原因是：只有这样做，才能保证既定战略目标的实现，才能实现中华民族的伟大复兴。

在中国特色社会主义道路上实现中华民族的伟大复兴，这是历史和时代赋予中国人民的庄严使命。

实现中华民族的伟大复兴，既是中国几代人一百多年来的强烈愿望，也是中国对人类应尽的责任。中华民族是一个爱好和平的民族。它有自己的民族自尊心和自豪感，极其珍惜自己经过长期奋斗而得来的独立自主的权利。邓小平在中共十二大的开幕词中说：“任何外国不要指望中国做他们的附庸，不要指望中国会吞下损害我国利益的苦果。”[2] 与此同时，他又指出：中国人民“珍惜同其他国家和人民的友谊和合作”，“在平等互利的基础上积极扩大对外交流”。中国人历来坚决反对一切以大压小、以强凌弱的霸权主义和强权政治，力求为世界和平与人类进步事业作出自己应有的贡献。毛泽东在一九五六年十一月发表的《纪念孙中山先生》中写道：

“事物总是发展的。一九一一年的革命，即辛亥革命，到今年，不

〔1〕《冷溶自选集》，学习出版社 2005 年 1 月版，第 3、7 页。

〔2〕《邓小平文选》第 3 卷，第 3 页。

过四十五年，中国的面目完全变了。再过四十五年，就是两千零一年，也就是进到二十一世纪的时候，中国的面目更要大变。中国将变为一个强大的社会主义工业国。中国应当这样。因为中国是一个具有九百六十万平方公里土地和六万万人口的国家，中国应当对人类有较大的贡献。而这种贡献，在过去一个长时期内，则是太少了。这使我们感到惭愧。

但是要谦虚。不但现在应当这样，四十五年之后也应当这样，永远应当这样。中国人在国际交往方面，应当坚决、彻底、干净、全部地消灭大国主义。”〔1〕

实现中华民族伟大复兴的真正含义，就是“中国应当对人类有较大的贡献”。它同国际交往中的“大国主义”是完全对立的。和平发展，珍惜同世界上一切国家和人民的友谊和合作，力争对人类作出更大的贡献，这是追求实现中华民族伟大复兴的中国人民的基本原则和美好愿望。

第二，关于革命和现代化的关系。

实现中国的现代化，是几代中国人的共同梦想。可是，在二十世纪的前一半时间里，中国人主要在从事革命斗争，集中力量先解决民族独立和人民解放的问题。这是不是如有些人认为的那样，是走入误区或走了弯路？无数先烈为革命作出的牺牲是不是多余的？当然不是。

中共十五大报告中明确地指出：

“鸦片战争后，中国成为半殖民地半封建国家。中华民族面对着两大历史任务：一个是求得民族独立和人民解放；一个是实现国家繁荣富强和人民共同富裕。前一任务是为后一任务扫清障碍，创造必要的前提。”〔2〕

这段话把实现两大历史任务的关系说得很明白：前者是后者的“前

〔1〕《毛泽东文集》第7卷，第156—157页。

〔2〕《江泽民文选》第2卷，第2页。

提”，也就是说，只有先实现了前一个目标，扫清了障碍，才有可能真正实现后一个目标；把它称为“必要的前提”，也就是说这个前提是绕不开的，是无法回避的，必须先这样做而无法用其他做法来实现自己的目标。

看一看近代中国的实际情况，事情就很清楚：当国家的命运还不掌握在中国人自己手里的时候，当统治中国的反动势力拒绝一切根本社会变革的情况下，进行大规模现代化建设，只能是一句空话。如果事情真能用和平的办法来解决，如果这条路还有一点点希望能够走得通，怎么会有那么多人奋起革命，不惜抛头颅、洒热血、作出巨大的自我牺牲呢？中国人只是在国家民族的生死存亡已悬于一发的极端危急的时刻，在万不得已的情况下，才会万众一心地起来拼命。千百万人奋不顾身地投身革命，绝不是任何人想这样做便能这样做，而是由深刻的社会原因造成的。

孙中山对人说过：建设是革命的唯一目的，如不存心建设，即不必破坏，更不必言革命。孙中山是个热爱和平的人。在下决心投身革命实际行动的前夜，他还想尝试一下推动清政府实行自上而下的改革，上书当时掌握大权的李鸿章，看看这条路是不是有可能走得通。最后，希望化为泡影，他便义无反顾地去组织兴中会，发动反清革命。当清政府被推翻以后，他又几次想全力投入实业建设，特别是铁路建设。当他正在日本考察铁路的时候，袁世凯派人暗杀了国民党代理理事长宋教仁，几乎扑灭了国内的革命力量，以后又恢复帝制，做了八十三天的洪宪皇帝。无情的事实一再把他的美好愿望击得粉碎。孙中山深深感到，在外国列强和国内反动势力统治中国的情况下，想搞和平建设这条路根本无法走通。五四运动后不久，孙中山在上海作了题为《改造中国第一步》的演讲。他说：“第一步的方法是什么？在兄弟的意思，只有革命。”“像工程师建设伟大房屋一般，须用新的方法去建筑。新方法的建筑，便是上层越高，打地基须越深，所挖出的陈土须远远搬开。”“八年以来的中华民国，政治不良到这个地位，实因单破坏地面，没有掘起地底陈土的缘故。”[1] 这是他从亲身经历的无数次痛苦失败中得出的结论。

毛泽东在五四那一年，在《湘江评论》上大声疾呼社会变革，但方法仍是温和的。后来才得出结论：“我看俄国式的革命，是无可如何的山穷水尽诸路皆走不通了的一个变计，并不是有更好的方法弃而不采，单要采这个恐怖的方法。”[2] 为什么中国共产党后来拿起武器展开武装斗争？也是在蒋介石发动反共政变后面对国民党当局的血腥屠杀政策、不能坐以待毙的情况下被迫进行的反抗。

尽管革命变革要付出巨大的代价，但它在一个短时间内对阻碍社会发展的旧事物所起的扫荡作用，是平时多少年也无法同它比拟的，并且要彻底得多，从而为以后社会经济的迅速发展开辟了广阔的道路。中华人民共和国成立后半个多世纪的历史进程作出了最有力的说明。

从世界范围来看，十八世纪末的美国独立战争和法国大革命，都曾出现这样的局面：千百万群众行动起来，以对旧有社会秩序毫不妥协的姿态采取激烈的革命行动，猛烈地摧毁这些旧的社会结构和政治体制，建立起新的社会结构和政治体制，在人们中树立起新的思想观念和生活方式，虽然中间也流了不少血，付出过相当代价，却为这些国家以后的现代化进程（包括工业化和民主政治的建设）扫清了道路。它们对推动人类社会历史前进所起的巨大作用，是举世公认的。反过来，缺少这种对旧社会秩序不妥协的革命性扫荡的德国、意大利和日本，顽强地残留下来的旧事物在它们日后现代化进程中常常或隐或现地起着消极的作用。它们后来都一度走上军国主义和法西斯主义的道路，很难说同这种情况毫无关系。

在二十世纪的中国历史中，革命和现代化并不是对立而不相容的：革命的目标是实现现代化；而现代化需要革命来为它扫清障碍，创造必要的前提。当然，即使处在大革命的形势下，只要是在实现现代化和社会进步这个目标下，许多“政治改良”、“实业救国”、“教育救国”等主张，尽管不能从根本上解决改造中国的问题，不能在时代潮流中处于主

---

〔1〕《孙中山全集》第5卷，第125、126页。

〔2〕《毛泽东书信选集》，中央文献出版社2003年11月版，第4页。

导地位，仍然在某些方面起过有益的作用。在这些方面做过一些切实工作的人，如严复、梁启超、张謇、蔡元培、范旭东、卢作孚、荣宗敬兄弟等，仍然是值得我们纪念的。

急风暴雨式的革命通常是人民被反动统治者“逼上梁山”而作出的万不得已的选择。这是一种正确的选择，舍此没有其他办法可以从根本上改变人们已无法忍受的旧秩序和旧生活。当然，任何革命的发生都有它的历史条件，并且表现出阶段性，不能无休无止地那样革下去。只有当旧的社会制度已经衰竭到没有力量调节自身内部的矛盾、没有发展余地的时候，只有当新的社会制度已经孕育到呼之欲出时，一句话，只有当社会大变革的内在条件已经成熟的时候，革命才能成为新的社会制度诞生的助生婆。没有这种客观条件，任何人都无法随心所欲地单凭自己的意旨，使用这种方法来实现他们主观设想的目标。当一定历史条件下孕育的革命发生并取得胜利以后，必然会给予人们巨大的鼓舞，但也容易造成一种错觉，仿佛革命的办法可以用来解决一切问题，仿佛一切都能以革命时期（特别是它将取得胜利的时期）同样的速度在短期内得到实现。当客观历史已经从革命阶段转入建设阶段时，人们的心态和思维方式常常在许多方面仍停留在革命阶段，习惯于用革命阶段用熟了的办法去处理建设阶段面对的新问题。这实际上还是一种盲目的不够自觉的状态。这种现象在中国革命胜利后出现过，在世界上其他国家的历史上也出现过，是很值得人们深思和总结的。

事实上，当一种新的社会制度形成后，通常都需要经历相当漫长的比较稳定的发展时期。在这个时期内，这种前进大体上是通过科学技术和社会生产的发展、经济体制和政治体制的逐步完善、社会意识和生活习尚的不断进步来实现的。

推倒一座旧的建筑物常常能在较短时间内完成，可是在这块废墟上建设一座新的大厦却必须持久地循序渐进。新社会制度内部仍会存在种种缺陷，在新的历史条件下还会滋生一些新的不良现象，还会遇到许多新的问题，这使新的社会制度的自我完善和发展的改革成为必不可少的。这种改革只能随着客观条件的逐步成熟而有步骤地进行，需要正确处理改革、发展和稳定的关系。改革是动力，发展是目标，稳定是前提。如果在改革中急于求成，操之过急，企图一步到位，往往事与愿违，难免造成混乱，出现大起大落，导致“欲速则不达”。这也是值得我们记取的历史经验。

第三，在不断探索中前进。

在不断探索中前进，是中华民族在二十世纪艰苦跋涉中的重要特点，也是正确理解这段历史中许多重大问题的关键。中国人民在民族民主革命中经历过不断的探索，在社会主义建设以至改革开放中同样经历过不断的探索。离开“探索”这个重要特点，许多事情便很难正确理解。

为什么这种探索是不可避免的？中国是一个和任何西方国家不同的东方农业大国，人口众多，经济文化落后，各地发展极不平衡。在这样一个国家里，无论革命还是建设和改革，遇到的都是一个又一个新问题。这些新问题，在书本上和别国经验中找不到现成的答案。唯一的办法，只能靠中国人自己，按照中国的实际情况，大胆探索，从成功和失败的实践中总结经验教训，逐步摸出一条自己的路子来。除此以外，没有别的轻便的路可走。

既然是探索，自然不可能把什么都预先弄得清清楚楚，都已有了百分之百的把握。周围的局势又往往那样危急而紧迫，不容许你从从容容地做好一切准备后再起步。许多事只能看准一个大的方向，便勇敢地往前闯，在闯的中间作种种尝试。其中难免会有风险，会有曲折。有时，人们的认识不符合客观实际，再加上不那么谦虚谨慎，还会付出很大的代价，碰得头破血流。人们只能在实践中不断总结成功的经验和失败的教训，发现问题就去解决，认识错误就去纠正，才能逐渐学会应该怎么做。路就是这样闯出来的。这正像一个人如果不敢下水，害怕呛几口水，害怕遇到危险，就永远学不会游泳一样。何况他面对的常不是清澈见底的浅池，而是波涛奔腾、深不可测的急流。即便在途中经历一些曲折，但只要不被河水吞没，而能在不太长的时间内游抵彼岸，就是极大的成功。毛泽东说的“从战争中学习战争，在游泳中学会游泳”，邓小平说的“摸着石头过河”，都是这个意思。

中国共产党在民主革命时期曾经遭受过两次大的失败：一次是一九二七年大革命的失败，一次是一九三四年第五次反“围剿”的失败。这两次失败的原因都包含自己的失误在内，都使革命濒临绝境，不少人以为它已注定要失败了，最后却又打开新的局面，最后取得了胜利。在社会主义建设时期，也犯过两次严重错误，一次是因为急于求成、超越现阶段生产力发展水平、违背客观经济发展规律而发动的“大跃进”，另一次是在“以阶级斗争为纲”的错误指导下造成的“文化大革命”十年动乱，这两次错误，教训都十分惨痛。但是，中华民族是一个具有坚强意志和智慧的、充满强大生命力的民族。中国共产党是一个有着科学理论指导和优良传统、同人民建立起血肉联系的政党。这个党的本质是好的。无论怎样艰难困苦的环境，无论多少巨大的外来压力，无论自己一时犯过多么严重的错误，遭受多么巨大的挫折，都没有把它压垮。它不但总能在失败和挫折中挺过来，并且总能靠自己的力量而不是由别人来纠正这些错误，经过用几年时间严肃地总结经验教训，使自己变得更加成熟，更加聪明，使自己没有白白付出那些代价，而从实践中逐步摸索出一条正确的路子来。这是一部二十世纪中国历史所反复证明了的。

中国有句老话说：“事非经过不知难。”做“事后诸葛亮”说这说那是容易的，而很多在事后看来十分明白的事情，当事者有时会感到迷惘。这就像一艘行驶在没有航标的水域中的船那样，面对着一望无际的波涛，事先不知道水面下哪里潜藏着暗礁和漩涡，稍一不慎就有可能遭受没顶之灾。周围的环境又瞬息万变，充满着不可捉摸的未知数，包括许多不确定的变数，或者处于两难的困惑中，局势却往往迫使你必须立刻作出决断。处在这种情况下，肩负着巨大责任的决策者的难处可想而知。如果说有人总能在一开始就对周围的情况了解得一清二楚，什么都轻而易举地作出最佳的决策，事情都不折不扣地按照他所预料的样子去发展，那他就不是人而是神了。

这样讲，自然不是用来原谅过去所犯过的那些错误，更不是不需要去正视并记取其中的教训，只是说对事情需要放在当时的具体历史条件下设身处地地去进行分析，考虑到种种复杂的因素，真正从中找到对今后有益的教训。以往的教训告诉我们的很重要的一点是：不管什么原因，即使出于好心，出于善良的愿望，只要主观不符合客观，只要违背了客观规律，同样都要受到惩罚，甚至是严重的惩罚。人们总是通过正反两方面的实际经验，才能一步一步地对客观事物达到比较深刻的认识。这也是“实践是检验真理的唯一标准”的意思。“吃一堑”应该“长一智”。过去的历史教训，特别是发生在我们自己身上的教训，是一笔来自反面的重要精神财富，无论如何不应该被忘却，需要用十分严肃的态度来对待它。那种以轻率的态度自以为是地议论天下事，或者作些简单的情绪发泄，对继续前进是没有什么用处的。

因此，研究历史一定要重视对过程的分析。历史的前进，不可能始终一帆风顺，一定会经历复杂以至曲折的过程，受到种种因素的制约，人们对客观事物的认识也需要有一个过程。大的方向明确了，具体的路子怎么走，仍需要从实际出发，要在实践的探索中来解决，否则只会流于空谈。历史对人们的启迪，常常就在这些地方。

在推进社会主义现代化建设的行程中，今后还会遇到许多原来不熟悉或不了解的难题，还需要继续在实践中探索前进。人们喜欢讲“摸着石头过河”，这句话很形象地概括出探索前进的精神。探索是没有尽头的。由于已经有了在总结过去经验教训基础上形成的正确理论作指导，今后的探索可以进行得更顺利些，而在实践中又会使正确的理论不断得到丰富和发展。

第四，建设有中国特色的社会主义。

中华民族在二十世纪探求复兴之路的全过程中，始终贯穿着一个必须回答的问题：是走社会主义道路，还是资本主义道路？中国人对此作出肯定的回答：必须走社会主义的道路，走中国特色社会主义的道路，不能走别的路。

什么是社会主义？为什么中华民族的伟大复兴必须走社会主义道路方能实现？邓小平言简意赅地说过：“社会主义的目的就是要全国人民共同富裕，不是两极分化。”社会发展中形成的物质财富和文化财富最终如何分配，是少数人享有还是全体人民共同享受，这是区分消灭了阶级剥削、阶级压迫的社会主义社会同包括资本主义社会在内的以往所有剥削阶级占统治地位的社会的根本标志。邓小平说："社会主义不是少数人富起来、大多数人穷，不是那个样。社会主义最大的优越性就是共同富裕，这是体现社会主义本质的一个东西。"〔1〕 这就把什么是社会主义、社会主义同资本主义的本质区别是什么，从根本上说清楚了。

从世界范围来看，社会主义理想在相当程度上是人们对资本主义社会中贫富悬殊、以强凌弱等现象强烈不满的产物。它的产生并非凭空而来，有着深刻的社会背景和客观的必然性。这种追求在马克思主义诞生前早已有了。马克思主义的贡献在于使社会主义学说从空想变成科学。

中国人在一百多年中尝够了贫穷、社会不平等和外来压迫等苦涩滋味，强烈地期待看到一个没有人压迫人、人剥削人的社会。以共同富裕为目标的社会主义理想，自然很容易对有过这种痛苦经历的中国人产生巨大的吸引力。早在历史刚跨入二十世纪、中国共产党还没有诞生的时候，满怀忧国忧民之心的中国先进分子已经毫不掩饰地表达他们对社会主义远景的憧憬，不希望在付出重大代价的革命取得胜利后建立起来的仍是一个人压迫人的社会。孙中山在一九〇三年底给朋友的信中写道：

"所询社会主义，乃弟所极思不能须臾忘者。"

"欧美今日之不平均，他时必有大冲突，以趋剂于平均，可断言也。然则今日吾国言改革，何故不为贫富不均计，而留此一重罪业，以待他日更衍惨境乎？"〔2〕

他有时甚至把他们所提出的"民生主义"说成就是社会主义。虽然民生主义学说其实和科学的社会主义并不相同，但孙中山主观上对社会主义的同情和向往是显而易见的。

中国共产党一成立，就把社会主义规定为自己长远的奋斗目标。随

〔1〕《邓小平文选》第3卷，第110、111、364页。

〔2〕《孙中山全集》第1卷，第228页。

着对中国具体国情了解的加深，中国共产党逐渐认识到：理想社会不可能一步实现，既然中国当时还是一个半殖民地半封建社会，现阶段中国革命的主要对象只能是帝国主义和封建势力，不能超过实际国情而把建立社会主义社会作为现实目标。但它仍要求在从事民族民主革命时在心目中要悬着社会主义和共产主义这个长远目标。毛泽东这样说："民主主义革命是社会主义革命的必要准备，社会主义革命是民主主义革命的必然趋势。"[1] 他清楚地指明：不能把长远目标和现实诉求混同起来，但中国共产党人从来没有忘记社会主义和共产主义这个最高目标，因为这是符合最大多数人民的根本利益的。毛泽东在《论联合政府》中写道：

"我们共产党人从来不隐瞒自己的政治主张。我们的将来纲领或最高纲领，是要将中国推进到社会主义社会和共产主义社会去的，这是确定的和毫无疑义的。我们的党的名称和我们的马克思主义的宇宙观，明确地指明了这个将来的、无限光明的、无限美妙的最高理想。每个共产党员入党的时候，心目中就悬着为现在的新民主主义革命而奋斗和为将来的社会主义和共产主义而奋斗这样两个明确的目标。"[2]

新中国成立后，特别是随着一九五六年社会主义基本制度在中国的建立，中国人民开始了建设社会主义的历程。但社会主义对中国人来说，毕竟是一个全新的事物，实践的经验很少。人们虽然强烈地向往社会主义，但具体地说，什么是社会主义，怎样建设社会主义，这些问题在很长时间内并没有真正搞清楚；对中国现在还处在不发达的社会主义阶段，对建设社会主义的长期性和艰巨性，也缺乏清醒的认识。所以，在摸索前进中犯过许多错误，主要是超越生产力发展水平而急于求成和在已进入社会主义社会后的新的历史条件下仍实行"以阶级斗争为纲"的"左"的错误。

---

〔1〕《毛泽东选集》第2卷，第651页。
〔2〕《毛泽东选集》第3卷，第1059页。

邓小平在领导社会主义改革开放和现代化建设这一新的历史进程中，不断地思考着什么是社会主义、怎样建设社会主义这个根本问题。他一再强调：只有社会主义才能救中国，只有中国特色社会主义才能发展中国。他提出并始终坚持的四项基本原则，第一条就是坚持社会主义道路。与此同时，他又总结多年来离开发展社会生产力而抽象地谈论社会主义，把许多束缚生产力发展的、并不具有社会主义本质属性的东西当作“社会主义原则”加以固守，而把许多在社会主义条件下有利于生产力发展的东西当作“资本主义复辟”加以反对的历史教训，提倡解放思想，实事求是，走中国特色社会主义的路。以后，他在南方谈话中这样概括：“社会主义的本质，是解放生产力，发展生产力，消灭剥削，消除两极分化，最终达到共同富裕。”

为了正确地回答什么是社会主义，需要弄清楚共同富裕同发展生产和公有制占主体三者的关系。邓小平说过：“社会主义原则，第一是发展生产，第二是共同致富。”他又说：“一个公有制占主体，一个共同富裕，这是我们所必须坚持的社会主义的根本原则。”〔1〕这三者是相互联系、相互依存的。共同富裕是社会主义的目的。不发展生产力，只会有共同贫穷，谈不上共同富裕。不坚持以公有制为主体，即便生产力发展起来，也只能是少数人富裕，大多数人贫穷，形成两极分化，那当然也不是社会主义。

怎样建设社会主义？邓小平始终以现阶段中国的实际国情为出发点，严格地以处在剧烈而深刻变动中的客观事实为依据，不受任何固定的模式或框框的限制。他明确地指出：必须从中国现在还处于并将长期处于社会主义初级阶段这个实际出发，一心一意以经济建设为中心，坚持四项基本原则，坚持改革开放。这就是以“一个中心，两个基本点”为中心内容的中国共产党在社会主义初级阶段的基本路线。根据这条基本路线的要求，又规定了一整套基本的方针政策。这就第一次比较系统地初步回答了在中国这样一个原来经济文化比较落后的国家如何建设社

〔1〕《邓小平文选》第3卷，第172、111页。

会主义的一系列基本问题。

当二十世纪走向二十一世纪的时候，世界范围内蓬勃兴起的新科技革命推动世界经济以更快的速度向前发展。这种速度越来越快。中华民族面临着巨大的国际竞争压力。以江泽民为核心的中国共产党第三代中央领导集体，响亮地提出“与时俱进”的要求，在国内外政治风波、经济风险、严重自然灾害等严峻考验面前，依靠党和人民，捍卫中国特色社会主义，创建社会主义市场经济体制，确定“公有制为主体、多种所有制经济共同发展”的社会主义初级阶段基本经济制度，开创全面开放的新局面，全面推进党的建设，提出中国共产党在新的历史时期必须坚持的“三个代表”重要思想。以后，胡锦涛为总书记的中共中央又提出并贯彻科学发展观等重大战略思想。社会主义和马克思主义在中国大地上焕发出新的发展生机，给人民带来更多福祉。中华民族实现伟大复兴的前景，已光明在望。

前面所说的这几个问题，自然远不足以包括二十世纪中华民族奋起过程中遇到的所有问题。许多问题在这里没有谈到，也不可能都谈到。但谈到的这几个问题确实是贯穿在二十世纪中华民族奋起的全过程中反复遇到、付出了许多代价后才比较深刻地认识清楚的问题。

回顾百年历程，中华民族的独立和解放也好，正确处理革命和现代化的关系也好，在不断探索中前进也好，建设中国特色社会主义也好，这些问题是怎样得到解决的？事实告诉我们：它们都是在中国共产党领导下，而不是靠其他政治力量得到解决的。

中国共产党的诞生和成为中国革命、建设、改革的领导力量，是二十世纪中国历史客观进程的结果。

中国共产党成立前，为了改变中华民族备受屈辱和奴役的命运，中国人曾经作过多种试验，作过多种不同的选择。事实证明：只搬用一些洋枪洋炮和近代工业技术而不根本改变腐朽的旧社会制度的洋务运动，救不了中国。期望清朝政府自上而下地进行改革的戊戌维新运动，虽然也起了重要的思想启蒙作用，但在旧社会势力反扑下，很快就失败了。义和团那种“扶清灭洋”的旧式反抗，也改变不了中国的命运。进入二十世纪后不久，发生了孙中山领导的推翻统治中国几千年的君主专制制度的辛亥革命，开创了完全意义上的中国近代民族民主革命，为中国的进步打开了闸门，但它仍没有能改变旧中国半殖民地半封建的社会性质和人民的悲惨境遇。

痛苦的事实迫使先进分子们深思：中华民族的出路到底在哪里？人们从实践中逐渐认识到：为了在中国国土上摧毁那些盘根错节的旧社会势力，建立起一个新社会，实现国家的独立、富强和现代化，需要有几个条件：第一，需要有一个能够正确把握航向的革命政党，作为引路人。它要有正确的理论作为指导，能够对中国的具体国情作出深刻而符合实际的分析，能够提出正确的纲领、路线和方针政策，并为它的实现而始终不渝地奋斗。第二，需要以这个党为核心，同人民群众有着血肉联系，并且团结一切可以团结的人，凝聚起一股不可阻挡、足以克服一切困难的力量。第三，这个党应该由一大批有着共同理想和严格纪律、密切联系群众的先进分子所组成，能够在极端复杂而艰难的环境中坚韧不拔地奋斗。以往的中国不曾有过这样的党。中国要前进，要走出一条新路，就必须解决这些问题。

正是适应这种客观的历史需要，同辛亥革命相隔只有十年，中国共产党成立了。它经历了一个从小到大、从不成熟到逐步成熟的过程，在中华民族发展的各个紧要历史关头，在异常错综复杂的局势面前，清楚地指明了中国前进的方向和办法，团结并带领人们前进。当前进历程中遭受挫折以至犯了错误的时候，它能够勇敢地起来批评并纠正自己的错误。在中国这样一个世界上人口最多的国家里，能够把如此众多的各族人民凝聚成万众一心的力量，朝着一个正确坚定的方向团结奋进，而不是各行其是，更不是四分五裂的，只有中国共产党。如果没有中国共产党，很难想象中国会在二十世纪这短短的一百年里，发生如此惊天动地的变化。

这是一部二十世纪中国历史得出的结论，是历史的选择、人民的选择。

路是人一步一步走出来的。二十世纪中国的历史，就像一幅波澜壮阔、前后相续的漫长画卷。经过一百年惊涛骇浪中的艰苦跋涉，不管中间有过多少成功的欢乐和挫折的痛苦，中国人终于从愤怒和痛苦的二十世纪初走出来，重新掌握住自己的命运，步入充满阳光和希望的二十一世纪。没有一代又一代中国人在革命、建设、改革中的持续不懈的奋斗，便没有今天中国的一切。这是二十世纪一百年历史留给我们的珍贵遗产，是不容我们遗忘的。

后　　记

在《转折年代——中国的一九四七年》那本书的后记中，我曾经写道：为什么要写这本书？主要的理由已经在前言中作了说明，后记中想再说说个人方面的一些因素。在本书的后记中，也想这样做。

我是在满七十五周岁的第二天开始动笔写这本书的。说“动笔”，确是写实，因为我不会用电脑写作，只能很笨地用笔来一个字一个字地写，甚至连大段引文也只能一个字一个字地抄录。这样写了两年多。到了这个年龄，为什么还要这样自讨苦吃？从个人来说，大概有几个原因：第一，在二十世纪的一百年里，我生活了超过七十年。和同时代的中国人一样，经历过多多少少的痛苦和欢乐，也在不断地追求和思考，可以说见证过这段历史。这就产生一种冲动，想把自己亲历或知道的这段历史记下来。虽然我也清楚，每个人都有他的局限性，很难说自己的记述都是正确的。第二，命运使我成了一个史学工作者，从到大学历史系读书到现在已经六十一年。几次工作岗位和任务的变动，使我的研究范围恰恰是从晚清到改革开放这一百多年，有机会接触到比较多的这段时期的历史资料。过去做过的多是一个一个专题研究，到老年把它综合起来写成一本纲要性的书，条件是比较有利的。第三，动手时掂量过一下，自己的健康状况和精力看来有可能写完这部书，何况还有过去写的一些东西可以利用。这样，便下了决心。

也有朋友听说后劝我不要写，理由是当代史也许只能让后人来写，生活在今天的人写起来难免有种种局限性，是件吃力不讨好的事情。这一点我也想过。我承认，当代人写当代史总有他的时代局限性。有些事情也许多隔一些时间能够看得更清楚。后人在论述时也更加放得开，并且会有许多的新的视角。但他们也有他们的难处：研究的依据只能是前人留下的一些资料，而那时的时代氛围、人际关系、民众心理以及影响事态发展的种种复杂因素（特别是一些大量存在而人们已经习以为常的东西）未必都在资料上记录下来，后人很容易拿多少年后的状况和经验去推想当年的事情，或者把个别未必准确的文字记载看作事情的全体，有时就显得隔膜以至失真。应该说，当代人和后人各有各的作用，各有各的时代局限性，谁也未必能代替谁。至于同时代人，由于各人的经历和认识不同，看法也未必相同。那不要紧，读者完全可以用来比较，得出自己的结论。要写出一本谁都完全同意的历史书来，大概是很难做到的事情。

还有朋友提出疑问：你写了这样厚的一部书，怎么还能叫《史纲》?这个问题我也想过。问题在于二十世纪中国的历史变化太快，事情太多，许多事又十分复杂。对其中的一年、一件事、一个问题以至一个人也可以写出厚厚一部书来。这一部《史纲》只是想说说二十世纪中国历史发展的基本脉络线索，特别是中华民族怎样从深重苦难中重新站立起来、又怎样大步走向复兴的基本历程，对一些关键性的地方多作一点重要细节的叙述和议论。这样，篇幅已经够多了。不少事，本来应该多说几句的，只得省去或简单地提到。如果真要写一部《二十世纪中国史》，非得写成一部多卷本的皇皇巨著不可，那不是我能做到的。

二十世纪中国的历史涉及问题太多。写作过程中常常深感自己的知识和功力不足，但也只得硬着头皮写下去。由于年龄关系，许多地方已是力不从心，明知应该那样做而无力做到。书中采用了不少学者的已有研究成果，虽尽可能一一注明出处，仍难免有疏漏之处，深感歉疚。全书不当和不足之处肯定很多，希望得到读者的批评指正。

本书初稿终于写完后不久，俄罗斯全体院士会议在五月二十九日选举我为外籍院士。在将满七十八周岁的时候，这两件事都可以说是一种勉励。

本书的写作，得到国家社会科学基金列为重大委托项目，并得到逄先知、滕文生、冷溶、雒树刚等同志的鼓励和支持，由李泊、韩欣欣同志录入电脑，宋振亭、孙立众同志参加了校对，谨此致谢。

滕文生、林兆木、董志凯、廖心文、汪朝光、王奇生、徐思彦同志分别看过本书的一部分初稿，并提出了修改意见。本书的出版，得到谢寿光、杨群、尚红科同志的帮助。本书目录中各章题目后的提要，是编辑部根据该章内容编写的，经我看过。在此一并致谢。

二〇〇八年八月三十日

改变，从阅读开始

二十世纪中国史纲

[第三卷]

金冲及 著

社会科学文献出版社
SOCIAL SCIENCES ACADEMIC PRESS (CHINA)

国家社会科学基金重大委托项目

图书在版编目（CIP）数据

二十世纪中国史纲．第3卷／金冲及著．—北京：社会科学文献出版社，2009.8

ISBN 978-7-5097-1007-4

Ⅰ．二…　Ⅱ．金…　Ⅲ．①中国－近代史②中国－现代史　Ⅳ．K25

中国版本图书馆CIP数据核字（2009）第152622号

二十世纪中国史纲

著　　者／金冲及

出 版 人／谢寿光
总 编 辑／邹东涛
出 版 者／社会科学文献出版社
地　　址／北京市西城区北三环中路甲29号院3号楼华龙大厦
邮政编码／100029
网　　址／http://www.ssap.com.cn/
网站支持／（010）59367077
责任部门／人文科学图书事业部　（010）59367215
电子信箱／zongbianshi@ssap.cn
项目负责人／宋月华
责任编辑／徐思彦
责任校对／宋荣欣　杜　芳　陶　璇
责任印制／董　然　蔡　静　米　扬

总 经 销／社会科学文献出版社发行部
（010）59367080　59367097
经　　销／各地书店
销售热线／（010）62142489　62164516
排　　版／蒋宏工作室
印　　刷／北京市通州兴龙印刷厂

开　　本／700 mm × 1000mm　1/16
印　　张／87.75
字　　数／1136千字
版　　次／2009年9月第1版
印　　次／2019年3月第2次印刷

书　　号／ISBN 978-7-5097-1007-4
定　　价／128.00元（全四卷）

本卷目录

新中国许多事情处于草创时期，既没有现成的答案，也缺乏成熟的经验；它的基本格局一旦确定下来，对中国日后的发展就会产生极为深远的影响。现在回头来看，可以惊奇地发现当年作出的那些重大决策是符合中国实际国情的，是经得起时间考验的。

美国第七舰队开入台湾海峡阻止解放军对台湾的进攻，是在中国作出抗美援朝决策以前，这完全是美国政府单方面干涉中国内政，抗美援朝根本不是什么“惹火烧身”，更不是因此而妨碍了解决**台湾问题**。**抗美援朝战争**使全世界重新认识了新中国：中国人已不再像过去那样任人欺凌，已不再是以往西方人眼中的“东亚病夫”；她热爱和平，但决不能容忍别人强加于自己的威胁和侵略。

在抗美援朝和大规模社会改革的同时，经过全国人民的努力，到一九五二年，国民经济得到全面恢复和初步发展。在短短三年内，在如此紧张而头绪纷繁的环境中，能够实现这样的目标，几乎令人难以置信。

社会主义基本制度的建立，是深刻的社会变革。中国进入**社会主义初级阶**

段就是从此刻开始的。它的主体是靠社会主义工业化；对生产资料私有制的改造是它的两翼，在后期存在要求过急、工作过粗、形式过于简单划一的缺点和偏差。人民代表大会制度、多党合作和政治协商制度、民族区域自治制度，这三项中华人民共和国的**基本政治制度**，在一九五四年完整地确立起来。

第十六章

中国人从此站立起来了

一九四九年在中国大地上发生的，并不只是一个政权代替了另一个政权、一种政治力量代替了另一种政治力量。它是中华民族历史上前所未有的社会大变革。美国学者费正清在他的名著《美国与中国》一书中写道："一九四九年以来的中国革命，从其牵涉到的人数或从其变革的广度和速度来说，是历史上最大的一次。对世界外部地区来说，这也是现代一次最少为外人所知的事件。"〔1〕

中国人民政治协商会议开幕式上，毛泽东说了一段令人难忘的话：

"诸位代表先生们，我们有一个共同的感觉，这就是我们的工作将写在人类的历史上，它将表明：占人类总数四分之一的中国人从此站立起来了。"〔2〕

这段饱含深情的话，说出了当时亿万中国人的共同心声，使许多人听到时禁不住热泪盈眶。如果不是经历了那么多的屈辱和苦难，如果不了解先人们为了这一天的到来曾付出多么大的代价，是很难理解这种感情的。著名学者任继愈教授曾经很感慨地写道："只有历尽灾难、饱受

〔1〕（美）费正清：《美国与中国（第四版）》，商务印书馆1987年5月版，第259页。
〔2〕《毛泽东文集》第5卷，第343页。

列强欺凌的中国人，才有刻骨铭心的‘翻身感’。经过百年的奋斗，几代人的努力，中国人民终于站起来了。这种感受是后来新中国成长起来的青年们无法体会得到的，他们认为中国本来就是这样的。”

新中国的成立，结束了一个旧时代，开始了一个新时代。中国的社会结构和它的前途命运，在这以前和这以后发生了根本的变化。这种划时代的变化，集中起来就是：实现了民族独立、人民解放和国家统一（除了台湾和香港、澳门以外），开始为祖国繁荣富强和人民共同富裕而奋斗。

第一，民族的独立。

中国人等待这一天到来，已经太久太久了。中华民族创造过灿烂的古代文明，对人类进步作出过巨大贡献，可是在近代却大大落伍了，受尽外国列强的欺凌和侮辱，被看作世界上的“劣等民族”。国家已濒临灭亡的边缘。辉煌的过去同冷酷的现实之间形成如此强烈的反差，使中国人对这种屈辱生活格外觉得难堪而无法忍受。“振兴中华”这个响亮的口号，由孙中山先生在一八九四年中日甲午战争期间响亮地喊出来后，成为一代又一代中国人顽强追求的目标。

但是，面对着内外反动势力的重重压迫，要使中华民族从这种近乎绝望的困境中摆脱出来，实在太艰难了。有些没有骨气的人曾经灰心丧气，以为中国处处不如人，已经不能对它再抱多大希望。但有志气的中国先进分子却从来没有灰心过。他们咬紧牙关，不惜抛头颅、洒热血，不管前进道路遇到多少艰难和挫折，始终顽强地进行不屈不挠的斗争。他们是中华民族足以自豪的脊梁。

在极端深重的民族危机面前，谁能够领导人民抵抗外来的侵略，把祖国从危难中拯救出来，谁就能够取得人民发自内心的信任和支持；否则，就会被人民所抛弃。这是理解中国近代历史发展的钥匙。

中国人民正是在实际生活中一步一步了解中国共产党的。这个党在成立的第二年，就旗帜鲜明地提出打倒帝国主义和封建军阀的政治主张。这以前，中国人还不曾有过这样明确的认识。抗日战争时期，中国共产党发起并坚持抗日民族统一战线。这场战争的胜利，是一百多年来中华民族反对外国侵略取得的第一次完全胜利。新中国成立前夜，中国人民解放军到达的地方，驻扎在中国领土上的外国军队被迫完全撤走。北京、天津、上海等地先后收回美国、英国、法国和荷兰兵营的地产权，征用兵营及其他建筑。中国国门的钥匙——海关管理权完全回到中国人自己手里。中央政府发布指示，规定外轮一般不准在中国内河航行。帝国主义列强在中国原来享有的种种特权，被一一取消。耀武扬威的洋人得以在中国土地上为所欲为的日子，一去不复返了。屈辱的一页从此翻了过去。中国人重新找回自己的尊严。人们扬眉吐气，对祖国的明天充满希望。

第二，人民的解放。

从国内社会生活来看，在两千多年的封建统治和一百多年的半殖民地半封建社会中，占中国人口绝大多数的劳动人民被压在社会的最底层，过着牛马不如的生活，遭人冷眼蔑视，没有任何政治权利可言；到新中国将要诞生的时候，随着国民党政府财政经济的总崩溃，物价飞涨，百业凋敝，更陷入难以生存的地步。新中国结束了这种状况，人民当家做了自己国家和社会的主人。《共同纲领》确定中国人民在政治上的平等地位和平等权利。人们相互之间都称“同志”。中国共产党坚决地站在占人口绝大多数的劳动人民一边，同时紧紧团结一切愿意为建设新中国出力的社会力量。人民政府是为人民办事的。工人、农民、知识分子以及其他各阶级阶层的人民，享有政治、经济和文化上的民主权利，能够通过各种途径和形式管理国家事务。著名社会学家费孝通教授在参加北平市第一次各界人民代表会议后，生动地描述了他那种以前没有过的强烈感受：

“我踏进会场，就看见很多人，穿制服的，穿工装的，穿短衫的，穿旗袍的，穿西服的，穿长袍的，还有位戴瓜帽的——这许多一望而知不同的人物，会在一个会场里一起讨论问题，在我说是生平第一次。这是什么意思呢？我望着会场前挂着大大的‘代表’二字，不免点起头来。代表性呀！北平住着的就是这许多形形色色的人物。如果全是一个样子的人在这里开会，那还能说是代表会么？”[1]

确实，过去被人瞧不起的穿着“短衫”和“工装”的工人农民，现在能够同穿着“西服”和“长袍”的人坐在一起，平等地共商大事，是过去根本无法想象的，是整个社会大变革中富有象征性的一个缩影。它把民主从过去少数人的权利，变成多数人能享受的权利，这才是真正的人民民主。费孝通教授写道，这样的经历“在我说是生平第一次”，反映出这场社会大变革的广度和深度确实是中国历史上从来不曾有过的。

第三，国家的统一。

中国的老百姓，以往常被讥笑为“一盘散沙”。新中国在全国范围内将社会各阶层人民以空前规模组织起来，建立起各级工会、农民协会、青年团、学联、妇联、街道居民委员会等，深入到社会的基层，形成一个巨大的几乎无所不包的网络，随时可以将民众动员起来协助人民政府完成各项工作，根本改变过去那种散漫无组织的状态。中央政府的政令能够雷厉风行地推行到全国各地，包括边疆地区，万众一心地一致行动。全国人民的大团结，形成人民政府最广泛的社会支柱。一切为了人民，一切依靠人民，这是人民政府的力量源泉。没有这一条，人民共和国一起步就能冲破重重困难，顺利发展，使人耳目一新，是根本办不到的。

新中国的建立，使已解放的广大地区实现前所未有的统一。国家成为统一的整体，在全国范围内可以通盘筹划，可以一直贯彻到基层，密切协作，一致行动。这是中国人民多年来梦寐以求而没有实现过的局面。著名历史学家胡绳写道：“在中国的土地上已经根本改变了旧中国由于帝国主义列强的互相争夺，由于各个军阀、官僚集团的互相争夺，由于国家内部的阶级矛盾和民族矛盾，由于落后的封建经济而产生的四分五裂的状态。新中国的法律和政令普遍实施于全国各地区。国内人民间的团结、各民族间的团结日益加强。这是建立在人民民主基础上的统

[1]《费孝通文集》第6卷，群言出版社1999年10月版，第96—97页。

一，这种统一局面是中国近代历史上从未有过的，甚至是中国历史上从未有过的。”[1] 如果国家还像过去那样四分五裂或者各行其是，而不能在统一意志下，采取步伐一致的行动，那么新中国以后那样的发展是不可想象的，中国的现代化也是难以做到的。

还有一个十分重要的问题：中国是一个多民族国家，各族人民都是新中国的主人。中国的民族关系有着自己的特点：境内的各民族在千百年的漫长岁月中已形成相互依存不可分离的关系，少数民族离不开汉族，汉族也离不开少数民族，许多民族还长期在同一个地区杂居。这些特点是历史地形成的，是现实生活的主流。《共同纲领》把民族区域自治作为国家的一项基本政治制度确定下来。自治区是统一国家的一部分，可以在不违背中央统一政令的前提下自定本区域内政治、经济、文化等各种条例。这是新中国在民族问题上的成功创造。如果不实行这样的制度而实行联邦制，中国的民族团结和国家稳定不可能有后来的局面。它的重要性，随着时间的推移，人们已看得越来越清楚了。

民族独立，人民解放，国家统一，是三个要点。一九四九年以后的中国历史，就是在这个和以往不同的全新基点上起步的。

中华人民共和国的成立

一九四九年十月一日，是新中国诞生的日子。

这天下午二时，经中国人民政治协商会议选举产生的中央人民政府委员会第一次会议在北京中南海勤政殿召开，中央人民政府宣告成立。会议接受《中国人民政治协商会议共同纲领》为中央人民政府的施政方针。在《中华人民共和国中央人民政府组织法》中规定：“中央人民政府委员会对外代表中华人民共和国，对内领导国家政权”；“中央人民政府委员会组织政务院，以为国家政务的最高执行机关；组织人民革命军事委员会，以为国家军事的最高统辖机关；组织最高人民法院及最高人

---

〔1〕 胡绳主编《中国共产党的七十年》，第644页。

民检察署，以为国家的最高审判机关及检察机关。”[1] 这是新中国成立初的政权组织形式。中央人民政府委员会第一次会议，选举林伯渠为秘书长，任命周恩来为政务院总理兼外交部长，毛泽东为中央革命军事委员会主席，朱德为中国人民解放军总司令，沈钧儒为最高人民法院院长，罗荣桓为最高人民检察署检察长，责成他们从速组成各政府机关，推行各项政府工作。

接着，首都三十万军民在天安门广场隆重举行庆祝中华人民共和国中央人民政府成立典礼，通常称为“开国大典”。接受检阅的人民解放军有一万九千二百七十三人。新华社在当天报道了大典盛况。此时此刻的历史性情景值得在这里转录下来：

“下午三时，中央人民政府秘书长林伯渠宣布典礼开始。中央人民政府主席、副主席、各委员就位，乐队奏义勇军进行曲，毛泽东主席宣布说：‘中华人民共和国中央人民政府已于本日成立了。’毛主席亲自开动有电线通往广场中央国旗旗杆的电钮，使第一面新国旗在新中国首都徐徐上升。这时，在军乐声中，五十四门礼炮齐鸣二十八响。毛主席宣读中央人民政府公告（见另电）。

毛主席宣读公告完毕，阅兵式开始。阅兵式由中国人民解放军朱德总司令任检阅司令员，华北军区司令员兼京津卫戍区司令员聂荣臻将军任阅兵总指挥。朱总司令驱车检阅各兵种部队回到主席台上宣读人民解放军总部命令。受阅部队随即分列经主席台前由东向西行进，前后历时三小时。受阅部队以海军两个排为前导，接着是一个步兵师、一个炮兵师、一个战车师、一个骑兵师，相继跟进。空军包括战斗机、蚊式机、教练机共十四架在全场上空由东向西飞行受阅。在阅兵式中，全场掌声像波浪一样，一个高潮接着一个高潮。

阅兵式接近结束时，天色已晚。天安门广场这时变成了红灯的海洋。无数的彩色火炮从会场四周发射。欢呼着的群众在阅兵式完毕后开

[1] 《中共中央文件选集》第18册，中共中央党校出版社1992年10月版，第570、571页。

始游行。当群众队伍经主席台附近走出会场时，‘人民共和国万岁’、‘毛主席万岁’口号声响入云霄。毛主席在扩音机前大声地回答着：‘同志们万岁！’毛主席伸出身子一再地向群众招手。群众则欢呼鼓掌，手舞足蹈，热情洋溢，不能自已。当游行的队伍都已有秩序地一一走出会场时，已是晚间九点二十五分。举着红灯游行的群众像火龙似地穿过全城，使新的首都浸在狂欢里直到深夜。”〔1〕

《人民日报》在报道开国大典同天发表的文章饱含深情地写道：“经历过无数次深重灾难的中华民族与中国人民将永远记得这个可珍贵的时刻：它宣布了旧中国完全死亡，宣布了人民的新中国的诞生。中国，中国人，将不再是屈辱的殖民地与殖民地奴隶的代名词，而要永远地受到全世界爱好和平民主的人民的尊敬了。中国人民从此有了屹立于世界和平民主阵营的祖国，有了真能保护自己、代表自己的政府。”〔2〕

开国大典后，中央人民政府各机构立刻开始组建，到十一月一日正式开始办公。新中国的政府机关，是在打碎旧有的政权机构后重行组建起来的，处在草创阶段，许多事情都要从头做起。

但新中国的诞生同俄国十月革命有很大的不同：它是在长时间内依靠人民军队先在一块块解放区内建立政权，积累起经济建设和政权建设的初步经验，培育出一批管理人才，再夺取全国政权的。由于各项工作有原已建立的地方性政府在那里负责管理，所以在新政府筹组过程中，整个工作并没有发生停顿或中断。

当然，从原来分散的、主要在农村的地方性政权，到建立全国性的中央政府，这是一次质的飞跃。政务院是国家政务的最高执行机关，不设国防部，军事工作由中央人民政府所属的人民革命军事委员会负责。政务院各部门是以华北人民政府的机构作为基础建立的，但并不等于现成地把它拿来使用。华北人民政府的职能只是管辖华北五省（河北、山西、平原、察哈尔、绥远）二市（北平、天津），现在要管理全国，自

〔1〕《人民日报》1949年10月2日。

〔2〕林韦：《记中央人民政府成立盛典》，《人民日报》1949年10月2日。

然有很大不同：政务院有些部门在华北人民政府中是没有的，需要组建，如外交部；有些工作部门原来虽有机构，但在新情况下需要细分，如中央财经委员会所属各部委；还有些部门过去是由人民革命军事委员会管理的，如公安部、铁道部，改隶政务院后，也要经过必要的调整。

政务院各部门的领导人员，有不少由中国共产党外的人士担任。这一方面因为中国共产党对如何管理这样大的一个国家在许多方面缺乏经验，而党外人士中确有许多在这些方面有经验有知识的人才，如担任副总理兼轻工业部部长的黄炎培、财经委员会副主任马寅初、邮电部长朱学范、司法部长史良、文化部长茅盾、教育部长马叙伦、林垦部长梁希、华侨事务委员会主任何香凝、海关总署副署长丁贵堂等；另一方面因为这样做有利于团结并带动社会各阶级、阶层的人士，共同为建设新中国而努力。

新政府各部门的工作人员，大体上由三类人组成：一类是长期参加革命工作的干部；一类是原来在国民党政府机构工作而留下来的人员；一类是从学校出来的青年学生和社会上被埋没的知识分子。这三类人各有长处和短处，正好相互取长补短，协同工作。

新政府在政权机关、军事制度、经济政策、文化教育政策、民族政策、外交政策等方面，已有《共同纲领》可资遵循，一开始就能有条不紊地开展工作。

在建立中央政府机构的同时，还把人民民主专政的政权一直建立到基层，把全国人民空前有效地组织起来。

万事起头难。新中国的诞生是中国历史上翻天覆地的社会大变动。许多事情处于草创时期，既没有现成的答案，也缺乏成熟的经验。它的基本格局一旦确定下来，对中国日后的发展就会产生极为深远的影响。当时战争还在进行，戎马倥偬，各方面的工作千头万绪，时间又不容许久拖不决。如果那时轻率地作出一些错误决定，它所造成的恶果将十分严重。半个多世纪过去了，回头来看，可以惊奇地发现当年作出的那些重大决策是符合中国实际国情的，是经得起时间考验的。它的影响不仅在今天让人能强烈地感受到，并且还将延续到将来。这是新中国缔造者们留给后人的一笔丰厚遗产，是他们对中华民族作出的难以估量的贡献。

新中国的第一年

新中国已经诞生。全世界都在注视着：它究竟能不能站住脚？能不能迈开大步前进，还是会坚持不住而失败？

这种想法，不是一点理由也没有。一个独立、统一、人民当家作主的民主共和国虽已建立，它面对的考验依然是严峻的。三个突出的问题摆在面前：第一，国民党政府在大陆上仍有白崇禧、胡宗南等集团的一百五十万军队，盘踞在以广州为中心的华南地区和以重庆为中心的西南地区，准备顽抗。在各地，还有二百万武装土匪。他们盘踞山林，为非作歹，荼毒一方，很多并不站在明处，而是藏在暗处，在当地有着盘根错节的社会关系，有的还是从多少年前一直传袭下来的，铲除它谈何容易。第二，在战争已经结束的地区，人民政府面对的是国民党政府留下的财政经济总崩溃、物价上涨完全失控、投机活动异常猖獗的烂摊子。国民党政府对这些束手无策，人们正注视着新中国有没有能力扭转这种仿佛已积重难返的局面。严重的自然灾害和城市中的大批失业现象，也给人民政府带来很多困难。第三，新中国的国际环境也很复杂。美国政府当时对新中国抱着敌视态度，实行禁运和封锁。苏联对中国共产党并不完全放心，担心它成为第二个“铁托”。周边的民族独立国家对新中国缺乏了解，还存在不少疑虑。如果在外交工作中处理不当，就会陷于孤立，或者重新沦为别国的附庸。

怎样应对同时从四面八方涌来的这许多棘手问题，使人民政府真正站住脚跟，确实极不容易。何况新中国创建伊始，不仅需要处理当前的大量繁复而紧迫的问题，还必须有更长远的眼光，建立起一整套和旧中国根本不同的新制度和新格局。这些制度和格局处理得恰当与否，对中国此后的发展将有长远的影响。所有这些，都必须很快作出决断。中国共产党和中央人民政府在如此复杂的环境中，冷静而果断地沉着应对，在不长时间里取得了惊人的成功。

我们先来看前面两个问题，也就是军事和财政经济问题。

军事上的进展是顺利的。人民解放军以雷霆万钧之势，喊出“斩草除根，不留后患”、“一人止步，万人遭难”、“一时动摇，万世受苦”等口号，[1]大举南下。进军的重点，是要消灭白崇禧和胡宗南两个军事集团，解放华南地区和西南地区。

白崇禧是国民党政府华中军政长官，军事指挥灵活，素有“小诸葛”之称。所部有二十二个军共三十五万多人，其中包括战斗力较强、以往没有受到沉重打击的桂系精锐第七军和第四十八军。白崇禧的总部在武汉、长沙相继解放后移驻湘南的衡阳。此外，在广东地区还有华南军政长官余汉谋所部七个军，约十一万人，但战斗力并不强。

为了力争干净全部地歼灭白崇禧集团，不让它撤往境外或海南岛、台湾，留下更多后患，中国人民解放军采用“远距离包围迂回”这个以往没有实行过、出敌意外的作战方针。

这个方针的确立有一个过程。一九四九年七月，第四野战军曾采取过去常用的诱敌深入、近距离迂回包围的作战方针，企图捕歼白崇禧部主力于湘赣边境的浏阳、醴陵以东地区。白崇禧发现解放军主力正向它两翼迂回，立刻下令全线撤退。这次战役在七月十九日结束，只歼灭了白部四千六百人，没有达到预期的目的。毛泽东在这次战役快结束时的七月十六日为中央军委起草了一份电报，提出：

“和白部作战方法，无论在茶陵、在衡州以西什么地方，在全州、桂林等地或者他处，均不要采取近距离包围迂回方法，而应采远距离包围迂回方法，方能掌握主动，即完全不理白部的临时部署，而远远地超过他，占领他的后方，迫其最后不得不和我作战。因为白匪本钱小，极机灵，非万不得已决不会和我作战。因此，我们应准备把白匪的十万人引至广西桂林、南宁、柳州等处而歼灭之，甚至还要准备追至昆明歼

[1] 穆欣：《南线巡回》，生活·读书·新知三联书店1953年11月版，第115页。

灭之。”〔1〕

根据这个作战方针，第四野战军主力及第二野战军一部分兵三路：西路军从湘西的常德取道芷江，直插柳州，切断白崇禧部西逃贵州的道路；东路军从江西赣州南下合围广州，再以一个兵团向桂南挺进，切断白部南退雷州半岛和海南岛的道路；中路军从湘中向白部主力集结的湘南推进。由于中路军一线兵力有限，同白部主力大体相等，诱使白崇禧作出错误判断。白在十月二日召开的国民党非常委员会军事小组上报告湘南军事时称：“我军兵力优于敌人，且颇集结，敌人则分散”，“可以在此打一胜仗，然后南下侧击南雄西南犯之匪，俾由被动转为主动，否则处处待敌优势兵力来攻，岂非坐以待毙?”蒋介石也表示同意，认为“舍此无复转机”。〔2〕四日，白部主力十三个师北上，集中在衡阳、宝庆一线，企图乘中路军立足未稳，组织反击。这个错误判断使他付出了沉重代价。白部的反击还未开始，就发现解放军的西路军已从湘西的芷江东进，东路军也已多路攻入粤北，自身有被合围的危险。白崇禧被迫又在六日黄昏匆忙地下令撤退。但他的精锐主力第七军和第四十八军各两个师却受到插入它背后的解放军一个师凭有利地形顽强阻击，难以迅速撤出。中路军主力兼程前进，在八日将这四个师全部合围，经过激战，到十一日上午全歼慌乱中的该部两万九千多人。连同其他战斗，共消灭白部四万七千人，其中俘虏三万八千人，包括将级军官十七人。这次战役被称为“衡宝战役”。

“衡宝战役是进军解放中南进程中具有决定意义的一仗。”〔3〕《长江日报》在十月十六日发表社论，称这次战役的胜利“为我军渡江以来华中最大的一次战果，前后方闻捷欢腾，实为开国伊始前线指战员对于中央人民政府的隆重献礼”。〔4〕

〔1〕《毛泽东文集》第5卷，第308—309页。
〔2〕《徐永昌日记》第9卷，第438、439页。
〔3〕《中国人民解放军第四野战军战史》，解放军出版社1998年10月版，第537页。
〔4〕转引自《中国人民解放军全国解放战争史》第5卷，第388页。

东路军进入广东后，没有经过大的战斗，便歼灭余汉谋集团，在十月十四日解放了广州。

白崇禧集团这时还有兵力十五万人，退据它的老根据地广西，但精锐已失，士气低落。第四野战军继续实行大迂回大包围的作战方针：西路军从湘西南下，经黔东南进入桂西，切断白集团退云南的道路；东路军的第四兵团西进桂南，防止白部退入雷州半岛及海南岛，改称南路军；中路军从湘南奔袭桂林，称北路军。经过一个多月战斗，到十二月十四日终于全歼已被合围而陷入混乱的白崇禧集团，胜利结束广西战役。

一九五〇年二月，第四野战军开始用帆船渡海登陆海南岛，得到长期在当地坚持游击战争的琼崖纵队密切配合，到五月一日解放全岛。同月，第三野战军又解放了浙江沿海的舟山群岛。

西南地区的川滇黔康等省，在抗日战争时期被称为“大后方”。蒋介石对它抱有很大期待，希望能据以顽抗，等待国际局势变化，伺机再起。广州解放前夕，国民党政府迁往重庆。蒋介石也从台湾飞往重庆。但今昔易势，这些期待只能落空。当时担任国民党政府行政院政务委员和陆军大学校长的徐永昌在一九四九年十月十五日的日记中写道：“余以为如照常理，重庆可保一个月，最长亦不过两个月。敌如先解决沿海以迄滇黔取包围手段，渝地或能延长。总之，国际或敌人内部无变化，我大陆最多亦不过保持半年左右。”〔1〕

西南地区的重心在四川（当时包括重庆）。自古“蜀道难”，入川主要是两条路：一条由陕西越秦岭南下，一条由鄂西经三峡溯长江西上，后一条路尤为艰险。国民党当局判断解放军主力将沿前一条路入川。胡宗南集团从陕西南撤后，也将主力部署在北线的川陕边境。

解放军仍本着远距离包围迂回的作战方针，贺龙率第十八兵团从秦岭南下，作出正面进攻的架势，牢牢吸引住胡宗南集团，刘伯承、邓小平率第二野战军主力却隐蔽南下，突然从贵州迂回川南，对国民党西南

〔1〕《徐永昌日记》第9卷，第442页。

守军发起南北夹击。十一月间，第二野战军主力先后解放贵阳和重庆。十二月九日，国民党云南省政府主席、云南绥靖公署主任卢汉，西康省政府主席刘文辉，西南军政长官公署副长官邓锡侯、潘文华，率部分别在云南昆明和四川彭县起义。慌忙地退缩到成都平原的胡宗南集团和国民党其他军队已成瓮中之鳖，兵无斗志。在重庆、成都停留了二十六天的蒋介石，将国民党政府迁往台湾后，在十二月十日匆忙地飞离成都。西南作战从战役发起到结束，为时不过五十七天，前进约一千五百公里，消灭国民党残余军队约九十万人，其中包括投降俘虏四十多万，起义四十多万。

为了完成祖国大陆的统一，解放西藏的问题提到议事日程上来。考虑到西藏地区民族关系的特殊情况，一九五〇年五月十七日，中共中央致电西南局，提出："军事进攻的同时，利用一切可能，进行政治争取工作是十分必要的。这里基本准备是西藏方面，必须驱逐英美帝国主义的侵略势力，准许人民解放军进入西藏。我们方面则可承认西藏的政治制度，连同达赖的地位在内，以及现有的武装力量、风俗习惯概不变更，并一律加以保护。"〔1〕但西藏地方政府中一部分顽固势力不但拒绝谈判，杀害了解放军派出的联络人员，还将藏军三分之二的兵力布防于昌都地区，企图凭险阻止解放军渡金沙江西进入藏。十月间，解放军渡过金沙江，发动昌都战役，歼灭藏军主力，解放昌都地区，打开了入藏大门。在这种情况下，一九五一年春，西藏地方当局派出以阿沛·阿旺晋美为首的代表团到北京，同中央人民政府代表团开始谈判。五月二十三日，双方签订《中央人民政府和西藏地方政府关于和平解放西藏办法的协议》，西藏宣告和平解放。人民解放军进驻拉萨、日喀则、江孜等地。这是新中国民族政策的胜利，从而实现了祖国大陆领土和主权的统一。

消灭国民党在大陆的军队后，一九五〇年初，全国仍有土匪武装二百六十多万人，其中一半以上在西南地区，其次是中南地区。这些武装

〔1〕 转引自《中国人民解放军战史》第3卷，军事科学出版社1987年7月版，第392页。

土匪无恶不作，打家劫舍，对社会危害极大；他们还有明显的政治性质，不少土匪部队受到国民党当局的委托，很多骨干经过国民党败退前举办的“游击干部研究班”等培训留置下来。如果不迅速剿除，势必严重威胁新解放区的政权建设、社会改革和经济恢复工作。因此，解放军从一九四九年五月起，先后抽调一百五十多万兵力执行剿匪和工作队的任务。一九五〇年二月十八日，中共西南局书记邓小平在给中共中央的报告中提出：“剿匪已成为西南全面的中心任务，不剿灭土匪，一切无从着手。”[1] 在各级党委一元化领导下，各地组织剿匪委员会，采取“集中兵力，重点进剿”、“组织军事进剿、政治攻势、发动群众三者之密切协同”、“开展捕捉匪首运动与镇压匪首工作”、“争取少数民族参加剿匪”等做法，取得明显成效，到这年十二月底告一段落。[2] 一九五二年底，大规模剿匪活动结束。这项工作，对巩固人民政权、建立一个稳定安宁的社会秩序、保证经济恢复和发展，有着重要意义。

经济方面问题的解决更加复杂艰难得多。中国共产党对处理全国性的以及大城市中的经济问题，以往几乎完全没有经验。在新中国面对的社会经济问题中最紧迫的是两个：一是物价飞涨，一是灾情严重。这两个问题都是多年积累而成的痼疾。

国民党政府在经济上留下的是一个千疮百孔的烂摊子。新中国成立前夜，在一九四九年的一月、四月、七月，就有过三次物价大波动。当人们刚刚欢庆过新中国诞生只隔了半个月，从十月十五日开始，华北由粮食带头，上海由纱布带头，又掀起物价的大幅度上涨。纱布、粮食的价格在一个月内都上涨两倍以上。上海十一月中旬的物价比七月底平均上涨两倍，有些商品上涨到五六倍。物价的飞涨，使人民生活受到严重威胁，人心开始波动。这是关系到人民政权建立起来后能否站住脚跟的大问题。

---

〔1〕《邓小平军事文选》第 2 卷，军事科学出版社、中央文献出版社 2004 年 7 月版，第 284 页。

〔2〕 贺龙、邓小平、张际春、李达：《一年剿匪工作总结》，见《从延安到北京》，中央文献出版社 1993 年 5 月版，第 618—622 页。

为什么物价会出现如此猛烈的上涨？除了历史遗留的种种问题外，主要原因在于：大规模军事行动还在进行，财政赤字太大，钞票发行太多。当时，人民解放军还在向华南和西南大举进军，军费开支在财政开支中所占比重将近一半。新解放区迅速扩大，国民党政府的旧人员和起义军队等都要妥善安置，使军队和吃公家饭的人数激增至七百五十万，这个数字以后还在迅速增加。而在新解放区，因为战争结束不久，只有一部分地方开始征收公粮；城乡交流需要有一个恢复过程；城市工商业处境还很困难，一时难以征收到应有的税收。在七月到十一月中旬这段时间内，财政总收入只占总支出的百分之三十四点六，赤字竟达百分之六十五点四。为了弥补赤字，只得大量增发纸币。十一月底的货币发行额是七月的六倍以上，致使币值大跌，物价猛涨。而新解放的城市，多年来几乎已变成投机商人的大赌场。这些投机资本的放肆活动，又对物价飞涨起了推波助澜的作用。

这是胜利发展过程中的困难，一时是难以完全避免的。中央财经委员会主任陈云在此前说过："目前货币发行计划，应当首先保证军费供应，其次才是物价稳定。物价上升的原因是巨大的财政赤字，迫使我们增发货币，而要缩小甚至消灭财政赤字，决定性的关键是解放战争早日在全国范围取得胜利。胜利到来愈快，我们才愈有可能减少以至消灭财政赤字，控制货币发行，从而逐步稳定物价。"〔1〕周恩来在十一月十八日政务会议讨论物价问题时也坦率地说："我们应当说，今天的困难都是为胜利而负担的。""为什么物价上涨呢？基本上还是因为开支很大，票子发得很多，物价当然会上涨。为什么开支很多呢？因为我们所解放的地区扩大了，在这些新地区内一开始又不可能收入得很多，而负担就会增加。所以这种负担的增加是必然的过程，胜利的过程。它与国民党反动派的物价上涨、负担增加的没落过程是完全相反的。""我们必须向人民说清楚，这种胜利的负担一时还是不可避免的。"〔2〕

〔1〕薛暮桥：《杰出的经济工作领导者——陈云同志》，《陈云与新中国经济建设》，中央文献出版社 1991 年 5 月版，第 30—31 页。

〔2〕周恩来在第 6 次政务会议上的发言记录，1949 年 11 月 18 日。

说一时“不可避免”，不等于无所作为。稳定物价的关键，是看国家手中掌握着多少市场主要物资。中央人民政府采取了两项有力措施：“一方面是加紧物资调运，将粮食、纱布、煤炭等调集于重点地区；另一方面尽量设法紧缩通货，统一现金管理。”〔1〕

打击投机商的兴风作浪，是稳定物价的必要条件。“当时在上海（天津也有类似情况），资本家看到粮食紧张，于是囤积居奇。据估计，当时上海存粮不到一亿斤，要保证在冬季以前存粮达到四亿斤，需要多方设法。”〔2〕由于城乡关系已发生根本改变，各解放区已可互相支援，能实行全国范围内的物资大调运（这是国民党政府无法做到的），陈云领导下的中财委从华东各省和东北、华中、四川等地赶运大米到上海，国家手中掌握的可以作为商品调用的粮食、纱布等物资大大超过投机商那点经济力量。手里掌握物资后，抛售时机也十分重要。由于货币增发，要把物价稳定在十月以前的水平是不可能的。到十一月中旬，物价已涨了两倍，涨势渐趋稳定。陈云及时地果断决策，经毛泽东、周恩来批准后，发出给各地财委的紧急指示：“在目前物价已经涨了两倍的情况下，稳住的可能已经存在，各地均应以全力稳住。”指示要求赶运粮食和纱布给主要城市，“预定十一月底十二月初于全国各主要城市一齐抛售。”“各大城市应将几种能起收紧银根作用之税收，于十一月二十五日左右开征。”“对于投机商人，应在此次行动中给以适当教训。”〔3〕投机商错误地估计形势，最初仍将人民政府抛售的物资大量购进，甚至不惜借来高息贷款用以购粮，结果粮价却不涨反跌，吃了大亏。等到收缩银根、物价平稳，投机商人吐出主要物资时国家又乘机买进。这样就把物价基本上稳住了。“上海一位有影响的民族资本家事后说：‘六月银元风潮，中共是用政治力量压下去的，这次仅用经济力量就能压住，是上

〔1〕《薛暮桥回忆录》，天津人民出版社 1996 年 7 月版，第 201 页。

〔2〕周太和：《建国初期财经战线上的三大决策和实施》，《陈云与新中国经济建设》，第104—105 页。

〔3〕《陈云文选》第 2 卷，人民出版社 1995 年 5 月版，第 30、31 页。

海工商界所料想不到的。'"[1] 这是正确运用商品规律、驾驭复杂多变的市场取得的成功。

当然，为了从根本上使物价得到稳定，必须改变财政收支严重不平衡的状况。除了增加税收、发行折实公债、厉行节约以外，这时还有两个有着关键意义的原因。

第一，大陆的军事行动基本结束，人民解放军开始整编复员，军费开支大大减省。没有这一条，要做到财政收支基本平衡是不可能的。中央人民政府人民革命军事委员会还作出《关于一九五〇年军队参加生产建设工作的指示》，借以改善军队的生活，并节省一部分国家的开支。如王震率领进入新疆的第二军，"宣布现有部队不换防，不调动，要认真担负起保卫边疆、建设边疆的光荣任务。""这一年共种了三十五万亩土地，当年收获的粮食可供部队粮用三个月。"[2] 这自然很大减省了财政开支，对消除财政赤字，制止通货膨胀起了重要作用。

第二，政务院在一九五〇年三月三日颁布《关于统一国家财政经济工作的决定》。过去，由于战争时期各解放区一直处于被分割状态，财政经济工作只能实行政策上统一领导、业务上分散经营的方针。"一九四九年各个解放区连成一片之后，随着货币的统一，交通邮电管理、部分物资调度、物价管理、税则税目税率规定等等也陆续实现统一。但就财政经济的全部工作来说，基本上仍旧是分散管理。财政收支并未规定统一管理办法，公粮、税收大多由各大区或省市管理。这不利于财力物力的统一使用，不利于节约支出、平衡收支、紧缩通货，不利于建立物价稳定的正常秩序。"[3] 政务院《决定》的主要内容有三：一是统一全国财政收支，使财政收入的主要部分集中到中央，统一调度使用；二是统一全国物资调度，清理全国仓库物资，实行国家的重要物资的统一调度；三是统一全国现金管理，一切军政机关和公营企业的现金，除留若

---

〔1〕 薄一波：《若干重大决策与事件的回顾（修订本）》上卷，人民出版社 1997 年 12 月版，第 83、84 页。

〔2〕 穆廉：《喀什春秋》，政协喀什地区工作委员会编《喀什文史》第 6 辑，第 21、22 页。

〔3〕《薛暮桥回忆录》，第 204—205 页。

干近期使用者外，一律存入国家银行。这三项措施调整了中央与地方的经济权限，形成统一领导、分级管理的体制。它的共同效果，是避免因当时十分有限的财力物力过分分散使用而造成很大浪费，达到能集中起来办大事的目的。当然，这样做会产生过于集中的弊病，带来新的困难。但它对把物价稳定下来、扭转当时极端困难的经济局势这个最紧迫的问题起了重大作用。陈云为《人民日报》写了《为什么要统一财政经济工作》的社论，针对人们中一些目光短浅的疑虑，写道："应该克服小困难，以避免大困难。"〔1〕

这年四月，全国财政收支果然出现接近平衡的新局面。长期以来民众深恶痛绝、国民党政府一筹莫展的恶性通货膨胀和物价飞涨的状况，终于根本改变。"如以一九五〇年三月的批发物价指数为一百，当年十二月下降为八十五，一九五一年十二月为九十二点四，一九五二年十二月为九十二点六。用不到一年的时间把形势险恶的市场物价完全稳住，这不能不说是一个奇迹。"〔2〕人们已经有十多年没有过上这样安定的生活了，松了一大口气，兴高采烈，大大提高了对人民政府的信任和支持。中国人民银行的存款总额，一九五〇年九月比一九四九年十二月增加了十二倍以上。经济稳定大大有利于社会稳定，而社会稳定反过来又有利于经济稳定。毛泽东曾高度评价这次平抑物价、统一财经的意义："不下于淮海战役。"〔3〕

随着恶性通货膨胀被制止、银根紧缩和物价稳定，社会经济生活中另一个新问题又很快暴露出来：物价下降以后，各地市场一时出现反常的粮食、纱布等重要消费品供过于求的现象；在旧中国畸形经济环境中发展起来的私营工商业，一时适应不了变化了的环境而陷入严重困难。上海是私营工商业最集中的地方。到四月中旬，全市倒闭的工厂有一千多家，停业的商店有两千多家，失业的工人有二十万人以上。"据统计，一至四月份，在十四个城市中有二千九百四十五家工厂倒闭。在十六个

〔1〕《陈云文选》第2卷，第72页。

〔2〕梅行：《我国过渡时期经济战线的三大战役》，《陈云与新中国经济建设》，第15页。

〔3〕薄一波：《陈云的业绩与风范长存》，《人民日报》1996年4月10日。

城市中有九千三百四十七家商店歇业。”[1]“全国失业的工人逾百万。这种状况，激化了一些社会矛盾，失望和不满的情绪在一部分工人和城市贫民中迅速蔓延。”[2]它已不仅是经济问题，也是严重的社会问题，引起全国上下的忧虑。

对产生这种状况的原因，陈云在全国政协一届二次会议上这样说明：

“目前工商业界发生了许多困难，这是由于以下几种情况而来的。第一是通货和物价的稳定，暴露了同时又停止了过去社会上的虚假购买力。这就是说，人们在过去十余年的通货膨胀时期，为了避免钞票跌价的损失，不愿存放钞票，宁愿竞购和囤积并不是为了消费的货物。现在这种情况已经起了变化，他们不但不再囤积货物，而且将过去囤积的货物吐到市场上来。这样就使市场上若干物资一时供过于求，生意不好，许多工商界者发生困难。这种情况是暂时的，原来囤积的货物一经销完，供求关系即将走向正常状态。第二是过去适合于半殖民地半封建经济发展起来的若干工商业，由于帝国主义的统治以及封建主义和官僚资本主义在中国的消灭，许多货物失去市场，另有许多货品也不合人民需求的规格。这种情况引起了一部分工商业的倒闭，从而发生一部分工人失业的现象，需要救济及转业。第三是许多私营企业机构臃肿，企业经营方法不合理，成本高，利润少，甚至还要亏本。这也引起许多工商业发生缩小营业，甚或停工歇店的现象。必须重新调整，才有出路。第四是经济中的盲目性，同一行业内部盲目竞争，地方与地方之间供求不协调，这也引起许多企业减产、停工和倒闭。至于因为长期战争，人民购买力大为降低，使得工商业不景气，则是人人共知的现象。

所有这些，都是历史遗留给我们的。这些问题现在之所以突出，是因为长期间存在的半殖民地半封建的经济情况现在发生了根本的变化。变化虽然有痛苦，但这种变化的性质，却并不是坏的，它将走向新生，

---

〔1〕郭今吾主编《当代中国商业》（上），中国社会科学出版社 1987 年 4 月版，第 27 页。
〔2〕薄一波：《若干重大决策与事件的回顾（修订本）》上卷，第 98 页。

走向重建，走向繁荣，走向健全的新民主主义经济的建立。”[1]

除了这些基本原因外，中共中央和中央人民政府也从自身进行检查：从工作上说，平抑物价、催缴税金和紧缩银根等措施有些过猛，对投机资本的活动和正常的工商经营活动没有谨慎地区别开来，产生一些副作用；从更深的思想观念层次来看，一些干部忘记了新民主主义经济指导方针是公私兼顾、劳资两利，歧视私营工商业，成了“只公不私”。

同民族资产阶级的关系要又联合又斗争，又限制又照顾。对它们中的不法行为要斗争，也要适可而止。对它们有利于国计民生的一面，要保护，要扶持，做到各得其所。

为了统一思想认识，中共中央在一九五〇年四月召开全国统战工作会议。毛泽东在工商组讨论会的一份发言记录稿上写了不少批语，着重谈了如何正确对待私营工商业的问题。在与会者发言记录讲到“今天斗争对象，主要是资产阶级”处，写道：“今天的斗争对象主要是帝国主义、封建主义及其走狗国民党反动派残余，而不是民族资产阶级。”在与会者发言谈到对私营工商业的限制和排挤处，写道：“应限制和排挤的是那些不利于国计民生的工商业，即投机商业，奢侈品和迷信品工商业，而不是正当的有利于国计民生的工商业，对这些工商业当它们困难时应给以扶助使之发展。”在与会者发言讲到“私营工商业要求划分阵地，要河水不犯井水，我们不允许”处，写道：“应当划分阵地，即划分经营范围。”[2]

为了实现国家财政经济状况的根本好转，一九五〇年四月，中央决定调整工商业。调整工商业的实际工作包括三方面的内容：调整公私关系，调整劳资关系，调整产销关系。其中，重点是调整公私关系。各级政府和有关部门主要采取了以下措施：第一，对私营工业扩大加工订货和产品收购，解决它们在原料、资金和产品销售方面的困难，帮助他们维持和恢复生产。全国私营工业产值中，加工、订货、包销、收购部门

[1]《陈云文选》第2卷，第101—102页。
[2]《毛泽东文集》第6卷，第49—51页。

所占比重从一九四九年的百分之十一点五上升到一九五〇年的百分之二十七点三。占全国私营工业生产总值比重将近三分之一的棉纺业，一九五〇年下半年为国家加工的部分占它生产能力的百分之七十以上。第二，调整价格和经营范围。调整价格后，私营商业批购转售已可获得较多的利润。在保证市场稳定的条件下，还适当收缩了一些国营商业机构。第三，调整税收，适当减轻私营工商业的税额。第四，调整劳资关系，用协商的方法解决有关劳资双方利益的各种问题。第五，中国人民银行逐渐增加对私营工商业的贷款。到这年九月，调整工商业的任务基本完成。〔1〕

当时的市场萧条，相当程度上是城乡商品流通渠道堵塞所造成，并不是真正的生产过剩。因此在调整工商业期间，中央人民政府用很大力量发展城乡物资交流，特别是收购并销售过去滞销的农村土特产品，扩大商品流通，促进市场繁荣。这成了活跃中国经济的关键。华东、华北等地区举办了土特产展览会或交流会。上海、天津等地生产的毛巾、袜子、胶鞋、绒衣、搪瓷用品、热水瓶、手电筒乃至自行车等大量销往农村。中财委秘书长薛暮桥不久后在一篇文章中写道："这个运动打破了因战争和通货膨胀而造成的多年来的城乡交流停滞状态，使农民多余的农产品和土产品得到销路。农民的收入增加之后，就反过来提高了他们对城市工业品的购买力，城市工业品立刻找着了广大的市场，因而就加速了城市工商业的进一步的好转。""这一经验证明，新中国工业的发展，必须建立在国内市场的基础上。"〔2〕陈云在总结一九五〇年财经工作时说："去年在经济战线上，我们是税收、公债、货币回笼、收购四路'进兵'，一下子把通货膨胀制止了。三月物价稳定，五月中旬全国各地工商业者都叫喊货卖不出去。于是我们发了两路'救兵'，一为加工订货，二为收购土产。起决定作用的是收购土产，因为收购土产，就发出了钞票，农民有了钱就可以买东西。到九月全国情况就改观了，霓

〔1〕苏星：《新中国经济史》，第131—136页。

〔2〕《薛暮桥学术论著自选集》，北京师范学院出版社1992年7月版，第175页。

虹灯都亮了。”〔1〕

新中国第一年中严重影响社会民生的另一个突出问题是：自然灾害给人民造成的深重苦难。

说是自然灾害，其实很大程度上也出于旧中国留下的人为因素。由于国民党统治时期水利长期失修，加上连年战乱的破坏，当时的灾情无论在地域面积或严重程度上都十分惊人。其中，除小部分旱灾外，都是水灾。一九四九年，全国被淹耕地达一亿二千一百五十六万亩，因灾减产粮食二百二十亿斤，灾民四千万人，重灾区灾民达一千万人。华东地区灾情最为严重，被淹土地占全部耕地的五分之一。

一九五〇年六月，又发生淮河大决口的严重灾情。皖北地区连续七天大雨后，津浦铁路两侧一片汪洋，数百里河堤全部失去作用，村庄被淹没，怀远县县城的城墙也看不到了，许多灾民挤在一块高地上求生，干部情绪低落。有一份报告淮北灾情的电报中写道：“由于水势凶猛，来不及逃走，或攀登树上，失足坠水（有在树上被毒蛇咬死者）。或船小浪大，翻船而死者，统计四百八十九人。”这次被淹没的耕地达三千一百万亩，冲塌房屋几十万间，灾民九百九十五万人，其中断炊的达一百零九万人。

新中国成立不久，政务院就先后作出《关于生产救灾的指示》、《关于一九五〇年水利春修工程的指示》等，并在水利部下设立黄河水利委员会、长江水利委员会、淮河水利工程总局，各省设水利局，各专区各县设水利科（局）。一九五〇年夏，连续降雨，汛情紧急，中央防汛总指挥部成立，政务院副总理董必武任主任，水利部部长傅作义和军委作战部长李涛任副主任。淮河大决口后，中央人民政府下了一定要根治淮河的决心。毛泽东在一份灾情电报上给周恩来写了批语：“除目前防救外，须考虑根治办法，现在开始准备，秋起即组织大规模导淮工程。”〔2〕这时，淮河中游水势依然猛涨。八九月间，在北京召开治淮会议，提出蓄泄兼筹的治淮方针。政务院确定成立治淮委员会。周恩来在政务会议

〔1〕《陈云文选》第2卷，第128页。

〔2〕《建国以来毛泽东文稿》第1册，中央文献出版社1987年11月版，第440页。

上听取傅作义关于治淮问题的报告后激动地说："水灾是非治不可。如果土地不洪就旱，那就土改了也没有用。"他统筹全局后指出：治淮的"总的方向是，上游蓄水，中游蓄泄并重，下游以泄水为主。从水量的处理来说，主要还是泄水。""这次治水计划，上下游的利益都要照顾到，并且还应有利于灌溉农田，上游蓄水库注意配合发电，下游注意配合航运。总之，要统筹兼顾。"〔1〕接着，又发布《政务院关于治理淮河的决定》。

这样，从第二年二月起，在百废待兴、国家人力物力财力十分有限的情况下，一场规模空前的群众性的治淮工作开展起来了，参加治淮的工程技术人员最多时达到一万五千人，大批解放军投入治淮救灾工作。人民政府还提出"生产自救、节约渡荒、群众互助、以工代赈、并辅之以必要的救济"的救灾方针，取得明显成效。

除救灾外，救济城市失业者也是一项繁重而艰难的任务。旧中国本来就留下庞大的失业大军。新中国成立后，在经济改组过程中，一部分不适应社会需要的工厂倒闭，又增加了失业人数。一九五〇年七月，全国已登记的失业工人达一百六十六万四千人，占城市职工总数的百分之二十一，此外还有不少失业的知识分子。其中，以上海、南京、武汉、重庆等重要城市最为严重。拿上海来说，这一年初失业工人已近十二万人，他们的生活极为困难，连续发生有人因生活没有出路而自杀的现象。政务会议两次讨论了这个问题，确定长期救济用以工代赈（如修筑公共工程等）为主要方法；同时，还提出生产自救、还乡生产、发放救济金、转业训练、介绍就业等多种办法。到九月底，全国失业工人和失业知识分子得到救济的，已达半数以上。

建立新中国是同建设一个新社会紧紧联系在一起的。在旧社会，许多贫苦民众被压在社会底层，受尽种种非人折磨，有了冤屈也无处申诉。这种状况不改变，很难谈得上人民当家做主人。新中国成立后第一年，政府在帮助他们从苦难中解脱出来、荡涤旧社会留下的污泥浊水方

---

〔1〕周恩来在第57次政务会议上的发言记录，1950年11月3日。

面，做了大量富有成效的工作。

妇女是“半边天”，但男尊女卑在旧社会被看作天经地义。解放初期，许多地方的高音喇叭中常播放着著名女歌手郭兰英唱的《妇女自由歌》：“旧社会好比那黑格洞洞的枯井万丈深，井底下压着咱们的老百姓哟，妇女在最底层。”一九五〇年五月一日，中央人民政府公布施行《中华人民共和国婚姻法》，废除包办强迫等婚姻制度，禁止重婚、纳妾和童养媳，禁止干涉寡妇再嫁。这是新中国颁布的第一部法律，是中国妇女解放运动史上的一件大事。

妓院是旧社会最惨无人道的黑暗场所之一。新中国成立后，先在北京市经过调查，拟订出进行封闭的具体办法。一九四九年十一月二十一日，北京市第二届各界人民代表会议作出《关于封闭妓院的决议》。决议通过后，在十二小时内封闭妓院二百二十四家，收容妓女一千二百八十八人。接着，全国各地也陆续采取措施，封闭妓院，对妓女进行收容和教养，帮助她们医疗疾病，学会一种生产技术，重新走上社会。

鸦片烟毒，也是旧中国遗留的相当普遍的社会丑恶现象。当时吸毒者约两千万人。一九五〇年二月二十四日，政务院公布《关于禁止鸦片烟毒的通令》，严格规定：“在军事上已完全结束地区，从一九五〇年春起应禁绝种烟；在军事尚未完全结束地区，军事一经结束，立即禁绝种烟，尤应注意在播种之前认真执行。”“从本禁令颁布之日起，全国各地不许再有贩运制造及售卖烟土毒品情事，犯者不论何人，除没收其烟土毒品外，还须从严治罪。”“吸食烟毒的人民限期登记（城市向公安局，乡村向人民政府登记），并定期戒除。隐不登记者，逾期而犹未戒除者，查出后予以处罚。”〔1〕贻害中国一百多年的鸦片烟毒的清除工作，在全国范围内取得巨大成功。

对横行一方、欺压民众、人人为之侧目的“东霸天”、“西霸天”之类的地痞流氓和黑社会等恶势力，各地也采取措施，进行有力打击。社会风气焕然一新。

---

〔1〕《建国以来重要文献选编》第1册，中央文献出版社1992年5月版，第128、129页。

这些都是谁都看得到的变化，又是大家历来深恶痛绝却似乎难以解决的问题。因此，到处传诵："新旧社会两重天。"人们这种切身感受，比千言万语的宣传所收到的效果要大得多。

在文化教育工作方面，适应许多人要求使自己的思想跟上新社会发展的需要，最显著的成绩是开展全国规模的群众学习运动，学习社会发展史和《中国革命和中国共产党》等，人民的政治文化水平明显提高。参加各地人民革命大学和政治训练班的人数达四十七万人。对旧有高等学校课程进行谨慎而有步骤的改革。中小学生中工农子弟的比重大大增加，还创办了许多工农速成中学。卫生工作实行"预防为主"的方针。原来在解放区出版的以工农兵为主人公的文学作品，在全国范围内大量发行，使读者在眼前打开了一个崭新的天地。"文艺工作者团结在'面向工农兵'的方针之下，在全国范围内所做的普及工作是有成绩的。在这里起了一定的作用的，就是广大民间艺人的力求进步和诚心合作"。"改革旧形式，充实新内容的努力，在中国固有的文艺各部门内，到处可以看见。"[1]

当中华人民共和国成立满一年的时候，也就是一九五〇年九月三十日，周恩来总理在国庆庆祝大会上所作的报告中，满怀豪情地回顾了新中国第一年走过的历程，说道：

"在中国，历史上只有一个政府，曾经在一年内做了这么多有利于人民的工作；只有一个政府，曾经在一年内驱逐了那么多的强盗式的'军队'和'政府'，而代之以纪律严明和蔼可亲的人民军队和廉洁而讲道理的人民政府；只有一个政府，曾经在一年内剥夺了帝国主义国家的特权，消灭了可恨的特务机关，停止了无限期的通货膨胀，而给予人民一种欣欣向荣的气象：这个政府，就是中央人民政府。"

"国内外的人民都看到：经过了这一年，中国已经比过去几百年甚至几千年经历了更重要的变化，旧面貌的中国正在迅速地消失，新的人

〔1〕 茅盾：《争取发展到更高的阶段》，《新华月报》第2卷第6期，1950年10月15日。

民的中国已经确定地生长起来了。”[1]

在短短一年内能够做那么多富有成效的事情，实在是个奇迹。尽管在前进中还存在种种困难，尽管工作中也有这样那样的缺点和错误，例如各地党和政府在城市管理、工厂管理等方面严重缺乏经验，有的还沿用以往管理农村和军队的方式去管理，不少干部在执行工作任务时犯有官僚主义特别是命令主义的错误，有些地方存在着违反政策等现象，但新中国已显示出旺盛的生命力。各项工作，总体说来都在有条不紊地进行。人民信任自己的国家。它不但站稳了脚跟，并且在人们面前展现出美好的前景。

最初阶段外交格局的形成

社会大变革需要有稳定的秩序。不仅在国内如此，在国与国之间也希望有一个相对稳定的环境，以便能集中力量推进国家的建设和社会的改造。其中最重要的是两点：一是力求有一个和平的国际环境、和睦的周边环境；二是独立自主，不畏强暴，排除任何外来干预。

外交工作主要是处理国家与国家、政府与政府之间的关系。如何开辟外交工作的新局面，是新中国成立时面对的极端重要而又陌生的问题。一切都需要另辟蹊径，从头做起。新政府的外交工作，一开始就树立起自己的鲜明特点，那就是独立自主。

周恩来在外交部成立大会上，充满民族自豪感地宣告：“中国一百年来的历史是一部屈辱的外交史。我们不学他们。我们不要被动、怯懦，而要认清帝国主义的本质，要有独立的精神，要争取主动，没有畏惧，要有信心。”他又严肃地提醒大家：“但不要盲目冲动，否则就会产生盲目排外的情绪。”“外交不能乱搞，不能冲动，遇事要仔细想，分析研究，看是属于哪一类性质，其后果如何，分析好的一方面，同时也要

[1]《周恩来选集》下卷，人民出版社 1984 年 11 月版，第 49、31 页。

分析坏的一方面，要培养思考的能力。”[1] 这以前，随着人民解放军在大陆取得基本胜利，一百多年来帝国主义列强的在华特权已从根本上被拔除。这是中国社会大变革的一项重要内容。

新中国一成立，外交工作面对的第一个问题是要同其他国家建立正常的外交关系，走向国际社会。人民政府向所有国家表示了善意。毛泽东在开国大典宣读的《中央人民政府公告》中说：“本政府为代表中华人民共和国全国人民的唯一合法政府。凡愿遵守平等、互利及互相尊重领土主权等项原则的任何外国政府，本政府均愿与之建立外交关系。”[2] 当天，周恩来以外交部长的名义向各国政府发出公函，送去这个公告。这是新中国的第一个外交文件，是向外国政府发出的第一个照会。

《公告》表明的是新中国的愿望。就是对美国和英国，毛泽东在一九四九年四月的一份内部电报中也提出：“如果美国及英国能断绝和国民党的关系，我们可以考虑和他们建立外交关系的问题。”[3] 但那时，世界范围内已进入第二次世界大战后的冷战时期，形成社会主义和资本主义两大阵营的对立。这种对立和冲突越来越剧烈。美国政府当时对新中国抱着敌视的态度，不仅自己不肯承认，还竭力阻挠其他西方国家承认新中国。在经济往来上，美国政府对新中国也实行严格的贸易限制。在这种情况下，如果急于要求这些国家承认，如果期待得到它们的经济援助，势必屈从它们的要求，会使自己陷入被动。因此，中央人民政府决定：它们如果要同新中国建立外交关系，就得按平等原则进行建交谈判。若是条件尚不成熟，宁可把它放在下一步再说。这就是毛泽东所说的“另起炉灶”和“打扫干净房子再请客”。

新中国成立前夜，毛泽东在《论人民民主专政》中还提出“一边倒”的主张：“积四十年和二十八年的经验，中国人不是倒向帝国主义一边，就是倒向社会主义一边，绝无例外。”这个声明不只是出自意识形态和社会制度方面的考虑，也因为在当时美国对华继续敌视而苏联对

---

〔1〕《周恩来外交文选》，中央文献出版社 1990 年 5 月版，第 5 页。

〔2〕《毛泽东文集》第 6 卷，人民出版社 1999 年 6 月版，第 2 页。

〔3〕《毛泽东文集》第 5 卷，第 285 页。

新中国还不很放心的情况下，如果不表示这样鲜明的态度，就只能使即将诞生的中华人民共和国在国际社会中得不到任何有力支持而处于自我孤立的境地。邓小平不久后在一封信中说："我们提出的外交政策的一面倒，愈早表现于行动则对我愈有利（毛主席说，这样是主动的倒，免得将来被动的倒）"，[1] 也是这个意思。

中华人民共和国成立的第二天，苏联便致电表示决定同新中国建立外交关系。第一个承认新中国的是社会主义的苏联，这是十分可贵的。接着，保加利亚、罗马尼亚、朝鲜、匈牙利、捷克斯洛伐克、波兰、蒙古、德意志民主共和国等人民民主国家，在十月底前相继同中国建立了外交关系。随后，同阿尔巴尼亚、越南又正式建交。这就冲破了某些西方国家打算在国际社会中孤立新中国的企图。

"一边倒"当然不是放弃民族独立，一切听从他人，去当别的国家的附庸。周恩来在外交部成立大会上说："外交工作有两方面，一面是联合，一面是斗争，我们同兄弟之邦并不是没有差别。换言之，对兄弟国家战略上是要联合，但战术上不能没有批评。"他又说："就兄弟国家来说，我们是联合的，战略是一致的，大家都要走社会主义的道路。但国与国之间在政治上不能没有差别，在民族、宗教、语言、风俗习惯上是有所不同的。所以，要是认为同这些国家之间毫无问题，那就是盲目的乐观。"[2]

一九四九年十二月和一九五〇年一月，毛泽东、周恩来先后抵达苏联访问。新中国在对外关系中特别关心的是世界和平问题。毛泽东同斯大林会谈时，一开始就提出：目前最重要的问题是建立和平，中国需要和平的环境，把经济恢复到战前的水平，并从总体上使国家稳定。两国经过艰苦而曲折的讨论，签订了《中苏友好同盟互助条约》。这个条约的中心内容是：密切两国在政治、军事、经济、文化、外交上的合作，以共同制止帝国主义国家的重新侵略。苏方给予中方三亿美元的低息贷款，并在上海对中方提供空中保护。毛泽东将条约提交中央人民政府委

[1]《邓小平文选》第1卷，第134页。

[2]《周恩来外交文选》，第2、6页。

员会批准时说："这次缔结的中苏条约和协定，使中苏两大国家的友谊用法律形式固定下来，使得我们有了一个可靠的同盟国，这样就便利我们放手进行国内的建设工作和共同对付可能的帝国主义侵略，争取世界的和平。"〔1〕

可见，新中国外交工作从一开始就特别看重独立自主、和平这两个问题。以后，在此基础上形成了独立自主的和平外交政策。

毛泽东和周恩来访苏期间，又有十三个国家先后宣布承认中华人民共和国。其中七个国家，经过谈判，在一九五〇年十月底前同中国建立起相互间的正式外交关系。它们中包括：一类是亚洲新独立的民族主义国家印度、印度尼西亚、缅甸；另一类是北欧的瑞典、丹麦、芬兰和中欧的瑞士，这是第一批同新中国正式建交的不同社会制度的国家，是新中国外交工作的重要突破。以后四年内，中国又同巴基斯坦、阿富汗、尼泊尔等分别建交。这样，直接同中国接壤的周边国家大体上都同新中国建立起正式外交关系。同周边国家建立起稳定的睦邻友好关系，对刚刚诞生的人民共和国有着至关重要的意义。

经过一年的努力，中华人民共和国最初阶段对外关系的基本格局大体上确定下来。这一切，进行得井井有条，有力地捍卫了国家的独立、安全和尊严，把屈辱外交一扫而光，使新生的人民共和国一开始就以独立自主、热爱和平而又不畏强暴的崭新风貌屹立在世界的东方。

---

〔1〕《人民日报》1950年4月13日。

第十七章

抗美援朝战争

正当中国人民全力以赴地为巩固人民政权、恢复国民经济而努力的时候，一片浓密的乌云突然在中国东北边境上空出现，那就是朝鲜战争，并且严重威胁新中国的安全。它不能不把新中国的很大注意力转移到抗美援朝的问题上来。

这是新中国成立以来最重大的对外战争、政治斗争和军事斗争。它的发生，并不是完全没有精神准备，因为世界范围内的冷战对峙局面已经形成并日趋紧张，因为美国政府当时实行着敌视新中国的政策。但没有想到事情会发生得那么快。这场战争，是新中国本来不愿见到的。

就在朝鲜战争发生前一个多月，中国在一九五〇年五月十九日成立了由周恩来担任主任的中央军队整编复员委员会，决定在一年内复员一百二十万人。六月六日至九日，中共中央在北京举行七届三中全会。毛泽东在会上提出了书面报告。报告中说：中苏条约的签订，“一方面使我们能够放手地和较快地进行国内的建设工作，一方面又正在推动着全世界人民争取和平和民主反对战争和压迫的伟大斗争。”全会的注意力集中在争取国家财政经济状况的基本好转上面，说：“我们现在在经济战线上已经取得的一批胜利，例如财政收支接近平衡，通货停止膨胀和物价趋向稳定等等，表现了财政经济情况的开始好转，但这还不是根本的好转。要获得财政经济情况的根本好转，需要三个条件，即：（一）土地改革的完成；（二）现有工商业的合理调整；（三）国家机构所需经费的大量节减。”[1]毛泽东在会上讲话中提出“不要四面出击”的主张。

朝鲜战争是在六月二十五日发生的。二十七日，美国总统杜鲁门发表声明，在扩大朝鲜战争的同时，毫无理由地单方面粗暴干涉中国内政，声称：“在这种情况下，共产党部队的占领福摩萨（引者注：指台湾），将直接威胁太平洋地区的安全，及在该地区执行合法与必要职务的美国部队。据此，我已命令第七舰队阻止对福摩萨的任何攻击。作为这一行动的应有结果，我还要求福摩萨的中国政府停止对大陆的一切海空行动。第七舰队将监督此事的实行。”[2]美国政府这种任意侵犯中国主权和领土完整的错误决策和野蛮行径，理所当然地激起中华民族的极大愤慨。它造成的恶果，深刻地影响了以后二十年间的中美关系。

中国政府的反应是迅速而强烈的。第二天，周恩来以外交部长名义发表声明，严正宣布：“杜鲁门二十七日的声明和美国海军的行动，乃是对于中国领土的武装侵略，对于联合国宪章的彻底破坏。”“不管美国帝国主义者采取任何阻挠行动，台湾属于中国的事实，永远不能改变。”[3]

美国仍继续扩大在朝鲜的军事行动。六月三十日，杜鲁门命令美军参战。七月二日，美军先头部队在南朝鲜釜山登陆，立即投入前线作战。麦克阿瑟被任命为“联合国军”总司令。美国和其他国家的陆海空军相继参战。同朝鲜毗邻的中国东北地区，是中国重工业基地。第四野战军入关南下后，辽阔的东北地区只留下第四十二军在北满从事生产建设，兵力十分空虚，一旦有事，显然无法应付。中国政府在七月间决定将原在广东、河南的战略预备队第三十八、三十九、四十军调往东北，和第四十二军合组成东北边防军，作为“以防万一”的准备。

九月十五日，美国军队在麦克阿瑟指挥下，在朝鲜西海岸的仁川港大举登陆，企图切断并围歼已深入朝鲜半岛南部的朝鲜人民军主力。九月下旬，美军大举北犯，推进到三八线附近，美国飞机一再侵犯中国领

〔1〕《毛泽东文集》第6卷，第67、70页。

〔2〕（美）《杜鲁门回忆录》第2卷，第395页。

〔3〕《人民日报》1950年6月29日。

空，九月二十二日在安东市区投掷重磅炸弹十二枚。中国东北的安全受到严重威胁。

整个局势的发展使中国忍无可忍。十月一日，《人民日报》发表周恩来总理在国庆庆祝会上的讲话。他以斩钉截铁的语言宣布："中国人民热爱和平，但是为了保卫和平，从不也永不害怕反抗侵略战争。中国人民决不能容忍外国的侵略，也不能听任帝国主义者对自己的邻人肆行侵略而置之不理。"〔1〕接着，中国政府又得到消息说，美国瓦克将军指挥部队越过三八线，向中国边境推进。局势越来越紧急了。十月三日凌晨一时，周恩来紧急约见印度驻华大使潘尼迦，向他郑重提出两点意见。一点是："美国军队正企图越过三八线，扩大战争。美国军队果真如此做的话，我们不能坐视不顾，我们要管。请将此点报告贵国政府总理。"另一点是："我们主张朝鲜事件应该和平解决，不但朝鲜战事必须即刻停止，侵朝军队必须撤退，而且有关国家必须在联合国内会商和平解决的办法。"〔2〕印度政府随即将这次谈话的内容通报给美国国务院。

周恩来这两次声明，表明中国人是讲理的，在采取军事行动前是预先打了招呼的，是被迫作出那种抉择的。这就在政治上立于主动地位，得到更多人的同情。它又表明中国人说话是负责的，绝不是"说说而已"，说了是算数的。这两点，以后在国际上留下很深的印象。

艰难而果断的决策

尽管中国政府已提出郑重的警告，美国政府、特别是它在远东的统帅麦克阿瑟却以为这只是虚声恫吓，以为刚刚建立的新中国根本没有力量也决不敢同拥有现代武器装备的美军作战，并不在意。杜鲁门的女儿在为她父亲撰写的传记中写道："'中国或苏联进行干涉的可能性如何?'父亲问。'可能性很小，'麦克阿瑟将军说。'要是他们在头一两个月内

〔1〕《周恩来选集》下卷，第37页。

〔2〕《周恩来外交文选》，第25、27页。

进行了干涉，那倒是有可能决定战局的。我们现在不再担心他们干涉了。我们无须毕恭毕敬地站着不动。中国人在满洲有三十万军队，其中也许不到十万至十二万五千人部署在鸭绿江沿岸。只有五、六万人可以渡过鸭绿江。他们没有空军。既然我们在朝鲜有自己的空军基地，因此，如果中国人试图攻下平壤，那一定会遭到最大的伤亡。'"[1] 麦克阿瑟在自己的回忆录中也写道："由于我们的基本上无敌的空军具有随时可以摧毁鸭绿江南北的进攻基地和补给线的潜在威力，所以我本人的军事上的估计是，没有任何一个中国军事指挥官会冒这样的风险把大量兵力投入已被破坏殆尽的朝鲜半岛。这样，他们要冒的由于给养短缺而毁灭的风险就太大了。"[2]

傲慢的美国政府，总是自以为具有足以压倒一切的实力，可以为所欲为。他们不把中国政府的一再警告当真，悍然将军队大举越过三八线，向鸭绿江、图们江推进并且推进得很快，熊熊烈火燃烧到中国边境。朝鲜政府和金日成首相在十月一日两次邀请中国出兵支援。这是千钧一发的时刻。中国军队是出发到朝鲜参战，还是隔岸观火，已到了必须当机立断、作出决定的时刻了。

要下抗美援朝这样的大决心，确实极为不易。

中国人历来是爱好和平的。新中国刚刚成立。中国共产党和全国民众都渴望能有一个和平的环境，建设自己的国家。旧中国和长年战乱留下的满目疮痍正亟待医治，物资极端缺乏，方方面面都存在许多严重困难。行将相遇的对手是美国这个世界上的头号强国，中国军队过去没有同它交过手，武器装备、后勤供应等条件相差很远。一九五〇年，美国钢产量是八千七百万吨，中国只有六十一万吨。美军一个师有九百五十九门火炮、一百四十多辆坦克、三千八百多辆各种车辆；志愿军一个军只有五百二十二门火炮，临时配有一百辆左右汽车，没有坦克。制空权和制海权更全在对方手里。一旦参战，还要准备对方对中国的大城市和

---

〔1〕（美）玛格丽特·杜鲁门：《哈里·杜鲁门》，生活·读书·新知三联书店 1976 年 12 月版，第 227—228 页。

〔2〕（美）《麦克阿瑟回忆录》，上海译文出版社 1984 年 3 月版，第 265 页。

工业基地进行大规模的空袭，甚至会把战争扩大到中国大陆，需要承担极大的风险。这些，都不能不郑重考虑。

毛泽东对这个问题已想了很久。他在十月二日起草了一份致斯大林的电报稿，一开始就说："我们决定用志愿军名义派一部分军队至朝鲜境内和美国及其走狗李承晚的军队作战，援助朝鲜同志。我们认为这样做是必要的。因为如果让整个朝鲜被美国人占去了，朝鲜革命力量受到根本的失败，则美国侵略者将更为猖獗，于整个东方都是不利的。"〔1〕但由于中国领导层对问题还有不同意见，这个电报没有发出去。

当时提出不同意见的理由主要是："（1）我们的战争创伤还没有治愈；（2）土地改革工作尚未完成；（3）国内的土匪、特务还没有彻底肃清；（4）军队的装备和训练尚不充分；（5）部分军民存有厌战情绪等。"〔2〕这些都是实情。

中共中央政治局连续开会。毛泽东在会上说："你们说的都有理由，但是别人处于国家危急时刻，我们站在旁边看，不论怎样说，心里也难过。"彭德怀在会上说："出兵援朝是必要的，打烂了，等于解放战争晚胜利几年。如美军摆在鸭绿江岸和台湾，它要发动侵略战争，随时都可以找到借口。"〔3〕会后，周恩来在全国政协常务委员会上的报告中，对为什么作出这样决定作了详细的说明：

"中朝是唇齿之邦，唇亡则齿寒。朝鲜如果被美帝国主义压倒，我国东北就无法安定。我国的重工业半数在东北，东北的工业半数在南部，都在敌人轰炸威胁的范围之内。从八月二十七日到昨天（引者注：指十月二十三日）这两个月间，美帝国主义的飞机已侵入我国十二次。最近不仅在鸭绿江，而且已飞到宽甸来示威、侦察、扫射和轰炸。如果美帝打到鸭绿江边，我们怎么能安定生产？"

"鸭绿江一千多里的防线，需要多少部队！而且年复一年，不知它

〔1〕《毛泽东军事文集》第6卷，第106页。

〔2〕《彭德怀军事文选》，中央文献出版社1988年9月版，第321页。

〔3〕《彭德怀自述》，第257、258页。

哪一天打进来。这样下去怎么能安心生产建设？况且敌人如果将朝鲜侵占了，也不会就此罢手。所以，从朝鲜在东方的地位和前途的展望来说，我们不能不援助；从唇齿相依的关系来说，我们也不能不援助。这是敌人把火烧到了我们的大门口，并非我们惹火烧身。”

“朝鲜问题对于我们来说，不单是朝鲜问题，连带的是台湾问题。美帝国主义与我们为敌，它的国防线放到了台湾海峡，嘴里还说不侵略不干涉。它侵略朝鲜，我们出兵去管，从我国安全来看，从和平阵营的安全来看，我们是有理的，它是无理的。

美帝国主义用武力压迫别国人民，我们要使它压不下来，给它以挫折，让它知难而退，然后可以解决问题。我们是有节制的，假如敌人知难而退，就可以在联合国内或联合国外谈判解决问题，因为我们是要和平不要战争的。必须由朝鲜人民自己解决自己的问题，外国军队必须退出朝鲜，如果解决得好，美帝国主义受到挫折，也可以改变台湾海峡的形势和东方的形势。我们力争这种可能，使国内外人民一致起来，动员起来。

还有另一种可能，敌人愈打愈眼红，打入大陆，战争扩大。敌人孤注一掷的可能性是存在的，因为美帝有疯狂的一派，我们应该做这方面的准备。我们并不愿意战争扩大，它要扩大，也没有办法。我们这一代如果遇着第三次世界大战，为了我们的子孙，只好承担下来，让子孙永享和平。不过我们绝不挑起世界大战。我们应力争前一种前途，力争和平。但也准备应付后一种可能，应付世界大战。”〔1〕

说要准备“应付世界大战”，显示了新中国不畏强暴的决心和气概，因为美国确实存在“疯狂的一派”，例如主张扩大战争的麦克阿瑟之类，决不能不做必要的防备。中国是力争和平的，但只有具有那样的决心和准备，才有可能在抵抗中“给它以挫折，让它知难而退，然后可以解决问题”，才有可能制止世界大战的发生，得到和平。以后的事实充分证

〔1〕《周恩来选集》下卷，第51—54页。

明了这一点。

十月八日，毛泽东以中国人民革命军事委员会主席的名义发布命令，将东北边防军队改为中国人民志愿军，任命彭德怀为司令员兼政治委员。同一天，派周恩来前往苏联，同斯大林洽谈出动空军支援和提供武器装备。那时，苏联能不能出动空军支援是大家特别关心的问题，因为美国在朝鲜已完全握有制空权，可以对中朝军队的前线和后方进行不间断的狂轰滥炸以至低空扫射，使中朝军队的作战和后勤供应受到严重威胁。斯大林表示可提供武器装备，但说苏联空军不能进入朝鲜境内，以免飞机被击落而造成国际问题。在这种情况下，是否仍决心赴朝参战？中共中央又在十月十三日召开政治局紧急会议。当晚，毛泽东致电在苏联的周恩来：

“与政治局同志商量结果，一致认为我军还是出动到朝鲜为有利。”“我们采取上述积极政策，对中国，对朝鲜，对东方，对世界都极为有利；而我们不出兵，让敌人压至鸭绿江边，国内国际反动气焰增高，则对各方都不利，首先是对东北更不利，整个东北边防军将被吸住，南满电力将被控制。总之，我们认为应当参战，必须参战，参战利益极大，不参战损害极大。”〔1〕

中国人下了最大的决心。十月十九日夜晚，中国人民志愿军四个军和三个炮兵师共二十六万人，在没有空军掩护的条件下，分别从安东（今丹东）、长甸河口、辑安等地，雄赳赳，气昂昂，跨过鸭绿江，入朝参战。

五次战役

中国军队从来没有同全副现代武器装备的美国军队交过手。美国军

〔1〕《毛泽东军事文集》第6卷，第117页。

队也从来没有遇到过中国志愿军这样的对手。第一仗十分重要。

美军一直错误地判断中国军队不敢入朝参战，也没有发现中国志愿军已经隐蔽地大举入朝，仍骄横地长驱直入，这就便于志愿军出其不意地给以突然打击。当时担任美国陆军副参谋长的李奇微事后写道："至于中国人的干预，麦克阿瑟对他们的威胁简直是置若罔闻，而且，他显然忽略了中国军队已大批越过鸭绿江的最初的明显迹象，或者对这些迹象没有引起重视。""中国部队很有效地荫蔽了自己的运动。他们大都采取夜间徒步运动的方式；在昼间，则避开公路，有时在森林中烧火制造烟幕来对付空中侦察，此外，他们还利用地道、矿井或村落进行荫蔽。每个执行任务的中国士兵都能做到自给自足，携带由大米、豆类和玉米做成的干粮（他们怕做饭的火光暴露自己的位置）以及足够的轻武器弹药，因而可以坚持四、五天之久。四、五天之后，根据战斗发展的情况，他们或者得到补充，或者撤至主要阵地，由新锐部队替换他们。中国人没有留下一点部队运动的痕迹，所以，统帅部怀疑是否有敌人大部队存在是有一定道理的。"〔1〕

志愿军在朝鲜初战的困难确实很多：时间仓促，准备不充分，山大林密，道路不熟，语言不通，散敌难俘，没有制空权等。但部队士气高涨，坚决勇敢，善于荫蔽，敢于近战，特别是夜战和拼刺刀是对方十分害怕的。

他们在朝鲜战场上打的第一仗，是十月二十四日在温井伏击战中歼灭南朝鲜军一个营和一个炮兵中队，接着又击溃南朝鲜一个团。但这一仗仍没有引起对方的重视。

对美军的第一个打击，落在骑兵第一师第八团的头上。这个师是美国华盛顿时代建立的，因为屡立战功而把骑兵这个番号保留了下来，尽管部队早已摩托化了。志愿军在云山设伏，打了一个围歼战，特别是实施夜间白刃战，使美军的优势火力无从发挥，消灭了该团一半以上的建制兵力和很大一部分装备。这一仗出乎美军的意料之外，打得它措手不

〔1〕（美）李奇微：《朝鲜战争》，军事科学出版社 1983 年 10 月版，第 61、66 页。

及，引起极大慌乱。美方承认："美军与中共部队第一次灾难性的遭遇，导致了第八集团军的全面撤退"。[1] 美军主力全部撤至清川江以南。彭德怀鉴于志愿军粮弹消耗殆尽，在十一月五日结束战役。为了避免过早暴露实力，志愿军在取得胜利后不仅没有乘胜追击，反而将主力后撤三十至五十公里。这就是抗美援朝的第一次战役。

这次战役，经过十三个昼夜的战斗，歼敌一万五千八百多人，把它从鸭绿江边赶到清川江，粉碎了麦克阿瑟要在十一月二十三日感恩节前占领全朝鲜的计划，稳定了朝鲜战局。初战的胜利关系重大。它打破了美军不可战胜的神话，初步摸清了它的长处和弱点，大大鼓舞了中朝军民的胜利信心。彭德怀在总结第一次战役时说："我们在过江以前，听说敌人是如何厉害，但经过这次战役，使部队认识了敌人战斗力并不强，敌人离开了飞机大炮，攻不能攻，守不能守。只要我充分利用夜间实行大胆的迂回包围，穿插作战是可以歼灭敌人的。"[2]

但是，麦克阿瑟并没有从中得出必要的教训。美国国务卿艾奇逊写道："在十月的最后几天和十一月初，攻击第八集团军的中国军队是强大、装备精良、有战斗力的，但他们似乎从地面上消失了。""十一月十七日麦克阿瑟报告参谋长联席会议，他将于二十四日发动总攻以攻占鸭绿江一线，他的空军轰炸已迫使敌人的支援部队不能进入战场。""参谋长联席会议发了一个警告的电报，希望他到了鸭绿江河谷的高地上就停下来。他置之不理，认为'完全不可能'。在疯狂的乐观热潮中，他飞到清川江的第八集团军司令部，宣布在西北面发动总攻，并宣称：'倘能成功，这实际上将结束战争'"。[3]

中国人民志愿军的兵力这时已得到进一步加强：原在山东的第九兵团三个军开入朝鲜，担负东线作战任务，志愿军总数已达九个军、三十八万多人。当时已入隆冬，战场气温降至零下二十度，冰雪厚积，美机

---

〔1〕（美）波茨：《韩战决策》，转引自姚旭《从鸭绿江到板门店》，人民出版社 1985 年 9 月版，第 35 页。

〔2〕《彭德怀军事文选》，第 337 页。

〔3〕（美）《艾奇逊回忆录》下册，上海译文出版社 1978 年 4 月版，第 320、322、323 页。

空中搜索没有找到大批志愿军的踪迹。麦克阿瑟集中五个军共二十多万人，气势汹汹地大举北犯，称为“钳形攻势”，力图迅速结束战局。彭德怀看清了对方的弱点。他在自述中写道：

“我们当时采取了故意示弱，纵敌、骄敌和诱敌深入的战术。我以小部兵力与敌保持接触，而我主力控制在北镇东西地区，利用有利地形，在离敌进攻出发地三十公里左右，隐蔽构筑反击阵地。十一月中旬×日，麦克阿瑟坐飞机侦察，其总部又对所属广播：‘要加紧准备，打到鸭绿江，回去过圣诞节。’我军判断敌即将进攻，一切准备就绪。十一月二十日前后，敌向我猛烈进攻，我按上述部署作战。以小部队节节抗击，引敌进攻。待敌进至云山、龟城线我预定战场反击阵地前沿，时近黄昏，乘其立足未稳之际，又是一天疲劳之时，以小部插入敌人后方，我兵力、火力预先适当配备，以排山倒海之势冲入敌阵，用手榴弹、刺刀和敌短兵混战，使敌优势火力不能发挥，我军奋勇冲杀，打得敌军人翻马倒，车辆横七竖八，阻塞于途。此种打法，敌军未见过，也是出敌不意，是我争取第二次战役胜利的正确战术方针，舍此没有第二种好办法。”〔1〕

敌军在突然遭到南北夹击的情况下，无力支持，被迫在十一月二十九日起全线退却。西线是敌军主力所在。他们慌忙地退向三所里、龙源里这个南撤必经的险要隘口，却遭到抢先插入该地的志愿第三十八军的顽强阻击，在白刃战中死伤惨重，只得丢弃大量重装备退走。那是“关键的一仗”。彭德怀在通令嘉奖电中兴奋地写道：“中国人民志愿军万岁！卅八军万岁！”〔2〕随志愿军进行战地采访的著名作家魏巍所写通讯《谁是最可爱的人》，在全国产生巨大的振奋人心的影响。这次战役，在西线共毙伤俘敌军两万三千多人，缴获和击毁各种火炮五百余门、坦克一百余辆、汽车两千余辆；在东线共毙伤俘敌军一万三千多人，取得了

〔1〕《彭德怀自述》，第259—260页。

〔2〕江拥辉：《三十八军在朝鲜》，辽宁人民出版社1989年2月版，第156页、卷首照片。

由防御转入进攻的主动权。美国前总统胡佛在广播演说中说："联合国军在朝鲜被共产党中国打败了。现在世界上没有任何军队足以击退中国人。"〔1〕

当朝中军队转入大举进攻时，麦克阿瑟从乐观一变而为惊惶失措。他在十二月三十日给参谋长联席会议的报告中十分沮丧地甚至带着绝望的口吻写道："如果没有最大数量的地面部队的增援，本军不是被迫节节后撤，抵抗力量不断削弱；就是被迫困守在滩头堡阵地里，这样做，固然在某种程度上可以延长抵抗时间，但除了防御外，没有任何希望。这支小小的军队，在目前的情况下，事实上是不宣而战的战争中面对着整个中国，除非积极地、迅速地采取行动，胜利的希望是渺茫的。而实力不断地消耗，以致最后全军覆没，那是可以预期的。"〔2〕

十二月六日，中国人民志愿军和朝鲜人民军收复平壤。

第二次战役在十二月二十四日结束。这是扭转朝鲜战局的战役。志愿军和人民军共歼敌三万六千多人，其中美军两万四千多人，收复了朝鲜民主主义人民共和国在三八线以北的几乎全部国土，粉碎了美国企图占领全朝鲜的战略企图。它确定了抗美援朝战争的胜利基础。战役结束时，中朝军队同被分隔在敌后的朝鲜人民军实现了胜利会师。

接着，志愿军和人民军又在十二月三十一日发动第三次战役，突破三八线，在一九五一年一月四日占领汉城，歼敌一万九千多人，把战线向南推进到三七线。这时，美国和其他几个国家陆续向朝鲜战场增援。志愿军的困难也增加了。彭德怀在《自述》中写道："志愿军入朝后，连续经过三次大战役，又值严冬，历时三个月，既无空军，又缺高射炮掩护，敌人利用飞机轰炸，长射程大炮轰击，我在白天根本不能通行，也未曾休息一天，疲劳之甚可想见。运输线延长，供应非常困难。战斗的和非战斗的减员，已接近部队的半数，急需休整补充，准备再战。"〔3〕当时朝鲜气温已下降到零下三十度。由于后勤供应线不断遭受严重破

---

〔1〕 转引自谭旌樵主编《抗美援朝战争》，当代中国出版社1990年9月版，第84页。

〔2〕（美）《杜鲁门回忆录》第2卷，第460页。

〔3〕《彭德怀自述》，第261页。

坏，前线将士生活极端艰难，有些部队每天只吃一餐苞米或稀饭，有些部队鞋烂了就剪毯子裹脚，靠坚忍不拔的精神来忍受和战胜困难。在这种情况下，如果不顾一切地冒险推进，必将招致重大损失。因此，志愿军总部只以三个军进入汉江以南，接近三七线后就停止攻击；主力仍位于汉江以北的三八线一带，一面休整待机，一面在那里构筑工事，防敌反攻，并准备长期作战。

这个决策是正确的。敌军没有经过激烈战斗就从汉城南撤，多少有“诱敌深入”的打算，希望重演“仁川登陆”的故伎。志愿军也有着自己的弱点。彭德怀总结说：“我们在三次战役中完全没有飞机、坦克，极少大炮，几乎没有反坦克武器，运输工具很少和兵站机构极不健全；而敌人则有强大的空军、坦克部队、炮兵和运输力量。”〔1〕他们看到志愿军和人民军停止攻击前进，就在一月二十五日起掉过头来，集中十六个师又三个旅，二十三万多人，在坦克、炮兵、空军全力支援下，向北发起全线反攻。中朝军队在冰天雪地中顽强抗击，靠“一把炒面一把雪”维持生活，给对方巨大杀伤后，在三月十四日撤出汉城，转移到三八线以北。敌军依仗的只是优势装备，进攻精神并不强，每天平均只能前进一千米。四月二十一日，第四次战役结束，历时八十七天。“这次战役中，敌人为了夺回第三次战役中丧失的阵地，不得不付出惨重的代价，伤亡七万八千余人，超过前三个战役的总和，平均每天前进不到一公里半。美国记者写道：‘美国第八集团军一些军官认为，中国军队在防御方面，比广为人知的进攻方面干得更出色一些。’”〔2〕

第四次战役快要结束的时候，杜鲁门宣布撤销骄横不可一世的麦克阿瑟所担任的盟军总司令、联合国军总司令、美国远东总司令、美国远东陆军总司令四项职务，由李奇微接替。

第五次战役几乎是紧接着第四次战役在四月二十二日开始的，中间没有间隔。那时，杨得志、李志民率领的第十九兵团和陈赓率领的第三兵团，分别在三月中旬和四月上旬到达朝鲜。志愿军和人民军以十五个

---

〔1〕《彭德怀军事文选》，第 365 页。

〔2〕 姚旭：《从鸭绿江到板门店》，第 262 页。

军的兵力实施反突击。经过五十天奋战，歼敌八万二千人，解放了三八线以南的开城地区，并粉碎了敌军企图从侧后登陆的计划。这次战役的规模很大，但战线的变动不大。志愿军“六十军之一个师，在转移时，部署不周，遭敌机和机械化兵团包围袭击，损失三千人。这是第五次战役的第二阶段，所遭受的损失，也是全部抗美援朝战争中的第一次损失。”〔1〕

第五次战役到六月十日结束。在朝鲜战场上已形成相峙和拉锯的局面。从双方力量对比来看，谁也不能把对方打败以至消灭。随着美军伤亡人数不断增加，美国国内的反战呼声日益高涨。六月十二日，曾任驻华美军总司令的魏德迈在参议院作证时说：“朝鲜战争是一个‘无底洞’，看不到联合国有胜利的希望。”〔2〕二十三日，苏联代表马立克在联合国提出停战谈判的建议。七月十日，停战谈判在开城举行（不久后移至双方实际控制线上的板门店进行）。

从此，朝鲜战争形成一个很长时间的边打边谈的局面。

国内的抗美援朝爱国运动

抗美援朝战争是不是会严重影响新中国的经济建设？这是不少人曾经有过的担心。事实出乎人们意料之外。在国内掀起的抗美援朝运动的热潮，大大激发了全国民众的爱国热情和民族自豪感，化为实际行动。它不但没有妨碍、而且有力地促进了国内的生产建设。

中国是一百多年来饱受外国列强压迫和欺凌的国家。以往的悲惨遭遇依然深深地烙在中国人的心头。人们对这个问题比其他什么问题都更加敏感。美国把战火燃烧到中国的大门口，唤起了人们积存胸中的新仇旧恨。“抗美援朝，保家卫国”的口号，深深地打动人们。这种热血沸腾并化为实际行动的激情，也许是没有亲身经历过的人难以完全体会

〔1〕《彭德怀自述》，第262页。
〔2〕美新社电，转引自姚旭《从鸭绿江到板门店》，第77页。

到的。

志愿军刚刚出动，中共中央就在一九五〇年十月二十六日发出《关于在全国进行时事宣传的指示》，指出："宣传的基本内容有二：（一）我国对美军扩大侵朝，不能置之不理；（二）我全国人民对美帝国主义应有一致的认识和立场，坚决消灭亲美的反动思想和恐美的错误心理，普遍养成对美帝国主义的仇视、鄙视、蔑视的态度。"〔1〕根据这个指示，各机关、团体、学校、工厂和部队都由专家或干部作有系统的报告，进行热烈的讨论，还出大幅墙报，购置有关书报，组织街道宣传，掀起学习时事的热潮，使人们懂得抗美援朝就是保家卫国，提高爱国热情，增强民族自尊心和自信心，形成空前的团结一致的局面。

为了支援前线，各地广泛动员参军参战。据不完全统计，抗美援朝期间，仅东北地区就动员了近四十万人参军（其中约三十万人参加志愿军），七十多万人组成大车队、担架队，还有汽车司机、铁路员工、医务人员等四万五千人，前往担负战场勤务。为了建设现代化的国防，中央军委和政务院在一九五〇年十二月一日和一九五一年六月二十四日两次发出招收青年学生、工人参加各种军事干部学校的决定，报名参加的青年达到五十八万多人，其中包括相当数量的大学生，圆满完成了招生任务。拿广州来说，"共两万两千多人报名参加军干校，被批准录取的男女青年共三千三百三十八人，分别输送到陆军、空军、通信兵、铁道兵等兵种。"〔2〕著名民族资本家吴蕴初的女儿、复旦大学学生吴芝莲报名批准后，进入空军学校。毛泽东也把自己的儿子毛岸英送上朝鲜前线，并在那里牺牲。

全国掀起捐献热潮。北京仁立公司的毛纺厂是华北第一家民族资本家经营的毛纺织厂，率先捐献相当于一架喷气式飞机的款项，并把这架飞机命名为"仁立"号。豫剧著名演员常香玉率香玉剧社在河南、湖北、湖南、广东的六个城市进行长达半年的义务演出，将所得捐献购买

〔1〕《建国以来重要文献选编》第1册，第436页。

〔2〕黄穗生：《广州抗美援朝运动概述》，《支援抗美援朝纪实》，中国文史出版社2000年10月版，第214页。

了一架战斗机。许多工厂的工人每月捐献一至三个或五至六个工作日的工资，捐出奖金的一部或全部，有的还参加义务劳动或加班生产作为捐献。到一九五二年五月底，各界人民的捐款可折合战斗机三千七百多架。

中共中央在一九五一年二月二日发出《关于进一步开展抗美援朝爱国运动的指示》，把“发起订立爱国公约”作为当前爱国运动的中心之一。《指示》说：“许多地方人民创造了订爱国公约的办法，这个经验应争取在全国各地各界人民中普遍推广（已经订立过的可以不再订，但必要时可另作补充）。爱国公约的内容，可由各地各界群众按具体情况和需要自行议定，不要强求一律，但不应过繁，使群众记不住，亦不应过简，使群众觉得无新鲜之处。”〔1〕

订立爱国公约这种群众自己创造的形式，很快在全国普遍开展起来。它把人们抗美援朝、保家卫国的爱国热情同自己的实际行动结合起来，并且用公约的形式固定下来，作为行动的准绳，使抗美援朝运动更加深入人心。

爱国公约的内容，最普遍的是在工业、农业、商业、交通等各条战线开展生产竞赛和增产节约活动。东北齐齐哈尔市机床厂劳动模范马恒昌生产小组，向全国工厂职工提出生产竞赛挑战。山西省劳动模范李顺达领导的互助组，向全国农村发出爱国竞赛挑战书，号召努力多产粮棉来支援前线。武汉工人提出“车间就是战场，工人就是战斗员，开快机器，多做一件活，就等于多消灭一个敌人”的口号。鞍山钢铁厂是全国的重点企业，又接近抗美援朝前线，工人、干部和工程技术人员的热情更高：

“老英雄孟泰把行李搬到工厂，昼夜守在高炉旁。许多干部、工程技术人员亲临生产第一线，克服重重困难，如期完成了各项军工任务。鞍钢在极其艰苦的情况下，先后生产了大批军锹、军镐、炮弹钢、副油

〔1〕《建国以来重要文献选编》第2册，中央文献出版社1992年6月版，第26页。

箱等，并不断改进技术，提高质量。工人们提出：工厂就是战场，机器就是枪炮，我们在后方多流汗多生产，志愿军就能少流血，多杀敌。在爱国主义和国际主义的旗帜下，鞍钢的干部、工人、知识分子团结一心，并肩战斗，你追我赶，力争上游，不断创造出惊人的新纪录，爱国主义生产热潮一浪高过一浪。”

“不仅提高了产量，而且将日伪时期的‘预备精炼炉’改为平炉，缩短了冶炼时间，钢锭成本下降百分之十以上。一九五一年试制自熔烧结矿成功，解决了贫矿炼铁问题，弥补了鞍山矿源以贫矿为主的缺陷。到一九五二年，鞍钢已经修复了六座铁矿和选矿厂、三座高炉、六座平炉、七座焦炉、十个轧钢厂和钢铁制品厂；这些厂矿的投产，使鞍钢初具钢铁联合企业的规模，主要技术经济指示均已达到历史最好水平。”〔1〕

中国抗美援朝总会先后组织了三次中国人民赴朝慰问团；两次邀请中国人民志愿军归国代表团回国，到二十四个省区，向四千多万听众报告志愿军在前线作战的事迹；还利用广播、报刊、小册子、开会传达等方式扩大宣传，有力地推动了抗美援朝爱国运动和国内各项事业的发展。

周恩来总理对国内的抗美援朝爱国运动作了很高的评价。他说：

“这对全国人民的抗美援朝，同样是一个重大的动员。这次动员的深入、爱国主义的发扬，超过了过去任何反帝国主义运动，这是一个空前的、大规模的、全国性的、领导与群众结合的运动，它的力量将是不可击破的。中华民族的觉醒，这一次更加高扬起来了，更加深入化了。”〔2〕

抗美援朝战争发生后，美国对华实施全面的封锁禁运，颁布管制对华输出战略物资等法令，冻结中国政府在美资产。还有三十六个国家参

---

〔1〕 孙秉侠、齐晓明：《鞍钢工人的贡献》，《支援抗美援朝纪实》，第674页。
〔2〕《周恩来军事文选》第4卷，第230页。

加对华的封锁禁运。这给中国经济造成了很大困难。中国政府开展反对封锁禁运的斗争，积极发展对外贸易，取得了明显成效。这也是当时对西方反华势力的一场大斗争。

朝鲜战争期间的台湾问题

朝鲜战争发生后，美国的武装干涉使台湾局势发生了重大变化。

台湾问题完全是中国的内政，是中国内战遗留的问题。当人民解放军准备进入福建时，中共中央军委就在一九四九年六月十四日致粟裕、张震的电报中指出："请开始注意研究夺取台湾问题，台湾是否有可能在较快时间内夺取，用什么方法去夺取，有何办法分化台湾敌军，争取其一部分站在我们方面实行里外结合，请着手研究，并以初步意见电告。"[1] 一星期后，中共中央又电告华东局、粟裕等，要把"准备占领台湾"作为我们几个月内四大工作之一。

中国大陆全部解放后，蒋介石率领国民党政府一批军政人员退据台湾，在五月二十日发布戒严令，限制进入境内，实行军事管制；随后，又自行恢复担任"总统"职务，对处于混乱状态中的国民党进行整顿，把权力集中在蒋介石、陈诚、蒋经国手中。

渡海解放台湾是一个艰巨的任务，又有过进攻金门岛失利的教训，需要在各方面做好充分的准备。一九五〇年二月七日，粟裕在华东军政委员会第一次会议上报告说："解放东南沿海诸岛，特别是解放台湾，是一个极其重大的问题，是中国战史上从来没有的一个最大的现代化战役。如果没有足够的渡海的船只和适当优越的装备，以及充分的物资供应，那是很难攻占的。"[2] 他提出了各项措施，并积极从事准备。六月上旬，粟裕在中共七届三中全会上报告了对台作战问题。毛泽东在会上宣布：解放台湾之战由粟裕指挥。

---

〔1〕《粟裕传》，当代中国出版社2000年8月版，第848、849页。

〔2〕《粟裕文选》第3卷，第40页。

就在这个月的下旬，随着朝鲜战争的爆发，尽管中国人民志愿军并没有入朝作战，杜鲁门却已下令美国的第七舰队开入台湾海峡阻止解放军对台湾的进攻。这完全是毫无理由粗暴干涉中国内政的行为。这时，蒋介石以为是一个有利的时机，提出要派兵去朝鲜参战。美国国务卿艾奇逊在回忆录中写道：六月二十九日，“我带着蒋委员长的提议回到白宫。他表示愿在南朝鲜投入三万三千人的军队，由美国运送和提供后勤支持。总统看来赞同此意，我则反对，理由是这些军队对保卫福摩萨比保卫南朝鲜更有用。”〔1〕第二天，在杜鲁门主持的专门会议上又讨论了这个问题，参谋长们同意艾奇逊的意见，会议决定不接受蒋介石的建议。麦克阿瑟在七月三十一日飞往台湾，同蒋介石会面。据他自己说，此行的目的是“以便确定那里的军事防卫力量”。蒋介石再一次提出出兵朝鲜的问题。麦克阿瑟在回忆录中说：“在讨论到的问题中有一个问题是国民党中国迅速而慷慨地提出要派遣军队去参加朝鲜的联合国部队。然而，一切有关方面都认为，在这个时间采取这样的行动可能会严重地危害福摩萨的防卫，因此这样做是不妥当的。在我指挥下的美国部队与国民党中国部队已做好一切安排以取得双方之间的有效配合，目的是为了更好地应付敌人可能十分愚蠢地试图发动的任何进攻。”他谈到对蒋介石的看法：“他那抵制共产党统治的不屈不挠的决心引起我由衷的钦佩。”〔2〕八月二十五日，他在写给一个退伍军人协会年会的祝贺词中，又把台湾比作“一个不会沉没的航空母舰和潜水艇供应船，坐落在一个非常理想的位置上”。〔3〕

这些，都是中国作出抗美援朝决策以前的事，完全是美国政府单方面干涉中国内政，根本不是什么“惹火烧身”，更谈不上因抗美援朝而妨碍了解决台湾问题。

由于美国第七舰队的强行进入台湾海峡，原来计划中的解放台湾的军事行动难以进行，使蒋介石集团得到了喘息机会。从一九五一年起，

---

〔1〕（美）《艾奇逊回忆录》上册，第276页。

〔2〕（美）《麦克阿瑟回忆录》，第239页。

〔3〕（美）《艾奇逊回忆录》上册，第293页。

美国向台湾提供大量援助，对人口不多、面积不大的台湾地区稳定财政、抑制通货膨胀起了重要作用。随着蒋介石等撤往台湾，大陆资本和人才大量流入。台湾地区的经济逐步得到恢复和发展。

对台湾经济的恢复和发展起作用的，还有一个不可忽视的因素，就是国民党当局鉴于大陆失败的教训，进行了土地改革：

"台湾光复后，把日据时代的地主占有制完全保留下来，从日本人手中接收的公地，也多由地主包揽而后转租给农民，因此土地占有不均现象十分严重。百分之五十六点零一的耕地为只占农村人口百分之十一点六九的地主所有，而占农村人口百分之八十八点三一的农民只占有百分之二十二点二四的耕地。国民党当局吸取了在大陆失败的惨痛教训，决定在台湾实行土地改革，以巩固其统治。在一九四九年到一九五三年间，先后实施了三个改革步骤：一、三七五减租：耕地租金降到土地主要作物全年收获量百分之三十七点五为限；二、公地放领：将从日本人手中收回的公地出售给农民；三、实行'耕者有其田'：地主持有土地超过三公顷部分，出售给'政府'，再按公地放领方式出售给佃农，分十年支付。这些土地改革措施，较为彻底地打破了农村封建土地制度，这是因为国民党当局与本地地主没有什么瓜葛，这些政策不会损害到自身的利益，却有利于缓和农村社会矛盾，巩固其统治地位。主持这项工作的陈诚采取权威手段坚持实行。

改革的结果，一方面在一定程度上减轻了农民的负担，公地承领农户得到较大利益，自耕农在农民总数中从原来的百分之三十三增加到百分之五十二，激发了农民的生产积极性，农业经济得到稳定的成长，农业盈余转向工业投资；另一方面由于采取对地主妥协的政策，向他们补偿地价，其中百分之七十是实物债券，分十年偿付，百分之三十是四大公司（水泥、纸业、农林及工矿公司）的股票。于是，有些拥地较多的地主，如板桥林家、高雄陈家、鹿港辜家等取得了大量股票，成为工商巨头，在工业上获利很大。而另一些地主也转营工商业，这有助于工商业发展的资本积累，为以后民间企业的发展提供了有利的条件，这是当时当权者所未曾预料到的。

土地改革是五十年代台湾经济方面最重大的事件，它和‘美援’共同奠定了战后台湾经济发展的基础。”〔1〕

在政治上，国民党当局把它在大陆实行的白色恐怖移植到台湾，在戒严体制下实行严密的特务和警察控制，残酷镇压一切反对它的言论和行为，任意进行搜捕和屠杀，其中包括本省人和外省人。美国的军事顾问团和第十三航空队进驻台湾。蒋介石还提出“反攻大陆，雪耻复国”的口号，宣传所谓“一年准备，两年反攻，三年扫荡，五年成功”。

就这样，在美国政府的积极干预下，台湾问题被拖延下来，形成了海峡两岸长期对峙的局面。

边谈边打到停战协定的签订

朝鲜战争的第五次战役结束后一个月，双方的停战谈判开始了。这次谈判的时间延续了两年之久。在这段时间内，一直是边谈边打，军事斗争和外交斗争交织在一起。

中国是爱好和平并坚持和平政策的。朝鲜战争发生后，中国政府曾一再提出建议，要求和平解决朝鲜和远东问题。停战谈判开始后，中国派外交部副部长李克农和部长助理乔冠华去朝鲜参加谈判工作，夏衍回忆道：

“我记得李克农、乔冠华到板门店去谈判之前，恩来同志对他们作了全面指示之后，引用了一句古语：‘行于所当行，止于所不可不止。’前一句话的意思是该做的就应该做，后一句的意思是该停的时候就应该适可而‘止’。周总理指出：抗美，是保家卫国，是‘当行’的爱国主义的正义战争；援朝，则是社会主义国家应尽的国际主义义务。可是，

〔1〕 陈孔立主编《台湾历史纲要》，九洲图书出版社 1996 年 4 月版，第 452—453 页。

当侵略者伤亡惨重、被迫求和的时候，那么我们就得审时度势，把战争停下来，争取在和平的环境中进行新中国的建设。当行则行，当止则止，这是周总理在外交上的一贯思想。”〔1〕

为什么停战谈判会拖了两年？原因在于：美国不甘心把当时双方的实际控制线、也就是接近朝鲜战争发生前的三八线，作为军事分界线，总想在谈判中取得更多一些土地。他们不断横生枝节。当谈判进入实质性问题讨论时，提出：作为他们“海空军优势的补偿”，要求朝中方面将阵地后撤三十八公里至六十八公里，让出一万二千平方公里的土地。这个无理要求，自然受到朝中方面的拒绝。美方一度中止谈判，并从八月十八日开始发动“夏季攻势”。经过一个月的激战，突入二至八公里，却付出伤亡七万八千多人的代价（其中美军两万多人）。九月间，他们又发动“秋季攻势”，到十二月二十二日结束，又损失七万九千多人。这次攻势失败后第三天，双方恢复谈判。周恩来对谈判对方了解得十分透彻。他在十一月二十二日的一次报告中说：

“美国在朝鲜问题上不能不谈判停战，由于内政外交原因，他不能不拖一下，但不敢破裂，而只能破坏。破坏多了，得承认错误。拖得久了，得转弯让步。目前谈成的可能性增长，但拖的可能性还存在，全面破裂的可能性不大。”“我们的谈判方针是：争取公平合理的就地停战，使之成为和平解决朝鲜乃至远东问题的第一步。不怕破裂，也不怕拖。愿和，但也不急。”〔2〕

停战谈判恢复后，经过半年多的激烈争论，双方在确定军事分界线、实现停火和监督停火这些棘手问题上，都已初步达成协议。但在剩下的战俘遣返问题上，由于美方坚持无理要求，谈判又陷入僵局。一九

〔1〕夏衍：《永远难忘的教诲》，《研究周恩来——外交思想与实践》，世界知识出版社 1989 年 9 月版，第 22 页。

〔2〕周恩来在青年团一届二次中央全会上的政治报告记录，1951 年 11 月 22 日。

五二年十月八日，美方蛮横地单方面宣布中止谈判，致使停战谈判中断达半年多之久。

中国和朝鲜领导人深知："战场上得不到的东西，在谈判桌上也得不到。"那时，双方的战线已大体稳定在三八线一带。志愿军转入持久作战、阵地防御，集中力量构筑阵地，特别是大力挖掘坑道，要求做到能够"七防"：防空、防炮、防毒、防雨、防潮、防火、防寒。"在志愿军党委领导下，在战争实战中群众又不断地将坑道工事改进和发展，由主要阵地发展到一般阵地，由掏通土山到凿穿坚石，由一线到二线，从前沿到纵深，逐渐形成了以坑道为骨干的防御体系。""经过艰苦持久的劳动，终于在二百五十余公里的防御正面，在东西海岸，在战地纵深，筑成了巨大规模的交织连贯的'地下长城'。全部工程土石方为六千万立方公尺，如果把它筑成一立方公尺的土墙，可以环绕地球一周半，等于从连云港到西安之间的一条石质隧道。以坑道为骨干结合野战工事支撑点式的防御体系是集体的发明，这一防御体系的出现，不仅使我军可以以劣势装备与现代武器的敌人对垒，而且可以逼近敌人而屹立不动；不仅防御中可以在敌人猛烈炮火下减少自己伤亡，给予敌人大量杀伤消耗，而且使我军进攻敌人有了可靠的冲击出发地，可以突然给予敌人歼灭性打击。"〔1〕

当美国再度中止谈判后第六天，也就是十月十四日，敌军向上甘岭发动了一年来规模最大的攻势。上甘岭的总面积不过三点七平方公里。他们在一个半月里，每天平均发射炮弹两万四千多发（最多时一昼夜竟达三十余万发），出动飞机十多架次，出动坦克三十至七十辆，进行摧毁性射击。"两个高地的土石均被炸松一至两米，走在上面，松土没膝，像走入土灰里一样。地面阵地全被摧毁，许多岩石坑道被炸短三至四米。"〔2〕但是，志愿军依托坑道工事，坚守阵地，不断反击。在四十三天里，打退对方九百多次冲击，歼敌两万五千多人，阵地依然屹立不动。上甘岭战役震动了全世界。这场战斗打了半个月后，美国通讯社就

---

〔1〕姚旭：《从鸭绿江到板门店》，第115、116页。

〔2〕洪学智：《抗美援朝战争回忆》，解放军文艺出版社1990年11月版，第256页。

承认："联军所牺牲的人和消耗的军火，已使联军司令官们震惊了。而且若在最后公布全部损失时，还将使公众震惊。"

上甘岭战役中，涌现出以黄继光为代表的优秀中华儿女。他在冲向敌人中心火力点时，手雷全部用完，身体又多处负伤，仍一跃而起，用胸膛堵住敌人正在猛然扫射的机枪射口，英勇牺牲，为后续反击部队的冲锋开辟了道路。志愿军总部给他追记特等功，追援特级战斗英雄称号。朝鲜政府也授予他"朝鲜民主主义人民共和国英雄"称号和一级国旗勋章、金星奖章。

战场上的失败，迫使美国不得不又一次回到谈判桌前来。一九五三年四月二十六日，中断了半年多的停战谈判终于在板门店复会。为了加速战争的结束，五月到七月间，朝中军队连续发动了三次夏季攻势，把战线向南推移，使美国感到战争再拖延下去，不能更多地得到什么，只会给自己带来更多损失。美国国内的反战运动又日益高涨。七月二十七日，接替李奇微担任总司令的克拉克不得不在板门店同朝中方面正式签订军事停战协定。克拉克后来说："在执行我政府的训令中，我获得了一项不值得羡慕的荣誉，那就是我成了历史上签订没有胜利的停战条约的第一位美国陆军司令官。我感到一种失望的痛苦，我想，我的前任，麦克阿瑟与李奇微将军一定具有同感。"〔1〕

一九五八年十月，中国人民志愿军全部撤出朝鲜回国。

抗美援朝战争使全世界重新认识了新中国。中国人已不再像过去那样任人欺凌，已不再是以往西方人眼中的"东亚病夫"。它热爱和平，但决不能容忍别人强加于自己的威胁和侵略。新中国诞生刚刚一年，却和朝鲜人民一道，经过两年零九个月的英勇激战，迫使美国在停战协定上签字，将军事分界线重新推回到三八线，使举世为之震惊。美国国务卿艾奇逊在回忆录中说：这场战场中"美国伤亡的数字"是：死三万三千六百人，伤十万三千三百人，失踪或被俘五千一百人，合计十四万二

〔1〕（美）马克·克拉克：《从多瑙河到鸭绿江》，转引自谭旌樵主编《抗美援朝战争》，第329页。

千人。[1] 这是他们在最初根本没有想到的。中国人民志愿军先后入朝参战的部队达二百九十万人，也付出巨大伤亡的代价。朝中军队在战斗中不仅组成和壮大了各项新的兵种，而且取得了现代化战争的丰富经验，增强了战斗力。

这个胜利，是在对方拥有现代武器装备、特别是完全掌握着制空权的条件下取得的，打破了美国军队不可战胜的神话，极大地提高了中华民族的民族自信心和民族自豪感，对远东及世界局势产生了巨大而深远的影响。“它雄辩地证明：西方侵略者几百年来只要在东方一个海岸上架起几尊大炮就可霸占一个国家的时代是一去不复返了。”[2]

中国军队的现代化在实战中也取得重大进步。拿空军来说，飞行员大多来自陆军，训练时间短，又没有空战经验；对方不仅飞机数量有极大优势，飞行员又有丰富的实战经验。一九五一年一月二十一日，双方进行了第一次空战。二十九日，大队长李汉击落第一架敌机。九月起，开始大机群空战，先后涌现出王海、刘玉堤、赵宝桐、张积慧等战斗英雄。其中张积慧击毙被美国称为“成绩最高的喷气机王牌驾驶员”的戴维斯少校，使美国远东空军司令威兰中将在一项特别声明中称这件事“是对远东空军的一大打击”。志愿军空军司令员刘震写道：到一九五二年五月底，在空战中“击落敌机一百二十三架，击伤敌机四十一架，我机被敌击落八十四架，击伤二十八架，敌我损失比为一点四六比一”。[3]

从此，帝国主义再也不敢轻易地作出以武力侵犯新中国的尝试，保证中国的经济建设和社会改革得到了一个长时间内相对稳定的和平环境。这是中国人在抗美援朝战争中以付出重大牺牲换得的。在世界仍充满动荡的今天回头来看，更深深感到当年抗美援朝的决策和中国人民为此作出的牺牲，有着何等重大而深远的意义。

---

〔1〕（美）《艾奇逊回忆录》下册，第556页。
〔2〕《彭德怀军事文选》，第445页。
〔3〕《刘震回忆录》，解放军出版社1990年10月版，第357、368页。

第十八章

大规模社会改革和国民经济的恢复

前面说到，年轻的人民共和国在第一年内不但已站稳脚跟，而且充满一派朝气蓬勃的气象，这是谁都看到的事实。但在这种情况下，能不能立刻开始大规模的经济建设？条件尚不具备。这不但因为抗美援朝战争的突然发生，更根本的，是由于中国社会内部还面对两项艰巨任务迫切需要完成：一项是大规模的社会改革，一项是国民经济的全面恢复。

大规模社会改革是指：新中国成立虽然标志着中国近代民族民主革命的胜利，但民主革命还有大量任务在前一阶段中还没有完成，旧社会遗留的不少严重束缚人民、令人难以忍受的旧制度仍有待逐步清理，其中最重要的是全国范围内土地制度的改革还有待进行。

旧中国的社会经济本来十分落后，连年战火更使它遭受严重破坏。新中国成立时，疮痍满目，民生凋敝，全国的工农业生产跌入最低谷，人民生活十分穷困，处于百端待理的状况下。

路只能一步一步地走。如果这两项任务没有完成，展开大规模的经济建设是不可能的。

三年抗美援朝战争，对年轻的人民共和国是一次严峻考验。它不但没有削弱以至拖垮新中国，相反，倒是进一步激发出中华民族蕴藏着的巨大力量，对社会改革和经济恢复起了有力的促进作用。这两项工作和抗美援朝战争同步迅猛发展，加快完成，这是许多人没有想到的。

土地改革和其他民主改革

中国革命的根本目的，是要推翻旧社会，建设一个人民当家作主的新社会。新中国成立后，在广大国土上开展了中国历史上从来不曾有过的大规模社会改革。由于中国人口的绝大多数在农村，这场社会改革中最重要的自然是农村土地制度的改革。

封建土地所有制下农民的极端贫穷和毫无权利，是中华民族被侵略、被压迫、长期落后的根源，是中国民主化、工业化、现代化的根本障碍。在新中国建立以前，老解放区中已有一亿二千五百万农业人口（约占全国农业人口的三分之一）的地区进行了土地改革。“建国后，由于广大新解放区残敌尚未肃清，社会秩序很不安全，城市工作又很繁重，一九四九年冬至一九五〇年春只在华北的城市近郊及河南部分地区进行了土地改革。”[1]

但其他广大农村地区仍为全面推行土地改革积极进行了准备，主要是：减租减息，清匪反霸，打开政治局面，树立政治优势，建立政权基础。当时担任中南局秘书长的杜润生说：“这一步实质上是政治斗争，是为了建立农民的政治优势和组织优势，把农村称霸一方的封建势力代表和国民党的武装匪徒扫除。如果不摧毁反动势力，就建立党组织，就分配土地，光搞经济，不搞政治，群众就会感觉没有政治依靠。我们可以一面摧毁敌人的基层统治，一面通过斗争发现积极分子，建立政权。第一步是先建立农会，第二步再分配土地。”[2] 当时先走这一步是十分必要的。

一九五〇年二月二十八日，毛泽东、周恩来访苏期间，政务院发出刘少奇起草的《关于新解放区土地改革和征收公粮的指示》，提出不同地区分批实行土地改革的具体部署，规定：这年秋收以后，在江苏、浙

〔1〕柳随年、吴群敢主编《中国社会主义经济简史》，黑龙江人民出版社 1985 年 5 月版，第 37、38 页。

〔2〕《杜润生自述：中国农村体制变革重大决策纪实》，人民出版社 2005 年 8 月版，第 8 页。

江、安徽、福建、江西、湖北、湖南、广东、陕西九省和甘肃、宁夏、青海三省的汉人地区，凡是准备工作已经充足、群众的觉悟与组织已达应有水平的地区，由各省人民政府决定开始实行分配土地的改革；广西、云南、贵州、四川、西康、绥远六省，在一九五一年秋收以后由各省人民政府决定实行；新疆和全国各少数民族居住的地区以及少数民族与汉人杂居的地区，则在一九五一年秋收以后另行决定；所有新解放区，在实行分配土地之前，应一律实行减租。

一九五〇年六月六日至九日，中共中央召开七届三中全会。毛泽东在报告中指出：土地改革的完成是国家财政经济状况基本好转的首要条件。刘少奇在会上作了关于土地改革的报告。六月十四日，全国政协一届二次会议召开，中心议题就是土地改革。刘少奇在会议第一天作《关于土地改革问题的报告》。他说：

“土地改革的基本内容，就是没收地主阶级的土地，分配给无地少地的农民。这样，当作一个阶级来说，就在社会上废除了地主这一个阶级，把封建剥削的土地所有制改变为农民的土地所有制。这样一种改革，诚然是中国历史上几千年来一次最大最彻底的改革。”

“土地改革的基本目的，不是单纯地为了救济穷苦农民，而是为了要使农村生产力从地主阶级封建土地所有制的束缚之下获得解放，以便发展农业生产，为新中国的工业化开辟道路。”〔1〕

六月三十日，中央人民政府委员会通过并公布施行《中华人民共和国土地改革法》，成为新解放区土地改革的基本法律依据。《土地改革法》既总结了以往几个历史时期处理土地问题的经验，又充分考虑到新中国成立后的新情况。新区的土地改革和过去老区的土地改革，情况有很大不同。“过去老区的土地改革，是在残酷的战争环境，谁胜谁负还不明朗的条件下进行的，土地改革的直接目的是尽量满足农民对土地的

〔1〕《刘少奇选集》下卷，人民出版社1985年12月版，第32、34页。

要求，动员农村的人力物力参加和支援人民解放战争，争取战争的胜利。新区的土地改革，是在人民解放战争已经取得决定性胜利、统一的人民政权已经建立，全国转入和平的经济建设的条件下进行的。土地改革除了满足农民的土地要求，必须服从和服务于尽快恢复与发展国民经济，实现国家财政经济状况的根本好转这一中心任务。"[1] 因此，在具体政策上比建国前有若干重要修改，主要是：（一）对富农由征收多余土地财产，改为保存富农经济；（二）对地主只没收他们的土地、耕畜、农具、多余的粮食及其在农村中多余的房屋，其他财产不予没收，不再采用"挖浮财"那些做法；（三）提高小土地出租者保留土地的标准；（四）在土地改革中切实团结和保护中农。

《土地改革法》公布后，政务院又先后颁布《农民协会组织通则》、《人民法庭组织通则》、《关于划分农村阶级成分的决定》，以保证《土地改革法》的具体实施。

当时全国耕地的占有状况，据建国初期国家统计局的调查统计，占农户总数百分之三点七九的地主占有总耕地的百分之三十八点二六，占农户总数百分之三点零六的富农（其中主要是半地主式富农）占总耕地的百分之十三点六六；而占全国总农户百分之五十七以上的贫雇农仅占耕地总数的百分之十四（其余是中农占有的土地）。也就是说，地主人均占有土地为贫雇农的二三十倍。这种状况在各地区并不平衡。西南的四川一些地区，土地绝大部分集中在地主手中；中南区土地占有集中的地区，地主占有土地的百分之四十至五十，最多的占百分之六十至七十；华东区，土地占有相对比较分散。但不管哪个地区，封建地主土地所有制都占着主导地位。[2]

地主阶级在农村的统治，不仅表现为残酷的地租、重利以及种种超经济剥削，还表现为勾结官府以及利用农村宗法社会遗留的人身依附，几乎控制了农村中的一切权力。农民在农村里被压得抬不起头来，没有

---

〔1〕 苏星：《新中国经济史》，第143—144页。

〔2〕 吴承明、董志凯主编《中华人民共和国经济史》第1卷，中国财政经济出版社2001年12月版，第217页。

任何地位可言，受尽冤屈也无处申诉。这种黑暗的社会结构，不用革命手段加以铲除，没有别的出路。

为了加强对土地改革的领导，中央土地改革委员会由刘少奇负责，各级土地改革委员会领导成员由各级党委和政府主要领导人担任，还组织土改工作队，经过短期培训，协助农民协会开展土地改革工作。“千军万马奔赴了土地改革前线，共产党和人民政府派出了大批干部和工作队下乡帮助农民进行翻身斗争。他们来自机关，来自学校，来自工厂，来自部队。他们认真地学习了政策，发出了共同的誓言：坚持执行土地改革法，遵守土地改革干部八项纪律，帮助农民推倒封建大山！中南区参加土地改革工作干部的统计图表指明：曾有五十四万五千余名干部参加过土地改革。”〔1〕土改工作队还吸收各民主党派和科学、文化、艺术界人士及大专院校师生等参加，如复旦大学师生到安徽五河县的土改工作队就由著名历史学家周予同教授担任大队长。他们在土改中受到教育。著名哲学家、清华大学教授冯友兰一九四九年冬在北京郊区参加土改后写道：“在这次土改中，首先要解决的问题，是‘谁养活谁’。”“你无缘无故分去佃农的劳动果实，你不劳而获，这就叫剥削。经过这次参加土改，我了解了剥削的真实意义，也了解了农村划阶级的标准，这个标准就是看剥削和剥削的程度，受剥削和受剥削的程度。”〔2〕

从一九五〇年秋收后开始，土地改革运动在新解放区分批分期地陆续展开：一九五〇年冬至一九五一年春，在华北、华东、中南、西北等约一点二八亿农业人口地区，进行第一批土改；一九五一年冬至一九五二年春，在华南、西南等约一点一亿农业人口地区，进行第二批土改；一九五二年冬至一九五三年春，主要在约三千万农业人口的少数民族地区，进行第三批土改。

土地改革是中国广大地区社会结构的大变动，把地主阶级控制下的旧农村变成农民当家作主的新农村，是一场激烈的阶级斗争。进行的方法是有领导地放手发动群众，划分阶级，没收和分配土地；然后，经过

---

〔1〕《中南土地改革的伟大胜利》，中南人民文学艺术出版社 1953 年 12 月版，第 94—95 页。

〔2〕冯友兰：《三松堂自序》，生活·读书·新知三联书店 1984 年 12 月版，第 135、136 页。

复查，发给农民土地证。对地主分子，也分给他们一份土地，把他们逐步改造成为自食其力的劳动者。政务院副秘书长廖鲁言在《三年来土地改革运动的伟大胜利》中有一段概括的叙述：

“为了深入地发动群众，各地都组织了大批的土地改革工作队到农村中去，每年达三十万人以上。土地改革工作队到农村以后，一般采用了访贫问苦、诉苦串连与召开农民代表会议、举办农民积极分子短期训练班相结合的方式，逐步深入地而又广泛地把农民组织起来，由少数人的贫雇农小组逐步发展到包括中农在内的群众性的农民协会。经过多次的农民群众大会与农民代表会议，以诉苦的方式，用农民群众自己亲身的经历教育农民，启发农民的阶级觉悟；并向农民解释政策，以提高农民的政治觉悟与政治水平，然后由广大农民群众自觉地行动起来，与地主阶级进行面对面的尖锐的斗争，逼使地主阶级在群众的威力面前屈服低头，没收地主阶级的土地及耕畜、农具、粮食等财产，分配给无地少地及缺乏生产资料的农民，实现土地改革。三年来经验证明，没有广大农民群众的放手发动，土地改革是不能真正彻底实现的。不放手发动群众，单纯依靠行政命令，从上而下的所谓‘和平土改’、‘官办土改’，一定不能真正地打倒地主阶级，不能真正地实现土地改革，当然更谈不到土地改革成绩的巩固了。”〔1〕

为什么必须放手发动群众，“与地主阶级进行面对面的尖锐的斗争”，而不能实行所谓“和平土改”？杜润生有个说明：“中国共产党的土地改革，不讲政府恩赐，而是要推翻封建统治，树立农民群众在农村中的政治优势，提高农民阶级自觉性，发动阶级斗争，使群众自求解放，实现‘土地还家’。这就要求不同于旧时代的‘改朝换代’，不同于某几个皇帝君王用恩赐办法，‘均土地，抑豪强’，实行‘让步政策’。而是要粉碎旧的反动统治权，代之以人民政权，彻底推翻乡村的旧秩

〔1〕《中国土地改革史料选编》，第842页。

序，使上层和下层、中央和地方整合在一起。使中央政府获得巨大的组织动员能力，以及政令统一通行等诸多好处。这对于一个向来被视为‘一盘散沙’的农业大国来说，其意义尤为重大。”〔1〕

到一九五二年冬、一九五三年春，广大新解放区除新疆、西藏等少数民族地区外，如期完成了土地制度的改革。

在整个土地改革中，共没收征收土地约七亿亩，分配给约三亿多无地和少地的农民。获得经济利益的农民约占农业人口的百分之六十到七十。土改前，农民为耕种这七亿亩土地，每年要给地主缴纳三千万吨以上粮食的地租。土改后不再缴了。他们还获得大批耕牛、农具、粮食、房屋及其他生产资料。这就使广大农民有条件也有兴趣去积极从事农业生产。农民们欢天喜地地说："过去头顶地主的天，脚踏地主的地，现在都成为我们的了。"他们又说："分了地，出了气，翻了身，见了天。"〔2〕

土地改革后，农民因为在自己的土地上耕种，生产积极性空前高涨。国家又宣布实行低农业税率。农村中到处是一派兴旺气象：兴修水利，大量购买耕畜和农具，增施肥料，精耕细作。据国家统计局的统计，一九五二年同一九四九年相比，粮食产量增长百分之四十四点八，棉花增长百分之一百九十三，油料增长百分之六十四，大大解放了农村生产力。

随着农业生产的发展，农民的购买力提高，迫切需要从城市购买更多的纱布、日用品和农业生产资料。城市经济的恢复，也需要从农村购买更多的粮食和工业原料。原来在农村积压或没有很好开发的土特产，有了广泛的需求。加强城乡物资交流便成为新中国面对的重要课题。人民政府在这方面采取了许多重要措施：恢复和发展交通运输；加强城乡间的商品收购和运销业务；积极经营农村土特产品的收购和出口；发展农村供销合作社；发放农业信用贷款；在各地举办城乡物资交流大会，发展农村集市贸易等。城乡物资交流的广泛开展，扩大了商品流通，促

---

〔1〕《杜润生自述：中国农村体制变革重大决策纪实》，第20页。

〔2〕杜润生主编《中国的土地改革》，第559—561页。

进了市场繁荣，对国民经济的恢复和发展起了重大作用。

土地改革后，农民生活有了比较明显的改善。举例来说，中南地区土地改革展览会中陈列了武汉市喻桥乡贫农陈友汉家里搬来的实物："在解放以前，他的土地很少，无耕牛农具，每年只收七担谷，一年之中吃野菜、麦皮、杂粮达八个月之久，一年全家只吃四斤油、七斤盐。现在，他家有田地十五亩四分，农具齐全，全年有米吃，今年（引者注：指一九五三年）他家收谷三十二担，一年中能吃四十八斤油，二十八斤盐。"〔1〕解放前，大多数农民穿的是破衣烂衫，有的已千补百衲；土改后，许多人添了新衣。农村文化也有了发展，农村小学的学校数和学生数显著增加，成年男女农民参加冬学人数也逐年增加。

由于摧毁了地主阶级的统治，巩固了革命政权，过去彼此分散、有如一盘散沙的广大农民组织了起来，土改中涌现出来的积极分子大批担任乡、村基层组织的干部，农民成了农村的主人。

对大城市郊区的农业土地、少数民族地区和侨乡的土地改革，作出了特殊的规定和处理。

土地改革，消灭了统治中国几千年的封建制度的根基。没有这场深刻的社会大变动，不把占中国人口绝大多数的农民从长期的封建压迫下解放出来，中国的民主化、工业化和现代化是根本谈不上的。当然，要把分散的个体经济改造成社会化大生产的经济，要清除封建社会的小生产的政治和思想影响，仍是很长时期的历史任务。

在农村的土地制度改革同时，在城市中也开展了多方面的民主改革。其中最重要的是国营工矿交通企业中的民主改革和生产改革。

开展国营工矿交通企业中的民主改革有一个过程。旧中国的工矿企业中，普遍存在着封建把头制，其中搬运、煤矿、建筑等行业更为严重。对这些企业中的封建势力，在刚解放的时候，为了不打乱原有的生产机构，便于接收，先采取"原封不动"的政策，这在当时是必要的。

---

〔1〕《中南土地改革的伟大胜利》，第133页。

随着没收官僚资本，建立国营经济，一些企业先后经过登记反动党团骨干、调整人事等方式，运用自上而下的行政力量进行过一些清理，不同程度地触动了工人群众痛恨的封建把头制、侮辱工人的搜身制等，取得初步成效。但一般说来，绝大多数企业还没有在放手发动群众的基础上，自下而上地进行系统的、有组织的、比较彻底的民主改革。[1]

恢复和发展生产，必须充分发挥有了翻身感的广大工人在企业中当家作主的作用。一九五〇年二月六日，中国搬运工会第一届代表大会要求政府颁布命令，废除搬运业中的封建把头制度。三月三十一日，政务院讨论通过了废除各地搬运业中封建把头制度的决定。以后，在煤矿、纺织业等企业中相继废除了这类制度。与此同时，在国营企业实行管理民主化，建立工厂管理委员会，吸收工人参加管理，还把一批有经验的工人提到行政和生产负责岗位上来。工人真正感到自己是企业的主人了。

随着企业中党、团、工会组织的逐步健全和工人觉悟的逐步提高，一九五一年十一月五日，中共中央发布有关厂矿交通等企业开展民主改革的指示，提出：

> “我们必须用足够的力量，发动与依靠工人群众，有领导、有计划、有步骤地争取于一九五二年底以前对工厂、矿山和交通等企业部门，首先对国营工矿交通等企业内的残余反革命势力，加以系统地清理，并对于国营企业内所遗留的旧制度，进行或者进一步地完成必要的和适当的民主改革。”[2]

这两项任务有联系又有区别。因此，《指示》强调指出：在民主改革中，工人群众对于过去勾结反动势力、欺压扰害工人的流氓、工头、职员的斗争，应该积极加以领导和赞助，但必须把这种对象和镇压对象加以区别，切不可笼统地“打倒一切”；对于曾经有过压迫工人的行为

---

〔1〕 庞松：《毛泽东时代的中国》第1卷，中共党史出版社2003年11月版，第133页。
〔2〕《建国以来重要文献选编》第2册，第454页。

或其他轻微劣迹、但并非反革命分子的老技术工人、技术人员和专家、高级职员等，必须在运动的各个阶段加以保护，根据团结为主的原则，采用批评与自我批评的方法，当作工人阶级内部的问题来解决；运动应该利用不妨碍生产的间隙时间去进行，时间不要拖得太长，以免不必要地影响生产并造成僵持追逼的现象。

接着，就开展企业的生产改革。国营企业民主改革的结果进一步提高和加强了工人的生产积极性、劳动热情和主人翁态度，为企业的生产改革提供了必要条件。“生产改革是民主改革的继续，它所要解决的主要是企业的科学管理问题。”[1] 汪道涵讲到当时上海的情况：

“生产改革是在民主改革的基础上进行的，它的延续时间要比民主改革更长一些。一九五二年在民主改革基本完成以后，接着就开始生产改革。它的主要内容是：（一）建立健全企业管理机构，实行科学分工，建立生产管理和技术管理的责任制度。当时从官僚资产阶级手中接收过来的企业里，相当普遍地不同程度地存在着无人负责的混乱状态，不建立生产责任制，工业的恢复和改造就无法迈开步子。（二）改革原企业不合理的工资制度。上海的官僚资本主义企业中，工资差别很大，多的达一百多级，同一产业部门没有统一的工资标准。通过工资改革在可能范围内进行调整，为将来建立全国统一的合理的工资制度打下初步基础。一九五一年全国各大行政区开始调整工资，并推行按劳分配的八级工资制。（三）开展生产竞赛运动。没收官僚资本后，职工群众成为国家和企业的主人，劳动积极性空前高涨，生产竞赛随之开展起来。”[2]

大规模的社会改革有力地促进了生产力的解放，促进了国民经济的恢复和发展，两者是不可分割的。

中国是一个统一的多民族国家。据一九五三年普查的统计，少数民族人口共三千五百多万人，约占全国人口的百分之六，但分布的地区约

---

〔1〕 迟爱萍：《新中国第一年的中财委研究》，复旦大学出版社 2007 年 10 月版，第 435 页。
〔2〕《上海解放四十周年纪念文集》，第 111 页。

占全国总面积的百分之六十。这是中国的重要国情。各民族的情况有很大不同，有的处在封建农奴制社会，有的处于奴隶社会，有的停留在原始公社社会。他们的历史传统、风俗习尚、宗教信仰以至语言文字等有许多不同。汉族和各少数民族两千多年来在经济、文化、政治上密切联系和相互交流，近代又在反抗外国侵略的共同斗争中紧紧凝聚在一起，汇合成伟大的中华民族；但由于历史的原因，各民族之间还存在着一些矛盾和隔阂。因此，在推进少数民族地区的社会改革时需要格外慎重。

进入少数民族地区的人民解放军和干部，特别注意尊重少数民族的风俗习惯和宗教信仰，给他们带去医药、物资和外面信息，努力为当地民众做好事做实事，出现了前所未有的民族团结的融洽局面。

《共同纲领》中规定：各少数民族聚居的地区实行民族的区域自治，建立各种民族自治机关。一九五〇年四月三日，中共中央发出《关于在民族杂居地区成立民族民主联合政府的指示》，提出："政府凡在处理关涉到少数民族的工作问题时，必须和少数民族的委员充分协商，力求取得他们的同意，然后做出决定。"六月十日，又转发乌兰夫、刘格平的一个意见，指出："在少数民族广大群众的觉悟未提高前，不要轻言改革。"[1] 新解放区的土地改革中，也将少数民族地区土改的时间推迟或者暂不进行，并且作出许多特殊规定。

西南是少数民族聚居相当集中的地区，又地处边陲。当时担任中共中央西南局第一书记的邓小平对民族问题十分重视，把它摆在很高的位置。他在这年七月二十一日作了《关于西南少数民族问题》的长篇讲话，把问题谈得很透彻，并且提出"一切事情都要经过他们上层"的意见。他说：

"在少数民族里面，正是由于过去与汉族的隔阂很深，情况复杂，所以不能由外面的力量去发动少数民族内部的所谓阶级斗争，不应由外部的力量去制造阶级斗争，不能由外力去搞什么改革。所有少数民族内

〔1〕《建国以来重要文献选编》第1册，第170、277页。

部的改革，都要由少数民族内部的力量来进行。改革是需要的，不搞改革，少数民族的贫困就不能消灭，不消灭贫困，就不能消灭落后，但是这个改革必须等到少数民族内部的条件具备了以后才能进行。”

“所有这一切工作，都要掌握一个原则，就是要同少数民族商量。他们赞成就做，赞成一部分就做一部分，赞成大部分就做大部分，全部赞成就全部做。一定要他们赞成，要大多数人赞成，特别是上层分子赞成，上层分子不赞成就不做，上层分子赞成才算数。为什么？因为在少数民族地区，由于历史的、政治的、经济的特点，上层分子作用特别大。”

“我们有些同志往往采取激进的办法，以为不通过上层分子能够搞得更好。事实上不是搞得更好，而是搞得更坏，不是搞得更快，而是搞得更慢，因为阻力大。对上层分子的工作做好了，推动他们进步了，同我们的合作搞好了，这样，在他们的帮助下来推进工作，就要顺当得多。”〔1〕

一九五二年八月，中央人民政府在总结建国以来推行民族区域自治经验的基础上，公布了《中华人民共和国民族区域自治实施纲要》，并着手筹备建立相当于省一级的自治区。地区以下的民族自治政权也陆续建立起来。

国内原来还有一些西方列强凭借他们的在华特权而经营的大型企业。“新中国成立以后，不少外商由于对新中国存有疑虑，纷纷抽逃资金。特别是朝鲜战争爆发以后，以美国为首的西方国家对中国的经济封锁、禁运升级，也导致了这些国家在华投资企业的困难。（在美国政府宣布冻结中国在美一切资产后）一些美资企业被中国政府征用。其他外资企业自愿转让给中国政府。例如美孚石油公司、上海美商电力公司等企业，就是通过征用方式转变为国营企业的；开滦煤矿、颐中烟草公司等企业，则是通过转让的形式变成国营企业的。”〔2〕

〔1〕《邓小平文选》第1卷，第164、168、169页。

〔2〕吴承明、董志凯主编《中华人民共和国经济史》第1卷，第196页。

经过这样一系列的大规模民主改革，在中国社会的各个层面、特别是原来压在社会最底层的大多数劳苦民众中，充满了“解放”的感觉。

镇压反革命

为了涤荡旧社会留下的污泥浊水，进行大规模的社会改革，一项不可缺少的重要工作是镇压反革命。当时，人们把抗美援朝、土地改革、镇压反革命称为“三大运动”。

为什么要在这个时候，开展一场大张旗鼓的镇压反革命运动？主要有三个原因：第一，国民党统治时期，在各地都有一批直接压在百姓头上为非作歹、横行不法的恶霸势力。不少善良的老百姓在他们的欺压下，倾家荡产，甚至家破人亡。这些人是反动统治的重要社会基础。人民群众长期以来对他们切齿痛恨。新中国成立初期，一时还来不及对他们进行全面清理。但只要这些人依然存在，他们的威风没有打下去，有的人继续带着匕首打群架，有的继续开局聚赌和敲诈勒索，有的还或明或暗地对老百姓示威恐吓，民心就无法安定，社会治安就无法保障，各种社会改革就难以顺利推进。第二，国民党势力败退前在大陆上安排留下为数不少的潜伏特务分子，各地也有不少仇视新中国的反动分子，都在伺机破坏。朝鲜战争爆发后，他们以为“第三次世界大战”将要爆发，蒋介石将要“反攻大陆”，“变天”的日子将要到来，活动更加猖獗。他们在许多地方破坏工厂、铁路，烧毁仓库、民房，散布谣言，杀害革命干部和积极分子。一九五〇年这一年，全国有四万多干部和群众惨遭杀害，广西一省被杀的干部就达三千多人。山东军区政治部副主任黄祖炎也在一次会议上被反革命分子开枪杀害。第三，旧中国有许多秘密团体，如“一贯道”就有一千万信徒。这些秘密团体之所以存在，主要是因为社会不安定。以后这些团体为日本人所利用，又为蒋介石所利用。新中国成立后，“一贯道”、“九宫道”等反动会道门仍在大肆活动。一九五〇年秋，北京市公安局还成功破获帝国主义间谍秘密测绘地图预谋在国庆节用迫击炮轰击天安门的重大案件。

面对这样严峻的状况，不少地方却没有采取有力的措施，发生了过分宽大的偏向。发生这种偏向在认识上的原因是：有些干部在胜利后骄傲轻敌，以为那么多国民党军队已被消灭，这点残余的反革命分子没有什么了不起，因而麻木不仁，丧失警惕；有的人担心坚决镇压反革命会“引起震动和恐慌”；还有人认为，人民已经胜利了，应该仁慈宽大。这种状况，引起民众的不满。当时担任政务院政法委员会副主任的彭真在向中央人民政府委员会所作的一次报告中说：

“人民责备我们‘宽大无边’、‘有天无法’，说：‘天不怕，地不怕，就怕共产党讲宽大’；‘人民政府什么都好，就是对坏人这样客气，看着坏人残害老百姓，不给老百姓作主，不好’。有的工人义愤填膺地质问干部说：‘看：我们竞赛几个月，特务放一把火就完蛋了；再不镇压，说什么我们也不竞赛了’。有的说：‘政府睡着了’，‘连敌我都不分’。有的人说政府‘姑息养奸，贻害人民’，‘简直不像个人民政府的样子’。

人民群众是公道的，聪明的。人民称赞抗美援朝做得好，土地改革做得好，物价金融稳定得好，城市管理和民主建设都很好，只是认为对于反革命分子过于宽大。的确，在这个问题上，我们过去还没有做得很好，并且有一个时期，有些地方做得很不好。特别是美国帝国主义者发动侵朝战争之后，问题表现得更清楚了。”〔1〕

镇压反革命的对象，主要是土匪、恶霸、特务、反动党团、反动会道门等五个方面中的反革命分子。一九五一年二月二十一日，中央人民政府公布《中华人民共和国惩治反革命条例》，使镇压反革命斗争有了法律武器和量刑标准。这方面的政策，被概括为：“首恶必办，胁从不问，抗拒从严，坦白从宽，立功者受奖。”

镇压反革命，采取了放手发动群众的方针，在城市在乡村都大张旗鼓，广泛宣传，努力做到家喻户晓。“广大人民群众控诉、检举和自动

〔1〕 彭真：《论新中国的政法工作》，中央文献出版社1992年2月版，第13、14页。

捕捉反革命分子的活动，是这一运动的显著特点。”[1] 许多潜伏特务、血债累累的恶霸分子被群众检举揭发出来，纷纷落入法网，受到严厉惩处。

在镇压反革命工作中，毛泽东一直强调要做到“打得稳，打得准，打得狠”。他指出：“所谓打得稳，就是要注意策略。打得准，就是不要杀错。打得狠，就是要坚决地杀掉一切应杀的反动分子（不应杀者，当然不杀）。”在“稳、准、狠”三个字中，他认为最重要的是“准”。只有打得准，才能打得稳和打得狠。一九五一年三月三十日，毛泽东又在一个批语中写道：“山东有些地方存在着劲头不足的偏向，有些地方存在着草率从事的偏向，这是全国各省市大体上都存在的两种偏向，都应注意纠正。特别是草率从事的偏向，危险最大。因为劲头不足，经过教育说服，劲头总会足起来的，反革命早几天杀，迟几天杀，关系并不甚大。惟独草率从事，错捕错杀了人，则影响很坏。请你们对镇反工作，实行严格控制，务必谨慎从事，务必纠正一切草率从事的偏向。”[2]

从五月起，由于镇压反革命运动已达到预期目的，实行“谨慎收缩”的方针，集中力量处理积案，并且采取两项措施：一是严格规定捕人杀人的批准权限；二是对犯有死罪的罪犯绝大部分采取判处死刑缓期执行的政策。它的精神是：“集中力量打击了那些罪大恶极、怙恶不悛、为人民群众所十分痛恨的反革命首恶分子，而对于罪恶尚不十分严重而又愿意改悔的反革命分子，则采取了宽大处理的方针”。[3] 到这年十月，全国规模的镇压反革命运动基本结束。它以大规模群众运动的方式，打击国民党政府在大陆的潜伏力量和各种流氓、黑社会势力，安定社会秩序，发动并教育群众，这对巩固刚刚建立不久的人民政权起了不可缺少的重要作用。

---

〔1〕 罗瑞卿：《三年来镇压反革命工作的伟大成就》，《新华月报》1952年10月号。

〔2〕《毛泽东文集》第6卷，第117、120页。

〔3〕 罗瑞卿：《三年来镇压反革命工作的伟大成就》，《新华月报》1952年10月号。

“三反”、“五反”运动

进行大规模社会改革，还有一项强大有力的行动，就是一九五一年冬开始在全国范围内开展的“三反”和“五反”运动。它反对的对象，是国家干部中贪污、浪费、官僚主义的腐败现象和不法资本家行贿、偷税漏税、偷工减料、盗骗国家财产、盗窃国家经济情报的违法行为。这是又一次触及社会方方面面的移风易俗的大扫除。

这场运动是从“三反”运动开始的，而“三反”运动又是随着增产节约运动而来的。

当一九五二年快要来临时，抗美援朝战争已呈现长期化的态势。要同拥有高度现代化装备的美军长期对峙，中国军队必须尽快改善自身的装备状况，包括加强空军、海军、装甲兵、炮兵等兵种的建设。新的一年又是大规模经济建设从事准备的最后一年，许多耗资巨大的重点建设项目将相继开工。财政收入增加有限，支出却势必大幅度增加，这是摆在中国人民面前一个异常尖锐的矛盾。

解决这个矛盾的办法，不能依赖外援，也不能像有些国家那样靠剥夺农民和掠夺殖民地，只能依靠增产节约。这是新中国积累资金的主要来源，是唯一可靠的道路。一九五一年十月二十三日，政协第一届全国委员会第三次会议在北京开幕。毛泽东在开幕词中提出：增加生产，厉行节约，以支援中国人民志愿军，是中国人民今天的中心任务。周恩来在为会议作总结时，要求所有企业、部队、机关、团体：“在编制上、工作上、人事上、作风上都要检查，能精简节约的都要精简节约，不必要的财政开支一定要减少，一切物资器材要查清。这样，才能把国家的人力、物力和财力用到最适当、最需要的地方。”〔1〕

在增产节约运动的深入检查中，各地揭发出大量令人震惊的贪污、浪费和官僚主义现象。这是中国共产党在全国范围内成为执政党后面对

〔1〕 周恩来在政协第一届全国委员会第三次会议上的总结发言记录，1951年11月1日。

的新问题。在建国后短短两年时间内，这个问题竟会发展到相当严重的地步，是原来没有料想到的。这年十一月一日，东北局书记高岗在给中央的报告中详细地谈到已经揭发出来的各种贪污蜕化行为，提出必须开展一个群众性的民主运动，才能收到最大的效果。十一月二十日，毛泽东在为中共中央转发这个报告的批语中，第一次提出："在此次全国规模的增产节约运动中进行坚决的反贪污、反浪费、反官僚主义的斗争。"〔1〕

"三反"运动一开始，轰动全国的是刘青山、张子善案件。十一月二十九日，华北局向毛泽东并中共中央报告了天津现任地委书记兼专员张子善和前任地委书记刘青山利用职权，盗用公款，盘剥民工，贪污挪用专区地方粮、宝坻县救济粮、干部家属补助粮，任意挥霍，腐化堕落，并焚毁证据等严重罪行。刘、张二人是分别在一九三一年和一九三三年入党的老干部，都曾被国民党逮捕入狱，坚贞不屈，但在进城后却蜕化变质。二人的这些罪行，在"三反"前已激起干部和群众的不满，但在他们欺上压下的家长式统治下，一直没有得到公开揭露。刘青山还说："老子们拼命打了天下，享受些又怎么样?"〔2〕事发后，河北省报经周恩来总理批准，将二人逮捕。多数人都主张应对他们判处死刑。公审前，有人提出鉴于他们在战争年代出生入死、有过功劳，可否不判死刑，给他们一个改造的机会。毛泽东说："正因为他们两人的地位高，功劳大，影响大，所以才要下决心处决他们。只有处决他们，才可能挽救二十个、二百个、二千个、二万个犯有各种不同程度错误的干部。"〔3〕一九五二年二月十日，经河北省人民法院公审，并经最高人民法院核准，判处刘、张二人死刑，立即执行。

刘青山、张子善罪行的揭露和中央的坚决态度，在全国引起极大震动。十一月三十日，毛泽东在批转华北局关于刘、张贪污罪行报告的同一天，给西南局第一书记邓小平并告各中央局的电报中指出："反贪污、

---

〔1〕《建国以来毛泽东文稿》第2册，中央文献出版社1988年11月版，第513页。

〔2〕《人民日报》1951年12月30日。

〔3〕薄一波：《若干重大决策与事件的回顾（修订本）》上卷，第157、158页。

反浪费一事，实是全党一件大事，我们已告诉你们严重地注意此事。我们认为需要来一次全党的大清理，彻底揭露一切大、中、小贪污事件，而着重打击大贪污犯，对中小贪污犯则取教育改造不使重犯的方针，才能停止很多党员被资产阶级所腐蚀的极大危险现象，才能克服二中全会所早已料到的这种情况，并实现二中全会防止腐蚀的方针，务请你们加以注意。”十二月八日，他又在一个电报中指出：这场“三反”斗争，必须“发动广大群众包括民主党派及社会各界人士去进行”，必须“大张旗鼓”去进行。〔1〕

十二月一日，中共中央作出《关于实行精兵简政、增产节约、反对贪污、反对浪费和反对官僚主义的决定》。三十一日，中央直属机关总党委召开党、政、军、团、群等机关处长级以上几百名干部参加的党委扩大会议，由薄一波和安子文宣布中央决定，限期发动“三反”斗争，十天后向中央作出报告；对运动进展慢的单位点名批评。一九五二年一月一日，中央人民政府在中南海举行团拜时，毛泽东在祝词中说：“祝我们在新开辟的一条战线上的胜利，这就是号召我国全体人民和一切工作人员一致起来，大张旗鼓地、雷厉风行地开展一个大规模的反对贪污、反对浪费、反对官僚主义的斗争，将这些旧社会遗留下来的污毒洗干净。”〔2〕这样，一场轰轰烈烈的“三反”斗争便在全国范围内迅猛展开了。据统计，全国县以上党政机关参加“三反”运动的有三百八十三万多人。在运动高潮中，出现过在各单位分配打“虎”任务和逼供信等偏差，但较快得到了纠正。

“三反”运动，对整个社会来说，是一场移风易俗的社会改革运动，大大提高了人们对贪污腐败的警惕性，教育并挽救了大批干部，清除了少数腐化分子，对形成健康的社会风气有很大作用，对刚刚在全国执政不久的中国共产党更有着重大的警示意义。邓小平当时讲到西南地区“三反”运动后的情况说：“人变了、社会变了、风气也变了。事实证明，不进行三反运动不行。但是，早进行条件不成熟，而再迟一点更不

〔1〕《毛泽东文集》第6卷，第190、191页。

〔2〕《人民日报》1952年1月3日。

行。所以，这个时期条件成熟了。”[1]

“五反”运动是在“三反”运动中引发出来的。“三反”运动揭发出来的贪污分子中，每个受贿者背后总有一个行贿者，这些人大多是不法资本家。在运动深入开展中，不法资本家的行贿、偷税漏税、盗骗国家财产、偷工减料、盗窃经济情报的“五毒”行为被越来越多地揭发出来，激起人们极大的愤怒。

随着调整工商业和城乡市场的扩大，资本主义工商业在一九五一年有了显著发展，全国盈余比一九五〇年几乎增长一倍，被资本家称为“黄金时代”。但在这种好转的形势下，一部分不法资本家又忘乎所以，为牟取暴利而不择手段地进行违法犯罪活动。“据当时了解，私营工商业不仅偷税漏税现象普遍，而且在承建国家工程、完成加工订货任务中偷工减料、弄虚作假、营私舞弊，严重地损害了国家和人民的利益。例如，在治淮水利工程中，承包商竟然不顾工程质量，用旧料充新料、次料充好料，从中赚取不义之财。在运往抗美援朝前线的军需物资里，有不法厂商制造和贩卖的变质罐头食品、伪劣药品、带菌急救包，造成一些战士致病、致残，甚至断送了生命。他们拉拢、收买党和国家机关工作人员。少数被他们收买的干部从他们那里领取干薪、干股，或者拿回扣、佣金，充当坐探、代理，同他们合伙进行违法犯罪活动。”[2] 许多卑劣行径，特别是运往抗美援朝前线的变质、伪劣、带菌医药用品而造成志愿军战士致残或死亡的罪恶行为，确实令人发指。

一九五二年一月五日，毛泽东为中共中央起草的转发北京市委关于“三反”斗争报告批语中写道：“一定要使一切与公家发生关系而有贪污、行贿、偷税、盗窃等犯法行为的私人工商业者，坦白或检举其一切犯法行为，特别注意在天津、青岛、上海、南京、广州、武汉、重庆、沈阳及各省省城用大力发动这一斗争，借此给资产阶级三年以来在此问题上对于我党的猖狂进攻（这种进攻比战争还要危险和严重）以一个坚决的反攻，给以重大的打击，争取在两个月至三个月内基本上完成此项

---

〔1〕《邓小平西南工作文集》，中央文献出版社、重庆出版社 2006 年 12 月版，第 543 页。

〔2〕 薄一波：《若干重大决策与事件的回顾（修订本）》上卷，第 168—169 页。

任务。”[1]

这个运动，首先在华北最大的工商业城市天津开展起来。一月四日，在天津市工商联节约检查分会的动员大会上，天津工商联主任委员、著名民族资本家李烛尘在报告中说：现在全国正在大张旗鼓地开展的“三反”运动中，“希望我们工商界也来一道参加这一运动，能够自动坦白揭发和检举行贿、漏税、诈骗国家资财的行为。”他并且说：“行贿的人应该和受贿的人同样处理。”“我们民族资产阶级和小资产阶级的工商业者，正是我们中华人民共和国主人翁之一，为了我们祖国的富强壮大，我们必须在工人阶级领导下，树立起主人翁的态度，把这些腐蚀损害人民政权的毒素病菌彻底清除，使人民政权进一步巩固起来。”[2]四天内，天津工商界共检举坦白贪污、行贿、偷税漏税的案件六千一百十五件。

一月二十六日，中共中央正式发出《关于首先在大中城市开展“五反”斗争的指示》，要求：“在全国一切城市，首先在大城市和中等城市中，依靠工人阶级，团结守法的资产阶级及其他市民，向着违法的资产阶级开展一个大规模的坚决的彻底的反对行贿、反对偷税漏税、反对盗骗国家财产、反对偷工减料和反对盗窃经济情报的斗争，以配合党政军民内部的反对贪污、反对浪费、反对官僚主义的斗争，现在是极为必要和极为适时的。”[3]“五反”运动便同“三反”运动一起发展起来了。

运动一开展，工商业者十分紧张。上海是中国资产阶级最集中的城市。按照中央原来的部署，为了慎重，准备华东地区晚一些开展这场斗争。但是，社会上的运动一起来，上海的“五反”运动很快就跟着开始了，而且火力极猛，资本家中已发生自杀事件。中央派薄一波到上海，罗瑞卿到广州，帮助指导当地运动的发展。周恩来总理在修改审定中共中央一份电报时，增写一段话，批评武汉市“打击大工商业户面过大，

---

〔1〕《毛泽东文集》第6卷，第192页。

〔2〕《文汇报》1952年1月11日。

〔3〕《建国以来重要文献选编》第3册，中央文献出版社1992年6月版，第53页。

而且工比商大”的偏向，要他们“仔细加以检查”。[1] 他在报告毛泽东后，在为中共中央起草的批示中，将一批上海最大的民族工商业者定为守法户，并在政务会议上举一位大工商业家为例说：“他对国家的负担有一千亿（引者注：指旧人民币，一万元相当于新人民币一元），违法虽然不小，但与一千亿比起来，那是很小的。”“我们办事要公道。”[2] 薄一波回忆道：“有一件事值得提一提，就是荣毅仁先生家当时是上海最大的民族工商户，在‘五反’中也发现了一些问题，应该划到哪一类？我和陈毅同志反复商量过。陈毅同志说，还是定为基本守法户好。我同意他的意见，并报告了周总理，周总理又转报毛主席，毛主席说，何必那么小气？再大方一点，划成完全守法户。这个‘标兵’一树，在上海以至全国各大城市产生了很大影响。”[3]

不只是对荣毅仁如此，对其他知名的政治表现较好的民族工商业家也是如此。“刘靖基先生的安达、大丰两个纺织厂，资方自评为半守法半违法户，工人代表讨论认为可定为基本守法户，市里批准为守法户。郭棣活先生的永安棉纺公司，资方出于争取过关的心理，在申报偷漏税数目上持‘宁多不少’的态度，市里一一核实，将不属于五反范围的尽予剔除，并定为守法户。刘鸿生先生，号称‘火柴、水泥、煤炭大王’，当时他因病休息未参加‘五反’，由他的儿子刘念智等代表他交代问题，但他心里七上八下十分不安。市委给以关心，耐心向他讲明政策。后来刘氏企业，全都定为守法户，刘先生非常感动。一九五六年他去世时，给家人留下遗嘱：定息只能拿少部分，其余全部捐献国家。”[4]

五月份以后，“五反”运动基本结束，转入定案处理和工商业调整工作。在前一阶段的运动中，也有过打击面过宽、“逼供信”等偏差。六月十三日，政务院发布《关于结束“五反”运动中几个问题的指示》，要求各地实事求是地做好定案处理工作，纠正计算偏高偏广的现象，并

---

〔1〕 中共中央致中南局电，1952年4月21日。
〔2〕 周恩来在第138次政务会议上的发言记录，1952年5月30日。
〔3〕 薄一波：《若干重大决策与事件的回顾（修订本）》上卷，第179页。
〔4〕《谷牧回忆录》，中央文献出版社2009年1月版，第157—158页。

允许资本家申诉和进行复查。在打退不法资本家的违法行为后，及时保护守法和基本守法的民族资产阶级，继续调动并发挥他们的积极性。这样处理的结果，在工商业中，守法户约占总户数的百分之十至十五，基本守法户占百分之五十至六十，半守法半违法户占百分之二十五至三十，严重违法户占百分之四，完全违法户占百分之一。对基本守法户只退违法所得的一部分，对半守法半违法户只退违法所得而不再罚款。这样，就稳定并团结了占总户数百分之九十五的私营工商业者。

"三反"、"五反"运动，在国民经济恢复时期占有重要的历史地位。它是建国初期大规模社会改革运动的组成部分，有利于清除旧社会遗留的污毒，树立起健康的新道德和新风尚，在人们头脑中留下很深的印象，有力地刹住了当时正在蔓延滋长的那种危险倾向，推进了正在开展的增产节约运动。它还巩固了社会主义经济在国民经济中的领导地位，在资本主义企业内部建立起工人监督，有些企业将资本家违法所得转为公股而实行公私合营，公私和劳资关系都发生变化。这些，为全国大规模经济建设的开始、保证中国向社会主义社会前进提供了重要条件。

国民经济全面恢复

在抗美援朝和大规模社会改革的同时，经过全国人民的努力，到一九五二年，国民经济得到全面恢复和初步发展。在短短三年内，在如此紧张而头绪纷繁的环境中，能够实现这样的目标，几乎令人难以置信。

一九四九年建国时，"机器大工业产值占工农业总产值的百分之十七，农业和手工业占百分之八十三。工业弱小落后，是一个典型的农业国。"而且，"呈现很重的半殖民地半封建的工业特征，工业部门结构、工业布局呈畸形发展。生产资料产值不到百分之三十，消费资料工业产值占百分之七十以上，仅属修配型工业；百分之七十以上的工业偏集于占国土面积不到百分之十二的东部沿海狭长地带，大部分又聚集于上海、天津、青岛、广州和辽宁中、南部及苏南的少数城市。”[1]

国家统计局编的《新中国五十年》生动地描述了当时中国在经济上这种极端落后的状况：“一九四九年刚从半殖民地半封建的枷锁中彻底解放出来的新中国可谓是满目疮痍、百业待兴，整个经济基本处于瘫痪状态。工业整体上处于手工作业的状况，根本谈不上工业体系，工业产品少得可怜；农业还停留在手工耕作、靠天吃饭的水平上；交通运输工具落后，畜力车和木帆船等民间运输工具仍然大量使用；邮电通信技术装备非常落后，电话电报多用于手工方式操作，约有一半左右的县没有自动电话，约有三分之一的县不通电报和长途电话，广大内地普遍处于十分闭塞的状态；市场上商品严重匮乏，加上物价暴涨，大多数人民的温饱问题还没有解决。新中国就是在这样的情况下艰难起步的。”[2]

日本侵华战争和国民党政府的财政经济总崩溃，使原本十分落后的工农业生产更大大倒退。工业生产的状况，李富春说过：“一九四九年的生产量与历史上的最高年产量比较，煤减少了一半以上，铁和钢减少了百分之八十以上，棉纺织品减少了四分之一以上。总的来讲，工业生产平均减产近一半。”[3] 再看农业生产，广大刚解放的地区，农村已陷入破产境地，灾情又极端严重，全国粮食产量比抗战前降低百分之二十一，棉花产量约相当于抗战前产量的百分之五十四点四，耕畜减少了百分之十六。各地的交通运输遭到严重破坏，城乡交流近乎隔绝，市场萧条。据联合国“亚洲及太平洋社会委员会”统计，这年中国人均国民收入二十七美元，不及印度的一半。如果国民经济不能迅速恢复和发展，从事大规模经济建设是无从谈起的。

新中国刚成立，毛泽东在一九五〇年就提出这样的设想：三年五年恢复，十年八年发展。一九五一年一月二十九日，他在政治局会议上说：今后大计，应该是三年准备，十年建设。所谓三年准备，应当是由

---

〔1〕中国工业经济联合会编《中国工业现代化进程》，中国经济出版社1999年9月版，第5页。

〔2〕国家统计局编《新中国五十年》，中国统计出版社1999年9月版，第7页。

〔3〕《李富春选集》，中国计划出版社1992年5月版，第96页。

一九五〇年算起，已经过去一年了。二月，他又要求：争取在一九五三年开始十年建设。

恢复国民经济的工作千头万绪，从何着手？新中国第一年起，人民政府在狠抓稳定物价、统一财经、调整工商业的同时，把兴修水利和铁路作为工作的重点。周恩来说过："我们要恢复经济从哪里着手呢？""兴修水利和兴修铁路这两项工作是为我们工农业发展开辟道路的工作。"〔1〕

"农业的恢复是一切部门恢复的基础，没有饭吃，其他一切就都没有办法。轻工业的原料，输出的产品，现在绝大部分都要依靠农业。"〔2〕在完成了土地改革的地区，如何增加农业生产和提高农民生活水平，是整个国民经济恢复和发展的基础。水利是农业的命脉，可以用来灌溉、航行，还可以用来发电，更重要的是关系着农业单位面积的增产。一九五〇年的水利工作是以治理连年泛滥成灾的淮河为重点。以后，就从防洪防汛、减少灾害提高到保持水土，发展水利。"国家用于水利建设的经费，与国民党政府水利经费最高年份相比，一九五〇年相当于他们的十八倍，一九五一年相当于他们的四十二倍，一九五二年相当于他们的五十二倍。"〔3〕在三年内，全国参加水利建设的总人数达到两千万人，完成的土方约十七亿立方米，荆江分洪和官厅水库等工程都是在这时开工的。"相当于十条巴拿马运河或二十三条苏彝士运河的水利工程修建起来了。"〔4〕拿华北地区来说，灌溉面积比一九四九年增加一倍。水利成为促进农业生产恢复和发展的重要因素。这是中国有史以来从未有过的大规模水利建设。

交通事业关系着城乡交流。它使农村和城市之间的生产可以得到交流，便于为城市提供粮食和工业原料，为农村提供纱布和许多生产资料，而农村又可以为城市的工业品提供市场。这个问题不解决，工业生

〔1〕周恩来向十八个专业会议代表和政府各部门负责人所作报告记录，1951年8月22日。

〔2〕《周恩来选集》下卷，第5页。

〔3〕许涤新：《中国过渡时期国民经济的分析（1949－1957）》，人民出版社1962年2月版，第28页。

〔4〕《我们伟大的祖国向着和平建设的大道前进》（社论），《人民日报》1952年10月1日。

产的恢复和发展是不可能的。其中，运输量大而又快捷的铁路最为重要。

新中国成立初，铁路工作首先抓修复工程，特别是津浦、京汉、粤汉、陇海、同蒲、京绥等几条干线，还抢修国民党军队撤退时破坏的淮河大桥、湘江大桥、珠江大桥等。经过铁路职工和人民解放军铁道兵团的共同奋战，抢修工作以惊人的速度进展，到一九四九年底，铁路里程的百分之八十已经通车。

一九五〇年起，又着手兴修三条铁路：成渝铁路、天（水）兰（州）铁路和柳州到镇南关（后改名睦南关）的铁路。成渝铁路是清朝末年以来四川人民强烈期待并受全国关注的一条铁路，也是新中国建成的第一条新线铁路。在旧中国，“一九三六年五月成立成渝铁路工程局，一九四六年开始动工，而且时修时辍。至一九四九年底解放前夕，完成的建筑安装工作量仅为全部工程的百分之十四，连一寸钢轨还未铺设”。[1] 四川一解放，尽管新的社会秩序还没有巩固，就决定修建成渝铁路。经中央批准后，在一九五〇年六月十五日举行开工典礼。最初投入施工的是解放军组成的五个军工总队共三万二千多人。以后，又有十万民工参加施工。到一九五二年七月一日，全线修成通车，是完全用中国的器材修建的。一九五二年七月起，又动工兴修从陕西宝鸡到四川成都的宝成铁路。这几条铁路的兴修，对活跃西南、西北的物资交流，改善全国铁路布局，起了重大作用。到一九五二年，全国共修复铁路近一万公里，新建铁路一千四百七十三公里。三年间，修复的公路三万多公里，新建公路两千多公里。内河货运量，一九五二年比一九五〇年增加一倍多。这就初步改变了解放前“行路难”的状况。

对经济建设的其他方面，也统一作出部署。对农村，主要是在已完成土地改革的广大地区努力增加农业生产和提高农民生活水平，并奖励劳动互助组的发展。在城市，要求提高和发展工业生产，首先是轻工业生产，并推行经济核算制，注意团结原有的技术人员，改善企业管理。

---

〔1〕 孙连捷：《天府修铁路，蜀道不再难》，《共和国的记忆》，人民出版社 1994 年 9 月版，第 525 页。

在此基础上，努力扩大城乡交流，活跃国内市场。

这些经济恢复工作，是在抗美援朝战争正在激烈进行的同时开展的。战争爆发后的一九五一年，抗美援朝的军事开支占了国家财政总支出的百分之三十，还需要做好应对可能发生的各种更严重情况的准备。周恩来形象地比喻道：陈云同志肩上好像挑着一担鸡蛋，一头是保障战争的需要，一头是继续保证物价的稳定，哪一头塌了，整担鸡蛋就都打烂了。这自然大大加重了恢复国民经济的困难。

新中国在中国共产党领导下，不仅勇敢地迎接这种挑战，并且进一步提出“边打、边稳、边建”的方针。“经济建设费在全部国家预算中，一九五〇年占百分之二十五点五；一九五一年占百分之二十九点五；一九五二年占百分之四十五点四。”〔1〕经济建设的财政投入每年都有不小增长。打这样一场大仗，又在国内开始建设工作，而财政赤字比原先并没有多少增加。周恩来充分肯定这个成绩。他说：“收税的机关是一两个，花钱的机关是一大堆，这的确不是一件容易搞的工作。所以掌握财政经济的同志，特别是陈云同志，在这方面的确是兢兢业业。我们能够保持这样一个平衡，在反动政权下面是不可设想的事情。”〔2〕经济建设费在国家预算中占这样高的比重，也是旧中国从来不曾有过的。

一九五二年已是为大规模经济建设从事准备的最后一年。这一年，全国国内生产总值为六百七十九亿元；工业总产值三百四十九亿元，比上年增长百分之三十点一，其中钢增长百分之五十，原煤增长百分之二十四点五，发电量增长百分之二十八点零七；全国农业总产值四百八十四亿元，比上年增长百分之十五点二，其中粮食增长百分之十四点零八，棉花增长百分之二十六点四八；全国基本建设投资总额比上年增长百分之八十五点七。这一年，全国市镇人口已从一九四九年的五千七百六十五万人增加到七千一百六十三万人，增加一千四百万人，人口城市化水平从百分之十点六四提高到百分之十二点四六。

在一九四九年至一九五二年这三年间，全国工农业总产值平均年递

〔1〕许涤新：《中国过渡时期国民经济的分析（1949—1957）》，第27页。
〔2〕周恩来向十八个专业会议代表和政府各部门负责人所作报告的记录，1951年8月22日。

增率达百分之二十一点一。其中增长得最快的是国有工业："从一九四九到一九五二年，国有工业的产值由三十六点八亿元增长到一百四十二点六亿元，按可比价格计算，增长了二点六倍。"[1] 这些都是中国历史上闻所未闻的奇迹。

中央财经领导小组办公室编写的《中国经济发展五十年大事记》把一九五二年的状况同一九四九年比较，总结道：

"至一九五二年底，全国工农业总产值比一九四九年增长百分之七十七点五，其中工业总产值增长百分之一百四十五，农业总产值增长百分之四十八点五，工农业主要产品的产量均已超过历史最高水平。"[2]

在工农业恢复和发展的基础上，国家财政收支不但达到平衡，并且略有节余。"三年恢复时期，财政总收入为三百八十二亿零五百万元，总支出为三百六十六亿五千六百万元，结余十五亿四千九百万元。"[3] 不仅保证了战争的需要和物价的稳定，而且开始了对重点建设的投资。

人民生活水平在这个时期有了显著提高。"一九五二年全国各地区职工的平均工资比一九四九年增加了百分之六十至一百二十，工人的工资收入一般已达到或超过抗日战争以前的水平。从一九五一年起，全国一百个职工以上的工厂矿山企业已普遍地实行了劳动保险制度。人民的购买力有很大提高。全国人民在一九五一年的购买力比一九五〇年提高了百分之二十五左右。"[4] 全国农业人口人平均乡村社会商品（包括消费品和农业生产资料）零售额，一九五二年比一九五〇年增长百分之四十一点五，平均每年递增百分之十八点五。在农业生产条件较好的地区，农民口粮已以稻米、面粉等细粮为主；多数地区的农民由过去以糠

[1] 中国工业经济联合会编《中国工业现代化进程》，第7页。

[2] 中央财经领导小组办公室编《中国经济发展五十年大事记》，人民出版社、中共中央党校出版社1999年10月版，第51—52页。本书中各年产值数字，除另注明者外均引自该书。

[3] 陈如龙主编《当代中国财政》（上），中国社会科学出版社1988年9月版，第81页。

[4] 薄一波：《中华人民共和国三年来的成就》，《新华月报》1952年10月号。

菜为主变成以玉米、高粱等粗粮为主。过去农民买不起的搪瓷面盆、热水瓶、细布、胶鞋等，也开始比较普遍地购进。

透过这些数字不难看到：这样高的增长速度，虽有恢复的性质，依然是惊人的。它使整个国家呈现出蒸蒸日上的生机和活力。对遭受了百年屈辱和苦难的中国人来说，抬起了头，不仅感到有了安定的生活，而且对未来充满希望。这是人们普遍的心理。

文教事业也有新的发展。旧中国百分之九十的人是文盲。新中国成立后的三年内，开展了大规模的扫除文盲活动；小学生增加一倍多；创办工农速成中学；高等学校进行院系调整，大幅度提高工科的比重，培养大规模经济建设所需要的人才；在知识分子中开展思想改造运动。对戏曲工作，提出“百花齐放，推陈出新”的方针。新的文艺作品，在电影方面有《白毛女》、《钢铁战士》、《赵一曼》、《翠岗红旗》等；话剧有《龙须沟》等；歌曲有《歌唱祖国》、《中国人民志愿军战歌》等；戏曲有《梁山伯与祝英台》、《罗汉钱》、《将相和》等；长篇小说有《铜墙铁壁》、《新儿女英雄传》等。大部分文工团改成专业剧团。这段时间内进行了对电影《武训传》的批判。它的目的是借此提倡用马克思观点研究历史人物，是有积极意义的；但存在片面性、粗暴和上纲过高，开了用政治批判来解决学术问题的不好的先例。在卫生工作方面，确定了“面向工农兵、预防为主、团结中西医”三大原则，在全国范围内开展了大规模的爱国卫生运动。

毛泽东在一九五二年八月的一次会上说：“我们国家有前途，有希望。过去我们想，国民经济是否三年可以恢复。经过两年半的奋斗，现在国民经济已经恢复，而且已经开始有计划的建设了。”〔1〕

尽管发生了抗美援朝战争，恢复国民经济的艰巨任务，仍在三年内按原计划超额完成，这确是许多人原来没有想到的。民主革命遗留的任务也已基本完成。中国展开大规模经济建设的基本条件已经具备。中华人民共和国历史揭开了新的一页。

〔1〕毛泽东在中国人民政治协商会议第一届全国委员会第38次会议上的讲话，1952年8月4日。

第十九章

社会主义基本制度的建立

开始大规模经济建设，把中国建成一个繁荣富强的现代化国家，是几代中国人一百多年来梦寐以求的理想。中国近代的民族民主革命也好，新中国最初几年的社会改革和经济恢复也好，都是为实现这个目标扫清障碍，创造必要的前提。离开这些前提，不首先集中力量解决这些问题，现代化便不可能实现。

中国的大规模经济建设，是在经济十分落后的基础上起步的。这是它的重要特点。一九五二年，全国农业总产值仍明显高于工业总产值，中国仍是一个落后的农业国家。“从工业来看，我国在一九五二年的工业水平，不仅落后于苏联一九二八年的水平，而且落后于东欧各人民民主国家的第一个五年计划的水平。作为国家经济发展水平主要标志的现代工业在工农业总产值中的比重：中国一九五二年是百分之二十六点七；苏联一九二八年是百分之四十五点二；波兰一九四九年是百分之六十五点五；捷克一九四八年是百分之七十五。按人口平均的工业产品产量，一九五二年，我国比苏联和几个主要资本主义国家都落后很多。钢：中国是二点三七公斤，苏联是一百六十四点一公斤，美国是五百三十八点三公斤，日本是八十一点七公斤；发电量，中国是二点七六度，苏联是五百五十三点五度，美国是二千九百四十九度，日本是六百零四点一度；棉布：中国是五点四米，苏联是二十三点六米，美国是五十五点四米。工业水平落后，还表现在许多工业部门还未建立起来。”〔1〕从这样低下的社会生产力水平出发进行大规模经济建设，又缺乏必要的建设人才、经验和资料，其艰难可想而知。

是不是可以等条件更好、更有经验的情况下再开始大规模的经济建设？当然不能。国际和国内的局势也不容许那样做。有志气的中国人没有被困难吓倒，而是下定决心，迎难而上。从一九五三年起，这场大规模经济建设，就热气腾腾地在中国大地上全面铺开。这是人们在中国国土上从来没有看见过的令人振奋的景象。这一年，《人民日报》发表元旦社论，兴奋地写道：

“一九五三年将是我国进行大规模建设的第一年。”

“国家建设包括经济建设、国防建设和文化建设，而以经济建设为基础。”

“工业化——这是我国人民百年来梦寐以求的理想，这是我国人民不再受帝国主义欺负不再过穷困生活的基本保证，因此这是全国人民的最高利益。全国人民必须同心同德，为这个最高利益而积极奋斗。”〔2〕

一九五三年也是开始实行发展国民经济的第一个五年计划的第一年。进行大规模的有计划的经济建设，对中国人来说是一件陌生的工作：没有编制长期经济建设计划的经验；对全国资源情况缺乏调查，统计资料很少，而这是确定一些重大建设项目所必需的；抗美援朝战争仍在进行；苏联援助建设的重点工程项目没有完全敲定下来，还存在许多不确定因素。所以，第一个五年计划只能是边编制，边实行，不可能在有了一个完善计划后才起步。“从开始编制到正式颁布的四年间，大的修改有六次。”〔3〕

〔1〕柳随年、吴群敢主编《中国社会主义经济简史》，第94页。

〔2〕《迎接一九五三年的伟大任务》（社论），《人民日报》1953年1月1日。

〔3〕董志凯、吴江：《新中国工业的奠基石——156项建设研究》，广东经济出版社2004年5月版，第110页。

第一个五年计划编制的经过大致是这样的：先在陈云主持下，由各财经部门分别搞出五年期间工作的初步设想材料。这是计划编制工作的重要基础，但还缺少一个整体性的考虑。一九五二年七月初，周恩来写信给毛泽东，提出："在七月份我拟将工作重心放在研究五年计划和外交工作方面。""对五年计划，当着重于综合工作，俾能向中央提出全盘意见，并准备交涉材料。"〔1〕这里讲的"交涉材料"，是指准备同苏联谈判的材料。经过一个月左右的紧张工作，周恩来执笔写成《三年来中国国内主要情况的报告》，并提出五年计划的方针和任务。在此基础上，由他主持在八月中旬写成《中国经济状况和五年建设的任务》，对五年建设的方针和各项主要指标作了详细的阐述。八月十五日，周恩来率领中国代表团（成员有陈云、李富春等）访问苏联，同斯大林和苏共中央交换意见，并商谈要求苏联给予的援助。当五年计划的大致方针确定后，第一个五年计划的具体编制工作在陈云、李富春主持下进行。计划草案初稿，又经毛泽东、刘少奇、周恩来、李富春等在广州用二十来天时间仔细地审核修改。最后，在一九五五年七月召开的第一届全国人民代表大会第二次会议上正式审议通过。

第一个五年计划以苏联帮助中国设计的一百五十六个建设项目为中心，有限额以上的建设项目六百九十四个。它的中心环节是重工业，主要是能源（煤炭、电力、石油）、原材料（钢铁、有色金属、基本化学工业）、机器制造（机床、重型机床、锅炉、电机、汽车、飞机、船舶、兵器）等空白和薄弱的工业。

在国民经济恢复时期，中国发展生产首先强调的是农业和轻工业，因为这是人民生活所需要，积累资金也比较快。刘少奇在一九五一年七月的一次讲话中就说过："经济建设要有步骤，先搞什么，后搞什么，总要有个先后轻重。首先恢复农业以及一切可能恢复的工业。""其次发展农业和轻工业以及必要的可能的重工业，如造点机器、汽车，然后发展重工业。然后依靠重工业再进一步去发展农业和轻工业"。〔2〕当时也

---

〔1〕《周恩来书信选集》，第474页。

〔2〕《刘少奇论新中国经济建设》，中央文献出版社1993年10月版，第203、204页。

是那样做的。而到制定第一个五年计划时却改变为突出强调“五年建设的中心环节是重工业”，那是什么原因呢？只要看一看当时中国经济的实际情况就可以明白。

半殖民地半封建旧中国遗留下来的经济结构，不仅极端落后，而且是畸形的。“当时，工业产值在工农业总产值中的比重不到百分之三十（引者注：其中现代工业的产值只占百分之十七）；而重工业尤为落后，其产值在工业产值中只占百分之四十。”〔1〕以钢为例，如前所述，中国一九五二年人均产量只有二点三七公斤，而同期苏联已达到人均一百六十四点一公斤。再拿机械工业来说：“旧中国的机器工业，即使是机器工业最发达最出色的上海，也是带有殖民地性质的，大多数机器工厂只能为英美进口机器做些修补性的工作，最多也只能做些小的普通的机器，而不能独立地制成成部的或成套的重型机械”。〔2〕中国人不但不能造飞机、汽车、拖拉机，连块手表也不能造，都要向外国购买。朝鲜战争发生后，重工业如此落后的状况更难同国防需要相适应。而轻工业那时由于受到原料和市场等条件的限制，已有的那点设备的利用率还很低，仍有增产潜力。可见，当国民经济得到恢复、国家有了一定经济力量后把重工业作为经济建设的中心环节，是符合当时中国国情的实际需要的，而不是简单地照搬苏联模式。

上面所说这种状况不改变，就没有中国经济的独立自主可言，也没有巩固的国防可言，更没有现代化可言，甚至会受制于人。这是关系国家生死存亡的问题。李富春在《关于发展国民经济的第一个五年计划的报告》中对这一点作了说明：

“只有建立起强大的重工业，即建立起现代化的钢铁工业、机器制造工业、电力工业、燃料工业、有色金属工业、基本化学工业等，才可能制造现代化的工业设备，使重工业和轻工业得到技术改造；才可能供给农业以拖拉机和其他现代化的农业机械，供给农业以充足的肥料，使

〔1〕周传典等主编《当代中国的钢铁工业》，当代中国出版社1996年12月版，第47页。

〔2〕李翼：《新中国的第一座重型机器厂》，《人民日报》1953年1月1日。

农业得到技术改造；才可能生产现代化的交通工业，如火车头、汽车、轮船、飞机等等，使运输业得到技术改造；才可能制造现代化的武器装备保卫祖国的军队，使国防更加巩固。同时，只有在发展重工业的基础上，才能够显著地提高生产技术，提高劳动生产率，不断增加农业生产和消费品工业的生产，保证人民生活水平的不断提高。”〔1〕

初步建立起这样一批重工业骨干企业，今天看起来也许很平常，但在当时的中国，确实是令人兴奋的重大突破。

把重工业作为五年建设的中心环节，是不是意味着忽视农业和轻工业？不是。周恩来在全国政协常委会上作了说明：“所谓集中主要力量，不是集中一切力量，不是要冒进；不是搞重工业，其他问题都不搞了。”他说：“轻工业是保证（人民）需要的。”现在人民的购买力一天比一天提高，“既然有这样大的购买力，就要逐步地满足他们的需要，就要相应地发展轻工业。同时，轻工业发展了，就便于积累资金。所以对轻工业的相应发展，我们国家是不能忽视的。”他又说：“发展农业这个问题也是大家很清楚的。不发展农业，我们的粮食就不够吃。”所以，“要经常注意，不能忽视。”〔2〕这种思路同苏联显然有着区别。在中国大规模经济建设刚起步的时候，就能敏锐地注意到这些问题，实在很不容易。

进行这样大规模的经济建设，对中国人来说，有些方面连常识都没有，但又不能等待有了足够成熟的条件后再动手。这样，困难自然很多很大，建设工作只能边摸索边大胆地向前闯，有些缺陷也难以完全避免。但就在这样的条件下，取得的成就依然令人振奋。

过渡时期总路线的提出

进行现代化建设，有一个方向问题：是社会主义现代化，还是资本

---

〔1〕《李富春选集》，第135—136页。

〔2〕周恩来在政协第一届全国委员会常务委员会第49次（扩大）会议上的报告记录，1953年9月8日。

主义现代化。这个前提，在一开始就得弄清楚。

在中国建立社会主义制度，并不是新问题，也不是突然提出来的。“中国共产党从来把实现社会主义作为自己的政纲。它认为，中国要确保国家的独立和统一，发展国民经济，实现繁荣富强，使劳动人民免遭剥削和贫困，只有社会主义才是唯一的出路。”〔1〕这是人所共知的。绝大多数中国人也希望走共同富裕的道路，不愿出现建设成果主要被少数人享有那种贫富悬殊的状况。新民主主义社会本来就是向社会主义社会的过渡阶段。《共同纲领》中的经济部分已规定要在实际上保证向这个前途走去。

为什么过渡时期总路线是在一九五三年快到来时考虑提出的呢？除了第一个五年计划和大规模经济建设将要开始以外，更重要的是：同一九四九年相比，中国社会经济结构内部公私经济比重已发生转折性变化、在工商业领域内社会主义力量已超过资本主义这一现实。这个变化在长时间内是悄悄地逐步演进的，最初并没有被清晰地认识到。一九五二年八月，周恩来在准备去苏联商谈第一个五年计划时准备的报告提纲中，有一段极其值得注意的话，说明中国的社会经济形态已经和正在逐步发生变化：

“工业总产值公私比重，已由一九四九年的百分之四十三点八与五十六点二之比，变为一九五二年的百分之六十七点三与三十二点七之比。私营商业在全国商品总值中的经营比重，已由一九五〇年的百分之五十五点六降为一九五二年的百分之三十七点一，但在零售方面，私商经营一九五二年仍占全国零售总额的百分之六十七。”

“毫无疑问，国营工商业今后的发展将远远超过私营工商业的发展，而且会日益加强其控制力量。”〔2〕

何况，数量上已不再占优势的私营工业，大部分又承办着加工业

〔1〕《胡乔木文集》第2卷，人民出版社1993年7月版，第252页。

〔2〕周恩来：《三年来中国国内主要情况及今后五年建设方针的报告提纲》，1952年8月。

务，接受国家订货和收购包销产品；私营商业也开始为国营商业代销。随着大规模经济建设的开始，扩大国有经济的步伐更在大大加快。第一个五年计划中的一百五十六项重点工程都是国有经济，属于社会主义性质。农村中互助合作的发展，也在迅速地增加社会主义因素。

这是一个关键性的事实。人的认识总是需要在实践中不断接受检验和校正。人们原来以为，中国社会将在未来的某一天通过宣布国有化这样“严重的社会主义步骤”而一步跨入社会主义。刘少奇在一九五一年七月说过：“采取进入社会主义的步骤，第一步是实行工业国有化，就是将私人工业收归国有。小工厂、手工业一下子还不能国有化，要把三十人以上的工厂收归国有。这是严重的社会主义步骤，一步就进入社会主义，其性质是破坏资本主义私有制，所以，没有准备好就不能走这一步。工业国有化是一天早晨的事，全国人民代表大会一通过，第二天就执行。土地改革法通过了好久没有实行，工业比农业集中，好实行。对私有制逐步动摇是错误的，先不动让它发展，以便到那一天拿过来。”〔1〕这反映了当时许多中央领导人的共同认识。

实际生活却表明：从新中国成立开始，中国事实上已经在逐步向社会主义过渡。到一九五二年，无论在工业和商业中，社会主义成分不仅早已控制着国民经济的命脉，而且在数量上也已取得优势，这种优势地位还在不停地大幅度加强。农业方面，随着互助合作组织的发展，集体经济的比重也在迅速上升。这个原来没有认识到的新的事实，不能不引起中共中央极大关注，觉得需要对事情重新考虑，并作出新的决断。

毛泽东最早谈到如何向社会主义社会过渡的新设想，正是在一九五二年九月二十四日听取周恩来报告同苏联商谈第一个五年计划情况的那次中央书记处会议上。薄一波当时记录下毛泽东在会上的讲话：

“十年到十五年基本上完成社会主义，不是十年以后才过渡到社会主义。二中全会提出限制和反限制，现在这个内容就更丰富了。工业，

〔1〕《刘少奇论新中国经济建设》，第210—211页。

私营占百分之三十二点七，国营占百分之六十七点三，是三七开；商业零售是倒四六开。再发展五年，比例会更小（资小我大），但绝对数字（指资）仍会有些发展，这还不是社会主义。五年以后如此，十年以后会怎么样，十五年以后会怎么样，要想一想。”[1]

薄一波在回忆录中写道：

“毛主席的这些话，给我极深的印象。因为这不仅是初次听到他对我国如何向社会主义过渡的论述，更感到这是他依据形势的发展变化所作出的新的判断。对于他的论点，中央其他领导同志没有提出异议，并连续召开中央书记处会议进行了讨论。”[2]

显然，这正是从事实的发展中找到的新答案。那是一个异常重要的决断，并且没有任何历史先例可援，所以中共中央和毛泽东采取十分慎重的态度，不急于作出结论。十月间，刘少奇率领代表团前往莫斯科参加苏联共产党第十九次代表大会。毛泽东委托刘少奇就这个问题征求斯大林的意见。刘少奇在十月二十日给斯大林的信中，再次引用周恩来八月间带去的那个报告中关于公私经济力量比重变化的数字，接着写道：

“在十年以后，中国工业将有百分之九十以上是国有的，私人工业不到百分之十，而这些私人工业又大体都要依赖国家供给原料、收购和推销它们的成品及银行贷款等，并纳入国家计划之内，而不能独立经营。到那时，我们就可以将这一部分私人工业不费力地收归国家经营。

在征收资本家的工厂归国家所有时，我们设想在多数的情形下可能采取这样一种方式，即劝告资本家把工厂献给国家，国家保留资本家消费的财产，分配能工作的资本家以工作，保障他们的生活，有特殊情形者，国家还可付给资本家一部分代价。

---

〔1〕 薄一波给田家英的信，1965年12月30日。

〔2〕 薄一波：《若干重大决策与事件的回顾（修订本）》上卷，第221页。

我们估计：到那时，中国的资本家可能多数同意在上述条件下把他们的工厂交给国家。”[1]

信中还谈了农业和手工业合作化的问题，并说明这是中国共产党所设想的怎样过渡到社会主义去的大体方法。这些意见得到斯大林的同意。

毛泽东接着在一些会议上和外出调查时，又多次谈到如何向社会主义过渡的问题，听取各方面的意见。经过九个多月的酝酿和准备，他在一九五三年六月十五日中央政治局会议上，正式提出过渡时期的总路线，并且作了比较系统的阐述。这年八月十一日，历时两个月的全国财经会议结束时，明确宣布了党在过渡时期的总路线。十二月，经中共中央批准、由中央宣传部制发的关于党在过渡时期总路线的学习和宣传提纲中，引用毛泽东的话，对这条总路线作出经过反复斟酌后的表述：

“从中华人民共和国成立，到社会主义改造基本完成，这是一个过渡时期。党在这个过渡时期的总路线和总任务，是要在一个相当长的时期内，逐步实现国家的社会主义工业化，并逐步实现国家对农业、对手工业和对资本主义工商业的社会主义改造。这条总路线是照耀我们各项工作的灯塔，各项工作离开它，就要犯右倾或‘左’倾的错误。”[2]

这是中国共产党对如何向社会主义过渡的新认识和新决策。它的中心内容，被概括为“一体两翼”或“一化三改”。“一体”和“一化”，指的是社会主义工业化。“两翼”或“三化”，指的是对农业、对手工业和对资本主义工商业的三大社会主义改造。所说的“一个相当长的时期内”，当时的估计是十到十五年。

把社会主义工业化规定为在中国建立社会主义基本制度的主体，这一点十分重要，是不能忽略的。而“三大改造”是它的两翼，不是主

〔1〕《建国以来刘少奇文稿》第4册，中央文献出版社2005年4月版，第526页。
〔2〕《建国以来重要文献选编》第4册，中央文献出版社1993年7月版，第700—701页。

体，更不是全体。

它体现了发展生产力和变革生产关系的辩证关系。社会主义工业化，自然是大大提高生产力水平，同时也扩大了整个国民经济中的社会主义比重，对建成社会主义基本制度起着决定性的作用。“三大改造”，是变革生产关系，解放生产力，又对社会主义工业化起了有力的推进作用。

在这条总路线正式提出前后，其他中央领导人也在各种场合作报告，对它进行阐述。其中，讲得最多的是周恩来。

他在全国财经会议的预备会议上说到向社会主义过渡是一个自然的过程：

“我们新民主主义的制度是一个过渡的制度，这个社会是一个过渡的社会。这个过渡时期的每时每刻都在增长社会主义成分：国家经济的发展就是增加社会主义成分；半社会主义合作社的增长也在增加社会主义成分；公私合营企业的发展也是增加社会主义成分；农业里边的互助合作的增加也是增加社会主义成分；经济集体主义已有了雏形，有了胚胎。最后走完了这个过渡阶段，就到达了社会主义社会。”[1]

他在政协第一届全国委员会第四十九次常务委员会扩大会议上，对为什么要在这个时候提出过渡时期总路线作了说明：

“这个问题本来不是一个新的问题。从中华人民共和国成立时起，我们就认定新民主主义要过渡到社会主义。《共同纲领》中虽然没有写社会主义的前途，但这是因为考虑到当时写上去还不成熟。所谓不成熟，不是说在领导分子中间还不了解，而是说还要经过对广大群众的宣传教育。现在提出这个问题，是为了把它更明确起来，使它具体化。”

“为什么现在把这个问题明确化？因为过去几年忙于抗美援朝、土

---

〔1〕 周恩来在全国财经会议预备会议上的报告记录，1953年6月12日。

地改革、镇压反革命、三反、五反、思想改造等各种社会改革运动。现在，朝鲜战争已经停止，各项社会改革已基本完成，国家已经转入建设，并且经过将近四年的摸索，已经可以肯定，经过国家资本主义这样一个形式去完成对于私营工商业的社会主义改造是一个比较健全的方针和办法。”

“由新民主主义到社会主义虽然是一场革命，但可以采取逐步的和平转变的办法，而不是在一天早晨突然宣布实行社会主义。在过渡时期中，要使社会主义成分一天一天增加。过去我曾与盛丕华先生说过，将来是‘阶级消灭，个人愉快’。就是说采取逐步过渡的办法，做到‘水到渠成’。”〔1〕

他在全国组织工作会议上，又针对党内的一些模糊认识说：

“这一点，不仅在党外有些人不明白，就是我们党内很多同志，有时在思想上也是模糊的。大概有两种模糊的想法：一种想法，就是认为新民主主义革命胜利了，大概要停顿一个时期，到另外一个时候，有那么一天，宣布社会主义革命，宣布资本主义生产工具国有化、土地国有化，这才叫社会主义革命。这样，中间就造成一种停止状态、不变状态。这是不可能的，也是不应该的。这种想法是错误的。另一种想法，就是认为像东欧兄弟国家一样，人民民主革命胜利了不久，就宣布实行社会主义化，就把多少人以上的工厂没收，国有化，这是一种快的办法，不是经过很长时期”。“我们一下子采取东欧的办法，宣布国有化，取消资本主义的私人所有制是不行的。这会给我们国家经济生活造成很大的混乱，使工人、店员失业，我们没有法子担负。这是一种急躁冒进的、盲动的办法。但是那种停止不变的、等待的想法也是错误的，那是右倾的错误。所以我们既不能等待，也不能冒进。因此，我们就要明确认识我们过渡时期的任务和路线，根据中国的情况，依照马克思主义的

〔1〕周恩来在政协第一届全国委员会常务委员会第49次（扩大）会议上的报告记录，1953年9月8日。

普遍真理，逐步地过渡到社会主义。这就是毛主席在二中全会决议上已经指示了的方向，现在更把它明确化起来。”〔1〕

邓子恢不久后也说：“新民主主义革命已经结束，已经成功；现在进入社会主义，已经开始走向社会主义，但又还没有到达，这就是过渡时期。”〔2〕

这些坦率而实在的话，把问题讲得很透彻，说明这条总路线是适应历史需要提出的，是推动历史前进的。中共十一届六中全会通过的《关于建国以来党的若干历史问题的决议》中，也作出这样的论断：“历史证明，党提出的过渡时期总路线是完全正确的。”

人民代表大会制度的建立

人民代表大会制度，是新中国的根本政治制度。

胜利结束经济恢复时期而进入大规模建设时期，按照《共同纲领》的规定，应当召集全国人民代表大会和地方各级人民代表大会，选举中央和地方的人民政府。在全国人民代表大会上，还要通过宪法和国家建设计划。这是既定的目标，是中国政治生活中的大事。

在这以前的三年时间里，忙于进行巨大的社会改革和经济恢复工作，实行人民代表大会制度的条件还不具备。在这种情况下，采取由中国人民政治协商会议的全体会议代行全国人民代表大会职权、而由地方各级人民代表会议逐步代行地方各级人民代表大会职权的办法。同时，由于还没有制定宪法，中国人民政治协商会议《共同纲领》暂时代替了宪法的一部分作用。这在当时是完全必要的过渡办法。但它已不适合大规模社会主义建设时期的需要。全国绝大多数人民在经过土地改革和其他社会改革以后，已经具备选举自己政府的条件，需要经过这样的普

〔1〕 周恩来在中共第二次全国组织工作会议上的政治报告记录，1953 年 9 月 29 日。

〔2〕《邓子恢自述》，人民出版社 2007 年 11 月版，第 193 页。

选，把人民满意和认为必要的人选为代表和政府成员。人民民主权利的发挥，将更加密切人民政府同人民群众之间的联系，大大提高人民群众的积极性，顺利推进建设计划的实现。

一九五三年一月十三日，当第一个五年计划开始实行时，中央人民政府委员会举行会议，作出《关于召开全国人民代表大会及地方各级人民代表大会的决议》，规定："于一九五三年召开由人民用普选方法产生的乡、县、省（市）各级人民代表大会，并在此基础上接着召开全国人民代表大会。在这次全国人民代表大会上，将制定宪法，批准国家五年建设计划纲要和选举新的中央人民政府。"〔1〕

为了进行普选，首先进行了中国历史上第一次人口普查。以一九五三年六月三十日二十四时为标准来计算，全国人口为六亿零一百九十一万二千三百七十一人，其中大陆居民为五亿八千零六十万人（本书以后所引全国人口总数，都按大陆人口总数计算）。在人口普查基础上，进行选民登记。各地都张贴了红色的选民榜。当时，能不能领到选民证是人们极其关注的事情。领到的就觉得自己是国家的主人而十分自豪。参加投票的占选民的百分之八十五点八八。到一九五四年六月至八月，各地先后经过民主选举产生各省、直辖市和自治区人民代表大会代表和全国人民代表大会代表。人口普查时，各地自报民族名称有四百多个，经国家研究后确认了五十三个少数民族（以后，一九六五年珞巴族被国务院确认为单一少数民族，一九七九年基诺族被确认为单一少数民族，中国五十五个少数民族的识别工作基本完成）。

一九五四年九月十五日，中华人民共和国第一届全国人民代表大会第一次会议在北京隆重开幕。它是在过渡时期总路线提出后不久举行的。这次大会最重要的任务是制定宪法。大会通过的第一部《中华人民共和国宪法》规定："中华人民共和国是工人阶级领导的、以工农联盟为基础的人民民主国家。""中华人民共和国的一切权力属于人民。人民行使权力的机关是全国人民代表大会和地方各级人民代表大会。""中华

〔1〕《建国以来重要文献选编》第4册，第16—17页。

人民共和国是统一的多民族的国家……各少数民族聚居的地方实行区域自治。”“中华人民共和国依靠国家机关和社会力量，通过社会主义工业化和社会主义改造，保证逐步消灭剥削制度，建立社会主义社会。”大会接受中国共产党在过渡时期的总路线，《宪法》的序言中写道：“从中华人民共和国成立到社会主义社会建成，这是一个过渡时期。国家在过渡时期的总任务是逐步实现国家的社会主义工业化，逐步完成对农业、手工业和资本主义工商业的社会主义改造。”〔1〕这就把过渡时期总路线在国家的根本大法中规定下来，成为全国人民共同的意志和奋斗目标。《共同纲领》的历史任务已经完成了，需要这样一部宪法来代替。这是中国第一部社会主义性质的宪法，它的意义十分重大。

大会选出毛泽东为中华人民共和国主席，朱德为中华人民共和国副主席，刘少奇为全国人大常务委员会委员长，宋庆龄等十三人为副委员长；决定周恩来为国务院总理。

毛泽东在这次大会的开幕词中有几句十分有名的话：“我们正在做我们的前人从来没有做过的极其光荣伟大的事业。我们的目的一定要达到。我们的目的一定能够达到。”〔2〕充分表达出中国人民那种自豪感和坚定决心。

十二月下旬，政协举行第二届全国委员会第一次会议。会议通过《中国人民政治协商会议章程》。其中写道：“中国人民政治协商会议全体会议代行全国人民代表大会职权的任务已经结束。但是中国人民政治协商会议，作为团结全国各民族、各民主阶级、各民主党派、各人民团体、国外华侨和其他爱国民主人士的人民民主统一战线的组织，仍然需要存在。”“中国人民政治协商会议全国委员会根据《中国人民政治协商会议章程》的总纲，就有关国家政治生活和人民民主统一战线的重要事项，进行协商和工作。”〔3〕会议选举周恩来为政协第二届全国委员会主席。

---

〔1〕《建国以来重要文献选编》第5册，中央文献出版社1993年11月版，第520、522页。

〔2〕《毛泽东文集》第6卷，第350页。

〔3〕《建国以来重要文献选编》第5册，第705、708页。

人民代表大会制度、多党合作和政治协商制度、民族区域自治制度，这三项中华人民共和国的基本政治制度，在一九五四年确立了起来。

在人口普查中，人们注意到一个新的问题：新中国成立后，人口迅猛增长。全国人口总数在一九五三年底已近六亿，到一九五四年超过六亿，达到六亿零二百六十六万人，比一九四九年底增加六千零九十九万人。这在当时是可以理解的，建国后，国内环境由长期战乱转入和平安定，人民生活明显改善，医疗卫生防疫工作和妇幼保健事业得到改善。危害人民生命的急性传染病得到一定的控制。因此，人口出生率从一九五〇年至一九五四年一直保持在千分之三十七以上的高水平，而人口死亡率却自一九四九年的千分之二十下降到一九五四年的千分之十三点一八。[1] 但人口增长速度过快的负面影响已经显现，加重了社会负担，不利于经济发展。

最早提出这个问题的是时任政务院副总理的邓小平。他在一九五三年八月就写信指示卫生部帮助群众节育。一九五四年五月二十七日，全国妇联副主席邓颖超写信给邓小平说："目前我国人口出生数相当高，首先在机关中的多子女母亲和已婚干部的自愿节制生育实行避孕者中，推行有指导的避孕，是可行而又必须的。"邓小平在信上批示："我认为避孕是完全必要的和有益的"，"应采取一些有效的措施。"[2] 卫生部据此先后发了两个文件。

一九五四年九月，邵力子在第一届全国人大第一次会议上发言，主张要节制生育、控制人口增长和传播避孕知识。十二月，刘少奇在一次座谈会上明确表示："现在我们要肯定一点，党是赞成节育的。""人口增加后有没有困难？有困难，困难很多，而且一下子解决不了。""因此，应当赞成节育，不应反对。反对的理由都不能成立。"[3]

一九五五年七月，北京大学校长、著名经济学家马寅初在第一届全

〔1〕 国家统计局编《新中国五十年》，第533页。

〔2〕 常崇煊主编《当代中国的计划生育事业》，当代中国出版社1992年3月版，第6页。

〔3〕《刘少奇选集》下卷，第171、172页。

国人大第二次会议上作了《控制人口与科学研究》的发言。第二年九月，周恩来在中共八大所作关于第二个五年计划的报告中说："我们赞成在生育方面加以适当的节制。卫生部门应该协同有关方面对于节育问题进行适当的宣传，并且采取有效的措施。"〔1〕这是中国共产党第一次在公开发表的文献中提出节育问题。同年十一月，他在中共八届二中全会上更着重地谈了这个问题，说："昨天我在政治局会议上说了，要提倡节育。这个问题的发明权本来是邓小平同志的，后来邵力子先生在人民代表大会上讲了。我们的党和青年团要用一定的力量宣传这个问题。这实际上是广大人民所需要的，首先是城市人民所需要的。""我觉得甚至提倡晚婚也是有好处的。"〔2〕

"计划生育"的问题是毛泽东在一九五六年提出来的，这比节制生育又进了一步。他在这年十月同南斯拉夫妇女代表团谈话时说："社会的生产已经计划化了，而人类本身的生产还是处在一种无政府和无计划的状态中。我们为什么不可以对人类本身的生产也实行计划化呢？我想是可以的。我们有一位民主人士叫邵力子，他就提倡节育。"〔3〕

在这种情况下，一九五五年和一九五六年的人口出生率都有下降：从一九五四年的千分之三十七点九七，下降到一九五五年的千分之三十二点六，再下降到一九五六年的千分之三十一点九。

热气腾腾的社会主义工业化建设

过渡时期总路线的"一体两翼"，说明社会主义工业化是中国向社会主义过渡的主体。社会主义是建立在现代化大生产基础上的。衡量中国是不是已具有建立社会主义制度的基本条件，首先决定于社会主义工业化是否取得重大进展，是否在国民经济中处于优势地位，而不是别的。它是对整个国民经济实行社会主义改造的物质基础。离开这一条，

〔1〕《周恩来经济文选》，中央文献出版社1993年2月版，第324页。

〔2〕《周恩来选集》下卷，第231页。

〔3〕《毛泽东文集》第7卷，人民出版社1999年6月版，第153页。

别的什么都谈不上。

中国是在经济极其落后的基础上起步，开展大规模工业建设的。毛泽东在一九五四年六月说过一段现在常被引用的话："现在我们能造什么？能造桌子椅子，能造茶碗茶壶，能种粮食，还能磨成面粉，还能造纸，但是一辆汽车、一架飞机、一辆坦克、一辆拖拉机都不能造。"〔1〕既缺乏经验，又缺乏资金和必要的技术，要进行这样大规模工业建设的困难不难想象。但它有几个十分重要的条件：新中国的成立实现了民族独立和人民解放，人民大众成了国家的主人，有着强烈的自豪感和使命感，长期蕴藏着的巨大积极性和创造力像火山一样突然喷发出来，这是无穷的力量源泉；二是中国共产党提出正确的奋斗目标，并且有着强大的动员和整合能力，能够把全国的力量集中起来，办成几件前人无法做到的大事；三是经过前三年的准备，遭长期战乱破坏的国民经济已经得到恢复，政治上已形成统一而稳定的局面，这是进行大规模建设必需的环境；四是当时也得到苏联很大的帮助，特别是有许多技术专家来到中国参加建设工作。没有这些条件，要在如此落后的基础上开展大规模的建设是难以做到的。

中国的社会主义工业化建设，特别是重工业建设，从一九五二年就开始着手。其中特别受人们关注、在初期被称为"重中之重"的是鞍山钢铁公司"三大工程"的建设：八百毫米的大型轧钢厂、一百四十毫米的无缝钢管厂和九百十八立方米的七号高炉。中国近代工业建设中所需的大型钢材，多年来一直依赖从国外进口。这座大型轧钢厂建成后，可以把鞍钢原来所产的大批钢坯制成建筑铁路、桥梁及各种大型建筑所必需的大型钢材，如钢轨、工字钢、槽钢、方钢及轧制无缝钢管所用的钢坯等。无缝钢管在新中国即将到来的大规模经济建设中，无论勘探地下矿藏，开采石油，建设火力发电厂、炼油厂与化学工厂，还是生产火车头、轮船、飞机、汽车和拖拉机，都是不可缺少的重要器材，以往也只能从国外进口，无缝钢管厂建成后，便能解决这方面的需要。改建鞍钢

〔1〕《毛泽东文集》第6卷，第329页。

炼铁厂第七号高炉，不仅可使这座停止生产已久的高炉复活，并且将把它改建成中国第一座自动化高炉。《人民日报》从一九五三年一月三日起，连续三天分别介绍这“三大工程”。中共中央发出“全国支援鞍钢”的号召，国内有五十五个城市、一百九十九个企业从人力、物资、设备等方面支援鞍钢。这“三大工程”在一九五三年十月至十二月相继竣工。十二月二十四日，毛泽东写信给鞍钢全体职工祝贺：

“鞍山无缝钢管厂、鞍山大型轧钢厂和鞍山第七号炼铁炉的提前完成建设工程并开始生产，是一九五三年我国重工业发展中的巨大事件。”

“我国人民现正团结一致，为实现我国的社会主义工业化而奋斗，你们的英勇劳动就是对于这一目标的重大贡献。”〔1〕

一九五五年八月，大型综合性钢铁基地武汉钢铁公司开工兴建。一九五七年，另一个大型综合性钢铁基地包头钢铁公司也开工兴建。

中国第一个大型合金钢生产基地北满钢厂，是一九五四年四月在黑龙江富拉尔基破土动工的。一九五六年八月，炼出了第一炉合金钢。一九五七年十一月，全厂落成。“一九五八年二月，投产不久的北满钢厂便生产出我国第一批大口径厚壁火炮材料用钢。”以后，“作为国家大型合金钢生产基地，北满钢厂曾先后为新中国自己制造的第一门火炮、第一辆坦克、第一颗原子弹、第一枚洲际导弹、第一艘核潜艇提供了重要部件用钢。”〔2〕它的建成，使新中国具备了生产重武器用钢的能力。

有色金属方面，建成山东铝厂，开始建设甘肃白银有色金属公司和云南东川铜矿生产基地。

中国第一座现代化大型露天煤矿辽宁阜新海州露天煤矿，是一九五三年七月建成投产的。

一九五二年，决定在上海筹建电机厂、汽轮机厂和锅炉厂三大动力厂。三厂通力合作，在一九五五年六月生产并组装成新中国第一套六千

---

〔1〕《毛泽东书信选集》，第474页。

〔2〕刚煊：《北国璀璨明珠》，《共和国的记忆》，第511页。

千瓦火力发电机组，开创了中国自行制造大型成套动力机械设备的纪录，开始建立起中国的发电设备生产基地。

中国第一汽车制造厂于一九五三年七月在吉林长春兴建。“一九五六年七月十二日，从总装备线上开出了国产第一辆解放牌汽车，就此结束了中国不能制造汽车的历史。”〔1〕 这个厂成为中国汽车工业的摇篮。

洛阳拖拉机厂的兴建，开始了中国人自己制造拖拉机的历史。“一九五九年七月二十日，中国第一台拖拉机披着彩带，在敲锣打鼓的人们的护送下，‘隆隆’地开出‘一拖’厂门。”主管农业的谭震林副总理兴奋地说：“一个耕地不用牛的时代开始了！”〔2〕

富拉尔基和太原等重型机器厂的建成，使中国能够自行制造重型采矿设备、工程机械等，大大提高了机械设备的自给能力。

中国过去从来没有自己制造过飞机，只能做些修理工作。一九五四年七月，南昌飞机厂制造的第一架初级教练机试飞成功。一九五六年七月，沈阳飞机制造公司生产出第一架新型喷气式歼击机。一九五七年，又生产出中国第一架多用途民用飞机。

就连第一块国产手表，也是一九五五年三月在天津原来生产木钟和闹钟的华北钟厂和华威钟厂共同组成的手表试制小组中自行研制诞生。

这些只是举例。在第一个五年计划期间，“全国同时开展了一万多个工矿建设单位的施工，苏联援建的一百五十六个项目中有六十八个全部或部分建成投产，从而使我国的社会经济结构和国民经济面貌发生了重大变化。”〔3〕 它是全国各族人民辛勤劳动的成果。在这些工作中，来中国参加建设的三千多名苏联专家的帮助发挥了重要作用。

此外，在铁路建设方面，除对原有干线进行技术改造外，宝（鸡）成（都）铁路修成通车，兰（州）新（疆）铁路修到玉门以西，鹰（潭）厦（门）铁路动工兴建。重要的公路，如施工极为艰险的康藏公

〔1〕 刘国光主编《中国十个五年计划研究报告》，人民出版社 2006 年 3 月版，第 79 页。

〔2〕 田鹏：《新中国第一台拖拉机》，《共和国的记忆》，第 342、343 页。

〔3〕 刘仲藜主编《奠基——新中国经济五十年》，中国财政经济出版社 1999 年 12 月版，第 108—109 页。

路和青藏公路在一九五四年十二月全线通车，“二呀二郎山”的歌声传遍全国。这些铁路和公路的建成，加强了西北、西南广大地区同全国各地的联系。武汉长江大桥在一九五五年九月开工，两年内建成通车。在水利建设方面，继续治理淮河，开始兴建黄河三门峡水利电力枢纽工程，并举办其他一些大型的和许多中、小型的水利工程，如安徽佛子岭和浙江新安江等水库，对防御洪水和灌溉田地开始发挥作用。其中，新安江水电站是中国第一座自行设计和自制设备的大型水力发电站，它的坝高一百零五米，当时为全国第一，水库容量也是全国最大的。一九五六年十二月三十日，全国所有县通了电报，百分之九十五以上的县通了电话。其他轻工业、农业和城市建设也取得重大进展。

激动人心的捷报一个接一个传来，气势恢宏的大规模经济建设在人们面前活生生地一步步展开。这在旧中国不但从来没有见过，甚至连想也没有想到过，使中华民族感到难以抑制的扬眉吐气，对新中国充满自豪。全国人民热情高涨，兴奋地投身到这场大规模建设的洪流中去。多少人为它无私地奉献出自己的青春年华。

还有一件重要的事：陈云批示将一批企业从上海迁移到内地。当时担任国务院第三办公室副主任的谷牧回忆道：“解放后，上海由于帝国主义对我国的封锁，经济发展遇到较多的困难，特别是在旧中国环境下形成的商业服务业在解放初期崇尚节俭的环境中显得相当萧条。同时内地的经济发展又缺乏技术、缺乏人才、缺乏经验。陈云同志的批示，一箭双雕，解决了上述两个问题，上海和内地有关地区都十分拥护，使我们的组织落实工作很顺利。记得上海约有二百七十多家轻工、纺织工厂迁往河南、陕西、甘肃等省，还有些服装加工、饮食服务业也到内地生根开花，远的到了内蒙古。在‘一五’计划期间，上海对内地支援是很大的。有份资料说，当时上海有二十一万人支援内地，其中工程技术人员二万三千多人，熟练技术工八万人，还有五万多人的设计、建设、安装队伍参加重点工程建设，对于内地的发展起了很大作用。可以说上海，还有辽宁，是新中国工业经济发展征程中的重要始发基地。”[1]

从一九五三年到一九五六年，全国工业总产值平均每年递增百分之十九点六，农业总产值每年递增百分之四点八，这种增长速度是相当高的。经济效益比较好，重要经济部门之间的比例比较协调，市场繁荣，物价稳定，人民生活继续得到明显改善。第一个五年计划原定的主要指标在一九五六年提前一年完成，为中国的社会主义工业化奠定了坚实基础。中国的面貌发生巨大变化。

城市人口大幅度增长。一九四九年全国城镇人口为五千七百六十五万人，一九五七年增长到九千九百四十九万人，每年平均增长率达到百分之七点零六；城镇人口比重从原来的百分之十点六，增长到百分之十五点四。这是向城市化最初跨出的重要一步。

“一五”时期的建设规模，基本上是同当时的国力相适应的，国民收入中积累率大体保持在百分之二十至二十五之间，基本建设投资在国家财政支出中的比重在百分之三十五至四十之间。

大规模的经济建设，把重视现代科学技术、重视知识分子的问题日益突出地提到新中国面前。从一九四九年八月到一九五五年十一月，从海外归来的高级知识分子多达一千五百三十六人，其中包括许多著名的科学家和作家，如李四光、华罗庚、钱学森、老舍、吴阶平、汪德昭、邓稼先、吴仲华等。但当时的知识分子工作中，特别是一九五五年的肃反运动（这次运动是从错误批判“胡风反革命集团”的冤案开始的，涉及不少知识分子，造成不良后果）后，存在不少问题。周恩来把问题归结为对知识分子的六个“不”：“估计不足，信任不够，安排不妥，使用不当，待遇不公，帮助不够。”[2] 这些，妨碍了知识分子在社会主义建设中作用的充分发挥。

一九五六年一月，中共中央召开关于知识分子会议。周恩来在会上作了《关于知识分子问题的报告》。他说：

---

〔1〕《谷牧回忆录》，第162—163页。

〔2〕周恩来在中央关于资本主义工商业社会主义改造的问题会议上关于知识分子问题的讲话记录，1955年11月24日。

“我们所以要建设社会主义经济，归根结底，是为了最大限度地满足整个社会经常增长的物质和文化的需要，而为了达到这个目的，就必须不断地发展社会生产力，不断地提高劳动生产率，就必须在高度技术的基础上，使社会主义生产不断地增长，不断地改善。因此，在社会主义时代，比以前任何时代都更加需要充分地提高生产技术，更加需要充分地发展科学和利用科学知识。”

周恩来在这以前不久到欧洲参加了前后持续近三个月的日内瓦会议，亲身感受到现代科学技术的突飞猛进。他在报告中说：

“现代科学技术正在一日千里地突飞猛进”，“各个生产部门的生产技术和工艺规程，正在日新月异地变革”。“我想在这里稍微多说一点科学方面的事情，这不但因为科学是关系我们的国防、经济和文化各方面的有决定性的因素，而且因为世界科学在最近二三十年中，有了特别巨大和迅速的进步，这些进步把我们抛在科学发展的后面很远。”〔1〕

他在报告中响亮地提出“向现代科学进军”的口号，要求确定科学发展的远景规划，并且提出改进知识分子工作的各项措施。

会后，集中全国的优秀科学家共同制订出十二年科技发展远景规划。中国许多尖端科技项目（如原子能的和平利用、无线电电子学中的新技术、喷气技术、生产过程自动化和精密仪器等）的集体攻关，就是从这时候起步的。

社会主义基本制度所以能够顺利地在中国大地上建立起来，决不能忘记社会主义工业化取得的巨大成就和所起的决定性作用，决不能忘记无数为祖国美好未来在工业战线和科技战线上忘我奋战的优秀中华儿女。这正是今天的年轻人的父辈们以至祖辈们当年渡过的难忘岁月。他

〔1〕《周恩来选集》下卷，第159—160、181页。

们使社会主义在中国取得越来越大的优势，从事的是实现过渡时期总路线的主体工程。中国的社会主义，主要的是靠人们苦干实干的辛勤劳动干出来的。

农业和手工业的合作化

农业是国民经济的基础。农民占着当时中国人口的百分之八十以上，他们原来靠一家一户分散劳动，在土地改革后大体上仍属于小生产者和小私有者。这种生产活动基本上靠人畜劳动，靠人力灌溉，用的是古老的农具和肥料，有的连耕畜也没有。“个体经济是一种分散、落后又不稳定的经济。它一方面，在生产发展上不可避免地受其本身的局限性的制约；另一方面，同社会化大生产的社会主义经济增长又存在着矛盾。”[1] 它在中国有如汪洋大海一般，并且有着几千年根深蒂固的传统影响。小生产者的一些意识形态在中国社会生活中广泛而顽强地存在着，或隐或显地起着作用。如果农业一直保持这种个体经济的状况，而不走上社会主义道路，很难说中国能成为现代化国家。

在实际社会生活中，这种矛盾已经暴露出来。分散的个体劳动在生产中常会遇到单靠自己难以克服的困难。农村中的互助合作就是适应这种客观需要而产生的。这种状况早在新中国成立前的老解放区已经出现。“陕甘宁边区是一个农业区域，这里的农民一如全国他处的农民一般，都是个体经济。一家一户就是一个生产单位。”“陕甘宁边区的劳动互助，原有‘变工’、‘扎工’或‘唐将班子’等方式。这些都是民间流行的旧方式。所谓变工，就是几家农户之间在进行农业生产时，把人力和畜力加以调剂的劳动互助。扎工与唐将班子，在名称上虽然不同，但内容与组织上大体上都是一种集体的雇佣组织。”“劳动互助在农业上的作用是很大的。它具有提高劳动效率，节省劳动力与粮食，提高劳动热

---

〔1〕 马洪、刘国光、杨坚白主编《当代中国经济》，中国社会科学出版社 1987 年 1 月版，第 85 页。

忧，解决生产工具的缺乏，及发扬互助精神改造落后意识等作用。”[1]这是生产发展的需要，农民自身也有这种要求。毛泽东十分重视这个问题，一九四三年十月在西北局高干会议上指出：“这样的改革，生产工具根本没有变化，但人与人之间的生产关系变化了。从土地改革到发动劳动互助组织两次变化，这是生产制度上的革命。”[2]

一九五一年，随着土地改革在全国范围内全面展开，中农已成为农村人口中的大多数。但农村生产力水平还很低，使用最传统的手工工具，靠人畜耕种，农产品的商品率也很低，发展生产遇到不少困难。农业互助合作的问题被提到更加重要的位置上来。这年九月，召开全国第一次互助合作会议。十二月十五日，中共中央印发这次会议形成的《关于农业生产互助合作的决议（草案）》，并在通知中说：“这是在一切已经完成了土地改革的地区都要解释和实行的，请你们当作一件大事去做。”

这个《决议（草案）》有一个重要特点：在听取熟悉农民的作家赵树理的意见后，突出强调了农民“两种积极性”的问题，注意到农民对个体经济的积极性，但着重强调的是发展农业生产互助合作的问题。它写道：

“农民在土地改革基础上所发扬起来的生产积极性，表现在两个方面：一方面是个体经济的积极性，另一方面是劳动互助的积极性。农民的这些生产积极性，乃是迅速恢复和发展国民经济和促进国家工业化的基本因素之一。”

“解放后农民对于个体经济的积极性是不可避免的。党充分地了解了农民这种小私有者的特点，并指出不能忽视和粗暴地挫折农民这种个体经济的积极性。在这方面，党是坚持了巩固地联合中农的政策，对于富农经济，也还是让它发展的。根据我们国家现在的经济条件，农民个体经济在一个相当长的时期内，将还是大量存在的。”

---

〔1〕 许涤新：《中国经济的道路》，生活书店1946年9月版，第95、96页。

〔2〕《毛泽东文集》第3卷，第71页。

"但是，党中央从来认为要克服很多农民在分散经营中所发生的困难，要使广大贫困的农民能够迅速地增加生产而走上丰衣足食的道路，要使国家得到比现在多得多的商品粮食及其他工业原料，同时也就提高农民的购买力，使国家的工业品得到广大的销场，就必须提倡'组织起来'，按照自愿和互利的原则，发展农民劳动互助的积极性。这种劳动互助是建立在个体经济基础上（农民私有财产的基础上）的集体劳动，其发展前途就是农业集体化和社会主义化。"[1]

《决议（草案）》提出：农业生产互助合作有三种主要形式：一是简单的劳动互助，主要是临时性的，季节性的；二是常年的互助组；三是以土地入股为特点的农业生产合作社。前两种形式，当时在华北已发展到占全体农民的百分之六十，在东北已达到百分之七十。应当根据可能的条件而稳步前进地推进这些不同的农业互助和合作，不能放任自流，更不能强迫命令，而以自愿和互利为原则。这个文件在一九五一年十二月作为草案在党内下达，在相当程度上反映了进一步发展农村社会生产力的需求。

这是中共中央关于农业生产互助合作的第一个决议。

文件下达后，农业生产互助合作运动有了较快发展。这些互助合作组织，在爱国增产竞赛运动中起了带头作用；合作兴修水利，在春耕防旱和防治病虫害方面获得很大成效；在刚完成土地改革的新解放区，解决了不少新翻身农户缺乏耕畜、家具和口粮的困难，保证了增产运动的顺利开展，得到农民的欢迎。到一九五二年底，组织起来的农户，在老解放区占百分之六十五以上，新解放区占百分之二十五左右，全国还成立了四千多个农业生产合作社（初级社），创办了几十个高级社（当时称集体农庄）。这年的农业有了较高增产，粮食总产量达到三千二百多亿斤，比上年增产四百亿斤。一九五三年二月十五日，中共中央通过这个文件作为正式决议，并在《人民日报》上公开发表。这一年新建的初

[1] 《建国以来重要文献选编》第2册，第509—511页。

级农业生产合作社，据一些地区调查，百分之八十至九十都比当地一般互助组增产一至二成。

一九五三年上半年，局势有两个重要变化：一个是中共中央提出过渡时期总路线，要求加快农业集体化的步伐，进行农业的社会主义改造；另一个是粮食供销出现全面紧张，城镇和缺粮农村地区的粮食供应得不到保障，粮价上涨，人心开始浮动。

这两个问题是互相关联的。薄一波指出："新中国诞生伊始，粮食产需矛盾、供求矛盾就十分尖锐。如果说尖锐的粮食产需矛盾是促进大规模开展农业合作化的动因之一，那么，一九五三年实行粮食统购统销，则是当时粮食供求矛盾发展的产物。"〔1〕

先说后一个问题，也就是粮食的供求矛盾。这在当时已成为燃眉之急的紧迫问题。

据粮食部报告，一九五二年七月一日至一九五三年六月三十日这个粮食年度内，国家收入粮食五百四十七亿斤，而随着大规模经济建设开始，大批农民从农村进入城市，城市人口和工业就业人数激增（一九五三年，城镇人口达七千八百二十六万人，比上一年增加六百六十三万人），支出粮食五百八十七亿斤，两者相较，赤字达四十亿斤，只能靠挖有限的库存来弥补，这自然不是长久之计。而农民在土改后生活改善，对粮食消费的需要提高了，有余粮也不急于出售。东北等产粮地区遇到灾荒，使供销局势更显紧张。当时粮食市场是自由市场。农民上缴农业税（即公粮）后，粮食可以自由上市。一些私人粮商又乘机抢购粮食，囤积待机。有些粮食商甚至在一天内把当地市场上能购买到的粮食抢购一空。在他们活动频繁的地区，一般市价高出牌价百分之二十至三十，并且还在上涨。私商的投机活动，又助长了农民贮存观望、惜售看涨的心理。一九五三年十月的国家收购计划只完成百分之三十八。市场粮价大幅度上涨。一些经济困难的城市居民已难以购得必需的口粮，造成人心惶惶。"民以食为天。"粮食是稳定市场、保证建设的最重要的商

---

〔1〕薄一波：《若干重大决策与事件的回顾（修订本）》上卷，第263页。

品。这个问题如果不能及时得到解决，拖延下去，势将造成严重的社会动乱，大规模经济建设也很难进行。

怎么办？那时，公粮收入已不能再增加，粮食收购严重不足，而市场上的粮食销售又不能减少，处在两难的境地。负责财政经济工作的陈云说："我这个人不属于'激烈派'，总是希望抵抗少一些。我现在是挑着一担'炸药'，前面是'黑色炸药'，后面是'黄色炸药'。如果搞不到粮食，整个市场就要波动；如果采取征购的办法，农民有可能反对。两个中间要选择一个，都是危险家伙。"他考虑了八种处理办法，经过反复的慎重比较，最后得出结论：根据现有情况，处理办法只能是：在农村实行征购，在城市实行定量配给。这个办法，以后被称为"统购统销"。经中共中央和政务院同意后，他在一九五三年十月十日召开的全国粮食会议上，将曾设想的八种办法逐一进行比较，用来说明不得不作出这种选择的理由。举例来说：

"只配不征。就是只在城市配给，农村不征购。在农村工作的同志一听到'征'字就害怕，说是不是可以慢一点征；至于城市配给，他是赞成的。实行这个办法，那只是关了一道门，就是说，我们在城市里面，只准一个人买多少，不准囤积，也不准拿到乡下去。但是农民也有眼睛，也有耳朵，看到城市在配给，他就会不卖粮食。所以，只在城市配给，不在乡村中征购，我们就会买不到粮食。

只征不配。在城市工作的同志欢迎这种办法，他们说，农村征购是要的，城市配给可以慢一些。日本帝国主义在它侵占的地方搞过配给，国民党也搞得天翻地覆，现在人们一听到配给就头痛。我说，如果只在农村征购，在城市里面不配给，结果一定会边征边漏。你在农村中征购，换给他钞票，他拿到钞票以后，一转身就可以再跑到城市的粮食公司里去买，结果，你征购到的粮食便会统统漏掉。所以，只征不配不行。

原封不动。所谓原封不动，就是照现在这样做下去，自由卖出，自由买进。结果必乱无疑。有的同志说，就准备乱它一年，看一看再说。

但是，如果在乱了一年后再来征购，那就要比今年就开始征购困难得多。”〔1〕

十月十六日，中共中央作出《关于实行粮食的计划收购与计划供应的决议》。十一月十五日，中共中央又发出《关于全国实行计划收购油料的决定》。十一月二十三日，政务院发布《关于粮食的计划收购和计划供应的命令》。第二年九月九日，政务会议通过《关于棉布计划收购和计划供应的命令》和《关于实行棉花计划收购的命令》，自下月起棉布实行凭票供应。这实在是当时唯一可行的选择。

粮食、棉布、食用油料统购统销的收效是明显的：“实行粮食统购统销的第一个月份，国家就开始扭转了购少销多的局面，这个月粮食收购比一九五二年同期增加百分之三十八。一九五三至一九五四粮食年度，国家粮食收购量比上年度增加百分之八十，但销售只增加百分之三十三，一举改变了一九五二至一九五三粮食年度内销大于购的严重失调现象。”到一九五四年六月，“国家粮食库存已比上年同期增加了百分之五十。这一年我国发生了百年未有的大水灾，国家由于有了足够的粮食供应灾区，粮价一直稳定。”〔2〕

为了照顾农民的利益，并使农民易于接受粮食的统购统销，在实行时，控制征购粮食的数量，使它远低于农民近两年拿出来的粮食数量；注意价格公道，全国各地的统购价格大体维持当时的收购牌价。由于决定比较匆促，办法不够完善，在最初实行时有些地方仍发生强迫命令等现象。一九五五年八月，国务院又发布《农村粮食统购统销暂行办法》，实行粮食定产、定购、定销，简称“三定”，使农民安心。由于土地改革以来党和政府同农民已建立起亲密关系，得到农民的信任，又做了耐心的工作，这项工作得到了农民的支持。

粮票、油票、布票等制度实行了三十多年。在物资相当缺乏、往往供不应求的情况下，为了使居民（特别是收入较低的居民）能够有保障

〔1〕《陈云文选》第2卷，第208—209页。
〔2〕柳随年、吴群敢主编《中国社会主义经济简史》，第116页。

得到起码的生活必需品，这种做法是不得已的也是有效的措施。苏星在《新中国经济史》中写道："粮食和油料、棉花和纱布的统购统销，最明显的效果是，缓和了市场供不应求的矛盾，保证了国家需要和人民生活的供应，稳定了市场和社会秩序。从中国当时大规模、有计划经济建设的实际出发，这是唯一可行的办法。"〔1〕

实行粮食统购统销，需要核定各户余粮，动员各户交售，要同如此数千万农户直接打交道，实在是相当繁难的事情，也促使中国共产党和人民政府更加迫切地要求加快推进农业的社会主义改造。而实行统购统销后，国家掌握了粮食、棉花和经济原料，又切断了农民同城市资产阶级的联系，从而掌握了对资本主义工商业改造的主动权。这些都促进了社会主义改造的进行。

再看过渡时期总路线提出后，要求加快农业合作化步伐的状况。

随着土地改革的完成，在农村中很快出现了贫富分化。个体经济确实存在着不可否认的弱点：他们是分散的小生产者，使用的是落后的生产工具，难以抵抗自然灾害；他们又是私有者，不能有无相通。一些人分到了土地，由于劳动力不足或遇到不可抗拒的自然灾害或疾病死亡等问题时，又会重新陷入穷困破产的境地。当时，富裕户向贫困户放债，月息在百分之五到十。"不少农民因还不起债，被迫卖房卖地。据山西忻县地区一百四十三个村的调查，一九四九年至一九五二年，有八千二百五十三户农民出卖土地三万九千九百十二亩，出卖房屋五千一百六十二间；据湖北、湖南、江西三省调查，出卖土地的户数和亩数，一九五三年比一九五二年都增加五倍多。由于土地的出卖，有些贫农则靠出卖劳动力为生。"〔2〕

这种状况使中共中央感到十分忧虑，觉得需要加快农业合作化。十分熟悉农民状况的邓子恢在一九五一年冬也讲过："中国历史上历次的农民暴动，都或多或少地改变了旧的土地所有状态，但是由于农民小生产者存在这种弱点不可能克服，所以过了数十年百把年之后，又恢复到

---

〔1〕 苏星：《新中国经济史》，第 247—248 页。

〔2〕 柳随年、吴群敢主编《中国社会主义经济简史》，第 96 页。

原来的阶级悬殊与农业衰落的状态。这种历史上的悲惨道路我们不要重走。”〔1〕而在土改完成时，农村中参加互助组的农户已占总农户的百分之四十，半社会主义性质的初级农业生产合作社也有三千六百多个。这又是开展农业合作化的客观基础。

过渡时期总路线提出后，在农业社会主义改造方面跨出的重大一步是一九五三年十月二十六日至十一月五日召开第三次农业互助合作会议，讨论《中共中央关于发展农业生产合作社的决议（草案）》，把农业互助合作的重点从互助组转向农业生产合作社（初级社）。这个决议经中共中央通过后，在一九五四年一月公布。

初级农业生产合作社的特点是：土地入股，集体劳动。这是在个体私有制基础上的集体劳动，既按土地分红，又按劳动分配，是一种向社会主义集体经济发展的过渡形式。

在第三次农业互助会议召开前十来天，毛泽东找中央农村工作部副部长陈伯达、廖鲁言谈话。他说：

“各级农村工作部要把互助合作这件事看作极为重要的事。个体农民，增产有限，必须发展互助合作。”

“一般规律是经过互助组再到合作社，但是直接搞社，也可允许试一试。走直路，走得好，可以较快地搞起来，为什么不可以？可以的。”

“从解决（引者注：粮食、棉花、肉类、油脂）这种供求矛盾出发，就要解决所有制与生产力的矛盾问题。是个体所有制，还是集体所有制？是资本主义所有制，还是社会主义所有制？个体所有制的生产关系与大量供应是完全冲突的。个体所有制必须过渡到集体所有制，过渡到社会主义。合作社有低的，土地入股；有高的，土地归公，归合作社之公。”〔2〕

那次会议快闭幕时，毛泽东又找陈伯达、廖鲁言谈话，说：

---

〔1〕《邓子恢自述》，第174页。

〔2〕《毛泽东文集》第6卷，第299、301页。

“互助组跟农业生产合作社不同，互助组只是集体劳动，并没有触及到所有制。现在的农业生产合作社还是建立在私有制基础之上的，个人所有的土地、大牲口、大家具入了股，在社内社会主义因素和私有制也是有矛盾的，这个矛盾要逐步解决。到将来，由现在这种半公半私进到集体所有制，这个矛盾就解决了。我们所采取的步骤是稳的，由社会主义萌芽的互助组，进到半社会主义的合作社，再进到完全社会主义的合作社（将来也叫农业生产合作社，不要叫集体农庄）。一般讲，互助组还是农业生产合作社的基础。”〔1〕

毛泽东这两次谈话的精神，在《中共中央关于发展农业生产合作社的决议》中得到比较完整的表述。《决议》写道：“孤立的、分散的、守旧的、落后的个体经济限制着农业生产力的发展，它与社会主义的工业化之间日益暴露出很大的矛盾。”“根据我国的经验，农民这种在生产上逐步联合起来的具体道路，就是经过简单的共同劳动和临时互助组和在共同劳动的基础上实行某些分工分业而有某些少量公共财产的常年互助组，到实行土地入股、统一经营而有较多公共财产的农业生产合作社，到实行完全的社会主义的集体农民公有制的更高级的农业生产合作社（也就是集体农庄）。这种由具有社会主义萌芽、到具有更多社会主义因素、到完全的社会主义合作化的发展道路，就是我们党所指出的对农业逐步实现社会主义改造的道路。”〔2〕

找到了半社会主义的初级农业生产合作社这种过渡形式，实现对农业的社会主义改造就比较顺利了。

一九五四年，中国的农业合作化运动进展得比较快，基本上是健康的。据这年年底统计，互助组从一九五一年底的四百几十万个增加到近一千万个，初级社由一九五一年底的三百多个增加到一九五三年的一万四千个，再到一九五四年秋的十万个和一九五四年底的四十八万个，参

〔1〕《毛泽东文集》第6卷，第302—303页。
〔2〕《人民日报》1954年1月9日。

加互助合作的农户由一九五二年的二千一百万户增加到一九五四年底的七千万户，在全国农户总数中的比重由百分之十九点二增加到百分之六十点三。

农业互助合作搞得好不好，根本的一条要看是否增产，是否有利于发展生产力。当时的许多统计材料表明，合作社百分之八十以上都增产增收，并且一般都是互助组优于单干，合作社又优于互助组。〔1〕在农村互助合作运动迅速发展的同时，农业总产值没有下降，而是逐年上升：一九五三年比上年增长百分之三点一，一九五四年又比上年增长百分之三点四。这和苏联实现农业集体化过程中农业产值大幅度下降有明显的不同。

这一年全国农业互助合作运动的工作指导也比较稳健。中共中央农村工作部部长邓子恢一九五四年四月十八日在全国第二次农村工作会议的总结报告中，说明要用社会主义精神来指导工作："我们同资本主义有本质的不同，资本主义的原则是利用自己的经济优势来剥夺那些落后的，把人家排挤与剥夺得越艰苦、越落后，他就越发财。社会主义则不是这样，社会主义基本原则是先进的帮助落后的，大的帮助小的，强的帮助弱的。我们要拿这种社会主义精神教育社员、教育干部。互助组应该帮助个体农民，合作社应该帮助互助组，也应该帮助单干户，在技术上帮助他，在经验上帮助他，甚至在劳动上、经济上也要适当地帮助他，这才是社会主义的精神。"

他又指出：农民的两重性使它既有可能走向社会主义，但也并不那么容易，所以必须坚持自愿原则，禁止任何强迫命令。他说："农民是小生产者，个体经济，因此养成了他单独经营的习惯。他自己单独经营很自由，早下地晚下地由他。他也有他的计划，有他的打算，但他是以自己家庭单位来打算的。农民对于社会主义往往容易误解，怕吃亏，有顾虑。他单独经营惯了，集体经营怕搞不好。他文化程度低，脑子比较简单一些，不轻易相信人家的话，你说什么先进经验，他不轻易相信。"

---

〔1〕胡绳主编《中国共产党的七十年》，第 413 页。

“要使农民自愿参加，必须进行教育，没有别的方法。要完全使他消除顾虑，他才能自愿，一次说服不行，他不听你的，你只要等待。另外，要把先进的农民组织起来，作个样子给他看，用事实说服他，边讲边作，边作边讲，经过说服教育和示范，使他真正弄清楚，消除顾虑，自觉自愿参加。只能采取这样的办法。”他还强调：“采取各种过渡形式，循序而进。”〔1〕

进入一九五五年，几个新的情况出现在人们面前：一是农业合作化运动发展得十分迅猛，到一月初，两个月内全国新办的合作社有三十八万多个，其中相当部分在没有准备或准备很差的情况下建立起来，存在不少问题，需要进行整顿；二是一九五四年遭受严重水灾，全国粮食生产计划没有完成，各地纷纷反映“闹粮荒”，甚至出现滥宰耕畜、砍树等现象；三是随着社会主义工业化建设的大规模开展，对粮食和一些工业原料的需求增加，有计划地大量增产的要求和小农经济分散私有性质之间的矛盾越来越明显，困难越来越多。陈云在一九五四年十月向中共中央汇报经济工作时曾说过：“农业增产有三个办法：开荒，修水利，合作化。这些办法都要采用，但见效最快的，在目前，还是合作化。”“搞合作化，根据以往的经验，平均产量可以提高百分之二十五到三十。”〔2〕

这些，都是摆在人们面前的客观实际情况。拿这三点来说，前两个情况，要求农业合作化运动适当放慢速度，着重巩固。后一个情况，要求加快合作化的步伐，力求通过合作化找出一条增产的新路子。这两种设想都有相当的事实依据。这种可以导致不同结论的复杂情况，相当程度上造成决策的摇摆和变化。

一九五五年上半年，农业合作化运动的发展仍在稳步前进。当时担任中央农村工作部秘书长的杜润生回忆：

“在三月八日，邓子恢还跟我说，毛泽东嘱咐要重视党和农民的关

---

〔1〕《邓子恢文集》，人民出版社1996年7月版，第370、361、362、364页。

〔2〕《陈云文选》第2卷，第238、239页。

系，农民负担很重；五年实现合作化步子太快，有许多农民入社，并不是真正的自愿的。五七年以前三分之一的农民和土地入社就可以了，不一定要求达到百分之五十。”〔1〕

“毛主席讲了一段著名的话：‘生产关系要适应生产力发展的要求，否则生产力会起来暴动。当前农民杀猪、宰羊，就是生产力起来暴动。’他提出现在有些地方要停下来、整顿（如华北、东北），有些地方要收缩（如浙江、河北等），有些地方要发展（如新区），即‘一曰停，二曰缩，三曰发’的著名的‘三字方针’。”〔2〕

但一些地方合作社发展过快的势头并没有得到遏制。其中最突出的是浙江，一九五四年春只有两千多社，占农户比重为百分之零点六，到一九五五年春增加到百分之三十，扩大了约五十倍；在办社中，违背自愿原则、强迫命令的情况很严重；粮食征购量过多，并且给单干农民多派任务，用统购统销来促合作化。三月二十二日，中央农村工作部发出《关于巩固现有合作社的通知》，提出：“现在春耕季节已到，全国农业生产合作社已发展到六十万个，完成了预定计划。不论何地均应停止发展新社，全力转向春耕生产和巩固已有社的工作。”“在新建的合作社中一般存在着部分社员不自愿或不很自愿的现象，这个问题必须采取有力措施加以解决。”〔3〕二十五日，中央农村工作部向浙江省委农村工作部发出指示，建议他们对合作社的数量分别不同地区进行压缩。浙江省委经过一个多月的工作，将合作社从五万三千多个减少到三万七千多个，压缩下来的合作社大部分转为互助组。在收缩过程中也发生了一些问题：有些地方把一部分不该收缩的合作社也转退了。从全国范围来说，合作社的数量从六十七万个减为六十五万个。全国减少的合作社中，浙江省占了四分之三。

这年四月六日至二十二日，毛泽东到南方视察了半个多月，一路上

〔1〕《缅怀毛泽东》下册，中央文献出版社1993年12月版，第381页。

〔2〕《杜润生自述：中国农村体制变革重大决策纪实》，第47页。

〔3〕《建国以来重要文献选编》第6册，中央文献出版社1993年12月版，第107页。

看到庄稼长得很好，又听到当地干部的汇报，都说情况一片大好，思想上发生很大变化，作出新的判断，觉得农村的粮食问题和合作化问题并不那么严重，合作化的步子仍可以快一些。五月五日，他对邓子恢说："不要重犯一九五三年大批解散合作社的那种错误，否则又要作检讨"。九日，他约见李先念、邓子恢等。"毛就是在这次提出粮食征购数字减少一点，换来个社会主义的。又说：今后两三年是农业合作化的紧要关头，必须在这两三年内打下合作化的基础"。他还尖锐地批评："农村工作部反映部分合作社办不下去，是'发谣风'。"〔1〕

六月中旬，中央农村工作部同各省商议后，提出在一九五六年秋收前，全国的农业生产合作社从现有的六十五万个增加到一百万个。这个计划得到中央政治局的批准。那时，毛泽东正再度到南方视察，又听到许多当地干部反映合作化的速度可以加快。他兴奋地认为农村中的合作化高潮正在到来，回到北京后主张修改计划，将合作社发展到一百三十万个，比原有的总数翻一番，使每乡有一个至几个农业生产合作社作为榜样。邓子恢不赞成改变计划，坚持认为这是"超过了实际可能"，"超过了群众的觉悟水平"，"超过了干部的经验水平"。他还认为：党的干部有这种特点，就是有任务都要超额完成。如果订计划超过一百万个社，下面执行起来就会更多，结果会造成更多的合作社减产。双方意见的分歧越来越突出。

七月十五日，毛泽东约请六个省、市委书记谈合作化问题。有的省委书记说：贫农听说合作化要慢一点，感到"凉半截"，说又要多受几年苦了。毛泽东说：关于合作社的发展，原来我也主张停一年，在南方不要办得太快。看到浙江、安徽都搞了好几万个社，我的主意变了，为什么其他省不可以多搞一些呢？说合作社办得不好，不巩固，刚办起来当然会有许多问题，像新修的坝一样不坚固，要加工修筑。他又说：社会经济的规律是不能违反的，生产关系一定要适合生产力，生产力是最活跃的。农业生产力就是农民劳动者加生产资料（耕地、农民、牲口）。

---

〔1〕《杜润生自述：中国农村体制变革重大决策纪实》，第 53、54 页。

生产关系处理得好，生产力就会发展，牲口增加，猪增加，肥料增加。如果处理得不好就会破坏生产力。合作社是改变生产关系的，农民的私有观念很强，先改为部分公有，即半社会主义，以促进生产力的发展。〔1〕

二十九日，毛泽东又在中央农村工作部关于农业合作化运动最近情况的简报上写下了长篇批语："在发展问题上，'不进'与'冒进'。目前不是批评冒进的问题，不是批评'超过了客观可能性'的问题，而是批评不进的问题，而是批评不认识和不去利用'客观可能性'的问题，即不认识和不去利用广大农民群众由于土地不足、生活贫穷或者生活还不富裕，有一种走社会主义道路的积极性，而我们有些人却不认识和不去利用这种客观存在的可能性。农民的两面性——集体经营与个体经营两种思想的矛盾，哪一面占优势?""要有坚定的方向，不要动摇。要别人不动摇，先要自己不动摇。要看到问题的本质方面，要看到事物的主导或主流方面，这样才能不动摇。事物的非本质方面、次要方面必须不忽略，必须去解（决）存在着的一切问题，但不应将这些看成事物的主流，迷惑了自己的方向。"〔2〕

看来，问题产生的根子，还是在对农民的"两种积极性"如何恰当地估计，不能强调一个而忽略另一个。一方面，个体农民，特别是在土地改革中新获得土地而缺少其他生产资料的贫农下中农，为了发展生产、兴修水利、抗御自然灾害、采用农业机械和其他新技术，为了避免重新借高利贷甚至典让和出卖土地、产生两极分化，有走互助合作道路的要求。他们大多从土地改革中获得土地，对共产党有一种"感恩"的思想，愿意听共产党的话，走共产党指引的道路。不少合作社确实办得不错。例如，山西平顺县西沟乡由李顺达领导的农林牧生产合作社，是一九五二年在全乡二十六个互助组基础上发展而成的。他们在太行山的荒凉地区，经过共同努力，到一九五五年，人均收入超过抗战前的百分

〔1〕毛泽东同林铁、吴芝圃、王任重、周礼、柯庆施、舒同谈话记录，1955 年 7 月 15 日。

〔2〕《建国以来毛泽东文稿》第 5 册，中央文献出版社 1991 年 2 月版，第 229、230 页。

之七十七，比建社前增加百分之二十五点一。[1] 这些都是事实。毛泽东在内心深处总是希望把社会主义搞得快一些，因此看到这方面的事实特别使他兴奋，容易作出过高的估计。另一方面，作为小生产者和小私有者，他们长期习惯于一家一户的单独经营，不少人对集体化还存在相当顾虑。而在互助合作运动推进中，无论发展或收缩，在一部分地区的实际工作中确实都有过脱离实际情况的强迫命令现象。这些也是事实，决不能对它忽视。如何准确而恰当地估计农民的“两种积极性”和实际工作中存在的缺点错误，相当复杂而不易一下看清。农业合作化的争论就是在这种情况下发生的。

一九五五年七月三十一日，毛泽东在中共中央召开的省、市、自治区党委书记会上作了《关于农业合作化问题》的报告。他尖锐地批评邓子恢的主张，斩钉截铁地说：

“在全国农村中，新的社会主义群众运动的高潮就要到来。我们的某些同志却像一个小脚女人，东摇西摆地在那里走路，老是埋怨旁人说：走快了，走快了。过多的评头品足，不适当的埋怨，无穷的忧虑，数不尽的清规和戒律，以为这是指导农村中社会主义群众运动的正确方针。

否，这不是正确的方针，这是错误的方针。

目前农村中合作化的社会改革的高潮，有些地方已经到来，全国也即将到来。这是五亿多农村人口的大规模的社会主义的革命运动，带有极其伟大的世界意义。我们应当积极地热情地有计划地去领导这个运动，而不是用各种办法去拉它向后退。运动中免不了要出些偏差，这是可以理解的，也是不难纠正的。”[2]

他严厉批评浙江实行的“坚决收缩”的方针，是在一种惊惶失措的

〔1〕《勤俭办社，建设山区》，《中国农村的社会主义高潮》上册，人民出版社 1956 年 1 月版，第 101—109 页。

〔2〕《毛泽东文集》第 6 卷，第 418 页。

情绪支配下定出来的，是“胜利吓昏了头脑”。

毛泽东认为：中国由于人口众多，已耕的土地不足，时有灾荒，经营方法落后，以致广大农民的生活，虽然在土地改革以后比较以前有所改善，或者大为改善，但是他们中间的许多人仍然有困难，许多人仍然不富裕。全国大多数农民为了摆脱贫困、改善生活，为了抵御灾荒，只有联合起来，向社会主义大道前进。我国社会主义工业化的建设和它的成就，正在日益促进他们的这种积极性。

他着重强调社会主义工业化和社会主义的农业改造之间不可分割的关系，并且作了两方面的说明：一方面，我国商品粮食和工业原料的生产水平现在很低，而国家对这些物资的需要却一年年增大，这是一个尖锐的矛盾。如果不能在大约三个五年计划的时期内基本上解决农业合作化的问题，就不能解决这个矛盾，就不可能完成社会主义工业化。另一方面，社会主义工业化中最重要的重工业，它的拖拉机、化学肥料、农用运输工具和煤油电力生产等，只有在农业已形成合作化的大规模经营的基础上才有使用的可能，或者才能大量地使用。就是轻工业的大规模发展，也不是在分散的小农经济的基础上所能实现的。他说：准备以十八年的时间基本上完成这个计划，并且必须保证每年增产。

讲话中提出：农业合作化运动主要依靠三类人中的积极分子：贫农；新中农中的下中农；老中农中的下中农。这就把中农又区分为上中农和下中农（即还不富裕的中农），并且有了“贫下中农”的名称。

毛泽东这篇讲话，有不少合理的内容。但他不顾客观条件过于强调要加快农业合作化的步伐，并且把持不同意见的人批评为“老是站在资产阶级、富农或者具有资本主义自发倾向的富裕中农的立场上替较少的人打主意，而没有站在工人阶级的立场上替整个国家和全体人民打主意”，这是错误的，形成巨大的政治压力，使别人不好再提不同意见。

本来，在一九五一年中共中央通过第一个关于农业生产互助合作的决议时，突出强调了农民“两种积极性”的问题。随着农业合作化运动的顺利发展，急于求成的思想便滋长起来，对农民的个体经济积极性这一面逐渐忽视，这是以后农村工作中许多问题产生的重要原因。

这以后，各地的农业合作化运动便加速发展起来。十月间，中共中央召开七届六中全会。会议同意毛泽东的主张，认为农业合作化运动应当“大发展”，依靠贫农和下中农形成“坚定的合作化运动”的核心力量，“在党内批判和克服右倾思想”。“入社农户占全国农民比重，一九五五年十月为百分之三十二点五，一九五六年三月为百分之八十点三，一九五六年四月为百分之九十点三，一九五六年十二月为百分之九十六点二，除西藏和几个省区牧区外，实现了全面‘合作化’。从一九五三年起，原来十五年的计划，三年就完成了。”[1] 高级农业生产合作社迅速发展起来：一九五六年一月底有十三万六千个，占总农户的百分之三十点七，这年十二月底，已发展到五十四万个，占总农户的百分之八十七点八。[2] 农业合作化发展的这种速度显然太快，造成了不少因工作过粗而留下的问题。

农业合作化高潮如此高速度地兴起，引发了全国相当普遍的急于求成的情绪，使中国的手工业和资本主义工商业的社会主义改造以及其他方面的工作，都要求加快步伐提早完成。毛泽东一九五五年十二月二十七日为他所编《中国农村的社会主义高潮》一书写的序言中的一段话，强烈地反映出他那种充满热情而急于求成的情绪。他说：

“一九五五年的下半年，中国的情况起了一个根本的变化……几个月时间，就有五千几百万农户加入了合作社。这是一件了不起的大事。这件事告诉我们，只需要一九五六年一个年头，就可以基本上完成农业方面的半社会主义的合作化。再有三年到四年，即到一九五九年，或者一九六〇年，就可以基本上完成合作社由半社会主义到全社会主义的转变。这件事告诉我们，中国的手工业和资本主义工商业的社会主义改造，也应当争取提早一些时候去完成，才能适应农业发展的需要。这件事告诉我们，中国工业化的规模和速度，科学、文化、教育、卫生等项

〔1〕《杜润生自述：中国农村体制变革重大决策纪实》，第62页。

〔2〕史敬棠等编《中国农业合作化运动史料》上册，转引自苏星《新中国经济史》，第287页。

事业的发展的规模和速度，已经不能完全按照原来所想的那样子去做了，这些都应当适当地扩大和加快。”〔1〕

手工业在中国历史悠久，行业和品种很多，产品几乎包括人民日常生活的各个方面。新中国成立初期，轻工业的力量远不能满足人民日益增加的需要，手工业的重要性十分显著。全国手工业工人有六百万人。农民使用的工业品，大部分是手工业生产的。有些手工业技术很高，不仅驰名国内，在国外也有相当市场。一九五二年，手工业产值占当年工农业总产值的百分之八点八，占工业总产值的百分之二十一点三六。

但手工业者大多是个体的，规模小，资金少，存在不少困难。因此，手工业的合作化，在一九五五年上半年以前的几年里，发展很快，也是稳步推进的。在国民经济恢复时期，棉织、针织、铁木工具等行业已着手经过典型试办，逐步摸索前进，创造了由手工业生产合作小组、手工业供销合作社到手工业生产合作社的由低到高的发展办法。但手工业生产合作社的数量还不多，在一九五二年才有三千二百八十个；其他还是通过供给原料、收购成品来组织生产合作小组。一九五三年十一、十二月间，举行第三次全国手工业生产合作会议。朱德在会上作了报告，强调要从实际出发，采取灵活多样的形式，循序前进，由小到大，由低级到高级地发展。他说：

“不要一开始就要求太高，应该放宽尺度，根据当时当地的需要与可能，以及手工业者的要求，采取不同的形式加以组织。绝不要规定一个死格式到处硬套，那样是会妨碍或限制合作社的发展的。”〔2〕

到一九五四年底，全国手工业合作社（组）发展到四万一千多个，拥有社（组）员一百十三万多人。手工业合作化以后，劳动生产率一般提高百分之二十到三十。到一九五五年下半年，随着农业合作化的猛烈

〔1〕《建国以来重要文献选编》第7册，第434—435页。
〔2〕《朱德选集》，第322页。

发展，手工业的合作化速度也大大加快。这一年，全国手工业合作社比上年增加近一倍，从业人员占全国手工业从业人员的百分之十一点九，产值占全国手工业总产值的百分之十二点九。这年十二月召开的第五次全国手工业生产合作会议，批评不敢加快手工业合作化步伐的“右倾保守思想”，要求在一九五六年和一九五七年两年内基本上完成手工业合作化。一九五六年一月，和资本主义工商业社会主义改造高潮同时，兴起了手工业社会主义改造的高潮。北京首先采取全市按行业一次批准合作化的办法，基本上实现了手工业合作化。到这年六月，除某些边远地区，全国基本上实现了手工业合作化。

手工业生产合作社比个体手工业具有明显的优势。它是以生产资料集体所有制为基础的，实行统一经营、统一计算盈亏，除纳税和企业内部一部分公积金、公益金外，采取工资和劳动分红的形式，在社员之间实行按劳分配。它同商业部门签订产销合同，大大减少了生产的盲目性。它在组织起来以后，便于把原来分散在各户的人力、物力和财力集中起来，·统筹安排，便于在生产上实行分工协作，合理组织劳动力，从而提高了劳动生产率，合作社社员平均年产值比个体户高得多。但也出现形式过于简单划一、不能充分发挥手工业者积极性、不能适应群众生活中多种多样需要等缺点。〔1〕

资本主义工商业的社会主义改造

资本主义工商业是新民主主义社会经济结构的重要组成部分，特别在轻工业和国内商业方面占有相当大的比重。它生产着不少为国家和人民所需要的生产资料和生活资料，拥有相当数量的技术人才、管理人才和熟悉销售情况的人员，向国家纳税，维持和吸收一部分人员就业，还可以通过私营商业渠道活跃城乡经济。因此，人民政府一直鼓励有利于国计民生的私营经济事业的经营积极性。当新中国建立初期私营工商业

〔1〕 柳随年、吴群敢主编《中国社会主义经济简史》，第125、150页。

遭受严重困难时，人民政府通过调整工商业，帮助它们渡过难关并取得发展。国民经济恢复时期，随着国营经济的迅速发展，私营工商业在整个国民经济中的比重虽然下降，但绝对值仍节节增长。私营工业的总产值从一九四九年到一九五三年，四年内翻了一番。但私营工商业中也有不利于国计民生的消极方面，一些人为着牟取暴利而不顾国家和民众的利益，甚至采取种种不法手段，严重扰乱经济秩序。人民政府曾不得不同它进行多次斗争，其中主要的有：解放初稳定物价时同投机商人的斗争，"五反"运动中同不法资本家的斗争，统购统销时同一部分私商的斗争。这些事实，在一定程度上加深了两者间的矛盾。

随着国民经济的恢复和国营经济力量的增强，"作为国家资本与私人资本合作的经济形式——国家资本主义得到初步发展。""工业中国家资本主义的初级形式，有加工、订货、收购、统购、包销五种形式，统称为加工订货形式。"〔1〕国家资本主义的高级形式——公私合营企业在新中国成立时已存在，大部分是由于人民政府没收一些私营企业内的官僚资本和敌伪财产部分作为国家投资而形成的。

当中共中央酝酿提出过渡时期总路线时，鉴于中国的实际情况，对资本主义工商业如何进行社会主义改造，主要的考虑是要走"和平转变的道路"。那时，不少资本家担心将来"过社会主义关"时，会像土地改革中的地主那样遭到没收。一九五二年十月二十五日，周恩来在全国工商联筹备委员会第二次常委会后，同若干资本家代表人物谈话时诚恳地回顾了中国民族资产阶级多年来的实际表现：

"中国民族资产阶级不同于帝国主义国家的垄断资产阶级，也不同于东欧各国的资产阶级。虽然资产阶级的本质相同，但面目不同。因为：（一）东欧各国的资产阶级过去就掌握了政权，中国的民族资产阶级在一九二七年的大革命失败后，虽然一度参加了蒋介石的反动政权，但马上就受到排斥。（二）希特勒侵占东欧各国后，资产阶级投降希特

〔1〕 李定主编《中国资本主义工商业的社会主义改造》，当代中国出版社 1997 年 10 月版，第 114、115 页。

勒，组织傀儡政权，中国的民族资产阶级则一般没有和敌伪政权合作，许多代表人物并撤退到抗战后方。（三）苏联红军解放东欧后，东欧各国的资产阶级一部分逃跑了，一部分则留下捣乱，破坏人民的政权，因而国家很快就没收了他们的企业。中国民族资产阶级除极少数人跟随蒋介石外，许多代表人物站到了人民方面。在第三次国内革命战争期间，中国民族资产阶级一般地是参加革命或保持中立的。全国解放后，在三年来的合作中，是和我们共过患难的，特别是在维持生产、医治战争的创伤、改造旧的社会经济方面，尽过一定的力量，对国家建设也有一份贡献。所以，中国的民族资产阶级是有一定的历史贡献和发展前途的。”

周恩来要他们放心，明确指明将要采取“和平转变”的方法：

“将来用什么方法进入社会主义，现在还不能说得很完整，但总的来说，就是和平转变的道路。中国经过了反帝、反封建的流血革命后，不会再流第二次血。和平转变，是要经过一个相当长的时间，而且要转变得很自然，‘水到渠成’。如经过各种国家资本主义的方式，达到阶级消灭，个人愉快。”〔1〕

为什么中国的民族资产阶级有可能接受这种“和平转变”呢？刘少奇当时讲了五条理由：第一，中国在基本上还是一个资本主义没有发展起来的国家，中国的资产阶级不论在经济上和政治上都是很软弱的，并且富于妥协性。第二，政府一方面照顾资本家得到不太少的利润，另一方面，又在“五反”等运动中动员人民反对资本家各种违法行为，使其在社会上的威信大大降低。第三，今天中国比较大一点的私人工厂差不多都是为国家加工订货，他们依赖国家供给原料、收购和推销成品及银行贷款等。此外，还有工人监督。在将来，资本家更要依赖国家，工人监督也更会有组织。第四，现在已有少数比较有远见的资本家看到了社

〔1〕《周恩来统一战线文选》，人民出版社 1984 年 12 月版，第 235—236、238 页。

会主义企业的优越性及其劳动生产率的提高，相信社会主义的前途已不可避免，他们现在就积极要求将他们的工厂实行公私合营。不少资本家的子女在大学和专门学校读书，也由国家供给他们的生活，他们宣告不要资本家父亲的遗产。中国资产阶级内部的这种变化，现已开始发生，在今后还会继续发展。第五，中国社会主义成分的增长，到那时，少数资本家可能完全处在社会主义的包围中，全部工业（手工业除外）国有化的步骤，已经不能抵抗。[1]

怎样对资本主义工商业和平地进行社会主义改造？周恩来所讲的“经过各种国家资本主义的方式”在《共同纲领》中就有过表述，但毕竟比较笼统。一九五三年后，中共中央统战部部长李维汉率领调查组，到武汉、上海、南京、无锡、常州、济南等资本主义工商业比较集中的地区进行调查研究。五月二十七日，他向中共中央和毛泽东报送了《关于资本主义工业中的公私关系》的调查报告，根据这些地区的实际情况，更加明确地提出主要经过公私合营这种形式的主张：

“由低级到高级的各种国家资本主义成分已包括了资本主义工业的主要行业和主要工厂，还在继续发展中。”“公私合营企业（就其标本形式而言，即国家占有相当股权以至大部分股权，派有领导干部的企业，如民生公司，天原、天利公司等），是高级的国家资本主义形式。在这样的企业中国家可以掌握经营管理权，工人群众则从为资本家生产的观点改变为为国家生产的观点，容易接受新的劳动态度。因此，这样的企业就具备了将其生产、财务和基本建设都列入国家计划的条件。这样，公私合营是最有利于将私营企业改造和过渡到社会主义去的形式。”[2]

这个报告在六月十五日召开的中央政治局扩大会议上经过讨论，得到同意。毛泽东就是在这次会上正式提出党在过渡时期总路线的。对资本主义工商业的社会主义改造便进入把重点放在国家资本主义高级形式

---

〔1〕《建国以来刘少奇文稿》第 4 册，第 526—528 页。

〔2〕《建国以来重要文献选编》第 4 册，第 215、222—223 页。

——公私合营的新阶段。

党在过渡时期的总路线提出后，在全国范围内开展了声势浩大的学习运动。那时，国家资本主义的初级形式——加工订货的产值，在全国私营工业总产值中所占的比重，在一九五三年已达到百分之六十一点三四，到一九五四年又增加到百分之七十八点五三，规模较大的私营工厂只有依附国营经济才能生存。在企业内部，工人监督生产在“五反”运动后已形成制度。这些，都已为实行公私合营准备了条件。但直到一九五三年底，公私合营企业还只有一千零三十六户，产值占私营和公私合营企业产值的百分之十三点三。

私营金融业最早实现了全行业公私合营。那是因为：建国初期，“私营银行和钱庄绝大部分支持投机资本，用高利吸收社会闲散资金，供应投机商人囤积物资，哄抬物价。一旦物价突然稳定下来，投机商人当然纷纷破产，作为投机资本支柱的银行也陷入困境以至倒闭。此时，群众不敢再向私营银行、钱庄存款，国家又规定国营企业和国家机关的现金必须存入国家银行。”〔1〕因此，到一九五二年十二月，除少数华侨银行外，全部私营银行实行合并，转为公私合营。

私营工商界的总路线学习，成为推动他们接受公私合营的重要动员力量。他们看到实行公私合营已是大势所趋，自己的利益又得到了适当的照顾。天津启新水泥公司总经理周叔弢表示，实行公私合营“启新一定要起带头作用”。他对启新的股东们说：“早晚要合营，晚合营不如早合营。”“毛主席问过我，把企业公私合营，你们舍得不舍得？我说现在舍不得也得舍。”南京中国水泥厂总经理姚万炽说：“水泥是重工业，在经济建设中作用大，迟早都要公私合营，坐待被动不如主动申请。”他表示：“对于企业实行公私合营，心中是又喜又忧的。喜的是合营后生产经营上的许多问题都可由政府解决，不用劳神了；忧的是个人的职位、薪金、股权、股息等怎么解决，心中没有底。”上海信谊药厂总经理陈铭珊说：“在党的教育下，我看到公私合营、走国家资本主义的道

〔1〕《薛暮桥回忆录》，第213—214页。

路势在必行，走在前头总比落后在别人后头光彩。”在总路线学习过程中，不少大的私营企业送出了要求公私合营的申请书。[1]

中国最大的民族工商业荣氏集团的代表荣毅仁，谈到他作为一个在旧中国曾饱受帝国主义和官僚资本主义压迫的爱国者对接受社会主义改造的认识过程：

“我们这样大的一个国家，单靠私营企业能搞好吗？我的家庭就是一个证明。”“像我们这样一个贫穷落后的发展中国家，要搞企业、搞生产，一定要走社会主义道路，发展以生产资料公有制为基础的国民经济。当然，我也是逐步解除顾虑，逐步懂得这个道理的。正因为我懂得了这个道理，所以在对资本主义工商业的社会主义改造中发挥了主动配合的作用。”[2]

一九五四年一开始，扩展公私合营企业的工作被提到重要日程上来。一月四日，中共中央批转中财委《关于一九五四年扩展公私合营工业计划会议的报告》和《关于有步骤地将有十个工人以上的资本主义工业基本上改造为公私合营企业的意见》。《报告》提出，一九五四年是有计划扩展公私合营工业的第一年，应以“巩固阵地、重点扩展、作出榜样、加强准备”为工作方针，计划将五百个私营厂矿（十七亿元产值）转化为公私合营。对公私合营的许多政策问题，即清户定股，实职人员的安排使用，私方代表（资本家及其代理人）的地位、职权、利润的分配等问题，也作出具体规定。原则确定私方的股息与红利占利润的四分之一左右。

这年的工作，是按照中财委提出的合营一批“较重要的和较大的企业”的方针进行的。到这年年底，全国公私合营的户数虽只占当时私营和公私合营总户数的百分之一强，产值却占百分之三十三。北京选择合

〔1〕李定主编《中国资本主义工商业的社会主义改造》，第209、210页。

〔2〕荣毅仁：《党指引我们走社会主义道路》，《多党合作纪实》，中国文史出版社1993年12月版，第563页。

营的企业是“具有特殊信誉、传统风格和国计民生需要的大户”，合营了二十一家工业企业，也合营了同仁堂药店、瑞蚨祥绸店等十六家商业企业。上海原有公私合营工厂三十三家，这一年又批准二百十一家规模较大、设备比较齐全、产品同国计民生关系比较密切的企业实行合营。拿一九五四年和一九五二年比较，公私合营企业在上海工业中的比重，户数从百分之零点三上升至零点九，总产值从百分之五点六大幅度增长至二十点三，合营的工厂中包括很有影响的安达纱厂、大隆机器厂、正泰橡胶厂、三友实业社等。天津合营了七十七户私营工业大厂，如水泥产量占全国第一的启新洋灰公司，全国最早的制碱企业永利制碱公司，全国著名的精盐制造企业久大盐业公司，还有恒源、北洋、达生、仁立、东亚五家天津最大的私营棉毛纺织厂。到这年年底，全国已有一千七百四十六家公私合营企业，产值占原私营企业总产值的三分之一。〔1〕

单个企业实行公私合营的工作取得很大进展，又带来了新的矛盾：“这种个别合营的方式，不但速度很缓，而且出现了公私合营企业与未合营企业之间的矛盾。中国原有的资本主义工业有着很大的分散性与落后性，在个别扩展公私合营的方式之下，规模较大的、设备较好的大型私营工业企业，都被作为重点，先行公私合营了。合营之后，他们的经营管理，得到了改进，劳动生产率就大大提高。这么一来，较为落后而未合营的中小工业企业，就更加困难了；这么一来，原来大型企业与中小型企业之间的矛盾，先进与落后之间的矛盾，就更加尖锐了。解决这个矛盾的办法，是实行全行业的公私合营。”〔2〕

事情就是这样一步一步地向前发展的。

一九五五年下半年，在农业合作社运动兴起高潮的同时，资本主义工商业的社会主义改造从单个企业的公私合营向全行业公私合营发展。这年九月起，私营工业最集中的上海率先在制笔、棉纺等七个行业实行全行业公私合营。陈云说：“实行全行业的公私合营，这在目前是合适

〔1〕李定主编《中国资本主义工商业的社会主义改造》，第213—216页；柳随年、吴群敢主编《中国社会主义经济简史》，第128、129页。

〔2〕许涤新：《中国过渡时期国民经济的分析（1949—1957）》，第110页。

的，必要的。这不是哪个人空想出来的，是经济发展的结果。现在既然按整个行业来安排生产、实行改组，那末，整个行业的公私合营也就是不可避免的。如果不实行全行业的合营，就无法安排生产，也无法进行改组。”“全行业合营比之单个工厂合营，是公私合营的高级形式，不仅合营的速度快，而且质量高。所以说质量高，就是全行业合营打破了厂与厂的界限，这是一个进步。这样做，不仅可以提高生产力，而且便于过渡到完全的社会主义所有制。”〔1〕

这年十月二十七、二十九日，毛泽东分别邀请全国工商联、民主建国会领导人和出席全国工商联会议的全体执行委员举行座谈会，希望他们安下心来，主动掌握自己的命运，接受社会主义改造。他详细说明早在考虑的对资本主义工商业社会主义改造实行“赎买政策”，说：

“我们现在对资本主义工商业的社会主义改造，实际上就是运用从前马克思、恩格斯、列宁提出过的赎买政策。它不是国家用一笔钱或者发行公债来购买资本家的私有财产（不是生活资料，是生产资料，即机器、厂房这些东西），也不是用突然的方法，而是逐步地进行，延长改造的时间，比如讲十五年吧，在这中间由工人替工商业者生产一部分利润。”

“对资本主义工商业，是采取一九四九年对官僚资本那样全部没收、一个钱不给这个办法好呢，还是拖十五年、十八年，由工人阶级替他们生产一部分利润，而把整个阶级逐步转过来这个办法好呢？这是两个办法：一个恶转，一个善转；一个强力的转，一个和平的转。我们现在采取的这个方法，是经过许多的过渡步骤，经过许多宣传教育，并且对资本家进行安排，应当说，这样的办法比较好。”〔2〕

十一月十六日，陈云在中共中央召开的关于资本主义工商业社会主义改造问题会议上，作了《资本主义工商业改造的新形势和新任务》的

---

〔1〕《陈云文选》第2卷，第286页。
〔2〕《毛泽东文集》第6卷，第499页。

报告，宣布普遍推行“定息”的办法。他说：

“定息就是把原来分给资本家的利润，改变为按照固定资产价值付给定额利息……实行定息有很大好处。实行定息以后，工厂的生产关系有了很大改变，国家对工厂的关系，资本家对工厂的关系，都改变了。定息就是保持私股在一定时期内的定额利润，而企业可以基本上由国家按照社会主义的原则来经营管理。这样，资本家得到了好处，我们得到了更大的好处。资本家暂时保存了他的资产价值，这个资产的所有权还是他的，但是不能变卖，只能拿到定额利息。工厂企业管理的实际权力转到了国家手里。资方人员参加一部分管理，这是一种什么管理呢？他仅是和一个普通的工作人员参加工作一样，不能像从前那样以资本家的身份来管理工厂了。”〔1〕

一九五五年，在工业中，国营、合作社营和公私合营经济的产值已占工业总产值的百分之八十三点八；在商业中，国营和合作社营商业已占商业批发总额的百分之九十四点八，占零售总额的百分之六十七点六。

全行业公私合营高潮从北京开始。一九五六年一月十日，北京市有一万七千九百六十三户私营工商业走上全行业公私合营的道路。“至此，北京市的资本主义工商业已经全部过渡到国家资本主义的高级形式。这是全国第一个全市资本主义工商业实行公私合营的城市。”〔2〕北京到处敲锣打鼓，燃放鞭炮，结队游行。许多工厂、商店挂出“庆祝公私合营”的红色横幅。十五日，北京各界二十多万人在天安门广场集会，庆祝全市工商业全行业公私合营和农业、手工业实现合作化。毛泽东、刘少奇、周恩来等出席大会，并接受北京市工商界、农民、手工业者代表的报喜信。北京市工商联主任委员、同仁堂国药店经理乐松生把大红喜报献给毛泽东。北京市市长彭真在大会上宣布：“我们的首都已经进入

〔1〕《陈云文选》第2卷，第288—289页。
〔2〕《改造私营工商业的伟大胜利》，《人民日报》1956年1月11日。

了社会主义社会。"[1]《人民日报》发表社论说："北京的经验对于全国其他各大城市的社会主义改造工作是有示范作用的。"[2] 上海、天津、广州、武汉、西安、重庆、沈阳等大城市和五十多个中等城市相继实现全行业公私合营。到这年第一季度末，除西藏等少数民族地区外，全国各地已基本上实现全行业公私合营。

资本主义工商业的全行业公私合营这样快地实现，确实出乎人们的预料。陈云说："原来设想是逐行业批准公私合营，但在北京放了鞭炮，就一起都批准了。"[3] 毛泽东在这年一月二十五日举行的最高国务会议上说："公私合营走得很快，这是没有预料到的，谁料得到？现在又没有孔明，意料不到那么快。去年李烛老（引者注：指全国工商联副主任委员李烛尘）在怀仁堂讲高潮，我那个时候还泼了一点冷水。我说，你那样搞太厉害，你要求太急了。又对他讲，要瓜熟蒂落、水到渠成，要有秩序，有步骤地来，不要搞乱了。"[4] 一年多后，他又对新闻出版界人士讲道："前年年底，北京几天就实现了全行业公私合营，宣布进入社会主义，本来对这样的消息就要好好考虑，后来一广播，各地不顾本身具体条件，一下子都干起来，就很被动。"[5] 由于原来没有来得及做好足够准备，而是先承认全行业公私合营，再来进行清户核资、生产安排、企业改组、人事安排，工作比较匆忙，做得比较粗，也产生了一些紊乱现象。

实现全行业公私合营后，国家对原私营工商业者采取发放固定股息的办法，一般是年息百分之五。当时宣布，这种办法七年不变。到一九六三年又决定延长三年，到一九六六年九月停发。对资本主义工商业的社会主义改造，至此结束。这样大规模的社会变革，没有造成破坏和动乱就完成了。但是，当时社会主义改造以单一公有制为目标，带来经济管理体制高度集中的新的弊病，逐渐显露出来，经历不小曲折后又在新

---

〔1〕 本报记者：《第一个进入社会主义的城市》，《人民日报》1956年1月16日。

〔2〕《在高潮的最前面》（社论），《人民日报》1956年1月16日。

〔3〕《陈云文集》第3卷，第18页。

〔4〕 毛泽东在最高国务会议第6次会议上的讲话记录，1956年1月25日。

〔5〕《毛泽东文集》第7卷，第265页。

的基础上继续进行大幅度的调整和改革。

努力创造和平的国际环境

中国共产党所以在这个时刻提出过渡时期总路线，加快社会主义工业化和三大改造的步伐，还有一个不可忽视的因素，那就是对国际形势的判断。进入一九五三年，朝鲜战争已近尾声，七月间签订了停战协定。中国周边最严重的战争威胁得到消除。中共中央和毛泽东估计：世界战争大体上十年到十五年打不起来，争取十五年不打仗是可能的。必须抓紧这个得来不易而仍充满变数的历史机遇，把中国的经济建设和社会变革大步向前推进。

过渡时期总路线提出后，为了进一步发展有利于和平的国际环境，创造和睦的周边关系，保障中国的经济建设能够顺利进行，新中国在外交工作中接连采取一系列积极主动的重大行动，其中最重要的是：提出和平共处五项原则，参加日内瓦会议，参加在万隆召开的亚非会议。

和平共处五项原则，是处理国与国之间关系的最好方式，是建立新型国家关系和国际新秩序的准则。它最早是周恩来在一九五三年十二月三十一日同印度政府代表团谈话时提出来的。他说："新中国成立后就确立了处理中印两国关系的原则，那就是互相尊重领土主权、互不侵犯、互不干涉内政、平等互惠和和平共处的原则。"[1] 这五项原则写进了双方达成的《关于中国西藏地方和印度之间的通商和交通协定》的序言中。

一九五四年六月二十五日至二十八日，周恩来对印度进行三天访问，同印度总理尼赫鲁连续进行了六次会谈。周恩来在第一天会谈中就说："中华人民共和国对东南亚的政策是和平共处。"尼赫鲁说："完全同意阁下的意见。如果把我们最近签订的协议中的五条原则适用于东南亚的国家，那么就会创造一个很大的没有战争恐惧的和平区域。"第二

〔1〕《周恩来选集》下卷，第118页。

天，在讨论两国联合声明时，周恩来说："我们所强调的五条原则，常常提及是有好处的。我们可以在联合声明中说明这些原则不仅在亚洲，而且在全世界都适用。"尼赫鲁说："我想那些原则是一定要包括进去的。"[1] 二十八日，中印两国总理发表联合声明。声明中说：

"最近中国和印度曾经达成一项协议。在这一协议中，它们规定了为两国之间关系的某些原则。这些原则是：甲、互相尊重领土主权；乙、互不侵犯；丙、互不干涉内政；丁、平等互利；戊、和平共处。两国总理重申这些原则，并且感到在他们与亚洲以及世界其他国家的关系中也应该适用这些原则。如果这些原则不仅适用于各国之间，而且适用于一般国际关系之中，它们将形成和平和安全的坚固基础，而现时存在的恐惧和疑虑，则将为信任感所代替。"

"两国总理承认，在亚洲及世界各地存在着不同的社会制度和政治制度。然而，如果接受上述原则并按照这些原则办事，任何一国又都不干涉另一国，这些差别就不应成为和平的障碍或造成冲突。有关各国中每一国家的领土主权和互不侵犯有了保证，这些国家就能和平共处并相互友好。这就会缓和目前存在于世界上的紧张局势，并有助于创造和平的气氛。"[2]

在发表中印联合声明的同一天，周恩来应缅甸总理吴努的邀请，对缅甸进行访问。中缅两国总理会谈中，周恩来说："新中国的政策是和平政策，我们愿意按照互相尊重领土主权、互不侵犯、互不干涉内政、平等互利、和平共处五条原则与世界上一切国家友好相处，何况缅甸和中国还是亲戚关系的国家。"他回答吴努提出的一些疑虑时说："至于说领土，中国的地方已经很大，人口已经很多。我们立国的政策就是把自己的国家搞好，我们没有任何野心。我现在作此声明，吴努总理是可以

〔1〕 周恩来和尼赫鲁会谈记录，1954年6月25、26日。
〔2〕《人民日报》1954年6月29日。

相信的。”[1] 吴努听了很高兴。会谈后，两国总理发表的联合声明也确认了这五项原则。

和平共处五项原则的精神是：国家与国家之间，不管大小强弱，应该建立平等的权利。它们的领土和主权完整都应该得到尊重，而不应该受到侵犯；对于任何一个国家主权和领土的侵犯和内政的干涉，都会危及和平；如果各国保证互不侵犯，互不干涉内政，平等互利，就可以在各国的关系中创造和平共处的条件。这些主张，反映出当代国际社会中不可抗拒的历史潮流，是同霸权主义和强权政治相对立的。

和平共处五项原则提出后，经受住了历史的检验，成为世界上越来越多人的共识，它的内容也在实践中不断丰富和发展。邓小平在三十年后的一次谈话中说：“总结国际关系的实践，最具有强大生命力的就是和平共处五项原则。”[2]

新中国大规模经济建设迫切需要有一个和平安全的国际环境。一九五三年朝鲜停战的实现，带来了两个结果：一个是使缓和远东和国际的紧张局势有了可能；另一个是使中华人民共和国的国际地位得到巨大提高，成为谁也无法忽视的力量。这就把如何进一步缓和远东和国际紧张局势、打开外交新局面的课题，突出地提到新中国的面前。

这时，整个国际关系也正在发生微妙的变化：已经持续八年之久的国际紧张局势出现某些缓和迹象。朝鲜停战后两个月，苏联政府照会美、英、法三国政府，提议召开有中华人民共和国参加的五大国外长会议，审查缓和国际紧张局势的措施。一九五四年一月，中断近八年的苏、美、英、法四国外长会议在柏林举行，决定四月间在瑞士日内瓦召开讨论朝鲜问题和印度支那问题的国际会议，苏、美、法、英、中五国参加会议的全过程，其他有关国家分别参加有关问题的讨论。中国政府接受了邀请，由周恩来担任代表团团长。

这是新中国成立以来第一次以大国身份参加的重要国际会议，也是一场极其复杂的多边外交斗争。周恩来在二、三月间写了《关于日内瓦

〔1〕周恩来和吴努会谈记录，1954年6月29日。
〔2〕《邓小平文选》第3卷，第96页。

会议的估计及其准备工作的初步意见》，对会议准备讨论的两个问题和可能的发展作出估计，并且写道："在日内瓦会议上，即使美国将以一切力量来破坏各种有利于和平事业的协议的达成，我们仍应尽一切努力，务期达成某些可以获得一致意见和解决办法的协议，甚至是临时性的或个别性的协议，以利于打开经过大国协商解决国际争论的道路。"[1]

建国初期，新中国在境外面对着来自朝鲜半岛和印度支那这两个方向的战争威胁。朝鲜半岛的停战已经实现，朝鲜和平统一的条件一时尚不成熟，难以取得大的进展。这是一个僵局，但要再打起来是不容易的。印度支那的情况就不同了。当时主要是印度支那三国人民同法国远征军的交战，美国还没有大规模军事介入。经过将近九年的战争，法国远征军已遭受沉重打击，国力也难以支持，法国国内要求停战的呼声日益高涨，但仍有一部分强硬势力坚持主战，美国也从中作梗。因此，在印度支那实现停战是可能的，但还需要经过艰巨的努力才能做到。

四月二十六日，日内瓦会议开始举行。会议的发展正如预料的那样：朝鲜问题经过历时五十一天的讨论，由于美国的阻挠，终于没有达成任何协议而结束。而在印度支那战场上，五月七日，越南人民军在奠边府歼灭法国远征军和它扶植的保大政府的军队共一万六千多人，使印度支那战局顿时改观，促进了实现停战的可能性。但局势仍是复杂的，如果处理稍有不当，仍可能使会谈陷于僵局或遭受失败。

周恩来抓住两个关键性问题，取得了突破性成功。

第一个重大突破，是在柬埔寨和老挝问题上。最初，越、中、苏主张印度支那问题要统一解决，不能把越、老、柬三国的问题区别处理。周恩来经过调查研究，在五月三十日致电中共中央说："印度支那三个成员国的民族和国家的界限是非常显明而严格的。这种界限在法国建立印度支那的殖民统治以前就已经存在，而在三国人民当中也是如此看待的。过去我们在国内没有看得这样严重。""这次在日内瓦会议的接触中，我们才懂得问题不是那样简单，必须严格地以三个国家来对待。"[2]

---

〔1〕《关于日内瓦会议的估计及其准备工作的初步意见》，周恩来手稿，1954年2、3月间。
〔2〕周恩来致毛泽东、刘少奇并报中央电，1954年5月30日。

中共中央同意这个意见，并电商越南劳动党。六月四日，越南劳动党中央复电中共中央，表示同意。十六日，周恩来在会议上发言说：印度支那三个国家的情况是不完全相同的，因而在解决问题时应该考虑各国的具体情况；同时，三国的问题也不能截然分开，应该联系起来考虑才能获得适当的解决。他提出了六项具体建议。同一天，他去会见会议两主席之一的英国外交大臣艾登，向他表示：我们愿意看到老、柬成为像印度那样的东南亚型的国家，我们愿意同它们和平共处。艾登表示：英国的要求也正是这样。

本来，在周恩来提出这六项建议前，日内瓦会议的气氛已相当紧张，美、英已准备在十八日离开日内瓦，中断会议。十六日的建议提出后，法国积极活动反对中断会议，这才扭转了局势。十九日，会议达成《关于柬埔寨和老挝停止敌对行动的协议》。

第二个重大突破，是在越南停战方案上。六月十七日，法国内阁变动，主张和平解决印度支那问题的孟戴斯-弗朗斯组成新内阁，取代原为主战派、后又采取拖延政策的拉尼埃内阁。二十三日，周恩来利用会议暂时休会的机会，约孟戴斯-弗朗斯在瑞士的伯尔尼见面，直截了当地问他：你对印度支那停战到底是怎么个方案。以前，法方在这个问题上一直躲躲闪闪，不肯有明朗的表示。这次，孟戴斯-弗朗斯比较直率地提出双方军队应有两个大集结区。这就是说，从东到西划一条线，形成两部分集结区。七月三日至五日，周恩来到广西柳州同胡志明主席和其他越南领导人举行了八次会谈，双方取得了一致意见。

尽管如此，日内瓦会议复会后双方依然存在争执，关键是越南停战的划界问题。越、中、苏主张在北纬十六度，法国主张在十八度。在北纬十六度以北有一条从老挝通向海口的九号公路。七月十七日，周恩来去见孟戴斯-弗朗斯。当天，他给中央的电报中写道：“孟着重说越盟不应该要九号公路，因九号公路是老挝向东方的出口，不能让越南控制老挝的生命线。我说越南民主共和国对九号公路没有什么特殊的利益，也许主要是这条公路在十六度以北的原故。至于老挝的出口问题这倒是值得注意的。孟接着就问：范文同先生是否可以同意划出这条公路？他说：果然如此的话，他们也愿在其他方面让步。”〔1〕十九日，越、中、苏三方代表商定共同的最后方案，包括分界线在十七度略南、九号公路以北约十公里。这个方案提出后，谈判局势急转直下。第二天，双方共同达成七项协议。二十一日，交战双方司令部分别在越南、老挝和柬埔寨三个《停止敌对行动协定》上签字。当天下午，会议通过关于恢复印度支那和平问题的《日内瓦会议最后宣言》。历时近三个月、几经曲折、受到举世瞩目的日内瓦会议，终于在取得重大成果的情况下闭幕了。这些成果是得来不易的。

会议期间，中英关系也得到明显改善。会后不久，英国前首相、工党领袖艾德礼就组团访华。中美之间也对遣返两国在对方的人员问题进行五次接触，并达成协议。以后，两国在日内瓦继续进行领事级会谈，不久又升格为大使级会谈。持续十多年的中美大使级谈判就是这样开始的。这些，都是改善同西方国家关系的富有远见的重大举措。

日内瓦会议结束后，周恩来在中央人民政府委员会上作报告。他不仅谈了会议在印度支那问题上取得的巨大成果，并且从更深层次上指出新中国外交工作上的一个指导原则：“日内瓦会议的成就证明，国际争端是可以用和平协商的方法求得解决的。”〔2〕

近三个月的日内瓦会议，大大增强了新中国领导人对当前世界格局的了解，也看到新中国完全可以在异常复杂的国际关系中发挥更积极的作用。新中国成立初期，毛泽东曾提出“打扫干净屋子再请客”，作为外交工作的重要方针之一。周恩来在向中共中央政治局扩大会议报告日内瓦会议情况时，根据他的亲身观察，提出一个重要问题：“原想再关一年的门，现在看来是关不了的！新中国的声誉是很高的，苏联也很希望我国能参加国际事务，有欲关不能之势。”〔3〕毛泽东同意这个看法，肯定地说：“关门关不住，不能关，而且必须走出去。”“缓和局势、和平共处，本是我们的口号，现在艾登、尼赫鲁都说了，形势大变了，我

〔1〕周恩来致毛泽东、刘少奇并报中央电，1954年7月18日。
〔2〕周恩来在中央人民政府委员会第33次会议上的外交报告，1954年8月11日。
〔3〕周恩来在中共中央政治局扩大会议上的报告记录，1954年7月7日。

应与一切愿与我建立关系的国家建立工作。”[1]

“必须走出去”，这是一个重大的战略决策。在美国为首的封锁禁运和重重阻挠下，这又是一项十分复杂而艰巨的任务。为了在外交工作中打开一个新的局面，新中国首先把重点放在发展同亚非国家的友好合作和睦邻关系上。这不仅因为中国是一个亚洲国家，需要同近邻先建立起和睦的关系，保证有一个和平安定的周边环境；更重要的是，中国人民同亚非绝大多数国家的人民有过共同的遭遇和经历，都刚从帝国主义的长期压迫下解放出来，开始把国家的命运掌握在自己手里，在许多方面有着共同的利益和愿望。这些国家是国际社会生活中一支不可忽视的正在崛起的新兴力量，是维护世界和平的重要保证。

在日内瓦会议休会期间，如前所述，周恩来访问了印度和缅甸，和两国总理共同倡导和平共处五项原则。会议结束后，尼赫鲁和吴努也应邀先后来中国访问。他们在来访期间，提出南亚五国（缅甸、锡兰、印度、印度尼西亚、巴基斯坦）总理准备联合发起召开亚非会议，邀请新中国参加。

亚非会议，是一个新的历史时代到来的象征，是第二次世界大战结束后民族独立运动蓬勃发展的结果。它是第一次没有帝国主义国家参加的大型国际会议，而由亚非地区绝大多数已独立的国家参加。它们要求在国际上享有平等地位，独立地发出自己的声音。如果在几年以前，要举行这样的会议是难以想象的。中国政府决定接受邀请，参加这次会议，并且组成以周恩来为首席代表的代表团。

可是，中国政府在会上面对的情况依然十分复杂：参加会议的二十九个国家（包括中国在内），有二十二个国家还没有同新中国建立外交关系，甚至不曾有过来往，有些倒是同国民党集团保持着外交关系；各国的社会制度、处境和政治观点有很大区别；他们中不少国家对新中国缺乏了解，心存疑惧，有的还受美国政府影响而抱着敌视的态度。由于相互间存在的分歧和某些外来势力的挑拨，会议很容易陷于无休止的争

---

[1] 毛泽东在中共中央政治局扩大会议上的发言记录，1954 年 7 月 7 日。

论，以致归于失败。

这次会议在印度尼西亚的万隆召开。会议前夕，万隆的空气相当紧张，似乎正在酝酿一场激烈的争论。周恩来到万隆的第一天，尼赫鲁和吴努已听到一些风声，知道有些国家要进行挑衅，破坏会议，向周恩来打了招呼。周恩来从容地回答他们：

“我们对于要提出这样问题的人要分别看待：一种人是恶意的，不去理他，或者用一些手法，使他收回去，使他的破坏计划不能得逞。另外一种人他是怀疑的，他不明白真相，他是说出一些很不恰当的话，我们应该向他们解释，使他们了解。”

“我们允许那种没有看到事实而带有怀疑的人怀疑，因为他们没有看到，可以怀疑。你要不是恶意的，我们就以善意的对待。至于他是不是恶意，这也很难从他说话中完全分别出。我们可以从他说话的表面意义上来估计，就当做是怀疑，我们来解释。解释的结果，就使怀疑的一部分人去除他们的怀疑。”〔1〕

一九五五年四月十八日，亚非会议开幕。印度尼西亚总统苏加诺致了热情洋溢的开幕词。随后，开始大会发言。发言的次序大体上按照各国国名的第一个英文字母的次序排列。绝大多数发言的内容，都是要求消除殖民主义与促进世界和平。伊拉克代表贾马利却在发言中攻击共产主义是一种“颠覆性的宗教”，“在阶级和民族之间培育仇恨”，已创造了一种“新形式的殖民主义”。这个发言，使会场空气陡然紧张起来。但轮到中国代表发言时，周恩来却放弃这个机会，继续耐心地坐着听各国代表的发言。在以后的发言中绝大多数是好的，但也有人猛烈地攻击共产主义，还有人直接点了中国的名。

根据这种状况，周恩来决定把原来准备好的发言稿改作书面发言散发，临时另作一个补充发言。发言时会场中挤满了人，都想听听中国代

〔1〕 周恩来在第一届全国人大常委会第15次扩大会议上关于亚非会议的报告记录，1955年5月13日。

表团怎样回答会上提出的这些问题。周恩来十分从容。他一开始就说：

“中国代表团是来要求团结而不是来吵架的。我们共产党人从不讳言我们相信共产主义和认为社会主义制度是好的。但是，在这个会议上用不着来宣传个人的思想意识和各国的政治制度，虽然，这种不同在我们中间显然是存在的。

中国代表团是来求同而不是来立异的。在我们中间有无求同的基础呢？有的。那就是亚非绝大多数国家和人民自近代以来都曾经受过、并且现在仍在受着殖民主义所造成的灾难和痛苦。这是我们大家都承认的。从解除殖民主义痛苦和灾难中找共同基础，我们就很容易互相了解和尊重、互相同情和支持，而不是互相疑虑和恐惧、互相排斥和对立。”

“我们的会议应该求同而存异。同时，会议应将这些共同愿望和要求肯定下来。这是我们中间的主要问题。我们并不要求各人放弃自己的见解，因为这是实际存在的反映。但是不应该使它妨碍我们在主要问题上达成共同的协议。我们还应在共同的基础上来互相了解和重视彼此的不同见解。”

他本着这种精神，对不同的思想意识和社会制度问题、有无宗教信仰自由的问题、所谓颠覆活动的问题，一一说明了中国政府立场和政策，回答了一些人存在的疑虑。最后说：“我们是容许不知真相的人怀疑的。中国俗话说：‘百闻不如一见。’我们欢迎所有到会的各国代表到中国去参观，你们什么时候去都可以。我们没有竹幕，倒是别人要在我们之间施放烟幕。”〔1〕

这个讲话在会议上引起轰动性的效应。他一讲完，全场立刻爆发长时间的热烈掌声，会上的空气陡然变了。美国记者鲍大可在报道中说：“这篇发言最惊人之处就在于它没有闪电惊雷。周恩来用经过仔细挑选的措辞简单说明了共产党中国对这次会议通情达理、心平气和的态度。

〔1〕《周恩来选集》下卷，第153—157页。

他也回答了在他之前发表的演说中对共产党所作的许多直接间接的攻击。”“周恩来的发言是中国以和解态度与会的绝好说明。他的发言是前两天公开会议的高潮。”〔1〕

会议并不是从此就一帆风顺了，中间又出现多次波澜。周恩来作了慎重而恰当的处理，一一化险为夷。四月二十四日，会议一致通过了包括关于促进世界和平和合作的十点宣言的《最后公报》，成功地闭幕了。

中国代表团在会议期间的外交活动，并不只停留在会议上。他们利用一切机会，同到会的各国代表团接触，主动拜访了除南越以外的所有各国代表团，同纳赛尔、西哈努克、高碕达之助等，都是在这次会议上结识的。

当时，一部分亚非国家对新中国存在的疑虑，主要集中在三个问题上：一是中国有许多海外侨民，许多人有着双重国籍，使所在国很不放心；二是边界问题，历史上遗留下不少未定界，有些地区甚至发生过武力冲突；三是害怕国际共产主义运动通过本地的共产党进行活动。周恩来在会议期间和会后，在这三方面都做了大量工作，使问题的绝大部分逐步得到妥善的解决。

从亚非会议结束到一九五九年底这四年多内，同新中国先后建交的有：尼泊尔、埃及、叙利亚、阿拉伯也门共和国、斯里兰卡、柬埔寨、伊拉克、摩洛哥、阿尔及利亚、苏丹、几内亚十一个国家，它们全部都是亚非国家。亚非会议为新中国的外交活动进一步打开了新的天地。

社会主义基本制度建立的深远历史意义

一九五七年年底，第一个五年计划全面完成。这个计划制订时不论在发展速度还是建设规模上都比较谨慎，留有余地。在执行中，各方面的配合和衔接比较好。社会主义工业化取得巨大进展。一九五六年，工业总产值为七百零三亿元，已超过第一个五年计划要求达到的水平，其

〔1〕（美）鲍大可：《周恩来在万隆》，中国社会科学出版社 1985 年 3 月版，第 9、11 页。

中主要工业品如钢、生铁、钢材、水泥、纯碱、客车、棉纱、棉布等二十七种产品的产量已达到或超过“一五”计划规定的指标。这以前的七年间，中国的工业总产值一直低于农业总产值。也是在一九五六年，工业总产值第一次超过农业总产值（这年为六百一十亿元），在中国从农业国走向工业国的道路上跨出了转折性的一大步。工业技术水平有了很大提高，建立起许多新的工业部门，可以把许多自己制造的设备、材料用来发展工业、装备农业和交通运输业，加强国防，成为整个国民经济的支柱。从一九五三年到一九五六年，工业总产值平均每年增长百分之十九点六，超过了第一个五年计划规定的百分之十四点七的速度。这些新建立或发展起来的工业，几乎都掌握在国家手里，属于社会主义性质的经济，在整个国民经济中更加明显地起着主导作用。这是中国建成社会主义基本制度的物质基础。没有它，就谈不上有中国的社会主义。

人民生活得到进一步改善。拿整个“一五”计划期间来说，全国居民消费水平在五年内提高三分之一，其中职工和农民分别提高了百分之三十八点五和二十七点四。一九五五年八月，国家决定全体职工都实行工资制，代替以往不少人员中实行的供给制。一九五六年全国实行工资改革，职工工资有了大幅度提高。劳动保险、公费医疗、福利等费用也有很大增加。

经过社会主义工业化的发展和“三大改造”的基本完成，中国的社会经济结构发生了根本变化。

到一九五六年底，农村中加入农业生产合作社的农户达到全国农户总数的百分之九十六点三，其中参加高级社的占全国农户总数的百分之八十七点八。高级社和初级社最重要的变化是：从“土地入股”的半社会主义合作社变为“土地公有”的社会主义合作社，这是一个极为重要的区别。薛暮桥回忆道：“我国农业合作化虽然发展过快，但起初并未受到农民的反对。从初级社变为高级社，土地从农户私有变为合作社公有，是有少数人反对的。一九五六年秋冬我在青岛写书时，曾对这个问题进行调查。结果发现反对的大多是军属、工属、干属。那些家在农村的军人、工人、干部本人已经脱离农业生产，但家庭曾经分了地，可以享受土地分红。一般农户反对土地分红，因此从初级社到高级社的过渡，在农民中没有遇到多少阻力。”“从长远来看，土地从农户私有变为合作社公有，对提高农业生产力还是有利的。”〔1〕以后，特别是改革开放以来，尽管中国农村经历了一次又一次的改革和变动，但“土地公有”这个根本点始终没有改变和动摇过，它对建立以公有制为主体的社会主义制度有着极为重要的意义。

在私营工商业领域内，那年全国私营工业户数的百分之九十九，私营商业户数的百分之八十二点二，分别纳入了公私合营或合作社的轨道。在一定时期内领取固定股息的原来的资本家，已不再是企业的占有者，不再是工人剩余劳动的剥削者，而成为公私合营企业的工作人员。参加合作社的手工业人员，那年已占全体手工业人员的百分之九十一点七。在全国范围内，对生产资料私有制的社会主义改造已基本完成。

这样，社会主义基本制度已经在中国大地上建立起来。中国进入社会主义初级阶段就是从此刻开始的。建国初，社会主义成分虽在国民经济命脉领域内已处于主导地位，但资本主义工商业在数量上仍居多数，广大农村的个体经济在整个国民经济中更占有绝对优势，公有制经济在全国范围内并不居于主体地位，中国还不能说是社会主义国家，而是新民主主义国家。这种状况，到一九五六年已经根本改变，公有制经济的主体地位已经确立。只要把前后比较一下，就可以清楚地看出两者之间的区别。

现在回到中国建成社会主义基本制度主要靠什么这个问题上来。

第一个五年计划中，国家对基本建设的计划投资是四百二十七亿四千万元（其中工业投资二百四十八亿五千万元，占百分之五十八点二；其次是运输和邮电等基础设施投资八十二亿一千万元，占百分之十九点二）。〔2〕实际执行的结果，全民所有制固定资产的投资为六百十一亿五千八百万元。资金从哪里来？以一九五三年到一九五七年计算，全民所

〔1〕《薛暮桥回忆录》，第219页。

〔2〕《建国以来重要文献选编》第6册，第289页。

有制企业的上缴利润占国家财政收入增加的百分之七十四点七。[1] 这些建设成果都属于全体中国人民所有。没有它们，就谈不上在中国建立社会主义基本制度，也没有以后的社会主义现代化可言。

不能把中国社会主义制度的建立看成主要是对资本主义工商业进行社会主义改造的结果，或者过多地把注意力集中在这一点。事实上，旧中国留下的民族工商业力量实在很薄弱，在帝国主义、封建势力、官僚资本的压迫下到解放前已近奄奄一息。一九五六年清产核资时核定的私人资本共二十四亿一千八百六十四万元，其中工业十六亿九千三百四十五万元，商业和饮食业五亿八千六百三十九万元。当然，由于种种原因，当时对他们的资产有低估的问题。同清产前的账面金额对比，武汉低了百分之四十三点九一，重庆低了百分之二十四点六二。[2] 但即使算高一点——低估了一半，也没有到五十亿元。而且这些私营企业十分分散，企业数量虽不少，但从规模来看主要是中小企业。最大的荣氏家族，经营的纺织（申新集团）、面粉（茂新集团）、印染、机械工业，加起来只有二十四家。号称煤炭大王、火柴大王的刘鸿生自己说：他的资本总额是两千万元。[3]

国家在五年内的投资是六百十一亿五千八百万元，私人企业的资金总额最多也不到五十亿元。比一比就可以知道：中国之所以能建成社会主义社会基本制度，首先是靠全国人民辛勤劳动干出来的，而不是靠“赎买”得到的。如果忽视主体，只谈两翼（特别是对私营工商业的社会主义改造这一翼），不说是本末倒置，至少是主次不分。

一种新的社会制度诞生了。它规定了中国继续前进的方向：是走社会主义道路，而不是走资本主义道路。这是中华民族历史发展中的一个新的起点。

毛泽东把社会主义制度的建立看作解放生产力的巨大胜利。一九五

---

〔1〕董志凯、吴江：《新中国工业的奠基石——156 项建设研究》，第 161、164、165 页。

〔2〕李定主编《中国资本主义工商业的社会主义改造》，第 255—257 页。

〔3〕《走在社会主义大道上——原私营工商业者社会主义改造纪实》，中国文史出版社 1988 年 12 月版，第 86 页。

六年一月二十五日，他在最高国务会议第六次会议上兴奋地作了这样的说明：

“社会主义革命的目的是为了解放生产力，农业和手工业由个体的所有制变为社会主义的集体所有制，私营工商业由资本主义所有制变为社会主义所有制，必然使生产力大大地获得解放。这样就为大大地发展工业和农业的生产创造了社会条件。

我们进行社会主义革命所用的方法是和平的方法。对于这种方法，过去在共产党内和共产党外，都有许多人表示怀疑。但是从去年夏季以来，由于农村中合作社运动的高潮和最近几个月以来城市中社会主义改造的高潮，他们的疑问已经大体解决了。在我国的条件下，用和平的方法，即用说服教育的方法，不但可以改变个体的所有制为社会主义的集体所有制，而且可以改变资本主义所有制为社会主义所有制。过去几个月来社会主义改造的速度大大超过了人们的意料。过去有些人怕社会主义这一关难过，现在看来，这一关也还是容易过的。”

毛泽东对未来的前景充满了乐观。他在讲话结束时说：“我国人民应该有一个远大的规划，要在几十年内，努力改变我国在经济上和科学文化上的落后状况，迅速达到世界上的先进水平。”〔1〕

当然，应当看到：在这个过程中、特别是最后一年多中，由于对什么是社会主义、怎样建设社会主义还缺乏清楚的认识，急于追求建立单一的公有制经济；由于“社会主义改造的速度大大超过了人们的意料”而把事情看得过于简单和容易，在取得巨大成就的同时，也出现一些缺点和偏差，主要是在后期急于求成，工作过粗，留下不少后遗症。

这些问题在农业合作化中表现得最严重：反“右倾”形成巨大的政治压力，不少地方还采取行政强制手段，没有认真贯彻自愿的原则；从半社会主义的初级社发展到社会主义高级社的步子走得太快；在高级社

〔1〕《毛泽东文集》第7卷，第1、2页。

中过分强调集中统一管理，忽视以至取消分散的家庭经营，没有很好顾到农民个体生产积极性那一面；社的规模过大，不便于领导，也容易产生“吃大锅饭”的平均主义倾向。在手工业合作化中，过分强调大社和集中经营的优越性，忽略了个体手工业原有的经营灵活、产品多种多样、同民众联系密切的优点，造成小商品的品种花样减少、质量降低、供销失调、民众感到不便等现象。在对资本主义工商业的改造中，没有考虑到应该在一定范围内容许有利于满足人民需要的小商品经济以至资本主义经济的存在和发展；把十来万小业主当作资产阶级革掉了；对一部分原私营工商业者的处理和使用不很适当，对他们在一些领域内可以发挥的积极作用注意不够。这些问题，由于没有及时认识和纠正甚至还有发展，在以后很长时间内对国民经济的运行产生了消极影响。

尽管如此，社会主义基本制度在中国建立的基本条件终究已经具有。它是历史发展诸种因素合力造成的，特别是中国的社会主义工业化已经取得如此巨大的成就，而资本主义经济却十分分散、弱小、发展困难，力量对比已走向一个转折点。这是客观局势发展的结果。当时许多人已看到，这是一个大趋势，谁也阻挡不住。用和平的方法而不是用暴力的方法来实现向社会主义过渡，经过若干过渡阶段逐步完成而不是一次完成，是中国共产党的重大创造。这里，有两个基本事实必须看到：“第一是在保证国民经济基本上稳定发展的情况下完成的，第二是在得到人民群众基本上普遍拥护的情况下完成的。这是很难做到而确实做到了的事情。”〔1〕在几亿人口国家这场深刻的社会变革中，在如此缺乏经验的情况下，产生某些缺点和偏差，很难完全避免。由于对什么是社会主义缺乏清楚的认识以及工作急促粗糙遗留的种种问题，完全可以在社会主义制度自我发展和自我完善的过程中，经过调整和改革，逐步得到解决，这是为以后的事实证明了的，那就是走中国特色社会主义的道路。

中共中央《关于建国以来党的若干历史问题的决议》中写道：

---

〔1〕胡绳主编《中国共产党的七十年》，第383页。

“到一九五六年，全国绝大部分地区基本上完成了对生产资料私有制的社会主义改造。这项工作中也有缺点和偏差。在一九五五年夏季以后，农业合作化以及对手工业和个体商业的改造要求过急，工作过粗，改变过快，形式也过于简单划一，以致在长期间遗留了一些问题。一九五六年资本主义工商业改造基本完成以后，对于一部分原工商业者的使用和处理也不很适当。但整个来说，在一个几亿人口的大国中比较顺利地实现了如此复杂、困难和深刻的社会变革，促进了工农业和整个国民经济的发展，这的确是伟大的历史性胜利。”〔1〕

无论从中华民族几千年的历史长河来看，或是从世界范围的眼光来看，社会主义基本制度在有着几亿人口的中国大地上建立起来，都是一件有着划时代意义的了不得的大事。这是事情的主流和本质。尽管社会主义改造的后期存在这样或那样的问题，但一九五六年和一九四九年毕竟已根本不同。中国选择并建立了社会主义。它使全国的各项工作得以在一个新的制度基础上前进。离开这个起点，就没有中国特色社会主义可言，就没有社会主义现代化可言。

当然，在过去了几十年、特别是经历了改革开放以后，回头来看，还有一些更深层次的问题值得研究。胡绳主编的《中国共产党的七十年》中指出：

“一个是社会主义公有制经济已经居于绝对统治地位，但是有没有必要使它成为唯一的经济成分，可不可以有限度地保留一部分有益于国计民生的个体经济和私营经济？一个是高度集中的计划经济体制随着对资本主义和个体经济改造的完成而扩大到全部经济生活，市场调节的作用是否还需要发挥，如何发挥？还有一个是国营经济如何发挥中央、地方各级和企业的主动性和积极性，集体经济的所有权和经营权需不需要划分层次，根据不同情况发挥不同层次的积极性？还是公有范围越大、

〔1〕《十一届三中全会以来重要文献选编》上册，人民出版社1987年2月版，第306－307页。

经营越集中越好？这些问题在改造过程中大都或多或少有所觉察，可是，来不及反复研究和慎重决策，就在改造高潮中被掩盖起来。这些问题以及社会主义改造后期过急过粗带来的其他问题，只要冷静下来，实事求是，认真调查和调整，是可以在实践中依靠经验的积累逐步加以解决的。”〔1〕

确实，这些更深层次的问题，只有在实践中依靠正反两方面经验的积累才能逐步加以解决，不可能在一九五六年就什么都看清楚，使问题完全得到解决。这时毕竟只处在开始新的探索的起步阶段，要走的路还很长。

〔1〕 胡绳主编《中国共产党的七十年》，第428—429页。

第二十章

社会主义建设在曲折中前进（上）

一九五六年，在中国社会变革历程中，是一个重大转折点。

社会主义基本制度已经在中国大地上建立起来。这是中国人多少年来所追求的。但它来得这么快，人们缺乏足够的精神准备。大家充满着兴奋，又面对着一个十分陌生的局面：怎样进行社会主义现代化建设？下一步该怎么办？

中国是一个贫穷落后、人口众多、生产力发展水平很低的大国。新建立起来的是一个不发达的社会主义社会。在这样的基础上起步，其困难可想而知。中国人以往几乎没有组织和管理现代化大工业生产和整个国民经济的经验，更不用说领导社会主义现代化建设了。对什么是社会主义，马克思主义创始人提出了一些基本原则，但没有也不可能提出更具体的答案。那时在世界范围内只有苏联独立建成了社会主义社会，没有其他现成的榜样。所以在开始建设时，中共中央曾号召“向苏联学习”，是不得不如此的。在社会上，还流行过“苏联的今天就是我们的明天”那样的说法。可是，苏联社会主义建设中存在的种种弊端已开始清楚地暴露出来，如片面发展重工业，忽视农业和轻工业；片面扩大积累，忽视改善人民生活；经济管理体制集中过多过死等。这年二月召开的苏共二十大尖锐地揭露斯大林在领导苏联社会主义建设中的严重错误以及对他的个人崇拜所造成的严重后果，在社会主义阵营引起极大震动。即便他们取得的一些成功经验，也未必都适合中国的国情，不能照抄照搬。中国领导人已意识到：必须走自己的路。这样，一个全新的问题放在中国人面前：怎样根据自己的实际国情来建设社会主义？

历史不可能等到这些问题都得到解决后再迈开步子。尽管准备还远不充分，尽管许多问题还不清楚，新的探索必须起步。客观形势驱使着新中国必须大胆地向前闯。留下的许多还不清楚的问题，只能在摸索过程中去寻求解决，通过实践的检验来判明是非。这就像朝着一片没有现成航标的海域起航，面对着许多未知数，对哪里有险滩和暗礁一时无法看清，只能边摸索边前进，中间出现曲折和偏差是完全可能的。正如恩格斯所说：要明确地懂得理论，最好的道路就是从本身的错误中、从痛苦的经验中学习。离开这种特定的历史条件，很难对事情作出客观而中肯的分析和判断。

初期的成功探索

对社会主义建设道路的探索，是从一九五六年初开始的。中国领导人的态度，最初比较审慎。毛泽东说："我们可以有几条路前进，几条路比较一下，要选一条比较合理、正确的路线。"〔1〕

初期的探索是成功的，主要表现在《论十大关系》、中共八大和一九五七年上半年发表的《关于正确处理人民内部矛盾的问题》上。

"十大关系"是毛泽东在把工作重点开始转向经济建设后，经过认真准备提出来的。一九五六年一月二十五日，他在最高国务会议上说："要在几十年内，努力改变我国在经济上和科学文化上的落后状况，迅速达到世界上的先进水平。"〔2〕从二月十四日到四月二十四日，他连续听取国务院三十四个部门和国家计委关于第二个五年计划的工作报告。听取汇报时，他不断插话，同与会者交换意见，并且把自己的看法逐步归纳起来，最后概括为"十大关系"。他说："那个十大关系怎么出来的

〔1〕薄一波：《若干重大决策与事件的回顾（修订本）》上卷，第540页。
〔2〕《毛泽东文集》第7卷，第2页。

呢？我在北京经过一个半月，每天谈一个部，找了三十四个部的同志谈话，逐渐形成了那个十条。如果没有那些人谈话，那个十大关系怎么会形成呢？不可能形成。”〔1〕

五月二日，毛泽东在最高国务会议作了《论十大关系》的报告。报告中心内容，是要以苏联为鉴戒，总结自己的经验，探索一条适合中国情况的社会主义建设道路。他特别强调如何调动一切积极因素的问题，把这个问题看作建设社会主义的根本，说：

“提出这十个问题，都是围绕着一个基本方针，就是要把国内外一切积极因素调动起来，为社会主义事业服务。”

他谈到如何对待其他国家的经验，这对缺乏现代化建设经验的中国十分重要。他说：

“应当承认，每个民族都有它的长处，不然它为什么能存在？为什么能发展？同时，每个民族也都有它的短处。有人以为社会主义就了不起，一点缺点也没有了。哪有这个事？应当承认，总是有优点和缺点这两点。”

“我们的方针是，一切民族、一切国家的长处都要学，政治、经济、科学、技术、文学、艺术的一切真正好的东西都要学。但是，必须有分析有批判地学，不能盲目地学，不能一切照抄，机械搬用。他们的短处、缺点，当然不要学。”

“特别值得注意的是，最近苏联方面暴露了他们在建设社会主义过程中的一些缺点和错误，他们走过的弯路，你还想走？”〔2〕

《论十大关系》涉及社会主义建设、特别是工业化建设中许多重要问题：产业结构方面，主要是农业、轻工业和重工业的比例关系；工业

〔1〕毛泽东在中共中央政治局扩大会议上的讲话记录，1958年2月18日。

〔2〕《毛泽东文集》第7卷，第23、41页。

布局方面，主要是沿海工业和内地工业的关系；国防工业方面，主要是经济建设和国防建设的关系；经济体制方面，主要是国家、生产单位和生产者个人的关系，中央和地方的关系。“他在这篇讲话中指出，传统的苏联体制的弊病，主要在于‘权力过分集中’，从而损害了地方政府和劳动者个人的积极性，是中国经济在社会主义改造后出现各种弊病的根源，必须加以改革。”〔1〕这个报告中，还谈了汉族和少数民族的关系，党和非党的关系，革命和反革命的关系，是非关系，中国和外国的关系，这些是属于政治生活和思想文化生活中调动各种积极因素的问题。

在这前后，中共中央和毛泽东还提出许多重要方针，如在科学文化工作中的“百花齐放、百家争鸣”的方针；共产党和其他民主党派“长期共存，互相监督”的方针；争取用和平方式解放台湾，宣布“爱国一家”、“爱国不分先后”，倡议国共第三次合作等。

针对苏共二十大上赫鲁晓夫所作关于斯大林问题秘密报告在世界上引起的严重思想混乱，中共中央政治局扩大会议经过讨论，用“人民日报编辑部”的名义，发表了《关于无产阶级专政的历史经验》的文章，对斯大林作出七分功、三分过的评价，并且写道：

“整个说来，国际共产主义运动还只有一百年多一点的时间，从十月革命胜利以来，还只有三十九年的时间，许多革命工作的经验还是不足的。我们有伟大的成绩，但是还有缺点和错误。如同一个成绩出现了接着又创造新的成绩一样，一个缺点或错误克服了，新的缺点和错误又可能产生，又有待于我们去克服。而成功总是多于缺点，正确的地方总多于错误的地方，缺点和错误总是要被克服的。好的领导者不在于不犯错误，而在于认真地对待错误。完全不犯错误的人在世界上是从来没有的。”

“人类现在还是在青年时代。人类将来要走的路，将比过去走过的路，不知要长远多少倍。革新和守旧，先进和落后，积极和消极这类矛

〔1〕《吴敬琏自选集》，山西经济出版社 2003 年 12 月版，第 65 页。

盾，都将不断地在各种不同条件下和各种不同的情况中出现。一切都还将是这样：一个矛盾将导致另一个矛盾，旧的矛盾解决了，新的矛盾又会产生。”〔1〕

毛泽东在最后一次讨论修改这篇文章的会议上，谈到我们自己应该从中得到什么教益。他说：“最重要的是要独立思考，把马列主义的基本原理同中国革命和建设的具体实际相结合。”“我们应该从各方面考虑如何按照中国的情况办事，不要再像过去那样迷信了。其实，我们过去也不是完全迷信，有自己的独创。现在更要努力找到中国建设社会主义的具体道路。”〔2〕

这一系列论述和决策，为中共八大的召开作了思想上和理论上的准备。

一九五六年九月十五日至二十七日，中国共产党第八次全国代表大会在北京举行。

这次大会最重要的课题，是要对当前国内形势作一个基本的分析，对社会主义基本制度建立后国内主要矛盾的变化作出明确的判断，据以规定党和全国人民在新形势下的主要任务。大会关于刘少奇所作政治报告的决议中，正确地作出一个全新的论断：

“我国的无产阶级同资产阶级之间的矛盾已经基本上解决，几千年来的阶级剥削制度的历史已经基本上结束，社会主义的社会制度在我国已经基本上建立起来了。”

“我们国内的主要矛盾，已经是人民对于建立先进的工业国的要求同落后的农业国的现实之间的矛盾，已经是人民对于经济文化迅速发展的需要同当前经济文化不能满足人民需要的状况之间的矛盾。”

---

〔1〕《建国以来重要文献选编》第8册，中央文献出版社1994年8月版，第238—239、232页。

〔2〕毛泽东在讨论修改《关于资产阶级专政的历史经验》会议上的讲话记录，1956年4月4日。

“党和全国人民的当前的主要任务，就是要集中力量来解决这个矛盾，把我国尽快地从落后的农业国变为先进的工业国。”[1]

这是一个大判断。尽管决议的表述有不完全准确的地方，但它的基本精神是说明今后国内的主要矛盾已经不再是阶级斗争，要把工作着重点从阶级斗争转移到大力发展社会生产力上来。如果能够坚定不移地沿着这条路走下去，中国的社会主义建设将会好得多。应该说，八大的路线是正确的。

毛泽东在八大期间同外国代表团谈到苏联在社会主义建设时期的错误时也这样说：“客观形势已经发展了，社会已从这一阶段过渡到另一阶段。这时阶级斗争已经完结，人民已经用和平的方法来保护生产力，而不是通过阶级斗争来解放生产力的时候。但是在思想上却没有认识这一点，还要继续进行阶级斗争，这就是错误的根源。”[2] 可见，当时他对这个问题的认识是清醒的。

对社会主义经济建设怎样进行，大会也作出冷静的判断。那时，第一个五年计划规定的建设进度，除少数指标外，都可以如期或提前完成。因此，周恩来在大会上作了《关于发展国民经济的第二个五年计划的建议的报告》。他根据前一阶段经济建设工作实践中的经验教训，提出了既反保守又反冒进，即在综合平衡中稳步前进的四点意见：“第一，应该根据需要和可能，合理地规定国民经济的发展速度，把计划放在既积极又稳妥可靠的基础上，以保证国民经济比较均衡地发展。”“第二，应该使重点建设和全面安排相结合，以便国民经济各部门能够按比例地发展。”“第三，应该增加后备力量，健全物资储备制度。”“第四，应该正确地处理经济和财政的关系。多年来的经验是：我们的财政收入必须建立在经济发展的基础上，我们的财政支出也必须首先保证经济的发展。”报告还提出社会主义工业化的具体目标：“我国社会主义工业化的主要要求，就是要在大约三个五年计划时期内，基本上建成一个完整的

---

〔1〕《人民日报》1956年9月28日。

〔2〕毛泽东同意大利共产党代表团谈话记录，1956年9月22日。

工业体系。这样的工业体系，能够生产各种主要的机器设备和原材料，基本上满足我国扩大再生产和国民经济技术改造的需要。同时，它也能够生产各种消费品，适当地满足人民生活水平不断提高的需要。”〔1〕这个报告反映了中国人民的愿望和要求，得到代表大会的同意。

陈云在大会发言中着重谈了社会主义改造基本完成以后出现的新问题。他坦率地指出：国家经济部门在过去几年中为限制资本主义工商业而采取的一些措施，不但在今天已经基本上不再需要，在当时也不是没有缺点的；在农业、手工业、资本主义工商业的社会主义改造高潮中，由于形势发展太快，具体的组织指导工作不容易完全跟上，也产生了一些暂时的、局部的错误。针对不少人急切期望实现“纯而又纯”的社会主义的想法。他大胆地提出社会主义经济应该由“三个主体”和“三个补充”组成的主张，说道：

“我们的社会主义经济的情况将是这样：在工商业经营方面，国家经济和集体经济是工商业的主体，但是附有一定数量的个体经营。这种个体经营是国家经营和集体经营的补充。至于生产计划方面，全国工农业产品的主要部分是按照计划生产的，但是同时有一部分产品是按照市场变化而在国家计划许可范围内自由生产的。计划生产是工农业生产的主体，按照市场变化而在国家计划许可范围内的自由生产是计划生产的补充。因此，我国的市场，绝不会是资本主义的自由市场，而是社会主义的统一市场。在社会主义的统一市场里，国家市场是它的主体，但是附有一定范围内国家领导的自由市场。这种自由市场，是在国家领导之下，作为国家市场的补充，因此它是社会主义统一市场的组成部分。”〔2〕

陈云这些意见，提出了前人没有提出过的主张，打开了如何认识社会主义的新思路，也得到代表大会的同意。

会议期间，毛泽东同前来参加中共八大的许多国家共产党的代表团

---

〔1〕《周恩来选集》下卷，第218—222、225页。
〔2〕《陈云文选》第3卷，第13页。

谈话。他同罗马尼亚工人党代表团乔治乌·德治等谈话时讲道：我们的制度较之过去只是相对的好，而不是绝对的好。资本主义在经营上有许多地方比我们好，我们也要学习他们的好东西。目前的国际形势是好转了，我们估计战争是很难打起来的。没有战争，资本主义国家就会有经济困难。我们的门是开着的，几年以后，英、美、西德、日本等都将与我们做生意的。他们有技术，我们需要技术，他们的经济有困难，就会向我们出口技术了。

会后，中共中央在实际生活中已多少觉察到对社会主义社会追求“纯而又纯”带来的问题，大胆地提出一些新的设想。毛泽东说：“可以搞国营，也可以搞私营。可以消灭了资本主义，又搞资本主义。当然要看条件，只要有原料、有销路，就可以搞。现在国营、合营企业不能满足社会需要，如果有原料，国家投资又有困难，社会有需要，私人可以开厂。”“这叫新经济政策。”[1] 刘少奇说：“有这么一点资本主义，一条是它可以作为社会主义经济的补充，另一条是它可以在某些方面同社会主义经济作比较。”[2] 周恩来也说：“在社会主义建设中，搞一点私营的，活一点有好处。”“主流是社会主义，小的给些自由，这样可以帮助社会主义的发展。工业、农业、手工业者都可以采取这个办法。”[3] 他们都在考虑：一定程度的资本主义经济在国家领导下可以作为社会主义经济主体的补充。可惜的是，这种认识当时还并不深刻，因而没有能坚持下去，不仅很快被一九五七年起发展起来的“左”的指导思想所打断，而且向相反方向发展得越来越严重，直到十一届三中全会才得到纠正。

中共八大还有一个重要内容：由邓小平作了《关于修改党的章程的报告》，他在报告中着重指出：“执政党的地位，使我们党面临着新的考验。”“执政党的地位，很容易使我们同志沾染上官僚主义的习气。脱离实际和脱离群众的危险，对于党的组织和党员来说，不是比过去减少而

---

〔1〕《毛泽东文集》第 7 卷，第 170 页。

〔2〕刘少奇在全国人大常务委员会第 52 次会议上的发言记录，1956 年 12 月 29 日。

〔3〕周恩来在国务院第 44 次全体会议上的发言记录，1957 年 4 月 6 日。

是比过去增加了。”“这些情况，要求我们十分注意加强党的组织工作和对于党员的教育工作。”[1]

中共八大选举产生了党的第八届中央委员会。八届一中全会选举毛泽东为中央委员会主席，刘少奇、周恩来、朱德、陈云为副主席，邓小平为总书记，由他们六人组成中央政治局常务委员会，成为全党的领导核心。

经过近八年的社会改革，随着社会主义基本制度的建立，原来的阶级矛盾已不处在主要的地位，党和政府各级干部中的官僚主义弊端又有所发展，在这种情况下，新的社会矛盾——主要是人民内部的矛盾，包括群众同干部以至各级政府之间的矛盾日益显露和突出。这是以前没有遇到过的新情况。在国际范围内，东欧先后发生波兰和匈牙利事件，暴露出一些社会主义国家内部存在的严重问题，引起巨大震动。这也是以前没有遇到过的新问题。胡绳主编的《中国共产党的七十年》描述当时的情景：“一九五六年秋冬，出现了一些不安定的情况。国际上东欧的波匈事件不能不在我国发生影响，国内社会改造的急促和变化的深刻，加上经济建设中未能完全克服冒进，使经济和政治生活中出现某些紧张。这年下半年在许多城市出现粮食、肉类和日用品的短缺。少数学生、工人和复员转业军人在升学、就业和安置方面遇到不少困难，发生少数人闹事的情况。据不完全统计，从一九五六年九月到一九五七年三月的半年时间内，全国有多起共约一万多工人罢工，一万多学生罢课请愿。在农村中，夏收以来不少地区接连发生农民闹退社、闹缺粮的风潮。对时局变化最为敏感的知识分子，在‘百花齐放、百家争鸣’方针提出后，思想日趋活跃，批评教条主义，在文化、教育、科学等问题上发表不同意见。有些人还对党和政府工作中的缺点错误以及干部作风上的问题提出公开批评，其中有不少尖锐意见，还有一些错误议论。面对这些新出现的矛盾，许多党员和干部思想上缺乏准备，陷于被动地位；或者用老眼光看待新问题，把群众闹事和尖锐批评一概视为阶级斗争的

---

〔1〕《邓小平文选》第1卷，第214页。

表现，企图采取简单粗暴的办法进行压制。”[1]

在这样一个社会大变动的时刻，面对着这么多以前没有遇到过的新情况和新问题，应该怎样对待？

针对这些问题，特别是苏共二十大后国际上发生的几次大风潮，中共中央政治局扩大会议经过讨论，在一九五六年十二月二十九日，仍以“人民日报编辑部”的名义发表了《再论无产阶级专政的历史经验》的文章。文章一开始就提出一个极为重要的新论断，那就是社会主义社会仍然充满着矛盾，必须正确区别和处理其中两类不同性质的矛盾。它写道：在我们面前有两种性质不同的矛盾：第一种是敌我之间的矛盾；第二种是人民内部的矛盾，它的发生不是由于阶级利害的根本冲突，而是由于正确意见和错误意见的矛盾，或者由于局部性质的利害矛盾。人民内部的矛盾可以而且应该从团结的愿望出发，经过批评或者斗争获得解决。决不应该把人民内部的矛盾同敌我之间的矛盾等量齐观，或者互相混淆。

《再论》发表后，毛泽东把主要注意力从国际转到国内。一九五七年一月十八日至二十七日，中共中央在北京召开省、市、自治区党委书记会议。毛泽东在讲话中着重讲了思想动向问题。他说：“思想动向问题，我们应当抓住。这里当作第一个问题提出来。现在，党内的思想动向，社会上的思想动向，出现了很值得注意的问题。”他举例来说：现在有些干部争名夺利，唯利是图，不是比艰苦，比多做贡献少得享受，而是比阔气，比级别，比地位。这类思想在党内现在有很大的发展，值得我们注意。又如：在学校里头也出了问题，好些地方学生闹事，在一些教授中也有各种怪议论。他提到：苏共二十次代表大会，少数人起了波动，“台风年年都有，国内国际的思想台风、政治台风也是年年都有。”“台风一刮，动摇分子挡不住，就要摇摆，这是规律。我劝大家注意这个问题。”[2]

在经过长时间的观察和思考以后，在总结一年来国际国内发生的重

---

〔1〕胡绳主编《中国共产党的七十年》，第450页。

〔2〕毛泽东在省市自治区党委书记会议会上的讲话记录，1957年1月18日。

要事件基础上，二月十七日，毛泽东在有一千八百多人参加的扩大的最高国务会议上作了《关于正确处理人民内部矛盾的问题》的长篇讲话，经过补充修改后在六月十九日发表。

这是一篇极为重要的讲话。它一开始就再一次指出在社会主义社会中依然存在着矛盾。他写道："并不是现在我们的社会里已经没有任何矛盾了。没有矛盾的想法是不符合客观实际的天真的想法。"在这些矛盾中，要严格区别敌我之间和人民内部这两类性质完全不同的矛盾，对敌人说来是用专政的方法，对人民内部矛盾只能用民主的方法去解决，用讨论的、批评的、说服教育的方法去解决。毛泽东从哲学的高度对此作了阐述："对立统一规律是宇宙的根本规律。这个规律，不论在自然界、人类社会和人们的思想中，都是普遍存在的。矛盾着的对立面又统一，又斗争，由此推动事物的运动和变化。""许多人不敢公开承认我国人民内部还存在着矛盾，正是这些矛盾推动着我们的社会向前发展。许多人不承认社会主义社会还有矛盾，因而使得他们在社会矛盾面前缩手缩脚，处于被动地位；不懂得在不断地正确处理和解决矛盾的过程中，将会使社会主义社会内部的统一和团结日益巩固。"

他指出，在社会主义社会中，基本矛盾仍然是生产关系和生产力之间的矛盾，上层建筑和经济基础之间的矛盾。并且指出：

"现在的情况是：革命时期的大规模的急风暴雨式的群众阶级斗争基本结束，但是阶级斗争还没有完全结束；广大群众一面欢迎新制度，一面又还感到不大习惯；政府工作人员经验也还不够丰富，对一些具体政策的问题，应当继续考察和探索。这就是说，我们的社会主义制度还需要有一个继续建立和巩固的过程，人民群众对于这个新制度还需要有一个习惯的过程，国家工作人员也需要一个学习和取得经验的过程。在这个时候，我们提出划分敌我和人民内部两类矛盾的界限，提出正确处理人民内部矛盾的问题，以便团结全国各族人民进行一场新的战争——向自然界开战，发展我们的经济，发展我们的文化，使全体人民比较顺利地走过目前的过渡时期，巩固我们的新制度，建设我们的新国家，就

是十分必要的了。”〔1〕

他还提出汉族和少数民族的关系一定要搞好；提出“统筹兼顾，适当安排”的方针，要求兼顾国家、集体和个人三者的利益，妥善解决人民内部在物质方面的利益；系统地阐述“百花齐放、百家争鸣、长期共存、互相监督”的方针；主张“一切国家的好经验我们都要学”，但不能不管我国情况，适用的和不适用的一起搬来。

这篇讲话，第一次比较系统地提出社会主义社会的矛盾学说，说明正是这些矛盾的运动推动社会主义社会不断向前发展，并且论述了如何正确处理各种社会矛盾的重要指导思想。

接着，中共中央宣传部召开有党内外知识分子八百多人参加的全国宣传工作会议。三月十二日，毛泽东在会上讲话，他指出：我们现在是处在一个社会大变动的时期，新的社会制度刚刚建立，还需要有一个巩固的时间。百花齐放，百家争鸣，这是一个基本性的同时也是长期性的方针。党中央的意见就是不能收，只能放。对于错误的意见，不是压服，而是说服，以理服人。思想问题现在已经成为非常重要的问题。各地党委的第一书记应该亲自出马来抓思想问题。

在两次重要讲话后，毛泽东从三月十七日至四月七日去南方考察，分别在天津、济南、南京、上海召开规模较大的党员干部会议，作了长篇讲话。这是很少有的。他在准备讲话的提纲中写道：“现在处在转变时期：由阶级斗争到向自然界斗争，由革命到建设，由过去的革命到技术革命和文化革命。许多人还不认识，还企图用过去的方法对待新问题。分清两类矛盾，不能用解决第一类矛盾的方法去解决第二类矛盾。”“我们必须学文化（科学、技术），学建设。我们是否可以学会科学技术？如过去一样，可以学会的。”“放还是收？说还是压？要善于说服，要学会以理服人（四人文章）。”“为工农服务，与群众打成一片，不是两片。”“要展开讨论，整风，团结、批评、团结公式，它的发展史。”

〔1〕《毛泽东文集》第7卷，第213、216页。

“向新任务前进，不要忘记敌人，不要忘记政治（政治是人的灵魂）。”“采取现在的方针，文学艺术、科学技术会繁荣发达，党会经常保持活力，人民事业会欣欣向荣，中国会变成一个大强国而又使人可亲。”[1]

大体说来，这个时期所作的探索是在正确的健康的轨道上进行着。

但是，中国民主革命的胜利和建国初期各项工作的顺利发展，给中国共产党人造成一种错觉：似乎一切都会一帆风顺地向前发展，对中国建设社会主义的艰巨性和复杂性严重认识不足。毛泽东和一些领导人有些陶醉于已经取得的胜利，开始骄傲起来，对一些自己并不熟悉的新情况和新问题作出不符合实际的判断，对一些尖锐的不同意见听不进去。中国共产党在指导思想上逐渐出现一些偏离正确方针的“左”的错误，从而在以后探索前进中出现大的曲折。这种错误主要表现在两个问题上，一个是阶级斗争问题，一个是建设速度问题。它是一步一步地形成和发展起来的。

从整风到反右派

一九五七年四月二十七日，中共中央发出《关于整风运动的指示》。这场整风运动，是为了贯彻落实正确处理人民内部矛盾的方针而发动的。

《关于正确处理人民内部矛盾的问题》这篇讲话在谈到少数人闹事问题时，认为它的主要原因是领导上的官僚主义和对群众缺乏教育。为了从根本上消除闹事的原因，必须坚决地克服官僚主义，很好地加强思想政治教育，恰当地处理各种矛盾。只要做到这一条，一般地就不会发生闹事的问题。这是中国共产党成为全国的执政党后面对的新的考验。毛泽东在全国宣传工作会议的讲话中更宣布：中共中央准备党内在今年开始整风，主要是要批评主观主义、官僚主义、宗派主义这几种错误的思想作风和工作作风。

---

〔1〕《毛泽东文集》第7卷，第289、290、291页。

《关于整风运动的指示》写道：现在，我们的国家已经从革命的时期进入了社会主义建设的时期，正处在一个新的剧烈的伟大的变革中。《指示》接着着重指出：

“但是，党内有许多同志，并不了解或者不很了解这种新情况和党的新任务。同时，又因为党已经在全国范围内处在执政的地位，得到了广大群众的拥护，有许多同志就容易采取单纯的行政命令的办法去处理问题，而有一部分立场不坚定的分子，就容易沾染旧社会国民党作风的残余，形成一种特权思想，甚至用打击压迫的方法对待群众。几年以来，在我们党内，脱离群众和脱离实际的官僚主义、宗派主义和主观主义，有了新的滋长。因此，中央认为有必要按照‘从团结的愿望出发，经过批评和自我批评，在新的基础上达到新的团结’的方针，在全党重新进行一次普遍的、深入的反官僚主义、反宗派主义、反主观主义的整风运动，提高全党的马克思主义的思想水平，改进作风，以适应社会主义改造和社会主义建设的需要。”

《指示》指出：“这次整风运动应当以毛泽东同志今年二月在扩大的最高国务会议和三月在中央召开的宣传会议上代表中央所作的两个报告为指导思想，把正确处理人民内部矛盾的问题作为当前整风的主题。”

整风的方式，中共中央本来主张和风细雨的进行。《指示》说明：“这次整风运动，应该是一次既严肃认真又和风细雨的思想教育运动，应该是一个恰如其分的批评和自我批评的运动。开会应该只限于人数不多的座谈会和小组会，应该多采用同志间谈心的方式，即个别地交谈，而不要开批评大会，或者斗争大会。”“对于批评者要提倡实事求是，具体分析，以免抹煞别人的一切，使批评变成片面的过火的批评。每个人都应该虚心地听取别人的意见，积极地向别人提意见，但是不得强迫被批评者接受他所不同意的批评。”

《指示》还规定要建立干部参加劳动的制度：“为了加强党同广大劳动人民的联系，彻底改变许多领导人员脱离群众的现象，在进行整风运动的同时，应该在全党提倡各级党政军有劳动力的主要领导人员以一部分时间同工人农民一起参加体力劳动的办法，并且使这个办法逐步地形成为一种永久的制度。”〔1〕

毛泽东给刘少奇、周恩来等的批示中，说了一句很重的话：“不整风党就会毁了。”〔2〕应该说，这是中国共产党发动这次整风运动的初衷，也是前一个阶段中共中央对社会主义基本制度建立后如何正确处理人民内部矛盾的探索的继续发展。

五月四日，中共中央发出《关于请党外人士帮助整风的指示》。这个内部指示中写道：最近两个月以来，在各种有党外人士参加的会议上和报纸刊物上所展开的关于人民内部矛盾的分析和对于党政所犯错误缺点的批评，对于党与人民政府改正错误、提高威信，极为有益，应当继续展开，不要停顿或间断。“没有社会压力，整风不易收效。”“大多数的批评是说得中肯的，对于加强团结，改善工作，极为有益。即使是错误的批评，也暴露了一部分人的面貌，利于我们在将来帮助他们进行思想改造。”〔3〕可以看出，中共中央在这时仍没有开展反右派斗争的打算。

为了发动党外人士帮助党整风，中共中央统战部于五月初和五月中旬，分别召开各民主党派、无党派民主人士座谈会和工商界人士座谈会。前者开了十三次，七十多人次发言；后者开了二十五次，一百零八人次发言。在这期间，国务院各部门的党委，各省、市委和一些高等学校党委，也相继召开党外人士座谈会，请他们帮助党整风。

这些会议上所提的意见，揭露出党政工作中的大量缺点错误。大多数意见相当尖锐，但出于善意，也是中肯的。如当时担任教育部部长的民主人士张奚若在统战部召开的座谈会上说：“今天讲四种偏差。这四种偏差是：第一，好大喜功；第二，急功近利；第三，鄙视既往；第四，迷信将来。”“当然，不是说大的都不好，过去的都好，将来的都不好。问题在于要有区别，要有适当的比例，要有配合，生活才不单调，

---

〔1〕《人民日报》1957年5月1日。

〔2〕《建国以来毛泽东文稿》第6册，中央文献出版社1992年1月版，第468页。

〔3〕《毛泽东文集》第7卷，第296页。

不要脑筋简单。”[1] 邵力子等对党政不分提出了意见。还有不少人对党员干部的工作和思想作风提出批评。应该说，绝大多数人是本着这种积极的态度来提意见的。

同时，也出现一些偏激的甚至是错误的言论。社会上本来有极少数人对共产党和社会主义制度抱有敌对情绪。极少数右派分子这时错误估计了苏共二十大和波匈事件后的国际形势和社会上人民内部矛盾上升的国内形势，乘机发表攻击中国共产党和社会主义制度的言论，企图给人造成一种强烈的印象：似乎中国共产党各级领导发生的问题，不是局部的，而是全局的，快要混不下去了，要求另行成立“政治设计院”，要求“轮流坐庄”。加上一些地方有人组织群众性集会，把它称为“控诉会”，要求上街游行，并开始进行全国性的串联，某些报刊传播了一些很有煽动性的言论，造成相当紧张的政治气氛。

局势发展到这个地步，是令人吃惊的。当时担任中共中央统战部部长的李维汉，在隔了近三十年后对这些人数极少的右派分子的言行概括为六条，其中包括：“他们错误估计了形势，攻击共产党的领导。胡说什么‘现在学生上街，市民跟上去’，‘形势非常严重’，共产党已经‘进退失措’。”“他们不但夸大党的工作中的缺点和错误，攻击讲优点成绩的人是歌功颂德，造成一种只许讲缺点错误，不许讲优点成绩的空气，而且把官僚主义说成是社会主义的产物和代名词，把宗派主义说成是无产阶级专政的产物和代名词，把主观主义、教条主义说成是马克思主义的产物和代名词。”“公开提出共产党退出机关、学校，公方代表退出公私合营企业，叫嚣‘根本的办法是改变社会制度’。”[2]

周恩来这年六月下旬在国务院全体会议上也感叹地说：“我们用整风鸣放、和风细雨、团结批评团结的方法，是为了发展我们的国家，建设我们的国家。”“有些朋友竟然看成漆黑一团，觉得波匈事件以后，中国也差不多了。”“有的人认为船要沉了，天要黑了，另有打算，那就出了轨了。我们料到会发生一些错觉，但没有料到这样多，这样激烈，原

〔1〕《文汇报》1957年5月16日。

〔2〕李维汉：《回忆与研究》（下），第832、833页。

则性问题都出来了。”[1]

事情确实在发生变化。右派分子在提出种种批评的人中数量虽然极少，但他们的能量和在社会上、特别是对中间分子的影响不小。如果听任这种状况蔓延下去，刚刚建立而尚不稳固的社会主义制度和社会秩序势必陷入混乱。

在党外人士、特别是知识分子中，存在着两种不同的反响。一向敢于直言的北京大学校长马寅初，在中央统战部召开的座谈会上说：“本来不想发表意见，不发表意见并不是有什么顾虑。”“目前有些批评不够实事求是，有否定一切的现象。当然，有缺点应该批评，但是好的也应该表扬，应该从团结出发。只讲坏的不讲好的，不能服人，这样将来怎么能共事呢?”那时，不少人说党与非党之间要“填沟拆墙”。马寅初说：“现在只是单方面的批评，单方面拆墙，这样是拆不了墙的。必须两方面共同努力，才能把墙拆掉。”[2] 复旦大学校长陈望道，在中共上海市委召开宣传工作会议时，也批评一些人把公正地肯定中国共产党领导下取得成绩的人嘲笑为“歌德派”，说：中国革命的胜利得来不容易，不能让这种状况发展下去。六月三日，著名经济学家、北京大学陈岱孙教授在《文汇报》发表文章，题目是《教授治校，今日不适宜采用》。

毛泽东和大部分领导干部是在长期的对敌斗争中走过来的，多年的习惯使他们在这方面格外敏感。本来，毛泽东在南京的讲话中还说：这一放，会不会天下大乱？不会，中国共产党有很高的威信，人民政府有很高的威信。而局势的这种发展是他们原来没有想到的，使他们感到意外和震惊，从而对敌对力量作出过分严重的估计。苏共二十大后在国际范围内气势汹汹的反共反社会主义大浪潮，半年前发生的匈牙利事件，使中国共产党受到很大震动，担心它在中国重演，更直接导致对局势作出过于严重的估计。李维汉回忆道：

“在民主党派、无党派民主人士座谈会开始时，毛泽东同志并没有

---

[1] 周恩来在国务院全体会议第53次会议上的讲话记录，1957年6月25日。

[2]《文汇报》1957年5月16日。

提出要反右，我也不是为了反右而开这个会，不是‘引蛇出洞’。两个座谈会反映出来的意见，我都及时向中央常委汇报。”

“及至听到座谈会的汇报和罗隆基说现在是马列主义的小知识分子领导小资产阶级的大知识分子、外行领导内行之后，（毛泽东）就在五月十五日写出《事情正在起变化》的文章，发给党内高级干部阅读。文章提出：‘最近这个时期，在民主党派和高等学校中，右派表现得最坚决，最猖狂……我们还要让他们猖狂一个时期，让他们走到顶点。’对于为什么要把‘大量的反动的乌烟瘴气的言论’登在报上，回答说：‘这是为了让人民见识这些毒草、毒气，以便锄掉它，灭掉它’。这篇文章，表明毛泽东同志已经下定反击右派的决心。”〔1〕

毛泽东写《事情正在起变化》这篇文章说明他对形势的判断起了变化。第二天，即五月十六日，中共中央发出内部指示说：“最近一些天以来，社会上有少数带有反共情绪的人跃跃欲试，发表一些带有煽动性的言论，企图将正确解决人民内部矛盾、巩固人民民主专政、以利社会主义建设的正确方向，引导到错误方向去，此点请你们注意，放手让他们发表，并且暂时（几个星期内）不要批驳，使右翼分子在人民面前暴露其反动面目，过一个时期再研究反驳的问题。”〔2〕这就是中国共产党以往在对敌军事斗争中应对对方进攻时常用的“诱敌深入，聚而歼之”的办法，或人们常说的“引蛇出洞”。它不是一开始就预定的意图，而是这时认为事情已起变化而提出来的。

五月二十五日，毛泽东在会见青年团第三次全国代表大会代表时对他们说：“同志们，团结起来，坚决地勇敢地为社会主义的伟大事业而奋斗。一切离开社会主义的言论行动是完全错误的。”〔3〕并且把这段话登了报。这是为准备发动反击而发出的公开信号。

又过了两个星期，对右派的反击开始了。那时候，国民党革命委员

---

〔1〕李维汉：《回忆与研究》（下），第833、834页。

〔2〕《建国以来重要文献选编》第10册，中央文献出版社1994年9月版，第273页。

〔3〕《毛主席勉励青年团代表大会全体代表》，《人民日报》1957年5月26日。

会中央委员、国务院秘书长助理卢郁文在一次座谈会上说他自己同共产党相处得很融洽，中间没有墙和沟；如果有些人和党员中间有了墙和沟，应该“从两面拆、填”，双方都要主动。他讲话后却收到一封匿名的恐吓信，称他为“无耻之徒”，并且说：“现在还敢为虎作伥，就是无耻之尤。我们警告你，及早回头吧！不然人民不会饶恕你的。”六月八日，《人民日报》发表题为《这是为什么?》的社论。社论说：“在共产党的整风运动中，竟发生这样的事件，它的意义十分严重。每个人都应该想一想，这究竟是为什么?”“这封信告诉我们：国内大规模的阶级斗争虽然已经过去了，但是阶级斗争并没有熄灭，在思想战线上尤其是如此。”社论还引用历来主张爱国民主的国民党革命委员会元老何香凝的话：“有极少数人对社会主义是口是心非，心里向往的其实是资本主义，脑子里憧憬的是欧美式的政治，这些人就是今天的右派。”[1]

同一天，中共中央发出《关于组织力量准备反击右派分子进攻的指示》，提出：“这是一场大战（战场既在党内，又在党外），不打胜这一仗，社会主义是建不成的，并且有出匈牙利事件的某些危险。现在我们主动的整风，将可能的匈牙利事件主动引出来，使之分割在各个机关各个学校去演习，去处理，分割为许多小匈牙利，而且党政基本上不溃乱，只溃乱一小部分（这部分溃乱正好，挤出了脓疱），利益极大。这是不可避免的”。[2]

这样，反右派斗争便在全国范围内展开。七月间，毛泽东在青岛召开省市委书记会议时又写了一篇《一九五七年夏季的形势》。文章一开始就说：“在我国社会主义革命时期，反共反人民反社会主义的资产阶级右派和人民的矛盾是敌我矛盾，是对抗性的不可调和的你死我活的矛盾。”这就把右派分子的性质定为对抗性的敌我矛盾。文章说：“这一次批判资产阶级右派的意义，不要估计小了。这是一个在政治战线上和思想战线上的伟大的社会主义革命。单有一九五六年在经济战线上（在生产资料所有制上）的社会主义革命，是不够的，并且是不巩固的。匈牙

---

〔1〕《这是为什么》(社论)，《人民日报》1957年6月8日。

〔2〕《建国以来重要文献选编》第10册，第285、286页。

利事件就是证明。必须还有一个政治战线上和一个思想战线上的彻底的社会主义革命。"[1] 这就对社会主义社会内的阶级斗争这个全局性的问题，作出了和前此不同的严重结论。

在整风过程中，对极少数右派分子的进攻进行坚决反击是必要的。但是，由于对阶级斗争形势作出过于严重的错误估计，认为已是“黑云压城”的局面，把一些从善意出发提出的尖锐意见，以及虽说了错话但并非出于敌意的意见，都看成敌对势力的活动，并且采取发动一场全国规模的急风暴雨式的群众性斗争，用习惯的对敌斗争的方式来进行，各地又纷纷加码，甚至有挟私报复的，使反右派斗争严重地扩大化了。在运动中，把大量的人民内部矛盾看成敌我矛盾，把一大批知识分子、爱国人士和党内干部错划为“右派分子”，使他们和亲属长期遭受委屈和打击，不能为国家建设发挥自己的聪明才智。他们中许多人失去公职，被送去劳动教养或监督劳动，有些人甚至遭受更悲惨的命运。少数留在原单位的，也降低了级别，大多用非所长。这不仅是他们本人的不幸，也是国家、民族的不幸。由于在反右的扩大化中相当程度上混淆了两类不同性质的矛盾，使不少人对提出不同意见产生顾虑，担心被断章取义地无限上纲而带来严重后果，从而对民主政治建设产生严重的消极影响。这些都是惨痛的教训。

运动历时一年，被划为右派分子的达到五十五万人。从一九五九年到一九六四年，虽分五批给他们中大多数人摘掉了右派分子的帽子，但对原来的错误处理并没有进行实事求是的检查和改正，使他们在社会上依然受到歧视，被称为“摘帽右派”。在“文化大革命”中，他们又普遍受到冲击和摧残。一九七八年九月，中共中央决定对他们进行复查，把错划的人改正过来。经过甄别，对其中百分之九十八以上的人作了改正。有学者分析：“属于改正的人大体上有三种情况：一、一部分人是出于善意，对党提出许多批评意见，现在看来是有利于改进工作的。把他们划为右派是完全搞错了，当然必须改正。二、一部分人在涉及中国

---

〔1〕《建国以来重要文献选编》第 10 册，第 484、489 页。

共产党的领导和社会主义制度等重大问题上，发表了一些错误言论，但不是在根本立场上反党反社会主义，把他们划为右派也是错误的，也应该改正。三、还有一部分人确有反党反社会主义的言行，但是考虑到他们同向党猖狂进攻的右派分子在程度上和情节上有所不同，也考虑到他们确有转变，也给改正。总之，是本着从宽的精神予以改正的。”[1]

反右派斗争严重扩大化造成的更严重的后果，是毛泽东和中共中央由此对国内形势作出错误的估计、国内主要矛盾的基本判断发生重大变化。十月九日，毛泽东在中共中央八届三中全会讲话中重新提出：“无产阶级与资产阶级、社会主义道路与资本主义道路的矛盾是主要矛盾。”他解释说：“八大的决议没有提这个东西。但是八大的决议并没有否定阶级斗争，并没有否定资产阶级、资产阶级知识分子、农民需要改造，它是分别在别的地方讲的。在写那一段的时候，讲主要矛盾是先进同落后的矛盾，说是生产力现在落后，同人民要求先进、人民的需要这个矛盾。那个时候有那个时候的原因。”“社会主义革命，我们干的就是这件事，也可以提了。”[2] 在他看来，经济上消灭阶级不等于政治上思想上消灭阶级。第二年，中共八大第二次会议把这个改变，作为党的全国代表大会的决议，正式确定下来。

这是一个极为重要的全局性的改变。它重新突出并夸大国内的阶级斗争，放弃了八大一次会议对社会主义基本制度建立后国内主要矛盾的正确判断。以后，“以阶级斗争为纲”的“左”的错误，就以此为起点，一步一步地形成。

为什么八大一次会议已经作出正确的规定，却没有能坚持下去，这时又会改变？龚育之有一个很好的分析：“八大对形势的分析和经济建设方针的规定是正确的、稳妥的。但是，一方面八大的方针当时由于缺乏经验还不可能充分具体化而臻于成熟，另一方面全党当时还缺乏思想准备来防止在任何情况下对这一方针的动摇。结果遇到一些未曾料及的形势变化，我们就轻易地偏离甚至最后抛开了八大的正确方针，以至又

---

〔1〕 金春明：《“文化大革命”史稿》，四川人民出版社 1995 年 9 月版，第 23 页。

〔2〕《建国以来重要文献选编》第 10 册，第 593、594、611、612 页。

发生错误和挫折。‘大跃进’是一次，‘文化大革命’是更大的一次。”[1]

“大跃进”的发动

建设速度问题，在新中国历史上发生的最严重错误是：急于求成，违背经济发展客观规律，发动了持续三年多的“大跃进”。

这个错误的形成也有一个发展过程。

对社会主义经济建设应该怎样进行，新中国缺乏经验。许多领导人强烈地感到中国经济严重落后造成的巨大压力，而没有经济上的独立，已经取得的政治上的独立是没有保障的。“落后就要挨打”这句话当时广泛流传。大家都希望抓住当前有利时机，大大加快建设的步伐。国际局势中许多难以预测的因素，更使人们有着一种异常的紧迫感。一九五五年底，毛泽东提出：“我们要利用目前国际休战时间，利用这个国际和平时期，再加上我们的努力，加快我们的发展，提早完成社会主义工业化和社会主义改造。”刘少奇在传达毛泽东的讲话时说：“可以设想，如果不加快建设，农业和私营工商业未改造，工业未发展，将来一旦打起来，我们的困难就会更大。”“客观事物的发展是不平衡的，平衡不断被冲破是好事。不要（按）平衡办事，按平衡办事的单位就有问题。”[2]

一九五六年，在经济建设上已经出现层层抬高数量指标和忽视综合平衡的冒进势头。周恩来和陈云提出了“反冒进”的问题。二月八日，周恩来在国务院全体会议上说：

“热火朝天很好，但应小心谨慎。要多和快，还要好和省，要有利于提高劳动效率。现在有点急躁的苗头，这需要注意。社会主义积极性不可损害，但超过现实可能和没有根据的事，不要乱提，不要乱加快，否则就很危险。”

---

〔1〕 龚育之：《在历史的转折中》，生活·读书·新知三联书店1988年3月版，第83页。

〔2〕 薄一波：《若干重大决策与事件的回顾（修订本）》，上卷，第540页。

“当然反对右倾保守是主要的，对群众的积极性不能泼冷水，但领导者的头脑发热了的，用冷水洗洗，可能会清醒些。各部专业会议提的计划数字都很大，请大家注意实事求是。”

这年十一月十日，他在中共八届二中全会上作一九五七年国民经济计划报告时又说：

“一九五三年小冒了一下，今年就大冒了一下。”

“八大建议和农业四十条，是规定了每年进度指标的。这两个文件经过我们研究以后觉得可以修改。上不去，就不能勉强，否则把别的都破坏了，钱也浪费了，最后还得退下来。凡是不合实际的都可以修改，这样就把我们的思想解脱了，不然自己圈住了自己。”〔1〕

陈云在第二年一月十八日也提出“建设规模要和国力相适应”。他针对一九五六年的冒进，说：

“像我们这样一个有六亿人口的大国，经济稳定极为重要。建设的规模超过国家财力物力的可能，就是冒了，就会出现经济混乱；两者合适，经济就稳定。当然，如果保守了，妨碍了建设应有的速度也不好。但是，纠正保守比纠正冒进要容易些。因为物资多了，增加建设是比较容易的；而财力物力不够，把建设规模搞大了，要压缩下来就不那么容易，还会造成严重浪费。”〔2〕

毛泽东不同意提出反冒进，认为它给干部和群众的积极性泼了冷水。但他当时正忙于整风和随后的反右派斗争，而且对事情还要看一看，没有立刻明白地表示这种态度。反右派斗争后他认为社会主义在政治战线和思想战线上取得了重大胜利，现在就需要把群众中提高了的觉

〔1〕《周恩来选集》下卷，第190、191、235、234页。
〔2〕《陈云文选》第3卷，第52页。

悟和热情转化为工农业生产迅速发展和提高公有化程度的推动力。政治上的反右，又推进了经济建设的反右。一九五七年十一月，他第二次去苏联，参加各国共产党和工人党代表会议。那一年十月，苏联率先把第一颗人造地球卫星送上太空，震动了世界。毛泽东在会上对整个世界形势乐观地作出“东风压倒西风”的估计。当时，苏联提出十五年后（也就是一九七二年）要在总产量和按人口平均产量方面超过美国。毛泽东就考虑中国相应的能不能在这个时间内超过英国。他做了一点调查后，向在苏的中国留学生说：

“我们现在生产力还很低，钢只有五百二十万吨。过了第二个五年计划后，将有一千二百万吨。再过一个五年计划，钢的产量可以到二千二百到二千四百万吨。到第四个五年计划完成时，就会有四千多万吨。我问过（英国共产党主席）波立特同志，再过十五年英国的钢产量可以到多少？他说现在是两千万吨，再过十五年顶多达到三千万吨。那么，再过十五年，苏联超过美国，中国超过英国，那时候世界的面貌就会大大改变了。”〔1〕

单拿钢铁产量十五年超过英国这个具体目标来说，还不能讲是毛泽东凭空提出来的。后来领导过宝钢建设的陈锦华写道：“到一九七二年，中国虽然没有达到毛泽东提出的年产钢四千万吨的目标，但经过调整和多方面的采取措施，一九七二年中国仍然生产了二千三百三十八万吨钢，比同年英国生产的二千二百三十二万吨还多了一百多万吨。”〔2〕问题在于：对经济发展速度的指导思想由此发生了变化。

这年十月二十五日，中共中央公布《一九五六年到一九六七年全国农业发展纲要（修正草案）》，通常称为“四十条”，对农业生产提出过高的指标。二十七日，《人民日报》为此发表社论：“要求有关农业和农村的各方面工作在十二年内都按照必要和可能，实现一个巨大的跃进。”

---

〔1〕 毛泽东接见在莫斯科的留学生时的谈话记录，1957年11月17日。
〔2〕 陈锦华：《国事忆述》，中共党史出版社2005年7月版，第143—144页。

并且批评："许多人惯于根据小农经济的生产条件来看合作化以后的新情况，对过去没有见过的事情，常常是不敢想，不敢作，信心不足，顾虑重重。""没有百折不回的志气、一往无前的毅力，决办不了这种大事。"[1] 这是第一次在报纸上号召"跃进"。十一月十三日，《人民日报》的一篇社论在谈农业形势时再次提出"大跃进"的口号，并且对"反冒进"提出尖锐的批评。社论写道：

"有些人害了右倾保守的毛病，像蜗牛一样爬行得很慢，他们不了解在农业合作化以后，我们就有条件也有必要在生产战线上来一个大的跃进。这是符合于客观规律的。一九五六年的成绩充分反映了这种跃进式发展的正确性。有右倾保守思想的人，因为不懂得这个道理，不了解合作化以后农民群众的伟大的创造性，所以他们认为农业发展纲要草案是'冒进了'。他们把正确的跃进看成了'冒进'。他们不了解所谓'冒进'是没有实际条件，因而是没有成功可能的盲目行动。而我们在一九五六年的跃进却完全不是这样，是有很多可以实现的条件，因而取得了巨大的成绩。"[2]

如果说这两篇社论还是从农业方面来说的，十二月十二日，《人民日报》发表一篇由毛泽东主持起草的、题为《必须坚持多快好省的建设方针》的社论，更加尖锐地指责："在去年秋天以后的一段时间里，在某些部门、某些单位、某些干部中间刮起了一股风，居然把多快好省的方针刮掉了。"社论特别点出反冒进问题，说："这种做法，对社会主义建设事业当然不能起积极的促进的作用，相反地起了消极的'促退'的作用。"

比较一下一九五六年、一九五七年、一九五八年初国民经济发展的速度，可以看到：一九五六年，国内生产总值比上年增长了百分之十

---

〔1〕《迎接社会主义农村的伟大纲领》（社论），《人民日报》1957 年 10 月 27 日。

〔2〕《发动全民，讨论四十条纲要，掀起农业生产的新高潮》（社论），《人民日报》1957 年 11 月 13 日。

五，其中工业总产值增长百分之二十八点一，农业总产值增长百分之五；一九五七年，由于调整计划和自然灾害等原因，国内生产总值比上年增长百分之五点一，其中工业总产值增长百分之十一点五，农业总产值增长百分之三点六；一九五八年一至四月，工业总产值比上年同期增长百分之二十六（农业总产值这时还无法估计）。这种波浪起伏的状况仿佛确实出现“一个马鞍形，两头高，中间低”，使毛泽东越来越不满。

一九五八年一月十一日至二十二日，中共中央在广西南宁召开扩大的中央工作会议。毛泽东在会上再一次严厉地批评反冒进。他说：不要提反冒进这个名词，这是政治问题。当时不提反冒进，就不会搞成一股风，吹掉了三条，一为多快好省，二为四十条纲要，三为促进委员会。是保护热情、鼓励干劲、乘风破浪，还是泼冷水泄气？最怕的是六亿人民没有劲，抬不起头来。反冒进就是泄了六亿人民的劲。看问题要分清主流和支流、本质和现象。他拿着柯庆施在上海党代会上所作的《乘风破浪加速建设社会主义的新上海》的报告，“当众对周总理说：‘恩来同志，你是总理，你看，这篇文章你写得出来写不出来？周总理回答，我写不出来。”毛泽东接着又说：“你不是反冒进吗？我是反反冒进的。”[1]周恩来在会上作了检讨，承担了反冒进的主要责任。陈云因健康原因没有参加这次会议，事实上同样是批评的对象。刘少奇也对经过他发表的《人民日报》社论《要反对保守主义，也要反对急躁冒进》作了检讨。

毛泽东在会议总结基础上形成的《工作方法六十条（草案）》中写道：“不断革命。我们的革命是一个接一个的。”“现在要来一个技术革命，以便在十五年或者更多一点的时间内赶上和超过英国。中国经济落后，物质基础薄弱，使我们至今还处在一种被动状态，精神上感到还是受束缚，在这方面我们还没有得到解放。要鼓一把劲。”“我们的革命和打仗一样，在打了一个胜仗之后，马上就要提出新任务。这样就可以使干部和群众经常保持饱满的革命热情，减少骄傲情绪，想骄傲也没有骄傲的时间。新任务压来了，大家的心思都用在如何完成新任务的问题上

---

〔1〕 薄一波：《若干重大决策与事件的回顾（修订本）》下卷，第662页。

面去了。”“十年决于三年，争取在三年内大部分地区的面貌基本改观。其他地区的时间可以略为延长。口号是：苦战三年。方法是：放手发动群众，一切经过试验。”[1] 毛泽东急切地希望中国很快改变贫穷落后的面貌，这也是许多干部共同的心情，但他提出的任务和目标没有经过充分的科学论证，而这次会议对一些主要领导人提出的严厉批评，是建国以来中央领导层中不曾有过的，使中共中央的集体领导受到很大损害。许多干部的头脑越来越发热。

南宁会议后不久，一月二十八日，毛泽东在最高国务会议上讲话。他说：我们这个民族现在的热情、热潮，好有一比，就像打破原子核释放热能出来。为了达到目的，就要有一股干劲。二月十八日是春节，中共中央在北京召开政治局扩大会议。毛泽东在会上说：“今年是一个很大的生产高潮。”“现在这个高涨的群众情绪，自从盘古开天地，三皇五帝到于今，没有见过。”他说：“这个冒进好嘛！这使农民的水利多了嘛！工人的气刚刚上来，一九五六年夏季就来一个巴掌。”“冒是有点冒，而不应该提什么反冒进的口号。有一点冒是难免的。”[2]

三月九日至二十六日，中共中央在成都召开工作会议。这时，全国正在掀起一个生产高潮。随着批评反冒进的声势越来越大，毛泽东的头脑越来越不冷静。他在会上六次讲话，又两次批评反冒进。他说：要提高风格，振作精神，要有势如破竹、高屋建瓴的气势，要敢想敢说敢做。在急于求成的思想指导下，他在讲话中片面强调“破除迷信，解放思想”，在实际工作中助长了不尊重客观经济规律的盲目蛮干情绪。各地和各部门超越实际可能地竞相攀比，提出的生产指标越来越高。有的省提出：“苦干三年，改变面貌。”整个气氛越来越热，“大跃进”已势在必行。

四月十五日，毛泽东看了中共河南封丘县委关于应举农业社情况的报告后，写了一篇《介绍一个合作社》，兴奋地说：“从来也没有看见人民群众像现在这样精神振奋，斗志昂扬，意气风发。”“中国劳动人民还

---

〔1〕《毛泽东文集》第7卷，第349、350、347、348页。

〔2〕毛泽东在中共中央政治局扩大会议上的讲话记录，1958年2月18日。

有过去那一副奴隶相么？没有了，他们做了主人了。”“由此看来，我国在工农业生产方面赶上了资本主义大国，可能不需要从前所想的那样长的时间了。”〔1〕

五月五日至二十三日，中国共产党第八次全国代表大会第二次会议在北京举行。刘少奇代表中央委员会在大会上作工作报告。提出反冒进的周恩来、陈云在大会上作了检讨。批评反冒进，实际上改变了八大一次会议确定的既反保守又反冒进即在综合平衡中稳步前进的经济建设方针。工作报告确认了毛泽东在八届三中全会上关于国内社会矛盾的论断，确认在整个过渡时期内无产阶级同资产阶级的斗争、社会主义道路同资本主义道路的斗争始终是我国内部的主要矛盾，正式改变了八大一次会议对这个问题的正确论述。大会结束后召开的八届五中全会还增选林彪为中共中央副主席。

这次大会最重要的议题是要制定社会主义建设的总路线。大会通过的关于中央委员会的工作报告的决议写道：“会议一致同意党中央根据毛泽东同志的创议而提出的鼓足干劲、力争上游、多快好省地建设社会主义的总路线。”〔2〕《人民日报》社论对这条总路线作了解释：

“我们党深信，只要鼓足六亿多人民的干劲，动员六亿多人民力争上游，我们一定能够高速度地进行建设，一定能够在一个比较短的时间内赶上一切资本主义国家，成为世界上最先进、最富强的国家之一。”

“党的社会主义建设总路线的基本出发点既然是相信群众的力量和反映群众的意志，那末，实现这条路线的基本方法，也必然是群众路线的方法。我们的国家是又穷又白，我们的设想要又多又快又好又省，这是一个矛盾，解决这个矛盾的唯一办法，就是依靠群众。”〔3〕

毛泽东在会上强调要破除迷信，打掉自卑感，砍去妄自菲薄，振奋

〔1〕《建国以来毛泽东文稿》第7册，中央文献出版社1992年8月版，第177、178页。

〔2〕《人民日报》1958年5月27日。

〔3〕《把总路线的红旗插遍全国》（社论），《人民日报》1958年5月29日。

敢想、敢说、敢做的大无畏创造精神。他又说：我为什么讲十大关系？十大关系的基本观点就是同苏联相比，除了苏联的办法以外，是否还可以找到别的办法，能比苏联、欧洲各国搞得更快更好。

这确是毛泽东和中共中央当时的基本指导思想：以为只要依靠群众，充分发动群众，把群众的积极性和创造性充分调动起来，把劲鼓起来，而且鼓足，向先进看齐，那就什么人间奇迹都可以创造出来。这就不恰当地夸大了人的主观能动性的作用。

总路线提出的“多快好省”四个字本来是相互制约的，事实上却突出了一个“快”字。刘少奇在中央委员会工作报告中说：

“建设速度问题，是社会主义革命胜利后摆在我们面前的最重要的问题。我们的革命就是为了最迅速地发展社会生产力。我国经济本来很落后，我国的外部还有帝国主义，只要尽可能地加快建设，才能尽快地巩固我们的社会主义国家，提高人民的生活水平。”

“马克思预言过，无产阶级革命将使我们进入‘会有一天等于二十年’的伟大时期。如果说我们过去在革命中经历过这样的伟大时期，那末，我们现在在社会主义建设中，不又是在经历着这样的伟大时期吗？”〔1〕

《人民日报》在社论中，更把“速度”称为“总路线的灵魂”。它写道：

“用最高的速度来发展我国的社会生产力，实现国家工业化和农业现代化，是总路线的基本精神。它像一根红线，贯穿在总路线的各个方面。如果不要求高速度，当然没有什么多快好省的问题；那样，也就不需要鼓足干劲，也就无所谓力争上游了。因此可以说，速度是总路线的灵魂。”〔2〕

---

〔1〕《建国以来重要文献选编》第11册，中央文献出版社1995年1月版，第305、296页。
〔2〕《力争高速度》（社论），《人民日报》1958年6月21日。

怎样看待这条总路线呢？为什么要这样突出地强调“速度”问题？这要看到事情的两个方面。

的确，尽快地发展社会生产力，实现国家工业化，这是当时中华民族普遍的共同愿望和强烈要求。十九世纪四十年代以来，中国人受尽了帝国主义的欺压和侮辱，心头郁积着怒火，强烈地要求能尽早挺身站立起来。新中国成立后，中国人在政治上站起来了，但经济文化落后的面貌没有改变。三年的抗美援朝战争和周边的局势，使人常容易敏感地预想到战争的威胁。“落后就要挨打”这句当时常说的话，让人们对改变中国落后面貌的心情更加迫切。希望中国尽快地发展起来，并且憋着一股劲，是当时相当普遍的一种民族心理。苏联在三十年代曾被称为“争先恐后同时间赛跑”的年代。斯大林在一九三一年二月说过：“我们比先进国家落后了五十年至一百年，我们应当在十年内跑完这一段距离。或者我们做到这一点，或者我们被人打倒。”〔1〕中国人当时多少也有着类似的心情。那时候，人们对大规模经济建设是怎么一回事知道得很少。全国解放战争的胜利，国民经济的恢复，抗美援朝战争的成功结束，以至从提出过渡时期总路线到宣布进入社会主义，这些看起来极难的事情，都只用了三年时间。这使人们产生一种错觉：似乎只要充分发挥人的主观能动性，大搞群众运动，再难的事情都可以在短期内办成。这是在那种特定历史阶段形成的一种特殊心态和思维方式。人们普遍意气风发，斗志昂扬，建设热情十分高涨，能够万众一心，不分昼夜，不顾一切地拼搏，急切地期望中国的经济文化有一个大的跃进。

这种心态，当时并不只在很少人中存在，而是相当普遍的。邓小平在二十年后坦率地说：“‘大跃进’，毛泽东同志头脑发热，我们不发热？刘少奇同志、周恩来同志和我都没有反对，陈云同志没有说话。在这些问题上要公正，不要造成一种印象，别的人都正确，只有一个人犯错误。这不符合事实。”〔2〕

---

〔1〕《斯大林选集》（下），人民出版社1979年12月版，第274页。

〔2〕《邓小平文选》第2卷，第296页。

但是，建设工作有它自己的规律，必须严格地遵循这种客观规律办事，并不是只要出于人们的善良愿望，只要充分发挥人的主观能动性就什么都能办成，甚至会适得其反。那时，中国的社会主义建设刚刚开始，人们对它的规律远没有认识，甚至对一些基本知识还不懂，又看到苏联社会主义建设中产生的许多弊端，不想完全走他们的老路，急于要闯出一条中国自己的独创的建设路子来。新中国的领导人和各级干部，过去对经济建设没有多少实践经验，他们中大多数人在长期革命战争年代中习惯于用大搞群众运动的方法来解决面对的各种困难，而且取得了巨大的成功，便以为完全可以搬用过去的成功经验来指导今天的建设工作。一连串的巨大胜利，中国经济连续七年取得高速增长，滋长起骄傲情绪，又使他们把事情看得很简单，以为一切都事在人为，过去那样艰难的环境中都走出来了，并且取得那样辉煌的胜利，今天要在不太长时间内实现祖国的繁荣富强一定也能做到。这样，夸大主观能动性、急于求成的“左”的错误很快发展起来了。

《关于建国以来党的若干历史问题的决议》中，有一段中肯的评论：

“一九五八年，党的八大二次会议通过的社会主义建设总路线及其基本点，其正确的一面是反映了广大人民群众迫切要求改变我国经济文化落后状况的普遍愿望，其缺点是忽视了客观的经济规律。”

事情确实就是这样：不管你出于什么善良的以至美好的愿望，只要你违背了事物的客观规律，便会受到它的无情惩罚，甚至会导致灾难性的后果。而这种后果是要经过一段时间才清楚地表现出来的。这是“大跃进”留给我们的深刻的历史教训。

在八大二次会议期间，“大跃进”的气候便不断升温。一九五七年以后，在“适当放权”的思路下，认为权放得越多，地方的积极性越大，越有利于发展生产力，于是将中央工业企业甚至银行、财政、税收的权大规模下放给地方管理，结果分散主义滋长发展起来。八大二次会议后，许多省提出“苦战三年，彻底改变全省面貌”的口号。各地各部门纷纷召开会议，相互攀比，将经济指标越抬越高，在全国范围内出现一个“大跃进”热潮。

一九五八年开始的这个“大跃进”热潮，是从农业领域起步的。这一年的气候条件好，早稻和小麦的收成都比较好，农民生产积极性很高。这种积极性首先表现在农田水利建设上。“一九五八年二月份，全国农村每天不仅有一亿劳动力参加农田水利建设，而且中央和地方各级领导部门及农业科研单位也下放大批干部到农村劳动锻炼。他们日以继夜地向高山峻岭、深谷陡坡、平原凹地和盐碱沙荒进军，建设工地处处热火朝天，白天一片红旗飘扬，晚上万盏灯火通明。各地出现了许多不避风雨、日夜施工、父子竞赛、推迟婚期、全家男女老少齐出征的动人事迹。广大农民显示了前所未有的干劲，经常是打火把、点气灯，通宵夜战，使全国农田水利建设规模一再扩大，进度纪录不断刷新。这一切表明，农业战线‘大跃进’的序幕已经揭开。”〔1〕

农民的这种生产积极性是可贵的。那一年农田水利建设的成绩是显著的，远远超过以往多少年，不少至今仍发挥着重要作用。植树造林、改良土壤、社办工业和修建农村公路等各项建设，也取得累累成果。粮食和其他农作物的产量明显提高。这本来是很好的形势。但随着“大跃进”的不断升温，在层层提高生产指标和批判右倾保守的压力下，很快刮起了虚报产量的浮夸风。入夏以后，各地竞放“卫星”，产量越报越高，还有许多弄虚作假，造假的方法五花八门。六月八日，《人民日报》以《卫星社坐上了卫星》为题，报道河南省遂平县卫星农业社有五亩小麦亩产两千一百零五斤；过了四天，又报道该社发出第二颗“卫星”，二点九亩小麦亩产三千五百三十斤。再过几天，湖北省谷城县星光社小麦试验田亩产四千三百五十三点八斤的报道又传遍全国。“卫星”越来越多，单产越报越高，各种虚报浮夸的数字充斥中央和地方的报刊。

浮夸风的蔓延，造成农作物产量统计数字的严重不实。七月二十三日，农业部发表一九五八年夏收粮食作物丰产公报，宣称今年夏收粮食

〔1〕 朱荣等主编《当代中国的农业》，当代中国出版社1992年7月版，第138—139页。

作物空前丰收，总产量比上年夏收时增产百分之六十九，平均亩产比上年增长百分之七十，全国小麦总产量超过美国四十多亿斤。《人民日报》在发表这份公报的同天，刊出题为《今年夏季大丰收说明了什么》的社论，写道：

“它们说明，我国农业的发展速度，已经进入了一个新的阶段，即由渐进到跃进的阶段……一切认为农业产量只能按百分之几的速度而不能按百分之几十的速度增长的悲观论调已经完全破产了。”

“我们现在已经完全有把握可以说，我国粮食要增产多少，是能够由我国人民按照自己的需要来决定了。”

八月三日，国家统计局公布一九五八年上半年国民经济计划执行情况的资料。《人民日报》又在同天发表社论，借用群众的话说：“人有多大胆，地有多大的产”，并且写道：“地的产是人的胆决定的。”二十七日，该报在刊登山东寿张县亩产万斤粮食的调查报告时，编辑部又用了一个异常醒目的通栏标题：《人有多大胆，地有多大产》。这句话流传全国，被认为是中央的精神，产生很大的影响，更把人的主观能动性的作用夸大到荒谬的程度。

第二年四月十四日，国家统计局发表《关于一九五八年国民经济发展情况的公报》。《公报》列举的数字看起来十分令人鼓舞：粮食总产量达到三亿七千五百万吨，比上年增长一倍；棉花总产量达到三百三十一万九千吨，也比上年增长一倍；大小牲畜年末的存栏数，比上年都有很大增长。但这个统计数字比实际情况高出太多：以后经过核实，粮食（包括大豆）总产量其实是两亿吨，比上年只增长百分之二点四；棉花总产量为一百九十六万九千吨，不到《公报》中数字的百分之六十；大牲畜年末存栏数比上年末下降百分之七点三，小牲畜如生猪的年末存栏数比上年末下降百分之五点二。〔1〕但当时对这种状况却毫无察觉。

〔1〕 朱荣等主编《当代中国的农业》，第 147 页。

如此虚夸而不真实的统计，造成农业大增产的假象，使人们的头脑越来越热，导致决策上的一系列严重失误。其中之一就是认为农业的问题基本解决了，现在要用农业逼工业，把工作重心转移到工业首先是钢铁上来，发动全民大办钢铁。

钢铁工业是工业化的基础和支柱。没有强大的钢铁工业便没有工业化可言。旧中国到一九四八年的半个多世纪中只生产了七百六十万吨钢，最高年产钢只有九十二万三千吨。以后几遭战争破坏，一九四九年的钢产量只有十五万八千吨。经过国民经济恢复时期，到一九五二年产钢一百三十五万吨，大大超过历史最高水平。一九五七年，产钢五百三十五万吨，大型钢铁企业已有或正在建设的包括鞍山、武汉、包头、本溪钢铁公司和北满钢厂等，登上第一个高峰。这是很可喜的。但从世界范围来比较一下：这一年，美国的钢产量是一亿零二百二十五万吨，苏联为五千一百十八万吨，联邦德国为两千四百五十一万吨，英国为两千二百四十五万吨，至于质量和品种更无法同那些国家相比。中国的钢铁工业仍落后得很远很远。

毛泽东对钢铁一直十分重视，认为“一个粮食，一个钢铁，有了这两个东西就什么都好办了”，对中国钢铁生产的落后状况十分焦急。他在莫斯科会议期间提出赶超英国，首先就是从钢产量着眼的。一九五七年十二月制订的一九五八年国民经济计划，原定钢产量是六百十万吨，批判反冒进后，国家经济委员会在成都会议期间提出的一九五八年国家计划的“第二本账”，把钢产量提高到七百一十万吨。八大二次会议后，“大跃进”浪潮掀起，冶金部又把目标增加到八百五十万吨。六月份，各大协作区都召开钢铁工业会议，提出各自钢产量指标，汇总起来更高得离谱了。

确定要在一九五八年将钢产量比一九五七年翻一番，从五百三十五万吨提高到一千零七十万吨，是这年的六月十九日。陈云不久后在北戴河中共中央政治局扩大会议上讲到作出决定时的情况：

“六月十九号晚上开各大区协作会议以前，主席在北京游泳池召集中央一些同志，（冶金工业部部长）王鹤寿也参加了，主席问他：去年是五百三，今年可不可以翻一番？为什么不能翻一番？王鹤寿说，好吧！布置一下看。第二天他就布置了。所以，是六月十九号才决定搞一千一。”〔1〕

这时候，毛泽东和其他许多领导人的精神状态都处于极度兴奋中。二十二日，毛泽东在国务院副总理兼国家经济委员会主任薄一波一份提出一九五九年中国工业产品的产量（除电力外）都将超过英国的报告上，将标题改为“两年超过英国”，并且批示：“赶超英国，不是十五年，也不是七年，只需两年到三年，两年是可能的。这里主要是钢。只要一九五九年达到二千五百万吨，我们就在钢的产量上超过英国了。”〔2〕这些显然缺乏科学论证，不符合经济发展的客观规律，更没有意识到它将造成的严重后果。

钢产量在一九五八年翻一番这个过高的指标一确定便公开宣布，并且告诉了赫鲁晓夫，这便形成骑虎难下之势。八月十七日，中共中央在北戴河召开政治局扩大会议，要求发动一场全民搞钢铁的群众运动。九月五日，《人民日报》发表《全力保证钢铁生产》的社论，写道：

“工业生产和建设中的重点有两个，即钢铁和机械，而钢铁又是重点中的重点。生产一千零七十万吨钢，是我国人民当前一项头等重要的任务。我们必须为实现这个伟大任务，全力以赴，只能超额完成任务，而决不能少一吨钢。”

为了保证这个目标的实现，要求国民经济的其他方面为它“让路”。社论写道：

“要组织协作，要保证一千零七十万吨钢，必须具有停车让路、首

〔1〕 陈云在中共中央政治局扩大会议上的讲话记录，1958年8月21日。
〔2〕 薄一波：《若干重大决策与事件的回顾（修订本）》下卷，第724页。

先为钢的全局观点……各部门、各地方都要把钢铁的生产和建设放在首要的地位。当钢铁工业的发展与其他工业的发展，在设备、材料、动力、人力等方面发生矛盾的时候，其他工业应该主动放弃或降低自己的要求，让路给钢铁工业先行。”

一场大办钢铁的群众运动便在全国范围内掀起。这就是当时所说的“以钢为纲”（在农业中是“以粮为纲”，两者称为“元帅升帐”，甚至被说成“一马当先，万马奔腾”）。

由于违背了客观的经济规律，尽管发动大规模的群众运动，钢铁生产的实际进展状况依然并不理想。“北戴河会议离年终只有四个月的时间。到八月底钢产量还只有四百多万吨，离翻番的指标还差六百多万吨。如何实现翻番？正规的钢铁企业（即大、中型企业），即使一再加紧生产，所能增加的产量也有限。新布置的设备虽然可以增加一部分产量，但大部分当年不能投入生产。这种情况迫使人们把希望寄托在‘小洋群’的身上，于是，在全国掀起了建设小高炉的高潮。”当年抢建起来的小高炉大约有六万座，但这些“小洋群”的配套设备、材料、原料供应都跟不上，仍无法满足生产的需要。于是，“形势逼人，逼出一条走‘小土群’的路子来，即抢建土高炉，有的炉子用耐火砖砌成，有的则在山坡或路旁挖洞成炉，有的地方竟就地挖坑，倒入矿石、煤炭，点火炼钢。到了年底，这样的小土炉、小高炉建成了二十四万座。”

全国大炼钢铁的群众运动，严重牵动了广大农村。“建设小高炉、小土炉，需要大量的劳动力，除了从机关、学校、工厂动员以外，不得不大量动员农民参加。小高炉、小土炉需要大量的矿石和煤炭，也要动员大量的农民上山开矿、挖煤、砍树。一九五八年，究竟动员了多少人参加大炼钢铁，没有精确统计，据报纸公布，约有六千万人参加了大炼钢铁运动。”[1] 许多地方没有煤炭就烧木材，没有木材就滥砍滥伐树林。技术人员远远不够，上山的农民根本不知道炼钢是怎么回事，也要

〔1〕 周传典等主编《当代中国的钢铁工业》，当代中国出版社 1996 年 12 月版，第 71、72 页。

去炼。

一步走错就步步错。现在看来何等荒唐的事情，当年就是这样一步步逼成的。

经过几个月的苦干和蛮干，到十二月十九日，冶金工业部宣布“今年全国已生产钢一千零七十三万吨”[1]，但合格的钢其实只有八百万吨。

全民大炼钢铁是得不偿失的。它的后果不仅是耗费了巨大的人力和物资，浪费大，经济效果差，而且表现在：第一，由于不顾一切地全力保钢，要求其他方面“停车让路”，使国民经济各部门的比例关系严重失调。第二，“农业这一年形势本来很好，因大炼钢铁、大办工业和大办其他事业，占用农村劳力过多，留在农村的劳力比上年减少了三千八百十八万人，而且所减少的大多是壮劳力。”全国职工人数从一九五七年底的两千四百五十万人猛增到一九五八年底的四千五百三十二万人。“加上人民公社中‘共产风’和干活‘大呼隆’，秋收十分粗糙，使这一年农业丰产而没有丰收，大批粮食、棉花扔在地里无人收割，其增长幅度经以后核实，远远低于原来估计。”[2] 第三，大量兴建的小高炉、小土炉，生产成本高，原料消耗过多，却炼不出合格的钢，甚至无法正常生产，最后只能报废。为了土法炼铁，还滥开采煤炭和矿石，砍伐大量树木，严重破坏自然环境，还毁坏不少铁器，造成巨大损失。大中型的钢铁企业在这些时间内为了夺高产，只能拼设备，长期超负荷运转，又不能按计划检修，损坏严重；过去几年建设起来的管理制度更受到很大破坏。第四，在当年钢产量翻一番的高指标下，使“大跃进”以来各方面的瞎指挥和浮夸风更加发展起来。

在“大跃进”高潮中，刚刚起步不久的计划生育工作的指导思想也发生重大反复。

本来，马寅初在一九五七年七月第一届全国人大第四次会议上提交了一篇题为《新人口论》的书面发言，并在《人民日报》上发表。他提

[1] 《人民日报》1958年12月22日。
[2] 柳随年、吴群敢主编《中国社会主义经济简史》，第235、236页。

出："我国最大的矛盾是人口增加得太快而资金积累似乎太慢。"[1] 他从加速积累资金、工业原料、促进科学研究、粮食问题几个方面系统地论述了非控制人口不可，并且说明它同马尔萨斯的错误人口理论是不同的。这是一篇正确的、富有远见的文章。但在"大跃进"热潮中，对工农业生产形势作了盲目乐观的估计，因而片面地强调人多是好事的一面，忽视了人多有困难的一面。尽管毛泽东一九五七年十月在中共八届三中全会上还提出过计划生育也来个十年规划，一九五八年和一九五九年，陈伯达、康生等仍把马寅初关于控制人口的正确主张当作马尔萨斯主义来批判，报纸上也发表了不少错误批判文章。它的严重恶果是导致人口理论的正常研究陷于停顿。但实事求是地说，当时人口出生率并没有随着大幅度上升：一九五七年的人口出生率为千分之三十四点零三，一九五八年降为千分之二十九点二二，一九五九年又降为千分之二十四点七八。全国人口总数在一九五九年为六亿七千二百零七万人，比一九五七年的六亿四千六百五十三万人增加了两千五百五十四万人。[2] 可见，曾经流传一时的"错批一个人，多生三亿人"的说法是一种想当然式的夸张，并不符合实际。"一九五九至一九六一年，中国国民经济发生严重困难。这三年当中，出生率下降，死亡率上升，人口增长陷于停滞。大陆总人口由一九五八年年底的六亿五千九百九十四万人反而减至一九六一年年底的六亿五千八百五十九万人，出现了新中国建立以来第一次人口发展的低谷。在这种情况下，计划生育工作自然地被搁置下来。"[3]

农村人民公社化运动

伴随着发展社会生产力上违背客观经济规律、急于求成的"大跃进"而来的，是在生产关系上超越生产力发展的实际水平，急于向更高

[1] 《马寅初选集》，第 396 页。

[2] 国家统计局编《新中国五十年》，第 533 页。

[3] 常崇煊主编《当代中国的计划生育事业》，第 11 页。

级形式过渡。其中最重要的失误，是轻率地发动人民公社化运动。

一九五六年至一九五七年初，在农村中已经普遍兴办高级农业生产合作社，并且初步暴露出社的规模偏大、管理困难、平均主义比较严重等问题。一九五七年八月，中共中央农村工作部部长邓子恢提出：

“一年来全国经验证明：社过大是不适合于农业生产分散性这个特点，也与我们目前生产的技术水平和干部的管理水平不相称的，从而对生产管理、对社内团结都是不利的。”

“但一直到今天，还有某些地区干部对这个问题思想不通，他们仍然主张大社、大队，主张多级制，而不愿将大社分开。他们仍然盲目地认为大社好办，大社有优越性；害怕大社分了，社会主义旗帜就倒了。这种想法和作法显然是不对的。实际上合作社之所以成为社会主义制度，与社之大小并无关系，而在于基本生产资料的集体所有制、生产上的统一经营分级管理和分配上的按劳取酬原则。至于社的规模大小，则完全要根据当地的地理情况、交通情况、经营品种情况、生产技术水平和干部的管理水平来决定。一句话，也就是要根据有利生产、有利团结的原则来决定。”〔1〕

熟悉中国农村情况的邓子恢的这些意见是中肯的。

一九五八年三月的成都会议上，毛泽东却提出小社并大社的问题。为什么他要在这个时候提出这个问题？因为一九五七年冬到一九五八年春在全国范围内掀起大规模的农田水利基本建设活动。在这个活动的高潮中，产生了一些打破社界、乡界、县界以至省界，群众自带口粮、工具，无偿地到外地开河挖渠一类的“先进事迹”。这时，地方工业也开始遍地开花。毛泽东和一些领导人十分兴奋，片面地认为农业生产合作社如果规模小，在生产的组织和发展上势将发生许多不便，妨碍社会生产力的提高。

---

〔1〕《邓子恢文集》，第489、490页。

在成都会议上通过、并经四月八日的政治局会议批准，中共中央发出《关于把小型的农业合作社适当地合并为大社的意见》。《意见》规定："小社合并为大社，应具备以下条件：一、在发展生产上有需要；二、绝大多数社员确实赞成；三、地理条件适合大社的经营；四、合作社的干部有能力办好大社。"这四个条件规定得是适当的。它还写道："需要合并而不合并是不适当的，不需要合并而合并，或者合并得过早过大，也是不适当的。因此，各地农业社是否合并，合并的规模多大，以及进行并社工作的时间和步骤，应当完全由各省、市、自治区党委根据本地区的情况自行考虑和规定。"〔1〕

但是，听到风声就一哄而上，叫做"闻风而动"，似乎是一个顽症。这个要求"合并为大社"的文件一发下去，各地立刻刮起一股风，把四个条件通通丢开，不加分别地掀起并社热潮。河南省从一九五八年春季到夏收期间，将五万四千多个合作社合并成三万多个大社，最大的社达到九千三百六十户。"在小社并大社的同时，各地还大办工业，兴办公共食堂、托儿所、敬老院等福利事业，把社员的自留地收归社有，并广泛开展跨社的生产大协作，客观上形成后来的人民公社雏形。各地新出现的大社，有的仍叫农业生产合作社，有的模仿苏联改叫集体农庄，有的自创新名叫共产主义公社，还有的改叫农场，等等。"〔2〕

这个期间，毛泽东曾同刘少奇、陆定一议论过未来中国农村的组织形式。陆定一说："毛主席和刘少奇谈到几十年后我国的情景时，曾经这样说：那时我国的乡村中将是许多共产主义的公社，每个公社有自己的农业、工业，有大学、中学、小学，有医院，有科学研究机关，有商店和服务行业，有交通事业，有托儿所和公共食堂，有俱乐部，也有维持治安的民警等等。若干乡村公社围绕着城市，又成为更大的共产主义公社。前人的'乌托邦'想法，将被实现，并将被超过。"〔3〕这便是毛泽东和一些中央领导人心目中对农村的美好远景。

---

〔1〕《建国以来重要文献选编》第11册，第209、210页。

〔2〕朱荣等主编《当代中国的农业》，第149页。

〔3〕陆定一在中共八大二次会议上的发言记录，1958年5月19日。

最早取名为公社的，是河南遂平县嵖岈山附近二十多个农业生产合作社合并组成的大社，四月间叫集体农庄，七月初接受国务院分管农业的副总理谭震林的建议改称公社。由于他们曾以在全国第一个放小麦高产“卫星”而闻名，所以取名为卫星公社，原有的高级社改为生产大队，分管二百十五个生产队，还建立了三十四个社办工厂和一个畜牧总场，实行组织军事化、行动战斗化、生活集体化。这个公社的《试行简章（草案）》规定，实行半工资制半供给制，在《红旗》上发表。它在全国产生很大影响。而最早使用“人民公社”这个名称的，是河南新乡县所属的七里营人民公社。〔1〕八月上旬，毛泽东在新乡七里营看到人民公社的牌子，称赞说：人民公社名字好。新华社很快作了报道。“人民公社”的名字便迅速传遍中国，处处仿效。

八月十七日至三十日，中共中央在北戴河举行政治局扩大会议。二十九日，会议通过《中共中央关于在农村建立人民公社问题的决议》。《决议》写道：

“几十户、几百户的单一的农业生产合作社已不能适应形势发展的要求。在目前形势下，建立农林牧副渔全面发展、工农商学兵互相结合的人民公社，是指导农民加速社会主义建设、提前建成社会主义并逐步过渡到共产主义所必须采取的基本方针。”

“人民公社建成以后，不要忙于改集体所有制为全民所有制，在目前还是以采用集体所有制为好。这可以避免在改变所有制的过程中发生不必要的麻烦。实际上，人民公社的集体所有制中，就已经包含有若干全民所有制的成分了。这种全民所有制，将在不断发展中继续增长，逐步地代替集体所有制。由集体所有制向全民所有制过渡，是一个过程，有些地方可能较快，三、四年内就可完成，有些地方，可能较慢，需要五、六年或者更长一些的时间。过渡到了全民所有制，如国营工业那样，它的性质还是社会主义的，各尽所能，按劳取酬。”〔2〕

〔1〕罗平汉：《农村人民公社史》，福建人民出版社2003年1月版，第20—25页。

〔2〕《建国以来重要文献选编》第11册，第447、449页。

决议通过的第二天，也就是这次扩大会议的最后一天，毛泽东在会上讲话。对人民公社问题，他说："人民公社这个事情是人民群众自发搞起来的，不是我们提出来的。因为我们提倡不断革命，破除迷信，敢想敢说敢做，群众就干起来了。不仅南宁会议没有料到，成都会议也没有料到，八大二次会议也没有料到。"他又说："人民公社的特点是两个，一为大，二为公，叫大公社。人多，几千户，一万户，几万户；地多，地大物博，综合经营，工农商学兵，农林牧副渔。农林牧副渔，农业合作社原来就有的。工农商学兵，是人民公社才有的。这些就是大。大，这个东西可了不起，人多势众，办不到的事情就可以办到。公，就比合作社更要社会主义，把资本主义的残余，比如自留地、自养牲口都可以逐步取消。"〔1〕

会后，在全国农村立刻出现了一个以"一大二公"为特点的人民公社化运动的高潮。到九月底，百分之九十以上的农户加入了人民公社。人民公社的体制，分为公社、大队、生产队三级。全国成立了两万三千多个公社，平均每社近四千八百户。人民公社取代高级农业生产合作社，成为中国农村唯一的生产组织，同时又具有基层政权的社会管理职能。有些地方还试办了一批城市人民公社。

毛泽东不久后说：我们为什么搞人民公社？就是因为农民苦得不得了。我们原有七十万个合作社，地少，人少，不利于搞大规模生产，也不容易搞综合性的生产。搞人民公社可以解放生产力。为什么群众有这样大的干劲呢？他们想摆脱贫困和没有文化的情况。〔2〕

"大跃进"、人民公社和社会主义建设总路线，合起来称为"三面红旗"，一时被看作走出了一条中国自己的可以取得成功的新路。

---

〔1〕 毛泽东在中共中央政治局扩大会议上的讲话记录，1958年8月30日。

〔2〕 毛泽东同金日成率领的朝鲜政府代表团谈话记录，1958年11月25日。

炮打金门和西藏平叛

正当推动大炼钢铁和农村人民公社化运动走向高潮的北戴河政治局扩大会议举行期间，发生了另一件举世瞩目的大事，分散了中央领导人相当大部分的注意力，那就是一九五八年八月二十三日开始的炮打金门。

蒋介石退据台湾后，由于美国政府的大力支持和自身一系列“改造”活动，重新站住了脚。他继续实行独裁和恐怖统治，在“戒严令”后又颁布《戡乱法》等，实行严格的管制制度，制造了许多“匪谍案”、“叛乱案”等。他更一再叫嚷要“以台湾为基地”，实行“反攻大陆，雪耻复国”的方针，提出“一年准备，两年反攻，三年扫荡，五年成功”等口号。美国政府在一九五四年十二月还同台湾当局签署了《共同防御条约》。海峡两岸的局势很不平静。

新中国政府在万隆会议后就力求用和平方式解放台湾问题。一九五六年六月二十八日，周恩来总理在全国人民代表大会一届三次会议的报告中说：“中国人民解放台湾有两种可能的方式，即战争的方式和和平的方式；中国人民愿意在可能的条件下，争取用和平的方式解放台湾。”“现在，我代表政府正式表示：我们愿意同台湾当局协商和平解放台湾的具体步骤和条件，并且希望台湾当局在他们认为适当的时机，派遣代表到北京或者其他适当的地点，同我们开始这种商谈。”“我们对于一切爱国的人们，不论他们参加爱国行列的先后，也不论他们过去犯了多大罪过，都本着‘爱国一家’的原则，采取既往不咎的态度，欢迎他们为和平解放台湾建立功勋，并且还将按照他们立功大小，给以应得的奖励和适当的安置。”〔1〕这个报告公开刊登在报纸上。但蒋介石却在第二年六月出版了坚持反共的《苏俄在中国》一书，并由中央社声明这个书的出版是一个“总答覆”。这就关上了和平谈判的大门。

---

〔1〕《周恩来统一战线文选》，第318、320页。

一九五八年出现了一个重要动向，那就是美国力图进一步加强对台湾局势的插手。用台湾历史学家李云汉的话来说："一九五八年上半年，中华民国的政情和中美关系也有进一步的发展。""政府加强警戒并备战的气氛已随处可闻。中美关系方面，蓝钦大使辞职，美政府新任更能与中国政府（引者注：指台湾当局）合作的庄荣德为驻华大使。国务卿杜勒斯于三月十四日访问台北，与蒋总统会商加强合作问题，美国军事顾问团也在金门设立了顾问组。"[1]

这年七月十六日，蒋介石向国民党中央评议委员作了长篇演讲。完全错误地估计大陆的形势，认为反攻大陆的时机已到，说什么："当我们在三十九年（引者注：指一九五〇年）由大陆撤退来台之初，国际上有些人看我们反攻复国是一个幻想，绝无可能的事。一直到民国四十五年（引者注：指一九五六年）秋季，自匈牙利革命发生之后，国际人士对我们反攻大陆的观念，方有改变，以为只要大陆上能有像匈牙利一样反共革命的行动发生，那我们乘机反攻是很有希望的。后来过了半年，即在去年（引者注：指一九五七年）五、六月间，大陆匪区一般知识分子反共的言论，和北平、武汉各地学生青年反共的行动，复使国际观念大为改变；而其视线，乃就集中于我们政府对大陆将要采取怎样的行动，他们更与从前的看法完全不同了。"他又说："大家都盼望着未来的大战，我却认为今日世界已在第三次大战的中间，台、澎、金、马乃是这战争的最前线。"[2]

过了一个多月，八月二十日，他乘军舰抵达金门，召集团长以上的驻军军官训话，说："为国家复兴而忍耻受辱，已有十年之久，今日是打胜仗的最好机会。复仇雪耻在今朝，金门部队负有打第一次胜仗的任务，决心与牺牲是打胜仗与成功的先决条件。"[3] 金门、马祖的驻军，到一九五八年夏季已达十万人，占台湾当局地面部队的近三分之一。他

〔1〕 李云汉：《中国国民党史述》第4编，（台北）中国国民党中央党史委员会1994年11月版，第300页。

〔2〕《总统蒋公思想言论总集》卷27，第260、267—268页。

〔3〕 李云汉：《中国国民党史述》第4编，第301页。

们已经跃跃欲试。台湾海峡再度出现异常紧张的局势。

蒋介石也有两个可取的地方：一是他不甘心完全受美国政府的摆布，同美国存在矛盾。美国政府当时企图迫使他放弃金马地区，造成台湾与大陆“划峡而治”，蒋介石拒绝美国的这种想使中国的海峡两岸长期分裂的打算。二是他一直认为只有一个中国，台湾是中国的一部分，反对形形色色的“台独”活动。

为了挫败美国政府制造“一中一台”或“两个中国”的图谋，也为了打击台湾当局对大陆的骚扰活动，中共中央和毛泽东作出炮打金门的决策。八月二十三日下午五时三十分，中国人民解放军福建前线部队开始炮轰金门。大规模的炮击持续两个多小时，发射炮弹近三万发，击毙击伤国民党中将以下官兵六百多人，两名美军顾问也在炮击中丧生。岛上大批军用设施被摧毁，通信系统被严重破坏。从这天起，福建前线部队连续炮轰近两周，美国政府和蒋介石摸不清人民解放军的意图所在，陷入慌乱状态。

九月二十二日，周恩来在接到福建前线部队报告后写信给毛泽东说：“我连日想了想，觉得在目前形势下对金门作战方针，仍以打而不登、断而不死、使敌昼夜惊慌、不得安宁为妥。”〔1〕毛泽东当天批复：“即照此办理，使我们完全立于不败之地，完全立于主动地位。”〔2〕

为了进一步扩大美蒋之间的矛盾，中共中央决定从十月六日一时起，停止炮击七天，允许金门驻军自由地运输供应品，但以没有美军护航为条件。同一天，《人民日报》发表毛泽东为国防部长彭德怀起草的《告台湾同胞》，并通过福建前线电台向对方广播。它写道：

“我们都是中国人。三十六计，和为上计。”

“台、澎、金、马是中国领土，这一点你们是同意的，见之于你们领导人的文告，确实不是美国人的领土。台、澎、金、马是中国的一部分，不是另一个国家。世界上只有一个中国，没有两个中国。这一点，

〔1〕周恩来致毛泽东的信，1958年9月22日。

〔2〕毛泽东复周恩来的信，1958年9月22日。

也是你们同意的，见之于你们领导人的文告。你们领导人与美国人订立军事协定，是片面的，我们不承认，应予废除。美国人总有一天肯定要抛弃你们的。你们不信吗？历史巨人会要出来作证明的。”

“中华人民共和国与美国之间并无战争，无所谓停火。无火而谈停火，岂非笑话？台湾的朋友们，我们之间是有战火的，应当停止，并予熄灭。这就需要谈判。当然，再打三十年，也不是什么了不起的大事，但是究竟以早日和平解决较为妥善。何去何从，请你们酌定。”[1]

十月十三日，毛泽东会见定居香港的作家曹聚仁，对他说：“只要蒋氏父子能抵制美国，我们可以同他合作。我们赞成蒋介石保住金、马的方针，如蒋撤退金、马，大势已去，人心动摇，很可能垮。只要不同美国搞在一起，台、澎、金、马都可由蒋管，可管多少年，但要让通航，不要来大陆搞特务活动。台、澎、金、马要整个回来。”有人插话：“这样，美援会断绝。”毛泽东说：“我们全部供应，他的军队可以保存，我不压迫他裁兵，不要他简政，让他搞三民主义。反共在他那里反，但不要派飞机、派特务来捣乱。他不来白色特务，我也不去红色特务。”曹聚仁问：“台湾人民生活方式怎样？”毛泽东说：“照他们自己的生活方式。”[2]

根据这次谈话，后来被周恩来概括为“一纲四目”，在一九六三年初通过张治中给陈诚的信转达给台湾当局。“一纲”是：“只要台湾归回祖国，其他一切问题悉尊重总裁（引者注：指蒋介石）与兄（引者注：指陈诚）意见妥善处理。”“四目”包括：“台湾归回祖国后，除外交必须统一于中央外，所有军政大权、人事安排等悉由总裁与兄全权处理；所有军政及建设费用，不足之数，悉由中央拨付；台湾之社会改革，可以从缓，必俟条件成熟，并尊重总裁与兄意见协商决定，然后进行；双方互约不派人进行破坏对方团结之事。”[3]

---

〔1〕《毛泽东文集》第7卷，第420、421页。

〔2〕毛泽东同曹聚仁谈话纪要，1958年10月13日。

〔3〕张治中致陈诚的信，1963年1月4日。

中国共产党“一国两制”的政策，就是在这个基础上一步一步形成的。

一九五九年五月，毛泽东在谈到维护和完成祖国统一的任务时说了一句话：“我们有两个问题没有解决，西藏问题和台湾问题。现在开始解决西藏问题。”[1] 为什么在这时讲“现在开始解决西藏问题”？因为在这年三月，西藏地方政府和上层农奴主贵族发动了大规模的武装叛乱，人民解放军迅速平定了叛乱，中央人民政府顺应西藏百万农奴的愿望，在西藏开始了历史上划时代的民主改革。

地处“世界之脊”的西藏社会，长期以来处在几乎与世隔绝的状态下，世人（特别是海外一部分人）对它的真实情况了解极少，甚至以耳代目地产生了一种虚幻的神秘感，以为那是一片宁静的世外乐土。周恩来在这年四月所作的《政府工作报告》中一针见血地指出：“西藏反动分子常常装出一副虔诚的模样，说是希望人们同登天堂，但是，他们自己却把西藏变成人间地狱，并且想使西藏人民永远过着暗无天日的生活，陷于比欧洲中世纪更加野蛮、更加残酷的黑暗深渊。”[2] 在这里，是没有人权可言的。《人民日报》在这年五月六日发表的编辑部文章《西藏的革命和尼赫鲁的哲学》，对事实真相作了具体的叙述：

“西藏社会是一个领主庄园的农奴社会。在西藏，主要的生产资料——全部土地和绝大部分牲畜都属于三种领主，也就是农奴主，即官家（封建政府）、寺院和贵族。这三种农奴主只占西藏一百二十万人口中的百分之五左右，即六万人左右。所有的农民和大部分牧民都没有自己的土地和牲畜，只能为农奴主劳动。他们自己，连同他们的子女，世世代代，都分别隶属于不同的农奴主。农奴主的领地一部分属于专为封建政府支差的土地，被分配种这些土地的农奴要无偿地担负封建政府各种名目的差役。兵役也由这些领地上的一部分农奴担负。其余的领地是农奴

[1]《毛泽东西藏工作文选》，中央文献出版社、中国藏学出版社 2001 年 5 月版，第 203 页。
[2]《建国以来重要文献选编》第 12 册，中央文献出版社 1996 年 5 月版，第 225 页。

主的‘自营地’。在这种领地上，农奴要用自己的耕牛农具（有时还要带自己的伙食）为领主耕种全部土地，而领主只给一小块（约占领主土地的十分之三）不好的份地给农奴作为代价。农奴每年都用绝大部分时间在农奴主的土地上劳动，并且要为农奴主作各种无偿的劳役。在以上这两种领地上，农奴的劳动收入的百分之七十以上都成为农奴主的剥削收入。农奴的收入一般都难于维持生活，因此不能不向农奴主借高利贷。大批农奴所欠的债无法偿还，以至有已经欠了几百年的债。农奴不但没有任何政治权利，而且没有普通的行动自由，短期外出也必须由领主准假。

西藏的贵族是世袭的。全西藏现在有贵族二三百家，其地位高低看财产多少而定。大贵族约占贵族总数的十分之一，即二十几家，他们每家都有几十处庄园，几千个农奴。西藏封建政府的权力始终掌握在这些大贵族手中。贵族和农奴等级的界限很森严。农奴见了贵族要回避或鞠躬吐舌，表示敬畏，讲话也要有一定的讲法，不许讲错。贵族对于逃亡的农奴或者其他被认为违法的农奴，可以任意用刑，除了最通常的鞭打以外，还有剜眼、割鼻、割手、割脚筋、挖膝盖骨等各种骇人听闻的酷刑。”〔1〕

西藏和平解放，使藏族人民永远摆脱了帝国主义的羁绊，使祖国大陆的领土得到统一，使祖国西南的国防得到保障。但考虑到西藏的历史和现实状况，对原有那种黑暗的、残酷的、野蛮的、惨无人道的社会制度如何进行改革，新中国仍采取极为审慎的态度。在《中央人民政府和西藏地方政府关于和平解决西藏办法的协议》中写道：“在中央人民政府统一领导之下，西藏人民有实行民族区域自治的权利。”“对于西藏的现行政治制度，中央不予变更。达赖喇嘛的固有地位及职权，中央亦不予变更。各级官员照常供职。”“班禅额尔德尼的固有地位及职权，应予维持。”“尊重西藏人民的宗教信仰和风俗习惯，保护喇嘛寺庙。寺庙的

〔1〕《胡乔木文集》第1卷，人民出版社1992年5月版，第622—623页。

收入，中央不予变更。”“有关西藏的各项改革事宜，中央不加强迫。西藏地方政府应自动进行改革，人民提出改革要求时，得采取与西藏领导人员协商的方法解决之。”〔1〕

一九五六年四月，西藏自治区筹备委员会成立，由达赖喇嘛担任主任委员。国务院副总理陈毅代表中央在成立大会上讲话。他重申：在西藏和平解放的协议中，对西藏内部的改革事宜已采取肯定的态度；但只有西藏民族的领袖和人民有了一致的要求和决心的时候才可以进行，绝对不能够由别的民族去代替进行。九月，中共中央给西藏工委的指示中再次强调：“在实行改革的时候，不做到这一点，我们就会失信于人。”“因此对西藏的民主改革，必须在充分做好准备工作，上层真正愿意改革的时候再去改，并且在改革中要坚决做到少出乱子和不出乱子，否则宁可暂缓进行，而不要去勉强进行。”〔2〕

但是，西藏上层统治集团中一些人根本反对改革，试图永远保持那种野蛮黑暗的农奴制，以维护他们的既得利益，因而不断制造事端，组织叛乱武装，残杀入藏干部和爱国藏民，进行分裂祖国的活动。一九五九年三月九日，拉萨墨本（市长）无中生有地造谣说：汉人准备了飞机，要乘达赖去西藏军区礼堂看戏时把他劫往北京。第二天，叛乱头目连续召开所谓“人民代表会议”、“西藏独立国人民会议”，公开撕毁《协议》，宣布“西藏独立”，全面发动背叛祖国的武装叛乱。随后，他们又和达赖逃离拉萨，先到山南地区，以后又逃往印度。三月二十日，叛乱武装约七千人向驻拉萨的解放军、中央代表机关和有关单位发动全面进攻。人民解放军在忍无可忍、让无可让的情况下进行反击，在藏族僧俗人民支持下，只用了两天就平定了拉萨市的叛乱，以后又平息了山南地区的叛乱。其他地区的叛乱武装也相继瓦解。二十八日，周恩来总理发布命令，解散西藏地方政府，由西藏自治区筹备委员会行使地方政府职权，由班禅额尔德尼代理自治区筹备委员会主任委员职务。

---

〔1〕《建国以来重要文献选编》第2册，第285页。

〔2〕《西藏工作文献选编（1949—2005年）》，中央文献出版社2005年9月版，第182、183页。

西藏叛乱平定后，一九五七年原定的“至少六年以内，甚至在更长的时间以内，在西藏不进行民主改革”的方针不再适合已经变化了的情况，百万农奴强烈要求改革。当年七月十七日，西藏自治区筹委会第二次会议通过了进行民主改革的决议。

这场民主改革，废除了黑暗的农奴制度。百万农奴不再被作为农奴主的个人财产而加以买卖、转让、交换、抵债，不再被农奴主强迫劳动，获得了人身的自由和权利。旧西藏的法典被废除，人不再分为三等九级，各种野蛮的刑罚被禁止，私设的监狱被全部拆除。民主改革结束了生产资料的农奴主所有制：参加叛乱的农奴主占有的耕地无偿分给无地的农奴；对一千三百多户没有参加叛乱的农奴主和代理人的土地和其他生产资料实行赎买政策，他们的九十万克（十五克相当于一公顷）土地和八十二万多头牲畜由国家支付赎买金，分配给原来无地的农奴。西藏劳动人民的生产积极性空前迸发出来。全区粮食产量在一九六〇年比一九五九年增长百分之十二点六，牲畜存栏数增长了百分之十。民主改革还结束了西藏“政教合一”的封建农奴主专政，实行人民民主的政治制度。这真是西藏历史上划时代的伟大变革。

西藏自治区在一九六五年九月正式成立，阿沛·阿旺晋美当选为第一届自治区人民委员会主席。西藏的历史翻开新的一页。

除西藏以外的其他少数民族比较集中居住的地区，内蒙古自治区已在一九四七年成立，新疆维吾尔自治区、广西壮族自治区、宁夏回族自治区已分别在一九五五年和一九五八年成立。还在青海、甘肃、新疆、云南、四川、贵州和其他若干省、自治区内成立了二十九个自治州、五十四个自治县。少数民族的经济和文化有了巨大进步。少数民族学生数目增长得很快。少数民族干部大量成长起来。汉族和各兄弟民族以及各兄弟民族之间的友好团结大大加强。

周恩来在一九五九年四月的二届一次全国人民代表大会报告中说：“祖国的统一是全国各民族的最高利益。中国作为一个统一的、多民族的国家，是长期历史发展的结果……帝国主义的侵略反而使中国各民族的最大多数人民深切感到他们的共同命运，感到统一的国家的可贵。中国人民革命的胜利和中华人民共和国的建立，把国内各民族更加紧密地团结在一起了。各族的爱国人民从历史事实的教训中认识到只有在彻底摆脱帝国主义压迫、走上社会主义道路的祖国统一的大家庭中，各民族才能兴旺起来。”[1]

纠“左”的初步努力

“大跃进”和人民公社化运动中的问题，是一步一步暴露出来的。人们在兴高采烈的情绪下，最初并没有立刻把它看清楚。一九五八年秋冬之间，中共中央才开始觉察到一些问题。

首先发现的，是人民公社化运动中的某些问题。在公社范围内，相当普遍地急于实行全民所有，强调统一收支、统一调拨，出现贫富拉平、平均分配，将比较富裕的生产队和社员的粮食和财产任意地无偿上调，或者一车一车地往别的村子里拉，大多数人集中在公共食堂吃饭，有的地方提出“放开肚皮吃饭”，结果是多劳不能多得，干多干少都一样。许多地方刮起了“共产风”，急于过渡：实行供给制和工资制相结合的分配制度，徐水等地还实行全民供给制，把供给制看成按需分配的共产主义因素的体现；还实行“一平二调”，有的甚至把农民的房子、铁锅以至生活用品也归了公。由于政社合一，一切平调都以行政命令的方式下达，这就引起广大农民的很大恐慌。在公社内大力推行“组织军事化、行动战斗化、生活集体化”的劳动组织方式和生活方式。在实行集中管理的体制后，生产队没有生产自主权，加上自上而下的高指标压力，生产瞎指挥风盛行。问题严重的地区，劳动力大量外流，疾病流行，土地耕作粗放或大量荒芜。农民生产积极性受到严重挫伤，社会生产力受到很大破坏。

一九五八年十月二十六日，也就是北戴河会议后近两个月，毛泽东把人民日报总编辑兼新华社社长吴冷西和中央办公厅政策研究室副主任

---

[1]《建国以来重要文献选编》第 12 册，第 222—223 页。

田家英找去，要他们分别以新华社记者和中央办公厅工作人员的身份，到河南新乡地区的修武县（那里是一个县合并成一个大公社）和七里营公社（那里是最早使用“人民公社”名称的地方）去调查研究，了解公社化以后的实际情况。据吴冷西回忆，毛泽东说：中国今年出了两件大事，一是大跃进，一是公社化；其实还有第三件大事，这就是炮打金门。大跃进是他发动的，公社化是他提倡的。这两件大事到八月间北戴河会议时达到高潮，但那时他的心思并没有全花在这两件大事上，很大一部分精力被另两个问题吸引去了。先是同赫鲁晓夫大吵了一顿（赫鲁晓夫七月底到八月初访华），不久又炮打金门。毛泽东对吴、田两人着重地说：

“大跃进和公社化，搞得好可以互相促进，使中国的落后面貌大为改观；搞得不好，也可能变成灾难。你们这次下去，主要是了解公社化后的情况。北戴河会议时我说过公社的优点是一大二公。现在看来，人们的头脑发热，似乎越大越好，越公越好。”〔1〕

在调查中发现不少问题后，毛泽东很吃惊，这是他原来没有想到的，觉得需要让大家冷静下来。十一月二日到十日，他在河南郑州召开中央工作会议（以后被称为“第一次郑州会议”），先是听取九个省委第一书记关于人民公社情况的汇报，以后又有各协作区负责人和一部分中央领导人参加。毛泽东作了多次讲话。他批评：现在有一种偏向，好像共产主义越快越好，并且把集体所有制和全民所有制混同起来。他针对人民公社化运动中相当普遍地存在的对物资无偿调拨、不再进行商品流通的状况说：“现在，我们有些人大有要消灭商品生产之势。他们向往共产主义，一提商品生产就发愁，觉得这是资本主义的东西，没有分清社会主义商品生产和资本主义商品生产的区别，不懂得在社会主义条件下利用商品生产的作用的重要性。这是不承认客观法则的表现，是不认

〔1〕 吴冷西：《忆毛主席》，新华出版社 1995 年 2 月版，第 95 页。

识五亿农民的问题。”“现在要利用商品生产、商品交换和价值法则，作为有用的工具，为社会主义服务。”[1] 他严厉地指出：废除商品生产，对农产品实行调拨，实际上就是剥夺农民。对一些部门提出的高指标，他也表示怀疑说要提倡实事求是，不要谎报。会议通过了《郑州会议关于人民公社若干问题的决议（草案）》。

郑州会议后，毛泽东仍不放心。这个月二十一日到二十七日，中共中央政治局扩大会议在湖北武昌举行，除人民公社问题外，还讨论一九五九年国民经济计划的安排，特别是生产指标问题。毛泽东在会上说：所谓速度，所谓多快好省，是个客观的东西，客观上能速则速，不能速就还是不速。他提出要压缩空气，使各项指标切实可靠。他说：我们现在吹得太大了，我看是不合事实。工业任务、水利任务、粮食任务都要适当压缩，我们在这一次唱个低调，把脑筋压缩一下。会上把一九五九年的钢产量指标从北戴河会议建议的争取三千万吨降到一千八百万吨。毛泽东还批评了当时盛行的浮夸风，说：“虚报不好，比瞒产有危险性。报多了，拿不出来。如果根据多报的数字作生产计划，有危险性，作供应计划，更危险。”“现在的严重的问题是，不仅下面作假，而且我们相信。从中央、省、地到县都相信，主要是前三级相信，这就危险。”他还提出：“破除迷信，不要把科学当迷信破除了。”“凡迷信一定要破除，凡真理一定要保护。”[2]

十一月二十八日到十二月十日，中共八届六中全会接着在武昌举行，通过《关于人民公社若干问题的决议》和《关于一九五九年国民经济计划的决议》。这两个决议，对郑州会议以来提出的问题作出一些具体规定，并且提醒：“生产关系一定要适合生产力的性质，只有生产力发展到某种状况才会引起生产关系的某种变革，这是马克思主义的一条基本原理。同志们要记着，我国现在的生产力发展水平，毕竟还是很低的。”[3] 会议提出：国民经济发展的速度必须建立在客观可能性基础上，

---

〔1〕《毛泽东文集》第7卷，第437、435页。

〔2〕《毛泽东文集》第7卷，第443、446、448、449页。

〔3〕《建国以来重要文献选编》第11册，第606页。

必须遵循有计划按比例的法则。毛泽东在会上说：要把冲天干劲和科学精神结合起来。

应该说，这些确实是在认真总结实践中教训的基础上得出的重要认识，指导思想开始有某些变化，向纠“左”迈出了一步。但由于毛泽东仍坚持“大跃进”和人民公社运动的大方向，也没有摆脱对经济形势的不切实际的过高估计，并开始流露出担心“压缩空气”会导致干劲的减弱，不利于保护积极性，这种纠“左”依然是很有限的。

八届六中全会以后，各地根据全会精神普遍开展整社工作，但农村的“共产风”并没有得到有力制止，在整社过程中又不恰当地开展反对“瞒产私分的斗争”，造成农民严重不满。毛泽东经过调查研究，认识到需要从调整人民公社的内部体制着手。

一九五九年二月二十七日至三月五日，中共中央又在河南郑州召开政治局扩大会议，通常称为“第二次郑州会议”。毛泽东在会上作了五次讲话，着重指出所有制的变化需要有一个比较长时间的发展过程。他批评一些领导干部急于大幅度改变生产关系（即急于由社会主义的集体所有制到全民所有制的过渡、由社会主义的全民所有制到共产主义的全民所有制的过渡）的错误思想，说：

“他们误认人民公社一成立，各生产队的生产资料、人力、产品，就都可以由公社领导机关直接支配。他们误认社会主义为共产主义，误认按劳分配为按需分配，误认集体所有制为全民所有制。他们在许多地方否认价值法则，否认等价交换。因此，他们在公社范围内，实行贫富拉平，平均分配；对生产队的某些财产无代价地上调，银行方面，也把许多农村中的贷款一律收回。‘一平、二调、三收款’，引起广大农民的很大恐慌。这就是我们目前同农民关系中的一个最根本的问题。”

“六中全会的决议写明了集体所有制过渡到全民所有制和社会主义过渡到共产主义所必须经过的发展阶段，但是没有写明公社的集体所有制也需要有一个发展过程，这是一个缺点。因为那时我们还不认识这个问题。这样，下面的同志也就把公社、生产大队、生产队三级所有制之间的区别模糊了，实际上否认了目前还存在于公社中并且具有极大重要性的生产队（或者生产大队，大体上相当于原来的高级社）的所有制，而这就不可避免要引起广大农民的坚决抵抗。”

他特别强调要反对两种倾向，即平均主义倾向和过分集中的倾向，说：

“所谓平均主义倾向，即是否认各个生产队和各个个人的收入应当有所差别。而否认这种差别，就是否认按劳分配、多劳多得的社会主义原则。所谓过分集中倾向，即否认生产队的所有制，否认生产队应有的权利，任意把生产队的财产上调到公社来。同时，许多公社和县从生产队抽取的积累太多，公社的管理费又包括很大的浪费（例如有一些大社竟有成千工作人员不劳而食或半劳而食，甚至还有脱产文工团）。上述两种倾向，都包含有否认价值法则、否认等价交换的思想在内，这当然是不对的。凡此一切，都不能不引起各生产队和广大社员的不满。”〔1〕

这次会议经过讨论，规定了十四句话作为当前整顿和建设人民公社的方针，那就是：“统一领导，队为基础；分级管理，权力下放；三级核算，各计盈亏；分配计划，由社决定；适当积累，合理调剂；物资劳动，等价交换；按劳分配，承认差别。”这里最重要的是：明确人民公社内部现阶段基本上还应该是生产队的所有制，要以队的核算为基础。各队生产水平不同，有穷有富，不能统得太多，分配不能一样。拉平违反按劳分配原则，是无偿占有别人的劳动，是损害积极性的。这就解决了一个在很长时间内争论不休的问题。会议还据此起草了一个《关于人民公社管理体制的若干规定（草案）》，并且采取算账的办法，“一平、二调、三收款”的钱物，该退赔的就退赔。

由于这一系列措施，三月二十五日到四月一日在上海召开的政治局

〔1〕《建国以来重要文献选编》第12册，第126—129页。

扩大会议又进一步承认了大体相当于初级社规模的生产小队的部分所有制，公社内部的“共产风”得到初步遏制。工业方面，毛泽东在武昌会议前批转了长春汽车厂的经验，提倡“两参、一改、三结合”，即：干部参加生产劳动，工人参加企业管理；改革企业中不合理的规章制度；在技术革新和技术革命运动中实行企业领导干部、技术人员和工人三结合的原则。这些都是比较成功的。但是，工业和农业的高指标问题仍很突出。

一九五九年进入第二季度，国民经济发展中的严重问题越来越清楚地表现出来。跟原来的预期不同，农业生产情况很不好。当年夏季作物播种面积比上年减少百分之二十。夏收粮食、油料大幅度减产。蔬菜、肉类等副食品更加短缺。原来所报的粮食产量和一九五九年农业生产计划中的虚假现象逐步暴露。工业问题也很多。钢产量按一九五九年头四个月的计划应该达到六百万吨，实际上只完成三百三十六万吨，再组织突击生产也上不去。钢铁生产又挤了其他生产部门，使人民日用品严重短缺，到处供应紧张，引起人们不满。

中央领导人原来对“大跃进”后的国民经济发展抱着十分乐观的期待。这些无情的事实，使他们大为震惊。四月二日至五日在上海召开的中共八届七中全会，着重讨论一九五九年国民经济计划草案，将钢产量指标、基本建设投资和基建项目进一步调低，还检查了农村人民公社的整顿工作，讨论和决定了国家机构领导人员候选人的提名。十八日至二十五日，全国人民代表大会举行二届一次会议，批准了中共八届七中全会确定的一九五九年度国民经济计划，并选举刘少奇为国家主席，宋庆龄、董必武为副主席，朱德为全国人大常委会委员长，决定周恩来继续担任国务院总理。

对当时相当普遍出现的浮夸风，毛泽东也有所察觉。四月十五日，他在最高国务会议上说：报上吹的那些东西，不能全信的。什么几万斤一亩，哪有那个事？那是并拢来的，禾秧要熟的时候，把许多亩并到一亩。这些浮夸现象现在是要破除，不要搞这些浮夸，要搞老实的。[1] 二十九日，他给省、地、县、社、队、小队六级干部写了一封《党内通信》，提出："根本不要管上级规定那一套指标。不管这些，只管现实可能性。""在十年内，一切大话、高调，切不可讲，讲就是十分危险的。"信里专门谈了"讲真话问题"，说：

"包产能包多少，就讲能包多少，不讲经过努力实在做不到而又勉强讲做得到的假话。收获多少，就讲多少，不可以讲不合实际情况的假话。对各项增产措施，对实行八字宪法，每项都不可讲假话。老实人，敢讲真话的人，归根到底，于人民事业有利，于自己也不吃亏。爱讲假话的人一害人民，二害自己，总是吃亏。应当说，有许多假话是上面压出来的。上面'一吹二压三许愿'，使下面很难办。因此，干劲一定要有，假话一定不可讲。"[2]

他委托陈云对经济计划指标、特别是钢铁指标再进行研究。陈云经过仔细的调查、计算和综合分析，算了每生产多少吨钢铁需要多少原料、设备和运输条件的账，在五月十一日勇敢地提出：要把一九五九年的钢产量从年初计划的一千八百万吨再降至一千三百万吨。十五日，他写信给毛泽东说：

"说把生产数字定得少一点（实际是可靠数字），会泄气，我看也不见得。正如少奇同志在政治局讲的，定高了，做不到，反而会泄气。"[3]

八月间，人大常委会通过并正式宣布将钢产量指标降至一千三百万吨。钢铁生产指标的调整有着全局性的意义，其他重要生产指标随着也相应降低。这样，本来绷得过紧的弦放松了不少，经济工作各方面的关

〔1〕 毛泽东在最高国务会议第16次会议上的讲话记录，1959年4月15日。
〔2〕《毛泽东文集》第8卷，人民出版社1999年6月版，第48—50页。
〔3〕《陈云文选》第3卷，第139页。

系能够进行比较合理的调整。这自然是一件大事。

鉴于粮食和蔬菜、肉类等副食品紧张的局势，在此期间，中共中央还调整农业政策，发出《关于农业的五条紧急指示》和《关于分配个人自留地以利发展猪鸡鹅鸭问题的指示》：明确家畜家禽“实行公养和私养两条腿走路的方针”；恢复了社员的自留地；鼓励社员充分利用屋旁、路旁的零星闲散土地种植庄稼和树木。

大体说来，从第一次郑州会议开始，经过八九个月初步纠正“左”的错误的努力，经济形势确实有所好转。

庐山会议的逆转

一九五九年七月二日起，中共中央在庐山召开政治局扩大会议。这次会议的原意，是想统一对形势的认识，在肯定成绩的前提下，总结经验教训，进一步纠正“左”的错误，动员全党完成一九五九年的“大跃进”任务。会前，毛泽东从长沙打电话给周恩来说：人们的头脑有些发热，需要冷静下来学点政治经济学。这次会议不要搞得太紧张，要适当注意休息。在从长沙赴韶山途中，他对陪同前去的王任重说：去年刮“共产风”，也是一种“左”的错误。没有经验，会犯错误，碰钉子，不要碰得头破血流还不肯回头。

庐山会议开始时，毛泽东提出了十八个问题，要大家讨论。在他的两次讲话中，有几点特别值得注意：一是“综合平衡”。他说：“大跃进的重要教训之一，主要缺点是没有搞平衡。说了两条腿走路、并举，实际上还是没有兼顾。在整个经济中，平衡是个根本问题，有了综合平衡，才能有群众路线。”二是“农、轻、重”的安排次序。他说：“过去安排是重、轻、农，这个次序要反一下，现是否提农、轻、重?”三是“市场”问题。他说：“过去陈云同志提过：先市场，后基建，先安排好市场，再安排基建。有同志不赞成。现在看来，陈云同志的意见是对的。要把衣、食、住、用、行五个字安排好，这是六亿五千万人民安定不安定的问题。”这三点都是纠“左”的，并且带有自我批评的性质。

但他对“大跃进”以来的情况，仍肯定形势好是主要的，并且把对这个问题的认识作为“团结问题”提出来，说：“要统一思想，对去年的估计是：有伟大成绩，有不少问题，前途是光明的。缺点只是一、二、三个指头的问题。许多问题是要经过较长的时间才看得出来的。过去一段时间的积极性中带有一定的盲目性。这样看问题，就能鼓起积极性来。”〔1〕在他看来，大跃进和人民公社化运动的方向是正确的，初期出了些乱子，经过半年多的纠“左”努力，已有改变，再过几个月，根本好转就会到来。他希望会议把各级领导干部的思想统一到这种认识上来。并且说：对形势的认识不一致，就不能团结。要党内团结，首先要思想统一。

在讨论中，与会者都表示拥护总路线、大跃进和人民公社这“三面红旗”。但实际上认识并不一致：有些人觉得对大跃进以来的教训正视得不够，许多认识上和实际工作中的问题仍未得到解决，担心问题得不到有力的纠正；另一些人认为工作中的缺点和错误并不严重，经过几个月已经纠正得差不多了，不应该再强调继续纠“左”，甚至认为纠“左”已经过了头，使干部和群众泄了气。后一种看法，在会上占了上风。

政治局委员、国防部长彭德怀对这种状况感到忧虑。他在七月十四日给毛泽东写了一封信陈述自己的意见。他在信中先充分肯定大跃进的成绩和农村公社化的意义，并且指出公社化具体工作中的一些缺点错误基本上已经得到纠正；同时，也提出有不少深刻的经验教训必须认真地加以分析。他写道：“现时我们在建设工作中所面临的突出矛盾，是由于比例失调而引起各方面的紧张。就其性质看，这种情况的发展已影响到工农之间、城市各阶层之间和农民各阶层之间的关系，因此也是具有政治性的。”信中指出：过去一个时期，在思想方法和工作作风方面，暴露出来的问题主要是：“一、浮夸风气较普遍地滋长起来。去年北戴河会议时，对粮食产量估计过大，造成了一种假象。大家都感到粮食问题已经得到解决，因此就可以腾出手来大搞工业了。在对发展钢铁的认

〔1〕《毛泽东文集》第8卷，第80、78、81、82页。

识上，有严重的片面性……总之，是没有必要的平衡计划。这些也同样是犯了不够实事求是的毛病。这恐怕是产生一系列问题的起因。”“二、小资产阶级的狂热性，使我们容易犯左的错误。”“为大跃进的成绩和群众运动的热情所迷惑，一些左的倾向有了相当程度的发展，总想一步跨进共产主义，抢先思想一度占了上风，把党长期以来所形成的群众路线和实事求是的作风置诸脑后了。”“有些指标逐级提高，层层加码，把本来需要几年或者十几年才能达到的要求，变成一年或者几个月就要做到的指标。”“在这些同志看来，只要提出政治挂帅，就可以代替一切……政治挂帅不可能代替经济法则，更不能代替经济工作中的具体措施。”“我们在处理经济建设中的问题时，总还没有像处理炮击金门、平定西藏叛乱等政治问题那样得心应手。”“纠正这些左的现象，一般要比反掉右倾保守思想还要困难些，这是我们党的历史经验所证明了的。”〔1〕

彭德怀为什么要写这封信呢？他在会上检讨时说：“为什么给主席写信？因截止十三日小组会中对经验教训方面探讨得很不够，从简报上看不出反面意见，空气有些沉闷，思想上有点急躁情绪，担心缺点重犯。为了提起主席注意这个情况，就在十三日晚写了一个供参考的信。那时又听说小组会十五日就要结束，使我的心情更加急切。”〔2〕

稍后上山的总参谋长黄克诚回忆：“上山后刚进住房，彭德怀就拿着他写给毛主席的信给我看，我仔仔细细看了一遍，说：这封信提的意见我赞成，但信的写法不好，语言中有些提法有刺激性，你那样干什么？他说：实际情况那么严重，会上没有人敢说尖锐的话，我就是要提得引起重视。”〔3〕

应该说，彭德怀信的基本内容是正确的，作为政治局委员向党的主席写信反映自己的意见也完全符合党的组织原则。但它引起毛泽东的极大不满，认为这封信从根本上否定总路线、“大跃进”和人民公社，那

〔1〕《建国以来重要文献选编》第12册，第443—446页。

〔2〕彭德怀在庐山会议小组讨论会上的发言，1959年7月26日，见《中共中央政治局庐山扩大会议简报》第32号。

〔3〕《黄克诚自述》，第249页。

些意见是“多讲缺点，少讲成绩，总路线是要修改的，大跃进得不偿失，人民公社搞糟了，大跃进和人民公社都不过是小资产阶级狂热性的表现”。[1] 他先把彭德怀的信印发给会议讨论。张闻天、黄克诚和湖南省委书记周小舟，在讨论中发言，支持彭德怀的意见。二十三日，毛泽东召开大会并发表讲话，把话讲得很重。他说：现在党内党外夹攻我们，无非是讲得一塌糊涂。他针对彭德怀信中所说“小资产阶级狂热性”，称信的内容倒是“资产阶级的动摇性”，“他们不是右派，可是自己把自己抛到右派边缘去了，距右派还有三十公里”。他还说：“假如办十件事，九件是坏的，一定灭亡，应当灭亡。那我就走，到农村去。你解放军不跟我走我就组织红军去，另外组织解放军。我看解放军会跟我走。”[2] 毛泽东这篇讲话引起极大震动，会议转到错误地对彭德怀、黄克诚、张闻天、周小舟等人进行批判，从纠“左”转到反“右”。而且批判的调子越来越高。林彪在会上说：彭德怀是野心家、阴谋家、伪君子。还有一些其他领导人也说了很过头的话。

八月二日起，在庐山举行八届八中全会，对彭德怀等的批判进入高潮。毛泽东在全会上说：“我们反了九个月‘左’倾了，现在基本上不是这一方面的问题了，现在庐山会议不是反‘左’的问题了，而是反右的问题了。因为右倾机会主义在向着党，向着党的领导机关猖狂进攻，向着人民事业，向着六亿人民的轰轰烈烈的社会主义事业进攻。”[3] 全会通过一个公报、三个决议和一个决定。三个决议是：《为保卫党的总路线、反对右倾机会主义而斗争》、《关于开展增产节约运动的决议》、《关于以彭德怀同志为首的反党集团的错误的决议》。一个决定是：《关于撤销黄克诚同志中央书记处书记的决定》。八月十六日，八届八中全会闭幕。

全会通过的关于反对“右倾机会主义”的决议，完全错误地写道：“我们党内的一些右倾机会主义分子，特别是一些具有政治纲领、政治

---

〔1〕《建国以来重要文献选编》第12册，第505页。

〔2〕毛泽东在庐山政治局扩大会议上的讲话记录，1959年7月23日。

〔3〕毛泽东在中共八届八中全会上的讲话记录，1959年8月2日。

野心的分子，竟然在这样的重大时机，配合国内外敌对势力的活动，打着所谓‘反对小资产阶级狂热性’的旗号，发动了对于总路线、大跃进、人民公社的猖狂进攻。”“因此，右倾机会主义已经成为当前党内的主要危险。团结全党和全国人民，保卫总路线，击退右倾机会主义的进攻，已经成为党的当前的主要战斗任务。”决议还从中得出结论：“一部分共产党人的悲观主义思潮，右倾机会主义思潮，是社会上资产阶级反社会主义思潮在党内的反映。在由资本主义到社会主义的过渡时期，无产阶级同资产阶级的思想政治斗争，是波浪式的，高一阵，低一阵，再高一阵，再低一阵，直到这一场斗争彻底熄灭为止，那就是资产阶级思想政治影响最后消灭的时候。”〔1〕这就把党内不同意见的正常讨论，提到阶级斗争在党内的反映这样的高度，不仅严重妨碍了党内民主，并且朝着“阶级斗争为纲”的错误道路又大大跨前了一步。

为什么彭德怀的信会引起毛泽东如此强烈的反应？为什么本来已进行纠“左”努力的毛泽东会发生这样的急转弯，把“右倾”看作当前的主要危险，并且采取如此极端的措施？胡绳主编的《中国共产党的七十年》有一段中肯的分析：

“毛泽东认为，从郑州会议以来，中央一直在领导全党努力纠正‘左’倾错误，而彭（德怀）、张（闻天）并未参与这种努力。在毛泽东看来，大跃进和人民公社的方向是正确的。他始终没有放弃对大跃进和人民公社的若干空想的执著追求。他认为一九五八年成绩是主要的，缺点错误属于工作中的问题，只是十个指头中的一个指头。而且他认为到上海会议作出关于人民公社十八个问题的决定，人民公社‘共产’风的问题已经大体解决；到一九五九年五月提出钢指标降为一千三百万吨，已经‘完全反映了客观实际的可能性’。庐山会议只需要在这个基础上统一认识，通过一个调整指标的决定，大家照此去工作，形势就会好转。而彭德怀等却要求进一步深入纠‘左’，要求从指导思想上清理

〔1〕《建国以来重要文献选编》第12册，第508—510页。

‘左’倾错误的根源。因此，毛泽东认为，彭德怀等不是跟他一道去纠正工作中的缺点错误，实际上是对大跃进和人民公社表示怀疑和反对，是向他和党中央的领导‘下战书’，因而是右倾的表现。由于对彭、张过去积有不满，更加重了毛泽东看到他们的信和发言记录后产生的怀疑和猜疑。”〔1〕

庐山会议结束后不久，在北京召开军委扩大会议，对彭德怀、黄克诚继续进行严厉的批判，并由林彪代替彭德怀主持中央军委的日常工作。九月，中共八届八中全会两个错误决议传达到全体党员。随即在党内开展了一场“反右倾”运动。这次运动涉及的面很广，一大批对大跃进和人民公社化运动提出过这样那样批评的党员和干部受到错误的批判和处分，有些还被错误地划为“右倾机会主义分子”。

“反右倾”斗争的严重恶果

庐山会议和“反右倾”运动的恶果是严重的，使局势又出现大的逆转。

毛泽东和许多中央领导人虽然在前一段采取了一些纠“左”的措施，但从根本上说，他们对生产力的发展和生产关系的变革依然急于求成，希望加快步伐。“反右倾”斗争打断了原来的纠“左”进程，在作出一些调整后就要求“反右倾，鼓干劲”，继续跃进，又提了几个“大办”，一些前一阶段已经指出的“左”的错误重新泛滥起来。对一大批敢于说真话的党员干部作为右倾机会主义进行批判，又形成巨大的政治压力，严重破坏党的民主生活，使基层真实情况更难得到准确的反映。各地、各部门纷纷报来的消息都是说形势一片大好，并且列举了许多数据和材料。如这年十月底，毛泽东到江苏视察工作时当地负责人汇报说：这个粮食问题，心已经是比较放下来了。毛泽东说：还是不要放

〔1〕胡绳主编《中国共产党的七十年》第480—481页。

下，搞十年吧！这些，更使毛泽东产生错觉：认为原来那些问题已经解决，相信国内经济形势已经好转，继续加快发展步伐是可能的。

中共八届八中全会《公报》强调的是“继续跃进”。它写道：“八届八中全会满意地指出，由于全党全民贯彻执行党的鼓足干劲、力争上游、多快好省地建设社会主义的总路线，今年上半年国民经济各部门在一九五八年大跃进的基础上继续跃进，已经取得了重大成就。”“党领导下的一切人民事业，成绩都是主要的，而缺点错误则是第二位的，不过十个指头中的一个指头而已。”全会“重新审查了今年的国民经济计划，认为这个计划的原定指标有些偏高，需要加以适当的调整。”但是，“调整后的一九五九年国民经济计划，仍然是一个继续跃进的计划。”《公报》把“右倾”看作主要危险，写道：“对于实现今年的继续跃进来说，当前的主要危险是在某些干部中滋长着右倾机会主义的思想。他们对于那些根据客观条件和主观努力本来可以完成的任务，不去千方百计地努力完成。他们对于几亿劳动人民和革命知识分子在大跃进运动和人民公社运动中所取得的伟大成绩估计过低，而对于这两个运动中由于经验不足而产生并且已经迅速克服的若干缺点，则估计过于严重。”因此，“全会要求各级党委坚决批判和克服某些干部中的这种右倾机会主义的错误思想，坚持政治挂帅，充分发动群众，鼓足干劲，努力完成和超额完成今年的跃进计划。”〔1〕

毛泽东在十月三十一日的一封信中写道：“关键在于一个很大的干劲。拖拖踏踏，困难重重，这也不可能，那也办不到，这些都是懦夫和懒汉的世界观，半点马克思主义列宁主义的雄心壮志都没有，这些人离一个真正共产主义者的风格大约还有十万八千里。我劝这些同志好好地想一想，将不正确的世界观改过来。”〔2〕可见，他当时对这些仍是充满信心的。

自然，经济生活中的严重问题毕竟无法完全回避。八月二十六日，全国人大常委会根据中共中央的建议，对国民经济计划主要跃进指标又

---

〔1〕《建国以来重要文献选编》第12册，第530—535页。

〔2〕《建国以来毛泽东文稿》第8册，第572页。

一次作了调整。在农业产值指标方面，粮食产量由原定的五亿二千五百万吨调整为两亿七千五百万吨，棉花产量由原定的五百万吨调整为二百三十一万吨，其他畜产品也作了相应调整，农业总产值由一千二百二十亿元调整为七百三十八亿元。工业产值指标也作了相应调整。十一月三日的一次会议上，周恩来说：一九六〇年的计划数字，现在总是看涨，我们是控制了。毛泽东说：下面有劲，不要越涨越搞得被动。现在是怕“左”，积极分子劲一来了，就对那个有右倾思想的人批评得太凶，有些人受不了。

尽管调整的幅度看起来不小，实际上仍是不可能实现的高指标。加上“一九五九年灾情严重，成灾面积达二亿亩，为解放以来所未有。”〔1〕到这年年底，农业方面的严重问题已经无情地暴露出来。“这一年实际执行的情况是，上述中央的农业生产计划不仅没有实现，反而出现了新中国成立后的首次大减产。一九五九年，全国农业总产值只完成四百七十五亿元，比一九五八年下降了百分之十三点六，粮食总产量一亿七千万吨，比一九五八年实际产量减产三千万吨，下降了百分之十五；棉花总产量一百七十万九千吨，比一九五八年实际产量减产二十六万吨，下降了百分之十三点二；黄红麻、烤烟、油料、糖料和生猪等的下降幅度也在百分之十三至二十二。”〔2〕农业总产值比上一年下降，而且是这样大幅度的下降，在新中国成立以来还没有见到过。

可是，在浮夸风下，特别是因“反右倾”而导致政治生活不正常的情况下，许多严重问题仍被掩盖着。当年的粮食产量被虚报为接近八月调整后指标的两亿七千零五万吨，比那年实际产量超过了百分之五十八点九。它造成一个假象：仿佛农业又获得了一个大丰收，仿佛农村中的存粮很充裕。从这样的高估产出发，造成的最严重恶果是高征购。而在“继续跃进”声中，出现许多“大办”，工业总产值比上年增加百分之三十六点一，项目上得太多，城镇人口迅速增加，大批壮劳力脱离农业生产，而城镇中需要提供的商品粮数量猛增，粮食征购任务一再加码，仍

〔1〕柳随年、吴群敢主编《中国社会主义经济简史》，第258页。
〔2〕朱荣等主编《当代中国的农业》，第176页。

不能满足需要。一九五九年向农民的粮食征购量，比一九五七年增长百分之四十点三，购了大量过头粮，包括农民的一部分口粮和种子粮，农民吃不饱的现象已在多处发生。但中央领导人却没有及时察觉问题的严重性，仍以为形势一片大好。这种错误估计又同“反右倾”的消极后果直接有关。陈云指出：“信阳问题那样严重，为什么地委、县委没有人反映？就是怕反右倾，怕划不清界限。”“领导机关听不到反面意见，这是危险的。”[1] 主观严重脱离客观实际，而且破坏了正常的民主生活，这是错误又迅速发展的根由所在。

在这种情况下，一九六〇年仍在一片盲目的欢呼声中到来。《人民日报》的元旦社论宣称：六十年代的第一年开始了。“中国人民的奋斗目标是，在新的十年间，要在主要工业产品的产量方面赶上或者超过英国，基本上建立起完整的工业体系，基本上实现工业、农业和科学文化的现代化，从而把中国建成为一个强大的社会主义国家。”“不这样也是不可能的，因为中国的经济和文化太落后了。帝国主义一直在威胁着我们，甚至侵占着我们的领土，而妨碍人民前进的落后的生产关系和上层建筑已经推翻了，人民已经觉醒起来，不再沉睡了。”[2] 第二天，《人民日报》又发表《开门红，满堂红，红到底》的社论，要求继续全面跃进。在报纸上充满着“英雄儿女打响新年头一炮”、“工业战线飞传元旦开门红”之类极为夸张的报道。

这年一月七日至十七日，中共中央在上海召开政治局扩大会议。毛泽东在会上说：“庐山会议以后很灵，生产月月高涨，看来今年至少不弱于去年，可能比去年更好一些。基本上是要把我们自己的事情搞好。我们准备分几个阶段，把我们国家搞强大起来，把人民进步起来，把物质力量搞强大起来。”[3] 会议提出，一九六〇年还将是一个大跃进年。会议还提出，今后八年（也就是到一九六七年底以前）的总目标是基本实现四个现代化，建立起完整的工业体系，同时要基本上完成集体所有

〔1〕《陈云文集》第3卷，中央文献出版社2005年6月版，第283页。

〔2〕《展望六十年代》（社论），《人民日报》1960年1月1日。

〔3〕毛泽东在中共中央政治局扩大会议上的讲话记录。

制到社会主义全民所有制的过渡，在分配制度上逐步增加共产主义的因素。会后，全国又刮起大办县社工业、大办水利、大办食堂、大办养猪等“大办风”。高指标、浮夸风、命令风、“共产风”重新泛滥起来。

三月三十日至四月十日，第二届全国人大举行第二次会议。会议通过的一九六〇年生产指标：工业总产值要增长百分之四十一点六（按核实后的一九五九年数字计算），农业总产值要增长百分之七十七。这依然是根本无法达到的高指标。主管农业的副总理谭震林在会上说：“我们前途是从队基本所有制过渡到社基本所有，然后再从社基本所有过渡到全民所有。”〔1〕

毛泽东在四月上半月的一次谈话，很能反映出他当时的心态。他说：革命胜利，人家是相信的，建设方面人家不相信。你这么一点钢，年产才一千三百多万吨，看不起你是应该的。其实这一肚子气早已有了，一百多年来人家说我们是东亚病夫。愤怒不要表现出来，要变成力量。三年小变，五年大变，十年更大变。〔2〕

对情况的估计和主观的设想同客观实际距离如此之远，严厉的惩罚很快就到来了。

形势的发展和原来的期望完全相反。年初各地仍不断报来充满乐观的“喜讯”，认为即使出现一些困难，只要抓紧就可以解决，但到四月以后，工业生产便出现不断下降的趋势。第二季度结束时，二十种主要工业产品中有十八种完不成计划，其中十一种低于第一季度的水平。粮食形势更加严峻。“同年五月份，各调出省所调出的粮食仅完成计划的一半。北京、天津、上海和辽宁省等一些大工业城市调入的粮食都不够销售，库存几乎被挖空。”〔3〕到六月间，粮食已极度缺乏，各大城市和工业区纷纷告急，粮食随时可能脱销，而且难以得到补充。这年上半年气候很不正常：北部和西南部某些地区受旱面积达六亿亩，黄河流量只及平时的三分之一，小河普遍断流；中部地区阴雨连绵，烂秧现象严

---

〔1〕苏星：《新中国经济史》，第476页。

〔2〕毛泽东同李富春、李先念、薄一波等谈话记录，1960年4月13日。

〔3〕朱荣等主编《当代中国的农业》，第185页。

重；东南沿海地区遭受台风暴雨袭击。局势恶化的范围之广、力度之大，完全出乎领导人意料之外。

六月十四日至八日，中共中央召开政治局扩大会议，讨论第二个五年计划后三年的补充计划，提出盘子还得要降，宁可打低一点，在年度中去超过，决不可打得过高。七月五日至八月十日，中央工作会议在北戴河举行。这次会议在着重讨论中苏关系的同时，也研究了国内经济问题。鉴于面对的严重局势，会议决定，坚决缩短基本建设战线，集中力量保证重点产品、重点企业和基本建设项目；认真清理并挤出一切可能的劳动力，充实农业战线，首先是粮食生产战线。这些措施，是为了解决当前国民经济中最突出的问题，力图扭转困难局面。

正在这种困难时刻，又发生中苏关系急剧恶化，这是牵动全局的重大变动，中共中央不能不以很大力量来应对这一变局。

中苏之间的分歧由来已久，一方面是意识形态的分歧，另一方面是当时苏联领导人的大国主义，要求中国跟着他们的指挥棒转，企图使中国受他们的控制。一九五八年七月，苏联突然提出在中国领土和领海建立中苏共有共管的联合核潜艇舰队和用于同海底核潜艇舰队通信的长波无线电台（这个电台，苏方要占百分之七十的投资，并由他们建设）。这是严重损害中国国家主权的要求。中国过去长期遭受外来压迫，在这个问题上格外敏感，格外容易动感情。这年七月二十二日，毛泽东对苏联驻华大使尤金愤怒地指出：

“什么兄弟党，只不过是口头上说说，实际上是父子党，是猫鼠党。这一点，我在小范围内同赫鲁晓夫等同志谈过。他们承认。”

“你们帮助我们建设海军嘛！你们可以作顾问。为什么要提出所有权各半的问题？这是一个政治问题。”

“要讲政治条件，连半个指头都不行。你可以告诉赫鲁晓夫同志，如果讲条件，我们双方都不必谈。”

“请你照样告诉给赫鲁晓夫同志，我怎么说的，你就怎么讲，不要代我粉饰，好让他听了舒服。”[1]

中苏关系的严重恶化，就是从这件事发端的。以后，苏联领导人又对中国粗暴地施加压力。“一九五九年六月，苏联政府就片面地撕毁了中苏双方在一九五七年十月签订的关于国防新技术的协定，拒绝向中国提供原子弹样品和生产原子弹的技术资料。接着，在赫鲁晓夫访问美国前夕，苏共领导不顾中国方面多次提出不同意见，迫不及待地在九月九日发表了塔斯社关于中印边境事件的声明”。[2] 苏共领导人和报刊还发表大量攻击中国共产党的言论，把中苏分歧暴露在全世界面前。

一九六〇年四月，列宁诞生九十周年时，中共中央决定发表《列宁主义万岁》等三篇文章，针对中苏两党在理论问题上的一系列重大分歧，从正面说明自己的看法。

这年六月二十四日，十二个社会主义国家共产党和工人党的代表在罗马尼亚的布加勒斯特举行会议。时任中国驻苏大使的刘晓回忆道：“赫鲁晓夫决心在布加勒斯特会上与我扩大争论，动员东欧各党领导人与苏共一致行动。”[3] 会前，苏共代表团就分别向与会的各党代表团散发苏共中央六月二十一日给中共中央的通知，指责中国共产党。会上，赫鲁晓夫对中国共产党进行激烈攻击，涉及中国内政、外交的各个方面。这是一个大动作，是一次突然袭击，标志着中苏两党的分歧完全公开，双方关系急剧恶化。

七月十六日，中央工作会议正在开会的时候，苏联政府又照会中国政府，单方面决定召回在中国十六个城市、五百至六百个单位工作的一千三百九十名专家，撕毁和中国签订的三百四十三个建设合同和合同议定书，废除二百五十七个科学技术合作项目，停止了所有物资设备的供应，而且不等待中国方面的答复。这些突然袭击式的单方面行动，使中

[1] 《毛泽东外交文选》，中央文献出版社、世界知识出版社 1994 年 12 月版，第 324、330、331 页。

[2] 《关于国际共产主义运动总路线的论战》，人民出版社 1965 年 3 月版，第 82—83 页。

[3] 刘晓：《出使苏联八年》，中共党史资料出版社 1986 年 5 月版，第 85 页。

国一些重大的设计项目和科研项目不得不中途停顿，使一些正在施工的建设项目被迫停工。新中国成立以来，面对西方国家的封锁和禁运，中国的进出口贸易主要是同苏联和东欧国家进行，其中同苏联的贸易往来几乎占全部对外贸易额的一半。中苏关系的破裂，给中国的对外贸易也带来了巨大影响。这些对正处在严重困难中的中国经济，又是一个巨大打击；也把中苏两党在意识形态上的分歧扩大到国与国之间的关系上。

毛泽东后来说：一九六〇年，赫鲁晓夫为什么那么急于要对中国党进行突然袭击呢？这是因为他感到存在危机，看见一个党不那么听他的话，于是就急于要扑灭这个火花。但是他的压力不灵。接下来又撤退专家、撕毁合同等这一套。〔1〕

中苏关系的急剧恶化，迫使毛泽东和其他领导人不得不把相当大精力从处理紧迫的国内问题转移到应对国际问题上去。九月下半月，由邓小平、彭真率领的代表团到莫斯科和苏共举行会谈。十一月五日，以刘少奇为团长、邓小平为副团长的中共代表团赴莫斯科，出席各国共产党和工人党代表会议，并与苏共代表团进行会谈。十二月一日，八十一国的党代表共同在会议声明中签字，通过公报、呼吁书。但两党之间的分歧，并没有得到消除。

这时，国内的经济形势正以惊人的速度继续恶化。问题是在两年多时间内一步步积累起来的，最初还有一些假象掩盖着，一旦猛烈地爆发，来势之猛，问题严重的程度，令人震骇。一九六〇年下半年，灾情又继续蔓延，受灾面积（大部分是旱灾）占全国耕地面积的一半以上。十月二十九日，周恩来在政治局扩大会议上说：“这样大的灾荒那是我们开国十一年所未有的，拿我们这个年龄的人来说，二十世纪记事起，也没有听说过。”〔2〕这对本已十分严重的经济状况更是雪上加霜。

这年秋收以后，情况就很清楚了：“农业的严重减产，造成了按人口平均的粮食、棉花、油料、畜产品等占有量的下降。一九六〇年与一

〔1〕毛泽东同澳大利亚共产党（马克思列宁主义者）主席希尔等的谈话记录，1964年4月25日。

〔2〕周恩来在中共中央政治局扩大会议上的发言记录，1960年10月29日。

九五七年相比，粮食、棉花、油料、生猪的人均占有量分别下降百分之二十九点七、三十八点五、五十六点一和三十六点四。因而，全国城乡农产品供应出现了全面紧张的状况，有的地方甚至出现随时可能脱销的危险，人民生活陷入新中国成立后从未有过的困难境况。在这种情况下，中共中央、国务院和各级人民政府不得不调整供应政策，压缩供应数量，以保证人民生活的最低需要。”〔1〕

从一九六〇年五月下旬开始，到九月下旬，政府不得不先后多次削减城镇居民的棉布、粮食、食用油供应标准。对许多商品实行凭证定量供应，有些日用工业品也凭工业券购用。十一月中旬，又开展大规模采集和制造“代食品”的运动，推荐玉米根粉、小麦根粉、玉米秆粉、橡子面粉、叶蛋白、人造肉精、小球藻等代食品，以渡难关。

农民的生活水平下降幅度更大。农村人均粮食消费量从一九五七年的四百零九斤锐减到一九六〇年的三百十二斤，下降百分之二十三点七。〔2〕普遍发生饥饿、疫病（特别是浮肿病、肝炎、妇女病）和逃荒现象。许多地方出现以瓜藤、菜叶、薯茎等为主要原料的粗代食品，通常称为“瓜菜代”，以补充主粮的不足。这些都是不得已的办法，仍难赖以维持生活。一些地方出现饿死人的现象。（河南信阳地区最为严重）

“饿死人，到一九六〇年夏天才反映到中央。”〔3〕原来还以为严重问题只是个别的或很少地区的现象。这时，粮食问题成了一切困难中的重中之重。各地告急的电报电话日夜打来。国务院财贸办六月份的一份报告中说：北京粮食库存只能销七天，天津只能销十天，上海几乎已没有大米库存，辽宁十个城市只能销八九天。一旦断粮，后果不堪设想。中央领导机关焦急万分。周恩来在这年年底一次会议上说：“这半年来，我们几乎没有哪一天不考虑这个问题。”〔4〕他每周要约粮食部门负责人谈话几次，自己用笔计算数字：各省库存有多少，需粮多少，每日销售

〔1〕朱荣等主编《当代中国的农业》，第187页。

〔2〕马洪、刘国光、杨坚白主编《当代中国经济》第352页。

〔3〕毛泽东同陈伯达等谈话记录，1961年3月19日。

〔4〕周恩来在中央直属机关下放干部座谈会上的讲话记录，1960年12月8日。

多少，可能调出多少等，随时掌握动向。为了救急，只能使用国家手中为数不多的机动粮，并进行地区间的调拨。中央政府准备了若干列车的粮食，有如救火车那样，哪里缺粮情况最严重，经周恩来亲自批准后，就将列车装载的粮食紧急调运到哪里去，帮助断粮地区渡难关。接着，又决定从国外进口粮食，从一九六一年到一九六五年间每年进口粮食五百万吨，所需外汇占中国当时拥有外汇总数的四分之一，这也是建国后不曾有过的。谷牧回忆道：那时候，“周总理作为第一线的组织者和指挥员，日夜操劳，付出了超人的艰辛，使我想起来就肃然起敬。”〔1〕

在这个时期内，全国因缺粮而非正常死亡的人大幅度增加，加上育龄妇女因病弱者增多而使婴儿出生率大大减少，导致新中国成立后总人数第一次出现下降。据现有统计资料看：中国人口总数（未包括台湾、港澳和华侨）在一九五四年首次突破六亿人。一九五八年为六亿五千九百九十四万人，比上年增加一千三百四十一万人。一九五九年为六亿七千二百零七万人，增加一千二百十三万人。而到一九六〇年只有六亿六千二百零七万人，下降一千万人。一九六一年为六亿五千八百五十九万人，又下降三百四十八万人。这两年共下降一千三百多万人。（到一九六二年经济情况有了好转，才上升至六亿七千二百九十五万人，比上年增长一千四百三十六万人，超过了大饥荒前的人口总数）〔2〕

此外，在年初各种“大办”的口号下，各地急于铺摊子，争着上项目，生产性投资太大，挤了非生产性建设，特别是挤了住宅建设；在工业投资中，用于重工业的比重过大，挤了轻工业（轻工业总产值在工业生产中的比重，从一九五七年的百分之五十五，下降为一九六〇年的百分之三十三点四），造成民众生活日用品严重匮乏，商店货架空荡荡的，市场供应十分紧张，而重工业的生产指标仍无法完成；财政出现赤字，引起通货膨胀，物资极端紧缺，更造成物价的大幅度上涨。一九六〇年的工农业总产值只达到原定指标的百分之六十九点三，其中重工业比上一年增长百分之二十五点九，轻工业比上一年减少百分之九，农业比上

〔1〕《谷牧回忆录》，第181页。

〔2〕许涤新主编《当代中国的人口》，中国社会科学出版社1988年2月版，第6、9、11页。

一年又下降百分之十二点六，国民经济比例失调的情况更加严重，人民生活水平和身体素质都大幅度下降。

这样严重局面的出现是原来根本没有想到的。时任国家经委第一副主任的谷牧在回忆录中写道："我们党自遵义会议起，一直在胜利前进，夺取了解放全国的胜利，夺取了实现'一五'计划的胜利。这一系列历史性的胜利，是灿烂辉煌的，但也使我们党背上了'包袱'，滋长了一种战无不胜、攻无不取、只要想干什么都能办成的盲目性，自觉不自觉地片面夸大主观能动性，忽视客观可能性。""由胜利产生骄傲情绪，头脑发热，以革命激情代替审时度势，以主观愿望代替科学论证，丢掉了具体地分析具体事物这个马克思主义活的灵魂。这就是'大跃进'错误产生的重要思想根源。"[1]

主观上本来是想把经济建设搞得更快一些，使祖国在不长的时间内改变贫穷落后的面貌，使人民早些过上好日子，但由于超越了国力的实际可能，过分夸大人的主观能动性的作用，采取大搞群众运动那种做法，违背了经济发展的客观规律，结果却受到严厉的惩罚，造成灾难性的恶果。这真是一个巨大的悲剧。

当问题开始暴露时，最初仍过分自信，认为问题不过是一时的或局部的，不难得到解决。而当问题突然以如此规模猛烈地暴露出来时，悲剧业已酿成，采取对策已来不及。特别是在中国这么一个几亿人口的农业大国中，一旦出现粮食严重短缺的危机，绝不是短时间内或者采取一些枝节措施便能得到补救的，别的国家谁也帮不了你的忙。这是令人刻骨铭心的沉痛教训。

在那样困难的时刻，中国人民始终同心同德地支持中国共产党和人民政府，咬紧牙关，共渡难关。社会秩序稳定，社会风气良好。这种情景多么感人。它是新中国随后所以能在不长时间内战胜困难的力量源泉所在。

面对如此严峻的现实，下决心对国民经济实行大调整已势在必行。

---

〔1〕《谷牧回忆录》，第187页。

第二十一章

社会主义建设在曲折中前进（下）

一九六〇年，国民经济的困难发展到最严重的地步。面对着原来没有料想到的“大饥荒”的事实，领导人的头脑逐步清醒过来。正如经济学家薛暮桥所说：“不吃一点苦头，发了热的头脑是冷静不下来的。”〔1〕何况，这是吃了前所未有的令人极端痛心的大苦头。这年六月十八日，毛泽东在中央政治局扩大会议期间写了一篇《十年总结》：

“前八年照抄外国的经验。但从一九五六年提出十大关系起，开始找到自己的一条适合中国的路线。”

“一九五六年周恩来同志主持制定的第二个五年计划，大部分指标，如钢等，替我们留了三年余地，多么好啊！农业方面则犯了错误，指标高了，以致不可能完成，要下决心改，在今年七月的党大会上一定要改过来。”

“我本人也有过许多错误。有些是和当事人一同犯了的。”

“看来，错误不可能不犯。如列宁所说，不犯错误的人从来没有。郑重的党在于重视错误，找出错误的原因，分析所以犯错误的客观原因，公开改正。”

“主动权，就是‘高屋建瓴’、‘势如破竹’。这件事来自实事求是，

〔1〕《薛暮桥学术论著自选集》，第389页。

来自客观情况对于人们头脑的真实的反映，即人们对于客观外界的辩证法的认识过程。”

“对于我国的社会主义革命和建设，我们已经有了十年的经验了，已经懂得不少的东西了。但是我们对于社会主义时期的革命和建设，还有一个很大的盲目性，还有一个很大的未被认识的必然王国，我们还不深刻地认识它。我们要以第二个十年时间去调查它，去研究它，从其中找出它的固有的规律，以便利用这些规律为社会主义的革命和建设服务。”〔1〕

《十年总结》最重要的，是从认识论的高度来提出问题，要求实事求是，要求主观真实地反映客观，要求开展调查研究。

这年八九月间，国务院审议国家计委的报告。计委的报告提出一九六一年国民经济计划的方针应以整顿、巩固、提高为主。“大家赞成这些设想。周总理认为，对方针的提法，与其讲整顿，不如提调整，并建议增加‘充实’二字，从而形成了‘调整、巩固、充实、提高’的八字方针。”〔2〕

对于八字方针的含义，周恩来在一次国务院常务会议上作了解释。他说：“‘调整’的目的，是为了更好地扩大再生产；‘巩固’，是为了再前进；‘充实’，是为了搞好配套，使生产能力得到充分发挥；‘提高’，就更容易懂了。”执行这八字方针，任务是很紧张的，问题是我们要主动地有秩序地有计划地进行。〔3〕

那时候，国民经济陷入严重困难的最突出表现是粮食问题。残酷的事实证明：作为中国国民经济基础的农业还远远谈不上过关，这个基础还十分脆弱，决不能轻言“农业过关”。如果挤了农业，人民的吃饭问题得不到基本的保障，其他什么都谈不上。这个问题在吃了大苦头后，

---

〔1〕《建国以来重要文献选编》第13册，中央文献出版社1996年5月版，第418、420、421页。

〔2〕薄一波：《若干重大决策与事件的回顾（修订本）》下卷，第921页。

〔3〕周恩来在国务院常务会议上的讲话记录，1960年12月12—14日。

才有更深切的领会。周恩来在总结经验教训的基础上，对这个问题有一段深刻的阐述。他说：

“农业是国民经济的基础，也就是说，农业的发展水平是国民经济首先是工业发展速度的决定因素。国民经济的发展首先是工业的发展，而工业的发展又取决于：（一）农业能提供多少粮食给工业和城市。（二）农业能提供多少劳动力给工业和其他各行各业。（三）农业能为工业提供多少原料。（四）农业能为工业提供多大购买力。（五）以上的四条，又决定于农业劳动生产率的水平。”〔1〕

情况很清楚：调整工业首先必须从调整农业政策、调动农民的生产积极性做起。这时，河南信阳地区大批饿死人的真实消息传到北京，引起震惊。十一月三日，中共中央发出由周恩来主持起草、并经毛泽东改定的《关于农村人民公社当前政策问题的紧急指示信》（简称“十二条”）。针对当时农村中普遍出现的超越生产力水平而急于从基本队有制向基本社有制过渡（甚至企图从集体所有制开始向全民所有制过渡）、在发展公社一级经济时发生“一平二调”的错误、在分配问题上集体积累过多等问题，信中提出一系列重要的政策措施，如：三级所有、队为基础是现阶段人民公社的根本制度，必须在一个长时期内稳定下来；人民公社的分配原则还是按劳分配，坚决反对和彻底纠正一平二调的错误；加强生产队的基本所有制，坚持生产小队的小部分所有制（不久，把原来的生产队改称生产大队，原来的生产小队改称生产队）；允许社员经营少量的自留地和小规模的家庭副业；少扣公分，尽力做到百分之九十的农民增加收入；从各方面节约劳动力，加强农业生产第一线；有领导有计划地恢复农村集市，活跃农村经济等。中共中央要求把这封《紧急指示信》原原本本地读给全体党员和干部听，读给农民群众和全体职工听，做到家喻户晓。

〔1〕《周恩来经济文选》，第415—416页。

这是调整时期一个关系全局的重要文件，在广大农村中激起巨大的反响，是大幅度调整农村政策以战胜严重经济困难、农村情况走向好转的开始。

十多天后，毛泽东为中共中央起草《关于彻底纠正五风问题的指示》，要求“下决心彻底纠正十分错误的共产风、浮夸风、命令风、干部特殊风和对生产瞎指挥风，而以纠正共产风为重点”，要做到“情况明，决心大，方法对”，并且写道：“现在是下决心纠正错误的时候了。”再过了十多天，他替中共中央起草转发甘肃省委《关于贯彻中央紧急指示信的第四次报告》的批示中又写道：“看起来甘肃同志开始已经有了真正改正错误的决心了。毛泽东同志对这个报告看了两遍，他说还想看一遍，以便从其中吸取教训和经验。他自己说，他是同一切愿意改正错误的同志同命运、共呼吸的。他说，他自己也曾犯了错误，一定要改正。例如，错误之一，在北戴河决议中写上了公社所有制转变过程的时间设想得过快了。”〔1〕

但几年来积累下来的错误，要纠正过来并不容易。这里不仅有认识问题，还有大量实际问题。“到年底，钢产量虽然达到一千八百六十六万吨，但国民经济比例进一步失调。更严重的问题是，三年‘大跃进’造成的工农业生产严重滑坡的后果，并不能随调整工作的逐步实施就很快得到消除。这年秋收时全国粮食再度大面积减产，许多地方的粮食供应已经到了难以为继的地步，其他工业原料和人民日用消费品也十分短缺，形成建国以来最严重的经济困难局面。”〔2〕

“大兴调查研究之风”

一九六一年元旦，《红旗》杂志和《人民日报》的社论三年来第一次没有提“大跃进”。这是一个明显的信号。

---

〔1〕《建国以来重要文献选编》第13册，第693、729页。

〔2〕刘国光主编《中国十个五年计划研究报告》，第190页。

这年一月十四日至十五日，中共中央八届九中全会在北京召开。这次会议最重要的内容是：正式决定对国民经济实行“调整、巩固、充实、提高”的八字方针，并且规定它不只是一九六一年国民经济计划的方针，而是今后一段时间的方针。八字方针的确定，是从三年“大跃进”转变到五年调整时期的标志。这是一个关系全局的战略性调整，显示出对调整所下的极大决心。

毛泽东在这次全会以及为全会做准备的中央工作会议上一再号召“大兴调查研究之风”。那次中央工作会议从一九六〇年十二月二十四日开到一九六一年一月十三日。毛泽东说：“这一次中央工作会议，开得比过去几次都要好一些，大家的头脑比较清醒一些。”“请同志们回去后大兴调查研究之风，一切从实际出发，没有把握就不要下决心。”“通过调查研究，情况明了来下决心，决心就大，方法也就对。”“现在看来，搞社会主义建设不要那么十分急。十分急了办不成事，越急就越办不成，不如缓一点，波浪式地向前发展。”“我看我们搞几年慢腾腾的，然后再说。今年、明年、后年搞扎实一点。不要图虚名而招实祸。”“建国以来，特别是最近几年，我们对实际情况不大摸底了，大概是官做大了。我这个人就是官做大了，我从前在江西那样的调查研究，现在就做得很少了。”“现在我们看出了一个方向，就是同志们要把实事求是的精神恢复起来了。”[1] 说“要把实事求是的精神恢复起来”，也就是承认前几年的工作违背了实事求是的原则。

痛定思痛。毛泽东这番话，把“大跃进”以来的沉痛教训开始说到点子上了。

在听取中央工作会议小组汇报时，毛泽东多次插话。他说：这几年说人家思想混乱，首先是我们自己思想混乱。刮“共产风”中央是有责任的。大办县、社工业，大办副食品基地，我们都同意过，几个大办一推行，就成了“一平二调”。“共产风”比一九五八年刮得还厉害。原来估计一九六〇年会好一些，但没有估计对。一九六〇年有天灾又有人

---

〔1〕《毛泽东文集》第 8 卷，第 233—237 页。

祸。现在这个时候不要讲九个指头与一个指头的问题。事实上有的地方的缺点、错误不是一个指头的问题，有的是两个指头，有的是三个指头。总之，把问题查清楚了，有多少，讲多少。刘少奇插话：碰到头破血流，广大干部才能教育过来。毛泽东说：中央和省这两级教育过来，就好办了。[1]

周恩来在全会结束下一天的工作会议上说：我觉得心情很沉重。在困难面前，希望我们大家能够同呼吸，共命运，同心协力，把工作做好。我们不怨天，不尤人，主要应求之于自己。在座的各位同志，都要下决心摸清情况，摸几个典型。只有情况明，才能决心大，才能把工作搞好。[2]

全会以后，中央领导人相继到基层进行调查。由于农村的经济困难最突出，调查的重点首先放在农村。毛泽东组织和领导几个调查组，分别到浙江、湖南、广东等省的农村进行调查。刘少奇、周恩来、朱德、陈云、邓小平等分别到湖南、河北、四川等省和上海、北京郊区进行调查。

经过这种比较系统的调查研究，进一步发现了农村工作中不少严重问题。《紧急指示信》虽然解决了公社、大队刮“共产风”、进行平调的问题，还没有解决生产队和生产队之间、生产队内部人与人之间的平均主义问题。这个问题不解决，拉平了，干多干少一个样，农民的生产积极性便不能充分调动起来。三月十三日，毛泽东根据调查组在广东了解的情况，在一封信中提出反对两个平均主义的问题：“大队内部生产队与生产队之间的平均主义问题，生产队（过去小队）内部人与人之间的平均主义问题，是两个极端严重的大问题”，“不亲身调查是不会懂得的，是不能解决这两个重大问题的（别的重大问题也一样），是不能真正地全部地调动群众的积极性的。”信中还指出：许多领导人对这些重大问题不甚了了，一知半解。“其原因是忙于事务工作，不作亲身的典型调查，满足于在会上听地、县两级的报告，满足于看地、县的书面报

〔1〕毛泽东听取中央工作会议小组汇报时的讲话记录，1960 年 12 月 30 日。
〔2〕周恩来在中央工作会议上的发言记录，1961 年 1 月 19 日。

告，或者满足于走马看花的调查。这些毛病，中央同志一般也是同样犯了的。我希望同志们从此改正。我自己的毛病当然要坚决改正。”〔1〕三月二十三日，中共中央印发了散失多年的毛泽东一九三〇年所写《关于调查工作》一文。后来公开发表时把题目改为《反对本本主义》。

刘少奇从四月一日至五月十五日到湖南长沙和宁乡调查。他先到离他家乡炭子冲只隔十多里的宁乡县东湖塘公社王家湾生产队，住了六天。他的住所是原生产队养猪场的一间破旧空房，里面只有一张铺着稻草的旧木床、两张油漆剥落的方桌和四条长凳，漏风就用雨布遮住。他走乡串户，向农民了解他们对食堂、分配、住房及生产方面的意见，对农民生活的困苦和造成的原因有了直接的感受。他对湖南省委第一书记张平化说：“宁乡县问题这样严重，如果说天灾是主要的，恐怕说服不了人。没有调查研究，这个教训很大。饿了一年肚子，应该教育过来了吧！”〔2〕接着，他到长沙县广福公社天华大队调查，在王家塘生产队的简陋办公室住了十八天，对食堂、粮食、住房、山林、民主和法制、社办企业、手工业、商业等问题进行深入的调查。回长沙时，他同《人民日报》副总编辑胡绩伟等谈话，指出：三年来报纸在宣传生产建设成就方面的浮夸风，在政策和理论宣传方面的片面性，造成很大恶果。你们宣传了很多高指标，放“卫星”。《人民日报》提倡错误的东西，大家也以为是中央提倡的。报上的一切文章都应该是调查研究的结果。以后，他又到家乡宁乡县，住进炭子冲的旧居，继续调查。他对干部和社员说：“四十年没回家了，看到乡亲们生活艰苦，工作没作好，我心里很难受。”“我对不起大家！”回北京后，他坚持让孩子在学校里和同学一起吃住，对妻子说：

“人民吃不饱，我们有责任。让孩子们尝尝吃不饱的滋味，有好处。等到他们为人民办事的时候，将会更好地总结我们的经验教训，再不要

〔1〕《毛泽东文集》第8卷，第250、251页。

〔2〕刘少奇听取张平化汇报时的谈话记录，1961年4月3日。

让人民吃不饱饭。”[1]

在调查研究的基础上，针对农村工作中实际存在的种种问题（特别是两个平均主义的问题），中央对应该怎样做、不应该怎样做、可以做什么、不可以做什么，作出许多具体规定，并且以条例的形式固定下来。在毛泽东主持下，经过多次修改，制定了《农村人民公社工作条例（草案）》（通常称为“农业六十条”或“六十条”）。它规定人民公社各级的规模不宜过大，以生产大队所有制为基础的三级所有制是现阶段人民公社的根本制度，生产大队和生产队之间实行“三包一奖四固定”等，比《紧急指示信》的“十二条”又前进了一步。这个条例草案向全体农民宣读并征求意见。五月二十一日至六月十二日，中共中央工作会议在北京举行，根据调查研究和群众讨论中提出的意见，在“农业六十条”修正草案中取消了原来还保留着而为农民普遍反对的三分供给制（七分按劳动分配）和公共食堂。与此同时，邓小平等先后主持制定了“工业七十条”、“手工业三十五条”、“商业四十条”、“高教六十条”、“科技十四条”、“文艺八条”等。通过这些条例的制定，对各方面的政策进行比较大的调整，健全必要的规章制度，对纠正“大跃进”以来的“左”的错误起了重要作用。

五月三十一日，陈云在中央工作会议上提出克服严重经济困难的一项关键性决策性意见：“动员城市人口下乡，减少城市粮食的销售。”

对这个问题，陈云已经考虑了很久。上一年十月，他到河南进行调查时，在同河南省委负责人的谈话中就指出：“城市人口这几年发展得很快，原来是九千多万人，现在是一亿三千万人，增加了三千多万人。城市人口发展快的原因有两个：（一）一九五八年是丰收，大跃进，认为粮食问题不大了，人可以大批来了，结果城市人口增加很多。（二）过去对城市工业发展究竟应该增加多少劳动力，没有经验。”“过去几年，全国粮食统购经常在八百六十亿斤左右，今年是一千一百亿斤。农

[1] 王光美：《记少奇同志三件事》，《缅怀刘少奇》，中央文献出版社1988年8月版，第263、266页。

业是国民经济的基础，城市人口的增加和工业的发展，要受到农业的限制，购得多了，农村没有那么多粮食，农民就要饿肚子。”[1]

河南是农业生产的大省。陈云在这里同当地干部一笔一笔地算账，先问全省一年实际生产了多少粮食，把数字搞准了。然后又问：河南省的人口总数（包括住在农村的非农业人口）一共有多少，这些人每人每年的口粮最低需要是多少，来年再生产需要的种子是多少，养牲畜的饲料要多少。这样算出的总数是整个农村需要留下的粮食总数，储备粮还不在内。全年生产的粮食总数扣除农村需要留下的粮食总数，是多余的粮食。接着算这部分粮食能够养活多少城市人口，现在城市人口有多少。这一算表明，它养活不了全省现有城市人口。如果不把城市人口减下来，要保证他们最低限度的口粮，直接的后果就是只能对农村的粮食实行高征购，征过头粮，它的严重恶果在一九六〇年已经再充分不过地暴露出来了。

但是，人已经进城，在城市里生活比农村好得多，再动员他们回乡谈何容易？而且，城市中许多新办的工业等部门已经建立起来，摊子已经铺开，各个岗位上都得配有足够的劳动力，已成骑虎难下之势。要大量动员城市人口下乡，实在是一件极不容易的事情。这个决心很不好下。陈云考虑那么久，是自然的。但从当时情况来看，不下这个决心，粮食极度紧张的状况难以改变，而国家已没有多少库存粮食可以弥补了，采取其他措施又缓不济急。因此，陈云在五月三十一日中央工作会议那次讲话中说：

“现在的问题，实质是这样：城市人口如果不下乡，就只好再挖农民的口粮。现在全国在讨论贯彻‘十二条’和‘六十条’，但是，如果粮食征购任务不减少，‘十二条’和‘六十条’就起不了应有的作用。因此农民最后还是要看我们征购多少。如果征购数量还是那么多，农民还是吃不饱，那末，他们的积极性仍然不会高。所以，面前摆着两条路

---

〔1〕《陈云文集》第3卷，第275、280页。

要我们选择：一个是继续挖农民的口粮；一个是城市人口下乡。两条路必须选一条，没有什么别的路可走。我认为只能走压缩城市人口这条路。”

“国民经济的基础是农业，农业好转了，工业和其他方面才会好转。所以，工业不能挤农业，城市不能挤农村，而要让农业，让农村。”〔1〕

中央工作会议根据陈云的建议，在周恩来主持下制订出《关于减少城镇人口和压缩城镇粮食销量的九条办法》，在六月十六日经中共中央批准后下发。同月二十八日，中共中央又发出《关于精减职工工作若干问题的通知》。这两个文件要求：第一，城镇粮食销量，一九六一至一九六二年度争取压缩到四百八十至四百九十亿斤。在这一年里，城镇口粮标准只能适当降低，不许提高。第二，城镇人口，三年内必须比一九六〇年底减少两千万人以上。其中一九六一年争取至少减一千万人，一九六二年至少减八百万人，一九六三年上半年扫尾。第三，精减职工的主要对象是一九五八年一月以来参加工作的来自农村的新职工。这次精减的职工，都按离职处理，一律不采用带工资下放的办法。

这是一个非同寻常的大措施。从城市动员两千万人回农村，相当于要一个不小的国家搬家。但由于道理说得清楚，行动坚决，政策得当，人民顾全大局，终于比较顺利地实现了，没有什么地方闹事。这对缓和农村的粮食危机，从困境中走出来，发挥了至关重要的作用。

没有料想到的困难，一个接着一个而来。

经过半年多努力，农村状况已开始好转。粮食产量在一九六〇年比上年下降百分之十五点五九，而在一九六一年比上年增加百分之二点七九，数量虽不大，却是十分可喜的标志性变化。而工业方面的困难这时却又突出出来。工业总产值一九六〇年还比上一年增长百分之十一点二，而到一九六一年却比上年大幅下降百分之三十八点二，其中钢产量下降百分之五十三点三八，原煤产量下降百分之二十九点九七。这又是

〔1〕《陈云文选》第3卷，第161、164页。

原来没有想到的。而缺少煤和钢，整个国民经济的运行和人民生活的改善，都陷于极大的困难。“生产和建设这样大起大落，这说明我们的国家计划违反客观经济规律，犯了严重错误。”〔1〕

中共中央和国务院不能不把调整工作的主要注意力从农业转到工业上来。

一九六一年八月二十三日至九月十六日，中共中央在庐山召开工作会议，强调把工业生产和工业基本建设的指标降下来，降到确实可靠、留有余地的水平上。会议讨论通过《中共中央关于当前工业问题的指示》，指出：“必须当机立断，该退的就坚决退下来，切实地进行调整工作。”工业生产和基本建设的指标都作了较大的调整，如一九六一年钢产量指标由原来计划的一千一百万吨降为八百五十万吨，但困难的局势仍没有根本扭转。

问题出在哪里？为什么工业会出现大滑坡这种令人震惊的状况？原因一时弄不清楚。周恩来把这个任务交给陈云。陈云仍从切实的调查研究入手，努力摸清问题的症结所在。他从十月十四日至十一月三日连续十九天召开煤炭工作座谈会，又从十一月二十四日至十二月十七日主持召开十二次冶金工作座谈会。参加会议的，既有国务院相关部门的负责人，又有各重要矿务局和企业的负责人。会议的开法，先由各单位报告，然后把报告中提出的问题归纳成若干个专题，一个一个地展开详细讨论，要求大家知无不言，言无不尽，对普遍存在的问题畅所欲言地谈自己的看法，分析问题发生的原因，提出解决的办法，并充分地相互交换意见。讨论中，陈云不断插话，仔细询问方方面面的实际情况。在这个基础上，他经过归纳，提出自己的看法。两个座谈会前后共开了两个多月。陈云自己说，用这么长的时间集中研究一个问题，以前还没有过。随同陈云参加这两个座谈会的薛暮桥回忆道：

“调查完毕后，他要我向周恩来总理写报告，指出大滑坡的原因：

〔1〕《薛暮桥学术论著自选集》，第390页。

第一是煤和钢的产量计划大大超过现有综合生产能力，他计算钢的综合生产能力只有一千二百万吨，煤只有二点五亿吨，一九六〇年的产量都是超负荷运转逼出来的。陈云同志的计算很正确，钢产量到一九六五年才恢复到一千二百三十二万吨，煤产量到一九六六年才恢复到二点五二亿吨。第二，由于超负荷运转，设备不能按时检修，损坏严重，这几年需要停产检修。今后几年重工业生产不但需要'先生产，后基建'，而且需要'先维修，后生产'。第三，小高炉炼铁浪费煤炭。小高炉炼一吨铁耗炭二三吨，大高炉只要半吨。由于小高炉耗煤过多，使若干大高炉因缺煤而停止生产。第四，煤矿这几年只顾采煤，矿井没有掘进，坑道没有延长，几乎把所有能采煤的工作面都采完了。今后要掘进、延长，创造新的工作面，要花二三年时间。因此煤到一九六四年仍继续下降，一九六五、一九六六年才回升。第五，粮食和副食品减少，体力下降。因此需要酌量增加粮食和副食品的供应。陈云同志的报告得到周恩来的高度赞成，说这一下把原因说清楚了。"〔1〕

本来，只看到"大跃进"对农业造成的破坏，特别是严重的粮食危机使六亿人民吃不饱饭，而工业战线上仿佛仍在捷报频传，问题只在于增长幅度有多大、指标订多少才合适，所以在一九六一年初中央仍想加快工业发展的速度。没想到，恰恰在农村形势开始出现好转时工业却出现了大滑坡，而且各方面花了很大力气仍无法扭转。陈云主持的这次切实细致的调查研究，不仅摸清了"捷报频传"背后掩盖着的深层次问题，而且对如何领导社会主义的工业生产取得不少新的规律性认识，对以后有着深远影响。当然，工业生产中这些问题是经过比较长时间的积累才突然爆发出来的，找到问题的症结所在不等于立刻都能把它解决。改变这种状况需要时间，需要有针对性地、有条不紊地开展工作，光着急是没有用的，这也为不久后的事实所证明。但事情毕竟有了一个好的开端。

---

〔1〕 薛暮桥：《杰出的经济工作领导者——陈云同志》，《陈云与新中国经济建设》，第40页。

“七千人大会”

一九六一年十一月十六日，中共中央发出《关于召开扩大的中央工作会议的通知》。通知指出：一九五八年以来，在中央和地方的工作中间，发生了一些缺点和错误，并且产生了一些不正确的观点和作风，妨碍着克服困难，必须召开一次较大规模的会议来统一思想认识。

这次扩大的中央工作会议，从一九六二年一月十一日至二月七日在北京举行，一共开了二十八天。参加会议的有中央、各中央局、各省市自治区党委、地委、县委、重要厂矿单位及军队的负责干部，共七千多人。这是中国共产党成立以来举行的规模最大的一次工作会议。人们通常称它为“七千人大会”。

为什么要召开这样一次规模空前的工作会议？直接的原因是由当年粮食征购出现问题引起的，但根本原因是两个：第一，“大跃进”以来遭受的巨大挫折，是中国共产党从遵义会议以后不曾遇到过的。需要召开这样规模的会议来共同总结经验教训，研究克服困难的办法。中共中央也要公开作自我批评，承担自己的责任。坚决贯彻“调整、巩固、充实、提高”的八字方针，需要在全党进一步统一认识。第二，在严重挫折面前，党内思想相当混乱。消极的抱怨指责，多于积极地分析原因、继续开拓奋进的勇气和劲头。“经济形势的困难，人民群众的埋怨，从中央到地方的各级干部都有一种灰溜溜的感觉，觉得做了对不起人民的事。这样的心绪，一方面使他们克服了盲目的作风，变得谨慎务实了；一方面也使他们失去了往日的朝气，产生了畏难情绪。”〔1〕所以，邓小平会前在中央书记处会议上说：我们的干部要讲理想、讲全局，要向他们提出有没有志气的问题。

这次大会没有举行开幕式，一开始先将刘少奇主持起草的大会报告稿发到各组去阅读和讨论。

---

〔1〕 张素华：《变局——七千人大会始末》，中国青年出版社2006年6月版，第15页。

这个书面报告中，讲了一九五八年以来的成绩，如：提前两年在一九六〇年实现了第二个五年计划的主要工业产品的产量指标，机械设备和重要材料的自给程度有了很大提高，地质勘探工作有了广泛开展，农田水利基本建设有很大成绩，工程技术人员大大增加等。同时，报告着重谈了这几年工作中四条主要缺点和错误：第一，工农业生产的计划指标过高，基本建设的战线过长，使国民经济各部门的比例关系发生了严重不协调的现象。在一段时间内，农业上犯了高估产、高征购的错误。由于要求过高、过急，许多地方、许多部门进行过一些不适当的“大办”。在农业生产和工业生产上，在商业、财政、文教、卫生等方面，都犯过瞎指挥的错误。第二，在农村人民公社的实际工作中，许多地区，在一个时期内，曾经混淆集体所有制和全民所有制的界限，曾经对集体所有制内部关系进行不适当的、过多过急的变动，这样，就违反了按劳分配和等价交换的原则，犯了刮“共产风”和其他平均主义的错误。第三，不适当地要在全国范围内建立许多完整的工业体系，权力下放过多，分散主义的倾向有了严重的滋长。第四，对农业增长的速度估计过高，对建设事业的发展要求过急，因而使城市人口不适当地大量增加，造成了城乡人口的比例同当前农业生产水平极不适应的状况。报告说：这些缺点和错误产生的原因，一方面是由于我们在建设工作中的经验还很不够；另一方面，是由于几年来党内不少领导同志不够谦虚谨慎，违反了实事求是和群众路线的传统作风，在不同程度上削弱了民主集中制的原则，这样就妨碍了党及时地、尽早地发现问题和纠正错误。〔1〕

刘少奇在中央政治局扩大会议上解释这个报告时还说道：报告中没有提“十五年赶超英国”，没有提“农业发展纲要四十条”，没有提“人民公社一大二公”。

分组讨论报告时，大家议论纷纷，比较敞开地提出自己的看法和仍感到困惑的问题。其中包括：怎样评价过去几年的工作？为什么会犯错

---

〔1〕《刘少奇选集》下卷，第353、354页。

误？责任在谁？是不是还要高举“三面红旗”？指标是高了还是低了？要不要反对分散主义？等等。

一月二十七日，会议举行第一次全体大会，由刘少奇代表中共中央作报告。因为原来的书面报告已经发给大家，他作口头报告时只拿了十几页的讲话提纲，讲了三个小时，对许多问题都谈得很坦率。他说：

“一九五九年、一九六〇年、一九六一年这三年，我们的农业不是增产，而是减产了。减产的数量不是很小，而是相当大。工业生产在一九六一年也减产了，据统计，减产了百分之四十，或者还多一点。一九六二年的工业生产也难于上升。这就是说，去年和今年的工业生产都是减产的，所以各方面的需要都感到不够。这种形势，对于许多同志来说，是出乎意料的。”

“过去我们经常把缺点、错误和成绩，比之于一个指头和九个指头的关系。现在恐怕不能到处这样套。有一部分地区还可以这样讲。在那些地方虽然也有缺点和错误，可能只是一个指头，而成绩是九个指头。可是，全国总起来讲缺点和成绩的关系，就不能说是一个指头和九个指头的关系，恐怕是三个指头和七个指头的关系。还有些地区，缺点和错误不止是三个指头。如果说这些地方的缺点和错误只是三个指头，成绩还有七个指头，这是不符合实际情况的，是不能说服人的。我到湖南的一个地方，农民说是‘三分天灾，七分人祸’。你不承认，人家就不服。”

“关于我们这几年工作中发生的缺点和错误的责任，我们在书面报告中讲过，首先要负责任的是中央，其次要负责任的是省、市、自治区一级党委，再其次才是省以下的各级党委。”

“我们在工作中发生错误的原因是什么？为什么某些错误拖延相当长的时间还不能改正？这在书面报告中也有了说明。”“我们认真地分析了发生错误的原因，就会找到改正错误的办法。这就是要经常保持谦虚谨慎的作风，经常保持党的实事求是和群众路线的传统作风，在工作中严格地按照党的、国家的、群众团体的民主集中制办事，开展批评和自我批评。”

“三面红旗，我们现在都不取消，都继续保持，继续为三面红旗而奋斗。现在，有些问题还看得不那么清楚，但是再经过五年、十年以后，我们再来总结经验，那时候就可以更进一步地作出结论。”〔1〕

报告中也讲了加强民主集中制、加强集中统一、反对分散主义的问题。

二十九日，会议举行第二次全体大会，林彪在会上讲了话。他唱的是另一个调子，说：“我们党提出的总路线、大跃进、人民公社这三面红旗，是正确的，是中国革命发展的创造、人民的创造、党的创造。”“我们在物质方面，工业生产、农业生产方面，减少了一些收入，可是我们在精神上却得到了很大的收入。”“事实证明，这些困难，在某些方面，在某种程度上，恰恰是由于我们没有照着毛主席的指示、毛主席的警告、毛主席的思想去做。如果听毛主席的话，体会毛主席的精神，弯路会少走得多，今天的困难会要小得多。”〔2〕“大跃进”以来的巨大挫折，使毛泽东感到压抑。林彪这个讲话，却使他感到宽慰。林彪的讲话整理出来后，他在一封信中写道：“是一篇很好、很有分量的文章，看了很高兴。”〔3〕这是他日后重用林彪的一个原因。

但毛泽东很明白：各级干部中还有些意见不敢讲出来，如果就这样结束，不可能把各方面的积极性真正调动起来。因此，他在会上宣布：延长会期，要大家出气，把话说完。他说：“现在要解决一个中心问题是，有些同志的一些话没有说出来，觉得不大好讲。这就不那么好了。要让人家讲话，要给人家机会批评自己。”“有一个省的办法是，白天出气，晚上看戏，两干一稀，大家满意。我建议让人家出气。不出气，统一不起来。没有民主，就不可能有集中。因为气都没有出嘛，积极性怎

〔1〕《刘少奇选集》下卷，第418、419、421、422、423、425、426页。

〔2〕张素华：《变局——七千人大会始末》，第142、144、145页。

〔3〕毛泽东给田家英、罗瑞卿的信，1962年3月20日。

么能调动起来。”〔1〕

一月三十日，毛泽东在大会上讲话，中心是讲民主集中制的问题。他说：

“不论党内党外，都要有充分的民主生活，就是说，都要认真实行民主集中制。要真正把问题敞开，让群众讲话，哪怕是骂自己的话，也要让人家讲。”

“没有民主，不可能有正确的集中，因为大家意见分歧，没有统一的认识，集中制就建立不起来。什么叫集中？首先要集中正确的意见。在集中正确意见的基础上，做到统一认识，统一政策，统一计划，统一指挥，统一行动，叫做集中统一。如果大家对问题还不了解，有意见还没有发表，有气还没有出，你这个集中统一怎么建立得起来呢？”

他对这几年来工作中的缺点和错误作了自我批评，说：

“在社会主义建设上，我们还有很大的盲目性。社会主义经济，对于我们来说，还有许多未被认识的必然王国。拿我来说，经济建设工作中间的许多问题，还不懂得。工业、商业，我就不大懂。对于农业，我懂得一点。但也只是比较地懂得，还是懂得不多。”

“我注意得较多的是制度方面的问题，生产关系方面的问题。至于生产力方面，我的知识很少。社会主义建设，从我们全党来说，知识都非常不够。我们应当在今后一段时间内，积累经验，努力学习，在实践中间逐步地加深对它的认识，弄清楚它的规律。一定要下一番苦功，要切切实实地去调查它，研究它。”

“所谓必然，就是客观存在的规律性，在没有认识它以前，我们的行动总是不自觉的，带着盲目性的。这时候我们是一些蠢人。最近几年我们不是干过许多蠢事吗？”〔2〕

---

〔1〕 毛泽东在扩大的中央工作会议上的讲话记录，1962年1月29日。
〔2〕《毛泽东文集》第8卷，第291、293、294、302、303、306页。

接着，各组着重由地、县两级干部对中央特别是省、市、自治区党委提意见，有些意见是比较尖锐的。各省、市、部、委负责人根据实际情况作了比较具体的自我批评，特别是集中在缺乏调查研究和缺少党内民主这两个问题上。大家的气也顺了不少。最后，在邓小平、朱德、周恩来先后讲话并通过刘少奇书面报告的决议后，大会闭幕。

经济和政治的全面调整

吃了大亏，使人们的头脑普遍清醒了许多。大家逐渐认识到，搞社会主义建设单靠热情和干劲还不行，必须按客观规律办事。

七千人大会后，中国共产党带领全国人民起来纠正自己所犯的严重错误，在经济上、政治上以至文化上进一步全面调整。它的决心之大、力度之强、措施之切实，是以往历次调整中不曾见过的。

对全国的经济形势，刘少奇在七千人大会上的书面报告中估计，最困难的时期已经过去。事实上，困难依然十分严重。

这种困难表现为以下几个方面：第一，农业有很大的减产。一九六一年的产量同一九五七年相比，粮食大约减产八百多亿斤，棉花等经济作物和畜牧产品也减产很多。粮食不够吃，身上缺少衣着，这是农业减产带来的直接后果。第二，已经摆开的基本建设规模，超过了国家财力物力的可能性，同工农业生产水平不相适应。这样大的规模，不仅在农业遇到灾荒的时候负担不了，即使在正常年景也维持不了。第三，钞票发得太多，通货膨胀。据当时统计，“一九六一年财政收入三百五十六点一亿元，比上年减少百分之三十七点八；财政支出三百六十七亿元，比上年下降百分之四十三点九，赤字十点九亿元。”〔1〕这些赤字和其他必需的开支只能靠发行货币来弥补，造成物价大幅度上涨。第四，大量钞票流向农村，国家却没有足够的工业品来回笼货币。农民向国家出售

〔1〕陈汝龙主编《当代中国财政》（上），第196页。

了一定数量的农副产品，却得不到等价的工业品，这就使农民不愿意继续向国家出卖农副产品。第五，城市人民的生活水平下降。吃的、穿的、用的都不够。物价上涨，实际工资下降很多。“一九六〇年每元货币流通量所拥有的货源为七点七一元，比一九五七年的十点四三元下降百分之二十六；一九六一年降为五点四六元，比一九五七年下降百分之四十八。票子多，商品少，就使得市场物价失去稳定的基础。”“由于国营商业商品短缺，供应不足，不能实现的一部分购买力便冲往集市，使不受国家控制的集市价格迅速上涨。”如果以一九五七年的零售物价指数为一百，一九六一年集市贸易的价格指数达到四百五十一点六。[1] 这五个问题中，前两个问题是基本的，其他三个是从此派生的。

七千人大会结束后不久，刘少奇发现一九六二年将有三十多亿的财政赤字。一九六一年全国的财政总收入和总支出都在三百六十亿元左右，如果出现这么大的赤字，当然是大问题。由他提议并主持，一九六二年二月二十一日至二十三日在中南海西楼会议室举行中央政治局常委扩大会议，通常称为“西楼会议”。

面对依然严峻的经济形势，应该怎么办？周恩来在会上提议下决心对国民经济进行大幅度调整。要把自己辛辛苦苦建立起来的经济规模重新调整下来，这决心并不好下。但由于情况已逐步弄清，大家都表示同意周恩来这个提议，认为只有这样才能使经济逐步恢复正常秩序，然后在这个基础上发展。

陈云在会上作了系统的发言（这个发言，后来他在国务院扩大会议上又讲了一次）。他一开始就说：“对于存在着困难这一点，大家的认识是一致的。但是，对于困难的程度，克服困难的快慢，在高级干部中看法并不完全一致。我认为这种不一致是正常的，难免的。”事实上，只有把困难估计够了，才能提出切实有效的对策。陈云详细地分析了目前财政经济方面的困难所在和克服困难的条件，然后提出克服困难的六点办法：第一，把十年经济规划分为两个阶段。前一阶段是恢复阶段，后

---

〔1〕 胡邦定主编《当代中国的物价》，中国社会科学出版社 1989 年 10 月版，第 51、59 页。

一阶段是发展阶段。第二，减少城市人口，“精兵简政”，这是克服困难的一项根本性的措施。第三，采取一切办法制止通货膨胀，包括：严格管理现金，节约现金支出；尽可能增产人民需要的生活用品；增加几种高价商品，高价商品品种要少，回笼货币要多；坚决同投机倒把活动作斗争。第四，尽力保证城市人民的最低生活需要，如分几步做到城市每人每月供应三斤大豆等。第五，把一切可能的力量用于农业增产。第六，计划机关的主要注意力，应该从工业、交通方面，转移到农业增产和制止通货膨胀方面来，并且要在国家计划里得到体现。陈云很动感情地说了一段话：

“人民是会同我们党一起去战胜困难的。这一点非常重要。我们应该有信心。我们党英勇奋斗几十年的历史，建国后十几年建设社会主义所取得的成绩，人民是看得清楚的。在某些问题上，人民可能对我们有意见，但是，同旧社会比，他们还觉得我们好。我们所做的好事，包括革命的胜利，建设的成就，同我们犯的错误所造成的损失比较起来，当然是好事多。对于这一点，人民会作出公平的评价。我们目前的困难，一般说是好人好心做了错事造成的。人是好人，心是好心，就是做错了事。讲清楚了，改正了错误，把工作做好了，人民是会原谅我们的。”〔1〕

刘少奇非常赞同陈云的意见。他在插话和会议结论中说：“中央工作会议（即七千人大会）对困难情况透底不够，有问题不愿揭，怕说漆黑一团！还它个本来面目，怕什么？说漆黑一团，可以让人悲观，也可以激发人们向困难作斗争的勇气！”“现在处于恢复时期，但与一九四九年后的三年情况不一样，是个不正常的时期，带有非常时期的性质，不能用平常的办法，要用非常的办法，把调整经济的措施贯彻下去。”〔2〕刘少奇建议召开国务院全体会议，请陈云再讲一讲，统一大家的认识，并征求意见。

---

〔1〕《陈云文选》第3卷，第191、198、199页。

〔2〕薄一波：《若干重大决策与事件的回顾（修订本）》下卷，第1085页。

二月二十六日，国务院召开扩大会议，各部委党组成员也参加，李富春和李先念分别作了关于工业和财政、信贷、市场方面的报告。陈云作了《目前财政经济情况和克服困难的若干办法》的报告。这时大家关心的问题是究竟我们的困难在什么地方，只有把困难估计够了，才能确定切实的解决办法。陈云的报告引起很大震动。

西楼会议后，中共中央决定恢复中央财经小组，统管经济工作，由陈云任组长。三月七日，在中央财经小组第一次会议上，陈云说："我看今年的年度计划要做相当大的调整。要准备对重工业、基本建设的指标'伤筋动骨'。重点是'伤筋动骨'这四个字。要痛痛快快地下来，不要拒绝'伤筋动骨'。现在，再不能犹豫了。（周恩来同志插话：可以写一副对联，上联是先抓吃穿用，下联是实现农轻重，横批是综合平衡。）"[1] 十六日，刘少奇、周恩来、邓小平到武汉向外出的毛泽东汇报中央政治局常委扩大会议的情况，并把陈云、李富春、李先念三个讲话送给他看。第二天，毛泽东同意由中共中央转发三人讲话，同意由陈云担任中央财经小组组长。

中央财经小组第一次会议后，体弱的陈云就因病休养，财经小组由周恩来主持，挑起了这副重担，有条不紊地展开力度很大的经济调整工作。他语重心长地说我们要当心啊，千万不要使已取得的革命成果在我们手里丢掉啊！三月二十八日，周恩来在第二届全国人民代表大会第三次会议上报告国民经济的调整工作，基本精神是必须坚决退够才能前进。他说："在中共中央提出调整、巩固、充实、提高的方针以后，政府虽然做了许多工作，但是，在有些方面贯彻不力，调整不够全面，没有迅速地在应该后退的地方退够，没有迅速地在应该加强的地方足够地加强。""在一九六二年，我们必须采取更有力的措施，切实按照农业、轻工业、重工业这样的次序，对整个国民经济进行全面调整，合理安排，以便集中主要力量，逐步地解决人民的吃、穿、用方面的最迫切的问题，并且逐步地在国民经济各部门之间建立新的平衡。"[2] 五月七日

〔1〕《陈云文选》第3卷，第210页。

〔2〕《周恩来经济文选》，第467页。

至十一日，中共中央又在北京召开工作会议。刘少奇在主持会议时强调：“目前的经济形势到底怎么样？我看，应该说是一个很困难的形势。”“现在的主要危险还是对困难估计不够。”〔1〕会议讨论并批准中央财经小组《关于讨论一九六二年调整计划的报告》。周恩来在会上总结以往的教训说：“这两年的调整中，我们觉得，我们总是对困难估计不够，总是希望好一点，好得快一点。我个人经手的事情几乎没有一件不是如此。”“我们这样一个人口多、经济落后的国家要在经济上翻身，这是一个艰巨的任务。我们应该有临事而惧的精神。这不是后退，不是泄气，而是戒慎恐惧。建设时期丝毫骄傲自满不得，丝毫大意不得。”〔2〕

由于对困难的形势有了比较清醒的认识，下了必须首先退够的决心，所以对经济调整能采取一系列果断的非常措施。周恩来在中央财经小组会议上说：情况如果确实弄清楚了，就要断然处置。“面对困难，要有‘毒蛇噬臂，壮士断腕’的决心，才能把国民经济调整好。”〔3〕如果不能下如此果断的大决心，要从这样严重困境中走出来是不可能的。

当时采取的措施主要有以下四个方面。

首先，不怕“伤筋动骨”，大刀阔斧地压缩基本建设项目，大幅度降低工业发展速度，对工业企业实行“关、停、并、转”。一九六二年，全国施工的基建项目已压缩一万多个，其中大中型项目一千零三个。同一九六一年比，全部施工项目为两万五千多个，其中大中型项目减少四百零六个。停建的项目，一般是当时不十分急需的，或原材料、动力、燃料和运输等条件两三年内不能解决的，或地区分布不合理、重复建设的。五月中央工作会议通过一九六二年计划指标，同一九六〇年已经达到的相比，工业总产值下降百分之四十七，其中重工业下降百分之五十七，轻工业下降百分之二十六。工业调整的重点在“关、停”，薛暮桥回忆道：“办法有，就是要停几万个小高炉，省出煤炭来保鞍钢等大高炉。可是许多同志反对，说停小高炉是路线错误，非保不可。我们在周

〔1〕《刘少奇论新中国经济建设》，第504、505页。

〔2〕《周恩来经济文选》，第485、489页。

〔3〕薄一波：《若干重大决策与事件的回顾（修订本）》下卷，第1091页。

总理领导下，为中央财经小组起草一个文件，提出要‘保一批，停一批’。凡是产品质量差、燃料消耗大的工厂，要‘关、停、并、转’。”[1]到一九六二年十月，全国县以上工业企业减少一万九千个，加上一九六一年共减少四万四千个，相当于一九六〇年底工业企业总数的百分之四十五，多数地区保留下来的企业数量和职工人数相当于一九五七年的水平。[2]

这些措施看起来好像是消极的，实际上，就可以把当时有限的原材料、电力、煤炭集中到消耗少、质量好、品种多、成本低、劳动生产率高的工厂去使用；能有助于改善工业生产内部结构，如重型设备、电站设备、汽车、机床、化肥、石油等生产有了增强；还有助于减少城市人口，增加农业生产。因此，这是一个积极的方针，是一个经过调整、改组，然后再前进的方针。

第二，大力精减职工和城镇人口。这项工作是周恩来直接抓的。中央决定，在一九六一年已减少一千万人的基数上，在一九六二和一九六三年再减少一千万人。工作越到后来越为艰难，因为不少人早就脱离农村，已在城里安家立业，还有些人是城市户口，在农村无依无靠。周恩来特别强调：精简这样大的数目，决心要大，步骤要稳，工作要细，要负责到底，不能急躁，不能草率从事。同时，如果没有人民的谅解、支持和作出牺牲，困难是闯不过去的。这项工作经过精心组织和得到人民理解，达到了预期的目的：从一九六一年到一九六三年六月，全国精简职工约两千万人，减少城镇人口两千六百万人。

第三，抑制通货膨胀。从一九五八年到一九六一年，国家财政连年出现大量赤字，随之而来的是货币发行过多，市场不稳定。针对这种状况，一九六二年三月和四月，中共中央和国务院先后发出《关于切实加强银行工作的集中统一、严格控制货币发行的决定》、《关于严格控制财政管理的决定》和《关于厉行节约的紧急规定》。在加强银行工作的集中统一方面，规定：收回几年来银行工作下放的一切权力；严格信贷管

〔1〕《薛暮桥学术论著自选集》，第392页。
〔2〕柳随年、吴群敢主编《中国社会主义经济简史》，第289、291、293页。

理，加强信贷的计划性；严格划清银行信贷资金和财政资金的界限，不许用银行贷款作财政性支出；加强现金管理，严格结算纪律。这些，都是为了把货币管紧。在严格财政管理方面，规定：切实扭转企业大量赔钱的状况；坚决制止一切侵占国家资金的错误做法；坚决制止各单位之间相互拖欠货款；坚决维护应当上交国家的财政收入；严格控制各项财政支出；切实加强财政监督。此外，还大力节约非生产性开支，压缩社会集团的购买力；出售部分高价商品，回笼货币；开放和加强对集市贸易的管理；清仓核资，严格经济核算，深入开展增产节约运动。这些措施，都收到明显效果。

第四，大力恢复农业生产，搞好市场供应。这是恢复经济的根本大计。主要采取了几条措施：一条是进一步调整农村政策。一九六二年二月，发出《关于改变农村人民公社基本核算单位问题的指示》，规定农村人民公社一般以生产队（即小队，相当于原初级社）为基本核算单位，至少三十年不变。这是农村人民公社经济体制的一次重大变革。同年十一月，又发出《关于发展农村副业生产的决定》，放宽允许社员经营自留地和家庭副业的政策界限，改变以往几年忽视副业生产、集中过多、管得过死的状况。另一条是加强对农业的支援，尽可能挤出一部分钢材、木材等原材料，基本上满足生产大、中、小型农具和维修农业机械的需要；把机械工业的十个企业转产农业机械；同时，增加化肥、农药的生产量和供应量。更重要的是，减少粮食征购量，进口粮食以弥补不足，使农民得到休养生息。

经过这一系列切实而有力的调整措施，在全国人民的齐心努力下，在一九六二年内，国民经济出现可喜的重大转折。农业总产值开始回升，比上年增长百分之六点二，结束了一九五九年以来连续三年下降的局面。其中，粮食产量比上年增长百分之八点四七。工业生产因为进行大刀阔斧的调整，总产值比上年下降百分之十六点六，但工业与农业、重工业与轻工业、各工业部门的内部的比例关系都有所改善，使下一步的发展有了可靠的基础。财政总收入超过总支出八点三亿元，结束了一九五八年以来连续四年赤字的状况。物价指数从下一年（一九六三年）

起开始回落，趋于稳定。人民生活水平虽然还很低，但已开始改善。

尽管这年工业总产值在调整中比上年下降百分之十六点九，导致国内生产总值比上年下降百分之五点六，但付出这些代价后，原来经济工作中那种被动局面已经扭转，整个国民经济已走出低谷。大家在经历了长期苦恼和困惑后看到了希望。

随着国民经济的好转、人民物质生活和营养状况的改善、社会和家庭正常秩序的恢复，人口发展走出低谷，又开始猛增。“从一九六二年起，出现了全国性的生育高峰。出生率由一九五七年的千分之三十四点零三升至一九六二年的千分之三十七点零一，一九六三年进一步达到千分之四十三点三七的创纪录水平。”〔1〕中国人口总数，在一九六二年比上年增长一千七百九十四万人。这一年增加的人数超过一九六〇和一九六一年减少的人数（两年合计减少一千三百四十八万人），达到六亿七千三百九十五万人。

鉴于人口的急剧回升，尽管最初带有恢复性的增长，中共中央、国务院在一九六二年十二月十八日发出《关于认真提倡计划生育的指示》。一九六四年一月，国务院成立计划生育委员会，加强对计划生育工作的领导。各直辖市和多数省先后成立相应机构，并采取措施。人口出生率从一九六四年起开始下降。但全国人口总数在一九六四年仍突破七亿。农村大部分地区尚未全面开展计划生育，人口增加更快。正当计划生育工作在城市继续进展并在广大农村普遍推行的时候，“文化大革命”开始了，各级政府陷入瘫痪、半瘫痪状态，计划生育工作一度被迫中断，造成人口总数猛增。

在经济调整取得明显成效的同时，政治关系方面也采取了许多调整措施。其中最重要的是对“反右倾”运动中受过错误批判或处分的党员和干部进行甄别平反。中央书记处在邓小平主持下，制定并发出《关于加速进行党员、干部甄别工作的通知》。到这年八月，全国有六百多万干部和党员得到平反。

---

〔1〕常崇煊主编《当代中国的计划生育事业》，第12页。

全国统战工作会议和全国民族工作会议，着重检查了近几年统战工作和民族工作中的严重“左”倾错误。许多地方帮助民主党派采取开“神仙会”的办法，和风细雨地来解决政治思想方面存在的问题。

知识分子由于“大跃进”中的“插红旗、拔白旗”，由于中共八大二次会议关于“两个剥削阶级和两个劳动阶级”的错误判断，受到很大冲击，心情普遍感到压抑。一九六二年三月，周恩来、陈毅在广州召开的科技工作会议和文艺工作会议上的讲话中着重谈了知识分子问题。周恩来说：“知识分子是包括在劳动阶层中的，我们党内有一部分同志对这些认识不清楚。”他还说：“你们热爱祖国，使我们很受感动。这是中国知识分子的骄傲！”〔1〕陈毅在讲话中动情地说：

“工人、农民、知识分子，是我们国家劳动人民中间的三个组成部分，他们是主人翁。不能够经过十二年的改造、考验，还把资产阶级知识分子这顶帽子戴在所有知识分子的头上，因为那样做不合乎实际情况。”

“周总理前天动身回北京的时候，我把我讲话的大体意思跟他讲了一下，他赞成我这个讲话。他说：你们是人民的科学家、社会主义的科学家、无产阶级的科学家，是革命的知识分子，应该取消资产阶级知识分子的帽子。今天，我给你们行‘脱帽礼’。十二年的改造，十二年的考验，尤其是这几年严重的自然灾害带来的考验，还是不抱怨，还是愿意跟着我们走，还是对共产党不丧失信心，这至少可以看出一个人的心。十年八年还不能考验一个人，十年八年十二年还不能鉴别一个人，共产党也太没有眼光了！”〔2〕

一个“脱帽礼”，一个“加冕礼”，他们的讲话在知识分子中到处传诵，引起很大的兴奋和强烈的反响。

---

〔1〕《周恩来选集》下卷，第362页。

〔2〕《党和国家领导人论文艺》，文化艺术出版社1982年9月版，第120、122页。

“重提阶级斗争”

前面说到，在社会主义基本制度建立后的探索中，中国共产党在指导思想上逐渐出现一些偏离正确方向的“左”的错误，主要表现在两个问题上：一个是阶级斗争，一个是建设速度。

经过“大跃进”付出了沉重代价，经过以后几年总结经验教训和调整工作，经济建设速度上的急于求成得到扭转。毛泽东在一次会议上说：高指标、高征购、浮夸风，这个教训永远也不能忘记，永远也不能再干了。确实，他没有再重复这方面的错误。

但是，“左”的指导思想并没有从根本上得到改变，在政治领域和思想文化领域内甚至迅速发展起来，越演越烈，“阶级斗争”被提到吓人的高度，一直导致几年后“文化大革命”的灾难。一九六二年九月召开的八届十中全会成为重要转折点，毛泽东把它称为“重提阶级斗争”。

说是“重提”，其实还是一步一步发展过来的。一九五七年反右派运动后，毛泽东在中共八届三中全会上重新提出：无产阶级和资产阶级的矛盾，社会主义道路和资本主义道路的矛盾，是当前中国社会的主要矛盾。这个论断，在第二年召开的中共八大二次会议上正式确定下来。一九五九年庐山会议开始的“反右倾斗争”中，会议决议又提出：“右倾机会主义思潮，是社会上资产阶级反社会主义思潮在党内的反映。”阶级斗争问题已被提得越来越突出，并把重点逐渐转向共产党内，这个脉络线索已清晰可见。但由于严重的经济困难，当时最迫切的任务是如何从这种困境中摆脱出来，阶级斗争的问题只能暂时被搁置到次要的地位。

中共八届十中全会所以“重提阶级斗争”，有客观环境的影响，更重要的是由于毛泽东对国内形势的错误判断。

从客观形势来说，当时中国的周边环境确实相当严峻。在北面，中苏两党的分歧因苏共二十二大而扩大了（苏共在二十二大上再一次攻击中国，大会通过的新党纲中提出了全民国家和全民党的理论），国家关系又因新疆事件而进一步紧张起来。“一九六一年冬和一九六二年春，苏联驻伊宁领事馆副领事季托夫（又译迪道夫）等人先后六次到塔城专区进行非法活动，共接见当地居民四千七百四十三人次。尤其是一九六二年四月，季托夫在塔城擅自召开大会，煽动群众外逃苏联；并曾往返苏联两次进行联系。其后，当地的外逃情绪得到渲染，形成一种舆论气候，边民非法越境行动随即开始。从四月中起至五月末，伊犁、塔城地区参加外逃的总人数为七万四千五百七十人，其中非法越境去苏的有六万一千三百六十一人，带走大小牲畜二十三万头，大车一千五百多辆。”〔1〕在伊宁还发生聚众冲击自治州政府的暴力事件。苏联边防部队为中国居民越境提供了方便。

在南面，中印之间过去从未划定边界，只存在一条根据双方行政管辖所及而形成的传统习惯线。一九五九年八月以后，印度当局不断越过传统习惯线，多次制造流血事件。中国政府一直抱着克制态度，并且单方面停止边境巡逻。一九六二年十月，印军十多个旅发动大规模的进攻。中国边防军被迫进行自卫反击战，历时一个月。中国军队取得重大胜利后，在全线主动停火，主动后撤，并且送还全部印军战俘和大量印军武器、弹药和军事装备。但那以后，边界危机依然存在。

美国在一九六一年派遣特种部队进入越南南部，一九六二年成立“美国驻越南军事援助司令部”，加紧对越南南方的控制，并准备袭击越南北方。中国向越南民主共和国无偿提供大量军事装备。但来自南面的战争威胁仍使人忧虑。

在东南沿海，蒋介石正准备乘大陆遭受经济困难的时机实行“反攻作战”。这年四月，他在“国军政工会议”上发表演讲说：“这次会议，是一次最具有历史意义的会议，是大家在反攻作战之前的特别准备会议。你们一定要齐一心志，充实战力，在一个动员令之下，随时都可以向大陆进军。”〔2〕六月二十四日，新华社发表经毛泽东审阅定稿的新华社电讯稿：《全国军民要提高警惕准备粉碎蒋匪帮军事冒险》。

---

〔1〕沈志华主编《中苏关系史纲》，新华出版社2007年1月版，第311页。

〔2〕《总统蒋公思想言论总集》卷28，第54页。

从中国社会内部来说，毛泽东向往的社会主义是想建立起一种平等社会。他一再提出：生产资料所有制的社会主义改造基本完成后，生产关系变革的重要内容就是要正确解决人与人之间关系的问题。而党在全国范围内取得执政地位后，一些干部享有某些特权，严重脱离群众，干群关系在不少地方相当紧张。这使他十分担心，作出过分严重的估计，认为那是中国的社会主义制度能不能保持不改变颜色的问题。那几年，一些干部在经济严重困难的情况下，存在贪污盗窃、投机倒把等不法行为和犯罪活动，更增强了毛泽东的这种忧虑。

在大幅度调整经济过程中，中央领导层内部对一些复杂问题出现不同认识。这本来是正常的现象，却被错误地看作阶级斗争在党内的表现，成为毛泽东“重提阶级斗争”的直接原因。

那时，有些领导人对国内经济形势的困难估计得严重一点，原是“争取快、准备慢”的意思。而这年六七月间夏收情况良好，预计秋收比夏收还会好一点。随着经济状况较快地好转，前面那种估计被毛泽东看作把形势描写成漆黑一团的“黑暗风”。在国内农村工作中，安徽、河南等省，农民群众为了摆脱严重的经济困难，试行“生产责任制”以至“包产到户”，取得较好成效。陈云、邓子恢、田家英等向毛泽东建议可以实行这种做法。邓小平说：“这是一个很大的问题。怎么解答这个问题，中央准备在八月会议（引者注：即北戴河中央工作会议）上研究一下。”“生产关系究竟以什么形式为最好，恐怕要采取这样一种态度，就是哪种形式在哪个地方能够比较容易比较快地恢复和发展农业生产，就采取哪种形式；群众愿意采取哪种形式，就应该采取哪种形式，不合法的使它合法起来。”他引用了刘伯承的一句话：“黄猫、黑猫，只要捉住老鼠的就是好猫。”[1] 邓子恢到不少地方作演讲，宣传自己的主张。他在中央党校报告时说：“农业方面也要有责任制，首先要包工。”“有的地方田间管理包产到户，搞得很好，全家人起草摸黑都下地了，农民的私有心理是突出的，凡是包产到户的，自留地和大田一样，没有

〔1〕《邓小平文选》第1卷，第323页。

区别，因为包产到户了超产是他的，责任心强，肥料也多。没有包产到户的，自留地搞得特别好，而大田就不行。不能把作为田间管理责任制的包产到户认为是单干，虽然没有统一搞，但土地、生产资料是集体所有，不是个体经济，作为田间管理包到户，超产奖励这是允许的。”他还主张：“要稳住社员自留地，并适当加以扩大。”〔1〕有的人还主张“分田到户”。毛泽东十分生气，认为这是一个严重问题，是走集体道路还是走个人经济道路的问题，是能不能坚持社会主义道路的问题。他批评邓子恢是在刮“单干风”，把他的主张概括为“三自一包”（多留自留地，多搞自由市场，多搞自负盈亏，包产到户），看作“修正主义的国内纲领”。七月十七日，根据毛泽东的提议，中共中央发出《关于巩固人民公社集体经济、发展农业生产的决定（草案）》，这显然是有针对性的。关于国际关系，中共中央对外联络部部长王稼祥在这年三月提出：“我们应该支持别国的反帝斗争、民族独立和人民革命运动，但又必须根据自己的具体条件，实事求是，量力而行。特别是在我国目前处于非常时期的条件下，更要谨慎从事，不要说过头，做过头，不要过分突出，不要乱开支持的支票，开出的支票要留有余地，不要满打满算，在某些方面甚至要适度收缩，预见到将来我办不到的事，要预先讲明，以免被动。”〔2〕这些又被概括为“三和一少”（对帝国主义要和，对现代修正主义要和，对各国反动派要和，对各国人民革命支援要少），被看成“修正主义的国际纲领”。中共中央统战部部长李维汉在统一战线工作方面的一些主张也受到错误批判。这些在毛泽东看来，说明中国共产党内确已出现修正主义。在对“反右倾”进行甄别平反时，彭德怀写了八万言的申诉书，申明他在党内没有组织“小集团”，没有“里通外国”的问题，也被看作“翻案风”。这些不同意见都被错误地提到阶级斗争的高度、反对修正主义的高度，认为事情已发展到十分严重的地步。这样，不仅把阶级斗争扩大化和绝对化了，并且把许多根本不是修正主义的事情看成了修正主义。

---

〔1〕《邓子恢文集》，第 605、608、595 页。

〔2〕《王稼祥选集》，人民出版社 1989 年 9 月版，第 445 页。

七月十八日，毛泽东约中央办公厅主任杨尚昆谈话，提出两个问题：“（一）是走集体道路呢？还是走个人经济道路？（二）对计委、商业部不满意，要反分散主义。”杨尚昆在当天日记中写道：“我觉得事态很严重！！十分不安！”〔1〕二十日，毛泽东同前来参加中央工作会议的各中央局第一书记谈话。他说：“你们赞成社会主义，还是赞成资本主义？当然不会主张搞资本主义，但有人搞包产到户。现在有人主张在全国范围内搞包产到户，甚至分田到户。共产党来搞分田？”“有人说恢复农业要八年时间，如果实行包产到户，有四年就够了，你们看怎么样？难道说恢复就那么困难？这些话都是在北京的人说的。下边的同志说还是有希望的。目前的经济形势究竟是一片黑暗，还是有点光明？”〔2〕气氛显得越来越紧张了。

七月二十五日至八月二十四日，中共中央在北戴河召开中央工作会议。会议的原定议题是讨论农业、工业、财贸等方面的工作，包括包产到户问题在内。八月六日，毛泽东在全体大会上讲话，突出地提出三个问题，即阶级、形势和矛盾，要大家讨论。他讲话后，会议便转到集中讨论这三个问题。

关于阶级问题，毛泽东说：究竟有没有阶级？阶级还存在不存在？社会主义国家究竟还存在不存在阶级？外国有些人讲，没有阶级了。共产党也就叫作“全民的党”了，不是阶级的工具了，不是阶级的党了，不是无产阶级的党了。无产阶级专政也不存在了，叫“全民专政”、“全民的政府”。对什么人专政呢？在国内就没有对象了，就是对外有矛盾。这样的说法，在我们这样的国家是不是也适用？可以谈一下。这是个基本问题。

关于形势问题，他说：国内形势，就是谈一谈究竟这两年我们的工作怎么样。大体上说，有些人把过去几年看成就是一片光明，看不到黑暗。现在有一部分人，一部分同志，又似乎看成是一片黑暗了，没有好多光明了。我倾向于不那么悲观，不那么一片黑暗。一点光明都没有，

---

〔1〕《杨尚昆日记》（下），中央文献出版社2001年9月版，第196页。

〔2〕毛泽东同各中央局第一书记谈话要点，1962年7月20日。

我不赞成那种看法。

关于矛盾问题，他说：有些什么矛盾？第一类是敌我矛盾，然后就是人民内部的矛盾，无非是这两类。人民内部矛盾有一种矛盾，它的本质是敌对的，不过我们处理的形式是当作人民矛盾来解决，这就是社会主义与资本主义的矛盾。他还讲到现实存在的一些矛盾，首先是单干问题。他说：现在这个时期，这个问题比较突出。是搞社会主义，还是搞资本主义？是搞分田到户、包产到户，还是集体化？农业合作化还要不要？主要就是这样一个问题。〔1〕

毛泽东这个讲话，特别是他所讲的阶级斗争问题，成了会议的主题。中国共产党是在长期的阶级斗争中成长起来的。阶级斗争的观念，为党的大多数干部所熟悉和易于接受。讨论中，发言者几乎都表示同意毛泽东的意见。罗瑞卿发言时，毛泽东又插话说："在中国一定不出修正主义？这也难说。"〔2〕这就提出了中国会不会出修正主义的问题。这次中央工作会议，实际上确定了八届十中全会的基调。

中共八届十中全会分为两个阶段：八月二十六日到九月二十三日是预备会议；九月二十四日至二十七日是正式会议。毛泽东在大会上又讲了阶级、形势、矛盾这三个问题。谈阶级斗争问题时，他说："我们从现在就讲起，年年讲，月月讲，开一次中央全会就讲，开一次党大会就讲，使得我们有一条比较清醒的马克思主义的路线。"讲矛盾问题时，他说："在我们中国，也有跟中国的修正主义的矛盾。我们过去叫右倾机会主义，现在恐怕改一个名字为好，叫中国的修正主义。"〔3〕"文化大革命"的发动，在这里已初见端倪。

全会的《公报》把会议中讨论的问题以更加理论化的形态表述出来。写道：

"在无产阶级革命和无产阶级专政的整个历史时期，在由资本主义

〔1〕毛泽东在中央工作会议全体大会上的讲话记录，1962年8月6日。

〔2〕毛泽东在中央工作会议中心小组会议上的插话记录，1962年8月13日。

〔3〕毛泽东在中共八届十中全会全体会议上的讲话记录，1962年9月24日。

过渡到共产主义的历史时期（这个时期需要五十年，甚至更多的时间）存在着无产阶级和资产阶级之间的阶级斗争，存在着社会主义和资本主义这两条道路的斗争。被推翻的反动统治阶级不甘心于灭亡，他们总是企图复辟。同时，社会上还存在着资产阶级的影响和旧社会的习惯势力，存在着一部分小生产者的自发的资本主义倾向，因此，在人民中，还有一些没有受到社会主义改造的人，他们人数不多，只占人口的百分之几，但一有机会，就企图离开社会主义道路，走资本主义道路。在这些情况下，阶级斗争是不可避免的。这是马克思列宁主义早就阐明了的一条历史规律，我们千万不要忘记。这种阶级斗争是错综复杂的、曲折的、时起时伏的，有时甚至是很激烈的。这种阶级斗争，不可避免地要反映到党内来。国外帝国主义的压力和国内资产阶级影响的存在，是党内产生修正主义思想的社会根源。在对国内外阶级敌人进行斗争的同时，我们必须及时警惕和坚决反对党内各种机会主义思想倾向。”〔1〕

这段话，后来在“文化大革命”中曾被称为党在社会主义整个历史时期的总路线。它贯穿着“以阶级斗争为纲”的错误指导思想，成为以后“无产阶级专政下继续革命错误理论”的最初的比较完整的表述。

中苏关系的破裂

“重提阶级斗争”，也受着国际共产主义运动内部中苏关系破裂的深刻影响。

新中国成立初期，曾把自己看作以苏联为首的社会主义阵营的一部分。这个阵营内部发生的重大变动，不能不对新中国领导人引起巨大的震撼。一九五六年的匈牙利事件和“裴多菲俱乐部”的活动，在中共中央对国内形势判断和作出重大决策上留下深深的烙印。世界上第一个社会主义国家苏联发生的种种事实、特别是中共中央最终认定苏共已走上

〔1〕《建国以来重要文献选编》第15册，中央文献出版社1997年1月版，第653—654页。

修正主义道路、中苏关系破裂，对中国领导人思考国内种种问题时产生的深刻影响更是不言而喻。

中苏关系的恶化由来已久，这在前面已经说到。中国做过不少努力以求改善或挽救这种关系。一九六〇年底，刘少奇为团长的中共代表团到莫斯科参加八十一国兄弟党代表会议，共同通过并发表《各国共产党和工人党代表会议声明》（通常称为"莫斯科声明"），就是一个明证。这以后一年多，中苏关系一度有所缓和。

到一九六二年秋，双方关系的恶化又发展到一个新的阶段。用美国学者施拉姆的话来说："一九六二年秋季的两个事件，标志着中苏关系恶化的新高潮：即中印边境战争和古巴问题上的苏美危机。""毛在此以前一直以为赫鲁晓夫只是一个犯了错误的同志，可以浪子回头。从此以后，在毛看来，赫鲁晓夫已是一个不可救药的叛徒了。"〔1〕这年冬天，一些欧洲国家的共产党相继召开代表大会，包括保加利亚、匈牙利、捷克斯洛伐克、意大利等。苏共领导人发动他们在代表大会上指名攻击中国共产党。其中影响最大、涉及问题最广的，是意大利共产党总书记陶里亚蒂在意共第四次代表大会总报告中公开点名攻击中国共产党。第二年一月，德国统一社会党召开第六次代表大会，赫鲁晓夫第一次亲自出马，在大会上公开指名批评中国共产党。形势越来越严重了。

为了回应这种挑战，中国共产党开始同苏共展开关于国际共产主义运动总路线的大论战。一九六二年十二月至一九六三年三月，《人民日报》先后发表《分歧从何而来？——答多列士等同志》、《再论陶里亚蒂同志同我们的分歧》等七篇文章。这些文章都没有点苏共领导人的名，但显然是以苏共为主要批评对象的。三月三十日，苏共中央致信中共中央，提出筹备和举行会议，"制定世界共产主义运动的、符合它在现阶段的根本任务的总路线"。六月十四日，中共中央复信苏共中央，并于七月二十日以《关于国际共产主义运动总路线的建议》为题在《人民日报》上公开发表了这封长信，共二十五条。这以前，苏共中央已在七月

〔1〕（美）斯图尔特·施拉姆：《毛泽东》，红旗出版社1987年12月版，第271页。

十四日发表给苏联各级党组织和全体党员的公开信，对中共中央展开全面批判。中苏关系破裂已成定局。

针对苏共中央公开信中提出的许多问题（这封公开信七月二十日在《人民日报》上全文刊登），从一九六三年九月六日至一九六四年七月十四日以《人民日报》和《红旗》杂志编辑部名义陆续发表了九篇文章，通常称为“九评”。这九篇文章的题目是：《苏共领导同我们分歧的由来和发展》、《关于斯大林问题》、《南斯拉夫是社会主义国家吗?》、《新殖民主义的辩护士》、《在战争与和平问题上的两条路线》、《两种根本对立的和平共处政策》、《苏共领导是当代最大的分裂主义者》、《无产阶级革命和赫鲁晓夫修正主义》、《关于赫鲁晓夫的假共产主义及其在世界历史上的教训》。在第八篇文章中，第一次指名道姓地把赫鲁晓夫称为修正主义者，批判的言辞也更为尖锐。本来还准备写第十篇文章，因为苏共中央全会在十月十六日解除了赫鲁晓夫的一切职务而没有再写，只是在一个多月后发表了一篇《赫鲁晓夫是怎样下台的》，对这场论战作了个小结。

赫鲁晓夫下台后，中国曾试图借此改善中苏关系，决定派周恩来为首的中国党政代表团访问苏联，参加十月革命四十七周年的庆祝活动。十一月五日，代表团到达莫斯科。第二天，周恩来分别拜会苏共中央第一书记勃列日涅夫、部长会议主席柯西金、最高苏维埃主席团主席米高扬，向他们表示：“我们希望，我们两党两国在马列主义、无产阶级国际主义的基础上团结起来，共同对敌，为我们的共同事业而斗争。正是根据这一目的，我们这次来除参加庆祝活动外，还希望进行接触，交换意见。我们希望，这会为今后打下一个好的开端。”[1] 没有想到，就在十一月七日晚上的庆祝酒会上，苏联国防部长马利诺夫斯基却挑起事端。他对周恩来说：“俄国人民要幸福，中国人民也要幸福，我们不要任何毛泽东，不要任何赫鲁晓夫妨碍我们的关系”；“我们俄国人搞掉了赫鲁晓夫，你们也要搞掉毛泽东”。[2] 这当然是十分严重的挑衅。因为

〔1〕 周恩来同米高扬谈话记录，1964 年 11 月 6 日。

〔2〕 中苏两党会谈记录，1964 年 11 月 8 日。

有美国记者在场，周恩来掉头走开。马利诺夫斯基又向中方代表团成员贺龙继续讲这些话。第二天，周恩来同勃列日涅夫等苏共领导人会谈时，正式提出抗议。会谈从八日进行到十二日，毫无结果。苏方甚至表示：在同中共的分歧上，我们中央是一致的，完全没有分歧，甚至没有细致的差别。周恩来从实际接触中得出一个结论：苏共领导还要继续执行赫鲁晓夫路线不变。中苏关系的改善自然也谈不上了。

勃列日涅夫执政时期，又采取一个严重步骤：大量向中苏边境调动军队，形成陈兵百万之势，还加强对蒙古的军事援助，边境冲突不断发生。这就使中国领导人"对国家军事防御战略做出调整，由单一对美转变为双向的对美对苏"，"对苏联防御成为中国国家安全战略的重点。"〔1〕

二十多年后，当中苏恢复正常关系时，邓小平对这段历史这样评论：

"多年来，存在一个对马克思主义、社会主义的理解问题。在一九五七年第一次莫斯科会谈，到六十年代前半期，中苏两党展开了激烈的争论。我算是那场争论的当事人之一，扮演了不是无足轻重的角色。经过二十多年的实践，回过头来看，双方都讲了许多空话。"

"中国不侵略别人，对任何国家都不构成威胁，却受到外国的威胁。中国是个贫弱国家，但是个独立自主的国家。对中国的威胁主要来自何方？从建国一开始，我们就面临着这个问题。那时威胁来自美国，最突出的就是朝鲜战争，后来还有越南战争。"

"六十年代，在整个中苏、中蒙边界上苏联加强军事设施，导弹不断增加，相当于苏联全部导弹的三分之一，军队不断增加，包括派军队到蒙古，总数达到一百万人。对中国的威胁从何而来，很自然地，中国得出了结论。一九六三年我率代表团去莫斯科，会谈破裂。应该说，从六十年代中期起，我们的关系恶化了，基本上隔断了。这不是指意识形态争论的那些问题，这方面现在我们也不认为自己当时说的都是对的。

〔1〕沈志华主编《中苏关系史纲》，第340页。

真正的实质问题是不平等，中国人感到受屈辱。虽然如此，我们从来没有忘记在中国第一个五年计划时期苏联帮我们搞了一个工业基础。”[1]

同苏联关系破裂，这个决心很难下。苏联是十月社会主义革命的故乡。多少年来，全世界的社会主义力量一直以它为首，中国的革命和建设都受到过它很大的支持。而且，当时中国还正受到来自多方面的威胁。但回顾起来，如果当时中国屈服了，不能坚持独立自主，抵抗这种压力，而随着苏共领导人的指挥棒转，甘心盲目充当它的追随者，那么，当九十年代初苏联解体、东欧剧变时，中国的处境肯定会困难得多。这也是值得重视的历史性抉择。

中苏这场大论战，对中国国内产生了深刻影响。在五十年代初曾经流行过“苏联的今天就是我们的明天”之类的说法。现在认定苏联已经“变修”了，这就对国内问题也造成一种异常强烈的危机感。毛泽东在一九六四年六月十六日一次讲话中说：“苏联出了修正主义，我们也有可能出修正主义。”[2] 有的学者指出：“有这种认识的，当时并不只是毛泽东一个人，而是当时中共中央占支配地位的一种典型认识，正是在这样认识的支配下，一种党和国家将会改变颜色的危机感，严重地笼罩着人们的心灵。同时，一种坚持和发展马克思主义、推进世界社会主义革命的历史使命感，又在人们的心中油然而生。用当时流行的话来说，即使全世界都‘黑’了，我们中国也要让它重新‘红’起来。这种盲目的狂热的信念，曾是许多人参加‘文化大革命’的一种思想动力。”而随着中苏大论战的开展，“‘反修’的号召日益普及；做到家喻户晓，深入人心。”以前，虽然也提出过反对修正主义的问题，但除少数高级干部和理论工作者外，一般人并不注意。“自从中苏两党公开大论战展开以后，情况就不同了。反修问题成了我们政治生活中的一件大事。特别是‘九评’，每一篇发表之后，不仅全国报刊普遍刊载，向全国广播，印成小册子广为散发，进行大张旗鼓的宣传，而且各机关、学校、群众团

---

〔1〕《邓小平文选》第3卷，第291、294、295页。

〔2〕《毛主席论教育革命》，人民出版社1967年12月版，第18页。

体、企业单位以至广大农村，都要专门组织学习讨论，作为政治学习的重要内容。”“确实在全中国造成了一种巨大的声势，使得每个人（包括小学生）都知道‘反修’是政治大事，是不能马虎对待的。当时确实做到反修教育的大普及，这也是实际上为‘文化大革命’的发动作了思想舆论准备。”[1]

历史发展的进程，是合力造成的。这确是一个不可忽视的重要环节。

社会主义教育运动

中共八届十中全会“重提阶级斗争”后，出于“反修防修”的考虑，部署在全国范围内开展一场普遍的社会主义教育运动。

一九六三年二月十一日至二十八日，中央工作会议在北京召开。会议对社会主义教育运动的着重点，最初放在城市中如何发动反对贪污盗窃、反对投机倒把、反对铺张浪费、反对分散主义、反对官僚主义运动（简称“五反”运动）上。毛泽东更关心的是农村的社会主义教育运动。他在会上说：“现在又证明，我们的干部，包括生产队长以上的这些不脱离生产的以及脱离生产的，绝大多数不懂社会主义。他们之所以不懂，责任在谁呢？在我们。我们没有教育嘛，没有教材嘛，没有像‘六十条’这样的东西以及阶级教育。十中全会公报是很好的一个教材。”他又说：“干部教育中，要保护大多数，使百分之九十以上的同志把包袱放下来，也不是洗冷水澡，也不是洗滚水澡，而是洗温水澡。然后，他们去和贫下中农积极分子结合，团结富裕中农以及或者已经改造或者愿意改造的那些地主残余、富农分子，打击那个猖狂进攻的湖南人叫‘刮黑风’的歪风邪气牛鬼蛇神。”[2] 毛泽东最后说，还要把问题转到国内的反修防修。他在这次会上，总结湖南、河北的经验，提出“阶级斗

[1] 金春明：《“文化大革命”史稿》，第114、115页。

[2] 毛泽东在中央工作会议上的讲话记录，1963年2月28日。

争，一抓就灵”。

农村社会主义教育运动中，最早提出“四清”口号的，是中共保定地委在四月四日给河北省委的报告。报告说：那里的社会主义教育运动已经进行了四个多月，分两个阶段：第一阶段用两个多月，自上而下地深入学习八届十中全会公报、“农业决定”和毛泽东关于阶级、形势、矛盾的讲话精神，明确社会主义方向，遏制“单干风”，坚定搞好集体经济的信心；第二阶段已进行了一个半月，“普遍进行清账、清库、清工、清财（简称‘四清’）工作（引者注：指清理账目、清理仓库、清理工分、清理财物），把社会主义教育运动推向了更加深入的阶段。”

这里说的“四清”，主要是针对经济困难时期不少农村干部多吃多占、账目不清以至投机倒把、贪污盗窃等损害群众利益的行为。保定地委的报告说：“上述种种损害社会主义、损害集体经济的现象都是资产阶级思想在我们基层干部队伍中的反映；贪污盗窃、投机倒把活动实质上都是资本主义势力的复辟罪行。事实再一次证明阶级和阶级斗争确实是存在的。两条道路的斗争是激烈的。在生产队开展‘四清’实际具有农村‘五反’性质。这是又一次反击资本主义向集体经济进攻的社会主义革命斗争。”

由于当时在运动中采取洗“温水澡”的办法，这个报告写道：“经过‘四清’工作的考验，证明我区基层干部绝大多数是好的。”“由于干部虚心检讨，积极退赔，除少数坏分子和完全丧失群众信任的人以外，一般都得到了群众的谅解。群众说：‘干部为社员操劳一年，有错改了就行啦。’”报告也讲道：“有些党员干部由于搞投机倒把，已经从生活腐化堕落到蜕化变质。有的认敌为友，同敌人搞关系，拉亲戚，被敌人篡夺了集体经济大权，甚至有的实行着封建家族统治，为非作歹，残害群众。通过‘四清’清除了混入干部队伍的地富反坏分子五十多个，并处理了一些蜕化变质分子。”〔1〕毛泽东十分重视这个报告，“四清运动”的提法迅速传开了。

---

〔1〕《建国以来重要文献选编》第16册，中央文献出版社1997年7月版，第252、254、255、256页。

在“四清运动”中，毛泽东特别重视发动群众的问题。他强调：发动群众是根本路线，不管是铺张浪费，还是贪污盗窃、投机倒把、资产阶级分子、刮黑风，一发动群众很快就搞出来了。靠上面派下来的人不见得行，不一定能把问题搞出来。

随着运动的发展，由于突出地强调了阶级斗争的问题，又采取大搞群众运动的做法，对问题的估计越来越严重，运动也越来越向“左”的方向发展。

五月九日，毛泽东在转发浙江省七个关于干部参加劳动的材料时，写下了一段令人惊心动魄的批语：

“阶级斗争、生产斗争和科学实验，是建设社会主义强大国家的三项伟大革命运动，是使共产党人免除官僚主义、避免修正主义和教条主义，永远立于不败之地的确实保证，是使无产阶级能够和广大劳动群众联合起来，实行民主专政的可靠保证。不然的话，让地、富、反、坏、牛鬼蛇神一齐跑了出来，而我们的干部则不闻不问，有许多人甚至敌我不分，互相勾结，被敌人腐蚀侵袭，分化瓦解，拉出去，打进来，许多工人、农民和知识分子也被敌人软硬兼施，照此办理，那就不要很多时间，少则几年、十几年，多则几十年，就不可避免地要出现全国性的反革命复辟，马列主义的党就一定会变成修正主义的党，变成法西斯党，整个中国就要改变颜色了。请同志们想一想，这是一种多么危险的情景啊！”〔1〕

五月二十日，中共中央下发《关于目前农村工作中若干问题的决定（草案）》（通常称为“前十条”），列举当前农村社会中阶级斗争的九种表现，对阶级斗争的情况作出过分严重的估计，批评许多干部对这些现象熟视无睹、放任自流，要求依靠贫农和下中农，组织革命的阶级队伍，进行阶级斗争，进行两条道路的斗争，办好农业集体经济，有效地

〔1〕《建国以来重要文献选编》第16册，第292页。

镇压和改造一切敌对分子，击破资本主义自发势力的包围，并且将毛泽东在浙江省七个材料上那段严厉批语引在《决定（草案）》的结束语处，一直发到农村和城市党的基层组织支部宣读，引起极大的震动。

“前十条”下发后，各地调整了运动部署，重新训练干部，进行试点。根据各地试点中提出的问题，中共中央在九月间召开工作会议，进行讨论，并制订出《关于农村社会主义教育运动中一些具体政策的规定（草案）》（通常称为“后十条”），针对前一阶段运动中出现的急躁情绪、打击面过宽和过火斗争、打人抓人等违法乱纪行为，规定了一些加以纠正的政策措施。但它的指导思想仍是“左”的，最严重的是它作为中央文件第一次提出了“以阶级斗争为纲”。对具体工作，这个文件要求组织和训练工作队，通过访贫问苦、扎根串连，发动和组织贫下中农，整顿党的基层组织，建立并健全干部参加集体劳动的制度（“后十条”在十一月十四日中央政治局扩大会议讨论通过后发出）。

毛泽东越来越把注意力放在中国会不会出修正主义的问题上，把社会主义教育运动看作国内反修防修、挖修正主义根子的战略措施。九月工作会议最后一天，他在全体会议上说：我们现在搞农村十条，城市“五反”，实际上是在国内反对修正主义，打下基础。这中间，包括意识形态方面。一九六四年一月五日，他在会见日本共产党中央政治局委员听涛克己时对他说：“如果我们中国也像苏联那样搞，那末，有一天也要出修正主义。我们现在每隔几年要进行一次整风运动。最近我们有两个有关社会主义教育的文件，你可以看一看。人是会变化的，革命者也会发生变化。没有群众监督和揭露，他们可能进行贪污、盗窃，做投机生意，脱离群众。”“修正主义不是一朝一夕形成的，是旧社会母胎中的产物。就算没有赫鲁晓夫，难道苏联就不会出修正主义？我看很有可能。这不是个别人的问题，而是一定的社会阶层的反映。”〔1〕

随着社会主义教育运动的发展，一些试点单位总结出被认为是“阶级敌人篡夺领导权”或“干部和平演变”的典型材料。这年五月十五日

〔1〕 毛泽东同听涛克己的谈话记录，1964 年 1 月 5 日。

至六月十七日，在北京召开中央工作会议。会议讨论了当前阶级斗争形势。毛泽东、刘少奇都作出这样的估计：全国有三分之一左右的基层单位，领导权不在我们手中，而在敌人和他们的同盟者手里。刘少奇在全体会议上作关于反对现代修正主义斗争的报告。他提出既然苏联搞了四十多年都可以出修正主义，列宁的党可以变质，那么，中国共产党是不是将来也要出修正主义。毛泽东说：如果不注意，准出。六月二十三日，中共中央转发甘肃省委、冶金工业部党组《关于夺回白银有色金属公司的领导权的报告》，并且批示："一个刚建设起来的社会主义全民所有制的大型联合企业——白银有色金属公司，没有多久，很快就被地主、资产阶级集团篡夺了企业的领导大权，变成为地主、资产阶级集团统治的独立王国。这样一个严重事件，很值得大家深思。"〔1〕刘少奇在社会主义教育运动中强调各级领导干部一定要下去蹲点，并指导他的夫人王光美去河北省抚宁县卢王庄公社桃园大队蹲点。八月一日，他召集在京的党政军机关和群众团体负责干部大会，就如何开展农村社会主义教育运动发表了长篇讲话。他说：

"现在，我们是在无产阶级专政的条件下来进行阶级斗争，而阶级斗争现在可以说到处都有。在过去十五年以来多次的运动中间，阶级敌人已经改变了同我们作斗争的方式。敌人现在是向我们采取合法斗争的方式。在很多地方，他们是利用我们的口号，利用我们的政策，利用共产党员的招牌，利用我们干部的面貌来篡夺领导权，或者把持领导权。坏人坏事，在上下左右都有根子，一律应该追清楚。追到哪里是哪里，追到谁是谁，一直追到中央。而上面的根子危害性更大。"

"现在，调查农村情况、工厂情况，在许多情况下，用那个开调查会的方法，找人谈话，已经不行了。现在要做调查研究，对于许多单位，应该去搞社会主义教育，搞'四清'，搞对敌斗争，搞干部参加劳动，发动群众，扎根串连，这样做，你才可以把情况搞清楚。"

---

〔1〕《建国以来重要文献选编》第18册，中央文献出版社1998年2月版，第572页。

“如果基层组织是依靠贫下中农的，贫下中农又信任基层组织，那依靠这样的基层组织是对的。如果基层组织它自己不依靠贫下中农，它脱离群众，它犯了严重的‘四不清’错误，那你依靠它就靠不住。这个时候，必须工作队自己去扎根串连，直接发动群众，不要经过基层组织，才能够真正了解实际情况，搞好‘四清’、‘五反’，然后才能达到团结两个百分之九十五，共同对敌。”〔1〕

九月一日和十二月二十四日，中共中央先后批转王光美《关于一个大队的社会主义教育运动的经验总结》和天津市委《关于小站地区夺权斗争的报告》。“桃园经验”的主要内容是：“四清”与“四不清”的斗争是一场严重的阶级斗争，桃园党支部“基本上不是共产党”，“是一个反革命的两面政权”；工作组进村后，先搞“访贫问苦，扎根串连”，然后搞“四清”，再搞对敌斗争；在群众没有发动起来的时候，要强调放手发动群众，在群众已经发动起来、又有过激情绪的时候，要注意掌握火候，强调实事求是；对待基层组织和基层干部的态度是“又依靠，又不完全依靠”，在情况还未搞清楚时就采取“一切经过基层组织”的做法是错误的；“四不清”干部不仅有受地主、富农、资本家影响这个根子，还有上面的根子，不解决上面的问题，“四清”就搞不彻底；“四清”的内容已经不止是清工分、清账目、清财务、清仓库，而是要解决政治、经济、思想和组织上的“四不清”。这个“桃园经验”在当时产生了很大的影响。在转发天津市委那份报告时，中共中央指示中提出了“夺权”的问题，这样写道：“当前我们国内的敌我矛盾有一部分在形式上是以人民内部矛盾出现的，甚至是以党内矛盾出现的。敌我矛盾同人民内部矛盾、同党内矛盾交织在一起。在大量的人民内部矛盾和党内矛盾中，包含着一部分很危险的敌我矛盾。必须把这一部分敌我矛盾清查出来。当前阶级斗争的复杂性就在这里。”“凡是被敌人操纵或篡夺了领导权的地方，被蜕化变质分子把持了领导权的地方，都必须进行夺权的

〔1〕刘少奇在中央各部门负责干部大会上的讲话记录，1964年8月1日。

斗争，否则，要犯严重的错误。”[1]

这年冬天，农村的社会主义教育运动中，从中央各单位派来的和省、地、县数千上万干部组成的工作团到各个县里，搞“扎根串连”，用打歼灭战、“搬石头”的方式组织运动，包揽县各级组织的领导权。农村基层组织和干部一般被撇在一边，成为主要的审查对象。对基层干部的打击面越来越宽，不仅过火地打击了有缺点错误的干部，而且打击了许多好干部。

到了年底，从十二月十五日到二十八日在北京举行中央工作会议，讨论社会主义教育运动问题。毛泽东同刘少奇在会上明显地表现出分歧。对“四清”的概念应该改变为清政治、清经济、清思想、清组织这一点上没有争论。但对运动的性质，刘少奇认为“四清”与“四不清”是主要矛盾，矛盾的性质就是人民内部矛盾跟敌我矛盾交织在一起；毛泽东认为社会主义和资本主义的矛盾是主要矛盾，所以运动的名称叫作社会主义教育运动，重点是整那些党内走资本主义道路的当权派。毛泽东还批评了农村“四清”运动中的一些做法，如大兵团作战、只依靠工作队、扎根串连、打击面过宽等。会议通过了题为《农村社会主义教育运动中目前提出的一些问题》，共十七条，体现了毛泽东的主张，不点名地批评刘少奇。一九六五年一月六日至十四日，中央工作会议再次召开，把文件补充修改成二十三条。这个文件，要纠正前一阶段运动中出现的一些“左”的偏向；但它提出“重点是整党内那些走资本主义道路的当权派”，又为“文化大革命”的发动做了思想上和理论上的重要准备。

参加了这两次中央工作会议的薄一波回忆道：“党内高层领导中发生的这些思想分歧，影响是深远的。最严重的是使毛主席产生了对少奇同志的不信任，从而埋下了发动‘文化大革命’的种子。毛主席一九六六年八月五日在八届十一中全会上写的那张《炮打司令部——我的一张大字报》中，就把一九六四年形‘左’实右的错误倾向，作为少奇同志

[1]《建国以来重要文献选编》第19册，中央文献出版社1998年3月版，第306、307页。

的一条罪状。十月二十五日，毛主席在中央工作会议上还回顾说，在制定《二十三条》的时候，就引起了他的‘警惕’。一九七〇年十二月十八日，当斯诺问毛主席从什么时候明显感觉到必须把刘少奇从政治上搞掉时，毛主席也回答说是制定《二十三条》那个时候。”[1]

这以后，各地的“四清”运动仍在抓紧进行，但到“文化大革命”开始后便无法搞下去了。稍后，中央发出指示：把“四清”运动纳入“文化大革命”中去，“四清”运动实际上不了了之。

在社会主义教育运动开展的同时，意识形态领域内、思想文化领域内的批判运动也迅速地开展起来，而且规模越来越大，火力越来越猛。这种批判，以学术讨论的形式，进行政治性的批判，作为“反修防修”的重要组成部分。

毛泽东历来十分重视思想文化领域的斗争。一九五六年匈牙利事件中的裴多菲俱乐部给他留下很深的印象。在中共八届十中全会上，他联系小说《刘志丹》说了一段分量很重的话：

“凡是要推翻一个政权，总要先造成舆论，总要先搞意识形态方面的工作。无论革命也好，反革命也好，他先要搞意识形态。”[2]

全会结束后，文艺界便根据全会精神开始检查工作。一九六三年四月，中共中央宣传部召开文艺工作会议，讨论文艺界的整风问题。五月六日和七日，在江青支持下，《文汇报》分两天连载一篇文章，点名批判孟超改编的昆曲《李慧娘》和繁星（即廖沫沙）所写的《有鬼无害论》。文章写道：“在从社会主义过渡到共产主义的整个历史时期，阶级斗争、两条道路斗争，是尖锐、复杂的。在意识形态的战线上，不仅有比较明显的敌人，如帝国主义及其追随者极力宣传的各种资产阶级的反动思想；而且还有比较不明显的对象，就是几千年来阶级社会遗留的旧意识、旧习惯，就是资产阶级、小资产阶级的思想影响。这些东西，也

---

[1] 薄一波：《若干重大决策与事件的回顾（修订本）》下卷，第1169—1170页。
[2] 毛泽东在中共八届十中全会全体会议上的讲话记录，1962年9月24日。

就是毛泽东同志早就指出过的‘群众脑子里的敌人’。”〔1〕这篇文章在当时引起广泛的注意，因为它是报刊上一系列公开点名批判的开始，并且把思想文化领域内的争论提到“阶级斗争”、“两条道路斗争”的高度。

这年十二月十二日，毛泽东在中共中央宣传部文艺处编印的《文艺情况汇报》上批示：

“各种文化形式——戏剧、曲艺、音乐、美术、舞蹈、电影、诗和文学等等，问题不少，人数很多，社会主义改造在许多部门中，至今收效甚微。许多部门至今还是‘死人’统治着。不能低估电影、新诗、民歌、美术、小说的成绩，但其中的问题也不少。至于戏剧等部门，问题就更大了。社会经济基础已经改变了，为这个基础服务的上层建筑之一的艺术部门，至今还是大问题。

许多共产党人热心提倡封建主义和资本主义的艺术，却不热心提倡社会主义的艺术，岂非咄咄怪事。”

一九六四年一月，刘少奇召集中共中央宣传部和文化艺术界三十多人举行座谈会，周扬传达了毛泽东的上述批示。“刘少奇指出，《李慧娘》是有反党动机的，不只是一个演鬼戏的问题。他还批评京剧《谢瑶环》说：我在昆明看了那个戏，恐怕也是影射反对我们的。”〔2〕

六月二十七日，毛泽东在中共中央宣传部文艺处起草的《关于全国文联和各协会整风情况的报告（草稿）》上又写了批示：

“这些协会和他们所掌握的刊物的大多数（据说有少数几个好的）十五年来，基本上（不是一切人）不执行党的政策，做官当老爷，不去接近工农兵，不去反映社会主义的革命和建设，最近几年，竟然跌到了修正主义的边缘。如不认真改造，势必在将来的某一天，要变成像匈牙

〔1〕梁壁辉：《驳“有鬼无害”论》（续昨），《文汇报》1963年5月7日。

〔2〕何蓬：《毛泽东时代的中国》第2卷，中共党史出版社2003年11月版，第413页。

利裴多菲俱乐部那样的团体。”[1]

从这年夏季开始，文化艺术领域内的政治批判进一步展开，并且扩展到哲学、经济学、历史学等各个学术领域。

在文化艺术领域内，从七月开始，先后对文化部副部长齐燕铭、夏衍、徐光霄、徐平羽、陈荒煤，中国作家协会党组书记邵荃麟，全国文联副主席阳翰笙，全国戏剧家协会主席田汉等进行批判。全国报刊上，对《李慧娘》、《谢瑶环》等戏曲，《早春二月》、《北国江南》、《林家铺子》、《舞台姐妹》、《红日》、《不夜城》、《抓壮丁》等电影，“写中间人物论”、“时代精神汇合论”等文艺思想，展开声势浩大的政治批判。

在其他学术领域内，哲学界批判了中央党校副校长杨献珍的“合二而一”论，经济学界批判了中国科学院经济研究所所长孙冶方的“生产价格论”、“企业利润观”，历史学界批判了北京大学副校长翦伯赞的“历史主义”和“让步政策论”。

思想文化领域内“左”的错误的发展，把学术观点和政治问题等同起来，混淆了是非界限以至敌我界限，在知识分子中造成人人自危的紧张空气。这种文化批判直接引向“文化大革命”的发动。

五年调整的成功

尽管如此，全党和全国人民的主要注意力，从一九六〇年冬季以后，直到“文化大革命”发动前，仍一直放在贯彻执行调整经济的正确方针上，投身于农业、工业、科学文化、国防等实际工作中。大规模的社会主义建设逐步地出现欣欣向荣的景象。

中共八届十中全会重新强调阶级斗争时，据薄一波回忆：“有鉴于一九五九年庐山会议的教训，少奇同志在八月二十日北戴河中心小组会上和九月二十六日在全会讲话中都提议：会议精神的传达应有个范围，

---

〔1〕《建国以来重要文献选编》第19册，第7—8页。

不向下面传达，免得把什么都联系到阶级斗争上来分析，也免得把全党的力量都用去对付阶级斗争。”[1] 周恩来在全会讲话中也提出：“反右的时候还要防‘左’。”“一九五九年庐山会议还有一个缺点，就是把反右斗争搞到底下，搞到群众中去了。”[2] 九月二十四日，毛泽东在八届十中全会的全体会议上明确地说：

“要分开一个工作问题，一个阶级斗争问题，我们决不要因为对付阶级斗争问题而妨碍了我们的工作。请各部门各地方的各位同志注意。

一九五九年庐山会议，反党集团扰乱了我们，我们那个时候不觉悟。本来是搞工作的，后头来了一个风暴，就把工作丢了。这一回，可不要这样。各部门、各地方的同志传达也要注意，要把工作放到第一位，阶级斗争跟它平行，不要放在很严重的地位……不要让阶级斗争干扰了我们的工作，大量的时间要做工作，但是要有专人对付这个阶级斗争。”[3]

毛泽东在这里说的“工作问题”，主要是指经济工作、特别是正在进行的经济调整。正因为如此，在八届十中全会重提阶级斗争后的几年内，经济调整工作仍能有条不紊地进行，全国人民的主要时间和精力仍放在这方面，没有受到“左”的错误的严重干扰。

八届十中全会一结束，国务院副总理兼国家计委主任李富春立刻同各有关部委一起研究对当前经济形势的估计和一九六三年计划的初步设想。这年十一月二十八日，他在全国计划会议的报告中说：

“现在经济形势确实有了显著的好转，看不到这个好转，看不到调整的成绩，看不到已经从被动转向主动，看不到党的方针政策的伟大作用，看不到光明，这显然是错误的。但是，认为国民经济已经全面好

---

〔1〕 薄一波：《若干重大决策与事件的回顾（修订本）》下卷，第1138页。

〔2〕 周恩来在中共八届十中全会上的发言记录，1962年9月26日。

〔3〕 毛泽东在中共八届十中全会全体会议上的讲话记录，1962年9月24日。

转，或者认为没有问题了，可以把‘八字’方针放在次要地位了，可以不必减人了，可以放松对财政、银行的管理，放手花钱了，可以不注意按农轻重的次序安排经济计划了，又可以大发展了，也是错误的，是要吃亏的。”〔1〕

他指出当前存在的主要问题：一是农业生产水平还没有恢复。今年的粮食总产量只相当于一九五二年的水平，棉花产量只相当于一九五〇年的水平。二是工业内部的关系还没有调整好。重工业和轻工业的关系、重工业内部的关系、重工业各行业内部的关系，都还没有调整好，特别是原料、材料工业还不能满足加工工业的需要，有些加工工业的设备制造能力也不能满足各方面的需要。三是国防工业的物质基础还不雄厚，尖端技术还没有过关。四是人民生活的必需品、特别是城市人民的生活必需品还供应不足。五是国家和人民的物质力量都减少了，家底相当薄。因此，他提出：明年计划的安排，就是贯彻执行以农业为基础、以工业为主导的总方针，以支援和发展农业为第一位，继续贯彻调整、巩固、充实、提高的方针。

计划会议经过充分讨论，确定一九六三年把农业生产的继续恢复摆在第一位。在这年全部积累额中，用于农业的约占一半；在财政收入新增加额中，用于增加支援农业的资金也占一半左右；基本建设投资中，用于农业的部分占百分之三十。这个计划，得到中央的批准。

一九六三年上半年，国民经济形势开始明显好转，一些干部中的急于求成思想又开始出现。“一九六三年第一季度，越冬农作物长势良好，按季度计划生产的各种工业品九成以上超额完成任务，工业劳动生产率比上年同期提高百分之三十，财政结余增至十点四亿元。从中央到地方，部分干部盲目乐观的情绪重新抬头。三月一日，中央发出的一份指示认为，国民经济会‘以比较快的速度向前发展’，‘进入一个新的高涨时期’。各地将一九六三年当作‘三五’计划的头一年，纷纷喊出打好

〔1〕《李富春选集》，第300页。

第一仗、夺取开门红的口号，有的地方又制订了过高的指标。究竟应当怎样看待形势？调整是否还要继续进行下去？还是可以开始新的‘大跃进’了？由于对形势的看法迥异，在处理国民经济问题上出现了不同的指导思想。六月一日至十五日，在全国年度计划座谈会上，一种意见提出，把调整作为主要任务的历史时期已经过去了，调整的‘八字方针’可以不再提了；另一种意见坚持，虽然大调整的任务已经完成，但还存在不少遗留问题，还需要进一步贯彻‘八字方针’。”〔1〕

这又是需要作出决断的时候了。

七月三日，李富春向人大常委会报告第二个五年计划执行情况时说：“正如周恩来总理所说过的，在我国前几年社会主义建设的大发展中，出现了许多不协调的现象。为了改变这种不协调的现象，为了巩固已有的成绩，为了给以后的国民经济新的发展创造条件，就必须用一个较长的时间，即用几年的时间，通过综合平衡、全面安排，进行较大幅度的调整。这就是说，我们必须在应当后退的地方坚决后退，在应当前进和可能前进的地方积极前进，以便掌握主动，逐步把国民经济的关系调整好。”〔2〕

七月下旬，周恩来在中共中央书记处传达毛泽东关于继续进行三年调整、为第三个五年计划，做好准备的意见，并且明确表示：国民经济调整从一九六一年算起要进行五年，“八字方针”不要马上改变，还要继续调整。

八月六日，薄一波在国务院各部委负责人会议上讲话说：“毛主席最近指出，一九六三、一九六四、一九六五年仍然是作为调整的年代。我们原来打算，今年是第三个五年计划开始。现在不搞了。一九六三年、一九六四年、一九六五年调整三年，一九六六年开始第三个五年计划。假如一九六三年到一九六五年是调整，加上一九六一、一九六二两年，实际上就是五年调整。目的就是把我们的工作搞得更好，把基础打得更扎实，把各方面的关系调整得更好，把第三个五年计划搞得更好，

〔1〕刘国光主编《中国十个五年计划研究报告》，第225页。

〔2〕《李富春选集》，第321页。

不要仓仓促促。这三年也叫调整，但内容多少和一九六一、一九六二两年有所不同。一九六一、一九六二两年的调整，取得了很大的成绩。现在开始的调整更着重于充实、巩固、提高，填平补齐，成龙配套。”〔1〕

同月二十三日，周恩来又提出：“经过一九六三至一九六五年三年过渡和一九六六至一九七五年十年规划，基本建立一个独立的国民经济体系。国民经济体系不仅包括工业，而且包括农业、商业、科学技术、文化教育、国防各个方面。工业国的提法不完全，提建立独立的国民经济体系比只提建立独立的工业体系更完整。苏联就是光提工业化，把农业丢了。”〔2〕

九月六日至二十七日，中共中央召开工作会议，把上述设想基本确定下来。

这样，第二个五年计划虽已在一九六二年结束，但把一九六三年至一九六五年规定为一个过渡阶段，仍称调整时期（连同一九六一、一九六二年合称五年调整），到一九六六年才开始实行第三个五年计划，表明了调整的极大决心。五年调整中又分两个阶段：前两年的调整是被迫进行的，后三年的调整是主动、有计划地安排的。在实行“三五”计划前再用三年继续调整，使国民经济达到并超过历史最高水平，获得一个稳定可靠的发展新起点。

由于措施有力，各项调整政策的效果逐步显现出来，管理经济的能力在实践中有所提高，到一九六三年底，整个国民经济已经开始全面好转：国内生产总值比上年增长百分之十点二；一九五九年以来，工业总产值增长时农业总产值下降，农业总产值上升时工业总产值下降，或者双双下降，而在一九六三年终于做到了双双上升，工业总产值比上年增长百分之八点五，农业总产值尽管河北、河南、山东部分地区遭受特大洪水灾害，广西、湖南、云南部分地区长期严重干旱，仍罕见地比上年增长百分之十一点六，超过历史上的最高水平；财政总收入，结束一九六一、一九六二年连续下降的局面，比上年增加百分之九点二，收支相

〔1〕 薄一波：《关于一九六四年计划的问题》，《党的文献》1998年第4期。
〔2〕《周恩来经济文选》，第519页。

抵略有盈余。值得注意的是，一九六三年全国人口比上年增长两千二百七十万人，自然增长率为千分之三十三点三。是新中国建立后人口增长最快的一年。[1]

总的说来，国民经济终于依靠中国人自己的力量，顽强奋斗，从最困难的低谷走了出来。这是多么不容易的事情！

一九六四年，在着手制订第三个五年计划过程中又提出了“三线建设”（又名战略后方建设）的问题。

这个问题的提出，是由于当时严峻的国际局势，使中国领导人考虑到需要加强战备，以便应对敌对势力对中国可能发动的突然袭击。

那时候，美国对越南的侵略战争正在大幅度升级。一九六四年八月，他们制造“北部湾事件”，对越南的北方进行大规模持续轰炸。第二年二月，正式向越南南方派出地面作战部队，陆续增加到几十万人。越南是中国南部贴邻的友好国家。美国的 U－2 军事侦察机和间谍卫星又不断深入中国腹地拍摄军事情报。这使中国面临朝鲜战争初期相似的威胁。在台湾的蒋介石，企图利用大陆严重经济困难的状况，叫嚣反攻大陆，并多次派遣武装特务到东南沿海地区进行骚扰活动。苏联在中国的北部边境陈兵百万，虎视眈眈，令人严重不安。中国对印度实行自卫反击战后，双方的军事对峙局面尚未根本缓和。

在这种情况下，提出“备战”的问题是否必要？遭受敌对势力突然袭击的可能性是否存在？三线建设是否“庸人自扰”的多余动作？有的学者作了这样的分析：

“多年来，由于国内外档案尚未解密，关于这个问题持不同意见的双方争论不休，一直没有确凿的事实。认为没有必要的一方，多从日后敌人入侵并未发生的事实来论证自己的观点。认为有必要的一方，也多用当时越南战争的态势及美国对中国的敌视言论来论证，缺乏具体的资料。

---

〔1〕许涤新主编《当代中国的人口》，第 11 页。

随着一九九四年美国一批档案的期满三十年销密、苏联解体后机密档案的外传，及中国方面档案的逐步披露，历史逐渐形成了轮廓——一九六四年前后，美国确实制定了对中国发动突然袭击的计划，引起了中国的高度警惕；一九六九年苏共政治局中确实存在对中国实施核打击的意见。三线建设形成的两次高潮，都由此而来。”〔1〕

国务院副总理兼外交部长陈毅在一九六五年国庆前夜的九月二十九日举行有三百多人参加的盛大的中外记者招待会，在回答中外记者提问时，发表了一篇语惊四座的谈话：

“中国人民在反对帝国主义战斗中，愿意作出一切必要的牺牲！今天美国是否要同中国进行大战，这要由美国总统和五角大楼来决定。对于美帝国主义，我们不存任何幻想。为了反对美国侵略，我们一切都准备好了。如果美帝国主义决心要把侵略战争强加给我们，那就欢迎他们早点来，欢迎他们明天就来。让印度反动派、英帝国主义、日本军国主义者也跟他们一起来吧，让现代修正主义者也在北面配合他们吧，最后我们还是会胜利的。”

“中国有一句话说：善有善报，恶有恶报；不是不报，时候未到；时候一到，一切都报。”

“我们等候美帝国主义打进来，已经等了十六年。我的头发都等白了。或许我没有幸运能看到美帝国主义打进中国，我的儿子会看到，他们也会坚决打下去。请记者不要以为我是个好战分子。是美帝国主义穷凶极恶，欺人太甚。”〔2〕

这位元帅外交部长，在盛大的中外记者招待会上讲出这样一番话

〔1〕 陈东林：《三线建设：备战时期的西部开发》，中共中央党校出版社2003年8月版，第74页。

〔2〕《陈毅副总理兼外长举行中外记者招待会发表重要讲话》，《人民日报》1965年10月7日。

来，并且把它在《人民日报》第一版上发表，自然不是个人的即兴之举。它反映出中国领导人当时对战争威胁是作了足够估计和应对准备的。他们考虑到战争有打和打不起来两种可能，但别的国家会不会发动对华战争并不由中国作主，宁可把战争爆发的可能性估计得严重一些，做到有备无患，也不能放松警惕。以往经验证明：只有下最大的决心，充分做好这种应对准备，才不会当突然事变发生时张皇失措，也才有可能制止战争，使它不发生。

面对严重的战争威胁，国民经济的布局暴露出几个重要缺陷：一是工业过于集中在十四个一百万人以上的大城市中；二是这些大城市人口多，大部分在沿海地区，易遭空袭；三是主要铁路枢纽、桥梁和港口码头，一般都在大中城市及其附近，易受破坏；四是所有水库紧急泄水能力都很小，一旦遭到破坏，一些大城市及周围广大地区将遭洪水冲击。

一九六四年五月二十七日，毛泽东主持召开中央政治局常委扩大会议，专门研究三线建设问题。他提出两个“注意不够”：一个是对三线建设注意不够，一个是对基础工业注意不够。所谓三线，是按地区划分的。第一线是沿海，第二线是中部地区，第三线是后方地区，包括西南的云、贵、川，西北的陕、甘、宁、青。新疆属于第一线。对第三线的建设，毛泽东考虑的重点在四川，而攀枝花又是重中之重。他还提出，要加快成昆、内昆、湘黔、滇黔、川黔几条铁路的建设。一、二线也要搞点军事工业。

一九六五年四月十二日，中共中央发出《关于加强备战工作的指示》，写道：“对于美帝国主义扩大战争的步骤，必须认真对待，绝不能有任何的麻痹大意。要估计到敌人可能冒险。我们在思想上和工作上应当准备应付最严重的情况，准备对付美帝轰炸我国的军事设施、工业基地、交通要地和大城市，以至在我们的国土上作战。”“我们对小打、中打以至大打，都有所准备，对我们只有好处，没有什么坏处。”〔1〕

六月十六日，毛泽东在听取第三个五年计划和三线建设的汇报时又

---

〔1〕《建国以来重要文献选编》第20册，中央文献出版社1998年5月版，第142、143页。

提出："要根据客观可能办事，绝不能超过客观可能。按客观可能还要留有余地。留有余地要大，不要太小。要留有余地在老百姓那里，对老百姓不能搞得太紧。总而言之，第一是老百姓，不能丧失民心；第二是打仗；第三是灾荒。计划要考虑这三个因素。"[1] 后来，周恩来把这三条概括为"备战，备荒，为人民"，成为六七十年代之交经济工作的指导方针。

三线建设从一九六四年开始，进行了十多年。在建设中，实行三老带三新的办法，即老基地带新基地、老厂矿带新厂矿、老工人带新工人，从筹建、施工到建成投产一包到底。它建立起比较巩固的战略后方，特别是在四川、贵州、陕西及豫西、鄂西、湘西等地区建立起许多重要的军事工业基地；初步改变了东西部地区经济布局严重不平衡的状况，在西部地区建成攀枝花大型钢铁联合企业等一大批工业基地，增强了科学技术力量。拿机械工业来说，从沿海搬去工厂、设计、科研单位二百四十一个，内迁职工六万多人，设备一万八千多台，建成了二百个生产单位，是全国工业生产力的一次大转移。作为建设的先行，还开工兴建成昆、贵昆、川黔、湘黔等铁路。这些，为以后的西部大开发打下了扎实的基础。但不久就受到"文化大革命"十年动乱的严重干扰，在实施时又要求过急，摊子铺得过大，过分强调"靠山、分散、隐蔽（进洞)"，也造成严重浪费和不少遗留问题。

三线建设以外，经济调整方面还继续采取一些有效的措施：对矿山、工业企业进行填平补齐，加强设备维修；改善企业的经营管理，努力扭亏为盈；增加职工工资，特别是提高低收入工人的工资水平，适当扩大计件工资范围，适当解决职工住宅不足等问题；调整部分商品的价格；试办托拉斯，扩大公司的企业职能，按照经济的办法来进行管理。

调整工作取得了明显的成绩。一九六四年，国内生产总值比上年增长百分之十八点三，其中工业总产值比上年增长百分之十九点六，农业总产值比上年增长百分之十三点五，国家的财政总收入比上年增长百分

〔1〕 毛泽东听取"三五"计划和三线建设汇报时的谈话记录。1965 年 6 月 16 日。

之十六点七。全国主要经济指标大体上已接近或超过一九五七年的水平。一九六五年，国内生产总值比上年又增长百分之十七，其中工业总产值比上年增长百分之二十六点四，农业总产值比上年增长百分之八点三，国家财政总收入比上年增长百分之十八点五。（从一九六三年至一九六六年，国内生产总值连续四年以两位数增长）这种增长速度是相当惊人的。这是全国人民共同艰苦奋斗的结果。到一九六五年，无论是国内生产总值，还是工业或农业总产值，都大幅度超过一九五七年的水平。

应该说，五年调整不只是实现了国民经济的恢复，而且在恢复基础上取得了再度发展。

一九六四年十二月二十一日和二十二日，周恩来在第三届全国人民代表大会上作《政府工作报告》时，响亮地宣布：

“现在，调整国民经济的任务已经基本完成，工农业生产已经全面高涨，整个国民经济已经全面好转，并且将要进入一个新的发展时期。”

“今后发展国民经济的主要任务，总的说来，就是要在不太长的历史时期内，把我国建设成为一个具有现代农业、现代工业、现代国防和现代科学技术的社会主义强国，赶上和超过世界先进水平。为了实现这个伟大的历史任务，从第三个五年计划开始，我国的国民经济发展，可以按两步来考虑：第一步，建立一个独立的比较完整的工业体系和国民经济体系；第二步，全面实现农业、工业、国防和科学技术的现代化，使我国经济走在世界的前列。”〔1〕

在三年严重经济困难和五年调整期间，全国各族人民和各级干部表现出来的那种同心同德、战天斗地、共渡难关的崇高风格和英雄气概，是十分令人感动的。它主要来自新中国成立后劳动者地位的改变，成了国家的主人，从而激发出空前的劳动热情。工业方面的大庆油田，农业

〔1〕《建国以来重要文献选编》第19册，第456、483页。

方面的大寨大队，科学技术和国防方面核武器、导弹试验成功，是其中的突出代表。

大庆石油会战胜利，实现石油产品基本自给，是一件大事。以往，外国人常说，从地层状况看，中国是个贫油国家。一九四九年时，石油产量只有十二万吨，其中天然油近七万吨，石油职工总数一万六千人。比较现代化的石油采炼只有玉门油田，此外还有克拉玛依油田、石山子油田，整个说来，石油极端缺乏。不少汽车因缺油而改烧木炭、酒精。公共汽车顶上背着大煤气包。部队飞机、坦克的用油也难以保证。以后，根据地质学家李四光的地质力学理论打破中国是贫油国家的说法，并把石油勘探的重点放在东北。一九五九年九月底，终于在松辽平原的黑龙江肇州县境内打出第一口稳产油井。接着，又查明它周围存在有石油构造的高产地区。因为首次出油的日子刚好是国庆十周年前夜，就把这个地区命名为大庆。当时，国内正提出“以钢为纲”，大炼钢铁，要求其他部门为钢铁生产让路，不能拿出更多的财力物力用于发展石油工业。一九六〇年，许多工程正在下马。在这种情况下，中央仍批准了大庆石油大会战的计划，决定调三万名退伍士兵和三千名转业军官前往大庆。又从全国三十几个石油厂矿、院校，抽调几万名职工，调集几万吨器材设备，到大庆参加会战。当时的环境十分艰苦。石油工业部《关于大庆石油会战情况的报告》中写道：

“那时候，几万人一下子拥到一个大草原上，各方面遇到的困难，确实很多。上面青天一顶，下面草原一片。当时，几万人，包括几千工程技术人员，其中有大学教授、博士，都到了那个地方，天寒地冻，一无房屋，二无床铺，连锅灶、用具也很不够。而且还是沼泽地，蚊子多得吓人，脚上、头上到处咬你。一九六〇年那一年，雨水特别多，从四月二十六号起，一直到国庆节，三天两头下，更增加了困难。不但生活方面这样艰苦，在生产方面条件也是很困难的。几十台大钻机，在草原上一字摆开了，设备不齐全、不配套，汽车、吊车很不足，没有公路，道路泥泞，供水、供电设备更不够。当时，工作条件很差，任务很重。

特别是，转眼冬季就要到来，不说别的，就是几万人在草原上能否站住脚，也是个大问题。

在这种困难情况下，到底是打上去，还是退下来；到底是坚持下去，硬啃下来，还是被困难吓住，躺下来？

大庆油田的同志们，硬是鼓足干劲，苦干、硬干，团结一致，千方百计打上去。”[1]

石油工业部部长余秋里在战争年代被打断了一条胳膊。他在全国石油企事业单位电话会议上说：“我们要看到：干，有困难；不干，国家的困难更大。”他直接担负起大庆油田会战的指挥任务，迁往现场办公，并且同工人一起参加劳动。

讲大庆石油会战，不能不讲到“铁人”王进喜。他是甘肃玉门人，十五岁时（一九三八年）被拉工进了玉门油矿当工人。玉门解放后，他加入了中国共产党，担任玉门油矿的钻井队队长，创造了当时全国中型钻机的最高纪录。一九五九年九月底，作为石油工业战线的劳模代表出席全国群英会。在群英会期间，他在北京街头，看到来往的公共汽车背着一个鼓鼓囊囊的煤气包。他觉得石油工人没有搞到油，让国家作难，感到心中有愧。有的同志在北京沙滩附近，看见他蹲在马路边，一声不吭，愁眉苦脸，闷着头抽烟。就问他：“为什么愁眉苦脸的？”他说：“难受！”“啥事难受？”“你看嘛。”他指着街上背着煤气包的汽车说着，就流下了眼泪。大庆油田会战开始后，他在一九六〇年三月带领钻井队全队职工乘火车到达大庆。“下了火车，他一不问住，二不问吃，找到调度室先问了三句话：‘我们的钻机到了没有？’‘我们的井位在哪里？’‘这里的钻井最高纪录是多少？’”第一夜，全队职工住在一个废弃的马厩里。王进喜没有地方睡，就裹着羊皮，露宿在井台边。钻机一到，由于吊车少，不够用，他组织全队职工用人力卸车，把钻机和其他设备化整为零，搬运到井场，安装起来。“他和大家吃在井场，睡在井场，日

[1] 《建国以来重要文献选编》，第18册，第138—139页。

夜不离井场，连续苦干。只用五天零四个小时，就打完了一口井，创造了当时的最高纪录。王进喜的英雄事迹，教育了全队，也感动了附近的老乡。有个老大娘看到他们白天黑夜拼命大干，提了一篮子鸡蛋去慰问他们。她见到钻工们就说：‘你们的王队长，真是个铁人！快劝他回来，休息休息呀！’”〔1〕“铁人”的名字，就这样很快叫开了。

大庆石油会战，强调了高度的革命精神和严格的科学精神相结合。“强调树立‘三老’、‘四严’、‘四个一样’的作风。‘三老’就是中央领导同志经常指示的，当老实人，说老实话，做老实事。‘四严’是：严格的要求，严密的组织，严肃的态度，严明的纪律。‘四个一样’是：黑夜和白天干工作一个样；坏天气和好天气干工作一个样；领导不在场和领导在场干工作一个样；没有人检查和有人检查干工作一个样。”“‘三老’、‘四严’、‘四个一样’，一旦成为风气，就会产生巨大的物质力量，队伍就会变样子。”〔2〕

就拿头三年多的情况看，大庆油田从第一口井见油到探明油田面积的大概储量，只用了一年多时间，共打了一千多口一千多米深的油井；建成了年产原油几百万吨的油田和大型炼油厂的第一期工程，累计生产原油一千多万吨；进行了大量科学研究工作，解决了世界油田开发上几个重大技术难题；国家投资全部收回，并开始为国家积累资金。以后，又相继发现和建设了胜利油田、大港油田、辽河油田和冀中油田等。

农业方面大寨大队的经验，后来虽被人为地掺进一些不恰当的内容，但它当年战天斗地、艰苦创业的事迹是值得尊敬的。《当代中国的农业》一书写道：

“山西省昔阳县大寨大队位于太行山区的虎头山下，是个不足百户的村庄，自然条件很差。全村耕地分散在七沟八梁一面坡上。在以陈永贵为书记的中共大寨党支部的领导下，大寨人坚持自力更生、艰苦创业的精神，从一九五二年就开始了修梯田、闸山沟、改良土壤等艰巨的农

〔1〕《余秋里回忆录》，解放军出版社1996年10月版，第647、648、650页。

〔2〕《建国以来重要文献选编》第18册，第192、193页。

田基本建设。经过十一年的艰苦奋斗，搬掉了十几万立方米的石块，筑起了一百八十条石坝，把一块块瘦土田变成了肥沃的‘海绵地’，使亩产不到一百斤的山坡地变成了旱涝保收的稳产高产田。一九六三年，大寨大队虽然遭到特大暴雨，山洪暴发，地基冲光，五分之一的田地颗粒无收，窑洞和房屋倒塌百分之八十。但他们硬是不要国家的救济，依靠集体力量，自力更生，艰苦奋斗，战胜了洪灾，使有收成的粮田取得了亩产七百斤的好收成。一九六四年，全大队粮田亩产达到九百三十斤，向国家交售粮食一百七十五万八千斤。”〔1〕

讲大寨大队，同样不能讲到它的领头人、大队党支部书记陈永贵。他“八岁上，因为穷得没活头，父亲把他母亲、姐姐、弟弟一齐卖给了人。后来父亲又被地主逼得吊死了。他曾给地主当了二十多年长工。地主动不动要他下跪，还往他脸上吐唾沫。他受尽了人间的苦难。”当大队决心挖山填沟造田时，有些人怀疑能不能实现。陈永贵说：“山再大，沟再深，治了一山少一山，治了一沟少一沟，三年不行五年，五年不行十年。”在他带领下，五年内筑起总长十五里的一百八十多条大坝，修下两个水库，三千多个鱼鳞坑、蓄水池，把三百亩坡地垒成水平梯田，把四千七百多块地修成二千九百块，还新增了八十多亩好地。他接受县农业技术推广站的技术员的意见，推广新技术，包括选用良种、适度密植、合理施肥、防治病虫害等，但坚持必须经过试验，说：“再好的技术，要让它在咱这地方服水土，都必须用自己的双手去试验。”一九六三年遭遇特大洪灾，庄稼都倒伏了，百分之八十的房窑塌了，百分之二十三的梯田的土层被冲光了，他说：“人在就是大喜！山是人开的，房是人盖的，有了人，一切都会有。”〔2〕

大寨大队还有很可贵的一点，就是从各方面帮助后进的邻村井沟大队追赶自己。起初有些人对这样做想不通。陈永贵说：“咱们爱集体，要爱自己的集体，也要爱别人的集体，更要爱社会主义的大集体，这才

〔1〕 朱荣等主编《当代中国的农业》，第227—228页。
〔2〕 莎菌、范银怀：《大寨之路》，《人民日报》1964年2月10日。

是真正的集体主义。要是全省全国的生产大队都办得比大寨好，国家还怕不富足?”他又说：“一个先进大队，在周围的大队都比你落后的情况下，就可能停滞不前，因为，屁股后边没有人赶嘛！一个先进单位要能帮自己周围一两个后进单位，别人能先进，自己就能更先进，支援别人也就是支援自己。”〔1〕

一九六三年十一月，中共山西省委号召全省农村向大寨大队学习。一九六四年二月十日，《人民日报》登载了介绍大寨大队的报道，并发表题为《用革命精神建设山区的好榜样》的社论。接着，又开辟“学大寨精神，走大寨路，建设社会主义新农业”的专栏。从此，在全国范围内开始了“农业学大寨”的热潮。

在太行山另一侧的河南林县，原来是一个“光坡秃山头，沙石枯河沟”的穷地方。从农业合作化时起，他们在崇山峻岭之间将漳河水引入林县，穿过五十多处悬崖绝壁，闯过一百三十多处山头，凿通四十二个山洞，在太行山腰开出一道七十一公里的水渠，称为“红旗渠”，使一向缺水的林县山区土地得到灌溉。一九六四年，全县粮食亩产量达到四百斤，林、牧、副业也有很大发展。

河南省兰考县委书记焦裕禄，为了战胜当地历来肆虐的内涝、风沙、盐碱三大自然灾害。在身患肝癌的情况下，拄着拐棍走遍全县所有公社，带领人民战胜灾害。一九六四年五月，只有四十二岁的焦裕禄逝世。这一年，兰考县初步实现了粮食自给，泡桐树种植面积发展到四十五万亩。焦裕禄的事迹传遍全国，成为中下层领导干部的楷模，极大地鼓舞了人们战胜困难的决心和信心。

沈阳军区工程兵某部运输连班长雷锋，用实际行动实践了自己“把有限的生命投入到无限的为人民服务中去”的誓言。他热爱祖国，关心集体，乐于助人，无私奉献，经常利用节假日到车站、码头、工地上帮忙，尽全力帮助周围有困难的人，做了好事也不留姓名，充分体现了共产主义的崇高理想和中国传统美德的统一，因公殉职时只有二十二岁。

---

〔1〕 陶鲁笳：《一个省委书记回忆毛主席》，第110、111页。

他的事迹深深感动了无数人。毛泽东写了“向雷锋同志学习”的题词。在雷锋精神的激励和带动下，社会上形成一股健康向上、全心全意为人民服务的良好道德风尚。

原来人口稀少而土地肥沃的东北，解放战争时期的一九四七年已有部队在这里创建了宁安、通北第一批国营农场。一九五八年，在王震率领下，解放军官兵八万一千人，连同随军家属等共十万人，齐集黑龙江密山县，从这里进入大片过去在地图上都没有名字的荒原，建立国营农场。“过去的北大荒，野兽成群，沼泽密布。冬天的寒风冻僵了土地，初来乍到的人们只能穴地为居，化雪作炊。为了过冬，官兵们矗起了一排排马架子和地窨子。小咬、牛虻、蚊子到处乱飞。”但战士们说：“党和人民需要粮食，需要开发北大荒这座粮仓。北大荒那时是一无所有，可正因如此才派我们来啊。”〔1〕从一九六三年到一九七六年，先后又有五十四万知识青年从全国各地来到这里。他们和当地民众一起，比较普遍地使用农业机械来进行耕种。使北大荒变成北大仓，成为全国重要的商品粮基地。

核武器和导弹试验成功，这两件大事都发生在六十年代初期。在当时那种极端困难的条件下，取得震惊世界的成就，几乎是人们难以想象的事情。它是许多优秀的科学家、技术人员、职工和解放军战士怀着高度的爱国热情和自我牺牲精神，在中央强有力领导下共同完成的。

新中国成立时，世界已进入核时代。西方核武器的威胁，曾经像一个巨大阴影那样笼罩在中国人的心头。聂荣臻在回忆录中写道：“朝鲜战争停战以后，经常引起我们不安的是，在军事技术方面远远落后于我们当时的敌人。如何逐步改变这种状况，这是我们经常思考的问题。随着现代科学技术的迅速发展，这个问题也越来越显得突出了。我们国家很大，不可能靠购买武器来支撑国防，尤其从科学发展的趋势来看，技术越发展，保密也越强，别人即使给一些东西，也只能是性能次先进的技术，唯一的出路只有尽可能吸取国外先进成果，走自己研制的

〔1〕朱伟光、杨海娣、朱伟华：《当祖国需要时》（上），《光明日报》2007年8月15日。

道路。”[1]

一九四九年三月，新中国还没有诞生。周恩来就同意核物理学家钱三强的建议，委托他在出国参加第一次世界保卫和平大会时从法国购买一批原子核科学研究的仪器设备和图书资料。新中国成立后不久，一大批留学或执教海外的科学家回国。物理学家赵忠尧从美国带回二十箱器材，为中国安装出第一台静电加速器。一九五五年，著名科学家钱学森在周恩来直接干预下得以从美国回国。他回国后，立刻提出发展导弹的设想。一九五六年五月，中共中央作出建立和发展导弹事业的决定。

当时，首先需要做的是建立研究机构。一九五六年十月，导弹研究院（当时称国防部第五研究院）成立，钱学森任院长，陆续调集了任新民、屠守锷、黄纬绿、梁守槃、梁思礼等一批优秀科学家来院工作。不久，核武器研究院也成立了。从事核武器研发工作的优秀科学家，有钱三强、王淦昌、郭永怀、彭桓武、邓稼先、朱光亚、周光召、于敏等。

一九五八年四月，在甘肃酒泉开始建设导弹发射基地。核武器试验地经过多次选择，最后确定在新疆的罗布泊。

当时，核武器、导弹的研制是高度的机密。邓颖超曾讲到第一颗原子弹试验时，周恩来对她也是保密的。她说：“当时他向主管的负责人说，这次试验，全体工程技术人员都要绝对注意保守国家机密，有关工程、试验的种种情况，只准参加试验的人员知道，不能告诉其他同志，包括自己的家属和亲友。他说：邓颖超同志是我的爱人，党的中央委员，这件事同她的工作没有关系，我也没有必要跟她说。”[2] 许多参加研制和试验的人员长期隐姓埋名，连家里人也只知道他有重要任务，不知道是什么事，也不知道他到了什么地方去。像首先发现荷电反超子的王淦昌这样世界知名的科学家，改名为“王京”，“家里人不知他到哪儿去了，‘我有事，你们也甭问了，我出差，到时候我回来就回来，其他

〔1〕《聂荣臻回忆录》（下），第 787 页。

〔2〕 邓颖超：《一个严格遵守保密纪律的共产党员》，《人民日报》1982 年 6 月 30 日。

的你就甭管了。’”[1] 他不再在国内外学术领域内露面，更不能去交流学术研究成果，达十七年之久。

基地很多在西部的沙漠或戈壁滩地区，生活条件极为艰苦。盛夏时地面温度高达六十多度。刮起风来，飞沙走石，狂风能把帐篷掀起，飞起的石头能将汽车的挡风玻璃打碎。水十分珍贵，早上的洗脸水留着下班时洗手，晚上洗脚，还用来洗衣服。一位研究和设计人员回忆道：

“一些高出地面不到一米的地窖，这就是全部落区工作人员的住房。住在地窖里虽说不太冷，可是窖顶上不断地往下淌沙子。所以，在别处，床单是铺在身下用的，而在这里，床单却挂在空中，开始我还不太理解，但是住了一夜之后，深感其设置的奥妙，如不这样，睡一夜起来，恐怕七窍都要被沙子灌满了。在地窖里吃饭就更有意思了，谁的碗也不敢‘对空暴露’，大家都是一个姿势，低着头，弓着腰，用上身遮挡饭碗，以防‘空袭’。”[2]

一九六〇年八月，苏联撤走在中国核工业系统工作的全部专家，并带走所有的图纸资料。当时又正在经济极端困难的时候。对导弹和核武器发生“下马”还是“上马”的争论。中国领导人下决心，一定要自力更生地把这些项目坚持下去，取得突破。聂荣臻回忆道：“陈毅同志甚至表示，脱了裤子当当，也要把我国的尖端武器搞上去。他还多次对我风趣地说，我这个外交部长的腰杆现在还不太硬，你们把导弹、原子弹搞出来了，我的腰杆就硬了。”[3] 这年十一月五日，中国自己制造的第一枚导弹“东风一号”发射成功。这虽然是初步的，却是中国人民解放军装备史上的一个重要转折点。

为了加强对“两弹”研究试验工作的领导，为了组织全国的大协

---

〔1〕甘子玉（聂荣臻秘书）录像讲话，《大型电视文献纪录片〈新中国〉解说词》，中央文献出版社 1999 年 9 月版，第 194 页。

〔2〕尚增雨：《沙漠中的日日夜夜》，《中国航天腾飞之路》，中国文史出版社 1999 年 9 月版，第 180 页。

〔3〕《聂荣臻回忆录》（下），第 812 页。

作，中央在一九六二年十一月决定成立以周恩来为主任的中央专门委员会，集中全国有关力量，保证这项任务的胜利完成。周恩来对原子弹的爆炸先后作出“一次试验，全面收效”和“严肃认真，周到细致，稳妥可靠，万无一失”的指示。〔1〕一九六三年一月，他在一次讲话中又提出：“我国过去的科学基础很差。我们要实现农业现代化、工业现代化、国防现代化和科学技术现代化，把我们祖国建设成为一个社会主义强国，关键在于实现科学技术的现代化。”〔2〕

一九六四年六月二十九日，中国修改设计的“东风二号”近程导弹飞行试验成功。九月十日，中国最早的地空导弹“红旗一号”定型飞行试验获得成功。

这年十月十六日，中国在西部的罗布泊爆炸了一颗原子弹，成功地实行第一次核试验。同天，中华人民共和国政府发表声明：

“一九六四年十月十六日十五时，中国爆炸了一颗原子弹，成功地进行了第一次核试验。这是中国人民在加强国防力量、反对美帝国主义核讹诈和核威胁政策的斗争中所取得的重大成就。

保护自己，是任何一个主权国家不可剥夺的权利。保卫世界和平，是一切爱好和平的国家的共同职责。面临着日益增长的美国的核威胁，中国不能坐视不动。中国进行核试验，发展核武器，是被迫而为的。”

“中国政府郑重宣布，中国在任何时候、任何情况下，都不会首先使用核武器。”〔3〕

二十四年后，邓小平在一次讲话中说：“如果六十年代以来中国没有原子弹、氢弹，没有发射卫星，中国就不能叫有重要影响的大国，就没有现在这样的国际地位。这些东西反映一个民族的能力，也是一个民

〔1〕刘西尧：《我国“两弹”研制决策过程追记》，《两弹一星》，九州出版社 2001 年 8 月版，第 59、60 页。

〔2〕《周恩来选集》下卷，第 412 页。

〔3〕《我国第一颗原子弹爆炸成功》，《人民日报》1964 年 10 月 17 日。

族、一个国家兴旺发达的标志。”〔1〕

在航空工业方面，一九六五年研制成功了中国自行设计的第一架超音速喷气式强击机，用来大量装备部队，还获得国家科技进步特等奖。

这些可歌可泣的动人事迹和巨大成就，几乎都发生在中国经济极端困难的那段日子里。正是无数有骨气的中华优秀儿女，在农业、工业、科学技术、国防各条战线上表现出中华民族自强不息的精神和勇于从困难中奋起的能力，始终咬紧牙关，顽强不屈地奋斗，保证了中国能够从如此严重的经济困难中走出来，并且向前发展。这是一种何等样的精神风貌，是中华民族的骄傲。没有他们，也不会有我们的今天。前人的艰苦努力和他们的业绩，后人将永远铭记，不会忘记的。

十年探索中两个发展趋向

从一九五六年建立起社会主义基本制度到一九六五年完成经济调整工作，中国的社会主义建设经历了十年的艰难探索。

如果把三年“大跃进”和五年调整这两个时期连起来看，如果把这八年中的成功和挫折放在一起算个总账，在中国大地上，国民经济的面貌究竟发生了怎样的变化？马洪、刘国光、杨坚白主编的《当代中国经济》把它归纳为五条，这里每一条成就的取得都极为不易。

第一，工业生产能力大幅度提高。从一九五八年到一九六五年期间，建成了五百三十一个大中型工业项目；新建扩建了一大批重要企业，如武汉、包头等十大钢铁公司，一批重要有色金属冶炼厂，几十个煤炭企业和发电厂，以及生产规模达到一千万吨的大庆油田等。一九六五年工业总产值比一九五七年增加近一倍。工业经济效益和技术经济指标有很大改善。

第二，从产业结构上看，中国已初步建成有相当规模和一定技术水平的工业体系。能源工业方面，电力工业已在全国大部分地区联结成

〔1〕《邓小平文选》第3卷，第279页。

网；煤炭工业逐步向现代化发展；石油消费在一九六五年达到自给。冶金工业方面：经过调整，钢品种在一九六四年达到九百个，钢材品种达到九千个，都比一九五七年增加一倍多；以前不能炼制的高温合金钢、精密合金钢、高纯金属、有色稀有金属，这时都能炼制了。机械工业方面：逐步形成了门类比较齐全的机械制造体系；中国主要机械设备自给率由一九五七年的百分之六十提高到百分之九十多；中国生产的纺织机械，不但能满足国内需要，还为三十多个国家和地区提供了成套设备。新兴的电子工业、原子能工业、航天工业也是在这八年内从无到有、从小到大逐步发展起来，成为中国的重要产业部门。一九六五年，中国已能生产雷达、广播电视发射设备、电视中心设备、原子射线仪、水声设备、电话交换机、电子计算机、电视机等。其他工业也增添了不少新的门类和产品。

第三，改善了工业的地理布局。原有的沿海工业基地得到进一步加强。广大内地和边疆地区都新建了不同规模的现代工业。内地工业的产值在全国工业产值中的比重，由一九五七年的百分之三十二点一，提高到一九六五年的百分之三十五。少数民族地区的现代工业已取得很大的发展。

第四，交通运输业的面貌有很大改变。在一九五八年至一九六五年期间，全国新增铁路通车里程七千二百多公里，有十二条干线建成或部分建成。在西北地区，包（头）兰（州）铁路、兰（州）青（海）铁路、兰（州）新（疆）铁路等相继全线通车，使西北五省（区）都能以铁路联结起来，并同华北和沿海地区接通。在西南地区，黔桂铁路、川黔铁路等全线通车，并和成渝铁路接通；成（都）昆（明）、贵（阳）昆（明）、湘桂、湘黔等铁路也先后开工并部分通车。这样，全国除西藏外，各省、直辖市、自治区都通了火车，运输情况大有改善。公路、航运和邮电通讯事业也有很大发展。

第五，水利建设取得很大成绩，工业产品对农村的投入有了大幅度增加。一九五八年到一九六五年这八年，大中型的水利建设施工项目达二百九十多项，其中建成的有一百五十多项，除用于治理淮河外，还用于治理黄河、海河两大水系等。灌溉面积在全部耕地中的比重，从一九五七年的百分之二十四点四，上升到一九六五年的百分之三十二。机耕面积在耕地总面积中的比重由百分之二点四上升到百分之十五。机灌面积在灌溉总面积中的比重由百分之四点四上升到百分之二十四点五。每亩耕地的用电量和用化肥量，分别由零点一度上升到二点四度、由零点五斤上升到二点五斤。农村中植树造林、推广良种、改良土壤、控制水土流失、建立农业气象预报等方面，也都取得显著的成绩。

此外，科学和教育事业也取得很大进展。这八年，高等学校毕业生达到一百十九万五千人，是前八年的三点六倍。科学技术人员也成倍增加。〔1〕一九六五年，全国人口的城市化水平，已从一九五二年的百分之十二点六四，提高到百分之十七点九八。

中华民族是勤劳而勇敢的，在中国共产党领导下，尽管走过一条曲折的道路，社会主义基本制度建立起来后的这十年，仍是开始全面建设社会主义的十年。中华人民共和国的历史，首先是中国共产党领导全国各族人民建设一个新国家和新社会的历史。同旧中国留下的烂摊子相比，中国的面貌已经发生根本变化。经过五年调整，经济建设的发展越来越好。它为建立独立的、比较完整的工业体系和国民经济体系奠定了物质技术的初步基础，成为中华民族继续前进的出发点。这是十年间事情的主要方面，是全国各族人民共同努力的结果。

这十年，在中国现代化的道路上跨出了前所未有的一大步。六十年代中期的中国，已经不再是一九四九年时的中国那样，从而为日后的改革开放做了重要准备。实行改革开放后，中共中央《关于建国以来党的若干历史问题的决议》中写下了一句很有分量的话：

“总之，我们现在赖以进行现代化建设的物质技术基础，很大一部分是这个期间建设起来的；全国经济文化建设等方面的骨干力量和他们的工作经验，大部分也是在这个期间培养和积累起来的。”

---

〔1〕马洪、刘国光、杨坚白主编《当代中国经济》，第364—368页。

这个评价是合乎实际的。如果看不到这些，忘记了前人为此作出的可歌可泣的努力，那对中国这十年历史的了解是不全面不完整的。

当然，也要看到事情的另一方面。这十年又是在探索中发展的十年。情况十分复杂：正确和错误交织，取得成绩过程中又有许多曲折的经历，有些曲折是十分令人痛心的。怎样看待这种复杂的现象呢？胡绳作过这样的分析：

“在这十年探索中间，党的指导思想有两个发展趋向。一个趋向是党在探索中国自己的建设社会主义道路的过程中形成的一些正确的和比较正确的理论观点和方针政策，积累的一些正确的和比较正确的实践经验；而另一个趋向是错误的趋向，这就是党在探索中国自己的建设社会主义道路的过程中形成的一些错误的理论观点、政策思想和实践经验。这两种趋向虽然许多时候是相互渗透和交织的，但确实是存在着两种趋向，后一种趋向直接引导到‘文化大革命’这场灾难，而前一种即正确的趋向，也正是‘文革’以后十一届三中全会以来正确的路线方针的先导。从六十年代的情况来说，错误的趋向暂时压倒了正确的趋向；但从历史全局来看，正确的趋向终于战胜了错误的趋向，在一九七八年以后得到了广泛的发展。”〔1〕

应该说，这个分析也是合乎实际的。

在中国这样一个古老的、世界上人口最多的东方农业大国，在既没有现成先例、又没有足够准备的条件下，在异常复杂的内外环境中，要独立地探索一条中国自己的建设社会主义的道路，闯出一条新路来，实在是一件极其艰难的事业。许多在事后看起来十分明白的事情，当时却未必能看得清楚。在大胆地摸索前进的过程中，既出现正确的或者比较正确的主张，又出现错误的主张，并且相互渗透和交织着，是并不奇怪的。有时正确的主张和错误的主张又表现在同一个人或同一群人身上。

〔1〕《胡绳文集（1979—1994）》，中国社会科学出版社 1994 年 12 月版，第 481—482 页。

什么是正确的，什么是错误的，往往需要经过实践的反复检验，才能逐步判明。如果能够比较及时地发现和纠正错误，不使小的错误发展成大的错误，那是可以原谅的。遗憾的是，正如《关于建国以来党的若干历史问题的决议》指出的：

“这个期间，毛泽东同志在关于社会主义社会阶级斗争的理论和实践上的错误发展得越来越严重，他的个人专断作风逐步损害党的民主集中制，个人崇拜现象逐步发展。党中央未能及时纠正这些错误。林彪、江青、康生这些野心家又别有用心地利用和助长了这些错误。这就导致了‘文化大革命’的发动。”

第二十二章
“文化大革命”的十年动乱（上）

一九六六年，是第三个五年计划的第一年。《人民日报》发表题为《迎接第三个五年计划的第一年——一九六六年》的元旦献词，写道："我国各族人民，满怀无限的喜悦，决心在这新的一年中争取社会主义革命和社会主义建设更加伟大的成就，使新的五年计划旗开得胜。"这个新的五年计划原来应该在一九六三年到一九六七年实行，它的编制工作早已开始。这年四月十七日，国家计委党组向中央提出一个《关于修改第三个五年计划的设想汇报提纲》，指出："经过一年多的实践证明，原设想的第三个五年计划，有可能提前两年实现。就建设来说，大小三线的许多重大项目，现在看，可以提前一年或两年建成。"〔1〕《提纲》提出修改第三个五年计划的草案的补充设想：一是大幅度增加钢铁、煤炭、有色金属、电力、石油、铁路的生产建设指标；二是大抓农业，解决南粮北调和吃进口粮的问题，把农业机械化搞上去，扶持社队工作，提高农民生活水平。三年严重经济困难已成过去。人们的主要注意力正集中在如何更好地完成第三个五年计划上。

这年上半年，国民经济在经过五年调整后迅速发展。与上年同期相比，全国工业总产值增长百分之二十点三，钢增长百分之二十点七，原煤增长百分之十二点六，原油增长百分之二十八点四。发电量增长百分

〔1〕 刘国光主编《中国十个五年计划的研究报告》，第285页。

之三十点三，棉纱增长百分之十五点六，化肥增长百分之四十一点三。几乎所有工业产品的技术经济指标都在这个时期创出了建国以来的最高水平。[1] 农业生产在上半年就表现出良好的增长势头。拿全年来说，全国农业总产值比上年增长百分之八点七，大大高于前两个五年计划的年平均增长速度，其中粮食增长百分之十，棉花增长百分之十一点四，生猪存栏头数增长百分之十五点八，水产品增长百分之四，植树造林面积增长百分之三十二点四。[2] 社会主义建设的方方面面，都呈现出一派欣欣向荣的兴旺景象。

正当大家为国民经济渡过难关、重新出现大好发展势头而倍感兴奋的时候，一场绝大多数人根本没有想到的“文化大革命”的政治风暴突如其来地席卷全国，并且持续十年之久。它给中国人民带来深重的灾难，使中国的社会主义建设事业遭受前所未有的破坏和损害。这场政治风暴的性质，《关于建国以来党的若干历史问题的决议》写道：

“‘文化大革命’名义上是直接依靠群众，实际上既脱离了党的组织，又脱离了广大群众。运动开始后，党及各级组织普遍受到冲击并陷于瘫痪、半瘫痪状态，党的各级领导干部普遍受到批判和斗争，广大党员被停止了组织生活，党长期依靠的许多积极分子和基本群众受到排斥。‘文化大革命’初期卷入运动的大多数人，是出于对毛泽东同志和党的信赖，但是除了极少数极端分子以外，他们也不赞成对党的各级领导干部进行残酷斗争。后来，他们经过不同的曲折道路而提高觉悟之后，逐步对‘文化大革命’采取怀疑观望以至抵制反对的态度，许多人因此也遭到了程度不同的打击。以上这些情况，不可避免地给一些投机分子、野心分子、阴谋分子以可乘之机，其中有不少人还被提拔到了重要的以至非常重要的地位。”

“历史已经判明，‘文化大革命’是一场由领导者错误发动，被反革命集团利用，给党、国家和各族人民带来严重灾难的内乱。”

---

〔1〕 柳随年、吴群敢主编《中国社会主义经济简史》，第346页。

〔2〕 朱荣等主编《当代中国的农业》，第252页。

尽管如此，在此期间中国的社会主义制度仍然保存着。广大工人、农民、解放军指战员、知识青年和许多领导干部的共同斗争，使“文化大革命”的破坏受到一定程度的限制。他们中的绝大多数人在极端困难的情况下，坚持在各自的工作岗位上顽强奋斗，使中国的国民经济虽然遭到巨大损失，仍然取得了进展。粮食生产保持了比较稳定的增长。工业交通、基本建设和科学技术方面取得了一批重要成就。在国家动乱的情况下，人民解放军仍然英勇地保卫着祖国的安全。对外工作取得巨大突破，打开了新的局面。当然，这一切绝不是“文化大革命”的成果；相反，如果没有“文化大革命”，中国的社会主义建设事业会取得大得多的成就。

“文化大革命”为什么会发生

“文化大革命”是毛泽东发动和领导的。他为什么要那样做？这是许多人觉得难以理解的问题。

毛泽东一直把建设社会主义新中国作为自己奋斗的目标。他渴望在中国建立起一整套全新的社会制度，并且鉴于苏联的教训，力求找到一条适合中国特点的社会主义道路。但那时中国共产党对什么是社会主义、怎样建设社会主义的认识并不清楚。“毛泽东和中央主要领导人很自然地按照战争年代经验来设计社会主义的蓝图。一九五八年，毛泽东提出了以‘一大二公’为特点的人民公社构想。政社合一，工农商学兵融为一体，生活集体化，农村城市化，城市农村化，劳动人民知识化，知识分子劳动化，限制资产阶级法权，毛泽东认为，这就是现时可以实行的社会制度。”“‘大跃进’失败后，他虽然纠正了一些具体措施中的错误，但对这种超越阶段的设想仍然没有放弃，真诚地坚持认为，自己设计的这一目标和手段是完全正确的，是可以实现的。”[1] 这种很大程

〔1〕 刘国光主编《中国十个五年计划研究报告》，第286页。

度上带有空想色彩的社会主义构想本来是行不通的，但对此持有怀疑或不赞同的主张却被他视为阶级斗争的表现。这就使矛盾发展得更加尖锐了。

中共八届十中全会以后，毛泽东越来越担心：中国以后会背离社会主义道路，走上资本主义道路，这就是他常说的“出修正主义”或“资本主义复辟”。他最忧虑几种现象：一是中央领导层中出现的重大分歧，特别是农村工作中“包产到户”的主张得到不少中央领导人支持，被他认为是离开社会主义道路、走资本主义道路的表现，引起他对这些领导人的严重不信任。二是社会主义社会中出现的黑暗面，特别是干部严重脱离群众的现象。他在一九六〇年初就讲过：“所有制问题基本解决以后，最重要的问题是管理问题，即全民所有的企业如何管理的问题，集体所有的企业如何管理的问题，这也就是人与人的关系问题。”“在劳动生产中人与人的关系，也是一种生产关系。在这里，例如领导人员以普通劳动者态度出现，以平等态度待人，改进规章制度，干部参加劳动，工人参加管理，领导人员、工人和技术人员三结合，等等，有很多文章可做。”“这种关系是改变还是不改变，对于推进还是阻碍生产力的发展，都有直接的影响。”〔1〕一九六五年一月，他读了在洛阳拖拉机厂蹲点的第八机械工业部部长陈正人给薄一波的信。陈正人在信中说：经过蹲点，“开始发现了厂里从不知道的许多严重问题。这些问题，如果再让其继续发展，就一定会使一个社会主义的企业有蜕化为资本主义企业的危险。”“特别值得重视的是：一部分老干部在革命胜利有了政权以后，很容易脱离群众的监督，掌管了一个单位就往往利用自己的当权地位违反党的政策，以至发展到为所欲为。”薄一波在信旁批道：“这是个问题，所以成为问题，主要是由于我们多年来没有抓或很少抓阶级斗争的缘故。”毛泽东把这个问题看得很严重，在信上批示：“我也同意这种意见。官僚主义者阶级与工人阶级和贫下中农是两个尖锐对立的阶级。”“如果管理人员不到车间、小组搞‘三同’，拜老师，学一门至几门手

〔1〕《毛泽东文集》第8卷，第134、135页。

艺，那就一辈子会同工人阶级处于尖锐的阶级斗争状态中，最后必然要被工人阶级把他们当作资产阶级打倒。”[1]“四清”运动中被夸大地揭出的种种问题，使他认为干部蜕化变质的状况有着相当大的普遍性，更增强他那种紧迫感。三是他认为文化教育领域内，封建主义、资本主义的东西仍占着优势。前引他对文艺工作批示中所说：“十五年来，基本上（不是一切人）不执行党的政策，做官当老爷，不去接近工农兵，不去反映社会主义的革命和建设。最近几年，竟然跌到修正主义的边缘”，便是一个例子。“文化大革命”一开始，就把斗争重点指向“走资本主义道路的当权派”和“资产阶级的反动学术权威”，不是偶然的。

显然，毛泽东这时对国内阶级斗争形势的估计已十分严重。而主持中央“一线”工作的领导人和许多大区、省一级的领导人对此却没有作出相应的反应。这使毛泽东非常不满。他对身边的护士长吴旭君说过：

“我多次提出主要问题，他们接受不了，阻力很大。我的话他们可以不听，这不是为我个人，是为将来这个国家、这个党，将来改变不改变颜色、走不走社会主义道路的问题。我很担心，这个班交给谁我能放心。我现在还活着呢，他们就这样！要是按照他们的作法，我以及许多先烈们毕生付出的精力就付诸东流了。”

“我没有私心，我想到中国的老百姓受苦受难，他们是想走社会主义道路的。所以我依靠群众，不能让他们再走回头路。”

“建立新中国死了多少人？有谁认真想过？我是想过这个问题的。”[2]

他逐渐形成这样的想法：中国会不会放弃社会主义而走上资本主义道路，关键不在城乡基层，而是在上层，尤其是中央。如果在中国自上而下地出修正主义，它的危险比自下而上地出修正主义要大得多，改变颜色也快得多。只要把上面的问题解决了，下面的问题不难慢慢地收

---

〔1〕 毛泽东在陈正人1964年12月4日给薄一波的信上的批注，1965年1月15日。

〔2〕 访问吴旭君谈话记录，2002年1月18日。

拾。他在一九六四年底讨论四清运动的中央工作会议上，借用“豺狼当道，安问狐狸”的成语说：“先搞豺狼，后搞狐狸，这就抓到了问题。你不从当权派着手不行。”〔1〕

一九六六年那年，毛泽东七十三岁了。他的心情很焦躁，觉得要在有生之年，把他忧虑的这个问题解决好。五月五日，他会见谢胡率领的阿尔巴尼亚党政代表团时说：“我的身体还可以，但是马克思总是要请我去的。”“我们是黄昏时候了，所以，现在趁着还有一口气的时候，整一整这些资产阶级复辟。”“要把两个可能放在心里：头一个可能是反革命专政、反革命复辟。把这个放在头一个可能，我们就有些着急了。不然就不着急，太平无事。如果你不着急，太平无事，就都好了？才不是这样。”〔2〕六月十日，他对越南领导人胡志明说：“我们都是七十以上的人了，总有一天被马克思请去。接班人究竟是谁，是伯恩斯坦、考茨基，还是赫鲁晓夫，不得而知。要准备还来得及。总之，是一分为二，不要看现在都是喊‘万岁’的。”〔3〕

毛泽东不是已在中共八届十中全会上重提阶级斗争、发动城乡社会主义教育运动、开展文化批判了吗？但他逐渐觉得那些还远远不够，只是抓了个别问题和个别人物，并没有全盘地抓起来。他不久后对阿尔巴尼亚的卡博和巴卢库说：“这些都不能解决问题，就没有找出一种形式，一种方式，公开地、全面地、由下而上地来揭发我们的黑暗面。”〔4〕

毛泽东迫切地期望能实现并保持一个公正、平等、纯洁的社会。他认为现在中国的社会主义社会中依然存在许多“黑暗面”，特别是在劳动生产中人与人的关系方面，一些问题还在不断发展。在他看来，这些问题只有依靠放手发动群众来解决，“文化大革命”正是他所想找到的那“一种形式，一种方式”，一旦“公开地、全面地、由下而上地发动群众来揭发我们的黑暗面”，就可以充分揭露并消除这些“黑暗面”，实

---

〔1〕 毛泽东在中央工作会议上的插话记录，1964年12月20日。

〔2〕 毛泽东同阿尔巴尼亚党政代表团谈话记录，1966年5月5日。

〔3〕 毛泽东同胡志明谈话记录，1966年6月10日。

〔4〕 毛泽东同卡博、巴卢库谈话记录，1967年2月3日。

现他所理想的那样的社会。为了防止国家改变颜色，他觉得乱一阵也不怕，付出些重大代价也是值得的。这就是他所说："天下大乱，达到天下大治。"

西方有些学者喜欢把毛泽东发动"文化大革命"的原因归结为"权力斗争"。这种看法，客气一点地说也只是主观臆测之词，并不符合实际：一来，当时没有也不可能有任何人向毛泽东的巨大威望和"权力"挑战；二来，毛泽东当时如果要打倒某个或某些人并不困难，根本用不着"公开地、全面地、由下而上地发动群众"进行这样一场"文化大革命"。

毛泽东的两个极为严重的错误在于：

第一，对社会主义社会中存在的"黑暗面"作了极端夸大的错误估计，甚至混淆了是非，混淆了敌我。长时期领导阶级斗争和群众性政治运动并取得巨大成效的经历，使毛泽东习惯于把社会上存在的种种问题都看成阶级斗争的表现，甚至把一些他所不同意的正当主张也看作"修正主义"或在"走资本主义道路"。中国共产党的各级干部大多有着同他类似的经历，易于接受这种观点。随着"四清"运动的发展，毛泽东把问题看得越来越严重了。苏联发生的变化，更使他担心只要身边出现"赫鲁晓夫那样的人物"，就会使党和国家改变颜色。社会主义社会中本来仍存在种种矛盾，特别是当权的干部和群众的矛盾，但把问题看得越来越严重，就越来越脱离了实际。到发动"文化大革命"时，他已认定：党中央已出现了修正主义，中国已面临资本主义复辟的现实危险。这个估计就完全错误、完全不符合实际情况了。

第二，对怎样消除社会主义社会中存在的"黑暗面"，采取了极端错误的方法：不是从大力发展社会生产力下手，在前进过程中逐步解决存在的问题，而是强调"阶级斗争，一抓就灵"，希望通过他所习惯的激烈的阶级斗争的办法，放手发动群众，把"走资本主义道路当权派"篡夺的权力重新夺回来，对存在的种种问题作一个总解决。他把"放手发动群众"看成可以不需要各级党组织的领导，群众要怎么做就怎么做。甚至说出这样的话来："来一个放任自流"。"全国的省委、大市委、中等市委，要垮一批。”[1]他认为，这些都没有什么了不起，最终都可以得到控制。但后来的事实证明：在“阶级斗争为纲”的错误思想指导下，一旦没有约束地采取自由放任的态度，一旦无政府主义泛滥起来，中国社会中十七年内积累起来的种种错综复杂的矛盾，包括自以为“不得志”的人同看起来被重用的人、在这件或那件事上心存不满的人以至各种个人间的恩恩怨怨等等矛盾，都在“革命造反”的漂亮口号下，以极端的甚至是无法无天的形式，来一个集中的大爆发。一些大大小小的野心分子更乘此活跃起来，浑水摸鱼，为所欲为。这就像打开潘多拉盒子那样失去控制，造成的恶果远远超出毛泽东原来的预料，说明他那些想法严重地背离了实际。这是一个沉重的教训。处于新的历史条件下，在中国已再不能用这种办法来解决社会矛盾。否则，就只会有“天下大乱”，而不能达到“天下大治”。

从这种错误认识出发，形成了他的“无产阶级专政下继续革命”的错误理论。这个理论既不符合马克思主义，也不符合中国实际。说它不符合马克思主义，因为它违反马克思主义关于生产关系必须适合生产力水平这个根本原理。说它不符合中国实际，因为它不符合中国还处于并将长期处在社会主义初级阶段这个最大的实际，并且对存在的问题作了错误的或极端夸大的估计。毛泽东却对这个理论充满自信，把发动“文化大革命”看作可以同建立新中国相提并论的两件大事之一。

由于当时对毛泽东的个人崇拜已达到狂热的程度，由于民主集中制和集体领导已遭到严重破坏，党的权力过分集中于个人，发展到个人专断。一些重要领导人对“文化大革命”提出强烈批评，受到压制和打击。为了发动“文化大革命”，毛泽东重用过林彪、江青等人。这为林彪、江青两个反革命集团提供了机会，使他们能够伪装起来，打着最“革命”的旗号，把“左”的错误推到极端，肆无忌惮地为所欲为，干尽祸国殃民的坏事，造成“打倒一切”、“全面内战”的全国范围的大动乱，造成国家政治生活中由他们少数人强制大多数人的极端反常的局

[1] 八月二十九日常委扩大会纪要，1966年8月29日。

面，给中国的社会主义建设事业带来前所未有的大破坏，给中国社会的各个方面留下严重的消极后果。这十年，正是世界经济和科学技术取得突飞猛进的十年，中国却陷于“文化大革命”的内乱中，从而更加拉大了中国在经济文化方面同发达国家之间本来存在的巨大差距。

这是我们永远不能忘记的沉痛教训。

“文化大革命”的开始

姚文元《评新编历史剧〈海瑞罢官〉》的发表，是“文化大革命”的导火线。

这篇文章是在江青的指使下写的，发表于一九六五年十一月十日的上海《文汇报》。它经过毛泽东批准（人们当时并不知道）。它的发表引起很大震动，因为文章指名批判了北京市副市长、历史学家吴晗，它的内容根本不是什么文学评论或学术讨论，而充满了浓重的政治性和火药味。它捕风捉影地抓住剧中“退田”和“平冤狱”的内容，写道：在我国已经建立人民公社的情况下，要人民公社“退田”吗？退给谁呢，是地主还是农民？我国是一个实现了无产阶级专政的国家，到底哪个阶级有“冤”，他们的“冤”怎么才能“平”？文章最后明白地点了题：“大家知道，一九六一年，正是我国因为连续三年自然灾害而遇到暂时的经济困难的时候，在帝国主义、各国反动派和现代修正主义一再发动反华高潮的情况下，牛鬼蛇神们刮过一阵‘单干风’、‘翻案风’。”“《海瑞罢官》就是这种阶级斗争的一种形式的反映。”〔1〕这段话清楚地说明了该文的政治意图所在，但实在太牵强了。《文汇报》编辑部收到大量来信来稿的反驳。吴晗也说：“《海瑞罢官》是一九六〇年写的，我没有那么大的本领预见到一九六一年要‘刮风’”。〔2〕于是，批判的调子又转到联系一九五九年庐山会议“罢”彭德怀的“官”，说：“它的真正主题是号

---

〔1〕姚文元：《评新编历史剧〈海瑞罢官〉》，《文汇报》1965年11月10日。

〔2〕《光明日报情况简编》第362期，1965年11月15日。

召被人民‘罢官’而去的右倾机会主义分子东山再起。”〔1〕这同样完全是牵强附会。

并不赞成这种看法的彭真在一九六六年二月三日主持文化革命五人小组开了一天会，向中央写出《关于当前学术讨论的汇报提纲》。它由中共中央在二月十二日转发，被称为“二月提纲”。《提纲》强调不要把学术问题和政治问题完全混同起来，力图把对《海瑞罢官》的批判约束在学术讨论的范围内进行。它写道：“学术争论问题是很复杂的，有些事短时间内不容易完全弄清楚。”“要坚持实事求是、在真理面前人人平等的原则，要以理服人，不要像学阀一样武断和以势压人。”“对于吴晗这样用资产阶级世界观对待历史和犯有政治错误的人，在报刊上的讨论不要局限于政治问题，要把涉及到各种学术理论的问题，充分展开讨论。如果最后还有不同意见，应当容许保留，以后继续讨论。”“报刊上公开点名作重点批判要慎重，有的人要经过有关领导机构批准。”〔2〕

与“二月提纲”起草和发出同时，跟它唱对台戏的是：江青受林彪委托在上海主持召开近二十天的“部队文艺工作座谈会”，在三月间形成一个《座谈会纪要》。它耸人听闻地写道：文艺界在建国后十五年来，“被一条与毛主席思想相对立的反党反社会主义的黑线专了我们的政，这条黑线就是资产阶级的文艺思想、现代修正主义的文艺思想和所谓三十年代文艺的结合。”毛泽东在审阅《纪要》时又加了：“搞掉这条黑线之后，还会有将来的黑线，还得再斗争。”〔3〕这个《纪要》，最初没有下发，但在高层中已经传开。后来经毛泽东批准，在四月十日由中共中央转发。“‘文艺黑线专政论’的出笼，不仅整个否定了建国以来文化艺术界的巨大成就，从文化领域打开了突破口，而且搅乱了全党和全国人民的思想，助长了‘怀疑一切’的‘左’倾思潮。所谓‘黑线专政论’很快扩及其他各个领域，为整个否定建国后的十七年、进行一场所谓‘一个阶级推翻一个阶级’的革命制造了‘事实’，给当时已经发展得十分

〔1〕戚本禹：《〈海瑞骂皇帝〉和〈海瑞罢官〉的反动本质》，《人民日报》1966年4月2日。
〔2〕中共中央批转《文化革命五人小组关于当前学术讨论的汇报提纲》，1966年2月12日。
〔3〕《林彪同志委托江青同志召开的部队文艺工作座谈会纪要》，1966年3月。

严重的政治批判运动火上加油。”[1] 以后盛行一时的到处批斗“黑线”、“黑帮”的提法，就是从这里来的。

一个《提纲》，一个《纪要》，是明显尖锐对立的两个文件。它实际上向全国公开了中央上层由来已久的意见分歧。

五月十日，上海的《解放日报》和《文汇报》又刊登姚文元所写的《评“三家村”》，指名批判中共北京市委书记处书记邓拓、市委统战部部长廖沫沙和吴晗在《前线》和《北京日报》连续刊登的《燕山夜话》和《三家村札记》，并且在最后写道：“不管是‘大师’，是‘权威’，是三家村或四家村，不管多么有名，多么有地位，是受到什么人指使，受到什么人的支持，受到多少次吹捧，全都揭露出来，批判他们，踏倒他们。”[2] 谁看了都明白，这场政治批判并不止于邓拓、廖沫沙、吴晗这些人，在背后还有“指使”和“支持”他们的更大的人物，将被“全都揭露出来”，“踏倒他们”。这就造成了一种极为紧张的政治空气。

已是一片“山雨欲来风满楼”的肃杀气象，预示着一场更加猛烈的政治风暴很快就要到来。

一九六六年五月中共中央政治局扩大会议和同年八月中共八届十一中全会的召开，是“文化大革命”全面发动的标志。

那次中央政治局扩大会议，是五月四日至二十六日在北京举行的（此时毛泽东在杭州）。它继前一段已陆续召开的多次会议，进一步集中批判彭真、罗瑞卿、陆定一、杨尚昆。斗争显然已进一步升级，表明“修正主义”不只是出在文化领域内，而且也出在党、政、军的高层领导中。十六日，会议通过经毛泽东多次修改的《中共中央通知》（以后被称为“五一六通知”），决定撤销中央批转的《文化革命五人小组关于当前学术讨论的汇报提纲》，撤销文化革命五人小组，重新设立文化革命小组（以后被简称为“中央文革小组”），隶属政治局常委之下。《通知》对《汇报提纲》进行了极其尖锐的批判，说它在国内正面临一场伟大的无产阶级文化革命高潮时“力图把这个运动拉向右转”，“是彻头彻

---

〔1〕 金春明：《“文化大革命”史稿》，第143页。

〔2〕 姚文元：《评“三家村”》，《解放日报》1966年5月10日。

尾的修正主义”。更加令人震惊的是，毛泽东在《通知》中加写的两段话：

“高举无产阶级文化革命的大旗，彻底揭露那些反党反社会主义的所谓‘学术权威’的资产阶级反动立场，彻底批判学术界、教育界、新闻界、文艺界、出版界的资产阶级反动思想，夺取在这些文化领域中的领导权。而要做到这一点，必须同时批判混进党里、政府里、军队里和文化领域的各界里的资产阶级代表人物，清洗这些人，有些则要调动他们的职务。尤其不能信用这些人去做领导文化革命的工作，而过去和现在确有很多人在做这种工作，这是异常危险的。”

“混进党里、政府里、军队里和各种文化界的资产阶级代表人物，是一批反革命的修正主义分子，一旦时机成熟，他们就会要夺取政权，由无产阶级专政变为资产阶级专政。这些人物，有些已被我们识破了，有些则还没有被识破，有些正在受到我们信用，被培养为我们的接班人，例如赫鲁晓夫那样的人物，他们现正睡在我们的身旁，各级党委必须充分注意这一点。”〔1〕

这个《通知》集中反映了毛泽东对当时党和国家政治形势的错误判断。它骇人听闻地提出：在党内、政府内、军队内和各种文化界，已经混进一批反革命修正主义分子，一旦时机成熟，就会要夺取政权；这些人物，有些还没有被识破，甚至正受到我们的信用，被培养为我们的接班人，赫鲁晓夫那样的人物现在正睡在我们的身旁。问题从“走资本主义道路当权派”又升级为“一批反革命的修正主义分子”。这个说法根本没有事实根据，不但严重地混淆了是非，而且严重地混淆了敌我，人为地形成一种异乎寻常的紧张空气。毛泽东自己不出席这样重要的会议，而他加写的这些话在会上一字不改地得到通过，这进一步反映出中共中央的领导已由个人独断取代了集体领导。

〔1〕《中国共产党中央委员会通知》，1966年5月16日。

十八日，林彪在会上更是杀气腾腾地讲了一篇“政变经”。他说：

“最近有很多鬼事，鬼现象，要引起注意。可能发生反革命政变，要杀人，要篡夺政权，要搞资产阶级复辟，要把社会主义这一套搞掉。”

“罗瑞卿是掌军权的，彭真在中央书记处抓去了很多权。罗长子的手长，彭真的手更长。文化战线、思想战线的一个指挥官是陆定一。搞机要、情报、联络的是杨尚昆……笔杆子、枪杆子，夺取政权靠这两杆子。所以很值得我们注意，思想上不能麻痹，行动上要采取具体措施，才能防患于未然。”

“不要在千头万绪、日理万机的情况下，丧失警惕性。否则，一个晚上他们就要杀人，很多人头要落地，国家制度要改变，政权要变颜色，生产关系就会改变，由前进变成倒退。”〔1〕

像这样来谈“政变”问题，新中国成立以来从不曾有过。林彪无中生有地描绘出一幅令人毛骨悚然的虚幻图景，仿佛人民共和国已处于生死存亡的关头，如果不愿坐以待毙，就必须断然采取越出常规的紧急行动。这自然使本来已十分紧张的气氛进一步升级。

林彪在讲话中鼓吹：“毛主席的话，句句是真理，一句超过我们一万句。”“他的话都是我们的行动准则。谁反对他，全党共诛之，全国共讨之。”这就使本已严重存在的个人崇拜狂热更加泛滥起来。

二十三日，会议决定停止彭真、陆定一、罗瑞卿、杨尚昆在中共中央书记处的职务，撤销彭真的北京市委第一书记和市长职务，撤销陆定一的中央宣传部部长职务。二十六日，会议结束。二十八日，中共中央发出通知：中央文化革命小组由陈伯达任组长，康生任顾问，江青、张春桥等任副组长，王力、关锋、戚本禹、姚文元等为组员。

这次会议，使“文化大革命”的“左”的方针在中共中央占据了支配地位，并且相应地在组织上做了调整，中央文革小组掌握了中央的很

〔1〕 林彪在中共中央政治局扩大会议上的讲话，1966年5月18日。

大部分权力，事实上成为“文化大革命”中煽动“打倒一切、全面内战”的指挥部。

六月一日，在陈伯达率领的工作组主持下，《人民日报》发表了一篇火药味十分浓的社论——《横扫一切牛鬼蛇神》。大家预感到一场凶猛的狂风暴雨就要来临了。

这时，毛泽东正在考虑：单靠发表一些政治批判文章（不管它写得怎样尖锐），单靠采取一些组织措施（不管它牵动到多么高的层面），都还远远不够。这些文章在知识界中震动很大，但社会上大多数人仍不那么注意，从事行政、经济工作的人也以为同自己关系不大，仍在忙各自的业务工作，没有形成全国性的大规模群众运动。在毛泽东看来，这样不足以形成一股势不可挡的巨大冲击力量，不足以解决他所深深忧虑的中国出不出“修正主义”的问题，关键是一定要自下而上地把群众放手发动起来，揭露旧体制中存在的一切“黑暗面”，创造出一个前所未有的、热气腾腾的、大风大浪的新局面来，而这依靠原有的机构、秩序和做法已不行了。

怎样才能做到这一点？它的突破口在哪里？毛泽东抓住了两个具有巨大冲击性的力量：一个是大字报，一个是红卫兵。

先说大字报。

就在《人民日报》发表《横扫一切牛鬼蛇神》社论的同一天，毛泽东看到北京大学哲学系党总支书记聂元梓等七人所写的《宋硕、陆平、彭珮云在文化革命中究竟干些什么?》的大字报。这张大字报事实上是在康生和他的妻子曹轶欧指使下写出来的。它写道：“反击向党向社会主义向毛泽东思想猖狂进攻的黑帮，这是一场你死我活的阶级斗争，革命人民必须充分发动起来，轰轰烈烈、义愤声讨，开大会、出大字报就是最好的一种群众战斗形式。”“打破修正主义的种种控制和一切阴谋鬼计，坚决、彻底、干净、全部地消灭一切牛鬼蛇神、一切赫鲁晓夫式的反革命的修正主义分子，把社会主义革命进行到底。”〔1〕毛泽东觉得，

〔1〕《人民日报》1966年6月2日。

公开发表这张大字报，可以冲破原有的秩序，使群众放开手脚地行动起来。

根据毛泽东的批示，当晚中央人民广播电台播出了这张大字报，北京大学校园内立刻像开了锅一样，沸腾起来。第二天，《人民日报》又全文刊登这张大字报，并且发表了一篇由王力、关锋起草的《欢呼北大的一张大字报》的评论员文章。后来在中共八届十一中全会期间，毛泽东又给这篇评论员文章加了一条注："危害革命的错误领导，不应当无条件接受，而应该坚持抵制。"谁是"应该坚持抵制"的"错误领导"？可以各有各的理解和解释。这样一来，各级党委实际上就很难继续领导，他们的话没有人听了。

这件事在全国引起强烈反响，局面顿时大变。北京各大中学校里，学生纷纷起来"造修正主义的反"，校园里铺天盖地贴出矛头指向领导干部和教师的大字报，学校党组织陷于瘫痪，乱打乱斗的现象开始出现。

六月三日，刘少奇主持召开中央政治局常委扩大会议，周恩来、邓小平等参加，议出八条指示。"八条指示的主要内容是：一，大字报要贴在校内；二，开会不要妨碍工作、教学；三，游行不要上街；四，内外区别对待，不准外国人参观，外国留学生不参加运动；五，不准到被揪斗的人家里闹；六，注意保密；七，不准打人、污蔑人；八，积极领导，坚持岗位。"[1] 这些规定，自然同毛泽东的设想南辕北辙。同一天，中央在一线的领导人派出以河北省委书记处书记张承先为组长的工作组进驻北京大学，代行党委职权；并向各大中学校相继派出工作组。

工作组进入各校后，仍很难控制局面。十八日，北京大学一些学生自行设立"打鬼台"，四处揪人，并且有社会上的坏分子混入。张承先回忆道：

"据当天下午汇总的情况统计，前后有六十多人被揪斗，多是一般

〔1〕李雪峰：《回忆"文化大革命"初期的"五十天路线错误"》，《回首"文革"》（下），中共党史出版社2006年1月版，第657—658页。

干部，被斗者头上戴高帽，脸上涂黑墨，身上贴大字报，罚跪，揪头发，撕衣服，拳打脚踢，游斗。更加恶劣的是，还发生了多起污辱女同志的流氓行为。经查明，在这场乱揪乱斗事件中，有四个人行为恶劣。一个是庶务科工人刘佳宾，此人原是国民党党员，当过国民党部队的上尉连长，被我军俘虏后，隐瞒身份混入我们内部，上星期就曾带头打过三个人，这一次又是他第一个带头打人。还有一个人在三十八斋前参加乱打乱斗，我到场讲话后，其他人都表示要听‘毛主席的话，按照党的政策办事’，并随即散去，而此人却在散会后两分钟不到，又揪来个女同志进行乱打乱斗……问他是哪个部门的，他说是北大附中的。经查附中并无此人。后查明，此人名叫修治才，一九六二年因偷窃被开除，现在没有正当职业。”[1]

当晚，工作组召开全校师生员工广播大会，由张承先讲话。工作组还作出规定：进行全系批斗必须经系工作组批准；进行全校批斗必须经过校工作组领导批准；建立纠察队，维护斗争秩序；为防止坏人混入，对外校来声援者，安排专人热情接待，但禁止外校来人在北大揪斗人。二十日，在北京主持中央日常工作的刘少奇，把北大工作组关于这件事的简报批转全国。批语写道：“现将《北京大学文化革命简报（第九号）》发给你们。中央认为北大工作组处理乱斗现象的办法是正确的、及时的。各单位如果发生这种现象，都可参照北大的办法办理。”

这时，北京一些高等学校中已经出现反对工作组的浪潮。“六月二十日，北京师范大学和北京地质学院发生了造反派赶工作组的‘六二〇’事件。”“二十一日，清华大学也发生反对工作组的事件。这天，工程化学系二十岁的学生蒯大富在一张大字报上写批语，大意是：现在，权在工作组手里，不代表我们，要再夺取。蒯大富在前几天就提出要赶走工作组，六月二十四日，清华造反派在工作组召开的群众大会上批判工作组。工作组长叶林讲话，指出：蒯大富要向工作组夺权，这是一种

[1] 《张承先回忆录》，人民教育出版社 2003 年 6 月版，第 134—135 页。

反革命行为。六月二十六日，广大师生员工在清华园举行了‘拥护工作组’的示威游行。”[1] 中共北京市委提出了“抓游鱼，反干扰”的口号，大力控制局势。

毛泽东离开北京已经半年多了。他对运动的看法和正在一线主持日常工作的刘少奇、邓小平根本不同（周恩来从六月十六日到七月一日出访罗马尼亚、阿尔巴尼亚、巴基斯坦，不在北京）。六月中旬，毛泽东离开杭州。他在湖南的长沙和韶山停留一段时间思考运动的发展趋向后，来到武汉。七月六日，他给江青写了一封长信，要正在武汉的周恩来、王任重看过后，送给江青。他在信中写道：

“天下大乱，达到天下大治。”

“现在的任务是要在全党全国基本上（不可能全部）打倒右派，而且在七八年以后还要有一次横扫牛鬼蛇神的运动，尔后还要有多次扫除。”

“这次文化大革命，就是一次认真的演习。有些地区（例如北京市），根深蒂固，一朝覆亡。有些机关（例如北大、清华），盘根错节，顷刻瓦解。凡是右派越嚣张的地方，他们失败就越惨，左派就越起劲。”[2]

这是毛泽东多日来对怎样看待“乱”的问题反复思考后得出的重要结论。在他看来，中国现在正处在坚持走社会主义道路还是走资本主义道路的紧要关头，形势极为严峻，这是涉及党和国家前途命运的头等大事，其他任何事都无法同它相比。只有下最大的决心，用非常的手段，把群众充分发动起来，形成巨大的冲击力量，甚至不惜以打乱党和国家正常秩序为代价，才能摧毁中国出修正主义的社会基础，建立起一种新的秩序。不如此，不足以解决问题。为了“达到天下大治”，即使在“大乱”过程中造成种种损失，从全局来看，付出这样的代价是值得的。

---

〔1〕 穆欣：《关于工作组存废问题》，《回首“文革”》（下），第639页。

〔2〕 毛泽东同中央文革小组成员等和各大区第一书记谈话记录，1966年7月25日。

毛泽东的这种看法，自然同刘少奇、邓小平等派遣工作组以维护秩序的意图直接冲突。七月十八日，他回到北京，认为运动搞得冷冷清清，学生受到压制。二十五日，他在一次谈话中说：“要改变派工作组的政策。不要工作组，要由革命师生自己搞革命，成立革命委员会，不那么革命的中间状态的人也参加一部分。”“最近一个月，工作组是阻碍群众运动，阻碍革命势力，帮助反革命，帮助黑帮。他坐山观虎斗。”〔1〕二十六日，中央政治局召开扩大会议，决定撤销工作组。在毛泽东看来，派工作组不仅是领导运动的方式方法，而且是一个对待群众的立场和态度，是赞成还是反对搞“文化大革命”的问题。所以，他主张召开一次中央委员会全体会议，以中央的名义正式就“文化大革命”作出决定。

再说红卫兵那件事。

红卫兵首先是在中学里产生的。最早成立红卫兵组织的是清华大学附属中学。六月二十四日，他们贴出《无产阶级革命造反精神万岁》的大字报，写道：“革命就是造反，毛泽东思想的灵魂就是造反。”“不造反就是百分之一百的修正主义！”“修正主义统治学校十七年了，现在不反，更待何时？”“我们既然要造反，就由不得你们了！我们就是要把火药味搞得浓浓的。爆破筒、手榴弹一起投过去，来一场大搏斗、大厮杀。什么‘人情’呀，什么‘全面’呀，都滚一边去！”〔2〕七月四日，他们又贴出《再论无产阶级的革命造反精神万岁》的大字报。许多中学内也纷纷成立红卫兵组织。

毛泽东回到北京后，清华附中红卫兵把两张大字报寄给毛泽东。七月三十一日，毛泽东写了回信。信中说：“两张大字报，说明对一切剥削工人、农民、革命知识分子和革命党派的地主阶级、资产阶级、帝国主义、修正主义和他们的走狗表示愤怒和申讨，说明对反动派造反有理，我向你们表示热烈的支持。”〔3〕这封信没有送出，但作为八届十一

〔1〕 毛泽东同中央文革小组成员等和各大区第一书记谈话记录，1966年7月25日。

〔2〕 清华大学附属中学红卫兵：《无产阶级的革命造反精神万岁》，《红旗》1966年第11期。

〔3〕 毛泽东给清华大学附属中学红卫兵的信，1966年7月31日。

中全会文件印发了，社会上迅速传布开来。大、中学校中，红卫兵组织立刻风起云涌般普遍成立起来。“革命无罪，造反有理”，成为一时喊得最响亮的口号。不管怎么样的事情，包括不少无法无天的坏事，只要打起“革命造反”的旗号，仿佛就都是正常的，都可以任意去做。

毛泽东这样支持红卫兵，不仅因为他认为学生们年轻，受旧思想影响少，朝气蓬勃，有一股不可阻挡的闯劲，而且还有更深一层的考虑。他曾对身边工作人员说：

“文革中这些群众主要是年轻人、学生，正是杜勒斯们寄托和平演变希望的最年轻的一代。让他们亲身体验斗争的严重性，让他们把自己取得的经验和认识再告诉他们将来的子孙后代，一代一代传下去，也可能使杜勒斯的预言在中国难以实现。”

“我考虑发动群众。我把批判的武器交给群众，让群众在运动中受到教育，锻炼他们的本领，让他们知道什么道路可以走，什么道路是不能走的。我想用这个办法试一试。我也准备它失败。现在看来群众是发动起来了，我很高兴。他们是同意我的做法的。”〔1〕

中共八届十一中全会，八月一日至十二日在北京举行。会议听取刘少奇报告十中全会以来的中央工作后，着重讨论派工作组的问题。毛泽东批评在一线主持工作的中央领导人的话说得越来越重。八月七日，全会印发了毛泽东在五日所写《炮打司令部——我的一张大字报》。他写道：

“全国第一张马列主义大字报和人民日报评论员的评论，写得何等好啊！请同志们重读一遍这张大字报和这个评论。可是在五十多天里，从中央到地方的某些领导同志，却反其道而行之，站在反动的资产阶级立场上，实行资产阶级专政，将无产阶级轰轰烈烈的文化大革命运动打

〔1〕 访问吴旭君谈话记录，2002年1月18日。

下去，颠倒是非，混淆黑白，围剿革命派，压制不同意见，实行白色恐怖，自以为得意，长资产阶级的威风，灭无产阶级的志气，又何其毒也！联系到一九六二年的右倾和一九六四年形‘左’而实右的错误倾向，岂不是可以发人深醒的吗？”〔1〕

这段文字虽然没有点名，但谁都看得清楚，主要是指刘少奇，并且提出了中央另外存在一个“司令部”的问题。这是与会人员万万没有想到的。它表明毛泽东已经下了决心，要改变刘少奇的接班人地位。他考虑接替刘少奇位置的人是林彪。这不仅因为林彪比较年轻，更重要的是因为林彪主持中央军委工作以来，鼓吹“突出政治”、“四个第一”等，同他的想法一致。这次全会选出扩大到十一个人的中央政治局常委，林彪被列为第二位，刘少奇降到第八位。全会没有重新选举中央副主席，但以后只把林彪称为副主席，不再提到刘少奇、周恩来、朱德、陈云的副主席职务。

八月八日，全会通过《关于无产阶级文化大革命的决定》（通常称为“十六条”）。《决定》写道：“当前开展的无产阶级文化大革命，是一场触及人们灵魂的大革命，是我国社会主义革命发展到一个更深入、更广阔的新阶段。”“在当前，我们的目的是斗垮走资本主义道路的当权派，批判资产阶级的反动学术‘权威’，批判资产阶级和一切剥削阶级的意识形态，改革教育，改革文艺，改革一切不适应社会主义经济基础的上层建筑，以利于巩固和发展社会主义制度。”

对怎样进行“文化大革命”，《决定》强调要“‘敢’字当头，放手发动群众”。它写道：“要信任群众，依靠群众，尊重群众的首创精神。要去掉‘怕’字。不要怕出乱子。毛主席经常告诉我们，革命不能那样雅致，那样文质彬彬，那样温良恭俭让。要让群众在这个大革命运动中，自己教育自己，去识别那些是对的，那些是错的，那些做法是正确的，那些做法是不正确的。要充分运用大字报、大辩论这些形式，进行

〔1〕《人民日报》1967年8月5日。

大鸣大放，以便群众阐明正确的观点，批判错误的意见，揭露一切牛鬼蛇神。”〔1〕

同一天，林彪接见中央文革小组成员，说要弄得翻天覆地，轰轰烈烈，大风大浪，大搅大闹，这半年就要闹得资产阶级睡不着觉，无产阶级也睡不着觉。五天后，他又说：这次要罢一批人的官，升一批人的官，保一批人的官。

中共八届十一中全会，使中共中央在法定程序上确认了“文化大革命”的发动。一场史无前例的政治大动乱已不可避免了。

中共八届十一中全会结束后第六天，八月十八日，百万群众庆祝大会在北京天安门广场隆重举行。参加大会的主要是来自北京和全国各地的青年学生。这次大会的群众规模和热烈场面是建国以来所罕见的。毛泽东在新中国成立后第一次穿上绿军装，出席会议，在六个多小时内一直坚持在场。几万名戴着红袖章的红卫兵在大会上异常引人注目。在天安门城楼上，在东西两侧的观礼台上，站满了红卫兵的代表。天安门广场和广场两侧的东西长安街，都由红卫兵维持秩序。新华社报道说：“在大会进行中，师大女附中一个‘红卫兵’，登上天安门城楼给毛主席戴上‘红卫兵’的袖章。毛主席和她亲切握手。”〔2〕这次大会把本已存在的个人崇拜发展到更加狂热的程度。

“八一八”大会是运动发展的一个重要转折点。会后，出现了两个重大变化，目的都是为了把“文化大革命”的火越烧越旺。

一个重大变化是：红卫兵开始冲出校园，走上街头，声势浩大地开展所谓“向一切旧思想、旧文化、旧风俗、旧习惯发动了猛烈攻击”的“破四旧”活动，把“革命造反”迅速扩展到全社会。

这些红卫兵中的大多数人，充满热情，认为自己所做的都是正当的“革命行动”。但他们政治上很幼稚，处于狂热状态，政策和法制观念十分淡薄，参加行动的人员又比较复杂，无政府主义思潮在他们中间迅速泛滥起来，做出许多荒唐的举动。他们到处发布通令，把许多传统的有

〔1〕《中国共产党中央委员会关于无产阶级文化大革命的决定》，1966年8月8日。
〔2〕《人民日报》1966年8月19日。

影响的路名、商店名、医院名等斥为“封、资、修”而改换成有着浓厚政治色彩的新名称，在街上强行剪发，剪破他们认为的“奇装异服”，在“破四旧”的名义下冲入居民住处抄家。更令人痛心的是很多处发生严重破坏法制、任意打人致死事件。一些著名知识分子如老舍、傅雷因受到人格侮辱而自杀。不少人被强行遣送回乡。党政机关的各部门几乎都因派出过工作组而遭到红卫兵的猛烈冲击，许多负责人被野蛮地揪斗和毒打。

运动中出现的这些极端行为，同毛泽东的初衷并不相符。他通过《人民日报》社论提醒红卫兵用文斗，不用武斗。但从总体来说，他仍认为红卫兵行动的主流是好的，认为他们的激烈行动对破除旧思想和旧秩序、打开一个新局面是需要的，出现某些偏差并不奇怪，有问题也只能到以后再解决，决不能对他们泼冷水，更不能“压制”和“打击”。八月二十一日，他在中央政治局常委扩大会议上说：“提倡文斗，不要武斗，这是今天要谈的第一个问题。”但又说：“我们不干涉，乱他几个月。我们坚决相信多数人是好人，坏人只占百分之几。”[1]“来一个放任自流”，也是他在八月下旬说的。事实上，在“不干涉”、“放任自流”的情况下，什么事都会发生。红卫兵中许多严重破坏社会秩序、践踏民主和法制的不法行为，不但没有得到遏制，反而是火越烧越旺。

“八一八”大会后，另一个变化是：出现了红卫兵的全国“大串连”，把“革命造反”的火烧到全国去。

八月下旬起，红卫兵运动已形成全国性大串连的浪潮。北京学生分赴各地，向全国播撒“文化大革命”的火种。各地红卫兵也纷纷涌入北京“取经”。到八月二十八日，外地来京学生已达十四万人。三十一日，毛泽东第二次在天安门广场接见红卫兵。中共中央、国务院发出通知：参加大串连的学生一律免费乘坐火车，伙食和住宿由当地政府安排，费用由国家财政开支。这样，大串连更加如火如荼般开展起来。毛泽东在几乎每隔半个月就要接见一次来自全国各地的红卫兵。到这年十一月下

---

〔1〕 毛泽东在中共中央政治局常委扩大会议上的讲话记录，1966年8月21日。

旬止，他共八次接见北京和来京串连的红卫兵总共一千一百多万人次。这样的全国大串连，到年底才逐步停息下来。

红卫兵的全国大串连产生巨大的辐射作用。从北京开始的对党政机关的猛烈冲击迅速扩大到全国。中央到地方的各级党政领导机关纷纷被围攻，被“炮打”，被“横扫”。相当多的党政负责人因遭到红卫兵的攻击和责难，被迫没完没了地检讨，始终无法“过关”，有的被野蛮揪斗以至失去人身自由，实际上已无法正常工作。许多党政机关陷入瘫痪或半瘫痪，社会秩序处于失控的无序状态。全国局势日趋混乱。

这种状况不能不使相当多的一批高中级干部感到强烈的怀疑和不满。在基层干部和群众中，信任并支持多年来做过许多好事的各级领导干部的人仍占着大多数，被称为“保守派”。群众中的两派对立日益明显。红卫兵的过激行动受到来自各方面的抵制。怎样把“文化大革命”继续有力地推进下去，便成为毛泽东这时思考的中心问题。他对发动“文化大革命”是下了很大决心的，不惜付出巨大的代价，要通过“天下大乱，达到天下大治”。在他看来，这种来自各个方面，首先是高中级干部中的抵触情绪，同前此刘少奇、邓小平派工作组“打击”、“压制”群众运动的做法是一脉相承的，是运动前进的主要阻力。这便是提出批判“资产阶级反动路线”和在十月间召开中央工作会议的由来。

批判“资产阶级反动路线”，是在这年国庆时《红旗》杂志社论中提出来的。它写道：“如果继续过去的错误路线，重复压制群众的错误，继续挑动学生斗争学生，不解放过去受打击的革命群众，等等，那就是对抗和破坏十六条。在这种情况下，怎么能够正确地进行斗批改呢?”“要不要批判资产阶级反动路线，是能不能贯彻执行文化革命的十六条，能不能正确进行广泛的斗批改的关键。”[1]

对什么是“资产阶级反动路线”，社论并没有作出明确的界说，但已指明它的主要表现是“压制群众”。这种模糊不清的提法，可以任意对它作出各种解释。这一来，对运动中出现的任何过激和不法行为都不

〔1〕《在毛泽东思想的大路上前进》（社论），《红旗》杂志 1966 年第 13 期。

能加以约束，否则就是“压制群众”，就是“顽固坚持资产阶级反动路线”，都会被围攻和揪斗。除了原来打倒“走资本主义道路当权派”的旗号外，又打出彻底批判“资产阶级反动路线”的旗号，使冲击面更大了。许多部门和地方的领导干部被任意揪走、关押，不知下落，有的甚至被毒打致死。各地还掀起“抓叛徒”的活动，制造出许多冤假错案。整个混乱局面更难收拾。

中央工作会议从十月九日至二十八日在北京举行。会议的主题是批判“资产阶级反动路线”，目的是要打通中央各部门和各地方负责干部的思想。陈伯达、林彪在会上作了长篇讲话。林彪说：“几个月来文化大革命中的情况是两头的劲很大，中间就有一点劲头不足，中间甚至还有一点顶牛，局势一度有些紧张。毛主席看到这个形势以后，提议把大家找来谈谈。”他又说：“革命的群众运动，它天然是合理的。尽管群众有个别的部分、个别的人，有‘左’有右的偏差，但群众运动的主流总是适合社会的发展的，总是合理的。”〔1〕这种“群众运动天然合理论”，全盘肯定群众运动的自发性，似乎一切可以由群众说了算，为他不久前提出的“踢开党委闹革命”和社会上正在恶性泛滥的无政府主义思潮进一步提供理论依据；也便于一些野心家假借“革命群众”的名义，为所欲为，浑水摸鱼，做尽坏事。

尽管如此，正遭受红卫兵猛烈冲击的各地、各部门负责人，大多仍思想不通，忧心忡忡。这时，不受任何约束的红卫兵普遍地对各党政机关进行打砸抢，到处刷出某某人罪责难逃、把某某人揪出来示众之类的大标语。不少干部挨批斗，被游街。造反派的队伍迅速扩大，成员也更加复杂。形形色色对社会现实存在不满的人纷纷加入到造反行列中来，在“革命造反”的旗号下，提出种种不合理的或过激的要求。各地党政机关已无法正常工作。这自然使各级干部对“文化大革命”更加抱着抵触态度。

在毛泽东看来，已很难依靠原有的各级党政机关来实现他发动“文

〔1〕 林彪在中央工作会议上的讲话记录，1966年10月25日。

化大革命”的预期目标。他已明显失去耐心。“全面夺权”的行动，正在酝酿中。

在这样的混乱局面下，一九六六年国民经济的状况是怎样的呢？

那时候，经济工作的各级领导机构已运转不灵，处于瘫痪半瘫痪状态；红卫兵全国大串连，给铁路运输造成极大压力和破坏，使生产建设必需的物资运输无法得到保证；一些企业中也已出现两派对立，生产处于停产半停产状态。毛泽东提出“抓革命，促生产”，以为抓了“革命”，提高了人的思想觉悟，就能促进生产的发展。林彪、江青等人只管所谓“抓革命”，把经济搞乱，却不负任何责任。作为国务院总理的周恩来，始终抱着对人民对国家高度负责的态度。他无法阻止这场灾难性的“革命”，只能既夜以继日地对红卫兵进行说服教育工作，要他们正确执行政策，不能“打倒一切”，力求减少损失；又要在极端困难的环境中尽可能使生产少受损失，保持国民经济继续运行，不致全部瘫痪。这真是常人难以承受的重担。

中央工作会议前，周恩来在九月八日主持制定了《关于抓革命、促生产的通知》和《关于县以下农村文化大革命的规定》两个文件，经毛泽东批准后，在十四日以中共中央名义下发。前一个《通知》规定：各经济部门应当立刻加强或组成指挥机构，保证生产等工作正常进行；职工应当坚守岗位，外来串连的应当迅速返回原工作岗位；学校的红卫兵不要进入工矿企业、科学研究、设计事业单位去串连。后一个《规定》中要求：县以下各级文化大革命，仍按原“四清”的部署结合进行；红卫兵不到县以下各级机关和社、队去串连，县以下的干部和公社社员也不要外出串连；秋收大忙时，应集中力量搞好秋收秋种和秋购，“四清”运动可以暂时停下来。

周恩来对协助他抓经济工作的余秋里、谷牧谈到自己内心的焦虑：

“你们可得帮我把住经济工作这个关啊！经济基础不乱，局面还能维持，经济基础一乱，局面就无法收拾了。所以，经济工作一定要紧紧抓住，生产绝不能停。生产停了，国家怎么办？不种田了，没有粮食

吃，人民怎么能活下去？还能闹什么革命？”〔1〕

胡乔木曾经评论道：“林彪也好，‘四人帮’也好，他们的手基本上没有插到国务院里。国务院是个小岛，不管它工作怎么困难，也犯了多少错误，可是，维持这么个小岛是很不容易的。维持了一个国务院，这对全国人民，对中国这整个十年，关系是很大的。有了国务院，经济工作究竟还能够进行，还有领导，不管这个领导犯这个错误那个错误，这都是小事。”〔2〕

由于这一年上半年的经济形势是好的，由于周恩来等领导人和广大职工、农民在极困难情况下顽强坚持生产，由于各地的党政机构在“全面夺权”前还没有完全瘫痪，一九六六年的国内生产总值仍比上年增长百分之十点七，工业总产值增长百分之二十点九，农业总产值增长百分之八点六。其中，粮食产量比上年增长百分之十点零一，棉花增长百分之十一点三九，钢增长百分之二十五点二七，原煤增长百分之八点六二，原油增长百分之二十八点六五。

这些成绩的取得，是何等不易。

在“全面夺权”的日子里

一九六七年，“文化大革命”局势发生急剧变化，进入一个社会更加动荡、冲突更加激烈、范围更加扩大的新阶段。

这年第一天，《人民日报》、《红旗》杂志共同发表元旦社论，发出非同寻常的信号：

“一九六七年，将是全国全面展开阶级斗争的一年。

一九六七年，将是无产阶级联合其他革命群众，向党内一小撮走资

〔1〕谷牧：《回忆敬爱的周总理》，《我们的周总理》，中央文献出版社1990年1月版，第18—19页。

〔2〕《胡乔木文集》第2卷，第138页。

本主义道路的当权派和社会上的牛鬼蛇神，展开总攻击的一年。

一九六七年，将是更加深入地批判资产阶级反动路线，清除它的影响的一年。

一九六七年，将是一斗、二批、三改取得决定性的胜利的一年。”[1]

这篇社论引起极大震动，社会上本来就充满“山雨欲来风满楼”的紧张气氛。“全面展开阶级斗争”是怎么一回事？局势将怎样发展？答案很快就有了，那就是“全面夺权”。这是一个巨大变化：直到一九六六年底，各地造反派对党政机关主要是围攻、“炮打”和揪斗领导干部，还没有从下而上起来“夺权”。

“全面夺权”是从上海开始的。“夺权”的主力已不是学校的红卫兵，而是张春桥、姚文元控制下的工厂和机关干部中的造反派。

本来，中央规定工人要“坚守生产岗位，不要到厂外去串连”，不要成立跨行业的组织。一九六六年十一月初，国棉十七厂造反派头头王洪文等串连成立“上海工人革命造反总司令部”（简称“工总司”），中共上海市委不予承认。同月十日，王洪文等率领两千多名工人强行登上火车，赴京请愿。火车行到安亭车站受阻后，他们便卧轨拦车，造成沪宁铁路交通中断三十小时多，使上海站三十六趟列车无法发出，严重影响铁路交通运输秩序。中央文革副组长张春桥前去时，擅自签字，承认“工总司”是合法的革命组织。返回上海后，“工总司”又调集十万多人在康平路围攻上海另一全市性工人组织“赤卫队”的群众，酿成全国第一起大规模武斗，并把攻击矛头一直对准上海市委。十二月十八日，原上海市委写作组在张春桥指使下，成立“上海市委机关造反联络站”，在文化广场召开炮打上海市委大会，揪斗陈丕显等市委和市政府负责人。

一九六七年一月四日，张春桥、姚文元以中央文革小组调查员的名义回到上海。当天，上海《文汇报》造反派宣布接管报社。第二天，上

---

〔1〕《把无产阶级文化大革命进行到底》（社论），《人民日报》1967年1月1日。

海市委机关报《解放日报》的造反派也宣布接管报社。六日，“工总司”等造反派组织在人民广场联合召开“彻底打倒以陈丕显、曹荻秋为首的上海市委大会”。会上批斗了陈丕显等人，并发出通令称：大会认为以陈丕显、曹荻秋为首的上海市委必须彻底打倒。会后，市委、市政府所有机构被迫停止办公，由造反派取代它们的职能，全市实际权力转移到张春桥、姚文元等人手中。

毛泽东对《文汇报》、《解放日报》造反派的夺权很快加以肯定。他在一月八日说：“这是一个大革命，是一个阶级推翻另一个阶级的大革命。这件大事对于整个华东，对于全国各省市的无产阶级文化大革命的发展，必将起着巨大的推动作用。”“两个报纸夺权，这是全国性的问题，我们要支持他们造反。”“上海革命力量联合起来，全国就有希望。”〔1〕这次谈话的主要内容，在九日《人民日报》一篇编者按中加以公布。

这个论断是完全错误的。在社会主义社会中，虽然还有某种范围的阶级斗争，但已不存在整个社会的阶级对抗。当无产阶级已经掌握政权的历史条件下，再谈“一个阶级推翻另一个阶级的大革命”，再要求“夺权”，并且把它说成“全国性的问题”，那就成了要求自己推翻自己的荒谬行为，并且便于许多野心家和投机分子乘机浑水摸鱼。它的后果极为严重。

根据毛泽东的要求，一月十二日《人民日报》发表了中共中央、国务院、中央军委、中央文革小组给上海“工总司”等三十二个造反派团体的贺电。电中说：

“你们实行了无产阶级革命派组织的大联合，成为团结一切革命力量的核心，把无产阶级专政的命运，把无产阶级文化大革命的命运，把社会主义经济的命运，紧紧掌握在自己的手里。你们这一系列的革命行动，为全国工人阶级和劳动人民，为一切革命群众，树立了光辉的

---

〔1〕毛泽东谈话记录，1967年1月8日。

榜样。”

一月十六日，《人民日报》转载《红旗》杂志评论员文章《无产阶级革命派联合起来》，用黑体字刊出毛泽东所说的：“从党内一小撮走资本主义道路当权派手里夺权，是在无产阶级专政条件下，一个阶级推翻一个阶级的革命，即无产阶级消灭资产阶级的革命。”这篇评论员文章还写道：“上海工人阶级，其他革命群众和革命干部的这一革命行动，标志着我国的无产阶级文化大革命开始了一个新的阶段。”

在这种情况下，各地造反派的夺权活动迅速蔓延。造反派的队伍也越来越复杂，许多对社会现状或个人处境不满的分子纷纷参加进来。在一月份内，山西、贵州、山东、黑龙江等地的造反派先后起来夺权。《人民日报》为此相继发表《西南的春雷》、《东北的新曙光》等社论，《红旗》杂志也发表《论无产阶级革命派的夺权斗争》的社论，表明对这些地区夺权活动的支持，对全国产生越来越大的影响，整个局势陷入几乎难以收拾的大混乱局面。

夺权活动在全国范围内迅速展开，事情根本不是如毛泽东预期的那样在分清走社会主义道路还是走资本主义道路后朝着“大联合”的方向发展，更谈不上“达到天下大治”；相反，迅速陷入“打倒一切、全面内战”的混乱、破坏和倒退之中。

各地造反派组织在夺权中，很快形成山头林立的局面，无政府思潮泛滥，实际上是他们间的权力分配问题。许多造反派组织打着“革命”的旗号，以原来受“压制”的“革命群众”代表的面目出现，一旦自己有了点权，便要求“以我为核心”，拉帮结派，为所欲为，顺我者昌，逆我者亡。他们对其他组织采取排斥和打击的态度，争权抢权，相互指责辱骂，甚至争夺机关大印，抢劫秘密档案，派性武斗层出不穷，愈演愈烈。许多抱有野心、敢于冒险、具有很大破坏性的人物，在运动中异常活跃，成为造反派中的骨干力量。地方党政组织和公、检、法部门失去或几乎失去作用。工矿企业停产或半停产，交通严重堵塞，国民经济状况迅速恶化。大批党政军领导干部被造反派“定性”为所谓“走资派”、“叛徒”、“特务”、“黑帮分子”。许多人被任意批斗，戴高帽子，搞“喷气式”，遭到残酷的人身摧残，有的被迫害致死。中共山西省委第一书记卫恒、中共云南省委第一书记兼昆明军区第一政委阎红彦、煤炭工业部部长张霖之、东海舰队司令员陶勇等，相继被残酷揪斗而含冤身亡。整个局势几近失去控制。

这种局面的出现，是毛泽东原来没有料想到的。他在这一年说：“有些事情，我们事先也没有想到。每个机关、每个地方都分成两派，搞大规模武斗，也没有想到。”[1] 事实的发展已经无情地证明：毛泽东发动“文化大革命”的根本指导思想是违背客观实际的。但他仍没有那样看，只是想采取一些具体措施来加以补救。面对如此混乱的局势，怎么办？这时国内唯一有领导、有组织、能够在一片混乱中成为一股稳定力量的，只有中国人民解放军。

那时，军队自身同样处在严重混乱中。各地在一些军事院校造反派领头下，也在冲击领导机关，揪斗领导干部。一月十四日，中共中央发出《关于不得把斗争锋芒指向军队的通知》，规定：今后，任何人、任何组织都不得冲击人民解放军的机关。

在这前后，为了发挥军队在稳定局势中的作用，毛泽东和中共中央采取一系列重要措施：北京军区派出四千一百多名干部到北大、清华、北航、地质学院、矿业学院，对两万多名师生进行二十天的军政训练；要求军队帮助地方搞好春耕生产；全国绝大多数的省、市、自治区，中央、国务院各部委，一些重要的铁路枢纽站段，大型厂矿企业、港口码头、医院、银行等，都实行了军事管制（教育部、文化部由中央文革小组派人处理有关事宜）。到这年二月中旬，全国已有八千八百多个单位实行军管。这些措施，被总称为“三支两军”，即支左、支工、支农、军管、军训。

人民解放军执行“三支两军”任务，特别是军管和军训这两项措施，在那样混乱的局势下是必要的，对维护生产、稳定局势起了积极作

〔1〕 毛泽东同阿中友好协会代表团谈话记录，1967年12月18日。

用。当时没有任何其他力量能够代替它。解放军指战员在极其困难复杂的局面下，做了大量工作，努力维持社会秩序、工作秩序、学习秩序和生活秩序，减少了工农业生产和人民生命财产的损失。但是，由于“文化大革命”的整个指导思想错了，“三支两军”工作是在局势极端混乱的情况下不得不采取的非常措施，实际上无法控制住整个动荡的局面；参加这项工作的指战员思想上又缺乏准备，不了解历史情况，缺乏地方工作经验，对生产和地方工作常常瞎指挥，更无法弄清谁该是“支左”的对象，在军队内部也出现严重分歧；加上有林彪、江青集团的插手、干扰、破坏，因而在“三支两军”工作中也产生许多缺点错误，带来消极后果。

随着一月“夺权”风暴席卷全国，整个社会陷于严重动荡中，多数党政军高级干部遭到“残酷斗争，无情打击”。在这种情况下，一批中共中央政治局委员、国务院副总理对“文化大革命”的错误做法，从最初的不理解发展到强烈不满。这种不满突出地表现在三个问题上：“文化大革命”要不要党的领导，老干部是不是统统都要打倒，军队还要不要保持稳定。他们把这种强烈不满在中央会议上公开提出来。这是新中国成立以来不曾有过的。

一月十九日，中央军委在京西宾馆开碰头会，主要讨论军队搞不搞“四大”。叶剑英、徐向前、聂荣臻等坚决不同意。第二天继续开会。叶剑英拍了桌子，说：谁想搞乱军队，决不会有好下场。徐向前也说：我们搞了一辈子军队，人民的军队，难道就叫他们几个毁了吗？这件事，当时被称为“大闹京西宾馆”。

二月十六日，周恩来主持召开政治局常委会碰头会。这次会原来是准备讨论“抓革命，促生产”问题的。会议开始前，谭震林责问张春桥：“什么群众，老是群众群众，还有党的领导哩！不要党的领导，一天到晚，老是群众自己解放自己，自己教育自己，自己闹革命。这是什么东西？这是形而上学。你们的目的，就是要整掉老干部，你们把老干部一个一个打光。”“这一次，是党的历史上斗争最残酷的一次，超过历史上任何一次。”他站起来要走。陈毅说：“不要走，要跟他们斗争。”

“这些家伙上台，就是他们搞修正主义。”他又说：延安整风时有些人拥护毛泽东思想最起劲，挨整的是我们这些人。“历史不是证明了到底谁是反对毛主席吗？以后还要看，还会证明。斯大林不是把班交给了赫鲁晓夫，搞修正主义吗？”李先念说：“就是从《红旗》十三期社论开始，那样大规模在群众中进行两条路线斗争，还有什么大串连，老干部统统打掉了。”[1] 周恩来也在会上问康生：《红旗》杂志第十三期社论，这么大的事，为什么不叫我们看看。这件事当时被称为“大闹怀仁堂”。

那天晚上，陈毅在中南海接见归国留学生代表，作了七个小时的发言。他说：

“这样一个伟大的党，只有主席、林副主席、周总理、伯达、康生、江青是干净的，承蒙你们宽大，加上我们五位副总理。这样一个伟大的党，就只有十一个人是干净的?！如果只有这十一个是干净的，我陈毅不要这个干净！把我揪出去示众好了！一个共产党员，到了这个时候还不敢站出来讲话，一个铜板也不值!”

“我们已经老了，是要交班的。但是，绝不交给野心家、两面派！不能眼睁睁看着千百万烈士用自己宝贵生命换来的革命成果付之东流!”[2]

也是在这天晚上，张春桥、姚文元、王力向毛泽东汇报“大闹怀仁堂”的情况，讲到陈毅提延安整风这件事，这涉及对延安整风的总体评价，激怒了毛泽东。二月十九日，毛泽东召集会议，发了大脾气，决定召开对陈毅、谭震林、徐向前三个人进行批评的生活会，要他们停职检查。

“大闹怀仁堂”这件事被称为“二月逆流”。在江青等指使下，社会上的造反派扬言反对“资产阶级复辟逆流”，各地的无政府主义思潮进一步泛滥，情况更加恶化。这以后，中央政治局停止了活动，实际上由

〔1〕张春桥、王力、姚文元整理的《二月十六日怀仁堂会议》，1967年2月16日。
〔2〕胡石言、吴克斌等：《陈毅传》，当代中国出版社1991年8月版，第610页。

中央文革碰头会取代。

四月底，毛泽东同意让因“二月逆流”受到批判的几个人以及多次遭受批判的朱德、陈云等在“五一”节检阅游行队伍时登上天安门城楼，使他们的处境有所改善。但他们对“文化大革命”的态度，毛泽东仍是很不满意的。

局势的发展，也出乎毛泽东意料之外。他原来以为自己能完全控制局势，以为“文化大革命”到这年二、三、四月可以看出眉目，后来又加上一个五月份，而且采取了军事管制等一系列力度较大的措施，想把运动尽快引入他所预期的轨道。可是，动乱这个潘多拉魔盒一旦打开，事态的发展便不依哪个人的意志为转移了。各地派性武斗日趋严重，恶性事故不断发生，已在很大程度上失去控制。

五月间，毛泽东同一个外国军事代表团谈到事情的发展并不完全如他所设想的那样。这在以前还不曾有过。他说：

“本来在一月风暴以后，中央就在着重大联合的问题，但未得奏效。后来发现各个阶级、各派政治势力还在顽强地表现自己。资产阶级、小资产阶级思想是没有任何力量的，捏成了还要分。所以现在中央的态度只是促，不再捏了。拔苗助长的办法是不成的。这个阶级斗争的规律，是不以任何人主观意志为转移的。”

“本来想在知识分子中培养一些接班人，现在看来是很不理想。”“批判资产阶级反动路线是知识分子和广大青年学生搞起来的，但一月风暴夺权、彻底革命就要靠时代的主人——广大的工农兵作主人去完成。知识分子从来是转变、察觉问题快，但受到本能的限制，缺乏彻底革命性，往往带有投机性。”〔1〕

他所讲自己“本来”的两个想法：一个是“本来在一月风暴以后，中央就在着重大联合的问题”；一个是“本来想在知识分子中（引者注：

〔1〕 毛泽东同一个外国军事代表团谈话记录，1967年5月。

包括以青年学生为主的红卫兵）培养一些接班人。”结果事情的发展、这些人的所作所为都不是如他本来所想象的那样，使他深感失望。

六月下旬，《人民日报》在转载《文汇报》社论的编者按中，发表毛泽东的一段话：“必须善于把我们队伍中的小资产阶级思想引导到无产阶级革命的轨道，这是无产阶级文化大革命取得胜利的一个关键问题。”〔1〕这反映出他开始发觉运动的发展已脱离他预期的轨道。

可是，局势却在继续恶化。毛泽东期望的“大联合”，是实行军队代表、革命干部代表和革命群众代表“三结合”。随着解放军越来越深地介入到“文化大革命”中，自身也就越来越深地陷入难以解脱的矛盾中。他们的任务是要“支左”，但各地几乎都存在两派或几派自命为“革命左派”而又相互对立的群众组织，难以判明应该支持的是哪一派。一旦支持了这一派，总是立刻引起另一派或几派的猛烈攻击。军队内部的意见也往往并不一致，有的部队支持这一派，有的部队却支持另一派。原有党政机关领导干部的处境更为困难：造反派组织各自选择几个领导干部作为“结合”对象，如果这一派把你作为“结合”对象，另一派就千方百计给你安上种种罪名，要把你打倒，日子比没有被“结合”前更难过。“大联合”在多数地方根本“捏”不起来，谁也不肯罢休，派性斗争只有更加激化。

六月以后，“文化大革命”中的突出现象是：各地的派性武斗大幅度升级。用“热兵器”搞武斗是从六月开始的。有些造反派组织抢军队的武器库，夺走机枪、冲锋枪、子弹、手榴弹等。有的实际上是支持这一派的军队“支左”人员听任他们抢的，甚至是悄悄送给他们的。四川、浙江、广西、江西、湖南、湖北、河南等省区都发生大规模的武斗流血事件，人员伤亡很大，铁路交通堵塞，工业产量迅速下降。

七月间，武汉发生了震动全国的“七二〇事件”。当时担任国务院副总理兼公安部部长的谢富治和中央文革小组成员王力，在武汉公开支持一派，称他们是“钢铁的无产阶级革命派”，而指责另一派群众组织

〔1〕《人民日报》1967年6月25日。

“百万雄师”是保守组织，引起他们极大愤怒。二十日，在武汉地区拥有多数群众的“百万雄师”和支持他们的一部分军人，冲入东湖宾馆（他们并不知道毛泽东和周恩来当时也住在那里）打伤王力，并把他揪走。林彪、江青等却把这个事件说成针对正在武汉的毛泽东的有计划“兵变”，骇人听闻地称为“一个彻头彻尾的反革命事件”，而把武汉军区司令员陈再道说成这个事件的“罪魁祸首”，并由中央文革小组成员关锋执笔，在新华社新闻稿上提出“坚决打倒军内一小撮走资本主义道路的当权派”。七月二十二日，江青在接见河南省造反派代表时，公开支持他们提出的“文攻武卫”的口号。于是，各地武斗进一步升级。有些城市，不同派别各自划分地区，使用警报信号，出动坦克、大炮等重武器，一次武斗中就造成近百人死亡。

副总理兼公安部长谢富治在八月七日又提出“砸烂公检法”的荒谬口号。

王力回到北京后，在八月七日煽动外交部造反派夺权，说：“外交吓人嘛，别人不能干，了不起，把它神秘化，只有少数专家才能干。”“红卫兵就不能干外交?”“我看你们现在权没有掌握，有点权才有威风。”在王力的煽动下，外交部造反派冲砸了外交部，宣布“夺取”部党委的大权。二十二日晚，外事口造反派和北京一些红卫兵组织冲击并焚烧了英国驻华代办处，制造了一起建国以来最严重的涉外事件。

局势发展到几乎完全失控的地步。周恩来后来说过：“文化大革命运动的发展，如果仅仅是在青年中产生极左思潮，那是可以得到说服和纠正的。问题是有些坏人利用这个机会来操纵群众运动，分裂群众运动，破坏我们的对外关系。这种人只有在事情充分暴露以后才能发现。”〔1〕

八月二十五日凌晨，周恩来单独约见刚从上海毛泽东身边来到北京的代理总参谋长杨成武，向他谈了对近来一系列事件的看法，并把王力八月七日讲话记录交给他，要他送给毛泽东。当天上午，杨成武飞回上

〔1〕《周恩来外交文选》，第483页。

海，向毛泽东报告。毛泽东经过一天考虑，下了决心。他对杨成武说：王、关、戚是破坏文化大革命，不是好人。你只向总理一人报告，把他们抓起来，要总理负责处理。可以先解决王、关，戚暂时不动，以观后效。二十六日，杨成武赶回北京，单独向周恩来报告。周恩来表示：事不宜迟，立刻开会。当晚，宣布将王力、关锋隔离审查。第二年一月，根据毛泽东的指示，对戚本禹同样处理。这说明毛泽东已开始想采取措施制止那种极端混乱失控的局势继续发展。

王、关、戚三人在“文化大革命”开始后，到处煽风点火，不可一世，是许多重大恶性事件的策划者和指挥者。对他们实行隔离审查，对当时正在不断升级的大混乱和大破坏，起了一定的遏制作用。

毛泽东结束两个月零十天的南方之行后，在九月二十三日回到北京。十月七日，中共中央整理转发了《毛主席视察华北、中南和华东地区时的重要指示》。他在《指示》一开始仍对“文化大革命”的形势作了肯定，说：“七、八、九三个月，形势发展很快。全国的无产阶级文化大革命形势大好，不是小好。整个形势比以往任何时候都好。形势大好的重要标志是人民群众充分发动起来了。从来的群众运动都没有像这次发动得这么广泛，这么深入。”而这个《指示》的重点是“大联合”问题，尤其是“正确地对待干部”的问题，把它看作解决当前严重混乱状况的关键。他说：

“在工人阶级内部，没有根本的利害冲突。在无产阶级专政下的工人阶级内部，更没有理由一定要分裂成为势不两立的两大派组织。”“只要两派都是革命的群众组织，就要在革命的原则下实现革命的大联合。”

“正确地对待干部，是实行革命三结合，巩固革命大联合，搞好本单位斗、批、改的关键问题，一定要解决好。”“绝大多数干部是好的，不好的只是极少数。”“我们的干部中，除了投敌、叛变、自首的以外，绝大多数在过去十几年、几十年里总做过一些好事！要团结干部的大多数。犯了错误的干部，包括犯了严重错误的干部，只要不是坚持不改、屡教不改的，都要团结教育他们。要扩大教育面，缩小打击面，运用

‘团结—批评和自我批评—团结’这个公式来解决我们内部的矛盾。在进行批判斗争时，要用文斗，不要搞武斗，也不要搞变相的武斗。有一些犯错误的同志一时想不通，要允许他们思想有反复，一时想通了，遇到一些事情又想不通，也可以等待。要允许干部犯错误，允许干部改正错误。不要一犯错误就打倒。犯了错误有什么要紧？改了就好。要解放一批干部，让干部站出来。”

“要告诉革命造反派的头头和红卫兵小将们，现在正是他们有可能犯错误的时候。”[1]

尽管如此，在毛泽东看来，“文化大革命”形势大好仍是主流，严重的混乱局面只是支流，并不难解决。这样，实际上很难使问题得到解决，混乱仍在继续。

为了使“文化大革命”从理论上得到说明，以便把它的“成果”巩固下来，十一月六日，《人民日报》、《红旗》杂志、《解放军报》联合发表纪念苏联十月社会主义革命五十周年的编辑部文章，说毛泽东“创造性地提出了无产阶级专政下继续革命的伟大理论”，“完整地、彻底地解决了无产阶级专政下继续革命、防止资本主义复辟这一个当代最重大的课题”。并且归纳这个理论的要点是：（一）必须用马克思列宁主义的对立统一的规律来观察社会主义社会。（二）社会主义是一个相当长的历史阶段。在社会主义这个历史阶段中，还存在着阶级、阶级矛盾和阶级斗争，存在着社会主义同资本主义两条道路的斗争，存在着资本主义复辟的危险性。（三）无产阶级专政下的阶级斗争，在本质上，依然是政权的问题。（四）社会上的两个阶级、两条道路的斗争，必然会反映到党内来。党内一小撮走资本主义的当权派，就是资产阶级在党内的代表人物。（五）无产阶级专政下继续进行革命，最重要的，是要开展无产阶级文化大革命。（六）无产阶级文化大革命在思想领域中的根本纲领是“斗私、批修”。[2]

---

〔1〕《中共中央转发毛主席视察华北、中南和华东地区时的指示》，1967年10月7日。

〔2〕《沿着十月社会主义革命开辟的道路前进》，《人民日报》1967年11月6日。

这篇编辑部文章，是陈伯达和姚文元主持起草的。它集中地反映了毛泽东晚年关于“文化大革命”的错误思想，并在发表前经毛泽东看过和同意。在社会主义社会的历史条件下继续发动“一个阶级推翻一个阶级”的“政治大革命”的这种理论，是根本错误的。“‘文化大革命’的理论和方法不仅没有克服我们党和国家肌体中确实存在的阴暗面，反而由于对党和国家根本秩序、根本原则的破坏而造成条件，使这种阴暗面大大增长。”〔1〕“无产阶级专政下继续革命”理论的提出，使“文化大革命”的“左”的错误指导有了更完备的理论形态。

进入一九六八年，随着许多省的革命委员会相继成立，军队干部一般占着主要地位，不少干部重新出来工作，社会秩序开始逐渐恢复，国内局势比一九六七年要稍稍平稳一些。但已经陷入严重动荡以至失去控制的局面是很难收拾的，何况还有大批造反派骨干进入各级领导机构。有些地区和有些部门，情况仍极混乱，甚至继续恶化。

问题最严重的是在铁路运输方面。二月二日，津浦铁路上两列客车遭到武装抢劫，乘务员数人被绑架，枪支等被抢走。这条铁路的几处路段被毁，通讯调度中断，几座铁路桥、公路桥被炸。四日，周恩来将铁道部军管会生产指挥部有关报告送给毛泽东，并且写了一封信说：这些破坏铁路、炸毁桥梁的行动已超出派性，完全是反革命行为，必须实行专政措施。毛泽东阅后批示：完全同意，退总理办。

这中间又出人意料地发生了“杨、余、傅事件”。杨成武当时是人民解放军代总参谋长，余立金是空军政治委员，傅崇碧是北京卫戍区司令员。这件事是林彪、江青联手发动的。他们把这三人看作异己力量，发动突然袭击，以莫须有的罪名把他们打倒。它的最重要后果，就是由黄永胜任总参谋长，建立由他主持的军委办事组，使林彪能直接控制军委的办事机构。后来，毛泽东在八大军区司令员对调时，对这件事作了自我批评：“所谓的‘杨、余、傅事件’是林彪搞的，我听了一面之词，所以犯了错误。”〔2〕

---

〔1〕 龚育之：《在历史的转折中》，第 61 页。

〔2〕 毛泽东同出席军委扩大会议全体人员讲话记录，1973 年 12 月 21 日。

对毛泽东来说，他这时关注的重点仍放在制止武斗、实现“三结合”的大联合上。但许多地方的大规模武斗不但仍在继续，而且十分激烈。这出乎毛泽东的意料之外。对它的原因，毛泽东没有也不可能认识到这是他自己发动“文化大革命”的错误理论和错误实践必然导致的结果；相反，却从他习惯的“以阶级斗争为纲”的思路出发，又一次作出错误判断，认为一定有阶级敌人，特别是国民党残余力量在背后操纵指挥。他曾说：“这些事情，我们事先也没有想到。每个机关、每个地方都分成了两派，搞大规模武斗，也没有想过。等到事情出来以后，就看出了现象。”“这绝不是偶然的事，是尖锐的斗争。解放后包下来的国民党、资产阶级、地主阶级、国民党特务、反革命——这些就是他们武斗的幕后指挥。”〔1〕

基于这种认识，四月十日，报上用黑体字刊出毛泽东对“文化大革命”性质的新判断，认为它又是“无产阶级和国民党反动派长期斗争的继续”。这使阶级斗争的扩大化进一步升级：“文化大革命”初期冲击的对象，主要是党政领导干部和高级知识分子，这一下又要清查解放前同国民党有过这样那样关系的人，而社会上在全国解放前和国民党有过不同程度关系的人是很多很多的，这一下打击面就更广了。

“清理阶级队伍”就是在这种错误指导思想下开展起来的。五月十五日，先由北京市革命委员会全体会议通过并发出《关于清理阶级队伍工作中几个问题的通知》。接着，这个运动就在全国范围内迅猛展开。

尽管在中共中央文件中也一再强调要正确掌握政策，严禁逼供信，防止扩大打击面，实际生活中这些都没有做到。它的原因在于：对敌情作了过分严重的估计，又在“文化大革命”以来异常混乱的无政府状态和极为紧张的政治氛围中，采取“大民主”以至“群众专政”等方式，结果，各地到处出现对被怀疑有历史问题或视为有现行反革命行为的人，任意扣押、侮辱、逼供信，还有坏人无中生有地挟嫌诬告的，导致不少人非正常死亡。它波及社会的方方面面，时间虽不长，造成的后果

〔1〕毛泽东同阿中友好协会代表团谈话记录，1967年12月18日。

却很严重，是十分令人痛心的。

这时，各地的武斗仍在继续，在一些地区还出现一些恶性事件。中共中央感到，必须用更大的决心，采取更严厉的措施，来制止这种造成严重灾难的派性武斗。

在各地武斗中，广西的情况最为严重：一部分人破坏铁路交通，造成无法通车；他们连续冲击人民解放军机关和部队，抢夺武器装备，杀伤指战员，在柳州就抢了一千八百多万发子弹；两派还建筑工事，设立据点，在武斗中造成群众大量伤亡。六月十三日，中央发出特急电报，他们仍拒不执行。七月三日，经毛泽东批准，由中共中央、国务院、中央军委、中央文革发出布告，称为“七三布告”，以严厉的措词，责成他们立即停止上述行为，并且指出：“对于确有证据的杀人放火、破坏交通运输、冲击监狱、盗窃国家机密、私设电台等现行反革命分子，必须依法惩办。”〔1〕

但是，一些地区的武斗并没有因“七三布告”的发布而停止下来。在陕西又出现专业的武斗队，连续制造一系列极其严重的事件，包括：抢劫国家银行、仓库、商店；烧毁和炸毁国家仓库、公共建筑和人民房屋；抢劫车船，中断铁路、交通、邮电，私设电台；连续冲击人民解放军的机关部队，抢夺武器装备，杀伤指战员。七月二十四日，根据毛泽东的批示，中共中央、国务院、中央军委、中央文革再次发出《布告》，称为“七二四布告”。《布告》规定：

“一、任何群众组织、团体和个人，都必须坚决、彻底、认真地执行伟大领袖毛主席亲自批准的‘七三布告’，不得违抗。二、立刻停止武斗，解散一切专业武斗队，教育那些受蒙蔽的人回去生产。拆除工事、据点、关卡。三、抢去的现金、物资，必须迅速交回。四、中断的车船、交通、邮电，必须立即恢复。五、抢去人民解放军的武器装备，必须立即交回。六、对于确有证据的杀人放火，抢劫、破坏国家财物，

〔1〕中共中央、国务院、中央军委、中央文革《布告》，1968年7月3日。

中断交通通讯，私设电台，冲击监狱、劳改农场，私放劳改犯的现行反革命分子以及幕后操纵者，必须坚决实行无产阶级专政，依法惩办。”[1]

“七三布告”和“七二四布告”的相继发表，在全国范围内产生了巨大的威慑作用，使国内紧张局势得到明显缓解。但在一些地区又发生把群众组织一些严重错误行动定为反革命事件，从而在这些地区造成严重后果。

紧接着，毛泽东又采取一项大行动：直接找北京高等学校造反派组织的头头谈话，对他们发出严厉警告。

“文化大革命”开始以来，得到江青和中央文革小组支持的北京高等学校造反派组织一直派人到全国各地串连，设联络站，煽风点火，兴风作浪，不少地区的恶性事件是在他们直接指挥下发生的；各地造反派组织也纷纷成立“驻京联络站”，在一九六七年达到数千人。这是武斗不止、造成严重伤亡的重要风源。它们的头面人物是：北京大学聂元梓、清华大学蒯大富、北京师范大学谭厚兰、北京航空学院韩爱晶、北京地质学院王大宾，当时号称“五大领袖”。

那时候，北京高等学校多数师生已对这种无休无止、徒然造成严重破坏的派性武斗十分厌倦，做了“逍遥派”。但聂元梓、蒯大富等自恃“造反有功”，又有中央文革做“后台”，依然一意孤行，不仅插手各地，而且在学校内部制造流血事件，尤以清华大学最为严重。《北京市中级人民法院刑事判决书》写道：

“一九六八年五月二十九日，被告人蒯大富召开‘井冈山兵团文攻武卫总指挥部’头头会，决定五月三十日凌晨三时攻打在清华大学东区浴室楼的学生。蒯大富亲自下令拉闸断电，发出进攻信号，先后使用了偷袭、强攻、火攻等手段，造成学生卞雨林、许恭生、工人段洪水死亡。七月初，蒯大富又召开‘文攻武卫总指挥部’头头会，决定武力

[1] 中共中央、国务院、中央军委、中央文革《布告》，1968年7月24日。

‘封锁’科学馆。按照蒯大富对进出科学馆的人可以开枪的决定，七月四日凌晨，张行（已判刑）开枪打死了学生朱育生；七月五日，胡远（已判刑）开枪打死了学生杨志军。为了武斗，在蒯大富主持的‘总部’会议上，还决定制造、运输枪支弹药。

一九六八年七月二十七日上午，‘工农毛泽东思想宣传队’进入清华大学，宣传制止武斗，收缴武器，拆除武斗工事。被告人蒯大富同‘井冈山兵团文攻武卫总指挥部’头头任传仲等人紧急策划后，决定‘抵抗、还击’，不让工人进楼。这一决定，向各武斗据点作了传达。下午一时许，蒯大富在静斋楼道拔出手枪，叫嚷要和工人‘拼了’，并在离开静斋时把数千发手枪子弹交给了武斗队员。任传仲等按照蒯大富‘抵抗、还击’的决定，带领人员手持长矛、枪支、手榴弹向赤手空拳的宣传队员进行袭击，致使宣传队员王松林、张旭涛、潘志宏、韩忠现、李文元惨遭杀害，七百三十一人受伤。”〔1〕

工人“宣传队”是毛泽东决定向清华园派出的。这件事使他极为愤怒。七月二十八日凌晨，毛泽东紧急召见聂元梓、蒯大富等五人。谈话持续达五小时。毛泽东严厉地说：“第一条我是讲你们脱离群众。这个群众就是不爱打内战。有些人讲，广西布告只适用于广西，不适用北京。那好啊，现在我们又发了一个陕西的。又会有人讲，只适用陕西。那么就发一个全国的通告。无论什么地方，凡有所列举的罪行之一者，都作为反革命分子处理。”“个别的捉起来。如果成股反呀，打解放军啦，破坏交通啦，我看消灭它，这是土匪、国民党！”“如果坚持不改，坚持要这么搞，那么抓起来，这是轻的。重的呀，拿重武器破坏交通呀，那要用兵去把它围剿！”

聂元梓、蒯大富等肆无忌惮的行动历来受到中央文革小组的指使和支持。毛泽东的严厉批评，使在场的江青十分尴尬。她推托地对那些人说：“我们一直是心疼你们的。怎么办？你们后头那个东西，我们也搞

---

〔1〕《历史的审判》（下），群众出版社2000年10月版，第177—178页。

不清楚。你们当面听我的话，背后也不听。有的呢？也听一些。”毛泽东接着说：“现在我们采取了一个办法，就是工人伸出‘黑手’。你们再搞，就是用工人来干涉。无产阶级专政！”“现在是轮到一些小将犯错误的时候。”江青又对韩爱晶说：“我有错误，宠了你。”“宠坏了，就是宠坏了。现在我看还是主席这个方法好。”韩爱晶说：“别的我不怕，我就怕中央文革对我们几个不要了。”〔1〕谈话后，北京市由大专院校红代会出面召集四十四个大专院校代表进行传达。有武斗的六所院校停止武斗，拆除工事，收缴武器。聂元梓、蒯大富等在大会上作了检查。到八月底，首都五十九所高等院校全部有工人宣传队进驻。

八月十九日，毛泽东同中央文革碰头会成员谈话，作了一个重要判断：“今年下半年，整顿、教育是差不多了，是时候了。”“九月或十月要开个会”，“叫做工作会议或全会，全会到半数以上就可以。”〔2〕

局势发展得很快。八月十日至九月一日，云南、福建、广西、西藏、新疆相继成立革命委员会。至此，全国二十九个省、市、自治区都已成立革命委员会，当时称为“全国山河一片红”。其中，由军队领导干部担任革命委员会主任的有二十个。九月七日，《人民日报》和《解放军报》联合发表社论，宣称：“全国除台湾省以外的省、市、自治区全部成立了革命委员会，全国山河一片红，这极其壮丽的一幕，是夺取文化大革命全面胜利进程中的重大事件，它标志着整个运动已在全国范围内进入了斗、批、改的阶段。”“经过二十个月伟大的斗争，全国军民实现了毛主席发出的‘无产阶级革命派联合起来，向党内一小撮走资本主义道路当权派夺权’的伟大号召，在全国范围内赢得了无产阶级文化大革命的决定性胜利。”“搞好本单位、本部门的斗、批、改，是社会主义革命、社会主义建设的‘基本功’，是防止资本主义复辟、巩固无产阶级专政的百年大计。”〔3〕在毛泽东看来，“斗批改”就是他所期望的经

---

〔1〕毛泽东等同聂元梓、蒯大富、谭厚兰、韩爱晶、王大宾谈话记录，1968年7月28日。

〔2〕毛泽东同中央文革碰头会成员谈话记录，1968年8月19日。

〔3〕《无产阶级文化大革命的全面胜利万岁》（社论），《人民日报》、《解放军报》1968年9月7日。

过“文化大革命”而建立的新秩序。

十月十三日，中共八届扩大的十二中全会在北京召开。这次全会很不正常。出席全会的一百三十三人中，中央委员和候补中央委员只有五十九人，不足到会者的一半。八届中央委员原有九十七人，其中在“文化大革命”中被“打倒”或“靠边站”的有五十七人，只能从中央候补委员中确定十人递补已去世的中央委员的名额，使出席会议的中央委员达到五十人，稍稍超过法定最低人数。中央候补委员出席会议的只有九人。

八届十二中全会是为召开中共九大做准备。会议内容中最重要的是两件事：一件是要对怎样看待这场“文化大革命”统一认识，另一件是要批准中央专案小组对刘少奇的“审查报告”。

从十一中全会决定进行“文化大革命”以来，已经两年多了。随着“文化大革命”中各种问题的暴露和事态的发展，对它持有怀疑以至反对的人日益增多。毛泽东在开幕式上说：“究竟这个文化大革命要搞还是不要搞？搞的中间，是成绩太少了、问题太多了，还是成绩是主要的、错误有？我的意见，错误是有，而错误的主要责任在中央，在我，而不在地方，也不在军队。”在党的中央全会上，承认“文化大革命”中有错误，而且由自己承担主要责任，这还是第一次；但毛泽东的基本意图显然仍是要说明“文化大革命”的成绩是主要的。他说：

“过去我们搞南征北战、解放战争，那种战争好打，容易打。那种战争，敌人清楚，就是那么几个，秋风落叶那么一扫，三年半也差不多。这回这个文化大革命，比那个战争困难得多。”“问题就是把思想错误的，同敌我矛盾的，混合在一起，一时搞不清楚。所以，有些问题拖长了，也只有一个问题一个问题、一个省一个省解决。”

“这个革命究竟能不能搞到底？这也是一个问题。现在不是讲进行到底吗？究竟什么叫到底呀？我们估计大概要三年，到明年夏季差不多了，就是包括建立革命委员会、大批判、清理阶级队伍、整党、精简机构、下放科室人员、改革一切不合理的规章制度。”[1]

到十月三十一日，全会发表的《公报》断然地说：“我们的伟大领袖毛泽东同志亲自发动、亲自领导的无产阶级文化大革命，是我国在无产阶级专政条件下，无产阶级反对资产阶级和一切剥削阶级的一次政治大革命。”“实践证明，正如毛泽东同志所说的，这次无产阶级文化大革命，对于巩固无产阶级专政、防止资本主义复辟，建设社会主义，是完全必要的，是非常及时的。”[2] 这就以中共中央全会的名义，把造成巨大灾难的“文化大革命”全面肯定下来。

林彪还在全会上说：“二月逆流”是十一中全会以后发生的一次最严重的反党事件，是资本主义复辟的预演。他是想乘此把这些副总理和老帅们完全打下去。毛泽东在闭幕会上没有肯定林彪这种讲法，说：他们有不同意见，要说嘛。他们也是公开出来讲的，没有什么秘密嘛。几个人在一起，又都是政治局委员，又是副总理，有些是军委副主席，我看也是党内生活许可的。[3]

十二中全会另一个重要议题，是批准中央专案小组诬陷刘少奇的“审查报告”。

“文化大革命”初期，在八届十一中全会上，刘少奇虽然被剥夺了中央的领导工作，但仍作为党内的“路线错误”对待。毛泽东在一九六六年十月的中央工作会议上还说：“对少奇同志不能一笔抹煞。”“刘、邓二人是搞公开的，不搞秘密的。”“刘、邓要准许革命，准许改。说我和稀泥，我就是和稀泥。”[4] 一九六七年一月十七日，他对一个外国党代表团讲到王明时说：“他现在还是中央委员。下次代表大会，他恐怕选不上了。刘、邓是不是能选上？我的意见还是应该选上。”[5]

---

〔1〕 毛泽东在中共八届扩大的十二中全会开幕会上的讲话记录，1968 年 10 月 13 日。

〔2〕《中国共产党第八届扩大的十二次中央委员会全会公报》，《人民日报》1968 年 11 月 2 日。

〔3〕 毛泽东在中共八届扩大的十二中全会闭幕会上的讲话记录，1968 年 10 月 31 日。

〔4〕 毛泽东在中央工作会议上的讲话记录，1966 年 10 月 24 日。

〔5〕 毛泽东同一个外国党代表团谈话记录，1967 年 1 月 17 日。

变化的转折发生在一九六七年三月间，是由专案组审查刘少奇的所谓“历史问题”引起的。这项专案工作完全在江青直接控制下进行。担任专案组组长的谢富治曾明确批示：“大叛徒刘少奇一案，主要工作都是由江青同志亲自抓的。今后一切重要情况的报告和请示，都要直接先报告江青同志。”〔1〕专案组不择手段地采用刑讯逼供、断章取义、弄虚作假、扣押重要材料等极端卑劣的手段，制造出大批伪证材料，无中生有地把刘少奇说成“叛徒、内奸、工贼”。最高人民检察院特别检察厅以后在对林彪、江青反革命集团的起诉书中写道：

“为了诬陷刘少奇是‘叛徒’，他们对一九二七年在武汉同刘少奇一起搞工人运动的丁觉群和一九二九年同刘少奇在沈阳同时被捕的孟用潜，进行逼供。一九六七年九月二十五日，丁觉群在狱中就申明，他被逼写的材料‘是打破事实的框框写的。’孟用潜从一九六七年六月十五日至一九六九年三月十八日，在狱中先后二十次书面声明，他在逼供下写的关于刘少奇的材料，是‘虚构编造的’，应该撤销。但丁觉群、孟用潜的更正、申辩材料，均被扣压，不许上报。”〔2〕

十月三十一日，十二中全会的最后一天通过决议，批准中央专案审查小组十月十八日提交的《关于叛徒、内奸、工贼刘少奇罪行的审查报告》，宣布“把刘少奇永远开除出党，撤销其党内外的一切职务”。（表决时，中央委员陈少敏没有举手）刘少奇对《审查报告》的内容以及审案情况一无所知，被剥夺了申辩的权利。第二年十一月十二日，重病中的刘少奇在河南开封囚禁处含冤而死，终年七十一岁。这是中国共产党和人民共和国历史上最大的冤案。刘少奇作为中共中央副主席和国家主席，却在民主和法制遭受严重破坏的情况下，被非法隔离和批斗达三年之久，并完全剥夺申辩的权利，被诬陷为“叛徒、内奸、工贼”，含冤逝世。这是令人极为痛心的沉重教训。

---

〔1〕谢富治对“刘少奇、王光美专案组”报告的批语，1968年2月26日。

〔2〕《历史的审判》（上），第19—20页。

在这个时期，还有两件社会影响面很广的大事：一件是知识青年上山下乡，一件是干部下放劳动。

知识青年上山下乡，到农村安家落户，参加集体生产劳动，在五十年代就已出现。有学者分析："当时，这是作为缓解城市就业压力、解决城镇部分中小学毕业生就业问题、以大量知识青年支援农村和边远落后地区的一项重要措施。在毛泽东的思考中，知识青年下乡还包括着比就业更为重要的理论和政治意义，这就是推动青年知识分子与工农相结合，永远不要脱离群众，永远不要脱离实践。"[1] 徐建春、邢燕子、侯隽、董加耕等就是五十年代到六十年代初上山下乡的知识青年的著名代表人物。

"文化大革命"爆发后，两个因素使这个问题更加突出了：一个是高等学校"停课闹革命"，并且停止招生；另一个是社会大动荡中国民经济衰退，国内生产总值连续两年下降，使城市就业极为困难。一九六六、一九六七、一九六八这三年的高、初中毕业生（通常称为"老三届"）有一千一百万人。他们既不能升学，又找不到工作，成为严重的社会问题。文化大革命期间的知识青年的上山下乡经历了一个过程。"最初并不是政府动员组织的结果，而是由首都北京的一些'老三届'中学生自发倡始的。""他们天真地认为，自己在发动一场'继续革命的新长征'。一九六八年夏季，随着六八届毕业生加入待分配的行列，上山下乡开始由少数学生自发组织、仅涉及个别城市的小型活动演变为一场由国家统一部署、各级革命委员会有步骤有组织地贯彻落实，迅速波及全国城乡的运动。"[2]

一九六八年七月中旬到十二月中旬，甘肃省会宁县六百八十八户城镇居民，有一百九十一户、九百九十五人，包括一批知识青年，分别到十三个公社的生产队安家落户。知识青年王庆一说："我是个青年，蹲

[1] 郑谦、张化：《毛泽东时代的中国》第3卷，中共党史出版社2003年11月版，第188页。

[2] 刘小萌：《中国知青史——大潮》，中国社会科学出版社1998年1月版，第106、107、133页。

在城市里没事干，农村很需要劳动力，我决心到农村去，参加劳动，改造思想，建设社会主义新农村。”一个五十多岁的老大娘王秀兰也说：“我们也生有两只手，为什么一定要住在城里吃闲饭，靠别人养活?”〔1〕兰州一万八千多名初中、高中毕业生，到农村插队落户，武汉两万多名初中、高中毕业生也到农村安家落户，“接受贫下中农再教育，建设社会主义新农村”。《人民日报》在一九六八年十二月二十二日刊登这些报道，并且发表了毛泽东的语录：

“知识青年到农村去，接受贫下中农的再教育，很有必要。要说服城里干部和其他人，把自己初中、高中、大学毕业的子女，送到乡下去，来一个动员。各地农村的同志应当欢迎他们去。”

这个号召发出后，一九六九年就掀起一个席卷全国的知识青年上山下乡的巨大浪潮。各级组织、特别是街道组织层层动员，敲锣打鼓地欢送他们下去，大部分地方是整个年级统一安排下去，除下乡插队外，还有很多人安排到黑龙江、内蒙古、云南等生产建设兵团去。单单这一年，上山下乡的知识青年就有二百六十七万三千六百人。“文化大革命”期间，上山下乡知识青年达到一千六百多万人。

上山下乡运动是在“到祖国最需要的地方去”的口号下展开的。许多知识青年到农村插队或到生产建设兵团去，特别是到边疆和偏僻多山地区去，在艰苦的环境中受到锻炼，并且对建设和开发农村落后地区作出了贡献。“文化大革命”结束后，从他们中间涌现出很大一批方方面面的骨干力量。但这场运动是在“左”的指导思想下进行的，带有明显的强制性。许多人在农村中生活长达八年至十年，中断了学校学习，有的失去继续接受正规教育的机会，造成各行各业人才的“断层”现象。“据统计，国家在‘文革’期间少培养了一百多万大专毕业生和二百多万中专毕业生。许多知青文化基础单薄，回城后年龄偏大，难以胜任技

〔1〕《会宁县部分城镇居民纷纷奔赴农业生产第一线》，《人民日报》1968年12月22日。

术性工作的要求。”[1] 而且，在短时间内送这样多知识青年到农村去，许多地方缺乏必要的准备和照顾，难以安排。在一些坏人掌权的地方更发生残害知识青年的问题。以后又出现许多“走后门”的现象，一部分有各种关系的人通过招工、招生、招兵、提干等多种方式回城，使其他人感到不平，丧失工作和生活的热情，败坏了社会风气。由于它涉及的社会面很广，对国家造成的损失是巨大的。

干部参加生产劳动，改变政府机关人浮于事的状况，本来是毛泽东的一贯主张。随着“斗、批、改”中“精简机构”的提出，这个问题更突出了。

一九六八年五月七日，黑龙江省革命委员会组织大批干部下放劳动，在庆安县柳河办了一所农场，定名“五七干校”。到这年十月，已有学员五百零四人，主要是原省直属机关干部和省革命委员会的工作人员，耕种三千多亩土地，还办了小型工厂。

这年十月五日，《人民日报》发表《柳河“五·七”干校为机关革命化提供了新的经验》。在“编者按”中说：“我们已经有了关于精简机构方面的经验，再加上关于干部下放劳动方面的经验，对如何实现机关革命化、干部革命化，认识就比较完整了。”报道中引用了一个学员的话：“进了五·七干校，有千个变化，万个变化，感受最深的是由干部到普通劳动者、由‘官’到民这个变化。这个变化才真正触及了灵魂。不论你‘官’有多高，锄头镰刀一拿，官架子就打掉一大半了。”同天报上，也发表了毛泽东的语录：

“广大干部下放劳动，这对干部是一种重新学习的极好机会，除老弱病残者外都应这样做。在职干部也应分批下放劳动。”

这以后，中央各部委和各地纷纷办起“五七干校”，大批干部（包括不少省部级领导干部和著名知识分子）下放干校或工厂、农村，从事

〔1〕 刘小萌：《中国知青史——大潮》，第 851 页。

连续数年的体力劳动。湖北咸宁的五七干校就集中了大批文化人。著名作家陈白尘回忆道：“这是当时北京文化艺术界人士‘荟萃之所’，据说总数应达一万人，实到的已有五六千人。单说作家，我就见到过冯雪峰、沈从文、张天翼、谢冰心、臧克家、楼适夷、严文井、李季、郭小川、孟超、韦君宜、侯金镜、冯牧，以及张光年、李又然等等不下百人。”[1] 他们在那里一般生活了三年多，从事种植水稻等劳动。

由于干部下放“五七干校”同样是在“左”的指导思想下进行的，带来的消极作用很大。“在阶级斗争扩大化的氛围中，在派性的作用下，在很不正常的人际关系中，许多单位下放干部实际上成为排除异己、迫害知识分子、清除各种‘有问题的人’的手段。在狂热的气氛中，把大批携老带幼的干部下放农村，他们的住房、口粮、医疗等方面存在着许多困难，他们的身体状况已不能适应农村繁重的体力劳动，他们的子女也因此失去了在城市学习、工作的机会。有的干部一家人被分别下放到不同省、区的农村，加之社会舆论方面无形的压力，多数下放干部思想沉重、顾虑重重。”[2] 他们的工作经验和才华，在长时间内不能得到发挥，大批专业干部和有经验的管理人员的下放，又使领导机关的工作效率大大减低，有些重要工作被迫陷于停顿。这种做法显然是不恰当的，更不能持久的。

一九六七年和一九六八年，是“文化大革命”中局势最为混乱的两年，国民经济受到严重破坏。整个“文化大革命”十年间，国内生产总值下降的有三年，那就是一九六七年、一九六八年和一九七六年，而前面两年比后一年下降的幅度又要大得多。

一九六七年，国内生产总值比上年下降百分之五点七，工业总产值下降百分之十三点八，农业总产值增长百分之一点六，下降最多的钢产量下降百分之三十二点八三，原煤下降百分之十八点二五；一九六八年，国内生产总值比上年又下降百分之四点一，工业总产值下降百分之五，发电量下降百分之七点四九，但原油增长百分之十五点二，原煤增

---

〔1〕陈白尘：《忆云梦泽》，《咸宁文史资料》2000年第1辑，第4页。

〔2〕郑谦、张化：《毛泽东时代的中国》第3卷，第192—193页。

长百分之六点八，农业总产值比上年下降百分之二点五。一九六八年社会总产值的规模，只相当于一九六六年的百分之八十六。市场供应紧张，人民生活水平降低。

为什么这两年国内生产总值会有如此大幅度的下降？原因不难了解：第一，经济指挥和管理机构基本上瘫痪，国民经济实际上处于无政府状态。“全面夺权”后，原有的生产指挥机构全被打乱。原定的一九六七年国民经济计划无法执行。一九六八年连年度计划也无法制订，成为中国自第一个五年计划以来唯一没有国民经济计划的一年。整个国民经济比例关系严重失调。第二，许多行之有效的经济政策和规章制度，被当作“修正主义”的“管、卡、压”而废除。企业管理紊乱，产品质量、成本无人顾问，劳动纪律松弛，出勤率和工时利用率都很低。第三，交通运输阻塞、煤炭生产下降。交通运输和煤炭工业是国民经济的先行部门。煤炭生产下降和难以运出，不仅使工业生产和人民生活用煤难以保证，还直接导致供电的严重不足。这就打乱了整个国民经济秩序，使它无法正常运转。第四，许多企业停工停产，设备能力不能充分发挥；大批工人离开生产岗位“闹革命”，生产第一线劳动力不足。武斗频繁，煤、电、运输紧张，使许多工矿企业和设备停工停产。〔1〕

国民经济这种严重状况，使作为国务院总理的周恩来忧心如焚，在极端困难的条件下做了常人难以想象的顽强努力。

那时周恩来的主要精力还得放在应付“文化大革命”的混乱状况上。初期，他忙于“救火”。“所谓的‘救火’，主要是救干部，救档案。而这当中贯穿的主要工作则是苦口婆心、不厌其烦地与红卫兵讲道理，劝阻并制止他们的一些过火行为。”〔2〕从一九六八年四月起，他又投入不少精力，一个省一个省地帮助他们制止武斗，推进联合，建立革命委员会，使一些经历了长时期“内战”苦难的地方的社会秩序能相对稳定一些，并使一部分老干部重新站出来参加领导工作。

在这样极为紧张的局势下，他始终紧紧地抓住经济工作，使整个国

〔1〕 柳随年、吴群敢主编《中国社会主义经济简史》，第356—361页。

〔2〕 童小鹏：《风雨四十年》第2部，中央文献出版社1996年1月版，第401页。

民经济得以艰难地继续运行，没有发生大崩溃。他在国务院的助手们已相继被“打倒”或“靠边站”。一九六七年四月六日，周恩来曾说，经济战线上现在抓工作的连我只有五个人。即周恩来、李富春、李先念、余秋里、谷牧。李富春身体不好，谷牧不久也被冲击而不能坚持工作了。协助周恩来的只剩下李先念和余秋里。李先念曾说，“总理抓我一个，秋里一个，帮他抓工作。”[1] 国家的财政总收入，一九六七年比上年大幅度下降百分之二十四点九，一九六八年又继续下降百分之十三点九。要人没有人，要钱没有钱，在这种情况下指挥调度整个国民经济，其困难可想而知。

周恩来首先建立起一个经济工作的新管理机构，在国务院成立生产组，由余秋里负责，组织起精干的专门班子，在中南海办公，负责全国经济工作的指挥调度。当时担任生产组副组长的袁宝华在怀念余秋里的文章中写道：

“当时工作非常困难，各地的告急电报不断，一会儿这个电厂没煤了，一会儿那个地方停产了。秋里同志无私无畏，敢抓敢管，不怕犯错误，不怕得罪人。他常说：你们大胆干，错了我负责。在煤炭、电力、原材料极度紧张的情况下，秋里同志提出，要重点保大城市（北京、天津、上海）、大企业，要稳住大局。有时上海来电说煤快用完了，面临停电的危险，我们就把运往别处的煤炭，中途改道运往上海。在那种极端困难复杂的情况下，保证国民经济的运转，没有出大问题，是非常不容易的。”[2]

对关系全局的大企业和科学研究机构，实行了军事管制。当一九六七年一月的“全面夺权”刚一开始，就下决心对鞍山钢铁公司和大庆油田实行军管。周恩来一直亲自过问这些企业的重大问题。一九六八年下半年，“周恩来在取得毛泽东同意之后，于八月十五日起主持了几个关

---

〔1〕 雷厉：《历史风云中的余秋里》，中央文献出版社 2007 年 4 月版，第 114 页。
〔2〕 袁宝华：《非凡的胆略与气魄——深切怀念余秋里同志》，《人民日报》1999 年 8 月 7 日。

系国民经济命脉而又武斗、停产严重的部门（包括冶金部、煤炭部和几个军工生产部门）的重点企业军方代表和群众组织代表的会议（简称‘八一五会议’）。会议的目的是促进联合，停止武斗，恢复生产。周恩来亲自出面，一个一个企业做耐心的工作。工作艰巨，乱局很难收拾。会议持续了四个半月，一直开到年底。这是中国工业史上一次空前的‘马拉松’会议，终于使武斗逐渐停息，生产逐步恢复。”[1] 对大庆油田，他更始终密切关注，直接干预。

针对当时突出的交通运输阻塞、煤炭生产下降的问题，周恩来更花了大量精力。一九六七年十月二十九日，他向出席铁路系统工作会议的代表指出：如何把铁路运输搞上去，这个问题太大了。粮食生产、工业生产，回过头来还是铁路运输问题。“抓革命，促生产”，铁路处于关键性的地位。现在，铁路运输量还没有回到水平线上。今年运输指挥再上不去，就会影响明年的发展。空喊“革命”，不抓业务，“革命”就是空的。动不动就把机务段冻结起来，这无论如何不是革命的，这是破坏革命。第二年二月十七日，他接见越南客人时说：一年来，我都在管铁路运输工作，每星期都过问。抓煤炭生产，成效比铁路运输更明显。一九六七年八月十六日，经毛泽东批准，下发了《中共中央、国务院、中央军委、中央文革小组给煤炭工业战线职工的一封信》。二十一日，周恩来在接见工交、财贸、农村口的军代表、业务负责人、群众代表时说：铁路交通与煤炭是摆在我们面前最迫切的问题。现在很多地方煤送不到，工业用煤、工业用电，甚至连生活用电都要停止了。首先解决铁路交通，同时要解决煤炭问题，这二者是相互影响的。李富春还组织了二十个宣传队分赴各重点矿区，宣讲《给煤炭战线职工的一封信》。

“这封信唤起了煤炭工业职工的责任感和生产热情。大部分煤炭工业职工在这一艰难局面下努力坚持了生产，大多数矿区的生产不同程度地逐步恢复。有的矿区职工不怕挨打，甚至冒着生命危险，闯过武斗封

---

〔1〕 周传典等主编《当代中国的钢铁工业》，第100页。

锁线的枪林弹雨坚持下井生产。有的领导干部一面接受批判，一面坚持领导生产；白天参加批判会，晚上下井指挥生产。有的煤矿武斗严重，有的管理干部在枪林弹雨中拿着电话机，躲在桌子下面坚持调度，指挥生产。一九六八年，煤炭产量扭转了下降趋势，比一九六七年回升了一千三百八十九万吨。”〔1〕

在农业方面，抓紧春耕生产、秋收秋种和农产品的征购工作，加强粮食的保管、调运和供应，在整个“文化大革命”期间，仍保证了人民吃饭穿衣的基本生活需要。

一九五九年动工的南京长江大桥在一九六七年因派性斗争曾一度停工。周恩来指示：“不能停工，继续架设钢梁使铁路通车。”〔2〕大桥的铁路桥和公路桥终于在一九六八年十月三十日和十二月二十九日先后建成通车。这是中国第一座自行设计建造的长达六千七百多米的铁路和公路两用桥。

一九六七年的国民经济计划虽然制订出来，却没有能下达，一九六八年的计划根本没有订出来。一些还能坚持生产、建设的地区和企业，就以经中共中央和国务院同意而没有能提交全国人民代表大会批准的第三个五年计划为依据，指导各自的生产工作。一九六八年十一月，周恩来主持召开国务院业务组会议。他说：今年没有计划，如果下一年仍然没有一个计划总是不行的，无论如何也要搞一个计划。十二月初，召开全国计划会议，但因会上搞“大批判”，到二十六日闭幕时仍没有能把计划的盘子大体定下来。当晚，周恩来打电话要余秋里到他那里去。“余秋里赶到总理办公室，已是凌晨三点。周恩来显得很疲倦，面带忧虑地对余秋里说：今年只有五天了，明年的计划还没有搞出来。一些重要的生产资料和人民生活必需品安排哪里生产，往哪里调运，没有个计划怎么行呢？余秋里说：我找几个人先搞一个明年第一季度的计划，以便使工作有所安排。周恩来说：好！你赶快回去搞吧！余秋里回来顾不

〔1〕张明理主编《当代中国的煤炭工业》，中国社会科学出版社 1988 年 7 月版，第 67 页。
〔2〕刘安军：《南京长江大桥建造记》，《共和国的记忆》，第 535 页。

得休息，就找了几个人商量，搞出一个第一季度计划安排方案，只提了几个关系国计民生的指标，立即报给周恩来。周恩来审查同意后即报请毛泽东审批。毛泽东很快就批准了。这样，在一九六九年一开头，总算有了一个可供遵循的计划。”[1]

在极端混乱的时刻防止出现经济的全面崩溃，丝毫不比顺利时刻的加快建设不重要。为什么在一九六七年和一九六八年如此严重动荡的岁月，中国的国民经济并没有崩溃，仍能继续维持运行，并在随后的一年又能开始回升？林彪、江青集团和各部委、各地的造反派，对经济工作只有破坏，没有任何积极作用。如果一旦出现经济全面崩溃，再要收拾起来就很难很难了。在如此险恶的环境中以无私奉献的精神顽强不屈地坚守岗位、奋斗不息而且还常要受到错误批判的各级领导人和职工们的感人业绩是多么难能可贵。这些默默无闻的事迹，并不都为人所知。回顾起来，不禁令人肃然起敬。要讲“文化大革命”时期的历史，是决不能也不该把这一页忘掉的。

〔1〕 雷厉：《历史风云中的余秋里》，第119—120页。

第二十三章
“文化大革命”的十年动乱（下）

毛泽东发动“文化大革命”时，没有想到它会延续达十年之久。但由于他对情况作了完全错误的估计，又采取完全错误的方法，一开头就错了，只能随着失去控制的局势一步步滑下去。

一九六六年八月，在举行“八一八”大会后十天，他说：“文化大革命的时间，看来到年底还不行，先搞到春节再说。”[1]

十月的中央工作会议上，他对中央各部门和各地负责人说：“这个运动才五个月，可能要搞两个五个月，或者还要多一点时间。”[2]

一九六七年一月，“全面夺权”开始，他说：“现在两方的决战还没有完成，大概二、三、四这三个月是决胜负的时候。至于全部解决问题可能要到明年二、三、四月或者还要长。”[3]

“全面夺权”后，各地派性武斗越演越烈。他同阿尔巴尼亚两位专家说：“我说过，三个月，即二、三、四月，可以看到眉目。现在的设想有些改变。经过四、五、六、七月，现在八月份了，有些地方搞得比较好，有一些地方不太好，时间要放长一些，从去年六月算起共三年。”“这次运动打算搞三年，第一年发动，第二年基本上取得胜利，第三年

〔1〕 毛泽东同唐平铸、胡痴谈话记录，1966 年 8 月 28 日。

〔2〕 毛泽东在中央工作会议上的讲话记录，1966 年 10 月 25 日。

〔3〕 毛泽东同卡博、巴卢库谈话记录，1967 年 2 月 3 日。

扫尾，所以不要着急。”[1] 十月，他接见另一批外宾时说：“从九月下旬起，全国联合的多，不联合的少。大体上他们打够了，闹够了，我看工人、农民、学校机关有点不想干了。我们要全面解决还得几个月。”“还有一个问题：大概明年或后年我们开党代表大会，把党重新建立起来。”[2]

一九六八年十月，他在中共八届十二中全会开幕式上，再次说，“文化大革命”大概要三年，到明年夏季差不多了。

从毛泽东看来，召开中共九大，将是从“天下大乱”走向“天下大治”的重要转折。一九六九年初，九大召开前夜，在讨论九大文件时，他说：“中央文革不要加上了，是管文化革命的。文化革命快要结束了，用常委。”[3]

尽管他把失控局势下“文化大革命”的结束时间一延再延，事实上，到中共九大时仍远谈不上“文化大革命”的结束。

从九大到十大

一九六九年四月一日至二十四日，中国共产党第九次全国代表大会在北京举行。

毛泽东在大会开幕那天的讲话中说：九大“可以开成一个团结的大会，胜利的大会，大会以后，可以在全国取得更大的胜利”。[4] 他对前景充满着乐观。但是，由于他的指导思想依然是“左”的，他所期望的是要在九大肯定下来的“文化大革命”后的新格局基础上团结起来，取得更大的胜利，结果，既不可能达到“团结”，更谈不上“取得更大的胜利”。

同一天，林彪代表中央委员会作政治报告。这个报告，是张春桥、

〔1〕 毛泽东同万捷尔·莫依修、缪非特·穆希谈话记录，1967年8月16日。
〔2〕 毛泽东同阿尔巴尼亚党政代表团谈话记录，1967年10月12日。
〔3〕 毛泽东同中央文革碰头会议谈话记录，1969年3月3日。
〔4〕 毛泽东在中共九大上的讲话记录，1969年4月1日。

姚文元起草的。它的主旨，是要把指导“文化大革命”的错误的“无产阶级专政下继续革命的理论”在党的全国代表大会上肯定下来。他说：

“这场无产阶级文化大革命，是在无产阶级专政条件下，由我们伟大领袖毛主席亲自发动和领导的一场政治大革命，是一场上层建筑里的大革命。我们的目的，是粉碎修正主义，夺回被资产阶级篡夺了的那一部分权力，在上层建筑包括各个文化领域实行全面的无产阶级专政，巩固和加强社会主义的经济基础，保证我国继续沿着社会主义道路大踏步前进。”

“这场上层建筑领域中的大革命，同一切革命一样，根本问题是政权问题，是领导权掌握在哪个阶级手里的问题。全国各省、市、自治区（除台湾省外）成立了革命委员会，标志着这个革命取得了伟大的、决定性的胜利。但是革命并没有结束。无产阶级需要继续前进，‘认真搞好斗、批、改’，把上层建筑领域中的社会主义革命进行到底。”〔1〕

九大另一项议程是修改中国共产党章程。它在总纲部分荒唐地写上：“林彪同志是毛泽东同志的亲密战友和接班人。”这是江青提出来的。当时担任中央警卫团团长的张耀祠回忆道：

“一九六八年十月十七日中共八届十二中全会讨论党章时，江青提出，‘林彪同志很有无产阶级革命家的风度。’‘他那样谦虚，就应该写在党章上。’‘作为接班人写进党章。’她进一步强调说：‘一定要写！’一九六八年十月二十七日讨论党章时，江青‘坚持要把林彪作为毛主席接班人这一条写入党章’。一九六九年四月中央讨论修改党章的会议上，江青说：‘林彪的名字还是要写上，我们写上了，可以使别人没有觊觎之心，全国人民放心。’张春桥第一个赞成。”“关于林彪的名字是否写进党章的问题，主席考虑了一个晚上，最后对‘写作班子’说：‘既然

〔1〕 林彪：《在中国共产党第九次全国代表大会上的报告》，《人民日报》1969 年 4 月 28 日。

大多数同志都同意，那就把林彪写进去吧。’”〔1〕

九大的最后一天，选举产生第九届中央委员会。四月二十八日，九届一中全会选举产生新的中央领导机构：毛泽东为中央委员会主席，副主席只有林彪一人，常委还有周恩来、康生、陈伯达。政治局委员二十四人：有一些老干部，如朱德、董必武、叶剑英、刘伯承、李先念等；林彪、江青两个集团的骨干分子几乎都在内，除了常委还有黄永胜、吴法宪、叶群、李作鹏、邱会作、江青、张春桥、姚文元、谢富治。

《关于建国以来党的若干历史问题的决议》写道：“党的九大使‘文化大革命’的错误理论和实践合法化，加强了林彪、江青、康生等人在党中央的地位。九大在思想上、政治上和组织上的指导方针都是错误的。”

毛泽东提出的“团结起来，争取更大的胜利”，被宣传为中共九大的路线。他希望局势能从近三年来的大动荡中逐步稳定下来。但“文化大革命”的动乱一旦发动起来，有如一块巨石从山巅滚下，一时已很难把它停止下来。何况，毛泽东依然充分肯定“文化大革命”，坚持“无产阶级专政下继续革命”的错误理论；“文化大革命”中迅速发展起来的林彪、江青两个反革命集团以及各地的造反派，把持着越来越大的权力，并且相互争夺。局势自然不可能稳定下来。新的政治风暴正在酝酿袭来。

九大结束后，国内局势一度曾稍趋缓和：各地在进行“整党建党”过程中，陆续建立或恢复了党的组织；全国范围内由于严重派性引起的大规模武斗基本平息，社会秩序相对稳定；国务院成立了业务组，以周恩来任组长，李先念、纪登奎为副组长；国民经济在连续两年严重下滑后，重新回升。

一九六九年，国民经济回升的幅度相当大。国内生产总值比上年增长百分之十六点九，工业总产值增长百分之三十四点一，农业总产值增

〔1〕《张耀祠回忆毛泽东》，中共中央党校出版社1996年9月版，第113—115页。

长百分之一点一，总产值都超过了“文化大革命”前的一九六六年。其中增长最快的是：钢产量比上年增长百分之四十七点四六，原油增长百分之三十五点九六，发电量增长百分之三十一点二八，原煤增长百分之二十点九一，货运量增长百分之二十点零三。国家的财政总收入比上年增长百分之四十五点八。这些，虽带有恢复的性质，仍得来不易，包含了许多国家领导人、各级干部和广大职工在困难条件下的顽强努力。

它的下一年——一九七〇年，是第三个五年计划的最后一年。各项主要经济指标大部分完成或超额完成了年度计划和整个第三个五年计划的规定。这年的国内生产总值比上年增长百分之十九点四，工业总产值增长百分之三十二点六，农业总产值增长百分之五点八。其中，粮食增长百分之十三点七四，棉花增长百分之九点五二，钢增长百分之三十三点四六，原煤增长百分之三十三点零八，原油增长百分之四十点九八，发电量增长百分之二十三点三，货运量增长百分之二十一点三。国家财政总收入比上年增长百分之二十五点八。

如果连同局势极端混乱、工农业产值大幅度下降的一九六七年和一九六八年放在一起计算，“‘三五’期间（一九六六－一九七〇年）国内生产总值（年）平均增长速度百分之六点九。工业总产值平均增长百分之十二，农业总产值平均增长百分之二点九，财政总收入平均每年增长百分之七，财政总支出平均每年增长百分之六点八。”〔1〕

一九六九和一九七〇这两年内，许多重大建设项目、特别是三线建设项目重新启动。“因‘文化大革命’干扰而未能完成的一批计划项目，多数都是在这一时期开工或建成的。以国防工业为其配套的一大批民用工业新建工程为主，包括：成昆、湘黔、襄渝、南疆、青藏（西宁至格尔木段）、阳安、京原、焦枝、枝柳铁路，湖北葛洲坝水利枢纽，秦岭火力发电厂，乌江渡水电站，渭北煤炭基地、湖北江汉油田、陕甘宁地区长宁油田、河南油田，湖北十堰第二汽车厂，四川西昌航天发射基地，西南核燃料生产基地，江西直升机基地，豫西鄂西湘西兵器工业基

〔1〕 中央财经领导小组办公室编《中国经济发展五十年大事记》，第 203 页。

地，江西九江船舶工业基地，湖北宜昌船用动力工业基地，云南昆明鱼雷基地，等等。”〔1〕为了修建这些铁路，在李先念、余秋里主持下，投入铁道兵十三万人、民兵四十五万人，全长一千零八十五点八公里的西南重要交通线——成（都）昆（明）铁路便是一九七〇年七月一日全线通车的。葛洲坝水利枢纽、第二汽车制造厂等工程的兴建，攀枝花钢铁基地第一座高炉建成出铁等，对国民经济的发展起了重要作用。

“两弹一星”的研制也取得重大突破。一九六七年六月十七日，氢弹爆炸试验成功，比预定计划提早近四个月。从中国第一颗原子弹爆炸到氢弹爆炸只用了两年多时间，这个速度比美国和苏联要快得多。地下核试验，在一九六六年曾经暂停，到一九六九年春又重新开始准备，同年九月二十三日在莫合尔山试验场首次取得成功。“至此，我国的核试验由大气层试验发展到地下试验，走上了一个新台阶，提高到了一个新水平。”〔2〕一九七〇年四月二十四日，中国又在酒泉发射场，用自行研制的“长征一号”运载火箭，成功发射第一颗自行研制的人造地球卫星，卫星重一百七十三公斤，运行轨道距地球最近点四百三十九公里，最远点三千三百八十四公里。它的发射成功，标志着中国在宇航技术研究方面，取得了历史性突破。这两项工作，都是在周恩来直接领导下进行的。

核潜艇的研制，一九六五年八月十五日由周恩来召开会议，批准研制计划，并决定先研制反潜鱼雷核潜艇，再搞导弹核潜艇。一九七〇年七月十八日，进行陆上模拟堆启堆试验。“周总理从试验开始，一连十多个小时守候在电话机旁，每隔一会儿就打一次电话询问试验情况。到八月二十八日，反应堆达到额定功率，核动力装置基本达到或超过原设计指标。”〔3〕十二月二十六日，第一艘核潜艇举行下水典礼。又经过水下和海上试验，在一九七四年八月一日举行首艇交接命名大会。以后，第一艘导弹核潜艇在一九八一年四月三十日举行下水典礼。

---

〔1〕刘国光主编《中国十个五年计划研究报告》，第300页。
〔2〕张英：《我国首次地下核试验纪实》，《两弹一星》，第148页。
〔3〕陈右铭：《中国第一代核潜艇诞生记》，《解放军报》1993年12月4日。

农业方面，在前两年大混乱的局面下，农业基础设施受到很大破坏，抗御自然灾害能力受到很大削弱；一些地方自行改变中央的农村政策，又搞起大队核算制、没收自留地、割“资本主义尾巴”等。一九六九年下半年起，国务院业务组采取了许多措施，抓了防汛抗灾，重申并坚持中央的各项农村政策，制止一些地方擅自作出变动，保护并调动农民的生产积极性。社队企业在这段时间内也有发展。

一九七〇年二月，召开全国计划会议。四月，制订出《一九七〇年和第四个五年国民经济计划纲要（草案）》。不久，经中共九届二中全会讨论通过。这个计划虽然存在着盲目追求高指标、高速度和过分强调用军事工业带动国家工业化的问题，但经历了几年严重无政府状态后有了这样一个国民经济发展计划，仍是一个不小的进步。

这两年的经济建设工作也存在不少问题：由于“斗、批、改”中强调以“大批判”开路，一些合理的行之有效的规章制度被指责为“管、卡、压”而继续受到破坏，正常的生产秩序在许多地方没有完全恢复起来；基本建设规模过大，使积累率过高，经济发展的速度虽然很快，但人民生活改善不多；中央所属企业和经济权力下放过多，破坏了管理工作的连续性，在有些地方出现盲目发展的现象；粮食虽然增产，但因人口增加过快，人均占有粮食的数量仍没有达到一九五七年的水平。

经济工作毕竟不可能离开整个大局孤立地进行。“毛泽东试图通过‘斗、批、改’，达到他的‘天下大治’的设想，也含有结束‘文化大革命’的意向。但是，‘斗、批、改’本身就是‘左’倾方针的表现。通过‘斗、批、改’，实际上是把‘文化大革命’的‘左’倾错误在各个领域里具体化。结果是党内矛盾和社会矛盾继续紧张，社会秩序和国家工作很难有多大的好转。”〔1〕

中共九大结束后，原来准备接着召开第四届全国人民代表大会，恢复国家的正常秩序。不料，在这段时间内又发生了震惊中外的林彪事

〔1〕胡绳主编《中国共产党的七十年》，第568页。

件，把原定的部署完全打乱了。

林彪集团的权势在九大后达到前所未有的高峰：林彪成了法定的“接班人”；黄永胜、吴法宪、叶群、李作鹏、邱会作都成了政治局委员，陈伯达也转向林彪一边；黄永胜、吴法宪作为正副组长掌握了军委办事组，吴法宪、李作鹏、邱会作又被任命为副总参谋长，比过去任何时候都能更多和更直接地掌握军权，而在实行“三支两军”以来，军队在全国各地和各部门中处于举足轻重的地位。这使林彪集团的权力和野心空前膨胀起来。

这时，中共中央对战争危险的估计是比较严重的。一九六九年十月十四日，根据中央政治局会议的决定，为了防范苏联利用谈判之机进行军事袭击，决定加强战略，紧急疏散在京的领导人。十八日，在苏州的林彪向在北京的军委办事组发出一个“关于加强战备、防止敌人突然袭击的紧急指示”，要求“立即组织精干的指挥班子，进入战时指挥位置”，“各级要加强首长值班，及时掌握情况”。军委办事组以《林副主席指示（第一个号令）》名义正式下达，全军立刻进入紧急临战状态。这样的全局性行动，事前没有报告军委主席毛泽东，到第二天才用“电话记录”的方式告诉毛泽东。陪同毛泽东在武汉的汪东兴回忆道：“我拿此急件送到主席住处，给主席看。毛主席看后，一脸不高兴的样子，对我说：‘烧掉。’我以为主席是让我拿去烧了，还没等我反应过来，主席自己拿起火柴一划，把传阅件点着，给烧了。”〔1〕林彪自行以副主席身份发出这种“号令”，确是一件非同小可的事情。此例一开，就可以造成一种既成事实：副统帅能不经过统帅而在一夜之间调动全军进入临战状态或采取其他行动。

一九七〇年三月八日，毛泽东正式提出召开第四届全国人民代表大会和修改宪法的意见，并建议不设国家主席。林彪却在第二天让叶群转告黄永胜和吴法宪：“林副主席赞成设国家主席。”尽管毛泽东一再表示不设国家主席，林彪仍坚持要设国家主席。这是“文化大革命”以来他

〔1〕汪东兴：《毛泽东与林彪反革命集团的斗争》，当代中国出版社 1997 年 11 月版，第 14 页。

第一次在重大问题上公开地坚持地表现出同毛泽东的分歧，显得很不正常。

林彪和江青这两个集团，在“文化大革命”初期互相勾结，尽管在有些问题上也曾发生矛盾，但总的说来是密切合作的。他们相互呼应，在动乱中夺取了党和国家很大一部分权力。九大以后，情况发生了微妙的变化：林彪担心江青、康生、张春桥等的势力有超越自己的可能，把它看作自己进一步掌握大权的主要对手。江青集团确也野心勃勃。双方之间的相互倾轧，愈演愈烈。

修改宪法，是四届人大准备工作中的一件大事。八月十三日，修改宪法工作小组讨论宪法草案稿。张春桥提出把毛泽东“天才地、全面地、创造性地发展了马克思列宁主义”那句话的前面几个副词去掉。吴法宪不知道这是毛泽东本人的意见，以为这下可抓到张春桥的把柄了，进行激烈的反驳。

“天才”问题，设不设国家主席的问题，成了争论中的两个焦点。

八月二十三日，中共九届二中全会在江西庐山召开。周恩来宣布全会的三项议程：（一）讨论修改宪法；（二）讨论国民经济计划；（三）讨论战备问题。这个议程是中央在会前商量好的，主要为召开四届人大做准备。可以看出，毛泽东当时的意图是要在九大“团结”、“胜利”的旗帜下，通过召开四届人大，在全国范围内重建国家的正常秩序。但全会开幕那天，林彪临时提出要在大会上讲话。他在讲话中说：这次宪法修改草案要“肯定毛主席的伟大领袖、国家元首、最高统帅的这种地位”。他又说：“我们说毛主席是天才，我还是坚持这个观点。”〔1〕当晚，陈伯达、吴法宪商议后整理出一份恩格斯、列宁、毛泽东、林彪论述“天才”的语录，分送给叶群、李作鹏、邱会作。这样集中地来谈“天才”问题，联系到吴法宪同张春桥的争论，显然有着明确的针对性。

第二天的小组会上，陈伯达、吴法宪、叶群、李作鹏、邱会作分别在华北、西南、中南、西南组同时发难，拥护林彪讲话，宣讲统一准备

〔1〕 林彪在中共九届二中全会开幕式上的讲话记录，1970年8月23日。

好的“语录”，要求设国家主席，并且说有人“反对”毛主席，煽动要“揪人”。六个组中，华北组最为激烈。二十五日，各组继续讨论。反映华北组讨论情况的全会第六号简报也发到各组。简报写道：大家听了陈伯达等发言后，“知道了我们党内竟有人妄图否认我们伟大领袖毛主席是当代最伟大的天才，表示了最大、最强烈的愤慨”。“这种人就是野心家、阴谋家，是极端的反动分子，是地地道道的反革命修正主义分子，是没有刘少奇的刘少奇反动路线的代理人，是帝修反的走狗，是坏蛋，是反革命分子，应该揪出来示众，应该开除党籍，应该斗倒斗臭，应该千刀万剐，全党共诛之，全国共讨之。”[1] 绝大多数中央委员并不了解幕后的实情，也没有精神准备，全会的气氛顿时紧张起来。

这件事反映出来的问题极端严重：显然是一次有预谋、有计划、有组织的活动，瞒着毛泽东和多数常委，在党的中央全会上采取地下活动、突然袭击的方式，在各组同时发难，改变全会的原定日程，狂热地煽动揪人，毛泽东事先却一无所知。在中央全会上实行这样非同寻常的大动作，在中国共产党历史上从来不曾有过，是毛泽东绝对无法容忍的。用他不久后在吴法宪检查上批示中的话来说：“由几个人发难，企图欺骗二百多个中央委员，有党以来，没有见过。”他十分震怒，立刻决定全会分组会停止讨论，收回第六号简报，责令陈伯达等检查。

庐山会议这场风波显然同林彪有密切关系，但鉴于林彪的特殊地位，对他必须采取慎重的态度；而且这场风波的幕后情况一时还有待进一步弄清，这不是几天内能够做到的。因此，最初把批评集中指向陈伯达。八月三十一日，毛泽东在陈伯达整理的那份论述“天才”的语录上批了一大段话，说陈伯达这一次“采取突然袭击，煽风点火，唯恐天下不乱，大有炸平庐山、停止地球转动之势”。[2] 九月六日，九届二中全会举行闭幕式，并宣布对陈伯达进行审查。

这样一来，原定的准备召开第四届全国人民代表大会、恢复国家正常秩序的部署被完全打乱，又拖下去了。

---

〔1〕 中共九届二中全会第六号简报（华北组第二号简报），1970年8月25日。

〔2〕 毛泽东：《我的一点意见》，1970年8月31日。

“批陈整风”进行了整整一年。通过检查和揭发，林彪集团背着中央幕后活动的真相逐渐浮出水面，问题的严重性越来越明显。他们却始终抱成一团，拒绝帮助和挽救。林彪看到毛泽东下决心追查这件事，认为自身地位难保，便铤而走险。林彪的儿子林立果秘密组织的“联合舰队”的骨干分子在一九七一年三月制定了武装政变计划，代号为《“五七一”工程纪要》（“五七一”，是“武装起义”的谐音）。

毛泽东在八月十五日至九月十二日乘专列离北京南下，先后抵达湖北、湖南、江西、浙江、上海等地，同沿途各地负责人谈话。他说：

“希望你们要搞马克思主义，不要搞修正主义；要团结，不要分裂；要光明正大，不要搞阴谋诡计。”

“一九七〇年庐山会议，他们搞突然袭击，搞地下活动，为什么不敢公开呢？可见心里有鬼。他们先搞隐瞒，后搞突然袭击，五个常委瞒着三个，也瞒着政治局的大多数同志，除了那几位大将以外。”

“我看他们的突然袭击，地下活动，是有计划、有组织、有纲领的。纲领就是设国家主席，就是‘天才’，就是反对‘九大’路线，推翻九届二中全会的三项议程。有人急于想当国家主席，要分裂党，急于夺权。”

“这次保护林副主席，没有作个人结论，他当然要负一些责任。”

“庐山这件事，还没有完，还没有解决。”〔1〕

毛泽东还在巡视，有人已把他的谈话内容秘密向林彪报告。林彪集团决定提前采取谋杀毛泽东的行动。《中华人民共和国最高人民法院特别法庭判决书》写道：

“九月五日和六日，林彪、叶群先后得到周宇驰、黄永胜的密报，获悉了毛泽东主席察觉林彪在密谋夺权的谈话，决定对在旅途中的毛泽

〔1〕《毛主席在外地巡视期间同沿途各地负责同志的谈话纪要》，1971年8月中旬至9月12日。

东主席采取谋杀行动，发动武装政变。九月八日，林彪下达了武装政变手令：‘盼照立果、宇驰同志传达的命令办’，并由林立果、周宇驰对江腾蛟和空军司令部副参谋长王飞以及‘联合舰队’的其他骨干分子进行具体部署。正当林彪反革命集团紧张地策动武装政变的时候，毛泽东主席对他们的阴谋有所察觉，突然改变行程，于九月十二日安全回到北京。”〔1〕

这时，林彪十分惊慌。他图谋到广州，另立中央政府，分裂国家；并且在九月十二日晚将三叉戟专机秘密调往山海关机场，供在北戴河的林彪、叶群、林立果使用。当晚十时，周恩来得到消息，立刻追查这架专机为什么突然去山海关。林彪判断密谋已败露，南逃广州另立政府的计划已不可能实现，于十三日凌晨在极匆忙的情况下登机强行起飞，外逃叛国。途经蒙古温都尔汗附近，飞机坠毁，机上人员全部死亡。一场武装政变的阴谋被彻底粉碎。中共中央在九月十八日发出《关于林彪叛国出逃的通知》。

林彪事件的发生，是绝大多数人根本没有想到的。对中共中央来说，他们策划武装政变的事实，也是在林彪外逃以后才一步步查明的。它像晴天霹雳一样，在全国引起极大的震动，使不少人对“文化大革命”以来曾经深信不疑的事情产生了怀疑，客观上宣告“文化大革命”的理论和实践的破产。

林彪问题解决后，周恩来在毛泽东支持下，主持中央日常工作。“斗、批、改”也很少再提及，各方面的工作有了转机。

一九七一年，国民经济的增长是比较快的：国内生产总值比上年增长百分之七，工业总产值增长百分之十四点七，农业总产值增长百分之三点二。但由于长期存在严重的无政府状态，存在的问题也不少。这年十二月五日，周恩来在听取国家计委汇报时指出：现在我们的企业乱得

〔1〕《历史的审判》（上）第54—55页。

很，要整顿，批判林彪必须联系经济战线的实际，清除林彪一伙干扰破坏造成的恶果。这是“文化大革命”以来第一次对经济工作提出“整顿”的任务。十二月十六日至一九七二年二月十二日，国务院召开全国计划会议。会议指出目前经济工作中存在的问题：第一，基本建设战线长。有些部门和地方随意上计划外项目，造成国民经济比例失调，市场供应紧张。第二，职工增加过多，出现了“三突破”：一九七一年职工总数突破五千万，工资总额突破三百亿元，粮食售量总额突破八百亿斤。随之而来的是通货膨胀，货币发行量过多。这就使国民经济的发展难以为继。第三，许多企业管理混乱，不少产品质量下降，劳动生产率降低，事故不断发生。这些问题，是在相当长时间内积累下来的。其中，粮食和经济作物产量不能适应工业发展和人口增长的需要，尤其值得注意。

在周恩来主持下，一九七二年和一九七三年又进行了两年经济调整，取得了明显成效：庞大的基本建设规模被压缩，农、轻、重的比例关系有所调整，特别是提高了对轻工业的投资，加强了对农业的支援。国民经济计划完成得比较好，农业状况更有明显改善。在此前的一九七二年，国内生产总值虽比上年增长百分之三点八，工业总产值增长百分之六点九，但农业总产值却下降百分之一；而到一九七三年，这种状况得到扭转，国内生产总值比上年增长百分之七点九，工业总产值增长百分之九点五，农业总产值也增长百分之八点三，国有单位固定资产投资额增长百分之六点一三。“三个突破”基本上得到控制。工矿企业的经济管理，在经过整顿后得到改善。明确规定要恢复和健全岗位责任、考勤、技术操作规程、质量检验、设备管理和维修、安全生产、经济核算七项制度。强调要把产品质量放到第一位。由于粮食丰收，国家粮食库存增加，为以后的经济发展准备了较好基础。

这段时间内，在经济工作上还有一个有着开拓意义的重大突破，那就是抓住中美、中日关系改善和中华人民共和国恢复在联合国合法席位的有利时机，第一次较大规模地从西方国家引进成套的新技术设备。这是新中国成立以来不曾有过的。余秋里回忆道：

“九一三事件以后，周恩来在抓经济整顿、调整的工作中及时指示我们，要根据新的情况对‘四五’计划纲要进行必要的修改，压缩过大的基本建设投资规模，调整投资结构，降低一部分过高的生产指标；同时努力发展对外贸易，抓紧国际有利时机，在已经逐步打开的对西方国家的贸易中抓紧进行成套设备和新技术的引进工作。这里特别应该提到的是，一九七二年根据周总理和李先念副总理的指示拟定的并由总理亲自审批的‘四三’引进方案，即用四十三亿美金在三五年内引进一批国外的先进技术设备，其中包括：十三套大化肥设备，四套大化纤设备，三套石油化工设备，一个烷基苯厂，四十三套综合采煤机组，三个大电站，武钢的一点七米轧机，以及透平压缩机、燃汽轮机、工业汽轮机等的制造技术。这个方案，国家计委于一九七三年一月二日正式上报国务院，很快即由李先念副总理和周总理审查同意，并报毛主席批准了。”〔1〕

为了能把技术先进、价格合理、适合中国国情的设备引进来，国务院还批准派出几十个团（组）到西欧、日本等发达国家考察。不久，又把进口先进成套设备的资金增加到五十一亿八千万美元，并且增加了电视彩色显像管生产装配线等新项目。这是以后实行对外开放的先导。

一九七二年七月，从江西回到北京参加“批林整风”会议的陈云致信毛泽东并中共中央说：“请求中央根据我的身体情况，分配给我做些力所能及的工作。”〔2〕第二天，毛泽东在信上批示：我看都可以同意。不久，陈云就参加以周恩来为组长的国务院业务组，受周恩来委托，研究当时有迫切意义的国际经济形势和发展对外贸易问题，特别是扩大同西方国家贸易的问题，并主张利用国外交易所和期货市场，为国家进口粮食、棉花，节约和积累外汇。

陈云在接受周恩来委托研究对外贸易问题后，提出要研究当代资本主义的问题。他说：“过去我们的对外贸易是百分之七十五面向苏联和

〔1〕余秋里：《中流砥柱，力挽狂澜》，《我们的周总理》，第58页。

〔2〕陈云致毛泽东并中共中央的信，1972年7月21日。

东欧国家，百分之二十五对资本主义国家，现在改变为百分之七十五对资本主义国家，百分之二十五对苏联、东欧。”“因此，我们对资本主义要很好地研究。”“和资本主义打交道是大势已定。”[1]

在当时极左思潮泛滥、国家财政力量（特别是外汇）相当困难、这方面又十分缺乏经验的情况下，能够下如此大的决心从西方发达国家大规模引进成套的先进技术设备，需要有非凡的远见和胆略。江青等后来就把这称为“崇洋媚外”、“洋奴哲学”而大肆攻击。它在新中国经济史上值得大书一笔，为以后实行对外开放起了某些先导作用。

同林彪集团有牵连的人和事，中共中央决定由周恩来负责领导清查工作。这项工作在不长时间、较小范围内完成。在这期间，国内并没有发生政治动荡。

对林彪本人，周恩来也作了客观而冷静的分析。他在一九七二年八月一次外事工作会议上说：我们要历史地、辩证地、发展地看问题。因为一个人的思想是发展的，不能说林彪早先的思想和以后的思想是一样的，会有变化的。同样，我们对林彪的认识也有一个发展的过程。怎么会一下子就识破他呢？九大时还不可能识破他，否则，怎么会让他当副主席？林彪的欺骗性也就在这里。因此，对林彪要作具体分析，他也有一个从量变到质变的过程。不要以为说他坏，就从头到尾都是坏的。林彪取得接班人的地位是有历史原因的，是当时党内形势发展的结果。总之，对我们党来说，林彪事件的教训是深刻的。

他在这次讲话中鲜明地提出了“要批透极左思潮”这个极为重要的问题。他说：“极左思潮是有世界性的。中国也有极左思潮，在我们鼻子下面也有嘛。”“实际上各单位的极左思潮都是林彪放纵起来的。”“就是空洞，极端，形式主义，空喊无产阶级政治挂帅，很抽象，这是违反毛泽东思想的”。“关于这个问题，如果我们不好好做工作，还要犯错误。”[2] 十月间，《人民日报》、《光明日报》根据周恩来的意见，用不少篇幅发表有关肃清极左思潮和无政府主义的报道、文章。

---

〔1〕《陈云文选》第3卷，第217—219页。

〔2〕周恩来接见回国述职大使和外事单位负责同志谈话纪要，1972年8月1、2日。

毛泽东过去也多次说过反对极左思想的话。他在一九六七年九月曾说：“形左实右，现在还是以极左面目出现，这是主要的。”“现在要批评极左派思想——怀疑一切。”但他只是把这看作对“文化大革命”的干扰。周恩来要在“批林整风”中集中地批判极左思潮，使他担心会导致从根本上否定“文化大革命”。十二月中旬，他找周恩来、张春桥、姚文元谈话，说：“极左思潮少批一点吧。”林彪“是极左？是极右。修正主义，分裂，阴谋诡计，叛党叛国”。〔1〕这样，“批林整风”中对极左思潮的批判不能不中断。事实再次证明，毛泽东可以在某些具体问题上纠正已经造成严重后果的错误，包括调整若干重要的政策；但他不允许批评和纠正“文化大革命”的指导思想。这样，“文化大革命”的灾难便不可能根本消除，而仍继续下去。不久，张春桥、姚文元又乘此在文化、教育领域内掀起一场“反右倾回潮”运动，使稍有好转的形势又出现逆转。

尽管如此，在这前后，纠正“左”的错误仍收到一些成效。

除经济工作的“整顿”外，首先是对“文化大革命”中一批遭受错误打击的老干部的“解放”。一九七一年十一月，毛泽东找成都地区负责人座谈时，叶剑英进来。毛泽东说：“你们再不要讲他‘二月逆流’了。‘二月逆流’是什么性质？是他们对付林彪、陈伯达、王关戚。”“老帅们就有气嘛，发点牢骚。他们是在党的会议上，公开的，大闹怀仁堂嘛！”〔2〕一九七二年一月六日，陈毅因患癌症去世。十日，举行追悼会，毛泽东临时在睡衣外套上大衣就赶去参加了，对陈毅的夫人张茜说：“陈毅同志是个好同志。”这个包含有歉意的行动很有象征意义，表示广大老干部、包括对“文化大革命”有严重抵触情绪的干部是好的，应该适时给以解放。

最引人注目的是邓小平的恢复工作。邓小平在“文化大革命”一开始就作为“党内第二号走资本主义道路的当权派”被“打倒”，后来在江西新建县拖拉机修配厂劳动。一九七二年八月三日，他给毛泽东写

〔1〕毛泽东同周恩来、张春桥、姚文元等谈话记录，1972年12月17日。

〔2〕毛泽东同志参加成都地区座谈会人员谈话记录，1971年11月14日。

信，要求工作。十四日，毛泽东在信上批示："应与刘少奇加以区别"，并且讲了他的四条优点。这年十二月，周恩来提出恢复邓小平国务院副总理职务的建议，得到毛泽东的同意。一九七三年三月，邓小平从江西回到北京，并由周恩来陪同见了毛泽东。二十九日，周恩来主持中央政治局会议商定：邓小平"正式参加国务院业务组工作，并以国务院副总理身份参加对外活动；有关重要政策问题，小平同志列席政治局会议参加讨论"。[1] 四月十二日，周恩来主持欢迎柬埔寨国家元首西哈努克亲王的盛大国宴，邓小平公开露面，出席这次国宴，立刻在国内外引起很大轰动。

在毛泽东、周恩来直接过问下，谭震林、王稼祥、廖汉生、杨勇、苏振华、林枫、吴冷西等一批干部陆续"解放"。但由于江青一伙在政治局内百般阻挠，还有许多干部仍未得到"解放"。一九七二年四月二十四日，《人民日报》发表经周恩来审阅修改的社论，指出：经过长期革命斗争锻炼的老干部是党的宝贵财富，并且强调：

"要严格区分敌我矛盾和人民内部矛盾这两类不同性质的矛盾。除了极少数混进革命队伍的阶级敌人和屡教不改、不可救药的分子外，对一切犯错误的同志，不论老干部、新干部，党内的同志、党外的同志，都要按照'团结—批评—团结'的公式，采取教育为主的方针。""正如得过伤寒病可以产生免疫力一样，犯过错误的人，只要认真改正错误，善于从错误中吸取教训，有了免疫力，就有可能工作得更好。"[2]

全国其他报刊也相继发表文章，论述落实干部政策问题，产生了很大影响。

干部问题，是"文化大革命"以来一直处在突出地位的问题。全国从上到下有大量干部被"打倒"或"靠边站"。因此，落实干部政策是纠正"文化大革命"中"左"的错误的重要内容。

---

〔1〕 周恩来关于中共中央政治局会议情况给毛泽东的报告，1973 年 3 月 20 日。

〔2〕《惩前毖后　治病救人》（社论），《人民日报》1972 年 4 月 24 日。

其他工作领域，在周恩来主持下也对纠正“左”的错误作出许多努力。文艺界、科技界、教育界是“文化大革命”的重灾区。周恩来鼓励这些部门要排除干扰，尽快恢复正常工作。对文艺界，他在一九七二年四月九日观看广州的部队文艺演出时说：“看来你们的极左思潮还没有肃清。极左思潮不肃清，破坏艺术质量的提高。你们的歌越唱越快，越唱越尖，越唱越高。革命激情要和革命抒情结合，要有点地方的色彩。”〔1〕对科技界：他在这年七月初会见美籍科学家杨振宁时说：你说我们基础科学理论太贫乏了，而且也不同国外交流，恐怕这话有道理，你是看到我们的毛病了。十四日，他叮嘱陪同他再次会见杨振宁的北京大学负责人周培源：“要把北大的理科办好，把基础理论水平提高。有什么障碍要扫除，有什么钉子要拔掉”。〔2〕过了一星期，周培源写信给周恩来，反映许多知识分子对这个问题存在的顾虑。周恩来把这封信批告国务院科教组和中国科学院负责人，要他们“在科教组和科学院好好议一下，并要认真实施，不要如浮云一样，过了就忘了”。〔3〕对教育界：周恩来十月十四日在同美籍科学家李政道谈话时提出一个十分重要的意见：

“对学习社会科学理论或自然科学理论有发展前途的青年，中学毕业后，不需要专门劳动两年，可以直接上大学，边学习，边劳动。”〔4〕

由于江青集团的阻挠，特别是他们在文化、教育界发动的“反右倾回潮”，周恩来这些设想没有能完全实现。但这些富有远见而又切合实际的主张，在几年后终于变成现实。

随着林彪事件以及有关人和事在两年内得到查清，随着国民经济的逐步恢复和发展，一九七三年八月二十四日至二十八日，中国共产党第

〔1〕《周恩来选集》下卷，第471、472页。

〔2〕周培源：《学习周总理的革命精神》，《人民的好总理》上册，人民出版社资料组1977年9月编印，第122页。

〔3〕《周恩来教育文选》，教育科学出版社1984年10月版，第236页。

〔4〕《周恩来选集》下卷，第473—474页。

十次全国代表大会由毛泽东主持在北京召开。

大会的政治报告是张春桥起草的。张春桥本来主张由王洪文宣读，后来中共中央还是决定由周恩来宣读。由于林彪事件后党内外对“文化大革命”的理论和实践都产生不少怀疑，报告中肯定九大的路线，写道：“九大以来的革命实践，主要同林彪反党集团的斗争实践证明，九大的政治路线和组织路线都是正确的，以毛主席为首的党中央的领导是正确的。”对林彪集团及其活动，报告写道：“林彪及其一小撮死党是一个‘语录不离手，万岁不离口，当面说好话，背后下毒手’的反革命阴谋集团。他们推行的反革命修正主义路线的实质，他们发动反革命武装政变的罪恶目的，就是篡夺党和国家的最高权力，彻底背叛九大路线，从根本上改变党在整个社会主义历史阶段的基本路线和政策，使马克思列宁主义的中国共产党变为修正主义的法西斯党，颠覆无产阶级专政，复辟资本主义。”报告说：“林彪反党集团的垮台，并不是党内两条路线斗争的结束。”“有不少党委，埋头日常的具体的小事，而不注意大事，这是非常危险的。如果不改变，势必走到修正主义道路上去。希望全党同志特别是领导同志警惕这种倾向，认真地改变这种作风。”〔1〕这一段话，显然有所指，在相当程度上正是对着周恩来说的。

大会前调到中央工作的王洪文，在会上作了《关于修改党章的报告》。他说：“修改草案和九大党章比较，主要是充实了两条路线斗争经验的内容”，“我们一定要提高警惕，认识这种斗争的长期性和复杂性。要深入进行思想、政治、经济领域的社会主义革命，改革一切不适应社会主义经济基础的上层建筑，还要进行多次像无产阶级文化大革命这样的政治大革命，才能不断巩固无产阶级专政，夺取社会主义事业的新胜利。”〔2〕

大会选出第十届中央委员和中央候补委员。其中，包括一批被九大排除的老干部，如邓小平、谭震林、乌兰夫、李井泉、王稼祥等；也包括了不少“文化大革命”中靠造反起家的人物，增强了江青集团在中央

---

〔1〕《人民日报》1973年9月1日。
〔2〕《人民日报》1973年9月2日。

委员会中的力量。

八月三十日，中共十届一中全会选出毛泽东为中央委员会主席，周恩来、王洪文、康生、叶剑英、李德生为副主席，张春桥也被选为政治局常委。对王洪文的任职是有争议的。十大前的政治局会议上，毛泽东的意见担任十大主席团主席、副主席的也就是第十届中央委员会的主席、副主席。政治局委员许世友提出：我看只要一个副主席就行了！他所说的“一个副主席”，是指周恩来。而在毛泽东看来，王洪文年轻，做过农民，做过工人，当过兵，又是上海造反派头头，对他抱很大的希望，准备在实际工作中再加以培养和考察。

中共十大的指导方针和九大一样，是错误的。它进一步强调党内“两条路线斗争”的“长期性和复杂性”，为江青一伙和各地造反派的继续兴风作浪提供理论依据。王洪文当了中共中央副主席，江青、张春桥、姚文元、王洪文在中央政治局内结成“四人帮”，江青集团的势力得到加强。动乱仍将继续。

打开对外关系的新局面

从九大到十大期间，新中国的外交工作取得重大突破，作出一系列重大决策，形成了对外关系的新格局。

“文化大革命”最初几年，中国面对的国际局势十分严峻。美国侵越战争继续扩大，在南越的美军达到五十多万人。美国的飞机和军舰常常侵入中国的领空和领海，中国外交部发言人每次都提出警告。苏联政府以重兵集结在中苏和中蒙边境，多次对中国进行武装挑衅，对中国构成严重威胁。一九六八年八月，苏联武装入侵捷克斯洛伐克，在八小时内占领了这个社会主义国家。这件事给中国刺激很大，更使中国把苏联的军事威胁作为国家安全战略全局的重点来考虑。

就在中共九大召开前夜，发生了大规模边境武装冲突的珍宝岛事件。“珍宝岛从来就是中国的领土。它原不是一个岛，而是乌苏里江中国一侧江岸的一部分，后来因江水冲刷成为岛屿，枯水期和中国江岸相连。”〔1〕它历来都由黑龙江省虎林县管辖。一九六九年三月二日，大批苏联军人乘坐装甲车和汽车分两路侵入珍宝岛，突然袭击正在执行正常巡逻任务的中国边防人员，打死打伤多人。中国边防人员被迫进行自卫还击。十五日，苏联出动大批装甲车、坦克和武装部队，在飞机和远射程炮掩护下，再次侵入珍宝岛，并向中国境内纵深地区进行炮击。中国边防部队三次打退了对方的猛烈进攻。这件事震动了世界。

九大结束后不久，毛泽东委托长期靠边站的陈毅、叶剑英、徐向前、聂荣臻四位老帅共同研究国际形势，由陈毅负责，向中央提出书面意见。当时，最迫切需要回答的问题：一是中美、中苏之间会不会发生大战？二是苏美两国比较起来，谁对中国安全的威胁更大？三是对打开这种局面有什么新的设想？

这四位老帅都是富有战略眼光的。他们从六月七日至七月十日进行了六次讨论，由熊向晖记录并整理出向中央报告的《对战争形势的初步估计》，经周恩来报送毛泽东。报告写道：“我们认为，在可以预见的时期内，美帝、苏修单独或联合发动大规模侵华战争的可能还不大。”它判断：“美帝不敢轻易进攻中国，主要理由是：（一）中美之间隔着辽阔的太平洋。美帝侵朝、侵越两次战争的失败，加深了它的内外困境，使它有了沉痛教训，申言不再参加朝鲜式或越南式的战争。中国不同于朝鲜、越南，美帝更不敢贸然动手。（二）美帝战略重点在西方。美帝长期陷于南越，已使它在西方的地位大为削弱。如与中国作战，需时更长，结局更惨。美帝尤其不愿单独和中国打，使苏修渔利。（三）美帝想把亚洲人推上反华第一线，特别想利用日本打先锋，但日本自己有侵华失败的切肤之痛。新中国远非昔比，日本反动派对中国不敢轻举妄动。”报告还作出一个重要判断：“苏修把中国当成主要敌人。它对我国安全的威胁比美帝大。” “但真和中国大打，苏修还有很大顾虑和困难。”〔2〕

---

〔1〕 韩念龙主编《当代中国外交》，中国社会科学出版社 1988 年 3 月版，第 123 页。
〔2〕 熊向晖：《历史的注脚》，中共中央党校出版社 1995 年 7 月版，第 185、186 页。

当时从国际关系的全局来看，这个阶段还有一个十分值得注意的新变化：“苏美两个超级大国的军事力量对比向着有利于苏联的方向发展。苏联凭借其迅速膨胀起来的军事力量到处伸手。而美国先是深陷于侵越的泥潭之中，后来又为侵越战争的‘后遗症’所困扰。苏美争霸出现了苏攻美守的态势。”〔1〕这种在一段时间内存在的新态势直接影响中国的周边状况。苏联当局确曾有过对中国实施突然核打击的设想，而美苏之间的矛盾超过了美中之间的矛盾。

陈毅等四人小组，在七月二十九日至九月十六日之间又进行了十次讨论，并向中央提出《对目前局势的看法》。熊向晖回忆当时讨论的情况：“四位老帅还反复研究，万一苏修对我发动大规模战争，我们是否从战略上打‘美国牌’。叶帅说，魏、蜀、吴三国鼎立，诸葛亮的战略方针是‘东联孙吴，北拒曹魏’，可以参考。陈总说，当年斯大林同希特勒签订互不侵犯条约，也可以参考。”他们在报告中写道：“国际阶级斗争错综复杂，中心是中、美、苏三大力量的斗争。目前压倒一切的问题是苏修会不会大举进攻我国。”他们认为：“苏修确有发动侵华战争的打算”，“但它下不了政治决心”，因为“对华作战是有关生死存亡的大问题，苏修感到并无把握”。“苏修对侵华战争的决策，在很大程度上取决于美帝的态度。迄今美帝的态度不但未能使它放心，而且成为它最大的战略顾虑。”在这份报告写出后，陈毅还向周恩来口头汇报说：“现在情况发生变化，尼克松出于对付苏修的战略考虑，急于拉中国。我们要从战略上利用美、苏矛盾，有必要打开中美关系，这就必须采取相应的策略。”〔2〕

这时，美国对华政策也在酝酿重大调整。美国的力量正深陷在越南战争的泥潭中，同苏联的角逐又处在被动地位。珍宝岛冲突更加快了美国决策者调整对华政策的步伐。

一九六九年就任美国总统的尼克松在这方面采取了积极的态度。他在回忆录中写道：

---

〔1〕韩念龙主编《当代中国外交》，第214页。

〔2〕熊向晖：《历史的注脚》，第192、195、197页。

“我认为美国和共产党中国建立关系非常重要这一想法，是我在一九六七年为《外交季刊》写的文章中第一次提出的……对华主动行动的第一个认真的公开步骤是在一九七〇年二月采取的，那时我向国会提出了第一个外交报告。关于中国问题的那一段是这样开始的：‘中国人民是伟大的、富有生命力的人民，他们不应该继续孤立于国际大家庭之外’。”

这年三月，美国国务院宣布放松对于去新中国旅行的大部分官方限制；四月，又宣布进一步放宽贸易限制。十月二十五日，巴基斯坦总统叶海亚·汗到美国去会见尼克松。尼克松告诉他：已经决定设法使对华关系正常化，要求他作为中介人提供助力。叶海亚允诺了。第二天，罗马尼亚总统齐奥塞斯库对美国进行国事访问。尼克松同样要求齐奥塞斯库把他的想法转达给北京。尼克松回忆道：

“在欢迎他的宴会上祝酒时，我作为美国总统第一次有意地用正式名称称呼共产党中国，即称它为中华人民共和国，虽然我的外交政策报告还称它‘共产党中国’。这是一个意味深长的外交信号。”

“十二月九日，周恩来要叶海亚总统传话说，欢迎我的代表到北京讨论台湾问题。他强调说明这不仅是他的口信，而且已得到毛主席和当时还有很大权力的林彪的批准。周恩来最后以其特有的精辟口吻说了句俏皮话。他说：‘过去我们通过不同的来源收到美国方面的口信，这次是第一次从一个首脑通过一个首脑给另一个首脑提出建议。’”〔1〕

十二月十八日，毛泽东会见他的老朋友、美国记者埃德加·斯诺，对他说：

---

〔1〕（美）《尼克松回忆录》中册，商务印书馆 1979 年 1 月版，第 229、231 页。

“我说如果尼克松愿意来，我愿意和他谈，谈得成也行，谈不成也行，吵架也行，不吵架也行，当做旅行者来谈也行，当做总统来谈也行。总而言之，都行。我看我不会跟他吵架，批评是要批评他的。”

“中美两国总要建交的。中国和美国难道就一百年不建交啊？我们又没有占领你们那个长岛。”〔1〕

毛泽东这些话，尼克松在几天后就知道了。一九七一年三月下旬到四月上旬在日本名古屋举行第三十一届世界乒乓球赛上，中国邀请美国乒乓球队访华。这是中美关系上一个重大突破，引起很大轰动，被称为“乒乓外交”。“乒乓外交”，获得了“小球转动大球”的戏剧性效果。正如周恩来接见美国乒乓球队时所说：它打开了中美两国人民友好往来的大门。

七月九日，美国总统国家安全事务助理基辛格，在巴基斯坦政府的配合下，从伊斯兰堡秘密启程，飞往北京。三天内，周恩来、叶剑英等同他举行了六次会谈，着重就台湾问题以及尼克松访华安排进行磋商。尼克松在回忆录中写道：“使基辛格印象最深的是周恩来。他们在一起会谈和闲聊，相处了十七个小时。基辛格发现‘他对哲学的泛论、历史的分析、策略的试探和轻快的巧辩无不应用自如。他对事实的掌握，特别是对美国情况的了解，十分惊人’。”〔2〕

十六日，中美双方同时发表公告，称：“获悉尼克松总统曾表示希望访问中华人民共和国，周恩来总理代表中华人民共和国政府邀请尼克松总统于一九七二年五月以前的适当时间访问中国。尼克松总统愉快地接受了这一邀请。中美两国领导人的会晤，是为了谋求两国关系的正常化，并就双方关心的问题交换意见。”〔3〕宣布长期相互尖锐敌对的中美两国突然走向和解的这条不足二百字的公告，是大多数人没有想到的，立刻强烈地冲击和震动了全世界。三个月后，基辛格再次来到北京。十

〔1〕《毛泽东外交文选》，第593、594页。

〔2〕（美）《尼克松回忆录》中册，第241页。

〔3〕《公告》，《人民日报》1971年7月16日。

月二十六日，双方就联合公报草案达成初步协议。

就在基辛格即将结束他第二次来华使命时，在纽约举行的第二十六届联合国大会，正为二十二个国家提出的要求恢复中华人民共和国在联合国的一切合法权利和立即把蒋介石代表从联合国的一切机构中驱逐出去的提案进行表决。从十月十八日开始，经过一星期的辩论，有约八十个代表在会上发言。二十五日晚进行表决，该提案以七十六票赞成、三十五票反对、十一票弃权的压倒多数得到通过。“据西方通讯社报道，‘当电子计票牌上出现表决结果，表明美国的建议被击败时，大厅里立即沸腾起来’，‘挤得满满的会议厅中发出了长时间的掌声’，‘热烈掌声持续了两分钟之久’，对中国友好的各国代表‘高声欢笑，歌唱，欢呼’，‘还有一些人跳起舞来’。”〔1〕第二天，外交部代理部长姬鹏飞收到联合国秘书长吴丹发来的电文，告知二十五日联大通过的决议。毛泽东高兴地说：主要是第三世界兄弟把我们抬进去的。

一九七二年二月二十一日，尼克松总统和夫人、国务卿罗杰斯和总统助理基辛格一行抵达北京机场。周恩来、叶剑英等到机场欢迎。当天下午，毛泽东就会见了尼克松，对他说：“来自美国片面的侵略，或者来自中国片面的侵略，这个问题比较小，也可以说不是大问题，因为现在不存在我们两个国家互相打仗的问题。你们想撤一部分兵回国，我们的兵也不出国。”〔2〕基辛格在回忆录中谈到对毛泽东的印象：“他微笑着注视来客，眼光锐利而微带嘲讽，他的整个神态似乎在发出警告说，他是识透人的弱点和虚伪的专家，想要欺骗他未免是徒劳的。或许除了戴高乐以外，我从来没有遇见过一个人像他具有如此高度集中的、不加掩饰的意志力。”“他成了凌驾整个房间的中心，而这不是靠大多数国家里那种用排场使领导人显出几分威严的办法，而是因为他身上发出一种几乎可以感觉得到的压倒一切的魄力。”〔3〕

在为期一周的访问中，尼克松同周恩来进行了五次会谈。“在台湾

---

〔1〕《人民日报》1971年10月27日。

〔2〕《毛泽东外交文选》，第595页。

〔3〕（美）基辛格：《白宫岁月》第4册，世界知识出版社1980年11月版，第13页。

问题上，尼克松重申了美国的承诺，即美国承认只有一个中国，台湾是中国的一部分；美国不再说‘台湾地位未定’，也不支持‘台湾独立’；美国将谋求实现与中国关系正常化，并在四年内逐步从台湾撤军。”〔1〕罗杰斯和中国外交部长姬鹏飞讨论了两国关系正常化、互设联系机构及互通贸易等问题。不久，双方就在北京和华盛顿互设联络处。

二月二十八日，双方在上海正式签订并发表了《联合公报》（通常称为“上海公报”）。这个公报的一个重要特点，是在许多重要问题上列举双方各自的观点。以台湾问题来说，中国重申了中华人民共和国政府是中国的唯一合法政府、台湾是中国的一个省、解放台湾是中国的内政的一贯立场；美国政府表示：“美国认识到，在台湾海峡两边的所有中国人都认为只有一个中国，台湾是中国的一部分。美国政府对这一立场不提出异议。它重申它对由中国人自己和平解决台湾问题的关心。”公报也宣布双方达成的共同认识，如：“中美两国关系走向正常化是符合所有国家的利益的”；“任何一方都不应该在亚洲—太平洋地区谋求霸权，每一方都反对任何其他国家或国家集团建立这种霸权的努力。”〔2〕

尼克松访华和《联合公报》的发表，在中美关系发展史上有着里程碑的意义。它标志着两国从长期尖锐对立开始走上关系正常化的道路，为以后两国关系的进一步改善和发展打下了基础。它的影响是十分深远的。

新中国恢复在联合国的合法席位，中美关系开始正常化，产生了巨大的连锁反应，迅速改变了中国对外关系的格局。日本政府在尼克松访华决定快要发布前才接到通知，感到十分震惊。尼克松访华半年后，日本首相田中角荣访华，中日正式恢复邦交，两国关系取得了重大突破。

田中角荣是一九七二年七月当选日本首相的。他在第一次内阁会议上就表示：在外交方面，要加紧实现同中华人民共和国的邦交正常化。内阁会议后，大平正芳外相又对记者说：日中完全实现邦交正常化时，日台条约仍然存在就是不可想象的了。九月二十五日，田中首相偕大平

〔1〕 陶文钊主编《中美关系史（1949—1972）》，上海人民出版社1999年11月版，第559页。
〔2〕《人民日报》1972年2月28日。

外相和二阶堂进官房长官来中国访问。周恩来同田中角荣进行多次会谈。二十九日，两国政府首脑共同签署《联合声明》。《声明》说：

“中日两国是一衣带水的邻邦，有着悠久的传统友好的历史，两国人民切望结束迄今存在于两国间的不正常状态。战争状态的结束，中日邦交的正常化，两国人民这种愿望的实现，将揭开两国关系史上新的一页。

日本方面痛感日本国过去由于战争给中国人民造成的重大损害的责任，表示深刻的反省。日本方面重申站在充分理解中华人民共和国政府提出的‘复交三原则’的立场上，谋求实现日中邦交正常化这一见解。中国方面对此表示欢迎。

中日两国尽管社会制度不同，应该而且可以建立和平友好关系。两国邦交正常化，发展两国的睦邻友好关系，是符合两国人民利益的，也是对缓和亚洲紧张局势和维护世界和平的贡献。”〔1〕

《声明》宣布日本国政府承认中华人民共和国政府是中国的唯一合法政府；两国自即日起建立外交关系；中国政府宣布，为了中日两国人民的友好，放弃对日本的战争赔偿要求。

中日邦交正常化，显然受到中美关系改善的重大影响；而它立刻宣布两国间建立正式外交关系，又走到中美关系的前面去了。

除了中美、中日关系的改善外，这段时间还是新中国外交大踏步前进的时期，出现了同遍及世界各大洲国家建交的高潮。在六十年代结束时，同新中国正式建立并保持外交关系的只有四十四个国家，除法国、北欧四国、瑞士外，都是社会主义国家和亚非国家。一九七〇年十月以后，同新中国建交的有：加拿大、赤道几内亚、意大利、埃塞俄比亚、智利。一九七一年建交的有：尼日利亚、科威特、喀麦隆、圣马利诺、奥地利、塞拉利昂、土耳其、伊朗、比利时、秘鲁、黎巴嫩、卢旺达、

〔1〕《人民日报》1972年9月30日。

塞内加尔、冰岛、塞浦路斯。一九七二年建交的有马耳他、墨西哥、阿根廷、毛里求斯、希腊、圭亚那、多哥、日本、德意志联邦共和国、马尔代夫、马达加斯加、卢森堡、牙买加、乍得、澳大利亚、新西兰。英国、荷兰同新中国在一九五四年已互派代办，一九七二年升格为大使。原来曾中断外交关系而在一九七一年或一九七二年复交的有：加纳、扎伊尔、布隆迪、突尼斯、中非、贝宁。〔1〕这样，到一九七二年底同中国建立正式外交关系的国家已有八十八个，同一九六九年底相比，三年内翻了一番。

这个时期内，同各国人民的友好往来也有很大发展。据新华社对一九七二年头九个月的统计，中国接待外国国家元首、政府首脑、外交部长及其他高级官员和政府代表团三十多起；访问中国的有来自世界五大洲九十多个国家和地区的五百多起各种代表团和各界人士，其中美国有五百多人，日本有三千七百多人；中国也派出很多代表团分赴五十多个国家和地区进行友好访问。其中派出二十四起贸易代表团或代表访问了二十一个国家和地区；同二十六个国家签订了贸易协定或议定书，贸易额比过去有很大增长。

可以看出，中国外交工作在这个时期取得的成就确实令世人瞩目。中国的国际地位和在国际事务中的影响空前提高。六十年代后期中国周边那种严峻局势已根本改观。对不同社会制度国家的友好交往日益密切。这是日后实行对外开放政策的极为重要的条件。

围绕四届人大的激烈斗争

一九七二年，是中国对内对外工作都异常繁忙的一年。但就在这一年，中国两位主要领导人毛泽东和周恩来的健康状况却突然恶化。

毛泽东在参加陈毅追悼会回来后，心情沉重，很久没有休息好。由于肺心病，在心律失常情况下严重缺氧，在二月十二日凌晨突然休克，

〔1〕 韩念龙主编《当代中国外交》，第476—481页。

脸色发紫，呼吸极其微弱，几乎摸不到脉，已完全昏迷。这次病情，爆发突然，来势凶猛，使人措手不及。经过二十多分钟抢救，才慢慢苏醒过来，但体温仍在摄氏三十八度以上。中央成立了毛泽东的医疗组，持续存在了一年多。这次重病后，毛泽东的健康状况，再也没有得到恢复。他离不开人了，常缺氧，随时需要吸氧，大多数时间躺在床上，有时闭着眼，不说话。这些状况，外界自然都毫不知道，仍以为一切重要活动都是“毛主席的伟大战略部署”。实际上，这一年内，毛泽东没有出席重要会议，没有长篇讲话，在文件上的批示也极少。这是“文化大革命”以来从来不曾有过的现象。

尼克松来华的日子，距离毛泽东那次突然休克只有九天，他的健康状况仍然处在极不稳定的状态，随时都有发生危险的可能。但由于中美关系改善这件事太重要，毛泽东坚持要会见尼克松。这使周围的人十分紧张。他的护士长吴旭君回忆说：“我们要做好一切抢救准备，以防万一在接见过程中发生什么意外。所以在当时，我们就在这个地方，所有工作人员都在这个门后头，都在这儿等着”，“甚至于我们把给他用的强心剂都抽在了针管里头”，“因为要分秒必争啦，是处于临战状态。”〔1〕本来，外交部安排他只会见十五分钟，结果却谈了六十五分钟，这几乎全靠他的意志力量支撑着。

一九七三年八月，中共十大开幕那天，宣布散会时，毛泽东却怎么也站不起来了。代表们不知道他的健康状况，一直鼓掌欢呼，持续了十分钟，谁也没有退场。毛泽东只得说：你们不走，我也不好走。周恩来宣布：毛主席目送各位代表退场。这样才把这个场面对付过去。

周恩来的身体一直是很好的。“文化大革命”开始后，他实在过于劳累，心情又异常焦虑，犯了严重的心脏病。但他仍坚持没日没夜、有时是通宵达旦的工作，既要应对“文化大革命”中的种种揪心的难题，又要处理异常繁重的国内经济工作和对外工作。一九七二年五月，他被发现并确诊患有膀胱癌。但当时没有人能替代他的工作（邓小平是一九

---

〔1〕 吴旭君录像讲话，见《大型电视纪录片〈毛泽东〉》，人民出版社 1995 年 3 月版，第 146 页。

七三年三月回到北京并开始恢复国务院副总理工作的）。七十四岁高龄的周恩来，在身患癌症的情况下，依然担负着常人难以承受的极端繁重的工作，更不顾及医生规定的工作限额。他这时常说：我只有八个字——“鞠躬尽瘁，死而后已”。

中共十大后，因林彪事件而一再被推迟召开的第四届全国人民代表大会重新提上工作日程。一九七三年十月十六日，周恩来主持中央政治局会议，基本通过政府工作报告稿。各地、各单位出席四届人大的代表也陆续选出。四届人大似已召开在即。

江青等对国家最高权力觊觎已久。毛泽东病重，使他们这种野心更加膨胀，也更为迫切。在他们看来，最大的障碍就是周恩来，最需要集中力量攻击的对象也是周恩来。

周恩来在“文化大革命”中处境非常困难。他顾全大局，任劳任怨，为了党和国家的正常工作能够继续运转，为尽可能减少“文化大革命”造成的损失，为保护大批党内外干部，以常人难以想象的顽强毅力，做了坚韧不拔的努力。他有时不得不说一些违心的话，做一些违心的事，因为他深知在当时的复杂环境中，不这样做便无法发挥前面说的那些作用，而这对党和国家的命运至关重要，又没有其他任何人能够代替他的这种作用。这种做法对他来说十分痛苦，但舍此别无选择。陈云在“文化大革命”结束后不久曾这样说：“没有周恩来同志，‘文化大革命’的后果不堪设想。”〔1〕因此，他被江青集团看成主要障碍是很自然的。

江青和毛泽东之间关系的实际情况，人们几乎并不了解。江青是毛泽东的夫人，但自一九六六年九月毛泽东原住处丰泽园修理后，两人就分开居住。毛泽东迁往中南海游泳池住地，江青住在钓鱼台。“文化大革命”初期，从“天下大乱达到天下大治”的指导思想出发，毛泽东对江青是信任和重用的。江青和中央文革小组那几年能够到处兴风作浪，没有毛泽东的重用是不可能做到的。以后，江青的种种表现使毛泽东越

〔1〕《陈云文选》第3卷，第242页。

来越不满，他认为江青在“文化大革命”中有“功”，但不再愿多见她。毛泽东的机要秘书张玉凤写道：

“七〇、七一年江青同主席见面的机会还多些，谈话时间也比较长。七二年春江青来主席处，主席发过几次脾气，还给我们规定了：没有他的同意，江青不能随便到他的住处来，来了要挡。这以后，主席即使有时同意江青来，有些情况也同过去不一样了，以往江青见主席的笑容也不见了。到了七三年，江青打电话要求见主席，主席总是推脱，不见。江青要当面向主席反映什么情况是很难的，只有通过信件或请能见到主席的人把她的意见反映给主席。”〔1〕

一九七三年下半年，毛泽东曾几次谈到评法批儒的问题。他的着眼点是针对那些怀疑以至否定“文化大革命”的看法，提倡“社会要向前发展，反对倒退”，并没有要发动一场大规模的“批林批孔”运动。中共十大前夕召开的一次中央政治局会议上，江青曾主张将“儒法斗争”的内容写进十大政治报告，主持会议的周恩来以这个问题“还需要消化一段时间”为理由，没有采纳。这年十一月中旬，毛泽东听了不正确的汇报，认为周恩来、叶剑英在同基辛格会谈时态度软了，提出严厉的批评。江青等认为这正是可以借“批孔”的题目攻击周恩来的机会。

当时的中央政治局委员吴德回忆道：“‘批林批孔’实际搞成‘批周公’，即批周总理。政治局对‘批林批孔’运动的方针、步骤都没有讨论过。事后证明，毛主席对他们的具体活动也不完全清楚。”〔2〕

一九七四年一月，也就是春节前后，江青背着中央政治局和中央军委，以个人名义向一些部队和机关送去“批林批孔”的信件和材料。一月二十五日，在江青策动下，召开有一万多人参加的中共中央和国务院直属机关“批林批孔”动员大会。周恩来到当天近中午时才得知开会的消息。大会上，迟群等发表长篇讲话。江青、姚文元等频繁插话，说：

---

〔1〕 张玉凤：《回忆毛主席去世前的一些情况》，未刊稿。

〔2〕 吴德口述：《十年风雨纪事》，当代中国出版社 2004 年版，第 157 页。

“要反对折衷主义”、“凡是主张中庸之道的人，其实是很毒辣的”。他们说的“折衷主义”、“中庸之道”，历来是指周恩来的。在报刊上，也接连发表文章，借“批林批孔”之名，含沙射影，攻击矛头直指周恩来。江青又在北京、天津到处讲话，说：现在文章很少提到现代的儒，现在有很大的儒，儒法斗争影响到现在，继续到现在。

随着“批林批孔”运动的开展，全国各地的局势再度动荡。造反派又活跃起来，重新拉起山头，成立各种组织，兴风作浪。他们在工矿企业散布“不为错误路线生产”，煽动停工停产。在一些机关和事业单位，鼓吹“矛头向上”，张贴大字报，制造事端。在文化教育领域内开展“大批判”，接连批判《园丁之歌》、《三上桃峰》等地方戏曲，吹捧“白卷英雄”，发表“一个小学生的日记”等，造成相当紧张的气氛。有些地区，如浙江等，又出现冲击省委、抢夺武器和严重武斗事件。

本来，国民经济自一九六九年起每年都有较快的增长，五年中工业总产值最低的一年也比上年增长百分之六点九，但到一九七四年，在“批林批孔”运动冲击下，随着政治局势的动荡，经济立刻出现严重滑坡。“一九七四年前五个月，山东、湖南、贵州、内蒙、江西、浙江、安徽、山西、湖北、新疆、四川等十一个省区工业产值比去年同期下降。”“虽然中共中央于七月一日发布《关于抓革命促生产的通知》，混乱局面有所控制，但终难改变许多企业的半瘫痪状况。‘批林批孔’运动造成的经济损失十分巨大。一九七四年全国没有完成工业生产计划，主要工农业产品，除原油、粮食增长外，其他全都减产。”[1] 全年国内生产总值比上年只增长百分之二点三，其中工业总产值只增长百分之零点六，可以说停滞不前。

毛泽东那时的身体很不好，一个月发两次烧，说话也不太清楚。“一二五”大会那些天，他正在高烧中，只吃流汁，对开这个会事先并不知道。江青这样一再越过中央政治局擅自行动，毛泽东十分不满。二月六日，江青将一批“批林批孔”的材料送给毛泽东，并再次求见。三

---

〔1〕程中原、夏杏珍：《历史转折的前奏：邓小平在1975》，中国青年出版社2003年8月版，第5页。

天后，毛泽东在信封上批示："除少数外大都未看。近日体温升高两度，是一场大病！一切人不见，现在恢复中。你有事应找政治局。"〔1〕十五日，毛泽东在给叶剑英的信中写道："现在，形而上学猖獗，片面性。"他这些话是批评江青的。江青不得不写信给毛泽东说："我做蠢事，对不起主席！""今后当努力学习，克服形而上学、片面性。"〔2〕又多次要求见毛泽东。三月二十日，毛泽东复信：

"不见还好些。过去多年同你谈的，你有好些不执行，多见何益？有马列书在，有我的书在，你就是不研究。我重病在身，八十一了，也不体谅。你有特权，我死了，看你怎么办？你也是个大事不讨论、小事天天送的人。请你考虑。"〔3〕

周恩来确诊患有癌症而且病情不断恶化后，谁能承担起治国的责任？在毛泽东看来，只有邓小平。这年三月中旬，开始酝酿出席四月召开的联合国大会第六届特别会议的中国代表团团长人选。这是很受国际和国内瞩目的事情。毛泽东要外交部部长助理王海容转告周恩来：由邓小平担任团长好，但暂不要讲我的意见，先由外交部写请示报告。果然，江青在政治局会议上和会后竭力反对。二十七日，毛泽东写信警告江青："邓小平同志出国是我的意见，你不要反对为好，小心谨慎，不要反对我的提议。"〔4〕四月六日，邓小平在联大特别会议上发言，系统地阐述"三个世界"的思想，提出正确处理国与国关系的主张，引起世界各国普遍关注。

周恩来的病情这时已日趋危急，每天尿血，每星期输血两次。医疗组认为必须住院进行手术治疗。但在当时江青等不断发难的情况下，邓小平又不在国内，周恩来无法放心。他置病体于不顾，继续超负荷地工

〔1〕毛泽东对江青来信及所附材料的批语，1974年2月9日。
〔2〕江青给毛泽东的信，1974年2月18日。
〔3〕毛泽东给江青的信，1974年3月20日。
〔4〕毛泽东给江青的信，1974年3月27日。

作。“一月至五月，据有关记录统计，周恩来在五个月内共计一百三十九天的实际工作量为：每天工作十二至十四小时有九天，十四至十八小时有七十四天，十九至二十三小时有三十八天，连续工作二十四小时有五天，只有十三天的工作是在十二小时以内。”〔1〕坚持到邓小平从国外归来，他才在六月一日住进医院，当天就做了大手术。

六月中旬，毛泽东的健康状况再度出现明显问题，第二次成立专门的医疗组。七月中旬，身患多种疾病的毛泽东准备赴南方易地休养。因为这次离开北京的时间可能比较长，他在临行前召集在京的中央政治局成员谈话，刚做手术不久的周恩来也赶来参加。谈话中，毛泽东说：“江青同志，你要注意呢！别人对你有意见，又不好对你讲，你也不知道。不要设两个工厂，一个叫钢铁工厂，一个叫帽子工厂，动不动就给人戴大帽子，不好呢，要注意呢。”又说：“你也是难改呢。”他还指着江青、王洪文、张春桥、姚文元向在场的政治局成员说：“她算上海帮呢！你们要注意呢，不要搞成四人小宗派呢！”由于江青常自称代表毛泽东说话，许多人也误以为江青所有言论和行动都是秉承毛泽东的意旨去做的，所以，毛泽东在那些谈话中两次声明：“她并不代表我，她代表她自己。”“总而言之，她代表她自己。”〔2〕

毛泽东到武汉后，在八月间提出：“无产阶级文化大革命，已经八年。现在以安定为好。全党全军要团结。”国庆节刚过，他向周恩来住院后主持中央日常工作的王洪文催问四届人大能不能在本年内召开，并且提议由邓小平出任国务院第一副总理，要王洪文向政治局传达这个意见。在周恩来病势日重的情况下，这个意见对正力图夺取国家最高权力的江青集团来说，无疑是一个沉重的打击。

十月十八日，王洪文背着周恩来和中央政治局多数成员飞往长沙，去见刚到那里几天的毛泽东。他说：我这次来湖南没有告诉总理和政治局其他同志，是我们四个人（春桥、江青、文元和我）开了一夜会，商

---

〔1〕力平、马芷荪主编《周恩来年谱（1949—1976）》下卷，中央文献出版社1997年5月版，第670页。

〔2〕毛泽东召集在京中央政治局成员谈话记录，1974年7月17日。

定让我向主席汇报。我是冒着危险来的。北京现在大有一九七〇年庐山会议的味道。周总理虽然有病，但还昼夜忙着找人谈话，经常去总理那里的有邓小平、叶剑英、李先念等。他们频繁来往，一定和四届人大的人事安排有关。毛泽东听后，对江青等这种极不正常的举动十分不满。他严厉地批评王洪文说：有意见当面谈，这么搞不好！要跟小平同志搞好团结。又说：你回去要多找总理和剑英同志谈，不要跟江青搞在一起，你要注意她。碰了壁的王洪文当晚便返回北京。

十一月十二日，毛泽东在江青写给他的信上批道："不要多露面，不要批文件，不要由你组阁（当后台老板）。你积怨甚多，要团结多数。至嘱。""人贵有自知之明，又及。"〔1〕十九日，江青又给毛泽东写信说："自九大以后，我基本上是闲人，没有分配我什么工作，目前更甚。在路线斗争起伏时我做过一些工作。"〔2〕第二天，毛泽东在这封信上批道："你的职务就是研究国内外动态，这已经是大任务了。此事我对你说了多次，不要说没有工作。至嘱。"江青又托人向毛泽东转达：她提名王洪文当全国人大常委会副委员长。毛泽东一针见血地说："江青有野心。她是想叫王洪文作委员长，她自己作党的主席。"〔3〕

人事安排，是四届人大筹备工作中斗争的焦点。毛泽东提出：周恩来仍是总理，人大常委会主要领导人朱德、董必武之后要安排宋庆龄，邓小平、张春桥、李先念等可任国务院副总理，其他人事安排由周恩来主持商定。周恩来在动了两次手术后身体很虚弱。他在医院里分别找人谈话，反复征求意见，最后形成一个准备在四届人大上提出的委员长、副委员长和总理、副总理、各部部长的名单，是周恩来亲笔写的。根据中央政治局的意见，周恩来、王洪文带着名单飞长沙，向毛泽东当面汇报。

这是一个关键时刻，尽管医务人员认为周恩来的健康状况已不宜再

---

〔1〕毛泽东对江青来信的批语，1974年11月12日。

〔2〕江青给毛泽东的信，1974年11月19日。

〔3〕毛泽东同王海容、唐闻生的谈话，引自《中共中央关于王洪文、张春桥、江青、姚文元反党集团事件的通知》，1976年10月18日。

做这样的远行，周恩来仍强撑病体，在十二月二十三日坐飞机抵达长沙。鉴于江青变本加厉地大搞帮派活动，毛泽东再次警告王洪文：“‘四人帮’不要搞了，中央就这么多人，要团结”，“不要搞宗派，搞宗派要摔跤的。”这是第一次提出“四人帮”这个名称。他又称赞邓小平“政治思想强”，“人才难得”，还采纳周恩来的建议，在四届人大前召开的中共十届二中全会上补选邓小平为中央政治局常委、副主席。

在解决了这个问题后，毛泽东又在十二月二十六日晚上同周恩来作了彻夜长谈。它的全部内容已无从知晓。在周恩来后来整理并经中共中央印发的谈话要点中看来，毛泽东放心不下的仍是他认为具有根本意义的反修防修问题。他说：

“我同丹麦首相谈过社会主义制度。我国现在实行的是商品制度，工资制度也不平等，有八级工资制，等等。这只能在无产阶级专政下加以限制。

所以，林彪一类如上台，搞资本主义很容易。因此，要多看点马列主义的书。

列宁说：‘小生产是经常地、每日每时地、自发地和大批地产生资本主义和资产阶级的。’工人阶级一部分，党员一部分，也有这种情况。

无产阶级中，机关人员中，都有发生资产阶级生活作风的。”〔1〕

毛泽东的这些谈话，反映了他对社会主义的认识。打破等级制度和特权思想，避免贫富悬殊、两极分化的社会现象，一直是他力图实现的理想目标。怎样实现这个目标？他担心商品制度、工资制度不平等等，会成为滋生资本主义和资产阶级的土壤和条件，这些想法违背社会发展的客观规律和中国实际国情，是行不通的。但它只是议论，没有也不可能付诸实施，没有在经济政策上作什么改变。

一九七五年一月一日，中共中央发出经毛泽东圈阅的一号文件，任

〔1〕 毛泽东关于理论问题同周恩来谈话记录，1974 年 12 月 26 日。

命邓小平为中共中央军委副主席兼中国人民解放军总参谋长，张春桥为中国人民解放军总政治部主任。八日，由周恩来主持，召开中共十届二中全会。会议讨论了四届人大的各项准备工作，选举邓小平为中共中央副主席、中央政治局常委。全会在十日闭幕时，周恩来在讲话中传达了毛泽东“还是安定团结为好”的意见。

一月十三日至十七日，中华人民共和国第四届全国人民代表大会第一次会议在北京隆重举行。这是“文化大革命”以来第一次召开的全国人民代表大会。它自一九六五年一月的三届人大第一次会议以来，已经停开了十年。周恩来在大会第一天所作的《政府工作报告》中重申了要向四个现代化的宏伟目标前进。他说：

“遵照毛主席的指示，三届人大的政府工作报告曾经提出，从第三个五年计划开始，我国国民经济的发展，可以按两步来设想：第一步，用十五年时间，即在一九八〇年以前，建成一个独立的比较完整的工业体系和国民经济体系；第二步，在本世纪内，全面实现农业、工业、国防和科学技术的现代化，使我国国民经济走在世界的前列。

我们要在一九七五年完成和超额完成第四个五年计划，这样就可以为在一九八〇年以前实现上述的第一步设想打下更牢固的基础。从国内国际的形势看，今后的十年，是实现上述两步设想的关键的十年。在这个时期内，我们不仅要建成一个独立的比较完整的工业体系和国民经济体系，而且要向实现第二步设想的宏伟目标前进。”〔1〕

由于经历了那么多年“文化大革命”的折腾，重申“四个现代化”的宏伟目标对人们是极大的鼓舞，使人们在内心中燃起新的希望。

这次代表大会产生了以朱德为委员长的全国人大常委会和以周恩来为总理的国务院，一大批富有治国经验的老干部重新走上领导岗位。江青一伙夺取国家最高权力的企图完全失败。四届人大闭幕以后，周恩来

〔1〕《周恩来选集》下卷，第479页。

先后在第一次国务院常务会议和全体会议上宣布：今后国务院的工作由小平同志主持。从这时起，邓小平作为列名第一的副总理，开始代替重病的周恩来主持国务院的工作。

邓小平主持的全面整顿

邓小平在被“打倒”的六年多时间内，一直密切关注着国内局势的发展，回顾新中国成立以来的历程、特别是“文化大革命”以来的种种教训，重新思考中国社会主义建设中的许多根本问题。四届人大一次会议后，他担任着中共中央副主席和政治局常委，主持国务院工作的副总理，中央军委副主席兼总参谋长，立刻大刀阔斧地对各方面工作进行整顿。

这个整顿，是以周恩来在四届人大上提出的“四个现代化”为目标，在“三项指示为纲”名义下进行的。他说：现在有一个大局，全党要多讲。大局是什么？就是三届人大和四届人大提出的发展国民经济的两步设想，要实现“四个现代化”。全党全国都要为实现这个目标而奋斗，这就是大局。什么是“三项指示为纲”？他说：

“前一个时期，毛泽东同志有三条重要指示：第一，要学习理论，反修防修；第二，要安定团结；第三，要把国民经济搞上去。这三条指示互相联系，是个整体，不能丢掉任何一条。这是我们这一时期工作的纲。”〔1〕

这“三项指示”是毛泽东在不同时间说的。“学习理论，反修防修”是当时邓小平不能不说的，并且把它放在第一条。但他的着重点是在“要安定团结”和“把国民经济搞上去”。也就是要在政治上和经济上实现稳定，恢复秩序，扭转一九七四年“批林批孔”运动造成的新的动

〔1〕《邓小平文选》第2卷，第12页。

荡，并进而结束“文化大革命”的动乱局面。对饱受已经持续九年的“文化大革命”之苦的社会上绝大多数人来说，这是普遍的愿望，因而是深得人心的。

邓小平历来作风果断，办事雷厉风行，对问题只要抓住了，决不放松，一定抓到底。那时候，“文化大革命”在社会各方面的恶果已成积重难返之势。江青集团操纵下的造反派，成为遍布全国的一股恶势力。他们有恃无恐地煽动派性，拉帮结派，各霸一方，无法无天，什么坏事都干得出来。不把这股恶势力打下去，安定团结也好，把国民经济搞上去也好，都难以做到。邓小平响亮地提出“反对派性”，把它作为解决当前种种问题的关键。这实际上是针对那些靠造反起家、不断兴风作浪的帮派势力来讲的，决心捅这个马蜂窝。他斩钉截铁地指出：

“现在闹派性已经严重地妨碍我们的大局。要把这个问题摆到全体职工面前，要讲清楚这是大是大非问题。这个问题不解决，光解决具体问题不行。对闹派性的人要再教育，要反对闹派性的头头。大概有这样两种情况：一种是被派性迷了心窍的人，打几年派仗打昏了头，马克思主义不见了，毛泽东思想不见了，共产党也不见了。要对他们进行教育，教育过来，既往不咎，再不转变，严肃处理。另外一种是少数坏人，各行各业、各个省市都有那么一些，他们利用派性混水摸鱼，破坏社会主义秩序，破坏国家经济建设，在混乱中搞投机倒把，升官发财。对这样的人，不处理不行。”

“对于派性，领导上要有个明确的态度，就是要坚决反对。有的人把党的事业闹得乌天黑地，你还等他觉悟，你能等得及吗？要敢字当头。对坚持闹派性的人，该调的就调，该批的就批，该斗的就斗，不能慢吞吞的，总是等待。对于派性，还要号召群众、发动群众起来共同反对。”〔1〕

〔1〕《邓小平文选》第2卷，第6、9页。

他在国务院办公会议上直截了当地说：“现在，干部中的一个主要问题，就是怕字当头，不敢摸老虎的屁股。我们一定支持你们，也允许你们犯错误。要找那些敢于坚持党的原则、有不怕被打倒的精神、敢于负责、敢于斗争的人进领导班子。”为了消除一些干部中存在的“怕被打倒”的顾虑，他以自己为例说：“我是维吾尔族姑娘，辫子多，一抓一大把。”他鼓励干部，“要敢字当头。毛主席讲矫枉必须过正，解决老大难问题不过正就不能矫枉。”〔1〕

邓小平这些话，讲得切中要害，痛快淋漓，使人听后觉得耳目一新，热血沸腾，使人们经历了长期的苦闷后看到希望。邓小平一复出，立刻得到绝大多数中国人的拥护和支持，不是偶然的。

要对各方面的工作进行大刀阔斧的整顿，该从哪里下手？邓小平在提出整顿军队的要求后，选择铁路作为扭转混乱局面的突破口。

铁路是国民经济的大动脉，跨越省区，贯通全国，各个环节紧密联系。铁路运输的问题不解决，制约了钢铁、煤炭、电力等工业的发展，制约了全国人民生活必需品的及时供应，拖了国民经济的后腿，严重影响全国人民的正常生活。铁路又是国防建设的重要组成部分，带有半军事性质，当时的援越军事物资主要就靠铁路来运输。因此，这方面的问题非解决不可。铁路又是“文化大革命”以来的重灾区，存在的问题十分严重。四届人大后担任铁道部部长的万里说：

“铁路运输是国民经济中的一个突出薄弱环节，主要表现在以下几个方面：一是生产下降。这些年来，全路的职工增加很多，机车、车辆、线路等装备也都有增加，可是生产反而大幅度下降。按现有的实际运输能力，日均装车可以达五万五千辆以上，现在每天装车只有四万辆左右，有时还不到此数。二是事故惊人。去年一年全路共发生行车重大事故和大事故七百五十多起，为十年前（一九六四年）的八十八起的八倍多。三是规章制度不严，劳动纪律松弛。许多责任事故（包括由于机

---

〔1〕冷溶、汪作玲主编《邓小平年谱（1975—1997）》（上），中央文献出版社 2004 年 7 月版，第 47、48 页。

车车辆维修方面的问题而发生的事故）是由于不遵守规章制度引起的。去年全国铁路机车完好率不到百分之七十，大部分机车不能按期维修，不少是带病作业。四是堵塞严重，大部分列车不能正点行驶。”〔1〕

邓小平下决心从这个关系全局的老大难问题下手，来抓经济工作的整顿。当时担任国家计委革命委员会副主任兼生产组组长的袁宝华回忆：“一九七五年二月中旬，小平同志找谷牧、万里同志和我谈整顿铁路的问题。他说，怎样把国民经济搞上去是件大事。当前的薄弱环节是铁路。铁路运输问题不解决，生产部署打乱了，整个计划都会落空。小平同志指出，铁路是国民经济的命脉，特别是‘高、大、半’，就是高度集中，大规模动作，半军事化。所以，解决铁路的办法，就是要加强集中统一，建立必要的规章制度，增强组织纪律性，坚决反对严重妨碍大局的派性。”〔2〕三月五日，中共中央作出《关于加强铁路工作的决定》，下发各地、各部门执行。主管交通的副总理王震向中央保证：一个月内见效。

在全国铁路工作中，徐州的问题异常突出。那里战略地位重要，是津浦铁路和陇海铁路两大干线的汇合点，直接关系南北和东西交通运输能否畅通。“文化大革命”以来，徐州派性冲突严重，运输多次中断，并且经过多次反复，全国各地经过徐州区段的货物被迫长期停装或限装，严重影响工农业生产和人民生活。因此，整顿铁路首先要解决徐州问题，保证津浦、陇海两大铁路干线畅通。

三月九日，万里和江苏省委分管工业的常委到达徐州。他们逮捕了作恶多端的帮派头头顾炳华；召开多次群众大会，宣讲中共中央《关于加强铁路工作的决定》，发动群众，要求消除派性，在三月份内改变局面；落实政策，为受到错误批判和处理的干部、群众平反，促进团结，调动各方面的积极性；并对领导班子作了调整。经过十二天的整顿，效

〔1〕《万里文选》，人民出版社 1995 年 9 月版，第 73 页。

〔2〕袁宝华：《千秋功业，永世流芳》，《回忆邓小平》（上），中央文献研究室 1998 年 2 月版，第 266 页。

果明显。“徐州铁路分局二十一个月没有完成国家计划，四月份提前三天完成了国家计划。”事实证明：“所谓老大难问题，真正解决起来也不是难的不得了。”〔1〕

徐州首战告捷，使人们受到极大鼓舞，增强了解决问题的信心。万里又率领工作组先后到太原、郑州、南昌、长沙、昆明，解决那里的铁路问题。全国铁路形势在四个月内改观：津浦、京广、陇海、浙赣等主要干线做到畅通，运输堵塞情况基本消除；客运和货运量大幅度提高；铁路治安秩序有所好转；基础工作有所加强。七月八日，万里在全国铁路工作会议上进一步要求：在下半年要“使铁路运输达到‘安全正点，畅通无阻，四通八达，当好先行’”。他特别强调：“必须集中力量狠抓安全正点”。“一定要抓住这个关键环节，把各方面的工作带动起来。”〔2〕“文化大革命”以来已经多少年没有见到的“铁路正点”居然在短时间内得到实现，在全国引起巨大反响。

铁路整顿的成功，有力地带动其他方面工作的整顿，其中比较突出的是钢铁工业。三月二十五日，邓小平在听万里汇报徐州铁路分局情况时插话说：“铁路一通，就会暴露出冶金、电力、各行各业的问题。各部都要自己打算打算，怎样工作，解决老大难。下一步中心是要解决钢的问题。”〔3〕

钢铁工业在整个工业生产中一直处于举足轻重的地位。“文化大革命”开始的一九六六年，全国钢产量是一千五百三十二万吨。受到两年的大破坏后，一九六八年竟下降到九百零四万吨。经过周恩来等努力，在极端困难的条件下，一九六九年开始回升，当年达到一千三百三十三万吨，一九七〇年达到一千七百七十九万吨，开始超过一九六六年的产量。以后三年继续增长。“一九七三年又上升为二千五百二十一点九万吨，达到历史最高水平。毛泽东看到这种情况很高兴，在一九七四年一

〔1〕《中共江苏省委关于徐海地区贯彻执行中央九号文件的情况给中共中央、国务院的报告》，《党的文献》1999 年第 6 期。

〔2〕《万里文选》，第 85、91 页。

〔3〕《邓小平在万里向国务院汇报徐州铁路局情况时的插话》，《党的文献》1999 年第 6 期。

月的一次汇报会上指出：‘钢铁工业总在一千万吨到一千八百万吨之间来回徘徊，徘徊了十年之久上不去，现在上来了，已到二千五百万吨了。’”但一九七四年的“批林批孔”运动又把钢铁战线搞乱了，而且情况很严重。“这一年，钢产量由一九七三年的二千五百二十一点九万吨猛跌为二千一百十一点九万吨，下降了四百十万吨，比一九七四年计划二千六百万吨少产了近五百万吨钢。‘批林批孔’的高潮，带来了生产的猛烈下降。”〔1〕这就是邓小平下决心整顿钢铁工业时面对的状况。

邓小平提出“下一步中心是要解决钢的问题”后，国务院从五月八日起召开钢铁工业座谈会。会议由主管建设和工业的副总理谷牧主持，分析钢铁欠产的情况，研究把钢铁促上去的措施。李先念在会上痛心地说：“钢铁工业虽有起色，但不能令人满意，不是在还账，而是在继续欠账，这样不行。”“到底问题在哪里？我看关键在领导。少数人在捣乱，工人在着急，但那里的领导却软弱无力，不敢碰。”“我们决不能让这些现象继续存在下去，要进行整顿，做事的留下，不做事的调开。”“钢铁上不去，什么都被拖住，农业机械化、国防建设、基本建设统统都谈不上。”〔2〕

钢铁工业和铁路部门的情况，既相同又有不同：派性的破坏，当时哪里都存在，对生产起着破坏作用；但钢铁部门的帮派势力没有铁路部门那么大，那么猖狂，所以领导班子的软弱无力和管理工作的混乱，在钢铁部门相对说来显得更突出。邓小平在五月二十一日的国务院办公会议讨论钢铁工业座谈会文件时说：“现在，干部中的一个主要问题，就是怕字当头，不敢摸老虎屁股，我看这是第一位的，资产阶级派性是第二位的。”“领导鞍钢这样大的企业，那么复杂，没有懂行的，没有一个强有力的指挥机构，不打乱仗才是怪事哩！”〔3〕

五月二十九日，邓小平来到钢铁工业座谈会讲话。他讲了四条意见，把“必须建立一个坚强的领导班子”作为第一条。他单刀直入地指

---

〔1〕 周传典等主编《当代中国的钢铁工业》，第107、108页。

〔2〕《李先念文选》，第308、309、310页。

〔3〕 程中原、夏杏珍：《历史转折的前奏：邓小平在1975》，第150页。

出：“钢铁生产搞不好，关键是领导班子问题，是领导班子软、懒、散。冶金部的班子就是软的，当然还不能说是懒的、散的。”他又说：“现在，在干部中有一个主要问题，就是怕，不敢摸老虎屁股。一个部门、一个企业的领导，不能怕这怕那。”“因此，我们首先强调要把领导班子的问题解决好。不光是冶金部，各个公司、厂矿、车间的领导班子，包括职能机构，都要加强。要使班子一不软，二不懒，三不散，说了话大家都能听，都能指挥得动，都能领导起来。”他讲的第二条是必须坚决同派性作斗争，这是他在这个时期一再讲的问题。第三条是必须认真落实政策。他说：“清查‘五一六’，徐州市搞了六千多人，这是很吓人的数字。搞了那么多人，不给他们落实政策，能把群众的积极性调动起来吗？”第四条是必须建立必要的规章制度。他说：“一定要建立和健全必要的规章制度。有的工厂纪律很松弛，职工可以上班，也可以不上班，制度可以执行，也可以不执行。要讲清楚，对这些现象，过去的还可以原谅，现在就不许可再存在了。哪能随便不上班、马马虎虎呢？不上班就不发工资，不干工作就叫他离开嘛！你既然不愿意工作，国家为什么还要照发工资呢？执行规章制度宁可要求严一些，不严就建立不起来。”〔1〕

钢铁工业座谈会结束没有几天，中共中央在六月五日发出经毛泽东圈阅的《关于努力完成今年钢铁生产计划的批示》。为了落实这个文件，国务院成立了钢铁工业领导小组，由副总理谷牧任组长，副组长除冶金部部长陈绍昆外，还有长期领导过钢铁工作的吕东和袁宝华。各有关部门也加强协调和支持。

经过这样的认真整顿，钢铁工业的形势开始好转。在这以前，一至四月，全国钢铁产量比计划少产一百九十五万吨，其中鞍钢、武钢、包钢、太钢等大型钢厂亏产严重。而六月份，全国钢的平均日产量就超过全年计划平均日产量的水平，开始补还亏产部分。由于前几个月亏产过于严重，一九七五年全年产钢两千三百九十点三万吨，没有达到计划规

---

〔1〕《邓小平文选》第2卷，第8—11页。

定的水平，但比一九七四年增产二百八十万吨钢，增长百分之十三点一六。整顿工作取得明显成效。〔1〕

在抓铁路工作和钢铁工业整顿的同时，国防尖端科技的整顿也取得突出的成就。一九七五年三月八日，由叶剑英主持工作的中央军委任命张爱萍为国防科委主任。张爱萍上任当天，就率工作组到负责生产导弹而在“文化大革命”中派性破坏严重、帮派势力横行的七机部下属的老大难单位去。他一面尖锐地批判派性，一面狠抓科研和生产，尽快恢复正常的政治和生产秩序。六月三十日，中共中央和毛泽东批发了国防科委《关于解决七机部问题的报告》。七月二日，国务院、中央军委决定成立导弹工业总局。十一月二十六日，在甘肃酒泉发射场成功地将第一颗返回式卫星送入预定轨道，运行三天后按原计划返回地面。中国成为继美、苏两国后第三个掌握卫星回收技术和航天遥感技术的国家。

邓小平在九、十月间说：“现在问题相当多，要解决，没有一股劲不行。要敢字当头。这半年来，我讲了多次话，中心是讲敢字当头。有个‘老大难’单位，过去就是老虎屁股摸不得。后来下了决心，管你是谁，六十岁的老虎屁股也好，四十岁的老虎屁股也好，二三十岁的老虎屁股也好，都得摸。一摸，就见效了。”〔2〕

对外贸易也有了明显增长。随着世界集装箱运输的飞速发展。天津港第三港池集装箱专用码头在一九七五年破土动工，主体工程在当年年底竣工。这是中国第一座集装箱码头。

一九七五年这一年，国内生产总值比上年增长百分之八点七，其中工业总产值增长百分之十五点五，农业总产值增长百分之三点一。

一九七五年是第四个五年计划的最后一年。这五年内，经过周恩来主持的一九七二、一九七三两年的经济调整和邓小平主持的一九七五年的整顿，第四个五年计划基本完成。一九七五年同一九七〇年相比，工农业总产值实际增长百分之四十二点七，其中工业总产值增长百分之五

---

〔1〕 周传典等主编《当代中国的钢铁工业》，第109页。

〔2〕《邓小平文选》第2卷，第35页。

十四点八，农业总产值增长百分之二十一点五。[1]“‘四五’时期（一九七一——一九七五年），国内生产总值（年）平均增长速度百分之五点九，工业总产值平均每年增长百分之九点三，农业总产值平均每年增长百分之三点四，财政总收入平均每年增长百分之四点二，财政总支出平均每年增长百分之四点八。”[2] 想一想这是在多么困难的条件下取得的，就会深感它的不易。这为十一届三中全会后国民经济的发展准备了重要条件。

邓小平这次复出，不仅以最大的决心应对和清理当前严重阻碍“安定团结”和“把国民经济搞上去”的种种拦路虎，像他在整顿铁路工作、钢铁工业和国防尖端科技时所做的那样；而且以更长远的眼光注视并思考中国今后的发展。许多问题，他在幽居江西等地时早已反复想过，但那时他被迫脱离了实际工作，这种思索不能不受到一定局限；如今他回到实际工作中，并且处在全局的中心地位，他的视野更加广阔，他的思考也更加深入了。

一九七五年五月十二日至十七日，也就是他正在处理钢铁工业和七机部整顿工作期间，他到法国进行了五天访问。法国是他青年时代生活过五年多的地方。一九七四年他出席联合国大会特别会议时曾经途经巴黎，但那只是途经而已。这次五天的访法中，他不仅同法国多位领导人会谈，而且参观了巴黎郊区奥比尼村的一个农场、里昂郊区的贝里埃汽车厂，还到加尔省的马库尔参观在那里的核中心，观看了凤凰核电站的铀冷却快中子超再生反应堆。“它又一次给了邓小平亲身感受发达国家的机会，使他看到了外部世界的变化，比较全面地了解到什么叫先进的生产力，什么是社会化大生产和专业化大协作，发达国家人民的生活状况怎样。这一次出访使邓小平得以用开阔的眼界，从世界格局的大环境中，认识中国与世界发达国家的差距，重新审视中国目前的发展阶段和所处的国际地位，思考中国面临的主要任务以及迎头赶上的必要

〔1〕刘国光主编《中国十个五年计划研究报告》，第332页。

〔2〕中央财经领导小组办公室编《中国经济发展五十年大事记》，第278页。

措施。"[1]

为了实现四届人大提出的分两步实现"四个现代化"的目标，邓小平在近期抓的是整顿，更远的是考虑要制订国民经济发展的长远规划。从法国归来后不久，他在六月间提议召开长期规划务虚会，说：前一段解决铁路问题、钢铁问题，都是一个一个地解决，光这样不行，要通盘地研究。

六月十六日至八月十一日，国务院由李先念、谷牧主持，召开计划工作务虚会，研究经济发展的长远规划和进一步改善经济管理体制的意见。八月十八日，邓小平在国务院讨论国家计委起草的《关于加快工业发展的若干问题》时，提出了七点从长远考虑的战略性意见。第一条是："确立以农业为基础、为农业服务的思想。工业支援农业，促进农业现代化，是工业的重大任务。工业区、工业城市要带动附近农村，帮助农村发展小型工业，搞好农业生产并且把这一点纳入自己的计划。"第二条是："引进新技术、新设备，扩大进出口。"他以煤炭为例，提出一个大胆的设想："煤炭也要考虑出口，还可以考虑同外国签订长期合同，引进他们的技术装备开采煤矿，用煤炭偿付。这样做好处很多：一可增加出口，二可带动煤炭工业技术改造，三可容纳劳动力。这是一个大政策，等中央批准了再办。总之，要争取多出口一点东西，换点高、精、尖的技术和设备回来，加速工业技术改造，提高劳动生产率。"第三条是："加强企业的科学研究工作。这是多快好省地发展工业的一个重要途径。随着工业的发展，企业的科技人员数量应当越来越多，在全部职工中所占的比例应当越来越大。大厂要有自己独立的科研机构；小厂的科研可以由市里综合办，也可以由几个厂联合在一起搞。"第四至六条是：整顿企业管理的秩序，抓好产品质量，恢复和健全规章制度。这些是针对当时工矿企业管理混乱、产品质量滑坡来说的，也有着长远的意义。第七条是："坚持按劳分配的原则，这在社会主义建设中始终是一个很大的问题，大家都要动脑筋想一想。所谓物质鼓励，过去并不

---

〔1〕 张化：《邓小平与1975年的中国》，中共党史出版社2004年4月版，第137页。

多。人的贡献不同，在待遇上是否应当有差别？同样是工人，但有的技术水平比别人高，要不要提高他的级别、待遇？技术人员的待遇是否也要提高？如果不管贡献大小、技术高低、能力强弱、劳动轻重，工资都是四五十块钱，表面上看来似乎大家是平等的，但实际上是不符合按劳分配原则的，这怎么能调动人们的积极性？”〔1〕这里，不是已经包含着他在以后改革开放中许多重要思想的萌芽吗？

根据邓小平这个讲话的精神，由李先念主持，谷牧、胡乔木等参加，在九月二日形成《关于加快工业发展的若干问题》讨论稿。它写道：“农业是国民经济的基础，没有农业的大发展，就不可能有工业的大发展，所有工业部门，都要牢固树立以农业为基础的思想，更好地为农业服务，巩固工农联盟。”“世界上工业落后的国家赶上工业先进的国家，都是靠采用最先进的技术，我们也要这样做。每个部门，每个行业都要了解世界上的先进水平，订出赶超的规划和措施。”“对于引进的外国的先进技术，要培训必要的技术力量，迅速地把它掌握起来。要根据‘一用二批三改四创’的原则，在用中熟悉它，改造它，发展它，要反对一概照抄照搬，也要反对没有学会就乱改乱动。”“在工资问题上，我们党的一贯政策是，既反对高低悬殊，也反对平均主义。”〔2〕这个讨论稿，不久在“批邓、反击右倾翻案风”中，被“四人帮”称为“三株大毒草”之一（另两篇是《关于科学技术工作的几个问题》和《论全党全国各项工作的总纲》）而进行猛烈的攻击。

“文化大革命”以来，林彪和江青两个集团鼓吹极左思潮，一直在批判所谓“唯生产力论”、“利润挂帅”、“物质刺激”、“崇洋媚外”等等，扣大帽子，把它们斥为修正主义思潮，造成人们思想混乱，经济工作陷入困境。邓小平的讲话和那个讨论稿，对如何进行社会主义经济建设初步理出一条比较清楚而合理的思路，受到广大群众的热烈欢迎。

邓小平还以比较大的力量来抓科学和教育工作。七月十八日，中央

---

〔1〕《邓小平文选》第2卷，第28—31页。

〔2〕《评〈关于加快工业发展的若干问题〉》，人民出版社1976年8月版，附录，第46、50、51、52页。

派长期担任团中央第一书记的胡耀邦领导中国科学院的工作。他上任后的第一件大事，就是领导起草《科学院工作汇报提纲》（也就是《关于科技工作的几个问题》）。教育部门是关系如何培养青年一代的重要阵地。“四人帮”想让迟群当教育部部长。周恩来考虑“组阁”名单时提出以原国务院秘书长周荣鑫任教育部部长，得到毛泽东同意。周荣鑫对教育工作情况进行调查研究后，指出不能不加分析地批判“智育第一”、“知识私有”，并着手根据邓小平讲话精神起草《教育工作汇报提纲》。在思想理论工作方面，七月初，成立了以胡乔木为首的国务院政治研究室。

当听取中国科学院负责人汇报《关于科技工作的几个问题》（汇报提纲）时，邓小平在插话中谈了科学研究和教育工作的问题。他说：“我在大寨会上说，农业搞不好就要拖工业的后腿。如果我们的科学研究工作不走在前面，就要拖整个国家建设的后腿。”他又说：“要后继有人，这是对教育部门提出的问题。”“我们有个危机，可能发生在教育部门，把整个现代化水平拖住了。比如我们提高工厂自动化水平，要增加科技人员，这就要靠教育。”“要解决教师地位问题。几百万教员，只是挨骂，怎么调动他们的积极性?”〔1〕

可以清楚地看到，主持国务院工作大半年后，特别是整顿工作取得明显成效，积累了那么多实践经验，邓小平已经考虑得更深更远，在思考和探索中国社会主义现代化建设的道路应该怎样走。他在多年后说：“其实，拨乱反正在一九七五年就开始了。”他又说：“说到改革，其实在一九七四年到一九七五年我们已经试验过一段。”“那时的改革，用的名称是整顿，强调把经济搞上去，首先是恢复生产秩序。凡是这样做的地方都见效。”〔2〕

邓小平主持的一系列整顿措施，实际上是同“文化大革命”唱反调，深深触怒了“四人帮”。他们自然不会善罢甘休，而要疯狂反扑。但在一九七五年的大半年内，毛泽东支持邓小平，并对“四人帮”继续

〔1〕《邓小平文选》第2卷，第32—34页。
〔2〕《邓小平文选》第3卷，第81、255页。

提出批评。

四届人大第一次会议刚结束，江青就不顾毛泽东月初“不要来看我”的批示，在一月下旬独自飞往长沙。毛泽东见到江青时对她说：“你的意见我已写信告诉你了。”接着，他重复了过去批评她的话：“不要随便，要有纪律，要谨慎，不要个人自作主张，有意见要跟政治局讨论。人要有自知之明。”〔1〕江青一无收获而回。

从二月底到四月中旬，现存档案中没有一件毛泽东的谈话记录或写有批语的文件。这种状况在以往是罕见的，可以看出这段时间内他的健康状况很差。就在这时，控制着全国舆论宣传工具的“四人帮”，借宣传“学习理论”的名义，掀起了一阵声势很大的反对“经验主义”的浪潮。

三月一日，张春桥在全军各大单位政治部主任座谈会上讲话，大谈要警惕“经验主义”的危险。同一天，姚文元在《红旗》杂志上发表《论林彪反党集团的社会基础》一文，也歪曲引用毛泽东一九五九年所说“主要危险是经验主义”，并且毫无根据地称：“这十多年来，毛主席多次重复了这个意见。”四月上旬，江青也在多处说：“现在我们的主要危险不是教条主义，而是经验主义”；“经验主义是修正主义的帮凶，是当前的大敌”。报刊上更发表了不少批判“经验主义”的文章。

他们在这个时候突出地提出批判“经验主义”，矛头明显地对着周恩来，并且可以进而层层抓“经验主义”的代表人物，把局势搞乱，乱中夺权。这是他们在“文化大革命”以来惯用的手法。

重病中的毛泽东在四月十四日结束他的南方之行，回到北京。这时他走路已十分困难，只能在工作人员搀扶下缓缓而行。回北京后，邓小平向他反映了江青等大批“经验主义”的情况，表示不同意这种做法。毛泽东赞同邓小平的意见。二十三日，他在姚文元转送的一份报告上批示：“提法似应提反对修正主义，包括反对经验主义和教条主义，二者都是修正马列主义的，不要只提一项，放过另一项。”“我党真懂马列的

〔1〕《张耀祠回忆毛泽东》，第152页。

不多，有些人自以为懂了，其实不大懂，自以为是，动不动就训人，这也是不懂马列的一种表现。”[1] 这里说的“有些人”，显然是指江青等人。毛泽东要求将这个问题在政治局中“一议”。因此，政治局在四月二十九日召开会议，邓小平、叶剑英列举事实对江青等人进行了批评。

江青等人毫不收敛，竭力反扑。五月三日深夜，毛泽东亲自召集在京的中央政治局委员开会，周恩来也抱病出席会议。毛泽东在会上说明召开这个会议的原因：

“有一个问题，我与你们商量。一些人思想不一致，个别的人。我自己也犯了错误，春桥那篇文章（引者注：应为姚文元那篇讲反对‘经验主义’的文章），我没有看出来，只听了一遍，我是没有看，我也不能看书，讲了经验主义的问题我放过了。”

“现在我们的一部分同志犯了错误要批评。”

“不要搞‘四人帮’，你们不要搞了，为什么照样搞呀？为什么不和二百多个中央委员搞团结？搞少数人不好，历来不好。这次犯错误，还是自我批评。”

“我看批判经验主义的人，自己就是经验主义……我看江青就是一个小小的经验主义者。”[2]

这是毛泽东最后一次参加政治局会议。他在这样的会议上，公开点江青的名，点出“四人帮”的问题，并且说“我自己也犯了错误”，“讲了经验主义的问题我放过了”。这自然很不寻常，是对周恩来、邓小平等的很大支持。

会后，由邓小平主持开了三次政治局会议，批评以江青为首的“四人帮”。六月二十八日，江青被迫向毛泽东和中央政治局写了书面检查，并且承认确实存在着“四人帮”。王洪文担任中共中央副主席后，对他

---

〔1〕 毛泽东对姚文元报送的新华社《关于报道学习无产阶级专政理论问题的请示报告》的批语，1975年4月23日。

〔2〕 毛泽东在中共中央政治局会议上的讲话记录，1975年5月3日。

原来并没有多少了解的毛泽东一直在留心观察。王洪文的表现使毛泽东深感失望，在六月下旬把王洪文调出去，派他到浙江、上海“帮助工作”。经毛泽东同意，从七月二日起，中共中央的日常工作改由邓小平主持。这以后，王洪文再也没有主持过中央工作。

在这个回合的斗争中，江青为首的“四人帮”遭受了沉重失败，以致平时趾高气扬、不可一世的江青有很长时间没有公开露面。“中央开会批评江青”的传闻在社会上不胫而走，群情振奋，人心大快。这对以后一举粉碎“四人帮”的顺利实现，在精神上做了一定准备。

文艺领域自“文化大革命”以来一直由江青一伙把持着，作品经常受到无限上纲的批判，甚至给作者带来横祸，弄到百花凋零、人人自危的地步。一九七五年七月十四日，毛泽东同江青谈话时批评了这种现象，指出：

“党的文艺政策应当调整一下，一年、两年、三年，逐步逐步扩大文艺节目。缺少诗歌，缺少小说，缺少散文，缺少文艺评论。

对于作家，要惩前毖后、治病救人，如果不是暗藏的有严重反革命行为的反革命分子，就要帮助。”〔1〕

紧接着，引起更强烈反响的，是七月二十五日毛泽东对电影《创业》问题的批示。

《创业》是以大庆油田为背景、在银幕上塑造石油工人战天斗地形象的作品。因为很久没有这样的好影片了，上映后受到观众的热烈欢迎。但立刻受到江青一伙的严厉打击。七月十八日，编剧张天民给毛泽东和邓小平写信道：“就在上映的第二天，有关领导做出几项决定：不继续印制拷贝；报纸上不发表评介文章；不出国；电视电台停止广播。并通知了全国各地。不久，北影负责人传达了中央负责同志的指示，指出影片在政治上、艺术上都有严重错误，政治上美化刘少奇，艺术上写

〔1〕《毛泽东文集》第8卷，第443页。

真人真事，公式化概念化。要求查一查背景，并写批评性的评论文章。这使文艺界受到极大的震动，思想上比较混乱，我本人也感到压力很大。直到四月八日，文化部核心组‘经过仔细认真地讨论’，提出了十条批评意见。”

由“四人帮”控制的文化部是怎样替《创业》罗织十条罪名的？怎么能说影片是在美化刘少奇呢？当时担任文化部副部长的“四人帮”亲信刘庆棠在传达文化部核心小组对《创业》的十条意见时竟这样说：“影片中三次笼统地提到党中央和中央首长，如毛主席著作‘是党中央派专机从北京送来的’、‘帐篷是中央从上海特调的’、‘中央首长和全国人民期望着我们’。这些显然有意无意地起了给刘少奇、薄一波之流涂脂抹粉的作用。”其他指责大体与此类似。这在“四人帮”等人进行的“大批判”中是很有代表性的。

张天民的信经过邓小平送到毛泽东那里，是七月二十五日。毛泽东因为严重的白内障眼病无法自己阅读，由机要秘书张玉凤读给他听。据张玉凤回忆：“主席在听我读的过程中非常生气。听完后，即刻作了批示，并对我说了多遍：‘江青这个人不懂事，尽办些蠢事。’这一天，主席一直不高兴，不愿吃饭，也没有睡觉，一直无法休息。”〔1〕他歪歪斜斜地写下的批示，全文如下：

“此片无大错，建议通过发行。不要求全责备。而且罪名有十条之多，太过分了，不利调整党的文艺政策。”“此信增发文化部及来信人所在单位。”〔2〕

毛泽东的批示，态度鲜明，措词严厉。《创业》事件当时正是社会上的热点话题。这个批示立刻广泛传布，使长期以来备受“四人帮”压抑的文艺界广大知识分子受到极大鼓舞，增强对江青一伙斗争的勇气和信心。

---

〔1〕张玉凤的揭发材料，1976年10月20日。
〔2〕毛泽东对张天民来信的批语，1975年7月25日。

那时，毛泽东因为目力不好，请北京大学教师芦荻给他读一些中国古典文学作品。八月十四日，芦荻问他对《水浒》的看法。毛泽东回答：“《水浒》这部书，好就好在投降。做反面教材，使人民都知道投降派。”这本来是毛泽东一向对《水浒》的看法，以前也说过，并不是这时突然提出来的。已经沉寂了很久的姚文元看到芦荻的记录稿后，却认为这是一个机会，大有“借题发挥”的文章可做。于是，在报刊上发表大量评《水浒》的文章。八月二十一日，邓小平到国务院研究室去讨论《毛泽东选集》第五卷的篇目。“在胡乔木问前不久毛泽东评《水浒》的指示是针对什么、是不是特别有所指时，（邓小平）说：就是文艺评论，没有别的意思。是主席用三个月的时间听读《水浒》后的看法，要人整理出来的意见。绝不是指着当前党内斗争的实际。”〔1〕

九月十五日至十月十九日，中共中央先在大寨大队所在的山西省昔阳县、后在北京召开全国农业大学寨会议。邓小平在九月十五日大会开幕那天讲话。他说：

“为了完成周总理在四届人大上重申的实现‘四个现代化’的宏伟目标，我们必须保持清醒的头脑，正视目前落后的现状，并下大力气解决农业现代化的问题。”

“从明年起，二十五年，我们赌了咒，发了誓，要干这么一件伟大的工作，这真正够得上是雄心壮志。”

“现在全国存在各方面要整顿的问题。毛主席讲过，军队要整顿，地方要整顿。地方整顿又有好多方面，工业要整顿，农业要整顿，商业也要整顿，文化教育也要整顿，科学技术队伍也要整顿。文艺，毛主席叫调整，实际上调整也就是整顿。”〔2〕

十七日，本来同大寨会议不相干的江青，也在大寨群众大会上并在大寨同文艺界、新闻界一些人讲了一番话，主要是讲评《水浒》。她说：

---

〔1〕冷溶、汪作玲主编《邓小平年谱（1975—1997）》（上），第85页。

〔2〕邓小平在全国农业学大寨会议开幕会上的讲话记录，1975年9月15日。

“评《水浒》要联系实际。评《水浒》是有所指的。宋江架空晁盖，现在有没有人架空毛主席呀？我看是有的。”“宋江上山以后，马上就把晁盖架空了。怎么架空的呢？他把河北的大地主卢俊义——那是反对梁山泊的，千方百计地弄了去，把一些大官、大的将军、武官、文吏，统统弄到梁山上去，都占据了领导岗位。”江青这些话的意思讲得十分露骨，是说周恩来、邓小平“架空”了毛泽东，四届人大使一批老干部“占据了领导岗位”，煽动人们起来打倒邓小平，让她把权力再夺过来。

九月二十四日，邓小平陪同毛泽东会见越南劳动党第一书记黎笋后，向他谈了江青在大寨会议上谈评《水浒》的情况。毛泽东很生气，说：“放屁！文不对题。那是学农业，她搞评《水浒》。这个人不懂事，没有多少人信她的。”〔1〕这以前，毛泽东在华国锋请示说江青要求在全国农业学大寨会议上放她的讲话录音时，明确表示：稿子不要发，录音不要放，讲话不要印。二十五日，邓小平将他在会议开幕那天的讲话稿送给毛泽东审阅。第二天，经毛泽东批准，讲话稿印发会议代表。

毛泽东的态度，表明他这时仍然信任邓小平并继续支持他的整顿工作。这些消息在社会上很快传出。人们普遍抱着热切的期待。出人意料的是，这种很好的局势却在短时间内陡然逆转。

这时，毛泽东的健康状况已严重恶化。在这场逆转中起重要作用的是毛远新。

毛远新是毛泽东的大弟弟毛泽民的儿子。抗战期间，毛泽民被新疆军阀盛世才杀害。毛远新小时候住在毛泽东家里，是毛泽东下一代亲属中比较受他喜爱的一个。“文化大革命”开始时，他刚从哈尔滨军事工程学院毕业，参加造反派，后来担任中共辽宁省委书记、省革委会副主任、沈阳军区政委。一九七五年九月下旬，他因为参加祝贺新疆维吾尔自治区成立二十周年的活动，路过北京。十月十日回来时就留在北京，成为病势越来越重的毛泽东同中央政治局之间非正式的“联络员”。

那时，毛泽东接触的人很少。毛远新同江青等在思想观点、政治倾

---

〔1〕 毛泽东同邓小平谈话记录，1975 年 9 月 24 日。

向上是一致的。由于毛泽东不愿意见江青，而毛远新可以经常见到毛泽东，他在许多问题上起了“四人帮”想起而不能起的作用。

九月二十七日和十一月二日，毛远新两次向毛泽东汇报辽宁省情况时说：“自己感到社会上有股风，就是对文化大革命怎么看，是肯定还是否定，成绩是七个指头还是错误是七个指头，有分歧。”他特别提出：这股风“似乎比七二年批极左还凶些”。“我很注意小平同志的讲话，我感到一个问题，他很少讲文化大革命的成绩，很少批刘少奇的修正主义路线”，“担心中央，怕出反复。”〔1〕

毛远新这些话，引起一直担心“文化大革命”被否定的毛泽东的重视。他那时接触实际很少。在他看来，毛远新在地方工作，比较接近实际。何况，他对毛远新还有一份特殊的亲情。

此时，又发生另一件事：清华大学党委副书记刘冰等在八月间和十月间给毛泽东两次写信，揭发迟群和谢静宜的工作作风和思想意识等方面存在的严重问题。信是通过邓小平转送的。这件事引起毛泽东很大的不满，认为刘冰等的意见代表了相当一批对“文化大革命”不满甚至要算账的人。

它触动了毛泽东晚年最敏感的问题。毛泽东曾多次说过：这一生中就做了两件事，一件是把蒋介石赶到那个小岛上，另一件是发动了文化大革命。他后来也看到“文化大革命”中出现他原来没有想到的问题，一个是“打倒一切”，一个是“全面内战”，而且“文化大革命”已经进行九年了，所以他提出“要安定团结”、“把国民经济搞上去”，支持邓小平主持的整顿工作，并且批评江青等人；但他仍坚持认为“文化大革命”是反修防修、巩固社会主义制度所必需的，异常关注人们从总体上怎样看待这场“文化大革命”，更不能容忍有人要算“文化大革命”的账。随着他的健康状况严重恶化，这种不安和担心也越来越强烈。毛远新的话，刘冰等的信，恰好触动他内心这个根本问题，这就是所以会突然发生逆转的原因所在。

---

〔1〕 毛远新笔记，1975年9月11日。

十月十九日，毛泽东在会见外宾后同李先念、汪东兴等谈话说："现在有一股风，说我批了江青。批是批了，但江青不觉悟。清华大学刘冰等人来信告迟群和小谢。他们信中的矛头是对着我的。迟群是反革命吗？有错误，批评是要批评的，一批评就要打倒，一棍子打死？"他所说的"矛头是对着我的"，指他认为刘冰等是对"文化大革命"不满，要算"文化大革命"的账。他又说："我在北京，写信为什么不直接写给我，还要经小平转。你们告诉小平注意，不要上当。小平偏袒刘冰。"〔1〕

毛泽东要求由几个人开会"帮助"邓小平。他对毛远新说："不是打倒，而是改正错误，团结起来，搞好工作。我批评江青也是这样。"他还交代毛远新：会议的情况"不要告诉江青，什么也不讲"。〔2〕

可以看出：毛泽东这时对邓小平的态度，在内心充满矛盾：不是要打倒邓小平，而是为了统一对"文化大革命"的认识，求得在路线上一致起来；对"文化大革命"不是不能批评，但一定要肯定它是基本正确，有所不足，七分成绩，三分错误。他要邓小平主持政治局对文化大革命"做个决议"。这样，既可以用来统一认识，使其他对"文化大革命"不满的人难以再唱反调；又可以给邓小平一个台阶，使他"有个转弯"的机会，但邓小平却以"我是桃花源中人（指他被打倒六年，脱离运动），不了解"为词，委婉地拒绝主持作这个决议。这使毛泽东十分失望。邓小平的女儿邓榕写道："邓小平这种完全不让步的态度，使毛泽东下决心进行'批邓'。在毛泽东政治生命的最后关头，他要坚定不移地捍卫'文化大革命'，他不容许任何人对此存有非议，更不容许任何人翻'文革'的案。这是他所坚持的最后原则。"〔3〕

这样，"批邓"就从开"打招呼"会开始，一步一步开展起来。在经毛泽东审阅批准的《打招呼的讲话要点》中写道："清华大学出现的问题绝不是孤立的，是当前两个阶级、两条道路、两条路线斗争的反

〔1〕 毛泽东同李先念、汪东兴等谈话记录，1975年10月19日。

〔2〕 毛泽东听取毛远新汇报时的插话（毛远新笔记），1975年11月4日。

〔3〕 毛毛：《我的父亲邓小平（文革岁月）》，中央文献出版社2000年6月版，第427页。

映。这是一股右倾翻案风”；“有些人总是对这次文化大革命不满意，总是要算文化大革命的账，总是要翻案”；“要向一些同志打个招呼，以免这些同志犯新的错误”。但是，邓小平一年来主持的整顿工作深得人心，各地、各单位的绝大多数人对这场“批邓、反击右倾翻案风”抱着不满和应付的态度，邓小平在人们心目中的地位更高了。值得注意的是，邓小平原来是在王洪文离开北京去浙江和上海的情况下接替他主持中央工作的，这时王洪文回到北京，邓小平在十一月十五日向毛泽东写报告，提出仍由王洪文主持工作。毛泽东当天批示：“暂时仍由小平同志主持，过一会再说。”〔1〕“批邓、反击右倾翻案风”已经开始，但中央日常工作以至批判邓小平的会议仍由邓小平主持，这实在是很少见的事情。可见，毛泽东此刻的心情仍陷于难以摆脱的矛盾之中，而且对王洪文已经失望，不愿将权力交到他和“四人帮”手中。

一举粉碎“四人帮”

历史进入一九七六年时，中国人的心情是沉重和痛苦的。

一月八日，周恩来总理逝世。噩耗传来，全中国笼罩在极度的悲痛中。当天，法新社记者乔治·比昂尼克报道：“当法新社记者把消息告诉了开电梯的年轻姑娘时，她放声哭泣。”“预计全中国人民都将表现出巨大的沉痛，就像今天清晨听到这个悲伤的消息的那位中国少女所表现出的沉痛那样。”美联社转发《东京新闻》驻北京记者的报告：“我是同一位中国官员乘火车旅行时听到扩音器广播这一消息的。这节车厢坐满了中国军人，当这一消息开始播送时，车厢里立即死一般的沉寂，接着这些军人悲痛地捶胸痛哭。”“甚至连这位通常不爱动感情的陪同我们的外交部官员也开始抽泣了”。他们急忙赶回北京。“在中小学里，眼含热泪的教师对学生们说，尽管总理去世了，我们要继续建设我们的国家。所有的教室都充满悲哀和沉痛的气氛，看来是无法照常上课了。”十一

〔1〕毛泽东对邓小平报告的批语，1975年11月15日。

日，周恩来的遗体从北京医院送往八宝山火化。灵车缓缓经过长安街时，百万民众自发地在一月的凛冽寒风中集结在十里长街两旁，戴着黑纱和白花，为周恩来送别。正在北京的日本众议院议员久野忠治写道：

“在这三个小时以前，几万名市民就在沿途的道路上挤得满满的，在灵车通过的一瞬间，几乎都放声痛哭了。这些人中有很多人都拎着手提包和扛着装满东西的旅行袋，据说，集聚的人群是为了向周总理告别而自发地从各地赶来的。人们始终站立在尽管是穿着厚厚的棉大衣还是严寒彻骨的大街上，使人们爆发这样悲痛感情的场面，我还没有见过。”〔1〕

在人民大会堂举行的追悼大会上，由邓小平致悼词。联合国总部下了半旗，各会员国的国旗没有升起，联合国安全理事会开会时默哀一分钟。在这样举国悲痛的日子里，“四人帮”却公开采用各种手段阻挠群众的悼念活动。他们提出：不准设灵堂，不准戴黑纱，不准送花圈。追悼大会举行的上一天，“四人帮”控制的《人民日报》竟在头版头条刊载一篇题为《大辩论带来的大变化》的长篇报道，说“近来全国人民都在关心着清华大学关于教育革命的大辩论”。这种愚蠢的倒行逆施，更激起民众对“四人帮”的强烈反感和愤慨。人们相聚在一起时，普遍毫不掩饰地痛骂“四人帮”。

毛泽东进入这一年时，健康状况也迅速恶化，吃药吃饭都需要靠人喂，每天只能吃一二两饭，行走更是困难。这种状况，人们一般都不知道。

周恩来逝世后，中外瞩目的重大话题是谁来接替中国总理的职务。本来，早已主持国务院工作的邓小平是当然的人选。但是“批邓”已持续两个月，这种选择已无法实现。如果按副总理排名次序，下一个是张春桥。江青一伙也渴望取得这个职位。这是左右全局的关键问题。

---

〔1〕 朱佳木、安建设主编《震撼世界的20天——外国记者笔下的周恩来逝世》，中央文献出版社1999年2月版，第1、2、10、27、28页。

对这个关键问题，重病中的毛泽东仍保持着清醒的头脑。张玉凤回忆：“一月中旬，毛远新来见主席。他问主席对总理人选有什么考虑。主席考虑了一下说：要告诉王洪文，张春桥让一下。然后主席扳着手指数政治局同志的名字，最后说，还是华国锋比较好些。毛远新点头说是。就这样，主席提议华任代总理，主持政治局工作。”[1] 毛泽东还说：“就请华国锋带个头，他自认为是政治水平不高的人；小平专管外事。”[2] 这样，主持政治局的工作没有交给王洪文，主持国务院的工作没有交给张春桥。这是一个关系重大的决定。二月二日，中共中央发出通知：经毛主席提议，中央政治局一致通过，由华国锋任国务院代总理。

华国锋这年五十五岁，一九三八年参加中国共产党。“文化大革命”前任湖南省委书记处书记。一九七一年调国务院业务组工作，后来任中共中央政治局委员、国务院副总理兼公安部部长。由他出任国务院代总理是许多人没有想到的。在这样险象环生的关键时刻，毛泽东经过深思熟虑，没有让“四人帮”取得最高领导权，这对日后能够顺利地粉碎“四人帮”起了至关重要的作用。

这时，“批邓、反击右倾翻案风”的运动在全国范围内继续展开。邓小平始终没有改变自己的态度。毛泽东在半年多时间里曾支持邓小平为改变“文化大革命”中混乱现象而进行的整顿工作，但他不能容忍邓小平系统地纠正“文化大革命”的错误。三月三日，中共中央印发毛泽东在一九七五年十月至一九七六年一月听取毛远新汇报时的多次讲话，称为《毛主席重要指示》。

关于社会主义时期的阶级斗争，毛泽东说：“社会主义有没有阶级斗争？什么‘三项指示为纲’，安定团结不是不要阶级斗争，阶级斗争是纲，其余都是目。”“文化大革命是干什么的？是阶级斗争嘛。”“旧的资产阶级不是还存在吗？大量的小资产阶级不是大家都看见了吗？大量

〔1〕张玉凤：《回忆毛主席去世前的一些情况》，未刊稿。

〔2〕毛泽东听取毛远新关于中央政治局会议情况汇报的谈话（毛远新笔记），1976年1月21日。

未改造好的知识分子不是都在吗？小生产的影响、贪污腐化、投机倒把不是到处有吗？刘、林等反党集团不是令人惊心动魄吗？”

他为什么认为有些人对社会主义社会中的矛盾看不清楚了？毛泽东这样说：“问题是自己属于小资产阶级，思想容易右。自己代表资产阶级，却说阶级矛盾看不清楚了。一些同志，主要是老同志思想还停止在资产阶级民主革命阶段，对社会主义革命不理解、有抵触，甚至反对。”“民主革命后，工人、贫下中农没有停止，他们要革命。而一部分党员却不想前进了，有些人后退了，反对革命了。为什么呢？作了大官了，要保护大官的利益。”“搞社会主义革命，不知道资产阶级在哪里，就在共产党内，党内走资本主义道路的当权派，走资派还在走。”

在《指示》中，毛泽东错误地指名批评邓小平，说“他这个人是不抓阶级斗争的，历来不提这个纲”，“代表资产阶级”；又说：“他还是人民内部问题”，“要帮助他，批他的错误就是帮助，顺着不好。批是要批的，但不应一棍子打死。”

利用这个机会，“四人帮”便变本加厉地煽风点火，向邓小平和他领导的全面整顿大肆反扑。他们把持下的宣传舆论工具，将“三项指示为纲”说成“翻案复辟的政治纲领”，将“实现四个现代化”说是在鼓吹“阶级斗争熄灭论”和“唯生产力论”，给邓小平扣上“党内最大的不肯改悔的走资本主义道路的当权派”、“右倾翻案风”等罪名。许多地区和单位的帮派势力层层揪“死不改悔的走资派”的“代理人”。一些在全面整顿中被撤下去的帮派头头重新登上领导岗位。生产和社会秩序又陷入混乱之中。

这时，民众中对“四人帮”的愤恨已到了不可遏制的地步。人们在周恩来去世时表现出来的巨大悲痛，也包含对国家前途命运的深切忧虑在内。邓小平领导整顿工作的成效是大家都看到的，“批邓”无法为广大民众所接受，处处受到有形无形的抵制。人民的怒火终于大爆发了。

一九七六年四月四日是传统的清明节。从三月底开始，北京的学生、工人、机关干部、各界群众，前后超过一百万人次，不顾“四人帮”的阻挠，纷纷走向天安门广场的人民英雄纪念碑周围，献花圈，张贴或朗诵诗词，发表讲演，悼念周总理，痛斥“四人帮”。当时担任中共中央政治局委员、北京市委第一书记的吴德，四月四日在政治局会议上汇报：“送到纪念碑前的花圈有二千零七十三个，共有一千四百多个单位。”“四月三日到广场的人数大约是二十万，五百零七个单位送花圈八百多个；四月四日到广场的有八万多人，四百二十个单位送了四百五十个花圈。”“花圈最大的直径有六米”。〔1〕

张贴的诗词，很快就被民众自发地抄录和传布。它的内容大部分是悼念周恩来的，如：“人民的总理人民爱，人民的总理爱人民。总理和人民同甘苦，人民和总理心连心。”“清明每到泪纷纷，天下几家哭断魂。惟有今年不同处，举国都是心酸人。”也有一些直斥“四人帮”的，如：“欲悲闻鬼叫，我哭豺狼笑。洒泪祭雄杰，扬眉剑出鞘。”有一首《向总理请示》：“黄浦江上有座桥，江桥腐朽已动摇。江桥摇，眼看要垮掉，请指示，是拆还是烧?”中国科学院一〇九厂的职工前往天安门广场的队伍，高举木牌行进，上面写着：“红心已结胜利果，碧血再开革命花，倘若魔怪喷毒火，自有擒妖打鬼人。”〔2〕

四月四日，华国锋召开中央政治局会议（叶剑英、李先念没有参加，毛远新列席）。会议在江青等左右下，把天安门广场的事态定为反革命事件，决定当晚清理天安门广场的花圈、诗词、标语等。第二天凌晨，群众见到花圈等都被撤走，极为气愤，同一部分民兵、警察和战士发生冲突。毛泽东当时病情更重，动不了，呼吸困难，每天要吸氧，连讲话的力气也没有。他听了毛远新汇报后，提议两点：（一）任命华国锋为党中央第一副主席、国务院总理；（二）撤销邓小平党内外一切职务，保留党籍，以观后效。这两点提议，经中央政治局通过后，在四月七日晚由中央人民广播电台向全国广播。

中共中央《关于建国以来党的若干历史问题的决议》中写道：“四月间，在全国范围内掀起了以天安门事件为代表的悼念周总理、反对

〔1〕吴德口述：《十年风雨纪事》，第207页。

〔2〕《天安门革命诗文选》，北京第二外国语学院董怀周1977年9月编印，第27、47、262页。

‘四人帮’的强大抗议运动。这个运动实际上是拥护以邓小平同志为代表的党的正确领导，它为后来粉碎江青反革命集团奠定了伟大的群众基础。”

六月初，毛泽东突患心肌梗塞，经抢救后才脱险。七月六日，德高望重的朱德委员长病逝，享年九十岁。七月二十八日，河北唐山发生七点八级的大地震，全城成为一片废墟，死难者达二十四万二千余人，这是人类历史上前所未有的自然灾难。政府集中力量投入救灾工作。

九月九日凌晨，一生为中国的革命和建设作出其他人难以替代的卓越贡献的毛泽东逝世。他的逝世，使全党全军和全国各族人民沉浸在巨大的悲痛中。九月十八日，首都各界群众一百万人在北京天安门广场以最隆重的仪式举行追悼大会。华国锋在大会上致悼词。他说：“几天来，全党全军和全国各族人民，都为毛泽东主席逝世感到无限的悲痛。伟大领袖毛主席毕生的事业，是同广大人民群众血肉相连的。长期受压迫受剥削的中国人民，是在毛主席领导下翻身作了主人。灾难深重的中华民族，是在毛主席的领导下站立起来了。中国人民衷心地爱戴毛主席，信赖毛主席，崇敬毛主席。国际无产阶级和进步人类，都为毛主席的逝世而深切哀悼。”〔1〕联合国总部在毛泽东逝世当天下半旗志哀。九月二十一日，联合国第三十一届大会开幕式上，与会一百四十多个国家的代表起立为他默哀。

邓小平在四年后对意大利记者法拉奇谈到毛泽东时，深情地说：“他多次从危机中把党和国家挽救过来。没有毛主席，至少我们中国人民还要在黑暗中摸索更长的时间。”“拿他的功和过来说，错误毕竟是第二位的。他为中国人民做的事情是不能抹杀的。从我们中国人民的感情来说，我们永远把他作为我们党和国家的缔造者来纪念。”〔2〕

毛泽东逝世后，在“四人帮”看来，周恩来已不在，邓小平已“打倒”，许多老革命家已“靠边”，华国锋不被他们放在眼下，更加咄咄逼人地急于夺取最高权力，出现了许多非同寻常的怪现象。风声越来

〔1〕《人民日报》1976年9月19日。

〔2〕《邓小平文选》第2卷，第344、345页。

越紧。

但他们过高地估计了自己的力量。事实上，“四人帮”多年来坏事做尽，早已到了天怒人怨的地步，在人民群众中极端孤立。人民解放军，他们更无法控制。跟他们走的，只有极少数在“文化大革命”中追随他们造反起家的人、帮派思想严重的人和打砸抢分子。

毛泽东病情加重时，深深忧虑国家前途命运的叶剑英等已不动声色地考虑到：如果只用通常党内斗争的途径，而不对“四人帮”采取断然措施，是解决不了问题的。毛泽东逝世后，江青等人在政治局内不断闹事，步步进逼，强索权力。中共中央第一副主席、国务院总理华国锋也看到：必须清除这个毒害。九月二十四日，“李先念转达华国锋的意见：请叶帅考虑什么时间、以什么方式解决‘四人帮’问题。叶剑英对李先念说：‘我们同他们的斗争是你死我活的斗争，只有你死，才能我活，没有调和的余地。’”〔1〕十月二日，在华国锋、叶剑英共同商议下，决定以召开会议的方式，宣布对“四人帮”实行“隔离审查”。

十月六日晚，华国锋以召开政治局常委会的名义，通知王洪文、张春桥前来参加；并说这次会议将讨论《毛泽东选集》第五卷的编辑工作，通知姚文元列席。当他们先后到达中南海怀仁堂会议地点时，便宣布对他们“隔离审查”。对江青，由中央办公厅负责人带领警卫人员到她的住处，宣读“隔离审查”的决定。当天深夜，中央政治局召开会议，商讨粉碎“四人帮”后各种重大问题。会议通过由华国锋任中共中央主席、中央军委主席。这个决定后来由十届三中全会追认。

上海是“四人帮”自“一月夺权”以来长期控制的最重要的据点。他们在上海的党羽得到江青等被隔离审查的消息后，曾密谋发动武装暴乱。但这些人在上海同样失尽人心，没有多少人愿意跟他们走下去。中央又采取得力措施，迅速控制了局势，得到上海干部和群众的热烈支持。“四人帮”在上海的势力顷刻瓦解。

对其他各地的“四人帮”骨干分子，中央也采取了撤换、清查等果

---

〔1〕刘继贤主编《叶剑英年谱》（下），中央文献出版社2007年4月版，第1111页。

断措施，保证了全国政治局势的稳定。

粉碎“四人帮”这样的重大政治行动，在全国范围内没有流血、没有出现重大动荡，便顺利解决了。这反映出人心所向，一切已水到渠成。

十月十四日，中共中央正式公布粉碎“四人帮”的消息。经历了十年动乱苦难的人们兴高采烈。各地军民都举行了盛大的庆祝集会和游行。北京大小商店的瓶酒销售一空。这时，正是金秋时节，许多人吃螃蟹指定要三公一母。郭沫若在二十一日写了一首词，上阕是：“大快人心事，揪出‘四人帮’。政治流氓，文痞，狗头军师张。还有精生白骨，自比则天武后，铁帚扫而光。篡党夺权者，一枕梦黄粱。”〔1〕这首词传诵一时，虽然写得很直白，却如实地反映出当时人们那种难以抑制的兴奋之情。

“文化大革命”是新中国成立以来“左”的错误思想在中央占主导地位时间最长的时期。在持续十年的大动乱中，民主和法制遭到严重破坏，人民生命财产的安全失去保障，大批干部和群众遭受残酷迫害，造成众多令人痛心的悲剧；社会经济屡经挫折，拉大了中国同世界发达国家之间的差距；极端严重的思想混乱，导致社会风气和人们道德水准显著下降。它所造成的恶果，影响深远。

尽管如此，中国社会主义制度的基础和国家的统一依然保持着；无数干部和群众不仅在极端困难的条件下仍坚持在各自岗位上辛勤工作，并且始终以不同形式进行着抗争；在对外关系上打开了新的局面。这就为最后结束“文化大革命”的灾难、进入新时期创造了必不可少的条件。

这场“文化大革命”是毛泽东发动和领导的。怎样看待犯了这样严重错误的毛泽东？中共中央在《关于建国以来党的若干历史问题的决议》中写道：

---

〔1〕郭沫若：《水调歌头》，《解放军报》1976年11月1日。

“对于‘文化大革命’这一全局性的、长时间的‘左’倾严重错误，毛泽东同志负有主要责任。但是，毛泽东同志的错误终究是一个伟大的无产阶级革命家所犯的错误。毛泽东同志是经常注意要克服我们党内和国家生活中存在的缺点的，但他晚年对许多问题不仅没有能够加以正确的分析，而且在‘文化大革命’中混淆了是非和敌我。他在犯严重错误的时候，还多次要求全党认真学习马克思、恩格斯、列宁的著作，还始终认为自己的理论和实践是马克思主义的，是为巩固无产阶级专政所必需的，这是他的悲剧所在。”

“文化大革命”动乱的结束和“左”的错误的纠正，完全是依靠中国共产党和中国人民自己的力量取得的。一个党、一个国家蕴藏的内在力量如何，不仅看它在顺利发展时的表现，而且需要看它在遭受严重挫折时，当别人看来它似乎已陷入绝境时，能不能临危不乱，从自己的错误所付出的沉重代价中汲取足够教训，在极端困难的境遇中坚决地扭转局面，医治好身上的创伤，重新站立起来，同全国绝大多数人民在一起，继续迈开大步前进。这需要有大智大勇，是极不容易做到的。

事实有力地证明：中国共产党和中国人民当国家和民族处在危难中时，显示出何等巨大而顽强的生命力，这是任何其他力量永远无法将它摧毁的。

“文化大革命”结束了。中华民族进入了新的历史发展时期。

改变，从阅读开始

二十世纪中国史纲

[第二卷]

金冲及 著

社会科学文献出版社
SOCIAL SCIENCES ACADEMIC PRESS (CHINA)

国家社会科学基金重大委托项目

图书在版编目（CIP）数据

二十世纪中国史纲．第2卷／金冲及著．—北京：社会科学文献出版社，2009.8

ISBN 978-7-5097-1007-4

Ⅰ.二…　Ⅱ.金…　Ⅲ.①中国－近代史②中国－现代史　Ⅳ.K25

中国版本图书馆CIP数据核字（2009）第152619号

二十世纪中国史纲

著　　者／金冲及

出 版 人／谢寿光
总 编 辑／邹东涛
出 版 者／社会科学文献出版社
地　　址／北京市西城区北三环中路甲29号院3号楼华龙大厦
邮政编码／100029
网　　址／http://www.ssap.com.cn/
网站支持／（010）59367077
责任部门／人文科学图书事业部　（010）59367215
电子信箱／zongbianshi@ssap.cn
项目负责人／宋月华
责任编辑／徐思彦
责任校对／宋荣欣　桂　芳　陶　璇
责任印制／董　然　蔡　静　米　扬

总 经 销／社会科学文献出版社发行部
（010）59367080　59367097
经　　销／各地书店
销售热线／（010）62142489　62164516
排　　版／蒋宏工作室
印　　刷／北京市通州兴龙印刷厂

开　　本／700 mm × 1000mm　1/16
印　　张／87.75
字　　数／1136千字
版　　次／2009年9月第1版
印　　次／2019年3月第2次印刷

书　　号／ISBN 978-7-5097-1007-4
定　　价／128.00元（全四卷）

本卷目录

九一八事变，日本武装占领中国的东北，民众的抗日救亡怒潮步步高涨。蒋介石在日记中也曾多次对日本的侵略表示愤慨，但他依然把对付和消灭共产党放在第一位，提出**“攘外必先安内”**的方针。**红军长征**，是世界历史上前所未有的壮举；但长征开始时，是被迫的，而且是在极端险恶的情势下进行的。**华北事变**的发展，把南京政府逼到几乎无路可退的地步，不能不考虑大幅度调整它的对日政策。既然南京政府日益表明抗日的决心、同中共之间已开始秘密接触，为什么它在**西安事变**前夜还要调动那样多军队想来消灭共产党？

七七事变开始了全民族的抗日战争。共产党领导的军队开赴前线，取得平型关战役的第一次重大胜利。**国民党军队**中有不少爱国将士，他们在日军大举侵略面前，同仇敌忾，奋勇争先，以劣势装备和血肉之躯同优势装备的敌军拼搏，并取得台儿庄战役大捷。**国民政府迁都**的决定是值得肯定的，表明了“长期抗战”的决心。抗战爆发后的一年多时间内，**国民党**和它的军队的表现是积极的；**中国共产党**在抗战开始时只有几万党员和几万军队，但它充分发动并依靠民众，充满活力地向上发展。

怎样看待国民党为主体的**正面战场**和共产党为主体的**敌后战场**的关系？它们是相互补充、互为支持的。国民党副总裁**汪精卫**一向宣扬民族失败主义，走上叛国投降；国民党总裁**蒋介石**仍坚持抗战，这是值得肯定的。当日本军事进攻压力明显减轻后，蒋介石关心的重点就从对日作战逐渐转向防共反共方面。**百团大战**鼓舞了全国人民，使所谓八路军“游而不击”的说法不攻自破。**延安整风**最重要的历史贡献是使“实事求是”的观念开始深入人心，使中国共产党在思想上政治上更加成熟起来，不仅对夺取抗日战争的最后胜利、而且对此后中国的革命和建设产生了巨大而深远的影响。

一九四四年**豫湘桂大溃退**造成的强大冲击波，使大后方人心发生急遽变动，在相当程度上埋下了国民党政府失败的重要种子。在八年抗战中，**国民党**表面上看来依然是庞然大物，但它的政治地位和受民众信任的程度，却一步步衰落下去；**共产党**的力量却从小到大地迅速壮大起来，并且团结了越来越多的朋友。**抗日战争的胜利**，不仅成为中华民族重新振兴的枢纽，同时也为中国人民的解放事业奠定了坚实的基础。

对待面临的严重的**内战危机**，中国共产党的态度是怎样的？它力争和平，也做了两手应对准备。需要用多少时间来“消灭”共产党？蒋介石的两个主要将领何应钦和陈诚的估计略有不同：何应钦认为要两年，陈诚认为半年就够了。

人心向背，是最终左右一切的决定性力量。解放战争中，军事局势迅猛发展。国民党统治区内以学生运动为先锋的**民众运动**风起云涌，反映了国民党统治区人心的变动。在中国，只有中国共产党才最坚决地、脚踏实地地在乡村中领导广大贫苦农民，把几千年没有能解决的封建**土地所有制**从根铲除；这是中国共产党所以能领导中国革命取得胜利的奥秘所在。**民主同盟**坚决拒绝参加国民大会，是一个重要的政治动向，反映出原来处于中间状态的人们在政治态度上的进一步变化。

中国人在经历了那么多的屈辱和苦难以后，经过一百零九年前赴后继、艰苦卓绝的奋斗，终于在中国共产党领导下，战胜曾经不可一世的内外敌人，取得中国近代民族民主革命的胜利，实现了**民族独立**和**人民解放**。一个旧时代结束了，新的时代开始了。

第九章

“中华民族到了最危险的时候”

中华民族在近代的遭遇真是多灾多难！在近代中国一切社会矛盾中，最主要的是帝国主义和中华民族的矛盾。九一八事变后，人们对这一点的感受越来越强烈。如果民族生存都无法保证，其他什么问题都谈不上。在外国侵略者中，日本军国主义者对中华民族的生存构成了最严重的威胁。

前面说到，一九二七年日本田中义一内阁组成并召开东方会议后，对华已实行更积极的侵略扩张政策，并且以中国的东北和内蒙地区作为重点。当张学良不顾日本的阻挠宣布易帜、服从中央政府后，日本便更加加紧策划武力夺取东北。东北上空，已是乌云密布，一场猛烈的暴风雨很快就要袭来了。

震惊中外的九一八事变

九一八事变，是在世界范围内经济大衰退的背景下发生的。

一九二九年十月从美国开始的经济危机突然到来，迅速席卷全球，根本改变了原有的世界经济格局，造成全球性的经济大混乱。“到一九三二年夏天，许多国家的工业产量只及一九二八年产量的一半，世界贸易减少了三分之一。”[1] 在经济极度萧条的乱局下，人心动荡不安，富有侵略性的法西斯势力乘势在西方和东方迅速抬头。

这场经济危机给日本经济的打击是沉重的：物价暴跌，生产萎缩，失业增加，工资水平下降，贸易减少。“三十年代经济危机爆发后，随着各种社会矛盾的不断激化，抑郁已久的对政党政治的仇恨，对海外殖民的渴望，对亚洲盟主的向往，以及对社会现状的不满等各种右翼思潮一下子迸发出来，为激进法西斯势力的崛起提供了充分的气候和土壤”。[2] 日本成为国际法西斯势力在东方的战争策源地。

日本军部势力和关东军下决心要制造事端，武装夺取中国东北。他们处心积虑已久，并且断定西方列强此刻自顾不暇，不会也没有力量对此进行强力干涉。“在当时一触即发的形势下，关东军的计划是，一旦有了情况，先发制人地进攻东北军，占领长春以南的南满铁路沿线地带，以打开战略上的不利局面，寻求出路。”[3]

一九三一年七、八月间，日本当局制造了万宝山事件，又利用中村大尉刺探中国军事情报而被当地驻军捕杀一事，在国内进行狂热的反华煽动。他们在沈阳近郊不断进行军事演习。沈阳县长在八月报告：“日军近来在附郭一带演习行军，几于无日无之。”[4] 美国《纽约时报》驻华首席记者哈雷特·阿班在八月初到东北采访。他写道：“按照日俄战争的战后协议，日本可在铁路区最多驻兵一万五千人。但照我个人估计，从大连到长春、从沈阳到鸭绿江北岸的安东（今丹东），各处散布的日军总数，已有四万人左右。”“日本军官个个激动不已，坦言要施以重击，将张学良的军队一举赶出满洲。”[5] 空气中已到处可以闻到浓重的火药味。

九月十八日深夜十时二十分，关东军按照预定计划，在沈阳以北不远的柳条湖地区的铁路轨道下埋设炸药，炸毁一小段路轨，反诬是中国

---

〔1〕（美）保罗·肯尼迪：《大国的兴衰》，求实出版社 1988 年 8 月版，第 347 页。
〔2〕武寅：《从协调外交到自主外交》，中国社会科学出版社 1995 年 12 月版，第 57 页。
〔3〕（日）服部卓四郎：《大东亚战争全史》第 1 册，商务印书馆 1984 年 12 月版，第 6 页。
〔4〕《九一八事变档案史料精编》，辽宁人民出版社 1991 年 8 月版，第 212 页。
〔5〕（美）哈雷特·阿班：《民国采访战》，广西师范大学出版社 2008 年 7 月版，第 128 页。

军队所为。日本河本大作在远东国际法庭供认："于九月十八日夜，派虎石台（奉天以北八公里）守备中队破坏柳条沟（引者注：当为柳条湖。下同）的桥梁"，"结果，只破坏柳条沟的一座小桥，然而它却成为九一八的直接导火线，使事变发展扩大。"〔1〕 正在沈阳的关东军高级参谋板垣征四郎立刻以它为借口，用代理关东军司令官的名义，命令日军进攻东北军驻地北大营和沈阳城。这种不宣而战是日本军国主义者从中日甲午战争以来的惯技。他们发动战争从来不需要任何借口，如果没有，也可以随意制造一个出来。第二天凌晨，他们占领了北大营和沈阳城。

日本政府紧接着从朝鲜等地调动军队大举增援，向东北各地推进，在四个月内强占中国一百万平方公里土地，相当于日本本土面积的三倍。"从资源上说，中国失去了十分之七的大豆产额，失去了三分之一的森林，失去了三分之一的铁产，失去了三分之一的煤产，失去了十分之四的铁路，失去了五分之二的输出贸易。"〔2〕 东北人民更陷入水深火热的亡国惨痛之中。黑龙江省政府代理主席马占山率部在嫩江桥抵抗多日，终因孤立无援而失败，成为民众心目中的抗日英雄。各族民众相继组织抗日义勇军，奋战在白山黑水之间。大批难民被迫背井离乡，像潮水般涌入关内流浪。"我的家在东北松花江上"，这首充满悲愤的《流亡三部曲》的歌声，唱遍祖国大地，催人泪下，打动了无数中华儿女的心。

面对如此严重的局势，南京政府怎么办？它却拿不出任何有效的对策。中原大战后期，张学良在一九三〇年九月十八日（恰好在九一八事变整整一年前）率东北军主力入关，支持南京政府，关外兵力空虚，他自己也长期留住北平，注意力转向关内，更给日本侵略者以可乘之机。九一八事变前不久，蒋介石在七月十二日致电张学良："现非对日作战之时，以平定内乱为第一。"〔3〕 八月十六日又致电张学良称："无论日本

---

〔1〕《河本大作笔供》，《九一八事变》，中华书局 1988 年 8 月版，第 96 页。

〔2〕 许涤新：《现代中国经济教程》，第 20 页。

〔3〕 郭廷以：《近代中国史纲》下册，第 607 页。

军队此后如何在东北寻衅，我方应不予抵抗，力避冲突。吾兄万勿逞一时之愤，置国家民族于不顾。”[1] 九一八事变发生后，他仍把希望主要寄托在国际联盟的出面干预上，在日记中写道：“余主张日本占领东省事，先提国际联盟与非战公约国，以求公理之战胜。”[2] 南京政府发表《告民众书》称：“政府现时既以此次案件诉之于国联行政会，以待公理之解决，故已严格命令全国军队对日军避免冲突，对国民亦一致告诫，务必维持严肃镇静之态度。”[3] 在国民党中央执行委员会政治会议上，蒋介石宣布对日外交方针三原则的第一条就是：“解决东三省问题，不要脱离国际联合会的关系，我们要在国际力量保障之下，使日本撤兵。”[4]

九一八事变的消息传来，如此大片国土不经抵抗而沦丧，使整个中国为之震动。东北人民的悲惨遭遇，使人们感同身受。著名职业教育家黄炎培在第二天的日记中写道：“到史宅，史量才正和一群朋友打牌。我说：电报到了，日本兵在沈阳开火了，沈阳完全被占了，牌不好打了。一人说：中国又不是黄任之（引者注：黄炎培的字）独有的，你一个人起劲！我大怒，一拳猛击牌桌中心，哭叫：你们甘心做亡国奴吗？别人说：收场吧。”[5] 全国民众群情沸腾，要求南京政府奋起抗日。他们对南京政府的不抵抗政策极为愤慨。在全国青年中拥有巨大影响的《生活周刊》，发表了原先在政治上还处于中间状态的主编邹韬奋所写《应彻底明了国难的真相》一文，满腔悲愤地指出：

“今日日本在东北无端占我土地，焚我官署兵营，解我军械，逮捕我官吏，惨杀我无辜，凡此种种亡国奴所受之至惨极痛之悲剧，若我们

〔1〕王芸生：《六十年来的中国与日本》第8卷，第236页。

〔2〕蒋介石日记，1931年9月21日。

〔3〕《新闻报》1931年9月24日，《九一八——一二八上海军民抗日运动史料》，上海社会科学院出版社1986年10月版，第3页。

〔4〕《国民政府处理九一八事变之重要文献》，（台北）中国国民党中央党史委员会1992年6月版，第201页。

〔5〕《黄炎培日记》第4卷，华文出版社2008年9月版，第25页。

无彻底觉悟与坚决奋斗的抗御，则为我们人人及身所必须遭遇，妻女任人奸淫掳掠，自身任人奴役蹂躏，子子孙孙陷入非人的地狱深渊，皆非意想而为可能之事实！”[1]

接着，他在下一期又发表一篇《无可掩饰的极端无耻》，痛斥当局奉行的不抵抗主义。他写道：

“其实这种‘不抵抗主义’就是‘极端无耻主义’，倘国民不加以深刻的观察和沉痛的驳击，则今后为国公仆负有守土之责者，贪生怕死，见敌即逃，不知人世间尚有羞耻事。”[2]

银行家章乃器回忆他在九一八事变发生后的思想状况：“我们在不久以前，还正在欢呼北伐的胜利，以为祖国从此可以转弱为强，中华民族吐气扬眉为期不远，我们这样生活在租界的人也可以不再受外国人的轻视、侮辱了。孰知大好形势突然逆转，国家又濒于危亡，悲痛的心情真是难以言语形容的。”[3]

这些都反映出九一八事变在中国思想界，包括原来政治态度比较温和的人中间发生的巨大变化。

各地民众把悲愤化为行动，掀起了好几年没有出现的全国规模的爱国救亡热潮。抗议的矛头直指南京政府。走在抗议前列的是青年学生。他们纷纷发表通电，举行示威游行，要求南京政府停止内战，一致抗日。北平、上海、江苏等地学生到南京请愿。“沪宁铁路被上海来的学生堵塞了，津浦铁路也被那些成百上千向南京前进的学生们堵塞了。”[4]各地学生一万人包围南京政府。抑制不住愤怒的学生殴打了南京政府外交部长王正廷，迫使蒋介石当面回答学生的质问。上海各界反日援侨委

---

〔1〕《生活周刊》第6卷第40期，1931年9月26日。

〔2〕《生活周刊》第6卷第41期，1931年10月3日。

〔3〕章乃器：《我和救国会》，《救国会》，中国社会科学出版社1981年10月版，第430页。

〔4〕《顾维钧回忆录》第1分册，第423页。

员会召开各界代表大会，到会五千多人，要求南京政府立刻下陆海空军总动员令，驱逐日军出境，恢复失地，团结力量一致抗日，并将该会改名为抗日救国会。上海工人成立日商纱厂工人抗日救国会、日商码头工人抗日救国会等，码头工人拒绝为日本船只装卸货物，驳船四十余艘也全部罢运。

面对学生的爱国行动，蒋介石却认为：“上海学生来请愿者络续不绝，其必为反动派所主使，显有政治作用。”“国民固有之勇气之决心早已丧失，徒凭一时之奋兴，不惟于国无益，而且徒速其亡，故无可恃也。”他在十二月九日日记中写道：“昨日上午政治会议，一般书生对万恶、反动、盲从之学生仍主放任，不事制裁。呜呼，天下事皆误于书生之手也，可不悲乎。”第二天日记中又写道：“晚会商镇压准备事。”〔1〕十二月十七日，上海、北平、济南、苏州、南京等地学生举行爱国大示威，竟遭到南京政府军警的武力袭击。据各大学抗日救国会联合会致国民党四届一中全会文称：

“乃同学方抵中央报社附近，多数军警忽号声高鸣，或以木棍，或以刺刀，向同学冲锋肉搏，杀杀之声，不绝于耳。同学手无寸铁，即纷纷退避。乃该军警竟妄肆凶焰，大施毒手，对于无抵抗而正在退让之徒手青年同学不绝进攻，必欲置之死地而后已。刺刀、枪柄、木棍、石子交加之下，死伤同学转瞬即达百人，甚至有于刺伤击伤之后，推入水中，复以巨石投击者。呜呼！全国人民年输数万万军费以养军人，乃军人对日帝国主义者则极端退让，从不敢以一弹一矢相加遗，而对于我爱国青年，则极尽其凶毒惨杀之能事，昔时万恶军阀所不敢为者，我青白旗下之军警竟悍然为之！”〔2〕

南京政府对民众的爱国行动采取如此凶残的手段来对付，不能不激起人们更大的愤怒。

---

〔1〕 蒋介石日记，1931年9月28日、10月7日、12月9日及10日。

〔2〕《九一八——一二八上海军民抗日运动史料》，第80—81页。

孙中山夫人宋庆龄，以大无畏的气概，十二月二十日在上海《申报》公开发表题为《国民党已不再是一个政治力量》的文章。她写道：

“我们现在已经可以在南京看到这种统一的第一个果实。仅在三天以前，在帝国主义使节的命令之下，这个‘统一政府’竟力图镇压爱国的学生运动。在不到十二个小时的时间内，兵士和流氓包围了学生，棒打枪刺，把他们像畜牲一样地赶出城去。学生多人死伤，据报另有大批失踪。”

“可以明白地看出，新的统一的政府是由日、法、英、美等帝国主义的代理人组成的，是服务于这群利害冲突的主子的，它将继续接受帝国主义者的命令，镇压中国民族求解放的任何一种形式的群众运动。”〔1〕

鲁迅在一年后一篇杂文中悲愤地写道：“我们还记得，自前年冬天以来，学生是怎么闹的，有的要南来，有的要北上，南来北上，都不给开车。待到到得首都，顿首请愿，却不料‘为反动派所利用’，许多头都恰巧‘碰’在刺刀和枪柄上，有的竟‘自行失足落水’而死了。验尸之后，报告书上说道：‘身上五色。’我实在不懂。”〔2〕

郭廷以指出：“此为九一八后，学生抗日救国运动的第一阶段。这时学生尚乏严密组织，在政府压制之下，渐归消沉。”〔3〕

日本侵略者的步步进逼

尽管南京政府对日本侵略步步妥协退让，但扩大对华侵略以至企图独占中国是日本政府的既定国策，绝不会因南京政府的退让而有所改变。

一九三二年初，日本军队在上海地区制造了一二八事变。这是日方

〔1〕《宋庆龄选集》上卷，人民出版社1992年10月版，第85页。

〔2〕《鲁迅全集》第5卷，第8页。

〔3〕郭廷以：《近代中国史纲》下册，第640页。

为了转移欧美列强对他们侵占东北的注意力而发动的，日本海军在这次事变中扮演了重要角色。《纽约时报》记者阿班一月二十五日在黄浦江看到：“江面上泊满了军舰，数量之多是前所未有的，其中大多数是敦实庞大的日本驱逐舰，清一色漆成铁灰。”“甲板上炮衣已卸去，炮口对准岸上。沿江的日本建筑都有日本海军陆战队把守。”“危机已有黑云压城之势。”〔1〕

事变起因仍是日方预谋制造的。在日本驻华公使馆助理武官田中隆吉策划下，日方指使流氓殴击日本僧人，并宣称其中一人死亡，借此挑起事端。一月二十八日，日军以保护侨民为名，突然袭击上海的闸北地区。当时上海驻军是有着较强战斗力的十九路军，总指挥是蒋光鼐，军长是蔡廷锴。蔡在抗战胜利前后写成的自传中说：南京政府军政部长何应钦曾在二十四日告诫他：“现在国力未充，百般均无准备，日敌虽有压迫，政府均拟以外交途径解决。上海敌方无理要求，要十九（路）军撤退三十公里，政府本应拒绝，但为保存国力起见，不得已忍辱负重，拟令本军于最短期间撤防南翔以西地区，重新布防。望兄遵照中央意旨，想兄也同意。”但当日军突然发动进攻时，蔡却示意闸北驻军团长：“如日寇无故向我挑衅，我军为自卫计，应迎头痛击。”〔2〕战争于是爆发。十九路军的英勇抗日，给了长期积愤的民众极大的鼓舞，受到他们大力支持。

这以前不久，宁粤双方因九一八事变爆发而合流，南京政府改组，由林森任国民政府主席，孙科一度任行政院长。一二八事变那天，汪精卫接任行政院长。蒋介石也从家乡奉化返回南京，随后担任军事委员会委员长。二月中旬，日军向上海大举增援，兵力达到三万人以上。十九路军难以支持，电请南京政府增援。何应钦声称“抗日剿赤两难兼顾”，〔3〕不肯增派兵员。全国舆论为之哗然。南京政府才决定派张治中率领第五军在二月十五日前往增援，并声言“一面抵抗，一面交涉”，

---

〔1〕（美）哈雷特·阿班：《民国采访战》，第149页。

〔2〕《蔡廷锴自传》，黑龙江人民出版社1982年6月版，第275、277页。

〔3〕《何应钦致吴铁城电》，《历史档案》1984年第4期。

基本方针依然是求和。战斗持续到三月初。经过英、美等国调停，中日双方在五月五日签订了《淞沪停战协定》。死于战争的军人和平民共三万五千人。

九一八和一二八这两次事变，不过是开始。一切都紧锣密鼓地跟着展开。

日本侵占东北后，在一九三二年三月制造了一个“满洲国”，以清朝废帝溥仪为执政（一九三四年三月又把它改为“满洲帝国”，溥仪改称皇帝），公开表明把东北从中国领土中分割出去。他们以关东军司令官兼任日本驻伪满“特命全权大使”，伪满的总务厅长官和各部次长都由日本人担任，来掌握这个伪政权的实权。东北已成为日本直接控制下的殖民地。

南京政府期望甚殷的国际联盟派出以英国人李顿为首的调查团，结果只说了一些空话，国联大会通过了接受李顿报告书的决议，声明不承认“满洲国”，可是并没有采取任何对日本的制裁措施，日本却强硬地宣布退出国联，气焰更高。

一九三三年一月初，日军攻占山海关。二月二十日，黄郛致蒋介石密电称：“日本战意已决，从前周旋接洽以为缓兵之计者，现已无此余地。”〔1〕三月四日，日军以一支一百二十多人的小部队进占热河省会承德，热河省政府主席汤玉麟不战而逃。热河被宣布并入“满洲国”。日军已推进到长城一线。《大公报》载文写道：“躬赴热河、激励汤玉麟抗战之宋代理行政院长（子文），竟于失热之后，在三月十五日发表谈话，声称早已预言热河不过有一星期至十日可守，益证政府对于热河，根本自甘放弃。迨至热河全失，察冀成为第一线。”〔2〕

中国驻热河的军队有八万多人，这次不战而失全省，再一次激起全国民众的极大愤怒。蒋介石乘此逼迫对此事负有直接责任的张学良辞职，他自己仍留在江西南昌指挥对中央苏区的“围剿”，由何应钦代理军事委员会北平分会委员长，黄郛任行政院驻平政务整理委员会

〔1〕黄郛日记，复印件，1933年2月20日。

〔2〕《胡政之文集》（上），第439、440页。

委员长。

日军占领热河后，并没有就此停步，又挥师南下长城各口，威胁平津。中国军队在冷口、喜峰口、罗文峪、古北口等长城要隘进行抵抗。

把守喜峰口、罗文峪的第二十九军宋哲元部，原是冯玉祥西北军的旧部。他们枪械陈旧而杂乱，弹药补充困难，很多步枪没有刺刀，在武器装备上无法同日本侵略军相比。但他们依靠高昂的士气，利用西北军原有特长，把大刀发给士兵。三月十二日，先头部队的旅长赵登禹召集前线团长会议说：

“我军装备差，火力弱，有兵无枪，有枪缺弹，只是每人大刀一把，手榴弹六枚。现在我们仅仅与强敌对战两日夜，就被敌机炮轰炸损失两个团的精华，我全军共有十个团，照此下去，只能与敌对战十日。我决心绕攻喜峰口敌人后方，痛痛快快地与敌人拼个你死我活。叫他们知道我中华民族，还有坚决不（怕）死的勇敢部队。”〔1〕

会后，团长董升堂在当天黄昏带轻装步兵出发，突然袭击日军骑兵宿营地。日军还在睡梦中，董团挥舞大刀，掷手榴弹，日军死伤五百多人。这一次胜仗，大大挫伤了原来骄横不可一世的日军的气焰。“大刀队”的威名传遍全国，大大振奋了人心。

南京政府这时也抽调徐庭瑶部第十七军三个师北上增援，在三月上旬赶到古北口防守。这是蒋介石的嫡系部队，武器装备较好。有爱国心的将士们在这里顽强抵抗近四十天。接着，又在南天门阵地坚守到五月十四日。这是长城抗战中作战时间最长的战役。抽调这点兵力显然是不够的，但比起过去来多少是个进步。

经过激战，晋军商震部据守的冷口失陷，日军挺进滦河以东地区，宋哲元、徐庭瑶等部有后路被截断的危险，相继撤退。日军又攻陷密云、三河、香河、怀柔等地，日本十一架飞机在北平上空环绕飞行示

〔1〕 董升堂：《夜袭喜峰口敌后》，《从九一八到七七事变》，中国文史出版社 1987 年 8 月版，第 453、454 页。

威。黄郛的妻子沈亦云回忆道："形势如此，已准备撤退，弃平津矣。"[1] 蒋介石日记也写道："接何黄来电，惶惶如不可终日，甚欲放弃北平。"[2] 北平的政府机关准备撤至保定，一部分甚至已到石家庄。平津危在旦夕，笼罩在一片恐慌中。

日本军国主义者尽管气势汹汹，其国力毕竟有限，对刚占领不久的东北地区的统治还没有站稳脚跟，对进一步控制整个华北还没有做好准备，对英美等国的反应多少尚存有顾忌，因而采取分阶段推进的做法。他们这时的实际意图仍在先牢牢控制长城以北，并为下一步侵入华北创造条件。对进一步扩大对华北的侵略，它还需要一些准备的时间。

但南京政府并不能看清这一点，而是在日军直逼北平的威吓下，已乱了方寸，一味寻求退让妥协的路子。黄郛、何应钦遇事都向蒋介石、汪精卫请示。重新担任行政院长的汪精卫在五月二十二日致电黄郛："弟以为除签字于承认伪国、割让四省之条约外，其他条件皆可答应，且弟决不听兄独任其难，弟必挺身负责。"蒋介石也在二十四日致电何应钦、黄绍竑、黄郛："事已至此，委曲求全，原非得已，中正自当负责。"[3]

同日方的谈判先由黄郛自己出面。他在二十二日日记中写道："电邀（日方）中山代尔、永津武官会于藤原武官私宅，彻夜谈判，心酸胆裂，勉拟定觉书四条（停战初步），散已次晨天明。"[4]

五月三十日，华北军分会总参议熊斌奉命同日本关东军参谋副长冈村宁次签订"塘沽协定"。熊斌同冈村宁次之间根本没有谈判可言。协定草案由日方提出后，冈村次宁便蛮横地说：中方对日方所提草案只能回答"诺"与"否"，不容修改一字。熊斌只是屈辱地履行签字手续而已。协定规定：中国军队在日本飞机和其他方法观察下，撤至延庆、昌平、顺义、通州一线，尔后不越该线前进；日军撤至长城一线；日军退

〔1〕 沈亦云：《亦云回忆》下册，第477页。
〔2〕 蒋介石日记，1933年5月23日。
〔3〕 沈亦云：《亦云回忆》下册，第479、483页。
〔4〕 黄郛日记，复印件，1933年5月22日。

出的地区，中国不驻兵，由警察机关维持治安，这种警察机关不可用刺激日本感情的武力团体。协定中确认长城一线是日军占领线，也就在事实上承认了日本对中国东北四省的占领；规定中国军队不得在冀东地区驻守，则使平津的门户向日军大开，处在无法设防的状态。

当北平危急、塘沽协定尚未签订之际，五月二十六日，冯玉祥在张家口通电就任民众抗日同盟军总司令。“抗日同盟军是由东北义勇军、热河抗日民军、察哈尔自卫军、抗日救国军以及冯玉祥的教导团（即汾阳军校）和二十九军留守部队这五部分力量联合组成的。还有一部分内蒙部队也参加了。”〔1〕方振武担任北路前敌总司令。吉鸿昌、佟麟阁、高树勋、阮玄武等为军长。中共党员柯庆施、宣侠父等在军中。抗日同盟军转战察哈尔东部，攻克失陷七十二天的多伦，日伪军先后伤亡千余人。但冯玉祥的再起，引起蒋介石极大疑忌。何应钦电令取消抗日同盟军名义，并由庞炳勋、关麟征、冯钦哉等部进军察哈尔。抗日同盟军被迫结束。

一九三四年，华北局势继续恶化。蒋介石在日记中写道：“倭寇欲以河北陷作昔日之东北，并欲以一九三六年以前毁灭我政府，解决中国问题，是乃痴人说梦，但此时仍须以忍耐出之。”〔2〕

“攘外必先安内”和后两次“围剿”

九一八事变和日本军国主义步步加紧对华侵略，使全国民众已无法忍耐了。痛感已到国亡无日的地步，强烈要求停止内战，一致抗日。蒋介石在日记中也曾多次对日本的侵略表示愤慨，但他对民众这种要求置之不顾，依然把对付和消灭共产党放在第一位，提出“攘外必先安内”的方针。九一八事变发生前一个多月，蒋介石在南昌督师“剿”共时手拟的宣言稿中称：

---

〔1〕阮玄武：《回忆察哈尔民众抗日同盟军》，《冯玉祥与抗日同盟军》，河北人民出版社 1985 年 5 月版，第 16 页。

〔2〕蒋介石日记，1934 年 4 月 5 日。

“消灭赤匪，保全民族之元气。削平叛乱，完成国家之统一。盖攘外必先安内，革命即为救国。亦惟保全民族之元气，而后方能御侮，完成国家之统一，而后乃能攘外。”〔1〕

九一八事变发生后，他又在南京政府新任外交部长顾维钧宣誓就职时讲话，继续强调：

“攘外必先安内，统一方能御侮，未有国不能统一而能取胜于外者。故今日之对外，无论用军事方式解决，或用外交方式解决，皆非先求国内统一，不能为功。”〔2〕

一九三二年六月，《淞沪停战协定》签订后不久，蒋介石调集五十万兵力向全国各苏区和红军发动第四次“围剿”。这次“围剿”分两个阶段：第一阶段是这年下半年，对中央苏区暂取守势，而以主力向鄂豫皖、湘鄂西两个苏区大举进攻，迫使这两个苏区的红军退出原有根据地，向西转移，创建川陕根据地和湘鄂川黔根据地；第二阶段从这年十二月三十日开始，由何应钦下达对红一方面军和中央苏区进行“围剿”的计划。其中，以蒋介石嫡系的十二个师组成中路军担任主攻任务，共十二万人，由陈诚任总指挥。一九三三年一月，蒋介石亲往南昌督师。他在当天日记中写道：“余决先剿赤而后对日。此次来赣，即所以决定大政方针也。”〔3〕并准备采取分进合击的方针，企图一举歼灭红一方面军主力于黎川、建宁地区。

红一方面军的处境十分危险。他们在朱德、周恩来的指挥下，依然采取“诱敌深入”的方针，以一部分部队伪装主力，向黎川方向转移，

〔1〕《蒋中正总统档案·事略稿本》第11册，（台北）“国史馆”2004年10月版，第415页。
〔2〕《总统蒋公思想言论总集》卷10，（台北）中国国民党中央党史委员会1984年10月版，第482页。
〔3〕蒋介石日记，1933年1月29日。

吸引国民党军的第五十二、五十九师追去；红军主力四五万人在黄陂地区隐蔽集结，待机歼敌。二月二十七日，孤军深入的国民党军那两个师毫无戒备地进入红军主力伏击圈内。当地山势陡峭，路径险峻，又值重雾，拥有优势兵力的红军出其不意地突然发起猛攻，国民党军仓促应战。经过两天激战，两师几被全歼，两个师长被俘。蒋介石在三月六日给陈诚的“手谕”中写道：“此次挫失，惨悽异常，实为有生以来惟一隐痛。”〔1〕国民党军在黄陂失利后力图反扑，陈诚的嫡系主力第十一师在险峻的山路上行进，一字拉开，前后难以呼应。红军又在草台冈设伏，于三月二十一日突然出击。双方在崇山峻岭间展开白刃相接的肉搏战，第十一师的优势火力无法充分发挥作用，连同第五十九师残部被基本全歼。这两次战役，共歼敌近三个师、两万八千人，其中包括陈诚最精锐的主力部队，创造了红军大兵团伏击歼灭战的新经验。至此，陈诚再也支撑不住了，只得退却。他在四月八日给妻子的家书中说：“前日蒋先生来，当然他对于十一、五十二、五十九各师的损失是很痛心，集合此间的将领，讲了好几个钟头的话，并且以尤青（引者注：即罗卓英）指挥无方，革职留任。我只好自请严处。今天他来电加我骄矜自擅、不遵意图的罪名，罚我降一级，并记大过一次。”〔2〕红一方面军取得了第四次反“围剿”的重大胜利。

第四次反“围剿”战争正在胜利进行的时候，原在上海的以博古负总责的中共临时中央，因环境日益恶劣，在这年二、三月间迁来中央苏区。他们一到，立刻把中央苏区的党、政、军权全部抓到自己手里。为了推行“左”的“进攻路线”，他们错误地批判根据实际情况、主张在边缘地区广泛开展游击战争的中共福建省委代理书记罗明，说他犯了“对革命悲观失望”的“逃跑退却路线”，并且扩大到在苏区各地和许多部门开展所谓反罗明路线的斗争，实行“残酷斗争，无情打击”，压制不同意见，使中央苏区的情况日见恶化。

---

〔1〕《陈诚先生书信集——与蒋中正先生往来函电》（上），（台北）“国史馆”2007年12月版，第86页。

〔2〕《陈诚先生书信集——家书》（上），（台北）“国史馆”2006年7月版，第208页。

这年五月，当长城抗战告急、塘沽协定行将签字的时候，蒋介石仍把华北危局置于次要地位，电令：“此时北上兵力，应即中止，先清匪患，以固根本为上”，〔1〕而在江西庐山策划再发动规模更大的第五次“围剿”，并设立军事委员会委员长南昌行营。

他总结过去历次失利的教训，对这次“围剿”强调要用“三分军事，七分政治”：在政治上，发动了一场规模很大的“新生活运动”，但大抵流于形式，没有收到多大实效（张发奎坦率地说：“它只是一句口号，何尝实施过？党高层个个都贪图享受。”〔2〕），同时，厉行保甲制度和“连坐法”；在经济上，对苏区实行严密封锁；在军事上，“先完成大包围与断绝之势”，〔3〕再采取“稳扎稳打”的战法，大量修筑碉堡、公路和机场，步步为营，逐步推进。他集中了一百万军队向各地红军进攻，其中以五十万人的雄厚兵力从这年九月二十五日起对中央苏区发动猛攻。这是南京政府向革命根据地发动的规模最大的一次“围剿”。

当时担任南京政府驻法公使的顾维钧在回忆录中写道：“我得到这样一种印象，即政府首先解决江西共产党问题的决心，较全力遏制日军对华北不断入侵的决心为大。”“这就是中央政府面临日本侵略者无休止的渗透而采取对日本姑息政策的真正目的。”〔4〕

博古和共产国际派来的德国人李德那时已直接把持了红军的军事指挥权。他们在对方重兵压境的严重不利情况下，却抛弃以往四次反“围剿”中行之有效的成功经验，提出“御敌于国门之外”、“不放弃根据地一寸土地”、“两个拳头打人”等愚蠢口号，分兵把守，企图用阵地战代替运动战和游击战，同装备优良的国民党军队拼消耗。博古主持召开的中共六届五中全会，鼓吹“粉碎五次‘围剿’的决战在面前，苏维埃道路与殖民地道路之间谁战胜谁的问题正是尖锐的提了出来”。〔5〕在这种错误思想指导下，战局只会日益恶化。

---

〔1〕《蒋中正总统档案·事略稿本》第20册，（台北）“国史馆”2005年10月版，第6页。

〔2〕张发奎：《蒋介石与我》，第223页。

〔3〕蒋介石日记，1933年11月11日。

〔4〕《顾维钧回忆录》第2分册，中华书局1985年2月版，第241页。

〔5〕《中共中央文件选集》第10册，中共中央党校出版社1991年3月版，第48页。

国民党军向中央苏区大举进攻时，一件人们没有预料到的事情发生了：曾在上海英勇抗击日本侵略的十九路军，虽奉南京政府之命，移师福建，参加对中央苏区的“围剿”，却厌恶内战，要求抗日。“蒋光鼐、蔡廷锴电中央，反对对日妥协，力主抗战到底。”[1] 蒋光鼐对蔡廷锴说：“我们要实行抗日，但要抗日，非革命不可。南京政府既不能领导我们抗日，中华民族解放无期，中华民族必沦为日本的殖民地，万劫不复。”[2] 他们在中共提出愿在三个条件下同全国任何武装部队合作抗日宣言的推动下，派人秘密同红军联系。十一月二十日，李济深、陈铭枢和十九路军将领发动福建事变，公开宣布反蒋抗日。但博古等却认为“他的一切空喊与革命的词句，只不过是一部分以前国民党的领袖及政客们的一种欺骗民众的把戏。”[3] 福建人民革命政府由于孤立无援，在优势敌人进攻和收买分化下，两个来月就失败了。中共中央这种“左”的政策，丧失了有利时机，更使自己陷于孤立。

福建事变失败后，蒋介石完成了对中央苏区的四面包围。军队所到之处，立刻修筑碉堡，兴建公路，步步进逼。中央苏区的财政经济在长期被困的情况下日见枯竭，红军在同国民党优势兵力拼消耗中遭受重大伤亡。一九三四年四月二十七日，国民党军集中十个师的兵力会攻中央苏区的北部门户广昌。彭德怀再三说明广昌不能固守，必须充分估计到敌军在技术装备方面的优势。他说：“在自己没有飞机大炮轰击的情况下，就算是比较坚固的野战工事，在今天敌军的装备下，是不起作用的。如果固守广昌，少则两天，多则三天，三军团一万二千人，将全部毁灭，广昌也就失守了。”但在前方指挥作战的博古和李德却坚持固守广昌。结果，红军建造的工事在敌机和大炮轮番轰击下被炸为平地。广昌保卫战中，红军伤亡达五千多人，约占参战总人数的五分之一，其中红三军团伤亡二千七百多，约占全军团总人数的四分之一。最后，不得

---

〔1〕郭廷以：《中华民国史事日志》第3册，（台北）中研院近代史研究所1984年6月版，第267页。

〔2〕《蔡廷锴自传》，第311页。

〔3〕《中共中央文件选集》第10册，第34页。

不撤出广昌。彭德怀在战役结束后，气愤地责问李德：“这次广昌战斗你们看到了吧！这种主观主义，是图上作业的战术家。中央苏区从一九二七年开创到现在快八年了，一、三军团活动到现在，也是六年了，可见创造根据地之不易。‘崽卖爷田心不痛’，被送掉！”[1]

广昌失守后，红军仍节节抵抗，顶了四个多月。“九月上旬，各路国民党军加紧向中央苏区中心区发动进攻，苏区进一步缩小，苏区内的人力、物力已很匮乏，红军在苏区内打破敌人的进攻已没有可能。”[2]在这种情况下，经共产国际同意，博古、李德等决定放弃原有根据地，走上长征的道路。这次战略大转移，事前严格保密。红军开始大转移近半个月后，蒋介石在十月二十三日日记中还写道：“匪果西窜乎?”到三十日才断定：“匪向西窜。”[3]陈诚在回忆录中也写道：“赣南共军突围行动，于十月中旬即已开始，可是我们于十月下旬才得到情报。共军封锁情报的工作十分成功，因此才有突围的成功。”[4]但蒋介石这时仍不很在意。据他的侍从室主任晏道刚回忆，蒋说：“红军不论走哪一条路，久困之师经不起长途消耗，只要我们追堵及时，将士用命，政治配合得好，消灭共军的时机已到，大家要好好策划。”[5]

红军长征和遵义会议

红军长征，是世界历史上前所未有的壮举。但长征开始时，是被迫的，而且是在极端险恶的情势下进行的：经营多年的根据地丢失了；国民党的优势军队前堵后追。蒋介石在日记中写道：“不可差过剿匪成功之大好机会。”[6]红军的出路在哪里？前途在何方？许多人感到迷惘。

---

〔1〕《彭德怀自述》，人民出版社 1981 年 12 月版，第 189、191 页。

〔2〕《中国工农红军第一方面军史》，解放军出版社 1993 年 10 月版，第 492 页。

〔3〕蒋介石日记，1934 年 10 月 23、30 日。

〔4〕《陈诚先生回忆录——国共战争》，第 58 页。

〔5〕晏道刚：《蒋介石追堵长征红军的部署及其失败》，《中华文史资料文库》第 3 卷，中国文史出版社 1996 年 4 月版，第 307 页。

〔6〕蒋介石日记，1934 年 11 月 9 日。

社会上也有不少人认为中国共产党和红军离全军覆没已经不远了。

中央红军的战略转移从一九三四年十月十日起开始行动。十七日，全军在雩都渡河。国民党当局在中央苏区周围设了四道封锁线。朱德利用粤军陈济棠部同南京政府的矛盾，原已同它达成协议，红军比较顺利地突破了前三道封锁线。但十一月下旬到达湘江的第四道封锁线时，由于队伍携带大量物资器材，行动迟缓，在湘军何键部和桂军白崇禧部夹击下，伤亡惨重，还有不少人流散，从八万六千人锐减为三万多人。这种严酷事实，迫使红军中越来越多的人感到再也不能照原来的办法打下去了，必须下决心有一个根本的改变。

坚持“左”倾错误的中共中央负责人原来准备到湘西同红二、六军团会合，而蒋介石已调集重兵，布置好口袋，等候中央红军钻入。在这危急关头，毛泽东力主放弃去湘西的原定计划，改向国民党兵力薄弱的贵州前进。这个主张，得到周恩来等支持，改变了行动方向。一九三五年一月七日，红军占领贵州的第二大城遵义。一月十五日至十七日，在遵义召开政治局扩大会议，集中力量解决当时具有决定意义的军事上和组织上的问题。

这是一次具有历史意义的会议。会议尖锐地批评第五次反“围剿”战争中的单纯防御和长征中惊慌失措的逃跑主义，指出博古、李德要负主要责任。会议增选毛泽东为常委，指定张闻天起草《中共中央关于反对敌人五次“围剿”的总结决议》，常委中再进行适当的分工。会后不久，由张闻天代替博古负党的总责，成立由周恩来、毛泽东、王稼祥组成的三人小组负责全军的军事行动。中共中央同共产国际之间的秘密电台在长征战斗中毁坏，原有的联系中断。它的直接后果是中国共产党可以而且只能完全独立自主地根据面对的实际情况决定自己的行动和主张，它所产生的影响是深远的。

遵义会议结束了支配中共中央达四年之久的“左”倾教条主义错误，在事实上确立了毛泽东在中央的领导地位，使中国共产党重新焕发出蓬勃的生机和活力。它在千钧一发的危急关头挽救了中国共产党、红军和中国革命，成为中国共产党历史上一个生死攸关的转折点。

刘伯承在《回顾长征》中写道："遵义会议以后，我军一反以前的情况，好像忽然获得了新的生命，迂回曲折，穿插于敌人之间，以为我向东却又向西，以为我渡江北上却又远途回击，处处主动，生龙活虎，左右敌人。我军一动，敌又须重摆阵势，因而我军得以从容休息，发动群众，扩大红军。待敌部署就绪，我们却又打到别处去了。弄得敌人扑朔迷离，处处挨打，疲于奔命。"〔1〕

这时，国民党军队集中在贵州的总兵力已达四十万人，中央红军只有三万七千余人。蒋介石的打算，是集重兵围歼红军于山多路险、回旋余地不大的贵州地区。一月十九日，他在日记中写道："进剿方针先使其被围、限制其范围、勿使扩大为第一步办法，即一、封锁；二、包围；三、局部分区清剿；四、固守重要据点。"〔2〕他自己随后也亲到贵州省会贵阳督师。红军的处境确实十分险恶。但他们在遵义会议后机动灵活地变换作战方向，行动飘忽，四渡赤水河，使蒋介石无从捉摸它的意图所在，而在四月二日，突然直逼蒋介石所在而兵力单薄的贵阳。这完全出乎蒋介石意料。他慌忙把滇军主力孙渡部从云南调出来协助捍卫贵阳并图围歼红军，这正是红军所期望的。他们立刻跳出贵州，快速地分三路大踏步西进云南，前锋佯攻昆明。留在云南的滇军急于集中力量防守昆明，滇北各地和金沙江南岸的防御力量顿时空虚，红军忽又转而向北，在五月初全军抢渡水流湍急的金沙江，摆脱了国民党军队的围追堵截，把它们抛在金沙江南，取得战略转移中具有决定意义的胜利。蒋介石在日记中哀叹："朱毛股匪全部渡过金沙江，而我军各部迟滞呆笨，被其玩弄欺诈，殊为用兵一生莫大之耻辱。"〔3〕

渡过金沙江后，面对着大凉山西部的彝族地区。红军执行了正确的民族政策，处处尊重彝族风俗习惯。红军先遣队司令员刘伯承，按照彝族的习俗，同沽基族首领小叶丹歃血为盟，结拜为兄弟，在他们帮助下顺利越过彝族地区。

---

〔1〕《回顾长征》，人民出版社1985年12月版，第7页。

〔2〕蒋介石日记，1935年1月19日，"本周反省录"。

〔3〕蒋介石日记，1935年5月11日，"本周反省录"。

前面是素称天险的大渡河。河的两岸石壁陡峭，水深流急。当年太平天国著名将领石达开就是在这里率数万军队陷入清军重围，渡河不成而全军覆没。许多人关注着红军会不会重演石达开的悲剧。但是，红军不是石达开。它以一部在安顺场由十七名勇士驾小船抢渡大渡河，占领渡口，接应部队渡江。大部队以急行军赶到泸定县的铁索桥边。这时桥上木板已被国民党拆去。红军突击队冒着对岸的密集火力，攀着高悬江上的铁链，冲上对岸，掩护大部队顺利渡过大渡河。

接着，红军又跨越夹金山。这是红军长征途中遇到的第一座大雪山，海拔四千多米，山势险峻，终年积雪，空气稀薄，气候变化无常，忽而狂风大作，忽而骤降冰雹，一上一下要走七十多里路。红军战士手拉着手，喘着气攀登，终于跨过了这座雪山，到山下同前来迎接的红四方面军先头部队李先念等会合。

红四方面军在张国焘、徐向前、陈昌浩率领下撤出鄂豫皖根据地后，创建了川陕苏区，兵力有很大扩展，连同地方部队达八万多人。这是一支勇猛善战的部队。他们强渡嘉陵江西进，同红一方面军会合。

两大主力红军会合后，红军的行动方向指向哪里？是就地发展，还是继续北上？这是关系红军命运的头等大事。六月二十六日，中共中央在两河口召开政治局扩大会议。周恩来在报告中提出要考虑三个条件：一是地域宽大，好机动；二是群众条件，人口较多；三是经济条件。他指出现在所在地区的地域虽大，却不利于建立根据地，陷在这里就没有前途，应该去“川陕甘”。〔1〕会议一致通过了这个方针。

张国焘看到红一方面军的军队人数比红四方面军少得多，他的政治野心便迅速膨胀，先在组织上提出种种要求，以后便在北上还是南下问题上同中共中央表现出明显分歧。两个方面军会合后，原按两河口会议确定的方针分两路北上。中共中央所在的右路军北上时，穿越大草地。这里荒无人烟，到处是一丛丛野草和一个个泥潭，天气变化莫测，时而狂风四起，大雨滂沱，时而漫天飞雪，冰雹骤降。稍一不慎，踩进泥

〔1〕周恩来在中共中央政治局扩大会议上的报告记录，1935年6月26日。

潭，就很难拔出，甚至会被吞没。干部和战士经过长途跋涉，又缺少粮食和盐吃，体质都相当虚弱。拿三军团来说，走了六天六夜，才走出草地。但这一来，把尾追的国民党军队又甩掉了。当他们在等候左路军前来会合时，一个意外消息传来：张国焘借口河水陡涨和缺乏粮食，在左路军到达阿坝后便不愿北上。九月九日，他又密电陈昌浩，命令右路军南下，企图分裂并危害中央。张闻天、毛泽东、周恩来、博古得悉后立刻开会，为了贯彻北上方针，避免红军内部可能发生的冲突，决定连夜率红一、三军团和军委纵队迅速北上，脱离险境。右路军中的原第四方面军部队仍折回南下。

北上的红军改编为陕甘支队，只有七千多人，处境十分艰难。九月十七日，先锋部队迅猛地一举突破川甘边界极为狭窄的天险腊子口。这是一个关键时刻。如果不是这样迅速北上，等国民党军队把腊子口完全封锁起来，加筑碉堡，又有大山阻隔，北上红军要进入甘南就十分困难了。突破腊子口后，北上红军就进入甘南的开阔地带，随即挥师东向，从收集到的报纸上得知陕北有相当大的一片苏区和相当数量的红军，那就是徐海东、刘志丹、程子华率领的红十五军团。二十七日，中共中央政治局常委在榜罗镇开会，决定前往陕北。十月十九日，北上红军到达吴起镇，同陕北红军会师。行程两万五千里、纵横十一省的中央红军长征，以胜利结束了。

当时担任红一方面军第二师政治委员的萧华在《长征组歌》中写道："雪皑皑，野茫茫，高原寒，炊断粮，红军都是钢铁汉，千锤百炼不怕难。雪山低头迎远客，草毯泥毡扎营盘。风雨侵袭骨更硬，野菜充饥志越坚。官兵一致同甘苦，革命理想高于天。"这段歌词，生动而真实地反映出高尚的理想信念和乐观主义精神对红军取得长征胜利所起的重要作用。

在"追剿"红军的过程中，南京政府的兵力乘此大举进入四川、贵州等地，权力及于西南三省，这是他们以前没有做到的。

中央红军到达陕北后，先后发动东征山西和西征陕甘宁边界地区的战役，实力得到扩大，又同南面担负"剿"共任务的张学良部东北军和杨虎城部第十七路军建立起良好的统一战线关系，迅速站住脚跟，并打开了新的局面。

红四方面军掉头南下后，张国焘曾另立“中央”，但在作战中遭到重大损失，兵力折损过半，指战员越来越多人要求北上，同中央红军会合。原在湘鄂川黔革命根据地，由任弼时、贺龙等率领的红二、六军团，也经历千难万险，渡过金沙江，越过大雪山，在一九三六年七月二日同红四方面军会师，与红三十二军一起合编为红二方面军。经过朱德、任弼时、贺龙等力争，并得到红四方面军许多指战员支持，红二、四方面军终于共同北上，在十月间先后同红一方面军会合。这样，红军三大主力都胜利地完成了长征。但渡过黄河后进入河西走廊的西路军，由于敌我力量悬殊和地理条件不利，英勇奋战后失败了。

大革命失败后，中国共产党走过一条异常艰难而曲折的路。大革命和第五次反“围剿”的两次多么严重的挫折，都曾使中国革命浪潮一下从高涨跌入低谷，使中国共产党濒临覆灭的危险。一些不坚定分子在如此剧变面前张皇失措，以为革命前途已没有什么可指望的了。

但是，有志气的中国共产党人正是在这种极端险恶的环境中，一次又一次表现出惊人的生命力。他们对革命的未来始终充满信心，有毅力咬紧牙关顶住困难，在生死关头力挽狂澜，自己纠正发生过的严重失误，勇敢地走自己的路，终于奇迹般冲破黑暗，打开局面。一九二七年和一九三四年的两次严重挫败，倒成为历史发展进程中两次大转折的契机。

三十年代初的左翼文化

毛泽东在《新民主主义论》中讲到一九二七年至一九三七年这段时期时写道：

“这一时期，是一方面反革命的‘围剿’，又一方面革命深入的时期。这时有两种反革命的‘围剿’：军事‘围剿’和文化‘围剿’。也有两种革命深入：农村革命深入和文化革命深入。”

“其中最奇怪的，是共产党在国民党统治区域内的一切文化机关中处于毫无抵抗力的地位，为什么文化‘围剿’也一败涂地了？这还不可以深长思之吗？而共产主义者的鲁迅，却正在这一‘围剿’中成了中国文化革命的伟人。”[1]

这是又一个战场。大革命失败后，一批从火线上退下来或从日本等归国的共产党员和革命知识分子，集中在上海等地，开展革命文化活动。他们翻译并出版了大批马克思、恩格斯、列宁的著作，对传播马克思主义起了重要作用。他们开展了中国社会性质论战和中国社会史论战。他们还组织了创造社、太阳社等文艺团体，推动左翼文艺活动的发展。三十年代初，这种革命文化活动更加蓬蓬勃勃地发展起来，开创出一个新的局面，在思想文化领域内逐步取得主导地位。

这里可以提出一个问题：中国共产党内的几次“左”倾错误使革命造成严重损失，特别是国民党统治区域的党组织几乎全部遭受破坏，但在文化战线上却仍作出巨大贡献，不断扩大它的影响，这是为什么？

胡绳主编的《中国共产党的七十年》认为，这有两方面的原因：

“第一，九一八事变后民族危机空前深重，而蒋介石统治集团却顽固地推行‘攘外必先安内’的卖国政策，加紧法西斯独裁统治。这是极端不得人心的，不能不激起人们越来越强烈的不满，并促使中间派乃至国民党统治集团内部发生分化。尽管中共临时中央当时犯了严重的‘左’的错误，但许多要求进步的人仍能从事实中看到：中国共产党是坚决主张抗日、要求实现民主政治、并为劳苦大众谋利益的，从而一步步地向党靠拢。

第二，中共临时中央那套‘左’的指导思想在实际生活中是无法行得通的。它虽在许多地方用强制的手段加以贯彻，但不少共产党员以至

---

[1]《毛泽东选集》第2卷，第702页。

有些党的组织，为了坚持并发展革命斗争，在客观现实的教育下，往往自觉或不自觉地突破‘左’的指导思想的某些束缚，在实际工作中逐步作出调整，采取了一些灵活而有效的做法。当中共临时中央迁往中央苏区和上海局屡遭破坏后，同中共失去联系的一些在上海的党组织（如中共中央文化工作委员会和后来成立的江苏省临时委员会等），在异常复杂的环境中独立地进行探索，工作中有不少新的创造，实际上突破了少数领导的主观主义错误指导。”[1]

在左翼文化运动发展中，一九三〇年三月二日在上海成立的左翼作家联盟（人们常把它简称为“左联”）发挥了十分重要的作用。它的旗手是已成为共产主义者的鲁迅。在左联成立大会上，鲁迅作了一篇简短而十分深刻的讲话，成为国民党统治区左翼文化运动的重要指导思想。

他在讲话一开始便十分尖锐地提出问题：“我以为在现在，‘左翼’作家是很容易成为‘右翼’作家的。为什么呢？第一，倘若不和实际的社会斗争接触，单关在玻璃窗内做文章，研究问题，那是无论怎样的剧烈，‘左’，都是容易办到的；然而一碰到实际，便即刻要撞碎了。关在房子里，最容易高谈彻底的主义，然而也最容易‘右倾’。”“第二，倘不明白革命的实际情形，也容易变成‘右翼’。革命是痛苦，其中也必然混有污秽和血，决不是如诗人所想像的那般有趣，那般完美；革命尤其是现实的事，需要各种卑贱的，麻烦的工作，决不如诗人所想像的那般浪漫；革命当然有破坏，然而更需要建设，破坏是痛快的，但建设却是麻烦的事。所以对于革命抱着浪漫谛克的幻想的人，一和革命接近，一到革命进行，便容易失望。”“还有，以为诗人或文学家高于一切人，他底工作比一切工作都高贵，也是不正确的观念。”这些话在今天读起来，依然那样地有教育意义。

对于今后应注意的问题，鲁迅在这篇讲话中谈了几点：“第一，对于旧社会和旧势力的斗争，必须坚决，持久不断，而且注重实力。旧社

〔1〕 胡绳主编《中国共产党的七十年》，中共党史出版社 1991 年 8 月版，第 148—149 页。

会的根柢原是非常坚固的，新运动非有更大的力不能动摇它什么。并且旧社会还有它使新势力妥协的好办法，但它自己是决不妥协的。”“第二，我以为战线应该扩大。”“第三，我们应当选出大群的新的战士。”“最后，我以为联合战线是以共同目的为必要条件的……而我们战线不能统一，就证明我们的目的不能一致，或者只为了小团体，或者还其实只为了个人，如果目的都在工农大众，那当然战线也就统一了。”〔1〕

鲁迅这个时期的创作主要是杂文。从一九三〇年起，他一共写了八本杂文集。他把杂文看作匕首，看作投枪，称自己杂文的特点是“论时事不留面子，砭锢弊常取类型”。他的这些杂文，在社会上特别是青年中产生了广泛的、别人无法替代的作用，同鲁迅有过不少交往的唐弢评论道：

“鲁迅曾经写过小说，在文学的各个部门建立了不朽的成绩，但当进步力量与反动统治短兵相接、斗争日益剧烈的时候，杂文却是他主要的武器。由于这种文学形式的便捷和犀利，感应敏锐地反映了迫切的形势，鲁迅的杂文是尖锐、泼辣、生动，具有独特的战斗的风格，在艺术创造上完善了时代的特征，勾勒出中国近代社会色彩鲜明的面貌，成为出色的现实主义的史诗。”〔2〕

左翼文化工作者十分重视同中间派合作，共同进行战斗。鲁迅、瞿秋白、茅盾、周扬等的一些文章，分别在留法归来不久的黎烈文主编的《申报》副刊《自由谈》、傅东华等主编的《文学》月刊上发表。茅盾的著名小说《子夜》，一九三三年二月由开明书店出版，三个月内重版四次，这在当时是少见的。不少进步作家还写出揭露社会黑暗、追求光明的优秀作品，如巴金的《家》、老舍的《骆驼祥子》、曹禺的《雷雨》和《日出》等。这些作品产生了广泛的社会影响，大大促进了中国新文学艺术的繁荣和发展。

---

〔1〕《鲁迅全集》第4卷，人民文学出版社1957年7月版，第182—187页。
〔2〕唐弢：《鲁迅论集》，文学艺术出版社1991年2月版，第238页。

还要特别提到左翼文化在电影工作中取得的巨大成绩。电影是具有广泛群众性的艺术样式。九一八事变前，“国内只有三家比较大的制片公司：明星影片公司、联华影片公司和天一影片公司。特别是明星影片公司，它有一段时间拍摄的或是充满着封建思想的影片，如火烧红莲寺等，或是鸳鸯蝴蝶派、才子佳人那一套。”〔1〕“一九三一年发生了九一八事变，特别是一九三二年一二八淞沪战役之后，中国电影发生了一个显著的变化。日本帝国主义的侵略行径激起中国人民的极大义愤，人民大众的抗日热情空前高涨。这种形势极大的改变了人民的生活要求和审美趣味，反映到电影上，他们看厌了神圣武侠、鸳鸯蝴蝶、封建伦理、光怪陆离的影片，而迫切希望看到能够反映人民现实生活和愿望的影片。电影公司这时如果再拍过去那种荒诞离奇、情趣低劣的影片，就会受到广大观众的厌恶，遭到赔本乃至倒闭的危险。”〔2〕当时《影戏生活》杂志就收到过六百多封读者来信，要求摄制抗日影片。“在一二八抗战后，明星公司邀请了洪深、夏衍、钱杏邨（阿英）、郑伯奇等四人为编剧，联华公司的进步分子也开始被重视了，最后，终于天一、艺华、新华等公司，也不能不吸收进步作家和共产党员去编剧和导演了。”“为什么这些资本家偏要求找进步人士和共产党员呢？很明白的一个理由，就是为了当时的广大的人民群众已经不满足于武侠片、侦探片、爱情片，而要求能够反映现实生活和现实政治的新的影片了。”〔3〕

在这样的背景下，一九三三年春中国共产党地下组织成立了夏衍负责的电影小组。他们团结了大批进步电影工作者，参加到明星、联华、艺华等影片公司去，后来又支持成立了电通影片公司。一九三三年，拍出夏衍根据茅盾小说改编的《春蚕》。一九三四年，拍出《桃李劫》、《渔光曲》、《大路》、《神女》、《新女性》等。以后，又拍出《风云儿女》、《十字街头》、《马路天使》等。影片中的主题歌《义勇军进行曲》、《毕业歌》等经商办百代公司录成唱片，广泛流传，唱遍了全国各地，

〔1〕阳翰笙：《左翼电影运动的若干历史经验》，《电影艺术》1983年第11期。

〔2〕《夏衍电影文集》第2卷，中国电影出版社2000年10月版，第574页。

〔3〕《夏衍电影文集》第1卷，第803、804页。

对鼓舞和凝聚人心起了重大作用。

中国初期的电影运动是跟戏剧分不开的。在辛亥革命前后，中国已产生了用对话来表演的戏剧形式，当时叫“新剧”，人们又称它为“文明戏”。一九二八年一次会议上，洪深建议改用“话剧”这个名称。当时比较活跃的话剧团体有田汉主持的南国社和夏衍、钱杏邨、郑伯奇等的艺术剧社。南国社举行的第一次公演在社会上相当轰动。“那时候的社会空气十分恶浊，紧压着青年们的身心。因此这一次公演完全不同于戏剧协社那种以描绘中上层社会的家庭生活纠纷作为主要内容，而多少带有社会意义，关心社会问题的倾向了。”〔1〕一九三○年八月，左翼剧团联盟成立（以后改组为左翼戏剧家联盟），团结进步戏剧工作者，先后组成五十多个剧团，在各地演出。纪念九一八事变两周年时，由应云卫主持演出反帝话剧《怒吼吧，中国!》，在观众中引起强烈反响。

在团结广大爱国者、发展进步力量方面一个十分成功的例子，是当时身份从不公开的共产党员胡愈之对《生活周刊》主编邹韬奋的帮助。曾任中国民主同盟主席的楚图南在回忆胡愈之的文章中写道：“他所主编的《世界知识》创刊词中首先提出‘中国是世界的中国’的口号。他和邹韬奋共同主持的《生活周刊》，他推动杜重远创办的《新生周刊》，以及以后在南洋由他主办的《风下》周刊等，都在当时的条件下，传播进步和民主的声音，影响深远，传为我国文化出版史上的佳话。当时我们很多人都知道，《生活周刊》原来是韬奋主办的一个指导职业教育的刊物，办得生动活泼，广为读者所欢迎。以后由愈之同志与韬奋共同主持，使周刊紧密联系社会的现实斗争，被看作是一个议论国家民族大事而又主持正义的舆论阵地，影响更大大增加了。大家公认《生活周刊》办出了新的特色，这个特色，与愈之同志所起的作用是分不开的。”〔2〕

在南京政府残酷的文化“围剿”下，一些共产党员和进步人士还利

---

〔1〕赵铭彝：《左翼戏剧家联盟是怎样组成的》，《中国左翼戏剧家联盟史料集》，中国戏剧出版社1991年9月版，第44页。

〔2〕楚图南：《与人照肝胆，见义轻风浪（代序）》，见胡愈之《我的回忆》，江苏人民出版社1990年7月版，第2页。

用种种合法阵地开展工作。一九二九年春天，另一个身份从不公开的共产党员陈翰笙“回国后，受中央研究院院长蔡元培聘请，到该院社会科学研究所任副所长（所长由蔡元培兼任），从事农村调查”。[1]一九三三年十二月，他又和中华农学会会长吴觉农等组织成立中国农村经济研究会。第二年十月，创办《中国农村》月刊，刊登大量调查报告，论证改革封建土地制度的必要性，对土地革命起了配合作用。

社会科学领域内，马克思主义那时正受到来自不同方面的攻击，包括国民党改组派汪精卫及陈公博等的《革命评论》、周佛海及陶希圣等的《新生命》、胡适等的《现代评论》、国家主义派曾琦等的《醒狮》、托洛茨基派的《动力》等。一些共产党和进步社会科学工作者，在艰难的条件下，对来自不同方面的种种攻击进行反击。李一氓回忆道：“这就成为与农村游击战争相并行的一条理论战线。担任这场战斗的同志，他们一部分是受过马列主义理论教育的留苏学生；一部分是有马列主义倾向的留日学生，一部分是大革命失败后仍然留在党内的有一定理论基础的知识分子党员。”[2]他们于一九三〇年五月在上海成立了中国社会科学家联盟。这个联盟纲领的第一条就是：以马克思主义观点，分析中国及国际的政治经济，促进中国革命。它的第一任主席由不是共产党员的社会科学家邓初民担任。

社联成立后，专门设立编辑出版委员会，把翻译、撰写、出版新兴社会科学理论书籍作为它的重要任务。《反杜林论》、《费尔巴哈论》（即《费尔巴哈和德国古典哲学的终结》）、《工钱劳动与资本》（即《雇佣劳动与资本》）、《经济批判导言》（即《政治经济学批判序言》）以至米丁的《新哲学大纲》等就是在这时译出问世的。他们致力于引导青年学习新兴社会科学，在许多学校和单位组织读书会、研究会。他们倡导社会科学“面向大众”，艾思奇的《大众哲学》（最初书名是《哲学讲话》）用通俗易懂的语言向大众介绍马克思主义哲学的基本原理，产生了十分

[1] 《薛暮桥回忆录》，天津人民出版社 1996 年 7 月版，第 34 页。

[2] 李一氓：《序》，见徐素华《中国社会科学家联盟史》，中国卓越出版公司 1990 年 4 月版，第 2 页。

广泛的影响。他们还参加中国社会性质、唯物辩证法诸问题的论战。

三十年代初这些左翼作家、社会科学工作者虽然也有过这样那样的缺点或不足，但他们在国民党统治区域人民中传播进步思想、促进抗日救亡运动的功绩是不可磨灭的。它锻炼出一支坚强的革命文化队伍，许多人后来成为中国思想理论界和文艺界的骨干力量。

倾向自由主义的知识分子所办刊物中，影响较大的是《独立评论》。它的主编是胡适，协助编务的有丁文江、蒋廷黻、傅斯年，主要成员是一批留学欧美的大学教授。这个刊物在九一八事变后不久创办。胡适回忆道："大火已烧起来了，国难已临头了。我们平时梦想的'学术救国'、'科学建国'、'文艺复兴'等等工作，眼看见都要被毁灭了。""《独立评论》是我们几个朋友在那个无可如何的局势里认为还可以为国家尽一点点力的一件工作。"〔1〕刊物作者的观点不尽一致。大体说来，他们认识到日本的对华侵略是既定国策，一定要一步一步地实现的，要求人们有清醒的认识，但又认为中日国力悬殊，处处不如人，民众的力量是不足恃的，因此在很长时间内仍主张以忍让来求和平，期待日本自己的"反省"和国际的援助。胡适在一九三五年六月还写了一篇《沉默的忍受》，说："这十几天之中，全国人的悲愤，绝大沉静中的悲愤，是不消说的。""今日国家所以不能不忍辱，只是因为我们太不争气，太无力量。""能在这种空气里支持一种沉默，一种镇静，一种秩序，这是力量的开始。"〔2〕这种软弱的主张，自然不能为中国指明正确的出路，因而受到国人的不少批评。《独立评论》的许多作者对国民党当局的独裁和腐败持批评态度，有许多辛辣的讥讽和谴责，但总的说来仍抱着维护和支持的态度。日本人室伏高信在一九三六年七月对胡适说："在日本都说是蒋介石独裁，可是，除了蒋氏政权而外，贵国将无统一之途：我们是这样想的。"胡适回答："这点我完全同感。"〔3〕蒋廷黻走得更远。他在《独立评论》上发表文章说："中国要有好政府必须自有一个政府

〔1〕胡适：《丁文江的传记》，安徽教育出版社1999年10月版，第142、143页。
〔2〕胡适：《沉默的忍受》，《独立评论》第155号，1935年6月16日。
〔3〕（日）室伏高信：《胡适再见记》，《独立评论》第213号，1936年8月9日。

始。许多人说政府不好不能统一；我说政权不统一，政府不能好。”“我们应该积极的拥护中央。中央有错，我们应设法纠正；不能纠正的话，我们还是拥护中央，因为它是中央。”〔1〕以后，他更公然鼓吹专制是中国目前唯一的出路，以致在《独立评论》内部展开了争论。这也是《独立评论》派知识分子的一部分人（如翁文灏、蒋廷黻、何廉、周诒春等）在一九三五、一九三六年相继参加国民党政府的重要原因。

南京政府这时在思想领域内已拿不出什么像样的东西，只能再次搬出尊孔读经那一套来。蒋介石一九三三年三月在中央政治学校的演讲中说：“现在国家到了这样危急的情况，我们用什么方法可以把它挽救过来，完成我们的革命，使中华民族复兴起来呢？我很简单忠实的说，只有大家相信三民主义，而且要实行三民主义，就可挽救危亡。因此，我们要问：三民主义是怎样发生出来的？它的思想之渊源以及它的根本精神是在什么地方？简单的讲一句，它的思想渊源，就是继承中国从古以来——尧、舜、禹、汤、文、武、周公、孔子一脉相承所流传下来的道统，它的根本精神，就是要用中华民族固有的精神来领导革命，复兴民族。”他着重地说：“我们要常常去研究四书、五经，尤其是非读《大学》、《中庸》不可。”〔2〕

一九三四年五月，国民党中常委根据蒋介石、汪精卫、戴季陶等建议，通过决议，确定每年八月二十七日为孔子诞辰纪念日，在全国恢复祭孔。当年这一天，在孔子家乡曲阜举行规模空前的祀孔活动，南京、上海、北平、天津等地也进行祭孔活动，搞得十分热闹。难怪鲁迅在两天后写道：“今年的尊孔，是民国以来的第二次盛典，凡是可以施展出来的，几乎全都施展出来了。”〔3〕

热闹尽管热闹，但已不能打动人们的心。也是在这个月，著名文化界人士老舍、曹禺、叶圣陶、郑振铎、陈望道、郁达夫等联名发表《我们对于文化运动的意见》，一针见血地指出：“我们相信复古运动是不会

〔1〕蒋廷黻：《知识阶级与政治》，《独立评论》第51号，1932年5月21日。
〔2〕《总统蒋公思想言论总集》卷11，第9、12页。
〔3〕《鲁迅全集》第6卷，第86页。

有前途的。假如读经可以救国，那么，‘戊戌维新’、‘辛亥革命’全是多事了。假如‘中学为体西学为用’的主张可以救国，那么，李鸿章和张之洞早已成了大功了。时势已推移到这个地步，而突然有这种反动现象发生，我们虽然明白其原因并不简单，但不能不对这种庸妄的呼号，指出问题的症结所在而促其反省。”〔1〕

在南京政府推行的“新生活运动”中，蒋介石一再强调：“我们一切的思想行动、态度、习惯，无论在什么时候，统统要以‘礼义廉耻’为准绳”。〔2〕为什么他要提倡这些？宋美龄一九三五年六月在美国论坛杂志上发表的《中国的新生活》中写道：“新生活运动的概念，是蒋委员长在剿匪期中所悉心考虑而成的。他以为用武力收复匪区，尚不能视为完成使命，必须在那些饱经蹂躏的残破之区，继之以社会的经济的复兴工作才行，欲谋物质的繁荣，尤须先行发扬民族道德，建立一种互助合作的精神。”“委员长观摩所及，觉得某种荒谬的主张，已将人民尊老敬长，崇奉法律秩序等等良好品德，完全消灭，而造成了混乱而没有秩序的生活习惯。新生活运动就以‘礼’来纠正他们，教他们不论服装习惯，都得保持整洁和秩序。”〔3〕其他话都是陪衬，他讲的“礼”主要着眼点在于尽力维护旧的社会“秩序”。从根本上看，所谓“新生活运动”并不是认真探索如何对待中国传统文化的一种文化现象，不过是蒋介石配合军事反共活动的整个部署中的组成部分罢了，但它在社会生活中仍然没有收到什么效果。

华北事变和抗日救亡高潮的兴起

一九三五年，日本的对华政策出现一个重大转折。用日本历史学家信夫清三郎的话来说：“侵占了满洲的日本，自一九三五年以后，在开

〔1〕《晨报》1934年8月26日，转引自林甘泉主编《孔子与20世纪中国》，第205页。

〔2〕《总统蒋公思想言论总集》卷11，第463页。

〔3〕《新生活运动史料》，《革命文献》第68辑，（台北）中国国民党党史委员会1975年12月版，第99、101页。

展‘华北工作’的名义下，开始显露出对中国内地的野心。”[1] 他着重指出日本侵华政策在一九三五年以前和以后的不同，说明日本从这时起，开始大规模地越过长城南下，企图直接控制华北，进而独占中国。

日本军国主义者的侵华政策有它的一贯性，同时又呈现出若干阶段性。它的野心是无限的：不仅要独占中国，还要称霸东亚。但这个后起帝国的国力又是有限的，不可能一下子实现它的全部目标，所以，第一步先集中力量控制中国长城以北的东北和内蒙古东部。塘沽协定签订后，华北局势曾稍稍平静了一段短时间，这自然是暂时的。

当他们在东北和内蒙古东部稍稍站住了脚跟，立刻把下一步目标伸向华北。华北有着蕴藏丰富的煤矿，还盛产棉花和羊毛，都是令日本侵略者垂涎的资源。日本关东军驻北平特务机关长松室孝良在一份情报中写道：“一九三一年九一八，发动满洲事变而占据之，一时帝国市场与原料，得稍缓和。然因尚有若干原料问题，短期中不能满意，尚须相当之岁月，经营与培养。现在，满洲市场已臻饱和，短期间亦难再行扩大，即不能与帝国生产之增进相调和。”“故华北，诚为我帝国之最好新殖民地。”[2]

一九三五年五六月间，华北局势又紧张起来。日军借口天津日租界内两名亲日报人被暗杀和原在热河的抗日义勇军孙永勤部退入关内这两件事，再次以武力进行威胁。五月二十九日，天津驻屯军参谋长酒井隆向何应钦提出罢免河北省政府主席于学忠、撤退国民党河北各级党部、把中央军撤出河北等无理要求。这实际上是要为推行“华北自治运动”扫清道路。日方扬言：“日军为自卫上取断然之处置；或直接发生庚子事件，或九一八事件，亦不可知。”六月十一日，黄郛在日记中写道：“得敬之（引者注：即何应钦）电，知华北交涉已于本日正式答复一律接受，军队党部一律撤尽。今后之河北必将成为有实无名之非战区。哀

〔1〕（日）信夫清三郎：《日本外交史》下册，第 597 页。

〔2〕延安时事问题研究会编《日本帝国主义在中国沦陷区》，上海人民出版社 1958 年 7 月版，第 46 页。

哉。"[1] 七月六日，由何应钦复信天津驻屯军司令官梅津美治郎，"承诺"实行酒井隆所提要求。这件事被日方称为"何梅协定"。一位美国历史学家评论说："在日本的压力下，完整的华北，犹如海滨遭到波涛冲刷的沙土峭壁，不断塌陷。"[2]

六月二十三日，日本奉天特务机关长土肥原贤二又向察哈尔省政府代主席秦德纯提出无理要求。南京政府电示秦德纯："在不妨害我国领土主权的范围内，可以酌情办理。"[3] 二十七日，秦德纯和土肥原签订协定：热察边境改由保安队驻扎，军队撤退；察省国民党党务停止活动。

"何梅协定"和"秦土协定"达成后，南京政府以为已经满足日方的要求，中日关系可能得到一段时间的稳定，希望两国关系得到改善。日方在口头上也宣称：河北事件从此结束。其实，南京政府的不断退让，只能被对方视为软弱可欺，更加得寸进尺地进逼。

日本企图全部控制华北的决策，看来是在一九三五年秋天作出的。当时，有两个因素起着作用：第一，在伪满政权成立和热河沦陷后，又经过两三年，日方认为他们对中国东北四省的统治已大体巩固。第二，由于欧洲德、意两个法西斯势力的崛起和美国国内孤立主义的抬头，英美在远东一意对日妥协。日本把它看作扩大对华侵略的大好时机。

日本陆军省在八月六日提出《关于对北支政策》，毫不隐讳地表明要直接控制华北，使华北"不受南京政权政令的支配，而成为自治色彩浓厚的亲日、满地带"。[4]

九月二十四日，新任中国驻屯军司令官的多田骏，招待日本记者时散发一本《日本对华基础观念》的小册子，里面说："现在之华北实为最容易最迅速得以实现为乐土，且以此为必要之地域，无待缕述。华北一隅当使之为日本人为中国民众明朗而可安住之和平乡，化为日华制品

---

〔1〕黄郛日记，复印件，1935 年 6 月 11 日。
〔2〕(美) 巴巴拉·塔奇曼：《史迪威与美国在华经验》上册，商务印书馆 1985 年 1 月版，第 199 页。
〔3〕《秦德纯回忆录》，(台北) 传记文学出版社 1981 年 5 月版，第 35 页。
〔4〕转引自《日本侵华七十年史》，第 397 页。

及其他物质可以安稳相互自由流通存在之市场。”“华北问题解决之重要性质如此，帝国对外之发展，将依此而卜其成否。”[1] 这是一件非同寻常的大事。它表明日本的在华扩张已进入一个新阶段，公开表明要把整个华北纳入它直接控制之下。

十月中旬，日本参谋本部第二部长冈村宁次等来到中国，先后在大连、天津、上海分别召开日本驻华的高级军官和外交官开会。会议内容秘而不宣，实际上是将东京已决定的方针传达给他们。种种迹象表明：日方将在中国采取大动作，它的重点就在华北。陶行知主编的《生活教育》上写道：“‘华北’日本原早已就不算入中国的版图。华北的自治运动，也早即在日本的积极指导中，酝酿着进行着。不过这一运动，都是在日本大连会议、天津会议、上海会议……后，更以新近中国的货币改革为机运而愈益具体紧张的。”[2]

大家痛切地感到：日本侵略者的野心是没有止境的，既然侵占东北的下一步立刻就指向华北，那么，再下一步势必要吞并中国。亡国的惨祸已迫在眉睫。平日比较平和的黄炎培在十月十日的日记中悲愤地写下一首《重光歌》：“吾和你抬头试望，东北何方？辽沈何乡？白山黑水，是谁的封疆？三千万同胞，强者何法抵抗？弱者更何忍而投降？”“到如今，长城内外，是谁的国防？华北独立，华北自治，到处公开演讲，还公布着报章，得寸进寸，得尺进尺？充彼野心，何难席卷长江，囊括珠江？哀哉中华，其亡其亡！”[3]

十一月一日至六日，国民党举行四届六中全会（一直主张对日退让的汪精卫在会上被刺重伤）。这时，华北局势日趋紧张。八日，已兼任平津卫戍司令的宋哲元致函何应钦说：“华北情形，不言我公均甚明瞭。我国虽弱，系自主国家，求平等，求自由；侵占我土地，干涉我内政，决不能认为友邦。此次大会谅决定办法，望对华北亦早指示方针。哲元

〔1〕《中华民国重要史料初编——对日抗战时期》第六编傀儡政权（2），（台北）中国国民党党史委员会 1981 年 9 月版，第 27 页。

〔2〕旷琴：《华北自治运动与民族危机》，《生活教育》第 2 卷第 20 期，1935 年 12 月。

〔3〕《黄炎培日记》第 5 卷，第 88 页。

能维持暂时，不能永久。”〔1〕

十一月中旬，更加令人震惊的消息传来：日本军方导演的所谓“华北自治运动”正式出台。关东军司令官南次郎派奉天特务机关长土肥原贤二到北平，向兼任平津卫戍司令的第二十九军军长宋哲元提出最后通牒式的警告：限他在十一月二十日前宣布“自治”，否则日本将武力攻占河北和山东。宋哲元等在十九日密电报告蒋介石：“北方情势，已甚明显，似非少数日本军人自由之行动。日来应付极感困难，彼方要求，必须华北脱离中央，另成局面。迭经拒绝，相逼益紧。”〔2〕战后远东国际军事法庭审讯时，证人桑岛主计说：“土肥原在一九三五年十一月十八日扬言，如果华北不宣布自治，他准备派五个日本师团到河北，六个师团到山东。”“在这以前，为了支持土肥原的行动，关东军司令南次郎在十一月十二日，对他的军队就发布动员命令，限十五日前作好从长城外向华北进军的准备，并且在十六日动员空军作好在二十日进驻平、津的准备。”〔3〕

作为恫吓华北当局的实力后盾，大批日本关东军在山海关和古北口附近集结，摆出一副准备进攻的姿态。华北上空，仿佛已重现九一八事变前夜那种浓烈的战争气氛。

日本报纸上对“华北自治运动”的大肆鼓吹，使中日间的政治空气显得更加紧张。美国学者柯博文（又译小科布尔）写道：“那时一切皆不明朗。中国、日本和西方等许多观察家均认为土肥原将会成功。日本媒体确实反映了这种看法。《日日》报道说：‘几天之内，一个自治的华北政府将要诞生了。这件事将成为中国北部省份八千万人民的一个喜庆的消息。新政权致力于为所有生于斯的人民创建一片王道乐土。’《报知》称：‘人们所熟知的巨大而富饶的领土“华北”很快就要脱离南京政权而完全自治了。自治的最后决定已在北平举行的华北政治和军事首

---

〔1〕《何应钦将军九五纪事长编》（上），（台北）黎明文化事业公司 1984 年 4 月版，第 445 页。

〔2〕《中华民国重要史料初编——对日抗战时期》第六编傀儡政权（2），第 81 页。

〔3〕《法庭证据第 3242 和 3317A 号》，《华北事变资料选编》，河南人民出版社 1983 年 9 月版，第 248 页。

脑们的会议上做出。河北、山东和察哈尔省已经加入了这场运动，而山西和绥远也将会预期跟从。’《报知》认为，这场运动将不仅在北方建立一方‘王道乐土’，而且还有助于在南方消灭国民党。‘新政权的出现将被证明是对南京致命的打击，迄今为止，南京的存在相当大的程度上是依赖北方的财政来源。’因此，土肥原让许多人相信这个计划的成功为期不远了。”〔1〕

可是，宋哲元也好，山东的韩复榘也好，山西的阎锡山也好，都没有在日方的威胁下接受他们提出的“华北自治”的要求。尽管土肥原以极端强硬的姿态发出恫吓，事实上日本军方一时还没有做好大规模军事行动的准备。结果，十一月二十日这个万众瞩目的“最后期限”就在静悄悄中过去了。但局势并没有缓和下来。二十四日，土肥原又策动兼任冀东两个地区专员的殷汝耕在北平近郊的通县成立“冀东防共自治委员会”，公开宣称“脱离中央”。两天后，又改称“冀东防共自治政府”。冀东已完全处于日本的控制下，它的面积占河北省的四分之一，人口有六百多万。十二月间，南京政府决定设置以宋哲元为委员长的冀察政务委员会，成员中包括一些亲日人士。不少人认为，这将是所谓“冀东防共自治委员会”的扩大，华北国土的沦丧看来已是旦夕间的事情了。

当时每期发行二十万份、在全国影响最大的杂志《大众生活》（邹韬奋主编，而胡适主编的《独立评论》每期的发行数只是七千至一万三千份）上的一篇通讯写道：

“这几个月来，当地报纸上常常瞧见‘某军于某日起在××一带演习×天’的消息。于是在第二天便瞧见有整队的‘友邦’的马兵、步兵、铁甲车、迫击炮，一连串的到华界来，又耀武扬威的向目的地进发。这一带居住的人们，慌张得连饭也吃不下去。”“空中，每天总有几次‘轧轧’的声音，仰起头就可以瞧清楚翅膀上的标志。它们故意飞得低低的环绕着全空。”“于是许多人便担心着不知道还有几天安静饭可以

〔1〕（美）柯博文：《走向“最后关头”——中国民族国家构建中的日本因素（1931—1937）》，社会科学文献出版社2004年7月版，第282页。

吃？会不会明后天便有一个‘亡国奴’的荣衔加到自己头上？”“至于报纸上（自然以中国的为限）向例是不登这些消息的，好像这些事他们根本没有知道过”。[1]

一个青年学生写给《大众生活》主编邹韬奋的信中说：

“我从南方到了华北还不久，但这环境给我极大的苦楚。我有时烦闷得像胸口塞了一块重铅，有时悲愤得血管像要爆裂，但悲愤有什么用呢？所以结果还是闷得像胸口塞了一块重铅。”“敌人更聪明了，竟不血刃的得了华北二省。他们得寸进尺的野心，固不足异，但我们政府的含垢忍辱，何一至于此？政府当局及学校当局屡次谆谆告诫，要学生安心读书，但是敌人的飞机尽在我们头上掠过，所谓野外演习的炮声震得教室的玻璃窗发抖，机关枪不断的响着在打靶。这一颗颗的子弹，好像每颗都打在我们心上一样的难过。先生，我们能念书吗？”[2]

请今天的年轻人读一读吧，这是当年无数中国人、特别是青年学生的亲身感受和痛苦心情。这是谁都无法逃避的令人心碎的现实。

平津一带还是中国的领土，却到处可以看到荷枪实弹、气焰万丈的日本军人和骄横不法的日本浪人，到处可以看见从这里像潮水般涌向全国的日本走私货物和毒品，到处可以看到宣扬所谓“王道乐土”之类的汉奸标语图画。事件层出不穷，地方一日数惊。“先生，我们能念书吗？”这是多么悲愤的提问！以《义勇军进行曲》为主题歌的影片《风云儿女》，正是在一九三五年拍成的。“中华民族到了最危险的时候……”这首歌迅速唱遍全国以至海外有华人居住的地方，它确实唱出了当时中国人的普遍心声。

这种悲愤的情绪郁积着，奔突着，增长着。整个中国就像一座喷薄欲发的火山，一旦受到触动，便会出现惊天动地的大爆发。离开民众这

〔1〕 沈沉：《动荡中的华北一隅》，《大众生活》第1卷第3期，1935年11月23日。
〔2〕《大众信箱》（四），《大众生活》第1卷第6期，1935年12月。

种普遍而强烈的情绪，抗日救亡运动高潮的兴起和以后许多历史事件的发生都是难以想象的。

在这场惊心动魄的华北危机中，首当其冲的自然是古都北平。

北平，在南京政府成立前的六百多年间几乎一直是中国的首都，在中国人心中享有其他城市难以比拟的特殊地位。这里发生的一切，比其他地方更容易牵动亿万中国人的心。在这种极端紧张的气氛中，北平教育界就华北局势发表了一个宣言，反对破坏国家的领土完整。日本宪兵队在十一月二十九日竟把北京大学校长蒋梦麟强行叫到日本兵营去接受“传讯”，并企图把他劫持到日本控制的大连去。《大众生活》针对这件骇人听闻的事件发表评论说：“苟安偷生的人们，以为可以袖手旁观着苟安偷生下去吗？目前是整个民族生死安危的关头！是人人生死安危的关头！在受侵略的整个民族，莽莽大地终必没有一片干净土，终必没有一个可以避免奴隶命运的人。‘置之死地而后生’，死里求生，这最后的挣扎是在我们自己的掌握中。”〔1〕

更使人感到焦虑不安的是，南京政府和地方当局的对日外交都是秘密进行的，外人无从知晓。这更增强了人们的怀疑和猜测，感到坐卧不宁，不知道明天又会发生什么事。大家都在问：国难当头，我们应该怎么办！还能够沉默不语吗？愤怒是长时间积聚起来的。压抑得愈久，爆发力愈大。只要有人登高一呼，便能将处处潜藏的怒火迅速凝集成一股势不可挡的巨流，开创一个新的局面。这自然不是任何人可以人为地“运动”起来的。

十一月十八日，北平大中学校抗日救国联合会成立。执行主席女一中学生郭明秋，秘书长清华大学学生姚克广（姚依林），都是共产党员。共产党员的人数虽少，由于顺应着迅速发展的时代潮流和民众要求，在学生群中又是能指明行动方向并且最有组织能力的，自然就担负起了登高一呼、统率全局的重任。十二月三日，被南京政府任命为行政院驻北平办事长官的何应钦到达北平。北平学联决定向他请愿，要求抗日救

〔1〕《蒋梦麟被邀请谈话》，《大众生活》第1卷第4期，1935年12月7日。

国，反对所谓“华北自治运动”。这就是一二九大游行的由来。

游行确定在十二月九日举行，因为传说这一天是冀察政务委员会成立的日子，要搞所谓华北特殊化。那天，清华大学救国会发表告全国民众书，里面有一句传诵一时的名言：“华北之大，已经安放不得一张平静的书桌了。”[1] 游行准备工作正在紧张进行时，“当局事前闻讯，即派军警于九日清晨在各校门前戒备，以防学生冲出。”[2] 在城外西郊的清华、燕京两所大学学生一千多人向城内出发。当局将西直门关闭，城内外交通断绝，但学生仍未散去。城内学生在新华门前集合。由于何应钦不肯接见，就把请愿改为示威。游行队伍高呼“打倒日本帝国主义”、“反对华北自治”、“收复东北失地”、“立刻停止内战”等口号。有些人高呼口号时泪流满面。沿路不断有市民和各校学生参加，总数达到四五千人。游行队伍到王府井南口时，又遭受军警毒打和消防水龙的冲击，八名学生被捕。第二天，北平各校学生罢课。十一日起，天津、保定、太原、杭州、上海、武汉、成都、重庆、广州等大中城市先后爆发学生罢课和示威游行。许多地方的工厂也举行罢工。风暴迅速席卷全国。

十二月十六日，北平学生再次举行大规模示威游行。一九三六年一月初，平津学生组成“南下扩大宣传团”，利用寒假时间，到冀中农村扩大宣传。为了把抗日救亡运动坚持下去，他们回来后，在二月一日成立民族解放先锋队（简称“民先”），最初只在平津两地建立，暑假后在全国各地迅速发展起来，到年底队员已达六千多人，其中包括许多品学兼优的学生中的活跃分子。

一二九运动不仅使人们长期郁积在心头的愤懑一下子倾泻出来，同时也引起许多人深思这一切究竟是为什么，从平时的宁静生活或狭小圈子中猛然惊醒过来。大批原来在政治上处于中间状态的人，不再回到旧日的生活轨道上去了。当时的北京大学学生袁宝华回忆道：“我们这些青年学生，过去没有参加过政治运动，像我这样的人在当时有点代表

---

〔1〕《清华大学救国会告全国民众书》，《一二九运动》，中共党史资料出版社 1987 年 6 月版，第 143 页。

〔2〕《一周间国内外大事述要》，《国闻周报》第 12 卷第 49 期，1935 年 12 月 16 日。

性，还不是党员，政治上也不是那么清醒，可是满腔抗日救国的热情，游行队伍一到，那就积极参加。我还在我们那个班上号召一番，叫大家都参加去。游行回来以后，人就好像变了，劲头也大了，胆子也壮了，看到一起参加游行的人感到非常亲切。”〔1〕有这样思想经历的人，是相当普遍的。一二九运动不仅掀起了救亡运动的高潮，推动了抗日，并且给迎接抗战、给中国共产党准备了一大批干部，培养了一代人，它的影响十分深远。

紧随着一二九运动的发展，上海和许多城市相继建立起各界救国联合会。这是事态的又一个重大发展。

上海的抗日救亡运动高潮是在北平学生运动的强烈推动下掀起的。它一起来，又表现出自己的鲜明特点。北平的救亡运动博得社会各阶层的广泛同情和支持，一部分教育界人士也积极参加，但主力仍是学生。上海抗日救亡运动的新高潮从一开始，社会面就广泛得多，包括文化界、妇女界、学生界、教育界、职业界等。

他们的一个重要优势，是掌握着许多在全国有巨大影响的文化阵地。一二九运动前五个月，中共上海临时中央局遭到大破坏，但它的一部分组织和党员依然保留了下来，其中最重要的是领导着左联、社联、剧联、电影小组等的文委，共有党员一百多人。当时文委的领导成员夏衍回忆道：

“我们不仅组织和领导了上万人的救亡歌咏运动，不仅依旧掌握着电影制作和影评的领导，而且还通过‘社联’及其外围，建立了可靠的出版发行机构，‘读书生活’、‘新知’两家书店是‘社联’盟员直接领导的，‘生活书店’是通过邹韬奋、由黄炎培的职业教育会支持的，有了‘公开合法’的书店，就可以有计划地出版书刊，从三五年到三六年，左派掌握的杂志就有十种以上。单讲邹韬奋主持的生活书店，就出了《世界知识》（胡愈之主编）、《文学》（茅盾、傅东华主编）、《妇女生

〔1〕袁宝华在北京大学一二九时期在京部分老同学座谈会上的发言，《一二九运动回忆录》第1集，第150页。

活》（沈兹九主编）和《光明》（洪深、沙汀、沈起予主编），更不同于从前的一点，是这些杂志不再是昙花一现，出两三期就被禁，也不像从前一样每期印两千册，而是长期出下去，而且每期可以行销上万份了。”

“看形势，三十年代初组织起来的左翼文化运动，已经冲破了原来左派的圈子，抗日救亡、反对内战、反对华北自治……等等口号，已经把成千上万的中小资产阶级和上层爱国人士吸引到我们的阵营中来了。”〔1〕

北平的一二九大游行后三天，九十七岁的马相伯领衔发表《上海文化界救国运动宣言》，沈钧儒、邹韬奋等二百八十多人在宣言上签名。宣言指出：“国难日亟，东北四省沦亡之后，华北五省又在朝不保夕的危机之下了！”“因为华北事件的教训，我们应该进一步的觉悟！与其到了敌人刀口放在我们的项颈的时候，再下最大的决心，毋宁早日奋起，更有效地保存民族元气，争取民族解放。”〔2〕宣言虽然用的是“文化界”的名义，其实已大大超越这个范围，包括文化界、教育界、新闻出版界、银行界、法律界、职业界等方方面面的许多知名人士，反映出各界爱国人士正在抗日救亡这个目标下走向联合这个重要趋势。

在《大众生活》上，连续多期发表鼓吹必须建立“联合战线”的文章。正在狱中的爱国人士杜重远寄来的杂感中写道：“国势危殆到了这样急迫的地步，凡是能立在救国的共同目标上的人们，都应该结成‘民族联合战线’来共同奋斗”。〔3〕

体现这种“联合战线”要求的各界救国会，就是在这时相继成立的。它的重要领导人沙千里回忆这个过程时写道：

“群众的抗日救亡运动在开始阶段，是处于一种自发状态的，斗争

---

〔1〕夏衍：《懒寻旧梦录》，生活·读书·新知三联书店1985年7月版，第284—285、289页。

〔2〕《上海文化界救国运动宣言》，《大众生活》第1卷第6期，1935年12月21日。

〔3〕杜重远：《青年的爱国义愤》，《大众生活》第1卷第8期，1936年1月4日。

也是分散的。虽然在一定的时候为了进行斗争，也有一些串联，但没有固定的形式把大家联系起来。为了某一件事而进行的斗争结束之后，这种联系也就终止了。随着抗日救亡运动的发展，为了更有力的同日本帝国主义和国民党反动派进行斗争，大家感到需要一个固定的形式把群众的力量统一组织起来。这样，在中国共产党的影响、推动和领导之下，在千百万民众抗日救亡运动的高潮中，上海各方面的救国会先后建立，在此基础上成立了上海各界救国联合会，与此同时，全国各地各界群众也建立了各种救国组织。”〔1〕

有了各界的救国会，自然要求进一步联合起来，建立统一的组织。一九三六年一月二十八日，上海各界救国联合会成立，六十多岁的清末进士、上海法学院教务长沈钧儒被推为主席。二月七日，黄炎培在日记中写道：“对日必出于一战。”〔2〕五月三十一日和六月一日，全国各界救国联合会成立大会举行，出席的有全国六十多个救亡团体的代表七十多人，通过《成立大会宣言》、《抗日救国初步政治纲领》等文件，选举宋庆龄、何香凝、马相伯等四十多人为执行委员，沈钧儒等十四人为常务委员。救国会重要领导人、浙江实业银行副总经理章乃器回忆道：“人的情绪是活的。情绪本身的发展要上升，群众情绪的反映也要促使领导情绪的上升。全国各界救国联合会大约是在一九三六年五月末成立的。那时候，我们的情绪已经有了飞跃的升腾。”〔3〕

救国会的重要特点是有着十分广泛的民众基础。它既在全国许多地区以至海外华侨中建立分支机构，又有社会各界的救国会，还有不少下属的救亡团体。它的成员，既有许多社会知名人士，也有大量一般民众。单拿上海职业界救国会来说，到一九三六年十月就有会员一千三百多人，并且同广大职工和店员有着密切联系。〔4〕各地的救国会组织，冲

〔1〕沙千里：《漫话救国会》，文史资料出版社1983年10月版，第6页。
〔2〕《黄炎培日记》第5卷，第117页。
〔3〕《章乃器文集》下卷，华夏出版社1997年3月版，第634页。
〔4〕周天度、孙彩霞编《救国会史料集》，中央编译出版社2006年7月版，第9页。

破南京政府的禁令，开展种种宣传和募捐活动，举行盛大集会，发表通电，出版刊物，使抗日救亡运动在全国范围内蓬勃开展起来，形成一个新的局面。

七月十五日，救国会领袖沈钧儒、章乃器、陶行知、邹韬奋联合发表《团结御侮的几个基本条件与最低要求》，提出："抗日救国是关系整个民族生死存亡的大问题，所以，只有集合一切人力、财力、智力、物力，实行全面总动员，才能得到最后的胜利。""在联合战线上的各党各派，尽可以有不同的主张，政府和民众，中央和地方，也尽可以有不同的意见，只要在抗日救国的一点上，求得共同一致，大家互相宽容而不互相倾轧、互相攻击，联合战线就建立起来了。"[1] 这篇文章在《生活知识》半月刊上发表后，在社会上引起巨大反响。八月十日，毛泽东写公开信，在巴黎《救国时报》上发表，称赞这篇文章是代表全国大多数不愿意做亡国奴的人们的意见和要求。

全国各界救国联合会的成立，团结了包括共产党人以外的社会各界爱国人士，把原来比较分散的爱国民众运动汇合成一股更为壮观的洪流，推动国内的抗日救亡运动新高潮持续地向纵深发展。它的历史功绩是值得我们永远怀念的。

第二次国共合作的形成

中华民族确实到了最危险的时候。当时国内最大的两个政治力量是国民党和共产党。单靠民众情绪的激昂是不够的，只有建立起以国共第二次合作为基础的抗日民族统一战线，一致对外，才有可能真正形成全面的抗日战争，把国家和民族从最危险的境地中拯救出来。

国共两党经过十年内战，可以说有着血海深仇，为什么又能够重新合作？一个民族的敌人深入国土这一事实，起着决定一切的作用。中华民族已处在生死关头，全国民众强烈要求团结抗日，决定了这种合作不

〔1〕《救国会》，第118、119页。

仅有可能实现，而且有可能在比较长的一段时间内保持下去。没有这个大背景，事情为什么会这样发展便无法理解。

但要把这种可能性变成现实，谈何容易。同国共两党的第一次合作相比较，这时的情况比那时要复杂得多：第一，两党经历了长达十年的内战，这是一场生死的搏斗。蒋介石把共产党看作心腹大患，一定要把它赶尽杀绝，并且积累了长期的反共经验。共产党在一九二七年和一九三四年两次失败中，都曾被推到灭亡的边缘。十年里，共产党人流的血太多太多了，这种伤痕是很难忘却的。就是在实现合作后，国民党一面要抗日，一面仍会找机会限制、削弱以至力图消灭共产党；而共产党在接受过去惨痛教训的基础上，对自己的合作者不能不时刻保持着戒备。第二，它是在国共双方都有着自己的政权和军队的情况下合作的。国民党“有着全国性政权和强大军事力量，并且有十年一党专制的统治”，[1]所以它很自大，合作是不平等的，尤其是一直把尽力限制以至消除共产党领导的军队和政权放在它心目中极其重要的地位；但共产党不仅已有了自己不断发展着的军队和政权，而且深知如果放弃了这些就无异放弃了自己生存的保障。

在这种情况下，虽然有了两党合作的可能，但在许多人看来，国共两党要再一次合作仍几乎是难以想象的事情。要实现这种可能，必须经历一个艰难而曲折的过程；就是在合作后依然会充满着矛盾和斗争。现在我们就来看看这个过程是如何艰难而曲折地发展的！

中共中央最初把“抗日”和“反蒋”并提。九一八事变发生后的第三天，中国共产党发表《为日本帝国主义强暴占领东三省事件宣言》，提出“其显明的目的显然是掠夺中国，压迫中国工农革命，使中国完全变成它的殖民地，同时更积极更直接的实行进攻苏联”；同时又写道：“过去济南惨案及万宝山惨案及一切惨案都被国民党政府无条件投降出卖了！我们还要梦想国民党政府会抵抗帝国主义进兵吗?！国民党军阀的统治根本就是帝国主义压迫屠杀中国民众的保镖，我们应该一致动员

[1]《任弼时选集》，人民出版社 1987 年 9 月版，第 180 页。

起来，打倒国民党，打破一切和平改良的欺骗。”[1]

华北事变发生时，中共中央和工农红军正处于长征的过程中，一直遭受处于优势地位的国民党军队的前堵后追，多次从千钧一发的险境中冲出来。它所面对的首先是自身的生存问题。如果不能生存，其他一切都无从谈起。它同外界的联系几乎全被切断，能够得到国内外的信息很少很少。在这种情况下，中共中央没有可能把建立以国共合作为基础的抗日民族统一战线立刻提到工作日程上来。

这时，世界的上空正出现一片令人忧虑和恐惧的乌云，那就是德、日、意法西斯势力以咄咄逼人的姿态迅速兴起，和平和人类安全受到巨大威胁。一九三五年七月十五日至八月二十日，共产国际第七次代表大会在莫斯科举行。针对当时法西斯势力在东西方日益猖獗的形势，大会提出建立反法西斯统一战线的方针。皮克在大会开幕词中讲到德、日、意三国正在制造的战争危险时，第一条就说：“日本帝国主义早已开始了对世界的新的重新瓜分，占领了中国的一省又一省。”共产国际总书记季米特洛夫在大会报告中也讲道：中国共产党要“同中国一切决心真正救国救民的有组织的力量结成反对日本帝国主义及其走狗的广泛的反帝统一战线。”[2] 八月一日，中共驻共产国际代表团根据共产国际七大的精神，用中国苏维埃政府、中国共产党中央的名义，发表《为抗日救国告全体同胞书》（通常称为“八一宣言”）。宣言响亮地喊出：

“近年来，我国家、我民族，已处在千钧一发的生死关头。抗日则生，不抗日则死，抗日救国，已成为每个同胞的神圣天职。”

“只要国民党军队停止进攻苏区行动，只要任何部队实行对日抗战，不管过去和现在他们与红军之间有任何旧仇宿怨，不管他们与红军之间在对内问题上有任何分歧，红军不仅立刻对之停止敌对行为，而且愿意

---

〔1〕《中共中央文件选集》第7册，第396、399页。

〔2〕《共产国际有关中国革命的文献资料》第2辑，中国社会科学出版社1982年6月版，第342、392页。

与之亲密携手共同救国。”〔1〕

北上的中央红军同陕北红军会师后，张浩从莫斯科归来，带回了共产国际七大的精神。中共中央在十二月十七日至二十五日连续举行政治局会议（通常称为“瓦窑堡会议”），通过张闻天起草的《中央关于目前政治形势与党的任务决议》。二十七日，毛泽东根据瓦窑堡会议的精神，在党的活动分子会议上作《论反对日本帝国主义的策略》的报告。他在报告一开始就指出：目前形势的基本特点，就是日本帝国主义要变中国为它的殖民地，威胁到了全国人民的生存。“这种情形，就给中国一切阶级和一切政治派别提出了‘怎么办’的问题。反抗呢？还是投降呢？或者游移于两者之间呢？”他指出：

“我们说，时局的特点，是新的民族革命高潮的到来，中国处在新的全国大革命的前夜，这是现时革命形势的特点。这是事实，这是一方面的事实。现在我们又说，帝国主义还是一个严重的力量，革命力量的不平衡状态是一个严重的缺点，要打倒敌人必须准备作持久战，这是现时革命形势的又一个特点。这也是事实，这是又一方面的事实。这两种特点，这两种事实，都一齐跑来教训我们，要求我们适应情况，改变策略，改变我们调动队伍进行战斗的方式。目前的时局，要求我们勇敢地抛弃关门主义，采取广泛的统一战线，防止冒险主义。”〔2〕

不过，中国共产党所要建立的抗日民族统一战线甚至上层统一战线，当时都没有把蒋介石包括在内，而把蒋介石称为“卖国贼头子”。这并不奇怪：且不说十年来国共之间生死搏斗留下的深重伤痕难以在短期内消除；而且此前他们看到南京政府对日本侵略者一直是步步屈辱退让，看不出后者有奋起抗日的决心；蒋介石又正在继续调集重兵，要把中国共产党和工农红军一举消灭在陕北一隅。在这种情况下，如果就能提

---

〔1〕《中共中央文件选集》第10册，第519、522页。

〔2〕《毛泽东选集》第1卷，第143、153页。

出“联蒋”的口号倒是很奇怪了。事情仍在曲折中前进。

到一九三六年，局势有了进一步的发展：二月二十六日，日本部分少壮军人在东京发动兵变，杀死一批重臣，蛮横不可一世的军部牢牢控制了政府，以暴力在日本内部造成一种不同意见更难声张的恐怖气氛，战争空气更加浓重；而与此同时，中华民族在全国范围内的抗日救亡热潮不可抑制地蓬勃高涨，群情日益激愤，要求停止内战，一致对外；驻在陕西关中地区的张学良部东北军和杨虎城部第十七路军同中国共产党成功地建立起秘密联系；由于日本侵略者已经直接威胁南京政府的生存，蒋介石的态度也在悄悄地发生变化，国民党五届二中全会更公开表明，他的对日政策有明显变化。

中国共产党看到了这种种变化。九月一日，中共中央发出《关于逼蒋抗日问题的指示》，明确提出：“目前中国的主要敌人，是日帝，所以把日帝与蒋介石同等看待是错误的，‘抗日反蒋’的口号也是不适当的。”“在日帝继续进攻，全国民族革命运动继续发展的条件之下蒋军全部或其大部有参加抗日的可能。我们的总方针，应是逼蒋抗日。”“在全国人民面前，我们应表现出我们是‘停止内战一致抗日’的坚决主张者，是全国各党各派（蒋介石国民党也在内）抗日统一战线的组〈织〉者与领导者。”[1] 从“抗日反蒋”到“逼蒋抗日”，以后又进一步提出“联蒋抗日”，是抗战前夜中国共产党战略决策的重大转变，从而开始了中国共产党推进抗日民族统一战线的新阶段。

蒋介石和南京政府在华北事变后的对日政策有明显的变化。为什么会有这样的变化？

蒋介石和南京政府内许多军政人员也有程度不同的民族主义思想。而日本步步加紧对中国的侵略，既严重威胁中华民族的生存，也严重威胁蒋介石和南京政府的统治地位。这是他们最终走上抗日战争道路的内在原因。但他们在长时期内对日仍一直实行妥协退让的政策，总的说来，那有两个原因。

---

〔1〕《中共中央文件选集》第11册，中共中央党校出版社1991年3月版，第89、90页。

第一，他们看不到中国民众中蕴藏的巨大潜力，而且总是害怕民众力量起来会威胁他们的统治。这样，面对着经济实力和武器装备远为强大的日本军国主义者，自然怀着很大的恐惧感，觉得自己根本无力同它相抗衡，一直希望日本的侵略能够适可而止，并且在很大程度上期待国际社会能对日本实施约束，使局势不致进一步恶化。蒋介石在一九三四年七月对庐山军官训练团讲话时说：

“依现在的情形来看，他只要发一个号令，真是只要三天之内，就完全可以把我们中国要害之区都占领下来，灭亡我们中国！”

“你自己毫无准备，而你的敌人早就埋伏在你四周了，只要你一动的时候，他马上起来包围你，你还不是自己送死吗！所以现在这时候，说是可以和日本正式开战，真是痴人说梦！太不知道自己了，太不知道敌人了！”〔1〕

第二，他们把消灭共产党看作比抵抗日本侵略更重要得多的事。当一九三三年长城抗战处于紧要关头、国内民众以至不少国民党将领强烈要求抗御日本侵略时，蒋介石却赶到南昌亲自指挥对中央苏区的“围剿”，并且致电各将领训斥道：

“外寇不足虑，内匪实为心腹之患，如不先清内匪，则决无以御外侮，亡明覆辙，殷鉴不远。今举国之人忘却心腹大患之内匪，而侈言抵御外侮，既觉其先后缓急之倒置，乃复闻我在赣直接负剿匪责任之各将领，亦多以内匪难剿，意在御侮，以博一时之虚荣，此种心猿意马、南辕北辙之心理，未有不归于灭亡。”

“如再有偷生怕死、侈言抗日、不知廉耻者，立斩无赦，希各

〔1〕 蒋介石：《抵御外侮与复兴民族》，《中华民国重要史料初编——对日抗战时期》绪编(3)，第112、113页。

懔遵。”[1]

直到一九三五年上半年，蒋介石仍力图以对日方退让来换取局势的缓和。年初，他在日记中写道：“倭寇态度似可渐缓和，或有交还东北主权之可能。”“目前对日外交只可处被动地位，若欲自动谋痛快解决，为不可能。”[2] 这年五六月间，华北局势又紧张起来，日方提出中央军全部撤出河北、禁止全国排日活动等无理要求，对蒋介石是很大的刺激。六月一日，他写道：“倭寇蛮横，非理可喻，未到最后关头，当忍耐之。”[3] 八日，他在日记中又写道：“倭寇进逼益急而此心泰然，乃决心至最后时与之一战，非此不能图存，战则尚有一线之希望，但万一之转机与万分之忍耐则仍须慎重也。”讲了一些激烈的话，说明他的态度正在有所变化，但最后仍都落在“忍耐”二字。他在二十二日的日记中写道：“与其抗战失败而失平津，不如自动撤退免倭藉口，以期保全平津而图挽救，此总退却之胜利也。”[4]

十分熟悉中国情况的史迪威，在一九三五年六月来中国就任美国驻华武官途中，写了一篇《中国未来的局势》。他认为没有任何迹象说明蒋介石愿意冒同日本公开决裂的风险。“他知道自己会吃败仗，而失败就意味着后方会爆发叛乱。因此他情愿坐视不动，控制住他能够控制的一切，指望外国的影响帮助他保住外国企业十分集中的上海。”[5]

但局势的发展却十分无情。华北事变的发展，日方并没有因南京政府一再退让而出现“转机”，相反，却得寸进尺，步步进逼。特别是日本导演的“华北自治运动”的出台，更把南京政府逼到几乎无路可退的地步。对蒋介石和南京政府说来，确已面对生死存亡问题。正是在这种情况下，南京政府不能不考虑大幅度调整它的对日政策。

---

〔1〕 蒋介石：《告各将领先清内匪再言抗日电》，《中华民国重要史料初编——对日抗战时期》绪编（3），第35、36页。

〔2〕 蒋介石日记，1935年1月31日，“本月反省录”；2月9日。

〔3〕《总统蒋公大事长编初稿》卷3，第198页。

〔4〕 蒋介石日记，1935年6月8日，“本周反省录”；22日，“本周反省录”。

〔5〕（美）巴巴拉·塔奇曼：《史迪威与美国在华经验》上册，第197页。

一九三五年九月中，日本外相广田弘毅会见中国驻日大使蒋作宾时要求南京政府同意他提出的三个原则：“第一，中国须绝对放弃以夷制夷政策；第二，中国对于‘满洲国’事实的存在必须加以尊重；第三，中国北边一带地方之防止赤化，中日须共商有效办法。”〔1〕十月十三日，日方橘三郎找黄郛谈。黄郛日记写道：“密告我日政府一致之腹案：一、放弃以夷制夷（引者注：指中国不得借英美势力以牵制日本）；二、承认满洲国（事实或法律）；三、共同防俄。”〔2〕两次谈话的内容是一致的。风声越来越紧。这些要求远远超出蒋介石所能接受的限度，成为他考虑对日决策时的重要转折。蒋介石后来讲到“广田三原则”时写道：

“当时的情势是很明白的，我们拒绝他的原则，就是战争；我们接受他的要求，就是灭亡。”“中日战争既已无法避免，国民政府乃一面着手对苏交涉，一面亦着手中共问题的解决。”〔3〕

在这种严重局势下，国民党在十一月间召开第五次全国代表大会。十一月十九日，也就是土肥原逼令宋哲元宣布“华北自治”最后期限的前一天，蒋介石在会上说了一句很有名的话：“和平未到完全绝望之时，决不放弃和平；牺牲未到最后关头，亦决不轻言牺牲。”〔4〕这是一句双关语：一方面是说，现在还没有到“放弃和平”、“轻言牺牲”之时；另一方面是说，一旦“最后关头”到来，那就只好“放弃和平”、“决心”牺牲了。这种微妙的变化，中国共产党注意到了。

尽管如此，由于原来长期坚持“攘外必先安内”的方针，到这时对抗日实际上并没有做多少准备。陈诚同月三日给妻子的信中写道：“对日虽决定抵抗，但毫无准备也。”〔5〕

随着对日政策的调整，蒋介石对苏联和中国共产党的态度也悄悄地

〔1〕《何应钦将军九五纪事长编》（上），第470页。
〔2〕黄郛日记，复印件，1935年10月13日。
〔3〕蒋中正：《苏俄在中国》，第59、62页。
〔4〕《总统蒋公思想言论总集》卷13，第523页。
〔5〕《陈诚先生书信集——家书》（上），第353页。

在发生变化。在他看来，“倭之所惧者俄也，此时外交应于俄特别注意也。”[1] 这年年底，蒋派他的心腹陈立夫秘密赴苏联谈判，希望签订共同对日的军事同盟。陈立夫在回忆录中写道：“民国二十四年圣诞节之前夕，蒋委员长就派我赴苏俄进行秘密交涉，我向来没办理过外交工作，初次尝试，深感惶恐。领袖授以机宜，并嘱我此行必须绝对保密，故均用化名的护照。”[2] 陈立夫到了德国，但因消息泄露，引起苏方不满，只得回国。蒋介石又命回国述职的驻苏武官邓文仪到莫斯科找中共驻共产国际代表团负责人王明要求谈判。邓文仪的回忆录写道：“十二月初旬，政府命我迅即回莫斯科去，有要事要我会同去办，不能延迟。”他回莫斯科后，“对莫斯科与中国有关的俄国高级将领、过去曾在中国担任顾问的人，及中国共产党在莫斯科的代表，曾有相当联系及恳谈。”[3] 中共代表团表示，无论共产党还是国民党的中央都在国内，谈判以在国内进行为好。与此同时，蒋介石在国内也设法寻找中国共产党的关系。陈立夫把这个任务交给他的亲信、铁道部次长曾养甫。一九三五年十一月，曾养甫找来他的下属谌小岑，要他设法“打通共产党关系”。[4] 谌小岑从两个途径作了试探：一是找到同北方地下党有联系的吕振羽，一是找到上海地下党的张子华，并由曾养甫同他们会晤。但他们两人都不能代表中共中央进行谈判。因此，国民党当局仍希望能同中共中央直接取得联系。

最早将国民党要求谈判的信息直接送给中共中央的是宋庆龄。一九三六年一月，宋庆龄在上海找到以牧师身份活动的共产党员董健吾，要他到陕北送一封信给毛泽东、周恩来，还给他一张由孔祥熙签署委董为“西北经济专员”的委任状，这显然是得到南京政府同意的。二月二十七日，董健吾到达陕北的瓦窑堡，会见博古。三月四日，正东征山西的张闻天、毛泽东、彭德怀复电博古转董健吾，表示：“弟等十分欢迎南

---

〔1〕 蒋介石日记，1935 年 10 月 26 日。

〔2〕 陈立夫：《成败之鉴》，（台北）正中书局 1994 年 6 月版，第 196 页。

〔3〕 邓文仪：《从军报国记》，（台北）正中书局 1979 年 4 月版，第 265、272 页。

〔4〕 谌小岑：《西安事变前一年国共两党关于联合抗日问题的一段接触》，《文史资料选辑》第 71 辑，第 3 页。

京当局觉悟与明智的表示，为联合全国力量抗日救国，弟等愿与南京当局开始具体实际之谈判。”电报中向南京政府提出五点要求：“一、停止一切内战，全国武装不分红白，一致抗日；二、组织国防政府与抗日联军；三、容许全国主力红军迅速集中河北，首先抵御日寇迈进；四、释放政治犯，容许人民政治自由；五、内政与经济上实行初步与必要的改革。”〔1〕第二天，董健吾带着这个密件离开瓦窑堡，回宋庆龄处复命。国共两党中断八年多的联系，在宋庆龄推动下接通了。当然，这种联系只是初步的。双方都在相互试探，彼此都还不清楚对方的底细。

一九三六年七月十日至十四日，国民党五届二中全会在南京召开。蒋介石在会议第一天讲话，将对日政策讲得比国民党五大时明白而强硬得多。他说：

“中央对外交所抱的最低限度，就是保持领土主权的完整。任何国家要来侵扰我们领土主权，我们绝对不能容忍，我们绝对不订立任何侵害我们领土主权的协定，并绝对不容忍任何侵害我们领土主权的事实。再明白些说，假如有人强迫我们欲订承认伪国等损害领土主权的时候，就是我们不能容忍的时候，就是我们最后牺牲的时候。这是一点。其次，从去年十一月全国代表大会以后，我们如遇有领土主权再被人侵害，如果用尽政治外交方法而仍不能排除这个侵害，就是要危害到我们国家民族之根本的生存，这就是为我们不能容忍的时候。到这时候，我们一定作最后之牺牲。所谓我们的最低限度，就是如此。”〔2〕

在这前后，南京政府进行了一些全国抗战的准备工作。国民党五届二中全会决定组织国防会议，直属中央执行委员会，研究国防方针和有关重要问题。作战准备方面，最重要的是整编军队。一九三五年三月设立陆军整理处，以陈诚为处长，“首在统一编制，充实装备，实行精兵

〔1〕洛甫、毛泽东、彭德怀致博古转周继吾（董健吾）的电报，1936年3月4日。

〔2〕《总统蒋公大事长编初稿》卷3，（台北）中国国民党党史委员会1978年10月版，第304、305页。

主义，减少大单位，充实小单位，预定于二十五年度（引者注：即一九三六年度）起，每年调整二十师，以六十个调整师为标准，作为国防军之基干。”[1] 从一九三五年冬开始，投入较多人力物力，构筑国防工事，特别是江南地区的国防工事。一九三六年，军政部重新拟定兵役法规，设立师团管区，掌管征兵事宜。交通建设是备战的重要内容。这个时期在铁路方面完成的重要项目有：修筑粤汉铁路的韶关至株洲段，使粤汉铁路全线通车；陇海铁路向西延伸到宝鸡；筑成连接沪杭铁路和粤汉铁路的浙赣铁路等。公路方面，整理旧路，修筑新路。一九三七年修筑公路十一万五千多公里，大多在黄河以南。一九三五年四月，在军事委员会下设立资源委员会，着重从事重工业建设的准备。“一九三六年前后，农业生产获得丰收，出现了抗日战争前历史上最好的生产水平。”[2] 教育事业和学术研究工作也有进展。这些为以后的全国抗战提供了有利条件，但由于起步迟，时间匆促，准备仍不充分。

日本侵略者为了控制内蒙地区，侵占察哈尔北部六县后又在一九三六年六月一日建立傀儡政权“内蒙军政府”，以锡林郭勒盟副盟长德穆楚克栋鲁普（德王）为总裁；组织伪军，连以上都有日本顾问官实际指挥；由伪军侵入绥远东部，在百灵庙建立军事基地。当时，绥远省政府主席兼第三十五军军长是傅作义。傅部旅长董其武回忆道：“傅作义将军实在忍无可忍。当他得知日蒙伪军将分三路进犯绥东后，一九三六年十一月八日晚便召开营以上军官秘密军事会议，商讨反击问题。我参加了此会。会上，傅将军坚定地对我们讲：‘日寇占我察北，又犯我绥东、绥远，是我军将士的耻辱。爱国军人守土有责，我们一定要打！’并说：‘岳武穆三十八岁壮烈殉国，我已过了三十八岁，为抗日死而无怨！’”[3] 十一月中旬，傅作义指挥绥军冒大风雪长途奔袭，夺取红格尔图战斗胜利，接着又取得震动中外的“百灵庙大捷”，“歼敌近万名，毙日本特

[1] 何应钦：《日军侵华八年抗战史》，（台北）黎明文化事业公司 1982 年 9 月版，第 17 页。
[2] 朱荣等主编《当代中国的农业》，当代中国出版社 1992 年 7 月版，第 32 页。
[3] 董其武：《傅作义先生生平概述》，《傅作义生平》，文史资料出版社 1985 年 6 月版，第 5 页。

务、顾问近百人”，伪军“王英的五个旅，反正了四个旅”。[1] 这是九一八事变以来中国军队的第一次胜利的攻势。消息传出，举国欢腾。各地报纸竞出号外，各方人士发起抗日援绥运动，海外侨胞也踊跃捐献。毛泽东称赞绥远抗战是“全国抗战之先声”。南京政府外交部也发表声明称：任何外国在中国领土内采取非法活动，断不容许。

还需要讲到南京政府进行的币制改革。中国原来的币制极为混乱，银两、银元和纸币同时并用，白银的重量、成色、比价都没有一定标准。一九三一年约有十七亿枚银元在中国流通，相当于十二亿八千万盎司白银。三十年代以来，白银大量外流（其中，一九三四年十一月至一九三七年七月两年多内，中国售出的白银就达一亿九千万盎司以上，折合九千五百七十六万美元，[2] 还有大量白银走私出口），更增加了这种混乱。在英国支持下，南京政府财政部放弃自由的银本位币制，在一九三五年十一月三日发布的《关于施行法币布告》中规定：“自本年十一月四日起，以中央、中国、交通三银行所发行之钞票为法币，所有完粮、纳税及一切公私款项之收付，概以法币为限，不得行使现金，违者全数没收，以防白银之偷漏。如有故存隐匿、意图偷漏者，应准照危害民国紧急治罪法处治。”[3] 南京政府的美籍财政顾问杨格说：“一九三五年下半年，中国的经济局势很坏，银行实力薄弱，政府收入萎缩，财政赤字庞大，而且内战连年。日本不但在华北加紧侵略，还对西方援助中国抱极不友好的态度。在这种情况下实行币制改革，确是一步有胆量的果敢行动。”[4] 这是金融领域内一项影响深远的改革，并且对准备抗日战争的财政支持发挥了重要作用。但它对日后恶性通货膨胀和官僚资本的形成发展也埋下了重要种子。

既然南京政府日益表明抗日的决心，同中共之间已开始秘密接触，

〔1〕董其武：《戎马春秋》，中国文史出版社1986年8月版，第105页。

〔2〕（美）阿瑟·恩·杨格：《1927—1937年中国财政经济情况》，中国社会科学出版社1981年5月版，第534页。

〔3〕《中华民国史档案资料汇编》第5辑第1编财政经济（4），江苏古籍出版社1994年6月版，第314页。

〔4〕（美）阿瑟·恩·杨格：《1927—1937年中国财政经济情况》，第266页。

为什么它在西安事变前夜还要调动那样多军队想来消灭共产党？为什么张学良向蒋哭谏也没有用，不得不逼出一个西安事变来？原因在于：事情的发展十分复杂，这条路并不那么平坦。蒋介石对共产党的疑忌实在太深了。在他看来，所谓“中共问题的解决”就是要共产党向国民党投降，由他们收编。他后来说过：“我对于中共问题所持的方针，是中共武装必须解除，而后对他的党的问题才可作为政治问题，以政治方法来解决。”[1] 这自然是办不到的。因此，如果能用武力来强行解决，在他看来仍不失是“上策”。蒋介石还想再试一试。但那时，他还有一个后顾之忧：宁粤虽已合流，在南方仍保存着一个以胡汉民为精神领袖的国民党西南执行部和西南政务委员会，处于半独立状态。一九三六年五月十二日，胡汉民突然因脑溢血逝世。六月二日“西南执行部、西南政务委员会电请中央党部、国民政府立即对日抗战”。四日，“两粤将领陈济棠、李宗仁、白崇禧通电响应本月二日西南执行部及政务委员会电，请中央准予出兵北上抗日。”[2] 他们并且开始出动部队。蒋介石采取先粤后桂的做法，分化收买陈济棠的重要将领余汉谋和广东空军归附南京政府，陈济棠被迫下野。两广事件一解决，蒋介石腾出手来，又调集重兵，并逼迫张学良、杨虎城全军北上，准备对陕北革命根据地进行新的更大规模的“会剿”。

对民众的救亡运动，他们也采取压制政策，于十一月二十三日在上海悍然逮捕救国会领导人沈钧儒、邹韬奋、李公朴、章乃器、史良、王造时、沙千里。这件事在国内引起很大震动。沈钧儒等被人们称为救国会“七君子”。局势仿佛又要再度恶化。

但形势比人强，中国走向团结抗日的总趋势已不可逆转。就在这时，西安事变发生了。

西安事变，是张学良、杨虎城两位爱国将领发动的。

张学良率领的东北军，除第五十三军万福麟部三个师留在华北外，移驻西北的有十四个师，奉命从事“剿共”。东北家乡的沦陷，使东北

---

〔1〕 蒋中正：《苏俄在中国》第72页。

〔2〕 郭廷以：《中华民国史事日志》第3册，第591、592页。

军官兵感到极大痛苦。他们强烈地要求打回老家去，解救家乡的父老兄弟，不愿流落在关内打内战。英国记者詹姆斯·贝特兰当时访问东北军后得到的印象是：“他们对于逼迫他们打自己的同胞的命令，日益不满，而打回老家的决心也日益加强，至少也得为自己所信仰的主义战斗到死。”一个四十多岁的团长对他说：“当我们全体都希望打日本的时候，我们为什么还要打红军呢?”〔1〕这种情绪对张学良和东北军高级将领也产生重大影响。

杨虎城是陕西地方实力派的首脑，当时担任第十七路军总指挥、西安绥靖公署主任。他是个有着爱国民主思想的人，早年就同一些共产党员相识。在他的左右，也有不少秘密的共产党员。

中共中央到达陕北后，先后派出不少人做张学良、杨虎城的工作。周恩来还秘密前去，同张学良会谈。双方在团结抗日上达成了共识。

西安事变前，张学良曾多次力劝蒋介石停止内战，一致抗日，都被拒绝。陈果夫在十二月二十日的日记中还写道：“蒋先生之主张：（一）战必胜日（引者注：意思是指只有‘必胜日’时才可‘战’）；（二）但糊里糊涂送却国命，非所愿为；（三）国策不能任意变更。”〔2〕蒋介石在调集重兵准备大举进攻陕北革命根据地时，又在十二月四日到陕西，逼迫张、杨率领全部军队北上“剿共”。蒋的高级将领陈诚、卫立煌、蒋鼎文、陈继承、朱绍良、陈调元等也先后到达西安，准备取张、杨的地位而代之。南京政府的战斗轰炸机一队队飞抵西安机场。已是一片“山雨欲来风满楼”的严峻气氛。七日，张学良再次去见蒋介石哭谏，主张停止内战，一致抗日。“这个紧张场面一直持续了三小时之久。最后蒋介石把桌子一拍，厉声说：‘你现在就拿枪把我打死了，我的剿共政策也不能变！’张学良当晚回到西安，把杨虎城找了去，一见面就说：‘失败了！’他们两人见‘善说’不成，于是就密谋‘硬干’。”〔3〕

---

〔1〕（英）詹姆斯·贝特兰：《中国的新生》，新华出版社 1986 年 4 月版，第 219、220 页。

〔2〕《陈果夫先生民国二十五年至四十年日记摘要》，胡有端：《新时代的领航者——陈果夫传》，（台北）近代中国出版社 1991 年 6 月版，第 143 页。

〔3〕申伯纯：《西安事变纪实》，人民出版社 1979 年 11 月版，第 105 页。

十二月十二日凌晨，按照张、杨商定的计划，东北军一部赶往临潼华清池的蒋介石住处，扣押了蒋介石；十七路军控制了西安。张、杨并在当天向全国通电提出救国八项主张：“（一）改组南京政府，容纳各党各派，共同负责救国。（二）停止一切内战。（三）立即释放上海被捕之爱国领袖。（四）释放全国一切政治犯。（五）开放民众爱国运动。（六）保障人民集会结社一切政治自由。（七）确实遵行总理遗嘱。（八）立即召开救国会议。”〔1〕

中国共产党在事变前没有与闻这件事。张学良扣留蒋介石后，当天上午致电毛泽东、周恩来，希望听取他们的意见。毛、周当晚复电：“恩来拟来兄处，协商大计。”十六日，南京明令讨伐张学良，并以何应钦为“讨逆军”总司令。当时，陕北到西安的交通十分不便。十七日，周恩来到达西安同张学良会见，向他分析了西安事变可能有两种截然不同的前途：

“如果能说服蒋介石停止内战，一致抗日，就会使中国免于被日寇灭亡，争取一个好的前途。如果宣布他的罪状，交付人民审判，最后把他杀掉，这样不仅不能停止内战，还会引起更大规模的内战；不仅不能抗日，而且还会给日本帝国主义造成进一步灭亡中国的便利条件，这就使中国的前途更坏。历史的责任，要求我们争取中国走向一个更好的前途。这样就要力争说服蒋介石，只要他答应停止内战、一致抗日的条件，就释放他回去。蒋介石还实际统治着中国的大部分地区，迫使他走上抗日的道路，还拥护他做全国抗日的领袖，有利于发动全面的抗日民族解放战争。”〔2〕

十九日，由中华苏维埃中央政府和中共中央公开发表通电，要求由南京召开和平会议，西安、中共等各方参加，团结全国，反对一切内

〔1〕《西安事变档案史料选编》，档案出版社 1986 年 11 月版，第 3、4 页。
〔2〕罗瑞卿、吕正操、王炳南：《西安事变与周恩来同志》，人民出版社 1978 年 11 月版，第 46 页。

战，一致抗日。同天，毛泽东致电在南京同国民党谈判的潘汉年：“请向南京接洽和平解决西安事变之可能性，及其最低限度条件，避免亡国惨祸。”[1]可见，中共中央主张和平解决西安事变的方针这时已确定下来。

共产国际在十六日曾给中共中央发来一个电报，因为密码差错，无法译出。中共中央在十八日去电要求重发。所以毛泽东在十九日的政治局会议上说：“国际指示还未来。”二十日，共产国际来电到了，“主张用和平方法解决这一冲突。”中共中央当天把共产国际的电报全文电告在西安的周恩来。它同中共中央的决定是一致的。

周恩来在西安，和张、杨同蒋介石以及随后到西安的宋美龄、宋子文之间的谈判紧张地进行着。以往几十年中，国民党当局对蒋介石在西安谈判中所作的承诺一直秘而不宣。不久前海外公布的宋子文日记对谈判状况有比较翔实的记录。他在十二月二十日的日记中记下了蒋介石当晚同他的谈话：

“委员长说，我必须要求周同意废除：（一）中国苏维埃政府；（二）取消红军名义；（三）阶级斗争；（四）愿意接受委员长之领导。去告知周，他无时无刻都在思考重组国民党的必要性。如果需要，他会要求蒋夫人签订保证书，保证在三个月内召开国民大会。但在此之前，他必须要求国民党大会把权力交给人民。国民党重组后，他将：（一）同意国共联合——假如共产党愿意服从他，正如同他们服从总理；（二）抗日，容共，联俄；（三）同时他愿意给汉卿（引者注：张学良）收编共产党的手令，而收编进来的伙伴都会配备良好的武器。”

宋子文二十五日的日记又记载，周恩来会见蒋介石，要他保证：“（一）停止剿共；（二）容共抗日；（三）允许派遣代表前往南京向委员长解释。”

〔1〕毛泽东致潘汉年电，1936年12月19日。

“委员长回应说，共产党向北推进抵抗日本一直是他的希望，果如周所言，共产党愿意停止一切共产主义宣传活动，并服从他的领导，他将像对待自己的子弟兵一样看待他们；虽然剿共之事常萦绕于心，但是大部分共产党领导人都是他以前的部下，如果他能以宽大胸怀对待广西，当然也能以宽容态度对待他们。他已经把纳编的共产党军队委托张学良。如果他们对他是忠诚的，他将像对待胡宗南的军队一样对待他们。委员长要周，休息够了，也针对相关问题详细研究讨论之后，亲自去南京。”〔1〕

二十五日下午，张学良没有同周恩来商量，就亲自陪送蒋介石回南京。蒋介石在机场对张、杨说：“今天以前发生内战，你们负责；今天以后发生内战，我负责。今后我绝不剿共。我有错，我承认；你们有错，你们亦须承认。”〔2〕他还把答应的条件重申了一遍。蒋介石一离开西安，态度就发生变化：背信弃义地扣留并审判张学良，调集中央军直逼西安，并对东北军和十七路军进行分化。但“剿共”的内战毕竟停止了下来，国共两党走向第二次合作。

这里还可以提出一个问题，既然在西安事变中，同蒋介石并没有形成什么书面协议，张学良到南京以后蒋介石背信弃义地把他扣起来，杨虎城后来还被杀害。那么，为什么他对共产党进行的内战，在看起来没有任何保证的情况下，还是停了下来，从而导致第二次国共合作的实现，导致全民族抗战的形成？

毛泽东在两天后召开的中共中央政治局会议上对西安事变的突出历史作用有一个精辟的说明。他说：

“西安事变成为国民党转变的关键。没有西安事变，转变时期也许会延长，因为一定要一种力量逼着他来转变。西安事变的力量使国民党结束了十年的错误政策，这是客观上包含了这一意义。就内战来说，十

〔1〕《宋子文西安事变日记》，（台北）《近代中国》季刊，第157期，2004年6月30日。
〔2〕《周恩来选集》上卷，第73页。

年的内战，什么来结束内战？就是西安事变。西安事变结束了内战，也就是抗战的开始。国共合作虽然说了很久，尚未实现。联俄问题，亦在动摇中。西安事变促进了国共合作，结束了他的动摇。西安事变，开始了这些任务的完成。”

为什么西安事变能促成这一转变的实现？毛泽东在那次报告中继续说道：“西安事变这样的收获不是偶然的，因为国民党已开始动摇，酝酿了很久。他们内部矛盾发展到最高度。所以西安事变便解决了这个矛盾，这是酝酿成熟、时局转变的焦点。西安事变是划时代转变新阶段的开始。”〔1〕也就是说：在日本侵略者咄咄逼人地进攻和全国汹涌澎湃的抗日救亡热潮的压力下，蒋介石已着手准备抵抗日本侵略的战争。而对转变政策、团结国内各方面力量共同抗日，“国民党已开始动摇，酝酿了很久”，但这个决心一时仍下不了，“一定要一种力量逼着他来转变”。继福建事变和两广事变之后，一向服从蒋介石的东北军和十七路军在西安事变中竟采取如此激烈的“兵谏”手段，不能不给蒋介石留下极深的印象，感到自己阵营内部的抗日要求也已很难压抑得住。不久后，他向一个熟悉的美国记者表示：“他认识到，若任由日本占领华北而不作抵抗，他将失去中国的民心，亦会失去手下大多数将领的支持。”〔2〕周恩来同蒋介石直接接触，使他多少感受到中国共产党团结抗日的诚意。事实也使他看到中国共产党的力量不是在短时期内能够消灭的。这一切，便推动并促使他下了决心，“结束了他的动摇”。形势比人强。历史就是在这样充满矛盾的运动中前进的。

一九三七年二月国民党召开五届三中全会，蒋介石把“剿共或容共”列为“全会议题”之一。〔3〕2月10日会议举行前夕，中共中央致电即将召开的国民党五届三中全会，提出著名的“五项要求”和“四点

〔1〕毛泽东在中共中央政治局会议上的报告记录，1936年12月27日。

〔2〕（美）哈雷特·阿班：《民国采访战》，第205页。

〔3〕蒋介石日记，1937年1月31日。

保证”。电文说：

“西安事变和平解决，举国庆幸，从此和平统一团结御侮之方针得以实现，实为国家民族之福。当此日寇猖狂，中华民族之存亡，千钧一发之际，本党深望贵党三中全会，本此方针，将下列各项定为国策：（一）停止一切内战，集中国力，一致对外；（二）言论集会结社之自由，释放一切政治犯；（三）召集各党各派各界各军的代表会议，集中全国人材共同救国；（四）迅速完成对日抗战之一切准备工作；（五）改善人民的生活。

如贵党三中全会果能毅然决然确定此国策，则本党为表示团结御侮之诚意，愿给贵党三中全会以如下之保证：（一）在全国范围内停止推翻国民政府之武装暴动方针；（二）苏维埃政府改名为中华民国特区政府，红军改名为国民革命军，直接受南京政府与军事委员会之指导；（三）在特区政府区域内实施普选的彻底的民主制度；（四）停止没收地主土地之政策，坚决执行抗日民族统一战线之共同纲领。”〔1〕

可以看出，这里的“四点保证”，正是对蒋介石十二月二十日向周恩来所提四点要求的回应。

三月二十六日，周恩来到杭州同蒋介石面谈。周先说明：中共是为了国家和民族的利益，谋求同蒋介石和国民党合作，但决不能忍受“投降”、“改编”的诬蔑。他提出中国共产党的几点具体要求：第一，陕甘宁边区须成为整个行政区，不能分割；第二，红军改编后的人数须达四万余人；第三，三个师以上必须设总部；第四，副佐及政工人员不能派遣；第五，红军学校必须办完本期；第六，红军防地须增加。蒋介石表示：承认中共有民族意识、革命精神，是新生力量，几个月的和平运动影响很好；承认由于国共分家，致使十年来革命失败，造成军阀割据和

〔1〕《中共中央文件选集》第11册，第157—158页。

帝国主义者占领中国的局面，要求各自检查过去的错误。他要中国共产党不必说同国民党合作，只是同他个人合作。对具体问题，他表示：这些都是小节，容易解决。周恩来在会谈后所写的一份报告中说："总观蒋的谈话意图，中心在领袖问题。""他认为这一问题如能解决，其他具体问题自可放松一些，否则必从各方面给我们困难，企图逼我就范。"〔1〕

西安事变和平解决后，尽管局势发展中还有跌宕起伏，但国内政治问题的中心一环——停止内战——已经实现，国共重新合作的大局已定，历史的潮流已不可逆转地向着实行团结抗日的阶段过渡了。

〔1〕周恩来：《中共中央关于蒋介石谈判经过和我党对各方面策略方针向共产国际的报告》，1937年4月5日，手稿。

第十章

全民族抗战的爆发

一九三七年七月七日，是中国人永远不会忘记的日子。这一天，日本军国主义者发动了对中国的全面侵略战争，企图灭亡中国。这一天，中国人期待已久的全民族抗战终于爆发。它改变了中国，在中华民族解放斗争史上写下新的一页，成为中国复兴的重要枢纽。

抗日战争初期，中国在极端困难的条件下，几乎是孤军奋战，确实表现出“以我们的血肉，筑成我们新的长城”那种顽强不屈的气概，在东方开辟了世界上第一个大规模的反法西斯战场。

日本军国主义者的“对华一击论”

七七事变前夜，中国的上空早就乌云密布，充满“山雨欲来风满楼”的紧张气氛。它的发生不是偶然的：既有国际的大背景，又是日本军国主义者加紧对华侵略必然要跨出的一大步。

从国际范围来看，局势确实异常严峻。一九二九年至一九三三年席卷世界的经济危机，大大加快了德国、日本、意大利这三个最富有侵略性的法西斯势力的兴起。希特勒在一九三三年夺取德国政权后，狂热地煽动民族复仇情绪，实行极权统治，全力扩军备战。一九三六年三月，他派遣军队闪电般占领莱茵非军事区，公然破坏第一次世界大战后形成的凡尔赛体系，并且准备发动更大规模的侵略战争，称霸世界。墨索里尼控制下的意大利法西斯政权，扬言要重建“新罗马帝国”，把地中海变为“意大利湖”。一九三六年五月，它吞并非洲的独立国家阿比西尼亚（现称埃塞俄比亚）。这年七月，德、意两国公然对西班牙进行武装干涉，支持叛军进攻民众选举的人民阵线政府。这些消息一个紧接着一个传来，大家都感到欧洲已处于浓重的战云笼罩下。

英国和法国在第一次世界大战中，受到很大削弱，战争的创伤还没有完全消除，国内社会矛盾十分尖锐，对德意法西斯势力的勃兴不但不敢采取有力措施加以制止，而且怀着深深的恐惧心理，害怕得罪它们就会引发战争，一味实行“绥靖政策”。美国国内，孤立主义的思潮盛行，对这一切采取置身事外的态度。国际上对法西斯势力妥协退让的空气弥漫一时。

德、意法西斯势力的兴起，使日本军国主义者受到极大鼓舞。一九三六年十一月，日本同德国签订《关于反共产国际协定》，简称“防共协定”。第二年，意大利也参加这个协定。德、日、意三国法西斯势力，共同构成对人类和平与安全的最严重威胁。而英、法、美的软弱和姑息政策，更使日本军国主义者觉得有机可乘，更加放手地扩大对华侵略。

从日本国内来说，一九三六年二月二十六日少壮派军人发动的二二六政变是一件大事。《远东国际军事法庭判决书》中写道：“东京陆军叛乱的第二天，在中国厦门的日本领事馆发表了这次叛乱的目的是以军部内阁来代替分裂的内阁。他们说青年军官集团想一举而占领中国全土，并准备马上对苏战争，而使日本成为亚洲唯一的强国。”〔1〕

四月十七日，经陆相寺内寿一提议，日本广田弘毅内阁阁议，决定大幅度增加驻在华北的中国驻屯军。第二天，以“军令陆甲第六号”命令，将中国驻屯军兵力从一千七百七十一人增加到五千七百七十四人；士兵由一年轮换制改为永驻制；它的司令官官阶改为天皇钦命制。这当然是非同寻常的大动作。

五月一日，日本统帅部将山县有朋在明治时期制定的《帝国国防方

---

〔1〕《远东国际军事法庭判决书》，五十年代出版社1953年10月版，第69页。

针》进行第三次修改，并对大正时期制定的《帝国军队的用兵纲领》也作了修改。修改后的《国防方针》规定："一旦有事，制敌机先，迅速达到战争的目的"。《用兵纲领》规定："以中国为敌时，其作战要领如下：初期目标是，占领华北要地和上海附近，保护帝国权益和日本侨民。"〔1〕这里提出的初期目标是"占领华北要地和上海附近"，七七事变和八一三事变就是按此进行的。

九月十五日，日本新任驻华大使川越茂同南京政府外交部长张群举行第一次会谈。"日本当时即提出四项要求：1. 允许日本在长江驻兵。2. 修改教科书，删除排日思想。3. 华北五省（河北、察哈尔、山东、山西、绥远）自治。4. 中日经济合作。"〔2〕这显然是南京政府无法接受的，会谈无结果而散。可以清楚地看出，日本这时的侵华野心，比一九三五年华北事变时又进了一大步，而蒋介石的对日政策已在发生变化，南京政府同川越会谈时的强硬态度是过去没有的。在这种情况下，日本军国主义者更加迫不及待地要求发动对华全面战争。

一切都在紧锣密鼓地进行着。

一九三七年初，一个新的动向出现了：所谓"对华一击论"在日本军部内部迅速抬头。六月九日，也就是七七事变前不到一个月，关东军参谋长东条英机致电陆军省、参谋本部，提出《关东军关于对苏、对华战略意见书》，认为从准备对苏作战的观点来观察当前中国形势，"我们相信：如果为我武力所允许，首先对南京政权加以一击，除去我方背后的威胁，此为最上策。"〔3〕他们狂妄地以为这种打算不难实现。邹韬奋指出："日帝国主义始终梦想其所谓'大陆政策'，固有他们的一贯的侵略政策，但是不战而取东北，小战而取华北，也无疑地增加了他们的气焰，增强了他们对于灭亡中国的幻想。"〔4〕他们对中国作了完全错误的估计，以为只要实行对中国"加以一击"并不需要花多少力气，就完全

〔1〕（日）服部卓四郎：《大东亚战争全史》第1册，第260、261页。

〔2〕张群：《我与日本七十年》，（台北）中日关系研究会1980年6月版，第61页。

〔3〕（日）秦郁彦：《日本战争史》，附录资料，转引自沈予《日本大陆政策史》，第512页。

〔4〕韬奋：《社评三则》，《抗战三日刊》第1号，1937年8月19日。

足以达到全面控制中国的目的。他们以后的整个行动部署正是以这种对中国极端错误的估计为出发点的。

日本军国主义者的决心已下，大规模侵略行动已准备就绪，战争事实上随时都可以爆发。至于借口，那是很容易制造的。七七事变时刚就任日本首相的近卫文麿后来写道：

“余拜命组阁之时，陆军自‘满洲事变’以来所为之诸种策动，已相继成熟，在中国大陆似有一触即发之势；当时中国问题，已至非武力解决不可之程度，余当然不知。故组阁后不足一月，卢沟桥事件爆发，竟至扩大为‘中国事变’。”〔1〕

一切发展趋势都表明，中日两国之间的全面战争，已无法避免。

卢沟桥事变

七七事变前那些日子，平津一带早已一夕数惊。

日本的中国驻屯军司令部设在天津。一九三五年底，他们派一个大队（相当于营，但人数较多，约七百人），完全置中国主权于不顾，非法进驻北平南郊的丰台镇。这里是北宁（北平至辽宁）和平汉两条铁路的会合处，可以切断北平的对外交通，战略地位十分重要。它根本不在辛丑条约规定的十二处外国驻兵地点之内。随后，他们又在丰台陆续增兵，并设立军事指挥部。这年九月，他们经过不断挑衅（包括武装攻击）挤走了当地的中国驻军，占领整个丰台镇。一九三六年一月起，日军在平津近郊举行五次大规模军事演习。“其初演习不过每月或半月一次，后来渐渐增至三日或五日一次，初为虚弹射击，后竟实弹射击，初

〔1〕《中华民国史事纪要（初稿）》，1937年7—12月，（台北）“国史馆”1987年版，第50页。

为昼间演习，后来竟实行夜间演习，且有数次演习竟要穿城而过。”[1]一九三七年六月二十五日起，丰台驻军在卢沟桥一带的演习更加频繁。二十九日，日军借夜间演习的名义，向卢沟桥市街进行实弹射击。当时任日本驻北平武官的今井武夫在回忆录中说：“那时候，在东京政界的消息灵通人士之间，私下盛传着这样的谣言：‘七夕的晚上，华北将重演柳条沟一样的事件。’”[2] 其实，这不是“谣言”，而是他们预定的打算，事实很快就作出证明。

卢沟桥位于北平西南十五公里的永定河上。它和桥东的宛平县城正当北平南下的咽喉要道。丰台被占后，北平已陷入北、东、南三面被围，只剩下卢沟桥这条对外联系的唯一通道。七月七日晚，驻丰台的日军在卢沟桥附近进行夜间军事演习。演习中，日军借口有一名士兵“失踪”，要求进入宛平城搜查，遭到拒绝。二十分钟后，这个士兵已自行归队。但日军大队长一木清直仍下达命令，攻击宛平城。此时已是七月八日凌晨四时五十分。[3] 驻守当地的第二十九军宋哲元部吉星文团奋起抵抗。战争全面爆发。

卢沟桥事变一爆发，中共中央在七月八日就发出《为日军进攻卢沟桥通电》，响亮地喊出：“日本帝国主义武力侵占平津与华北的危险，已经放在每一个中国人的面前。全中国的同胞们！平津危急！华北危急！中华民族危急！只有全民族实行抗战，才是我们的出路！”同一天，毛泽东、朱德等七人致电正在庐山的蒋介石：“红军将士，咸愿在委员长领导之下，为国效命，与敌周旋，以达保土卫国之目的”。[4] 十五日，周恩来在庐山将《中共中央为公布国共合作宣言》交给蒋介石。

蒋介石在七月八日采取了以下行动：电令宋哲元，“宛平城应固守勿退，并须全体动员，以备事态扩大”；电令军委会办公厅主任徐永昌、

---

〔1〕 王冷斋：《卢沟桥事变回忆录》，《卢沟桥事变史料》上册，（台北）中国国民党中央党史委员会 1986 年 12 月版，第 30 页。

〔2〕（日）《今井武夫回忆录》，上海译文出版社 1978 年 5 月版，第 16 页。

〔3〕 李云汉：《卢沟桥事变》，（台北）东大图书股份有限公司 1987 年 9 月版，第 293 页。

〔4〕《中共中央文件选集》第 11 册，第 274、278 页。

参谋总长程潜，准备增援华北；下令孙连仲、庞炳勋等率部北援。[1] 他在九日的日记中写道："早起处理华北战事，准备动员，不避战争。"十日写道："动员六师北运增援，如我不有积极准备示以决心，则不能和平解决也。"十四日写道："对卢案，英美已有合作调解趋势。"[2] 这种立刻积极备战以应对日军挑衅的态度，和过去显有不同。但他仍力图把事变限制在地区性、局部性的范围内，不使事变扩大，期待能通过外交途径使冲突"和平解决"。

蒋介石的儿子蒋纬国在《抗日战争指导》一书中写道："蒋委员长内心在当时并不想和日本开战，这是可以体认的。""因此在七七事变发生后，蒋委员长仍然希望日本政府约束军人，不使事态扩大。"[3]

事实上，这一条路是走不通的。战争一旦发动，日本当局不但没有任何缓和局势的表示，相反，却尽力扩大事变。十一日，日本内阁会议发表《关于派兵华北的声明》，决定调关东军和在朝鲜的军队大举增援在华北的中国驻屯军。他们还在国内进行狂热的战争煽动。局势正在迅速恶化。

卢沟桥事变消息传来，中国社会各界群情激愤，纷纷致电或致函二十九军军长宋哲元等，要求他们奋勇杀敌，坚持到底。各地报纸发表社论、文章和短评，揭露日本侵华野心，要求团结御侮。天津《大公报》在七月十日社评中，要求政府速决大计。"否则退让复退让，畸形复畸形，士气何堪再用，地方成何体制？"[4]

在局势日趋危急的情况下，七月十七日，蒋介石在庐山第二次谈话会上讲话。这是一个比较好的讲话。他在讲话中尽管还说到"在和平根本绝望之前一秒钟，我们还是希望和平的，希望用和平的外交方法求得卢事的解决"，但他的重点已在"到了必不得已时，我们不能不应战"。他说了一段很值得注意的话："我们的东四省失陷，已有了六年之久，

---

〔1〕 李云汉：《卢沟桥事变》，第 328、329 页。

〔2〕 蒋介石日记，1937 年 7 月 9、10、14 日。

〔3〕 蒋纬国：《抗日战争指导》，（台北）远流出版公司 1989 年 4 月版，第 426 页。

〔4〕《卢沟桥事变史料》下册，第 6 页。

继之以塘沽协定，现在冲突地点已到了北平门口的卢沟桥。如果卢沟桥可以受人压迫强占，那末我们百年故都、北方政治文化的中心和军事重镇的北平，就要变成沈阳第二！今日的北平，若果变成昔日的沈阳，今日的冀察，亦将成为昔日的东四省。北平若可变成沈阳，南京又何尝不可变成北平！”这清楚地表明，蒋介石已经深切地感到，卢沟桥事变已使中国、也使南京政府到了生死存亡的关头。这些话，他以前从来没有说过。

他在讲话中明确宣称：“如果战端一开，那就是地无分南北，年无分老幼，无论何人，皆有守土抗战之责任，皆应抱定牺牲一切之决心。”[1] 这句话成为传诵一时的名言，对蒋介石来说是一个很大的进步。中国国民党是当时中国最大的握有统治权的政党，南京政府有着二百万军队和得到国际承认的外交地位。没有它的参加，全民族的抗日战争难以形成。蒋介石这个讲话在国内受到普遍的欢迎。

这以后，局势发展得很快。日军向华北大举增兵，迅速扩大事态。七月二十九日和三十日，北平和天津相继沦陷。二十九军副军长佟麟阁和师长赵登禹壮烈牺牲。蒋介石在日记中写道：“平津既陷，人民荼毒，至此虽欲不战亦不可得，否则国内必起分崩之祸。与其国内分崩，不如对倭抗战。”[2] 蒋纬国写道：“在天津、北平相继沦陷之后，政府再不抗战，民心士气就要涣散消沉，或者可能引起内乱。”“所以才决心应战，实在有不得已的苦衷。”[3] 接着，日本在向华北继续增派重兵的同时，又向中国最大的经济中心上海发起进攻，南北呼应，企图使中国屈服。

日本在上海的虹口和杨树浦早就驻有一支装备精良的海军陆战队。八月九日陆战队中队长大山勇夫中尉等驱车强行冲入上海虹桥的中国军用机场，不听制止，被守军击毙。日本海军军令部立刻命令大批军舰驶入黄浦江，在上海的兵力也骤增至一万二千多人。按照一二八战役后签订的《淞沪停战协定》，上海及其邻近地区不得驻扎中国军队，只留携

---

〔1〕《总统蒋公思想言论总集》卷14，第583、584、585页。

〔2〕蒋介石日记，1937年8月31日，“本月反省录”。

〔3〕蒋纬国：《抗日战争指导》，第427页。

带轻武器的保安部队四个团维持地方秩序。为了防止日本军队发动突然进攻，南京政府命令京沪警备司令官张治中率部两个师在十二日进驻上海。据《张治中回忆录》说："这个时候，上海外交团为避免在上海作战，建议南京政府，改上海为不设防城市——自由口岸。这一个建议文件，大概是十一日发出，十二日到达外交部的，南京政府不免犹豫了一下，故忽然命令我不得进攻。"但日军在十三日突然对中国军队发动猛烈攻击。第二天，张治中发表谈话说："昨（十三日）下午四时，日方军舰突以重炮向我闸北轰击，彻夜炮声不绝，我居民损失奇重。同时复以步兵冲出界外，进攻我保安队防地，我方仍以镇静态度应付，从未还击一炮。现日方又大举以海陆空进攻，我为保卫国土，维护主权，决不能再予容忍。事至今日，和平确已完全绝望，牺牲已到最后关头，御侮救亡，义无返顾。"〔1〕十五日，日本组成由松井石根大将统率的上海派遣军，大举进攻。淞沪抗战从此开始。

战火燃烧到南京政府统治的心脏地区，使蒋介石看到中日之间的全面战争已无法避免，于是，原来国共两党谈判长期拖延不决的状况迅速得到改变。十八日，蒋介石同意发表红军改编为国民革命军第八路军，任命朱德、彭德怀为正副总指挥（在二十二日正式发表通告）。僵持已久的红军改编后的指挥和人事问题终于得到顺利解决。二十五日，中共中央发布红军改编命令，将西北红军改为八路军，下辖三个师（第一一五、一二〇、一二九师），分别由林彪、贺龙、刘伯承任师长，共四万五千人。九月十一日，国民政府军事委员会按照新的统一序列，将八路军改称第十八集团军，总指挥部改称总司令部，但人们仍习惯地把八路军的称呼沿用下来。九月二十二日，《中共中央为公布国共合作宣言》由国民党中央通讯社公布。第二天，蒋介石发表谈话称："此次中国共产党发表之宣言，即为民族意识胜过一切例证。""在存亡危急之秋，更不应计较过去之一切，而当使全国国民彻底更始，力图团结，以共保国家之生命与生存。"〔2〕这就在实际上承认中国共产党的合法地位。中国

〔1〕《张治中回忆录》上册，中国文史出版社 1985 年 2 月版，第 122 页。

〔2〕《总统蒋公思想言论总集》卷 38，第 95 页。

共产党在南方各省的游击队不久也改编为国民革命军新编第四军，叶挺、项英分任正副军长。国共第二次合作正式形成。

国内其他党派和团体如中华民族解放行动委员会（通常称为第三党，后改名为农工民主党）、国家社会党、中国青年党、中华职业教育社、乡村建设派等纷纷表示拥护团结抗日。被捕的救国会“七君子”已于七月三十一日获释出狱。国民党也放松党禁。南京政府的国防最高会议设立二十五人的国防参议会，聘请一些其他党派和团体的知名人士为参议员，作为共赴国难的咨议机构。南京政府原来难以直接指挥的地方部队，如桂军、川军、滇军等也远赴前线，对日作战。各少数民族人民同仇敌忾地以不同方式参加抗日斗争。

日本军国主义者发动对华全面侵略，最致命的错误是大大低估了中国民众内部深深蕴藏着的那种无穷无尽的力量，特别是当中华民族处于生死关头时那种万众一心的民族凝聚力。日本侵略者眼中看到的只有武器而看不到人。他们只从两国军事力量的对比出发，以为只要给中国有力的“一击”，只需要几个月就可以使中国屈服。可是，他们的算盘完全打错了，结果大大出乎他们意料，深深地陷入中国全民族抗战的泥淖中无法自拔。

渴望了那么久的团结抗日局面的实现，使人们激动万分。中华民族的觉醒达到了前所未有的地步。从上海几个文学刊物因淞沪抗战爆发而改成联合出版的刊物《呐喊》、《烽火》，可以读到许许多多表达这种强烈感情的文章。曾经主编《申报》副刊《自由谈》的黎烈文写道：

“期待了六年了，这伟大的抗战现在毕竟展开在我们的眼前！看着飞机在天空翱翔，听着大炮在耳边轰响，我满身的血液都沸腾起来，我的喜悦使我快要发狂。”

“我相信中国文化界的优秀分子以前没有一个不是憎恶战争的，但在现在却没有一个不是讴歌抗战的，这原因决不是由于思想的改变，实在是敌人逼迫太甚，我们再不奋起抵抗，不单我们自己要陷入至悲极惨的奴隶的命运，连我们的子孙也要任人蹂躏，永远没有翻身的日子。”[1]

大家也看到：在亡国灭种的严重威胁面前，个人的命运已经同整个国家民族的命运紧紧联结在一起，如果国家民族没有前途，就根本没有什么个人前途可言。著名作家巴金写道：

“上海的炮声应该是一个信号。这一次全中国的人真的团结成一个整体了。我们把个人的一切全交出来维护这个‘整体’的生存。这个‘整体’是一定会生存的。‘整体’的存在也就是我们个人的存在。我们为着争我们民族的生存虽至粉身碎骨，我们也不会灭亡，因为我们还活在我们民族的生命里。”[2]

为什么那么多志士仁人不惜牺牲自己的一切，甚至献出自己最宝贵的生命，去为国家民族的命运前途而奋斗？它的原因就在这里。为什么中华民族能在抗日战争中顽强坚持下去，直到取得最后胜利？它的力量源泉也在这里。中华民族中蕴藏着巨大能量，在反抗外来侵略者的战争中，以令人吃惊的规模和气势，像火山般迸发出来了。

南北战场上的作战

平津沦陷和淞沪抗战爆发后，日本侵略者决心扩大战争。中日之间的战争，同时在南北两大战场激烈地展开。

在北线，日本军队占领北平、天津后，组建华北方面军，兵力增加到十七万多人，倚仗它在装备、训练上的优势，沿津浦、平汉、平绥三条铁路作扇面式展开。平绥线上，日军受到汤恩伯指挥的第十三军在南口凭险抵抗半个月，随后进陷张家口和晋北重镇大同。津浦线上，日军

〔1〕 黎烈文：《伟大的抗战》，《呐喊》创刊号，1937年8月25日。
〔2〕 巴金：《一点感想》，《呐喊》创刊号，1937年8月25日。

占领沧州，向山东推进。平汉线上，他们先后攻占保定、石家庄，并以一部主力向晋东门户娘子关推进。双方的主战场很快转移到山西。

山西的战略地位十分重要。当时担任八路军政治部主任的任弼时，在第二年一月写道："山西自雁门关以南，井陉、娘子关以西系高原多山地区，对保卫华北、支持华北战局，有极重大的意义。敌人要完成其军事上占领华北，非攻占山西不可。如山西高原全境保持我军手中，则随时可以居高临下，由太行山脉伸出平汉北段和平绥东段，威胁敌在华北之平津军事重地，使敌向平汉南进及向绥远的进攻感受困难，故山西为敌我必争之战略要地。"〔1〕

山西地方实力派首领是阎锡山。他从辛亥革命时起已统治山西二十多年，一向闭关自守，不许其他政治势力进入山西，几经沉浮，始终不倒。他历经风雨，老谋深算，精于权术，过去一直奉行亲日反共政策。华北事变后，日本侵略者步步进逼，对山西也构成严重威胁，使日阎之间的矛盾激化。红军东征山西时，蒋介石乘机派五个师入晋，事后仍不全撤，对阎又是一块心病。因此，他也开始同共产党拉关系。可以说："阎锡山是在三个鸡蛋中间跳舞，哪一个也不能碰着。"〔2〕

一九三六年十月，共产党员薄一波等以个人身份，接受阎锡山的邀请，到太原协助他从事抗战的准备。他们去后，接办由阎刚建立的牺牲救国同盟会，把它办成中国共产党领导的抗日救亡群众组织。经过三个月，会员发展到六十万人，大多懂得救亡图存的必要，骨干中不少是共产党员。

卢沟桥事变爆发前夜，阎锡山已感觉这场战争难以避免。他在这年六月十二日对参谋训练团的演讲中说："晋绥所处的地位，适当国防冲要，非抱定守土抗战的决心，不足以救亡图存。"战争爆发后，他在八月十五日又说："我们处在这大难临头、千钧一发的时候，只有决心牺

〔1〕《任弼时选集》，第137页。

〔2〕薄一波：《七十年奋斗与思考》上卷，中共党史出版社1996年3月版，第203页。

牲，才能保住我们的国家。”[1] 由于山西兵力严重不足，在薄一波建议下，阎锡山同意组建新军，称为山西青年抗敌决死队，半年内发展到四个纵队（相当于旅）。它的成员大多是青年知识分子（主要是大、中学生），军事干部由阎派来军官充任，政治干部多数是共产党员。政治委员是部队的最高首长，有最后决定权。这支部队实际上成为共产党领导的革命军队。这时南京国民政府也派第十四集团军总司令卫立煌率部入晋，随后又同意八路军开赴山西前线抗日。

在南京政府发表红军改编为八路军的同一天，八月二十二日，中共中央在陕北洛川召开政治局扩大会议。这次会议开了四天，根据敌强我弱的形势，指出抗日战争必然是持久而艰苦的，必须做到全国人民总动员，实行全面抗战。会议本着这个精神，通过了《抗日救国十大纲领》。由于红军即将开赴前线，一个新的问题提到面前：红军在抗日战争中应该怎样作战？毛泽东在会上的军事报告中，根据日本侵略军作战的特点，指出红军的作战方针应该是：“独立自主的山地游击战争（包括有利条件下消灭敌人兵团与在平原发展游击战争，但着重于山地）”。并说明：这种独立自主是在统一战略下的“相对的独立自主”。[2] 这和以往红军的作战方法不同，是在抗日战争这种特定条件下克敌制胜的正确方法。接着，八路军以第一一五师为先遣部队，在八月底东渡黄河，进入山西；其他两个师也陆续开抵山西。

国民党军队在华北前线，虽有不少部队进行了英勇的抵抗，但由于采取单纯防御的方针，在装备优良、训练有素的日军攻击下，都以失败告终，有些地方甚至出现“兵败如山倒”的局面。八路军到达前线时，阎锡山的部队在平型关至雁门关一线的内长城组织防御。八路军第一一五师冒雨在平型关东北的公路右侧山地设伏。九月二十五日，日军板垣师团的后续部队和辎重部队进入伏击圈时，八路军突然展开猛烈攻击，歼灭日军一千多人，击毁汽车一百多辆、马车二百多辆，缴获大量武器

---

〔1〕《民国阎伯川先生锡山年谱长篇初稿》(5)，（台北）商务印书馆1988年9月版，第2015、2027页。

〔2〕毛泽东在洛川会议上的报告，1937年8月22日。

和军用物资。这是抗战开始以来中国军队取得的第一次大捷，打破了“皇军不可战胜”的神话。

平型关大捷在全国引起强烈反响。祝捷电报雪片似地飞向八路军总部。它对八路军取得民众信赖、顺利地在敌后发展游击战争，有着重大影响。当时担任八路军旅长的陈赓在九月二十六日日记中写道：

“这是红军参战的第一次胜利，也是中日开战以来最大的第一次的胜利。这一胜利虽然是局部的，但在政治上的意义是无穷的：一，证明我党的主张正确；二，只有积极地采取运动战、游击战、山地战，配合阵地战，抄袭敌人，才能胜算；三，证明唯武器论的破产；四，单纯的防御只有丧失土地。”

十月一日，他在日记中又描述八路军向前线开拔途中的情景：

“沿途群众对我们非常欢迎。特别是平型关战斗的胜利，使他们对我们的信仰更加提高。”〔1〕

这以后，山西战局的重心向南移到忻口地区。忻口是从晋北通向太原的门户，也是守卫太原的最后一道防线。那里是丘陵地带，地势不算险要。但越过这里，太原就无险可守了。卫立煌担任第二战区前敌总指挥，率领中国军队八万人，在这里坚守阵地，顽强抗击，并多次发动反击，进行了近一个月的浴血奋战，毙伤日军两万多人。第九军军长郝梦龄在作战中英勇牺牲。为了配合正面战场的作战，八路军第一二〇师一度收复雁门关，伏击日军辎重队，切断从大同到忻口的交通；第一一五师主力夺回平型关，截断从张家口到忻口的交通线，前线日军只得靠空运来维持给养；第一二九师陈锡联团又在十月十九日乘黑夜突袭阳明堡机场，焚毁停在那里的全部日机二十四架。这些行动，使日军后方补给

〔1〕《陈赓日记》，战士出版社 1982 年 8 月版，第 17、19 页。

线陷于半停顿状态，对正面防守的国民党友军是有力的支援。卫立煌对周恩来说："八路军把敌人几条后路都截断了，给我们忻口正面作战的军队帮了大忙。"[1] 后来，因为日军从东面攻陷娘子关，沿正太铁路向太原逼进，忻口的后路有被包抄的危险，阎锡山才下令放弃忻口。六天后，太原也失守了。忻口会战是华北抗战中规模最大、战斗最激烈的一次战役，也是国共合作得很好的一次战役。

在南线，淞沪会战是中日两国之间、也是抗日战争全面爆发后规模空前的一场战役。

日军战前在上海地区的驻军主要是海军，其中有海军陆战队约六千二百人（此外，上海日侨中的在乡军人已完成编组训练的有三千六百人）；有第一、第三舰队所属军舰十七艘，其中十二艘在十日驶入黄浦江，会同原停泊淞沪的日舰共三十多艘，还在吴淞口外泊有航空母舰一艘；空军有海军航空队各种飞机一百多架。"作战主力不是那些陆战队，而是江面军舰上的重炮。"[2] 淞沪会战爆发后，日方在十五日组成上海派遣军，又调陆军两个师团为骨干，侵占上海市区以北的大片地区。他们原来以为用这点兵力来对付一直被他们藐视的中国军队已足够了，没有料到却受到中国军队的拼死抵抗。九月上旬以后，因战事陷入胶着状态，又不得不增援四个师团，其中有些师团是从华北战场抽调来的，可见日军作战的重心已从华北转到南线。到十一月上旬，日军又组成第十军，用三个师团兵力投入上海地区作战。日军在这个地区的兵力增加到三十万人。但如此短视的逐次增兵，暴露出他们的严重弱点。

中国军队方面，蒋介石的嫡系精锐部队除卫立煌、汤恩伯部在华北外，几乎全部投入了淞沪保卫战。桂军、粤军、川军、滇军、湘军、东北军等部战斗力较强的部队也先后投入，共七十多万人。当时军事委员会指挥的部队约为一百八十个师，参加上海抗战的达七十三个师。国民党方面编写的战史写道："双方为争取本会战之胜利，均尽出精锐，倾力以赴。我军逐次使用步兵七十余师、炮兵五团、及有限之飞机，面对

[1] 赵荣声：《回忆卫立煌先生》，文史资料出版社 1985 年 1 月版，第 35 页。
[2] 《战局一览》，《抗战三日刊》第 1 号，1937 年 8 月 19 日。

数倍优势火力之敌步兵三十余万人——（九个师团），战车百余辆，山野炮三百余门，飞机二百余架，各型舰艇数百艘——在正面二百余公里、纵深三百余公里之地域内，浴血苦战达四阅月。”〔1〕

国民党军队中有不少爱国将士，长时间来就怀着抗日报国之心。他们在日军大举侵略面前，同仇敌忾，奋勇争先，表现出顽强的战斗意志，以劣势装备和血肉之躯同优势装备的敌军拼搏，使日军陷入严重苦斗。许多地方经过反复争夺，甚至白刃格斗。这次战役中，中国军队伤亡达二十五万多人，毙伤日军四万多人。东北军的第六十七军（即原王以哲军）军长吴克仁在抢渡苏州河时壮烈牺牲。第八十八师一个营在团副谢晋元、营长杨瑞符指挥下，据守苏州河北岸的四行仓库，掩护全军撤退，孤军奋战，坚持到十月三十日，才在英国方面劝导下退入上海公共租界。这件事，对鼓舞人心起了巨大作用，被称为“八百壮士”。

这次战役主要在上海市区以北进行。那里地势平坦，海岸线平直，北临长江，无险可守。日本军舰在长江和黄浦江中以远射程重炮猛烈轰击，陆军拥有优势的坦克和大炮，还有绝对的空中优势，以飞机轰炸扫射。中国军队几十万人密集在狭小地区内，又没有坚固的防御工事，伤亡十分惨重。当时担任淞沪警备司令部参谋的刘劲持在回忆文章中说到桂军在上海作战时的一次遭遇：

“日军炮多威力大，视界清楚，我炮一发射即刻被制压。似知道我反攻部署，预先将坦克及炮兵机枪等火力布置好。桂军官兵不知利害，挺直身体毫无掩蔽地向敌阵猛进，拿起步枪向坦克冲锋。敌人放桂军官兵进到阵地前，即用火力前后封锁，猛烈射击。肉体挡不住子弹，又无藏身之地，桂军纷纷壮烈牺牲。后续部队急忙退却，敌人阵地则丝毫未被突破。这样，一日间桂军六个师即被击溃，损失重大，不能再战，当晚只好另派部队接防。”〔2〕

---

〔1〕《抗日战史》第4册，（台北）“国防部史政编译局”1987年7月版，第29页。

〔2〕刘劲持：《淞沪警备司令部见闻》，《八一三淞沪抗战》，中国文史出版社1987年10月版，第50页。

白崇禧回忆道："敌人利用淞沪沿海之形势，发挥陆海空三军联合作战之威力，以装备之优良，训练之纯熟，发挥各兵种在战场上之战力，予我军创伤甚重。""因为制空权操于敌人，我方之陆海军之活动完全受了限制。空军更不敢白日活动，只能在夜间出袭。陆军若是白日行动，因无空军之掩护，常受敌机轰炸骚扰而前进困难。"[1]

为什么南京政府要在如此不利环境中长时间地同日军硬拼消耗？这不仅因为沪宁地区关系它的核心利益而不愿轻易放弃，还有一个重要考虑，就是认为上海是一个国际性的城市，那时九国公约会议即将召开，蒋介石仍希望多坚持几个星期，以便在国际上获得同情和支持。他总是对英美和国联的干预寄以过多的希望。十一月一日晚，蒋介石在南翔召开师长以上将领会议说："九国公约会议，将于十一月三日在比利时首都开会。这次会议，对国家命运关系甚大。我要求你们作更大的努力，在上海战场再支持一个时期，至少十天到两个星期，以便在国际上获得有力的同情和支援。"[2] 当时担任淞沪战线中央军总司令的张发奎回忆："我提议我们从淞沪前线转移十个师到苏嘉、吴福国防要塞工事。如是我们便能重新集结后撤的部队，以便确保有计划的撤退。""此时蒋夫人突然从上海来到，我还记得她穿着毛皮大衣。她宣称我们若能守住上海，我记得她说十多天中国将赢得国际同情，国际联盟将帮助我们抑阻日本侵略。""与会者只有少数人同意她的观点。蒋先生说，上海必须不惜任何代价坚守。"[3] 在敌我实力悬殊和地形不利的情况下实行如此规模的消极防御作战，损耗太大，在军事指挥上是很不恰当的。淞沪抗战鼓舞了全国人民的抗日热情，还为工厂内迁等赢得了一定的时间，但这并不是南京政府的主要用意所在。而前线将士为保卫祖国的英勇作战，付出极大的牺牲，无疑是可歌可泣的。

蒋介石召开那次军事会议后，只有三天多，十一月五日清晨，日本

---

〔1〕《白崇禧先生访问纪录》上册，第143、144页。

〔2〕《鹰犬将军——宋希濂自述》，中国文史出版社1986年7月版，第121页。

〔3〕张发奎：《蒋介石与我》，第248页。

第五军以两个师团的兵力在中国军队配置薄弱的杭州湾金山卫大举登陆（金山卫中国军队，因浦东兵力不足，大部分已移防浦东），势将从南向北切断淞沪地区中国军队的后路。上海战局急转直下。陈诚回忆道：当日军在金山卫登陆时，他建议迅速将中国军队撤出。“委员长为争取国际声誉，令再支持三日。至十一月八日再行撤退时，部队秩序已乱，命令无法下达。”〔1〕十一月十二日，上海沦陷。

中国军队在仓促撤退时极为混乱。蒋介石在日记中写道：“其间有接到命令时已至翌晨四时，不惟毫无撤退准备时间，而且已过其时。而其退却命令，总部毫无准备，甚至部队尚未开始撤退，而各路桥梁早已破坏，以至各部无法通过。”〔2〕许多部队失去控制，原有序列无法维持，日本飞机跟踪轰炸，桥梁破坏，大军拥塞，不少重武器丢弃，形成溃退的局面。“原定计划，前方淞沪抗战，后方应在吴福线及锡澄线留置有力后续部队固守阵地，于前线退却时，拒止敌追击部队之前进，掩护我后续部队，但留置军队到达不久即调淞沪前线，钢筋水泥机枪巢的钥匙几经转手不知去向。到这个时候，退到国防工事线上的部队，在已筑的工事上打几枪就跑，花了多少人力财力的工事，竟丝毫不起作用。”〔3〕当时在上海作战的第七十八军军长宋希濂在回忆录中慨叹道：“这次撤退十分混乱，以这样大的兵团，既不能进行有组织的逐次抵抗，以迟滞敌军的行动，又无鲜明的退却目标，造成各部队各自为政，拼命地向西奔窜。战场统率部，对许多部队都不明白其位置，遂使敌军如入无人之境。弄到这种地步，最主要的是蒋介石妄图依赖国际联盟和九国公约签字国，对日本施加压力，与日本进行和谈，以谋求结束战争。”〔4〕

日本把占领上海看作一个大胜利，气焰更高，野心进一步膨胀。十一月十七日，成立最高统帅部——大本营，直接受命于天皇。十二月一日，大本营决定编成华中方面军，以松井石根大将为司令官，并下令攻

---

〔1〕《陈诚先生回忆录——抗日战争》（上），（台北）“国史馆”2004年12月版，第58页。

〔2〕蒋介石日记，1937年11月20日，“本周反省录”。

〔3〕史说：《八一三淞沪抗战记略》，《八一三淞沪抗战》，第99页。

〔4〕《鹰犬将军——宋希濂自述》，第123页。

占南京。

下令攻占南京，说明日本最高决策层在中国问题上已下更大的决心，要全面支配中国、把整个中国变成它实际上的殖民地。这不是一般的军事决定，而且是一个重大的政治决定。

南京是国民政府的首都所在。但中国军队在淞沪战役中受到极大损失，还处在相当混乱的状态中；南京又缺乏坚固的防御设施，难以坚守。蒋介石连续召开三次会议讨论对策，最后决定迁都重庆。以唐生智为首都卫戍司令长官，率十一万多军队留守南京。十二月七日起，日军开始围攻南京。十三日，南京陷落。

日本侵略军占领南京后，立刻开始了惨绝人寰的南京大屠杀。他们手段的残暴狠毒是人类历史上罕见的，包括机枪扫射、乱刀砍杀、活埋、烧死、轮奸等等，给中国人留下无法磨灭的痛苦回忆。东京国际军事法庭对甲级战犯的判决书中写道："中国军队在南京陷落前就撤退了，因此所占领的是无抵抗的都市。接着发生的是日本陆军对无力的市民，长期间继续着最恐怖的暴行。日本军人进行了大批屠杀、杀害个人、强奸、劫掠及放火。尽管日本籍的证人否认曾大规模进行残虐行为，但是各种国籍的、无可置疑的、可以凭信的中立证人的相反的证言是压倒有力的。这种暗无天日的犯罪是从一九三七年十二月十三日占领南京市开始的，迄至一九三八年二月初还没有停止。"〔1〕中国南京审判战犯军事法庭在南京大屠杀主犯之一、日军第六师团师团长谷寿夫的死刑判决书中确认：在他的部队进驻南京的十天内，中国人"被害者总数达三十万人以上"。

日本侵略军南京大屠杀的罪证实在太多太多了。这里举两位一九四六年在南京国际军事法庭上作证的美国人宣誓后的证词。一位是金陵大学历史系贝茨教授。当律师询问他"日军控制南京城之后，他们对待平民百姓的行为如何"时，他回答：

〔1〕《远东国际军事法庭判决书》，第551页。

“我只能说我亲眼观察到在没有受到任何挑衅、没有丝毫缘由的情况下，日军接二连三地枪击老百姓；有一名中国人从我家里被抓走，遭杀害。在我隔壁邻居的屋子里，日本兵抓住并强奸他们的妻子时，两个男子焦急地站起来，于是他们被抓走，在我家附近的池塘边被枪杀，扔进池塘。日军进城后许多天，在我住所附近的街巷里，仍横陈着老百姓的尸体。这种肆意滥杀的现象遍布极广，没有人能够作出完整的描绘。”

“根据我们掌握确实的情况断定，共有一万二千男女儿童皆有的平民百姓在城墙内被杀。城里还有许多人被杀，但不为我们所知，这些人的数字我们无法查证。还有大批平民在城墙外被杀。这并不包括数以万计被屠杀的中国军人和曾经当过兵的人。”

当律师问到“日本兵对南京城里的妇女的行为如何”时，他回答：“那是整个事件中最粗野、最悲惨的部分。住得离我最近的三个邻居家里，妇女遭强奸，其中包括几名金陵大学教师的妻子。”“占领南京一个月之后，国际委员会会长拉贝先生向德国当局汇报，他以及他的同仁相信发生的强奸案不下两万宗。”“在金陵神学院，就在我的一位朋友的眼皮底下，一名中国妇女被十七个日本兵一个接一个地快速轮奸。我无意重复性虐待犯，及与反常行为相关、偶尔发生的强奸，但是我要提一提仅在金陵大学，九岁的小姑娘和七十六岁的老奶奶都遭强奸。”

当律师问到“日本兵对待南京城里老百姓私人财产的行为是怎样的”时，他回答：“从日军进城的那一刻起，日本兵不论何时何地，见什么拿什么。”“日军占领最初的六、七个星期，城里每栋房子都被那些四处游荡的成群日本兵闯入过许许多多次。在有些情况下，抢劫是有组织、有计划的，在军官的指挥下动用车队。”“外国使馆也被破门而入，遭到抢劫，其中包括德国大使馆和大使的私人财产。”〔1〕

另一位证人是南京圣公会教堂的牧师麦琪。他在回答律师所问“日本兵用什么样的行为对待中国平民男子”时说：

〔1〕《马内·S·贝茨的证词》，《南京大屠杀——英美人士的目击报道》，红旗出版社1999年9月版，第371—374页。

“难以置信地可怕。以各种方式立即开始屠杀，通常由个别士兵，或由三十名士兵一起外出，每个人似乎都操有生杀大权；接着进行有组织的大规模屠杀。不久，到处横陈着尸体。我在路上遇到过一列列被押着去枪毙的人群。这些人主要被步枪和机枪射杀。我还知道数百人被刺刀捅死。一位妇女告诉我，丈夫在她眼前被绑起来丢进池塘，她就在那儿，他们不准她去救，在她眼前淹死了。”

“一个苦力，回来向我们讲述其他人的命运。他们集合起来和大约一千多人一起被押往长江边上，从两个方向组成的机枪火力网扫射他们。子弹击中他之前千钧一发之际，他仆地而倒，没有伤着他。他周围的人的躯体压在他上面，他一直躺到天黑，在夜幕的掩护下，得以逃出来。”〔1〕

够了，够了，而这还只是他们亲眼目睹的事实中很少的一部分。

日本一些右翼分子正在叫嚣否认这些用中国人的血写下的铁的事实，甚至说南京大屠杀是虚构的。但有不少当年在南京亲身参与这场大屠杀的日本士兵，在晚年坦率地承认并悔恨自己犯过的罪行。日本大阪一位女教师松冈环，采访了一百零二个这样的士兵，出版了一本《南京战·寻找被封闭的记忆》。这是一本有三十多万字的书。他们叙述当年那些悲惨的事实实在太多了，这里只能举几个例：

原第十六师团士兵德田一太郎说：

“我们只抓男人，因为没有命令抓女人，只有命令把男人全部抓起来。只要是男人都带来检查。‘以前是当兵的吧’，就这么随便地说着就抓起来了。太平门附近有大量的俘虏，一个个都是惊惶不安的样子。接着不管男女老少，三四千人一下子都抓了起来。在太平门外，门右的一角工兵打了桩，然后围起铁丝网，把那些支那人围在里面，底下埋着地

〔1〕《约翰·G·麦琪的证词》，《南京大屠杀——英美人士的目击报道》，第381、382页。

雷。在白纸上写着‘地雷’以提醒日本兵不要去踩。我们把抓来的人集中到那里，一拉导火线，‘轰’地一下，地雷被引爆了。尸体堆成了山一样。据说是因为用步枪打来不及，所以敷设了地雷。接着，我们登上城墙，往下浇了汽油后，点上火就烧了。堆成山的尸体交错重叠在一起，非常不容易燃烧。上面的人大多死了，但下面还有大量活着的人。

第二天早上，分队长命令新兵‘刺致命的一刀’，检查尸体，把还活着的人刺死。我也踩在软绵绵的尸体上查找还活着的人，发现了只说一句‘这人还活着’，接着就有其他的士兵上来将他刺死。刺刀往喉咙口猛刺下去，血就像喷水一样喷射出来，人的脸色‘刷’地一下子就白了。经常听到‘啊呀’的惨叫声。”〔1〕

这个师团的另一个士兵町田立成讲了在下关的长江边集体屠杀中国民众的情景：

“有五至八人乘的小船，也有三十人左右乘的船，船里还有女人和孩子，没有能力抵抗日本兵。前方二十至三十米处有逃跑的败兵，这边的日本兵都举起机枪、步枪瞄准他们‘哒哒哒’地射击。小船、木筏上是穿着普通百姓衣服的中国人，畏缩着身子尽量多乘一些人顺江漂去。船被击翻了，那边的水域马上就被血染红了。也有的船上的中国人被击中后跳入江中，可以听到混杂在枪声中的‘啊、啊’的临终惨叫声。水中流过一沉一浮的人们。我们机枪分队与三十三联队的其他中队一起连续猛射，谁也没有发出号令，只是说：‘喂，那个那个，射那个。’数量相当多的日本兵用机枪和步枪的子弹拼命射击。”〔2〕

难道还有什么比回忆中国人曾经遭遇过的这些腥风血雨的悲惨情景更使人痛苦呢？这不是发生在什么穷乡僻壤，就发生在当时中国首都南

〔1〕（日）松冈环编著《南京战·寻找被封闭的记忆》，上海辞书出版社2002年12月版，第134页。

〔2〕（日）松冈环编著《南京战·寻找被封闭的记忆》，第48—49页。

京的市区和沿江一带。当国家处在外来的残暴侵略者的蹂躏下时，等待着中国人的只有这种苦难遭遇，不管你是谁，个人什么都谈不上了。七十多年前在中国国土上真实地发生过的这些令人发指的惨剧是永远不应该被淡忘的。

挺进敌后和《论持久战》

上海和太原相继失陷后，中国的抗日战争面对一个新的局面。毛泽东在这年十一月十二日指出："在华北，以国民党为主体的正规战争已经结束，以共产党为主体的游击战进入主要地位。在江浙，国民党的战线已被击破，日寇正向南京和长江流域进攻。"怎么办？他说："我们主张全国人民总动员的完全的民族革命战争，或者叫作全面抗战。因为只有这种抗战，才是群众抗战，才能达到保卫祖国的目的。""不要人民群众参加的单纯政府的片面抗战，是一定要失败的。因为它不是完全的民族革命战争，因为它不是群众战争。"毛泽东指出当前形势中的一个重要特点是："共产党和八路军的政治影响极大地极快地扩大，'民族救星'的声浪在全国传布着。共产党和八路军决心坚持华北的游击战争，用以捍卫全国，钳制日寇向中原和西北的进攻。"〔1〕

太原失守后，华北战场上出现一个奇特的现象：当国民党军队从前线大规模后撤的时候，八路军却朝着相反的方向，向敌军战线背后的沦陷区大步挺进。

到敌后去"坚持华北的游击战争"是完全有条件的：比起中国来，日本毕竟面积小得多，人口少得多。它的野心虽大，人力、兵力、财力、物力却不足。日军在华北的进攻，基本上是沿着几条铁路线推进的。当它在中国的辽阔土地上气势汹汹地前进时，实际上只能控制一些点和线，无力顾及广大的面，从而为开展敌后游击战争留下相当大的空间。那时，在国民党军队溃退后，许多地方的旧政权陷于瘫痪或自行消

〔1〕《毛泽东选集》第2卷，第387—389页。

失，野蛮的日本军队所到之处，杀人放火，奸淫掳掠，无所不为。山西宁武县，日军两次杀了三千多人，死的从七八十岁老人到一两岁的孩子都有，延庆寺的五十多个和尚也大多被杀，城里到处堆满了尸体。原平县河南村一共九百多人，绝户的有四十来家。该村村民赵金城说："我家一共十六口人，被日本人杀了十一口。"〔1〕饱受日本侵略军蹂躏、充满仇恨的沦陷区民众迫切要求有人领导他们奋起抵抗、保卫家园。战争期间，散落在各地民间的武器不少。只要有谁能登高一呼，坚决带领民众起来反抗日本侵略者，谁就能得到沦陷区民众特别是人数最多的农民的信赖和支持。八路军正是这样。他们到了敌后，就把自己的主要力量先放在群众工作上，在沦陷区民众中深深地扎下根，把他们组织和武装起来，带领他们到处发动游击战争，打击敌人，收复大片失地。

为了在敌后长期坚持游击战争，毛泽东提出一个重要问题：必须建立巩固的抗日民主根据地。他看得很深，说："长期性加上残酷性，处于敌后的游击战争，没有根据地是不能支持的。""无后方作战，本来是敌后游击战争的特点，因为它是同国家和总后方脱离的。然而，没有根据地，游击战争是不能长期地生存和发展的，这种根据地也就是游击战争的后方。"〔2〕确实，如果游击战争只是单纯的军事行动，而同当地民众的经济政治要求相脱离，不能取得他们的全力支持，如果不能建立起可以动员和组织民众、并为游击战争提供可靠的人力物力财力支持的政权机构，如果没有相对稳定的后方，那么，要形成波澜壮阔并能持续发展的游击战争是不可能的。

在敌后建立起来的第一个抗日民主根据地，是以五台山为中心的晋察冀根据地。那是由八路军第一一五师副师长兼政治委员聂荣臻率领该师一部分主力开辟的。

晋察冀根据地，处于山西、河北、察哈尔三省交界一带的边区，战略地位十分重要。但初创时期的局面非常困难。在这个广大区域内，除五台、盂县两个县政府（县长分别是共产党员、牺盟会员宋劭文和胡仁

---

〔1〕《山西抗战口述史》第1部，山西人民出版社2005年8月版，第45页。

〔2〕《毛泽东选集》第2卷，第418页。

奎）外，没有什么行政机构，社会秩序极度混乱，市面萧条，人心惶恐不安。五台山区已开始飞雪，而战士还没有棉衣。隔绝在敌人后方，弹药匮缺，运输和物资更难筹措。而且在这样大的地区，八路军留下的兵力，只有一个独立团、一个骑兵营、几个连，还有一些干部，约三千人。

身处敌后，又是新到这个地区，最重要而迫切的任务自然是打击日本侵略者的武装斗争。没有这一条，就不可能取得民众的信任和支持，就无法在这里立住脚跟，更谈不上开始各方面的建设。那时，日军主力在攻占上海、太原后正大举向中国内地长驱直进，无暇后顾。八路军先后收复了涞源、蔚县、繁峙、广灵、灵丘、曲阳、完县、唐县以及阜平等地。但单靠原来那点兵力显然难以应付日益扩大的局面。八路军因此以很大力量来做发动、教育、组织和武装民众的工作。聂荣臻对干部们说："在晋察冀地区创建敌后抗日根据地，比我们在内战时期建立根据地有更为有利的条件。战争的性质变了，社会基础要比那时广泛得多。只要不是汉奸，谁也不愿做亡国奴，我们高高举起抗日这面大旗，人民群众就会踊跃地聚拢在这面大旗之下。当然喽，能不能获得群众的广泛支持，还取决于我们执行一套什么样的政策。"〔1〕民众对八路军是欢迎的，扩军工作进行得很顺利。救国会领导人李公朴在《华北敌后——晋察冀》一书中，讲到当地一个干部对他说的话：

"在那个时候，谁也不知道动员新战士，要怎样去做。那时我们盂县，就拿着一面锣，在村子里一面敲一面喊：'当兵去哟，当兵打日本，当兵保家乡'……于是老乡们就三五成群地都来了。三五天的工夫就集合了四五百人。顶好的方式也不过是召开群众大会，在会场中进行鼓动，进行宣传。就是这样地搞，部队就成立起来了！"〔2〕

这只是开始，它从最初起就是在战斗过程中成长起来的。原来没有

〔1〕《聂荣臻回忆录》中，解放军出版社1984年8月版，第369、379页。

〔2〕《李公朴文集》，云南人民出版社1987年7月版，第559页。

打过仗的农民，满怀国仇家恨，在八路军指战员带领下经过初步训练，奋起反抗外来侵略者，在战争中学习战争。在晋察冀军区领导下，八路军和地方民众武装一起粉碎了日军的八路围攻，站稳了脚跟。一些地方游击队也一步步补充起来，经过整军训练，逐渐形成正规部队。与此同时，当国民党军队从河北南撤时，共产党员吕正操率东北军一个团回师北上抗日，改编为“人民自卫军”，迅速打开了冀中平原的抗日局面，成为晋察冀根据地的一部分。

为了统一全边区的领导，建立民主政权，巩固和发展根据地，一九三八年一月，晋察冀边区军政民代表大会在阜平召开，通过政治、军事、财政、文教、司法、民运等决议案，选举产生边区临时行政委员会(也就是边区政府)。边区一级的农、工、妇、青各界救国会也相继成立，拥有会员一百多万人。

边区政权建立起来后，在党组织领导下，确定自己的基本任务是：动员人力物力财力，支援抗日武装斗争，扩大与巩固根据地。在最初阶段着重做了以下工作：建立抗日民族统一战线的社会新秩序，安定民心，发展生产；实行减租减息，合理负担；建立边区银行，发行“边币”，开展金融斗争，沟通三省经济；大力整顿财政，实行救国公粮制度和征购土布办法，保证军需供给。晋察冀省委书记黄敬在一九三八年四月召开的边区第一次党代表大会上的报告中说：

“几个月中，我们在这地区里普遍实现了减租减税减息的办法，减轻了一般民众的负担，改善了群众的生活，提高了群众的自觉性。以前很落后的群众，今天一般地都参加了各种群众团体中去，参加了抗日的工作。全边区的人民普遍取得了集会、结社、出版、言论的民主自由权利，工农分子也能参加到动员委员会等半政权机关里，提高了他们的政治地位，使群众的积极性和创造性得到了发扬的机会，增强了他们的斗争力量。”〔1〕

---

〔1〕 黄敬：《地方党五个月工作总结和今后工作方针》，《晋察冀抗日根据地》第1册（文献选编 上），中共党史资料出版社1984年11月版，第124页。

在晋察冀抗日根据地建立后，八路军和各地民众起义部队又陆续建立起晋冀豫、晋西南、晋西北、大青山、山东等抗日根据地。它们的状况，和晋察冀根据地大体相同。

在南方，新四军成立时南京已经陷落。同八路军相比，新四军的活动区域大多是平原、丘陵地带和河湖港汊，部队又是由原来分散在十多处的人数不多的游击队经过集中和改编而成，进入这些地区的时间比较晚，敌后的政治情况更复杂，因此，遇到的困难比华北更多。但从一九三八年四月起，陈毅、粟裕等率领部队挺进苏南敌后，其他多支部队也向敌后相继展开，在不长时间内创建了苏南、皖南、皖中和豫东等抗日游击根据地。部队从最初集中改编时的一万多人，发展到两万五千多人。

在日本侵略军不断向中国内地推进的情况下，八路军、新四军向敌后挺进，发动并依靠群众，开展游击战争，创立抗日民主根据地，不仅有力地钳制着日本侵略军向正面战场的进攻，支援了友军的作战，而且在敌人后方开创出一片得到当地民众热烈支持的新天地。它的影响是十分深远的。

战争进行了大半年。饱受战争之苦的中国人有着强烈的爱国心，不愿做亡国奴，天天盼望着战争早日胜利，但呈现在人们面前的却是日本侵略军倚仗优势武力长驱直入、大片国土不断沦丧。中国究竟能不能取得胜利？怎样才能取得胜利？战争的过程将是怎样的？这些问题日夜盘旋在人们头脑中，使人感到焦虑，却没有找到明确的答案。有些人感到迷惘。“亡国论”、“速胜论”等错误观点在到处流传。

这场战争将是一场持久战，这一点毛泽东早已指出来了，国内一些军事家也已经看到。需要进一步回答的是：为什么这场战争一定是长期的艰苦的持久战？中国怎样在持久抗战中一步步地转弱为强，直到取得最后的胜利？

针对这些问题，毛泽东在一九三八年五月发表了《抗日游击战争的战略问题》，把游击战争提到战略的高度作了系统的论述；从五月二十六日至六月三日，又作了《论持久战》的长篇讲演，这是抗日战争期间毛泽东最重要的军事论著。它最吸引人们注意的，是那种宏远的战略眼光和冷静的分析头脑，在战争最初阶段就富有远见地指明了战争的整个趋势和发展过程。这在当时没有别人能够做到。

他在讲演一开始就指出："中国会亡吗？答复：不会亡，最后胜利是中国的。中国能够速胜吗？答复：不能速胜，抗日战争是持久战。"抗日战争为什么是持久战？最后胜利为什么是中国的？根据在什么地方？他回答道："中日战争不是任何别的战争，乃是半殖民地半封建的中国和帝国主义的日本之间在二十世纪三十年代进行的一个决死的战争。全部问题的根据就在这里。"接着，他从双方长处短处的特点和消长演变进行详细的分析，得出结论：

"这样看来，日本的军力、经济力和政治组织力是强的，但其战争是退步的、野蛮的，人力、物力又不充足，国际形势又处于不利。中国反是，军力、经济力和政治组织力是比较地弱的，然而正处于进步的时代，其战争是进步的和正义的，又有大国这个条件足以坚持持久战，世界的多数国家是会要援助中国的。——这些，就是中日战争互相矛盾着的基本特点。"

"战争就是这些特点的比赛。这些特点在战争过程中将各依其本性发生变化，一切东西就都从这里发生出来。这些特点是事实上存在的，不是虚造骗人的；是战争的全部基本要素，不是残缺不全的片段；是贯彻于双方一切大小问题和一切作战阶段之中的，不是可有可无的。"

既然中日战争是持久战，那么，战争的发展过程是怎样的？《论持久战》中指出，它将具体地表现于三个阶段中：第一阶段是敌人之战略进攻、我之战略防御的时期；第二阶段，是敌之战略保守、我之准备反攻的时期，也可以称为战略的相持阶段；第三阶段，是我之战略反攻、敌之战略退却的时期。在这三个阶段中，毛泽东特别看重第二阶段，也就是即将到来而最为人们关心的战略相持阶段。他写道：

“第一阶段之末尾，由于敌之兵力不足和我之坚强抵抗，敌人将不得不决定在一定限度上的战略进攻终点，到达此终点以后，即停止其战略进攻，转入保守占领地的阶段。此阶段内，敌之企图是保守占领地，以组织伪政府的欺骗办法据之为己有，而从中国人民身上尽量搜括东西，但是在他的面前又遇着顽强的游击战争。游击战争在第一阶段中乘着敌后空虚将有一个普遍的发展，建立许多根据地，基本上威胁到敌人占领地的保守，因此第二阶段仍将有广大的战争。此阶段中我之作战形式主要的是游击战，而以运动战辅之。”

“这个第二阶段是整个战争的过渡阶段，也将是最困难的时期，然而它是转变的枢纽。中国将变成独立国，还是沦为殖民地，不决定于第一阶段大城市之是否丧失，而决定于第二阶段全民族努力的程度。如能坚持抗战，坚持统一战线和坚持持久战，中国将在此阶段中获得转弱为强的力量。”

为了实现持久战的战略总方针，毛泽东还提出这场战争的形态将是犬牙交错的；在第一和第二阶段中主动地、灵活地、有计划地执行防御中的进攻战，持久战中的速决战，内线作战中的外线作战；第三阶段中应是战略的反攻战。

《论持久战》还强调“兵民是胜利之本”。毛泽东指出：武器是战争的重要因素，但不是决定的因素，决定的因素是人不是物。“战争的伟力之最深厚的根源，存在于民众之中。”“动员了全国的老百姓，就造成了陷敌于灭顶之灾的汪洋大海，造成了弥补武器等等缺陷的补救条件，造成了克服一切战争困难的前提。”〔1〕

毛泽东这些异常清晰而符合实际的判断，回答了人们最关心而一时又看不清楚的问题，使人们对战争的发展过程和前途有了一个明白的了

〔1〕《毛泽东选集》第2卷，第442、443、447、449、450、463、464、465、477、469、480页。

解，大大提高了坚持抗战的信念。一个外国记者评论说：“不管他们对于共产党的看法怎样，以及他们所代表的是谁，大部分的中国人现在都承认毛泽东正确地分析了国内和国际的因素，并且无误地描绘了未来的一般轮廓。”〔1〕

民族工业和高等学校的大迁移

北平、天津、上海、南京相继沦陷前后，有一件很值得重视的事，就是民族工业和高等学校向后方的大迁移。

旧中国的民族工业原来绝大部分集中在沿海沿江的通商口岸，上海更是首屈一指。战争爆发后，大批企业毁于炮火或被侵略者劫夺，如果不及时迁移，不仅中国人百年来积累起来的这笔巨大财富可能毁于一旦，而且会使大后方坚持抗战失去重要的经济支持。当时担任国民政府资源委员会副秘书长的钱昌照回忆道：

“当时日寇压境，人民群情激愤，而国民党政府仍寄希望于国际联盟出面调停，没有作认真有效的准备。八一三事变突发，战火迫近都门，才不得不仓促应战。当年昌照供职于军事委员会的资源委员会，归蒋介石直接领导。我鉴于国难当头，曾上了一个条陈，要求批准两件事：一是资助拆迁上海主要民营工厂移至后方生产，以利继续抗战；另一是紧急拨款抢购积存青岛等沿海城市的战争物资如水泥、钢材、木材等，以供防御之需。以上两事均得到批准，随即组织有各部会参加的专门机构进行工作。我虽是该机构的主持人，具体业务委派林继庸等同志驻上海指挥。上海民营工厂的主要负责人胡厥文、颜耀秋、吴蕴初诸先生积极响应和配合，许多工人职员通力合作，冒着敌机狂轰滥炸，军警百般阻挠，排除万难，历经数月，将一百多家工厂的机器设备迁离战

〔1〕引自周恩来在中共中央政治局会议上的发言，1939年8月4日。

火，辗转到达武汉。”〔1〕

胡厥文当时是上海机器同业公会的主任委员，又担任了上海工厂联合会迁移委员会的副主任委员（主任委员是上海机器厂的颜耀秋）。据他回忆：“在上海工厂联合迁移委员会组织下，包括机器、造船、纺织、炼钢、电器、陶瓷、化工、印刷、饮食等行业的一百四十六家工厂（其中机器工厂六十六家，占内迁厂的百分之四十五），共一万四千六百余吨物资、两千五百余名技术人员和工人迁到抗日后方。这些人力和物力资源，成为抗战时期后方民族工业的中坚力量。”〔2〕尽管在上海五千多家工厂中，内迁的只有一百几十家，无疑是不够的，但它仍起了重要的作用。除上海以外，其他沿海沿江城市也有许多工厂迁往内地。

这次迁移极为艰险。工厂的迁移携带着大量笨重的机器，运载工具主要是木船，上空有着日本飞机的追逐、轰炸和扫射，船上必须用树枝、茅草等东西伪装起来。沿途还不断受到种种骚扰和劫掠。这些爱国企业家、技术人员和工人，历尽千难万险，终于把工厂迁到内地。其中包括一些著名的大厂，如天利氮气厂、天原电化厂、天厨味精厂、大鑫钢铁厂、大中华橡胶厂、华生电器厂、南洋兄弟烟草公司、亚浦耳电灯泡厂、豫丰纱厂、章华毛纺厂、三北造船厂、上海机器厂、新民机器厂等。有些厂先迁到武汉，以后在卢作孚的民生轮船公司帮助下继续内迁。它们内迁后，不仅生产原有产品，满足当地居民和大批因战事由沿海地区迁入居民的需要，而且努力生产武器弹药和其他军需用品，支持抗战事业。内迁工厂的类别与地区分布，据香港《工商日报》一九三九年六月十日的记载：

“统计目下已迁移至川、滇、湘等省之工厂，已有三百余家，此种工厂，约可分为九大类，即采矿、电机、无线电、化学、罐头、陶瓷、

〔1〕钱昌照：《给作者孙果达同志的一封信》，《民族工业大迁移》，中国文史出版社 1991 年 7 月版，第 1 页。

〔2〕《胡厥文回忆录》，中国文史出版社 1994 年 5 月版，第 52 页。

玻璃、印刷文具、五金、纺织、皮革等，其分布之比较，约为四川占百分之四十四，湖南占百分之三十九，广西占百分之六点九，陕西占百分之六点五，其他云南贵州各占百分之三点六，除军事工业品有相当产出外，其他各种日用品工业品，出产量均有增加，目下川、滇、湘、桂、赣、陕各省地方人民所需用之日用品，皆由国内工厂之出产品供给，质的方面亦有相当改良，此实为抗战后国内工业改进之良好现象。”〔1〕

这次民族工业的大迁移，不仅对国民经济由平时向战时转移、支持抗日战争发挥了重要作用，而且对改变中国工业布局的严重不合理状况产生了深远影响。

上海利用五金厂业主兼经理沈鸿，在汉口同八路军办事处取得联系后，把机器、物资和职工运到离延安七十里的安塞县，把该厂归了公，归入陕甘宁边区机器厂，对发展边区的机器工业作出了重大贡献。

在民族工业大规模迁移的同时，原来在北平、天津、上海、南京、广州、杭州等地的许多著名高等学府也大举迁入内地。

平津沦陷后，国民政府教育部采取紧急措施，命令平津两地方六所大学分别迁往长沙和西安。迁往长沙的是清华大学、北京大学、南开大学。它们组成长沙临时大学，在一九三七年十月正式开学，到校学生一千四百多人（包括借读生二百多人），到校教师一百五十多人。这年十二月，又奉教育部之命，迁往云南昆明。这次迁移分为两路：大部分师生经粤汉铁路到广州，取道香港到越南海防，再经滇越铁路到昆明；另一路有闻一多等十一位教师和二百多名学生，主要靠步行，经过两个多月到达昆明。到昆明后，学校更名为国立西南联合大学，教授阵营可称极一时之选。学校在极为艰苦的物质条件下，在研究工作和培育人才方面都作出了突出成绩。迁往西安的是北平大学、北平师范大学、北洋工学院。它们组成西安临时大学，以后改称国立西北联合大学。一九三八

〔1〕时事问题研究会编《抗战中的中国经济》，中国现代史资料编辑委员会 1957 年 5 月翻印本，第 126—127 页。

年七月，教育部又令西北联合大学的各个学院独立，分为西北医学院、西北农学院、西北师范学院、西北工学院和西北大学。它对全国的影响没有西南联大那么大。

随后，东南沿海地区等许多高等学校也陆续内迁。如中央大学、复旦、交大、上海医学院、国立音乐学院等迁往重庆；燕京、金陵、齐鲁、光华等大学迁往成都；武汉大学迁往四川乐山；同济大学迁往四川李庄；浙江大学迁往贵州遵义，湘雅医学院迁贵阳，唐山工学院迁贵州平越等。那时，全国的高等院校共一百零八所。“战时内迁的高校，主要分布在四川、云南、陕西、贵州四省。其中四川最多，仅重庆一地就集中了二十五所。”“贵州原来连一所大学也没有，此时则云集了众多著名学府。”〔1〕这些内迁院校，在教学和研究方面都作出许多成绩，并且对推动西南、西北的经济文化建设发挥了重要作用。“此外，政府又在后方开办了不少中等学校。来自沦陷区的大专及中学学生，大都给以贷金，后改为公费。”〔2〕

其他社会阶层从战地和沦陷区向大后方迁徙的人数也很多。“属于这种状况的迁徙人口，至今没有完全的统计。但有着从一千数百万人直至五千万人的种种不同的估计。一般认为，约在二千万到三千万人之间。”〔3〕这是中华民族历史上一次人口大迁移。

中共中央在抗战开始后，提出要广泛争取知识分子参加抗日民族解放战争。一九三八年，出现了全国各地的成千上万青年知识分子奔赴延安的热潮，其中包括不少平津的大学生。任弼时说过：“抗战后到延安的知识分子总共四万余人，就文化程度言，初中以上百分之七十一（其中高中以上百分之十九，高中百分之二十一，初中百分之三十一），初中以下约百分之三十。”〔4〕

陕甘宁边区在抗日战争前，没有一所高等学校。中共中央来到陕北

〔1〕金以林：《近代中国大学研究》，中央文献出版社 2000 年 2 月版，第 249 页。

〔2〕郭廷以：《近代中国史纲》下册，第 675 页。

〔3〕刘大年、白介夫主编《中国复兴枢纽》，北京出版社 1997 年 6 月版，第 81 页。

〔4〕《胡乔木回忆毛泽东》，人民出版社 1994 年 9 月版，第 279 页。

后，设立了抗日军政大学，学员最初都是红军干部。随着大批知识分子来到延安，抗大接纳了很多数量的外来知识青年，抗战爆发后招收的第三期学员有两千多人，一九三八年四月招收的学员近五千人。很多人在这里经过学习后奔赴前线。

抗战初新设立并大量招收知识分子入学的，有陕北公学、鲁迅艺术学院等。“陕北公学，成立于一九三七年九月，是为满足当时全国广大青年渴求抗战的理论和方法，以便奔赴前线参加抗日救亡活动的愿望而设立的。”“它当时名声很大，号召力很强。因此，蒋管区的广大青年，不断地来到陕公学习。”“从陕公成立到一九三八年底，仅一年半的时间，就培养出六千余名干部。”〔1〕陕北公学校长成仿吾在学校成立半年后写道：“卢沟桥抗战开始以后，全国青年学生来的更多了，他们首先从华北方面大批涌进来，接着就从全国各地像无数点线一样，继续不断的进来了。为着适应这样的客观要求，边区党政当局及一些教育家创办了这个‘陕北公学’。”“我们的课程暂定以下三门：（甲）民族统一战线与民众运动；（乙）游击战争与军事常识；（丙）社会科学概论。”“我们的教学法不是单纯的灌注，而多采取讨论与集体研究的方式”。“为着加强军事的训练，采取半军事的编制。”“学生的管理，我们注重发扬青年们的自动性与创造性，但一经大家讨论通过的事情，是要完全执行的”。“陕北公学是统一战线的学校，只要不是汉奸亲日派，经过规定的入学测验，没有严重的病，都能入校学习，因此也不分党派，更不分性别。”〔2〕鲁迅艺术学院，成立于一九三八年四月（后改称鲁迅艺术文学院），先后设立了文学、戏剧、音乐、美术等系，为部队和地方培养了许多文艺工作者，不少人后来成为新中国文学艺术工作中的骨干。在这以后，还陆续成立了中国女子大学、延安自然科学院、延安大学等院校。

留学法国归来的音乐家冼星海，从武汉来到延安，担任鲁艺音乐系

〔1〕李之钦：《抗日战争时期陕甘宁边区的教育》，《陕甘宁边区抗日民主根据地》（回忆录卷），中共党史资料出版社1990年10月版，第315页。

〔2〕成仿吾：《半年来的陕北公学》，《文献》第1卷，1938年10月10日。

主任。他看到作家光未然满怀激情只用五天写成的《黄河大合唱》歌词后，也只用六天完成了谱曲。一九三九年五月十一日，四部八乐章的大型声乐组歌《黄河大合唱》在延安首次公演，立刻引起轰动。它很快就走向全国，走向世界，在异常艰难的岁月里极大地振奋了全国的人心，一直传唱至今。

抗战初期的武汉

南京沦陷前，国民政府在十一月二十日发表宣言，移驻重庆。国民政府主席林森到重庆。蒋介石率军政机构迁移武汉。这以后十个月，军政重心实际上在武汉。从平、津、沪、宁、杭等沿海地区后撤的各界知名人士也大多集中在这里。

蒋介石在实际生活中感受到对日本侵略者已没有妥协的可能。他写道："如我与之妥协，无论至何程度，彼少壮侵略之宗旨必得寸进尺，漫无止境。一有机会，彼必不顾一切信义，继续侵略不止也。""即使解决东北问题，甚至承认彼以后，亦必继续侵华，毫无保障。"〔1〕因此，决心把抗战坚持下去。

从这时到武汉失陷前，国内的政治状况总的说是比较好的，出现了以前没有的新气象。毛泽东在《新民主主义论》中这样概括："这时全国各方面是欣欣向荣的，政治上有民主化的趋势，文化上有较普遍的动员。"〔2〕

国民政府在移驻重庆宣言中一开始就说："国民政府鉴于暴日无止境之侵略，爰决定抗战自卫，全国民众敌忾同仇，全体将士忠勇奋发"，接着指出日本侵略者的用心："分兵西进，逼我首都，察其用意，无非欲挟其暴力，要我为城下之盟"，最后表示："为适应战况，统筹全局，长期抗战起见，本日移驻重庆，此后将以最广大之规模，从事更持久之

---

〔1〕蒋介石日记，1937年10月31日，"本月反省录"。

〔2〕《毛泽东选集》第2卷，第703页。

战斗”。邹韬奋读后，在《抗战三日刊》上发表时评说：“迁都这件事的本身当然不是什么喜讯，但是迁都之后仍然继续抗战，不达到最后胜利不止，这却是在民族解放战争的过程中不屈服不妥协的表现，这是全国同胞所应闻风兴起、振作奋发的。”[1]

国民政府这个决定是值得肯定的。迁都，要有很大决心，只要作一点历史比较就看得很清楚。在近代历史上，中日两国之间曾经发生过两次大规模的战争。第一次是甲午战争。当时，康有为等发动著名的“公车上书”，向清政府提出三条建议，其中一条就是“迁都”，但清政府没有那样做，结果当首都北京处在“兵临城下”的威胁下，便签订了丧权辱国的马关条约。第二次是相隔三四十年后的抗日战争。中国最初在战争中失利，日本侵略者希望同样能逼中国签订“城下之盟”。但当时的国民政府却将战时首都迁往大后方的重庆，表明了“长期抗战”的决心。

南京沦陷后，蒋介石在日记中写道：“此时对共党宜放宽，使之尽其所能也。”[2] 十二月十八日，周恩来偕同王明、博古等从延安赶到武汉。二十日，周发表谈话说：“假使中国亡了，不仅国民党不能存在，就是共产党也不能存在。”[3] 第二天，他们同蒋介石举行第一次会谈。周恩来提出成立两党关系委员会、决定共同纲领、扩大国防参议会等具体建议，使这次国共合作在政治上、组织上、制度上有一个全面的可靠的基础。“蒋当面答复：所谈极好，照此做去，前途定有好转，彼所想的亦不过如此。”[4] 但事实上，蒋介石对改善国共关系只准备采取有限的、局部的措施，并不想实行周恩来建议的那些根本措施。

这些有限的、局部的措施主要是两件事：一是要周恩来担任军事委员会政治部副部长，一是邀请共产党人参加国民参政会。前一件事，经中共中央研究同意，周恩来出任政治部副部长（部长是陈诚）。政治部

---

〔1〕 韬奋：《读国府移都宣言》，《抗战三日刊》第29号，1937年11月23日。

〔2〕 蒋介石日记，1937年12月21日。

〔3〕 实甫：《与周陈秦三位先生谈话记略》，《抗战三日刊》第32号，1937年12月29日。

〔4〕 王明、周恩来、博古、董必武、叶剑英致毛泽东、洛甫并中共中央书记处并转朱德、彭德怀、任弼时电，1938年2月10日。

主管宣传工作的第三厅，由刚从日本归国的郭沫若任厅长。他们都在一九三八年三月二十八日第一次出席政治部部务汇报会。后一件事，中共方面确定参政员七人：毛泽东、王明、博古、吴玉章、林伯渠、董必武、邓颖超。除毛泽东请假外，其余人都参加了国民参政会第一次会议。

三月二十九日至四月一日，国民党在武汉召开临时全国代表大会。会议选举蒋介石为国民党总裁、汪精卫为副总裁，这是为了进一步确定蒋介石在国民党内最高领袖的地位。会议通过了大会宣言和《抗战建国纲领》。《纲领》一开始称：“欲求抗战必胜，建国必成，固有赖于本党同志之努力，尤须全国人民，戮力同心，共同担负”。它的具体纲领的主要内容是：“加紧军队之政治训练，使全国官兵明瞭抗战建国之意义，一致为国效命。”“组织国民参政机关，团结全国力量，集中全国之思虑与识见，以利国策之决定与推行。”“经济建立应以军事为中心，同时注意改善人民生活。本此目的，以实行计划经济，奖励海内外人民投资，扩大战时生产。”“发动全国民众，组织农工商学各职业团体，改善而充实之，使有钱者出钱，有力者出力，为争取民族生存之抗战而动员。”“本独立自主之精神，联合世界上同情于我之国家及民族，为世界之和平与正义共同奋斗。”〔1〕

国民党临时全国代表大会通过的这个纲领，总的说来是朝着抗战和进步的方向前进的，受到民众的欢迎。中共中央书记处对它持肯定的态度，致电王明、周恩来、博古、凯丰说：

“今天全国政治总的方面是坚持抗战的最后胜利，国民党纲领的基本精神正是朝着这个方向的。在这个方向上说来，我党十大纲领（除此纲领外还没有其他整个纲领）同国民党纲领应说基本上是一致的。我们坚决赞助其实现，亦即为此。至于其中缺点与不足处，我们在赞助的基本方针下，给以充实与发展，其中错误，亦应在此方针下给以侧面的解

〔1〕《中国国民党历次全国代表大会重要决议案汇编》（上），（台北）中国国民党中央党史委员会1978年9月版，第341—344页。

释与适当的批评。”

电报中也提醒：“全国最大多数人民对于国民党纲领基本上是赞成的，但是他们担心的是国民党过去‘决而不行’的习惯。一部分顽固分子则表示消极抵抗。”〔1〕后来的事实证明，这个提醒并不是多余的。

国民党全国临时代表大会还正式作出组织国民参政会的决定。在它的《对于政治报告之决议案》中写道：“抗战期间，须集中全国之人力物力与财力，以应国家非常之需要。”“俾在国民大会未克召集之时，有一国民参政机关，得以集中全国才智，共谋国是。”〔2〕会议还通过《组织非常时期国民参政会以统一国民意志增加抗战力量案》。四月七日，国民党五届四中全会通过《国民参政会组织条例》，规定设参政员一百五十人（不久又增加到二百人），国民政府的现任官吏不能担任参政员。根据《条例》产生的参政员中，国民党有八十八人，共产党七人，救国会、国家社会党、青年党各六人，中华民族解放行动委员会一人，中华职业教育社四人，乡村建设派一人，其余是无党派人士，包括华侨和少数民族的代表性人物。七月六日，国民参政会第一次会议在武汉召开。

国民参政会的设立，是一个进步。这么多来自社会各界、各党派、各民族的代表人物相聚一堂，共商抗战建国的大事，在以前还不曾有过。这使人们产生新的希望，认为它是一个良好的开端。毛泽东等七参政员发表《我们对于国民参政会的意见》，说：

“在目前抗战剧烈的环境中，国民参政会的召开，显然表示着我国政治生活向着民主制度的一个进步，显然表示着我国各党派、各民族、各阶层、各地域的团结统一的一个进展。虽然在其产生的方法上，在其职权的规定上，国民参政会还不是尽如人意的全权的人民代表机关，但是，并不因此而失掉国民参政会在今天的作用与意义——进一步团结全国各种力量为抗战救国而努力的作用，企图使全国政治生活走向真正民

〔1〕《中共中央文件选集》第11册，第508页。

〔2〕《中国国民党历次全国代表大会重要决议案汇编》（上），第334页。

主化的初步开端的意义。”[1]

邹韬奋也在《全民抗战》的创刊号上写文章说：“中国是非常的时期，国民参政会是在这非常时期所产生的非常民意机关。”“这次参政会的参政员虽不是民选，但就政府所发表的参政员的人选看来，一般地说，政府对于民意代表这一点确有着相当的注意。自国民参政会的召集和人选发表以来，一般舆论也以民意机关属望于国民参政会。”“当然，国民参政会只是一个代表民意发言的机关，执行之权却在政府，所以国民参政会在实际上能得到怎样程度的效果，要看国民参政会和政府的共同努力达到怎样的程度。倘若‘决而不行，行而不彻’，那末，这个会就是多余的!”[2]

这些评论是公允的。它既充分肯定设立国民参政会的进步意义，对它抱有希望和期待；同时也含蓄地指出它的先天弱点：第一，参政员是由政府聘请，用当时流行的话说，是“请客”，成员中国民党方面的人又占着多数；第二，参政员只有听取报告权、询问权和建议权，没有决定权，甚至没有约束力，如果不被政府采纳，就只能成为空话。这决定了国民参政会以后的发展情况会越来越使人失望。

这时在全国范围内，民众的抗日热情十分高涨，在武汉更有着相当集中的表现。当时，国民党副总裁汪精卫公开鼓吹对日“和平”的谬论。远在南洋未能到会的华侨领袖、国民参政员陈嘉庚看到外国通信社有关报道，就发电询汪：“路透社电传是否事实，和平绝不可能，盼复以慰侨众。”汪精卫复电大意是：“凡两国战争终须和平，以我国积弱非和平即亡国”，并主张“和平为救亡图存上策”。[3] 陈嘉庚便从新加坡向国民参政会发来一个“电报提案”。“这个提案的内容只是这寥寥十一个大字：‘官吏谈和平者以汉奸论罪!’这寥寥十一个字，却是几万字的提

〔1〕《中共中央文件选集》第11册，第528页。

〔2〕邹韬奋：《我对于参政会的希望》，《国民参政会纪实》上卷，重庆出版社1985年8月版，第94、95页。

〔3〕陈嘉庚：《南侨回忆录》，集美陈嘉庚研究会1993年10月翻印本，第95页。

案所不及其分毫”，“这个‘电报提案’一到，在会场上不到几秒钟，联署者已超出二十位。”[1]

一九三八年三月，中华全国文艺界抗敌协会成立，推选老舍、郭沫若、茅盾等四十五人为理事。它不设主席，由总务部主任老舍实际负责。在这前后，中华全国戏剧界抗敌协会、中华全国歌咏界抗敌协会、中华全国电影界抗敌协会、中华全国木刻界抗敌协会等团体纷纷成立。他们拿起文艺武器有力地鼓吹坚持团结抗战。各种社会团体和民众团体十分活跃。宣传抗日救亡和进步思想的报纸刊物（包括中国共产党的《新华日报》和《群众》周刊）也如雨后春笋般在各地出版。

周恩来、郭沫若等到军事委员会政治部就职后所做的第一件事，是从四月七日至十二日，由政治部第三厅主办，在武汉举行轰轰烈烈的抗日扩大宣传周。宣传周的六天中，每天有一个主要节目，如歌咏日、美术日、戏剧日、电影日、漫画日等。它的第一天，恰好传来鲁南台儿庄大捷的消息，武汉三镇举行了万人空巷的火炬大游行。郭沫若描写道：

“参加火炬游行的，通合武汉三镇，怕有四五十万人。特别是在武昌的黄鹤楼下，被人众拥挤得水泄不通，轮渡的乘客无法下船，火炬照红了长江两岸。唱歌声、爆竹声、高呼口号声，仿佛要把整个空间炸破。武汉三镇的确是复活了！谁能说人民是死了呢？谁能说铁血的镇压可以使人民永远窒息呢？那是有绝对弹性的气球，只要压力一松，它不仅立即恢复了原状，而且超过了原状。”[2]

到纪念抗战一周年到来的时候，周恩来又领导政治部第三厅举行大规模的纪念活动。用周恩来的话说，就是要唤起每一个老百姓的抗战意识，进一步推动全民抗战。在这次活动中，影响最大的是“七七”献金。武汉民众对献金的反应十分热烈。短短五天内，参加献金的达五十

---

〔1〕 邹韬奋：《抗战以来》，《韬奋全集》第10卷，上海人民出版社1995年10月版，第218页。

〔2〕 郭沫若：《洪波曲》，人民文学出版社1979年3月版，第56页。

万人以上，献金总额超过一百万元。当时担任政治部第三厅主任秘书的阳翰笙描述当时这种盛况：

“七号这天早上，献金台周围已人山人海，挤得水泄不通。人们争先恐后地前来献金。献金中有纸币、有银元、有铜板、有银元宝；还有耳环、手镯、戒指、珠宝等金银首饰，后来发展到献银盾、银盘、奖杯，还有药品、衣服、食品等等。”“我们在武汉三镇共设了六座献金台，每台八个工作人员，后来增加到二三十个工作人员还应付不了”，“又增设了十几个流动献金台……来献金的人中，有工厂的工人，有郊区的农民，有船员，还有人力车夫、店员、小贩、甚至还有乞丐”。“乞丐教养所全体乞丐绝食一日，把节约下来的钱捐献。这些感人的事例真是成千上万！劳苦大众捐献的这一点一滴的血汗钱，这不是钱，是他们对敌人的仇恨，是对胜利的希望！”“当时有人说：‘这次献金是中国兴亡的重大测验！测验的结果，中国不会亡！中国一定复兴！’献金运动的伟大成果又给了人们极大的鼓舞和信心。”〔1〕

政治部第三厅还建立了十个抗敌演剧队、四个抗敌宣传队和一个儿童剧团，编写抗日剧本，谱写抗日歌曲，分赴各个战区前线演出劳军，鼓舞前线将士的抗日斗志。

旅居海外各地的华侨，纷纷成立抗日团体，进行抗日宣传，以多种形式捐款捐物，购买公债，帮助运输战略物资，支援中国的抗战事业。华侨人口最集中的东南亚地区，一九三八年十月在新加坡成立南洋各属华侨筹赈祖国难民总会（简称南侨总会），推举著名侨领陈嘉庚为主席。美国著名侨领司徒美堂发起建立纽约全体华侨抗日救国筹饷总会，并任会长。众多爱国华侨毅然回国，在战地从事救护或运输等工作。不少热血青年还回国参战。他们的事迹是可歌可泣的。

中国的抗日战争还得到许多国际友人的同情和支持。国际舆论谴责

〔1〕 阳翰笙：《风雨五十年》，人民文学出版社1986年10月版，第192、193、195页。

日本军国主义者对中国的侵略。一些国家的民众募捐支援中国抗战。加拿大著名外科医生诺尔曼·白求恩和印度大夫柯棣华等都在这时带领医疗队，来到武汉，再转往华北前线从事战地医疗工作。最先出面援助中国的外国政府是苏联。一九三七年八月二十日，中苏互不侵犯条约在南京签字（八月二十八日公布）。苏联政府给予中国贷款，以购买飞机、武器弹药和汽车等。苏联志愿航空人员来华的有几百人，在三次武汉空战中就击落日机三十三架。武汉成为国际上万众瞩目的地方。

在这样蓬勃向上的新气象中，也有一片令人忧虑的乌云正在悄悄升起。它的主要表现有两点：一是国民党当局总是害怕民众运动的兴起会危及它的统治。他们不但不敢放手地发动并组织民众，相反，当民众运动蓬勃高涨时，还在一些地区加以压制。青年学生上街募捐、演出救亡戏剧、下乡宣传等在许多地方遭到禁止。甚至强行解散爱国民众团体，如在八月十七日下令解散有着几万团员的青年救国团，并查封了它在武汉的总部。同时查封的还有中华民族解放先锋队和蚁社。《新华日报》为此发表社论，抗议国民党当局无理解散这些团体，但国民党当局置之不理。同样令人愤慨的是："当时有许多机关的人员，宪兵也好，警察也好，卫戍司令部的特务人员也好，党部的特务人员也好，军委会的特务人员也好，都可以随便到各书铺里去随便指那几本书是违禁的，随便拿着就走，没有收条可付，也没有理由可讲。"[1] 二是国民党中的CC系和复兴社突然发动一场鼓吹"一个领袖、一个主义、一个党"的宣传。他们控制的《扫荡报》、《武汉时报》和《血路》、《抗战与文化》等报刊连篇累牍地发表这类文字。二月十日的《扫荡报》发表社论，把陕甘宁边区说成是西北的新的封建割据区域，指责红军虽改易旗帜却不服从中央，并说在国民党外存在其他党派影响了中国的政治统一，要求取消这三种势力。"一个领袖、一个主义、一个党"的宣传在武汉弄得满城风雨，一时成为街谈巷议的话题。这是一场试探性的攻势。鉴于时机还不成熟，在周恩来向蒋介石当面提出抗议时，蒋介石表示这不是他的

〔1〕《韬奋全集》第10卷，第219页。

意旨。国民党报刊上这类宣传内容减少了。但这些预兆表明：抗日阵营内部的矛盾正在上升。这在下一个阶段就会更明显地表现出来。

从徐州会战到武汉保卫战

日军攻陷南京后，日本最高统治层得意忘形，以为已取得决定性的胜利，强硬主张进一步抬头。他们认为应该继续扩大事态，强迫中国政府接受更苛刻的条件。如果这个目的不能达到，就抛开国民政府，通过自己扶植的傀儡政权来实行对中国的殖民统治。

一九三八年一月十一日，在日本天皇主持下召开御前会议，讨论和战问题。会议通过《处理中国事变的根本方针》，明确规定：

“如现中国中央政府此时重新考虑而悔悟过来，诚意求和，则根据附件（甲）所开日华和谈条件进行谈判。”

“如中国现中央政府不来求和，则今后帝国不以此政府为解决事变之对手，将扶助建立新的中国政权，与此政权签订调整两国邦交关系之协定，协助新生的中国的建设。对于中国现中央政府，帝国采取的政策是设法使其崩溃，或使它归并于新的中央政权。”

五天后，日本近卫首相依据这个“根本方针”，公开发表声明：“帝国政府今后不以国民政府为对手，而期望真能与帝国合作的中国新政权的建立与发展，并将与此新政权调整两国邦交”。[1]

攻陷南京后一段时间内，日本侵略军继续扩大对中国的进攻：南线，在一九三七年十二月二十四日攻占浙江杭州；北线，在十二月二十七日攻占山东济南。但占领这两个城市的影响都有限：一是那里都没有很多中国军队，也没有坚固的防御工事；二是这些城市在战略上并不具有重要地位。于是，他们下一步的目标便转向江苏徐州。

〔1〕《日本帝国主义对外侵略史料选编》，上海人民出版社1975年3月版，第258、259页。

徐州地处江苏、山东、河南、安徽四省的要冲，是中原和武汉的重要屏障，纵贯中国南北的津浦铁路和横贯东西的陇海铁路在这里会合，周围地势险要，在中国历史上一直是兵家必争之地。蒋纬国说："徐州是一个交通中枢。在作战上，交通中枢是一个战略要点，只要取得战略要点，便可南可北，可东可西。"[1] 日本侵略军这时把主力集中指向徐州，更有两个直接的原因：第一，可以打通津浦铁路，使北线和南线的日军连成一片；第二，第五战区司令长官李宗仁统率的中国军队二十多万人集结在这里，日军认为正是一举围歼中国军队的良机。

日方的具体作战部署，是分两路从南北夹击徐州。北路的主力是华北方面军所属板垣征四郎的第五师团和矶谷廉介的第十师团。板垣师团自青岛登陆后沿胶济铁路西进，到潍县后折而向南，进逼临沂。矶谷师团在攻占济南后，沿津浦铁路南下。这两个师团相互呼应，齐头猛进。李宗仁在回忆录中写道："板垣、矶谷两师团同为敌军中最顽强的部队，其中军官士卒受侵略主义毒素最深。发动'二二六'政变的日本少壮派，几乎全在这两个师团之内。今番竟协力并进，与自南京北犯的敌军相响应。大有豕突狼奔，一举围歼本战区野战军的气概。"[2] 南路的主力是华中派遣军所属荻洲立兵率领的第十三师团，沿津浦铁路南段北犯，在一九三八年一月下旬攻占安徽蚌埠。因此，能不能阻止这几路日军的会合，关系十分重大。

李宗仁指挥下的中国军队，据二月三日的统计，共有十三个军，约二十八万八千人。这十三个军中，除第八十九军韩德勤部外，分别是桂军、西北军、川军、东北军、滇军，[3] 有相当的战斗力。李宗仁对他们说："诸位和我都在中国内战中打了二十余年，回想起来，也太无意义。现在总算时机到了，幸而未死，今后如能死在救国的战争里，也是难得的机会。"[4] 到三月中旬，中国军队陆续增加到二十八个军，约四十五万多

---

〔1〕《蒋纬国口述自传》，中国大百科全书出版社 2008 年 1 月版，第 12 页。

〔2〕《李宗仁回忆录》，第 470 页。

〔3〕《抗日战史》第 4 册，第 236、237 页。

〔4〕《李宗仁回忆录》，第 477 页。

人。增援的部队中包括从华北南下的蒋介石嫡系汤恩伯部的三个军。

在中国军队的顽强抵抗下，日军南北夹击、几路会师的计划并没有实现。南路沿津浦铁路北上的日军，受到李品仙、廖磊、于学忠等部的阻击，双方对峙于淮河两岸，难以迅速北上。北路东侧的板垣师团从三月十五日起猛攻临沂，中国守军庞炳勋部在得到张自忠部驰援后，共同坚守，给了日军沉重打击，到台儿庄战役结束后的四月十九日方才撤出临沂，使板垣、矶谷两师团原定的会师计划未能实现。只有北路西侧的津浦铁路北段，因拥有兵力四五万人的山东省政府主席韩复榘不战而弃济南、泰安、兖州等要地（韩不久被枪决），矶谷师团得以长驱南下，并在三月十四日进攻滕县。滕县守将是川军第二十二集团军师长王铭章（刚奉命兼代第四十一军军长）。担任滕县城防司令的该师团长张宣武回忆："整个集团军不过四万多人，武器窳败，装备陈旧。主要武器为四川土造的七九步枪、大刀、手榴弹和为数很少的四川土造轻重机枪、迫击炮。"在滕县的守军兵力只有三千人，援军又不能到达。王铭章下了决心，说："我们决定死守滕城。我和大家一道，城存与存，城亡与亡。"〔1〕日军以三万兵力，大炮七十多门、战车四五十辆、飞机三十多架，向滕县发动猛攻，城墙几乎被夷为平地。守军顽强抵抗四天半，大部牺牲，王铭章壮烈殉国，滕县陷落。滕县战斗的重要意义，在于争取了时间，使孙连仲、汤恩伯等援军及时赶到前线，为下一阶段的作战胜利创造了有利条件。

矶谷师团攻陷滕县后，更加骄横不可一世，不但不等候蚌埠方面沿津浦铁路北进的日军实行南北夹击，甚至也不等候同东侧的板垣师团会师，孤军长驱南下。它的先头部队濑谷支队（相当旅团）攻陷滕县后，沿津浦铁路临（城）枣（庄）支线直扑徐州东北山地的台儿庄。为什么他们不直接进攻徐州而要先去进攻台儿庄？当时正在台儿庄采访的《大公报》记者范长江在报道中说得很明白：

---

〔1〕张宣武：《台儿庄会战的前奏》，《徐州会战》，中国文史出版社 1985 年 12 月版，第 62、68 页。

“矶谷之所以必以主力击台儿庄，乃与板垣之击临沂，为同一之意义，即目的在于确实控制鲁南山地免除后背之忧，然后自鲁南山地纵兵徐海之间，迂回侧击徐州，以完成津浦贯通之任务。如板垣攻袭临沂之役，不为张、庞所击破，则板垣可直下台儿庄，而矶谷则仍循津浦正面以扑徐州。”〔1〕

台儿庄是鲁南一个商业市镇。镇四周有一道围墙。墙内有十二条街，三千四百多户人家。因为地处山区，采石方便，房屋多用石头砌成。每座房屋有如一座堡垒，便于巷战。守军是原西北军孙连仲部的池峰城师。“这个师曾经在战争开始的时候与日军板垣师团在河北省房山县有过接触。在严冬的时候，在山西省山区的娘子关也交过战。该师原有的力量已损失百分之七十，现在主要的成份是新兵，这些不是职业军人，而是来自农村的农民、大城市工厂的工人、商店和货栈的小业主、店员。”〔2〕但师长池峰城曾任冯玉祥的卫队营营长，性格刚毅，富有作战经验；各级军官和士兵有着强烈的爱国感情，作战顽强。

三月二十四日起，日军开始猛烈炮轰台儿庄守军防御工事，接着以坦克为前导猛冲，第二天突入镇内。日本同盟社并宣传已经占领台儿庄。但守军以血肉之躯逐屋坚守，进行极为激烈的巷战，许多地方的战斗反复拉锯。这时，孙连仲部的张金照、黄樵松两师已赶到，在台儿庄左右两翼向日军发动反攻，使日军不得不分兵对付，稍稍减轻了池峰城师正面防守的危急。四月三日是台儿庄大战最危险的日子。日军占领了台儿庄内五分之四的地方，池峰城的战斗兵员已不及四分之一。孙连仲在电话中对池峰城说：“士兵打完了你就自己上前填进去。你填过了，我就来填进去。有谁敢退过运河者，杀无赦!”〔3〕而日军濑谷支队也伤亡惨重，锐气大丧。汤恩伯部第二十军团原来伏在日军侧后的抱犊崮东

---

〔1〕 范长江：《台儿庄血战记》，《台儿庄大战亲历记》，山东人民出版社 1988 年 1 月版，第 215 页。

〔2〕 爱泼斯坦：《反攻》，《台儿庄大战亲历记》，第 293 页。

〔3〕 刘凤翰：《孙连仲先生年谱长编》第 4 册，(台北)“国史馆” 1993 年 7 月版，第 2299 页。

南山区，却迟迟没有出动。李宗仁在回忆录中写道："在此同时，我也严令汤恩伯军团迅速南下，夹击敌军，三令五申之后，汤军团仍在姑婆山区逡巡不进。最后，我训诫汤军团长说，如再不听军令，致误戎机，当照韩复榘的前例严办。汤军团才全师南下。"〔1〕四月六日晚，本已疲惫不堪的守军突然乘夜间以全力向日军反击，日军在台儿庄的弹药库中炮爆炸，汤恩伯部又自北向南向日军形成包围，原西北军孙桐萱部也进抵临城、枣庄一线，日军溃退。他们在最后几天使用了毒瓦斯攻击中国军队，仍不能挽救失败的命运。四月七日，台儿庄战役取得胜利。共歼灭日军一万一千九百九十四人，缴获坦克八辆，以及山炮、轻重机关枪、步枪等大量战利品。

台儿庄战役是抗日战争开始以来中国军队取得的最大胜利，大大鼓舞了全国人民。捷报传来，举国欢腾，武汉、广州等地都举行盛大的集会游行。台儿庄战役的胜利，主要是第五战区将士在极端困难条件下充满爱国热情地英勇作战的结果，还有一个原因是得到鲁南爱国民众的有力支持。池峰城师的军医处长当时在一次座谈会上说：

"这次打仗，我们伤亡很大，如果光靠部队所有的担架队，无论如何是没有办法把伤兵运下去的。我们千万不能忘记鲁南的老百姓，他们把救护前线伤兵当作自己的份内事，他们一村一村自动组织起来，冒着敌人的炮火，日夜奔走在战场上抬运伤兵，有时甚至要绕道几十里，辗转运送。这个事实证明，这次台儿庄胜利的取得，应当归功于鲁南民众有力的支援。"〔2〕

台儿庄大捷后，蒋介石为了"扩大台儿庄的战果"，在不到一个月内增调援军近二十万人到达徐州地区。集中在这个地区的中国军队已达三十六个军，共六十多万人。日方也发现如此大量的中国军队集结在这里，就制定了《徐州附近地区指导要领案》，准备以华北方面军和华中

〔1〕《李宗仁回忆录》，第479、481页。

〔2〕陆诒：《台儿庄前线》，《台儿庄大战亲历记》，第224页。

派遣军的六个师团南北夹击，迂回合围徐州，捕捉并歼灭集中在这里的中国军队主力。中国几十万军队密集于徐州一带的平原地区，正有利于日方机械化部队和空军的打击。如果在这里同日军决战，必将重蹈淞沪抗战的覆辙。中国军队经过反复权衡，决定放弃徐州，迅速撤离。

六十多万军队要在日军已近合围的情况下撤出，谈何容易。李宗仁回忆道："五月中旬，我军其他各部乃陆续开始撤退。为避免敌机轰炸，多数部队都昼息夜行。敌军旋即南北会师，惟阵容不无混乱，且因地形不熟，不敢夜间外出堵截，故我军未脱离包围圈的部队也能自敌人的间隙中安全通过。""敌人再也没有想到，他以狮子捕兔之力于五月十九日窜入徐州时，我军连影子也不见了。数十万大军在人不知鬼不觉之中，全部溜出了他们的包围圈。"〔1〕黄炎培在五月二十三日日记中记载："大军从蒙（城）永（城）间西撤，刘汝明骑兵断后，全部安全退出，仅骑兵牺牲百余人，重武器亦全携出。"〔2〕白崇禧也评论道："五月下旬第五战区之各部队退结于皖西、豫南，撤退时秩序严整，远较淞沪战场之撤退为佳。"〔3〕

徐州失陷后，日军沿陇海铁路向西追击，在六月六日占领河南开封，矛头直指郑州。郑州一旦失陷，日军便可以沿平汉铁路南下，直扑武汉。蒋介石为了阻挡日军的前进，决定"以水代兵"，在六月九日用炸药炸开郑州东北的花园口黄河大堤，再派炮兵向决口处连续发射六七十发炮弹，加上水流的冲刷，堤上决口迅速扩大，"沿贾鲁河、颍河、涡河之间的低洼地势向东南奔腾急泻，横冲直撞，水面宽度也由最初的几里、十几里迅速扩展至一百多里，泻入正阳关至怀远一段的淮河干流，进而横溢两岸各地，并经洪泽、宝应、高邮诸湖，由长江入海，从而形成本世纪以来最重大的一次黄患。"〔4〕洪水到达的地区，百姓事前毫不知晓，既无准备，临时又无法逃避。一丈多高的水头突然盖地而

---

〔1〕《李宗仁回忆录》，第488、490页。

〔2〕《黄炎培日记》第5卷，第302页。

〔3〕《白崇禧先生访问纪录》上册，第173页。

〔4〕李文海等：《中国近代十大灾荒》，上海人民出版社1994年12月版，第243页。

来，财物田庐顷刻化为一片汪洋，有的地方全乡、全村男女老幼葬身鱼腹，无一能够幸免。河南、安徽、江苏三省四十四县市的五万四千多平方公里化为泽国。据国民党政府内政部称：河南、江苏、安徽三省死亡数十万人，逃离人数达三百九十一万一千三百五十四人。至于财产损失，更无法统计。尽管它迫使日军中止了对郑州的推进，但给民众带来的深重惨祸是难以用数字表达的。

花园口决堤后，携带大量重武器的日军主力已无法从洪水中通过，难以再按原定设想由郑州自北而南地向武汉推进。他们不得不重新调整部署，从华北方面军调第二军南移，并新建由冈村宁次率领的第十一军，组成华中派遣军，以畑俊六为司令官，总兵力共十四个师团，和海军协同，溯长江而上，进攻武汉。

为什么他们这时急于进攻武汉？因为他们认为只要攻占武汉，中国的斗志和战力都将消灭殆尽，可以早日结束对华战争。中日战争会坚持这样长的时间，是日本军国主义者原来没有想到的。这种长期作战，不是他们国力所能承受的。国际局势的急速动荡，也使他们急于能胜利结束这场战争。二月二十六日，日本大本营方面认为："确认以中国事变的爆发为重要转机，世界正进入新的动乱时期，中国事变必须于一九三八年大致结束。"四月一日，他们提出了进攻武汉、广州的计划：

"统帅部虽然断定长期持久战不可避免，但以目前占据地区的现状，长期作战几不可能，从地域、人口、资源等问题看来，企图现地自给自足难以如愿。结果，只能消耗、减弱日本的战力。"

"目前应推行一次作战，以寻求解决事变的机会，如不成功，再开始转向长期战。"

"占据中国政治、经济、军事的要地，并以此为基础加强新兴的亲日政权。徐州作战固不待言，且须断然进行武汉、广州作战。"〔1〕

〔1〕《日本军国主义侵华史料长编》(上)(《大本营陆军部》摘译)，四川人民出版社 1987 年 5 月版，第 423、424 页。

中国政府的作战指导思想是："武汉已为我抗战之政治经济及资源之中枢，故其得失关系至巨。惟武汉三镇之不易守，而武汉近郊尤以江北方面之无险可守尽人皆知，更以中隔大江，外杂湖沼，尤非可久战之地。""应战于武汉之远方，守武汉而不战于武汉是为上策。"〔1〕因此，把战线远设在长江沿线和大别山区，先后参战的部队有四十七个军共一百万人以上，以陈诚兼任武汉卫戍总司令。武汉保卫战期间，苏联同日本在张鼓峰发生军事冲突，给了日本关东军很大打击。苏联还给了国民政府一定的武器援助，苏联志愿航空队同中国空军合作，在武汉保卫战中也作出重要贡献。蒋介石在日记中写道："苏俄较英法各国则实有惠于我，不可责人太薄。"〔2〕

沿长江西进的日军主力，在六月十三日攻陷安庆，二十六日攻陷马当，七月四日占领湖口，二十六日攻占九江；另一支从合肥南下，沿大别山南麓进入鄂东。武汉门户大开，已无险可守。但在这个过程中，中国军队节节抵抗，给了日军很大杀伤，并且赢得了很宝贵的时间。其中，大小战斗几百次，日军死伤四万多人，中国军队伤亡约四十万人。日本进攻武汉的指挥官冈村宁次在回忆录中对中国官兵的爱国精神表示敬佩。他写道：

"十月初，第二十七师团占领箬溪一带，检查缴获的敌军官兵致其亲友信件，其内容几乎全是有关我军情况以及他们誓死报国的决心，极少掺杂私事。同一时期，第一〇一师团检查反攻我阵地战死的敌军官兵遗体，发现死者的父母来信中，也都是鼓励他们为国家和民族奋勇献身的言词。"〔3〕

十月二十五日至二十七日，日军先后占领汉口、武昌和汉阳。武汉

〔1〕《抗日战争正面战场》(上)，江苏古籍出版社 1987 年 8 月版，第 648 页。

〔2〕蒋介石日记，1938 年 10 月 6 日。

〔3〕《冈村宁次回忆录》，中华书局 1981 年 12 月版，第 374 页。

三镇失陷。

就在武汉失陷前几天，十月十二日，日军在广东大亚湾登陆。蒋介石原来以为日军为了避免同英国发生冲突，不会进攻广州，并没有采取有力防御措施。二十一日，日军没有经过激烈的战斗，便占领了广州。

广州、武汉的相继失陷，对中国是重大损失。但中国并没有因此屈服，日本的侵华战争也没有如他们的愿望那样胜利结束。中日战争从此进入一个新的阶段。

抗战爆发以来的这一年多时间内，国民党和它的军队的表现是积极的，在抗击日本的军事行动上担当了主要部分，对民众运动也有一定程度的开放。毛泽东在《论联合政府》中说道：

“从一九三七年七月七日卢沟桥事变到一九三八年十月武汉失守这一时期内，国民党政府的对日作战是比较努力的。在这个时期内，日本侵略者的大举进攻和全国人民民族义愤的高涨，使得国民党政府政策的重点还放在反对日本侵略者身上，这样就比较顺利地形成了全国军民抗日战争的高潮，一时出现了生气蓬勃的新气象。”〔1〕

中国共产党在抗战开始时只有几万党员和几万军队，但它是充满活力和向上发展的。它从一开始就高举团结抗日的大旗，能够在复杂的情况下向人们指明战争的趋势和前途，能够同广大民众建立起血肉相连的鱼水关系，深入敌后，以坚决抗日和关心民众疾苦的实际行动取得人们的信任，发展壮大起来，逐步成为抗日战争惊涛骇浪中的中流砥柱。

〔1〕《毛泽东选集》第3卷，第1037页。

第十一章

抗战进入相持阶段

一九三八年十月下旬广州、武汉相继失守以后，中国的抗日战争进入一个以战略相持为特点的新阶段。这是抗日战争中持续时间最长的阶段，局势曲折多变，情况异常复杂。国际局势发生剧烈变动。日本侵略者、国民党和共产党三者的力量对比和相互关系，在这个阶段内发生重大而深刻的变化。

这种变化，特别是各种政治力量在中国社会生活中地位作用的消长，给抗日战争带来许多和前一阶段不同的特点，而且对以后中国历史的发展产生了深远影响。

进入相持阶段后的变化

日本军国主义者在发动全面侵华战争时，由于自身国力有限，也由于对中国抗日战争的决心和潜力严重估计不足，原来的打算是通过“对华一击”，就可以“速战速决”。他们一直迷信倚仗现代武器装备和军事训练的优势就足以很快取胜，对战争的全盘设想和部署都是按照这种估计来安排的，充满了自信。

战争发展的进程完全出乎他们意料之外。

日本军队在武汉和广州战役中几乎倾注了全力。进攻武汉动用的兵力达十四个师团，进攻广州也用了三个师团。这是自卢沟桥事变以来一年多日方使用兵力最多的一次，而且这两次战役几乎集中在同一个时间内进行，反映出他们力图“速战速决”、歼灭中国军队主力以摆脱长期作战带来的严重困境的急迫心情，结果仍没有达到目的。从日军调动兵力的主要交通线来看，纵贯南北的平汉、粤汉铁路，横跨东西的陇海铁路和浙赣铁路，都没有打通，其他铁路线也不断受到游击队袭击。日军在中国战场上所能使用的兵力已近极限，对新占领的地区又要分兵据守，再也无法保持原有的进攻势头。短期内的扩军，使新兵比重增加，导致部队素质明显下降。

随着战争的延长，财力和物力的消耗也大大超过日本国力所能负担的程度。“至一九三八年三月，在短短八个月内，连续四次追加临时军费共七十四亿日元，相当于日本在甲午战争、日俄战争、第一次世界大战和侵占中国东北四次战费总和的一点六倍。在一年多的时间内，日本军费消耗一百余亿日元。一九三八年直接军费五十九点六亿，占国家总支出的百分之七十六点八。军费的急剧膨胀，给日本经济造成了严重困难。”从一九三八年起，日本在国内全面统制物资。“一九三八年七月，日本政府对一百三十余种产品禁止用钢铁制造，对多种原料、燃料实行配给制，迫使大批民用工业陷于停滞状态。”〔1〕以后，他们进行第二次军需动员，利用代用品，加收废品，降低产品规格，但仍难以满足需求。

在这样窘迫的情况下，日本军国主义者不得不陷入他们原来根本没有想到也十分不希望看到的相持阶段。

武汉、广州失陷后不久，十二月六日，日本陆军省和参谋本部制定《昭和十三年秋季以后对华处理办法》，规定：“如无特别重大的必要时，不企图扩大占领地区，而将占领地区划分为以确保治安为主的治安地区与以消灭抗日势力为主的作战地区。”〔2〕根据这一方针，在第二年初，日本大本营深感各条战线“有在现地加以统一指挥之必要，迄同年九月十二日新设中国派遣军总司令部于南京成立，并派西尾寿造大将为司令

〔1〕刘大年、白介夫主编《中国复兴枢纽》，第149页。

〔2〕《日本帝国主义对外侵略史料选编》，第285页。

官，板垣征四郎为参谋长”。[1]

日方自己编写的战史这样写道：

“当时，陆军在国内仅有近卫师团，而在中国配置有二十四个师团（引者注：除集中进攻武汉和广州的兵力外，在中国其他战场，包括控制占领区的还有约七个师团），在满、朝配置有九个师团，完全丧失了继续采取攻势的机动能力。这样，对华作战未能歼灭中国军之主力即已达到攻击的极限，而以此态势进入长期持久战，同时又必须迅速促进对苏作战准备，如此对华持久作战的指导，在战略上极为困难。”[2]

事情丝毫不爽地证实前引毛泽东在《论持久战》中所说：“第一阶段的末尾，由于敌之兵力不足和我之坚强抵抗，敌人将不得不决定在一定限度上的战略进攻终点。到达此终点以后，即停止其战略进攻，转入保守占领地的阶段。”占领武汉和广州，便成了日军的“战略进攻终点”。

这种情况下，他们不得不调整整个对华方针，提出“准备长期战争”，把重点转向巩固已有占领区，反复进行扫荡，希望把它变成一个比较稳定的后方，尽力搜刮这里的人力物力资源来支持战争的继续。这就是所谓“以战养战”。同时，进行政治诱降，把国民党内的投降派拉出来组织傀儡政权，想在沦陷区制造一种已把政权交还中国人的错觉，来巩固他们对占领区的统治。这就是所谓“以华制华”。

这是战争发展到新阶段时，日本对华战略政略的明显变化。

国民党政府的政治中心这时已移到重庆。随着局势的演变，国民党最高当局的不同集团出现了分化。

国民党副总裁汪精卫一向宣扬民族失败主义，认为以中国的军事和经济力量根本无法战胜日本，不如及早求和。随他出逃的周佛海后来在

〔1〕蒋纬国：《历史见证人的实录——蒋中正先生传》第2册，（台北）青年日报社1997年10月版，第265页。

〔2〕《日本军国主义侵华资料长编》（上册）（《大本营陆军部》摘译），第461页。

《简单的自白》中写道：

“民国二十七年我任（国民党中央）宣传部副部长，当时汪精卫是国民党的副总裁，所以和他接近的机会多。当时抗战的情形恶劣，所以每次和他谈话，他就主张能和就和。我当时见国际对中国除了道义上的援助和精神上的同情以外，没有实际的援助，同时中国的国力，当时也赶不及日本，所以我自己对抗战也没有信心，因此听了汪的主张，似乎有理，所以常常来往。”〔1〕

武汉失陷前夜，英法同德意签订“慕尼黑协定”，实行绥靖政策，牺牲捷克斯洛伐克，更使国民党内一部分人严重动摇。

一九三八年十二月二十九日，汪精卫在跑到越南河内后发出所谓“艳电”，公开响应日本近卫首相《中日两国调整关系之基本政策》的声明，主张停止抗战，对日求和，彻底暴露了他卖国乞降的面目。这个电报激起强烈反响。全国范围内群情激愤，掀起了声势浩大的声讨投降活动的热潮。这说明在全国抗战爆发后，谁主张求和乞降，谁就会受到全国民众的唾弃。国民党中常委也在一九三九年一月一日召开临时会议，决议对汪精卫“永远开除其党籍，并撤除一切职务。”〔2〕

作为国民党总裁的蒋介石和汪精卫不同。他坚持抗战，继续留在抗日战争的阵营里，没有向日本投降，这是值得称赞的。他在南岳军事会议开幕时说：

“日本占领了武汉并接着占领我们的岳州以后，照敌人的理想，他何尝不想一鼓挺进占领我们长沙和南昌，然而他进到岳州以后，就不能再攻进来，这就证明他的力量不够，气势已衰。”〔3〕

---

〔1〕《审讯汪伪汉奸笔录》上册，江苏古籍出版社 1992 年 7 月版，第 95—96 页。

〔2〕《汪精卫撤职经过》，《文献》卷 4，1939 年 1 月 10 日。

〔3〕《中华民国重要史料初编——对日抗战时期》第二编（1），第 130 页。

但是，看到日本军事进攻的威胁比原来大为减轻，在蒋介石身上却又发生另一个重大变化。他对中国共产党的疑忌实在太深。共产党领导的抗日根据地和游击战争在敌后迅速发展起来，那里都是国民党军队已经放弃而被日本军队占领的地区，这对中华民族说来本来是增强抗日力量的好事，蒋介石却越来越忧心忡忡。他在一九三八年十二月三十一日的日记中回顾这一年时写道："共党乘机扩张势力，实为内在之殷忧。"几天后，他在一九三九年一月六日的日记中又写道：

"目前急患不在敌寇，而在（一）共产党之到处企图发展；（二）沦陷区游击队之纷乱无系统；（三）各边区之土匪充斥；（四）兵役制度之纠纷。此四者关系国力消长、抗战成败甚大，应定切实对策，方足以消弭殷忧也。"[1]

他还在日记中恨恨地自问："本党为何不能与共党抗争，一切组织、宣传、训练皆比不上共党？""本党为何不能掌握青年？"[2]

从蒋介石日记里透露出来的这些内心变化中可以看出：当日本军事进攻压力明显减轻后，他关心的重点就从对日作战逐渐转向防共反共方面，而且越来越焦虑，虽然他这时还没有公开说出来。

中国共产党在大后方的主要领导机构是以周恩来为书记的中共中央南方局，设在重庆。"当时南方局管辖的范围包括湖南、湖北、广东、广西、江西、福建、云南、贵州、川东、川西及香港等十多个地区。"[3]（皖南事变后，原中共中央东南局领导的工作也统归南方局领导）南方局的办公地址最初设在重庆市区，一九三九年五月日本飞机两次对重庆轰炸后移到重庆近郊红岩村的大有农场场地。南方局是一个秘密机构，因此同第十八集团军（即八路军）重庆办事处设在一起，对外只用办事

〔1〕《总统蒋公大事长编初稿》卷4（上），第285、291页。
〔2〕蒋介石日记，1939年3月2日、3月3日。
〔3〕廖似光：《关于南方局的一些情况》，《回忆南方局》(1)，重庆出版社1983年8月版，第15页。

处的名义。但许多人都清楚："红岩"，就是中国共产党的大后方的心脏所在，是他们一心向往的地方。

国民党在各地制造的反共磨擦活动，此时明显地增多起来。留在重庆的周恩来敏锐地看出这是一个危险的信号，在给延安的电报中说："目前事实如杀人、捕人、封报、攻击边区，甚至武装冲突，磨擦日益加甚，此必须迅速解决，以增互信。"[1] 中国共产党仍然希望这些问题及时得到解决，增进国共两党之间的互信，共同抗日。

可是，局势却在继续恶化。就在周恩来发出这份电报的同一天，国民党五届五中全会在重庆开幕。蒋介石在开会词中，虽然说到现在是第二期抗战开始的时候，说到要抗战到底，不能半途而废，但他把"抗战到底"只解释为"恢复七七事变以前的原状"，也就是说不包括收复东北在内，更不用说台湾了。更严重的是，会上原则通过要限制异党活动（四月十四日由国民党中央秘书处秘密颁布《防制异党活动办法》的训令）。会议公开发表的《宣言》中说："本会议郑重声明，吾人绝不愿见领导革命之本党发生二种党籍之事，更不忍中国实行三民主义完成革命建国一贯之志业，因信仰不笃与意志不坚，致生顿挫。"会议通过的《关于党务报告之决议案》中写道："今后本党应着重革命理论之宣传与领导，而使违反主义之思想无从流布于社会，而于战区及敌人后方，尤应特别注意。"[2] 这些话，矛头显然都是指向中国共产党的。原先早已在各地分散表现出来的反共活动，成了国民党五届五中全会的正式决策。

这是抗战期间蒋介石对待中国共产党政策发生重大变动的转折点。

中国共产党在武汉、广州失守前后，于一九三八年九月二十九日至十一月六日，召开扩大的六届六中全会。毛泽东在会上作了《论新阶段》的报告。报告指出："相持阶段是战争的枢纽。"他强调："敌据城市我据乡村，所以战争是长期的，但乡村能够最后战胜城市。""为了配合正面防御使主力军得到休息整理机会，为了生长力量准备战略反攻，

---

〔1〕 周恩来致中共中央书记处电，1939年1月21日。

〔2〕《中国国民党历次代表大会及中央全会资料》下册，第547、554页。

必须用尽一切努力坚持保卫根据地的游击战争，在长期坚持中，把游击部队锻炼成为一支生力军，拖住敌人，协助正面。”他还谈了国共两党需要长期合作：“由于抗日战争是长期的，整个抗日民族统一战线也能够且必须是长期的，其中主要的两个党——国民党与共产党的合作，也能够且必须是长期的，这是一切政策的出发点。”〔1〕这次全会，还批评并纠正了以王明为代表的在统一战线中独立自主问题、战争和战略问题上的右倾错误，以保证能沿着正确的方向继续前进。

随着国民党五中全会的召开和反共活动的增加，这种变化不能不引起中国共产党的忧虑。一九三九年一月二十四日，中共中央致电蒋介石暨国民党五届五中全会，充分肯定他们对近卫演说的驳斥和开除汪精卫党籍的决议，强调要他们停止反共磨擦，巩固国共两党长期合作的基础，以利于团结抗战。第二天，中共中央又致电蒋介石，坦率地指出：

“两党合作过程中常有磨擦现象，最近尤甚。许多地方不仅原有的共产党员政治犯未曾释放，而且常有逮捕和杀害共产党员之事。陕甘宁边区问题，虽经先生一再承认，但政府机关延不解决，少数不明大义分子，遂借以作无谓之磨擦。”“特别在冀鲁等地敌后游击区域中，各种排挤、污蔑八路军与共产党之行为，几乎每日皆有。此等情形，殊为严重。”“必须停止此种现象，断不应任其发展，致陷民族国家于不利。”〔2〕

尽管如此，这时蒋介石仍在继续对日抗战，严厉谴责汪精卫的投降活动。他的防共反共活动主要还是在内部酝酿和布置，而把已发生的种种反共活动推托为地方性、局部性的事件。因此，中国共产党处理这个问题需要谨慎而恰当，采取克制的态度，并继续进行观察。

---

〔1〕《中共中央文件选集》第11册，第581、590、594、623页。

〔2〕《中共中央文件选集》第12册，中共中央党校出版社1991年6月版，第18页。

正面战场和敌后战场

武汉、广州失陷后，中日之间的战争在继续进行着，包括正面战场和敌后战场。

怎样看待正面战场和敌后战场的关系？应该说，以国民党为主体的正面战场和以共产党为主体的敌后战场，是相互配合、互为支持的。如果没有其中的任何一方，日本侵略军都会腾出手来，全力压迫另一方，增加另一方的困难。这两个战场结合在一起，构成中华民族抗日战争的完整的壮丽画卷。

我们先来看正面战场。

日军的战略指导方针，这时有个变化。“日军大本营，在武汉会战前，判断攻略武汉后，控制中国心脏地带，击灭中国野战军主力，并夺取广州封锁中国国际通路，可使中国战力趋于衰竭而至屈服。”这个目的没有达到。一九三八年冬，大本营又制定《战争指导方针》及《对中国事变处理方案》。它的主旨是：放弃速决战略，改取持久战略，“企图依局部有限攻势、战略轰炸及遮断中国国际补给线”，以打击中国抗战的意志，谋求结束战局。〔1〕

从武汉、广州沦陷到太平洋战争爆发这三年内，日军对正面战场发动进攻的重点，主要在中部的武汉周围、南部的桂南地区、北部的中条山地区。这些战役，大体上正是按照“局部有限攻势”和“遮断中国国际补给线”这两个目标来进行的。

先看中部的武汉周围。日军攻陷武汉后，指挥这次战役的冈村宁次在回忆录中说：“我并不特别感到高兴。因为，这并不等于我军主力方面的战斗已经完成。”〔2〕冈村宁次确实无法特别高兴得起来：这时，日军的兵力已近用尽，他们进攻武汉时沿长江直进，置周围地区于不顾，

---

〔1〕《国民革命军战役史第四部——抗日》第3册，（台北）“国防部史政编译局”1995年1月版，第5、6页。

〔2〕《冈村宁次回忆录》，第368页。

而中国军队在武汉以外地区仍保持着不少兵力，如南昌、长沙、宜昌及豫南等，对日本侵略者控制武汉构成威胁。因此，日军在武汉外围先后发动了南昌战役、随枣战役、第一次长沙战役、枣宜战役、豫南战役、上高战役、第二次长沙战役等有限攻势。

其中，最重要的是两次长沙战役。长沙是湖南省会，位于湘江下游、洞庭湖南，扼粤汉、浙赣、湘桂铁路的要冲。湖南又是中国大后方的重要粮仓和兵源，沿海内迁的工厂很多集中在这里，在军事上是西南的屏障。

日军在一九三九年三月二十七日占领南昌后，由冈村宁次率领第十一军的十万多兵力向长沙发起进攻。中国军队的指挥官是第九战区代理司令长官薛岳，共有兵力二十四万人。据薛岳口述并审定的《薛岳将军与国民革命》一书称："当战斗开始前夕，白健生（副参谋总长）与陈辞修将军（政治部长）（引者注：即白崇禧、陈诚）到株洲，要薛长官将部队第一步撤退到醴陵、衡山、湘潭地区，放弃长沙以北之地。"薛岳考虑再三，"未能接受"，主张坚守长沙，并说："如今若不能固守长沙，则今后又如何能守重庆呢?"[1] 这次战役，从一九三九年九月十七日开始，到十月八日，共二十二天，被称为第一次长沙战役。长沙以北，有新墙河、汨罗江、捞刀河三道防线。日军经过激战，虽渡过新墙河和汨罗江，但因中国军队顽强抵抗，沿途坚壁清野，道路又经破坏，日军坦克、炮车都不易通过，冈村宁次估计再战将对日军不利，被迫全线撤回原有阵地。这是一九三九年正面战场上规模最大的一次战役，第一次遏制住日军大兵团的进攻，暴露出日军的进攻力量已趋衰竭。这次战役对全国军民起了很大的鼓舞作用。军事委员会副委员长冯玉祥在十月十二日发表广播演说称："日军之力量逐渐削弱，并不能取攻势。日人最近欲利用欧洲战争之机会，以加强其对华军事侵略，其目的在及早结束战事，日人在前已声言进攻西安、宜昌、长沙、衡阳等地，但现时在湘北已遭遇空前之失败，可见欧洲局面无论如何变化，吾人若继续英

〔1〕《薛岳将军与国民革命》，（台北）中研院近代史研究所1988年12月版，第338、340页。

勇挣扎，仍可获得最后胜利也。”[1]

第二次长沙战役发生在一九四一年九月。日军由第十一军司令官阿南惟几率领十二万兵力进攻长沙。鉴于第一次进攻用“长驱直入”而失利的教训，这次改用“中间突破”、“两翼迂回”的战术，先后突破中国军队的三道防线，在九月二十八日一度攻占长沙，并在第二天侵入株洲。但日军兵力也已衰竭。“这时中国军队从四面八方向长沙外围汇集。日军长途奔进，交通补给线又为我游击队所破坏，武器弹药补给困难，所谓‘军无辎重则亡也’。日军遂于三十日由捞刀河和长沙撤退。”[2] 十月八日，中国军队越过新墙河，日军退回原阵地。

枣宜战役中，第三十三集团军总司令张自忠在渡过襄河截击日军时，遭到日军优势兵力围攻，于一九四〇年五月十六日壮烈殉国。随从在场的副官马孝堂叙述他在战地多处受伤后的情况：“总司令命我快走开，还说：‘我这样死得好，死得光荣，对国家、对民族、对长官，心里都平安……’这时总司令面已苍白，但还有些笑容，接着眼睛就闭上了。”[3] 张自忠是抗日战争期间牺牲的最高级将领。周恩来在纪念他的文章中写道：“张上将是一方面的统帅，他的殉国，影响之大，决非他人可比。”“张上将之殉国，不仅是为抗战树立了楷模，同时，也是为了发挥我国民族至大至刚的气节和精神。”“这种生死不苟、大义凛然的民族气节，乃是抗日战争中所需要的宝贵精神。”[4]

在南线，日军攻占广州后的主要作战目标是要切断中国大后方的对外交通线，断绝中国从海外获得必要的物资补给，使中国陷入难以撑持的困境而屈服。一九三九年二月，日军侵占海南岛；六月，占领潮州、汕头一带；八月，又攻占深圳：这些都是为了严密封锁中国的沿海对外交通。那时中国西南地区只剩下广西、云南的对外陆路交通线还保持畅

---

〔1〕冯玉祥：《长沙外围胜利为中国历史创举》，《长沙会战纪实》，（台北）中国国民党中央党史委员会 1976 年 12 月影印，第 186 页。

〔2〕《湖南四大会战》，中国文史出版社 1995 年 7 月版，第 107 页。

〔3〕《马孝堂口述张自忠将军殉国经过》，《抗日名将张自忠》，中国文史出版社 1987 年 4 月版，第 198 页。

〔4〕周恩来：《追念张荩忱上将》，《新华日报》1943 年 5 月 16 日。

通。接着，日军又发动桂南战役，力图切断广西至越南的通道，威胁滇越铁路和滇缅公路。“特别是欧洲大战爆发后，日本陆海军首脑部更有人认为要抓住英美被欧战牵制而无力顾及远东的良机，攻占南宁，打断各国援华的念头，并乘机夺取进入法属印度支那北部的跳板。新上任的陆军作战部部长富永恭次甚至认为，攻占南宁‘是中国事变的最后一战’。”[1]

十一月十五日起，日军在钦州湾多处登陆。二十四日，占领南宁。它的前锋攻占昆仑关。“南宁附近是一片不高的山峦，其起伏不甚巨大，殆近于平原。”但继续向前推进，就进入峰峦重叠绵延不绝的山岳地带。“敌人在取得南宁后，仍旧继续冒险往北犯，向山岳地带突进”。[2] 由于西南对外交通线关系重大，中国军队在十二月中旬调集十个军十四万兵力先后赶抵桂南战场。其中，最精锐的部队是抗战开始后新成立的第一个机械化部队——第五军，军长是杜聿明，承担起强攻昆仑关的任务。昆仑关是南宁以北四十公里处的重要据点，周围群山叠嶂，中多悬崖深谷，地势极为险要，易守难攻，日军以重兵扼守，但在如此险峻的地形下，他们的重兵器和机械化部队也难以充分施展威力。十二月十七日，第五军利用夜行军秘密进入攻击准备位置，突然动作，将日军第四师团的第十二旅团合围在昆仑关山区。双方互相以重炮轰击，随后展开白刃肉搏，血战达十五天。三十一日，第五军终于将昆仑关全部收复。日军旅团长中村正雄少将在炮火轰击中被击毙。全旅团伤亡四千多人，被迫退却。第五军也有一万一千多人负伤，近五千六百人牺牲。这是中国军队第一次步、炮、战车协同配合，在攻坚战中取得胜利，产生了重大影响，虽然付出的代价也是巨大的。这以后，日军又采取攻势，再陷昆仑关。到一九四〇年九月，因法国已向德国投降，日军将原驻桂南的主力移调越南北部。中国军队收复了南宁和桂南地区。

在北线，日军主要的攻势是一九四一年五月发动的中条山战役。中条山位于黄河以北的晋南豫北交界处，构成中原地区的屏障。驻守在这

---

〔1〕 刘大年、白介夫主编《中国复兴枢纽》，第165页。

〔2〕 于田：《桂南战事的现状》，《全民抗战》第100期，1939年12月9日。

里的有第一战区司令长官卫立煌统率的部队近十八万人，牵制着日军三个师团。日军采取中央突破和钳形攻势相结合的方式，分三路进攻。毛泽东五月十四日致电在前方负责指挥八路军的彭德怀：“目前国民党非常恐慌，望我援助甚切。”“我们的基本方针是团结对敌，是配合作战。”八路军在敌后对日军发动了进攻，同正面友军配合作战。经过二十多天战斗，中条山守军在遭受惨重损失（军长二人阵亡）后撤出这一地区。六月九日，毛泽东在致彭德怀电报中写道：“此次中条失利之原因固多，而无民众组织以障蔽敌之耳目，明快我之耳目，实为主因，并非兵不精将不勇或指挥不善之咎也。”[1]

在这个时期内，日本飞机对大后方进行惨无人道的狂轰滥炸，尤以重庆为重点。一九三九年五月三日，重庆市区被炸大火，精华付之一炬，死难四千四百多人，市民二十多万人紧急向乡间疏散，报纸一度停刊。这一年，各地被空袭两千六百多次，人民死者两万八千多人，房屋被毁十三万八千多间。一九四〇年八月十九、二十日，重庆再次遭遇大规模轰炸，大火两日夜。重庆是一座山城，市民加紧开凿防空洞和隧道。一九四一年六月，发生不幸的大隧道窒息事件，死者两万人。八月，日本飞机又实施“疲劳轰炸”，连续七日不息，警报一响，人们就只能避到防空洞中，公私工作一时都陷于停顿。但军民抗战意志并没有动摇。

从前述事实中可以看到，在进入战略相持阶段后，尽管存在种种问题，国民党军队仍坚持在抗日阵营里，并且在一些战场上进行过顽强的抵抗，不少将领和士兵为了保卫国家而英勇作战，作出了巨大牺牲。但是，国民党当局在这个阶段的基本态度已是消极避战，把希望寄托在国际局势的变化上。而日本的兵力这时已明显不足，往往在发动一次攻势后不久便停止进攻，甚至撤回原有阵地。张发奎回忆道：“蒋先生的政策是‘头痛医头，脚痛医脚’。他常常把军级单位调派到危急地区，等

---

〔1〕《毛泽东军事文集》第2卷，军事科学出版社、中央文献出版社1993年12月版，第641、646页。

原驻地发生危机再调兵回去。”〔1〕胡绳有一个中肯的评论：“在正面战场上，只是在日本侵略军发动局部进攻时才发生比较激烈的战役，国民党军队的许多官兵进行了英勇的作战，但这种战役一般都以日本停止进攻而结束。”〔2〕

黄埔毕业生出身的将领，由于是蒋介石的嫡系，在军队中的职务上升得很快，但许多人的实际指挥经验和能力同他们的职务未必相称。“在黄埔系人员中，胡宗南控制的部队最多，他的部队驻扎在西北地区监视共产党，所以损失最轻微，而且得到最佳供应。”〔3〕出乎国民党当局意料之外，这种消极避战，看起来为了保存和发展实力，结果换来的却是自身战斗力的削弱和丧失。

在以中国共产党为主体的敌后战场上，战斗是异常艰苦的。

八路军进入山西后有个发展过程：最初是配合国民党友军作战，太原失守后便大步挺进敌后。中共中央发出一系列指示，指出：八路军在新的形势下，应该消除依赖国民党军队的思想，独立自主地放手发动群众，壮大自己的力量，在敌后广大乡村普遍建立起抗日游击根据地；并对八路军各部在山西敌后展开的基本格局作出通盘部署。这个部署是：第一一五师分成两部分，由聂荣臻率领一部分留在晋东北，继续以五台山为中心开辟晋察冀抗日根据地，该师主力开赴晋西南，创建以吕梁山为依托的晋西南抗日根据地；第一二〇师以管涔山脉为中心开辟晋西北抗日根据地；第一二九师从正太铁路南下，依托太行、太岳山脉，开辟晋冀豫抗日根据地。这些都是国民党军队已经退出的地区。四个区域不是局处一隅，几乎遍布山西全省，对日军占领的中心城市和交通线形成包围或侧面威胁的态势。

一九三八年二月，毛泽东会见美国合众社记者王公达时说：“从这些区域看来，中国失去的不过是几条铁路及若干城市而已，其他并没有

〔1〕张发奎：《蒋介石与我》，第307页。
〔2〕《胡绳文集（1979—1994）》，中国社会科学出版社1994年12月版，第321页。
〔3〕张发奎：《蒋介石与我》，第299页。

失掉。这一实例给全国以具体的证明：只要到处采用这种办法，敌人是无法灭亡中国的。这是将来举行反攻收复失地的有力基础之一。”[1]

日本侵略军最初对八路军的活动并不重视，不久就认识到这是一个严重教训。时任日本华北方面军第一课高级参谋的吉原矩大佐（后升中将）懊丧地回顾说：“当时并未重视中共军，视其为在我占领地区内潜伏的国民政府残兵部队或与抗日杂牌军相差无几之军，确信不久将可扫荡歼灭而不重视。对共产党实施‘政潜军游’之巧妙执着之活动、逐渐扩张提升其势力之实态，惜未能十分认识。”一九三九年，日本华北方面军召开情报主管会议。“先由方面军参谋长笠原辛雄中将报告，强调今后华北治安的癌即为中共党军，如何击溃此一立足于军、政、党、民的有机结合之上的抗战组织，实为现阶段治安肃清的根本。”[2]

进入战略相持阶段后，日本侵略者把重点转向巩固已有的占领区。当他们发现自己的后方受到越来越大威胁时，立刻掉过头来，将大量日军回师华北，对八路军建立的抗日民主根据地进行残酷的封锁、分割和扫荡，称为“强化治安”。他们对晋察冀根据地进行“八路围攻”，对晋冀豫根据地进行“九路围攻”，对其他根据地也发动类似的扫荡。侵入根据地后，见房便烧，见人便杀，推行“烧光、杀光、抢光”的三光政策。他们大搞所谓铁壁合围、反复扫荡，制造一个个“无人区”。一次“扫荡”的时间往往持续到三个月或四个月。由于这些根据地同后方几乎处在隔绝状态，它遭遇的困难不难想见。

处在这样险恶的环境中，八路军为什么能扎下根来并不断发展壮大？如果没有坚定的信念和意志，如果不能通过不断打击日本侵略者而取得百姓的信任，特别是如果不能同当地民众建立起血肉相连、生死与共的联系，是根本没有可能的。这便是它能够在敌后抗战中取得巨大成功，而国民党领导下的军队却难以做到的奥秘所在。

八路军在华北敌后的活动最初集中在山地。后来中共中央和毛泽东

---

〔1〕《毛泽东文集》第2卷，人民出版社1993年12月版，第101页。

〔2〕（日）防卫厅战史室：《大战前之华北治安作战》，（台北）“国防部史政编译局”1988年6月译印，第221、352页。

又作出一项重大决策：从山地进入平原地区开展游击战争。

这样做很不容易。徐向前回忆道：“大家脑子里有问号。因为从红军时代起，我们就是靠山起家、靠山吃饭的。在平原地区搞游击战争，干部缺乏经验，信心不足。”〔1〕但进一步开展敌后平原游击战争并建立根据地是必要的和可能的：一是备受日军蹂躏和屠杀的沦陷区（包括平原）民众，迫切期待着能领导他们保卫家园的抗日军队到来；二是山区地形条件虽然有利，但资源、人力毕竟有限，平原地形条件虽然不如山区，但地域广阔、人口稠密、资源丰富、交通发达，易于坚持；三是只要充分发动并依靠当地民众，没有山也可以创造出一座座“人山”来，冀中、冀南和山东已在这方面初步取得经验。一九三八年四月二十一日，毛泽东、张闻天、刘少奇给朱德、彭德怀等的电报提出：

“根据抗战以来的经验，在目前全国坚持抗战与正在深入的群众工作两个条件之下，在河北、山东平原地区广大地发展抗日游击战争是可能的，而且坚持平原地区的游击战争也是可能的。”〔2〕

根据这个决策，进入战略相持阶段后不久，八路军采取了一项具有重大意义的战略行动，即从一九三八年十二月起，八路军三大主力一举挺进河北、山东、河南，打开了平原游击战争的新局面：第一二〇师主力从晋西北进入冀中平原，和原在那里的吕正操等部汇合，同前来“扫荡”的日军作战一百六十多次，加强了冀中抗日根据地；第一二九师主力从太行山区进入冀南，和原在那里的冀南军区部队会合，同日军作战一百多次；第一一五师主力一部挺进山东，和当地起义部队组成的山东纵队会合，一部进入冀鲁豫边区，和当地抗日武装会合，在那里站住了脚跟。三个月至半年后，由于战争形势的发展，第一二〇师和第一二九师主力分别撤回晋西北和太行地区，但冀中和冀南军区的部队仍在当地坚持，第一一五师主力继续留在山东。这项行动，接连粉碎了日军对平

〔1〕徐向前：《历史的回顾》（下），解放军出版社 1987 年 7 月版，第 606 页。

〔2〕《毛泽东军事文集》第 2 卷，第 217 页。

原游击区的多次“扫荡”，打破了他们由占领“点”、“线”扩大到“面”的战略意图，使平原抗日民主根据地得到巩固和扩大；帮助当地抗日武装大大提高了战斗力，加强了根据地建设；八路军主力本身也得到发展壮大，如第一二〇师在半年内由六千四百多人增加到两万一千多人。

从一九三九年五月起，日军把“扫荡”的重点从平原转向山区。八路军在各根据地依托山高路险、人烟稀少、交通极为不便的山区有利地形，依靠当地民众，开展游击战争，牵制和消灭大量日伪军。日军由于交通线经常被切断，不得不以更多兵力分散地固守它所占领的“点”和“线”。在晋察冀根据地，原来坐镇张家口、被称为“山地战专家”的日本“蒙疆驻屯军”司令兼独立混成第二旅团旅团长阿部规秀中将，从这年九月起，指挥对根据地的冬季大“扫荡”。十一月七日，阿部亲率日军一千五百多人来到河北省涞源县黄土岭以东地区时，被预先在该地设伏的晋察冀军区一分区司令员杨成武部用迫击炮击毙。杨成武在回忆录中写道：

“阿部中将被击毙，日本朝野震动，陆军省发布了阿部规秀的阵亡公报。《朝日新闻》以通栏标题痛悼此人：‘名将之花凋谢在太行山上’，连登三天。这家报纸说：‘自从皇军成立以来，中将级将官的牺牲，是没有这样例子的。’”“党中央、八路军总部和全国各地的友军、抗日团体、著名人士纷纷拍来贺电，祝贺我们所取得的胜利。全国各地的报纸也纷纷报道黄土岭战斗经过，刊登各种祝捷诗文。”“蒋介石还发来了电报。”〔1〕

其他各根据地也在残酷的反“扫荡”战斗中相继取得胜利，使民众信心增强，纷纷参军，投身抗日武装斗争。八路军正是在同日本侵略者不停顿的战斗中迅速壮大，增强了战斗力，总兵力从出发时的三万四千人，发展到一九三八年底的十五万六千多人，再发展到一九三九年底的

---

〔1〕《杨成武回忆录》（上），解放军出版社 1987 年 6 月版，第 543 页。

二十七万多人，成为华北敌后抗日游击战争的主体力量。山西新军发展到五十个团，主力部队约七万多人。

“巩固华北，发展华中”，是武汉失陷前后召开的中共六届六中全会的一项重要决定。为什么此时在“巩固华北”的同时，要突出地提出“发展华中”的任务？那是因为随着日军发动武汉战役，华中地区大片国土相继沦陷，需要乘日军无暇回师的机会，在这个地区迅速发展敌后游击战争，打开一个新的局面。

一九三九年三月，周恩来到皖南新四军军部，在干部大会上指出：“我们在江南地区确定发展的方向，有三个原则：（一）那个地方空虚，我们就向那个地方发展。（二）那个地方危险，我们就到那个地方去创造新的活动地区。（三）那个地方只有敌人伪军，友党友军较不注意没有去活动，我们就向那里发展。这样可以减少磨擦，利于抗战。”〔1〕根据这些原则，新四军的战略方针是：向南巩固，向东作战，向北发展，重点是向东向北发展。

新四军苏南部队在陈毅、粟裕率领下，开辟以茅山为中心的抗日根据地，粉碎了日军的第一次围攻。长江以北，一九三九年五月成立以张云逸、徐海东任正副指挥的新四军江北指挥部，在安徽境内的津浦铁路两侧开辟皖东抗日根据地。彭雪枫率领的游击部队开辟了豫皖苏边抗日根据地。李先念率领的游击部队开辟了豫鄂边抗日根据地。十一月，又成立以陈毅、粟裕为正副指挥的新四军江南指挥部，并派出两个纵队渡江北上，为下一步开辟苏北创造了有利条件。

苏北东濒黄海，南临长江，北接山东，西有运河。境内地势平坦，盛产粮、棉、油、盐等重要物资，同上海、南京等地贸易往来活跃。人口近两千万，群众文化水平较高。日本侵略军大举西犯时，在苏北只留下少数兵力驻守重要城镇和交通要道，无力控制广大农村。伪军在人民中极为孤立。当地老百姓（包括一些开明地主）热情支持抗战部队。这里又是联结华北八路军和南方新四军的重要枢纽，战略地位极为重要，

〔1〕《周恩来选集》上卷，第105页。

当时也便于新四军的发展。一九四〇年三月，毛泽东、王稼祥给朱德、刘少奇等的电报中提出“争取全部苏北”的任务和以八路军一部南下、陈毅部队北上的基本设想。

创建苏北抗日根据地并不容易。华中的情况和华北不同。刘少奇后来在总结华中工作时指出：

“由于敌人的进攻，国民党最初对敌后的形势估计得过分严重，他们惊惶失措，退却逃跑。那时敌后是空虚的。到了这时候，国民党逐渐了解敌后的具体情形，又看到我们在华北敌后的大发展，它对于敌后的观念有了改变，觉得敌后还是可以经营的。国民党最初是不愿到敌后去的，而指令我们到敌后去抗战，他们自己站在后方。然而在此时，他们就大胆、积极地向敌后伸展，恢复他们在敌后的统治，并严格限制与排挤我们。”〔1〕

这年七月，陈毅、粟裕率新四军江南主力部队渡江北上，并将江南指挥部改为苏北指挥部，共辖九个团七千余人。这是一支有很强战斗力的老部队。全军东进黄桥，协同地方党组织发动群众，不断打击日伪军，建设抗日民主根据地。而徐州战役后被阻隔在江苏北部的国民党江苏省政府代主席韩德勤，却在九月间率部三万多人大举南下，向新四军发起猛烈进攻。新四军先是一再退让，终于在黄桥进行决战，取得胜利。南下增援的八路军第五纵队黄克诚部，也在十月十日直下盐城。两军胜利会师。八路军和新四军联成一片，开辟了华中最大的一块抗日根据地，使华中敌后形势根本改观。黄克诚在《自述》中写道：“黄桥决战的胜利和八路军南下与新四军会师，为确立我党我军在华中敌后抗战的领导地位奠定了基础，并对以后抗战形势的发展有重要影响。”〔2〕

一九三九年和一九四〇年这两年间，新四军在敌后共作战两千四百多次，歼灭日伪军五万多人，巩固并发展了抗日民主根据地。新四军从

---

〔1〕《刘少奇选集》上卷，人民出版社 1981 年 12 月版，第 276 页。
〔2〕《黄克诚自述》，人民出版社 1994 年 10 月版，第 170 页。

原来的两万五千人发展到十万人。

在这前后，八路军从一九四〇年八月二十日至第二年一月二十四日在华北发动了震动全国的百团大战。这次战役原来叫“大破袭战役”，重点是破袭正太铁路，其次是破袭平汉铁路和同蒲铁路北段，还有白晋铁路（从白圭至晋城的铁路，后拆除）。原定兵力是二十二个团，后来参加的兵力达到一百零五个团，二十多万人，所以被称作“百团大战”。山西新军“有二十二个团参加了百团大战”。〔1〕

八路军为什么要发动这次战役？当时，日本军队将进攻重点转向华北，对敌后根据地不断进行“扫荡”。他们依靠几条交通线，不断扩张占领区，增加据点。抗日根据地日渐缩小，部队给养供应困难。日军又采用所谓“囚笼政策”，来封锁和隔绝各抗日根据地之间的联系。刘伯承曾形象地譬喻这种“囚笼政策”说：“铁路好比柱子，公路好比链子，据点好比锁子。”〔2〕这就更增加了各根据地的困难。大破袭战役前，华北抗日根据地一度只剩下两个县城，就是太行山的平顺和晋西北的偏关。“可是敌伪深入我根据地后，普遍筑碉堡，兵力分散，反而形成敌后的敌后。主要是交通线空虚，守备薄弱，这对我是一个有利的战机。”〔3〕

战役首先从破袭正太铁路发起。正太铁路横越太行山，连接平汉铁路和同蒲铁路，是日军在华北的重要交通运输线，并将晋察冀根据地和晋冀豫根据地分割开，一向有日军重兵把守。由于八路军突然发动猛烈攻击，使日军张皇失措，取得了较大战果。晋察冀军区部队一度攻占娘子关，并乘胜破坏娘子关的桥梁，又彻底破坏了井陉煤矿的设施。第一二九师大规模破坏了正太铁路西段的铁道、桥梁和隧道。第一二〇师破袭了同蒲铁路北段和铁路两侧的主要公路。在地方游击队和民兵配合下，对华北其他铁路、公路也进行广泛破袭。九月下旬起，日军在接连遭受八路军猛烈攻击后，调集重兵进行反扑。八路军转入反“扫荡”

〔1〕《薄一波论新军》，中共党史出版社2008年1月版，第402页。

〔2〕《李达军事文集》，解放军出版社1993年12月版，第35页。

〔3〕《彭德怀自述》，第235页。

作战。

在百团大战中，八路军作战一千八百二十四次，毙伤日伪军两万五千多人，缴获大量武器，破坏铁路四百七十多公里、公路一千五百多公里、桥梁和隧道二百六十多处，使正太铁路中断一个月。一度恢复县城四五十个，最后得到巩固的县城有二十六个以上，还摧毁了日伪军的不少碉堡。八路军伤亡一万七千多人。

日方的《华北方面军作战记录》记载道："该战斗系于昭和十五年八月二十日夜，同时向我交通线及生产地区（主要为矿山）发动奇袭，尤其在山西省的攻势特别猛烈，袭击石太路及北部同蒲路的装备队，同时将铁路、桥梁及通信设施加以炸毁或破坏，彻底破坏井陉煤矿等设备。该奇袭完全出乎我军意料之外，因此损害甚大，为复旧颇费时日及巨额经费。"华北方面军参谋部编印的《对华北方面共产势力之观察》对八路军的作战这样评论："其上级干部多为经验丰富干练之士，其统率才能十分高超，尤其对分散于广阔地区之多数小部队巧妙的指挥运用，必须瞩目。""共产军之机动游击战法极为巧妙而执拗，已逐渐成为我治安之最大障碍。"〔1〕

这次战役鼓舞了全国人民抗战的信心，提高了共产党领导的抗日军队的声望，使国民党一些人制造的所谓八路军"游而不击"的说法不攻自破。只要不抱偏见，谁都看得清楚，如果八路军真是"游而不击"，怎么能够在完全没有外来援助的情况下得到民众信任和支持而有如此巨大的发展，怎么可能在敌后那种艰难环境中给予日本侵略者如此沉重的打击，而国民党军队在敌后却无法做到这一点。第一战区司令长官卫立煌给朱德、彭德怀的电报说："贵部发动百团大战，不惟予日寇以致命之打击，且予友军以精神上之鼓舞。"〔2〕蒋介石致电朱德、彭德怀："贵部窥此良机，断然出击，予敌甚大打击，特电嘉奖。"〔3〕他在日记中也承认："一、八路军截断山西各铁路之行动，对敌军精神与计划上必受

〔1〕（日）防卫厅战史室：《大战前之华北治安作战》，第536、599页。

〔2〕《百团大战历史文献资料选编》，解放军出版社1991年7月版，第224页。

〔3〕《抗战时期国共合作纪实》上卷，重庆出版社1992年1月版，第971页。

一打击。二、八路军对抗战之态度表示积极。”[1] 百团大战胜利的消息传到延安。毛泽东给在前方指挥的彭德怀发来电报说：“百团大战真是令人兴奋，像这样的战斗是否还可以组织一两次?”[2]

百团大战使日本侵略者大为震惊。他们没有料到八路军在华北发展得那么快，已能给他们如此沉重的打击，因此集中更多兵力进行残酷的“扫荡”。他们从华中抽调两个师团到华北，使华北日军兵力达到三十万人左右，伪军有十万多人。

开辟敌后抗日根据地是艰难的，而把它坚持下去并得到发展更加艰难。八路军和新四军能做到这一点的根本原因是：始终紧紧依靠当地民众，真正站在中国人口最大多数的农民一边，从他们的利益和要求出发，不断打击侵略者，并在抗日根据地进行广泛经济上和政治上的民主改革，又注意团结社会上一切可以团结的力量共同奋斗。

美国很有影响的《时代》和《生活》两杂志的驻华记者西奥多·怀特和安娜·雅各布有一段生动的描绘：

“共产党的全部政治论题可以概括为下面的一段话：如果你遇见这样的农民——他的整个一生都被人欺凌、被人鞭笞、被人辱骂，而且他的父亲把祖祖辈辈传下来的痛苦感情都转移给了他。你真正把他作为一个人来对待，征求他的意见，让他投票选举地方政府，让他组织自己的警察和宪兵；给予他权力，让他决定自己应交纳多少赋税，让他自己决定是否减租减息。如果你做到了这一切，那么，这个农民就会变成一个具有奋斗目标的人。而且，为了保卫这个目标，他将同任何敌人——不管是日本人还是中国人——进行殊死拼搏。如果你再给这个农民提供一支军队和一个政权，帮助他耕种土地、收割庄稼，为他消灭曾经强奸他妻子、糟蹋他母亲的日本鬼子，那么，他就必然会忠于这支军队、这个政府以及控制军队和政府的政党；必然会拥护这个政党，按照这个党给他指引的方向进行思考，并在很多情况下成为这个政党的积极参加者。”

---

〔1〕 蒋介石日记，1940年8月29日。

〔2〕《彭德怀自述》，第238页。

他们又写道：

“共产党开始教育农民自己管理自己。在漫长的中国历史上，农民从来没有管理自己的经验。现在，农民们成立了乡、县参议会，参议会都被赋予权力，能解决有关农民切身利益的问题，这些都是农民们自孩提时代起就一直面临的问题。农民们第一次进入政府机构，并且发现自己具有不容置疑的管理能力和从未显露的才华。为了公众的利益，决定谁应多交赋税、谁应少交，这并不需要受过高深的教育。乡民们都知道谁收获了多少粮食，是从哪块田地上收获的，由他们自己来分配各人在战争中所应承担的义务是最适宜的了。组织乡村自卫队就更不需要具有大学学历的学者和官僚了。在具有远见的共产党的领导下，农民们被新的责任所激发出来的才干虽然还不完备，但却正得到巧妙的发展。”〔1〕

这两位美国记者的观察是敏锐的。他们并没有用夸张的词句，却朴实地描写出一幅中华民族历史上从未有过的情景、一场在农村底层发生的深刻的社会关系大变动。中国共产党领导的抗日民主根据地为什么能够在敌后从小到大地发展起来？原因就在这里。

华北和华中地区以外，在华南，曾生等领导的东江抗日游击战争和冯白驹等领导的琼崖抗日游击战争也十分活跃，给了日本侵略军沉重打击。

在日本占领最久的东北地区，中国共产党领导的东北抗日联军，由杨靖宇、周保中、李兆麟、赵尚志（满族）、李红光（朝鲜族）等领导。七七事变前后，东北抗日联军总兵力曾达到三万多人，到处打击日本占领军。日本为了巩固它在东北的殖民统治，并准备对苏作战，在一九三八年下半年将关东军兵力增至七个师团，到一九三九年底更增至九个师团，对东北抗日联军进行军事“讨伐”和经济封锁，还实行“归村并

---

〔1〕（美）西奥多·怀特、安娜·雅各布：《风暴遍中国》，解放军出版社 1985 年 12 月版，第 216、217、218 页。

屯”，切断抗日联军和民众的联系。抗联又长期无法同中共中央取得联系，只得独立奋战。由于敌我力量悬殊，抗日联军活动地区日渐缩小，部队大部分被迫转移到深山密林，在白山黑水的林海雪原中，风餐露宿。他们经常断粮，只能以树皮和野果充饥，顽强地坚持常人难以想象的艰苦卓绝的战斗。杨靖宇牺牲后，日军残暴地剖开他的腹部，从胃里发现的只有树皮草根，没有一粒粮食。他们为祖国英勇献身的精神是可歌可泣的，将永载史册。

国共合作中的危机和《新民主主义论》的发表

正当八路军和新四军在敌后进行着艰苦卓绝的奋斗时，不幸的事情发生了：国民党当局开始加紧为亲者痛、仇者快的反共磨擦活动。

武汉失守前，日本侵略军大举向中国内地进攻，蒋介石对抗日的态度还是比较积极的。正面战场也需要八路军在敌后帮助拖住进攻的日军。所以，蒋介石那时不反对、还多次要求八路军深入敌后开展活动。可是，当正面日军压力减轻以后，特别是看到八路军在敌后迅速壮大、中国共产党的影响迅速增长，他的态度就发生急剧变化。朱德对这种变化作过生动的说明，他说：“开始时，蒋介石让共产党、八路军到敌后去是想借刀杀人，像把孙猴子放在太上老君的八卦炉里烧，看你活得成活不成。可是，他没有想到，共产党、八路军在敌后不但没有被消灭，反而迅速发展壮大起来，这下把他吓死了。武汉失守后，他认为这样下去，抗战胜利了，中国是共产党的；抗战失败了，中国是日本人的。”〔1〕从而加紧反共磨擦。

一九三八年十二月，蒋介石在陕西武功县召开军事会议。这次会议不再邀请八路军将领参加，这是他对共产党、八路军的方针发生变化的明显信号。他任命鹿钟麟为冀察战区总司令，无理地要求取消在华北敌后已经发展起来的抗日民众运动，取消已由当地民众选举产生、在工作

〔1〕 朱德在西北局干部会上的报告，1943 年 8 月 18 日。

中卓有成效的抗日民主政权，并且要八路军退出河北。一九三九年一月的国民党五届五中全会后，当日军向冀中、冀南进行残酷“扫荡”之际，鹿钟麟的部下却从背后袭击八路军，活埋八路军战士和地方工作人员，使这种磨擦活动大幅度升级。在后方，也多次袭击八路军和新四军的留守机关，捕杀工作人员，制造湖南平江惨案等多次严重事件。

国民党当局如此加紧反共活动，在中共中央看来，认为可能是他们准备对日投降的信号。一九三九年六月十日，毛泽东在延安高级干部会议上报告说：“目前形势的特点在于：国民党投降的可能已经成为最大的危险，而其反共活动则是准备投降的步骤。”但他的态度仍是审慎的，又说：“只要蒋领导抗战一天我们还是拥护的（当然以抗战为条件），不应对蒋有不尊重的表示。”“积极帮助蒋与督促蒋向好一边走，仍然是我们的方针。”[1]

面对步步进逼而来的横逆，中国共产党不能不严正对待。否则，敌后抗战已经取得的成果将会丧失，抗战大局会遭到严重破坏。这年七月七日，中共中央在《抗战两周年纪念对时局宣言》中提出：“坚持抗战，反对投降；坚持团结，反对分裂，坚持进步，反对倒退”三大政治主张。九月十六日，毛泽东同中央社、《扫荡报》、《新民报》三记者谈话中，又向国民党顽固派表明了“人不犯我，我不犯人，人若犯我，我必犯人”的严正态度。

坚持“抗战”、“团结”、“进步”，反对“投降”、“分裂”、“倒退”，成为中国共产党在抗日战争中期的主要政治主张。它抓住时局中的三个关键问题，符合抗战和民众的利益和要求，深得人心，产生了重大影响。

在大后方，中国共产党同中间派政治力量的合作有了加强。这年四月二十一日，黄炎培日记中有一段记载：“午，沈衡山（引者注：即沈钧儒）招餐都邮街俄国饭店，到者张君劢、左舜生、秦博古、邹韬奋、李幼椿（引者注：即李璜）共七人，述视察感想外，商合作问题。”[2]

---

〔1〕《中共中央文件选集》第12册，第82、113、114页。

〔2〕《黄炎培日记》第6卷，第108页。

值得注意的，一是参加的人员既有救国会、青年党、国社党、职教社的领导人，又有中共中央南方局的负责人；二是招餐的目的在“商合作问题”。以后这类聚餐会多次举行，共同商议的问题也更多。这年九月，国民党参政会举行第一届第四次会议。中共方面参政员毛泽东等七人提出《我们对于过去参政会工作和目前时局的意见》，要求反对妥协投降，加强党派合作。中间派政团的参政员史良、张申府、章伯钧、张澜、黄炎培、李璜、陶行知等也先后发表谈话，主张加强团结，坚持抗战。陶行知在谈话中还说：“在抗战处于困难的现阶段，精诚团结应成为一个更重要的课题。但有少数人还不懂这是国家民族存亡的关键。因此，抗战已两年多了，还有人喊着反共或排除异己。要知道反共是世界侵略者的口号，是敌寇惯喊的口号，同时是汪逆叛徒正在用的口号。”〔1〕

国民党内的顽固派却视中国共产党的克制态度为软弱可欺。到一九三九年快要结束的时候，国内的政治空气进一步恶化，蒋介石越来越倾向于用军事手段来对付中国共产党。十一月一日，他在日记中写道：“中国共产党之跋扈与枭张，以后必甚。叛乱不远矣。”〔2〕他的最后一句话其实是说：他使用军事手段对付中国共产党的日期已“不远矣”。这个月的十二日至二十日，国民党召开五届六中全会，由过去的“政治限共为主、军事限共为辅”，改变为“军事限共为主，政治限共为辅”，并发布《防制异党活动办法》，规定：“任何假借共产党或八路军与新四军等名义擅自组织武装队伍者，当地驻军得随时派兵解散，不得有误。”会后调兵遣将，准备对中国共产党领导的抗日根据地发动军事进攻。

日益恶化的局势使中国共产党人十分焦急。事情越来越清楚：他们原来不希望看到的相当规模的武装冲突也许已难避免。国民党五届六中全会期间，毛泽东在中国共产党内的一次报告中说：“我们的团结是有条件的。”“假如把你们头割掉了，还讲什么团结啦?”“所以我们讲团结，在必要斗争的时候，我们还要斗争，有了斗争也就会有团结。”〔3〕

---

〔1〕《国民参政会纪实》上卷，第524页。

〔2〕蒋介石日记，1939年11月1日。

〔3〕毛泽东在陕甘宁边区党代表大会上的政治报告，1939年11月14日。

这年十二月间，第二战区司令长官阎锡山在山西突然向共产党领导下的山西新军（决死队）发动进攻，企图以旧军吞并新军。主要冲突地区在晋东南和晋西北。在朱德、彭德怀统一部署下，八路军有力地支持山西新军进行自卫抵抗。新军在事变中虽然受到一些损失，但旧军并没有达到他们原定的消灭新军的目的。“事变中，新军部队分别集中于晋西北、晋东南两个地区，加入一二〇师、一二九师战斗序列。”〔1〕这以后，新军事实上成为八路军的一部分。为了避免国共合作的破裂，根据中共中央的决定，在山西仍对阎锡山作了一些让步，把吕梁山的大部分地区让给他，八路军只控制一小部分地区和一条通道。这样，山西的矛盾暂时缓和下来。蒋介石在日记中写道：“对共党此时应先严密防范，相机制裁。”〔2〕不久，河北的磨擦又进一步升级了。

当时，冀察战区政治部主任和河北省政府民政厅长由九十七军军长朱怀冰兼任；察哈尔省政府主席兼保安司令由石友三担任，也在河北境内活动。一九四〇年一月二十七日，蒋介石在日记中写道：“倭寇之势已衰，抗拒之力有余。且后方共匪无几，其力全在战区。故抗倭剿共可以双管齐下。且共匪夹在敌我之间更易为力。此则抗战之初共匪调往前方之效。”〔3〕他再次下手了。二月十八日，朱怀冰部突然袭击冀南磁县八路军驻地，杀害八路军指战员一百多人；还打着“军令政令统一”的旗号，要八路军把河北已建立的根据地让给他。朱德后来叙述当时情况说：朱怀冰蛮横地问，究竟是让，还是打？我就对他说：我们建立根据地是为了抗日，为什么要让？你要晓得，我们改编为八路军以来，没有打过内战；但是，你要打，我们一点也不怕。〔4〕三月四日，八路军在卫河以东抗击石友三部的进攻。（不久后，石友三因通敌罪证确凿，被国民党当局处死）接着，八路军又打垮了前来进攻的朱怀冰部。朱德、彭德怀在三月十三日致电八路军各将领，阐述反磨擦斗争的方针：

---

〔1〕《薄一波论新军》，第 365 页。

〔2〕蒋介石日记，1939 年 12 月 25 日。

〔3〕蒋介石日记，1940 年 1 月 27 日，“上星期反省录”。

〔4〕朱德在延安党校的讲演，1943 年 8 月。

“今天中国人民的主要敌人是日本帝国主义，主要的斗争方式是对日寇的武装斗争，这是丝毫不能放弃的。在抗日民族统一战线中也是用武装斗争方式，这是统一战线的不幸。但为着争取坚持抗战、团结、进步政治路线的胜利，这是必要的，这是要由上层资产阶级负责的。”“倘若没有今天反磨擦的局部武装斗争，就必然会分裂，而发展为全部的武装斗争，那是我们不希望的。”〔1〕

反磨擦斗争对中国共产党说来，毕竟是迫不得已的自卫行动，因此，在给来犯者以一定惩罚后便适可而止。八路军在敌后战场上依然集中力量打击日本侵略军。这年三月十九日，日本华北方面军召开所属各兵团参谋长联席会议。方面军参谋副长平田正判少将就该年作战实施要领作了说明。他对“讨伐目标之重点”这样说：“共产军对我占据地区之进出，活动实甚猖獗，此将成为今后治安肃清上最大关心之问题。”“因此，次期讨伐肃清目标之重点，特别集中指向共产军，一心一意加以毁灭。”〔2〕可见日本侵略军在华北敌后已将八路军作为它的主要对手。

一九三九年、一九四〇年之交，毛泽东接连发表了《〈共产党人〉发刊词》、《中国革命和中国共产党》、《新民主主义论》等文章，第一次旗帜鲜明地提出新民主主义的完整理论，并对它作了系统说明。这在马克思主义中国化的历史进程中是一次飞跃。它不仅回答了当前时局中提出的种种问题，而且回答了中国现阶段民主革命和未来建设新中国的一系列根本问题。

为什么毛泽东要在这时写出这些文章？这是客观形势发展的需要决定的。

抗战爆发以后，中国共产党从原来遭受严密封锁的狭小根据地里走出来，公开走上全国政治生活的大舞台，受到人们的密切关注。他们渴望了解中国共产党对时局和中国未来前途的看法。中国共产党为了在抗

---

〔1〕朱、彭致左、黄、陈、王、刘、邓并报毛、王电，1940年3月13日。

〔2〕（日）防卫厅战史室：《大战前之华北治安作战》，第446页。

日民族统一战线中坚持独立自主，也必须在全国人民面前旗帜鲜明地提出自己的政治主张，把人们吸引到自己高举的大旗下来。

国民党内的顽固派，当政治中心还在武汉时期就鼓吹“一个主义”、“一个政党”的主张。抗战进入相持阶段后，这种宣传变本加厉。一九三八年十二月，国家社会党的张君劢发表致毛泽东的公开信，主张取消边区，取消八路军、新四军，还写道：“窃以为目前阶段中，先生等既努力于对外民族战争，不如将马克思主义暂搁一边”，“诚能如此，国中各派思想，同以救民族救国家为出发点，而其接近也自易易矣。”〔1〕共产党的叛徒、号称国民党“理论家”的叶青鼓吹：三民主义可以满足中国现在和将来的一切要求。国民党外的一切党派，不止今天，就是将来也没有独立存在的理由。蒋介石也于一九三九年五月七日在中央训练团发表《三民主义之体系及其实行程序》的演讲，宣称：“一切要由党来负责。所谓‘以党治国’、‘以党建国’，其意义即以党来管理一切，由党来负起责任。”“要使抗战胜利之日，即为建国完成之时”。〔2〕这就把“中国向何处去”的问题十分尖锐地提到人们面前。

中国共产党早就说过：孙中山在国民党一大所解释的三民主义和共产主义的最低纲领基本上相同，因此在现阶段中国共产党愿为其彻底实现而奋斗。这对抗日民族统一战线的形成有积极意义。同时，中国共产党又说明两者仍有区别。既有区别，一些人又正在叫嚷只要有一个三民主义就够了。这就迫使中国共产党人必须把自己的旗帜更加鲜明地打出来，系统阐明自己的理论和纲领，指出中华民族要建立一个什么样的新社会和新国家。

最早提出新民主主义这个命题，是在一九三九年十二月写成的《中国革命和中国共产党》中。毛泽东明确地指出：所谓新民主主义的革命，就是在无产阶级领导之下的人民大众的反帝反封建的革命。

那么，新民主主义的政治、经济、文化的具体内容是什么，它们的特点是什么，还有其他一些有关问题，需要进一步加以阐明。

---

〔1〕张君劢：《致毛泽东先生一封公开信》，《再生》第10期，1938年12月16日。

〔2〕《总统蒋公思想言论总集》卷3，第146、147、155页。

一九四〇年一月，毛泽东在陕甘宁边区文化协会第一次代表大会上作了长篇演讲。这篇演讲在延安出版的《解放》杂志上发表时，把题目改定为《新民主主义论》。毛泽东自己说，他这篇讲话的“目的主要是为驳顽固派”[1]，但它的意义远远超出这个范围。

毛泽东在讲演中开宗明义地提出：我们要建立一个新中国。无产阶级领导的中国革命，第一步是进行新民主主义的革命，第二步才是进行社会主义的革命，只有完成前一个革命，才有可能去完成后一个革命。这两个阶段必须相互衔接，不容横插一个资产阶级专政的阶段。

对新民主主义的政治，他指出：在中国，谁能领导人民推翻帝国主义和封建势力，谁就能取得人民的信仰。历史已经说明，中国资产阶级是不能尽此责任的，这个责任就不得不落在无产阶级的肩上了。现在所要建立的新民主主义共和国，一方面和资产阶级共和国相区别，另一方面也和社会主义的共和国相区别。他这样概括：“国体——各革命阶级联合专政。政体——民主集中制。这就是新民主主义的政治，这就是新民主主义的共和国”。

对新民主主义的经济，他指出：大银行、大工业、大商业，归这个共和国的国家所有。这种国营经济是社会主义的性质，是整个国民经济的领导力量。但并不禁止“不能操纵国计民生”的资本主义生产的发展。要扫除农村中的封建关系，把土地变为农民的私产。但在“耕者有其田”的基础上所发展起来的各种合作经济，也具有社会主义的因素。

对新民主主义的文化，他指出：民族的科学的大众的文化，就是人民大众反帝反封建的文化，就是新民主主义的文化，就是中华民族的新文化。

他说，这三个方面相结合，就是我们要造成的新中国。

新民主主义和旧民主主义的根本区别在于无产阶级是否掌握了领导权。在中国这样复杂的环境中，无产阶级怎样才能实现领导权？毛泽东在《〈共产党人〉发刊词》中写道：“统一战线，武装斗争，党的建设，

[1] 《毛泽东书信选集》，人民出版社 1983 年 12 月版，第 160 页。

是中国共产党在中国革命中战胜敌人的三个法宝，三个主要的法宝。”这是他对中国共产党十八年来的斗争历程作出的重要总结。

新民主主义理论的提出，对中国共产党自身来说，是一个富有创造性的认识上的飞跃。从大革命时期起，中国共产党提出过“非资本主义道路”的设想，但它的具体含义并不清楚。中国共产党追求的目标是社会主义，而当前从事的却是民主革命，这两个阶段之间的关系，也不很清楚。如果把两者混淆不清，会犯超越阶段的错误；如果把两者截然分割开来，又会迷失方向，并在前进中走大的弯路。对中国共产党领导的民主革命所要建立的是怎样一种社会，更缺乏清晰一致的共识。新民主主义理论的提出，就把长期困扰人们的这个大问题第一次弄清楚了。

毛泽东早年说过：“主义譬如一面旗子，旗子立起了，大家才有所指望，才知所趋赴”。〔1〕树起“新民主主义”这面旗子，是中国历史上的一件大事。它不仅抗日战争中后期在国内产生引人注目的广泛而重大的影响，而且对以后的中国革命和建设起了巨大的指导作用。

国民党的反共军事磨擦并没有因为在华北遭受惩罚而停止下来。一九四〇年下半年，毛泽东从对国内外局势的分析出发，一再向党内发出警告：要有足够的精神准备应付突然发生的事变，应付最危险最黑暗局面的到来。这种危险果然很快就出现了，那就是国民党当局在一九四一年一月制造的震惊中外的皖南事变。

蒋介石为什么会选择这个时候发动新的更大规模的反共高潮？这同剧烈变动着的国际形势有关。一九四〇年六月五日，德国对法国发动闪电式的全面进攻。五天后，意大利向英、法正式宣战，欧洲局势急转直下。同月二十二日，法国贝当政府向德国投降。英军从欧洲大陆退守本土，并遭遇德国空军的猛烈轰炸。九月间，德、意、日三国在柏林签订三国军事同盟条约，英、美间也签订协定，国际上两大集团的对峙和斗争更加剧烈，都想拉蒋介石加入他们的联盟。苏联也仍在继续援助国民

〔1〕《毛泽东早期文稿》，第554页。

党政府。这种局面使蒋介石得意忘形，大大壮了他的胆。周恩来看得很透彻。他在十一月一日从重庆致电中共中央说：“三国协定后，英积极拉蒋，蒋喜。现在日本拉蒋，蒋更喜。斯大林电蒋，蒋亦喜。此正是蒋大喜之时”，“蒋现在处于三个阵线争夺之中。他认为以一身暂时兼做戴高乐、贝当、基玛尔，最能左右逢源”，“时机是紧迫了。只有二十天，反共局部战争会开始。”[1]

和一年前那次反共高潮不同，蒋介石把这次反共军事行动的重点放在华中。为什么这样？在他看来，华中比华北更接近他原来的统治中心地区，而且八路军在华北早已站稳脚跟，国民党军队在那里兵力单薄。难以对付，而新四军在华中立足未稳，孤悬皖南的新四军军部更处在日军和国民党军队的重围之下，实力悬殊，没有多少回旋余地，较易下手。

十月十九日，国民党当局以参谋总长何应钦、副参谋总长白崇禧名义，借口“统一军令”，致电朱德、彭德怀、叶挺，把他们制造反共磨擦的责任推到八路军和新四军头上，限令八路军、新四军在一个月内全部开赴黄河以北的指定地区，并从已有的五十万人缩编到十万人。这自然是八路军和新四军无法接受的，也是事实上做不到的。十一月九日，朱德、彭德怀、叶挺、项英复电何、白加以驳斥，但表示江南正规部队为“顾全大局，遵令北移”，请“宽以限期”。这个电报态度平和而措词委婉，并且作出重大让步，博得许多中间派人士的同情。国民党当局却把这种让步视为软弱可欺。十二月九日，蒋介石亲自命令，限在十二月三十一日前，将黄河以南的八路军开往黄河以北，长江以南的新四军开到长江以北；而在第二年一月三十日前，将新四军全部开到黄河以北。国民党当局对发动皖南事变已有充分准备。这些命令，只是打起“统一军令”的旗号，为他们的下一步行动作舆论准备。第三天，蒋介石密令第三战区司令长官顾祝同：“该战区对江南匪部，应按照前定计划，妥为部署，并准备如发现江北匪伪竟敢进攻兴化或至限期（本年十二月卅

---

〔1〕《皖南事变（资料选辑）》，中共中央党校出版社 1982 年 1 月版，第 74 页。

一日止）该军仍不遵命北渡，应立即将其解决，勿再宽容。”[1] 他已经下决心对新四军动手了。

一九四一年一月三日，蒋介石“商议对中共新四军等策略”。四日，奉命北移的新四军军部和它的直属部队九千多人，离开军部原所在地皖南泾县的云岭，准备经苏南前往江北；六日，在行经泾县茂林地区时突然遭到已在此设伏的由第三战区第三十二集团军总司令上官云相（北伐时收编的孙传芳旧部）率领的重兵八万多人包围袭击。九日，蒋介石在日记中写道：“江南新四军残部既已冲突，应积极肃清，中共以现势决不敢以此叛乱也。”[2] 新四军部队奋战七昼夜，终因寡不敌众又处在极端不利的峡谷中，除两千多人突围到皖北、苏南外，大部牺牲或被俘。军长叶挺在同国民党军谈判时被扣。副军长项英在突围时被叛徒杀害。一月十六日，蒋介石在日记中写道：“为新四军事研究颇切，然决心甚坚，对此事正应彻底解决，以立威信，而振纪纲，即使俄械与飞机停运亦所不惜也。”[3] 十七日，他反诬新四军“叛变”，通令取消新四军番号，宣称要把叶挺交付军法审判。这就是震惊中外的皖南事变。

在国民党当局制造如此骇人听闻的惨剧、并且磨刀霍霍准备进一步行动的情况下，中共中央军委在二十日宣布命令，由陈毅代理军长、刘少奇为政治委员，在苏北重建新四军军部，并且成立七个师。毛泽东在同天以中共中央军委发言人的名义发表谈话。他说：

“中国共产党已非一九二七年那样容易受人欺骗和容易受人摧毁。中国共产党已是一个屹然独立的大政党了。”“我们还是希望那班玩火的人，不要过于冲昏头脑。”“我们是珍重合作的，但必须他们也珍重合作。老实说，我们的让步是有限度的，我们让步的阶段已经完结了。他们已经杀了第一刀，这个伤痕是很深重的。他们如果还为前途着想，他

〔1〕《皖南事变资料选》，上海人民出版社1983年2月版，第113页。

〔2〕蒋介石日记，1941年1月9日。

〔3〕蒋介石日记，1941年1月16日。

们就应该自己出来医治这个伤痕。”[1]

当时，许多人以为一九二七年的四一二政变又将重演。但这场事变是在全民族抗战正在紧张地进行的时刻发生的。大敌当前，中国共产党几经斟酌，考虑过多种对策（包括进行军事反击），最后决定采取军事守势、政治攻势的方针，发动了强大有力的政治攻势。国民党当局一月十七日的通令一发表，周恩来就在《新华日报》上刊出两幅他的题词手迹：一幅是“为江南死国难者致哀”；一幅是“千古奇冤，江南一叶，同室操戈，相煎何急。”[2] 这饱含悲愤的二十五个字，轰动重庆山城，传遍全国，产生了强烈震撼人心的力量。罗隆基回忆说：“这件事震动了全国人民。当时在重庆的民主人士和在野党派的领袖，就奔走相告，认为在抗战时期两大党的武力冲突是国家极大不幸的事情。这将影响整个中华民族的命运。”[3] 经周恩来审定的《新四军皖南部队惨被围歼真相》在重庆秘密散发。很多中间派人士又从事实中看到，这次是国民党把事情做到如此决绝的地步，因此破裂的责任完全在蒋介石方面，人们的同情越来越多地转到中国共产党方面来。二十四日，周恩来向中共中央报告：“江南惨变发生后，中间人士及中间派对国民党大失望，痛感自由民主与反内战而团结之必要。章伯钧、左舜生等拟发起成立民主联合会。”这就是中国民主政团同盟（后改名为中国民主同盟）成立的重要由来。毛泽东二月十四日致电周恩来，对时局作了这样的估计：

“蒋从来没有如现在这样受内外责难之甚，我（引者注：指中国共产党）亦从来没有如现在这样获得如此广大的群众（国内外）。”“目前形势是有了变化的，一月十七日以前，他是进攻的，我是防御的；十七日以后反过来了，他已处于防御地位，我之最大胜利在此。”“只有军事

[1] 《毛泽东选集》第2卷，第774—776页。

[2] 《新华日报》1941年1月18日。

[3] 罗隆基：《从参加旧政协到参加南京和谈的一些回忆》，《文史资料选辑》第20辑，中华书局1961年11月版，第201页。

攻势才会妨碍蒋之抗日，才是极错误政策。政治攻势反是，只会迫蒋抗日，不会妨蒋抗日，故军事守势、政治攻势是完全正确的，二者相反正是相成。”“只要此次高潮下降，剿共停顿，将来再发动高潮，再举行剿共，就困难了，故目前是时局转变关头。”〔1〕

在国际上，也普遍反对蒋介石这样做。英、美害怕由此引起大规模内战，不利于他们以中国牵制日本的目的。英国驻华大使与周恩来面谈后，劝告蒋介石停止国内冲突，处理问题不要操之过急，以免造成事变。英国政府也向蒋介石表示：“内战只会加强日本的攻击。”〔2〕美国总统罗斯福的代表居里来华访问。他对蒋介石声明：“美国在国共纠纷未获解决前，无法大量援助中国，中美间之经济财政等问题不可能有任何进展。”〔3〕蒋介石在二月一日的日记中写道：“新四军问题，余波未平，美国因受共党蛊惑，援华政策几乎动摇。”〔4〕苏联驻华大使潘友新也向蒋介石当面提出质问。日军又乘此以十五万多兵力向豫南发动猛烈攻势。

蒋介石发动皖南事变，原以为时机有利，不会在国内外遭到大的反对，日本会感到高兴，至少会保持中立。局势的发展完全出乎他的意料之外。他对中国共产党态度的坚决，对国内舆论的强烈不满，对国际社会的反响，甚至对日本的动向，都估计错了。他既想大举反共，又要维持继续抗日的局面，事实上是行不通的，使他在国内外都陷入异常孤立和进退失据的被动境地。五月六日，他在第二届国民参政会第六次会议上说：“决不忍再见所谓‘剿共’的军事，更不忍以后再有此种‘剿共’之不祥名词，留于中国历史之中。”“以后亦决无‘剿共’的军事，这是

〔1〕《皖南事变（资料选辑）》，第207、208页。

〔2〕（德）王安娜：《中国——我的第二故乡》，生活·读书·新知三联书店1980年5月版，第361页。

〔3〕《新中华报》1941年3月9日。

〔4〕（日）古屋奎二：《蒋总统秘录》第12册，（台北）中央日报社1977年7月版，第137页。

本人可负责声明而向贵会保证的。”[1]

在这以后，国共关系趋向一定程度的缓和。由于中国共产党进行了“有理、有利、有节”的斗争，全面分裂的危机得到避免。抗日民族统一战线内部的力量比重发生深刻变动，对此后的中国政治生活产生了深远影响。

日本侵略者控制下的沦陷区

抗日战争进入相持阶段后，战争长期化的局面已定。对人力物力、财力都严重不足的日本侵略者说来，要维持长期作战，不能不加紧对中国沦陷区的政治控制和经济掠夺。毛泽东在一九三九年十月一日所写的《研究沦陷区》中指出：

“中国沦陷区问题，是日本帝国主义的生死问题。”

“在目前阶段内，敌人侵略中国的方式，正面的军事进攻，大规模的战略进攻（某种程度的战役进攻不在内），如同大举进攻武汉那样的行动，其可能性已经不大了。敌人侵略的方式，基本上已经转到政治进攻与经济进攻两方面。所谓政治进攻，就是分裂中国的抗日统一战线，制造国共磨擦，引诱中国投降。所谓经济进攻，就是经营中国沦陷区，发展沦陷区的工商业，并用以破坏我国的抗战经济。

为达其经济进攻之目的，彼需要举行对我游击战争的‘扫荡战争’，需要建立统一的伪政权，需要消灭我沦陷区的人民的民族精神。

所以，沦陷区问题，成了抗战第二阶段——敌我相持阶段的极端严重的问题。”[2]

日本侵略者也明白，在土地如此辽阔、人口如此众多、民众又有着

〔1〕《总统蒋公思想言论总集》卷18，第76页。

〔2〕《毛泽东文集》第2卷，第247页。

强烈爱国情怀的中国沦陷区，要加强政治控制和经济掠夺，单靠它自己有限的兵力来实行赤裸裸的直接军事统治是远远不够的，也难以持久，因为那只会激起中国民众更强烈的憎恨和反抗。因此，他们感到需要在这些地区建立起表面上似乎由中国人组成的伪政权，来巩固他们对中国沦陷区的统治。九一八事变后，他们已在东北地区建立了伪满洲国。中日战争全面爆发后，又先后在北平成立以王克敏为首的伪中华民国临时政府，在南京成立以梁鸿志为首的伪中华民国维新政府。王克敏和梁鸿志都是早已失意的北洋军阀统治时期的皖系政客，在国内并没有多大政治影响。此外，还在内蒙中部地区建立以德穆楚克栋鲁普（德王）为首的伪蒙疆联合自治政府。国民党副总裁汪精卫公开叛国投敌，日本如获至宝，以为他能将不少人以至一部分军队拉出来，决心扶植他来建立一个伪中华民国国民政府。

汪精卫在河内发表要求停止抗战、对日求和的“艳电”后，日本当局曾对他抱有很大希望。当时担任日本参谋本部中国课长的今井武夫在回忆录中写道：“攻占南京这一事，曾作为解决事变的转机而寄予最大的期望，但却是无所作为。从那以后，或是进行徐州作战，或是攻下武汉，乃至进击广州，始终抓不住解决事变的头绪，只不过徒然扩大战局，一味增加兵力，使任何人都有泥足深陷的感觉，这才觉悟到单靠作战的手段无论如何也得不到解决事变的希望。这时出乎意外地汪兆铭跳了出来，他提出计划要在南京建立和平政府作为解决时局的方策。老实说，纵然没有像在地狱里遇见菩萨那样的信任心，也有在渡口遇着船时的安慰感。”〔1〕

一九三九年五月，汪精卫在日方安排下从河内转移到日军控制下的上海，接着就到东京会见日本首相平沼骐一郎、枢密院议长近卫文麿以及陆、海、外、财等大臣。七月九日，他在上海公开发表广播演说，反对抗日战争，说：“试问以一个刚刚图谋强盛的中国，来与已经强盛的日本为敌，战的结果会怎么样？这不是以国家及民族为儿戏吗？”接着，

〔1〕（日）《今井武夫回忆录》，第113、114页。

竟更加令人齿冷地说出这样的话来：

“我的和平建议，是赞同日本近卫内阁声明的。我为什么赞同呢？我依然是向来一贯的观念，对于日本冤仇宜解不宜结。打了一年半的仗，日本的国力，中国的民族意识，都已充分表现出来。日本既然声明，对于中国没有侵略的野心，而且伸出手来，要求在共同目的之下亲密合作，中国为什么不也伸出手来，正如兄弟两个厮打了一场之后，抱头大哭，重归于好？这是何等又悲痛而又欢喜的事？”[1]

一九四〇年三月三十日，作为日本傀儡的汪伪国民政府在南京成立。伪维新政府、伪临时政府同日宣布解散。十一月二十九日，汪精卫和日本“特命全权大使”阿部信行签订《中日关系基本条约》，另附具有同等效力的《附属议定书》等，出卖国家民族利益，规定日本得以控制和掠夺中国的各项资源的原则及具体事项，并承认伪满洲国。在汪伪政权下，还组织起“和平救国军”等伪军，以后发展到六十二万人，成为日本侵略中国时为虎作伥的重要工具。

汪精卫的叛国投敌，立刻遭到全国民众的痛斥和唾弃。“艳电”发表后，前方将领陈诚、薛岳、龙云等立刻通电要求制裁汪精卫，拥护抗战到底，誓争最后胜利。曾长期追随汪精卫的第四战区代理司令长官张发奎等也愤然通电斥汪“丧心病狂，通敌卖国，以易其个人富贵迷梦，总其罪恶，百死不足以蔽辜”。何香凝发表《斥汪兆铭》的文章，斥汪“不特民族气味全无，连做人的良心都已丧尽”，同时也指出：汪精卫的叛国，使“阵线更加分明，这是好现象”。[2] 当汪精卫来到日军占领的上海时，上海《译报》发表题为《声讨汪精卫及其奸党》的文章，指出：“汪奸卖国的罪恶现在已是铁案如山，全国民众只有一致起来声讨，用‘打落水狗’的精神来给这条正要从水里爬起来的咬人的癞皮狗以致

[1] 汪精卫：《我对于中日关系之根本观念及前进目标》，《汪精卫国民政府的成立》，上海人民出版社 1984 年 4 月版，第 178、179 页。

[2] 《汪精卫撤职经过》，《文献》卷 4，1939 年 1 月 10 日。

命打击。”留在上海租界内的上海市百货业同业公会等一百一十五业同业公会电呈国民政府等，宣称：“汪精卫以身负党国重任之人，竟于抗战局势好转之时，谬倡足以亡国灭种之和议，虽三尺童子，亦知其妄。”“全沪商民，对于抗战必胜、建国必成之既定国策，久具坚强不拔之信念，决不为彼邪说所诱惑。”[1] 日本侵略者和汪伪政权在中国沦陷区内竭力进行奴化教育，企图削弱中国民众的反抗意识，没有收到任何效果。

汪精卫完全打错了算盘，只落得身败名裂的下场。他所建立的伪政权根本不可能获得中国民众的信任，只能靠日军刺刀的支持才得以维持；也不可能发挥日本侵略者预期的欺骗民众的作用。相反，倒是如何香凝指出的那样，使“阵线更加分明”，使一些原来对抗战动摇的人不再敢轻易步他的后尘，以免落得同样的可耻下场。

经济掠夺，是资源短缺的日本军国主义者发动这场侵略战争的重要目标。

九一八事变后，中国东北地区工矿交通业完全处在日本“满铁”（全称“南满铁路株式会社”）和“满重”（全称“满洲重工业开发株式会社”）等的直接控制下，特别是重工业得到畸形发展，日本侵略者大量掠夺煤炭和钢铁资源，为其扩大侵略战争提供军需物资；在农村，成立“满洲拓殖会社”，从日本大规模移民前来，称为“开拓民”，共移入二十四万人，逐走原来居住的中国农民，侵占耕地面积达一亿六千万亩，占东北可耕地的三分之一以上；同时实行经济统制，低价收购，残酷掠夺农产品，勒令农民大量种植鸦片；还任意抓捕劳工，从事暗无天日的苦役，造成大量劳工惨死。东北成为日本独占的殖民地。

抗日战争全面爆发后，中国沿海沿江地区的工矿企业在日军的狂轰滥炸下，遭到严重破坏。随着战争的发展，为着“以战养战”，日方又先后成立“华北开发会社”和“华中振兴会社”，下面设许多分支机构，采取军管理、委任经营（将掠夺的华资企业交由日本会社经营）、中日

---

[1] 《汪精卫公然叛国》，《文献》卷8，1939年5月10日。

合办、租赁、收买等方式，霸占绝大部分中国工厂、矿产和交通事业，大量掠夺中国物资。其中，主要采取的是军管理和委任经营这两种方式，最初主要是实行军管理，后来因为军队不善于经营工厂，更多地采用委任日本会社经营，不管哪种方式，大权都直接操在日人手中。就是所谓“中日合作”或由中国人经营，目的也都是从沦陷区掠夺物资，以达到“以战养战”。

在关内农村，由于大片地区已成为游击区和敌后抗日根据地，日本所能控制的主要是重要城市和交通要道附近地区。日本侵略者采取强占土地、设立苛捐杂税、通过统制贸易进行强制性低价统购、任意强迫农民服劳役等方式，对农业造成严重破坏。对游击区进行“扫荡”时，除抢粮抢棉外，更野蛮烧杀，制造“无人区”和“人圈”，造成无数惨绝人寰的悲剧。

在金融方面，日军和伪政权大量发行军用券和“中央储备银行”、“中国联合准备银行”、“蒙疆银行”等伪币，强制民众使用，收购军用物资，并套取外汇。这些军用券和伪币没有或很少准备金，实际上是对民众的无偿剥夺。

在贸易方面，日本侵略者对大后方和敌后游击区，既实行严密的经济封锁，阻止可以支持抗战的物资流入；又走私其他商品，以换取它所缺乏的某些物资。

沦陷区人民的亡国奴遭遇是十分悲惨的。人们不仅在经济上遭受残酷的掠夺和榨取，挣扎在饥饿线上，连人身的自由和安全也完全没有保障，更没有尊严可言。日伪的宪兵、警察、特务可以随时闯入居民住宅抓人，可以任意在旅店、车站和各种公共场所对中国人进行搜查、逮捕和种种侮辱人格的行动。被送到宪兵队、警察局和特务机关的人，不需要经过任何合法的审讯，就施以惨无人道的酷刑、遭到杀害或“下落不明”。在许多工厂里驻有特务队、警备队、行动队等组织，对工人严密监视。关入集中营或劳工营的，更是受尽种种折磨，直到惨死。人们除了秘密参加反抗组织外，只能盼望哪一天才能“天亮”。

这是沦陷区人民的普遍心情。

国际局势的重大变动

一九四一年，国际局势发生了重大变动。这年六月，德国法西斯突然进攻苏联。苏联无力再支援中国，并撤回了派驻中国政府的军事顾问。同年十二月八日，日军偷袭美国在太平洋地区最重要的海军基地夏威夷珍珠港，太平洋战争爆发，中国和美、英等国分别向日本和德、意宣战。这样，世界反法西斯统一战线形成，大大改变了国际关系的原有格局。其中，太平洋战争的爆发，对中日战争局势发生了尤为巨大的影响。

本来，日本军国主义者在对华战争的同时，一直存在着“北进”和“南进”的争论：“北进”，就是向苏联的西伯利亚进攻；“南进”，就是向美、英、荷势力控制的东南亚发动进攻。苏德战争初期苏联遭受巨大的挫败，日本又一向竭力鼓吹反苏反共，许多人认为它定将利用苏联陷于困境而发动“北进”。事实却不是这样，而实行了“南进”的决策，这是什么原因呢？

日本在对外扩张中，一直存在着称霸东亚的梦想。日本历史学家信夫清三郎写道：“从一九三一年至一九四五年这十五年间的‘十五年战争’，由‘满洲事变’、‘中国事变’和大东亚战争这三个阶段构成，侵略的对象从‘满蒙’经‘中国本部’并扩展到了东南亚。向‘满蒙’的发展，乃是日俄战争以来的课题；向‘中国本部’的发展，是辛亥革命以来的课题；向东南亚的发展，则是第一次世界大战以来的课题。日本陆军从第一次世界大战的教训中懂得了形成总体战体制的必要性，开始着手于形成总体战体制的构思。”〔1〕

日本是一个资源十分短缺的国家，这同它的扩张野心并不相称。东南亚对日本最有吸引力的，是它拥有大量为战争继续进行所迫切需要的战略物资，如石油、橡胶、锡等，很多是在中国和西伯利亚等地区难以

〔1〕（日）信夫清三郎：《日本政治史》第4卷，上海译文出版社1988年10月版，第400页。

获得的。“本来，日本的全部或部分石油、橡胶、特殊钢原料、铁矾土、皮革、棉花、羊毛、麻类、油脂等重要战略物资必须依靠从美英及其势力范围内进口。另外，堪称工业基础的工作母机，实际上也大部分不得不仰赖于美国。”“荷属东印度的确是东亚的石油宝库，年产约八百万吨，大约相当于日本的二十倍。”“取得南方资源以摆脱经济上对美、英的依赖，巩固自给自足的态势，便被看作是自存自卫上必不可少的要求。”〔1〕无论从称霸东亚的野心来看，还是从对华战争能“以战养战”的需求来看，这样丰富的战略物资一直令他们垂涎三尺，只是不敢轻易动手。

欧洲战局急转直下的发展，使他们十分兴奋，感到面临着可以一举解决南方问题的千载难逢的好机会。一九四〇年那一年，德国军队以闪电式攻势占领荷兰、比利时，迫使法国投降，在英国本土的登陆似乎不久就会实现，世界局势仿佛将很快发生巨大变化。英、法、荷等一时都无力顾及东方。这给了日本军国主义者极大的刺激和兴奋，认为机不可失。六月下旬，日本陆军省和参谋本部兴致勃勃地制订《适应世界形势演变的时局处理纲要》，要求在对华作战的同时“解决南方问题”，并取得海军的同意。七月二十七日，日本大本营和政府联席会议正式通过这个《纲要》。八月一日，日本外相松冈洋右公开发表演说，提出建立“大东亚共荣圈”的口号。

根据这个方针，“南进”的行动开始起步了。日本对已经投降德国的法国维希政府进行威胁，并对法属印度支那总督府施加压力，使它承认日军进驻法属印度支那的北部。一九四〇年九月二十三日，日军正式进驻。二十七日，日德意三国同盟条约在柏林签署，形成军事同盟。接连而来的这两个大动作，暴露出日本对东南亚的巨大野心，使日美关系日益紧张起来。美国在七月底已禁止对日本输出航空机用汽油，九月间又禁止对日输出钢铁和废铁。这对靠从美国输入战争必需的石油和钢铁的日本来说，几乎是一个致命的打击。

〔1〕（日）服部卓四郎：《大东亚战争全史》第1册，第39、40、80页。

一九四一年四月起，日美两国在华盛顿开始外交谈判。

对于苏联的进攻，日方另有盘算。德、日间虽有军事同盟，德国向苏联发动进攻的详细状况在事先却没有向日本通报。苏联在远东的部队在苏德战争初期不利情况下仍留驻东方而未西调，日本关东军在东北边境的张鼓峰和诺门坎两次挑衅中曾吃过苏联红军的亏。所以，“陆军省和海军以及近卫首相等人认为现在石油准备得不充足，先有掌握南洋的必要，待德国将苏联削弱时再行开战。”〔1〕他们只举行了一场虚张声势的“关东军特别大演习”，却把“北进”打算搁置起来，后来随着战局发展日益对日本不利，“北进”的计划实际上就取消了。

由于日本决意“南进”，日美谈判注定不会有任何结果。“美国看清战争不可避免，便对日本采取了强硬态度。当七月二十六日（日本）明确进驻法属印度支那（南部）时，英美两国发表冻结国内的日本资产，荷兰也效仿了他们。八月一日，美国对日全面禁止石油输出。美国禁止输出石油，对日本战争体制给予了致命打击。日本国内的石油生产还不到需要量的十分之一，四分之三从美国输入，其余靠由荷属印度尼西亚输入，因此，断绝石油输入，就意味着迫使日本陷入除了消耗国内贮藏的石油之外别无他法的困境。当时贮藏的石油量九百万千升，即使不打仗也只够两年的消耗，如果发起作战行动，会更快就消耗净尽。军部，尤其是没有石油寸步难行的海军，最担心缺乏石油。七月三十一日，永野军令部总长上奏：‘这样下去的话，只有两年用的贮藏量。如果打起仗来，一年半就消耗净尽，因此，只有现在就动手。’海军也是破罐破摔的主战论日益强硬起来。日本的战争指导者们就这样走上了对美英战争的道路。”〔2〕十一月五日，日本御前会议批准《帝国国策实施要领》，在对外秘而不宣的情况下，决定准备对美、英、荷开战。十一月二十六日，美国总统罗斯福约见蒋介石驻美代表宋子文和中国驻美大使胡适，对他们说：“太平洋上之大爆发恐已不在远”，“现时局势变化多端，难

〔1〕（日）远山茂树、今井清一、藤原彰：《昭和史》，生活·读书·新知三联书店 1958 年 7 月版，第 130、131 页。

〔2〕（日）藤原彰：《日本近现代史》第 3 卷，商务印书馆 1983 年 10 月版，第 86 页。

以逆料，一两星期后，太平洋上极有大战祸，亦未可知”。[1]

日本军国主义者贪婪而又目光短浅的对外侵略扩张政策，终于把自己逼进一条恶性循环的不归之路，无法自拔。由一九四一年十二月八日偷袭美国远东海军基地珍珠港开始的太平洋战争，就是在这样的大背景下发生的。

太平洋战争爆发前，中国几乎独立担负着反抗日本法西斯侵略者的作战任务，接近四年半时间。那时，英法两国被欧洲战争缠得分身乏术，在远东对日本尽量妥协退让，根本不可能寄望于它们的援手。而美国在很长时间内孤立主义占着支配地位，政策摇摆不定，至少暂时仍想保持中立，对日本曾一再姑息。太平洋战争爆发后，情况发生根本变化，在远东战场上形成美、英、中、荷共同对日作战的新格局，当时被称为ABCD战线（那是指四国英文国名的第一个字母）。罗斯福在一九四二年二月七日致电蒋介石说：“中国军队对贵国遭受野蛮侵略所进行的英勇抵抗已经赢得美国和一切热爱自由民族的最高赞誉。”“我要求国会批准向中国提供总额五亿美元财政援助的建议已经参、众两院一致通过并且成为法律……表明我国政府和人民对于中国的衷心钦佩。”[2] 中国在军用物资上也得到盟国的直接支援。但美、英等国当时奉行“先欧后亚”政策，兵力主要用于欧洲战场，美、英在太平洋地区的海军在战争初期又受到严重损失。因此，日军在南进后迅速占领关岛、马来亚、新加坡、菲律宾、荷属东印度（今印度尼西亚）、缅甸和太平洋一些岛屿，在不到半年内强占了三百八十万平方公里的土地，居民人口达一亿五千万人。澳大利亚和印度受到严重威胁。英国虽曾号称海上霸王，在远东有巨大的传统影响，却显得不堪一击。

这样，中国军民在东方反法西斯战争中的重要地位和作用更加凸现出来。正当日军势如破竹地横扫原由英、美、荷控制的上述地区时，在中国战场上也发动新的攻势。一九四一年十二月下旬，日本第十一军司

---

〔1〕《宋子文驻美时期电报选（1940—1943）》，复旦大学出版社 2008 年 5 月版，第 136、137 页。

〔2〕（美）《罗斯福选集》，商务印书馆 1982 年 7 月版，第 345 页。

令官阿南惟几率领十二万兵力会攻湖南长沙，先后强渡新墙河和汨罗江。中国军队在第九战区司令长官薛岳指挥下，实行坚壁清野，于长沙近郊顽强抵抗。日军一再受挫，弹药将尽，进攻二十多天后被迫撤退。这时，日军在太平洋战场上正节节胜利，中国战场上长沙防御战的成功，给了人们以极大的兴奋，造成不小的国际影响。

在华北敌后，日本侵略者企图把那里造成他们进行“大东亚战争”的可靠后方基地。由华北方面军司令官冈村宁次指挥，集结约二十五万兵力，并将伪军扩大到三十多万人继续推行“治安强化运动”，进行更加残酷的大“扫荡”，并掠夺战略物资。八路军在极端险恶的环境中，排除万难，发展敌后游击战争，牢牢牵制住几十万日伪军，使它难以使用于其他战场，并给了他们沉重打击，壮大了自己的力量。华中军民也不断地进行战斗，粉碎了日军的“扫荡”和“清乡”。

中国还组成远征军，由罗卓英、杜聿明率领三个军十万多人，在一九四二年一月进入缅甸，援助英军抗击入侵日军。仁安羌战役中救出被围的英缅军第一师及装甲第七旅七千多人，轰动英国。“各部队经过之处，多是崇山峻岭、山峦重叠的野人山及高黎贡山，森林蔽天，蚊蚋成群，人烟稀少，给养困难。”“自六月一日以后至七月中，缅甸雨水特大，整天倾盆大雨。原来旱季作为交通道路的河沟小渠，此时皆洪水汹涌，既不能徒涉，也无法架桥摆渡……加以原始森林内潮湿特甚，蚂蟥、蚊虫以及千奇百怪的小爬虫到处皆是。蚂蟥叮咬，破伤风病随之而来，疟疾、回归热及其他传染病也大为流行。一个发高烧的人，一经昏迷不醒，加上蚂蟥吸血，蚂蚁侵蚀，大雨冲洗，数小时内便变为白骨。官兵死亡累累，沿途尸骨遍野，惨绝人寰。”〔1〕他们在异常艰难的自然条件下浴血奋战半年多，才被迫撤出，“除了一部（新二十二师及新三十八师）经缅北越野人山退入印境外，主力退回滇南及滇西”〔2〕。第二〇〇师师长戴安澜在转移时英勇牺牲，中国官兵死难者一万三千人。

〔1〕杜聿明：《中国远征军入缅对日作战述略》，《远征印缅抗战》，中国文史出版社 1990 年 10 月版，第 33、34 页。

〔2〕《抗战时期滇印缅作战》(2)，(台北)“国防部史政编译局” 1999 年 6 月版，第 3 页。

美国总统罗斯福曾对他的儿子说：

“假如没有中国，假如中国被打垮了，你想一想有多少师团的日本兵可以因此调到其他方面来作战？他们可以马上打下澳洲，打下印度——他们可以毫不费力地把这些地方打下来，他们并且可以一直冲向中东……和德国配合起来，举行一个大规模的夹攻，在近东会师，把俄国完全隔离起来，吞并埃及，斩断通向地中海的一切交通线。”〔1〕

正因为中国在远东的反法西斯战争中处于如此重要的地位，美、英都希望加强中国战场对日军的牵制。在罗斯福提议下，一九四二年一月三日成立同盟国军的中国战区，包括越南和泰国在内，由蒋介石任最高统帅、美国的史迪威中将任参谋长。中国的国际地位得到提高。经过反复交涉，一九四三年一月十一日，中美、中英新约分别在华盛顿和重庆签字，“要点为废除以领事裁判权为中心之各种特权，如租界、驻兵等权。”〔2〕（太平洋战争爆发后，英、美在华租界和特权实际上已被日本全部夺取）五月二十日，相互换文批准后条约生效。但英国仍声明，这并不包括将香港交还中国，甚至拒绝讨论归还九龙租借地的问题。这以后，其他在中国享有特权的国家，如比利时、挪威、加拿大、瑞典、荷兰、法国、瑞士、丹麦、葡萄牙等国也先后同中国签订了平等新约。这是中国人民坚持抗日战争取得的重大成果。但这并不意味着中国已在实际上取得与各主要同盟国平等的地位。

一九四三年是世界反法西斯战争发生根本转折的一年。无论在苏德战场、北非战场、太平洋战场，同盟国军队都夺取了战争主动权，转入大规模反攻。日、德、意三个法西斯国家的最后失败已成定局。意大利在这年九月向盟国投降。十二月二十九日，美、英、苏、中四国共同签署《关于普遍安全的宣言》，提出要尽快建立一个普遍性的国际组织，以维护国际和平与安全。这就是以后联合国的由来。十一月二十三日至

---

〔1〕（美）伊·罗斯福：《罗斯福见闻秘录》，新华出版社1951年版，第49页。

〔2〕林泉编《抗战期间废除不平等条约史料》，（台北）正中书局1983年11月版，第536页。

二十六日，美、英、中三国在埃及开罗举行会议，讨论远东问题。美国总统罗斯福、英国首相丘吉尔和蒋介石参加了这次会议。苏联因为尚未对日宣战，没有参加会议。会议通过的《开罗宣言》明确规定：“使日本所窃取于中国之领土，例如东北四省、台湾、澎湖群岛等，归还中华民国。其他日本以武力或贪欲所攫取之土地，亦务将日本驱逐出境。”〔1〕这是一份关于台湾地位的国际文件，确认台湾和澎湖列岛是中国领土。

国民党统治区危机的深化

太平洋战争爆发后，中国的国际地位明显提高。国民党政府在长沙会战和派遣远征军进入缅甸作战中，也有积极表现。但国民党统治区内的政治、经济、文化危机都在日益深化。它的原因主要来自国民党政府自身。当日本侵略军不能像战争初期那样继续发动大规模进攻、大后方的环境比以前稍见安逸时，这个政府不是乘机振作起来，有所作为，相反，原有的种种弊端变本加厉地发展起来。其中最使民众感到不满的是：蒋介石的独裁统治不断加强；特务横行，民众的安全和自由毫无保障；随着恶性通货膨胀，物价开始飞涨，而少数豪门资本却大发“国难财”。

先看看政治方面的状况。比起抗战初期来，国民党政府这时又大开起倒车。

蒋介石历来要把国家的一切大权紧紧地揽在他一个人手里。但抗战前期，他的职务只是中国国民党总裁、军事委员会委员长，他的部下往往习惯地称他为“蒋委员长”或“委座”。一九四三年八月国民政府主席林森逝世，他在九月间由国民党五届十一中全会确定为国民政府主席兼行政院院长。这样，他连名义上也具备了个人独裁的完备形态。董必武从重庆回到延安后，作了一个《大后方的一般概况》的报告，首先就

〔1〕陈志奇辑编《中华民国外交史料汇编》第12册，（台北）渤海堂文化公司1996年4月版，第6004页。

讲到蒋介石的个人独裁，说：

“林森死后，他做了主席，独裁统治形态更完备了。国民政府原有一个‘国民政府组织法’，组织法上规定主席的权力只是国家元首，和接待外宾，实际上只是国民政府的监印，有任命和命令时盖盖印而已。等蒋要做主席，他就把组织法修改了，主席可以做中国海、陆、空军大元帅；可以兼任任何职务——行政院长及其他一切职务都可以兼。过去国民政府五院院长是经过国民党中央提出和通过的，现在便由主席提经国民党中央通过；以前五院院长向国民党中央负责，现在是对主席负责。从这里可以看到，别人做主席时，什么权力也没有，他做主席时，便有一切权力，别人不能兼任何职务，他却可以兼一切职务。现在蒋介石的兼职，有国民党总裁，中国革命军事委员会的委员长，这是党与军的。政府方面，他兼行政院院长，不久以前才换了他的舅子宋子文，还是代理的；财政方面呢？四行联合办事处主任是他；教育方面呢？抗战前兼过教育部长，不久以前兼过中央大学校长，现在，陆军大学、中央军校、中央政治学校、警察学校……的校长还都是他，（笑声）一切都是他。有一个时期还兼任过四川省主席。”

“总之，只有蒋介石个人是最高的。他有一个‘侍从室’是最高的机关，什么命令，蒋的名字后附一个‘侍’字就行，就高于一切。但‘侍从室’的组织，在国民政府组织法中是无规定的。”〔1〕

国家社会党的张君劢也这样谈到蒋介石：“他的权力变得毫无限制。任何经费，只要他批准，就是法律上有效的。他发布命令都是用‘下条子’的方式。在重庆，蒋的政府被公开地称为‘下条子政府’，而这种制度当然导致整个权力的滥用。”“训政，说到底，也不是由整个党来统治，而是堕落成为由个人的一时喜怒来统治。”〔2〕

〔1〕《抗日战争时期国民党统治区情况资料》，中国现代史资料编辑委员会 1957 年 6 月翻印，第 136、137 页。

〔2〕张君劢：《中国第三势力》，（台北）稻乡出版社 2005 年 4 月版，第 94 页。

中间势力（包括一部分自由主义的知识分子）曾寄很大希望于两次宪政运动。他们在要求“实行宪政”名义下，开了许多会，发表了不少言论，草拟出种种方案，试图通过这种温和的办法，多少限制国民党的“党治”，扩大一点民主。结果，什么也没有得到，使他们深感失望，增强了对国民党政府的不满。

一九四三年三月，蒋介石出版了一本以他署名的《中国之命运》，其实由曾随汪精卫叛逃的陶希圣执笔写成。这本书在阐述“国民今后努力之方向及建国工作之重点”时，既反对共产主义，又反对自由主义，写道：“个人本位的自由主义与阶级斗争的共产主义二种思想”，“不外英美思想与苏俄思想的抄袭和附会。这样抄袭附会而成的学说和政论，不仅不切于中国的国计民生，违反了中国固有的文化精神，而且根本上忘记了他是一个中国人”。蒋介石把自由主义和共产主义放在一起反对，就把一些中间势力也置于对立面的地位，将自己进一步孤立起来。这些说法，甚至在英美也引起不满。两者中，他攻击的重点又在共产主义，指责中国共产主义“假‘民主’的口号，掩护其封建与割据，以‘自由’的口号，装饰其反动的暴乱，而以‘专制’‘独裁’种种污辱与侮蔑，加于国家统一之大业，而企图使之毁灭”。他公然宣称：“惟有中国国民党，是领导革命、创造民国的总枢纽，是中华民族复兴和国家建设的大动脉。”“如果今日的中国，没有了中国国民党，那就是没有了中国。简单地说，中国的命运，完全寄托于中国国民党。”全书快结束时，写道：“为什么我们国内的党派，倒反而不肯放弃他武力割据的恶习，涤荡他封建军阀的观念，那还能算是一个中国的国民？更如何说得上是‘政党’？”“这样还不是反革命？还不是革命的障碍？这样革命的障碍，如果不自动的放弃和撤销，怎么能不祸国殃民？不止是祸国殃民，而且最后结果非至害人自害不可。”〔1〕

在抗日战争胜利在望的此时此刻，蒋介石忽然抛出这样一本由他署名的充满杀机的书，并且大肆宣扬，不少地方还把它规定为学校教材，

〔1〕 蒋中正：《中国之命运》，（台北）正中书局1976年1月版，第71、72、73、104、200、201、205、207、208、209页。

这实在是一件非同寻常的大事。它远不只是为不久后准备由胡宗南部以原有河防部队进攻陕甘宁边区作舆论准备，而且预示着在抗战结束后将不惜发动内战，消灭中国共产党，以维护国民党的一党专政，也就是蒋介石的独裁统治。因此，这本书出版后立刻在国内引起轩然大波，受到社会各界的猛烈抨击。

国民党的特务统治在战前已开始形成，如暗杀有“报业大王”之称的《申报》主人史量才和中央研究院总干事杨杏佛这些事，都是力行社特务处处长戴笠指挥下所为。抗战期间，随着蒋介石独裁统治的加强，成立了由戴笠执掌的军事委员会调查统计局（简称“军统”）和陈立夫、徐恩曾控制的国民党中央执行委员会调查统计局（简称“中统”）。它们虽然在对日作战的情报、“锄奸”等方面也做了一些事，但主要职能是加强对国民党统治区民众的严密控制和对中国共产党的残酷镇压。这种横行无忌的特务网，在中国以往历史上还不曾有过。他们不受任何法律的限制，到处设立集中营，进行暗杀活动，视人命如草芥，至于检查新闻和邮政、监视爱国人士行动、以“缉私”为名大量走私、联络地方流氓恶势力等等就更不用说了。董必武在回延安后的报告中说道：“在国党特务政策统治下面，在路上走的人有被抓去的，在家中坐的人有被抓去的，甚至坐在办公厅的公务员有被抓去的。抓去的方式，不依任何法律手续，不公开，被抓到什么地方去拷问和监禁，没有人知道，抓错了的经过要人保释，可能释放，但出来后不准谈被捕及被监禁的情形。”〔1〕这种暗无天日的行为，引起了人们的普遍不安和愤怒。

再看看经济方面的状况。

大后方的经济，在中国最富庶的沿海地区被日军侵占、西南地区对外的国际通道又被封锁后，陷于极端困难的境地。但由于大量工厂内迁，十万多吨新式器材和一万多名熟练技工的到来，使原来十分落后的后方工矿业生产有了迅速发展。国民党政府在这方面也做了一些有益的工作。战时后方人口约占全国的三分之一。拿工矿产值最高的一九四二

〔1〕《抗日战争时期国民党统治区情况资料》，第145页。

年同战前全国的产值（不包括东北）相比，达到百分之十六点七，其中生铁产量达到四点五六倍，煤产量达到百分之五十一点四，棉布产量为百分之二十五点四。[1] 这个数字当然很低，但在当时那样艰苦的条件下能做到这样实属不易，对支持抗战发挥了重要作用。

由于坚持抗战的实际需要，大后方的重工业得到明显发展。特别值得提到的是，国民政府资源委员会由孙越崎主持开发的玉门油矿。这是一项开拓性的工作。孙越崎回忆道：

“我国燃料用油，过去一向依赖外国。抗战期间因海口被封锁，油源断绝。为了支援抗战，翁文灏在汉口时，决定开发甘肃玉门油矿，但缺少钻机。为此翁文灏在汉口撤退以前，特与中共周恩来同志商请将前国防设计委员会时期留在延长、延川的二台钻机从陕北调运到玉门油矿，以应急需。周恩来同志以事关开发后方能源，支持抗战，当表赞同，并派钱之光同志接洽办理调运事宜。翁文灏即派张心田去陕北调运该钻机并带原陕北油矿探勘处部分工人到玉门油矿。”

“玉门油矿是我国第一个油矿，过去我国没人有开采油矿的经验。虽然我和矿长严爽、地质师翁文波和炼厂厂长金开英四个人在美国、波兰留学时参观过油矿，但谁也没有实际经验。那时国内大学毕业生甚至没有人见过油矿。玉门油矿刚开办时，除少数人员是由其他单位调来的以外，大部分技术人员是来自西北工学院和西南联大、重庆大学等校的毕业生。他们都是刚出校门的二十多岁的青年人，只有边干边学，在实践中锻炼。”

“油矿开办时，工人来源是由国民党政府批准把酒泉、玉门、金塔三县每年征兵名额拨给油矿……后来不少人成为油矿职员和技工，为解放后大庆油田会战作出了相当大的贡献。著名的‘王铁人’就是来自玉门矿的技工。”

“一九四二年我们计划年产汽油一百八十万加仑，事前在重庆的油

---

〔1〕许涤新、吴承明主编《中国资本主义发展史》第3卷，第546页。

矿局和玉门矿区的职工中大肆宣传，使人人皆知，以此作为全矿共同努力的目标……到当年十一月，生产汽油达到一百八十万加仑时，矿区各厂的汽笛齐鸣报喜，全体职工都不约而同地齐集广场，并把我抬起高举送上露天戏台，举行全矿祝捷大会，鞭炮齐放，热情庆祝。”

“玉门油矿所产油品，大都供应西北军用交通和重庆工业与民用等需要，对支援抗战和发展后方工业作出一定贡献。”〔1〕

像这些有爱国心的在经济建设方面作出贡献的人和事，都是值得肯定和赞扬的。

但自一九四二年起，大后方的经济状况就出现逆转，工业逐渐萧条，农村凋敝，民众生活水平益趋恶化。突出的是三个问题。

第一，恶性通货膨胀，导致物价飞涨，民不聊生。

通货膨胀的起因，是对日作战，大片国土沦丧，政府的财政收入锐减而支出猛增。但在战争初期，农业在一九三八年至一九三九年是丰收之年，军队给养分散在全国各地，逃往内地的人口是三年间逐渐流入的。一九三九年底货币的发行量大约相当战前的三倍，物价是逐步上升的。人们出于爱国热忱，默默地忍受生活水平的下降，并努力节省开支。问题的暴露一时还不那样突出。

一九四〇年在中国通货膨胀史上标志着一个转折点。当时担任国民政府交通部部长的银行家张嘉璈（公权）在《中国通货膨胀史（一九三七——一九四九年）》一书中写道：

“在一九四〇年，中国遭受到严重的歉收，从而食品价格突飞猛涨。一九四〇年中国的十五个省稻谷夏收较往年降低百分之二十，即使冬季的麦收量仍与往年相同，一九四〇年的农产品产量总的计算起来也减低了百分之十；重庆的大米价格指数从五月间的二百十三上升到十二月间的一千零四。粮食产量一九四一年继续下降，比战前平均降低百分之九

---

〔1〕 孙越崎：《我和资源委员会》，《回忆国民党政府资源委员会》，中国文史出版社 1988 年 2 月版，第 19、21、25 页。

至百分之十三。

一九四〇年农产品产量的突然下降，使战争初期制约物价上涨的诸因素失其作用，并加速了通货的普遍膨胀。农民们以往因农业价格总是低于价格总水平而蒙受着在实际收入上的损失，现在便开始把其产品囤积起来，以待善价而沽。各省城镇黑市生意大为兴隆，使粮价大大超过当地的行业公会和政府机构所规定的‘平价’。”〔1〕

太平洋战争爆发后，虽然在政治上给了中国人以鼓舞，但在经济上却更增加了困难。中国对外的国际通路基本被切断，使物资供应更感不足。一九四二年的进口额比上一年降低了一半，进口商品的价格上涨了三倍以上，原料缺乏使某些工业无法充分开工，人们对法币普遍丧失信心。大后方各种产品的物价指数，如果以太平洋战争爆发时的一九四一年十二月为一百来计算，到一九四三年十二月已上涨到一千零五十七，两年内上涨十倍；以后到抗战胜利前夜的一九四五年六月，更上涨到九千五百四十七，几乎上涨了一百倍。〔2〕这是官方的统计数字，物价实际上涨的状况肯定远不止这些。“三百万军队的粮食供应，全仰赖向四川、云南、贵州等西南地区的地主和农民征收，人民的负担沉重，几乎无法负荷。”〔3〕

通货膨胀、物价飞涨和各种苛捐杂税的不断增加，使工农群众和工薪阶层的生活状况急剧恶化。产业工人的收入以重庆为例，它的工资总指数以抗战爆发前的一九三七年一至六月为一百，到一九四二年增加十三点六九倍，而同期的零售物价总指数上升六十九点五倍，使他们的实际收入只有抗战前的五分之一。农民因为物价上涨，工农产品交换价的剪刀差迅速扩大，一九四三年的实际收入只有一九三七年的百分之五十八。工薪阶层的工资增加，远远落后于物价的飞涨，实际收入大幅度下降。一九四三年重庆的大学教授的实际薪金只有战前的百分之十二，生

〔1〕张公权：《中国通货膨胀史（1937—1949）》，文史资料出版社1986年8月版，第17页。

〔2〕张公权：《中国通货膨胀史（1937—1949）》，第27、28页。

〔3〕张君劢：《中国第三势力》，第91—92页。

活十分穷困。学生的公费或贷金，不够一日三餐之需。士兵的实际军饷只有战前的百分之六，连最低的生活水平也很难维持。[1]

第二，从一九四一年下半年开始，在农村实行征实征借。

“征实”，是将原来征收的田赋正附税额，从法币改为折收实物，使当局能掌握更多物资，包括粮食、棉纱等，并进一步控制市场。在抗战时期，这样做不能说完全没有它的合理性。但由于征实时不能执行公平合理的原则，粮食等实物要由缴纳者自行运送，粮食部门等又多对实物挑剔难留，从中勒索。“民众送粮到收集站时会遇到各种困难，县府会说粮食太湿，或者说米质欠佳，还有一个计量的问题。县府会责备农民所交粮食缺斤短两，所以每缴一百斤粮就要带备一百一十斤。防范官府刁难，这对老百姓来说是艰辛的。”[2] 它实际上成为一项严重的苛政。

“征借”，是一九四三年由四川开始的。它将征购改为征借后，不向农民支付现金，只付粮食券。一九四四年，大后方各省一律改征购为征借，把粮食库券也取消了，只在粮票内载明代作凭证，借粮也不给利息。这自然更是一项苛政。

“因为这些原因，战时的征实征购（征借）政策，在一方面虽则使政府掌握一些物资，但同时，却加重了贫富的分化，富者愈富贫者愈贫了。”[3]

第三，在这种情况下，更令人气愤的是豪门资本乘机大发“国难财”。

国民党政府的许多党政要员，特别是孔祥熙和宋子文，在经济一片混乱、物资极端匮乏的情况下，利用政治权力，利用垄断外汇和控制运输的特权，假借统制贸易的名义，实行专卖，掌握短缺物资，囤积居奇，牟取暴利。他们在当时被称为豪门资本，以后被称为官僚资本。他们在困难当头时这些所作所为，分明是“发国难财”，受到人们切齿痛恨。

---

〔1〕 刘大年、白介夫主编《中国复兴枢纽》，第358页。

〔2〕 张发奎：《蒋介石与我》，第316页。

〔3〕 许涤新：《现代中国经济教程》，第93—96页。

著名经济学家、重庆大学商学院院长马寅初一九四〇年十月二十日在《时事类编特刊》上发表《对发国难财者征收临时财产税为我国财政金融惟一的出路》一文，愤慨地指出："现在前方抗战百十万之将士牺牲其头颅热血，几千万人民流离颠沛，无家可归，而后方之达官资本家，不但于政府无所贡献，且趁火打劫，大发横财，忍心害理，孰甚于此。""中国今日发国难财者除商人外，尚有利用政治力量而发财者。此种行为本非官吏所应有。故欲实行资本税必须先自发国难财之大官始。官吏所发之国难财，尤宜全部予以没收，以为人民表率。"〔1〕马寅初因此被国民党当局逮捕。蒋介石在日记中写道："本日押解马寅初在宪兵司令部，以此人被共产党包围，造谣惑众，破坏财政信用也。"〔2〕马寅初被捕后，先后关押在贵州息烽和江西上饶达二十一个月之久。

对豪门资本的横行不法和民众的愤慨，张公权后来也坦率地写道："中国的通货膨胀产生了一个发国难财的特殊阶级，并且使大多数的其他阶级，特别是公务员、教师和其他工资收入者，陷入一种远比二十世纪三十年代世界经济大萧条时期更为悲惨的境地。公务员和士兵被即使以中国的标准而言的极端贫困所压迫，对那些由损公肥私而发财致富的新兴的暴发阶级而大为敌视。中国政府由于没能事前防止和事后改善造成这种结果的经济情况，而招致军、政两界人员的不满。凡此种种，政府便丧尽人心。"〔3〕

随着人们这种不满的增长，在国民党政府极端高压下一度低沉的大后方民主运动又逐步发展起来。其中，十分重要的是中间势力政治态度的变化。中共中央在一九三九年十二月一日的一份党内指示中写道："争取时局好转的基本方针，即是更加认真的根据巩固和扩大抗日民族统一战线政策去组织全国一切进步力量即一切抗战和民主的力量。""一切站在国共之间主张抗战团结进步的所谓中间力量（从救国会朋友直到各地公正士绅、名流学者及地方实力派等）最近期间表现出政治积极性

---

〔1〕《马寅初选集》，天津人民出版社 1988 年 5 月版，第 198、199 页。

〔2〕蒋介石日记，1940 年 12 月 6 日。

〔3〕张公权：《中国通货膨胀史（1937—1949 年）》，第 45 页。

日益增长，成为推动时局好转的极重要因素。”[1]

胡绳曾着重地讲道：“现在讲这段历史的书，主要讲国民党和共产党，讲他们间的矛盾斗争；论阶级，这是两极，一个是大地主大资产阶级，一个是无产阶级。其实，在这两极中间还有一大片。所以我想，除了国、共两个角色外，还应有第三个角色，这就是中间势力。乔木同志一次谈过去的文学时曾说，国民党的人只是一小撮，我们的人也很少，实际上是第三种人占大多数。政治也是如此。革命的胜利，是因为我们党把中间势力拉过来了，如果中间势力都倒向国民党，共产党就不可能胜利。”“中间势力的特点就是动摇，不断分化。分化的结果，大多数站到共产党一边，站到国民党那边的也有，但很少。”[2]

代表中间势力的中国民主政团同盟的成立，是大后方政治生活中的一件大事。它正是国民党政府加紧压制民主、尽力排除异己所造成的。

梁漱溟一九四二年在《记中国民主政团同盟》中回忆道：“同盟之发起，在民廿九年（引者注：即一九四〇年）十二月二十四日。是晨重庆报纸揭出国民参政会第二届人选名单，既于名额一再扩充，而上届在选之党外人士或敢言之士颇屏除不少，殊失人望。余与黄任之（炎培）、左舜生两公不期而相会于重庆新村四号张君劢家。彼此感慨同深，遂发同盟之议。”[3] 黄炎培在那一天的日记中写道：“本日报端发表新参政员名单，余仍被选，因共君劢、漱溟、舜生商新组织问题。余以为，吾辈调解国共，必须有第三者明确的立场和主张。”[4] 梁漱溟稍后又在《中国民主同盟述略》一文中讲到这件事：“四人会商，决定加强中间的组织。因此想来想去，非民主团结，大局无出路；非加强中间派的组织无由争取民主团结。所谓加强组织，要矫正散漫无中心之弊；从外面说，不畏强梁，挺起身来，代表民众说话，并见出真是无所偏倚的精神。”[5]

皖南事变后，国内政局更加严峻。一九四一年三月，中国民主政团

---

〔1〕《中共中央文件选集》第 12 册，第 203、204 页。

〔2〕《胡绳论“从五四运动到人民共和国成立”》，第 3、4 页。

〔3〕《梁漱溟全集》第 6 卷，山东人民出版社 1993 年 1 月版，第 353—354 页。

〔4〕《黄炎培日记》第 7 卷，第 46 页。

〔5〕《梁漱溟全集》第 6 卷，第 598 页。

同盟在重庆成立，通过政纲十二条，推黄炎培为主席（同年十月改为张澜）。

参加民主政团同盟的成员，其实相当复杂，彼此的政见也不尽相同，最初有中国青年党、国家社会党、中华民族解放行动委员（被称为“第三党”）、职业教育派、乡村建设派和少数原来没有参加党派的人士；半年后，又增加了救国会派，通常称为“三党三派”，因此取名为中国民主政团同盟。后来，以个人身份参加的人越来越多，就改名为中国民主同盟，简称“民盟”。

由于重庆的政治空气恶劣，它在初期处于秘密状态。到一九四一年十月十日，才在梁漱溟主持的香港《光明报》上发表中国民主政团同盟的《成立宣言》和《对时局主张纲领》。《成立宣言》一开始就申明：“中国民主政团同盟今次成立，为国内在政治上一向抱民主思想各党派一初步结合”，并对国内形势作了这样的分析：“国事好转诚在最近之四五年，而其间前后又有不同，大抵国际情势后胜于前，而国内情势则入后转不如初，此其事亦皆在人耳目，无烦缕指。”《宣言》中要求实行“军队国家化，政治国家化”。《对时局主张纲领》提出十条主张，前三条是：

“一、贯彻抗日主张，恢复领土主权之完整，反对中途妥协。二、实践民主精神，结束党治，在宪政实施以前，设置各党派国事协议机关。三、加强国内团结，所有党派间最近不协调之点，亟应根本调整，使进于正常关系。”〔1〕

这两个文件一发表，中国共产党立刻公开表示欢迎。延安的《解放日报》发表社论说：“这是抗战期间我国民主运动中的一个新的推动。民主运动得此推动，将有更大的发展，开辟更好的前途。”“辛亥革命以后，三十年来，国内一切政治运动，都是围绕着两个核心，一是民族独

〔1〕《中国民主同盟历史文献（1941—1949）》，文史资料出版社 1983 年 4 月版，第 5、7、8 页。

立，一是民主政治。这是全国人民的需要。民主政团同盟的奋斗，是有其社会基础的。”[1]

一九四一年十一月，国民参政会二届二次大会在重庆举行。张澜、张君劢、黄炎培等提出要求结束党治的提案。蒋介石极为震怒，在日记中写道：“张澜、张君劢提出取消党治案十条，是诚反动之尤者，此种卑污政客比汉奸更为可怜可恶也。”“对张澜、张君劢等提案，应预备决裂办法，此种污劣政客不能纯以宽厚相待，而且非法与权不可也。”“余之神态粗狠，几近狂痴矣，戒之。”[2]

太平洋战争爆发后，民盟在香港所办的《光明报》被迫停刊，但它在内地的活动，不但坚持下来，而且日趋活跃。一九四三年春开始，民盟在云南昆明接受西南联大教授费孝通、曾昭抡、闻一多、吴晗等入盟，在知识分子和青年学生中产生了很大影响。他们主张的重点也更多地放在“政治民主化”上面。这年七月，德高望重的中国民主同盟主席张澜致信蒋介石，写道：“年来盱衡时局，审度内外，觉国际战事，虽胜利可期，而国内政治情形，则忧危未已。”“察其症结，皆在政治之未能实现民主。”“法令纷繁苛扰，官吏敷衍，惟肆贪污，从未有如今之甚者。人民遭受压抑，痛苦百端，不能上达，厌恨之情到处可见。”“如或昧于大势，迁移不决，徒貌民主之名，而不践民主之实，内不见信于国人，外不见重于盟邦，则国家前途，必更有陷于不幸之境者。”[3] 他的话是说得很坦率也很尖锐的。

在这个时期内，进步文化活动在大后方也重新活跃起来。

皖南事变后将近半年时间内，大后方的进步文化界相对说来比较沉寂。由于环境险恶，许多进步文化人士陆续被迫离开重庆，从一九四一年一月到四月，重庆的《全民抗战》和桂林的《救亡日报》等数十种报刊在国民党当局压迫下先后停刊。生活书店的成都、昆明、桂林、贵阳等分店或被查封，或被限期停业。但郭沫若、阳翰笙等坚持留在重庆。

---

[1] 《中国民主运动的生力军》（社论），《解放日报》1941 年 10 月 28 日。
[2] 蒋介石日记，1941 年 11 月 21、22 日。
[3] 《张澜文集》，四川教育出版社 1991 年 12 月版，第 183、184 页。

他们主持的政治部文化工作委员会，先后举行多次文艺讲演会，举办新诗、戏剧批评等座谈会和民歌演唱会，还同中苏文化协会等合作举办高尔基逝世五周年纪念会。这年十月以后，重庆的进步文化运动出现复苏的局面。十一月十六日，文艺界举行了纪念郭沫若五十寿辰和创作生活二十五周年的活动。纪念会由冯玉祥主持，到会的有两千多人。在这前后，还上演了郭沫若编剧的《棠棣之花》和阳翰笙编剧的《天国春秋》这两出话剧。这些活动，冲破了前一阶段笼罩于重庆上空的沉闷空气。

太平洋战争爆发后，海外运输几近断绝，胶片难以进口，电影摄制陷于停顿，许多电影工作者转入话剧战线，使话剧舞台更加活跃起来，成为大后方文化生活中突出的亮点。第二年年初，郭沫若又写出一部历史剧《屈原》，在《中央日报》副刊上连载，并于四月三日在重庆公演。剧中借屈原之口呼喊："鼓动吧，风！咆哮吧，雷！闪耀吧，电！将一切沉睡在黑暗怀抱里的东西，毁灭，毁灭，毁灭呀！"这实际上是呼喊出大后方民众心中的怨愤。《屈原》的演出，轰动了山城重庆，出现了空前的盛况。主要演员白杨回忆说："许多群众半夜里就带着铺盖来等待买票；许多群众走了很远的路程，冒着大雨来看演出。剧场里，台上台下群情激昂，交溶成一片。"[1] 重庆的报上把它誉为"剧坛上的一个奇迹"。这年十月，夏衍编剧的《法西斯细菌》在重庆上演，也取得轰动的效应。

这些文化活动大多是由周恩来组织和指导的。对进步的学术工作者，周恩来勉励他们利用当时难以举行大规模群众活动的机会，埋头从事研究和写作。郭沫若的《十批判书》、侯外庐的《中国古典社会史论》、翦伯赞的《中国史纲》、邓初民的《中国社会史教程》等学术名著，便是这段时间内开始写作或写成的。

---

〔1〕 白杨：《敬爱的郭老，深切悼念您》，《悼念郭老》，生活·读书·新知三联书店1979年5月版，第251页。

抗日民主根据地的新气象

一九四一年和一九四二年，是中国共产党坚持敌后抗战最困难的时期。

“百团大战”使日本侵略者受到极大震动。他们把华北作为“彻底治安肃正”的重点。一九四一年二月，刚就任日本华北方面军司令官的冈村宁次发布命令：必须在四个月内彻底消灭华北的共产党和八路军。一九四一年三月至一九四二年十二月，他们在华北对各抗日民主根据地连续进行五次“治安强化运动”，有时对一个地区反复“扫荡”的时间长达三四个月。他们所到之处，掠夺粮食牲畜、烧毁房屋，制造无人区，无恶不作。《晋察冀日报》在社论《坚决粉碎敌寇二次“治安强化运动”》中指出日军的残酷手段：

“从军事方面，以我之某一地区或分区为对象，进行全面的突然袭击（如最近在冀中十分区和冀东是最显著的例证），企图分割和蚕食我边区，各个击破，以达到其由点线扩大为面的占领的企图；同时经常以小规模的游击式的‘恐怖’、‘肃清’和‘包剿’，挖沟、修汽路、增设据点、建筑新的碉堡，以及与此相辅而行的大量组织伪军；其总的方向是加紧其分割、封锁、蚕食我边区的‘囚笼政策’。”

“加强特务工作的活动，并以特务人员成立‘工作队’，在敌迹所到之处，采取‘恐怖战术’，震悸人心，屠杀逮捕，强迫人民‘自首’、‘接头’，调查户口，强迫照相片、登记与抽壮丁，发展连环‘爱护村’，建立公开与秘密的‘维持会’，企图以此野蛮黑暗残酷的反动统治逐渐伸入和毁灭我边区。”〔1〕

在这样险恶的环境中，八路军总部始终坚持在敌后指挥作战。一九

〔1〕《晋察冀日报社论选（1937—1948）》，河北人民出版社1997年10月版，第243页。

四二年五月十五日起，日军集中主力三万多人进攻太行、太岳，袭击八路军总部和第一二九师师部。他们从两个联队各挑选约一百名士兵组成挺身队，采取严格保密措施，潜入抗日民主根据地。以往，日军大“扫荡”前两三天，总部就可以从当地民众中得到确切信息，及时转移。但这次潜入太行区的日军挺身队化装成八路军，“敌采取鱼目混珠，亦打扫房屋，帮助春耕，买物给钱，俨然与八路军一样”，〔1〕因此八路军总部并没有得到信息。总部和北方局两千多人正向东转移时，日军已得到挺身队报告，集中精锐一万多人对这个地区迅速合围，并派来飞机轰炸扫射。彭德怀在枪林弹雨中飞马突出重围。留后指挥的八路军副参谋长左权在日军炮轰下壮烈殉国。左权毕业于黄埔军校第一期，曾在苏联莫斯科中山大学和伏龙芝军事学院深造，久经战阵，文武兼备。他的牺牲，是八路军的重大损失。

八路军和敌后根据地军民，在这样艰难的环境下，不但继续坚持斗争，而且创造出很多有效的歼敌方法，如麻雀战、地道战、地雷战、破袭战、水上游击战、武装工作队等，灵活有力地打击日本侵略者，发展了人民战争的战略战术。

在华中，日本侵略军从一九四一年起伙同汪伪军进行“清乡运动”。他们利用这个地区交通比较便捷的条件，采取分进合击和梳篦式“清剿”，用来打开局面；再以铁丝网和电网等分割根据地，逐乡建立保甲，实行政治、经济、文化等奴化统治。重建军部的新四军领导根据地军民进行顽强的反“清乡”战斗，第六师参谋长兼旅长罗忠毅、旅政治委员廖海涛等英勇牺牲。华南的抗日游击战争也在艰苦环境中坚持和发展着。

正当八路军、新四军在敌后同日本侵略军进行极端艰苦的战斗时，国民党当局在一九四〇年冬完全停发八路军的薪饷、弹药和被服等物资，皖南事变后又取消新四军番号，而且对陕甘宁边区等抗日民主根据地实行严密的军事包围和经济封锁，断绝外界对边区的援助，使根据地

〔1〕彭德怀致刘伯承、邓小平、陈赓、薄一波电，1942年5月29日，转引自《彭德怀传》，当代中国出版社1993年4月版，第253页。

军民的生活陷于严重困境。

在敌后抗战这个最艰苦的时刻，一九四二年和一九四三年，一场旷日持久的特大干旱，夹杂着蝗、风、雹、水等各种灾害，又席卷了以河南为中心、包括黄河中下游两岸的华北大地。拿中国共产党领导的抗日根据地来说，晋冀鲁豫边区受灾最为严重。“从一九四一年冬到一九四二年春，太行区的雨量就很少。”“与其相邻的冀南、冀鲁豫分区也普遍歉收，冀鲁豫重灾村有一千零五十个，轻灾村五百八十个。到了一九四三年，旱灾继续蔓延，被灾面积差不多包括太行和冀南的全部、太岳大部和冀鲁豫的一部。”“太行区的大部从五月中旬一直到八月初，八十多天滴雨未下，赤日炎炎，如灼如烤，许多地区水井干涸，河流断源，水荒严重威胁到了人畜的生存。耕地龟裂，茎叶干枯，着火即燃，所以早种的玉米、豆子、南瓜、菜蔬及大部分谷子，尽皆旱死，平均收成仅三成左右，灾民在三十五万人以上。”〔1〕由于连年干旱，边区各地普遍发生蝗灾。随后又发生水灾。这些，对根据地军民的生活无异雪上加霜。

日本侵略军的残酷扫荡、国民党当局的停发薪饷和经济封锁、严重的灾荒，这三者交错在一起，使中国共产党面对着极端严重的困难和考验。毛泽东在《抗日时期的经济问题和财政问题》中写道：“我们曾经弄到几乎没有衣穿，没有油吃，没有纸，没有菜，战士没有鞋袜，工作人员在冬天没有被盖。国民党用停发经费和经济封锁来对待我们，企图把我们困死，我们的困难真是大极了。但是我们渡过了困难。”〔2〕他在干部动员大会上尖锐地提出问题：“饿死呢？解散呢？还是自己动手呢？饿死是没有一个人赞成的，解散也是没有一个人赞成的，还是自己动手吧——这就是我们的回答。”〔3〕

怎样动手？不管条件如何艰苦，抗日作战是必须坚持的，而且还要发展。这是中国共产党人在民族战争中的神圣职责。他们在军事上形成主力部队、地方武装和民兵自卫队三位一体的结构。针对日军对敌后的

〔1〕李文海等：《中国近代十大灾荒》，第278、279页。
〔2〕《毛泽东选集》第3卷，第892页。
〔3〕《毛泽东文集》第2卷，第460页。

疯狂进攻，八路军采取“敌进我进”的方针，夺取战争的主动权；敌后军民创造了多种多样、灵活机动的歼敌方法，不停顿地袭击日本侵略军，使它日夜不得安宁。兵力有限的日军，尽管武器装备精良，一旦陷身于人民战争的汪洋大海中，便成为瞎子和聋子，处处被动挨打，一筹莫展。日本华北派遣军总部在一九四三年的综合战果报告中写道：

“敌大半为中共军，与蒋军相反，在本年交战一万五千次中，和中共的作战占七成五。在交战的二百万敌军中，半数以上也都是中共军。在我方所收容的十九万九千具敌遗尸中，中共军也占半数。但与此相比较，在我所收容的七万四千俘虏中，中共军所占的比率则只占一成五。这一方面暴露了重庆军的劣弱性，同时也说明了中共军交战意识的昂扬。”〔1〕

在坚持对日作战的同时，面对严重的经济困难，中国共产党断然采取几项重大措施：在加强党的一元化领导下，进一步实行减租减息，开展大生产运动，精兵简政，在政权中贯彻执行“三三制”。

中国共产党领导的抗击日本侵略者的人民战争，主要依靠的是占人口绝大多数的贫苦农民。为了战胜面对的严重困难，更需要倚仗他们的力量。减租减息的要求，在抗战一开始时就提出来了，也就是一方面减租减息，一方面要求交租交息，以利于团结大多数地主抗日。这种政策在各根据地已开始实行。但由于当时忙于在敌后打开局面、应对残酷“扫荡”以及其他原因，许多抗日根据地把重点放在合理负担上，减租减息没有得到普遍的认真的实行。一九四二年一月二十八日，中共中央作出《关于抗日根据地土地政策的决定》，指出：“在有些根据地内，还只在一部分地方实行了减租减息，而在另一部分地方，或则还只把减租减息当作一种宣传口号，既未发布法令，更未动手实行。或则虽已由政府发布了法令，形式上减了租息，实际并未认真去做，发生了明减暗不

〔1〕引自《朱德选集》，第148—149页。

减的现象。在这些地方，群众的积极性不能发扬，也就不能真正将群众组织起来，造成热烈抗日的基础。在这些地方，抗日根据地就无法巩固，经不起敌人的扫荡，变成软弱无力的地区。”〔1〕《决定》和它的三个附件，对执行土地政策的基本原则和具体办法作出详细的规定，它的基本精神是先要能够把广大农民群众发动起来，如果群众不能起来，一切无从说起；在群众真正发动起来后，又要让地主能够生存下去，所以在经济上只是削弱（但一定要削弱）封建势力，而不是消灭封建势力。

这个《决定》的制定和贯彻执行，是抗日根据地的一件大事。一九四二年起，各地据此制定或修正有关条例法令，抓紧反“扫荡”作战间隙和夏收、秋收季节，采取有力措施，使减租减息运动掀起前所未有的高潮。在许多地方，土地关系发生明显变化，中农数量有很大增长。这对发动群众、坚持和巩固抗日根据地发挥了重要作用。

为了克服严重的物质生活困难，坚持抗战而又不过于加重人民的负担，中共中央接受党外人士、陕甘宁边区政府副主席李鼎铭提出的“精兵简政”的意见，精简机关，充实连队，加强基层，节约人力物力。毛泽东把它称为“一个极其重要的政策”。一九四三年，晋冀鲁豫边区政府人员由五百四十八人精简到一百人，八路军前方总部和第一二九师师部合并办公。

同时，军队、政府机关和学校中本着“发展经济，保障供给”的方针，开展大生产运动，实行生产自给。“为什么要发动大生产运动？一方面是国民党停止发饷，另一方面陕甘宁军民关系较紧张，农民负担重。因此要动员部队、机关、学校自己动手，解决财政来源，减轻农民负担。”〔2〕各项生产事业中，以农业为主，兼及畜牧业、工业、重工业、运输业、商业等。毛泽东、朱德、周恩来、任弼时等都参加生产劳动。八路军第三五九旅开到延安以南的南泥湾，开垦荒地，到一九四二年做到全旅粮食自给百分之八十，经费自给百分之九十以上。在这里，没有大后方那种投机操纵和囤积居奇，大家都是实实在在地为提高生产而奋

---

〔1〕《中共中央文件选集》第13册，中共中央党校出版社1991年6月版，第280、281页。
〔2〕《胡乔木回忆毛泽东》，第19页。

斗。从一九四三年起，敌后各根据地的机关一般能自给两三个月甚至半年的粮食和蔬菜，生活得到显著改善，而敌后根据地人民的负担只占总收入的百分之十四左右。

在政权机构中，中共中央要求各抗日民主根据地普遍实行“三三制”，也就是共产党员、非党进步分子和中间派分子各占三分之一。各根据地普遍成立了参议会。它的目的都是健全各根据地的民主制度，团结各抗日阶级和阶层，共同对敌。

正是这些在实践中逐步摸索出来的切合实际情况的政策措施，在人们面前开创出一种新的社会生活，造成了谁也无法摧毁的得到民众支持的坚实基础。

从一九四一年开始，中国共产党展开了一次长达三年的整风运动。它的任务是：反对主观主义以整顿学风，反对宗派主义以整顿党风，反对党八股以整顿文风。这是中国共产党内一次影响深远的马克思主义教育运动，也是一次破除党内把马克思主义教条化、把共产国际决议和苏联经验神圣化的思想解放运动。

为什么在抗日战争处于紧要关头的时刻，要用这样大的力量和这样长的时间来进行这次整风运动？它既是现实的需要，又有着深刻的历史背景。

中国共产党在历史上既取得巨大胜利，也经历过严重挫折。其中，造成损害最大的是以王明为代表的教条主义错误。这种错误在实际工作中虽已基本得到纠正，但没有来得及从思想方法的高度对错误的根源进行深刻的总结。“一种错误如果没有被真正认识，就不可避免地会在另外的条件下，以这种或那种形式重新出现。所以，必须用正确的立场、观点、方法来克服错误的立场、观点、方法。基于这种需要，中共中央认为有必要在全党开展整风运动。这时，抗日战争正处在最困难的阶段。为了实现党内在思想上政治上的统一和行动上的一致，同心同德地战胜困难，夺取抗日战争的最后胜利，也需要进行这样一次全党的整风。”[1]

这次整风最主要的任务，是反对主观主义。它是从思想方法着手的。如果中国共产党能够坚持从实际出发，坚定而又灵活地按照客观实际办事，就没有任何力量能够战胜它。如果单凭主观愿望和热情，“想当然”或照着某些“本本”办事，没有不吃苦头以至遭受失败的。因此，能不能在指导思想上切实反对并纠正主观主义，使主观尽力符合客观实际而不是相反，对党确实是一个生死攸关的大问题。抗日战争开始后，党内发生过一些重要争论，分歧的焦点也在这里。

为了解决这个问题，毛泽东在一九四一年三四月间出版了《农村调查》，并在序言中写道：“现在我们很多同志，还保存着一种粗枝大叶、不求甚解的作风，甚至全然不了解下情，却在那里担负指导工作，这是异常危险的现象。对于中国各个社会阶级的实际情况，没有真正具体的了解，真正好的领导是不会有的。”他又写道：“实际工作者须随时去了解变化着的情况，这是任何国家的共产党也不能依靠别人预备的。所以，一切实际工作者必须向下作调查。”“‘没有调查就没有发言权’，这句话，虽然曾经被人讥为‘狭隘经验论’的，我却至今不悔；不但不悔，我仍然坚持没有调查是不可能有发言权的。”[2] 五月十九日，他在延安干部会议上作《改造我们的学习》的讲演，突出强调“实事求是”的极端重要性。他说：

“‘实事’就是客观存在着的一切事物，‘是’就是客观事物的内部联系，即规律性，‘求’就是我们去研究。我们要从国内外、省内外、县内外、区内外的实际情况出发，从其中引出其固有的而不是臆造的规律性，即找出周围事变的内部联系，作为我们行动的向导。而要这样做，就须不凭主观想象，不凭一时的热情，不凭死的书本，而凭客观存在的事实，详细地占有材料，在马克思列宁主义一般原理的指导下，从

〔1〕胡绳主编《中国共产党的七十年》，第252页。
〔2〕《毛泽东选集》第3卷，第789、791页。

这些材料中引出正确的结论。”〔1〕

然而，毛泽东这篇观点鲜明、措词尖锐的重要讲话，在党的高级干部中竟没有引起多少反响，宣传部门也没有在报上报道。这使毛泽东进一步意识到问题的严重性，决定整风先要从统一高级干部的思想入手。中共中央把毛泽东主持编辑的党的历史文献集《六大以来》发给高级干部，要大家认真阅读，结合实际进行比较和分析，看看哪些是对的，哪些是不对的。这种阅读和分析，作用很大。胡乔木回忆道：“当时没有人提出过四中全会后的中央存在着一条‘左’倾路线。现在把这些文件编出来，说那时中央一些领导人存在主观主义、教条主义就有了可靠的根据。有的人就哑口无言了。毛主席怎么同‘左’倾路线斗争，两种领导前后一对比，就清楚看到毛主席确实代表了正确路线，从而更加确定了他在党内的领导地位。”〔2〕

党的高级干部整风学习的重要内容，就是本着这个精神认真总结党的历史经验，联系个人和所在地区或部门进行检查，认真研究以往工作实践中取得成功的原因和遭遇失败的教训，开展批评和自我批评，分清是非，逐步取得思想认识上的一致。后来，博古在中共七大上曾诚恳地检查自己过去的教条主义思想方法：“碰到实际问题，不先想实际情况而是先想马、恩、列、斯在什么地方怎样说过，或者在欧洲或俄国革命史上有过什么相关的情况，用过什么口号策略，并把它们原封不动地搬运到中国来。”〔3〕

全党范围内的整风学习，是从一九四二年二月毛泽东在中央党校开学典礼上作《整顿党的作风》的报告和在中央宣传部干部会议上作《反对党八股》的报告后开始的。毛泽东在这两个报告中，系统地阐述了反对主观主义、宗派主义和党八股的极端重要性。他说：党内的主观主义有两种，一种是教条主义，一种是经验主义，现在是教条主义更为危

---

〔1〕《毛泽东选集》第3卷，第801页。

〔2〕《胡乔木回忆毛泽东》，第48页。

〔3〕博古在中共七大上的发言记录，1945年5月3日。

险。他用“有的放矢”这句话来说明如何做到理论联系实际，也就是马克思列宁主义之矢必须用了去射中国革命之的。“真正的理论在世界上只有一种就是从客观实际抽出来又在客观实际中得到了证明的理论”。关于反对宗派主义，他要求正确处理党内的各种相互关系，以达到队伍整齐、步调一致目的；同时也要消灭党外关系上的宗派主义，“其理由就是：单是团结全党同志还不能战胜敌人，必须团结全国人民才能战胜敌人”。他把“文风”问题和上述两个问题一起，列为必须整顿的“三风”之一。他尖锐地批评以“空话连篇，言之无物”、“装腔作势，借以吓人”、“无的放矢，不看对象”、“语言无味，像个瘪三”等为特征的党八股，说：“要使革命精神得到发展，必须抛弃党八股，采取生动活泼新鲜有力的马克思列宁主义的文风。”党的各级组织和有些基层党员，本着整顿三风的精神，进行对照检查，思想面貌发生很大变化。

整风运动中，中共中央在一九四二年五月召开延安文艺座谈会。毛泽东在讲话中强调文艺为人民群众、首先是为工农兵服务的方向，系统地回答了文艺工作中许多有争论的问题，特别是文艺和生活的关系、文艺和人民的关系这两个问题。他强调：“鲁迅的两句诗，‘横眉冷对千夫指，俯首甘为孺子牛’，应该成为我们的座右铭。”会后文艺界开展整风学习，大批作家下乡下部队，深入生活，创作出一大批为工农兵喜闻乐见的优秀的新文艺作品，如赵树理的小说《小二黑结婚》和《李有才板话》、歌剧《白毛女》、秧歌剧《兄妹开荒》、京剧《逼上梁山》、李季的叙事诗《王贵与李香香》等。

中共中央在一九四三年四月，要求在整顿党的作风的同时，对全党干部进行一次认真的组织审查。在当时十分复杂的社会政治环境下，在各种敌对势力千方百计对中国共产党和根据地进行渗透的情况下，对干部队伍的政治状况进行一次认真的审查是完全必要的。但是，在实际工作中，由于过分严重地估计了敌情，由于抗日根据地处于同外界隔绝的状况，对干部的历史状况的调查十分困难，在这方面所花的力气不多，出现了严重的偏差，一个时期搞得“特务如麻”。这年七月十五日，具体负责审干工作的康生在中央直属机关大会上作了危言耸听的《抢救失足者》的报告后，更出现了相当普遍地大搞“逼供信”的过火斗争，单在延安地区十几天内就揪出所谓特务分子一千四百多人，[1]造成大批冤假错案。中共中央不久发现了这个问题，在八月十五日作出《关于审查干部的决定》，规定审干工作的九条方针，指出：“如果是被冤枉了的或被弄错了的，必须予以平反，逮捕的宣布无罪释放，未逮捕的宣布最后结论，恢复其名誉。在审查运动中，一定会有过左的行动发生，一定会犯逼供信错误（个人的逼供信与群众的逼供信），一定会有以非为是，以轻为重的情形发生，领导者必须精密注意，适时纠正。”[2]十月，毛泽东在绥德反奸大会材料上的批示中，又指出：“一个不杀，大部不抓，是此次反特务斗争中必须坚持的政策。”这年年底，延安审干工作转入甄别阶段。对审干工作中出现的偏差，毛泽东多次在大会讲话中承担了责任，向受到错误伤害的同志“脱帽鞠躬”，“赔礼道歉”，化解了许多人心中的怨愤。这个错误是令人痛心的，但比较快地得到纠正，在整个整风运动中是一个支流。

总的说来，这次整风最重要的历史贡献是使“实事求是”的观念开始深入人心，注重从实际出发，使中国共产党在思想上政治上更加成熟起来，不仅对夺取抗日战争的最后胜利、而且对此后中国的革命和建设产生了巨大而深远的影响。

在深入研究党的历史、分清路线是非的基础上，经过一年半的讨论，中共六届七中全会通过《关于若干历史问题的决议》。讨论这个《决议》时，毛泽东在讲话中说：“这次处理历史问题，不应着重于一些个别同志的责任方面，而应着重于当时环境的分析，当时错误的内容，当时错误的社会根源、历史根源和思想根源，实行惩前毖后、治病救人的方针，借以达到既要弄清思想又要团结同志这样两个目的。”他又说：“对于任何问题应取分析态度，不要否定一切。”“我们许多同志缺乏分析的头脑，对于复杂事物，不愿作反复深入的分析研究，而爱作绝对肯定或绝对否定的简单结论。我们报纸上分析文章的缺乏，党内分析习惯

---

〔1〕据康生在中共中央政治局会议上的发言记录，1943年8月2日。

〔2〕《中共中央文件选集》第14册，中共中央党校出版社1992年3月版，第92—93页。

的还没有完全养成，都表示这个毛病的存在。今后应该改善这种状况。”[1]《决议》通过后，整风运动胜利结束。

一九四三年还有两件重要的事情：一件是共产国际在五月二十二日宣布解散。另一件是国民党当局乘此制造反共舆论，要求“解散共产党”，并集中胡宗南部两个集团军准备“闪击”延安；由于中国共产党及时在报纸上公开揭露，并在延安举行三万多人参加的反对内战大会，在国内外引起巨大反响，认为这时中国发生反共内战只会有利于日本。国民党当局这次反共高潮没有发展成大规模军事进攻就被制止，抗日民族统一战线得以继续坚持下来。

〔1〕《毛泽东选集》第3卷，第938、939页。

第十二章

胜利快要到来的时候

进入一九四四年，世界反法西斯战争捷报频传，胜利已经毫无疑义地在望了。

苏德战场上，苏联红军在一九四三年取得斯大林格勒战役和库尔斯克战役两次大捷而夺得战略主动权后，继续向西推进。一九四四年，连续发动十次重大战役，被称为“十次打击”。这十次打击，消灭了德军二百多万人，不仅把侵略者逐出苏联领土，并且在东欧人民配合和支援下，进入罗马尼亚、保加利亚、匈牙利、捷克斯洛伐克等国，还在北部战线进入德国的东普鲁士境内。

西欧战场上，盟军统帅艾森豪威尔率领美、英、加、法、波兰等军队二百八十七万多人，拥有飞机一万三千多架、军舰和运输船只六千多艘，开辟了第二战场。一九四四年六月六日，盟军横渡英吉利海峡，在法国诺曼底半岛登陆。八月二十五日，巴黎解放。盟军继续向德国边界挺进。十二月中旬，德军在阿登地区进行孤注一掷的反扑，遭到失败。德国西线的门户已被打开。

地中海战场上，美、英等军队继北非胜利、西西里登陆、迫使意大利政府投降后，又击败驻意的德军，在一九四四年六月五日解放意大利古都罗马，继续向北推进。希腊、南斯拉夫、阿尔巴尼亚等国人民也坚持英勇的抵抗和武装起义，取得重大胜利。

太平洋战场上，盟军在攻占瓜达尔卡纳尔岛后，在军事行动上不再全面地步步推进，改用“跳岛战术”。一九四四年六月，突然进击作为日本“太平洋防波堤”的马里亚纳群岛。七月，占领塞班岛和关岛。十月，在菲律宾登陆。日本本土已遭受盟军空军的大规模轰炸，发动太平洋战争的东条英机内阁被迫下台。盟军进攻日本本土已是指日可待的事情。

缅甸战场上，盟军从一九四三年起在缅北发动反攻，同时修筑为中国战场输送物资的中印公路。参加这次反攻的，除部分美、英、印军队外，以中国驻印军为主力。中国驻印军是以一九四二年从缅甸退入印度的中国军队两个师为基础，经美军进行丛林作战训练和新式武器装备，以后扩编为新一军和新六军两个军，由美国史迪威将军任总指挥、郑洞国为副总指挥。他们再次穿越丛林密布、河流纵横、雨季泥泞难行、疾病流行、沿途杳无人烟的缅北野人山、胡康河谷。“在原始森林中作战是一种特殊的战斗，看不到人烟村落，茫茫林海中寸步难行，全靠每人一把砍刀开路，靠特制的指北针修正方向，一天走不到五英里路程。”“还有两个大敌，一是疟蚊，二是蚂蟥，不管你预防得多么周到，也不免遭到它们的侵袭。据美方卫生人员统计，恶性疟疾发病率达百分之四十。”〔1〕在这样艰苦的环境中，驻印军顽强血战，重创日军在缅的精锐部队，在一九四四年八月五日攻克缅北重镇密支那。第二年初在畹町附近的芒友同从中国云南西进的远征军会师，并修筑了全长五百六十多公里的中印公路。郑洞国回顾道：“在八年抗日战争中，中国军队在国境线以外，与美英盟军直接进行战役上的协同作战，这还是唯一的一次，并取得了最后胜利。”〔2〕这是中国军队扬威域外的一次壮举。

从世界范围来看，反法西斯战争的胜利，德、日法西斯的最后覆灭，已是谁都不存在疑问的事情了。恰恰在这个时候，中国正面战场上却出现豫湘桂大溃退，对中国民众造成强烈震撼。

---

〔1〕王及人：《从印度整训到反攻告捷》，《远征印缅抗战》，第325页。

〔2〕郑洞国：《我的戎马生涯》，团结出版社1992年1月版，第382页。

豫湘桂大溃退和后方人心的巨变

在历史行进的漫长旅程中常常可以看到一些引人注目的重大转折。原先，事情在悄悄地演变着，人们未必都能清楚地认识到。这种变化积累到相当程度，在某些因素的触发下，便急转直下地突破人们习惯了的旧格局，造成一种新的局面。

抗日战争后期大后方人心变动的重大转折，就发生在一九四四年豫湘桂大溃退后。它造成的强大冲击波，不仅影响抗战最后阶段的国内政治局势，而且延伸到战后，在相当程度上埋下了国民党政府失败的重要种子。

那一年，企图挽救覆灭的命运，日本侵略者在中国战场，实行代号为“一号作战”的计划，向河南、湖南、广西发动大规模军事进攻。它的目的有两个：一个是打通平汉铁路、粤汉铁路和湘桂铁路，实现贯通中国东北到越南的大陆运输线；另一个是摧毁设立在湖南和广西的盟国空军基地。

这年四月十七日起，日本华北方面军十五万人渡过黄河，在河南发动攻势，三十八天内迅速占领郑州、洛阳、许昌等重要城市，打通了平汉铁路。紧接着，从五月二十七日起，他们又集中十七万人的兵力从湖北沿粤汉铁路大举南下，先后占领长沙、衡阳；再沿湘桂铁路折向西南，攻陷桂林、柳州、南宁；前锋第十三师团在十二月初直达贵州独山，控制了黔桂铁路的末端。

短短八个月内，日军侵占了中国二十万平方公里的国土。这里，有着大片富饶的粮食产地，有着大后方近三分之一的工矿企业，居住着六千多万中国人。战火燃及的地方，到处是焚烧、劫掠、流血和死亡，到处是一幅幅惨绝人寰的地狱景象。桂林、柳州等七个用来轰炸日本本土的盟国空军基地共有三十六个机场，都被日军先后摧毁。

本来，在进入战略相持阶段后，正面战场的历次战役虽然有胜有败，但大体上处在拉锯状态。这种状态已持续了五年多，被人们习以为常。豫湘桂大溃退一下子打破了原有的相对稳定的格局。中国遭受的失败竟这样惨重，整个战局竟会发生如此急速的逆转，国民党军队的抵抗竟如此脆弱，是一般人根本没有料想到的。

河南战役惨败后，很多人已看到这同第一战区副司令长官汤恩伯部队的极端腐败和失尽民心直接有关。著名学者郭廷以写道："近年中国役政腐败，强征贫民为兵，素质恶劣，训练不施，薪饷不足温饱，再加克削虐待，军官走私营商，毫无战斗意志。河南驻军三十万，主力为第一战区副司令长官汤恩伯部，纪律废弛，苛扰地方。日军所至，汤部望风奔溃，到处遭受人民袭击。三十多天之内，郑州、许昌、洛阳大小三十余城尽失，潼关震动。"[1] 黄炎培日记中记道："河南绅士及各公团环电请惩汤恩伯，领袖（引者注：指蒋介石）批'可以不必'。"[2] 但人们仍没有料到战局还将更严重恶化，甚至以为这只是局部性和一时性的问题。长沙陷落时，很多人仍认为日军要继续深入是不可能的。但国土却接着一片片丢失。到八月八日，守了四十七天的衡阳失守。人们原来以为可以抵挡一阵的桂林也很快失守。一向比较偏袒政府的《大公报》在社评中写道："桂林名城天险，调重兵，聚粮械，连布置防务的负责人都说：'桂林能打三个月'。结果呵，三十六个小时而陷，柳州也同日完事！这一路的守军真是太差劲了！"[3] 小股日军长驱直入，占领贵州省的独山。国民党军方的《扫荡报》上，也发表记者南宫博的报道："独山的失败，也表现军方之无能。守军不战而退，大炮辎重完全抛弃。敌人尚在数十华里之外，我军即已仓惶逃走，对难民毫不关心。"[4]

独山失陷后，作为大后方政治中心的重庆陷入一片恐慌之中。"魏德迈（继史迪威为中国战区参谋长）等主张政府撤至昆明，以避其锋。"[5] 国民党一些党政机关已向兰州、雅安等地派出先遣人员，做迁

〔1〕郭廷以：《近代中国史纲》下册，第700页。

〔2〕《黄炎培日记》第8卷，第298页。

〔3〕《向方先觉军长欢呼》（社评）《大公报》1944年12月13日。

〔4〕（日本）防卫厅研究所战史室：《一号作战之三·广西会战》（下），中华书局1985年2月版，第199页。

〔5〕《陈诚先生回忆录——抗日战争》（上），第105页。

移的准备。前方难民大批涌到重庆，挤满街头。《新华日报》描述说："他们在寒风中席地而卧，无情的冷风，实在够他们熬煎了。难胞几乎共同的都是期望着一个穿的问题的解决。"其实能逃到重庆的这些人，在众多难胞中已算条件相当好的。他们"在逃难之前，差不多都是有职业的，各色行业都有，逃的时候，也总还带二三万块钱在身边，可是到今天，真已身无长物"。"难胞们的痛苦是说不尽的，他们的泪只是向肚子里流。"[1] 这种惨不忍睹的情景，对面临同样威胁的大后方其他地区民众的刺激自然不言而喻。他们不寒而栗地感到：这也将是等待着自己的命运。

更加使人难堪的是：这场大溃退正发生在整个反法西斯战争节节胜利的时刻，形成强烈的对照。《大公报》在一九四五年元旦社论中痛心地写道："当去年今日的献岁之始，谁不希望重重，以为必可反攻，必可胜利？但在今天回想起来，去年这一年的经过，实在不能不令人愧悚万分。""到处胜利纷纷，而我们独败；世界反侵略战局大大好转，而我们反濒临危机。这事实，太现实了；这经验，太可贵了。"[2]

事实确实是最好的教员。人们面对这样冷酷的事实，不能不沉思：这一切究竟是什么原因造成的？中国的出路到底在哪里？这在当时是相当普遍的。

人心变动中最重要的是，大后方民众对国民党当局的看法发生了巨大变化。本来，大敌当前，战时政府总是比较容易取得国民的谅解和支持。尽管到相持阶段后，国民党当局的专制和腐败一天天明显地暴露出来，物价飞涨，特务横行，更使人们的不满和愤怒在郁积着，发展着，但这些问题是一步一步积累和加强起来的，许多人仍缺少以行动表示强烈抗议的决心。整个反法西斯战争已胜利在即，不少人把希望寄托在明天，一些民主人士仍忙于宪政运动，认为眼前种种不合理现象只能暂时忍耐一下。皖南事变后，国民党政府在大后方实行严厉的高压政策，特务机构任意捕人杀人，也迫使不少人保持沉默。所以很长一段时间内，

---

〔1〕《新华日报》，本报专访，1944年12月10日。

〔2〕《今年应为新生之年》(社论)，《大公报》1945年1月1日。

大后方的政治空气相当沉寂，没有出现大规模的政治风暴。

这次却不同了。战时人们最关心的焦点莫过于军事。“目前形势，论来论去，总是军事第一。敌人数路入桂，战事紧急，国人无一不关心战事。”〔1〕如果其他问题还可以勉强忍受的话，那么，在军事方面出现不应有的严重溃败就使人普遍感到难以忍受。日本已面临失败，他们已很虚弱的军队却在几乎没有重大战斗的情况下，占领中国大片国土。这样的失败，已无法再以抗战初期所说的敌我强弱悬殊等原因来解释。国民党政府部门种种腐败现象，不断在会议上和报纸上被揭露。谁都看得出来，这次大溃败是国民党当局政治、经济、军事各方面缺陷的集中大暴露。

平素比较温和的著名作家叶圣陶在九月十七日日记中写道：“此次敌自湘入桂，几乎所向无敌，其迅速与豫战同。于此见我方之兵殆已不可用。向谓精兵尚未用，兵源决无虑，皆成纸老虎而被戳穿。且而今而后，敌之进攻将于何底止，亦难测料。”“至于我国之不振，不能推言积弱，政治之不善实为主因。此言余自今深信之矣。”在十二月四日又写道：“此际黔桂路上，难民之行列恒长数里至数十里，狼狈情形远过于战争初起时之京汉道上。同胞何辜，受此荼毒，思之痛心。更念及最近之将来，我辈殆亦将同历此境。谋国者之不臧，坐失抗战之良机，贻民众以祸害，今当危急，不闻有一谋一策，并一切实之对策而无之，其肉岂足食乎?”〔2〕

这是大后方人心的大变动。

民怨空前沸腾，舆论空前激昂。“于是，围绕如何挽救危机的问题，国统区的民主运动以空前规模蓬勃兴起。”“当时，全国舆论一致要求以民主求团结，以团结争取抗战胜利。”〔3〕这种呼声，其实表达了对国民党政府已丧失信任，要求实行根本性的改革。各地民主人士纷纷集会，

---

〔1〕《一个对照，一种说明》(社评)，《大公报》1944年9月22日。

〔2〕叶圣陶:《西行日记》(下)，《叶圣陶集》第20卷，江苏教育出版社1994年6月版，第295、338页。

〔3〕侯外庐:《韧的追求》，生活·读书·新知三联书店1985年10月版，第159页。

发表宣言，主张开放政权，实行宪政，改弦更张，挽救危局。九月初，民盟主席张澜发表谈话：“政治问题是整个的。要是枝枝节节地说，枝枝节节地去做，这不是解决问题的态度，乃是应付的态度。”“归根结蒂，关键是在民主。只有民主是中国唯一的道路。”〔1〕十月十日，美国外交官谢伟思给史迪威的备忘录中写道：“随着国民党失败越来越明显地暴露，中国国内的不满在迅速发展。（国民）党的威信空前低落，蒋越来越失去作为领袖曾一度享有的尊敬。”〔2〕

国内要求民主的呼声不断高涨，各界人士强烈要求国民党废除一党专政，已汇合成一股难以抗拒的巨大潮流。

联合政府主张的提出

在中国，人们也看到两种显然不同的情景：正面战场上出现的悲剧性的大溃退；而中国共产党领导的敌后战场，在经历了两年极端困难的局面后，又走上重新发展的阶段。延安《解放日报》这年年底作了这样的总结性报道：

“根据一年不完全的统计，一年来我军对敌大小战斗两万余次，毙伤敌伪二十二万余名，俘获敌伪三万余名。”“收复县城十六个，攻入县城四十七个，克服据点碉堡五千余处，光复国土八万余平方公里，解放同胞一千二百万。”“由于一年来斗争胜利的结果，我们的正规军由过去的四十七万，增加到现在的六十五万，民兵由二百万增加到二百二十万，解放区的人口由过去的八千万增加到现在的九千二百万，这就大大增强了我们的反攻力量。”〔3〕

特别需要提到，正当正面战场上出现豫湘桂大溃退的时候，中共中

〔1〕《张澜文集》，第202页。
〔2〕（美）埃谢里克：《在中国失去的机会》，国际文化出版公司1989年4月版，第164页。
〔3〕《敌后战场伟大胜利的第一年》，《解放日报》1944年12月31日。

央在一九四四年十月组织了一支五千人的南下支队，在王震、王首道率领下，从延安出发，经过山西、河南、湖北，抢渡长江，直插湖南，从背后向南下的日军发起进攻，并“准备在粤北湘南创立五岭根据地”。[1]这次行动，打击了日本侵略军的气焰，扩大了共产党和八路军的影响，同正面战场上的大溃退形成鲜明的对比。

单靠中共自己的报道自然不够，容易被看作只是宣传。更多人希望还看到来自第三者的观察结果。以往，中国共产党领导的各抗日民主根据地或者远处敌后，或者遭受着国民党当局的严密封锁，大后方许多人不容易了解它的具体情况。这时，在各方面压力下，国民党当局第一次允许中外记者西北参观团二十一人到这些根据地采访，其中包括美联社、合众社、美国《时代》杂志等六名外国记者。一九四四年六月九日，他们到了延安。有些人还到了晋西北等根据地考察。这些记者所写的大量报道和评论，在大后方和国外一些报刊上陆续发表。美国《纽约时报》记者福尔曼在延安和晋绥抗日根据地进行了六个月的采访后，写出一本《来自红色中国的报告》。他一开始先说明：“我们新闻记者多半既不是共产主义者，也不是共产主义的同情者。”在描述了大量亲眼看到的事实后，他写道：

“凡见到过八路军的都不会怀疑他们，他们所以能以缴获的武器或简陋的武器坚持作战，就是因为他们与人民站在一起。”

“在延安他们把战果告诉我时，我真不敢相信。但当我和八路军在敌后共同作战两个月后——真正地去参加占领和摧毁这些据点和碉堡，我所见到的一切证明了共产党的叙述并无夸大。”[2]

《新民报》记者赵超构所写的《延安一月》在大后方出版后，也产生很大的影响。

---

〔1〕《王首道回忆录》，解放军出版社1988年3月版，第383页。

〔2〕（美）哈里逊·福尔曼：《来自红色中国的报告》，解放军出版社1985年10月版，第1、67、115页。

这些中外记者所写的报道和评论，使大后方许多人看到一个过去并不了解的全新的天地，耳目为之一新。在那里，昔日遭人贱视的奴隶变成自己国土的主人，到处充满着生气和活力，创造着可歌可泣的英雄史篇。这就使越来越多的人心里对中国的未来燃起了新的希望。

七月二十二日，由于罗斯福总统的建议，美军观察组来延安，向政府发出不少报告。他们所看到的事实，用一个美国人的话来说：

“共产党以有力的政治和军事组织打入上述地区，提出减租减息，打击那些与傀儡政权勾结的地主，取得了民众的支持。由于共产党保护农民不受敲诈勒索，不被拉去当壮丁，农民们生平第一次觉得他们缴税得到了一些好处。随着共产党根据地的扩大，他们与中国政府相对的地位加强了，他们的信心随之增加了，而国民党在河南的溃败揭示了自己的软弱无能，这种软弱状态迅速恶化。”〔1〕

九月五日，国民参政会第三届第三次会议在重庆开幕。这次会议是在战局严重恶化、群情激昂的时刻召开的。会上发言之热烈，批评之直率，是以往历次参政会上不曾见到过的。这次参政会上有一项重要议程：国共关系问题。以前，国民党当局一直只许国共谈判在内部进行，不肯公开宣布。这次把它提到参政会上来谈，是出于国内外普遍要求了解国共谈判真相的巨大压力。十五日，林伯渠、张治中在会上分别作关于国共谈判的报告，引起巨大轰动。《大公报》报道说：“昨日上下午国民参政会的两次公开大会，呈现了该会成立以来所未有的盛况。所有报到的参政员大致全体出席，旁听席都坐满了，又有隙地加凳，还有坐不下的就站着听。雨后的凉秋九月，会场里扇着电扇，却仍是一片热烘烘的氛围，笼罩着会场所有人的身体与心灵。”〔2〕林伯渠代表中国共产党，在会上不失时机地公开提出成立“联合政府”的主张。他在报告结束时响亮地宣布：

〔1〕（美）巴巴拉·塔奇曼：《史迪威与美国在华经验》下册，第666页。

〔2〕《中共问题之公开，民主统一的进步》，《大公报》1944年9月16日。

“我坦白地提出，希望国民党立刻结束一党统治的局面，由国民政府召集各党各派，各抗日部队，各地方政府，各人民团体的代表，开国事会议，组织各抗日党派联合政府，一新天下耳目，振奋全国人心，鼓励前方士气，以加强全国团结，集中全国人才，集中全国力量，这样一定能够准备配合盟军反攻，将日寇打垮。”〔1〕

这次大会受到万众瞩目，而且是公开举行的，林伯渠报告中主张成立“联合政府”的这段话便格外引人注目。连一向亲近国民党的参政员王云五也在当天的大会发言中说：“政权公开，是中共所提的。其实不但是中共所主张，我想全国人民也同样的主张。”〔2〕会后，国民党中央宣传部许孝炎特别嘱咐各新闻单位：“关于联合政府的问题，千万不要见报。”国民党的中央通讯社在报道中把林伯渠的这段话全部删去。但九月十七日的《新华日报》上还是全文发表了这个报告。“报纸贴在街上，围看的人很多。报纸多销了几千份。”〔3〕外国记者也纷纷向海外发出新闻稿，产生了广泛反响。

“联合政府”的主张一提出，有如一石激起千层浪，掀起了巨大的波澜。众多人主张改变国民党的一党专政，成立联合政府，把大后方的民主运动推进到一个新的阶段。昆明、成都、西安等地的报刊上发表大量社论和文章，许多群众团体举行集会，强烈要求实行真正的民主政治。引人注目的是，中国民主同盟九月十九日举行改组大会，在十月十日发表《中国民主同盟对抗战最后阶段的政治主张》，提出的五项主张中，第二项是“立即结束一党专政，建立各党派之联合政权，实行民主政治”，要求“召集各党派会议，产生战时举国一致之政府”。〔4〕这表明建立“联合政府”已不再只是中国共产党的主张，而且反映了大后方相

〔1〕《林伯渠文集》，华艺出版社1996年3月版，第419页。
〔2〕王云五：《对国共谈判的意见》，《国民参政会纪实》下卷，第1366页。
〔3〕毛泽东在中央党校给去前方干部所作报告记录，1944年10月25日。
〔4〕《中国民主同盟历史文献（1941—1949）》，第32页。

当广泛的包括中间派人士在内的共同意向。

如果没有大后方人心的大变动，如果不是众多民众对国民党政府极度失望，如果不是人们看到除此以外没有别的出路，“联合政府”的主张是不会被这样提出来的，即使提出来也不会被很多人理睬。这确是应了“形势比人强”这句老话。

民族资本家政治态度的变化

在一九四四年，民族资本家的政治态度也发生具有转折意义的变化。抗战以前，中国工业的一半以上集中在沿海各省。抗战开始后，大批工厂内迁，对支持抗战大业、带动内地工业的迅速发展，起了重要作用。由于战时的需求，从抗战爆发到一九四一年，大后方的民族工业保持着向上发展的势头。

但从一九四三年起，它们的处境却越来越困难了。出现这种衰退的主要原因有三个：第一，恶性的通货膨胀，使工厂完成生产并把产品销售出去时，所得的价款往往不足以补进再生产所需的原料，造成流动资金的枯竭；企业按一定比例提取的折旧基金，也常远不足用来更新设备。第二，国民党政府对物资实行垄断性的统制政策。一九四二年，开始实行盐、糖、火柴的专卖。下一年，又开始对棉纺织品等实行限价和议价。政府规定的收购价、限价和议价，无论同物价指数相比，还是同黑市市价相比，都显然太低，使企业陷入困境。第三，豪门资本支配下的公营企业控制了国家的主要经济命脉，在一九四〇年以后对民族资本的排挤越来越厉害。〔1〕

在一九四三年，民营工业的生产总指数出现抗战期间的第一次负增长。一九四四年，大后方整个工业的生产总指数也出现第一次负增长。这是有着标志性的变化，导致民族资产阶级对国民党政府、特别是豪门资本的不满越来越强烈。一九四四年六月，迁川工厂联合会、中国全国

〔1〕 许涤新、吴承明主编《中国资本主义发展史》第3卷，第548—552页。

工业协会联名发表的一篇文章，以他们过去没有这样表露过的愤愤不平的态度写道：

“我们平心静气的检讨，抗战以来在经济上最吃亏的人，是靠少数积蓄、公债维持生活的人；最便宜的人，是依恃特殊势力、囤积居奇、走私漏税而没有人敢过问的少数人，吸收了每天贬值的存款而自行经营每天涨价的商品买卖的一部分的金融业，和广大的资产永不贬值而收入大量增加的地主。工商业大多数都在困苦艰难中挣扎得几乎喘不过气来。”〔1〕

豫湘桂大溃退，给大后方民族工商业的打击是沉重的。内迁工厂除重庆和四川各处以外，最多的地方是湖南和广西。湘桂大溃退时，有权势的人可以把他们的物资抢先运走，而民族工业历尽艰辛迁到后方的机器设备却几乎被抛弃一空。抗战后期担任迁川工厂联合会理事长的胡厥文那时正在湖南，冒着日机的轰炸，随着逃难的人群，经过广西、贵州，辗转回到重庆。他回忆道：“这次逃难是我平生东西丢得最干净的一次。”这不只是他一个人的经历。他说：“据我概略估计，这次西南工业迁出的机器，衡阳只二分之一，祁阳十分之六，桂林、柳州约十分之八，连同其他各处，合计不足一半。至于抵贵阳、独山安全地带的不过百分之一。”这段苦难经历给他的刺激太大了：“这次湘桂撤退中，使我亲身体验了国民党政府的腐败，国民党军队的无能，以及民营工厂的悲惨处境。十一月十八日，我在重庆迁川工厂联合会会员聚餐会上，以悲愤而沉痛的心情，向大家介绍了民营工矿撤退的情况。”胡厥文的介绍，使当时在场的工商业者无不为之动容。他继续回忆道：“事实教育了我们，大家深感我们工业界人士不能只埋头经济而对时局坐视不问。几经议论，大家认为应对国事公开发表主张。年底以中华全国工业协会、迁川工厂联合会、中国国货厂商联合会、中国西南实业协会、中国战时生

〔1〕 迁川工厂联合会、中国全国工业协会：《敬质伍启元先生》，《新华日报》1944 年 6 月 14 日。

产促进会等五个工业团体的名义，发表对时局的声明，提出十项政治主张。”这不是一份普通的声明。胡厥文指出：“这是我国民族资产阶级第一次公开发表对时局的政治主张，当时在山城引起了震动。”[1]

这份声明一开始就指出战局的严重性，接着提出对政府的希望，包括：“请速实施宪政，厉行民治，以发挥天下为公之精诚”；“请厉行监察制度，加强法治精神，扫除政治上贪污与腐化，以坚人民信仰”；“免除一切不必要之猜防，贯彻官民合作、军民合作之精神，团结一致，争取胜利”等。措词虽然委婉，但谁都看得出来它是针对国民党政府的独裁和腐败来说的。声明结束时沉痛地说：“同人等或习商业，或营工矿，未谙政治。但略读诗书，粗明大义，值此抗战艰难阶段，感于领袖戒谨之训，不敢妄自菲薄，爰贡刍荛之见。凡上所陈，卑之无甚高论，行之或裨抗建。谨以万分至诚，以请我全国同胞与政府垂鉴，幸甚！幸甚！”[2]

《新华日报》立刻在十二月二十六日发表《经济界需要民主》的社论，欢迎民族工商业者这个声明。一个月后，周恩来从延安到重庆时在特园邀请工商界人士举行座谈会，出席的几乎包括大后方所有民族工商业者的主要代表人物：刘鸿生、吴蕴初、胡子昂、胡厥文、李烛尘、章乃器、余名钰、吴羹梅、胡西园等三十多人。周恩来在讲话中着重强调：抗战要坚持到底，民族要独立，国家要富强，工业家要为国家作出贡献。刘鸿生、李烛尘、章乃器等在会上也坦率地发表意见。以后，中共中央南方局同民族资本家的往来越来越多了。

一九四五年年底，以民族资本家为主体的民主建国会成立。胡厥文回忆道：“我在青年时期，曾厌恶政治，立志不入仕途，要搞实业救国。”“由一心搞实业到从政，筹创民主建国会是转折点。”[3]

周恩来后来回忆道：“一九四四年，不仅小资产阶级，连民族资产阶级也靠拢了我们。”中国的民族资本家会向共产党靠拢，曾使海外一

---

〔1〕《胡厥文回忆录》，第69—71页。

〔2〕《新华日报》1944年12月26日。

〔3〕《胡厥文回忆录》，第77页。

些人以至国民党内一些人感到大惑不解。其实，这是中国社会现实生活造成的。回顾下一历史，便可以看到，他们政治态度的这种变化，是长时期中一步一步积累起来的，而一九四四年是它的转折点，这同豫湘桂大溃退的严重后果又有直接的关系。

美国扶蒋反共政策的形成

太平洋战争爆发后，中美成为盟国，共同反对日本法西斯侵略者。这就大大提高了美国朝野对中国问题的关注和介入程度。美国的对华政策，是从美国的国家利益出发来权衡的。它参战后最初一个时期的战略重点放在集中力量击败纳粹德国上，在亚洲和太平洋地区腾不出很多力量来对付日本。“因此特别需要中国顶住日本，并牵制尽可能多的日本军力，俾使美国得以集中对付德国而无后顾之忧；同时考虑到，美国以后转移到太平洋战场时更需要中国有力的配合，以便‘在最短时期内，以最少美国人生命的牺牲，打败日本’。”〔1〕

在这种情况下，美国对中国国共关系的看法同蒋介石有明显差别。蒋介石希望更多地由美国去对付日本，自己则力图保存实力，并利用美国的军事援助来加强自己，以便集中更多力量在战后对付共产党。而美国通过它的驻华军事和外交人员，逐渐觉察蒋介石这种意图，并且多少看到国民党政府的腐败无能，而共产党领导的军队有相当的战斗力。特别在战争后期，如果美军要在华东等处登陆同日军作战，为了减少牺牲，更需要得到中国共产党的合作。因此，他们反对中国发生内战。史迪威还主张在大力支持蒋介石的同时，也将一些军事物资分给中国共产党领导的军队（虽然从来没有实行过），使他同蒋介石之间产生尖锐的磨擦。

这种状况并没有持续下去，有两个因素发生了作用：一是美国后来

〔1〕 资中筠：《美国对华政策的缘起和发展（1945—1950）》，重庆出版社 1987 年 6 月版，第 20 页。

在太平洋地区决定采取“跳岛战术”，直指日本本土，不需要再在华东等地登陆，苏联又承诺在苏德战争结束后出兵远东，因此，同中国共产党领导的军队合作对美国已不那么重要了；二是蒋介石以强硬态度要求美国政府撤回史迪威，由于世界战局的趋向日见明朗，美国已更多地在考虑战后的世界格局问题，而蒋介石在美国政府心目中无疑仍是战后建立亲美政府的最佳对象。一九四四年十月，罗斯福终于同意蒋介石的要求，召回史迪威，改派同蒋介石关系良好的魏德迈为盟军中国战区参谋长兼驻华美军司令官。

十一月七日，前此已来到中国并偏袒蒋介石的美国总统私人代表赫尔利到延安，和毛泽东、周恩来、朱德等会谈。他带来一份作为“协议的基础”的文件。“这是由他起草并得到国民党谈判代表同意的。”〔1〕这个文件完全没有提到成立联合政府的问题，其中规定：“中国共产党军队，将遵守与执行中央政府及其全国军事委员会的命令”，“在中国，将只有一个国民政府和一个军队。共产党军队的一切军官与一切士兵，当被中央政府改组时，将依照他们在全国军队中的职位，得到一样的薪俸与津贴”等。这实际上是要保持国民党的一党专政，并取得对共产党领导的军队的控制权，当然不能被中国共产党所接受。经过三天的谈判，按照中国共产党的建议，双方同意达成五点协定。其中，第二点是：“现在的国民政府应改组为包含所有抗日党派和无党无派政治人物的代表的联合国民政府，并颁布及实行用以改革军事政治经济文化的新民主政策。同时，军事委员会应改组为由所有抗日军队代表所组成的联合军事委员会。”第四点是：“所有抗日军队应遵守与执行联合国民政府及其联合军事委员会的命令，并应为这个政府及其军事委员会所承认。由联合国得来的物资应被公平分配。”〔2〕十一月十日，毛泽东以中国共产党中央委员会主席的身份，赫尔利以美国总统私人代表和见证人的身份，

〔1〕（美）谢伟思：《美国对华政策（1944—1945）》，中国社会科学出版社 1989 年 4 月版，第 98 页。

〔2〕《中共中央文件选集》第 14 册，中共中央党校出版社 1992 年 3 月版，第 395、393、394 页。

在这份协定草案上签了字。但在赫尔利回重庆后，这五点协议完全被蒋介石推翻。赫尔利背信弃义地完全站在蒋介石一边，并在十一月十七日被任命为美国驻华大使。由于他自食其言，使中国共产党对他失去信任。

一九四五年二月四日至十一日，美、苏、英三国首脑在苏联的雅尔塔举行会议。这次会议达成的协议，事实上划定了战后美、苏、英等国在欧洲和远东的势力范围。它在没有中国代表参加的情况下签订了有损中国主权和利益的协定，是少数大国主宰世界的强权政治的表现。

这时，美国政府内部在对华政策上仍存在着争论。完全偏袒蒋介石的赫尔利在一九四五年二月至四月回国述职。四月二日，他在离开华盛顿前夕举行记者招待会，明白地说："中国的军事机构、美国的军事机构、中国国民政府和美国驻重庆大使馆现在是一支队伍"。他把中国共产党称作"军阀"，声称美国的对华政策是"承认中国的国民政府，而不是中国任何武装的军阀和武装的政党"，"只要武装的政党和军阀还有足够的力量敢于反抗国民政府，中国就不可能有政治联合"。[1] 这种主张逐渐成为美国对华政策的主流。

"从种种迹象来看，一九四五年四、五月间是美国对华政策决定性的倾向一边的关键时刻。""当时整个形势的背景是：欧战已经胜利在望，日本投降也只是时间问题。在美国决策者的考虑中，打击共同敌人德、日法西斯日益淡化，而战后如何对付苏联则日益突出。""与此同时，美国国内反共气氛日益浓厚，导致国务院中与中国有关人员的大换班。""总之，大体上可以说，大约在一九四五年四、五月间，也就是欧战结束之时，美国对华政策扶蒋反共的大致格局开始定下来。"[2]

这从中国共产党的反应中也可以得到印证。一九四五年四月二十四日，毛泽东在中共七大政治报告《论联合政府》中还只是提出警告："任何外国政府，如果援助中国反动分子而反对中国人民的民主事业，

---

〔1〕《美国外交文件》，1945 年第 7 卷，转引自陶文钊《中美关系史（1911—1950）》，重庆出版社 1993 年 10 月版，第 351 页。

〔2〕资中筠：《美国对华政策的缘起和发展（1945—1950）》，第 28、34、35 页。

那就将要犯下绝大的错误。”但没有点美国的名。而到六月十一日，他在七大闭幕词中便直截了当地指出：“美国政府的扶蒋反共政策，说明了美国反动派的猖狂。但是一切中外反动派的阻止中国人民胜利的企图，都是注定要失败的。”[1]

中共七大和国民党六大

一九四五年是世界反法西斯战争的最后一年，也是中国抗日战争的最后一年。这年上半年，局势的发展已完全明朗：五月二日，苏联红军攻克柏林；八日，德国宣布无条件投降；同盟国军队在太平洋战场上继续采取“跳岛战术”，向日本本土步步逼近。四月二十五日至六月二十六日，联合国大会在美国旧金山召开，约有五十个国家参加。会议制定并通过了联合国宪章和组织机构。美、苏、英、中、法五国成为联合国安全理事会常任理事国。战争行将结束。无论中国共产党还是中国国民党，都在认真考虑战后中国的问题。

中国共产党于这年四月二十三日至六月十一日在延安举行第七次全国代表大会。中国国民党于这年五月五日至二十一日在重庆举行第六次全国代表大会。这两个大会开会的时间重叠在一起，几乎在同时召开，自然不是偶然的。

中共七大上，毛泽东作了《论联合政府》的政治报告，刘少奇作了《关于修改党的章程的报告》，朱德作了《论解放区战场》的军事报告，周恩来作了《论统一战线》的发言，任弼时、陈云等也在会上发了言。这时，共产国际已经解散了两年。以王明为代表的把马克思列宁主义教条化、把共产国际决议和苏联经验神圣化的错误倾向已经破除。这更有利于中国共产党根据中国的国情独立自主地解决中国的问题。毛泽东在《论联合政府》中一开头就提出“中国人民的基本要求”，指出：

[1]《毛泽东选集》第3卷，第1085、1103页。

“中国应否成立民主的联合政府，已成了中国人民和同盟国民主舆论界十分关心的问题。因此，我的报告将着重地说明这个问题。”

报告说：抗战以来已经形成国民党战场和解放区战场这两个战场，形成解放区和国民党统治区。“国民党主要统治集团现在正在所谓‘召开国民大会’和‘政治解决’的烟幕之下，偷偷摸摸地进行其内战准备工作。如果国人不加注意，不去揭露它的阴谋，阻止它的准备，那末，会有一个早上，要听到内战的炮声的。”“我们希望国民党当局，鉴于世界大势之所趋，中国人心之所向，毅然改变其错误的现行政策，使抗日战争获得胜利，使中国人民少受痛苦，使新中国早日诞生。”

报告声明：“我们共产党人从来不隐瞒自己的政治主张。我们的将来纲领或最高纲领，是要将中国推进到社会主义社会和共产主义社会去的，这是确定的和毫无疑义的。”“但是，一切中国共产党人，一切中国共产主义的同情者，必须为着现阶段的目标而奋斗，为着反对民族压迫和封建压迫，为着使中国人民脱离殖民地、半殖民地、半封建的悲惨命运，和建立一个无产阶级领导下的以农民解放为主要内容的新民主主义性质的，亦即孙中山先生革命三民主义性质的独立、自由、民主、统一和富强的中国而奋斗。”

这就是中国共产党对战后中国的设想。

报告还指出：“以马克思列宁主义的理论思想武装起来的中国共产党，在中国人民中产生了新的工作作风，这主要的就是理论和实践相结合的作风，和人民群众紧密地联系在一起的作风以及自我批评的作风。”〔1〕这就是影响深远的“三大作风”。

他在讲话中要求全军在抗日战争的最后阶段，要“由分散的游击战逐渐转变到正规的运动战，由游击战为主逐渐转变到以运动战为主。”〔2〕

刘少奇在修改党章报告中说：“以马克思列宁主义的理论与中国革命的实践之统一的思想——毛泽东思想，作为我们党一切工作的指针，

---

〔1〕《毛泽东选集》第3卷，第1029、1030、1051、1053、1059、1093、1094页。

〔2〕《毛泽东在七大的报告和讲话集》，中央文献出版社1995年4月版，第134页。

反对任何教条主义的与经验主义的偏向。”〔1〕这个论断列入党章，为七大所通过。

提出以毛泽东思想为指针不只是个人问题。它还有一层意思，那就是表明中国共产党已决心把马克思列宁主义理论同中国革命实践统一起来，独立自主地走自己的路。这是一项意义深远的宣告。

六月十九日，中共七届一中全会选出十三名中央政治局委员，选举毛泽东、朱德、刘少奇、周恩来、任弼时为中央书记处书记，毛泽东为中央委员会主席，形成党内第一代成熟而稳定的领导核心。

国民党当局早已下定要消灭共产党的决心。一九四四年八月，“陈立夫召集国民党员茶话会：对党内只有一手执可兰经，一手执剑；对党外只有一手执棒，一手执肉。现在敌人是共产党，对共党只有杀，我已杀了他们高级干部二千几百几十几，普通党员二万几千几百几十几了，怎么还有人说国共合作。”〔2〕

中国国民党六大的召开，正如毛泽东《论联合政府》所说：“在所谓‘召开国民大会’和‘政治解决’的烟幕之下，偷偷摸摸地进行其内战准备工作。”大会通过《关于国民大会召集日期案》、《关于宪法草案》、《关于地方自治决议案》等，但人们早已失去对它的信任。大会通过《对中共问题的决议案》、《本党同志对中共问题之工作方针决议案》，指责“频年以来，中共仍坚持其武装割据之局，不奉中央之军令政令”，又称：“数年以来，对中共问题坚立以政治方式力求解决，今后自仍应本此既定方针，继续努力。”〔3〕后者其实只是“烟幕”。蒋介石在五月二十二日（大会结束的第二天）对参加国民党六大的军队代表讲话，谈得坦率得多。他先说：“各位大多数都是军校的学生，都是我的子弟一样。”后面就着重谈了共产党问题，说：

“共产党执迷不悟，别有用心，蓄意要破坏统一，背叛国家。他们

〔1〕《刘少奇选集》上卷，第332页。

〔2〕《黄炎培日记》第8卷，第305页。

〔3〕《革命文献》第76辑，（台北）中国国民党党史委员会1978年9月版，第412页。

以为如果不乘此时机彻底消灭本党和我们革命的武力，就不能达到其夺取政权赤化中国的阴谋。因此他们在这抗战胜利的前夕，一定要作最后的挣扎，袭击我们艰苦抗战的国军，破坏我们政府的威信，动摇我们国家的根本。大家都知道：共产党的武力和国军比较起来是不可同日而语的。他现在号称有多少正规军，多少游击队，占领多少地区，其实都是乌合之众，不堪一击！”

“我常说共产党犹如‘臭虫’，如果一不留心就要被它反噬，在夜间黑暗之中更要严防……大家经过剿匪时期那一番惨痛的教训，一定知道这件事乃是我们革命成败与国家安危之所关，而且亦是大家各人生死祸福之所系。必须时刻有准备，时刻要提防。”〔1〕

这一番杀气腾腾的话，无异在抗战胜利前夜已在向他的将领们进行内战的动员。它预示在抗战胜利后蒋介石一定会迫不及待地挑起全面内战。

进入一九四五年下半年，抗日战争已进入最后阶段。这时，日军占领的大部分城镇、交通要道和沿海地区处在共产党领导的敌后抗日根据地的包围中。八路军、新四军和敌后战场军民发动大规模的春夏攻势作战，歼灭日伪军十六万多人，收复县城六十一座，扩大解放区二十四万多平方公里，解放人口近一千万人，对日军占领的点、线的包围越来越紧，打通了许多抗日根据地之间的联系，逐渐实现由分散的游击战向集中较大兵力的运动战转变，为转入全面反攻创造了重要条件。八月九日，苏军在华西列夫斯基元帅指挥下，以一百五十多万兵力越过国境，向日本在中国东北的关东军发动全面进攻。同日，毛泽东发表《对日寇的最后一战》的声明。各抗日根据地军民对日军发动全面反攻，从八月九日至九月二日共解放县以上城市一百五十座，歼灭日伪军七万六千多人。

国民党军队的主力这时大部分在中国的西南地区，还有二十五个军

〔1〕《总统蒋公思想言论总集》卷21，第138—140页。

由胡宗南率领包围着陕甘宁边区。他们接受了美国援助的大批武器装备。滇缅战役期间，实施美械装备的有第五、十三、十八、七十一、七十四等十二个军。有了美械装备，就由美国军官进行训练。一九四三年四月在云南设立以蒋介石兼任团长的驻滇干训团，训练对象是部队副团长以下的营连排级干部，训练内容包括兵器、射击、战术等。“通过这样的训练方式，在一九四三、一九四四两年中先后训练约达一万人，内中包括一部分士兵。”〔1〕在印度兰姆珈基地，实行美械装备的有新一军、新六军。两军军官和前述十二个军的军师团级干部也到这里受训，几乎所有的教官都是美国人。此外，还由美国给予其他军事援助。国民党政府的军事力量比抗战前期有了很大加强。一九四五年，驻华日军由于兵力大减，实行战略收缩，开始从广西撤军。中国军队在五月至七月间先后收复南宁、柳州和桂林。

日本无条件投降

日本是一个国土相对狭小、资源贫乏的国家，经受不起长期战争的消耗。他们发动太平洋战争时曾指望从东南亚攫取自己缺乏的资源，但由于运输力量严重不足等原因，并没有能把多少石油等资源运回国内。战争的继续和扩大，海运严重受阻，更使它的资源日益枯竭，无法提供足够的军需。随着战争消耗的不断增加，随着战局迅速恶化和盟军的经济封锁，随着美国空军对日本重要城市的毁灭性轰炸，更使日本的社会经济几近全面崩溃，物资极端匮乏，连粮食和食盐等民生必需品也难以保障，民众生活持续恶化，陷于苦难深重的境地。德、意法西斯政权的覆灭，使日本完全陷于孤立。战争已日益迫近日本本土。尽管统治者还在鼓吹“一亿玉碎”，采用“神风特攻队”自杀性飞机袭击，事实上国力枯竭，已到了再难支撑下去的地步。

德国法西斯覆灭后，美、英、中三国在七月二十六日发表“波茨坦

〔1〕《鹰犬将军——宋希濂自述》，第171页。

公告”，促令日本无条件投降，“除此一途，日本即将迅速完全毁灭”。苏联当时因尚未对日宣战，没有在公告上署名，以后也共同列名，使波茨坦公告成为四国公告。苏联的对日宣战和美国向广岛、长崎投掷两颗原子弹，使日本更难以继续抵抗。八月十日，日本政府通过中立国瑞士、瑞典通知美、苏、英、中各国政府，决定接受“波茨坦公告”。十五日，日本天皇裕仁以广播形式正式宣布无条件投降。九月二日，在东京湾的美国军舰密苏里号上，举行中、美、英、苏等国代表参加的日本投降签字仪式。国民政府军令部部长徐永昌代表中国在日本投降书上签字。九日，中国战区受降仪式在南京举行，受降范围包括中国（东北地区由苏军受降）和法属印度支那北部，这些地区的日军总兵力是一百二十八万多人。十月二十五日，中国战区台湾省的受降仪式在台北举行。抗战胜利后，在中国境内的日本军人和七十七万九千八百七十四名日本侨民被陆续遣返回国。

中国的抗日战争胜利地结束了。世界反法西斯战争胜利地结束了。

抗日战争的胜利，在中国近代历史上所占的地位实在太重要了。以往，中国对外国资本帝国主义侵略者的历次反抗战争，没有一次不是以中国的失败而告终，使多少爱国志士为此抱恨终天。这次抗战却完全不同了。它是一百多年来中国人反对外来侵略者第一次取得完全胜利的民族解放战争，从而成为中华民族从衰败走向复兴的重要枢纽。由于中国抗日战争对世界反法西斯战争作出的巨大贡献，受到了国际社会的肯定和尊重，中国的国际地位有了很大提高。

著名历史学家刘大年作过这样一个统计：

“中国抗击的日本的兵力最多。按日军师团编制计算，‘七·七事变’到一九四五年，日军历年投入到中国关内战场上的陆军，最多的年份占编制总额百分之九十，最少的一年占百分之三十五，八年中平均每年占百分之七十六点四。太平洋战争爆发后，日军陆军主力仍分布在中国战场上。中国摧毁的日军有生力量数目最大。”

他由此得出结论：

“中国是世界反法西斯主要战场之一。有中国这个主要战场，才有东方反法西斯的胜利。”〔1〕

这个结论是谁也无法驳倒的。

在这场战争中可以说有两个“从未有过”：一个是数以百万计的日本侵略军大举深入中国国土，在日军铁蹄的践踏下，到处是惨绝人寰的流血和死亡。中华民族在这场战争中遭受苦难之深重，可以说历史上从未有过的。另一个是这场空前残酷的战争极大地教育和锻炼了中国人。毛泽东在《论联合政府》中写道：“这个战争促进中国人民的觉悟和团结的程度，是近百年来中国人民的一切伟大的斗争没有一次比得上的。”

抗日战争是一场全民族的反侵略战争。在日本军国主义者野蛮侵略下的共同命运，大大加强了中华民族的凝聚力。当人们唱起“中华民族到了最危险的时候”时，不管是汉族、满族、蒙古族、回族、藏族、维吾尔族、壮族，还是其他许多兄弟民族，不管是国内的居民还是海外的华侨，都同样难以抑制地热血沸腾，聚结成一个整体去抵抗外来的侵略者。凡是在这场战争中为了保卫祖国而进行英勇抵抗的和作出重大牺牲的中华儿女，都是值得后人永远怀念的。

这场战争也引起国内各派政治势力彼此消长的大变化。国民党当局在战争初期曾得到民众的支持，但后来不仅因它的专制独裁，并且因它在反侵略战争中表现出来的腐败无能，逐渐丧失人心。中国共产党在这场民族解放战争中，表现出在极其艰难困苦的环境中无所畏惧的英雄气概，表现出能为民众利益献出自己一切的自我牺牲精神，而且充分表现出政治上的成熟，能够顶住来自各方面的狂风恶浪，具有驾驭复杂局势的能力。把它称为抗日战争惊涛骇浪中始终屹立不摇的中流砥柱，是当之无愧的。

---

〔1〕 刘大年：《抗日战争时代》，中央文献出版社 1996 年 8 月版，第 4、5 页。

在八年抗战中，国民党表面上看来依然是庞然大物，某些方面的实力还有所加强，但它的政治地位和受民众信任的程度，却一步步衰落下去。共产党的力量却从小到大地迅速壮大起来，并且团结了越来越多的朋友。这都是他们各自在抗日战争过程中的实际表现换来的。许许多多的中国人，正是通过在这场战争中的实际观察，才真正认识中国共产党并团结在它周围。抗日战争的胜利，不仅成为中华民族重新振兴的枢纽，同时也为中国人民的解放事业奠定了坚实的基础。

第十三章
和平建国希望的破灭

经过八年艰苦卓绝的全民族抗战，胜利终于来到了。在日本侵略军铁蹄下饱受蹂躏的民族苦难终于到了尽头。中国人民沉浸在无法用言语形容的欢乐中。

重庆是较早得到胜利消息的地方，人们尽情地欢呼雀跃，倾吐自己的兴奋和激动。但现实生活的教训，特别是抗战后期国民党政府种种表现，又使人们的心情相当复杂：欢乐中带着忧虑。美国记者西奥多·怀特、安娜·雅各布真实地描述了这种情景：

“抗战胜利的消息传到了重庆，这时，正是炎热而痛苦的夏天。胜利的消息到来之时，恰好是在晚上。”“男人、女人、小孩……所有的人们都走出家门，涌向重庆城内的广场。”“公共汽车装载着两层乘客，在街道上缓缓而行。一些人站在公共汽车顶篷上欢呼着，挥舞着旗帜。汽车前部的挡板上、发动机盖上，十几个人紧紧地挤在一起。军用卡车也汇入了这一片人海。游行的人们点燃了火把。中央社来不及印号外，就在通讯社总部的墙上贴出巨幅手写标语。”

“胜利降临了，战争结束了。”“但是，陈腐的政府、累积的苦难、由来已久的恐惧，所有这些都依然如故。与以往相比，中国不仅没有进

行任何改革，而且国内和平变得更加遥远了。”〔1〕

在原沦陷区，包括上海、南京、北平、天津、武汉、广州那些最富庶、人口最密集的大城市，人们的心情和大后方有些差别。八年沦陷区的苦难生活，使人们对胜利的到来更感到难以抑制的兴奋，当时流行着把这一天称作“天亮了”；国民党政府在许多人心目中仍是代表自己国家的政府，对它令人不满的种种表现没有大后方民众那种切身感受，因而人们在最初对未来抱着热烈的期望，较少大后方民众那种深沉的忧虑。著名记者陶菊隐写道：

“十日下午，上海市民盛传日本侵略者已表示愿意无条件投降，因此没有人在家里呆得住了，大家喜气洋洋地跑到大街上去看热闹，在川流不息的人群中挤来挤去。有些素不相识的人，由于兴奋过度，也情不自禁地打招呼攀谈起来。”

“十一日上午，市民余兴未尽，继续涌向街头，各色车辆无法通行。大小商店均停业一天表示庆祝。当天下午，日本侵略者突又宣布紧急戒严，派出大批警保人员，骑着机动自行车往来逡巡。保甲长奉命驱散街上成堆的人们。市商会劝告各商店照常开门营业。黄昏时候，日本哨兵又在重要街口出现，荷枪实弹，依然旧时威风。”

“一直到十五日，日皇接受无条件投降的诏书在广播中发表，这个问题才得到澄清。”〔2〕

抗战的胜利，结束了日本对台湾长达五十年的殖民统治。台湾终于光复，台湾人民回到祖国的怀抱。张克辉回忆道：

“日本投降当晚，人群在夜间涌动、呐喊。不少家庭焚香祭祖，禀告列祖列宗在天之灵——台湾光复了。此后一段时间，台湾各地热烈庆

---

〔1〕（美）西奥多·怀特、安娜·雅各布：《风暴遍中国》，第311、312页。

〔2〕陶菊隐：《孤岛见闻》，上海人民出版社1979年11月版，第316、317、318页。

祝光复，歌仔戏、布袋戏、龙灯、舞狮全部出动，到处张灯结彩，街上扎起牌楼。当时我是个高中生。我们学生积极学习普通话，学唱祖国歌曲。学唱的第一首歌是《义勇军进行曲》，尽管当时我们不会汉语发音，歌词还用罗马字拼音，但那雄壮的旋律激发了我们的爱国主义豪情。我们还举行光复演讲会，组织光复大游行。”〔1〕

在延安，“日本无条件投降了”的消息像闪电划过黑夜的天空，人们从各个角落涌出，向街上奔走，向广场奔走。有的人在点燃火把，有的人在传递火把，有的人举着火把来了，汇合成火炬的海洋。到处是钟声，锣鼓声，欢呼声。到处在舞蹈，在拥抱。聂荣臻回忆道：“那些天，延安一片欢腾。宝塔山下，延河两岸，中央机关和延安群众敲锣打鼓，载歌载舞，沉浸在一片胜利的欢乐之中。”〔2〕

重庆谈判和双十协定

抗战胜利了，人们最强烈的期待是开始和平建设。

这种心情是很可以理解的。在经过八年浴血抗战、付出那样沉重的代价才取得胜利以后，人们十分珍惜这个难得的机会，希望能够集中力量把国家建设好，一步一步走向繁荣富强。中国民主同盟主席张澜在八月十二日发表的谈话是很有代表性的。他说：

“这胜利是中国上千万人的血泪汗换来的。我想无论在朝在野的人士，得到这胜利的消息，痛定思痛，在万分欢欣之余，必都有一种沉痛的回味，这胜利真来得不容易啊！现在国人惟一的希望，也正是惟一的责任，就是要怎样保持这经过数十年艰苦沉痛才换得的胜利的成果。”“于是，我们感到中国今天更迫切需要统一、团结、民主。必如此，才

〔1〕《人民日报》1995年10月27日。
〔2〕《聂荣臻回忆录》（中），第568、569页。

能使全国人一德一心，和衷共济，以尽其最大的最善的努力。也才能担负起一切建国工作。”[1]

尽管人们有着这样善良的愿望，但是，要实现和平建设又哪里是容易做到的事情？胜利刚刚到来，内战的阴云就已悄悄地笼罩着中国的上空。

蒋介石当抗战还在进行的时候，早就盘算着战后怎样消灭共产党。日本那样快投降，是他没有想到的。他并没有做好准备。国民党军队的主力在抗战期间退缩在中国的西南地区，还有一部分在胡宗南率领下包围着西北的陕甘宁边区，距离日本占领的大城市和交通线很远。美国总统杜鲁门在回忆录中写道：那时，“蒋介石的权力只及于西南一隅，华南和华东仍被日本占领着。长江以北则连任何一种中央政府的影子也没有。”[2] 而华北、华中的主要城市都处在八路军、新四军包围下，在东北也只有共产党领导的抗日武装。日本政府发出乞降照会的当天，朱德总司令向各解放区抗日部队发布命令，要求他们向附近的敌军送出通牒，限期要他们缴出全部武器，否则立即予以消灭，并接管他们所占的城镇和交通要道。第二天，蒋介石却发出两个互相矛盾而极端无理的命令：一个是给各战区将士的，要求他们“加强作战努力，一切依照既定军事计划与命令推进，勿稍松懈”；另一个专门发给八路军，说：“所有该集团军（引者注：指第十八集团军）所属部队，应就原地驻防待命。”为什么所有其他军队都要“勿稍松懈”地“推进”，独独长期坚持在敌后抗战的八路军只能“驻防待命”呢？他的意思很清楚，就是要把八路军和新四军的手脚捆起来，让国民党独吞抗日胜利的果实，使抗战胜利后的中国回到抗战前的老样子。八月十三日，毛泽东为朱德写了一个给蒋介石的电报，指出“驻防待命”的说法，不但不公道，而且违背中华民族的民族利益。电报中说：“我们认为这个命令你是下错了，并且错得很厉害，使我们不得不向你表示：坚决拒绝这个命令。”同一天，毛

[1] 《中国民主同盟历史文献（1941—1949）》，第57、58页。

[2] （美）《杜鲁门回忆录》第2卷，世界知识出版社1965年1月版，第70页。

泽东又为新华社写了一篇评论，提醒全国人民："蒋介石在挑动内战。"

对待面临的严重的内战危机，中国共产党的态度是怎样的？它做的是两手准备。八月十三日，毛泽东在延安干部会议上的讲演中说：

"对于蒋介石发动内战的阴谋，我党所采取的方针是明确的和一贯的，这就是坚决反对内战，不赞成内战。今后我们还要以极大的努力和耐心领导着人民来制止内战。但是，必须清醒地看到，内战危险是十分严重的，因为蒋介石的方针已经定了。"

同时，他也指出：

"公开的全面的内战会不会爆发？这决定于国内的因素和国际的因素。国内的因素主要是我们的力量和觉悟程度。会不会因为国际国内的大势所趋和人心所向，经过我们的奋斗，使内战限制在局部的范围，或者使全面内战拖延时间爆发呢？这种可能性是有的。"〔1〕

中国共产党力争的就是实现这种可能性。

事情正是如此：蒋介石打内战的决心已经定了，但他要发动全面内战一时还有许多困难和顾忌。在国内，全国人民在经过八年抗战后普遍反对内战，渴望在和平环境中重建家园，建设自己的国家。谁发动内战，谁就极端不得人心。在国际上，第二次世界大战刚结束，各国人民普遍希望和平，美、英、苏等从各自的利益出发，也都不赞成中国发生大规模内战。对蒋介石来说，更大的困难在于他的军队主力仍远在西南、西北地区，把它运送到内战前线需要时间。

正是在这种情况下，蒋介石连续三次致电毛泽东，邀请他到重庆商谈。他估计毛泽东不敢冒险来重庆商谈，这样可以把内战的责任推到共产党身上；如果来了，也可以借谈判取得将他的军队主力运送到华中、

〔1〕《毛泽东选集》第4卷，第1125、1130页。

华北和东北所需的时间。接到蒋介石的来电后，中共中央政治局在八月二十三日和二十六日先后举行两次会议。毛泽东在第一次会议上说：现在情况是抗日战争的阶段已结束，进入和平建设阶段。我们现在的新的口号是“和平、民主、团结”。他还讲道：对国民党的批评，本来是决定停一下的，因为日本突然投降，蒋下令要我们“驻防待命”，不得不再批评一下，今后要逐渐缓和下来。[1] 在第二次会议上，毛泽东谈到邀请他去重庆谈判的事情时表示：“可以去，必须去。”他说：由于有我们的力量、全国的人心、蒋介石自己的困难、外国的干涉四个条件，这次去是可以解决一些问题的。[2]

为了统一党内的思想，毛泽东为中共中央起草了党内通知，指出：

国民党“在内外压力下，可能在谈判后，有条件地承认我党地位，我党亦有条件地承认国民党的地位，造成两党合作（加上民主同盟等）、和平发展的新阶段。假如此种局面出现之后，我党应当努力学会合法斗争的一切方法，加紧国民党区域城市、农村、军队三大工作（均是我之弱点）。在谈判中，国民党必定要求我方大大缩小解放区的土地和解放军的数量，并不许发纸币，我方亦准备给以必要的不伤害人民根本利益的让步。无此让步，不能击破国民党的内战阴谋，不能取得政治上的主动地位，不能取得国际舆论和国内中间派的同情，不能换得我党的合法地位和和平局面。但是让步是有限度的，以不伤害人民根本利益为原则。

在我党采取上述步骤后，如果国民党还要发动内战，它就在全国全世界面前输了理，我党就有理由采取自卫战争，击破其进攻。”[3]

很清楚，中国共产党当时是做了两手准备的，而把重点放在力争实现两党合作、和平发展的新局面上，并且认为它是有可能实现的。这是

---

〔1〕 毛泽东在中共中央政治局扩大会议上的发言记录，1945 年 8 月 23 日。

〔2〕 毛泽东在中共中央政治局会议上的发言记录，1945 年 8 月 26 日。

〔3〕《毛泽东选集》第 4 卷，第 1153—1154 页。

全国民众的愿望，也是中国共产党的愿望。

八月二十七日，赫尔利和张治中到延安迎接毛泽东、周恩来、王若飞去重庆。第二天，他们一起飞抵重庆，毛泽东在机场发表谈话说：

“本人此次来渝，系应国民政府主席蒋介石先生之邀请，商讨团结建国大计。现在抗日战争已经胜利结束，中国即将进入和平建设时期，当前时机极为重要。目前最迫切者，为保证国内和平，实施民主政治，巩固国内团结。国内政治上军事上所存在的各项迫切问题，应在和平、民主、团结的基础上加以合理解决，以期实现全国之统一，建设独立、自由与富强的新中国。”〔1〕

由于国民党对这次谈判并没有诚意，也没有估计到毛泽东会那样快应邀来到重庆，所以他们根本没有准备好谈判方案。为了便于谈判进行，使谈判取得具体成果，只得由中国共产党方面先提出意见。九月三日，中共方面提出两党谈判方案十一项。毛泽东同蒋介石一起谈了几次。具体的谈判，由周恩来、王若飞同国民党的张群、王世杰、张治中、邵力子进行。经过一个多月的艰难谈判，几经曲折，到十月十日下午，《政府与中共代表会谈纪要》终于正式签字，通常称为“双十协定”。《会谈纪要》中，尽管军队和解放区政权这两大问题仍没有达成协议，但国民党在口头上也表示承认和平团结的方针和人民的某些民主权利，表示要避免内战，由两党和平合作建设新中国。

一个多月的重庆谈判，紧紧地牵动着全国民众的心。著名文学家郑振铎当时在一篇文章中讲到他这种心情：

“从毛泽东先生到了重庆、开始会谈以后，我们哪一天不在探问着会谈进行的情形，不在关心着会谈进行得顺利与否。一点小小的争执的谣言便足以使我们担惊受怕。一件小小的挑拨离间之举动，便足以使我

〔1〕《为和平而奋斗》，中国灯塔出版社1946年1月版，第6页。

们切齿痛恨。我们是那样的睁大着双眼，伸出了双手，在期待，在盼望这次会谈的成功。这个会谈记录的发表，使我们略略的松了一口气，但还不能放下沉重的忧虑的心。国共之间的关系如何能够圆满解决，仍是我们发愁的中心问题。”[1]

双十会谈纪要的意义在哪里？毛泽东十月十一日在中共中央政治局会议上说：“这个东西，第一个好处是采取平等的方式，双方正式签订协定，这是历史上未有过的。第二，有成议的六条，都是有益于人民的。”[2] 周恩来在第二年也说过：“我们并不因为蒋破坏了这些协定，就以为没有了收获。因为全中国人民都承认了这样的事实，认为中共的地位是不容抹杀的。国民党虽背叛了协议，但他还不敢放弃党派协商。”[3]这次会谈和达成的协议，使和平民主的呼声大大高涨，也有力地推进了国民党统治区的民主运动。

民众不满的增长

尽管全国人民对和平建设抱着殷切的期望，蒋介石其实只是把重庆谈判看作应付一时的缓兵之计，看作争取时间以调集兵力发动内战的手段。他一面谈判，一面在九月十七日以命令形式向内部重新颁发十年内战时期他手订的《剿匪手本》，指令各部队“切实遵守”。他们不仅靠美国军舰和飞机大规模运输，将原来远在大后方的军队运往华北、华东、华南等地各大城市受降，而且沿平汉、津浦、平绥、同蒲、正太五条铁路线向前推进，认为只有由他们强行夺取了原来八路军在华北经苦战从日伪军手中收复的铁路线及其沿线地区，“法律”和“秩序”才算得到恢复。

武装冲突首先在晋东南的上党地区爆发。

---

〔1〕 郑振铎：《读国共会谈记录》，《民主》第2期，1945年10月20日。

〔2〕 毛泽东在中共中央政治局会议上的发言记录，1945年10月11日。

〔3〕《周恩来选集》上卷，第254页。

上党地区处于晋冀鲁豫解放区的太行山腹地，是一块比较富庶的盆地。战争是由阎锡山挑起的。他按照蒋介石的意图，以一万八千人的兵力从晋西南的临汾向这个地区猛扑过来，企图把太行、太岳两个解放区分割开。他们强行深入解放区，接连夺取已被八路军从日伪军手中收复的襄垣、潞城以及已包围的长治（上党地区首府）等城。晋冀鲁豫军区司令员刘伯承决心还击。他说："蒋介石的军队沿五条铁路开进，五个爪子伸开向我们扑来了。人家的足球向我们华北解放区的大门踢过来了，我们要守住大门，保卫华北解放区，掩护我东北解放军作战略展开。平汉、同蒲是我们作战的主要方向。但现在的问题是阎锡山侵占了我上党六城，在我们背上插一把刀子，芒刺在背，脊梁骨发凉，不拔掉这把刀子，心腹之患未除，怎么放得下心分兵在平汉、同蒲去守大门呢?"〔1〕

在刘伯承、邓小平指挥下，集中太行、太岳、冀南三个地区的主力约三万一千人应战。这在当时十分不易。参战部队虽然多数有老部队为骨干，但在抗日战争中分散到各军分区作为基干团，长期进行游击战争，这时一下子要集中起来进行运动战。部队不仅编制仍不充实，装备很差，每个老兵只有五发子弹，而且缺乏大兵团正规作战的经验。需要在作战的同时，完成从游击战向运动战的重大转变。而这些只能在极短时间内实现。

上党战役从九月七日开始。晋冀鲁豫部队先扫清外围，再合围长治。阎锡山调集八个师，附炮兵两个团，共两万人，由第七集团军副总司令彭毓斌率领，前来增援。晋冀鲁豫部队主力转而打援，采取钳形攻势，依靠战士的猛烈穿插和英勇搏杀，在十月六日基本全歼该部。长治守军见待援无望，向西南突围，又在十二日被全歼。这次战役，共歼灭阎军十一个师及一个挺进纵队共三万五千多人，不仅大量补充了部队的装备和兵员，巩固了晋冀鲁豫后方，而且加强了中国共产党在重庆谈判中的地位。

---

〔1〕 见《李达军事文选》，第 197 页。

双十会谈纪要在十月十二日公布。第二天，蒋介石就发布密令，称对共产党“若不速予剿除，不仅八年抗战前功尽失，且必贻害无穷”，要求各部“努力进剿，迅速完成任务，其功于国家者必得膺赐，其迟滞贻误者必执法以罪。”

这时，最紧张的是平汉铁路正面的局势。国民党第十一战区副司令长官马法五（兼第四十军军长）、高树勋（兼新八军军长）根据蒋介石的密令，率三个军共四万五千多人从豫北的新乡沿平汉铁路北上，准备同从石家庄南下的国民党军队夹击晋冀鲁豫解放区首府邯郸，会合后继续北上，打通贯穿南北的交通命脉平汉铁路。在它后面，还有四个军正向新乡开进。这正如刘伯承所说：“人家的足球向我们华北解放区的大门踢过来了，我们要守住大门。”

这一路北上的三个军都是原西北军，战斗力较强，但不少人对蒋介石歧视非嫡系部队和驱使他们充当内战前锋十分不满。他们还有一个弱点：新到这个地区，地理民情不熟，又远离后方，供应困难。上党战役结束后的第四天，十月十六日，晋冀鲁豫军区下达了进行邯郸战役（又称平汉战役）的命令，集中主力三个纵队和地方武装十万多人，顽强抗击。二十四日，在邯郸以南地区将国民党这三个军包围。激战期间，高树勋率新八军约万人在战场起义。他在起义时召集总部军官会议说：“蒋介石在抗日战争刚刚结束又打内战，我们坚决反对。十年内战期间，共产党力量还较小，蒋介石调动了百万大军，几次‘围剿’都失败了。现在共产党的力量比那时大几十倍，还想用武力来解决，根本是不可能的，所以我们退出内战，主张和平。”他又说：“我们新八军过去受蒋介石嫡系的歧视，大家都清楚。就供给而言，比人家差十几倍，还经常受到他们监视、分化和吞并。我在西安时，还当面受到胡宗南的侮辱，这些年来受气的事是说不完的。”[1] 这些话引起大部分军官的共鸣，起义顺利发动。马法五部在突围时被歼，马法五被俘。这次战役共歼灭国民党军三万多人，高树勋部起义更反映出蒋介石发动内战是多么不得人

〔1〕王定南：《邯郸起义与高树勋同志》，《高树勋纪念文集》，中国文史出版社 1998 年 7 月版，第 221、222 页。

心，这两点都在国民党内部引起很大震动。它对阻挡国民党军沿平汉铁路向北进攻、掩护解放军从容调整部署，起了重大作用。

邯郸战役后，国民党中央宣传部长吴国桢发表谈话强辩："政府在此次战争全居守势。"毛泽东以中共发言人名义针锋相对地指出："这一路国民党军的许多军官，其中有副长官、军长、副军长多人，现在都在解放区，他们都可以证明他们是从何处开来，如何奉命进攻的全部真情。这难道也是取守势吗?"〔1〕

东北地区在抗战胜利前并没有国民党的军队，只有中国共产党领导的抗日人民武装。一九四五年八月苏联对日宣战后，中共领导的冀热辽军区部队，配合苏联红军，击破日伪军抵抗，收复了山海关等地，随后又进驻锦州和承德。九月十九日，中共中央确定"向南防御，向北发展"的战略方针，从山东、苏北等抗日根据地调集十万大军由水陆两路兼程进入东北。这是一个大决策。那时，苏联红军只驻扎在沈阳、长春、哈尔滨等大城市和铁路沿线，有许多余地可以活动。开入东北的部队解除伪军武装，组织人民，在农村和中小城市建立起民选的地方自治政府。可是到十月底，国民党当局在美军帮助下，海运两个军在秦皇岛登陆，向东北大举进攻。十一月间，他们先后攻占已被解放的山海关、锦州等要地。随后，又沿铁路线推进到沈阳附近的新民和彰武。

内战局势愈演愈烈，使渴望和平民主的民众深深感到焦灼不安。西南联大所在的云南昆明，在抗战后期是著名的民主堡垒。十一月二十五日，昆明各校师生和社会人士六千多人在西南联大草坪上举行反对内战、呼吁和平的时事晚会，钱端升、费孝通等四教授在会上发表演讲，却遭到国民党军队的围困和破坏。著名学者、西南联大教授闻一多写道："在教授们的演讲声中，会场四周，企图威胁到会群众和扰乱会场秩序的机关枪、冲锋枪、小钢炮一齐响了"。第二天，愤怒的全市各校学生宣布罢课。十二月一日，大批国民党特务和身着制服、佩带符号的军人，携带武器，分别闯入西南联大、云南大学等处，并且投掷手榴

〔1〕《毛泽东选集》第4卷，第1167页。

弹，杀死四人，重伤十一人，轻伤十四人。人们不能不想：他们只是反对内战，有什么罪？为什么要被置于死地？“从这天起，在整整一个月内，作为四烈士灵堂的联大图书馆，几乎每日都挤满了成千成万扶老携幼的致敬的市民，有的甚至从近郊数十里外赶来朝拜烈士们的遗骸。”〔1〕

这样的惨案，发生在离抗日战争胜利只有三个月的时候，发生在西南联大这样的最高学府里，震动了全国。在重庆，由郭沫若、沈钧儒、史良等主持，召开追悼大会。在上海，举行了由宋庆龄、柳亚子、马叙伦、许广平等主祭的万人追悼大会。昆明学生罢课联合会明确宣布：“我们要指出这是一个在当局指挥下的有计划的屠杀。”〔2〕《周报》的读者来信说：“我们的政府似乎并不想建设一个有健全政治的，民主的国家，不然的话，不能以堂堂军政当局对于学生们正当的要求（我相信反对内战是目前每个中国人民所热烈赞成的），加以如此无理的狙击的。”〔3〕蒋介石却在日记中写道：“应作不得已时解散西南联大之一切准备。该校思想复杂，秩序紊乱，已为共匪反动派把持，不可救药矣。自由主义误国害学之罪甚于共匪，为不可宥也。”〔4〕但社会各方面反应强烈，国民党政府被迫宣布将云南警备总司令关麟征“停职议处”，在政治上陷于十分被动的地位。

如果说大后方民众对国民党政府的不满，在抗战后期已日益强烈；那么，原沦陷区人民在抗战胜利时大多对它曾抱有热烈的期待。他们这种热情，迎来的是什么？事情的发展，完全出乎他们意料之外。胜利后带给人们的第一个见面礼，竟是纷至沓来的洗劫式接收。那些政府官员、军事机关、特务机关贪婪地搜刮金子、车子、房子、女子、票子，被称为“五子登科”。社会上人人为之侧目，很快便把这种“接收”改称为“劫收”。人们的热情很快变成冰凉。抗战期间一直留在上海的著名记者陶菊隐写道：

---

〔1〕闻一多：《“一二·一”运动始末记》，《一二一运动》，中共党史资料出版社1988年8月版，第48、50页。

〔2〕昆明学生罢课委员会：《一二一惨案实录》，《民主》第11期，1945年12月22日。

〔3〕陈兆珂：《昆明血案反响》，《周报》第16期，1945年12月22日。

〔4〕蒋介石日记，1945年12月7日。

“国民党正规军进入上海前，首先到上海的是属于军统系统的忠义救国军。”“接下去就是饥鹰满天飞，饿虎就地滚，前者是指由重庆乘飞机前来的接收大员，后者是指原来潜伏上海的此时公开出面趁火打劫的‘地下工作人员’。一批紧接一批，一幕紧接一幕。上海市民不禁痛心疾首地问道：‘难道这就是天亮了吗?’”[1]

日本侵略者在战争期间为了“以战养战”，控制了大批具有垄断性的经济事业。对这些，本来应该完整地、有计划地接收过来，迅速恢复和发展生产，作为和平建国的重要经济基础。事实却根本不是如此。那些接收大员不择手段地你争我夺，把原来的生产结构肢解分割。自己抢到手的部分，只着眼于瓜分财物，甚至在前门贴上封条，从后门把厂内物资悄悄抢运出去，囤积起来，从事投机买卖，连机器零件也往往在短时期内损失殆尽。著名民族工商业家李烛尘曾举了一个例子：“一家铁厂，正在开炉，接收人员一到，马上勒令停止一切，于是一炉铁就冷在炉子里，化铁炉亦就没法再开了。”[2] 在这种情况下，工人更是大批失业。《周报》上有文章写道：“生产机构的陷于停顿，这是目前普遍的现象。”[3]

一些继续开工的企业，如纺织业等，大批落入官僚资本经营的中纺公司等手里。国家垄断资本大大膨胀起来，民族工商业更加陷于困境。

国民党政府在胜利后不久便因“劫收”而失尽民心，是不争的事实。蒋介石在日记中写道：“魏德迈来见，告我以中央派往华北人员之如何贪污不法，失却民心，闻之惭惶无地，不知所止。”[4] 蒋介石身旁的工作人员也承认这一点。兼任军统局帮办的蒋介石侍从室第六组少将组长唐纵在日记中写道：“我政府人员只接收敌伪之公馆、物品、家具，

〔1〕 陶菊隐：《孤岛见闻》，第323页。
〔2〕 许涤新：《现代中国经济教程》，第200页。
〔3〕 韬：《释“接收”》，《周报》第5期，1945年10月6日。
〔4〕 蒋介石日记，1945年11月29日。

而将工厂封闭，听其停工，毁灭。”[1] 蒋介石派到原沦陷区考察的侍从室少将秘书邵毓麟在回忆录中说到，他从上海、南京回到重庆的第二天，蒋介石找他去询问看到的情况，“我在据实报道收复地区一般情势后，强调接收问题的严重性，我还记得我曾说了这样一句：‘像这样下去，我们虽已收复了国土，但我们将丧失了民心！’在旁陪坐的一位侍从室同事，在我辞退出门时悄悄地告诉我：魏德迈将军在我报告前几分钟，根据美军顾问的情报，也曾向委座（引者注：指蒋介石）提出了类似的报告。”邵毓麟在回忆录中写道：“个人或有‘五子’而可‘登科’，政府却因此基础动摇。在一片胜利声中，早已埋下了一颗失败的定时炸弹。”[2]

陈诚在回忆录中写道：“因为事先一无准备，临时又调度失宜，再加上用人的失当，所以接受变成了‘劫搜’，只弄得天怒人怨，为中外所不齿。”“可怜八年浴血抗战的结果，最后却带来了一场‘胜利灾难’。这些话听起来当然使人扫兴，然而却不能不承认这是眼睁睁的事实。”[3]

抗战胜利后，国民党政府给原沦陷区民众的另一个沉重打击，是把法币和伪中央储备银行发行的纸币的比价定为一比二百。实际上，两者的比价绝不会超过一比一百。现在要原沦陷区老百姓把手中持有的伪中储券以二百比一的比率换成法币，无异于使自己的财产平白地损失一半以上。这使人人都感受到切肤之痛。李宗仁在回忆录中写道：“刚胜利时，沦陷区中伪币的实值与自由区中的法币的兑换率为二百比一。以致一纸命令之下，收复区许多人民顿成赤贫了，而携来大批法币的接收人员则立成暴富。政府在收复地区失尽人心，莫此为甚。”[4]

它的后果，立刻引起物价的飞涨。上海的《民主》周刊第五期辟了“物价问题专辑”，发表知名人士许广平等人的七篇文章。有的文章写道：“老百姓今日的心境，比起八月十一日那时满望着揩泪眼看太平的

〔1〕 唐纵：《在蒋介石身边八年》，群众出版社 1991 年 8 月版，第 554 页。

〔2〕 邵毓麟：《胜利前后》，（台北）传记文学出版社 1967 年 9 月版，第 76、81 页。

〔3〕《陈诚先生回忆录——抗日战争》（上），第 224 页。

〔4〕《李宗仁回忆录》，第 557 页。

心境来，在短短不到三个月中间，也已经像有隔世之感了。何况老百姓今日的生活真已到了山穷水尽的地步呢?”〔1〕

国民党政府军令部部长徐永昌在一九四五年十二月八日的日记里写道：“平津近有谣谚曰：‘天天盼中央，中央来了更遭殃’之语。”〔2〕这句话，在当时公开出版的刊物上也可以读到。美国国务院一九四九年发表的《美国与中国的关系（白皮书）》中讲到魏德迈在一九四五年十一月二十日给华盛顿的报告说：“他相信国民政府的胡作非为已经引起接管区当地人民的不满，此点甚至在对日战事一结束后，国民政府即严重地失去大部分的同情。”〔3〕

对国民党政府来说，事情确如邵毓麟所讲：“在一片胜利声中，早已埋下了一颗失败的定时炸弹。”但蒋介石却依然陶醉在“一片胜利声中”，看不到民心变动会带来的严重后果，以为一切优势全在自己手里，对局势作出完全错误的估计。

马歇尔使华和政治协商会议

美国在第二次世界大战期间，成为世界上首屈一指的霸主。它已深深地卷入中国的内部事务中，成为国民党政府的主要支持者。抗日战争一胜利，它在中国集中力量所做的第一件事，就是动用它的空军和海军，帮助远在西南地区的国民党军队迅速抢运到原来被日本占领的华北和华东去。由他们运送的国民党军队共四十至五十万人。当时作为盟军中国战区参谋长的魏德迈把它称为“世界历史上规模最大的空中军队调动”。他在一份报告中写道：

“领先收复失地的整军整师的军队由美国飞机空运到上海、南京和北平。从太平洋调来美国第七舰队的一部分军舰，后来运送中国部队至

〔1〕 张凤举：《民瘼》，《民主》第5期，1945年11月10日。

〔2〕《徐永昌日记》第8册，（台北）中研院近代史研究所1990年6月影印，第197页。

〔3〕《中美关系资料汇编》第1辑，世界知识出版社1957年12月版，第192页。

华北，另有五万三千名海军陆战队占领平津地区。负有军事占领任务的中国部队的空运工作由第十和第十四航空队负责。这无疑是世界历史上规模最大的空中军队调动。”[1]

国民党军队精锐主力的武器装备，主要是由美国提供的。对日作战期间，美国的军事援助完全是给国民党部队的。“原定战争结束时装备国民党三十九个师和空军的，当日本投降时这件事只完成了一半，但各种装备和供应在内战中仍继续进行着。”“在这之后，一九四六年八月美国还把九亿美元的剩余战争物资，以一亿七千五百万美元代价卖给了国民党。”[2]

但美国不可能大规模地进行军事干涉，帮助国民党来打败共产党。这不是出于它发了什么善心。美国国务卿艾奇逊在一九四九年七月三十日给杜鲁门总统的信中讲得很坦率：那样做，“在理论上和回顾起来可能吸人心目，却是完全不能实行的。大战前的十年当中，国民党没有能力摧毁共产党。大战后，如前所述，国民党的力量业已削弱，意志消沉，且不得民心。国民党的文武官员在自日本手中收复之地区中的举止，已使国民党迅速地在这些区域中丧失了人民的支持和声望。在他方面，共产党的力量则较它过去任何时期为强大，且已控有华北的大部分。由于国民党部队的无能，这点后来可悲地表现出来，也许只有靠美国的军力才可以逐走共产党。美国人民显然不会允许在一九四五年或以后让我们的军队担负如此巨大的义务的。”[3]

因此，在他们看来，能够采取的做法只能是：一方面援助国民党在进行一些改革后尽可能广泛地在中国确立其权力地位，一方面鼓励双方从事协商，尽力避免内战的发生。他们担心全面内战最终会导致腐败无能和丧失民心的国民党政府失败；期望在协商过程中支持国民党强化它

---

〔1〕《中国战区史料》第2卷，转引自资中筠《美国对华政策的缘起和发展（1945—1950）》，第43、44页。

〔2〕（美）费正清：《伟大的中国革命（1800—1985）》，国际文化出版公司1989年10月版，第245、246页。

〔3〕《中美关系资料汇编》第1辑，第35页。

的势力和地位，使中国在战后成为一个亲美的国家。

杜鲁门回忆道，当作为大使的赫尔利回国述职时，和魏德迈一起来白宫讨论对华政策。“我清楚地告诉他们说，我们的政策就是支持蒋介石，但是我们却不能卷入中国的内战中为蒋介石作战。”[1]

一九四五年十一月二十七日，杜鲁门任命五星上将马歇尔为总统特使，来华担负调停任务。马歇尔在第二次世界大战中担任美国陆军参谋长，享有“胜利的组织者”的盛誉，在美国和国际上都有很高的声望。杜鲁门在给马歇尔的信中强调：“我特别希望你竭力说服中国政府召开包括各主要政党代表的国民会议，以实现中国的统一，同时实现停止敌对行动，尤其是在华北停止敌对活动。”[2] 十二月十五日，马歇尔启程来华。二十七日，苏、美、英三国外长莫斯科会议公报中主张中国必须停止内争。蒋介石不能不考虑到美国政府的态度，而上党、邯郸战役的挫败也使他感到发动全面内战还没有完全准备好。在各种因素的交互作用下，局势一时显得有所缓和。

经过马歇尔的斡旋，国共两党达成关于停止国内军事冲突的协定。一九四六年一月十日，双方各自下达停战令。这样，战争确实在全国范围内（东北除外）停止了一个时期，使中国人民燃起希望，以为内战有可能制止。

同一天，全国人民瞩目的政治协商会议在重庆开幕，出席会议的有国民党、共产党、民主同盟、青年党和无党派人士三十八人。会议进行了二十二天，通过宪法草案案、政府组织案、国民大会案、和平建国纲领、军事问题案五项协议。这些协议规定：“国民政府委员会为政府之最高国务机关”，“国府委员名额之半，由国民党人员充任，其余半数由其他党派及社会贤达充任”；“积极推行地方自治，实行由下而上之普选”，“省长民选”，“省得制定省宪，但不得与国宪抵触”；“立法院为国家最高立法机关，由选民直接选举之，其职权相当于各民主国家之议

〔1〕（美）《杜鲁门回忆录》第2卷，第73—74页。

〔2〕（美）《马歇尔使华——美国特使马歇尔出使中国报告书》，中华书局1981年7月版，第25页。

会”；“行政院为国家最高行政机关，行政院长由总统提名，经立法院同意任命之，行政院对立法院负责。”[1]

政协协议的这些规定，并不是新民主主义性质的。“行政院对立法院负责”等规定倒是接近西方式的议会民主制，而且国民党在政府中占着明显的优势。毛泽东在去重庆谈判前就说过：“中国如果成立联合政府，可能有几种形式，其中一种就是现在的独裁加若干民主，并将存在相当长的时期。对于这种形式的联合政府，我们还是要参加进去，进去是给蒋介石‘洗脸’，而不是‘砍头’。”[2]

既然这些规定并不是新民主主义的，为什么中国共产党还是要参加进去？因为它有利于冲破国民党的一党专政和推进民主政治，有利于保障解放区的地方政府的合法地位，有利于和平建国。如果真能做到的话，在中国历史上仍是进了一大步。当时，政协协议成了国民党统治区内很多人衡量是非的重要尺度：谁能坚持政协路线，谁就得人心；谁要破坏政协协议，谁就不得人心，就把自己置于同广大民众对立的地位。

中国共产党真心实意地准备履行这些协议，甚至一度过于乐观了。毛泽东在颁布的停战令中说：“中国和平民主新阶段，即将从此开始。”政协会议闭幕后第二天，中共中央向各中央局、各区党委、各纵队负责人发出内部指示说：

“从此中国即走上和平民主建设的新阶段。”“虽然一切决议尚待实行，即是实行，离开全国彻底民主化还是很远。但是只要各党派在全国合法化，人民有了初步民主自由，民主运动即可能逐步发展，成为不可抗御的力量，破坏封建专制主义，推动国家继续走上民主化。”

“中国革命的主要斗争形式，目前已由武装斗争转到非武装的群众的与议会的斗争，国内问题由政治方式来解决。党的全部工作，必须适应这一新形势。”[3]

---

〔1〕《政协文献》，历史文献社1946年7月版，第61、84、134、135页。

〔2〕《毛泽东文集》第4卷，人民出版社1996年8月版，第7页。

〔3〕《中共中央文件选集》第16册，中共中央党校出版社1992年10月版，第62、63页。

实际工作中，中国共产党在政协协议达成后的一段时间内，已着手采取落实措施。

第一，在内部初步商定参加国民政府委员会和行政院的成员名单。中共中央致电在重庆的代表团，告诉他们："国府委员仍照周（恩来）在延所提八人，即毛（泽东）、林（伯渠）、董（必武）、吴（玉章）、周（恩来）、刘少奇、范明枢、张闻天为适宜，以便将来全党指导中心移到外边。第一次会议少奇可不出席。范明枢能否外出，已去电询问，尚未得复。如范不就，则提傅茂公（彭真）。""同意周（恩来）、林（伯渠）、董（必武）、王（若飞）分任行政院副院长、两个部长及不管部部长。"〔1〕

第二，这个电报中所说"将来全党指导中心移至外边"，是指移到接近南京的苏北淮阴。当时在解放区担任苏皖边区临时行政委员会主席的李一氓回忆道：

"其实从中国共产党来讲，是真心愿意和国民党合作建国的。蒋介石公开撕毁停战协定、发动对解放区的进攻，似乎在我们的预料之内，也似乎在我们的预料之外。因为在淮阴的时候，我曾经得到华中局一个通知，说党中央要从延安搬到淮阴来。参加南京工作的同志有事情要开会就去南京，没有事情又不开会就可回到淮阴的总部。中共中央的总部就要建在淮阴，就由我负责找一个适当的地方，建立中共中央总部。当时我的设想是砖木结构的平房，地势要高，不会被水淹。我也曾和少数同志到淮阴城外面走过几趟，看了些地势较高的位置。还没有定下来的时候，解放战争就开始了，这个计划自然没有实现。"〔2〕

第三，解放区的复员整军工作也已开始。中共中央的意见，第一期精简三分之一，三个月内完成；第二期再精简三分之一。在实行中，晋

〔1〕 中共中央发渝台电，1946年2月6日。

〔2〕 李一氓：《模糊的荧屏》，人民出版社1992年12月版，第354页。

察冀部队复员人数最多，进行也最快。那里，原有野战军九个纵队，二十六个旅，加上地方部队共三十二万多人，这次率先复员了十多万人。[1]

中间派人士对政协协议的实现抱着很大的希望。二月四日，黄炎培从重庆回到上海。第二天，他向记者发表书面谈话说："天不亡中国，还有今日。从今以后，我们中国人还不好好从头做起，做一个现时代民主国家的新国民，还配称人吗？我中国还能立国于世界么？"[2]

国民党当局却根本没有实行政协协议的诚意。它在前一阶段那样做，一是适当应付美国政府的要求，二是作为完成在发动全面内战准备前的一时缓兵之计，并不把协议看得那么认真。当希望实现政协协议的人们对未来抱着乐观期待的时候，意想不到的打击几乎紧随着就到来。

当政协会议还在进行时，陈果夫在一月二十二日上书蒋介石称："政治协商会议必无好结果。且无论如何，共党已得到好处，本党已受害。"[3] 不祥之兆已经显露。那时，政治协商会议陪都各界协进会连日在重庆沧白堂举办讲演会。国民党特务不断制造事端，捣乱会场。一月十九日，政协民盟代表梁漱溟正在报告时，"曾有五次被捣乱分子掷石子捣乱"，"并有爆竹声夹杂其间，并狂呼各种乱七八糟口号而去。"[4] 二十六日，又突有军警宪兵特务大搜查政协民盟代表黄炎培寓所，无端逼问黄炎培藏枪所在。更严重的事件是：二月十日，重庆近万人在较场口广场召开庆祝政协成功大会。会议还没有开始，数十名暴徒就冲上主席台，抢占播音器，殴打主席团成员郭沫若、李公朴、施复亮等，还以石块、木凳等向人群乱掷，致使大会未能开成。此事是国民党重庆市党部主任委员方治直接策划下发生的。

原来人们对政协的成功抱着那么热烈的期望，转眼间竟会发生这样的事，不能不使人感到格外震惊和愤怒。原来渴望在战后能社会安定、

---

〔1〕 郑维山：《从华北到西北》，解放军出版社 1985 年 7 月版，第 20、21、22 页。

〔2〕《黄炎培日记》第 9 卷，第 125 页。

〔3〕《陈果夫先生民国二十五年至四十年日记摘要》，第 177 页。

〔4〕《政治协商会议纪实》上卷，重庆出版社 1989 年 10 月版，第 565 页。

和平建国的民族工商业者也深感失望。迁川工厂联合会理事长胡厥文在回忆录中说："从这一段频繁的政治活动中，我深感蒋介石的言行不一，不民主，不可靠，不得人心。"[1]

三月一日至十七日，国民党召开六届二中全会。会上大吵大闹，认为政治协商会议是对共产党的过分"让步"。会场空气十分紧张。会议决议强调：五权宪法绝不容有所违背，所有对五五宪草的任何修改都应由国民大会讨论决定。这就以国民党中央全会的方式推翻了政协已经达成的协议。

人们的希望破灭了。事实表明：蒋介石绝不甘心放弃独裁统治。三月十五日，毛泽东在中共中央政治局会议上说：蒋介石的主张有两条：第一条，"一切革命党全部消灭之"；第二条，"如果一时不能消灭，则暂时保留，以待将来消灭之。"蒋介石这两条，"第一条很清楚，第二条是人们容易忘记的，稍微平静一点就忘了。二月一日到九日就忘了，较场口事件一来就又记得了。"[2]

这时离全面内战爆发只有三个多月。从这时起，中共中央逐步加强对蒋介石集团的批评和揭露，加强应对全面内战的准备。全面内战爆发后不久，刘少奇在一次政治局会议上回顾年初情况时又说：在一、二月份，是糊涂了一下，现在证明和平是不可能的了，但和虽不可能，谈判仍是必要的，因为人民要和平。[3]

全面内战的爆发

蒋介石要发动全面内战来消灭共产党的决心，其实早已定了。

还在抗日战争初期，他就说过："此事乃我的生死问题，此目的如达不到，我死了心也不安，抗战胜利了也没有什么意义，所以我的这个

〔1〕《胡厥文回忆录》，第 85 页。
〔2〕毛泽东在中共中央政治局会议上的发言记录，1946 年 3 月 15 日。
〔3〕刘少奇在中共中央政治局会议上的发言记录，1946 年 11 月 21 日。

意见，至死也不变的。”[1]

抗战一胜利，他就决心用武力消灭共产党，并且充满自信，认为这是极好的时机。事情看起来也有点像。国民党当时拥有正规军八十六个整编师（就是原来的军），约二百万人，加上非正规军、军事院校、后方机关等，共四百三十万人。而人民解放军只有野战军六十一万人，地方部队和后方机关人员六十六万人，总数一百二十七万人。双方兵力的对比是三点四比一。至于武器装备，双方的差距更为悬殊。国民党军队约有四分之一是用美械、半美械装备起来的，又接收了侵华日军一百万人的武器，拥有人民解放军所没有的坦克、重炮、作战飞机和海军舰艇等。国民党还控制着全国百分之七十六的土地和百分之七十一的人口，控制着几乎所有的大城市和主要交通线，控制着几乎全部的现代工业。而中国共产党控制的主要是农村的一些中小城市。优势仿佛都在国民党方面。

当政治协商会议还在进行时，国民党政府军政部长陈诚就向蒋介石密陈：“今日之情势，惟有以武力求和平，以武力谋统一。”“国家之统一，自有史以来，从无不用武力。”他认为“当前急务”是：“在协商规定之原则下，必须以重兵控制平津武汉及南京。如我之军事部署妥当，而共党有军事行动，即以最大力量，于最短期间，先将山东及苏北，迅速解决。盖此二地，经济既富，兵员亦饶，倘有不测，则其财力物力人员，均将资敌，必成大患。”蒋介石在三天后就批示：“所陈各点，皆获我心。”[2]

需要用多少时间来“消灭”共产党？蒋介石的两个主要将领何应钦和陈诚的估计稍有不同：何应钦认为要两年，陈诚认为半年就够了。何应钦这个估计是请教了原日本的中国派遣军总司令官冈村宁次后提出的。当时担任何应钦侍从参谋的汪敬煦回忆道：“抗战胜利后，蒋委员长知道共产党终将称兵作乱，就交代何先生草拟一份清剿共产党计划。为了这个计划，何先生还特别去拜访日本驻华派遣军司令官冈村宁次。

〔1〕《中共中央文件选集》第 11 册，第 6 页。

〔2〕《陈诚先生书信集——与蒋中正先生往来函电》（下），第 633、634 页。

冈村建议何先生千万不能对共产党大意，更不要轻视他们。”于是，何应钦拟订了一个两年计划，“它的重点在分两年三阶段来实施，可说是采纳了冈村宁次的忠告，小心应付，绝不躁进”，“计划拟好之后，派萧毅肃专程赴重庆呈送委员长。”“此时陈诚另外提了一份六个月消灭共产党的计划，陈诚以民国二十年代江西剿匪的经验，认为共军不足以抵挡装备机械化的国军。”“委员长心里很急，希望赶快把共产党问题解决，因为在他的心目中要很快实施宪政，如果剿共作战拖得太久，并不符合他预订的时间表。”〔1〕这样，蒋介石便采纳了陈诚的计划，并在一九四六年六月初免去何应钦的参谋总长职务，改由陈诚担任。

为何应钦起草那个“两年作战计划”的，是他的参谋长萧毅肃。萧的儿子萧慧麟为父亲写的传记中也讲到这件事：“先是蒋委员长想乘抗战胜利之余威，接着‘剿匪（消灭共产党）’，命何应钦写计划（当然等于就是命先父写计划），但先父认为八年抗战虽然得到最后胜利，中国也付出了惨重的代价，不但民穷财尽，国家亟待建设以复元气，而全国的百姓也极多家园破碎、夫死子亡，痛恨战争，若继续与共产党作战必定无法得到人民支持。上上之策，莫若先行调理国家元气，再作良图。但此建言未获蒋委员长同意。不得已，先父只得拟了一个两年的作战计划。此计划不但未被采纳，先父反被外放重庆。而代之者，为陈诚‘六个月’就可扫灭共产党的方案，并于一九四六年六月一日国防部成立（中国陆军总司令部同时撤销），白崇禧任国防部长，陈诚任参谋总长，何应钦被冷藏。”〔2〕可见，蒋介石所说半年内消灭共产党，并不只是对外宣传或激励将士的口号，而是他急切希望实现的行动方案。

当时担任国民党政府主席广州行辕主任的张发奎回忆说：“蒋先生自相矛盾。他一面同中共谈判，一面秘密下令高级军官剿共。换言之，他谈判与剿共同时并举，那就是为什么马歇尔对他发怒且责备他不诚实。”〔3〕

---

〔1〕《汪敬煦先生访谈录》，（台北）“国史馆”1993年3月版，第20、21、22页。

〔2〕萧慧麟：《萧毅肃上将轶事》，（台北）书香文化事业公司2005年5月版，第195页。

〔3〕张发奎：《蒋介石与我》，第427—428页。

一切表明，全面内战的爆发已不可避免，而且很快就要到来。

就在国民党当局公开抛弃政协协议时，它的军队主力已在美国军用飞机和运输舰抢运下，完全控制了北平、天津、青岛、上海、南京等大城市及其附近地区。三月初，苏联红军开始从东北重要城市和铁路线撤走。国民党军队立刻进驻沈阳。四月十八日起，由美国第七舰队抢运的国民党军精锐主力新一军和新六军向四平街发动猛攻。东北民主联军主力经过一个多月的顽强阻击后撤离。这已是“关内小打，关外大打”的局面。国民党军队乘势在五月二十三日进占长春。蒋介石当天飞往沈阳。二十五日，他兴奋地写信给行政院长宋子文说：“此地实际情势，与吾人在南京想像者完全不同。”“只要东北共军之主力消灭，则关内关外之事，皆易为力，已作慎密之处置，请勿过虑。”〔1〕他因一时的胜利而更加得意忘形，真以为用武力消灭共产党已完全有把握了。

国民党政府在五月初从重庆还都南京。周恩来率领中共代表团也到达南京，继续谈判，尽最后努力，争取避免全面内战的发生，但谈判已越来越艰难了。五月二十八日，周恩来致电中共中央，根据种种情况判断：蒋介石自占领长春后，“现内战已临全面化边缘”。〔2〕六月三日，他又会见马歇尔，长谈六小时，严正指出：美国一面表示要赞助中国的和平民主，一面却又在帮助国民党进行内战。并且明确地告诉他：“蒋若全面打来，我必全面抵抗。”〔3〕

直到全面内战爆发前夕，中共中央还在六月十九日致电各野战军负责人说：“观察近日形势，蒋介石准备大打，恐难挽回；大打后，估计六个月内外时间如我军大胜，必可议和；如胜负相当，亦可能议和；如蒋军大胜，则不能议和。因此，我军必须战胜蒋军进攻，争取和平前途。”〔4〕可见，中国共产党是在国民党军对解放区一再进攻下被迫采取的自卫行动，力图用来争取和平前途的实现。抗战胜利后的全面内战由

〔1〕《中华民国重要史料初编——对日抗战时期》第七编（3），（台北）中国国民党中央党史委员会1981年9月版，第129、130页。

〔2〕周恩来致中共中央电，1946年5月28日。

〔3〕周恩来致中共中央并叶剑英、罗瑞卿电，1946年6月3日。

〔4〕《中共中央文件选集》第16册，第196页。

谁挑起，是十分清楚的。

面对全面内战一触即发的严重局势，国民党统治区各界人士还想做一次大的努力来制止内战。六月二十三日，上海各界十多万人举行声势浩大的示威游行，欢送马叙伦、盛丕华、阎宝航、雷洁琼等十位请愿和平代表前往南京，呼吁制止内战。这些代表中有大学教授，有工商界人士，有大学生，也有宗教界人士。这次游行，是大革命失败以来上海的第一次声势浩大的群众性行动。人们没有想到的是，当天下午火车到达南京下关车站时，早就等候在那里的大群自称“难民”的暴徒一拥而上，对请愿代表包围毒打。暴行延续达五小时，马叙伦等四人身受重伤。雷洁琼教授的头发也被扯下，血流满面。她写道：“这次殴打显然是有组织的，否则宪兵警察为什么对殴打的暴徒完全采取了纵容的态度。”〔1〕这个事件是一个明白的信号，表明蒋介石发动全面内战的决心已经下定，行动很快就要开始了。

六月下半月，蒋介石认为行动的时机已经成熟。十七日，他在国民政府纪念周上说：“共果不就范，一年期可削平之。”二十八日，白崇禧在国民党中常会议上报告说：“必须即进剿。”〔2〕

进攻从哪里开始？他们选定向以鄂北宣化店为中心的中原解放区下手。这里，在狭小地区内密集着由李先念、郑位三、王震、王树声率领的中原军区部队九个旅六万多人。在蒋介石看来，它不仅威胁武汉，而且成为阻挡国民党军队北上进攻解放区的一道屏障，又同其他解放区隔离，处境比较孤立。因此，蒋介石利用停战期间，调集十一个正规军二十六个师约三十万人，由郑州绥靖公署主任刘峙指挥，在宣化店地区周围构筑碉堡六千多座，层层包围，并且断绝这个地区的粮食、医药供应。六月二十日，刘峙将“彻底围歼”中原解放军的作战计划下达所属各部。二十六日拂晓，国民党军队分四路向中原军区部队发起进攻。当晚，中原部队按预定计划分三路突围。经过激烈战斗，主力抢在七月一日前向西越过平汉铁路，进入豫鄂陕边界地区，跳出国民党军队的包围

〔1〕 雷洁琼：《下关被殴》，《周报》第44期，1946年7月6日。

〔2〕《徐永昌日记》第8册，第289、293页。

圈。这就是著名的“中原突围”。

中原解放区，在国民党军队长期重围下，已坚持半年以上，拖住了国民党三十万大军，为华北、华东等解放区做好迎击国民党军全面进攻的准备争取了宝贵的时间。当中原部队被迫突围时，在双方力量悬殊的情况下付出了不小的代价，但它对解放区自卫战争全局作出的贡献是巨大的。

人们力求避免发生的事情终于发生。全面内战就这样开始了。

第十四章

人心向背的较量

从蒋介石发动全面内战到南京政府倾覆，还不足三年；至于到战争发生根本转折只有一年半。为什么蒋介石自以为很有把握的战争会出现这样的结局，而且这个变化来得这样快？根本原因在于：导致战争胜败的不只是双方军事和经济力量的对比，更重要的是人心的向背，也就是谁能得到中国最大多数民众的支持。当然，主观的指导方针（特别是作战指挥）是否正确也是至关重要的。如果指导方针不正确，即使有良好的客观机遇也会白白丧失掉。

现在，来考察一下这个转折是怎样到来的。

国民党军队的全面进攻

蒋介石发动全面内战时的战略方针是：全面进攻，速战速决。

他从一开始就下了狠心，并且深信他的设想一定能够实现。美国新任驻华大使司徒雷登给国务卿的报告中写道：七月十九日他在庐山第一次同蒋介石会谈时，“他问我，我对中国历史的了解是否证明这一信念：历代王朝及其统治者，其成败无不取决于在对付政治叛逆和其他有组织的暴力对手时，运用恩威并施这一原则。委员长随即引用了一句相应的成语，并提醒我，他已成功地以这种两面手法击败一系列对手。他不能容忍武装的反对派。”[1] 陈立夫在七月二十六日对正在国共间从事调停的黄炎培表示：“（一）国民党不能容许共产党并存；（二）第三者以国共并称，忽视国民党之为正统，从事调解冲突，即延缓对中共问题之解决。”[2] 国民党当局发动的全面内战，已无法逆转。

在蒋介石看来，攻占中原解放区后，他北上大举进攻各解放区已无后顾之忧。从七月至九月，国民党军队先后向苏皖、山东、晋冀鲁豫、晋察冀、晋绥等解放区全面进攻。中共中央最初曾设想在北战场和南战场都实行外线出击，把战争引向国民党统治区，使解放区根据地不受破坏。在听取各战场指挥员意见后，根据双方力量对比的实际状况，又调整了作战部署，决定先在内线打几个胜仗后再转向外线。

国民党军队的全面进攻，从苏中开始。苏中解放区同南京、上海隔长江相望，向西又可以切断津浦铁路。国民党政府还都南京后，对它深感如芒刺背，有如古人所说：“卧榻之侧，岂容他人鼾睡”，一定要除之而后快。担任这一路进攻任务的，是第一绥靖区司令长官李默庵指挥下的五个整编师十五个旅共十二万人，从南通、泰兴、泰州一线向北推进。保卫苏中解放区的部队只有华中野战军司令员粟裕率领的两个师和两个纵队共十九个团，三万多人，同进攻的国民党军的兵力约为一与三点五之比，部队又正处在以游击战为主向运动战为主的转变中。从七月十三日到八月三十一日，华中野战军在民兵配合下，七战七捷，先后共消灭国民党军队六个半旅。粟裕在战斗结束后总结取得胜利的原因：一是不轻易放弃一个战略支点，但也不死守一地；二是执行了战略上以少胜多的原则，但在战术上恰好相反，采取了以多胜少的打法；三是采取了战役战斗的速决战；四是各兵团协同动作。他强调：“大家应记住：谁保存了有生力量，谁就会胜利；谁消耗或丧失了有生力量，谁就会失败。”[3] 毛泽东稍后把它总结为一条军事原则：“以歼灭敌人有生力量为主要目标，不以保守或夺取城市和地方为主要目标。保守或夺取城市和

---

〔1〕（美）《被遗忘的大使司徒雷登驻华报告》，江苏人民出版社1990年7月版，第4页。

〔2〕《黄炎培日记》第9卷，第179页。

〔3〕《粟裕军事文集》，解放军出版社1989年7月版，第275页。

地方，是歼灭敌人有生力量的结果，往往需要反复多次才能最后地保守或夺取之。”[1] 苏中七战七捷，是人民解放军在全面内战爆发后第一个较大规模的战役胜利，大大鼓舞了全军士气，并在实际战斗中取得了大量消灭对方有生力量、战胜优势敌军的成功经验。

苏中战役结束后，只隔了十来天，刘伯承、邓小平指挥的晋冀鲁豫野战军在鲁西南地区取得定陶战役的胜利，集中兵力全歼国民党军整编第三师（原第十军），共一万七千人。其他战场上也取得不少歼敌的胜利。

蒋介石的战略指导方针恰好相反：倚仗自己兵力上、特别是武器装备上的优势，以夺取城市和地方为主要目标。具体地说，准备沿铁路干线由南向北，由西向东，夺取重要城市，控制交通线，分割解放区，再对被分割的解放区进行“分区清剿”，以消灭解放军，变解放区为国民党统治区，力争在三至六个月内消灭关内的解放军主力，下一步再解决东北问题。因此，他并没有从数量不少的军队被歼事实中得出应有的结论，更不认为战争的局面正在逐步被扭转，相反还认为正在实现自己所看重的夺占解放区大片土地的目标。他倚仗自己兵力众多的优势，如果某一路被歼就另调部队迅速补上，继续气势汹汹地向解放区全面进攻。苏中战役中国民党军指挥官李默庵的回忆，多少反映出不少国民党高级将领当时的心态。他说：

“在苏中的七次作战，粟裕称‘七战七捷’，消灭蒋军六个半旅。当时，我部上报损失，在五个旅左右，约有四万人。有不少官兵被俘后，加入了解放军的队伍，我们还损失了不少武器装备。但是，由于双方作战目的不一样，各自评价也不一样。我当时奉命作战目的主要在于收复地盘，以占领城市，驱走解放军，维护占领区的安全。所以，尽管损失了一些部队，但终收复了盐城以南的大部分地区，保障了浦口至南京的铁路以及长江下游的交通，解除了解放军对南京政府的威胁。从这点上

[1]《毛泽东选集》第4卷，第1247页。

看，我部队达到了作战目的。由于我指挥的部队较多，损失一些，也算正常，南京政府从来没有怪罪我什么。”[1]

在这种思想指导下，国民党军队继续加紧对解放区的全面进攻，并且倚仗兵力和装备的优势，在占领解放区城市和地区方面确实取得较大进展。

在南线，他们首先于七月下半月在皖北集结重兵进攻。原在淮南的解放军被迫转移到苏北的淮安、淮阴一带。淮北战场上，解放军在八月初对泗县进攻失利，也后撤到运河以东。国民党军徐州绥靖公署乘势提出以“迅速攻占淮阴、淮安，歼灭苏北共军”为目标的“第二期绥靖计划”。[2] 由原来担任南京卫戍任务的国民党军最精锐的整编第七十四师担任主攻，桂系部队主力第七军等助攻。它们乘守军调整部署、北上的华中野战军主力未及赶到的空隙，凭借优势火力，在九月十九日攻占苏皖解放区首府淮阴。二十二日，又攻占淮安。国民党另两个主力第五军和整编第十一师在九月二十日前后攻占鲁西南重镇菏泽等地。整编第二十六师和快速纵队在十月八日攻占鲁南的峄县、枣庄。国民党军队已较快地推进到苏北和鲁南的腹地，企图切断山东和华中这两个解放区之间的联系。

在北线，东面的国民党第十三军在八月二十八日攻占热河省会承德，接着又南下攻占长城要隘古北口、喜峰口。这是他们早就力图实现的目标，为的是可以掩护北宁铁路的侧背，保障华北和东北间这条交通线的畅通。西面的第十二战区司令长官傅作义集中主力三万多人，沿平绥铁路东进。解放军兵力不足，最初又有轻敌思想。傅军在九月十三日攻占绥东重镇集宁，继续东进。十六日，解放军不得不从原来围攻的晋北大同撤围。这样，作为华北的解放区政治军事中心的张家口便处在国民党军队东西夹击的不利形势下，已无法守住。看起来，国民党军队确

[1] 李默庵：《世纪之履》，中国文史出版社1995年10月版，第274—275页。
[2] 徐州绥署纪要，转引自《中国人民解放军全国解放战争史》第2卷，解放军出版社1996年10月版，第74页。

已顺利侵占解放区大片土地。

中国共产党的作战指导思想始终坚持把重点放在消灭对方的有生力量上。毛泽东在党内指示《三个月总结》中指出：

“除了政治上经济上的基本矛盾，蒋介石无法克服，为我必胜蒋必败的基本原因之外，在军事上，蒋军战线太广与其兵力不足之间，业已发生了尖锐的矛盾。此种矛盾，必然要成为我胜蒋败的直接原因。”

“集中优势兵力，各个歼灭敌人，是过去三个月歼敌二十五个旅时所采用的唯一正确的作战方法。我们集中的兵力必须六倍、五倍、四倍、至少三倍于敌，方能有效地歼敌。不论在战役上、战术上，都须如此。”

“今后一个时期的任务，是再歼灭敌军约二十五个旅。这个任务完成了，即可能停止蒋军的进攻，并可能部分地收复失地。”〔1〕

国民党军对解放区的全面进攻，到一九四六年十月达到高峰，使用的兵力从战争开始时的七十二个旅增加到一百十七个旅，增加百分之三十八。十月份，也是国民党军夺占解放区城市最多的一个月，共六十三座。

这时，万众瞩目的战局焦点集中在张家口。这已触及国共双方是否全面破裂的底线。

周恩来在九月三十日给马歇尔的备忘录中严正声明：“我兹特受命向阁下声明，并请阁下转达政府方面，如果国民党不立即停止对张家口及其周围的一切的军事行动，中共不能不认为政府已公然宣告全面破裂，并已最后地放弃了政治解决方针；其因此所造成的一切严重后果，当然全部责任均应由政府方面负之。”〔2〕

但这时蒋介石正陶醉于自己表面上的一系列胜利，根本不顾共产党的警告和各界人民的反对。十月十一日，傅作义部东进，占领张家口。

〔1〕《毛泽东选集》第4卷，第1205—1207页。

〔2〕《周恩来一九四六年谈判文选》，中央文献出版社1996年4月版，第654页。

这使蒋介石更加得意忘形。国民党政府外交部长王世杰在当天日记中写道："国军攻入张家口，此事证明中共显已过分高估其抵抗能力。"〔1〕蒋介石在次日日记中写道："收复张家口实为关内对北最重要亦为最后最大之难关。""政府与共匪之成败，实决于此也。"〔2〕当天下午，蒋介石悍然宣布他们单方面决定的国民大会在下个月举行。正在奔走调停的中国民主同盟秘书长梁漱溟，早晨看到报上登载着国民党军队攻下张家口的消息时，脱口而出地向记者说了一句传诵一时的名言："一觉醒来，和平已经死了。"〔3〕

美国大使司徒雷登第二天给国务卿的报告中写道："恰恰在同一天，张家口陷落与国大召集令的公布同时发生。前者在情绪上激起强烈反响，而后者则导致争论：总统是否有权擅自决定国大日期而不与其他党派领袖协商。蒋的单方面行为反映了独裁专横倾向。共产党正是利用这种反感情绪，将小党派拉向自己营垒。"〔4〕

最受蒋介石信任的参谋总长陈诚，十月十七日在记者招待会上斩钉截铁地表示："如用军事，三五月内可以告一段落。任何一条铁路，两星期内可以打通。"〔5〕蒋介石在十一月九日的日记中写道："闻报，知共党与所谓第三方面所表示之反对态度，此心泰然不动。"〔6〕

事情发展到这等地步，国共和平谈判已没有什么可以再谈了。十一月十九日，蒋介石单方面召开国民大会的第五天，周恩来率领中共代表团大部分人员，结束谈判，乘美军专机返回延安。西安事变和平解决后，周恩来在国民党统治区进行谈判前后历时十年。他在重庆一次文化界人士茶会上曾感慨地说："差不多十年了，我一直为团结谈商而奔走渝、延之间。谈判耗去了我现有生命的五分之一，我已经谈老了！"〔7〕

---

〔1〕《王世杰日记》第9册，（台北）中研院近代史研究所1990年3月影印，第405页。

〔2〕蒋介石日记，1946年10月12日，"上星期反省录"。

〔3〕罗隆基：《参加旧政协到参加南京和谈的一些回忆》，《文史资料选辑》第20辑，第259页。

〔4〕（美）《被遗忘的大使司徒雷登驻华报告》，第24页。

〔5〕本刊特约记者：《张垣之战》，《观察》第1卷第10期，1946年11月2日。

〔6〕蒋介石日记，1946年11月9日。

〔7〕曾敏之：《谈判生涯老了周恩来》，《文萃》第31期，1946年5月23日。

而国民党统治区相当多的人，正是通过周恩来了解和认识了中国共产党。中国民主同盟拒绝参加那个国民大会。中共代表团成员李维汉在回延安当天日记中写下这样一句话："国共谈判破裂了，但我党满载人心归去。"〔1〕

这是时局的一个重要转折时刻。十一月二十一日，中共中央在延安举行会议。周恩来报告一年来谈判的经过。毛泽东说：内战打不打得起来的问题，现在这个问题已经解决了，剩下的便是我们能不能胜利的问题了。刘少奇说：打的方针是定了，现在证明和是不可能了。胜利从国际国内分析是可能的，但要经过很长的困难时期。十二月九日，一个西方记者向毛泽东提问："中国国内局势是否就要打下去了？"毛泽东回答得很爽快："是要打下去，因为人家要打。"〔2〕

年终将要到来时，司徒雷登再次向美国国务卿报告：蒋介石约见他，很有把握地表示："共产党问题必须以某种方式在半年内解决。""并且也相信能够在六个月内粉碎共产党军事力量。"〔3〕陈诚也在一九四七年二月十五日签呈蒋介石："拟请钧座申诫党政军干部，专意剿匪平乱，以尽革命最后一篑之功。"〔4〕但就在他们充满自信的这个时候，局势却正在悄悄地发生变化。

这个变化首先发生在他们着重进攻的山东和苏北战场上，尤其是山东战场。

那时，国民党军已先后控制淮北、淮南、苏中三个地区，也控制了苏北地区的很大部分，形势似乎对它很有利。他们的计划是先肃清苏北，再进军鲁南，力求在山东同华东地区的解放军主力进行决战。解放军为了集中兵力，要求粟裕率领的华中野战军兼程北上，同陈毅率领的山东野战军会合，组成华东野战军，以陈毅为司令员兼政治委员，粟裕为副司令员，谭震林为副政委。两军初步会合后，采取各个击破的办

〔1〕 李维汉：《回忆与研究》（下），第652页。

〔2〕 《毛泽东文集》第4卷，第203页。

〔3〕 （美）《被遗忘的大使司徒雷登驻华报告》，第46页。

〔4〕 《陈诚先生书信集——与蒋中正先生往来函电》（下），第665页。

法，先将国民党军整编第六十九师合围于苏北的宿迁以北地区，经过四天激战，在一九四六年十二月十九日全歼该师。来援的整编第十一师也受到沉重打击。整个战役共歼灭国民党军两万一千多人。接着，又迅速移师北上。从一九四七年一月二日至二十日发动鲁南战役，全歼国民党军两个整编师和一个快速纵队，共五万三千多人，缴获坦克二十四辆、汽车四百七十余辆、各种火炮二百多门。粟裕总结说："宿北、鲁南两个战役的胜利，使我军实现了自己的战略意图，夺取了战场的主动权。在以后作战中，进行莱芜、泰安、孟良崮等战役时，就主动得多了。""特别是使山东和华中两野战军在作战思想、指挥关系和组织编制等方面实现了统一，为尔后扩大胜利、进行更大规模的运动战和歼灭战奠定了基础。"〔1〕

这时，国民党当局察觉华东解放军主力确已集结在鲁南地区，便调集雄厚兵力准备在鲁南实行决战，陈诚也在一月间亲自到前方指挥。他们判断华东野战军主力必定会固守山东解放区首府临沂，便调集十一个整编师三十个旅，准备从南北两面夹击临沂。其中，主力在南线，有八个整编师二十一个旅；北线是由第二绥靖区副司令长官李仙洲指挥的三个军九个旅，从胶济铁路南下。这时，陈毅提出一个重要设想：既然国民党在南线重兵密集，战机难寻，而北线孤军深入，不如改变原定作战方针，置南线敌方的重兵集团于不顾，将主力隐蔽北上，以绝对优势兵力，歼灭北线之敌。这个计划得到中共中央军委批准。

于是，华东野战军留下两个纵队伪装主力，在南线采取宽正面的防御，吸引住国民党军方的主要注意力，经顽强抗击后放弃临沂，而以全军主力隐蔽地兼程北上，自二月二十日起突然将北线国民党军合围，李仙洲所率领的两个军被困在莱芜城内。二十三日，国民党军在突围时全部被歼，李仙洲被俘。三天内共歼灭国民党军五万六千多人。难怪国民党军第二绥靖区司令长官兼山东省政府主席王耀武要抱怨说："五万多人，不知不觉在三天就被消灭光了。老子就是放五万头猪在那里，叫共

---

〔1〕《粟裕战争回忆录》，第450、451页。

军抓，三天也抓不光呀!”[1] 这次战役中，连同南线和胶济铁路沿线的作战，共歼国民党军七万多人，缴获大批火炮、汽车。

莱芜战役发生在内战的主战场，对战争全局的影响太大了。国民党方面编写的战史，在叙述了宿北战役、鲁南战役和莱芜战役后，综合评论道：“当时国军兵力，系居于绝对优势，徐州附近调集之部队共约八十余万人，而陈匪兵力尚不足四十万，且国军装备优良，超过匪军甚多。”“在如是之优势状况下，本应一举而将陈匪主力击灭。惜国军失误过多，反而为陈匪所乘，于四十天内，连续击灭国军四个整编师、一个快速纵队及一个军，其对双方战力与士气之消长，影响尔后作战者甚巨。所以此次作战，实为双方在主战场上胜败之转捩点所在。”[2]

东北战场上，林彪、彭真、高岗、陈云等率领的东北民主联军，在一九四六年底至一九四七年初进行了“三下江南、四保临江”的战役，粉碎国民党军“先南后北”的进攻，扭转了局势，使东北战场上出现国民党军从进攻到防御、东北民主联军从防御到进攻的根本转折。

整个战争形势，已进入一个新的发展阶段。

国民党军转入重点进攻的挫败

从一九四七年三月起，国民党军队对解放区从全面进攻转入重点进攻：“在晋冀鲁豫、晋察冀、东北等战场上转取守势，集中兵力对解放区南线的两翼——山东和陕北进攻，企图在消灭这两区的解放军后，再转用主力于其他战场，以各个消灭解放军。”[3]

蒋介石这样决策，是不是有一个全盘的钳形攻势的战略考虑？看来不是。时任国防部第三厅（主管作战）厅长的郭汝瑰根据他的近处观察

---

〔1〕 陈士榘：《天翻地覆三年间——解放战争回忆录》，中共中央党校出版社 1995 年 11 月版，第 112 页。

〔2〕《国民革命军战役史第五部·戡乱》第 3 册，（台北）“国防部史政编译局”1989 年 11 月版，第 217、218 页。

〔3〕《中国人民解放军全国解放战争史》第 2 卷，第 278 页。

说："有人说蒋介石重点进攻，是从山东和陕西两翼进行钳形攻势，事实上他没有这样高的战略水平。"〔1〕确实，这只是客观军事形势的变化迫使他不得不改变原来的全面进攻计划，缩小进攻规模罢了。

解放军在全面内战开始后确定的作战原则，有如前面所说，就是："以歼灭敌军有生力量为主要目标，不以保守或夺取地方为主要目标。有些时机，为着集中兵力歼击敌军的目的，或使我军主力避免遭受敌军的严重打击以利休整再战的目的，可以允许放弃某些地方。只要我军能够将敌军有生力量大量地歼灭了，就有可能恢复失地，并夺取新的地方。"〔2〕

经过一九四六年七月至一九四七年二月共八个月的作战，国民党军队被歼的正规军六十六个旅五十四万多人，非正规军十七万多人，共七十一万多人，占领解放区城市一百零五座，每占一座城市平均付出近七千人的代价。到一九四七年春，它的总兵力为三百九十四万人，比战争开始时的四百三十万人下降了百分之九，而且新兵比重加大。由于占领了一批城市，需要分兵守备，能用于第一线攻击的兵力，从一九四六年十月时一百一十七个旅的最高点，下降为八十五个旅。由于有生力量不断被歼，兵力不足的矛盾日益突出，导致他们无法继续保持全面进攻，只得收缩战线，集中兵力向陕北和山东进攻。

陕北是中共中央所在地。国民党军队突袭延安决定得十分仓促。它的直接原因是美、苏、英、法四国外长会议定于一九四七年三月十日在莫斯科开会，并说要讨论中国问题，所以，蒋介石急于抢先拿下延安，以完全关死和平谈判的大门。西安绥靖公署主任胡宗南根据蒋的旨意，调集两个整编军（即原两个集团军）为主力，连同其他部队共二十四个旅二十五万人，向延安和陕甘宁边区突然发动进攻。张发奎说："此时实际上所有的前线指挥官——军长和师长——（几乎）都是黄埔毕业生。这一时期胡宗南无疑是最重要的黄埔领导人，他的部队兵力最

〔1〕《郭汝瑰回忆录》，四川人民出版社1987年9月版，第244页。

〔2〕《毛泽东选集》第4卷，第1199、1200页。

强。”[1] 彭德怀作过这样的分析：蒋介石的打算是：“以压倒优势兵力，歼灭陕甘宁边区我军，压迫我军和我党中央、解放军总部到黄河以东，然后沿无定河、黄河封锁之。这样，蒋介石可以抽出嫡系胡宗南部主力控制于中原或华北，加强机动兵力。这是蒋介石当时的阴谋企图。”[2]

国民党军队在三月十三日发动对延安的进攻，用在正面攻击的部队有十二个旅八万多人，解放军在西北的部队那时正分散在陇东、山西等地作战，能用于正面阻击的只有一个教导旅加两个团共五千多人，而需要防御的正面阵地是东西一百多里、纵深七八十里的地区。十六日，中共中央颁布命令，边区一切部队统归彭德怀、习仲勋指挥，人民解放军总参谋长职务由周恩来兼代。随后，成立西北野战兵团。十八日，中共中央机关和延安群众疏散完毕，毛泽东、周恩来也在黄昏时离开延安。十九日，胡宗南部进入延安，得到的只是一座空城。

撤出延安前，毛泽东作出一项重要决断：他和中共中央不东渡黄河，仍然留在陕北。胡宗南大军压境，双方兵力悬殊，大家很为毛泽东和中共中央的安全担心。毛泽东对这个决定举出两条理由：

> “其一，我们在延安住了十来年，一直处在和平环境中。现在一有战争就走，我无颜对陕北乡亲，日后也不好再见面。我决定和陕北老百姓一起，不打败胡宗南决不过黄河。”“其二，我不离开陕北还有一个理由。胡宗南有二十多万人马，我们只有两万，陕北的比例是十比一。这样我们其他战场就要好得多，敌我力量对比不这么悬殊。党内分工我负责军事，我不在陕北谁在陕北？现在几个解放区刚刚夺得主动，我留在陕北，蒋介石就不敢把胡宗南投入别的战场。我拖住他的‘西北王’，其他战场就可以减轻不少压力。”[3]

撤出延安后几天，中共中央在清涧县的枣林沟举行政治局扩大会

---

〔1〕 张发奎：《蒋介石与我》，第430页。

〔2〕《彭德怀自述》，第243页。

〔3〕 李银桥：《在毛泽东身边十五年》，河北人民出版社1991年6月版，第8页。

议，正式决定：由毛泽东、周恩来、任弼时率领中共中央机关和解放军总部继续留在陕北，指挥全国各战场的作战，那是一支只有几百人的小队伍，而且和西北野战兵团总部分开行动，以避免目标过于集中；刘少奇、朱德等组成中央工作委员会，前往华北，进行中央委托的工作。

攻下延安，蒋介石和胡宗南都兴高采烈，以为取得了巨大胜利。但对中共中央和西北野战兵团主力转移到了哪里，他们一无所知，不知道下一步该怎样行动。西北野战兵团撤出延安后，兵力得以集中，机动性大为增强，又有陕北民众支持，能够严密封锁情报，便于隐蔽集结，在一个多月内接连取得青化砭、羊马河伏击战和蟠龙镇攻坚战三次胜利，共歼国民党军一万四千多人，稳定了陕北战局。胡宗南部在寻找西北野战兵团决战的过程中，到处扑空，疲惫不堪，又屡受打击，粮食困难，士气低落，一筹莫展，深陷其中，无法自拔。这是他们发动进攻时根本没有想到的。

再看山东战场。

蒋介石对这个地区的兵力和作战部署作了比较大的调整：撤销徐州、郑州两个绥靖公署，以陆军总司令顾祝同坐镇徐州，实行统一指挥；将兵力编组成三个兵团和两个绥靖区，共二十四个整编师、六十个旅、四十五万五千人，其中包括国民党在关内的三大主力——第五军、整编第十一师、整编第七十四师；还在三月六日重新堵住黄河的花园口缺口，使一九三八年改道的黄河重归故道，仍从山东入海，切断晋冀鲁豫和华东两大解放区的联系。从三月下旬到四月上旬，他们打通了津浦铁路的徐州至济南段，占领了鲁南山区，打通了临沂至兖州的公路，基本实现了进攻山东解放区的第一步目标。四月一日，蒋介石直接致电在临沂的第一兵团司令长官汤恩伯，要求他们改变作风，快速行动："我军应以先发制人，速照新定计划实施，则可立于主动地位，乘匪南下良机，就近截击其主力，则鲁中战局，方易解决。惟第一步行动，必须快速，最好改变我军向来重装迟钝、日行夜防之旧习，而转为轻装远探、夜行晓击之新作风，今后总须以出敌不意之计划与行动，用迅雷不及掩耳之方法，乃可日起有功。”[1]

但华东解放军的实力，在一九四七年春比以往已有很大增强，总兵力从一九四六年七月的五十七万多人增加到六十四万多人。其中，野战军从十三万人增加到二十七万多人，增加了一倍，武器装备因缴获而得到很大改善，并且积累起同优势国民党军作战的丰富经验。四月下旬，华东野战军主力突然“出敌不意”地攻下泰安，歼灭国民党整编第七十二师等共两万四千人，再度切断津浦铁路徐济段。为了取得更大战果，主力又撤回鲁中解放区腹地。国民党军队果然乘势向这个地区前进，寻求同华东野战军主力进行决战。局势相当严峻。陈毅当时指出：“山东是敌人主战场，敌军力量集中，加重了山东负担，造成了许多困难。敌人‘看得起’、重视山东，战局比过去严重。”[2]

鲁中解放区腹地，群众条件好，民兵组织强，能够严密封锁消息。这个地区大多是岩石山地，山上极少草木及土层，构筑工事困难；地形复杂，又便于解放军隐蔽集结和穿插；附近道路狭窄，不利于重装备部队的运动。

在发动进攻的各路国民党军中，孤军突出的是汤恩伯第一兵团的骨干——整编第七十四师。当时，解放军数次出击后便撤回，避免同国民党主力轻易决战，使蒋介石和陈诚产生错觉，误以为这是解放军“攻势疲惫”的表现，催促各部向鲁中山区进犯。五月，国民党军开始全线进攻。汤恩伯急于立功，不等第二、第三兵团统一行动，就以整编第七十四师直指华东野战军指挥部所在地坦埠，企图实施中心突破，一举打掉解放军的指挥中心。

整编第七十四师最初由蒋介石的心腹、军务局长俞济时组建，是国民党军队中最精锐的部队，全部美械装备，受到美国军事顾问团特种训练，具有相当的指挥、战术、技术水平。抗战胜利后最早空运到南京，有“御林军”之称。全面内战爆发后从南京调出，作为进攻华东解放区的主力，在攻占淮安、涟水、临沂时都充当主攻力量。他们素来目空一

---

〔1〕《总统蒋公大事长编初稿》卷 6（下），第 425 页。

〔2〕《陈毅军事文选》，解放军出版社 1996 年 3 月版，第 387 页。

切，自称“有七十四师，就有国民党”。由于他们担负中央突破的任务，态势突出，已进入华东野战军主力集结位置的正面，解放军的部署不需要作大的调整，就可以在局部对该师形成五比一的绝对优势。该师是重装备部队，进入鲁中山区后，地形对它不利，机动受到限制，重装备不但不能发挥威力，甚至成为拖累。由于该部历来骄横，同其他国民党军队矛盾很深，当华东野战军对它围歼并坚决阻援时，其他国民党军队不愿奋力救援。

基于这些判断，粟裕决心一改历来先攻弱敌或孤立之敌的打法，集中主力，从国民党军队的战斗队形的中央楔入，切断整编第七十四师同友邻部队的联系，以便把它一举全歼。粟裕回忆道：“时间紧迫，我立即将上述种种想法向陈毅同志汇报。陈毅同志十分赞同，说：‘好！我们就要有从百万军中取上将首级的气概！’并立即定下战役决心。”〔1〕

五月十日，华东野战军发出歼灭整编第七十四师的命令。这时，该师已通过孟良崮北上，继续向坦埠推进。十三日，华东野战军担任主攻的五个纵队开始出击，其他部队迅速构筑对国民党军两翼部队进行阻击的坚固阵地。十四日，整编第七十四师师长张灵甫才判明华东野战军有围剿该师的意图，命令部队停止北进，向南退却。当晚，缩集在孟良崮、芦山地区固守，美式重炮和许多现代军事装备不得不丢弃山下。这时，汤恩伯仍电令张灵甫：“匪来犯我，实难得之歼匪良机。”“贵师为全局之枢纽，务希激励全体将士，坚强沈毅，固守孟良崮，并以一部占领垛庄，协同友军，予匪痛击，以收预期之伟大战绩。”〔2〕十五日拂晓，解放军一部抢占该师退路必经的垛庄，完成对整编第七十四师的合围。

这样的仗是解放军以前没有打过的，围歼战是一场激烈的阵地攻坚战，阻援战则是艰苦的阵地防御战，战斗必须在两三天内解决。在解放军顽强阻击下，挡住了国民党增援部队一波又一波的冲击，有的增援部队同整编第七十四师相距只有五公里左右，却无法会合。孟良崮地势虽

〔1〕《粟裕战争回忆录》，第495页。

〔2〕《中华民国史档案资料汇编》第5辑第3编军事（2），江苏古籍出版社2000年1月版，第309页。

然陡峭，但多为岩石山地，构筑工事困难，重装备部队更难以运动和展开。十五日下午起，解放军对孟良崮发起总攻，猛烈的炮火向密集山头的国民党官兵轰击，步兵分多路向山头突击。到十六日下午，全歼整编第七十四师，张灵甫被击毙。二十四日的山东《大众日报》发表一篇《蒋七十四师覆灭情景》，这样写道：

“从十四日夜起，完成包围圈。十五日，即将狼奔豕突的七十四师，完全压缩在孟良崮大山中。人民解放军集中炮火猛烈轰击，照明弹照明夜空如同白昼。蒋军因数日来，到处遭遇人民彻底空舍清野，饮食困难，又经连日战斗伤亡惨重，弹药及给养大部抛弃于溃逃途中；而孟良崮高山野岭，人烟稀少，粮水俱无，致蒋军饥渴疲惫不堪。白天蒋机成群结队，用降落伞曳系食品、汽水，向被围蒋军阵地上投掷，但多数为解放军所获。从十五日起，蒋军虽自东西南北四面增援……均遭解放军强力阻击，一一打退，并歼俘其各一部。十五日晚，人民解放军向孟良崮山发起总攻，展开大规模的山头围歼战。七十四师师长张灵甫亲自指挥所部三个旅，固守几座无草无木光秃秃的山顶，负隅顽抗。解放军则表现更加顽强，英勇冲锋，与敌反复肉搏，更以密集的炮火轰击敌阵，山头上遍是浓烟烈火，弹片和碎石乱飞，如闪电、云雾、冰雹，战斗空前激烈……至十六日午时，我攻山部队已攀登峭壁悬崖，控制孟良崮所有制高点……据山顽抗的残敌被最后解决。下午，枪炮声停歇，蒋介石嫡系主力美械七十四师遂从此全部覆灭。”〔1〕

孟良崮战役，全歼国民党军中最精锐的整编第七十四师，连同各路阻击战共毙伤俘国民党军队三万二千多人，缴获各种山炮、战防炮、迫击炮等二百七十三门，火箭筒、枪榴弹筒、掷弹筒一百零四个，轻重机枪和冲锋枪三千四百六十八挺，步枪六千九百七十六支。整编第七十四师官兵被俘的一万九千六百七十六人，不少人随后参加了解放军。

〔1〕《孟良崮战役资料选》，山东人民出版社 1980 年 6 月版，第 104—105 页。

这次胜利震动了全国。新华社为此发表《祝蒙阴大捷》的评论，指出："蒋介石以近一百个旅使用于华东战场，欲以此决定两军胜负，这个主观幻想业已接近于最后破灭。这次蒙阴胜利，在华东人民解放军的历史上更有特殊意义。因为：第一，这是打击了蒋介石今天最强大的和几乎惟一的进攻方向；第二，这是打击了蒋介石的最精锐部队（四五个精锐之一个）；第三，这个打击是出现在全解放区全面反攻的前夜。"〔1〕上一年在涟水战役中放下武器的一个原整编第七十四师营长曾说："如果七十四师被歼灭了，就没有任何部队能抵抗解放军了。"〔2〕

这次胜利，对蒋介石和国民党上层也带来极大的震撼。因为这次丧失的，不是普通的一个整编师，而是他们认为最可信赖的精锐主力。这个打击是巨大的。

国民党政府正在举办第二期军官训练团。五月十二日，孟良崮战役结束前几天，蒋介石在开学典礼的讲话中还说："只要我们高级将领能够振作精神，确立信心，则今年十月以前，剿匪任务一定可以告一段落。"只隔了一个星期，孟良崮失败的消息传来，他在十九日对同期全体学员讲话时，口气就大变了，把这次失败称为"我军剿匪以来最可痛心、最可惋惜的一件事"，并且说："大家如果再不大彻大悟，急起直追，不但革命事业无法完成，而且我们剿匪军事，恐将陷于最后的失败，整个为共产党所消灭。"〔3〕二十四日，他在日记中也用了"时局逆转"、"此诚危急存亡之秋也"这类充满沮丧的话。这是他以前没有过的心态。〔4〕

王世杰在五月三十一日日记中写道："晚间与陈辞修（诚）总长细谈。彼对大局亦悲观。关于近日对中共军事之失利，彼觉自己不能负责，因为命令多不由彼决定或发出。彼颇露消极之意，谓俟局势稍好转即将引退。由此可知局势之严重。"〔5〕

---

〔1〕《新华社评论集（1945—1950）》，新华通讯社1960年7月编印，第162页。

〔2〕《孟良崮战役资料选》，第17页。

〔3〕《总统蒋公思想言论总集》卷22，第108、109、120、125页。

〔4〕《总统蒋公大事长编初稿》卷6（下），第459页。

〔5〕《王世杰日记》第6册，第79页。

那样短短的时间内，国民党领导层对局势的估计和思想情绪竟发生如此剧烈的变动，预示着大转折的时刻快要到来。

第二条战线的形成

在军事局势变化的同时，国民党统治区内以学生运动为先锋的民众运动风起云涌，直接影响了国民党统治区人心的变动。其中规模最大的有两次：一次是一九四六年年终开始的抗议美军暴行运动；一次是一九四七年五月二十日达到高潮的反饥饿反内战运动。

先说抗议美军暴行运动。

这个运动在抗战胜利后不久就以那样的声势席卷全国不是偶然的，因为这个问题正触及亿万中国人心灵深处最为敏感的痛处。中华民族在一个多世纪以来受尽了外国列强的欺压和侮辱，伤透了中国人的心。特别是经过八年浴血抗战，终于打败长期骑在中国人头上作威作福的日本侵略者以后，每个中国人都觉得扬眉吐气，可以抬起头来做人了。人们最无法忍受的，是重新看到外国列强又以征服者的姿态，无视中国的主权，无视中华民族的尊严和利益，在中国土地上耀武扬威地为所欲为，甚至任意杀害和污辱中国的同胞。这使每个有爱国心的中国人，都会立刻联想到一百多年来民族的屈辱和苦难，都会抑制不住满腔热血的沸腾，奋不顾身地起来抗争。

抗日战争期间，不少美国军人、特别是空军人员来到中国的大后方。他们人数不多。在中国人看来，他们是盟军，是来帮助中国抗战的，因此对他们怀着一种亲近的感情。当美国军人乘坐军车经过街道时，人们常常友好地伸出大拇指向他们喊道："顶好。"

但情况很快发生了变化。美军战后所做的第一件事，就是动用它的空军和海军帮助国民党军队迅速抢运到华北、华东去。美国的海军陆战队，在日本投降前并没有在中国登陆，战后却有五万人在天津、塘沽、青岛登陆。美国海军航空队三个大队进驻青岛、北平。美国军舰还大批开入中国港口。著名作家叶圣陶从重庆坐轮船回到上海，久别归来，刚

刚到吴淞口，给他的第一个印象便是："近处泊美国军舰二十余艘，电灯闪烁，望如厦屋，颇有威胁之感。"〔1〕

更加令人发指的是，美国士兵坐着吉普车恣意飞驰在各大城市人众稠密的街道上，碰伤和碾毙行人。单以上海来说，据国民党官方统计，从一九四五年九月十二日至一九四六年一月十日的一百二十天内，就发生吉普车祸四百九十五次，死伤二百四十四人。美军还任意殴打和枪杀中国人。上海的人力车夫臧大咬子因为向美国兵索取应付的车资而被美军打死。报纸上连篇累牍地报道美军醉酒滋事。在热闹市区的街头任意侮辱以至强奸中国妇女的事实。

这些冷酷的事实，使每个有民族自尊心的中国人不能不痛苦地感到：尽管抗战胜利了，外国人在中国耀武扬威、君临一切的日子并没有过去。

第二次世界大战后，美国的经济比战前大大扩张，一九四五年拥有资本主义世界工业产值的五分之三，国际贸易额的三分之一，成为世界的霸主。和美军大批来到中国同时，美国商品也像洪水一样在中国市场上泛滥起来。当时的刊物上评论："住在上海的人，只要一出门便可看到满街的美国货。不但工业品，就连农产品如棉花，面粉，大米以至水果、奶粉也是美国货。我们这农业国的地道货质既劣，价尤昂，只好退避三舍。于是我们这个国家眼看要实行全部'美式配备'了。""呜呼，我们打了八年的仗，打成一个菲律宾第二（引者注：菲律宾原由美军占领）了。"〔2〕拿一九四六年前八个月的进出口值来看，出口值只占进口值的百分之二十二。〔3〕这却使官僚资本控制的进出口商可以借销售洋货而获得暴利，使本来处境极端困难的民族工业更加难以维持，陷于停顿和濒临破产。

美国并不以这种状况为满足。一九四六年十一月四日，国民党政府外交部长王世杰和美国驻华大使司徒雷登签订《中美友好通商航海条

〔1〕叶圣陶：《东归日记》，《叶圣陶集》第21卷，第32页。

〔2〕木耳：《周末杂感》，《周报》第40期，1946年6月8日。

〔3〕许涤新：《现代中国经济教程》，第202页。

约》。这是中国在抗日战争期间废除原有一些不平等条约后同外国签订的第一个商约。它的突出特点是：在“平等”词句掩盖下的极端不平等。表面上，缔约国双方都可不受限制地在对方“领土全境内”自由设厂、通商、航行；但当时中美经济力量悬殊，中国根本谈不上到美国去自由设厂、通商、航行，剩下的便只有美国可以不受限制地在中国领土全境内自由设厂、通商、航行。连王世杰本人在签约当天的日记中也写道：“彼此虽承认依平等互惠之原则订立此约，然因中美经济状况不同，所谓互惠实际上仍易成为片面之惠。”〔1〕这个条约一公布，自然便激起中国社会各界的强烈反对。

长期郁积的愤怒终将爆发，这是什么力量也阻挡不住的。

成为抗议美军暴行运动直接导火线的，是一九四六年十二月二十四日晚（也就是圣诞节前夜），美国海军陆战队两名水兵在北平的东单操场强奸北京大学先修班女生沈崇。二十六日下午，北京大学红楼西侧的墙上公布了这则惊人的消息。《观察》的北平特约通信写出了当时北大学生普遍的心情：

“看到了这一种消息，每个北大的同学都咬牙切齿，气愤万分，随即墙壁上贴满了红的绿的抗议宣言”。“他们一致的认为：这是一种兽性的行为，这是新帝国主义者蹂躏中国的深一层的表露，受奸污的不仅是沈小姐一人，而是全中国的妇女，全中国的同胞；如果美军一天不退出中国，中国人民的人权与自由便一天没有保障。”

“同时，灰楼有女同学的哭声，有些是愤慨，有些是恐惧。她们说：‘我们是来自天南地北的女孩子，没有亲戚，没有友人，美军是这样的暴行，我们是这样的没有保障，谁能担保同样的污辱不会落在我们的头上？’是这样，仇恨与反抗积压着年青人们的心灵，复员（以）来沉寂的北大要怒吼了。

当天的晚上，无论在西斋，三院，红楼与灰楼，每个人都抛下了书

〔1〕《王世杰日记》第5册，第417—418页。

本，讨论着有关抗议工作的事项，有的并发动了签名；种种激昂的言论与行动，写出了暴风雨前夕的情景。”[1]

国民党当局为了尽快将这场熊熊烈火扑灭下去，又采取了一些愚蠢行动。他们的中央社消息中有“该女子年二十余岁，似非良家妇女”等语（其实，沈崇是晚清两江总督沈葆桢的曾孙女，刚从南方来北平求学）。二十九日，北京大学抗议美军暴行筹委会召开各系级代表大会时，突然闯来几辆吉普车和大卡车，运来一百多个手执木棍、腰悬手枪的暴徒，大打出手，并霸占会场，宣布成立所谓“北平各大学学生正义联合会”，反对举行罢课和游行。这些愚蠢行动，无异于给学生的抗暴运动火上添油。

十二月三十日，清华、燕京、北大、辅仁、师大等大学生五千多人，顶着零下十五度的严寒，举行声势浩大的游行。沿途张贴标语：“谁无姐妹，岂容美国人强奸”，“有良心的中国人起来啊，驱逐美军出中国”等。他们到事件发生的东单广场举行街道集会，围观的民众约有两万人。“休息时且由女同学讲述美军于该地之兽行经过，声泪俱下，同学多眼含热泪。”[2] 同一天，天津的南开大学和上海的复旦、同济、暨南等大学也宣布罢课。

在一九四七年整个一月份，上海、南京、天津、武汉、长沙、南昌、济南、广州、福州、台北、桂林、成都、重庆、西安、兰州、开封、洛阳、沈阳、长春等大中城市的学生不断罢课，举行游行示威，参加的人数达到五十万。许多大城市成立了“抗暴联”。三月八日，全国学生抗暴联合会在上海成立。

学生的抗暴巨潮，在社会各界得到广泛同情。中国民主同盟一月上旬举行一届二中全会。全会的政治报告中说：“这不是单纯的反美运动，而是中国人民警告美国离开中国内战的旋涡，而是中国人民反对内战、

〔1〕本刊特约记者：《北平学生示威记》，《观察》第1卷第21期，1947年1月18日。
〔2〕《抗议美军驻华暴行运动资料汇编》，北京大学出版社1989年12月版，第166页。

争取和平的群众大运动！这种运动才是中国和平民主的真基础！”[1] 文化界、妇女界、工商界团体和著名人士，纷纷发表谈话或公开信，强烈抗议美军暴行，要求美军撤出中国。胡子婴说：“只有美军立刻退出中国，才能消灭这类暴行，不然我们得永远承受如同日军在中国时的同样耻辱！”马寅初说：“假使这种事情也能忍受，中国做奴隶的资格就养成了，我们决不能忍气吞声。”“现在的政府到底是中国人的政府，还是美国人的政府？假如是中国人的政府，应该迅即提出抗议，严重交涉，否则就该下台，愧对国人，还有什么面目坐踞高位？”[2]

中共中央在二月一日举行政治局会议，讨论毛泽东起草的《迎接中国革命的新高潮》的党内指示。周恩来在会上作了国民党统治区人民运动的报告。他在报告中第一次把国民党统治区的人民运动称为“第二战场”。他说：反美斗争，去年还不会料到有这样大的发展，因为许多人原来对美国有幻想。现在，学生运动和小贩运动都直接地是反美运动。群众中，从贫民、工农到民族资产阶级都不满美国的压迫。斗争还要继续发展下去。这个运动是配合自卫战争最有力的运动。[3]

尽管国民党当局坚持并加强对民众的高压政策，但是，随着内战的扩大，随着国民党统治区内各种社会矛盾的进一步激化，特别是恶性通货膨胀和物价猛涨，国民党统治区的人民运动不但没有停顿，相反却迅速地向前发展。到五月间又掀起反饥饿反内战运动的更大高潮。

国民党统治区的恶性通货膨胀和物价猛涨由来已久。抗战胜利后，大后方和原沦陷区的物价一度有大幅度的下降，只隔了一两个月，从十月初开始，又迅速上升。进入一九四六年后，物价高涨的步伐更加快了，民众生活日益陷入困境。据官方统计，近一年内政府支出增加三点二倍，支出中用于内战的军费开支占百分之六十，而收入只足以应付支

---

〔1〕《中国民主同盟历史文献（1941—1949）》，第 284 页。
〔2〕《抗议美军驻华暴行运动资料汇编》，第 390、392 页。
〔3〕周恩来在中共中央政治局会议上的发言记录，1947 年 2 月 1 日。

出的百分之三十二。[1] 曾任国民党政府经济部次长的经济学家何廉写道：

“抗日战争胜利后受内战再起的影响，政府支出，按现行价值计算，一九四六年与上一年相比增加了四倍之多，如与一九四四年比较，增长则达四十四倍。一九四六年政府财政亏损（即支出超过收入），与一九四五年相比较增长四倍。政府的钞票发行量，一九四六年与一九四五年相较也增长四倍。一九四五年的平均物价指数为一六三一六〇。（以一九三七年一至六月份为基期的平均物价指数为一〇〇），而到一九四六年十二月份，物价指数（用同上基期）为六二七二一〇。换言之，一九四六年与一九四五年相比较，物价指数的增长也是四倍，物价增长的基本因素在于财政。”[2]

为了对付财政上严重入不敷出的状况，国民党政府的行政院长宋子文和中央银行总裁贝祖贻除大量发行纸币、增加税收外，还不断抛售黄金和外汇，用来回笼市面上泛滥的货币，共抛出国民党政府手中黄金和外汇的半数。宋子文这样做，有一个重要原因，就是蒋介石和陈诚向他保证在一年内消灭共产党，结束内战。因此，他并没有长远打算，只想应付住眼前的局面，其他待内战结束后再来整顿。可是，战局却对国民党越来越不利，军费开支不断猛增，他就处于进退失据的窘境中了。

蒋介石知道政府控制的黄金外汇被抛售一半后，十分震怒。他在一九四七年二月八日忙于部署进攻鲁南临沂的战役时，召见宋子文，痛加训斥。当天，宋子文命令中央银行停止抛售黄金。十日、十一日，物价立刻陡涨近一倍。不少商家不愿出售货物，物价混乱。三月一日，宋子文不得不辞去行政院长职务，由蒋介石兼任。

停止抛售黄金外汇后，通货膨胀更加剧烈，物价上涨速度更快。接任中央银行总裁的张嘉璈（公权）给蒋介石的报告中，对通货发行额的

---

〔1〕 张公权：《中国通货膨胀史（1937—1949年）》，第50页。
〔2〕《何廉回忆录》，第279页。

状况写道，“嘉璈接任之日（三月一日）为四万八千七百五十四亿五千万元。截至本日（五月二十八日）止，为八万一千五百八十六亿一千一百元。”“自四月份增加速率较快，约在一万二千亿左右。五月份估计当在一万四千亿以上。”〔1〕

非同寻常的物价“四月涨势”，就是在这种情况下出现的。上海《时与文》在五月初发表的一篇文章中写道：

“这次物价的上涨，采取了更普遍、更深刻的态势。在目前为止，这股涨势似乎还没有停止的希望。物价上涨的趋势，本来是曲线型的、波浪式的；然而通货恶性膨胀愈到后来，必然是曲线愈来愈短，最后甚至没有间歇，变成一直线的上涨。只要看四月间米、面粉、生油、纱、布、肥皂等各种日用品都一致上涨百分之五十至八十，就可推测今后涨势的严重。”〔2〕

进入五月，物价就像脱缰野马那样向前飞奔。五月二日，上海市长吴国桢在不到十天内将每石米的限价从十三万元提高到二十万元。不少米店仍因定价太低而拒售。他们说：这是不够米价加上运费成本的。五日，上海市政府废除限价。第二天，白米猛叩三十万元大关。报上满载这一类消息：“食油，涨无止境，市势益形汹涌”；“杂粮，全面奔腾，价格再见高峰”；“面粉涨势益厉”；“卷烟、火柴、肥皂等日用市价，连日上涨颇巨，昨晨日用品开市，势极紊乱，一片喊买，人心激昂，执货者只有漫天讨价，不愿脱货，致形成无市状态。”〔3〕这种令人不寒而栗的情景，也许是今天的年轻人难以想象的。

中国有句老话说：“苛政猛于虎。”当全家面对断炊的威胁时，确实比猛虎更使人感到恐怖。在上海、南京、杭州、成都、无锡、苏州等地都发生饥民将米店哄抢一空的事件。工人们因工资被冻结在一月份的水

---

〔1〕《中华民国货币史资料》第2辑，上海人民出版社1991年3月版，第538页。

〔2〕张西超：《经济前途还能乐观吗》，《时与文》第9期，1947年5月9日。

〔3〕《五二〇运动资料》第1辑，人民出版社1985年6月版，第70、71页。

平，而物价早已大幅度上涨，无法生活下去。五月初，上海纺织工人一万五千人在市政府前示威，上海电车工人也三次举行示威，要求解冻生活指数。这种情况下，学校中教师还能安心教学，学生还能安心读书吗？

“反饥饿，反内战”的口号，正是在这样的社会大背景下提出来的。

当时国民党统治区的民众，特别是人数众多的原来在政治上处于中间状态的人们，最关心的问题是什么？集中到两个字就是“饥饿”。《大公报》在年初的一篇时评中写道：“无数青年学生，破衣两袭，旧被一条，每餐白水菜汤半碗，咸菜一碟，窝头三个，随时对着学校催缴学杂费的牌告发愁，这生活真够困苦了。”[1] 该报在五月初的另一篇社评，题目是《要叫老百姓活得下去》。

人们把注意力集中到饥饿问题时，自然会进一步思考：这一切是怎样造成的？答案不难找到：这是国民党政府发动全面内战带来的。饥饿的根源在于内战，反饥饿必须反内战。这就毫不奇怪：许多学校的学生集会上，经过反复讨论，大家同意在反饥饿的同时提出反内战的要求。当时有一幅流传的漫画，上面写着六个大字：“向炮口要饭吃。”这在人们中激起强烈的共鸣。

处于秘密状态的中共中央上海局书记刘晓，四月二十八日致电中共中央，报告国民党统治区群众运动复趋活跃的新趋势，抗暴运动后第二个高潮又将很快到来，它比抗暴有更大的社会基础，并且判断五月份可能是这一高潮的开始。电文说：

“这一高潮不像抗暴带突然性，而是在开始形态，是此起彼伏、连绵不绝、分散的生活斗争，是生活斗争与政治相互协通到一定时机又汇合成为全面性的政治斗争，我们在思想上组织上策略上都是为着准备组织与领导这一新的高潮，把蒋区民主运动向前推进一步。”[2]

---

[1] 《今日学生的烦闷》（社评），《大公报》1947年1月6日。

[2] 《解放战争时期的中共中央上海局》，学林出版社1989年3月版，第365页。

刘晓回忆道："根据以上的分析和中央指示精神，上海局决定采取以下方针：即从生活斗争入手，进行突破并使之不断发展，逐步和政治斗争相结合。我们认为，解决生活问题是广大群众的迫切要求，提出符合群众切身利益的口号，发动群众进行合法的生活斗争，可以抓住敌人的弱点，成为全面开展运动的突破口。同时，在运动的部署上，我们决定，在此起彼伏的分散斗争中，要集中力量，组织几个中心运动，作为整个运动的主流。此外，我们还准备推动上层分子的组织，大胆地分开活动，多作宣传和号召，以配合和支持群众的斗争。"〔1〕

反饥饿反内战运动的高潮首先在国民党政府的首都南京掀起，成为"整个运动的主流"。

深重的社会经济危机给教育事业带来了极端严重的后果。公教人员的薪给自抗战后期以来一直难以维持基本的生活。随着内战扩大，军费日增，教育经费更是江河日下。四月二十六日，南京的中央大学教授召开紧急会议，提出比照物价指数支给薪金和提高教育经费等要求，并推出十三名教授为代表向教育部请愿。五月六日，因向教育部请愿毫无结果，遂召开全校教授大会，到会的有一百人。大会发表宣言称："眼前全国的教员与学生，衣不足御寒，食不够营养，住不蔽风雨，实验室不能开，图书馆无图书，政府竟熟视无睹"，"试问，政府行的是什么政策？有没有政策？这种无政策的政策，无异于奖励或默认政治社会上的非法，助长贪污，而压制奉公守法、清慎勤廉的人，这是辅世长民的立国之道吗？"〔2〕与此同时，学生的生活状况也迅速恶化。一九四六年十二月规定的大学公费生的副食费两万四千元，本来太低，《大公报》社评称它为"两餐不饱，三冬难过"。到一九四七年五月上旬一直没有变动，而在这期间食米、猪肉、大豆、豆油、煤球等价格平均上涨四点三倍。中央大学校方鉴于学生伙食确实已经差到不能再差的地步，决定采取临时措施，从五月四日起将公费生伙食标准暂按四万元计算。但国民

〔1〕刘晓：《1947年"反饥饿、反内战、反迫害"的五二〇运动》，《肃霜天晓——刘晓纪念文集》，中共党史出版社2008年4月版，第278页。

〔2〕《五二〇运动资料》第1辑，第134页。

党政府行政院拒不同意这种调整，重申必须维持两万四千元的标准。这样，压抑已久的愤怒终于大爆发了。

五月十二日晚，中央大学举行学生系科代表大会。米食团报告：五月份全部副食费只能维持到十四日，以后怎么办？经过激烈争论，大会投票决定：从第二天起罢课，并派代表向行政院、教育部请愿。这个请愿毫无结果，南京其他高等学校也相继罢课。十七日，成立“南京区大专院校争取公费待遇联合会”，决定在二十日国民参政会开幕时组织联合请愿，并向全国九大城市的大学发出电报，要求一致行动。

事实上，这个运动此时已在全国范围内猛烈展开。各地师生同样处在饥饿的严重威胁下。五月十四日，清华大学校长梅贻琦主持召开平津国立大学校长座谈会，决议电请教育部将各院校经常费最低限度增加六倍发给。清华大学、北京大学学生宣布从十九日起罢课三天，并派出上千人到街头进行宣传。天津南开大学、北洋大学学生宣布从十八日起罢课三天。上海和杭州各大学也在五月中旬相继罢课，并决定派代表到南京参加对国民参政会的请愿。

在日趋高涨的群众抗议浪潮面前，国民党当局采取的对策是严厉镇压。十八日，南京的国民政府委员会通过并颁布《维持社会秩序临时办法》，蒋介石为这个《办法》发表书面谈话。谈话中说：

“最近发生之学生行动，实已越出国民道德与国家法律所许可之范围，显系共产党直接间接所指使。如长此放任，不但学风败坏，风纪荡然，势必使作育青年之教育机关，成为毁法乱纪之策源地，国家何贵有如此之学校，亦何惜于如此恣肆暴戾之青年。为保障整个国家之生命与全体青年之前途，将不能不采取断然之处置。”[1]

蒋介石的书面谈话发表后，舆论哗然。十九日，上海十所国立大专院校和四所私立学校学生七千多人在邻近上海火车站的暨南大学操场举

〔1〕《总统蒋公大事长编初稿》卷6（下），第455页。

行欢送“沪杭区国立院校抢救教育危机晋京代表联合请愿团”的大会。会后，集队欢送代表到火车站。在火车站附近的高楼上悬挂一条特大的直幅标语，上写：“民国万税，天下太贫。”

五月二十日清晨，南京的中央大学等校学生五千多人和上海、杭州、苏州学生代表，以孙中山像为先导，高举“京沪苏杭十六专科以上学校挽救教育危机联合大游行”的横幅，向国民参政会前进。到达珠江路时，道路已被军警封锁。据当时的《观察》南京通信报道：“经珠江路口，大队学生已冒着水龙冲过去，剩下两三百中大学生未走完。拿着粗棍铁尺的警察突然的打散了队伍。先是用粗棍横打，后来是劈头下来，一面打，一面捉。学生完全是无抵抗的。被打在地下的女生则站上去用脚蹬和踢，打伤的依旧捉进去。”“队伍的末段被打散后，逃回来报告，听说吴校长（引者注：中央大学校长吴有训）得知学生被打，晕厥了。原来没有参加游行的学生都一齐去了。冲出去的学生被包围在国府路，未到参政会半途。包围阵势是骑警、宪兵、警察三道防线。”〔1〕面对这样严重的局面，游行队伍主席团决定暂停前进，因为如果继续硬冲，会造成很大伤亡。双方对峙达六小时。下午下起倾盆大雨，学生仍屹立不动。后来，在国民参政会秘书长邵力子调解下，学生仍沿原路线行进后返校。五二〇运动，因五月二十日的事件而得名。这件事发生在孟良崮战役结束后第四天，使国民党当局更处于内外交困的局面中。

同一天，北平大专学校学生七千多人，高举“华北学生北平区反饥饿反内战大游行”的横幅，在市区游行。走在队伍前列的，是清华大学退伍军人大队约三百人，其中三分之一穿着旧的美式军服，行进时高呼：“抗战军人只打日本！抗战军人不打内战！清华复员军人反对内战！”十分引人注目。天津的南开大学、北洋大学等校学生一千四百多人，这天分两路游行，也遇到暴徒殴击，造成九人重伤，二十三人被捕。

五二〇事件发生后，学生斗争的口号中又增加了“反迫害”。拿上

〔1〕《南京五二〇惨案的前因后果》，《观察》第2卷第14期，1947年5月31日。

海来说，二十一日成立“上海市学生抗议五二〇惨案后援会”。从第二天起到二十四日，罢课的大中学校增加到八十多所。那样多中学生积极投入到运动中来，是以前不曾有过的。从全国来说，运动席卷南京、上海、北平、天津、杭州、金华、长沙、南昌、成都、重庆、广州、武汉、青岛、济南、开封、西安、福州、昆明、桂林等地，学生们先后举行罢课、上街宣传和游行。许多原来在政治上处于中间状态的学生也积极投身到运动中来。运动的规模和声势都大大超过了年初的抗议美军暴行运动。

国民党政府完全没有想到在它的后方会出现如此广泛的群众抗议运动。他们采取的对策只有一条，就是继续加强高压：军警在深夜任意闯入校园搜捕学生，特务在校园内制造一起起血案，又把它称为“互殴”。其中最令人震惊的是六月一日凌晨武昌军警一千多人冲入武汉大学校园搜捕学生，在校园中开枪扫射，并掷手榴弹三枚，在走道中打死学生三人。武汉大学教授发表的宣言中说：“根据医生对死者的伤口检查，所使用的枪弹竟还是国际战争上被禁用的达姆弹。”〔1〕

学生的反饥饿、反内战、反迫害运动，博得社会各界的热烈同情。五月二十八日，平津教授费孝通、吴晗、陈岱孙、金岳霖、邓之诚、俞平伯、黎锦熙、陈序经、卞之琳等五百八十五人发表联合宣言称：“同人等深知今日一切纷扰现象，根源胥起于经济危机，而经济危机又为长期内战之恶果。一切工潮、学潮均为当前时势下必然之产物。”〔2〕同日，著名女教育家、金陵女子文理学院院长吴贻芳向蒋介石“述特警凶暴殴学生状，蒋愤斥说：‘是我叫他们打的，他们是自卫，否则学生打他们了。’”〔3〕三十一日，复旦大学教授洪深等一百人在罢教宣言中沉痛地宣称：“同人等一心一意求学校之安定，谋人心之缓和，而纠纷与恐怖之来，与同人的努力完全相反。”“似此人身毫无保障，不惟对于其他各生（未被逮捕者）苦难劝其安心上课，同人等悲愤之余，亦无心讲学。爱

---

〔1〕《新五月史话》，上海市学生联合会1947年6月编印，第4、5页。

〔2〕《大公报》1947年5月29日。

〔3〕《黄炎培日记》第9卷，第286页。

于本日由本校教员集议，一致决定立即罢教，以示抗议。”[1]

学生运动是人民运动的一部分。它的发展不能离开整个人民运动的发展。

在抗暴运动到五二〇运动之间，台湾民众在这年二月二十八日，为了反对国民党当局的暴政和杀害无辜平民，奋起反抗，围攻专卖局。接着，在台北举行罢工、罢课、罢市，全岛许多地方发生暴力事件。国民党当局调动军队在基隆登陆，进行血腥镇压。死伤者有几千人，其中有台湾省籍的人，也有大陆其他省籍的人。这件事在以后留下深重的阴影。

在新疆这个多民族地区，一九四四年发生伊犁、塔城、阿尔泰三个专区民众反对国民党政府的武装斗争，被称为“三区革命”。抗战胜利后，经过和平谈判，建立起以张治中兼主席、维吾尔族的阿合买提江和包尔汉两人任副主席的新疆省政府。五二〇事件的前一天，一九四七年五月十九日，南京政府改派长期从事民族分裂活动的麦斯武德任省政府主席，在新疆各地又激起人们强烈不满，发生大规模的从集会、游行到武装暴动的反抗活动。[2]

国民党统治区的工人运动、城市贫民斗争和抢米风潮，农村的抗粮抗税抗抽丁斗争等，也在各地风起云涌地展开。各民主党派和无党派民主人士，积极参加到爱国民主运动中来。国民党政府已陷入众叛亲离、空前孤立的境地。

毛泽东在五月三十日为新华社写了一篇评论，说道：

“和全民为敌的蒋介石政府，现在已经发现它自己处在全民的包围中。无论是在军事战线上，或者是在政治战线上，蒋介石政府都打了败仗，都已被它所宣布的敌人的力量所包围，并且想不出逃脱的方法。”

“中国境内已有了两条战线。蒋介石进犯军和人民解放军的战争，这是第一条战线。现在又出现了第二条战线，这就是伟大的正义的学生

〔1〕《新五月史话》，第21页。

〔2〕包尔汉：《新疆五十年》，中国文史出版社1994年9月版，第276—296、320—323页。

运动和蒋介石反动政府之间的尖锐斗争。学生运动的口号是要饭吃，要和平，要自由，亦即反饥饿、反内战、反迫害。”

“学生运动是整个人民运动的一部分。学生运动的高涨，不可避免地要促进整个人民运动的高涨。”〔1〕

“现在又出现了第二条战线”，这是一个有全局意义的战略性判断。它的出现是人心大变动的结果。中国共产党地下党正是从民众自身的要求出发，加以领导，进一步促进了这种变动。

千里跃进大别山

正当国民党政府在各方面严重受挫而陷入一片混乱时，中共中央和毛泽东抓住有利时机，果断地作出一个人们难以想到的大胆决策：由刘伯承、邓小平率领晋冀鲁豫野战军主力十二万人强渡黄河，千里跃进大别山。在国民党军队的重点进攻还没有被粉碎、人民解放军的数量和装备还没有超过国民党军队时，立即以主力打到外线去，把战争引向国民党统治区，由战略防御转入战略进攻，这是一个了不得的决策。

当时，国民党军队向解放区的进攻主要集中在两翼：陕北战场有二十一个旅，共二十万人；山东战场有五十六个旅，共四十万人。两翼之间的兵力十分薄弱，主要依靠改道后从风陵渡到济南的千里“黄河防线”来阻拦解放军南下，自夸可以用来代替军队四十万人。解放军转入战略进攻的矛头，恰好对准他们这个防守薄弱的腹部，强渡黄河，直插大别山。刘伯承写道：“大别山，雄峙于国民党首都南京与长江中游重镇武汉之间的鄂、豫、皖三省交界处，是敌人战略上最敏感而又最薄弱的地区。这里又曾经是一块老革命根据地，有经过长期革命斗争锻炼的广大群众，多年来一直有我们的游击队坚持斗争，我们容易立足

〔1〕《毛泽东选集》第4卷，和1224、1225页。

生根。”[1]

以主力打到外线去，还有一个重要目的，就是彻底破坏国民党当局将战争引向解放区、进一步破坏和消耗解放区的人力物力、使解放军不能持久的战略方针。时任晋冀鲁豫野战军第二纵队司令员的陈再道回忆道：“前几个月在冀鲁豫地区拉锯式的战斗，打过来，打过去，有些地方，老百姓的耕牛、猪、羊、鸡、鸭几乎都打光了。地里种不上粮食，部队没饭吃，怎么能打仗？当时晋冀鲁豫边区政府的财政收入，绝大部分都用于军费开支。一个战士一年平均要用三千斤小米，包括吃穿用及装具等。野战军、地方军加起来四十多万人，长期下去实在养不起。我们早一点打出去，就可以早一点减轻解放区人民的负担。战争，是军事、政治、经济的总体战。再强的军队，没饭吃是打不了仗的。”[2] 这也是不能不考虑的问题。

一九四七年六月三十日，晋冀鲁豫野战军四个纵队十二万人在鲁西南地区强渡黄河。这个行动完全出乎国民党统帅部意料之外。在这里防守的，只有原西北军刘汝明部和一部分地方部队，士气不高，又因防御正面过于宽大而兵力不足。刘邓大军在一夜之间就渡过了号称“天险”的黄河。他们在鲁西南转战一个多月，采取突然奔袭、各个击破的战术，先后消灭国民党军四个整编师，共五万六千多人，其中最重要的是羊山集战役中全歼宋瑞珂率领的整编第六十六师。

当时，国民党方面对晋冀鲁豫野战军这次行动的真实意图完全弄不清楚。“对于解放军下一步究竟是东越运河、直接策应华东野战军打破国民党军的重点进攻，还是南进截断陇海路直趋徐州、粉碎蒋介石的作战计划，捉摸不定。”[3] 他们甚至还以为它这次可能同以往几次一样，大踏步进退，取得一系列胜利后又会重新北渡黄河。

其实，对刘邓大军来说，强渡黄河和转战鲁西南都不是目的。这些不过是大举南下、挺进大别山的前奏罢了。刘伯承这样说：“敌人是

[1] 《刘伯承军事文选》，解放军出版社 1992 年 12 月版，第 761 页。

[2] 《陈再道回忆录》（下），解放军出版社 1991 年 7 月版，第 122—123 页。

[3] 宋瑞珂：《鲁西南羊山集战役蒋军被歼记》，《文史资料选辑》第 18 辑，第 31 页。

‘哑铃战略’，把两个铁锤放在山东和陕北，我们要砍断这个‘把’。”“山东按着敌人的脑袋，陕北按着两条腿，我们拦腰砍去。”他又说：“一年来敌我悬殊的情况已经有了很大的改变，但是敌人的力量还是很大的。这就决定了我们战略进攻的方式不是逐城推进，而是跳跃式的。我们大胆地把敌人甩在后面，长驱直入地跃进到敌人的深远后方去。”“你们看，大别山这个地方，就像孩子穿的‘兜肚’一样，是长江向南面的一个突出部。我们跃进大别山，就可以东胁南京，西逼武汉，南抵长江。这时候，北面的敌人就可以吸引一部分到我们这边来，山东、陕北和其他战场的担子就会减轻一些，他们可以放手歼灭敌人。当然我们的担子就会加重，困难就会增多。”邓小平说：“我们的行动，决不是冒险，而是一个勇敢的行动。毛主席指出，我们到大别山可能有三个前途：一是付了代价站不住，退了回来；二是付了代价站不稳，在周围坚持斗争；三是付了代价，站稳了。我们要力争第三个前途，克服一切困难，坚决为跃进到大别山，并在那里站稳脚跟而斗争。”〔1〕

当羊山集战斗正在激烈地进行的时候，毛泽东为中共中央军委起草了致刘邓等的电报，对大军如何南下提出了明确的意见：“除扫清过路小敌及民团外，不打陇海，不打新黄河以东，亦不打平汉路，下决心不要后方，以半个月行程，直出大别山，占领大别山为中心的数十县，肃清民团，发动群众，建立根据地，吸引敌人向我进攻打运动战。”〔2〕

刘邓大军抢渡黄河后只有一个多月，连续转战鲁西南，没有多少时间休整。八月七日傍晚，他们毅然决然地分三路向大别山急进。这段路上，不仅要越过陇海铁路，而且还面对着黄泛区和沙河、汝河、淮河等多条河流。蒋介石完全没有料想到他们会走这样一着险棋，还以为他们只是“不能北渡黄河而南窜”。

刘邓大军跨过陇海铁路后，就面对着黄河回归故道前曾经淹没的黄泛区。这时，离黄河复归故道还不满五个月，这里到处仍存着积水，土

---

〔1〕 唐平铸：《转战江淮河汉》，《解放战争回忆录》，中国青年出版社1961年1月版，第135、136页。

〔2〕《毛泽东军事文集》第4卷，第147页。

地浸泡了九年，积存了很深的泥泞。十多万人并带着武器、辎重的大兵团要通过这里，实在极为困难。为了同国民党军队抢时间，他们不顾疲劳，不怕八月的酷暑，奋勇前进。当时担任第六纵队第十七旅旅长的李德生回忆道：

“黄泛区，纵横二十多公里，遍地积水，一片淤泥，到处水汪汪的，没有道路。泥泞的土地一脚踩下去，就陷到腿肚，有时还会碰上齐胸没颈深的泥潭，部队边行军边救人，有的马匹就活活地被淤泥吞没。又正当酷暑，烈日暴晒，加之敌机不时飞临轰炸、扫射，更增加了行军的困难。到了夜晚，头顶轰炸、扫射的敌机没有了，可是天黑水多，行军同样十分困难。但广大指战员不畏艰险，团结互助，扛的扛，抬的抬，推的推，终于将大部分辎重、火炮、车辆拖出了黄泛区。纵队一门三八野炮，深陷泥里，实在拉不出来，只好忍痛炸掉。经过连续十五小时片刻不停的艰苦行军，终于通过了黄泛区，于十八日先敌渡过了沙河，粉碎了敌人迫我于黄泛区作战的企图。”〔1〕

大军一过沙河（就是颍河），蒋介石才明白过来：刘邓大军不是“被迫南窜”，而是有计划地进军大别山的战略行动。他立刻调整部署，以吴绍周部整编第八十五师和整编第十五师的一个旅坐火车沿平汉铁路南下，抢在汝河南岸布防，企图实行南北夹击。但平汉铁路已被解放军和民兵多处破坏，他们行进迟缓。

汝河位于河南省中部，是淮河的支流。“汝河的河面，才不过四五十米宽，但水深不能徒涉，南岸较北岸稍高，易于控制。”〔2〕八月二十三日，第一、二、三纵队已分路渡过汝河，留在北岸的只有中原局机关、野战军总部和第六纵队。这时国民党军一个师和一个旅赶到汝河南岸，占领了制高点；北面追来的三个师相距只有二十公里，不需要一天就可以赶

〔1〕《李德生回忆录》，解放军出版社1997年8月版，第187—188页。

〔2〕王匡：《跃进大别山》，《刘邓大军南征记》第2集，河南人民出版社1985年6月版，第197页。

到。这是个千钧一发的时刻。能不能在几个小时内抢渡汝河，关系整个战略行动的成败。刘伯承、邓小平召集各指挥员部署强渡汝河。“刘司令员说：‘情况就是这样，后有追兵，前有阻敌，现在只有采取进攻的手段，杀开一条血路。狭路相逢勇者胜！要勇！要猛！懂吗?’邓政委强调说：‘现在没有别的出路，只有坚决打过去！’”〔1〕

“狭路相逢勇者胜”这句具有强烈感染力的话，立刻传遍全军，产生巨大的激励力量。二十四日清晨，先头部队抢渡汝河，在南岸国民党军阵地上撕开宽约三公里的通道，顽强地顶住国民党军在通道两侧的反复冲击，激战十几小时，掩护领导机关和其他部队从临时浮桥上渡过汝河，向南挺进。二十六日，刘邓大军主力到达淮河北岸。

能不能以最快速度抢渡淮河？关键在于大军能不能徒步过河。淮河在这个地段面阔底浅，但也有深有浅。刘伯承自己坐上小船，持竹竿探测水深，发现有一段可以徒涉。部队在水中插上标记，分成六路，在一夜之间渡过淮河，克服了进军大别山途中最后一道难关。

部队一过淮河，前面就不再有重大的自然障碍，迅速进入他们日夜期盼的大别山麓。刘邓大军经过二十天的急行军，战胜国民党军队的前堵后追，战胜重重的自然障碍，进入大别山，胜利完成了千里跃进的任务。

但是，这还只是跨出的第一步。在国民党当局立刻调集重兵前来“围剿”的严峻形势下，如何在大别山地区站稳脚跟，建立起巩固的根据地，仍是极为艰巨的任务。刘邓大军进行了三个回合的斗争：迅速实施战略展开，扩大控制地区，发动群众，开展游击战争；积极寻机歼灭前来“围剿”的国民党军队，进一步完成战略展开；把内线作战和外线作战相互配合起来，实施战略再展开，粉碎国民党军队对大别山的大规模进攻。经过这三个回合的严重斗争，共歼敌十九万人，在四千五百万人口的江淮河汉地区建立起中原根据地，终于在大别山站稳了脚跟。挺进大别山的过程中，刘邓大军义无反顾地挑起了常人难以想象的重担，艰苦备尝，作出巨大牺牲，但它换得的是整个人民解放战争战略形势格

---

〔1〕《李德生回忆录》，第188页。

局的根本改观。

刘邓大军千里跃进大别山后，中国人民解放军另两支大军以雷霆万钧之势，从它的左右两翼相继南下：陈赓、谢富治集团八万多人从晋南出发，强渡黄河，进入豫西地区；陈毅、粟裕率领华东野战军主力十八万人从山东向西南方向推进，跨过陇海铁路，在豫皖苏地区展开。这样，三路大军相互呼应，互为犄角，在陇海铁路以南、长江以北摆开了一个倒过来的“品”字形阵势。中原地区，已由国民党军队进攻解放区的重要后方，变成人民解放军夺取全国胜利的前进基地。

黄河以北地区也攻守易势：国民党军队除在山东半岛还有一些局部攻势外，全面转入防御；各路人民解放军相继转入战略反攻和进攻，取得重大胜利。西北野战军在沙家店战役和清涧战役中先后歼灭钟松率领的整编第三十六师和廖昂率领的整编第七十六师主要部分，使陕北战场局势根本改观。晋察冀野战军在清风店战役和石家庄战役中，全歼国民党军第三军，解放了石家庄，取得了通过攻坚战夺取大城市的新经验。蒋介石在日记中叹道：“全国各战场陷于被动劣势之危境，尤以榆林、运城被围二三旬，无兵增援，及至十二日石家庄陷落之后，北方之民心士气完全动摇。”〔1〕东北民主联军先后发动夏季攻势和秋季攻势，迫使国民党军队收缩到长春、沈阳、锦州等三十四座大中小城市及其附近地区内，陷于孤立无援的困境。当冬季作战结束时，又攻下了国民党军队坚固设防的四平，使长春同沈阳的铁路联系完全被切断，只能靠有限的空运来作部分补给，这自然是无法持久的。

中共中央依然留在陕北，指挥全国的解决战争。新中国成立后不久，毛泽东曾说过：“胡宗南进攻延安以后，在陕北，我和周恩来、任弼时同志在两个窑洞指挥了战争。”周恩来接着说：“毛主席是在世界上最小的司令部里，指挥了最大的人民解放战争。”〔2〕

全国战局已发生根本变化。战争的主动权，已完全转移到人民解放军手中。

---

〔1〕蒋介石日记，上月反省录，1947年12月。

〔2〕《毛主席转战陕北》，陕西人民出版社1979年8月版，第2、3页。

农村土地制度的大变动

一九四七年七月至九月，在刘少奇主持下，中共中央工委在西柏坡召开全国土地会议，总结土地改革运动的经验，通过《中国土地法大纲》。十月十日，中共中央作出决议，公布这个大纲，在解放区内实行废除封建土地所有制的土地改革。这是国内局势发展中一件有着举足轻重意义的大事。

全面内战爆发时，解放区主要在农村和一些中小城市。解放区民众的绝大多数是贫苦的农民。他们祖祖辈辈受地主的残酷剥削，渴望能做自己土地的主人。这是中国近代社会中最迫切需要解决的基本问题之一。

抗日战争期间，大敌当前，为了团结抗日，中国共产党在农村中实行的是减租减息、合理负担和没收汉奸财产的政策。它明显地减轻了农民的负担，并使相当数量的土地从地主手里转移到贫苦农民手里，农村中的中农数量大大增加，调动了农民的积极性，但没有废除地主的土地所有制，在减租减息的同时也要求农民缴租缴息。这在当时的历史条件下是必要的，也是农民群众能够理解和接受的。

抗战胜利后，情况发生了很大变化。日本侵略者被驱逐出中国，解放区面积有很大扩展，其中相当大部分是从日本侵略者手中收复的。在这些地区内，日伪政权虽被摧毁，但不少战时同日伪勾结、在当地作威作福的地主依然霸占着大量土地，减租减息以往也没有进行过。“这时，在对日反攻后收复的几个新解放区，封建土地占有关系还占据主导地位。如苏北的淮海区在反奸、减租后，全区有地主一万一千零五十二户，占有土地一百三十四万二千九百五十亩，平均每户一百二十亩左右，以每户八口计算，每人有地十五亩，相当于中农的五倍。太行区反奸减租后，地主人均土地十三点七亩，中农三点一亩，贫农二点一亩，地主人均土地相当于中农的四点五倍。在对日反攻以前解放的老区，虽然经过多年减租减息，大大削弱了封建土地占有关系，但是，它仍然影响着农民的生产情绪和革命积极性的发挥。”[1]

一九四六年春，山西、河北、山东、华中等各解放区，特别是对日反攻后收复的新解放区，农民纷纷起来，在反奸、清算、减租减息斗争中，利用清算租息、清算额外剥削（如大斗进小斗出等）、清算转嫁负担（如应由地主担负的地亩捐转嫁给农民负担）、清算霸占和吞蚀、清算黑地和挂地、清算无偿劳役及其他剥削等方式，使地主的土地在偿还积债、交纳罚款、退还霸占、赔偿损失时大量转移到农民手里。拿晋冀鲁豫地区来说，“到一九四六年三月，全区有百分之五十的地区，贫雇农直接从地主手中获得了土地，实现了‘土地还家’、‘耕者有其三亩田’（大体人均三亩）。中农也分到了一些斗争果实。”[2]

农民纷纷起来从地主手中取得土地这样一股巨大浪潮面前，中国共产党究竟采取什么态度？是站在贫苦农民一边允许他们获得土地，还是与此相反，已成为必须明确回答的问题。这时，全面内战的爆发已迫在眉睫。只有依靠民众（特别是广大贫苦农民）的力量，才能改变敌强我弱的形势。如果在一万万几千万人口的解放区内，迅速解决土地问题，就可以发动民众长期支持战争。客观形势迫使这个问题更不能拖延。

一九四六年五月四日，中共中央讨论关于土地问题的指示。讨论中，刘少奇说：“土地问题今天实际上是群众在解决，中央只有一个一九四二年土地政策的决定，已经落在群众后面了。”毛泽东说：“国民党比我们有许多长处，但有一大弱点即不能解决土地问题，民不聊生。这一方面正是我们的长处。时间太长不好，太短亦不行，这是我们一切工作的根本、下层基础，其他都是上层建筑。这必须使我们全体同志都明了。农民的平均主义在分配土地以前是革命的，不要去反对。要反对分配土地以后的平均主义。”[3]

这次会议通过了《中共中央关于土地问题的指示》，通常称为“五四指示”。指示提出的基本原则是：“在广大群众要求下，我党应坚决拥

---

〔1〕 杜润生主编《中国的土地改革》，当代中国出版社 1996 年 8 月版，第 172 页。

〔2〕 薄一波：《七十年奋斗与思考》上卷，第 397 页。

〔3〕 毛泽东、刘少奇在中共中央会议上的发言记录，1946 年 5 月 4 日。

护群众从反奸、清算、减息、退租、退息等斗争中，从地主手中获得土地，实现耕者有其田。”这样，解放区的土地政策，实际上由减租减息转向耕者有其田。

“五四指示”颁布时，解放战争还处于战略防御阶段。各级党组织遵照中共中央的指示，纷纷抽调大批干部组成工作队奔赴农村，领导土地改革运动。在东北解放区，动员了一万二千名干部下乡，放手发动群众，掀起了土地改革运动的高潮。其他解放区一般通过清算斗争，发动农民向地主面对面地一笔一笔地算账，以不同方式从地主手中获得土地。根据新华社电讯和各地方报纸材料，晋冀鲁豫边区到十月间已有两千万农民获得土地，每人所有土地可达三至六亩。苏皖边区在十二月初已有一千五百万农民分得土地，平均每人在两亩以上。而东北解放区由于地广人少，又没收分配了大量原来由日伪控制的“开拓地”、“满拓地”，到十月底为止，农民得地两千六百万亩，每人平均六至七亩。〔1〕

土地改革运动的发展，农民获得土地，极大地提高了他们发展生产和支援解放战争的积极性。晋冀鲁豫、东北等解放区出现了十多年来没有的大丰收。全面内战爆发后的四个月内，各解放区就有三十万翻身农民，为了保卫在土地改革中获得的果实、保卫家乡而参加了人民解放军。北满根据地能够迅速成为全东北的巩固的大后方，并且在这里成长起各解放区中人数最多的一支大军，靠的就是进行了这场土地革命。著名作家周立波的长篇小说《暴风骤雨》生动地描写了这个过程。广大民众和地方游击队还积极地投入提供军粮、运输物资、保护伤病员、传递信息、袭击敌军等种种活动。解放军在各方面都得到当地民众的极大支持。战争不只是军事上的较量，如果没有民众的这种支持，解放军在双方力量悬殊的情况下要灵活机动地以弱胜强是无法想象的。而气势汹汹地发动进攻的国民党军队，一闯入解放区，就发现自己陷入十分孤立的境地，消息不灵，情况不明，时时遭受袭击，进退失据，难以自拔。这种状况，在相当程度上是由当地贫苦农民的民心向背决定的。

---

〔1〕《中国土地改革史料选编》，国防大学出版社 1988 年 12 月版，第 330 页。

在“五四指示”中，并没有明确提出废除封建土地所有制的问题。在解放区内，土地状况虽有很大改善，地主对土地的占有量虽已大幅度减少，但问题没有彻底解决。用刘少奇的话来讲，这是“五四指示的过渡性”。

一九四七年夏秋之交，人民解放军由战略防御转入战略进攻，国内形势发生巨大变化。为了取得战争的胜利，必须彻底解决农民的土地问题。在老解放区，需要满足群众要求，完成土地改革；在新解放地区，需要在总结老解放区经验教训的基础上，有步骤有分别地解决农民土地问题，建立巩固的根据地。

全国土地会议的召开和《中国土地法大纲》的制定，就是在这样的大背景下进行的，因而表现出异常的紧迫性。

《中国土地法大纲》最突出的特点是：彻底消灭封建剥削制度，实现耕者有其田。它旗帜鲜明地规定：“废除封建性及半封建性剥削的土地制度，实行耕者有其田的土地制度。”这是整个土地制度改革的总纲。根据这个根本要求，《大纲》具体规定：“废除一切地主的土地所有权”，“废除一切祠堂、庙宇、寺院、学校、机关及团体的土地所有权”，“废除一切乡村中在土地制度改革以前的债务”；“乡村农会接收地主的牲畜、家具、房屋、粮食及其他财产，并征收富农的上述财产的多余部分，分给缺乏这些财产的农民及其他贫民，并分给地主同样的一份”；“大森林、大水利工程、大矿山、大牧场、大荒地及湖沼等，归政府管理。”《大纲》规定农民享有历史上从来没有过的民主权利，要求依靠群众自己的力量来实行土地改革。[1]

《中国土地法大纲》是一个在全国范围内彻底消灭封建土地制度的基本纲领，公开树起消灭封建制度的大旗。这是和“五四指示”不同的，是又向前跨出的一大步。由于全党动手，各地组织了大批土改工作队下乡，放手发动农民，组织贫农团和农会，控诉地主，惩办恶霸，农民群众兴高采烈，因而行动快，声势大。拿东北解放区后方的合江省来

〔1〕《中共中央文件选集》第16册，第547、548页。

说："全省平均每个农民分得土地七亩至十二亩，每四十亩到七十亩地即有一头牲口，房屋和衣服等一般地解决了。这是一个翻天覆地的变化。农民的生产积极性因此特别高涨。一九四八年初，除缴公粮及以粮换盐、换布外，每人尚有余粮六斗至一石。""从一九四六年六月到一九四八年十月，共输送子弟兵六万二千余人到主力兵团。这是土改的重要收获，它为我军提供了丰富的兵源。"〔1〕东北地区人民解放军力量得以迅速壮大，主要来源就是土地改革后踊跃参军的翻身农民。

这是一场中国农村社会的大变动，是一场真正意义上的大革命。千百年来，中国一直是农业国家。占乡村人口很少数的地主、富农占有大多数土地，残酷地剥削农民，而占乡村人口绝大多数的雇农、贫农、中农及其他人民，却只有很少的土地，终年劳动，不得温饱。这种严重状况，是中华民族被侵略、被压迫、贫困及落后的重要根源，是中国的国家民主化、工业化、独立、统一及富强的基本障碍。土地改革所要解决的，就是这个问题。

土地制度的改革是中国民主革命的基本内容之一。不废除地主的土地所有制，便没有彻底的反封建可言，也没有中国的现代化可言。在中国，不存在别的代表农民利益的政党。许多政党和它们的代表人物，或者根本不关心农民的土地问题甚至依赖乡村的豪绅来维持他们的统治，或者只在讲话或文章中说了一些空话，或者只是做了一些枝枝节节的工作。只有中国共产党才最坚决地、脚踏实地地在乡村中领导广大贫苦农民，把几千年没有能解决的封建土地所有制从根铲除。这是任何其他政党和人士没有做到的，也是中国共产党所以能领导中国革命取得胜利的奥秘所在。当时上海的英文刊物《密勒士评论报》也看到了这一点，写道："（中国）内战战场的真正分界，是在这样两种不同的地区中间；一种是农民给自己种地，另一种是农民给地主种地"，这"不但决定国共两党的前途，而且将决定这个国家的命运。"〔2〕

〔1〕 方强等：《合江人民的觉醒》，《辽沈决战》下册，人民出版社1988年10月版，第66、67页。

〔2〕 转引自杜润生主编《中国的土地改革》，第208页。

农民是最讲究实际的。中国共产党不是以空话，而是以领导农民进行土地改革的事实，使他们迅速看清是谁代表着他们的利益，应该跟着谁走。这是一个排山倒海的力量，其他任何力量都无法同它比拟。中国革命的军事斗争同土地制度的改革是不能分开的：没有军事斗争的胜利，土地改革的成果没有保障，农民容易缺乏信心而不敢奋身投入土地改革的斗争；而没有土地制度的改革，没有广大农民的全力支持，军事斗争也会失去力量源泉而不可能战胜强大的敌人。不足够地看到这个事实的极端重要性，就不可能理解二十世纪前期中国的走向。

但是，全国土地会议也存在着一个问题，就是提出“彻底平分土地”。《中国土地法大纲》中虽然没有这个提法，但第六条中有“连同乡村中其他一切土地，按乡村全部人口，不分男女老幼，统一平均分配”的规定，也就是要“彻底平分土地”。它的来源是新华社八月二十九日的社论《学习晋绥日报的自我批评》，其中写道：“现在我们是处在历史上空前规模的内战之中”，“中国人民要以自己的力量战胜这个敌人，最重要的保证之一，就是土地问题的彻底解决，首先要解放区土地问题的彻底解决。”“在这种情形之下，我党的土地政策改变到彻底平分田地，使无地少地的农民得到土地、家具、牲畜、种籽、粮食、衣服和住所；同时又照顾地主的生活，让地主和农民同样分得一份土地，乃是绝对必要的。”〔1〕

“彻底平分土地”，就不会不触及中农的利益，特别是会侵犯富裕中农的利益。刘少奇是意识到这个问题的。他在全国土地会议的讲话中说：“这样一来中农就要动了。不过中农也动得不多，只是富裕中农要拿一点出来，下中农还得到土地。”他说：“毛病就在这一点上，就在关于中农的问题上”，但“不动中农而能满足贫雇农的地方比较少。”〔2〕会议经过讨论，多数人认为这样做“得多害少”，决定普遍实行彻底平分。这个决定，得到中共中央的批准。“会议在如此重要原则上发生变更表明，当时为了尽快地动员广大农民投入斗争，领导在无产阶级政策和农

---

〔1〕《新华社社论集（1947—1950）》，新华通讯社 1960 年 7 月编印，第 54、55 页。

〔2〕刘少奇在全国土地会议上的讲话记录，1947 年 9 月 4 日。

民的平均主义要求之间一度作出了让步。”[1]

为什么会发生这个变更而在一定程度上侵犯了中农的利益？这同当时的具体环境有关。在解放区特别是老解放区内，经过减租、诉苦清算和有些地区的多次土改，土地关系已发生很大变化，中农比重大大增加，地主和旧富农手里可以拿出来分配的土地已大大减少，不能满足渴望土地的贫雇农的要求，而严重紧张的军事形势又迫切需要把人数众多的贫雇农充分发动起来，怎样更好地满足他们的要求便成为十分重要的问题。中国共产党面对着两难的选择。在这种情况下，便会产生不如要富裕中农拿出一点土地而在其他方面给以补偿的想法。所谓“得多害少”就是它的反映。这种考虑，在当时的具体历史条件下是可以理解的，但毕竟是不正确的。动了一部分富裕中农的土地，即使在其他方面给以补偿，仍会使大多数中农感到恐慌，挫伤或压抑他们的生产积极性，不利于团结中农和在土改后建设新农村。因此，中共中央很快在三个来月后对这项政策作了调整。

土地会议对解放区土改不彻底和党内不纯的情况，也估计得过于严重，强调反对右倾而没有注意防止“左”倾。在广泛发动土改运动时，一段时间内在许多地方曾发生“左”的偏向：把一部分中农的成分错定为富农或地主，办事不要中农参加；侵犯一部分民族工商业，如没收地主兼营的工商业，对工商业征税过高；对地主和富农、地主中的大中小和恶霸非恶霸不加区别，用同样方式进行斗争，有的地方甚至发生对地主富农乱打乱杀；整党中，有些工作组对当地党组织和干部一律不信任，把他们当“石头”搬掉，单纯强调依靠贫农团去进行土改；发动群众时，提出“群众要怎么办就怎么办”，放弃领导，助长尾巴主义等。这种状况，引起不少人的恐慌。

中共中央很快发现了这些问题，把政策问题提到极其重要的地位，强调要提高全党的政策观念。毛泽东说了一句名言：“政策和策略是党的生命。”他明确提出：“现在敌人已经彻底孤立了。但是敌人的孤立并

---

〔1〕 杜润生主编《中国的土地改革》，第 204 页。

不等于我们的胜利。我们如果在政策上犯了错误，还是不能取得胜利。”他在西北野战军前委扩大会议上讲得很透彻：

“如果我们的政策不明确，比如侵犯了中农、中等资产阶级、小资产阶级、民主人士、开明绅士、知识分子，对俘虏处置不当，对地主、富农处置不当，在统一战线问题上犯了错误，那就还是不能胜利，共产党会由越来越多变成越来越少，蒋介石的孤立会变成国共两方面都孤立，人民不喜欢蒋介石，也不喜欢共产党。这个可能性是有的，在理论上不是不存在的。”〔1〕

当胜利行将到来的时候能不被胜利冲昏头脑，而发出如此清醒而中肯的警告，实在是一件极不容易的事情！

在认清出现的问题后，中共中央对相当普遍存在的“左”的错误，采取了力度很大的纠正措施，研究并制定有关土地改革的一系列具体政策。毛泽东为中共中央起草了《关于目前党的政策中的几个问题》等一系列重要指示，任弼时作了《土地改革中的几个问题》的长篇报告，指出土地改革中发生“左”倾错误的种种表现和原因，细致而周密地提出纠正错误的原则和具体办法。中共中央还重新发布土地改革战争时期的两个文件，即《怎样分析农村阶段》和《关于土地斗争中一些问题的决定》，并根据当前情况作了修改或加了注，使各地在处理有关问题时有所遵循。

各地党组织遵照中共中央指示，立刻采取切实措施纠正已发生的“左”倾错误。各地党委按照中共中央规定，建立了严格的请示报告制度。如晋绥分局书记李井泉在一九四八年一月二十二日给毛泽东的报告写道：

“我回来以后，即在分局开会数日，根据中央的精神，检查了土改中

〔1〕《毛泽东文集》第5卷，人民出版社1996年8月版，第23页。

对中农及工商业的左倾问题。”“根据绥蒙二分区检查，大约有半数上下地区群众，确已开始发动起来，大部分中农参加土改运动。因此，估计基本上是真正的群众运动。贫雇农独立脱离中农的偏向也存在，但易补救。而划成份脱离中农，成为最基本问题。在兴县蔡家崖与五寨前所纠正错订成份，已获得农民拥爱，现正推广。工商业，在这两个地区，主要是土改牵连较大。而朔县则更严重，乡村农民数千进城扣押敌伪人员及地主，没收财物，领导上未加控制，异常混乱。现已拟释放不应扣捕之人员，赔偿不应没收与处罚过重之财物。各地营业税过重者，已采取按超征额退还。”“我们现在正告诉各地集中力量分地，并配合改正成份，争取春耕前，把群众已经发动起来的地方分配完毕。”〔1〕

可以看出，由于指导思想明确，措施果断得力，干扰运动健康发展的一些“左”倾错误比较快地得到排除，没有延续很长时间，使解放区的土地改革运动在半年多内，取得了预期的成果。

人民民主统一战线的巩固和扩大

随着解放战争的胜利发展，国民党当局更加加强对它心目中一切异己势力的控制以至镇压，结果使一些原来在政治上处于中间状态的力量进一步抛弃对它的幻想，被驱赶到同它对立的方面去。中国共产党领导的人民民主统一战线进一步巩固和扩大。

中国民主同盟主要由国民党统治区有着爱国民主思想的中上层知识分子组成，内部的政治倾向比较复杂。它在成立的时候，自认为是个中间派的政治集团，是国民党和共产党之外处于中间地位的政治集团。抗战胜利后不久，一九四五年十月十一日至十六日，民盟举行临时全国代表大会（以后被追认为第一次全国代表大会）。大会的政治报告中说：

---

〔1〕《解放战争时期土地改革文件选编（1995—1949年）》，中共中央党校出版社1981年9月版，第135、136页。

“中国民主同盟在中国所要建立的民主制度，绝对不是，并且绝对不能，把英美或苏联式的民主全盘抄袭。”“我们没有所谓偏左偏右的成见，我们亦没有资本主义民主、社会主义民主这些成见。”“拿苏联的经济民主来充实英美的政治民主，拿各种民主生活中最优良的传统及其可能发展的趋势，来创造一种中国型的民主，这就是中国目前需要的一种民主制度。”〔1〕

毫无实力的中国民主同盟，靠什么来实现这种“中国型的民主”或者他们中有些人所谓的“中间路线”呢？它期待通过和平的方法来实现，特别是期待通过一九四六年一月举行的政治协商会议来实现。在这次会议上，一向反共的中国青年党已经同中国民主同盟分手而靠拢国民党了；中国民主同盟仍抱着积极的态度，力求使这次会议有助于推进中国的民主政治，并同中国共产党保持较好的合作。

蒋介石从来对权力把得很紧很紧，根本不想实行什么民主政治。这在他抗战胜利前夜出版的《中国之命运》一书中已表现得很明白。他不仅把中国共产党看作主要对手，就是对中国民主同盟也难以容忍。政协刚结束，重庆民众近万人在较场口广场开庆祝大会，被特务捣毁。“看这次被打成伤的人名，多半是民主同盟的干部人物；而依据英文《大陆报》的记载，简直这次殴打的主要对象，就是民主同盟的会员。”〔2〕

更令人愤慨的是，全面内战爆发后十多天，七月十一日和十五日，在云南昆明发生了李公朴、闻一多相继被暗杀的惨案。李公朴是民盟中央执行委员会委员兼民主教育运动委员会副主席，闻一多是民盟中央执行委员会委员兼云南省支部常委暨宣传部主任，两人都是在社会上有很大影响的著名的学者和社会活动家。李公朴被暗杀后，闻一多拍案而起，在云南大学礼堂上发表了充满悲愤的演讲，当天下午也被国民党特务枪杀了。他在最后那次讲演中说：

---

〔1〕《中国民主同盟历史文献（1941—1949）》，第75、76、77页。

〔2〕范蕙：《论陪都暴行》，《周报》第24期，1946年2月16日。

“这几天，大家晓得，在昆明出现了历史上最卑劣、最无耻的事情！李先生究竟犯了什么罪？竟遭此毒手。他只不过用笔写写文章，用嘴说说话，而他所写的，所说的，都无非是一个没有失掉良心的中国人的话！大家都有一支笔，有一张嘴，有什么理由拿出来讲啊！有事实拿出来说啊！为什么要打要杀，而且又不敢光明正大的来打来杀，而偷偷摸摸来暗杀！这成什么话？

今天，这里有没有特务？你站出来，是好汉的站出来！你出来讲！凭什么要杀死李先生？杀死了人，又不敢承认，还要诬蔑人，说什么‘桃色事件’，说什么共产党杀共产党，无耻啊！无耻啊！”

“我们不怕死，我们有牺牲的精神，我们随时像李先生一样，前脚跨出大门，后脚就不准备跨进大门。”〔1〕

李闻惨案发生后，在国内激起强烈愤慨，在国际上也受到相当关注。梁漱溟以中国民主同盟秘书长的名义发表书面谈话，沉痛地说：“李、闻两先生都是文人、学者，手无寸铁，除以言论号召外，别无其他行动。假如这样的人都要斩尽杀绝，请早收起宪政民主的话，不要再说，不要再以此欺骗国人。”他在记者招待会上宣读完这个书面谈话后激动地说：“特务们！你们有第三颗子弹吗？我在这里等着它！”〔2〕

一九四六年十月十一日，国民党政府不顾中共一再发出的警告，断然强占张家口，同时单方面宣布将召开所谓国民大会。曾琦为首的中国青年党和张君劢为首的民主社会党（由国家社会党和民主宪政党合并而成）宣布参加。曾琦公然说：“余语蒋：行政院必须改组。吾辈无所谓，吾辈部下就希望分得几部，做官吃饭。”〔3〕十月二十五日，年高德劭的中国民主同盟主席张澜发表谈话说：“此次国大召集令，国民党一党单独颁布，这表明国民党完全推翻政协决议。”十一月十四日，他明确宣

---

〔1〕闻一多：《最后一次的讲演》，《拍案颂》，北京图书馆出版社 2007 年 10 月版，第 126、127 页。

〔2〕《梁漱溟全集》第 6 卷，山东人民出版社 1993 年 6 月版，第 558、559 页。

〔3〕《黄炎培日记》第 9 卷，第 211 页。

布："民盟绝不参加一党国大。"[1]

民主同盟坚决拒绝参加国民大会，是一个重要的政治动向，这在国民党当局高压和利诱政策下是很不容易的，反映出原来处于中间状态的人们在政治态度上的进一步变化。国民党当局一意孤行的结果，只能把自己更加孤立起来。

这以后，国民党当局更步步进逼，加紧对民主同盟的迫害。三、四月间，民盟中央常委兼西北总支部主任委员杜斌丞、东北总支部执委骆宾基等先后被捕。杜斌丞以后被杀害。十月二十七日，国民党政府内政部发出公告，宣布中国民主同盟为非法团体。第二天，国民党的南京、重庆负责方面宣布"中国民主同盟分子自首办法"。民盟在南京的办事机构被警察包围，人员出入都被尾随。十一月五日，民盟被迫通告停止政治活动。张澜、罗隆基等在上海被软禁。事实无情地证明：在中国当时的实际环境中，根本不可能靠着中间势力原来设想的用和平方法来实现他们期待的民主政治。

一九四八年一月五日，民盟一届三中全会在香港举行。主持会议的沈钧儒在开幕词中说："今天国内形势，民主与反民主已壁垒分明，谁也看得清楚。过去国民党发动内战，加诸人民的痛苦太深了，反过来看中共在解放区实行了土地改革，人民生活得到改善，这是民主与反民主鲜明的对照，尽管美蒋勾结，玩弄什么政治阴谋，都不能欺骗人民。民盟坚决的站在人民的立场，坚决地站在人民这方面奋斗，这个信念是始终不渝的。"十九日，他在闭幕词中又说："我们接到了上海同志们的来信，他们和我们完全采取了共同一致的意见（引者注：这是指正被国民党当局软禁在上海的张澜等人）。"[2] 这次中央全会是民盟历史的重要转折点。它标志着民盟抛弃了中间路线的幻想，同国民党当局公开决裂，同中国共产党全面合作。

中国国民党是孙中山创立的，成员中包括不少有着爱国民主思想的人士。这些国民党内的民主派人士长期以来对蒋介石的独裁统治和作为

---

〔1〕《张澜文集》，第 276 页。

〔2〕《沈钧儒文集》，人民出版社 1994 年 12 月版，第 557、559 页。

不满，主张应坚持国民党一大的宣言和三大政策，但处在备受压制的情况下。抗战胜利后，他们主张维护政协决议，反对蒋介石发动内战，并要求联合起来行动，分别成立了两个组织：一个是谭平山、陈铭枢、柳亚子、朱蕴山、王昆仑等一九四五年十月在重庆成立的三民主义同志联合会；一个是李济深、蔡廷锴、蒋光鼐、李章达等一九四六年四月在香港成立的中国国民党民主促进会。它们都和中国共产党保持着密切的联系，接受中国共产党的帮助。一九四七年三月，李济深在香港公开发表《对时局意见》，写道："本来中国国民党是一个革命的政党，孙总理留给我们的三民主义，是根据民主原则所创立起来的救国主义，但自民国十七年执政以后，这一切都被遗忘或被遗弃了。""造成这种不幸局面的根源，就是违背孙总理遗教的中国反动派，与违背罗斯福遗策的美国反动派相互利用，而蒋主席成为反动派的领袖。平情论事，今日中国糟到这样不可收拾的地步，蒋主席应负主要责任。"〔1〕国民党当局对这件事十分震怒，召开中央常务委员会议决要给李济深以"惩处"。

一九四七年四、五月间，李济深、何香凝、朱学范三人在香港密商。朱学范回忆："鉴于当时国民党除采取召开'国民大会'等步骤外，还进犯延安。内战形势已到最后决战阶段。我们决定即日开始筹备，尽快成立一个革命组织，以发挥一个方面的作用。"〔2〕李济深在绸巾上写了密信送给有关人士，并同宋庆龄、冯玉祥等联络。组织的名称原来有多种考虑，"宋从上海捎回口信，则倡议这个革命组织可以称为：'中国国民党革命委员会'。"〔3〕这个主张得到大家的同意。筹备工作从十月间开始。

一九四八年一月一日，中国国民党革命委员会正式举行成立大会，推举宋庆龄为名誉主席，李济深为主席，并通过《成立宣言》，宣称：

---

〔1〕《中国国民党革命委员会历史资料选编》，民革中央宣传部 1985 年 7 月编印，第 96、97 页。

〔2〕朱学范：《我与民革四十年》，团结出版社 1990 年 7 月版，第 19 页。

〔3〕朱学范：《从酝酿到成立》，《人民日报》1987 年 12 月 3 日。

“吾人坚决认定过去二十年来中国政治上之罪恶，均为蒋介石一手造成，蒋氏及其领导下的反革命集团，实为国内一切反动力量——大买办、大地主、官僚、军阀、土劣、流氓——之集合体。蒋氏在党为三民主义之叛徒，在国为四万万人民之公敌。”

“吾人基于以上之共同认识，谨于中华民国三十七年一月一日，正式成立中国国民党革命委员会，脱离蒋介石劫持下的反动中央，集中党内忠于总理忠于革命之同志，为实现革命的三民主义而奋斗，并发布行动纲领，愿与全国各民主党派、民主人士携手并进，彻底铲除革命障碍，建设独立、民主、幸福之新中国。”〔1〕

其他民主党派，包括中国民主建国会、中国民主促进会、中国农工民主党、九三学社、中国致公党、台湾民主自治同盟等，也先后明确表示参加新民主主义革命的立场。中国共产党领导的多党合作和政治协商制度，正是在这个基础上历史地形成的。

历史的转折点

方方面面的发展变化，都表明中国正在走向一个历史的转折点。

本来，在抗战胜利后，人民渴望和平，中国共产党曾期望进入和平建设时期，用和平的方法建立新中国，为此作出巨大的努力。蒋介石发动全面内战，把空前的内战灾难强压在中国人民头上，逼得人们除奋起反抗外别无出路。这时，中国共产党仍把自己从事的战争称作“自卫战争”，并在一段时间内曾尽力挽救和平。但历史发展变化的速度，有时超出人们原来的预料。随着中国人民解放军从战略防御转入战略进攻，随着国民党统治区政治经济危机的全面激化，随着蒋介石种种倒行逆施导致日益丧失民心和众叛亲离，人们越来越不再对他抱有希望，情况发生了重大变化。

---

〔1〕《中国国民党革命委员会历史资料选编》，第126、132页。

毛泽东善于敏锐而不失时机地察觉到事态正在发生的变化，及时调整部署，提出新的任务。一九四七年十月十日，他在陕北佳县神泉堡起草的《中国人民解放军宣言》中，第一次响亮地提出“打倒蒋介石，解放全中国”的口号。这个口号，只能在这时而不可能早于这时提出来的。而蒋介石这时也乱了方寸，处处陷入被动挨打之势。他在日记中叹道：“日来匪踪分股乱窜，时觉兵力不敷分配、东倒西扶、拮据不胜之象。”“地图中共匪扩张之范围色别诚令人惊怖失色。”〔1〕

一九四七年底，中共中央自十二月二十五日至二十八日在陕北米脂县的杨家沟召开扩大会议，通常称为“十二月会议”。毛泽东在《目前形势和我们的任务》的书面报告中，一开始便鲜明地指出：

“中国人民的革命战争，现在已经达到了一个转折点。”“这是一个历史的转折点。这是蒋介石二十年反革命统治由发展到消灭的转折点。这是一百多年以来帝国主义在中国的统治由发展到消灭的转折点。这是一个伟大的事变。这个事变所以带有伟大性，是因为这个事变发生在一个拥有四万万五千万人口的国家内，这个事变一经发生，它就将必然地走向全国的胜利。”〔2〕

这是一个大判断，是对中国历史发展进程的大判断。那时，国内局势中仍有许多不明朗和不确定的因素，并不是很多人都已看到这个转折点已经到来。即便有这样那样的感觉，也没有得出如此明晰的结论。毛泽东经过审慎的观察和思考，以明确的语言作出判断，并用来昭告全党。

在会议正式开始的第一天，他在讲话中对这个“转折点”为什么已经到来，它是怎么会到来的，从政治、军事、经济三方面作了论述。

他把“政治方面”的变化作为第一条来讲，说：“国民党区域的人心动向变了，蒋介石被孤立起来，广大人民群众站到了我们方面。孤立

---

〔1〕 蒋介石日记，1947年11月9日、1948年1月7日。

〔2〕《目前形势和我们的任务》（标准本），解放社1949年6月版，第17、18页。

蒋介石的问题，过去在长时期内没有得到解决。土地革命战争时期，我们比较孤立。进入抗战时期，蒋介石逐渐失掉人心，我们逐渐得到人心，但问题仍没有根本解决。直到抗战胜利以后这一两年来，才解决了这个问题。”人心的向背，决定一切。它总在悄悄地进行，但当超过某种限度时，便会表现出谁都无法阻挡的力量，使局势发生急转直下的变化。

他把“军事方面”的变化作为第二条来讲，说：“在军事方面，蒋介石已经转入防御，我们转入进攻。以前，我们把转到外线作战称为反攻，不完全妥当，以后都叫进攻。”这也是一个历史性的变化。以往十年、二十年间，共产党长期处在防御或被“围剿”的地位。解放战争初期仍是自卫性质。这时，才在历史上第一次转入战略进攻。

对“经济方面”的变化和它的原因，毛泽东这样分析：“在经济方面，蒋介石的情况到今年已经很严重了。我们现在也困难，特别是山东、陕北两处，但我们的困难可以解决。从根本上说，是因为我们搞了土地改革，而蒋介石没有搞；另外我们的主力打出去以后，又减轻了解放区的负担。”

十二月二十八日，他在会上作结论，再次对双方力量对比的变化，明确指出：“我们同蒋介石的力量对比问题直到今年中央发出‘二一’指示时还没有解决，还准备退出延安，并且后来确实退出了，直到现在这个问题才解决了。二十年来没有解决的力量对比的优势问题，今天解决了。”〔1〕

对形势的判断，是制定路线、纲领、方针、政策的最基本的依据。有了这个大判断作依据，怎样打倒蒋介石、建立新中国的问题，便提到现实的议事日程上来。这和发表《新民主主义论》及《论联合政府》时，主要是向全国人民表明中国共产党的主张并在抗日民主根据地内实行，是不同的。可以说，这是一个新的大课题摆到了中国共产党的面前。

---

〔1〕《毛泽东文集》第4卷，第328、329、333页。

怎样建立一个新中国？毛泽东在书面报告中勾画出一个基本轮廓：

“没收封建阶级的土地归农民所有，没收蒋介石、宋子文、孔祥熙、陈立夫为首的垄断资本归新民主主义的国家所有，保护民族工商业。这就是新民主主义革命的三大经济纲领。”

“一九四七年十月，人民解放军发表宣言，其中说：‘联合工农兵学商各被压迫阶级、各人民团体、各民主党派、各少数民族、各地华侨和其他爱国分子，组成民族统一战线，打倒蒋介石独裁政府，成立民主联合政府。’这就是人民解放军的、也是中国共产党的最基本的政治纲领。”

“新中国的经济构成是：(1) 国营经济，这是领导的成分；(2) 由个体逐步地向着集体方向发展的农业经济；(3) 独立小工商业者的经济和小的、中等的私人的资本经济。这些，就是新民主主义的全部国民经济。而新民主主义国民经济的指导方针，必须紧紧地追随着发展生产、繁荣经济、公私兼顾、劳资两利这个总目标。”〔1〕

其中提出的没收官僚资本、成立民主联合政府、新中国经济构成和发展生产、繁荣经济、公私兼顾、劳资两利的总目标等，都是关系全局、影响深远的重大决策。

“曙光就在前面，我们应当努力。”毛泽东以铿锵有力的十二个字结束了这个报告。一九四八年三月，在陕北战局大势已定、全国胜利业已在望的情况下，毛泽东率领党中央机关从陕北迁往华北的西柏坡，途经中央后方工作委员会所在的晋西北双塔集。据杨尚昆回忆：

“毛主席当面对我说，照他的看法，同蒋介石的这场战争可能要打六十个月。六十个月者，五年也。这六十个月又分成两个三十个月，前三十个月是我们‘上坡’、‘到顶’，也就是说战争打到了我们占优势；

〔1〕《毛泽东选集》第4卷，第1253、1256、1255页。

后三十个月叫做传檄而定，那时候我们是‘下坡’，有的时候根本不用打仗了，喊一声敌人就投降了。毛主席头脑里的这个时间表，给我的印象很深。后来战争的发展基本上符合他的估计。”[1]

中国共产党在历史重大转折时刻到来时，富有预见地看清楚行将到来的新局面，及时提出新的大思路，有条不紊地开展工作。这就为迎接下一阶段革命在全国范围内的胜利创造了极为重要的条件。

〔1〕 杨尚昆：《追忆领袖战友同志》，中央文献出版社 2001 年 9 月版，第 12 页。

第十五章

夺取民主革命的全国性胜利

一九四八年，国内局势急转直下。这种变化表现在军事、经济、政治等方方面面，预示着民主革命全国性胜利的到来已经不远了。

从军事上看，蒋介石原来倚仗自己的军队数量和装备上的优势，又有着美国的大量援助，以为可以在三个月到六个月内消灭共产党。事情的发展完全出乎他意料。人民解放军在敌强我弱的条件下，从容沉着地应对，实行“以歼灭敌人有生力量为主要目标，不以保守或夺取城市和地方为主要目标”和“集中优势兵力，各个歼灭敌人”等军事原则，战争第一年消灭国民党军队一百十二万人，使它的战略进攻转入防御，第二年又消灭国民党军队一百五十二万人，使它从全面防御转入重点防御，军心涣散，士气低落。在国民党损失的军队中，被俘的有一百六十三万人，占百分之六十一点七，而其中的一半经过诉苦和教育后参加了人民解放军。

到一九四八年六月底，国民党总兵力下降到三百六十五万人，能部署在第一线的正规军只有一百七十四万人。集中兵力最多的在三个地区：徐州地区刘峙集团五十万四千人，连同非正规军共七十万五千人；东北卫立煌集团三十四万人，连同非正规军共四十四万九千人；华北战场傅作义集团二十八万四千人，连同非正规军共三十九万七千人。此外，华中战场白崇禧集团二十七万六千人，连同非正规军共三十五万七千人；西北胡宗南集团二十六万八千人，连同非正规军共三十一万四千人；山西阎锡山集团七万人。[1] 他们已处在只能被动挨打的地位，完全丧失了战争的主动权。

中国人民解放军由于动员了大量翻身农民参军，吸收了国民党俘虏兵参加部队，连同国民党军起义部队，总兵力已从战争初期的一百二十多万人发展到近二百八十万人，其中野战军一百四十九万人。部队士气高昂，武器装备有了很大改善，积累起运动战和城市攻坚战的丰富经验，完全处于主动地位。

随着军事形势的恶化，国民党统治区的财政经济状况继续恶化。尽管美国国会在一九四八年一月通过援华法案，授权美国政府向国民党政府提供四亿美元的贷款，但无异于杯水车薪，无济于事。恶性通货膨胀和物价飞涨，继续加速度地发展。以上海的批发物价指数为例，反饥饿、反内战运动高潮时的一九四七年六月为二百九十万五千七百，一年后的一九四八年六月已猛涨到一亿九千七百六十九万。[2] 大批民族工商业不得不停业或倒闭。老百姓已无法继续生存下去，民怨沸腾。而解放区在土地改革后，农民生产积极性高涨，热情支援前线，到处是一片蓬蓬勃勃的气象。在国民党统治区内，到处可以听到"山那边呀好地方，一片稻田黄又黄"的歌声，令人神往。

国民党政府的政治危机急遽加深。民众的反抗运动风起云涌。单拿一九四八年一、二月间的上海来说，五天内就发生了三次震惊全国的重大事件：镇压同济大学等校学生的"一二九血案"；几千舞女捣毁上海市社会局；武装镇压、枪杀三名女工的申新九厂事件。抢米风潮和民变更是席卷全国。最高统治集团内部也出现分崩离析的局面。

蒋介石在这时的日记中写道："近来军事政治与外交经济环境之复杂艰难日甚一日，而各种弊窦亦发现甚多，诚有百孔千疮之感。""事业日艰，经济困窘，社会不安，一般干部已完全动摇，信心丧失已尽，对领袖之轻藐虽未形于外实已动摇于中。""今日环境之恶劣为从来所未

〔1〕《中国人民解放军全国解放战争史》第4卷，军事科学出版社1997年7月版，第2—3页。

〔2〕张公权：《中国通货膨胀史（1937—1949年）》，第56、59页。

有，其全局动摇，险状四伏，似有随时可以灭亡之势。”[1]

一九四八年三月二十九日至五月一日，国民党当局召开“行宪国大”，内部各派系闹得一团糟，蒋介石已失去控制，用他自己的话来说，叫做“怪状百出，痛心无已”，已是一派末日景象。这次“国大”的主要议题是选举总统。蒋介石被选为总统。而副总统经过四轮选举，受美国和许多地方势力支持的李宗仁以一千四百三十八票当选，蒋介石内定并全力支持的候选人孙科却以一千二百九十五票落选。李宗仁回忆道：“当第四次投票达最高潮时，蒋先生在官邸内屏息静听电台广播选举情形，并随时以电话听取报告。当广播员报告我的票数已超过半数依法当选时，蒋先生盛怒之下，竟一脚把收音机踢翻。”[2] 这也是前所未有的事情。蒋介石自己在当天日记中写道：“得决选报告哲生（引者注：即孙科）落选，乃为从来所未有之懊丧也，非只政治上受一重大打击，而且近受桂系宣传之侮辱讥刺，乃从来所未有，刺激极矣。”[3]

就在国民党“行宪国大”期间，延安重新被西北人民解放军收复，这是很有象征意义的变动。会议闭幕的前一天，中共中央发布纪念五一节口号，提出：“全国劳动人民团结起来，联合全国知识分子、自由资产阶级、各民主党派、社会贤达和其他爱国分子，巩固与扩大反对帝国主义、反对封建主义、反对官僚资本主义的统一战线，为着打倒蒋介石建立新中国而共同奋斗！”“各民主党派、各人民团体、各社会贤达迅速召开政治协商会议，讨论并实现召集人民代表大会，成立民主联合政府。”[4] 第二天，中共中央致电上海局、香港分局，拟邀请李济深、冯玉祥、何香凝、柳亚子、谭平山、沈钧儒、章伯钧、史良、郭沫若、茅盾、马叙伦、陈嘉庚、黄炎培、张澜、罗隆基、许德珩、吴晗、雷洁琼等到解放区来讨论成立民主联合政府等问题，得到各民主党派和无党派民主人士的热烈响应。

---

〔1〕 蒋介石日记，1948年1月24日，“上星期反省录”；2月1、23日。

〔2〕《李宗仁回忆录》，第583页。

〔3〕 蒋介石日记，1948年4月29日。

〔4〕《中共中央文件选集》第17册，中共中央党校出版社1992年10月版，第145、146页。

谁都看得出来，一切都处在大变动的前夜。原状已无法维持下去。中国的历史很快就要掀开新的一页了。

国民党统治区财政经济的总崩溃

国民党政府财政严重入不敷出的状况，由于内战军费的激增和豪门资本恣意中饱，本来已病入膏肓，无药可救。一九四八年五月底上任的财政部长王云五对蒋介石说道："岁入之部无论如何设法增加，最多不过五百万亿元的法币，而岁出部分，无论如何设法减少，在表面上至少须达一千一百万亿元。而决算时按照上半年的实例，临时追加之岁出约当原预算岁出百分之一百五十左右，是到下半年之实际岁出，无论如何不会低于法币二千六百万亿元。"〔1〕实际情况远比他所说的更为严重。这样巨大的差额，全都依赖加印纸币来支撑。法币的发行量，一九四五年八月抗战胜利时为五千五百九十六亿元，到一九四八年六月已经激增至一百九十六万五千二百零三亿元，增加近三百七十倍。货币飞速贬值，物价如脱缰野马般猛涨，米价在一九四八年二月突破每石三百万元，到七月就突破三千万元，这实际上是对全国民众敲骨吸髓的无偿剥夺。蒋介石叹道："经济危险至此，比军事更足忧虑。"〔2〕

法币既已陷入绝境，蒋介石便在八月十九日大吹大擂地颁布《财政经济紧急处分令》："一、自即日起，以金圆为本位币，十足准备发行金圆券，限期收兑已发行之法币及东北流通券。二、限期收兑人民所有黄金、白银、银币及外国币券，逾期任何人不得持有。三、限期登记管理本国人民存放国外之外汇资产，违者予以制裁。四、整理财政，并加强管制经济，以稳定物价、平衡国家总预算及国际收支。"〔3〕和这个命令同时，公布了《金圆券发行办法》等四个实施细则。

这次币制改革的内容主要有几点：第一，用金圆券来替代在民众中

---

〔1〕王云五：《岫庐八十自述》，(台北) 台湾商务印书馆 1967 年 7 月版，第 482 页。

〔2〕蒋介石日记，1948 年 6 月 10 日。

〔3〕《中华民国货币史资料》第 2 辑，上海人民出版社 1991 年 3 月版，第 574 页。

已毫无信用的法币。它们间的比价在七月七日起草的最初方案中规定为一圆兑法币一百二十五万元。但法币贬值实在太快，七月二十九日王云五到莫干山向蒋介石请示时已改为兑法币二百万元；八月十九日正式公布时又改为一比三百万元。[1] 这实际上，只是改发面额更大的纸币。第二，个人、法人及其他社团持有的黄金、白银、外币，必须在限期内兑换成金圆券，违反者一律没收。这是蒋介石最看重的一条，也就是将民间所持有和存储的金、银和外币，一律用迅速贬值的金圆券夺归国民党政府所有。第三，公教人员、员工和士兵的待遇，一律以原薪为基数发给金圆券，所有按生活指数发给薪资的办法一律禁止。第四，各种物品和劳务价格，应照八月十九日的价格出售，不得加价。后面这两条就是要冻结物价和冻结工资。

蒋介石对这件事看得很重。他在日记中写道："军事、经济、党务皆已败坏，实有不可收拾之势，因之政治、外交与教育亦紊乱失败，亦是崩溃之象。再三思维，如能先挽救军事，则其他党务、经政皆不难逐渐补救。否则，军事不能急求成效，则不如先在后方着手，如能稳定经济，则后方人心乃可安定，前方士气亦可振作。然后再谋军事之发展。"[2]

上海是全国的经济中心，也是金融中心。蒋介石派中央银行总裁俞鸿钧担任上海经济督导员，派他的儿子蒋经国协助督导，实权掌握在蒋经国手中。其他几个重要城市也设置管制区，派经济督导员负责执行。蒋经国早就对蒋介石说过："上海金融投机机关无不与党政军要人有密切关系，且作后盾，故将来阻力必大。"[3] 他到上海后，公布有关的经济管制法令和物价管制办法，并采取雷厉风行的措施，号称要"打老虎"，先后逮捕了上海黑社会势力头子杜月笙的儿子杜维屏和申新纱厂老板荣鸿元等六十多人。在他这种强硬手段的威慑下，上海物价在很短一段时间内保持了稳定。市民将自己手中的金、银、外币兑换成金圆

〔1〕 王云五：《岫庐八十自述》，第495、511—512页。

〔2〕 蒋介石日记，1948年9月3日。

〔3〕 蒋介石日记，1948年7月2日。

券。截至一九四八年十月的统计，上海共收兑黄金一百十四万两、美钞三千四百五十二万元、港币一千一百万元、银元三百六十九万元、白银九十六万两，合计约值两亿美元。[1]

但是，蒋经国的“打老虎”，遇到孔祥熙的儿子（也就是宋美龄的外甥）孔令侃这只真正的“大老虎”就打不下去了。当他被杜月笙“将了一军”、派人去搜查并查抄孔令侃的扬子公司时，蒋介石正在华北部署赶援锦州的紧急军事行动。十月八日，宋美龄“打急电给在北平的蒋介石，说上海出了大问题，要他火速乘飞机南下。当时，北平形势紧张，蒋介石正在北平主持军事会议和亲自督战，闻讯后立刻要傅作义代为主持，自己即乘飞机赴上海。”“第二天蒋介石召蒋经国进见，痛骂一顿，训斥道：‘你在上海怎么搞的？都搞到自己家里来了！’要他立刻打消查抄扬子公司一事。父子交谈不到半小时，蒋经国出来时一副垂头丧气之色。”[2] 这一来，蒋经国的“打老虎”也好，经济管制也好，都只得草草收场。

经济运行中的问题本来不是单靠强硬的行政手段所能解决的。这次币制改革，除了使国民党政府得以从民间搜走大量黄金、白银、外汇外，没有触及更谈不上解决原来导致恶性通货膨胀和物价飞涨的那些根本原因。改发金圆券，只是在表面上纸币票额大大缩小了。由于财政入不敷出的状况越演越烈，印钞机更加加紧印制实际上比法币面额大得多的金圆券。金圆券的发行额，一九四八年八月是五亿四千四百万元，十月份已增至十八亿五千万元，十一月更增至二十三亿九千四百万元，十二月达到八十三亿二千万元，这只是不到半年间的事情。[3] 在这种情况下，要冻结和稳定物价是根本无法办到的。

美国驻华大使司徒雷登从一开始就对国民党政府这场币制改革不抱希望。他在八月二十三日给马歇尔国务卿的报告中已说道：“对于金圆

---

〔1〕 刘统：《中国的1948年·两种命运的决战》，生活·读书·新知三联书店2006年1月版，第232页。

〔2〕 贾亦斌：《半生风雨录》，中国文史出版社1996年10月版，第155、156页。

〔3〕《中华民国货币史料》第2辑，第597页。

券的前途，我们找不到可以乐观的根据。”“有一个真正的危险存在着，即这些通货膨胀的力量可能达到无法控制的地步。”只过了一个多月，到十月十五日的报告中，他只能叹息：“中国八月十九日的经济改革现在似乎是要很快地收场了。”“上海上周的零售抢购把商店中摆在外面的货物抢购一空，这种抢购已蔓延到其他城市。”“所有各城市中日用品除非秘密并付以远超过定价的价格，日益难以买到。”〔1〕

北京大学教授樊弘在南京政府宣布实行币制改革的第二天写了一篇《金圆券能够稳定物价吗》，在《观察》上发表。文章一开始就说：“在物价上涨的状态下，人人无不希望政府所发行的新币金圆券能够稳定物价，但政府所发行的金圆券是否便能稳定物价呢?”他回答说：“谁都知道，金圆券的购买力或价值，在其他的条件不变的前提下，是与金圆券的发行额为相反方向的变动的。假令货物的供应没有增加，或信用的状态没有变迁，金圆券的价值且将与它的数量成反比例的。”〔2〕

善良的民众挣扎在饥饿线上，急切盼望着物价能够稳定。但正如樊弘所说：只要物资供应无法增加，政府的信用毫无改善，金圆券继续大量印发，货币只能不断贬值，物价根本不可能稳定不涨。在这种情况下，用强硬手段实行限价和冻结工资，其后果可想而知。从十月初起，上海领先掀起了抢购风潮。曾经在那时生活过的人都不会忘记：人们像潮水般涌向商店，到处人山人海，不管有用的没用的都被抢购一空，免得因手里所持的货币贬值而受损失，直至化为乌有。许多商店因限价还不够成本，货物售出后难以补进，干脆关门停售。十月四日的《申报》上报道：“昨为星期，街头益见热闹。熙攘往来之人，手里莫不大包小包，满载而归。一般绸缎布庄，全部紧拉铁门，贴出‘今日售光’之字。烟店则因加税关系，停业已有两日。生意最盛者则推百货及鞋帽两业，店员大汗淋漓，均有应接不暇之势。最可笑者莫如专售一般点心之馆子，一过上午九时，竟连面点亦无法供应。”〔3〕

---

〔1〕《中美关系资料汇编》第2辑，第820—822页。

〔2〕樊弘：《金圆券能够稳定物价吗》，《观察》第5卷第1期，1948年8月28日。

〔3〕转引自刘统《中国的1948年·两种命运的决战》，第241页。

这种状况自然无法长期维持下去。十月二十二日，施复亮写了一篇文章，直截了当地说：

“现在已经有无数事实证明：这次限价政策已经完全失败了。全国各地，在政府所控制的区域内，没有一处不冲破‘八一九’的限价，没有一处没有抢购风潮，甚至还发生抢米、抢面粉和抢夺其他日用物品的风潮（例如汉口、武昌）。超过限价二、三倍的商品和地点，据报章所载，已不在少数；各地商店多半十室九空甚至十室十空，形成‘欲抢无物’的状态。稻米、面粉、食油、食糖、布疋、绒线、橡胶、西药以至日用百货，普遍地缺乏或买不到。不仅鱼肉鸡鸭不容易买到，甚至根本买不到，就是普通的蔬菜也很难买到，而且价钱也不断高涨。原料缺乏，燃料不足，食粮恐慌，商品奇少，出口呆滞，已成了全国普遍的现象。到处停工减产，到处禁运出境，到处有半罢市或半停业的状态存在。而另一方面，却有大量的游资没有出路，到处乱奔，下乡南流，如疯如狂。人心皇皇，不可终日。”

“就是这号称限价模范的上海也是一样，而上海的抢购风潮还有领导全国的作用，而其规模之大和持续之久恐怕也要算全国第一。从本月初起，人山人海，排队购货，直到今天还没有停止。而黑市的普遍存在，即经管当局也已公开承认。限价政策的失败，是谁也无法否认的了。”〔1〕

十月三十日，国民党军在东北主力覆灭的败局已定，蒋介石从北平仓皇飞回南京。他在日记中写道：“经济改革计划与金圆政策似已完全失败，以限价已为不可能之事，则物价飞涨比前更甚，尤其粮食断绝难购，最为制（致）命伤也。无组织之社会与军事之失败，任何良策皆不能收效也。”“此时军事、经济同时失败，实为崩溃在即之象。”他在当晚八时半，“召党政高级干部商讨经济问题。市况与社会几无物资，又

〔1〕 施复亮：《论当前的经管形势》，《观察》第5卷第10期，1948年10月30日。

绝粮食，若不放弃限价，恐生民变，故决定改变政策也。”[1]

十一月一日，南京政府行政院被迫放开粮食价格。同天，行政院长翁文灏和财政部长王云五辞职。四日，负责上海经济管制的蒋经国辞职。物价连日狂涨，食粮仍难购到。五日，蒋介石的日记写道：“人心动摇，怨恨未有所（如）今日之甚者。”他还写了一句：“此全为孔令侃公子所累。”[2] 十一日，行政院通过《修正金圆券发行办法》，又宣布金银外币准许持有，银币准许流通，改订金圆券兑换率。这场币制改革正式宣告全面失败。

重新宣布金银外币准许私人持有后，蒋介石便命令将中央银行储存的黄金在半夜秘密地用军舰运往台湾。消息传出，引起人山人海的挤兑狂潮。单以上海来说：“十二月二十三日估计有不下十万人在上海的各国银行挤兑黄金，造成极大混乱……七人死亡，一百零五人受伤。”[3]

金圆券发行量，到一九四九年五月更增加到六十七万九千四百五十八亿圆，是一九四八年八月刚发行时的十二万四千九百倍；由于人们根本不愿再持有纸币，上海物价一日内上涨几倍，批发物价的指数在此期间疯狂上涨至一千二百十二万二千倍。[4] 特别是无米可买，人民将无法生活下去，整个社会经济已陷于不可收拾的大雪崩状态。

币制改革和以限价政策为中心的经济管制的失败，政府政策的反复无常和信用丧尽，不仅标志着国民党财政经济的总崩溃，而且导致国民党统治区民心的再次剧变。《观察》的特约记者写道：“这几天，京中谣言百出，怨声四溢。‘限价’了，是有钱难买；涨价了，是要买无钱。记者从社会现象到人民心坎，依经济政治军事的发展，从今日看到明天，作综合的判断，一句话是，大多数人对政府这次改革币制，发行金圆券，执行限价，又重新议价，前后的政策矛盾，威信上的一收一散，心理上确是在‘变’，甚而可以说是‘大变’了。”文章还提醒当局：

---

〔1〕 蒋介石日记，1948年10月30日。

〔2〕 蒋介石日记，1948年11月5日。

〔3〕《顾维钧回忆录》第7分册，中华书局1988年2月版，第6页。

〔4〕 许涤新、吴承明主编《中国资本主义发展史》第3卷，第684页。

“士气和民心息息相关，军事与经济又扣扣相联，岂容有所忽视？”“由战局到政局，由经济到政治，由物价到民生，由前方到后方，由民心到士气，综合来看，当前大局确是暗淡，难关重重，也可以说是人心动摇，危险透顶。”〔1〕

民心既然已被丢得一干二净，这样的政府究竟还能维持多久？随着民心的大变，政治上的大变局自然很快就会来临。台湾出版的一本书在题为“国府大失败之我见”那章中讲了一段话：“币制改革当天，我亲眼看见守法民众，在鼓楼附近的中央银行外，排成几百公尺的队伍，把持有的黄金美钞向政府缴纳，换成金圆券。但曾几何时，金圆券又步上法币的后尘，不但后来居上，而且短命（不到一年就被‘银圆券’取代了）。除了少数的特权阶级，全国绝大多数民众的财富，也就此被政府搜刮得干干净净，而一文不名了。民众对政府完全失去了信心，也由守法转变成痛恨政府，希望国府早日垮台。”〔2〕这样的政府，还能不垮台吗？

大决战的准备

这时，人民解放军正以破竹之势迅猛发展，国民党的统治已极端不得人心，全国解放战争的战略决战已日益迫近，有许多重大问题需要共同商量。九月八日至十三日，中共中央在西柏坡召开政治局会议。会前，还开了十一天的预备会议。华北、华东、中原、西北的党和军队的主要负责人参加了会议。这是中共中央撤出延安后的第一次政治局会议，是抗日战争结束后到会人数最多的一次中央会议，是新中国诞生前一次重要的决策会议。

毛泽东在会议开幕时作报告。报告中提出的第一个问题是：有些人、特别是中间派，主张在当前的国际国内形势下“同国民党也来一个

---

〔1〕观察特约记者：《物价·豪门·大局》，《观察》第5卷第12期，1948年11月13日。

〔2〕萧慧麟：《萧毅肃上将轶事》，第266页。

妥协”。他断然回答：“我看不能这样提。”为什么？他说：“如能强迫蒋介石照我们的做，解散法西斯组织，不要土豪劣绅，让我们搞军队又搞土地改革，那有什么不好？但是蒋介石是反动派，他不赞成。从古以来，反动派对民主势力就是两条原则：能消灭者一定消灭之，暂时不能消灭者留待将来消灭之。”“我们对反动派也应采取同样的两条原则，我们今天实行的是第一条。”这里已经明确地提出了“将革命进行到底”、不能中途妥协的思想。

对战略方针，他提出：军队向前进，生产长一寸，加强纪律性，作战方式要逐渐正规化，五年左右根本上打倒国民党。

会议以更多力量讨论的是：将要建立的新中国应该是怎样一个国家。也就是说，要对未来的新中国初步勾画出一个大致轮廓。古话说：“凡事预则立，不预则废。”在新中国诞生的一年前，尽管正忙于大决战的准备，中共中央就认真地研究这个问题，并在以后逐步加以具体化，是富有远见的，也是十分必要的。

新中国的政治体制，包括国体和政体。国体，指的是社会各阶级在国家中的地位。毛泽东在报告中说：“我们政权的阶级性是这样：无产阶级领导的，以工农联盟为基础的，但不是仅仅工农，还有资产阶级民主分子参加的人民民主专政。”这里提出了“人民民主专政”这个重要论断。它和大革命时的“联合战线”不同，和土地革命时期六大规定的“工农民主专政”不同，和《新民主主义论》中所说的“各革命阶级联合专政”也有差别，这里有一个历史发展过程。政体，指的是政权构成的形式。《新民主主义论》中已经提出：政体是民主集中制。毛泽东在这个报告中说：“人民民主专政的国家，是以人民代表会议产生的政府来代表它的。中央政府问题，十二月会议只是想到了它，这次会议就必须作为议事日程来讨论。”“我们政权的制度是采取议会制呢，还是采取民主集中制？”“我看我们可以这样决定，不必搞资产阶级的议会制和三权鼎立等。”

对新中国的社会经济，毛泽东在报告中说：“有人说是‘新资本主义’。我看这个名词是不妥当的，因为它没有说明在我们社会经济中起决定作用的东西是国营经济、公营经济，这个国家是无产阶级领导的，所以这些经济都是社会主义性质的。农村个体经济加上城市私人经济在数量上是大的，但是不起决定作用。我们国营经济、公营经济，在数量上较小，但它是起决定作用的。我们的社会经济的名字还是叫'新民主主义经济'好。""写《新民主主义论》时，民族资本与官僚资本的区别在我们脑子里尚不明晰。大工业、大银行、大商业，不管是不是官僚资本，全国胜利后一定时期内都是要没收的，这是新民主主义经济的原则。而只要一没收，它们就属于社会主义部分。""我们反对农业社会主义，所指的是脱离工业、只要农业来搞什么社会主义，这是破坏生产、阻碍生产发展的，是反动的。但不能由此产生误解。将来在社会主义体系中农业也要社会化。"〔1〕

周恩来当时兼人民解放军的代总参谋长。他在发言中提出："应准备若干次带决定性的大的会战。""今后仍力争在运动中消灭敌人，但攻坚战则可能增加。""攻坚与野战互相结合。攻坚敌必增援，造成野战的机会。"他说：在第三年的作战计划中，全国的重心在中原，北线的重心在北宁线，各战场上的战役协同增加了，战争的计划性增加了。他这些话预示着辽沈战役和淮海战役即将开始。他还提出人民解放军要"统一建制"的任务。"军事组织逐渐走向正规化、集中化，这就可使第三年战略任务计划实现得更好。"

他还谈到新中国的资产阶级问题，说：有三个问题要具体分析，加以区别：一是官僚资本与自由资本的区别，前者是打倒，后者是合作的；二是资产阶级和独立小生产者的区别，不要混在一起反；三是工业与商业的区别，要分别垄断性、投机性的和人民生计所需要的。有了这些区别，并对性质有个分析性的认识，政策就出来了。这些虽是资本主义性质的，但是受限制的，在人民政权的节制之下，在无产阶级领导的新民主主义制度之下保留资本主义，这是受节制的资本主义。这样，政策就不致发生摇摆。〔2〕

〔1〕《毛泽东文集》第5卷，第132、133、135、136、139、140页。

〔2〕周恩来在中共中央政治局会议上的发言记录，1948年9月13日。

刘少奇在会上谈了新民主主义社会中的基本矛盾问题。他提出："在新民主主义经济中，基本矛盾就是资本主义（资本家和富农）与社会主义的矛盾。在反帝反封建的革命胜利以后，这就是新社会的主要矛盾。""斗争的方式是经济竞争，经济竞争是长期的，首先就是反对投机资本。这种斗争的性质，是带社会主义性质的，虽然我们还不是实行社会主义的政策。这种竞争是贯穿在各方面的，是和平的竞争。这里就有个'谁战胜谁'的问题。我们竞争赢了，革命就可以和平转变；竞争不赢，社会主义性质的经济，就会被资本主义战胜了，政治上也要失败，政权也可能变，那就再需要一次流血革命。""因此，固然不能过早地采取社会主义政策，但也不要对无产阶级、劳动人民与资产阶级的矛盾估计不足，而要清醒地看见这种矛盾。"〔1〕毛泽东为会议作结论时，肯定了刘少奇的看法。

根据九月会议的精神，人民解放军从九月开始，先后在东北、华东、中原、华北和西北战场上，发起大规模的秋季攻势。

战略决战的序幕是由山东战场上的济南战役揭开的。

这以前，华东野战军主力在中原野战军配合下，从六月中旬至七月初进行豫东战役，一度攻陷河南省会开封，然后在运动中消灭赶来援救的区寿年兵团以及黄百韬兵团一部，共九万多人，改变了中原战场的战略态势，开始了华东和中原两大野战军的协同作战。这次战役给蒋介石的打击很大。他在日记中写道："至此不能不叹军事前途之悲惨黯淡矣。""对军事前途顿生悲观，心神沉闷之至。茫茫前途，苍苍上帝，竟不知如何作为矣。""第五军实已陷于孤危自灭之境矣。天乎，何竟使余悲惨至此耶。"〔2〕

九月十六日，华东野战军又以十四万人的兵力对已被孤立的山东省会济南发动全线攻击，并以更多的兵力十八万人准备阻击从徐州北援的国民党重兵。这是蒋介石没有想到的。攻城集团经过八昼夜的激烈攻坚战，在九月二十四日攻克济南，俘虏国民党军第二绥靖区司令官、山东

〔1〕 刘少奇在中共中央政治局会议上的发言记录，1948 年 9 月 13 日。

〔2〕 蒋介石日记，1948 年 7 月 2、3 日。

省政府主席王耀武，争取吴化文部两万人起义，共歼守敌十万八千多人。从徐州北援的国民党军未敢前进。“至此，山东除青岛及少数据点外，全获解放，从而使华北、华东两大解放区完全连成一片，并为解放军南下歼灭徐州地区的国民党军队创造了有利条件。济南战役是人民解放军攻克敌人重点设防的大城市的开始，也是蒋介石以大城市为主的‘重点防御’体系总崩溃的开始。”〔1〕蒋介石日记中写道：“济南失陷，对内对外关系太大，有损于政府威信莫甚……自觉无颜立世矣。”〔2〕陈诚也把济南战役称为军事上的“一个转捩点”，说：“在此以后，显然已成江河日下之势，狂澜既倒，无可挽回矣。”〔3〕

为了成立新中国中央人民政府做准备，原来被分割的各解放区工作走向统一的步伐大大加快。九月会议通过各地向中央请示报告制度的决议，要求保证全党全军执行的各种政策完全统一，军事计划得到完满实施，克服当时还存在的某些无纪律状态和无政府状态。九月二十六日，由华北临时人民代表大会选举产生的华北人民政府正式成立，董必武担任主席。十月六日，华北财经委员会成立，负责统一领导华北、华东、西北三区的财政经济工作。十二月一日，中国人民银行成立，发行人民币，定为华北、华东、西北三区的本位币。各解放区之间的相互关系逐步得到合理调整，朝统一的方向发展。这些，都是迎接全国胜利必不可少的条件。

三大战略决战

从九月会议结束的前一天（九月十二日）起，中国人民解放军在连续四个多月中先后发动三次战略决战：辽沈战役、淮海战役、平津战役。这三大战役，使国民党军队的精锐部队基本消灭，大大加快了解放战争全国胜利的到来。

---

〔1〕《中国共产党历史》第1卷下册，第997页。

〔2〕蒋介石日记，1948年9月25日。

〔3〕《陈诚先生回忆录——国共战争》，第107页。

这三次规模空前的战略决战，并不是等待到人民解放军在各方面都已取得优势的时候才发动。作出这样的决断，需要有非凡的胆略和勇气，但它是有根据的。叶剑英写道：

“在这个时候，人民解放军虽然在数量上还少于国民党军队，在装备上还低于国民党军队，但是，在两年多的内线和外线作战中，已经大大地提高了自己的战斗力。人民解放军消灭了大量的敌人，缴获了大量的现代化武器，加强了自己的装备，建立了强大的炮兵和工兵，提高了攻坚能力，在石家庄、四平、开封等战役中，取得了攻坚经验，不但能打运动战，而且能打阵地战。同时，人民解放军利用战斗间隙，用诉苦、三查的群众性练兵的方法，进行了新式整军运动，加强了内部的团结，提高了部队的政治质量、军事技术和战术。解放区的翻身农民继续踊跃参军，坚决进行保田、保家的斗争；被俘的蒋军士兵经过政治教育之后，也纷纷自愿地参加人民解放军，从而使解放军得到源源不断的兵员补充。这个时候，各个主要的解放区相继连成一片，可以作战略上的直接支援。”

尽管如此，在军事力量并没取得绝对优势的这种情况下要同国民党军队进行战略决战，这个决心仍极不容易下。何况还会遇到许多以往没有遇到过而缺乏经验的新问题，这里存在不少未知数和变数，谁也不能说已有百分之百的把握。如果没有犀利的洞察力，确实是不敢下这种决心的。叶剑英继续写道：

“为着继续大量地歼灭敌人，从根本上打倒国民党反动政府，人民解放军就必须攻击敌人坚固设防的大城市，必须同敌人的强大机动兵团作战。因此，敢不敢打我军从来没有打过的大仗，敢不敢攻克敌人的大城市，敢不敢歼灭敌军的强大集团，敢不敢夺取更大的胜利，已经成为

我军当时战略决策上的重大问题。”〔1〕

正因为这样，蒋介石万万没有料到解放军在这时会有如此大的决心进行战略决战，仍在犹豫不决，舍不得放弃东北、华北等重要地区，以便把兵力（包括尚存的几支精锐主力）集中到南线，避免被解放军各个击破。他在七月十六日召集何应钦、顾祝同、卫立煌等研究东北战略方针时，“设为只要沈阳粮煤可以自给无虞，则不如准其固守待时，而不必急令其出击打通锦沈路也。只要沈阳能固守不失，整补战力，则东北共匪决不敢进扰华北，故决定坚守。而且世界大势必将变化，不如沉机待时也。”〔2〕

毛泽东和中共中央却认清，蒋介石的这种犹豫不决正是稍纵即逝的大好决战时机，必须果断抓住，只要指挥正确，充分发挥自己的优势，全力以赴，完全可以取得这次战略决战的胜利。

在毛泽东和中共中央的指挥下，三大战役不是分散的、孤立的、一个一个各自进行的三个战役，而是有着通盘筹划、一环紧扣一环、相互照应、一气贯注的完整部署，构成人类战争史上一次罕见奇观。

三大战役从哪里打起？毛泽东和中共中央首先把决战方向指向东北战场。那时，在全国各个战场上，东北战场的双方力量对比形势对解放军最为有利。国民党军队虽然还有五十多万人，并且包括战斗力很强的精锐主力新一军和新六军在内，但他们长期困守在互不相连的长春、沈阳、锦州三个孤立据点，军心涣散，补给困难。到九月间，蒋介石已开始有将长春、沈阳主力撤出的打算，正在“研究撤守长春，把东北主力集中辽西，必要时放弃沈阳，以巩固华北、稳定全局的计划”。〔3〕但东北“剿总”总司令卫立煌坚决反对，廖耀湘等其他高级将领也担心脱离

〔1〕《叶剑英军事文选》，解放军出版社1997年3月版，第456、458页。

〔2〕蒋介石日记，1948年7月22日。

〔3〕范汉杰：《锦州战役经过》，《辽沈战役亲历记》，文史资料出版社1985年11月版，第63页。

坚固设防的大城市后会在运动中被解放军消灭，蒋介石一时仍举棋不定。而东北的人民解放军已扩大到一百万人，兵力在所有战场上是最大的，而且装备较好，士气高昂；东北解放区已连成一片，土地改革和清剿土匪都已完成，有着巩固的后方，早已蓄势待发。只要乘东北的国民党军队尚未决策撤走时把它就地消灭，解放军便可以大举入关，使整个军事局势改观。

东北战场的决战又从哪里打起？这是一个颇费斟酌的问题。当时可以有两种选择：一是先打长春，一是先打锦州。长春的国民党军有十万之众，孤悬北边，被围困已达五个月，补给几近断绝，那里又同解放军的北满根据地相近。把它打下来，也是不小的战果，并且较有把握，没有太大风险。锦州是北宁铁路上联结东北和华北的咽喉要道（当时北宁铁路从锦州到关内段尚能畅通），又是对长春、沈阳进行空运补给的基地，它的重要性不言而喻；但离解放军主力集结的北满根据地较远，需要长途奔袭，补给线也长，如果不能把锦州迅速打下，而受到来自沈阳和华北的国民党军队两面夹击，也会处在相当危险的境地。

毛泽东和中共中央反复权衡利弊，认定先打下锦州、切断东北国民党军队同关内的联系，把它封闭在东北各个击破，最为有利；而且只要有最大的决心和充分的准备，是可以做到的。一九四八年九月七日，也就是九月政治局会议开始的前一天，毛泽东为中共中央军委起草给林彪、罗荣桓、刘亚楼的电报中说：

“你们如果能在九十两月或再多一点时间内歼灭锦州至唐山一线之敌，并攻克锦州、榆关、唐山诸点，就可以达到歼敌十八个旅左右之目的。为了歼灭这些敌人，你们现在就应该准备使用主力于该线，而置长春、沈阳两敌于不顾，并准备在打锦州时歼灭可能由长、沈援锦之敌。因为锦、榆、唐三点及其附近之敌互相孤立，攻歼取胜比较确实可靠，攻锦打援亦较有希望。”

“如果在你们进行锦、榆、唐战役（第一个大战役）期间，长、沈之敌倾巢援锦（因为你们主力不是位于新民而是位于锦州附近，卫立煌才敢于来援）则你们便可以不离开锦、榆、唐线连续大举歼灭援敌，争取将卫立煌全军就地歼灭。这是最理想的情况。于此，你们应当注意：（一）确立攻占锦、榆、唐三点并全部控制该线的决心。（二）确立打你们前所未有的大歼灭战的决心，即在卫立煌全军来援的时候敢于同他作战。（三）为适应上述两项决心，重新考虑作战计划并筹办全军军需（粮食、弹药、新兵等）和处理俘虏事宜。”〔1〕

国民党当局根本没有想到人民解放军这时就会远道奔袭锦州，对解放军的实力也估计不足，所以，既没有下决心及时增援，更没有从锦州撤退的打算，甚至连防御也没有完整而周密的部署。九月十二日，战役首先在北宁铁路的锦、榆之间打响。东北野战军在司令员林彪、政治委员罗荣桓指挥下，迅速占领锦州周围各要点，完成对锦州的包围。国民党当局才如大梦初醒，发觉解放军的目标是要攻占锦州。九月三十日，蒋介石赶到北平，和傅作义商定从关内抽调八个师，海运到葫芦岛港口，连同原在锦西、葫芦岛的四个师共十二个师，组成东进兵团，由十七兵团司令官侯镜如指挥，驰援锦州。“锦西、锦州敌人前沿间隔不到三十公里，这段距离之间既无险要地区，大部队也无进退余地。”〔2〕同时，又决定从沈阳调出主力新一军、新六军等十二个师，组成西进兵团，由东北“剿总”副总司令兼第九兵团司令官廖耀湘率领，增援锦州。它的企图已不仅是救援锦州，而且力图东西夹击，和驻守锦州一带的东北“剿总”副总司令范汉杰所部七个多师会合，在锦州地区同解放军进行一次战略性的决战。随蒋介石前往的徐永昌在十月六日日记中写道：蒋召集东进兵团师长以上会议，“说明此次希望军事胜利意义之重大，谓不仅解锦围，并须会沈阳之师聚歼顽匪。中有‘要知我不惜撤守烟台，调来新八军，并天津一带之九十二军、六十二军及九十五师等六

---

〔1〕《毛泽东军事文集》第5卷，第1、2页。

〔2〕韩先楚：《东北战场与辽沈战役》，《辽沈决战》上册，人民出版社1988年10月版，第117页。

个师，悉集此一地带，即为成功此一攻势’。语多兴奋与勗勉。”〔1〕

当时局势确是紧张万分：解放军既要阻击分别从东西两路前来增援的国民党军重兵，又要迅速攻克锦州。其中，能否迅速攻下锦州尤为关键所在。十月十日，毛泽东再次致电林、罗、刘说：“你们的中心注意力必须放在锦州作战方面，求得尽可能迅速地攻克该城。即使一切其他目的都未达到，只要攻克了锦州，你们就有了主动权，就是一个伟大的胜利。”〔2〕

国民党军的东进兵团发动进攻比较快。在十月十日开始猛烈攻击解放军的塔山阵地，那是锦西通往锦州的必经之地。东北野战军参谋处长苏静回忆道：“敌人那种进攻的劲头，确有乌云压城之势，空中敌机来回穿梭于锦州、塔山间，进行轮番轰炸扫射。海上敌舰用大口径的舰炮协同陆地炮兵，倾下数以吨计的钢铁。经过五昼夜的激战，我守卫塔山的英雄部队坚守阵地，反复冲杀，部分阵地失而复得，与敌组织的所谓敢死队展开了肉搏战，使敌人死伤惨重，而不能越雷池一步。”〔3〕

廖耀湘率领的西进兵团，十月八日从新民地区分路西进。他没有直指锦州，而是折向西北在十一日占领彰武，想切断南下解放军的后方交通补给线。但作战时机却因而丧失。

十月十四日，东北野战军主力经过周密准备后，对锦州发起总攻。大炮九百多门一齐射向锦州预定目标。在打开突破口后，进入激烈巷战。经过三十一小时激战，锦州攻城战胜利结束。共歼国民党军十万人，俘虏范汉杰和第六兵团司令官卢浚泉等将级军官三十五人。更重要的是，关闭了东北国民党军进出的大门，为辽沈战役的完全胜利迈出了关键性一步。范汉杰被俘后说：“这一着非雄才大略之人是作不出来的。锦州好比一条扁担，一头挑东北，一头挑华北，现在是中间折断了。”〔4〕东北野战军政治委员罗荣桓也说：“塔山这个仗啊，锦州这个仗啊，的

〔1〕《徐永昌日记》第9册，第131页。

〔2〕《毛泽东军事文集》第5卷，第53页。

〔3〕苏静：《关于锦州战役的回顾》，《辽沈决战》续集，人民出版社1992年10月版，第219页。

〔4〕韩先楚：《东北战场与辽沈战役》，《辽沈决战》上册，第127页。

确带有一定的冒险性。因为打到敌人的真正要害处，敌人必然要在垂死中挣扎，尽可能集中他所能出动的兵力与我决战，以图破坏我们这个勇敢的作战计划。我们在历史上还没有打过这样大的仗。任务是光荣而又艰巨的，胜利是来之不易的啊！”〔1〕

长春的国民党守军主要是郑洞国率领的新七军和第六十军。新七军是以原新一军主力新三十八师为骨干组成。第六十军是非嫡系的云南部队。他们被围五个月，已陷绝境。锦州战役开始后，郑洞国曾想率部突围南撤。他在回忆录中说：“我很清楚，目前等待援军已无可能，再拖下去，只有全军饿死、困死，遂决心乘解放军主力南下锦州，孤注一掷，拼死向沈阳突围。”但军心已经涣散，试探性的突围失败。十月十日，蒋介石派飞机空投他的亲笔信，要求长春守军迅速南撤。郑洞国召集两军军长商议。六十军军长曾泽生说：“总统下命令容易，真正突围谈何容易？现在城外共军兵力雄厚，而我军是兵无斗志，根本突不出去的。”新七军副军长史说也说：“就是突出去，这七八百里地，中间没有一个‘国军’，官兵又都腿脚浮肿，不要说打仗，就是光走路都成问题呀！”锦州城破当天，蒋介石飞抵沈阳。第二天（也就是十月十六日）又派飞机向长春空投他的亲笔信。这次讲得更严厉了：“如再迟延，坐失机宜，致陷全般战局于不利，该副总司令、军长等即以违抗命令论罪，应受最严厉之军法制裁。”〔2〕但如按蒋介石的话办，只有死路一条。当晚，已同解放军有联系的第六十军决心起义。新七军既无力突围，也无力继续守城，在十九日上午全部放下武器。长春解放。

廖耀湘率领的辽西兵团，是东北国民党军队的主力，包括曾在印缅战场作战的精锐新一军和新六军在内。他们从沈阳西进，原以为东进兵团很快就能打通锦葫交通，但东进兵团对塔山的进攻一直没有进展。当廖耀湘兵团在蒋介石催迫下渡过新开河、占领新立屯时，锦州已被解放，他们便陷于进退失据的困境，经过多天犹豫和争吵，才决心攻击黑山，退往营口，以便经海路撤出东北。十月二十三日起，他们开始猛攻

〔1〕苏静：《关于锦州战役的回顾》，《辽沈决战》续集，第222页。
〔2〕郑洞国：《我的戎马生涯》，第506、507、510页。

黑山。东北野战军主力在攻克锦州后，很快挥师北上，在黑山一带顽强阻击，并切断廖耀湘兵团退往沈阳和营口的后路。廖兵团已陷入一片混乱，运动中的十几万人麇集在几十个小村庄里，弹粮两缺，而攻克锦州的东北野战军主力相继进入辽西战场，紧紧合围廖兵团，二十六日在混战中首先插入并摧毁廖兵团的指挥所，同时打碎新一军、新三军、新六军的指挥部。“因为这些部队都是处于行军状态，原来就未建立好通讯联络的体系，所以当兵团部及三个重要的军部被打碎之后，使指挥官陷于无法指挥，也再不能掌握部队的境地。而部队则因失去首脑，无所适从，以致陷于瘫痪和分崩离析的状态。”〔1〕鏖战至二十八日拂晓，国民党西进兵团一个兵团部、五个军部、十二个师（旅）共十万多人全部被歼。“如果说锦州之战是辽沈战役关键性初战，辽西围剿战即是辽沈战役中最后的决战。”〔2〕

全歼西进兵团后，东北的国民党军已成残局。十一月一日，东北野战军向沈阳发起总攻击。第二天，解放沈阳，又歼国民党军十三万四千五百人。历时五十二天的辽沈战役至此胜利结束，共解决国民党军四十七万三千人。

辽沈战役结束后十二天，新华社发表毛泽东为它写的评论《中国军事形势的重大变化》，对这次战役后的军事形势作出新的判断。他写道：

“中国的军事形势现已进入一个新的转折点，即战争双方力量对比已经发生了根本的变化。人民解放军不但在质量上早已占有优势，而且在数量上现在也已经占有优势。”

“这样，就使我们原来预计的战争进程，大为缩短。原来预计，从一九四六年七月起，大约需要五年左右时间，便可能从根本上打倒国民党反动政府。现在看来，只需从现时起，再有一年左右的时间，就可能将国民党反动政府从根本上打倒了。”〔3〕

---

〔1〕廖耀湘：《辽西战役纪实》，《辽沈战役亲历记》，第181页。

〔2〕韩先楚：《东北战场与辽沈战役》，《辽沈决战》上册，第135页。

〔3〕《毛泽东选集》第4卷，第1360、1361页。

辽沈战役刚结束，一场规模空前的以徐州地区为中心的淮海战役紧接着开始了。朱德总司令指出："我们正以全力与敌人进行决战。二十年来的革命战争，向来是敌人找我们决战。今天形势变了，是我们集中主力找敌人决战。东北决战已把敌人消灭了，现在，正在徐州地区进行决战，平津决战也即将开始。"〔1〕

徐州从历史上就常是进行决战的古战场，地势宽阔，人口稠密，大军有饭吃，有房住。它地处江苏、安徽、河南、山东四省的要冲，贯通南北和东西的津浦、陇海两条铁路在这里会合，交通便利，是南京北面的屏障，也是全面内战爆发以来国民党军历次向解放区进攻的重要军事基地。

这里集结的国民党军队也最多，有徐州"剿总"总司令刘峙、副总司令杜聿明指挥下的邱清泉、黄百韬、李弥、孙元良四个兵团和冯治安、刘汝明、李延年三个绥靖区（刘、李两绥靖区不久后改编为兵团），连同以后由华中增援的黄维兵团，总兵力达八十多万人。其中包括第五军和第十八军这两支全部美式装备的精锐主力。人民解放军参加这次战役的有华东野战军十六个纵队，中原野战军七个纵队，连同地方武装，共六十多万人。虽然辽沈战役后全国范围内解放军在数量上已占优势，但在这个地区国民党军队在数量上仍占优势。

人民解放军攻克济南后，南京政府十分震动，在十月中旬将孙元良兵团从郑州撤至蚌埠、蒙城；十月下旬，将刘汝明第四绥靖区部队从开封撤至蚌埠。这样，战线收缩，兵力更为集中，但屏藩尽撤，处境更为孤立。

面对国民党军队的新情况，人民解放军必须集中更大兵力，把歼灭战发展到更大规模。如果不这样做，而去打中、小规模的歼灭战，战机很难寻找。豫东战役和济南战役的胜利，又证明打大规模歼灭战是可以做到的。这种大歼灭战发展下去，势必成为同国民党军队在南线的战略

---

〔1〕《朱德选集》，第245页。

决战。决战在哪里进行？当时担任华东野战军代司令员兼代政委的粟裕早已考虑："在长江以北决战比在长江以南决战有利得多，而在长江以北决战，又以在徐蚌地区为最有利。因为徐蚌地区不仅地形宽阔，通道多，适宜于大兵团运动；而且大部地区是老解放区和半老解放区，群众条件好，背靠山东和冀鲁豫老根据地，地处华东、中原接合部，距华北也不远，能得到各方面的人力、物力支援。还可以利用蒋桂之间的矛盾，集中兵力打蒋系的徐州集团。"〔1〕基于这种考虑，他在济南战役即将结束时，在九月二十四日向中共中央军委提出举行淮海战役的建议。第二天，就得到中共中央的批准。

淮海战役的计划发展成南线的战略决战，经历了一个演变过程。

粟裕最初建议的淮海战役分两个阶段：第一阶段以苏北兵团（加强一个纵队）攻占淮阴、淮安，并乘胜收复宝应、高邮，以全力准备打援；第二阶段，以三个纵队攻占海州、连云港，结束淮海战役。"淮海"，就是指两淮和海州而言。这是一个出徐州以东、开辟苏北战场、使山东苏北连成一片的计划，后来被称为"小淮海"计划。中共中央军委在同意举行淮海战役时提出了一个重要意见："你们第一个作战应以歼灭黄兵团于新安、运河之线为目标。"〔2〕这就明确了淮海战役的第一个目标是消灭黄百韬兵团。

国民党当局对解放军的战略意图茫无所知。"此时，蒋介石还在'集中于徐蚌段'实施'攻势防御'和'退守淮海'这两种方案之意举棋不定。十一月初，他派参谋总长顾祝同到徐州，与徐州'剿总'总司令刘峙等最终商定集中兵力于徐蚌段两侧。他们认为，这样的部署既便于攻，又便于守，也便于撤。因此，命令黄百韬兵团从新安镇地区西撤，确保运河西岸。"〔3〕他们判断解放军进攻的目标是突袭徐州，没有想到它的第一个目标是要先集中力量解决黄百韬兵团。

十一月六日，华东野战军主力从山东向南进发，战斗在新安镇北面

---

〔1〕《粟裕谈淮海战役》（楚青整理），《党的文献》1989年第6期。

〔2〕《毛泽东军事文集》第5卷，第19页。

〔3〕《张震回忆录》（上），解放军出版社2003年11月版，第333页。

的郯城打响。这是淮海战役第一阶段的开始。黄百韬兵团并没有意识到局势的严重性，因等候从海州西撤的一个军而耽误了时间，在七日才离新安镇向西开进。八日，驻守临城、台儿庄地区的第三绥靖区两个军（原西北军）两万三千人在副司令长官、中共地下党员何基沣和张克侠率领下起义。解放军主力得以顺利地通过第三绥靖区防地，迅速切断黄百韬兵团同徐州的联系。朱德指出："刘峙原估计我们从徐州西面打他，结果我们从东面打，他发觉后已经迟了，慌忙改变原来的部署。冯治安部（引者注：指第三绥靖区）的起义，对战局影响很大，使敌人原来的部署大为混乱，这是兵家之大忌，特别是对大部队更是不能马上把部署调整好的。"〔1〕运河上只有一座铁桥，事前没有另做准备。西撤的黄百韬兵团十万人马挤着从这里过河，行动迟缓。十一日，华东野战军主力将黄兵团全部合围在以碾庄为中心的狭小地区。刘峙才慌忙地派邱清泉、李弥两个兵团十六万人从徐州东进，力图为黄百韬兵团解围。他们在飞机、重炮、坦克支援下，连续猛攻，但受到华东野战军重兵顽强阻击，十一天内前进不足二十公里。二十二日，被围的黄百韬兵团五个军十二万人遭到全歼。这是给南线国民党军队的重大打击。淮海战役第一阶段胜利结束。

当第一阶段战斗刚开始的时候，粟裕又在考虑下一阶段的作战计划。华东野战军副参谋长张震回忆："粟总同我商量，拟在歼灭黄百韬兵团后，乘胜扩张战果，力争将南线敌主力歼灭在徐州及其周围。我完全赞同他的想法，因黄百韬部不久将被解决，这样，我华野十几个纵队腾出手来，同中野紧密配合，就可在徐州附近打更大的歼灭战。""从军事上讲，一旦把敌军的主力悉数歼灭于江北，那么，在尔后渡江作战和最后解放全中国的过程中，就不会遇到太大的抵抗了，江南的许多城市就能免遭战火的损失，从而很快为全国胜利后的经济建设发挥积极作用。所以，我们主张在歼灭黄兵团后，不必再按原定计划，以主力向两淮进攻，而应转向徐蚌线进击，抑留敌人于徐州及其周围，尔后分别削

〔1〕《朱德选集》，第246页。

弱与逐渐歼灭之。”[1] 十一月八日，粟裕、张震将上述意见上报军委。[2] 九日，中共中央军委复电：“齐辰电悉。应极力争取在徐州附近歼灭敌人主力，勿使南窜。”[3] 这又是一个重大的战略决策。“这样，就把原来以歼灭徐州右翼集团敌军为主的目标，扩大到求歼徐州国民党军主力，把原来仅限于两淮、海州地区的作战，扩大到了徐州、蚌埠，‘小淮海’变成了‘大淮海’。”[4]

为了实现这个战略目标，根据中共中央军委的指示，中原野战军以突然行动在十一月十六日凌晨攻克安徽宿县。宿县是津浦铁路上徐州和蚌埠之间的枢纽。在陇海铁路东段被华东野战军切断后，津浦铁路徐州蚌埠段成为徐州“剿总”同南京统帅部间唯一的陆路通道。徐蚌段一被切断，不仅可使徐州刘峙集团粮弹两缺，而且隔断了蚌埠的国民党军刘汝明、李延年两个兵团北援徐州的道路，封闭了徐州国民党大军沿津浦铁路南逃的大门，使它仿佛置身在一个孤岛上。这标志着淮海战役已实现从徐东会战发展成南线决战，为夺取淮海战役的全胜创造了重要条件。

随着淮海战役的规模越来越大，随着华东野战军和中原野战军已紧密协同作战，为了统筹领导，中共中央军委在十一月十六日电示：决定由刘伯承、陈毅、邓小平、粟裕、谭震林组成总前委，以邓小平为书记。

在人民解放军历史上，两大野战军在统一领导下协同作战还是第一次。正如邓小平引用毛泽东说过的一句话：“两个野战军联合在一起，就不是增加一倍力量，而是增加了好几倍的力量。”[5]

淮海战役的第二阶段，从十一月二十三日至十二月十五日，主要目标是消灭国民党军精锐之一的黄维兵团。

黄维兵团有四个军十个师及一个快速纵队，共十二万人，其中第十

---

〔1〕《张震回忆录》(上)，第335、336页。

〔2〕《粟裕文选》第2卷，军事科学出版社2004年9月版，第618、619页。

〔3〕《毛泽东军事文集》第5卷，第184页。

〔4〕《张震回忆录》(上)，第336—337页。

〔5〕《李达军事文选》，第283页。

八军是陈诚赖以起家的主力部队，全部美械装备，除坦克、重炮外，还配有冲锋枪、火焰喷射器等，军官都是军校毕业生，有较强的战斗力。他们原来驻在河南确山、驻马店一带。淮海战役开始后，奉蒋介石命向徐州增援，匆忙开拔。由于重武器多，道路不良，又需渡过多条河流，行动迟缓。

当第一阶段将黄百韬兵团合围后，面对着多路国民党军的大集团，下一阶段主要作战目标指向哪里？十一月十四日，刘伯承、陈毅、邓小平致电中央军委提出："我以集中一、二、三、四、六、九及华野三、广两纵共八个纵队，歼击黄维为上策。因为黄维在远道疲惫、脱离后方之运动中。"二十二日，黄百韬兵团被歼，给远道赴援的黄维兵团士气很大打击。二十三日，刘、陈、邓再次请示中央军委："歼灭黄维之时机甚好"，"只要黄维全部或大部被歼，较之歼灭李（延年）、刘（汝明）更属有利。如军委批准，我们即照此实行。"〔1〕第二天，军委立即答复："完全同意先打黄维"，"情况紧急时机，一切由刘陈邓临机处置，不要请示。"〔2〕

十一月二十三日，解放军主力开始同正在运动中的黄维兵团作战，展开猛烈攻击。黄维发现态势不利，退缩到宿县西南的双堆集一带。二十五日，中原解放军完成对黄维兵团的合围。黄维自恃武器精良，采取环形防御，固守待援。"他还下令将所有的汽车装满土，同被打坏的坦克一起排成一字长蛇，构成如城墙般坚固的防御工事。并采取以攻为守的战法，每天抽调一至三个有力团配以战车和炮兵的火力，向解放军阵地突击。"〔3〕

更严重的情况是，国民党军统帅部为了挽救黄维兵团和扭转南线败局，实行南北对进：由于津浦铁路无法打通、徐州已完全孤立，决定放弃徐州，命令杜聿明指挥邱清泉、李弥、孙元良三个兵团经永城、蒙城

---

〔1〕《邓小平军事文集》第2卷，军事科学出版社、中央文献出版社2004年7月版，第143、146页。

〔2〕《毛泽东军事文集》第5卷，第269页。

〔3〕《李达军事文选》，第296页。

南下，先救出黄维兵团，再一起南下；又命令刘峙到蚌埠，指挥李延年、刘汝明两个兵团北上，接出黄维兵团到蚌埠。这两路进攻，来势都很猛，只要有一路挡不住，都会造成难以预料的严重后果。粟裕回忆说："淮海战役中最紧张的是第二阶段。我曾经连续七昼夜没有睡觉，后来发作了美尼尔氏综合症，带病指挥。"〔1〕

怎样应对这种严峻的局面？总前委反复进行研究，决定首先全力歼灭黄维兵团，在北面暂取守势阻止杜聿明部南下，在南面增加阻击李延年、刘汝明兵团的兵力。"十二月一日，陈毅通过电话对粟裕说：'我们这里正在收拾黄维这个冤家。你们北边要把杜聿明抓住，南边要把李（延年）刘（汝明）看好'。刘伯承则风趣地把这一战役部署比喻为胃口很好的人上酒席，嘴吃着一块，筷子挟着一块，眼睛又盯着碗里的一块，说我们现在的打法，就是'吃一个（黄维兵团），挟一个（杜聿明集团），看一个（李延年、刘汝明两兵团）。'"〔2〕

在南北两面的阻击中，李、刘兵团战斗力较弱，迟迟不进，一遇到解放军阻击就后缩，最艰难的是如何挡住从徐州南下的杜聿明集团。粟裕回忆道："杜聿明于十二月一日率三十万人全部撤离徐州。我们以多路多层尾追、平行追击、迂回截击、超越拦截相结合，尽全力追击。实际上我们对杜聿明是网开三面，你向西去也好，向北去也好，向东去也好，就是不让你向南。其他方向都唱空城计。说明我们的力量也差不多用尽了。十二月四日拂晓，我们将杜聿明集团全部合围于陈官庄地区，并于十二月六日全歼了向西南方向突围的孙元良兵团，仅孙元良化装逃脱。杜聿明被我们'夹'住了，这时我才松了一口气。""在此以前，战场形势还有很大的不确定性；在此以后，我们已有把握夺取全战役的胜利了。"〔3〕

解放军将黄维兵团合围后，发动全面攻势。双堆集一带地势平坦开阔，连树木也很少，黄维兵团在火力上有很大优势。国民党军第十八军

---

〔1〕《粟裕谈淮海战役》，《党的文献》1989年第6期。

〔2〕《李达军事文选》，第297页。

〔3〕《粟裕谈淮海战役》，《党的文献》1989年第6期。

军长杨伯涛回忆道："解放军没有硬拼，而是机智地采取了掘壕前进、近迫作业的沟壕战术。一道道的交通壕如长龙似地直伸向我军阵地边缘，形成无数绳索，紧紧捆缚。然后利用夜暗，调集兵力进入冲锋准备位置，在炮兵火力配合下，一声号令，发起猛烈的冲锋，当者很难幸免。这样使我军拥有火力的优势，无从发挥。在人力方面，我军是被动捱打，士气低落，而且战斗伤亡一个，就少了一个，没有补充，远不如解放军拥有广大后备力量，可以源源补充，这在第十二兵团是致命的劣势。"〔1〕

在解放军的紧围和不断打击下，黄维兵团防御体系逐步瓦解，兵力不断消耗，士气日益低沉。继廖运周师起义后，又有黄子华师投降。到十二月十日以后，只剩下第十、十八军，继续作毫无希望的抵抗。十五日，黄维见局势已经无望，下令突围，事实上只是四散逃命。但已无法逃出，黄维等被俘，黄兵团全军覆没。

淮海战役的第三阶段，从一九四九年一月六日至十日，在河南永城东北的青龙集、陈官庄地区围歼从徐州西撤的杜聿明集团。

这个阶段，尽管杜聿明集团被围在这个地区的还有二十多万人，包括第五军这支精锐部队，但局势已经明朗，胜负已无悬念。问题只在从全局来看，何时发动总攻最为有利。当时，中共中央军委要求华东野战军先"围而不打"，目的是稳住华北的傅作义集团，避免他们见势不妙而下决心由海运南撤。同时，也便于拖住饥寒交困的被围国民党军，对它进行瓦解工作，以尽可能地减少解放军的伤亡，用最小的代价来换取总攻的胜利。

被紧紧围困而挤在一堆的杜聿明集团确实到了山穷水尽的地步。当时担任华东野战军参谋长的陈士榘写道："饥饿和严寒使被围困的敌人陷于极大的混乱之中。敌人从徐州逃跑时，沿路上丢掉了棉被和笨重物件，如今没有粮食，没有燃料，拥挤在这东西不到二十里、南北不到十里的包围圈里的二十余万人马，把一切可以吃可以烧的东西都吃光了，

〔1〕《杨伯涛回忆录》，中国文史出版社 1996 年 4 月版，第 172—173 页。

烧光了；后来连马皮也吃光了，老百姓的门板也烧光了。虽然蒋介石用飞机空投过几次食物，但仅是‘杯水车薪’无济于事。在大风雪中，敌人大批冻死、饿死，尸横遍野。为了给被围困的敌人最后一条生路，我军从十二月十六日起停止攻击。毛泽东主席为前线司令部写了一篇《敦促杜聿明等投降书》，命令杜聿明、邱清泉、李弥等立即率部投降，同时展开了火线劝降工作。在我军强大的政治攻势下，不愿为蒋介石卖命的敌军下级军官和士兵成班、成排、成连地向我军投降，到一月五日止，向我军投降者即达万余人。”〔1〕

华东野战军在这里从容休整二十天后，平津已经合围，傅作义集团已无法南撤。他们便从一九四九年一月六日起发动总攻势。经过四天激战，俘获杜聿明，击毙邱清泉，全部歼灭了杜聿明集团。蒋介石在一月十日日记中写道：“杜聿明部大半（今晨）似已被匪消灭”，“此为我黄河以南地区之主力，今已被歼，则兵力更形悬如。”“一时之刺激悲哀，难以自制。”〔2〕

人民解放军自一九四八年十一月六日发动淮海战役，到一九四九年一月十日结束战斗，作战六十六天，消灭国民党军队五个兵团部、一个绥靖区、二十二个军、五十六个师，共五十五万五千多人，其中包括第五军和第十八军。这样，国民党军队在南线的精锐部队已完全丧失，华北、华东、中原三大解放区已连成一片。人民解放军迅速南下，直抵长江北岸，为渡江作战取得全国胜利创造了极为有利的条件。国民党政府的首都南京直接暴露在解放军面前。国民党的统治已陷入土崩瓦解的状态。

淮海战役中国共双方兵力是八十万对六十万，是人民解放军在战场兵力、装备都不占优势的情况下战胜国民党军重兵集团的一场大决战。毛泽东称赞说：“淮海战役打得好，好比一锅夹生饭，还没有完全煮熟，硬是被你们一口一口地吃下去了。”〔3〕

---

〔1〕 陈士榘：《天翻地覆三年间——解放战争回忆录》，第275、276页。

〔2〕 蒋介石日记，1949年1月10日。

〔3〕《张震回忆录》（上），第348、349页。

淮海战役胜利还有一个重要原因是民众的支持，源源不断地以人力物力支援前线。供应前方的物资需要，全靠民众踊跃地肩挑背负、小车推送。整个战役中，共有民工五百四十三万人次，运送弹药一千四百六十多万斤、粮食九亿六千万斤。陈毅曾深情地说：淮海战役的胜利是人民群众用小车推出来的。这同国民党军队屡屡弹尽粮绝形成鲜明的对照，能不能得到民众的支持确是一个关键问题。

淮海战役刚进入第二阶段，东北野战军和华北军区第二、第三兵团又在华北地区发动了平津战役。

国民党方面在华北地区，有华北“剿总”总司令傅作义指挥下的部队共六十多万人。“他的主力部队四个兵团，十二个军，五十二个师，部署在东起北宁线的滦县，西至平绥线的柴沟堡，约一千二百多里的狭长地带，以北平、天津、张家口、塘沽、唐山为重点，摆成了一字长蛇阵。”这些部队中，一部分是傅作义从绥远带出来的嫡系部队，还有相当大部分是蒋介石在抗战胜利后运来华北的中央军。“在具体兵力部署上，傅作义是煞费苦心的。他有意把蒋系部队摆在北宁线，把傅系部队摆在平绥线，一旦东北我军入关，蒋系部队首当其冲，而傅系部队在不利情况下，可以向绥远逃之夭夭。”〔1〕辽沈战役结束后，蒋介石把傅作义叫到南京，告诉他：“华北必须固守，非万不得已不得放弃，并以全权任其决定。”〔2〕

人民解放军投入这次战役的有一百万人，在兵力上已大大超过华北的国民党军队。东北全境已经解放，部队是胜利之师，士气高昂。国民党军队却如惊弓之鸟，士无斗志。东北野战军在辽沈战役刚结束就这样快入关，完全出乎国民党当局意料之外。他们以为东北野战军在经历辽沈战役这样一场大仗后至少要经过三个月休整才能进关，因此各方面都部署未定，陷入手足无措的慌乱状态。

解放军所以要如此迅速地突然发动这次战役，就是要乘华北国民党

〔1〕《聂荣臻回忆录》（下），第693页。

〔2〕蒋介石日记，1948年11月5日。

军还没有下决心从华北撤走之际，把它们紧紧拖住，既不让傅系军队向西退回绥远老巢，又不让蒋系部队向东从海路撤走，而就地加以消灭。周恩来十一月十七日为中共中央军委起草的电报指出：“从全局看来，抑留蒋系二十四个师及傅系步骑十六个师于华北来消灭，一则便利东北野战军入关作战，二则将加速蒋匪统治的崩溃，使其江南防线无法组成。”[1] 如果让它们中哪一路撤走，都会给解放战争以后的进展增加困难。

面对着国民党军队那条“一字长蛇阵”，仗从哪里打起？中共中央军委决定：从西线打起。东北野战军先遣部队第四纵队政治委员莫文骅写道：“中央军委采取先西后东的步骤，即令华北部队先打张家口外围，目的是抓住张家口的敌人，使其不能西走，并借此吸引北平之敌增援，将北平傅部主力尽量向西拉开；同时，拖住蒋系部队于平津地区，攻歼芦台、塘沽守敌，控制海口于我手中，迫使傅作义难下撤退或是坚守的决心。我则采取分割平、津、张、塘一线守敌各个击破的方针，以求在不久时间内予以歼灭。这就是平津战役的主要指导思想；而傅作义也不知不觉顺着这条线上了钩。”[2]

当时，聂荣臻率领的华北解放军的兵力还没有完全集中起来，林彪、罗荣桓指挥入关的东北野战军的先遣部队还刚开始进入冀东地区。如果国民党军队立刻决策撤走，很难加以阻止。解放军当时能立刻使用的机动兵力是华北军区的第二、第三兵团（第一兵团徐向前部正包围太原）。十一月二十四日，毛泽东电令原正围攻归绥（今呼和浩特）的华北第三兵团杨成武率三个纵队“火速东进，突然包围张家口，不是立即夺取之，而是吸引敌军增援”。[3] 二十九日，部队到达作战地区，平津战役打响。这里是平津和绥远之间必经的咽喉通道。傅作义果然将驻在北平附近的傅系精锐主力第三十五军火速乘火车、汽车增援张家口。东北野战军主力这时分路经冷口、喜峰口越过长城，向平津急进，突然出

〔1〕《周恩来军事文集》第3卷，人民出版社1997年11月版，第539页。
〔2〕莫文骅：《回忆解放北平前后》，北京出版社1982年9月版，第17页。
〔3〕《杨成武回忆录》（下），解放军出版社1990年8月版，第234页。

现在北平东北的密云一带。这个行动使傅作义大为震惊，以为解放军将直取北平，又急令几天前刚西援张家口的第三十五军乘四百多辆汽车撤回北平。十二月八日，第三十五军在撤回途中的新保安镇被从石家庄以北赶来的华北第二兵团杨得志部团团围住。“傅作义得知这一消息，真可以说是惶惶不可终日了。用郭景云（引者注：第三十五军军长）的话来说：不要说整个三十五军，就是那四百多辆汽车，也‘是傅总司令的命根子，不能不要’。”“傅作义在指挥上已经完全混乱了。但是也看得出，事至如今，他仍然不想放弃通往张家口绥远的要道新保安。傅作义按照毛主席的指挥，自己拴住了自己。”〔1〕

为了防止国民党军队在陆续入关的东北野战军部署完成前决策突围撤走，十二月十一日，毛泽东为中共中央军委起草致林彪、罗荣桓电，要求：“从本日起的两星期内（十二月十一日至十二月二十五日）基本原则是围而不打（例如对张家口、新保安），有些则是隔而不围（即只作战略包围，隔断诸敌联系，而不作战役包围，例如对平、津、通州），以待部署完成之后各个歼敌。尤其不可将张家口、新保安、南口诸敌都打掉，这将迫使南口以东诸敌迅速决策狂跑，此点务求你们体会。”〔2〕

十二月下旬，各方面部署大体就绪。二十二日，华北第二兵团对新保安发起总攻，迅速全歼第三十五军一万九千多人。二十四日，华北第三兵团解放张家口，全歼傅系部队一个兵团部、一个军部、五个师、两个骑兵旅，共五万四千多人。傅作义不仅丧失了他赖以起家的基本部队，也被切断了西撤绥远的退路。在东线，东北解放军解放了唐山等地，完成了对天津、塘沽的包围。傅作义已陷入欲撤不能、孤立无援的绝境，为和平解放北平奠定了基础。

在这种情况下，傅作义已在考虑和平解决北平的问题，但还存有种种顾虑。他的女儿傅冬菊是中共地下党员。中共平津指挥部能随时掌握对方统帅的动向以至情绪变化，这种条件是很难得的。聂荣臻在回忆录中写道：“我认为，和平解放北平的前景是存在的，而且时机越来越成

〔1〕《杨得志回忆录》，解放军出版社1993年1月版，第443、444页。

〔2〕《毛泽东选集》第4卷，第1365页。

熟了。我先同罗荣桓同志谈了这个想法。我说，我们应该努力争取和平解放北平，使北平这个文化古都免遭战火的破坏，使人民的生命财产免遭损失。罗荣桓同志听了以后，表示同意我的意见，在不放弃以战争解决问题的同时，争取通过和平方式解放北平。”“毛泽东同志以及其他中央领导同志，看了我发去的电报以后，回电表示完全同意。”〔1〕这是十二月底的事情。

人民解放军在平津地区的作战计划是“先取两头，后取中间”，西面的张家口、新保安已经解决。一九四八年一月十日，淮海战役胜利结束。十四日，东北野战军在东线下达了总攻天津的命令。这一仗打得干脆利索，经过二十九小时激战，在第二天解放了国民党军重兵守备、坚固设防的天津城，守军十三万多人全部被歼。解放军同傅作义的谈判也已开始。二十日，傅作义接受了人民解放军提出的条件，命令所属的两个兵团部、八个军部、二十五个师，共二十多万人，从二十二日到三十一日陆续出城，接受改编。蒋介石到二十三日方得知，在日记中叹道：“此事殊出意外。”〔2〕二月三日，中国人民解放军在北平举行隆重的入城式。

持续六十四天的平津战役，以军事打击和政治争取并举的方法取得了完全胜利，歼灭和改编国民党军队共五十二万多人，并且使北平这个文化古都完整地保存了下来。

辽沈、淮海、平津三大战役，无论是战争的规模或取得的战果，在中国战争史上都是空前的，在世界战争史上也是罕见的。这三大战役，从一九四八年九月十二日开始，到一九四九年一月三十一日结束，历时四个月零十九天，共歼灭国民党军队一百五十四万人，使国民党赖以维持统治的主要军事力量基本上被摧毁，中国革命在全国胜利的大局已定。

---

〔1〕《聂荣臻回忆录》(下)，第701、702页。

〔2〕蒋介石日记，1949年1月23日。

将革命进行到底

国民党政府无论在军事上还是在经济上都已陷入绝境。它在长江以北的力量已完全崩溃，精锐部队全部丧失，士气瓦解。在长江以南也无法组织起有效的防御体系。社会经济的崩溃到了无法收拾的地步。国民党统治集团内部的矛盾日益尖锐化，已成分崩离析之势，特别是长期受蒋介石排挤的桂系李宗仁、白崇禧乘机对蒋施加巨大压力，并且提出恢复国共和平谈判的主张。

桂系提出恢复和谈，重要目的是乘蒋介石处于狼狈境地时逼他下台，由李宗仁取而代之。坐镇武汉的华中“剿总”总司令白崇禧，在十二月中旬对蒋介石的嫡系将领、华中“剿总”副总司令宋希濂分析全盘局势后明白地讲：“可以说，已经没有什么兵力可以再进行决战了。唯一的办法，就是设法同中共恢复和谈，利用和谈以争取时间，在长江以南地区编练新军一二百万人。如能做到这一点，还可与共军分庭抗礼，平分秋色。否则这个局面是很难维持下去的了。但要想同中共恢复和谈，必须请蒋先生暂时避开一下，才有可能。”〔1〕宋希濂将白崇禧这番话报告了蒋介石。几天后，白崇禧便发出致蒋介石的“亥敬”电，写道：“民心代表军心，民气犹如士气。默察近日民心离散，士气消沉，遂使军事失利，主力兵团损失殆尽。倘无喘息整补之机会，则无论如何牺牲，亦无救于各个之崩溃。”〔2〕当时担任国民党中央常务委员、同李白关系密切的程思远回忆道：

“同日，湖南绥靖主任程潜也通电主和，并请蒋下野。在语气上，程电较白电严厉得多。但蒋以为白乘杜聿明集团在徐州外围被围、黄维兵团在双堆集受挫之际，即以实力为后盾，迫他早日下台，误会甚深。

〔1〕《鹰犬将军——宋希濂自述》，第288页。

〔2〕程思远：《白崇禧传》，华艺出版社1995年5月版，第265页。

蒋后来对张治中说：他平生不向任何压力低头。经白这么一逼，他就故意推迟下野期限了。

十二月三十日，白又以‘亥全’（引者注：似当为‘亥陷’，即十二月三十日）电致蒋，重申前电主张。蒋不得已，于一九四八年除夕邀李宗仁副总统、五院院长和国民党中常委到黄埔路官邸餐叙，饭后提出《求和声明》，征求意见。他在《声明》中说：“个人的进退出处，绝不萦怀，而一惟国民的公意是听”。席上，我亲眼看到也听到谷正纲、张道藩发言反对蒋下野求和，谷甚至嚎啕大哭，如丧考妣。对此，蒋介石大骂说：‘我之愿下野，不是因为共党，而因为本党中的某一派系。’他所谓‘某一派系’即指‘桂系’，其对李、白之嫉恨，可以想见。”〔1〕

其实，即使李、白等主张和平谈判，也无非是想达到以长江为界“划江而治”，以便取得“喘息整补”之机会，伺机卷土重来。

这时放在中国共产党面前的十分尖锐的问题是：将革命进行到底，还是使革命半途而废。

十二月三十日，毛泽东为新华社写了题为《将革命进行到底》的一九四九年新年献词。文章一开始就说：“中国人民将要在伟大的解放战争中获得最后胜利，这一点，现在甚至我们的敌人也不怀疑了。”文章写道：

“如果要使革命进行到底，那就是用革命的方法，坚决彻底干净全部地消灭一切反动势力，不动摇地坚持打倒帝国主义，打倒封建主义，打倒官僚资本主义，在全国范围内推翻国民党的反动统治，在全国范围内建立无产阶级领导的以工农联盟为主体的人民民主专政的共和国。这样，就可以使中华民族来一个大翻身，由半殖民地变为真正的独立国，使中国人民来一个大解放，将自己头上的封建的压迫和官僚资本（即中国的垄断资本）的压迫一起掀掉，并由此造成统一的民主的和平局面，

〔1〕 程思远：《我的回忆》，华艺出版社 1994 年 12 月版，第 205—206 页。

造成由农业国变为工业国的先决条件，造成由人剥削人的社会向着社会主义社会发展的可能性。如果要使革命半途而废，那就是违背人民的意志，接受外国侵略者和中国反动派的意志，使国民党赢得养好创伤的机会，然后在一个早上猛扑过来，将革命扼死，使全国回到黑暗世界。”

文章举了一个有名的比喻：

“这里用得着古代希腊的一段寓言：‘一个农夫在冬天看见一条蛇冻僵着。他很可怜它，便拿来放在自己的胸口上。那蛇受了暖气就苏醒了，等到回复了它的天性，便把它的恩人咬了一口，使他受了致命的伤。农夫临死的时候说：我怜惜恶人，应该受这个恶报！’外国和中国的毒蛇们希望中国人民还像这个农夫一样地死去，希望中国共产党，中国的一切革命民主派，都像这个农夫一样地怀有对于毒蛇的好心肠。但是中国人民、中国共产党和中国真正的革命民主派，却听见了并且记住了这个劳动者的遗嘱。况且盘踞在大部分中国土地上的大蛇和小蛇，黑蛇和白蛇，露出毒牙的蛇和化成美女的蛇，虽然它们已经感觉到冬天的威胁，但是还没有冻僵呢！”

文章最后响亮地宣告：“一九四九年将要召集没有反动分子参加的以完成人民革命任务为目标的政治协商会议，宣告中华人民共和国的成立，并组成共和国的中央政府。这个政府将是一个在中国共产党领导之下的、有各民主党派各人民团体的适当的代表人物参加的民主联合政府。”〔1〕

一九四九年一月二十一日，蒋介石发表《引退谋和书告》说：“决定身先引退”，“于本月二十一日起由李副总统代行总统职权。”〔2〕蒋介石这样做，当然表明他所受打击之大，在大陆的统治已近穷途末路；同时，也是为了把李宗仁推向前台，同共产党周旋，并稳住白崇禧、程潜

〔1〕《毛泽东选集》第4卷，第1372、1375、1377、1379页。

〔2〕《总统蒋公思想言论总集》卷32，第209页。

等，而一切实际的军权和财权仍牢牢地把握在他手里。当天，他派徐永昌飞北平见尚未接受解放军改编的傅作义，“实告以余虽下野，政治与中央并无甚变动，嘱各将领照常工作，勿变初计。”[1] 引退的书告发表前，他已发表汤恩伯为京沪（后扩大为京沪杭）警备总司令，张群为重庆绥靖公署主任，薛岳为广东省政府主席，余汉谋为广州绥靖公署主任，陈诚为台湾省政府主席兼台湾省警备总司令。一面准备凭借长江天险继续顽抗，一面做好退守台湾的各种准备。他虽回到家乡奉化溪口居住，一切仍由他在那里发号施令。

李宗仁在二十二日就任代总统，当天就指定邵力子等为和谈代表，并通过电台广播，希望中共方面指派代表，约定和谈日期和地点。他还动员颜惠庆、章士钊、江庸等组成“上海人民和平代表团”赴北平，会见中共领导人。但李宗仁并无实权，这些活动无非是说些空话。三月二十四日，南京政府决定组成由张治中担任首席代表的和谈代表团。二十六日，中共中央决定组成由周恩来担任首席代表的谈判代表团。双方于四月一日在北平开始谈判。几经磋商，周恩来在四月十三日提出《国内和平协定》草案，经过讨论修改后在十五日又提出《协定》最后修正案，要求以四月二十日为最后签字期限。第二天，南京政府代表团黄绍竑携协定文本返南京请示。李宗仁无法作主，十七日派专机携《协定》去溪口送蒋介石裁决。蒋介石在当天日记中写道：“黄绍竑、邵力子等居然接受转达，是诚无耻之极者之所为”，决定“拒绝其条件”。[2] 二十日，南京政府正式表明拒绝接受协定，国共谈判破裂。但以张治中为首的南京政府代表团全部决定留在北平，不回南京。

四月二十一日，毛泽东、朱德向解放军全体指挥员、战斗员发布《向全国进军的命令》，要求他们“奋勇前进，坚决、彻底、干净、全部地歼灭中国境内一切敢于抵抗的国民党反动派，解放全国人民，保卫中国领土主权的独立和完整。”[3]

---

〔1〕 蒋介石日记，1949 年 1 月 21 日。

〔2〕 蒋介石日记，1949 年 4 月 17 日。

〔3〕《毛泽东选集》第 4 卷，第 1451 页。

遵照这个命令，人民解放军向尚未解放的广大地区，举行了规模空前的全面大进军。尽管蒋介石自称“以阻止其渡江为惟一要务”，[1] 这次大进军却像摧枯拉朽那样，国民党军队已成“兵败如山倒”之势，再也无法组织有力的抵御。刘伯承、邓小平等领导的第二野战军（原中原野战军）和陈毅、粟裕、谭震林等领导的第三野战军（原华东野战军），于四月二十日夜起至二十一日，在西起江西九江东北的湖口、东至江苏江阴、长达五百多公里的战线上，强渡长江，迅速摧毁了国民党军苦心经营了三个半月的长江防线。蒋介石日记记载：“敬之（引者注：即何应钦）提议应下总退却令，不然被匪节节截断，再迟且受其大包围，京沪沿线全军有被歼灭可能。余完全同意。”[2] 二十三日，人民解放军解放国民党政府的首都南京。接着，又分路向南挺进，在五月三日解放杭州，二十二日解放南昌，二十七日攻占中国最大的城市上海。七月，开始进军福建。八月十七日解放福州。林彪、罗荣桓等领导的第四野战军（原东北野战军），于五月十四日，在武汉以东团风至武穴间一百多公里的地段上，强渡长江。五月十六、十七两日，解放武汉三镇。接着，又南下湖南。国民党湖南省政府主席程潜、第一兵团司令陈明仁，于八月四日起义，湖南和平解放。彭德怀、贺龙等领导的第一野战军（原西北野战军），在五月二十日解放西安后，同第十九、二十兵团继续向西北进军，八月二十六日攻克兰州，九月五日解放西宁，九月二十三日解放银川。国民党绥远省政府主席董其武、兵团司令孙兰峰等在九月十九日起义，绥远和平解放。国民党政府新疆省警备总司令陶峙岳、新疆省政府主席包尔汉等在九月下旬起义，新疆和平解放。中国大陆上，除两广和西南地区外，基本上全部得到解放。

美国政府的尴尬处境

美国政府几年来一直实行扶蒋反共的政策。国民党政府悍然发动全

---

〔1〕 蒋介石日记，1949年2月15日。

〔2〕 蒋介石日记，1949年4月23日。

面内战，相当程度上是在美国财政和武器的大量支援下进行的。中国局势的发展，国民党政府以令人吃惊的速度土崩瓦解，使美国政府陷于十分尴尬的境地。

国民党政府仍把最后希望寄托在美国的援助上。驻美大使顾维钧在回忆录中写道：解放军攻克济南后五天，“九月二十九日，蒋介石总统电令我转给杜鲁门一份特别密电，呼吁杜鲁门大力推动和加速该项特别军援物资的采办。因为中国的军事局势十分危急，惟有立即采取措施或可有助于扭转战局。在我看来，密电措辞极为迫切，语气近乎告急，说明军事局势确实十分严重。”顾维钧甚至对去美国开会的财政部长王云五说：“在中国面临共产党进攻的严重危急关头，不必担心美国干涉或侵犯中国主权的问题。”十月三十一日，蒋介石打给他的一个电报，说派孔祥熙做蒋私人驻华盛顿的代表，以个人身份协助顾办理交涉事宜。十一月九日，顾维钧收到蒋介石要他转交的致杜鲁门的信：“委员长呼吁杜鲁门‘加速并增加军事援助，同时发表一项坚定的声明，支持我国政府为之而战的事业。’他还要求美国向中国派遣‘一位高级军事官员与我国政府商定军事援助的具体方案，包括美国军事顾问参加指挥作战在内。”〔1〕国民党政府行政院长孙科甚至对美国合众社记者说：“中国亟需有如麦帅（引者注：指麦克阿瑟）之卓越军事人物充任最高军事顾问，以从事反共战事，故中国亦应准备以全权交予该顾问。”〔2〕十二月一日，宋美龄以马歇尔夫妇的客人的私人身份来到华盛顿，要求会见杜鲁门。她希图达到的目的仍是蒋介石给杜鲁门信中提出的那三项，即美国总统发表支持中国反共的政策声明，派遣高级军官率领的军事代表团，增加援华军事物资。一九四九年一月八日，国民党政府又向美、英、法、苏四国发出照会，要求他们出面调解以实行和平谈判。

中国共产党在决心将革命进行到底时，充分考虑到美国这个因素。它的态度是：战略上藐视，战术上重视。毛泽东对美国记者斯特朗曾说过一句名言：“一切反动派都是纸老虎。看起来，反动派的样子是可怕

〔1〕《顾维钧回忆录》第6分册，中华书局1988年7月版，第503、510、523页。

〔2〕《徐永昌日记》第9册，第167页。

的，但是实际上并没有什么了不起的力量。”“蒋介石和他的支持者美国反动派也都是纸老虎。”在一九四七年十二月会议上，他又说：“在实际上，在第二次世界大战以后的美国帝国主义，是否真如蒋介石和各国反动派所设想的那么强大呢？是否真能像流水一样地接济蒋介石和各国反动派呢？并不如此。”[1] 他的这个估计是准确的。但毛泽东并没有掉以轻心，而是认真做了应对最严重局势的准备。一九四九年一月政治局会议上，他说：“我们从来就是将美国直接出兵占领中国沿海若干城市并和我们作战这样一种可能性，计算在我们的作战计划之内的。这一种计算现在仍然不要放弃，以免在事变万一到来时，我们处于手足无措的境地。但是，中国人民革命力量愈强大，愈坚决，美国进行直接的军事干涉的可能性也就将愈减少。”[2] 罗荣桓在这次会上发言时，毛泽东插话说：“现应宣传准备美出兵三十万，我再消灭之。”[3] 人民解放军横渡长江后，在一段时间内把第二野战军和第三野战军的主力一起放在江南，以陈毅任上海市长、刘伯承任南京市长，准备应对美国出兵干涉。正是做了这样的认真准备，使美国政府更加不敢轻举妄动。

在这种状况下，美国政府对中国局势的剧变采取什么态度？事实证明，它历来欺软怕硬，尽管国民党政府苦苦哀求，它并没有敢进一步伸出援手。王云五、孔祥熙先后到华盛顿，杜鲁门连见都没有见他们。国民党政府寄以极大希望的宋美龄访美，再也没有重现她在一九四二年至一九四三年访美时那样的风光。她到华盛顿的第十天，杜鲁门才会见她。会见结束后，“当记者问她是否有好消息或者她是否将再次会见总统时，她说这要由总统来回答。她神色严峻，冷冷地一笑，给人的印象是会谈没有成就。六点半，蒋荫恩（引者注：曾任《大公报》记者，时就学于密苏里大学新闻学院）又来电话说，白宫副新闻秘书艾尔斯发布消息说：‘总统说，蒋夫人陈述了中国的情况，他同情地予以倾听。’记者问：总统是否将再次接见她，艾尔斯说：‘无可奉告。’”第二天，“华

---

〔1〕《毛泽东选集》第 4 卷，第 1195、1259 页。

〔2〕《毛泽东文集》第 5 卷，第 231 页。

〔3〕《罗荣桓军事文选》，解放军出版社 1997 年 11 月版，第 493 页。

盛顿接近马歇尔家的人曾暗示蒋夫人最好不要延长她在利斯堡的逗留。”宋美龄又拖了将近二十天。杜鲁门在记者招待会上被问到宋的活动情况。“当一位记者向总统询问蒋夫人的今后计划以及他是否将再次会见她时，他生气了。他说，他不知道她的计划，而且不准备再见她。不到一个星期之后，蒋夫人离开华盛顿去纽约了，但直至一九五〇年一月十日她才离美回国。”〔1〕尽管受到这样的冷遇，她在美国仍孤寂地停留了一年多时间。至于一九四九年一月八日国民党政府要求美、英、法、苏四国出面调停的照会，英国在十二日宣布拒绝，美国在十三日复照拒绝，苏联在十七日答复拒绝调停，法国的反应也同样不佳。

为什么一些人原以为国民党政府处于危急关头时美国定会出手相助，结果却落得如此下场？

美国政府的对华政策，归根结底，取决于它自身利益的衡量。很长时间内，“美国压倒一切的目标仍是支持国民党政府，并尽可能地使它在广大地区内建立政权，对这一点怎样强调也不过分。”〔2〕但它对国民党政府的援助不可能是无条件的和无限的。当中国的局势发展到如此地步时，它发现自己已处在无能为力、爱莫能助的窘境。

能不能继续给予国民党政府更大量的军事和财政援助？以往这种援助给得够多了，却没有收到任何效果，相反，局势却极快地向着同他们期望相反的方向发展。财政援助的很大部分落入国民党高级官吏的私囊。国民党军队的失败并不是由于缺乏现代武器。更使美国感到沮丧的是，历次失败的结果使大量美国援助的武器装备落入解放军的手里。国民党政府外交部长王世杰对徐永昌说：“人家说我们长、沈三十二个师，几天即缴械，美援等于援共。”〔3〕至于国民党政府因独裁和腐败而失尽国内民心，是他们什么忙也帮不上的。杜鲁门在回忆录中写道：“蒋委员长的态度和行动和一个旧军阀差不多，他和军阀一样没有能得到人民

〔1〕《顾维钧回忆录》第6分册，第574、575、579、580页。

〔2〕（美）邹谠：《美国在中国的失败》，上海人民出版社1997年4月版，第309页。

〔3〕《徐永昌日记》第9册，第166页。

的爱戴。”[1] 如果继续给予大量援助，不仅是过分沉重的负担，更重要的是丝毫无助于局面的改善，只是白白地向这无底洞里扔钱，打了水漂。

那么，能不能由美国出兵，进行武装干涉，帮助国民党打内战？那是不可能的。第一，中国太大了，如果美国出兵，那将是一场规模极大的战争，而且将难以自拔。第二次世界大战刚结束不久，美国民众普遍要求和平，不可能说服民众把他们的子弟重新投入并不涉及美国核心利益的远东战场上去作战。且不说这场战争很难获胜，而且以后将更难收场。第二，尽管美国看起来是不可一世的庞然大物，其实它的兵力和财力仍是有限的。欧洲依然是它的主要利益所在，并且正吸引着它的绝大部分注意力，不可能抽出更多力量用于中国。第三，战后美苏关系日趋紧张，但双方各有顾虑，小心翼翼地避免迎头相撞。如果美方要在中国实行大规模的军事介入，不能不考虑苏方可能作出的反应。

当时担任美国国务卿的马歇尔写道：“一个时期以来，我一直在考虑，我们能对迅速恶化的局势做些什么。看来，参谋长联席会议，陆、海军部都强烈主张在军事上和经济上支持中国政府。我和范宣德（引者注：美国国务院远东司司长）都感到参谋长联席会议提出的建议是不太现实，他们所提出的解决办法不切合实际，特别是在中国难以实施。”[2] 他在内阁会议上又说：“中国的国民党政府正在退出历史舞台，无论我们做什么都救不了它了。”[3]

杜鲁门在回忆录中，对他自己当时采取这种态度，也作了一段懊丧的自白：“蒋介石最后由于失去了人民的支持和美国的援助而被打败了，因为他的将军很多都带着由我们的武器所武装起来的军队投到敌人的阵营里去了。只是当这样的投降开始大量出现时，我才决定停止把物资运到中国去。”[4]

---

〔1〕（美）《杜鲁门回忆录》第2卷，第102页。

〔2〕《美国外交文件》1947年第7卷，转引自资中筠《美国对华政策的缘起和发展（1945—1950）》，第152页。

〔3〕转引自陶文钊《中美关系史（1911—1950）》，第457页。

〔4〕（美）《杜鲁门回忆录》第2卷，第103—104页。

蒋介石宣告“引退”时，美国当局曾多少把希望寄托在李宗仁身上。国会中有人说：“李宗仁是一位眼光远大、有自由主义思想的人。”[1] 他们很看重“有自由主义思想”这一点。但李宗仁没有多少实力，这种期望自然很快就破灭了。

解放军横渡长江、解放南京后，美、英、法的驻华大使都没有随国民党政府迁往广州，而是留在南京继续观察。五月四日，英、法大使会见司徒雷登，谈到是不是要在事实上承认解放区各级政府。六日，美国国务卿艾奇逊立刻表示这种做法并不可取。十三日，艾奇逊再次指示司徒雷登，要他向英、法等国驻华大使强调：“给共产党政权以事实上的承认将从政治上鼓励共产党，打击国民党”，“我们强烈反对任何大国匆匆忙忙给予中共以无论事实上还是法律上的承认。”[2]

中国共产党对新中国的外交已确定“另起炉灶”、“打扫干净屋子再请客”的方针，但仍愿同美国的外交人员接触，看看有没有可能适当改善双方的关系。南京军管会外事处负责人黄华是司徒雷登在燕京大学的学生，同他在私下见了多次面。司徒雷登在六月三十日致电艾奇逊说：“六月二十八日，黄华按约定的时间拜访了我。他说他接到的毛泽东和周恩来的口信说，如果我希望访问燕京大学，他们会欢迎我到北平的。”“我只能把黄带来的口信看作是毛和周表面上邀请我访问燕京大学，实际上是与他们会谈。”司徒雷登显然是有意去北平的。他在这份电报中继续说：“它将为美国官员提供一个绝无仅有的机会：同最高一级的中国共产党人非正式会谈。机不可失。”[3] 但美国政府坚决反对这样做，在三天内就发出指示：“在任何情况下都不得访问北平。”[4] 司徒雷登随后离开南京，返回美国。这样，美国政府就把同新中国接触这扇门紧紧地关上了。

---

〔1〕《顾维钧回忆录》第 6 分册，第 508 页。

〔2〕《美国外交文件》1949 年第 9 卷，转引自陶文钊《中美关系史（1911—1950）》，第 466、467 页。

〔3〕（美）《被遗忘的大使司徒雷登驻华报告》，第 305、306 页。

〔4〕《美国外交文件》1949 年第 8 卷，转引自资中筠《美国对华政策的缘起和发展（1945—1950）》，第 263 页。

当司徒雷登离开南京、还没有到达华盛顿的时候，八月五日，美国国务院发表了《中美关系白皮书》。艾奇逊将《白皮书》送给杜鲁门时，写了一封信，对几年来美国给国民党政府的援助及其效果，作了总结性的回顾：

“自从对日战争胜利后，美国政府以赠予和借贷的方式给予国民党中国的援助总数约达二十亿美元，这个数字在价值上等于中国政府货币支出的百分之五十以上，与该国政府预算相较，在比例上超过战后美国对任何西欧国家的援助数量。除这些赠予和借贷外，美国政府还曾以大量军用与民用的战时剩余物资卖给中国政府，其采买原价总值在十亿美元以上，而通过协议美国政府所取偿的只有二亿三千二百万美元。然而自从对日胜利以来，美国供给中国军队的军需品的大部分，因为国民党领袖们在军事上的无能、他们的叛变投降和他们部队的丧失斗志，而落入中共之手。”

“不幸的但亦无法避免的事情，是中国内战的不幸结果为美国政府控制所不及。美国在其能力的合理限度之内所曾经做或能够做的，都不能改变这个结果。美国所未做的，对于这个结果也没有影响。这是中国内部势力的产物，这些势力美国也曾试图加以影响，但不能有效。中国国内已经达到了一种定局，纵令这是未尽职责的结果，但仍然已成定局。”〔1〕

艾奇逊这些话说得比较坦率：虽然美国已在它力所能及的范围内做了它所能够做的一切，但中国的事情只能由中国内部状况所决定，“为美国政府控制所不及”。这封信把他们那种进退两难、一筹莫展的心态表达得淋漓尽致，难怪新华社社论要把这份白皮书称为“无可奈何的供状”。

已经没有任何力量，可以阻挡新中国的诞生了。

---

〔1〕《中美关系资料汇编》第1册，世界知识出版社1967年12月版，第40、41页。

筹建新中国

筹建新中国的任务，已提到现实议事日程上来。

一九四九年一月，中共中央召开政治局会议。会议指出：我们已经完全有把握地在全国范围内战胜国民党，并且确定："一九四九年必须召集没有反动派代表参加的以完成中国人民革命任务为目标的各民主党派各人民团体的政治协商会议，宣告中华人民民主共和国的成立，组成共和国的中央政府，并通过共同纲领。"〔1〕会议还决定在北平解放后召集七届二中全会。

中共七届二中全会，于三月五日至十三日在西柏坡举行。毛泽东在报告中提出了促进革命迅速在全国取得胜利的各项方针，并指出："从一九二七年到现在，我们的工作重点是在乡村，在乡村聚集力量，用乡村包围城市，然后取得城市。""从现在起，开始了由城市到乡村并由城市领导乡村的时期。党的工作重心由乡村转移到了城市。""必须用极大的努力去学会管理城市和建设城市。"在城市中，一切工作"都是围绕生产建设这一个中心工作并为这个中心工作服务的。"如果不能使生产事业尽可能迅速地恢复和发展，就不能维持政权，就会失败。

他在报告中提出新中国在政治、经济、外交方面的基本政策，特别着重地分析了当时中国经济各种成分的状况和党必须采取的政策，指出中国由农业国转变为工业国、由新民主主义社会转变为社会主义社会的发展方向。

报告快结束时，他讲了一段语重心长的话：

"可能有这样一些共产党人，他们是不曾被拿枪的敌人征服过的，他们在这些敌人面前不愧英雄的称号；但是经不起人们用糖衣裹着的炮弹的攻击，他们在糖弹面前要打败仗。我们必须预防这种情况。夺取全

〔1〕《毛泽东文集》第5卷，第234页。

国胜利，这只是万里长征走完了第一步。如果这一步也值得骄傲，那是比较渺小的，更值得骄傲的还在后头。在过了几十年之后来看中国人民民主革命的胜利，就会使人们感觉那好像只是一出长剧的一个短小的序幕。剧是必须从序幕开始的，但序幕还不是高潮。中国的革命是伟大的，但革命以后的路程更长，工作更伟大，更艰苦。这一点现在就必须向党内讲明白，务必使同志们继续地保持谦虚、谨慎、不骄、不躁的作风，务必使同志们继续地保持艰苦奋斗的作风。”[1]

六月三十日，为了纪念中国共产党诞生二十八周年，毛泽东发表了《论人民民主专政》的文章。文章指出：“人民是什么？在中国，在现阶段，是工人阶级，农民阶级，城市小资产阶级和民族资产阶级。”“对人民内部的民主方面和对反动派的专政方面，互相结合起来，就是人民民主专政。”[2]

毛泽东在七届二中全会上的报告和《论人民民主专政》，构成了在新中国成立初期曾起临时宪法作用的人民政协《共同纲领》的政策基础。

一九四九年的具体工作，除向南方继续进军、发展农业生产和工业生产、完成老解放区的土地改革以外，十分重要的是做好新解放区的接管工作，特别是一批大中城市的接管工作。

以前，中国共产党领导的各解放区主要在农村和一些中小城市，比较大的城市哈尔滨实际上也成为东北解放战争的后勤基地。随着解放战争的胜利发展，特别是在辽沈战役和平津战役中，很多重要的大城市相继解放。渡江南下后，解放军都是先占城市，后占乡村，一批更大的城市得到解放。许多新的工作相继提到解放军和人民政府面前，在城市接管工作中积累起许多新的经验。

其中一项极其重要的工作是没收官僚资本，归人民的国家所有。“没收对象是由国民党中央政府、省政府、县政府经营的，即完全官办

---

〔1〕《毛泽东选集》第4卷，第1426、1427、1428、1438、1439页。

〔2〕《毛泽东选集》第4卷，第1475页。

的工商业，和著名的国民党大官僚所经营的企业。小官僚和地主所办的工商业或官僚企业中的民族资本家的私人股份，均不在没收之列。”〔1〕

国民党政府的官僚资本是逐步形成的，抗日战争胜利以后达到了最高峰。它首先在金融领域内形成，最重要的是“四行二局”（中央银行、中国银行、交通银行、中国农民银行、中央信托局、邮政储金汇业局）。抗战胜利后，它已占全国金融业资本的百分之八十八点九。它在工业领域内的形成要晚一些，抗战胜利后又接收一大批日伪的工矿企业，从而占全国近代工业和交通运输业（包括铁路、公路、航运、民航、邮电等）资本的百分之六十四点一。〔2〕在恶性通货膨胀中，人们重物轻币，有“工不如商，商不如囤”的说法，舍正常经营而从事投机。投机资本极为猖獗，使市场秩序极端混乱，而投机活动的大本营又在官僚资本控制下，造成民怨沸腾。

没收官僚资本，首先在沈阳取得比较系统的经验。当时担任沈阳军管会主任及东北局全权代表的陈云在《接收沈阳的经验》中写道：“怎样才能接收得快而完整。军管会在出发前即确定了‘各按系统，自上而下，原封不动，先接后分’的接收方法。”“事实证明，这些做法，既能防止乱，又能保证快（两天都接上了头）。如果不按系统，不分上下，乱接一通，必然损失很大，影响很坏。”〔3〕天津、北平解放后，各官僚资本企业也完整地接收下来，半年内恢复正常生产。

上海是中国工商业和金融业最集中的地区，在全国处于举足轻重的地位。官僚资本在上海有着相当大的比重。因此，没收官僚资本对改变上海的经济性质关系重大。汪道涵在《解放初期的工业接管和改革》中写道：

“上海的接管工作由军事管制委员会统一领导和指挥，下面由专门承担接收工作的机构负责。为了完整地把官僚资本主义企业接收过来，

〔1〕苏星：《新中国经济史》，中共中央党校出版社1999年9月版，第70页。

〔2〕许涤新、吴承明主编《中国资本主义发展史》第3卷，第14页。

〔3〕《陈云文选》第1卷，人民出版社1984年1月版，第374—375页。

尽量减少接收过程中的损失和破坏，并能在接收之后迅速地恢复生产，不打碎企业原来的组织机构、技术组织和生产系统，不任意改变原有的各种制度，原来的厂长、工程师以及其他职员愿意继续服务的，只要不是破坏分子，就继续担任原职务。这些明确的原则和灵活的措施，促进了企业的迅速复工。

在接管工作中，我们全力贯彻了依靠工人阶级的方针……所以在移交、清点、接收过程中，虽然有时遇到一些困难，但在广大群众的配合支持下，仅用极短的时间，就顺利地将设备、物资、钱财、帐册和档案等清点交接清楚，并迅速修复了被破坏的机器设备，使国家财产没有遭到多大损失。”〔1〕

由于采取了上面所说的这些政策，没收官僚资本的工作进行得很顺利，不仅避免了新旧政权交替时可能造成的损失，而且迅速恢复了生产。

官僚资本在旧中国已控制了国民经济的命脉。顺利地、没有遭受多大损失地完成没收官僚资本的工作，使它变为人民的国家所有，就使社会主义性质的国有经济在整个国民经济中居于主导地位。一九四九年底，国营工业拥有全国发电量的百分之五十八，原煤产量的百分之六十八，生铁产量的百分之九十二，钢产量的百分之九十七，棉纱产量的百分之五十三。国营经济掌握了全部铁路运输、航空运输、邮电业务，握有轮驳船货运量和公路汽车客运的一半左右，控制着金融市场，执行进出口管理。〔2〕毛泽东以后说过：“反对官僚资本主义的斗争，包含着两重性：一方面，反官僚资本就是反买办资本，是民主革命的性质；另一方面，反官僚资本就是反对大资产阶级，又带有社会主义革命的性质。”“我们在解放后没收了全部官僚资本，就把中国资本主义的主要部分消灭了。”〔3〕这对新中国社会的经济构成和开局有着极端重要的意义。

〔1〕《上海解放四十周年纪念文集》，学林出版社 1989 年 4 月版，第 107—108 页。

〔2〕许涤新、吴承明主编《中国资本主义发展史》第 3 卷，第 716 页。

〔3〕《毛泽东文集》第 8 卷，第 113、114 页。

尽管如此，在整个中国工业中资本主义经济在数量上仍占着优势，是一个不可忽视的力量。这些私营企业过去长期在帝国主义和官僚资本的压迫下，已处于奄奄一息的地步。许多工厂停产或开工不足，市场商品严重匮乏，大批工人失业。而一些新解放城市的工人往往又对改善生活提出过高的要求。朱德在解放石家庄后（这是华北解放的第一个重要城市，共有私营工业七百多家，私营商业一千五百多家）写信给毛泽东和中共中央提出了这个问题。毛泽东完全同意朱德的意见，在转发这封信时写了批语："我党工商业政策的任务，是发展生产，繁荣经济，公私兼顾，劳资两利。如果我党不善于领导工人阶级执行这一任务，提出了过高的劳动条件，重复过去历史上犯过的错误，致使生产降低，经济衰落，公私不能兼顾，劳资不能两利，就是极大的失败。"〔1〕以后，当上海等大城市解放后，对那些有利于国民经济的私营企业，更采取保护和扶植的政策，通过收购产品、加工订货、供应原料、提供资金信贷等办法，帮助他们克服困难，恢复生产。拿上海来说，当时工业生产产值中私营企业占百分之八十三点一。解放前夕，有一部分资本家抽调并转移资金逃往海外，但生产设备几乎都保留下来，绝大部分资本家都留待解放。"截至一九四九年年底，在全市六十八个主要工业行业一万零七百八十家工厂中，开工户已达百分之六十一点七，其中造船、碾米、医疗器材等行业全部开工，钢铁、机器制造、棉纺织等行业百分之八十以上开工。"〔2〕一九四九年，私人资本主义在工业领域内的总产值占全国工业总值（不包括手工业）的百分之六十三点三，私营商业销售额的比重更大。

根据实际情况，毛泽东提出了"四面八方"的重要经济政策。他在一九四九年五月初曾向当时担任太行区党委书记的陶鲁笳等解释道：

"我们的经济政策可以概括为一句话，叫作'四面八方'。什么叫'四面八方'？'四面'即公私、劳资、城乡、内外。其中每一面都包括

〔1〕《毛泽东文集》第5卷，第46页。

〔2〕《上海解放四十周年纪念文集》，第109页。

两方，所以合起来就是‘四面八方’……我们的经济政策就是要处理好‘四面八方’的关系，实行公私兼顾、劳资两利、城乡互助、内外交流的政策。”

“目前的侧重点，不在于限制而在于联合自由资产阶级。那种怕和资本家来往的思想是不对的。如果劳资双方不是两利而是一利，那就是不利。为什么呢？只有劳利而资不利，工厂就要关门；如果只有资利而劳不利，就不能发展生产。公私兼顾也是如此，只能兼顾，不能偏顾，偏顾的结果就是不顾，不顾的结果就要垮台。四个方面的关系中，公私关系、劳资关系是最基本的。”

“当然，在实行‘四面八方’的经济政策时，对投机商业不加限制是不对的。应当在政策上加以限制，但限制不是打击，而是要慢慢引导他们走上正当的途径。我们要团结资本家，许多同志都不敢讲这个话，要了解，现在没有资本家是不行的。”〔1〕

七届二中全会提出把工作重心由乡村移到城市，并不等于可以放松农村的工作。当时，老解放区和新解放区的情况又有所不同。老解放区的东北和华北地区，在农村工作中，土地改革已经完成，着重要求提高农业生产。一九四九年一月四日，新华社发表短评《按照新的情况，制定今年的农业增产计划》，强调：“东北华北各大城市陆续解放，我们已经掌握相当多的近代化的工业生产力量，今后的农业生产，必须与这种工业生产相配合，增产工业所必需的各种原料，此外，农村还必须大量生产城市人民所必需的粮食和其他生活资料，并须增产各种重要的出口物资，用以换回各种建设器材。”〔2〕在新解放区的华中、苏南等地区，情况有所不同：土地改革尚未进行，新的社会秩序尚未建立起来。因此，在基本完成城市接管工作后，经中共中央批准，提出今后一个时期的工作重心先放在乡村，加强农村工作，以创造发展城市的前提条件。七月十七日，《长江日报》发表《到农村去！到农民群众中去！》的社

〔1〕 陶鲁笳：《一个省委书记回忆毛主席》，山西人民出版社1993年12月版，第3、4、5页。
〔2〕《中国经济的改造》，（香港）新民主出版社1949年5月版，第39页。

论，写道：“华中全区工作重点今后必须先放在乡村，然后再直接发展城市生产，建设城市，而在这个时期则城乡兼顾，不能偏废。”“如不是这样来规范，而是机械的只按照决议字面，不按实际情况来执行二中全会的路线，那就一定要犯重大的错误。”“这个方针的总精神就是先创造发展城市的前提条件，然后直接发展城市，改造城市，并进而真正作到城市领导乡村，工人领导农民。因此执行这个方针一般说来，大体必须分下面三个步骤：第一步，接管城乡，特别是城市要接管好；同时集中大量干部深入农村，尤其是人口众多、交通要道地区，一面保证城市的军需民食，一面就展开肃清土匪及反革命残余势力的工作。第二步，就是用最大力量花三四年时间在乡村有系统地、有步骤地进行各种社会改革和民主改革，一直到实行土地改革，完成孙中山所说的‘耕者有其田’的目的；在这个时期城市的工作，主要是恢复生产并力求发展部分可能和必须发展的生产。当着农村的政治经济面貌改变了，农民解放了，这时候就可以开始第三步工作，这就是用全力建设城市，发展城市，同时又必须兼顾农村。”“先以农村为重，正是为了发展城市，真正实现以城市为重心的总方针。”〔1〕

在政权建设方面，接管城市的工作一开始由军事管制委员会负责，同时建立政府机构（接受大批旧政府中没有劣迹的人员参加工作）。由于还没有条件通过普选产生各级人民代表大会，在新接管城市和老解放区都先陆续召开各界人民代表会议，作为政府联系各界群众的桥梁和纽带。它在当时发挥了重要作用。黄炎培在一九四九年十二月二日的日记中写道：“我早知老解放区之好，而未知用何方法使之好。今知各界人民代表会议，就是最有效的方法。以此团结群众，训练群众，即以群众的力量，改革一切，创设一切。”〔2〕

在文化教育、民族关系、对外贸易、外交工作等方面，也根据实际情况，规定了明确的方针，取得良好的效果。

一年来工作实践中积累起来的丰富经验，将中国共产党对新中国的

〔1〕《开展农村工作，创造发展城市的前提条件》，苏南新华书店1949年印，第2、3页。

〔2〕《黄炎培日记》第10卷，第307页。

基本设想和方方面面的方针政策进一步具体化了。这些经过实践检验的成果，以后概括地体现在人民政协的《共同纲领》中。

创建新中国的任务，是由中国人民政治协商会议完成的。

从一九四八年八月起，响应中共中央“五一号召”的各民主党派负责人和无党派民主人士李济深、沈钧儒、郭沫若、马叙伦、黄炎培、茅盾等，先后从北平、上海、香港和海外进入解放区，集中居住在哈尔滨和西柏坡附近的李家庄。北平解放后，他们陆续到达北平。在这个过程中，中共中央同他们就筹建新中国的种种问题进行了广泛的协商。

从同一时间起，到一九四九年七月，许多全国性的人民团体相继恢复或建立起来，包括中华全国总工会、中华全国学生联合会、中华全国民主妇女联合会、中国新民主主义青年团、中华全国青年联合总会、中华全国文学艺术界联合会等。

一九四九年六月十一日至十九日，新政治协商会议在北平中南海举行。毛泽东在会上讲话，指出：这个筹备会的任务，就是完成各项必要的准备工作，迅速召开新的政治协商会议，成立民主联合政府。他以斩钉截铁的语言宣称：“中国必须独立，中国必须解放，中国的事情必须由中国人民自己作主张，自己来处理，不容许任何帝国主义国家再有一丝一毫的干涉。”在讲话结束时，他充满自豪地宣称：“中国人民将会看见，中国的命运一经操在人民自己的手里，中国就将如太阳升起在东方那样，以自己的辉煌的光焰普照大地，迅速地荡涤反动政府留下来的污泥浊水，治好战争的创伤，建设起一个崭新的强盛的名副其实的人民共和国。”〔1〕筹备会设立六个小组，其中由周恩来任组长的小组负责起草共同纲领。

九月二十一日，中国人民政治协商会议第一届全体会议，在中南海怀仁堂隆重开幕。出席开幕式的有参加会议的代表六百三十四人，来宾三百人。毛泽东在开幕词中庄严地宣告：“我们团结起来，以人民解放战争和人民大革命打倒了内外压迫者，宣布中华人民共和国的成立了。”

〔1〕《毛泽东选集》第4卷，第1465、1467页。

“我们的民族将再也不是一个被人侮辱的民族了，我们已经站起来了。我们的革命已经获得全世界广大人民的同情和欢呼，我们的朋友遍于全世界。”〔1〕

周恩来在会上作了《关于中国人民政治协商会议共同纲领的起草经过和特点》的报告。他在报告中说：“在讨论中，曾有一种意见，以为我们既然承认新民主主义是一个过渡性质的阶段，一定要向更高级的社会主义和共产主义阶段发展，因此总纲中就应该明确地把这个前途规定出来。筹备会讨论中，大家认为这个前途是肯定的，毫无疑问的，但应该经过解释、宣传特别是实践来证明给全国人民看。只有全国人民在自己的实践中认识到这是唯一的最好的前途，才会真正承认它，并愿意全心全意为它而奋斗。所以现在暂时不写出来，不是否定它，而是更加郑重地看待它。而且这个纲领中经济的部分里面，已经规定要在实际上保证向这个前途走去。”〔2〕

会议通过了《中国人民政治协商会议共同纲领》、《中华人民共和国中央人民政府组织法》、《中国人民政治协商会议组织法》三个历史性文件，通过了中华人民共和国的国都、纪年、国歌、国旗四个议案。国都定于北平，自即日起改名为北京。

九月三十日，中国人民政治协商会议第一届全体会议进入最后一天。会议选举毛泽东为中央人民政府主席，朱德、刘少奇、宋庆龄、李济深、张澜、高岗为副主席，陈毅等五十六人为委员，组成中央人民政府委员会，宣告中华人民共和国的成立。

人民政协会议为新中国的诞生准备了什么？最根本的是两条：一是经过各方面充分协商，形成一个《共同纲领》，对新中国方方面面的制度和方针政策都作出明确而切合实际的规定，使人们达成共识，有所遵循；二是建立起新的政权机构，确定适当的负责人选，各司其职。有了这两个基本条件，新中国的工作从一开始便能够有条不紊地开展起来了。

---

〔1〕《毛泽东文集》第5卷，第344页。
〔2〕《周恩来选集》上卷，第368页。

中国人在经历了那么多的屈辱和苦难以后，经过一百零九年前仆后继、艰苦卓绝的奋斗，流了多少血，终于在中国共产党领导下，战胜曾经不可一世的内外敌人，取得中国近代民族民主革命的胜利，实现了民族独立和人民解放。一个旧时代结束了，新的时代开始了。

中国人不但能够破坏一个旧世界，而且将用事实证明也能够建设一个新世界。美好的前景展现在人们面前。中国的历史，从此翻开了全新的一页。